AF809414

Festschrift zu Ehren von
Marie Luise Graf-Schlicker

Die Deutsche Nationalbibliothek verzeichnet diese Publikation in der Deutschen Nationalbibliografie; detaillierte bibliografische Daten sind im Internet über http://dnb.d-nb.de abrufbar.

© 2018 RWS Verlag Kommunikationsforum GmbH
Postfach 27 01 25, 50508 Köln
E-Mail: info@rws-verlag.de, Internet: http://www.rws-verlag.de

Das vorliegende Werk ist in all seinen Teilen urheberrechtlich geschützt. Alle Rechte vorbehalten, insbesondere das Recht der Übersetzung, des Vortrags, der Reproduktion, der Vervielfältigung auf fotomechanischem oder anderen Wegen und der Speicherung in elektronischen Medien.

Satz und Datenverarbeitung: SEUME Publishing Services GmbH, Erfurt
Druck und Verarbeitung: CPI books GmbH, Leck

Festschrift zu Ehren von Marie Luise Graf-Schlicker

herausgegeben von

Beate Czerwenka, Matthias Korte,
Bruno M. Kübler

RWS

RWS Verlag Kommunikationsforum GmbH · Köln

Geleitwort

Fast einhundert eigene Gesetzentwürfe, mehr als vierhundert aus anderen Ministerien zur Mitprüfung – das Bundesministerium der Justiz und für Verbraucherschutz war in den letzten vier Jahren so aktiv wie lange nicht. Von der Doping-Strafbarkeit bis zur Insolvenzanfechtung, von der Frauenquote für Aufsichtsräte bis zur Vermögensabschöpfung – um als Minister hier die Übersicht zu behalten, braucht man gute Ratgeber und Ratgeberinnen. *Marie Luise Graf-Schlicker* war mir vier Jahre lang eine der wichtigsten.

Marie Luise Graf-Schlicker war eine ideale Leiterin der Rechtspflege-Abteilung unseres Ministeriums. Sie vereint hohe Fachkompetenz, praktische Erfahrung in der Justiz und politische Sensibilität. Dass sie nicht nur bei mir hohes Ansehen genießt, zeigt dieses Buch. Wenn sich jetzt Mitarbeiterinnen und Mitarbeiter, Kolleginnen und Kollegen, aber auch Partnerinnen und Partner aus Justiz, Verbänden und Wissenschaft die Mühe machen, ihr als Geschenk zum Abschied aus dem Dienst eine Festschrift zu widmen, dann belegt dies eindrucksvoll die hohe Wertschätzung für *Marie Luise Graf-Schlicker*.

Meine Amtsvorgängerin, *Brigitte Zypries*, hat im Jahr 2007 *Marie Luise Graf-Schlicker* für die Leitung der Rechtspflege-Abteilung des damaligen Bundesministeriums der Justiz gewonnen. Als Präsidentin des Landgerichts Bochum und frühere Mitarbeiterin des Justizministeriums von Nordrhein-Westfalen war sie auf diese Position bestens vorbereitet. Mit großem Engagement hat sie seither die Modernisierung der Justiz vorangetrieben und kann heute auf eine eindrucksvolle Bilanz zurückblicken. Zahlreiche Innovationen im Verfahrensrecht, zur Digitalisierung der Justiz, für mehr Transparenz und zur Stärkung des Rechtsschutzes bleiben eng mit ihrem Namen verbunden.

Es gibt ein Rechtsgebiet, das *Marie Luise Graf-Schlicker* ihre gesamte berufliche Laufbahn hindurch wie kein anderes begeistert hat: das Insolvenzrecht. Als Richterin hatte sie erfahren, wie wichtig ein gutes Insolvenzrecht für Schuldner und Gläubiger, für Wirtschaft und Arbeitnehmer ist. Im Justizministerium des Landes Nordrhein-Westfalen wie auch im Bundesministerium der Justiz und für Verbraucherschutz hat sie deshalb entscheidende Gesetzesänderungen betreut, die das deutsche Insolvenzrecht modernisiert und dem europäischen Recht wertvolle Impulse gegeben haben. Der von ihr herausgegebene Kommentar zur Insolvenzordnung ist inzwischen ein Standardwerk, das 2018 bereits in fünfter Auflage erscheint und rund 2.000 Seiten umfassen wird.

Für mich als Bundesminister war *Marie Luise Graf-Schlicker* vieles in einer Person: Ratgeberin, Vermittlerin, Botschafterin – vor allem im Kontakt zu den juristischen Berufsorganisationen und zur Justizverwaltung und Justizpraxis. Sie hat die Anliegen der Betroffenen im Ministerium zu Gehör gebracht und die politischen Motive des Ministeriums in die Breite getragen. Dass so viele Vorhaben in den vergangenen Jahren so erfolgreich und einvernehmlich gelungen sind, verdankt unsere Justiz auch *Marie Luise Graf-Schlicker*. Ein Thema, das ihr persönlich besonders am Herzen lag, war die kritische Auseinandersetzung mit der Frage, wie die westdeutsche Nachkriegsjustiz mit der NS-Vergangenheit umgegangen ist. Das erfolgreiche „*Rosenburg-Projekt*" lag in der Verantwortung ihrer Rechtspflege-Abteilung.

Und dann ist da noch etwas, was niemand übersehen kann. Wenn *Franz Kafka* seinen Delinquenten durch den Prozess schickt, ist klar: „Es muss ein schwarzer Rock sein." Bei *Marie Luise Graf-Schlicker* war das ganz anders: Sie brachte farbenfrohe Eleganz in die Justiz und war im oft grauen Alltag der Akten und Paragrafen ein immer stilvoller Lichtblick.

Für all das danke ich *Marie Luise Graf-Schlicker* – im Namen unseres Ministeriums und ganz persönlich.

Heiko Maas

Berlin, im Januar 2018

Bundesminister der Justiz und
für Verbraucherschutz

Inhaltsverzeichnis

Teil III
Straf- und Strafverfahrensrecht

Teil IV
Recht der Anwälte, Notare, Insolvenzverwalter und Richter

Autorenverzeichnis

Dr. Monika Becker
Ministerialrätin, Leiterin des Referats R B 3 (Strafverfahren – Ermittlungsverfahren, Zwangsmaßnahmen) im Bundesministerium der Justiz und für Verbraucherschutz, Berlin

Dr. Susanne Berner
Rechtsanwältin, Fachanwältin für Insolvenzrecht, Insolvenzverwalterin, Vorstandsvorsitzende NIVD e. V. Dr. Berner Rechtsanwaltsgesellschaft mbH, Berlin

Robert Bey
Ministerialdirigent, Leiter der Abteilung III (Straf- und Zivilrecht) im Sächsischen Staatsministerium der Justiz, Dresden

Thomas Birtel, LL.M. (Informationsrecht)
Richter am Landgericht, Aachen

Professor Dr. Reinhard Bork
Professor an der Universität Hamburg
Geschäftsführender Direktor des Seminars für Zivilprozess- und Allgemeines Prozessrecht
Richter am Hanseatischen Oberlandesgericht a. D.

Dr. Jens Bormann, LL.M. (Havard)
Notar, Ratingen
Honorarprofessor an der Juristischen Fakultät der Leibniz Universität Hannover Präsident der Bundesnotarkammer, Berlin

Alexander Bornemann
Regierungsdirektor, Leiter des Referats R A 6 (Insolvenzrecht) im Bundesministerium der Justiz und für Verbraucherschutz, Berlin

Dr. Bettina E. Breitenbücher
Rechtsanwältin, Fachanwältin für Insolvenzrecht, Insolvenzverwalterin, Geschäftsführende Partnerin
KÜBLER Rechtsanwälte, Insolvenzverwalter, Wirtschaftsprüfer, Steuerberater, Dresden

Michael Bremen
Rechtsanwalt, vereidigter Buchprüfer, Fachanwalt für Insolvenzrecht, Fachanwalt für Arbeitsrecht, Geschäftsführender Partner
Pluta Rechtsanwalts GmbH, Düsseldorf, Aachen

Professor Dr. Moritz Brinkmann, LL.M. (McGill)
Professor an der Rheinischen Friedrich-Wilhelms-Universität Bonn
Geschäftsführender Direktor des Instituts für deutsches und internationales Zivilprozessrecht sowie Konfliktmanagement

Dr. Cord Brügmann
Rechtsanwalt, Historiker, Hauptgeschäftsführer Deutscher Anwaltverein, Berlin

Professorin Dr. Beate Czerwenka, LL.M. (Duke Univ.)
Ministerialdirigentin, Leiterin der Unterabteilung R A (Rechtspflege) im Bundesministerium der Justiz und für Verbraucherschutz, Berlin
Honorarprofessorin an der Humboldt-Universität zu Berlin

Professor Dr. Reinhard Dammann
Rechtsanwalt, Partner
Clifford Chance Europe LLP, Paris
Avocat à la Cour, Professeur affilié à l'école de droit de Sciences Po

Dr. Alexander Dörrbecker, LL.M. (Miami), Attorney at Law (N.Y.)
Regierungsdirektor, Leiter des Referats R B 4 (Internationales Strafverfahrensrecht und Gerichtsverfassung; Opferschutz und Datenschutz im Strafverfahren) im Bundesministerium der Justiz und für Verbraucherschutz, Berlin

Professor Dr. Wolfgang Ewer
Rechtsanwalt, Fachanwalt für Verwaltungsrecht
Weissleder Ewer Rechtsanwälte, Kiel
Präsident a. D. Deutscher Anwaltverein
Honorarprofessor an der Christian-Albrechts-Universität zu Kiel

Professor Dr. Lucas F. Flöther
Rechtsanwalt, Fachanwalt für Insolvenzrecht, Gründungspartner
FLÖTHER & WISSING Rechtsanwälte – Insolvenzverwaltung – Sanierungskultur, Halle/Saale
Sprecher des Gravenbrucher Kreises e. V.
Vorsitzender des Ausschusses Insolvenzrecht der Bundesrechtsanwaltskammer

Honorarprofessor für Bürgerliches Recht und Insolvenzrecht an der Martin-Luther-Universität Halle-Wittenberg

Sylvia Frey-Simon
Ministerialrätin, Leiterin des Referats R B 4 (Internationales Strafverfahrensrecht und Gerichtsverfassung; Opferschutz und Datenschutz im Strafverfahren) im Bundesministerium der Justiz und für Verbraucherschutz, Berlin

Dr. David Georg, LL.M. (Chicago)
Rechtsanwalt, Betriebswirt (IWW)
Kebekus et Zimmermann Rechtsanwälte, Düsseldorf

Dr. Karl-Friedrich Gulbins, LL.M. (UoL)
Rechtsanwalt
Pluta Rechtsanwalts GmbH, Stuttgart

Professor Dr. Hans Haarmeyer em.
Fachhochschule Koblenz, RheinAhrCampus Remagen

Professor Dr. Mathias Habersack
Professor an der Ludwig-Maximilians-Universität München
Lehrstuhl für Bürgerliches Recht und Unternehmensrecht
Vorsitzender der Ständigen Deputation des Deutschen Juristentags

Sabine Hilgendorf-Schmidt
Ministerialrätin, Leiterin des Referats R B 6 (Richterrecht; Rechtspflegerrecht; Richterbesoldung; Ausbildung) im Bundesministerium der Justiz und für Verbraucherschutz, Berlin

Professor Dr. Dr. Alexander Ignor
Rechtsanwalt
Ignor & Partner Rechtsanwälte, Berlin
Vorsitzender des Strafrechtsausschusses der BRAK
Apl. Professor mit der Lehrbefugnis für Strafrecht, Strafprozessrecht, mittelalterliche und neuzeitliche Rechtsgeschichte an der Humboldt-Universität zu Berlin

Edgar Isermann
Leiter der Schlichtungsstelle für den öffentlichen Personenverkehr e. V. (söp), Berlin
Präsident des Oberlandesgerichts a. D., Braunschweig

Professor Dr. Florian Jacoby
Professor an der Universität Bielefeld
Lehrstuhl für Bürgerliches Recht, Zivilverfahrens-, Insolvenz- und Gesellschaftsrecht

Professor Dr. Matthias Jahn
Richter am Oberlandesgericht
Professor an der Goethe-Universität Frankfurt am Main
Lehrstuhl für Strafrecht, Strafprozessrecht, Wirtschaftsstrafrecht und Rechtstheorie

Barbara Jansen
Ministerialrätin, Leiterin des Referats R A 2 (Zivilprozess, arbeitsgerichtliches Verfahren) im Bundesministerium der Justiz und für Verbraucherschutz, Berlin

Rainer Kaul
Ministerialrat, Leiter des Referats R B 1 (Berufsrecht der Rechtsanwälte, Patentanwälte und Notare) im Bundesministerium der Justiz und für Verbraucherschutz, Berlin

Dr. Frank Kebekus
Rechtsanwalt, Fachanwalt für Insolvenzrecht, Insolvenzverwalter
Kebekus et Zimmermann Rechtsanwälte, Düsseldorf

Thomas Kexel
Ministerialdirigent, Leiter der Abteilung IT (Informations- und Telekommunikationstechnik, „e-justice") im Ministerium der Justiz des Landes Nordrhein-Westfalen, Düsseldorf

Marcus Köhler
Oberstaatsanwalt beim Bundesgerichtshof, Projektgruppe Vermögensabschöpfung im Bundesministerium der Justiz und für Verbraucherschutz, Berlin

Dr. Matthias Korte
Ministerialdirigent, Leiter der Unterabteilung R B (Rechtspflege) im Bundesministerium der Justiz und für Verbraucherschutz, Berlin

Dr. Bruno M. Kübler
Rechtsanwalt, Fachanwalt für Insolvenzrecht, Fachanwalt für Steuerrecht, Insolvenzverwalter, Geschäftsführender Partner
KÜBLER Rechtsanwälte, Insolvenzverwalter, Wirtschaftsprüfer, Steuerberater, Dresden

Jürgen Kunze
Ministerialdirigent, Leiter der Unterabteilung Z B (Justizverwaltung), IT-Beauftragter im Bundesministerium der Justiz und für Verbraucherschutz, Berlin

Michael Lotz
Ministerialdirigent, Leiter der Abteilung II (Zivilrecht, Öffentliches Recht, Europarecht, Rechtsanwälte und Notare) im Ministerium der Justiz und für Europa Baden-Württemberg, Stuttgart

Professor Dr. Stephan Madaus
Professor an der Martin-Luther-Universität Halle-Wittenberg
Lehrstuhl für Bürgerliches Recht, Zivilprozess- und Insolvenzrecht

Gerd Josef Nettersheim
Ministerialdirigent a. D., Sonderberater „Aufarbeitung der NS-Zeit in Justiz und Justizverwaltung" im Bundesministerium der Justiz und für Verbraucherschutz, Berlin

Dr. Christoph Niering
Rechtsanwalt, Fachanwalt für Insolvenzrecht, Partner
Niering Stock Tömp Rechtsanwälte, Köln
Vorsitzender des Verbandes der Insolvenzverwalter Deutschlands e. V. (VID)

Monika Nöhre
Schlichterin der Schlichtungsstelle der Rechtsanwaltschaft, Präsidentin des Kammergerichts a. D., Berlin

Martina Peter
Regierungsdirektorin, Leiterin des Referats R B 1 (Berufsrecht der Rechtsanwälte, Patentanwälte und Notare) im Bundesministerium der Justiz und für Verbraucherschutz, Berlin

Dr. Martin Prager
Rechtsanwalt, Geschäftsführer
Pluta Rechtsanwalts GmbH, München

Professor Dr. Dr. h. c. mult. Hanns Prütting
Professor an der Universität zu Köln
Direktor des Instituts für Verfahrensrecht und Insolvenzrecht, Mitdirektor des Instituts für Anwaltsrecht

Professor Dr. Henning Radtke
Richter am Bundesgerichtshof, Karlsruhe
Honorarprofessor an der Gottfried Wilhelm Leibniz Universität Hannover, vormals dort Universitätsprofessor

Dr. Andreas Remmert
Richter am Bundesgerichtshof, Karlsruhe

Oliver Sabel
Oberstaatsanwalt beim Bundesgerichtshof, Leiter des Referats R B 2 (Strafverfahren – Gerichtliches Verfahren) im Bundesministerium der Justiz und für Verbraucherschutz, Berlin

Ursula Schlegel
Rechtsanwältin & Solicitor (England and Wales)
Schlegel Legal, Frankfurt am Main

Carsten Schmidt
Regierungsrat, Abteilung II (öffentliches Recht und Privatrecht)
Ministerium der Justiz des Landes Nordrhein-Westfalen, Düsseldorf

Bernhard Schröder
Regierungsdirektor, Leiter des Referats R A 3 (Verwaltungs-, Finanz- und Sozialgerichtsbarkeit) im Bundesministerium der Justiz und für Verbraucherschutz, Berlin

Professor Dr. Christoph Thole
Professor an der Universität zu Köln
Geschäftsführender Direktor des Instituts für Verfahrensrecht und Insolvenzrecht und des Instituts für Internationales und Europäisches Insolvenzrecht

Professor Dr. Heinz Vallender
Richter am Amtsgericht a. D.
Honorarprofessor an der Universität zu Köln
Institut für Internationales und Europäisches Insolvenzrecht

Heiko Wagner
Ministerialrat, Leiter des Referats R A 5 (Familiengerichtliches Verfahren und Verfahren der freiwilligen Gerichtsbarkeit) im Bundesministerium der Justiz und für Verbraucherschutz, Berlin

Detlef Wasser
Ministerialrat, Leiter des Referats R A 4 (Zwangsvollstreckung, Zwangsversteigerung), Leiter der Projektgruppe „Aufarbeitung der NS-Zeit in Justiz und Justizverwaltung" im Bundesministerium der Justiz und für Verbraucherschutz, Berlin

Dr. Nicola Wenzel, LL.M. (Köln/Paris)
Regierungsdirektorin, Leiterin des Referats R A 1 (Mediation, Schlichtung, Internationale Konflikte in Kindschaftssachen) im Bundesministerium der Justiz und für Verbraucherschutz, Berlin

Professor Dr. Peter A. Windel
Professor an der Ruhr-Universität Bochum
Lehrstuhl für Prozessrecht und Bürgerliches Recht

Wolfgang Zenker
Wissenschaftlicher Mitarbeiter an der Humboldt-Universität zu Berlin
Juristische Fakultät

Sarah Zink
Wissenschaftliche Mitarbeiterin an der Goethe-Universität Frankfurt am Main
Fachbereich Rechtswissenschaft

Von Essen nach Berlin – Ein Leben für das Recht

BEATE CZERWENKA

Als *Marie Luise Graf-Schlicker* im Jahr 1952 das Licht der Welt erblickte, begann die junge Bundesrepublik Deutschland gerade, ihre ersten Schritte auf dem Weg zu einem gleichberechtigten Mitglied der internationalen Staatengemeinschaft zu machen: Am 2. Mai 1951 wurde die Bundesrepublik Deutschland Vollmitglied des Europarates. Kurz zuvor, nämlich am 18. April 1951, hatte sie mit Frankreich, den Beneluxländern und Italien den Vertrag über die Gründung der Europäischen Gemeinschaft für Kohle und Stahl, der sog. Montanunion, geschlossen, mit dem u. a. die internationale Kontrolle über das Ruhrgebiet beendet wurde. Und am 26. Mai 1952 kam der Vertrag über die Beziehungen zwischen der Bundesrepublik Deutschland und den Drei Mächten (sog. Deutschlandvertrag) zustande, mit dem die Bundesrepublik Deutschland wieder ihre volle Souveränität erlangen sollte.

Auch die Folgejahre waren geprägt von bedeutsamen Veränderungen. So erlebte die Bundesrepublik Deutschland einen enormen wirtschaftlichen Aufschwung, das sog. „Wirtschaftswunder“. Diese Entwicklung ging einher mit Bestrebungen, durch Reformen insbesondere auf dem Gebiet der Sozial- und Wirtschaftspolitik den Lebensstandard der Bevölkerung zu steigern und Fairness in Wirtschaft und Gesellschaft zu fördern. So trat am 23. Februar 1957 ein neues Rentengesetz in Kraft, mit dem die sog. dynamische Rente eingeführt wurde, um so die Rentner an der Steigerung der Löhne und Gehälter der übrigen Bevölkerung teilhaben zu lassen. Am 1. Januar 1958 trat das – gegen den heftigen Widerstand der Wirtschaft verabschiedete – Gesetz gegen Wettbewerbsbeschränkungen (GWB)[1] in Kraft. Und am 1. Juli 1958 trat das Gesetz über die Gleichberechtigung von Mann und Frau auf dem Gebiet des bürgerlichen Rechts[2] in Kraft – ein wichtiger Schritt auf dem noch immer nicht beendeten Weg zur Gleichberechtigung.

---

1) Gesetz gegen Wettbewerbsbeschränkungen – GWB, v. 27.7.1957, BGBl. I 1957, 1081.

2) Gesetz über die Gleichberechtigung von Mann und Frau auf dem Gebiet des bürgerlichen Rechts – Gleichberechtigungsgesetz (GleichberG), v. 18.6.1957, BGBl. I 1957, 609.

In dieser Zeit also wuchs die junge *Marie Luise Graf-Schlicker* heran: Sie besuchte von 1959 bis 1971 Volksschule und Gymnasium und studierte sodann bis 1976 Rechtswissenschaften an der Westfälischen Wilhelms-Universität in Münster. Nach der Ersten juristischen Staatsprüfung 1976 absolvierte sie ihr Referendariat beim Landgericht Münster und legte ihre Zweite juristische Staatsprüfung im September 1979 ab.

Noch im selben Jahr trat *Marie Luise Graf-Schlicker* in den Justizdienst ein und sammelte richterliche Erfahrungen am Landgericht Essen, am Amtsgericht Gelsenkirchen und am Oberlandesgericht Hamm. Draußen auf der Straße erhielt derweil die sog. Friedensbewegung immer größeren Zulauf. Und auch die Forderung nach einer Auseinandersetzung der Bundesrepublik Deutschland mit seiner nationalsozialistischen Vergangenheit fand immer mehr Unterstützer.

Von 1989 bis 1992, also während der Zeit, in der die Berliner Mauer fiel, die DDR zusammenbrach und auf Grund des Einigungsvertrags vom 31. August 1990 der Bundesrepublik Deutschland beitrat, wurde *Marie Luise Graf-Schlicker* an das Justizministerium des Landes Nordrhein-Westfalen abgeordnet. Sie leitete dort das für Familien-, Betreuungs-, Erbschafts- und Staatsangehörigkeitsrecht zuständige Referat und war damit für eine Materie verantwortlich, die auch im Einigungsprozess eine große Rolle gespielt hatte. 1994 wechselte sie endgültig ins Justizministerium Nordrhein-Westfalen und übernahm zunächst die Leitung des Referats für Handels-, Gesellschafts- und sonstiges privates Wirtschaftsrecht, ab dem Jahre 1999 sodann die Leitung der gesamten Zivilrechtsabteilung. Außerdem koordinierte sie im Rahmen einer Projektgruppe die Aufgabe, die Insolvenzgerichte Nordrhein-Westfalens organisatorisch, fachlich und edvtechnisch auf die bereits am 5. Oktober 1994 verkündete neue Insolvenzordnung vorzubereiten. Als Abteilungsleiterin wirkte sie schließlich an zentralen Gesetzesreformen mit, darunter die Reform der Zivilprozessordnung und sowie die Schuldrechtsreform.

Im Mai 2002 ernannte der Justizminister des Landes Nordrhein-Westfalen, *Jochen Dieckmann*, *Marie Luise Graf-Schlicker* zur Präsidentin des Landgerichts Bochum. Neben ihrer Tätigkeit als Präsidentin übernahm *Marie Luise Graf-Schlicker* zugleich den Vorsitz in einer Zivilkammer, die mit Berufungssachen und insolvenzrechtlichen Beschwerden befasst war.

Im Jahre 2007 holte die damalige Bundesjustizministerin *Brigitte Zypries* *Marie Luise Graf-Schlicker* schließlich in das Bundesministerium der Justiz nach Berlin. Am 1. Juni 2007 nahm die *Jubilarin* ihre Tätigkeit auf. Seit diesem Zeitpunkt leitete sie die Abteilung Rechtspflege, die für alle Prozessordnungen, das Berufsrecht der Rechtsanwälte, Notare, Richter und Rechtspfleger sowie das Kostenrecht und das Insolvenzrecht zuständig ist. Ihre Entscheidung, das Ruhrgebiet zu verlassen, begründete die *Jubilarin* einmal damit, dass es sie gereizt habe, in der Bundesgesetzgebung mitgestalten zu können. Dass diese berufliche Veränderung – ähnlich wie frühere Veränderungen – in eine wirtschaftlich und politisch bedeutsame Umbruchphase fallen würde, und zwar diesmal in die Finanzmarkt-, Banken- und Wirtschaftskrise, konnte sie freilich im Zeitpunkt ihrer Entscheidung, nach Berlin zu gehen, noch nicht wissen.

Die skizzierten Entwicklungen der Bundesrepublik Deutschland, vor allem ihr wirtschaftlicher Aufschwung, der Ausbau des Rechtssystems, die wachsende Verankerung in der internationalen Staatengemeinschaft sowie die Herstellung der Einheit Deutschlands durch den Vertrag zwischen der Bundesrepublik Deutschland und der Deutschen Demokratischen Republik haben die Arbeit von *Marie Luise Graf-Schlicker* entscheidend geprägt.

So setzte sich *Marie Luise Graf-Schlicker* unter Hinweis darauf, dass eine Pflicht bestehe, sich mit der eigenen Vergangenheit zu beschäftigen,[3)] wiederholt für eine Aufarbeitung der NS-Zeit ein und forderte sicherzustellen, dass die Wertentscheidungen unserer freiheitlichen Grundordnung weiterhin als Richtschnur der juristischen Arbeit dienen.[4)] Mit großem Engagement begleitete sie zudem das sog. *Rosenburg-Projekt*, in dessen Rahmen die Vergangenheit des Bundesministeriums der Justiz und für Verbraucherschutz beleuchtet wurde. Zugleich warb sie immer wieder dafür, die Bedeutung der Justiz als eine der tragenden Säulen unserer Demokratie deutlich zu machen und sich für eine starke und unabhängige Justiz einzusetzen.

Die Bemühungen um eine Stärkung der Justiz waren auch das Motiv dafür, sich für Maßnahmen zur Stärkung des zivilprozessualen Rechtsschutzes einzusetzen, darunter für die Einrichtung spezialisierter Spruchkörper bei Landgericht und Oberlandesgericht und die Abschaffung des Einzelrichterprinzips auf der Ebene des Oberlandesgerichts. Mit Gesetz vom

---

3) Vgl. *Graf-Schlicker*, Die Auseinandersetzung mit dem Unrecht aus dem Nationalsozialismus ist noch lange nicht vorbei, AnwBl BE 2016, 237.

4) *Graf-Schlicker*, AnwBl BE 2016, 237, 238.

28. April 2017[5] hat der Gesetzgeber schließlich einen Teil der Vorschläge aufgegriffen und die obligatorische Einrichtung von Spezialkammern und -senaten für bestimmte Materien den Land- und Oberlandesgerichten vorgeschrieben.

Zugleich unterstützte *Marie Luise Graf-Schlicker* aber auch die Forderung, alternative Streitbeilegungsmethoden, darunter die Mediation und die Schlichtung, auf eine sichere Rechtsgrundlage zu stellen. So wurden während ihrer Zeit am Bundesministerium der Justiz und für Verbraucherschutz das Mediationsgesetz[6] sowie das Verbraucherstreitbeilegungsgesetz[7] verabschiedet.

Ihr besonderes Interesse galt jedoch dem Insolvenzrecht. So begeisterte sich *Marie Luise Graf-Schlicker* schon früh für diese Materie. Mit großem Engagement setzte sie sich in den 90er Jahren dafür ein, dass die Mehrbelastung der Gerichte infolge der Reform des Insolvenzrechts durch die Insolvenzordnung vom 5. Oktober 1994 durch moderne Arbeitsmittel und neue Arbeitsabläufe, insbesondere durch informationstechnische Unterstützung, so weit wie möglich verringert wird.[8] Besonders lagen ihr dabei die Gewinnung engagierter Richter und Rechtspfleger sowie deren gründliche Vorbereitung auf die völlig neuen Verfahrensabläufe am Herzen. Die von ihr als Leiterin der Projektgruppe des Justizministeriums Nordrhein-Westfalen für die Umsetzung der Insolvenzrechtsreform initiierten Vorbereitungsworkshops und vor allem die in diesem Rahmen durch-

---

5) Gesetz zur Reform des Bauvertragsrechts, zur Änderung der kaufrechtlichen Mängelhaftung, zur Stärkung des zivilprozessualen Rechtsschutzes und zum maschinellen Siegel im Grundbuch- und Schiffsregisterverfahren, v. 28.4.2017, BGBl. I 2017, 969.

6) Art. 1 des Gesetzes zur Förderung der Mediation und anderer Verfahren der außergerichtlichen Konfliktbeilegung, v. 21.7.2012, BGBl. I 2012, 1577. Vgl. hierzu *Graf-Schlicker*, Die EU-Richtlinie zur Mediation – zum Stand der Umsetzung, ZKM 2009, 83 ff.; *Graf-Schlicker*, Ein Gesetz zur Förderung der Mediation in Deutschland: Überlegungen des Bundesministeriums der Justiz zur Umsetzung der Europäischen Mediationsrichtlinie, in: Schröder, Mediation und Notariat: Potentiale und Chancen, 2010, S. 9 ff.; *Graf-Schlicker*, Mediation in Deutschland: auf dem Weg zu gesetzlichen Regelungen, in: Büchler/Müller-Chen, Private law, 2011, S. 609 ff.; *Graf-Schlicker*, Referentenentwurf eines Mediationsgesetzes, SchAZtg 2011, 3 ff.; *Graf-Schlicker*, Das neue Mediationsgesetz – weitere Umsetzung, SchAZtg 2013, 49 ff.

7) Art. 1 des Gesetzes zur Umsetzung der Richtlinie über alternative Streitbeilegung in Verbraucherangelegenheiten und zur Durchführung der Verordnung über Online-Streitbeilegung in Verbraucherangelegenheiten, v. 19.2.2016, BGBl. I 2015, 254.

8) Vgl. hierzu *Graf-Schlicker/Castrup*, Informationstechnische Unterstützung des neuen Insolvenzrechts in Nordrhein-Westfalen, NJW-CoR 1997, 278 f.

geführte Verfahrenssimulation[9] können als beispielhaft für die Umsetzung einer komplexen Verfahrensrechtsreform gelten.

Darüber hinaus begleitete sie während ihrer Tätigkeit im Bundesministerium der Justiz und für Verbraucherschutz eine große Anzahl von Novellen im Insolvenzrecht. So setzte sie sich dafür ein, dass gesetzliche Anreize geschaffen werden, damit Unternehmen in einer Krise möglichst frühzeitig restrukturiert und damit saniert werden können. Das Ergebnis war das Gesetz zur weiteren Erleichterung der Sanierung von Unternehmen (ESUG)[10], das – abgestuft nach dem Grad der Krisensituation – ein Bündel von Maßnahmen vorsieht, um ein Unternehmen im Rahmen eines Insolvenzverfahrens sanieren zu können.[11] Ferner begleitete sie die Entstehung des Gesetzes zur Verkürzung des Restschuldbefreiungsverfahrens und zur Stärkung der Gläubigerrechte[12], mit dem gescheiterten Unternehmern, aber auch anderen natürlichen Personen mittels einer verkürzten Dauer des Restschuldbefreiungsverfahrens eine „echte zweite Chance" angeboten werden sollte.[13] Wiederholt forderte sie zudem, die Bemühungen um eine Sanierung von Unternehmen auch durch entsprechende steuerliche Maßnahmen zu unterstützen und insbesondere den Sanierungsgewinn durch eine entsprechende gesetzliche Regelung steuerfrei zu stellen.[14] Dieser Forderung kam der Gesetzgeber schließlich mit dem Gesetz gegen schädliche Steuerpraktiken im Zusammenhang mit Rechteüberlassungen

---

9) Vgl. hierzu *Graf-Schlicker/Maus/Uhlenbruck*, Die Unternehmensinsolvenz nach der InsO: Zwei Modellverfahren im Ablauf mit Erläuterungen; Protokoll der Simulation einer Unternehmensinsolvenz durch die Projektgruppe des Justizministeriums des Landes Nordrhein-Westfalen für die Umsetzung der Insolvenzrechtsreform, 1997.

10) Gesetz zur weiteren Erleichterung der Sanierung von Unternehmen – ESUG, v. 7.12.2011, BGBl. I 2011, 5582.

11) Vgl. hierzu *Graf-Schlicker*, Aktuelle Entwicklungen im Insolvenz- und Wirtschaftsrecht, in: Heinrich, Nach der Krise gleich vor der Krise?!, 2011, S. 1 ff.; *Graf-Schlicker*, Die Bedeutung des Insolvenzrechts für den Wirtschaftsstandort Bundesrepublik Deutschland – zugleich ein Plädoyer für die Harmonisierung von Insolvenz- und Steuerrecht, FR 2014, 744, 745 f.

12) Gesetz zur Verkürzung des Restschuldbefreiungsverfahrens und zur Stärkung der Gläubigerrechte, v. 15.7.2013, BGBl. I 2013, 2329.

13) Vgl. *Graf-Schlicker/Kexel*, Erneute Reformen im Insolvenzrecht: der Regierungsentwurf eines Gesetzes zur Entschuldung mittelloser Personen, zur Stärkung der Gläubigerrechte sowie zur Regelung der Insolvenzfestigkeit von Lizenzen, ZIP 2007, 1833; *Graf-Schlicker*, Die Entwicklung des ESUG und die Fortentwicklung des Insolvenzrechts, ZInsO 2013, 1765, 1767 f.; *Graf-Schlicker*, Insolvenzrechtsreform 2014 – aus dem Blickwinkel des Gesetzgebungsverfahrens, ZVI 2014, 202 ff.

14) So *Graf-Schlicker*, FR 2014, 744, 746.

vom 12. Juni 2017[15] nach. Durch dieses Gesetz wurde die durch den Beschluss des Bundesfinanzhofs vom 28. November 2016[16] in Frage gestellte Praxis, auf der Grundlage einer Verwaltungsanordnung, dem sog. Sanierungserlass des Bundesministeriums der Finanzen[17], die auf einen Sanierungsgewinn entfallende Steuer aus Billigkeitsgründen zu erlassen, nach vielen Jahrzehnten wieder auf eine gesetzliche Grundlage gestellt. Mit ihrem Einsatz für das Gesetz zur Erleichterung der Bewältigung von Konzerninsolvenzen vom 13. April 2017[18] gelang es ihr schließlich, dazu beizutragen, dass auch für Unternehmen, die Teil einer Unternehmensgruppe sind, die Möglichkeiten einer Sanierung ausgebaut werden.[19] Parallel dazu begleitete sie das Gesetz zur Verbesserung der Rechtssicherheit bei Anfechtungen nach der Insolvenzordnung vom 29. März 2017,[20] mit dem das Recht der Insolvenzanfechtung neu justiert wurde, um mehr Rechtssicherheit für den Geschäftsverkehr sowie für Arbeitnehmer zu schaffen.

Der Initiative von *Marie Luise Graf-Schlicker* ist es schließlich zu verdanken, dass in das Gesetz zur Durchführung der Europäischen Insolvenzverordnung[21] eine Regelung aufgenommen wurde, nach der bei der Stellung von unvollständigen Insolvenzanträgen die Strafbarkeit auf ein vernünftiges Maß beschränkt wird.

Im Bereich des Berufsrechts der Rechtsanwälte ist insbesondere das Gesetz zur Neuordnung des Rechts der Syndikusanwälte[22] eng mit dem Namen *Graf-Schlicker* verbunden. Aufgrund von Entscheidungen des Bundessozialgerichts war plötzlich die Altersversorgung von tausenden

---

15) Gesetz gegen schädliche Steuerpraktiken im Zusammenhang mit Rechteüberlassungen, 27.6.2017, BGBl. I 2017, 2074.

16) BFH, Beschl. v. 28.11.2016 – GrS 1/15, BFHE 255, 482 = ZIP 2017, 338, dazu EWiR 2017, 149 *(Möhlenkamp)*.

17) BMF-Schreiben, v. 27.3.2003 – IV A 6-S 2140-8/03, BStBl. I 2003, 240, ergänzt durch BMF-Schreiben, v. 22.12.2009 – IV C 6-S 2140/07/10001-01, BStBl. I 2010, 18.

18) Gesetz zur Erleichterung der Bewältigung von Konzerninsolvenzen, v. 13.4.2017, BGBl. I 2017, 866.

19) Vgl. *Graf-Schlicker*, ZInsO 2013, 1765, 1768 f.; *Graf-Schlicker*, Mit Blick auf Europa: Ein Konzerninsolvenzrecht schaffen, Sonderheft zu AnwBl 2013, 620 ff.; *Graf-Schlicker*, Konzerninsolvenzrechtsreform, in: Bankenregulierung, Insolvenzrecht, Kapitalanlagegesetzbuch, Honorarberatung: Bankrechtstag 2013, 2014, S. 27 ff.

20) Gesetz zur Verbesserung der Rechtssicherheit bei Anfechtungen nach der Insolvenzordnung, v. 29.3.2017, BGBl. I 2017, 654.

21) Gesetz zur Durchführung der Verordnung (EU) 2015/848 über Insolvenzverfahren, v. 5.6.2017, BGBl I 2017, 1476.

22) Gesetz zur Neuordnung des Rechts der Syndikusanwälte, v. 21.12.2015, BGBl. I 2015, 2517.

Syndikusanwälten unsicher geworden. Obwohl es schon bei den Anwaltsverbänden keine einheitliche Haltung zu der Frage gab, inwieweit Syndikusanwälte den freiberuflich tätigen Anwälten gleichzustellen sind, ergriff *Marie Luise Graf-Schlicker* die Initiative, sehr schnell alle wichtigen Akteure an einen Tisch zu bringen. Nur so konnte es gelingen, in kürzester Zeit Lösungen zu erarbeiten und im Gesetzgebungsverfahren durchzusetzen.[23)]

Im Bereich des Strafprozessrechts legte *Marie Luise Graf-Schlicker* mit der Einrichtung einer Projektgruppe die Grundlagen für die elektronische Aktenführung im Strafverfahren. Nach vielen Abstimmungsrunden mit den Ländern, die schon aufgrund der Kosten ein besonderes Interesse hatten, in die Arbeiten eng einbezogen zu werden, konnte 2017 das Gesetz zur Einführung der elektronischen Akte in der Justiz und zur weiteren Förderung des elektronischen Rechtsverkehrs verabschiedet werden.[24)]

Hohe Anerkennung erwarb sich *Marie Luise Graf-Schlicker* mit der Leitung des Expertenkommission zur effektiveren und praxistauglicheren Ausgestaltung des allgemeinen Strafverfahrens und des jugendgerichtlichen Verfahrens, die von Juli 2014 bis September 2015 getagt und im Oktober 2015 einen umfassenden dreibändigen Bericht[25)] vorgelegt hat. Viele der von der Kommission erarbeiteten Vorschläge sind mit dem Gesetz zur effektiveren und praxistauglicheren Ausgestaltung des Strafverfahrens vom 17. August 2017[26)] bereits umgesetzt worden.

Neben der Effektivierung des Strafprozesses lag *Marie Luise Graf-Schlicker* auch die Öffnung der Gerichtsverfahren für moderne Medien am Herzen. Sie leitete die zu dieser Thematik eingesetzte Bund-Länder-Arbeitsgruppe „Zeitgemäße Neufassung des § 169 GVG“, die 2015 ihren Abschlussbericht vorlegte. Auf der Grundlage des Abschlussberichts wurde das Gesetz über die Erweiterung der Medienöffentlichkeit in Gerichtsverfahren

---

23) Zu dem Ablauf des Gesetzgebungsverfahrens s. Interview mit *Marie Luise Graf-Schlicker* in: Bundesverband der Unternehmensjuristen e. V., Die Neuregelung des Rechts der Syndikusanwälte in Theorie und Praxis, 2017, S. 12 ff.

24) Gesetz zur Einführung der elektronischen Akte in der Justiz und zur weiteren Förderung des elektronischen Rechtsverkehrs, v. 5.7.2017, BGBl. I 2017, 2208.

25) Abrufbar unter https://www.bmjv.de/SharedDocs/Artikel/DE/2015/10132015_Abschlussbericht_Reform_Strafprozessrecht.html (Abrufdatum: 13.12.2017).

26) Gesetz zur effektiveren und praxistauglicheren Ausgestaltung des Strafverfahrens, v. 17.8.2017, BGBl. I 2017, 3202.

verabschiedet,[27] das unter anderem eine Fernsehübertragung der Verkündung von Entscheidungen der obersten Bundesgerichte ermöglicht.

Im Bereich des strafrechtlichen Ermittlungsverfahrens beschäftigte *Marie Luise Graf-Schlicker* über ihre gesamte Amtszeit im Bundesjustizministerium das Thema „Vorratsdatenspeicherung". Die Regelungen über die Vorratsdatenspeicherung im Gesetz zur Umsetzung der Richtlinie Vorratsdatenspeicherung[28] vom 21. Dezember 2007[29] hat das Bundesverfassungsgericht für nichtig erklärt.[30] Die Richtlinie selbst wurde dann vom Europäischen Gerichtshof für ungültig erklärt.[31] Mit dem Gesetz zur Einführung einer Speicherpflicht und einer Höchstspeicherfrist für Verkehrsdaten vom 10. Dezember 2015[32] wurde ab dem 1. Juli 2017 die Speicherpflicht erneut eingeführt. Aufgrund eines Beschlusses des OVG Münster[33], das entschieden hat, in der Folge eines Urteils des Gerichtshofs der Europäischen Union vom 21. Dezember 2016[34] sei die Speicherpflicht mit dem Recht der Europäischen Union nicht vereinbar, hat allerdings die Bundesnetzagentur Maßnahmen zur Durchsetzung der Speicherfrist ausgesetzt.[35] *Marie Luise Graf-Schlicker* hatte die schwierige Aufgabe, zu der verfassungsrechtlich, europarechtlich und auch politisch komplexen Frage der Sicherung von Verkehrsdaten für Strafverfolgungszwecke immer wieder neue Lösungen zu erarbeiten. Und ihr ist immer etwas eingefallen.

Im Bereich des Kostenrechts wurde unter der Federführung von *Marie Luise Graf-Schlicker* mit dem 2. Kostenrechtsmodernisierungsgesetz vom

---

27) Gesetz zur Erweiterung der Medienöffentlichkeit in Gerichtsverfahren und zur Verbesserung der Kommunikationshilfen für Menschen mit Sprach- und Hörbehinderungen – EMöGG, v. 8.10.2017, BGBl. I 2017, 3546.

28) Richtlinie 2006/24/EG des Europäischen Parlaments v. 15.3.2006 über die Vorratsspeicherung von Daten, die bei der Bereitstellung öffentlich zugänglicher elektronischer Kommunikationsdienste oder öffentlicher Kommunikationsnetze erzeugt oder verarbeitet werden, und zur Änderung der Richtlinie 2002/58/EG, ABl. (EU) L 105/54 v. 13.4.2006.

29) Gesetz zur Umsetzung der Richtlinie Vorratsdatenspeicherung, v. 21.12.2007, BGBl. I 2007, 3198.

30) BVerfG, Urt. v. 2.3.2010 – 1 BvR 256/08, BVerfGE 125, 260.

31) EuGH, Urt. v. 8.4.2014 – C-293/12, C-495/12, NJW 2014, 2169.

32) Gesetz zur Einführung einer Speicherpflicht und einer Höchstspeicherfrist für Verkehrsdaten, v. 10.12.2015, BGBl. I 2015, S. 2218.

33) OVG Münster, Beschl. v. 22.6.2017 – 13 B 238/17.

34) EuGH, Urt. v. 21.12.2016 – C–203/15, C–698/15, NJW 2017, 717.

35) Mitteilung der Bundesnetzagentur, Stand: 28.6.2017.

23. Juli 2013[36] die umfassende Reform des Gerichts-, Anwalts- und Notarkostenrechts abgeschlossen. Mit ihrem Verhandlungsgeschick moderierte sie erfolgreich in den Beratungen über den Gesetzentwurf den schwierigen Ausgleich zwischen den Interessen der Rechtsanwälte an einer auskömmlichen Vergütung und den Haushaltsinteressen der Länder bis hin zum Vermittlungsausschuss des Deutschen Bundestages.

Das große Engagement der *Jubilarin* für das Recht und die Rechtsentwicklung in Deutschland war jedoch nicht auf ihre Tätigkeit als Richterin und Ministerialbeamtin beschränkt. Vielmehr veröffentlichte die *Jubilarin* zahlreiche Aufsätze zu den von ihr betreuten Rechtsgebieten, hielt Vorlesungen an der *Juristischen Fakultät der Ruhr-Universität Bochum*, referierte auf zahlreichen Veranstaltungen über Vorhaben des Bundesministeriums der Justiz und für Verbraucherschutz oder sonstige juristische Fragen, die ihr am Herzen liegen, gibt den von ihr begründeten, mittlerweile in vierter Auflage vorliegenden Kommentar zur Insolvenzordnung heraus und kommentiert darin zugleich eine bedeutende Anzahl Vorschriften, ist Mitglied des Herausgeberbeirats der *Zeitschrift für Wirtschaftsrecht* (ZIP) sowie der *Zeitschrift für Verbraucher- und Privat-Insolvenzrecht* (ZVI) und engagiert sich im Deutschen Juristentag.

Dass *Marie Luise Graf-Schlicker* all dies so hervorragend gelungen ist, ist nicht nur ihrer fachlichen Kompetenz, ihrem außerordentlichen Arbeitseinsatz sowie ihrer Beharrlichkeit zu verdanken, sondern auch ihrer Kreativität und Kommunikationsfähigkeit, die es ihr ermöglicht haben, im Diskurs widerstreitende Interessen zu identifizieren und gemeinsame Lösungen zu entwickeln. Erwähnenswert ist darüber hinaus ihre ausgeprägte Fähigkeit, Menschen zusammenzuführen und Mitarbeiter zu motivieren. Gerade diese Eigenschaften sind es, die ihr früherer Vorgesetzter und Förderer, *Jochen Dieckmann* (NRW-Justizminister 1999–2002), in einem Gespräch besonders betont hat und die ihn, der gemeinhin eher nüchtern formuliert, geradezu ins Schwärmen gebracht haben.

Möge *Marie Luise Graf-Schlicker* noch lange ihre Schaffenskraft behalten, um ihr reichhaltiges Wissen weiterzugeben, Projekte anzustoßen und ihren sonstigen vielfältigen Aktivitäten nachgehen zu können!

---

36) Zweites Gesetz zur Modernisierung des Kostenrechts – 2. Kostenrechtsmodernisierungsgesetz (2. KostRMoG), v. 23.7.2013, BGBl. I 2013, 2586.

Teil I

Recht des Zivil- und Verwaltungsprozesses, der freiwilligen Gerichtsbarkeit sowie der außergerichtlichen Streitbeilegung

Der lange Weg zur elektronischen Verfahrensakte – eine Skizze zum Zwischenstand

ROBERT BEY

Inhaltsübersicht

I. Einleitung

Mit dem Gesetz zur Förderung des elektronischen Rechtsverkehrs (ERV) mit den Gerichten (eJustice-Gesetz)[1] und dem Gesetz zur Einführung der elektronischen Akte in der Justiz und zur weiteren Förderung des ERV 2017[2] hat die Digitalisierung der Justiz eine ungeahnte Dynamik entfaltet, der sich niemand in der juristischen Praxis in den nächsten Jahren entziehen können wird. ERV und die elektronische Verfahrensbearbeitung bei Gerichten und Staatsanwaltschaften, die elektronische Akte (eAkte), werden nun unabweislich kommen. Arbeitsroutinen, Geschäftsgänge und Prozessabläufe werden gründlich hinterfragt und angepasst werden müssen. Nicht weniger als eine revolutionäre Umwälzung der Justizorganisation steht bevor. Konnte man – vor allem die etwas älteren Semester – die Hoffnung hegen, während der aktiven Berufs- oder Dienstzeit nicht mehr mit ERV und eAkte behelligt zu werden, so ist diese Hoffnung zerstoben. Unter der tatkräftigen Abteilungsleitung von *Marie Luise Graf-Schlicker* im Bundesjustizministerium hat die Entwicklung nach langen Jahren des „Mehltaus“ den entscheidenden Schub bekommen, der Rechtspraxis und -wissenschaft auf Jahre beschäftigen wird.

---

1) Gesetz zur Förderung des elektronischen Rechtsverkehrs mit den Gerichten – eJustice-Gesetz, v. 10.10.2013, BGBl. I 2013, 3786.

2) Gesetz zur Einführung der elektronischen Akte in der Justiz und zur weiteren Förderung des elektronischen Rechtsverkehrs – ERV 2017, v. 5.7.2017, BGBl. I 2017, 2208.

II. Die Ausgangslage

Ganz überraschend ist die Entwicklung nicht, ihre Anfänge liegen schließlich schon mehr als ein Jahrzehnt – fast zwei Jahrzehnte – zurück.

§ 130a Abs. 2 ZPO und die entsprechenden Fachgerichtsverfahrensordnungen erlaubten Bund und Ländern schon seit dem 1. August 2001,[3] für ihren Bereich durch Rechtsverordnung die rechtsverbindliche Kommunikation zwischen Verfahrensbeteiligten und Gerichten durch Einreichung von elektronischen Dokumenten zu ermöglichen.[4] Die Bund-Länder-Kommission für Datenverarbeitung und Rationalisierung in der Justiz (BLK)[5] schuf mit einer „Musterrechtsverordnung" 2006 einen einheitlichen Rahmen. Damit kam man der Bitte der 80. Justizministerkonferenz nach, Standardisierungen des ERV mit Nachdruck fortzuführen.[6]

Das Gesetz über die Verwendung elektronischer Kommunikationsformen in der Justiz machte 2005 mit § 298a ZPO den Weg frei für eine elektronische Aktenführung.[7] Parallelregelungen finden sich in §§ 55a, 55b VwGO, §§ 65a, 65b SGG sowie §§ 52a, 52b FGO und §§ 46c (46b a. F.), 46d ArbGG.

III. Die Entwicklung in der Praxis

Die Entwicklung des ERV war im Wesentlichen[8] den Justizverwaltungen überlassen. Diese verlief nur zögerlich und führte zu einem vielseitig beklagten „Flickenteppich", der Haftungsrisiken mit sich brachte, falls es zu unzulässigen elektronischen Übermittlungen kam.[9] Hessen schaffte es

---

3) Gesetz zur Anpassung der Formvorschriften des Privatrechts und anderer Vorschriften an den modernen Rechtsgeschäftsverkehr, v. 13.7.2001, BGBl. I 2001, 1542; siehe auch das Gesetz zur Reform des Verfahrens bei Zustellungen im gerichtlichen Verfahren – Zustellungsreformgesetz (ZustRG), v. 25.6.2001, BGBl. I 2001, 1206, und das Dritte Gesetz zur Änderung verwaltungsverfahrensrechtlicher Vorschriften, v. 21.8.2002, BGBl. I 2002, 3322.

4) Siehe nur *Köbler*, Der elektronische Rechtsverkehr kommt, AnwBl 2013, 589.

5) Heute „Bund-Länder-Kommission für die Informationstechnik der Justiz".

6) Protokoll der 80. Sitzung der abrufbar unter BLK, www.justiz.de/BLK/beschluesse/archiv/80.pdf (Abrufdatum: 26.11.2017).

7) Gesetz über die Verwendung elektronischer Kommunikationsformen in der Justiz – Justizkommunikationsgesetz (JKomG), v. 22.3.2005, BGBl. I 2005, 837; siehe *Viefhues*, Das Gesetz über die Verwendung elektronischer Kommunikationsformen in der Justiz, NJW 2005, 1009, 1010 ff.

8) Die besonderen Entwicklungen in Grundbuch- und Registersachen sowie Mahnverfahren sollen dabei außer Betracht bleiben; näher: *Köbler*, AnwBl 2013, 589 f.

9) Z. B. OLG Düsseldorf, Urt. v. 24.7.2013 – VI-U (Kart) 48/12, AnwBl 2014, 91.

2007, den ERV flächendeckend einzuführen. Noch bis Ende 2015 folgten – neben den Bundesgerichten außer dem Bundesverfassungsgericht – nur einzelne Länder und zwar Berlin, Brandenburg, Bremen und Sachsen.[10)] Zum Teil wurde die Strategie verfolgt, den ERV erst mit Bereitstellung der eAkte in den Gerichten zu eröffnen.[11)] Im Rahmen des ERV erfolgt die Einreichung über das elektronische Gerichts- und Verwaltungspostfach (EGVP),[12)] wobei (jedenfalls bis Ende 2017) stets noch eine qualifizierte elektronische Signatur (siehe § 2 Nr. 3 SignG) nötig war, um die Form für bestimmende Schriftsätze zu erfüllen (§ 130a ZPO, § 55a VwGO, § 65a SGG, § 52a FGO, § 46c ArbGG).[13)] Zwar beschäftigten sich seit Jahren die Arbeitsgruppen der BLK „ERV" und „IT technische Standards in der Justiz" aus fachlich-organisatorischer bzw. technischer Sicht mit dem Themenbereich, ebenso seit 2004 die „Gemeinsame Kommission ERV des EDV-Gerichtstages". BMJ, BRAK, BNotK und DAV legten schon 2007 einen 10-Punkte-Plan zur Förderung des ERV vor.[14)] Die Arbeitsgruppe „Zukunft" der BLK zeigte mit der „Gemeinsamen Strategie zur Einführung des ERV und der elektronischen Aktenführung"[15)] vom 16. März 2011 den Weg zur weiteren Digitalisierung auf. Dennoch kam man nicht recht voran. Die freiwilligen Angebote zur elektronischen Kommunikation wurden nur in geringem Umfang genutzt.[16)]

---

10) Abrufbar unter http://www.justiz.de/elektronischer_rechtsverkehr/index.php (Abrufdatum: 26.11.2017); aktuelle Übersicht: www.egvp.de (Abrufdatum: 26.11.2017); siehe auch *Bey*, Elektronischer Rechtsverkehr in Deutschland, DRiZ 2015, 292; *Bernhardt*, Die deutsche Justiz im digitalen Zeitalter, NJW 2015, 2775, 2276.

11) Siehe Länderberichte zum EDV-Gerichtstag: z. B. Baden-Württemberg, 2017, S. 3; Bayern, 2016, S. 8; Mecklenburg-Vorpommern, 2014, S. 5; aktuell http://www.justiz.de/BLK/laenderberichte/index.php (Abrufdatum: 26.11.2017).

12) Näher: www.egvp.de (Abrufdatum: 26.11.2017).

13) BGH, Beschl. v. 14.1.2010 – VII ZB 112/08, BGHZ 184, 75, Rz. 15 ff. = ZIP 2010, 952 (Ls.); BGH, Beschl. v. 14.5.2013 – VI ZB 7/13, BGHZ 197, 209, Rz. 7 = ZIP 2013, 1692 (Ls.); siehe z. B. § 2 Abs. 3 sächs. E-Justizverordnung i. d. F. d. Bekanntmachung v. 23.4.2014, SächsGVBl. 2014, 291.

14) http://www.brak.de/w/files/04_fuer_journalisten/10PunktePlan_ERV (Abrufdatum: 26.11.2017).

15) http://www.justiz.de/elektronischer_rechtsverkehr/erv_gesamtstrategie.pdf (Abrufdatum: 26.11.2017).

16) *Köbler*, Elektronischer Rechtsverkehr in Deutschland: Die langsame föderale Revolution, in: FS Schneider, 2013, S. 689 f.

IV. Das Gesetz zur Förderung des elektronischen Rechtsverkehrs

2010 fanden sich mehrere Bundesländer zusammen, um durch ein Bündel von Maßnahmen den ERV und die eAkte zu fördern – die „Länderarbeitsgruppe eJustice". Am Anfang stand die Erkenntnis, dass der ERV nur dort, wo es einen Nutzungszwang gab, ein Erfolgsmodell war[17] und sich bei geringen Eingängen wegen der unvermeidlichen Medienbrüche kein sinnvoller Workflow entwickeln konnte. Erst in der eAkte – so die Feststellung – liegt aber der Mehrwert des ERV für die Justiz, weshalb vor allem die „professionellen Einreicher" zur Umstellung auf den ERV bewegt werden sollten.[18] 2012 wurde über den Bundesrat der Entwurf eines Gesetzes zur Förderung des elektronischen Rechtsverkehrs in der Justiz vorgelegt.[19]. In der ersten Stufe war unter anderem die Errichtung der Infrastruktur für ein besonderes elektronisches Anwaltspostfach (beA) mit Einreichungsmöglichkeit ohne qualifizierte elektronische Signatur, die als wesentliches Akzeptanzhindernis ausgemacht wurde,[20] vorgesehen, in zweiter Stufe eine Länderöffnungsklausel für den obligatorischen ERV, zuletzt eine allgemeine Nutzungspflicht für professioneller Einreicher. Damit kam Schwung in die Sache.

Der Entwurf der Bundesregierung eines Gesetzes zur Förderung des ERV mit den Gerichten vom 6. März 2013[21] griff die Grundstruktur des Bundesratsentwurfs auf. Schließlich konnte das eJustice-Gesetz schon zum 17. Oktober 2013 mit einzelnen Regelungen in Kraft treten.[22] Kernpunkte waren die bundesweite Eröffnung des ERV mit den Gerichten zum 1. Januar 2018,[23] die „Schaffung sicherer Übermittlungswege"[24] und spätestens zum 1. Januar 2022 die Pflicht aller Rechtsanwälte, Behörden oder juristischen Personen öffentlichen Rechts sowie einzelner Gruppen von

---

17) Z. B. bei Handelsregister und Mahnantrag: Begr. zum Bundesratsentwurf eines Gesetzes zur Förderung des ERV in der Justiz, BT-Drucks. 17/11691, S. 28.

18) BT-Drucks. 17/11691, S. 28.

19) BT-Drucks. 17/11691.

20) BT-Drucks. 17/11691, S. 1; BT-Drucks. 17/12634, S. 20; *Köbler*, Das Gesetz zur Förderung des ERV mit den Gerichten und die Chancen zu einer ergonomischen Verbesserung der richterlichen Arbeitsmöglichkeiten – und von den Risiken, DVBl 2016, 1506, 1507.

21) RegE Gesetz zur Förderung des ERV mit den Gerichten, v. 6.3.2013, BT-Drucks. 17/12634.

22) BGBl. I 2013, 3786; eingehend *Treber*, Virtuelle Justizkommunikation ante portas, NZA 2014, 450; *Weller/Serbu*, Der elektronische Rechtsverkehr mit den Gerichten rückt näher, DRiZ 2013, 290; *Köbler*, AnwBl 2013, 589.

23) Außer in OWi- und Strafverfahren sowie Verfahren vor den Verfassungsgerichten.

24) § 130a Abs. 4 ZPO, § 46c ArbGG, § 65a SGG, § 55a VwGO, § 52a FGO.

Vertretungsberechtigen in den Fachgerichten (z. B. § 55d VwGO) nur noch elektronisch mit den Gerichten zu kommunizieren. Dazu wurde ein straffes Fristenprogramm festgelegt: Zum 1. Januar 2016 sollten das elektronische Schutzschriftenregister (§ 945a ZPO) und das von der BRAK einzurichtende beA (§ 31a BRAO) bereitstehen, ab 1. Januar 2017 Rechtsanwälte zur ausschließlichen Nutzung des Schutzschriftenregisters (§ 49c BRAO) verpflichtet sein. Ab 1. Januar 2018 wurde die gerichtliche Zustellung an Anwälte und Behörden gegen elektronisches Empfangsbekenntnis ermöglicht. Auf einen festen Zeitpunkt, zu dem die Gerichte die eAkte einzuführen hätten, verzichtete man allerdings ebenso wie auf eine Pflicht zur elektronischen Kommunikation der Gerichte. Insofern vertraute man auf die Kraft des Faktischen, denn ohne eine zügige Einführung der eAkte würde die Justiz den anschwellenden elektronischen Eingang kaum bewältigen können.[25)] So werden z. B. allein an sächsischen Gerichten für 2022 grob geschätzt 1.755.000 eingehende elektronische Dokumente, zahlreiche Seiten umfassende Schriftsätze nebst Anlagen, erwartet.[26)]

V. Der Einführungszwang

Mit dem Gesetz zur Einführung der elektronischen Akte in der Justiz und zur weiteren Förderung des ERV vom 5. Juli 2017 (ERV 2017),[27)] auf das an anderer Stelle näher eingegangen werden soll, wurde nicht nur die bisher fehlende strafprozessuale Grundlage (§ 32 StPO) für die elektronische Aktenführung zum 1. Januar 2018 geschaffen, sondern zugleich auch der ERV mit Staatsanwaltschaften und Gerichten an den Regelungen des eJustice-Gesetzes ausgerichtet.[28)] Damit erhielt der Prozess zur Einführung der eAkte für alle Verfahrensordnungen einen weiteren Impuls. Schon im Ausgangsentwurf des Gesetzes wurde zudem der 1. Januar 2026[29)] genannt, von dem ab die Akte in Straf- und Bußgeldsachen elek-

---

25) *Köbler*, AnwBl 2013, 589, 590; *Köbler*, DVBl 2016, 1506, 1507; *Bernhardt*, NJW 2015, 2775, 2777.

26) *Ackermand*, Umsetzung des E-Justice-Gesetzes in der sächsischen Justiz, Sachsenlandkurier 2015, 164, 165; *Köbler*, DVBl 2016, 1506, 1508, nennt für die Ordentliche Gerichtsbarkeit in Hessen 40.000 Eingänge mit 500.000 Seiten täglich.

27) BGBl. I 2017, 2280.

28) BT-Drucks. 18/9416, S. 1.

29) Art. 2 Nr. 1 lit. a; näher *Werner*, Gesetzentwurf zur Einführung der elektronischen Akte in Strafsachen und zur weiteren Förderung des elektronischen Rechtsverkehrs – Digitalisierung der Strafjustiz, jM 2016, 387; *Viefhues*, Elektronischer Rechtsverkehr, Ausgabe 2/2016, Rz. 24 ff.

tronisch zu führen ist. Die Festlegung eines Zwangszeitpunkts wurde zwar vereinzelt skeptisch gesehen – die eGovernmentgesetze haben sich bislang meist auf eine Sollanforderung beschränkt –,[30] im Ergebnis aber für machbar gehalten. Hier wird sich insbesondere der elektronische Workflow zwischen Polizei und Staatsanwaltschaft als besondere Herausforderung erweisen. Der Bundesrat forderte am 17. Juni 2016 in seiner Stellungnahme zum Entwurf,[31] die verbindliche elektronische Aktenführung in allen gerichtlichen Verfahrensordnungen ab dem 1. Januar 2026 vorzusehen. So werde Planungssicherheit geschaffen. Zudem werde die Akzeptanz in der Richterschaft erhöht. In kurzer Zeit wurde vom BMJV eine Formulierungshilfe erarbeitet, die über die Beschlussempfehlung des Rechtsausschusses des Bundestags in das Gesetz einging.[32] § 298a ZPO wurde in Art. 11 Nr. 4 lit. c um einen Absatz 1a ergänzt, dessen Satz 1 lautet: „Die Prozessakten werden ab dem 1. Januar 2026 elektronisch geführt." Entsprechende Regelungen finden sich in den Fachgerichtsordnungen.

VI. Umsetzung und Anpassungen – die Digitalisierung als ständiger Prozess

Dass nach Schaffung der formellgesetzlichen Grundlagen noch weitere normative Umsetzungsschritte notwendig werden, ist schon in den Gesetzen angelegt, die Gestaltungsmöglichkeiten für Bund und Länder vorsehen. Schon bald nach Erlass des eJustice-Gesetzes 2013 ergab sich aber die Notwendigkeit, darüber hinaus nachzubessern und ergänzende Regelungen zu treffen. Es kommt nicht unerwartet, dass sich die Digitalisierung als ständiger Prozess erweist, bei dem sich erst in der Umsetzungsphase Anpassungsbedarf zeigt, und nicht zuletzt verschiedene Akteure und rechtliche Rahmenbedingungen Nachsteuerungen erfordern.

Zur Gestaltung des Transformationsprozesses wurde eine Vielzahl von Verordnungsermächtigungen geschaffen, zum einen um einheitliche Standards festzulegen (keine Flickenteppiche!), zum anderen um die Feinsteuerung zu ermöglichen. Hervorzuheben sind die Ermächtigungen des eJustice-Gesetzes zu Bundesrechtsverordnungen mit Zustimmung des Bundesrates zur Festlegung der zur Übermittlung und Bearbeitung geeig-

---

30) § 6 EGovG Bund; § 9 Abs. 3 EGovG NW; Art. 7 EGovG BY; im Ergebnis auch § 6 EGovG BW; § 12 EGovG SN; verpflichtend: § 7 EGovG Berlin.

31) BR-Drucks. 236/16, S. 1 f.

32) BT-Drucks. 18/12203.

neten technischen Rahmenbedingungen,[33] des besonderen Behördenpostfachs (beBPo)[34] und der sonstigen bundeseinheitlichen Übermittlungswege,[35] zur Einführung elektronischer Formulare[36] und zum Schutzschriftenregister[37] sowie zu Verordnungen der Länder zu einem Opt-out bis spätestens 31. Dezember 2019 und einem Opt-in der Einreichungspflicht schon zum 1. Januar 2020 oder 2021.[38] Auch das Gesetz zur Einführung der elektronischen Akte in der Justiz (ERV 2017) überlässt es in großem Umfang Rechtsverordnungen, die Details zu regeln,[39] so unter anderem für Beginn und Umfang der elektronischen Aktenführung, zu organisatorischen und technischen Rahmenbedingungen, für ein beBPo und bundeseinheitliche sonstige Übermittlungswege, elektronische Formulare und die Akteneinsichtstandards, für ein Opt-out von der elektronischen Einreichung bis Ende 2019[40] und die (Fort-)Führung von angelegten Papierakten ab 1. Januar2026.[41]

Nicht unmittelbar auf die eAkte in der Justiz bezogen, aber als ein zentraler Baustein für die Kommunikationsbeziehungen zwischen Gerichten und Rechtsanwaltschaft von enormer Bedeutung, sollte das beA schon zum 1. Januar 2016 freigeschaltet werden. Dies gelang erst „nach einigen Kapriolen“[42] zum 28. November 2016: Zunächst verschob die BRAK den Starttermin, weil die Nutzerfreundlichkeit nicht ausreichend sei.[43] Alsdann richtete sich gegen den geplanten Start am 29. September 2016[44] unerwartet heftiger Widerstand aus Teilen der Anwaltschaft. Zwei einstweilige Anordnungen des AGH Berlin[45] verpflichteten die BRAK, das beA

33) § 130a Abs. 2 Satz 2 ZPO, § 46c ArbGG, § 65a SGG, § 55a VwGO, § 52a FGO i. d. F. des eJustice-Gesetzes; Elektronischer-Rechtsverkehr-Verordnung v. 24.11.2017, BGBl. I 2017, 3803 (ERVV).

34) § 130a Abs. 2 Satz 2, Abs. 4 Nr. 3 ZPO und entspr. Fachgerichtsgesetze i. d. F. des eJustice-Gesetzes; §§ 6–9 ERVV.

35) § 130a Abs. 4 Nr. 4 ZPO und entspr. Fachgerichtsgesetze i. d. F. des eJustice-Gesetzes.

36) § 130c und entspr. Fachgerichtsgesetze i. d. F. des eJustice-Gesetzes.

37) § 945b ZPO n. F.

38) Art. 24 eJustice-Gesetz.

39) U. a. §§ 32–32 lit. c, lit. f StPO i. d. F. des Art. 1 ERV 2017; siehe RefE VO zur Änderung der ERVV, abrufbar unter https://www.brak.de/w/files/newsletter_archiv/berlin/2017/2017 487 anlage3.pdf (Abrufdatum: 26.12.2017).

40) § 15 EGStPO i. d. F. des Art. 3 ERV 2017, § 134 OWiG

41) Art. 2 Nr. 1b ERV 2017.

42) *Bacher*, Das besondere elektronische Anwaltspostfach, MDR 2017, 613.

43) BT-Drucks. 18/9521, S. 107; BRAK-Presseerklärung Nr. 3 v. 14.4.2016.

44) BRAK-Presseerklärung Nr. 9 v. 13.9.2016.

45) AGH Berlin, Beschl. v. 6.6.2016 – II AGH 15/15, AnwBl. 2016, 601; AGH Berlin, Beschl. v. 6.6.2016 – II AGH 16/15, NJW 2016, 2195.

für die Antragsteller nicht ohne deren Zustimmung frei zu schalten, was systembedingt nicht möglich war. Der Gesetzgeber musste nun schnell reagieren, wollte er das Großprojekt des flächendeckenden ERV in der Justiz nicht gefährden. In kürzester Zeit legte das BMJV in Abstimmung mit der Anwaltschaft einen Vorschlag zur Ergänzung und Änderung des § 31a BRAO[46] sowie aufgrund des § 31c BRAO die Verordnung über die Rechtsanwaltsverzeichnisse und die besonderen elektronischen Anwaltspostfächer (RAVPV) vom 23. September 2016 vor, die schon fünf Tage später in Kraft trat.[47] Die Änderung des § 31a BRAO konnte noch in das Gesetz zur Umsetzung der Berufsanerkennungsrichtlinie[48] mit Inkrafttreten am 18. Mai 2017 eingebracht werden.[49] Danach hat die BRAK das beA „empfangsbereit“ einzurichten. Der neu eingefügte § 31a Abs. 6 BRAO sieht ferner die passive Nutzungspflicht jedes beA-Inhabers vor. Bis 31. Dezember 2017 sicherte § 31 Abs. 5 RAVPV, dass der Inhaber Eingänge nur gegen sich gelten lassen muss, wenn er zuvor seine Bereitschaft zum Empfang erklärt hat. Daraufhin hob der AGH seine Anordnungen auf.[50] Der Interessenausgleich ist – entgegen verfassungsrechtlichen Zweifeln[51] – gelungen. Die Bedenken gegen die Verfassungsmäßigkeit des § 31a BRAO hat der BGH bereits auf der Grundlage der ursprünglich geltenden Fassung als unbegründet angesehen,[52] an der gesetzlichen Ermächtigungsgrundlage bestehen keine Zweifel.[53] Eine Verfassungsbeschwerde gegen gesetzliche Regelungen zum anwaltlichen elektronischen Rechtsverkehr, vor allem zur Nutzungspflicht in § 31a BRAO und in § 130d ZPO bzw. den Fachgerichtsordnungen, wurde vom BVerfG nicht zur Entscheidung angenommen.[54]

---

46) Art. 1 Nr. 8 RegE zum Gesetz zur Umsetzung der Berufsanerkennungsrichtlinie, v. 5.9.2016, BT-Drucks. 18/9521.

47) Verordnung über die Rechtsanwaltsverzeichnisse und die besonderen elektronischen Anwaltspostfächer – RAVPV, v. 23.9.2016, BGBl. I 2016, 2167.

48) Gesetz zur Umsetzung der Berufsanerkennungsrichtlinie und zur Änderung weiterer Vorschriften im Bereich der rechtsberatenden Berufe, v. 12.5.2017, BGBl. I 2017, 1121.

49) Art. 1 Nr. 8; BGBl. I 2017, 1121.

50) AGH Berlin, Beschl. v. 28.9.2016 – I AGH 17/15; AGH Berlin, Beschl. v. 25.11.2016 – II AGH 16/15.

51) *Delhey*, Verfassungsrechtliche Grenzen einer Pflicht für Rechtsanwälte zur Nutzung elektronischer Kommunikationsmittel, NJW 2016, 1274, 1278 f.

52) BGH, Urt. v. 11.1.2016 – AnwZ (Brfg) 33/15, NJW 2016, 1025, Rz. 15 ff.

53) *Bacher*, MDR 2017, 613, 614.

54) BVerfG, Beschl. v. 20.12.2017 – 1 BvR 2233/17, abrufbar unter http://www.bverfg.de/e/rk 2017 1220 1bvr223317.html (Abrufdatum: 26.12.2017).

Auch die Bedürfnisse der Praxis haben in jüngster Zeit zu punktuellen gesetzlichen Änderungen geführt, die von allen Beteiligten unvermeidbar ein hohes Maß von Flexibilität und enger Zusammenarbeit erforderten. Dies hat zwar einerseits zu einer gewissen Unübersichtlichkeit beigetragen, da die Regelungen in laufende Gesetzgebungsvorhaben eingefügt wurden. Andererseits hat die Praxis frühzeitig Planungssicherheit gewonnen. So wurden z. B. innerhalb von einem Jahr dreimal die Signaturerfordernisse bei zuzustellenden elektronischen Dokumenten in § 169 ZPO angepasst, um ab 2018 die Zustellung weitgehend ohne qualifizierte elektronische Signatur des Urkundsbeamten der Geschäftsstelle zu ermöglichen.[55)] Kleine, wenn auch praxisrelevante Bausteine sind die Pflichten zur Postfachmitteilung[56)] und Beifügung eines strukturierten XML-Datensatzes mit Metadaten,[57)] aber auch die Gleichstellung von handschriftlich unterzeichneten gerichtlichen Schriftstücken mit originär elektronisch erstellten nach qualifiziertem Einscannen gemäß § 298a Abs. 2 ZPO i. d. F. ab 1. Januar 2018.[58)] So können z. B. Urteile und Beschlüsse von Berufs- und ehrenamtlichen Richtern weiter auf Papier unterzeichnet und anschließend übertragen werden. Auch im Bereitschaftsdienst schafft dies Erleichterungen.[59)]

VII. Zwischenstand der Einführung des ERV und der gerichtlichen eAkte

Die praktische Umsetzung von ERV und eAkte stellt die Justiz von Bund und Ländern und ihre Haushalte auf eine harte Probe. Einerseits sind die IT-technischen Voraussetzungen sicherzustellen, die oft nicht allein in Verantwortung der Justiz liegen, andererseits ist aber auch die Neuorganisation zu bewältigen. Nicht nur Entscheidungen zum eAktenprogramm sind zu treffen, die Justiz-IT zu ertüchtigen sowie Tausende von Arbeitsplätzen auszustatten, sondern es muss auch die personelle Seite – auch Schulung und Fortbildung – in den Blick genommen werden. Nach Test-

---

55) RegE eines Gesetzes zur Umsetzung der Berufsanerkennungsrichtlinie, v. 5.9.2016, BT-Drucks. 18/9521, S. 87 (= Art. 10 Nr. 2a i. d. F. des Gesetzes zur Umsetzung der Berufsanerkennungsrichtlinie v. 12.5.2017; Art. 10 Nr. 2b i. d. F. des Gesetzes zur Umsetzung der Berufsanerkennungsrichtlinie v. 12.5.2017; Art. 11 Nr. 3 ERV 2017 v. 5.7.2017).

56) § 130 Abs. 1 Nr. 1a ZPO i. d. F. des Gesetzes zur Umsetzung der Berufsanerkennungsrichtlinie v. 12.5.2017.

57) § 2 Abs. 3 ERVV.

58) § 130b Satz 2 ZPO ab 1.1.2018.

59) Beschlussempfehlung des Rechtsausschusses v. 28.4.2017, BT-Drucks. 18/12203, S. 80 f.

und Pilotierung verursacht der anschließende Dauerbetrieb enormen Aufwand. Zudem sind die hohen Forderungen an Datenschutz und IT-Sicherheit zu erfüllen, die zu Recht an die Justiz gestellt werden.[60)]

Ziel ist die Einführung der eAkte deutlich vor dem 1. Januar 2022. In allen Ländern werden deshalb erhebliche Mittel bereitgestellt. So sind z. B. in Sachsen seit dem Doppelhaushalt 2015/2016 bis 2022 zusätzlich für ERV und eAkte 22 Projektmittelstellen und ca. 30 Mio. € vorgesehen. Die im März 2014 für die BLK erstellte Grobkalkulation des Verbesserungs- und Investitionsbedarfs für die Einführung des ERV und der eAkte schätzte die Investitionskosten 2015–2020 auf ca. 320 Mio. € zuzüglich laufender Kosten von ca. 180 Mio. € für Bund und Länder.[61)] Eine einheitliche Software für die eAkte wird es in absehbarer Zeit nicht geben. Im Wesentlichen werden drei Verfahrenslösungen verfolgt: Das elektronische Integrationsportal „eIP" in Bayern, Berlin, Brandenburg, Hamburg, Mecklenburg-Vorpommern und Rheinland-Pfalz, eAkte als Service „eAS" in Baden-Württemberg, Sachsen, Schleswig-Holstein und Thüringen sowie die ergonomische elektronische Akte „e^2A" in Nordrhein-Westfalen, Bremen, Hessen, Niedersachsen, Saarland und Sachsen-Anhalt.

In allen Ländern hat die Umsetzung begonnen. Großer Wert wird auf die Beteiligung aller Mitarbeiter, Transparenz und ein Akzeptanz- oder Changemanagement gelegt. In Sachsen z. B. wurde 2016 das Projekt „E-Verfahrensakte Justiz Sachsen" eingesetzt, an dem mehr als 60 Justizmitarbeiter beteiligt sind. Der Projektauftrag beschreibt den Einführungsprozess in einer Phase 1, die Testbetrieb, Pilotierung und Roll-Out-Planung umfasst, und einer Phase 2, dem Roll-Out. Auf der obersten Ebene wurde ein Projektlenkungsausschuss gebildet, dem unter anderem die Präsidenten der Obergerichte, der Generalstaatsanwalt und die Vorsitzenden der Personalvertretungen angehören. Nachgeordnet sind die Projektleitung und 8 Projektgruppen. Angestrebt ist eine Pilotierung 2018. Flankiert wird die Einführung durch eine Prozessvereinbarung mit dem erweiterten Hauptpersonalrat, die dessen Beteiligung am Projekt sichert, ohne die Mitbestimmung zu ersetzen.

---

60) *Berlit*, Der Richter als Sicherheitsrisiko?, jM 2016, 334; *Radke*, Datenhaltung und Datenadministration der Justiz und richterliche Unabhängigkeit, jM 2016, 8.

61) BT-Drucks. 18/9416, S. 38.

Der Einführungsstand ist höchst unterschiedlich. Einzelne Länder hatten schon bis Mitte 2017 mit der Pilotierung in der Praxis begonnen:[62] In Baden-Württemberg werden am Landgericht Mannheim und am Arbeitsgericht Stuttgart Akten in gerichtlichen Streitverfahren verbindlich elektronisch geführt. In Bayern wird schon seit März 2015 an Zivilkammern des Landgerichts Landshut – seit Oktober 2016 mit führender eAkte –, seit März 2017 auch am Landgericht Regensburg, pilotiert. Hessen führt in Ordnungswidrigkeitenverfahren seit März 2007 verbindliche eAkten bei mittlerweile drei Amtsgerichten. Niedersachsen hat am Landgericht Oldenburg mit der Pilotierung begonnen. In Nordrhein-Westfalen wird, neben einer Erprobung der elektronischen Aktenbearbeitung am Landgericht Bochum, sowohl in der Verwaltungs- als auch in der Finanzgerichtsbarkeit die führende elektronische Akte pilotiert, zudem in EHUG-Sachen am Landgericht Bonn, in Thüringen am Verwaltungsgericht Weimar.[63]

VIII. „eJustice II“

Schon während der Abstimmungen zum eJustice-Gesetz stellte sich heraus, dass nicht alle Vorschläge zeitnah umsetzbar waren. Man war sich einig, dass die „Restanten“ weiterverfolgt werden sollten. Unter dem Titel „eJustice II“ setzt die Länderarbeitsgruppe den Prozess fort. Im Mai 2015 wurden 20 offene Themen in dem Ideenpapier „eJustice II-Weiterentwicklung der Rechtsgrundlagen für den elektronischen Rechtsverkehr und die eAkte in der Justiz“ zusammengefasst. Die 86. Justizministerkonferenz 2015 nahm dieses zur Kenntnis und beauftragte die Arbeitsgruppe, das Papier weiterzuentwickeln. Die Dynamik der Entwicklung rund um eAkte und ERV, aber auch faktisch begrenzte Ressourcen verlangen immer wieder die Prioritäten neu zu setzen. Auf der Agenda 2017/2018 stehen u. a. elektronische Zwangsvollstreckung einschließlich Titelregister, Kanzleipostfach und Organisationssignatur, Erweiterung der elektronischen Einreichungspflicht, Reduzierung der Signaturerfordernisse[64] und Barrierefreiheit, aber auch Bekanntmachungen im Internet.

---

62) Abrufbar unter http://www.justiz.de/BLK/laenderberichte/index.php (Abrufdatum: 26.11.2017).

63) Zur weiteren Entwicklung siehe: https://justiz.de/elektronischer_rechtsverkehr/index.php (Abrufdatum: 26.12.2017).

64) Weiterführend *Lamminger/Ulrich/Schmieder*, Überschießende Signaturerfordernisse bei elektronischem Rechtsverkehr und elektronischer Aktenführung, NJW 2016, 3274.

Zunehmend treten praktische Fragen in den Vordergrund. eJustice zwingt dazu, die Prozessordnungen laufend auf den Prüfstand zu stellen.[65] Eine wesentliche Aufgabe besteht darin, die Hemmnisse, die sich beim technisch-organisatorischen Umsetzungsprozess auf verfahrensrechtlicher Seite zeigen und ihre Ursachen oft in der Ausrichtung der Prozessordnungen auf die Papierakte haben, zu identifizieren und die Entwicklung dauerhaft zu begleiten. Dazu wurde im Juni 2017 eine Unterarbeitsgruppe eingerichtet, die auch als Ansprechpartner für verfahrensrechtliche Fragen rund um eJustice für alle Landesjustizverwaltungen, das BMJV, alle mit der Umsetzung befassten Gremien der Justiz und die Partner der Justiz (BRAK, BNotK etc.) dienen soll.

IX. Ausblick

Das Thema eJustice ist für alle an gerichtlichen Verfahren Beteiligten aus organisatorischer, technischer und prozessualer Sicht das wichtigste und komplexeste Thema der nächsten Jahre. Eine intensive Kommunikation des Gesetzgebers und der Wissenschaft mit der „Praxis" der Gerichte, Staatsanwaltschaften, Behörden, vor allem auch den Rechtsanwälten, Notaren und weiteren professionell Beteiligten, ist Grundvoraussetzung, dass diese Umwälzung gelingen kann, ohne rechtsstaatliche Standards aufzugeben und um die unabweisbaren Vorteile einer im Zeitalter der Digitalisierung angekommenen Justiz verwirklichen zu können.

Spannende Zeiten!

65) *Bernhardt*, NJW 2015, 2775, 2777.

Die wachsende Bedeutung außergerichtlicher Streitbeilegungsmechanismen

– Chance oder Bedrohung für die staatliche Rechtspflege? –

MORITZ BRINKMANN

Inhaltsübersicht

Die Jubilarin hat zehn Jahre lang eine Abteilung mit einem ungeheuer breit gefächerten Aufgabengebiet geleitet. Einige der in ihre Zuständigkeit fallenden Rechtsbereiche haben sich in dieser Zeit dramatisch entwickelt, manche sind überhaupt erst auf dem Radarschirm des Gesetzgebers erschienen. In besonderer Weise trifft dies für das Recht der außergerichtlichen Streitbeilegung oder auch Alternative Dispute Resolution zu, für die vor zehn Jahren nur rudimentäre gesetzliche Regelungen bestanden.[1] Diese Situation hat sich mittlerweile gründlich geändert. Die Stichworte Mediationsgesetz[2], ODR-Verordnung[3] und ADR-Richtlinie[4] mögen genügen. Die angedeuteten Neue-

---

1) Zu nennen ist neben dem Recht der Schiedsgerichtsbarkeit – das allerdings nicht in die Zuständigkeit der Abteilung R fällt – § 15a EGZPO, der durch das Gesetz zur Förderung der außergerichtlichen Streitbeilegung v. 15.12.1999, BGBl. I 1999, 2400, geschaffen wurde.

2) Mediationsgesetz – MediationsG, v. 21.7.2012, BGBl. I 2012, 1577.

3) Verordnung (EU) Nr. 524/2013 des Europäischen Parlaments und des Rates v. 21.5.2013 über die Online-Beilegung verbraucherrechtlicher Streitigkeiten und zur Änderung der Verordnung (EG) Nr. 2006/2004 und der Richtlinie 2009/22/EG – Verordnung über Online-Streitbeilegung in Verbraucherangelegenheiten (ODR-Verordnung), ABl. (EU) L 165/1 v. 18.6.2013.

4) Richtlinie 2013/11/EU des Europäischen Parlaments und des Rates v. 21.5.2013 über die alternative Beilegung verbraucherrechtlicher Streitigkeiten und zur Änderung der Verordnung (EG) Nr. 2006/2004 und der Richtlinie 2009/22/EG – ADR-Richtlinie, ABl. (EU) L 165/63 v. 18.6.2013.

rungen sind Ausdruck einerseits der europarechtlichen Einflüsse und Vorgaben (die ihrerseits während der Amtszeit der Jubilarin noch stärker geworden sind) und andererseits der immer weiter steigenden praktischen Bedeutung außergerichtlicher Streitbeilegung auch in Deutschland.

Im folgenden Beitrag sei der Frage nachgegangen, welche Auswirkungen die wachsende Bedeutung der außergerichtlichen Streitbeilegung für das „Kerngeschäft" der Abteilung R im Bereich des Zivilrechts – nämlich der Rechtspflege durch staatliche Gerichte – hat.

I. Der Begriff der Alternative Dispute Resolution

Unter den Begriff der Alternative Dispute Resolution (im Folgenden: ADR) fällt nach einer gängigen englischsprachigen Definition „any method of resolving disputes other than by litigation". Hierzu gehören verschiedene Instrumente wie Mediation, Schlichtung und Schiedsgerichtsbarkeit. Diese Dreiteilung soll nicht darüber hinwegtäuschen, dass man andere Unterscheidungen treffen könnte und dass es zweifellos zwischen den verschiedenen Instrumenten Mischformen gibt.

II. Mediation

„Mediation" ist nach § 1 des aus dem Jahr 2012 stammenden Mediationsgesetzes

> „(...) ein vertrauliches und strukturiertes Verfahren, bei dem Parteien mithilfe eines oder mehrerer Mediatoren freiwillig und eigenverantwortlich eine einvernehmliche Beilegung ihres Konflikts anstreben."[5]

Der Mediator trifft weder eine inhaltliche Entscheidung des Streits noch legt er den Parteien eine Lösung i. S. eines Vergleichsvorschlags vor. Er ist vielmehr nach § 2 MediationsG

> „(...) eine unabhängige und neutrale Person ohne Entscheidungsbefugnis, die die Parteien durch die Mediation führt."[6]

---

5) Siehe auch *Zorn*, Gesetz zur Förderung der Mediation und anderer Verfahren der außergerichtlichen Konfliktbeilegung, FamRZ 2012, 1265; *Ahrens*, Mediationsgesetz und Güterichter – Neue gesetzliche Regelungen der gerichtlichen und außergerichtlichen Mediation, NJW 2012, 2465, 2466; *Katzenmeier*, Zivilprozess und außergerichtliche Streitbeilegung, ZZP 2002, 51, 69; *Risse*, Die Rolle des Rechts in der Wirtschaftsmediation, BB Beilage 1999, Nr. 9, S. 1; *H. Roth*, Bedeutungsverluste der Zivilgerichtsbarkeit durch Verbrauchermediation, JZ 2013, 637, 640.

6) *Trenczek* in: Trenczek/Berning/Lenz, Mediation und Konfliktmanagement, 2013, 1.1 Rz. 23.

Das für den hiesigen Zusammenhang besonders entscheidende Kennzeichen des Mediationsverfahrens ist seine Interessenorientierung, die im Gegensatz zur Gesetzesbindung steht, die kennzeichnend für das gerichtliche Verfahren ist. Insofern unterscheiden sich Mediation und staatliches Gerichtsverfahren schon in funktionaler Hinsicht: Während die staatliche Rechtsprechung der Durchsetzung der subjektiven Rechte der Parteien dient,[7)] sollen im Mediationsverfahren flexible Kompromisslösungen getroffen werden, die die Interessen beider Parteien verwirklichen. Inwieweit diese Interessen rechtlich geschützt sind, ist bei der Mediation irrelevant. Das Mediationsverfahren ist also nicht nur nicht rechtsförmig, es ist auch nicht rechtsgeleitet und vermag insofern keine der traditionellen Rechtsprechungsfunktionen – mit Ausnahme der Befriedungsfunktion – zu substituieren.[8)]

III. Schlichtungsverfahren

Mit dem Begriff der „Schlichtungsverfahren" fasst man im deutschen Diskurs eine Reihe von Streitbeilegungsmechanismen zusammen. Charakteristikum der Schlichtung ist, dass ein Dritter den Parteien einen Lösungsvorschlag unterbreitet. Dieser ist für sie jedoch nicht verbindlich, sondern soll ihnen vielmehr eine Orientierungshilfe für die selbständige Konfliktlösung bieten.[9)]

Hilfreich ist es, zwischen den zwingenden Schlichtungsverfahren nach § 15a EGZPO und fakultativen Schlichtungsverfahren zu unterscheiden. Die (erfolglose) Durchführung ersterer ist in den Fällen, in denen die Landesgesetzgeber von der in § 15a EGZPO enthaltenen Ermächtigung Gebrauch gemacht haben, Voraussetzung der Zulässigkeit einer Klage vor den staatlichen Gerichten. Dieser außergerichtliche Einigungsversuch macht dann den obligatorischen Gütetermin (§ 278 Abs. 2 ZPO) entbehrlich.

Bei den fakultativen Schlichtungsverfahren lässt sich weiter unterscheiden zwischen Verbraucherschlichtungsstellen i. S. von § 33 Abs. 1 des Ver-

7) So das traditionelle Verständnis, statt vieler *Schumann* in: Stein/Jonas, ZPO, 20. Aufl., Einl. Rz. 520; jüngst *H. Roth*, Gewissheitsverluste in der Lehre vom Prozesszweck?, ZfPW 2017, 129, 130, 131 f.

8) *H. Roth*, ZfPW 2017, 129, 130, 141.

9) *Prütting* in: Prütting, Außergerichtliche Streitschlichtung, 2003, Rz. 5; *Greger* in: Trenczek/Berning/Lenz, Mediation und Konfliktmanagement, 2013, 2.19 Rz. 14.

braucherstreitbeilegungsgesetzes vom 19. Februar 2016 (VBSG)[10] und sonstigen Schlichtungsstellen, wie z. B. die Ombudsmänner der Ärztekammern oder die Schlichtungsstellen der Handwerkskammern.

Die einzelnen Schlichtungsverfahren unterscheiden sich stark voneinander:

- Die Schlichtungsstelle kann von der öffentlichen Hand oder von privater Seite getragen werden.
- die Schlichtungsstelle kann nur auf Antrag des Verbrauchers oder auch auf Antrag des Unternehmers tätig werden,
- das Verfahren kann nur schriftlich oder auch mündlich ablaufen,
- das Ergebnis des Schlichtungsverfahrens kann für beide Seiten unverbindlich sein oder nur die Unternehmerseite unter bestimmten Voraussetzungen binden.[11]

Der für die Zwecke dieses Beitrags vielleicht wichtigste Unterschied besteht darin, inwieweit der vom Schlichter gemachte Vorschlag unter (summarischer) Berücksichtigung der Rechtslage oder – wie bei der Mediation – nur im Hinblick auf die Interessenlage der Parteien gemacht wurde. Für Verfahren von Schlichtungsstellen nach dem VSBG heißt es insoweit in § 19 VSBG:

> „Der Schlichtungsvorschlag soll am geltenden Recht ausgerichtet sein und soll insbesondere die zwingenden Verbraucherschutzgesetze beachten."[12]

In den Verfahrensordnungen von Schlichtungsstellen, die nicht dem VSBG unterliegen, findet man dagegen unterschiedliches und zum Teil auch gar nichts zur Bedeutung des objektiven Rechts bei der Entwicklung des Schlichtungsvorschlags. Insofern kann man die Rechtsförmigkeit der ver-

---

10) Gesetz über die alternative Streitbeilegung in Verbrauchersachen – Verbraucherstreitbeilegungsgesetz (VBSG) v. 19.2.2016, BGBl. I 2016, 254, 1039. Eine Liste der anerkannten Einrichtungen ist auf der Website des Bundesamts für Justiz verfügbar, derzeit (Stand: 1/2018) sind dort 22 Stellen genannt.

11) So ist beispielsweise ein Schlichtungsspruch eines Ombudsmanns der Privaten Banken für die Bank verbindlich, wenn der Beschwerdegegenstand den Betrag von 10.000 € nicht übersteigt.

12) Ob diese Sollbestimmung in der Praxis wirklich die Einhaltung des Rechts und insbesondere des nicht gerade einfachen Verbraucherschutzrechts garantiert, darf man nicht zuletzt deswegen bezweifeln, weil der Streitmittler nach § 6 Abs. 2 VSBG nicht zwingend ein Jurist sein muss, sondern auch ein zertifizierter Mediator sein kann. Die Anlage zur Verordnung über die Aus- und Fortbildung von zertifizierten Mediatoren v. 21.8.2016 nach § 6 MediationsG sieht vor, dass lediglich 12 der insgesamt 120 Stunden des Ausbildungslehrgangs dem Thema „Recht in der Mediation" gewidmet sind. Eine auch nur oberflächliche juristische Ausbildung ist in diesem Zeitrahmen gewiss nicht zu leisten.

schiedenen Schlichtungsverfahren nicht einheitlich beurteilen. Nicht zuletzt wird hier vieles auf den konkreten Schlichter ankommen. Ist dieser ein Jurist, spricht einiges dafür, dass er sich bei seinem Vorschlag eher von juristischen Argumenten leiten lässt als ein Nichtjurist.

IV. (Handels-) Schiedsgerichtsbarkeit

Zur Schiedsgerichtsbarkeit muss in diesem Zusammenhang nicht viel ausgeführt werden – und das nicht nur, weil sie außerhalb des Zuständigkeitsbereichs der *Jubilarin* liegt. Insbesondere soll hier nicht die Debatte um eine angebliche „Schattenjustiz" aufgerollt werden, bei der die Handelsschiedsgerichtsbarkeit und die Investitionsschiedsgerichtsbarkeit nur selten auseinandergehalten wurden. Bei der (Handels-) Schiedsgerichtsbarkeit geht es der Sache nach um Rechtsprechung i. S. einer verbindlichen Entscheidung eines Rechtsstreits durch die Anwendung von Rechtsregeln. Vom Zivilprozess unterscheidet sich das Schiedsgerichtsverfahren durch seine Nichtöffentlichkeit sowie den möglichen Einfluss der Parteien auf die Auswahl der (nicht-staatlichen) Richter und die Verfahrensgestaltung.[13] Die Attraktivität des Schiedsverfahrensrechts ist gerade im Bereich des internationalen Handels- und Wirtschaftsrechts erheblich und beruht vor allem auf der New York Convention, die eine nahezu weltweite Anerkennung von Schiedssprüchen gewährleistet.

V. Vorteile der ADR

1. Die Vorteile der ADR für die Konfliktparteien

Jede der genannten ADR-Formen hat ihre spezifischen Vorteile, deren Bedeutung für eine konkrete Rechtsordnung nicht zuletzt von kulturellen Fragen abhängt, nämlich davon, wie Konflikte in einem Kulturkreis für gewöhnlich ausgetragen werden. Je konsensorientierter eine Gesellschaft ist (oder wird), umso attraktiver werden streitbeilegende Verfahren sein. Insofern passen Mediations- und Schlichtungsverfahren vielleicht besser zur sog. *„Konsensgesellschaft"* als das kontradiktorische gerichtliche Verfahren, das gerade im Gegenteil ein Forum für den *„Kampf ums Recht"* bietet.

---

13) *Bredow* in: Martinek/Semler/Habermeier/Flohr, Vertriebsrecht, 3. Aufl. 2010, § 80 Rz. 9.

Noch wichtiger für die Bedeutung der ADR in einer bestimmten Rechtsordnung ist, dass die wichtigste Stärke aller ADR-Mechanismen oft die Vermeidung der Schwächen der staatlichen Gerichtsbarkeit ist. Wie attraktiv die ADR ist, hängt also vor allem davon ab, wie unattraktiv der Gang zu den staatlichen Gerichten ist. Je länger ein gerichtliches Verfahren dauert, je teurer es ist und je weniger in diesem Rahmen rechtsstaatliche Prinzipien wie die Unabhängigkeit und Neutralität des Richters garantiert sind, umso eher werden die Parteien geneigt sein, ihren Konflikt ohne das Bemühen der staatlichen Justiz zu lösen.[14)] Bei den genannten Punkten unterscheiden sich die Rechtsordnungen weltweit, aber auch innerhalb der Europäischen Union erheblich.[15)] So beträgt in Deutschland die durchschnittliche Verfahrensdauer vor den Amtsgerichten lediglich 4,8 Monate.[16)] Trotz dieser vergleichsweise zügigen Arbeit der Amtsgerichte haben die Neuzugänge zwischen den Jahren 2003 und 2015 um über 25 % abgenommen, nämlich von 1,5 Mio. auf weniger als 1,1 Mio. im Jahr 2015. Jedenfalls zu einem Teil dürfte dieser Rückgang auch auf die wachsende Attraktivität außergerichtlicher Streitbeilegungsmechanismen zurückzuführen sein.[17)] Vor dem Hintergrund dieser Zahlen sei an dieser Stelle die These gewagt, dass es dem Staat sehr schwer fallen dürfte, durch eine weitere Beschleunigung des traditionellen gerichtlichen Verfahrens den Rückgang der Fallzahlen aufzuhalten. Eine weitere Beschleunigung der Verfahren wird sich – kostenneutral – nur durch die Preisgabe rechtsstaatlicher Mindestgarantien machen lassen.[18)] Im Wettbewerb mit Mediation und Schlichtung sollte die staatliche Rechtspflege aber nicht ihr Proprium – ein Verfahren, in dem die Einhaltung rechtsstaatlicher Standards garantiert ist – als Ballast empfinden, sondern muss die Einhaltung rechtsstaatlicher Garantie gerade als Alleinstellungsmerkmal pflegen.

---

14) *H. Roth*, Etabliert EU Verbraucherschutz zweiter Klasse?, DRiZ 2015, 24, 25, macht als Hintergrund für die Bemühungen des europäischen Gesetzgebers „wenigstens auch das gestörte Vertrauen der Bürger in die Funktionsfähigkeit der Justiz in manchen EU-Mitgliedstaaten" aus. Siehe auch *Meller-Hannich* in: Althammer, Verbraucherstreitbeilegung: Aktuelle Perspektiven für die Umsetzung der ADR-Richtlinie, 2015, S. 19, 40.

15) *H. Roth*, JZ 2013, 637, 642; *Murray*, Die Flucht aus der Ziviljustiz, ZZPInt 11 (2006), 295, 312.

16) Statistisches Bundesamt, Fachserie 10, Reihe 2.1, 2015, S. 26, abrufbar unter www.destatis.de. Ausführlich zu diesem Phänomen *Graf-Schlicker*, Der Zivilprozess vor dem Aus? – Rückgang der Fallzahlen im Zivilprozess, AnwBl 2014, 573 ff.

17) *Graf-Schlicker*, AnwBl 2014, 573, 576; siehe hierzu jetzt auch *G. Wagner*, Rechtsstandort Deutschland im Wettbewerb, 2017, S. 113 ff.

18) Über eine Erhöhung der 600 €-Grenze aus § 495a ZPO lohnt es sich freilich nachzudenken, *Hill*, 40 Vorschläge für einen effektiveren Zivilprozess, DRiZ 2015, 46 ff.

2. Die Vorteile der ADR aus der Sicht des Staates

Es wurde schon angedeutet, dass die ADR auch aus Sicht des Staates Vorteile bietet. Diese bestehen vor allem darin, dass die staatliche Justiz durch alternative Streitbeilegungsmechanismen von Aufgaben entlastet wird, zu deren Erfüllung sie nur beschränkt geeignet ist.

Diese Entlastungswirkung lässt sich in zwei Aspekte zergliedern:

a) Entlastung von Bagatellverfahren

Im Rechtsstaat steht auch bei einem Streit, der eine Bagatelle, etwa eine Beleidigung im Straßenverkehr oder eine der sprichwörtlichen „Gartenzaunstreitigkeiten“ betrifft, der Rechtsweg zu den staatlichen Gerichten offen. Die hierdurch drohende Überlastung der Justiz mit Bagatellkonflikten lässt sich jedenfalls zum Teil abmildern, indem man obligatorische Streitbeilegungsmechanismen einführt, die vor der Erhebung einer gerichtlichen Klage in Anspruch genommen werden müssen. Dies ist das Modell des § 15a EGZPO. In solchen Schlichtungsverfahren können diese Bagatellkonflikte oft umfassender und befriedigender, stets aber kostengünstiger beigelegt werden, als wenn sofort die staatliche Justiz bemüht würde. Für den Staat ist diese Entlastung von Bagatellverfahren nicht zuletzt in finanzieller Hinsicht sehr interessant, weil die von den Parteien zu entrichtenden Gerichtsgebühren aufgrund der sehr niedrigen Streitwerte in diesen Verfahren die tatsächlichen Kosten nur zu einem geringen Teil decken.[19)] Wenn ein Teil dieser Streitigkeiten im Wege der Schlichtung erledigt werden kann, dient das nicht nur dem Rechtsfrieden, sondern schont auch die Ressource Justiz. Denn das rechtsstaatliche Verfahren ist nicht nur ein kostbares, sondern eben auch nicht selten teures Gut.

b) Entlastung des staatlichen Verfahrens von unerfüllbaren Erwartungen

Die Mediation, aber auch Schlichtungsverfahren haben dort spezifische Stärken gegenüber dem gerichtlichen Verfahren, wo die Parteien nicht primär die Klärung einer *rechtlichen* Frage anstreben, sondern wo es gilt, einen *sozialen* Konflikt zu bewältigen.[20)] Dies ist insbesondere dann der Fall, wenn

---

19) Zum Kostenargument vgl. BT-Drucks. 14/980, S. 5, 7 zu § 15a EGZPO.

20) *Frommel*, Entlastung der Gerichte durch Alternativen zum zivilen Justizverfahren?, ZRP 1983, 31; *Blankenberg*, Schlichtung und Vermittlung – Alternativen zur Ziviljustiz?, ZRP 1982, 6, 8.

langfristige Beziehungen zwischen den Parteien bestehen und sie daher an einer in die Zukunft gerichteten Wiederherstellung des friedlichen Miteinanders interessiert sind. Das gerichtliche Verfahren ist aus strukturellen Gründen zur Befriedigung dieses Anliegens kaum geeignet. Der kontradiktorische Charakter, die Rechtsgebundenheit und die Formalisierung des gerichtlichen Verfahrens können der interessengeleiteten, umfassenden Befriedigung eines Konflikts im Wege stehen.[21)] Nicht selten ist es daher so, dass am Ende eines Prozesses keine der beiden Seiten zufrieden ist und sich die Fronten vielleicht sogar weiter verhärtet haben,[22)] weil die Parteien unerfüllbare Erwartungen an das gerichtliche Verfahren gestellt haben. Diese Unzufriedenheit kann auch daraus resultieren, dass ein Zivilverfahren nicht nur wegen seiner Begrenzung auf den Streitgegenstand, sondern vor allem aufgrund seiner Ausrichtung auf justiziable Ansprüche nicht selten nur einen Ausschnitt des sozialen Konflikts erfassen kann. Für die Justiz kann die Befreiung von diesen Erwartungen insofern entlastend sein und zwar vor allem jenseits der damit möglicherweise auch verbundenen Einspareffekte. Denn die alternativen Streitbeilegungsmechanismen erlauben es der Rechtsprechung, sich auf ihre Kernaufgabe, die Entscheidung eines Rechtsstreits anhand von Rechtsregeln, zu konzentrieren.

VI. Rückwirkungen auf die staatliche Rechtspflege: Die ADR als Bypass um die staatliche Justiz

Die wachsende Bedeutung der ADR mag ein Grund für die abnehmende Bedeutung des gerichtlichen Verfahrens sein, ob es sich hierbei aber um den Hauptfaktor handelt, erscheint doch eher fraglich.[23)] Denn die ADR ist auch und gerade für solche Streitigkeiten gedacht, die aus unterschiedlichen Gründen ohnehin in keinem Fall vor die staatlichen Gerichte gebracht worden wären. Dies betrifft vor allem den Bereich der Bagatellverfahren im B2C-Bereich. Wer ein Produkt – z. B. ein einfaches elektrisches Küchengerät – für eine geringe Summe kauft, wird im Fall der Mangelhaftigkeit der Sache kaum den Rechtsweg beschreiten, wenn der Verkäufer

---

21) *Risse*, BB Beilage 1999, Nr. 9, S. 1, 2; *Zado*, Privatisierung der Justiz, 2013, S. 85; *Sarhan*, Der Stellenwert der Mediation im Recht und in der Justiz, JZ 2008, 280.

22) *Hirsch*, Rechtsschutz durch außergerichtlichen Zugang zum Recht, VuR 2014, 205, 206.

23) Eine jedenfalls nicht zu vernachlässigende Bedeutung dürfte es haben, dass die Kulanz des Einzelhandels in Deutschland erheblich zugenommen hat. Viele Händler – insbesondere Amazon – akzeptieren heute Reklamationen ihrer Kunden oft ohne nähere Prüfung.

die Mangelbeseitigung verweigert.[24)] Der Aufwand, den ein solches Verfahren mit sich bringt, steht in keinem Verhältnis zum Wert der Sache.[25)] Wenn hier durch kostengünstige und schnelle Schlichtungsverfahren Abhilfe geschaffen wird, ist das grundsätzlich zu begrüßen, denn sonst bliebe das vertragswidrige Verhalten des Verkäufers sanktionslos.

Vor diesem Hintergrund sind die Bemühungen um eine „einfache, effiziente, schnelle und kostengünstige außergerichtliche Lösung“[26)], wie sie der europäische Gesetzgeber mit der Verordnung über die Online-Beilegung verbraucherrechtlicher Streitigkeiten und der Richtlinie über die alternative Beilegung verbraucherrechtlicher Streitigkeiten angestrengt hat, im Ansatz durchaus beifallswürdig.[27)] Wie aber nicht nur der Volksmund weiß, ist gut gemeint nicht immer auch gut gemacht.

Zum einen sind die Verfahrenskosten und der für die Parteien erforderliche Aufwand auch bei diesen Verfahren immer noch so hoch, dass auch nach dem neuen Recht bei sehr kleinen Schäden kein effizientes Verfahren zur Verfügung steht. Eine Verbesserung ist insofern nicht zu erwarten.[28)] Und keinesfalls sind diese Verfahren ein Ersatz für ein effizientes und umfassendes Instrument zum kollektiven Rechtsschutz,[29)] das in Deutschland nach wie vor fehlt.

Zum anderen droht sogar eine Verschlechterung der Rechtsdurchsetzungschancen in Fällen, in denen der Gang zu den staatlichen Gerichten für den Verbraucher zur Durchsetzung seines Anspruchs bislang wirtschaftlich sinnvoll war. Denn die ADR-Richtlinie schließt es nicht aus, dass der Unternehmer in seinen AGB die Zulässigkeit einer Klage an die

---

24) Vgl. auch das Grünbuch der Kommission „Zugang der Verbraucher zum Recht“, KOM(93), 576 endg.

25) *Scherpe*, Außergerichtliche Streitbeilegung in Verbrauchersachen, 2002, S. 14, 20.

26) ErwG 8 ODR-Verordnung.

27) Siehe zu diesen Rechtsakten: *Rühl*, Die Richtlinie über alternative Streitbeilegung und die Verordnung über Online-Streitbeilegung, RIW 2013, 737 ff.; *Eidenmüller/Engel*, Die Schlichtungsfalle: Verbraucherrechtsdurchsetzung nach der ADR-Richtlinie und der ODR-Verordnung der EU, ZIP 2013, 1704 ff.; *G. Wagner*, 'Private law enforcement through ADR: Wonder drug or snake oil?, (2014) 51 Common Market Law Review, 165 ff.

28) *Eidenmüller/Engel*, ZIP 2013, 1704, 1707. Sehr kritisch auch *H. Roth*, DRiZ 2015, 24, 25 („Aufbau einer Schattenjustiz“); Bedenken auch bei *Meller-Hannich/Höland/Krausbeck*, „ADR“ und „ODR“: Kreationen der europäischen Rechtspolitik. Eine kritische Würdigung, ZEuP 2014, 8, 16 („Pseudo-Justiz“).

29) Zu diesem Zusammenhang auch *G. Wagner*, (2014) 51 Common Market Law Review, 165, 194; *Meller-Hannich/Höland/Krausbeck*, ZEuP 2014, 8, 34; *Althammer* in: Althammer, Verbraucherstreitbeilegung: Aktuelle Perspektiven für die Umsetzung der ADR-Richtlinie, 2015, S. 9, 16.

vorherige Durchführung eines Schlichtungsverfahrens koppelt, so dass das Schlichtungsverfahren für den Verbraucher zwingend würde. Vor diesem Hintergrund ist es sehr zu begrüßen, dass jedenfalls der deutsche Gesetzgeber im Umsetzungsgesetz zur ADR-Richtlinie § 309 BGB um eine Nr. 14 ergänzt hat, nach der AGB unwirksam sind, die eine Bestimmung enthalten,

> „(…) wonach der andere Vertragsteil seine Ansprüche gegen den Verwender gerichtlich nur geltend machen darf, nachdem er eine gütliche Einigung in einem Verfahren zur außergerichtlichen Streitbeilegung versucht hat.“[30]

Gleichwohl droht auch in Deutschland die Gefahr, dass die Verbraucherschlichtungsstellen zu einem „Bypass“ um die staatlichen Gerichte werden.[31]

Dieses Phänomen kennen wir seit langem im Hinblick auf weite Bereiche des internationalen Wirtschaftsrechts. Die staatlichen Gerichte – jedenfalls die deutschen, in England oder New York mag das anders aussehen – sind mit solchen Fällen nur sehr selten befasst, da Streitigkeiten im Zusammenhang mit entsprechenden Verträgen praktisch immer vor Schiedsgerichten ausgetragen werden.[32] Für die staatliche Rechtspflege resultiert hieraus die Gefahr, dass die sich in diesen Fällen stellenden materiellrechtlichen Rechtsfragen die staatlichen Gerichte überhaupt nicht erreichen. Hierzu gehört aus deutscher Sicht u. a. der Bereich des Unternehmenskaufs, der wirtschaftlich eine enorme Bedeutung hat, mit dem aber staatliche Gerichte nur sehr selten befasst sind.[33]

Werden die Verbraucherschlichtungsstellen zu einem Erfolgsmodell, könnten wir nun eine ganz ähnliche Entwicklung auch für das Verbraucherrecht erleben und insofern birgt der Ausbau der außergerichtlichen Streitschlichtung auch Risiken für die Allgemeinheit. Denn als Reflex der Durchsetzung des subjektiven Rechts dient der Zivilprozess auch der Bewährung des objektiven Rechts, der Wahrung der Rechtseinheit und der Rechtsfort-

---

30) Hierzu *Hau*, Der Klageverzicht in Allgemeinen Geschäftsbedingungen, MDR 2017, 853 ff. § 309 Nr. 14 BGB nimmt die zuvor u. a. von *Eidenmüller/Engel* (ZIP 2013, 1704, 1707), *Gerhard Wagner* ((2014) 51 Common Market Law Review165, 179) und *H. Roth* (DRiZ 2015, 24, 27) geäußerten Bedenken auf.

31) *Eidenmüller/Engel*, ZIP 2013, 1704, 1706.

32) *Hirsch*, Schiedsgerichte – ein Offenbarungseid für die staatlichen Gerichte?, SchiedsVZ 2003, 49.

33) *Duve/Keller*, Privatisierung der Justiz – bleibt die Rechtsfortbildung auf der Strecke?, SchiedsVZ 2005, 169, 172; *Sachs*, Schiedsgerichtsverfahren über Unternehmenskaufverträge – unter besonderer Berücksichtigung kartellrechtlicher Aspekte, SchiedsVZ 2004, 123, 124.

bildung.[34] Werden bestimmte materiell-rechtliche Fragen in erster Linie außergerichtlich gelöst, vermag die Rechtsprechung diese sozialen Aufgaben nicht mehr zu erfüllen:[35]

Die höchstrichterliche Rechtsprechung schafft durch Präjudizen Orientierungspunkte für die Auslegung und Fortbildung des Rechts.[36] Diese wegweisende Funktion der Rechtsprechung entfaltet in zweierlei Hinsicht Bedeutung: Sie steuert zum einen das Verhalten der Privatrechtssubjekte. Muss ein Unternehmen nicht mit der effektiven Durchsetzung verbraucherschützender Vorschriften rechnen, wird es sein Marktverhalten nicht am rechtlichen Maßstab des Verbraucherschutzes ausrichten.[37] Wird das objektive Recht nicht durch Urteil bestätigt, verliert es seine Steuerungsfunktion. Denn insbesondere Schlichtungsverfahren und Mediation werden nicht dazu führen, dass sich die durch das materielle Recht vorgegebene Interessenverteilung durchsetzt, sondern vielmehr ein rechtsferner Kompromiss auf halber Strecke gefunden wird.[38]

Zum anderen bieten Entscheidungen der ordentlichen Gerichte auch Orientierung für die Schlichtungsstellen im Umgang mit dem materiellen Recht. Da außergerichtliche Streitschlichtung nicht öffentlich stattfindet und Schiedssprüche in Deutschland in der Regel nicht veröffentlicht werden, suchen Schiedsgerichte nicht selten nach Präjudizien in der Rechtsprechung der ordentlichen Gerichte.[39] Ist solche Rechtsprechung nicht vorhanden, besteht die Gefahr, dass die Schlichtungsstellen – soweit sie bei ihrem Spruch überhaupt die Rechtslage berücksichtigen – ein jeweils ganz unterschiedliches Verständnis des Rechts zugrunde legen. Dies führt für die Parteien zu Rechtsunsicherheit und einem erhöhten Verfahrensrisiko. Durch die vermehrt auftretende außergerichtliche Streitschlichtung kann daher zumindest in bestimmten Bereichen die Rechtseinheit gefährdet sein. Und schließlich ist nicht nur die Rechtseinheit, sondern auch die Fortbildung des Rechts,

---

34) Statt vieler *Rosenberg/Schwab/Gottwald*, ZPO, 17. Aufl. 2010, § 1 Rz. 9; jüngst *H. Roth*, ZfPW 2017, 129, 130, 134 f.

35) Grundlegend *H. Roth*, JZ 2013, 637 ff.; *H. Roth*, DRiZ 2015, 24, 27. Siehe auch den Beitrag von *Bettina Limperg*, Kann denn Schlichten Sünde sein?, NJW-Editorial Heft 15/2015.

36) *G. Wagner*, Obligatorische Streitschlichtung im Zivilprozess: Kosten, Nutzen, Alternativen, JZ 1998, 836, 838; *Kocher*, Funktionen der Rechtsprechung, 2007, S. 289.

37) *Scherpe*, Außergerichtliche Streitbeilegung in Verbrauchersachen, 2002, S. 38.

38) So auch *H. Roth*, JZ 2013, 637, 643.

39) *Duve/Keller*, SchiedsVZ 2005, 169, 172.

also seine Zukunftsfähigkeit in Gefahr, denn in „einer Kultur des Vergleichens bleibt die Rechtsfortbildung durch Urteile auf der Strecke“[40].

VII. Fazit

Die Antwort auf die Frage, ob die außergerichtliche Streitbeilegung eher Chance oder eher Bedrohung für die staatliche Rechtsprechung und ihre Fähigkeit ist, die ihr zugedachten Aufgaben zu erfüllen, muss nach alledem ein ganz entschiedenes „sowohl als auch“ sein.

Die Chance besteht darin, dass die Justiz von Erwartungen befreit wird, die das rechtsstaatlich geformte Verfahren nur sehr schlecht erfüllen kann. Es gibt Konflikte, die sich nicht befriedigend lösen lassen, indem ein neutraler Dritter im Rahmen eines öffentlichen Verfahrens entscheidet, wer „Recht“ hat.

Die Gefahr besteht darin, dass man es mit der Entlastung der Gerichte auch zu weit treiben kann, jedenfalls wenn man daran festhält, dass das Recht der entscheidende Maßstab für Verhaltenserwartungen und -anforderungen in einer Gesellschaft ist. Sollte sich die außergerichtliche Streitbeilegung als so attraktiv, „alternativlos“ oder gar unvermeidlich erweisen, dass die staatliche Zivilrechtspflege partiell „austrocknet“, dann hat der Staat seinen eigenen Gerichten und damit auch dem Recht als dem staatlichen Instrument zur Verhaltenssteuerung gleichsam das Wasser abgegraben.

Es wird unsere Aufgabe sein, die Chancen zu maximieren und die Risiken zu minimieren, indem die Aufgabenbereiche der verschiedenen Streitlösungsmechanismen sinnvoll abgegrenzt werden. Es darf insofern nicht darum gehen, das eine Instrument auf Kosten anderer Instrumente zu bevorzugen, sondern darum, den Parteien die Wahl zu eröffnen, mit welchem Instrument sie ihren Konflikt lösen wollen,[41] ohne den Primat des objektiven Rechts aufzugeben.

Insbesondere dürfen die alternativen Instrumente kein Anlass sein, die Bemühungen um eine Verbesserung der Effizienz der Rechtspflege einzustellen. Was wir vor allem brauchen, sind Investitionen in die justizielle Infrastruktur, ohne die die Rechtspflege zwangsläufig das Nachsehen gegenüber anderen Formen der Konfliktlösung haben wird. Das wäre nicht nur aus der Perspektive eines Juristen verheerend.

---

40) *Risse/Bach*, Wie frei muss Mediation sein? – Von Politik, Ideologie, Gesetzgebern und Gerichten, SchiedsVZ 2011, 14 f.

41) *Risse/Bach*, SchiedsVZ 2011, 14, 20.

Personengesellschaftsrechtliche Beschlussmängel-streitigkeiten vor Schiedsgerichten

MATHIAS HABERSACK

Inhaltsübersicht

I. Einführung

Mit Beschluss vom 6. April 2017 hat sich der I. Zivilsenat des Bundesgerichtshofs im Zusammenhang mit einem Gesellschafterbeschluss über die Ausschließung von zwei Kommanditisten zu den Mindestanforderungen an die Wirksamkeit von Schiedsvereinbarungen in Personengesellschaftsverträgen geäußert.[1] Im Amtlichen Leitsatz betont der Senat, dass die Mindestanforderungen an die Wirksamkeit von Schiedsvereinbarungen in Gesellschaftsverträgen, die auch Beschlussmängelstreitigkeiten erfassen sollen, jedenfalls im Grundsatz auch für Personengesellschaften wie Kommanditgesellschaften gelten. Dabei verweist bereits der Leitsatz auf das exakt acht Jahre zuvor zur GmbH ergangene Grundsatzurteil des II. Zivilsenats des Bundesgerichtshofs in Sachen „Schiedsfähigkeit II", in dem die Schiedsfähigkeit von GmbH-rechtlichen Beschlussmängelstreitigkeiten anerkannt und „Mindeststandards an Mitwirkungsrechten und damit an Rechtsschutzgewährung für alle ihr unterworfenen Gesellschafter" entwickelt wurden.[2] Während sich „Schiedsfähigkeit II" ausdrücklich

---

1) BGH, Beschl. v. 6.4.2017 – I ZB 23/16, ZIP 2017, 1024, dazu EWiR 2017, 523 *(Zarth/Buchner)*.

2) BGH, Urt. v. 6.4.2009 – II ZR 255/08, BGHZ 180, 221 = ZIP 2009, 1003 = JZ 2009, 794 m. Anm. *Habersack*, dazu EWiR 2009, 477 *(Dürr/Wiggenhorn)*.

als „Fortführung von BGHZ 132, 278 – Schiedsfähigkeit I“[3] versteht, nimmt der I. Zivilsenat schon im Leitsatz nicht minder ausdrücklich für sich in Anspruch, „Schiedsfähigkeit II“ fortgeführt zu haben, und unterstreicht diese vermeintliche Kontinuität dadurch, dass er den Beschluss die Bezeichnung „Schiedsfähigkeit III“ verleiht.

Tatsächlich führt der Beschluss des I. Zivilsenats allerdings in die Irre, bleiben doch grundsätzliche Unterschiede zwischen dem Beschlussmängelrecht der GmbH und dem der Personengesellschaften unberücksichtigt.[4] Es mag deshalb auf das Interesse von *Marie Luise Graf-Schlicker* stoßen, dem Zusammenspiel von Schiedsverfahrensrecht und Personengesellschaftsrecht am Beispiel von Beschlussmängelstreitigkeiten nachzugehen. Anlass, dies zu hoffen, gibt auch die Tatsache, dass sich die wirtschaftsrechtliche Abteilung des 71. Deutschen Juristentags in Essen mit großer Mehrheit dafür ausgesprochen hat, im Zuge einer Reform des gesamten Beschlussmängelrechts auch für rechtsfähige Personengesellschaften zu regeln, dass Beschlussmängel nicht automatisch zur Nichtigkeit führen, sondern durch eine befristete Anfechtungsklage geltend zu machen sind.[5] Nachdem die Wahl des Themas der wirtschaftsrechtlichen Abteilung des Essener Juristentags – „Empfiehlt sich eine grundlegende Reform des Personengesellschaftsrechts?“ – seinerzeit auf engagierten Zuspruch durch *Marie Luise Graf-Schlicker*, die der Ständigen Deputation des DJT e. V. angehört, gestoßen war, mag der vorliegende Beitrag auch dazu dienen, die Reformbedürftigkeit des Personengesellschaftsrechts zu unterstreichen.

II. Beschlussmängel im Kapitalgesellschafts- und im Personengesellschaftsrecht

Der Frage der Schiedsfähigkeit von Beschlussmängelstreitigkeiten vorgelagert ist die rein gesellschaftsrechtliche Frage, welche Folgen ein Beschlussmangel hat und wie ein solcher Mangel geltend zu machen ist.

---

3) BGH, Urt. v. 29.3.1996 – II ZR 124/95, BGHZ 132, 278 = ZIP 1996, 830.

4) So auch *Baumann/Wagner*, Schiedsfähigkeit I, II oder III – Ob Ihr Recht habt oder nicht, sagt Euch der BGH, BB 2017, 1993, 1995; *Borris*, Die „Schiedsfähigkeit“ von Beschlussmängelstreitigkeiten in der Personengesellschaft, NZG 2017, 761, 763 f.; *Nolting*, Neue Anforderungen an Schiedsklauseln zwischen Personengesellschaftern – „Schiedsfähigkeit III“, ZIP 2017, 1641, 1642 ff.

5) Beschlüsse abrufbar unter: www.djt.de (Abrufdatum: 2.1.2018).

1. Personengesellschaftsrecht

Für das Personengesellschaftsrecht gehen ständige Rechtsprechung und herrschende Lehre übereineinstimmend davon aus, dass ein Beschluss der Gesellschafter, der fehlerhaft zustande gekommen ist oder an einem Inhaltsmangel leidet, grundsätzlich nichtig ist.[6] Die Fehlerhaftigkeit ist danach nicht durch eine spezifische Beschlussmängelklage nach Art der §§ 241 ff. AktG, sondern im Wege der gewöhnlichen Feststellungsklage gegenüber dem der beantragten Feststellung widersprechenden Gesellschafter geltend zu machen.[7] Die Rechtskraft des Feststellungsurteils beurteilt sich nach allgemeinen Grundsätzen und umfasst deshalb grundsätzlich nur die Prozessparteien.

Der Gesellschaftsvertrag kann zwar bestimmen, dass die Klage innerhalb einer bestimmten Frist zu erheben und zudem gegen die Gesellschaft zu richten ist.[8] Auch in diesem Fall handelt es sich bei der Beschlussmängelklage allerdings um eine gewöhnliche Feststellungsklage und nicht um eine Anfechtungs- oder Nichtigkeitsklage i. S. der §§ 241 ff. AktG. Die auch in diesen Fällen typischerweise gewollte Bindung aller Gesellschafter basiert dann vielmehr darauf, dass sich die Gesellschafter in dem Gesellschaftsvertrag schuldrechtlich dem Ergebnis der Feststellungsklage unterwerfen.[9]

---

6) BGH, Urt. v. 10.10.1983 – II ZR 213/82, ZIP 1984, 59, 60 = WM 1983, 1407; BGH, Urt. v. 14.11.1994 – II ZR 160/93, ZIP 1995, 738, 743 = WM 1995, 701; *Schäfer* in: MünchKomm-BGB, 7. Aufl. 2016, § 709 Rz. 105 ff. m. w. N., dort auch zu Ausnahmen insbesondere bei Nichtbeachtung bloßer Ordnungsvorschriften.

7) Siehe aus neuerer Zeit BGH, Urt. v. 9.4.2013 – II ZR 3/12, ZIP 2013, 1021, Rz. 8, dazu EWiR 2014, 367 *(Vosberg/Klawa)*; BGH, Urt. v. 7.2.2012 – II ZR 230/09, ZIP 2012, 917, Rz. 24; ferner BGH, Urt. v. 21.10.1991 – II ZR 211/90, NJW-RR 1992, 227; *Schäfer* in: MünchKomm-BGB, 7. Aufl. 2016, § 709 Rz. 113 m. w. N.; a. A. namentlich *K. Schmidt*, Die Beschlussanfechtungsklage bei Vereinen und Personengesellschaften, in: FS Stimpel, 1985, S. 217 ff.; *K. Schmidt*, Gesellschaftsrecht, 4. Aufl. 2002, § 15 II 3 m. w. N.

8) BGH, Urt. v. 15.11.1982 – II ZR 62/82, BGHZ 85, 350, 353 = ZIP 1983, 303; BGH, Urt. v. 27.4.2009 – II ZR 167/07, ZIP 2009, 1158, Rz. 25; BGH, Urt. v. 19.7.2011 – II ZR 153/09, ZIP 2011, 1906, Rz. 8, dazu EWiR 2012, 13 *(Schodder)*; BGH, Urt. v. 1.3.2011 – II ZR 83/09, ZIP 2011, 806, Rz. 19, dazu EWiR 2011, 565 *(Pathe)*; *Schäfer* in: MünchKomm-BGB, 7. Aufl. 2016, § 709 Rz. 114 m. w. N.

9) BGH, Urt. v. 11.12.1989 – II ZR 61/89, NJW-RR 1990, 474, 475; *Baumann/Wagner*, BB 2017, 1993, 1996; *Sackmann*, Anforderungen an Schiedsvereinbarungen für Beschlussmängelklagen im Personengesellschaftsrecht, NZG 2016, 1041, 1043 f.; näher *Schäfer* in: Staub, Großkomm-HGB, 5. Aufl. 2009, § 119 Rz. 92.

2. Kapitalgesellschaftsrecht

Im Aktien- und GmbH-Recht ist die Ausgangslage bekanntlich eine andere. Für die AG und KGaA bestimmen §§ 241 ff. AktG, dass Mängel des Hauptversammlungsbeschlusses grundsätzlich nur zur Anfechtbarkeit des Beschlusses führen (§ 243 Abs. 1 AktG) und innerhalb eines Monats nach Beschlussfassung im Wege der gegen die Gesellschaft gerichteten Anfechtungsklage geltend zu machen sind (§ 246 Abs. 1, 2 AktG); soweit der Beschluss durch rechtskräftiges Gestaltungsurteil für nichtig erklärt wird (und damit nach § 241 Nr. 5 AktG nichtig ist), wirkt das Urteil *erga omnes* (§ 248 Abs. 1 Satz 1 AktG). Ist der Beschluss ausnahmsweise auch unabhängig von einer erfolgreichen Anfechtung nichtig (§ 241 Nr. 1–4, Nr. 6 AktG), erfolgt die Geltendmachung der Nichtigkeit grundsätzlich durch gegen die Gesellschaft gerichtete Nichtigkeitsklage gemäß § 249 Abs. 1 AktG;[10] das der Klage stattgebende Urteil wirkt dann gleichfalls *erga omnes* (§§ 249 Abs. 1 Satz 1, 248 Abs. 1 Satz 1 AktG). Auf das GmbH-Recht finden die §§ 241 ff. AktG bekanntlich entsprechende Anwendung.[11]

III. Rechtskrafterstreckung als schiedsverfahrensrechtliche Herausforderung

Allein die in §§ 248 Abs. 1 Satz 1, 249 Abs. 1 Satz 1 AktG vorgesehene *erga omnes*-Wirkung des der Anfechtungs- oder Nichtigkeitsklage stattgebenden Urteils war es denn auch, die dem II. Zivilsenat des Bundesgerichtshofs in seinem – i. Ü. schon durchaus schiedsfreundlichen – Grundsatzurteil vom 29. März 1996 („Schiedsfähigkeit I") noch Anlass gegeben hatte, die Schiedsfähigkeit von Beschlussmängelstreitigkeiten abzulehnen; ohne gesetzliche Anordnung sah er sich außerstande, die Erstreckung der Rechtsfolgen des kassatorischen Urteils auf nicht am Verfahren Beteiligte zu rechtfertigen.[12] Nachdem allerdings der Gesetzgeber im Anschluss an „Schiedsfähigkeit I" ausdrücklich auf die Klärung der Frage durch die Rechtsprechung gesetzt hat,[13] hat der II. Zivilsenat im Urteil „Schiedsfähigkeit II" „die ihm solchermaßen überantwortete Aufgabe" aufgegriffen

---

10) Nach § 249 Abs. 1 Satz 2 AktG kann die Nichtigkeit – anders als die bloße Anfechtbarkeit – auch auf andere Weise geltend gemacht werden; siehe dazu Hüffer/*Koch*, AktG, 12. Aufl. 2016, § 249 Rz. 19.

11) BGH, Urt. v. 21.3.1988 – II ZR 308/87, BGHZ 104, 66, 69 = ZIP 1988, 703; *Bayer* in: Lutter/Hommelhoff, GmbHG, 19. Aufl. 2016, Anh. § 47 Rz. 1 ff. m. w. N.

12) BGH, Urt. v. 29.3.1996 – II ZR 124/95, BGHZ 132, 278, 285 ff. = ZIP 1996, 830.

13) Begr. RegE, BT-Drucks. 13/5274, S. 35.

und – „nach nochmaliger Prüfung im Lichte des zwischenzeitlich erreichten Diskussionsstandes“ – die noch in „Schiedsfähigkeit I“ geäußerten „Bedenken gegen die grundsätzliche Zulässigkeit einer analogen Herbeiführung der Wirkungen aus § 248 Abs. 1 Satz 1, § 249 Abs. 1 Satz 1 AktG durch Schiedssprüche auf der Grundlage gesellschaftsvertraglicher Schiedsklauseln“ verworfen.[14)]

Zugleich hat der Senat vier unerlässliche Verfahrensgarantien formuliert, die einen Minderheitenschutz sicherstellen, wie er für ein Verfahren vor den staatlichen Gerichten selbstverständlich ist, und deren Fehlen die Nichtigkeit der Schiedsvereinbarung nach § 138 Abs. 1 BGB zur Folge hat.[15)] Im Einzelnen[16)] verlangt der Senat (erstens) eine auch die Gesellschaft als Partei der Beschlussmängelstreitigkeit bindende und deshalb im Allgemeinen satzungsmäßige Schiedsklausel, (zweitens) die Möglichkeit eines jeden Gesellschafters, sich als Partei oder Nebenintervenient an dem Schiedsverfahren zu beteiligen, (drittens) die Möglichkeit eines jeden Gesellschafters, bei der Auswahl des parteiernannten Schiedsrichters mitzuwirken, und (viertens) die Konzentration aller denselben Streitgegenstand betreffenden Anträge bei einem Schiedsgericht. Diesen Verfahrensgarantien tragen die seit 15. September 2009 geltenden DIS-Ergänzende Schiedsregeln für gesellschaftsrechtliche Streitigkeiten 09 (DIS-ERGeS) Rechnung,[17)] die auf die GmbH zugeschnitten sind, indes, wie eine Fußnote zur Musterschiedsklausel zu Recht betont, auch für die Personengesellschaft geeignet sind, wenn der Gesellschaftsvertrag vorsieht, dass Beschlussmängelklagen gegen die Gesellschaft zu richten sind.[18)]

---

14) BGH, Urt. v. 6.4.2009 – II ZR 255/08, BGHZ 180, 221, Rz. 13 = ZIP 2009, 1003 = JZ 2009, 794 m. Anm. *Habersack*; siehe zuvor bereits BGH, Urt. v. 19.7.2004 – II ZR 65/03, BGHZ 160, 127 = SchiedsVZ 2004, 259 m. Anm. *Habersack* (betr. die Schiedsfähigkeit von Streitigkeiten über die Kapitalaufbringung).

15) BGH, Urt. v. 6.4.2009 – II ZR 255/08, BGHZ 180, 221, Rz. 16 ff. = ZIP 2009, 1003 = JZ 2009, 794 m. Anm. *Habersack*; *Goette*, Neue Entscheidung des Bundesgerichtshofes: Beschlussmängelstreitigkeiten im GmbH-Recht sind schiedsfähig, GWR 2009, 103, 104 f.; zur Kontrolle von Schiedsvereinbarungen am Maßstab des § 138 Abs. 1 BGB siehe bereits BGHZ 106, 336, 338 f. = ZIP 1989, 827, dazu EWiR 1989, 827 *(Raeschke-Kessler)*.

16) Näher *Baumann/Wagner*, BB 2017, 1993, 1995 ff.; *Borris*, NZG 2017, 761, 765 ff.; *Goette*, GWR 2009, 103 ff.; *Habersack*, JZ 2009, 797, 798 f. (Urteilsanm.); *Westermann*, Schiedsgerichte in kapitalgesellschaftsrechtlichen Streitigkeiten, ZGR 2017, 38, 42 ff.

17) Abrufbar unter: www.disarb.org.de (Abrufdatum: 2.1.2018); dazu *Riegger/Wilske*, Auf dem Weg zu einer allgemeinen Schiedsfähigkeit von Beschlussmängelstreitigkeiten?, ZGR 2010, 733, 747 f.

18) Siehe dazu noch unter IV. 2.

IV. (Un-)Maßgeblichkeit von „Schiedsfähigkeit II" für die Personengesellschaft

1. Grundsatz

Auf der Grundlage der vorstehend skizzierten gesellschaftsrechtlichen Gegebenheiten sollte deutlich werden, dass die „Schiedsfähigkeit II"-Grundsätze Geltung beanspruchen, wenn und soweit die schiedsgerichtliche Entscheidung *erga omnes*-Wirkung i. S. der §§ 248 Abs. 1 Satz 1, 249 Abs. 1 Satz 1 AktG hat, nicht dagegen, wenn das Schiedsgericht auf Grundlage einer gewöhnlichen Feststellungsklage gemäß § 256 ZPO über die Wirksamkeit eines Gesellschafterbeschlusses zu entscheiden hat.[19] Mögen sich auch im Rahmen von Feststellungsklagen Fragen ergeben, wenn auf einer Seite mehrere Parteien beteiligt sind, so handelt es sich hierbei doch um allgemeine Fragen der Mehrparteienschiedsgerichtsbarkeit, die hinlänglich diskutiert[20] und zudem nicht spezifisch gesellschaftsrechtlicher oder gar spezifisch beschlussmängelrechtlicher Natur sind.[21]

Vor diesem Hintergrund erstaunt es, dass sich der I. Zivilsenat des Bundesgerichtshofs in „Schiedsfähigkeit III" nicht einmal ansatzweise mit den personengesellschaftsrechtlichen Grundlagen auseinandersetzt, vielmehr eine „gewöhnliche" Schiedsklausel,[22] die den Anforderungen an die Einführung eines dem Aktien- und GmbH-Recht vergleichbaren Beschlussmängelklagemodells ersichtlich nicht genügt,[23] apodiktisch an den „Schiedsfähigkeit II"-Standards misst.[24] Die Begründung lässt nicht erkennen,

---

19) So auch *Borris*, NZG 2017, 761, 763 f.; *Bryant*, SchiedsVZ 2017, 196, 197 (Urteilsanm.); *Nolting*, ZIP 2017, 1641, 1644 f.

20) Überblick bei *Geimer* in: Zöller, ZPO, 31. Aufl. 2016, § 1029 Rz. 42, § 1035 Rz. 9, § 1042 Rz. 37 m. w. N.

21) *Borris*, NZG 2017, 761, 765 ff.; im Rahmen von Beschlussmängelstreitigkeiten i. S. der §§ 241 ff. AktG für Geltung des Mehrheitsprinzips bei Bestellung eines parteiernannten Schiedsrichters BGH, Urt. v. 6.4.2009 – ZR 255/08, BGHZ 180, 221, Rz. 20 = ZIP 2009, 1003 = JZ 2009, 794 m. Anm. *Habersack*.

22) Im Gesellschaftsvertrag der KG heißt es: „Über Streitigkeiten aus diesem Vertrag zwischen der Gesellschaft und den Gesellschaftern oder zwischen Gesellschaftern untereinander oder zum Vollzug von Beschlüssen der Organe der Gesellschaft entscheidet unter Ausschluß des ordentlichen Rechtswegs ein Schiedsgericht. Eine entsprechende Abrede wird unter den Gesellschaftern zusätzlich durch besonderen Schiedsgerichtsvertrag vereinbart." Im Schiedsgerichtsvertrag heißt es: „Die Parteien unterwerfen sich wegen aller aus dem Gesellschaftsvertrag vom 30.12.1968 entstehenden Streitigkeiten unter Ausschluss des Rechtswegs einem Schiedsgericht."

23) BGH, Urt. v. 27.4.2009 – II ZR 167/07, ZIP 2009, 1158, Rz. 25. – Zu der im Text angesprochenen Gestaltungsmöglichkeit siehe unter II. 1.

24) BGH, Beschl. v. 6.4.2017 – I ZB 23/16, ZIP 2017, 1024, Rz. 24, 26.

dass der Senat den entscheidenden Unterschied zwischen dem personengesellschaftsrechtlichen und dem kapitalgesellschaftsrechtlichen Beschlussmängelstreit – nämlich die Bindung nur der Parteien des Rechtsstreits an das zum Beschluss der Personengesellschafter ergangene Urteil einerseits und die *erga omnes*-Wirkung des zum Beschluss der Kapitalgesellschaft ergangenen Urteils andererseits – überhaupt reflektiert hätte:

> „Nach der zu einer GmbH ergangenen Rechtsprechung des BGH bestehen für die Wirksamkeit von Schiedsvereinbarungen in Gesellschaftsverträge gewisse inhaltliche Mindestanforderungen, wenn sie auch Beschlussmängelstreitigkeiten erfassen sollen (...). (...) Der BGH hat diese Anforderungen zwar im Zusammenhang mit der Satzung einer GmbH formuliert. Sie wurden jedoch aus den grundlegenden Maßstäben des § 138 BGB und des Rechtsstaatsprinzips entwickelt (...). Sie gelten deshalb jedenfalls auch für Personengesellschaften wie Kommanditgesellschaften, sofern bei diesen gegenüber Kapitalgesellschaften keine Abweichungen geboten sind. In jedem Fall müssen die Kommanditisten einer KG ebenso wie die Gesellschafter einer GmbH vor Benachteiligung und Entziehung des notwendigen Rechtsschutzes bewahrt werden (...), so dass auf entsprechende Regelungen in Schiedsabreden für eine KG grundsätzlich nicht verzichtet werden kann."

Dies ist umso bemerkenswerter, als der I. Zivilsenat des Bundesgerichtshofs in seinem zu einer GmbH ergangenen Beschluss vom 16. April 2015 völlig zutreffend im Amtlichen Leitsatz ausgesprochen hat, dass eine

> „Schiedsvereinbarung, die alle Streitigkeiten zwischen Gesellschaftern oder zwischen der Gesellschaft und Gesellschaftern, welche diesen Gesellschaftsvertrag, das Gesellschaftsverhältnis oder die Gesellschaft betreffen, mit Ausnahme von Beschlussmängelstreitigkeiten einem Schiedsgericht zur Entscheidung zuweist, (...) um wirksam zu sein, auch dann nicht die in der Entscheidung des BGH ‚Schiedsfähigkeit II' (BGHZ 180, 221 = NJW 2009, 1962) aufgestellten Anforderungen an eine Schiedsvereinbarung für Beschlussmängelstreitigkeiten erfüllen [muss], wenn es sich bei der fraglichen Streitigkeit um eine die Auslegung des Gesellschaftsvertrags betreffende Feststellungsklage nach § 256 ZPO handelt."[25]

Der Grad der Verwirrung wird noch einmal gesteigert, wenn man berücksichtigt, dass der I. Zivilsenat in den Gründen des Beschlusses vom 16. April 2015 – völlig zutreffend – darlegt, dass zu den Beschlussmängelstreitigkeiten, für die die „Schiedsfähigkeit II"-Standards Geltung beanspruchen, nur Klagen entsprechend §§ 241 ff. AktG, nicht dagegen „einfache" Feststellungsklagen unter den Gesellschaftern nach § 256 ZPO gehören, und dies – wiederum völlig zutreffend – wie folgt begründet:[26]

> „Die Wirksamkeit einer Schiedsklausel zu Beschlussmängelstreitigkeiten setzt die Erfüllung dieser (scil.: der in ‚Schiedsfähigkeit II' entwickelten) Mindestanforderungen an die Mitwirkungsrechte der Gesellschafter voraus, weil die in Rechtsstreitigkeiten

---

25) BGH, Beschl. v. 16.4.2015 – I ZB 3/14, ZIP 2015, 2019, LS 1, dazu EWiR 2015, 727 *(Hangebrauck)*.

26) BGH, Beschl. v. 16.4.2015 – I ZB 3/14, ZIP 2015, 2019, Rz. 14 f.

dieser Art ergehenden, der Klage stattgebenden Entscheidungen nach den im GmbH-Recht entsprechend anwendbaren §§ 248 Abs. 1 Satz 1, 249 Abs. 1 Satz 1 AktG über die nur zwischen den Parteien wirkende Rechtskraft des § 325 Abs. 1 ZPO hinaus für und gegen alle Gesellschafter und Gesellschaftsorgane wirken, auch wenn sie an dem Verfahren nicht als Partei teilgenommen haben (...).

Einfache Feststellungsklagen entfalten ihre Wirkung allein zwischen den Parteien des Rechtsstreits. Eine Rechtskrafterstreckung erfolgt auch dann nicht, wenn aus Gründen der Logik eine einheitliche Entscheidung gegenüber nicht am Rechtsstreit beteiligten Personen notwendig oder wünschenswert wäre. Für die Rechtskrafterstreckung auf nicht am Rechtsstreit beteiligte Personen ist ohne eine besondere Vorschrift kein Raum (...). Für einfache Feststellungsklagen unter den Gesellschaftern nach § 256 ZPO gibt es keine besondere Vorschrift, die – wie der im GmbH-Recht entsprechend anwendbare – § 248 Abs. 1 Satz 1 AktG für Beschlussmängelstreitigkeiten – bestimmt, dass das Urteil für und gegen nicht am Rechtsstreit beteiligte Gesellschafter oder Gesellschaftsorgane wirkt. Sie haben daher nur Wirkung inter partes (...)."

Die Praxis steht nun vor der Frage, ob der I. Zivilsenat des Bundesgerichtshofs mit „Schiedsfähigkeit III" eine – fundamentale, indes nicht ausdrücklich als solche bezeichnete – Abkehr von den im Beschluss vom 16. April 2015 formulierten und im Einklang mit der Rechtsprechung des II. Zivilsenats stehenden Grundsätzen zum Ausdruck bringen wollte, oder ob er schlicht nicht berücksichtigt hat, dass die Erwägungen, die er im Beschluss vom 16. April 2015 für „einfache" Beschlussmängelklagen im GmbH-Recht angestellt hat, für personengesellschaftsrechtliche Beschlussmängelklagen gleichermaßen gelten, und zwar schlicht deshalb, weil es sich bei diesen Klagen – von der gesellschaftsvertraglichen Einführung eines aktien- und GmbH-rechtlichen Anfechtungsmodells abgesehen – durchweg um „einfache" Feststellungsklagen i. S. des § 256 ZPO handelt. Berücksichtigt man, dass der II. Zivilsenat des BGH bereits in „Schiedsfähigkeit I" betont hat, dass die Bedenken gegen die Schiedsfähigkeit von Beschlussmängelstreitigkeiten sich nur aus der Rechtskrafterstreckung in § 248 Abs. 1 Satz 1 AktG ergeben,[27] wäre allerdings mit einer Abkehr vom Beschluss vom 16. April 2015 zugleich eine Abkehr von der Rechtsprechung des II. Zivilsenats verbunden – was wiederum die Hinzuziehung des Großen Senats für Zivilsachen erforderlich gemacht hätte. Vor diesem Hintergrund darf wohl doch davon ausgegangen werden, dass der I. Zivilsenat des Bundesgerichtshofs in „Schiedsfähigkeit III" die personengesellschaftsrechtliche Ausgangslage versehentlich nicht bedacht hat.[28]

---

27) BGH, Urt. v. 29.3.1996 – II ZR 124/95, BGHZ 132, 278, 285 ff. = ZIP 1996, 830.

28) In diesem Sinne auch *Baumann/Wagner*, BB 2017, 1993, 1997; *Borris*, NZG 2017, 761, 763 f.; ähnlich *Bryant*, SchiedsVZ 2017, 196, 197; gegen Maßgeblichkeit von „Schiedsfähigkeit II" auch *Nolting*, ZIP 2017, 1641, 1644 f.; *Sackmann*, NZG 2016, 1041, 1043 ff.

2. Ausnahme bei gesellschaftsvertraglicher Einführung des kapitalgesellschaftsrechtlichen Beschlussmängelmodells

Sieht der Gesellschaftsvertrag der Personengesellschaft vor, dass die gegen einen Gesellschafterbeschluss gerichtete Klage innerhalb einer bestimmten Frist zu erheben und zudem gegen die Gesellschaft zu richten ist, so ist der damit verbundenen Quasi-Rechtskrafterstreckung auf die Gesellschafter[29)] durch prozessuale Schutzvorkehrungen Rechnung zu tragen. Insoweit – aber auch nur insoweit – ist es ungeachtet des Umstands, dass auch in diesem Fall keine Klage gemäß §§ 241 ff. AktG, sondern eine gewöhnliche Feststellungsklage vorliegt, veranlasst, die „Schiedsfähigkeit II“-Grundsätze auf das Personengesellschaftsrecht zu erstrecken.[30)] Dem tragen auch die DIS-ERGeS Rechnung.[31)] Bleibt die Schiedsklausel in diesem Fall hinter den „Schiedsfähigkeit II“-Standards zurück, ist sie allerdings nicht unwirksam. Sie entfaltet dann vielmehr Bindungswirkung nur gegenüber den Parteien. Hingegen fehlt es in diesem Fall an einer hinreichenden Grundlage für die Bindung auch der nicht am Schiedsverfahren beteiligten Gesellschafter an die schiedsgerichtliche Entscheidung.[32)] Insoweit kommt mit anderen Worten zum Tragen, dass die Rechtskrafterstreckung nur schuldrechtlich herbeigeführt wird und damit „Quasi“-Charakter hat.

3. Kapitalgesellschaft & Co. KG

Während in „Schiedsfähigkeit III“ die Frage zu beurteilen war, ob die gegen einen Ausschließungsbeschluss einer GmbH & Co. KG gerichtete Klage der betroffenen Kommanditisten in die Zuständigkeit des Schiedsgerichts fällt, hatte es der I. Zivilsenat in einem Parallelverfahren mit einer Schiedsklausel in der Satzung der Komplementär-GmbH zu tun.[33)] Dies deshalb, weil die beiden Kommanditisten, die aus der KG ausgeschlossen werden sollten, auch Gesellschafter der Komplementär-GmbH waren und die Gesellschafterversammlung dieser GmbH die Einziehung der von den beiden Gesellschaftern

---

29) Siehe dazu unter II. 1.

30) So auch *Baumann/Wagner*, BB 2017, 1993, 1996; *Borris*, NZG 2017, 761, 765; *Sackmann*, NZG 2016, 1041, 1044 f.; im Ausgangspunkt auch *Nolting*, ZIP 2017, 1641, 1645; für schiedsgerichtliche Verfahren zu eng *Schäfer* in: Staub, Großkomm-HGB, 5. Aufl. 2009, § 119 Rz. 92, wonach (nur) Gelegenheit zur Nebenintervention zu gewähren sei.

31) Siehe unter III.

32) Zutr. *Nolting*, ZIP 2017, 1641, 1645; a. A. – für Unwirksamkeit – wohl *Baumann/Wagner*, BB 2017, 1993, 1996; *Borris*, NZG 2017, 761, 765; *Sackmann*, NZG 2016, 1041, 1044 f.

33) BGH, Beschl. v. 6.4.2017 – I ZB 32/16, SchiedsVZ 2017, 197.

geschlossenen Geschäftsanteile beschlossen hatte. In dem die GmbH betreffenden Beschluss knüpft der Senat an die Ausführungen in „Schiedsfähigkeit III“ an. Ausgehend von der (unzutreffenden) Prämisse, die „Schiedsfähigkeit II“-Standards beanspruchten im Grundsatz auch für personengesellschaftsrechtliche Beschlussmängelklagen Geltung, führt der Senat aus:[34)]

> „Auf die von der Rechtsbeschwerde aufgeworfene Frage, ob die für Schiedsvereinbarungen in GmbH-Gesellschaftsverträgen bestehenden Anforderungen uneingeschränkt auch für Schiedsklauseln in einem Gesellschaftsvertrag einer Komplementärgesellschaft einer personenidentischen GmbH & Co. KG gelten, kommt es mithin nicht an. Im vorliegenden Fall enthält die Schiedsklausel in § 19 Abs. 2 des Gesellschaftsvertrags der Antragstellerin (scil.: der Komplementär-GmbH) überhaupt keine entsprechenden Regelungen. Das ist jedenfalls unzureichend. Daran änderte sich auch nichts, wenn, wie nach Ansicht der Antragsgegnerinnen geboten, die Schiedsgerichtsvereinbarung für die GmbH & Co. KG auf die Antragstellerin Anwendung fände. Der Schiedsgerichtsvertrag der GmbH & Co. KG enthält ebenfalls keine ausreichenden Bestimmungen zum Schutz der Gesellschafter.
>
> Auch die Frage, ob eine Schiedsklausel in der Satzung der Komplementär-GmbH einer GmbH & Co. KG auch dann uneingeschränkt die Mindestanforderungen des Bundesgerichtshofs erfüllen muss, wenn der Gesellschaftsvertrag der betreffenden Kommanditgesellschaft eine Schiedsklausel enthält, die gegebenenfalls in Verbindung mit einer zwischen den Gesellschaftern geschlossenen gesonderten Schiedsabrede die für die Erfassung von Beschlussmängelstreitigkeiten – der KG – erforderlichen Voraussetzungen erfüllt, stellt sich im Streitfall nicht. Schiedsklausel und Schiedsgerichtsvertrag der KG haben nicht den in dieser Frage vorausgesetzten Inhalt.“

Tatsächlich ist indes für die Kapitalgesellschaft & Co. an der Trennung zwischen dem – nur für die Komplementärin relevanten – kapitalgesellschaftsrechtlichen Beschlussmängelmodell und dem – für die atypische Personengesellschaft relevanten – personengesellschaftsrechtlichen Beschlussmängelmodell auch dann festzuhalten, wenn die Gesellschafter beider Gesellschaften personenidentisch sind. Es dürfte sich dann empfehlen, im Gesellschaftsvertrag der KG das kapitalgesellschaftsrechtliche „Anfechtungsmodell“ einzuführen – mit der Folge, dass eine auch Beschlussmängelstreitigkeiten umfassende Schiedsklausel dann, aber auch nur dann, den „Schiedsfähigkeit II“-Standards unterliegt.[35)] Belassen es die Gesellschafter der KG bei einer „einfachen“ Schiedsklausel, hat es für Streitigkeiten auf Personengesellschaftsebene bei den allgemein für Feststellungsklagen gemäß § 256 ZPO geltenden Grundsätzen zu bewenden. Auf Ebene der Komplementär-Gesellschaft gelangen so oder so die „Schiedsfähigkeit II“-Grundsätze zur Anwendung. Für vom I. Zivilsenat in seinem zur Komplementär-GmbH ergangenen Beschluss erwogene „Vermischungen“ ist

---

34) BGH, Beschl. v. 6.4.2017 – I ZB 32/16, SchiedsVZ 2017, 197, Rz. 24 f.

35) Siehe i. E. unter II. 1., IV. 2.

mit Blick auf die gesellschaftsrechtliche Trennung zwischen der KG- und der Komplementärebene kein Raum.

4. *Praxisfolgen*

„Schiedsfähigkeit III" begründet, folgt man der hier vertretenen Ansicht, dass es sich bei der Feststellung, die „Schiedsfähigkeit II"-Standards beanspruchten grundsätzlich auch für personengesellschaftsrechtliche Beschlussstreitigkeiten Geltung, um einen „Irrläufer" handelt, für die Kautelar- und Prozesspraxis keinen Handlungsbedarf. Sieht der Gesellschaftsvertrag der Personengesellschaft von der Einführung des kapitalgesellschaftsrechtlichen Beschlussmängelmodells ab und belassen es die Gesellschafter damit beim dispositiven Recht, erfasst eine „einfache" Schiedsklausel, der zufolge auch Streitigkeiten aus dem Gesellschaftsverhältnis durch ein Schiedsgericht entschieden werden, auch die üblichen personengesellschaftsrechtlichen Beschlussmängelstreitigkeiten; der Beteiligung mehrerer Parteien auf einer Streitseite ist dann nicht durch Rückgriff auf „Schiedsfähigkeit II", sondern durch Rückgriff auf die allgemeinen Grundsätze über die Mehrparteienschiedsgerichtsbarkeit Rechnung zu tragen. Dies gilt auch für die Kapitalgesellschaft & Co.

Die Praxis sollte sich deshalb durch „Schiedsfähigkeit III" nicht verunsichern lassen und für die Personengesellschaft – erst recht – an dem festhalten, was der I. Zivilsenat in seinem Beschluss vom 16. April 2015 für die GmbH völlig zutreffend betont hat, dass nämlich Schiedsklauseln, soweit sie gegen Gesellschafterbeschlüsse gerichtete Feststellungsklagen gemäß § 256 ZPO erfassen, in Ermangelung einer Rechtskrafterstreckung i. S. des § 248 Abs. 1 Satz 1 ZPO nicht den „Schiedsfähigkeit II"-Grundsätzen unterliegen. Anderes gilt allein bei gesellschaftsvertraglicher Einführung des aktienrechtlichen Beschlussmängelmodells; die in diesem Fall erfolgende Unterwerfung der Personengesellschafter unter die Rechtskraft eines der Feststellungsklage stattgebenden Feststellungsurteils verlangt nach Heranziehung der „Schiedsfähigkeit II"-Grundsätze.

V. *Reformbedarf?*

Die Frage nach den Anforderungen an personengesellschaftsvertragliche Schiedsklauseln, die auch Beschlussmängelstreitigkeiten erfassen sollen, ist nicht nur vor dem Hintergrund der schon erwähnten rechtspolitischen Debatte über die Reformbedürftigkeit des Personengesellschaftsrechts zu sehen.

Zu den „heißen“ rechtspolitischen Themen des Gesellschaftsrechts gehört vielmehr auch die Frage, ob sich eine Reform des gesellschaftsrechtlichen Beschlussmängelrechts empfiehlt. Dieser Frage wird sich die wirtschaftsrechtliche Abteilung des 72. Deutschen Juristentags in Leipzig annehmen. Der Zusammenhang ist bereits in der einleitend erwähnten Beschlussempfehlung der wirtschaftsrechtlichen Abteilung des Essener Juristentags hergestellt worden, soweit darin eine Neuregelung des Beschlussmängelrechts der Personengesellschaften „im Zuge einer Reform des gesamten Beschlussmängelrechts“ angemahnt wird. Im Raume steht die Forderung, zumindest für Personenhandelsgesellschaften auf das – allerdings seinerseits zu reformierende – kapitalgesellschaftsrechtliche Beschlussmängelmodell überzugehen; den Gesellschaftern könnte und sollte freilich das Recht zustehen, das kapitalgesellschaftsrechtliche Modell abzubedingen und damit im Gesellschaftsvertrag für das herkömmliche Modell zu optieren.

Für die schiedsgerichtliche Praxis hätte dies eine Umkehr des Regel/Ausnahmeverhältnisses zur Folge: Sind personengesellschaftsvertragliche Schiedsklauseln, soweit sie auch Beschlussmängelstreitigkeiten erfassen sollen, bislang nur ausnahmsweise (nämlich bei gesellschaftsvertraglicher Einführung des Anfechtungsmodells) an „Schiedsfähigkeit II“ zu messen, wären im Falle einer entsprechenden Reform des Personengesellschafts- und Beschlussmängelrechts die „Schiedsfähigkeit II“-Grundsätze grundsätzlich maßgebend, soweit – wovon auszugehen ist – auch nach einer Reform des kapitalgesellschaftsrechtlichen Beschlussmängelrechts an der *erga omnes*-Wirkung des der Beschlussmängelklage stattgebenden Urteils festgehalten wird. Spätestens dann wäre auch anzuerkennen, dass personengesellschaftsvertragliche Schiedsklauseln dem § 1066 ZPO unterliegen – eine Erkenntnis, die freilich nach Anerkennung der Rechts- und Parteifähigkeit der Außengesellschaften bürgerlichen Rechts und der Personenhandelsgesellschaften schon de lege lata veranlasst ist.[36)]

36) Näher *K. Schmidt*, Neues Schiedsverfahrensrecht und Gesellschaftsrechtspraxis – Gelöste und ungelöste Probleme bei gesellschaftsrechtlichen Schiedsgerichtsprozessen, ZHR 162 (1998), 265, 277 ff.; *Habersack*, Die Personengesellschaft und ihre Mitglieder in der Schiedsgerichtspraxis, SchiedsVZ 2003, 241 ff.; *Geimer* in: Zöller, ZPO, 31. Aufl. 2016, § 1066 Rz. 13 m. w. N.; a. A. – für Maßgeblichkeit der §§ 1029 ff. ZPO – die nach wie vor h. M., siehe BGH, Beschl. v. 1.8.2002 – III ZB 66/01, NJW-RR 2002, 1462 = NZG 2002, 955, dazu EWiR 2002, 1023 *(Kröll)*. – Zur Partei- und Rechtsfähigkeit der Personengesellschaften siehe BGH, Urt. v. 29.1.2001 – II ZR 331/00, BGHZ 146, 341, 348 ff. = ZIP 2001, 330.

VI. Fazit

Der Beschluss des I. Zivilsenats in Sachen „Schiedsfähigkeit III" lässt unberücksichtigt, dass in der Personengesellschaft Mängel eines Gesellschafterbeschlusses grundsätzlich im Wege der gewöhnlichen Feststellungsklage geltend zu machen sind und die Rechtskraft eines dieser Klage stattgebenden Urteils allein *inter partes* gilt. Er widerspricht damit, soweit er sich für die Erstreckung der „Schiedsfähigkeit II"-Standards auf personengesellschaftsrechtliche Beschlussmängelstreitigkeiten ausspricht, nicht nur der Rechtsprechung des II. Zivilsenats des Bundesgerichtshofs, sondern gleichermaßen dem Beschluss des I. Zivilsenats vom 16. April 2015. Der Beschluss in Sachen „Schiedsfähigkeit III" unterstreicht allerdings noch einmal die Reformbedürftigkeit des Personengesellschaftsrechts. Zugleich ruft er in Erinnerung, dass auch das kapitalgesellschaftsrechtliche Beschlussmängelrecht in hohem Maße reformbedürftig ist und der Gesetzgeber damit vor einer wahren Herkulesaufgabe steht. Es bleibt zu hoffen, dass *Marie Luise Graf-Schlicker* die rechtspolitische Debatte auch künftig engagiert und sachkundig begleiten wird.

Rechtsgrundsätzliches und Schlichtung

EDGAR ISERMANN

Inhaltsübersicht

Gotthold Ephraim Lessing lässt seinen „Nathan der Weise“ sagen: „Und also fuhr der Richter fort, wenn ihr nicht meinen Rat, statt meines Spruchs, wollt: Geht nur! – Mein Rat ist aber der: ihr nehmt die Sache völlig wie sie liegt.“[1)]

Wer mag, kann bereits in diesen Zeilen divergierende Modelle der Konfliktlösung erkennen, nämlich den Weg über den verbindlichen Richterspruch oder über die zurückhaltende Variante der Empfehlung. Zugleich lässt sich methodisch aus dem „Rat“ auch der Appell ablesen, die wechselseitigen Interessen zu respektieren, um so Rechtsfrieden zu finden.

I. Rechtsschutz und/oder Verbraucherschutz

Das in diesem Zitat angedeutete organisatorische wie inhaltliche Spannungsverhältnis beider Vorgehensweisen begegnet uns auch heute in den Diskussionen um die Institution der Schlichtung, wie sie zur AS-Richtlinie 2013/11/EU[2)] und zum Verbraucherstreitbeilegungsgesetz (VSBG)[3)] geführt

1) *Gotthold Ephraim Lessing*, Nathan der Weise, 3. Aufzug, 7. Auftritt, 1779.

2) Richtlinie 2013/11/EU des Europäischen Parlaments und des Rates v. 21.3.2013 über die alternative Beilegung verbraucherrechtlicher Streitigkeiten und zur Änderung der Verordnung (EG) Nr. 2006/2004 und der Richtlinie 2009/22/EG (Richtlinie über alternative Streitbeilegung in Verbraucherangelegenheiten), ABl. (EU) L 165/63 v. 18.6.2013.

3) Gesetz zur Umsetzung der Richtlinie über alternative Streitbeilegung in Verbraucherangelegenheiten und zur Durchführung der Verordnung über Online-Streitbeilegung in Verbraucherangelegenheiten, v. 19.2.2016, BGBl. I 2016, 254.

werden.[4] Dabei werden unterschiedliche Ansätze verfolgt. Die Skeptiker sehen in dieser Form der Streitbeilegung die Justiz oder gar das Recht in Frage gestellt. Sie formulieren ihre Bedenken mit griffigen Worten („Paralleljustiz“, „Schattenjustiz“, „Mehr Zugang zu weniger Recht“ oder ähnlich).[5] Andere sehen in der Schlichtung einen „der Rechtsprechung vorgelagerten Bereich der Rechtsverwirklichung“[6] oder betonen den komplementären Aspekt von Rechtsschutz durch die AS-Stellen[7], die das „rationale Desinteresse“[8] vieler Verbraucher am Gerichtsverfahren kompensieren.[9] In dem Sinn auf den Punkt gebracht, wird den Kritikern der Schlichtung entgegen gehalten: „Richter + Schlichter = Verbraucherschutz“.[10] Ein ähnlicher Ansatz betont, dass es bei den AS-Stellen nicht um „Verbraucherrechtsdurchsetzung“ gehe, sondern um „Verbraucherin-

---

4) Zusammengefasst u. a. bei *Berlin*, Alternative Streitbeilegung in Verbraucherkonflikten, 2014, S. 60 ff.; *Röthemeyer* in: Borowski/Röthemeyer/Steike, VSBG, 2016, Einführung Rz. 81 ff. sowie 92; *Riehm*, Die Rolle des Verbraucherrechts in der neuen Verbraucherstreitbeilegung, JZ 2016, 866 ff., 867, jeweils m. w. N.

5) Stellvertretend mit insofern bestätigenden weiteren Nachweisen *Engel*, Außergerichtliche Streitbeilegung in Verbraucherangelegenheiten – Mehr Zugang zu weniger Recht, NJW 2015, 1633 ff.

6) *Gaier*, Schlichtung, Schiedsgericht, staatliche Justiz – Ein System institutioneller Rechtsverwirklichung, NJW 2016, 1367, 1369.

7) *Hirsch*, Außergerichtliche Beilegung von Verbraucherstreitigkeiten – ein alternativer Zugang zum Recht entsteht, NJW 2013, 2088, 2094; *Hirsch*, Kein „Kampf ums Recht“, sondern Suche nach Befriedung, ZRP 2014, 152, 154; aus Anwaltssicht siehe *Schons*, Licht und Schatten, AnwBl, Editorial zu Heft 7/2015: „Angebotserweiterung“. Zur Verbraucherschlichtung als „aliud“ zum Gerichtsverfahren *Berlin*, Transparenz und Vertraulichkeit im Schlichtungsverfahren – Zur Frage der Veröffentlichung von Verfahrensergebnissen, VuR Sonderheft 2016, 36, 40.

8) Zum Begriff „rationales Desinteresse“ siehe *Scherpe*, Außergerichtliche Streitbeilegung in Verbrauchersachen, 2002, S. 19. Das demgegenüber stehende Schlichtungsinteresse der Verbraucher beleuchtet *Berlin*, Alternative Streitbeilegung in Verbraucherkonflikten, 2014, S. 146 ff.

9) Erhellend das aussagekräftige Fachgespräch von *Hirsch* (Versicherungsombudsmann), *Klein* (Ombudsmann der privaten Bausparkassen) sowie *Papier* (Ombudsmann der SCHUFA) im Tätigkeitsbericht 2016 des SCHUFA-Ombudsmann auf S. 16 ff., abrufbar unter https://schufa-ombudsmann.de/media/misc/Taetigkeitsbericht_2016.pdf (Abrufdatum: 14.12.2017). Zusammenfassend zur Diskussion *Riehm*, JZ 2016, 866 ff.

10) *Hirsch*, Richter + Schlichter = Verbraucherschutz, NJW, Editorial zu Heft 7/2016, im gleichen Sinn *Jaeger*, Zukunft der Konfliktbeilegung: Schlichtung ist Rechtskultur, AnwBl 2013, 406, 407 f.; *Nöhre/Ruge*, Die Schlichtung am Beispiel der Schlichtungsstelle der Rechtsanwaltschaft, BRAK-Mitteilungen 2015, 274, 275 sowie *Isermann*, söp-Schlichtung: Wie funktioniert das?, ReiseRecht aktuell (RRa) 2016, 106, 114 – alle Beiträge aus der Sicht langer Praxiserfahrung als Richter und Schlichter.

teressenwahrung“, weil die Durchsetzung von Verbraucherrechten weiterhin der Gerichtsbarkeit überlassen bleibe.[11)]

Dabei werden ausdrücklich die AS-Richtlinie nebst den ErwG 4 bis 6 sowie 31[12)] wie auch die weitere Fortentwicklung seit Inkrafttreten des VSBG in Bezug genommen, insbesondere mit der Regelung in § 19 Abs. 1 VSBG: Der Schlichtungsvorschlag „soll am geltenden Recht ausgerichtet sein und soll insbesondere die zwingenden Verbraucherschutzgesetze beachten“. In dieser eher „weichen Formulierung“[13)] wird die Bestätigung dafür gesehen, dass das Recht – anders als beim Gerichtsurteil – für die Schlichtung jedenfalls nicht alleiniger Orientierungsmaßstab sei.

Es wird mithin die Unterscheidung zwischen rechtlicher und interessenorientierter Streitbeilegung betont und der „Kern der Verbraucherkonflikte“ darin gesehen, dass der „Kunde nicht bekommt, was er erwartet hat“, weshalb es bei den AS-Verfahren mehr um Verbraucherschutz durch Interessenausgleich als allein um Rechtsschutz durch Rechtsdurchsetzung gehe.[14)] Der Faktor des Interessenausgleichs entspricht offenbar auch einem Anliegen des Gesetzgebers. Das Gesetz zur Schlichtung im Luftverkehr zählt explizit genannte Vorgaben für die Schlichtung auf.[15)] Laut § 57 Abs. 2 Nr. 3 soll dabei „gewährleistet“ sein, dass „die Interessen aller Beteiligten angemessen berücksichtigt werden.“

Die Frage, welche Bedeutung dem Recht in der Praxis der Schlichtung zukommt, ist gleichwohl legitim und angebracht. Nicht umsonst knüpfen die Verfahrensordnungen der sog. großen Schlichtungsstellen[16)] als Beurteilungsmaßstab an die Vorgaben von „Recht und Gesetz“ an.[17)]

---

11) *Riehm*, JZ 2016, 866 ff., 867, 868 m. w. N.

12) Bei Nr. 31 heißt es u. a., dass die Beilegung von Streitigkeiten „(…) in fairer, praktischer und verhältnismäßiger Art und Weise (…) und unter gebührender Berücksichtigung der Rechte der Parteien (gewährleistet sein sollte)“.

13) *Berlin* in: Tamm/Tonner, Verbraucherrecht, 2. Aufl. 2016, § 23 Rz. 53 mit Verweis auf BT-Drucks. 18/5089.

14) So insbesondere *Riehm*, JZ 2016, 866, 867 und 868 ff.

15) Gesetz zur Schlichtung im Luftverkehr, v. 11.6.2013, BGBl. I 2013, 1545.

16) Überblick zu den bestehenden Schlichtungsangeboten bei *Berlin* in: Althammer/Meller-Hannich, VSBG, 2017, S. 21 ff.

17) Beispielhaft die Regelungen beim Versicherungsombudsmann (VerfO 2016 in § 6 Abs. 4), bei der söp_Schlichtungsstelle für den öffentlichen Personenverkehr (VerfO 2017 in § 6 Abs. 1), bei der Schlichtungsstelle Energie (VerfO 2017 in § 8). Weicher formuliert es die VerfO 2017 der Privatbanken in § 4: „(…) auf der Grundlage der gesetzlichen Bestimmungen unter Berücksichtigung von Billigkeitserwägungen (…)“.

Das hat einen großen praktischen Nutzen. Ohne diesen Bezugsrahmen wäre die Akzeptanz der Schlichtung bei den Beteiligten wie auch in der Öffentlichkeit beeinträchtigt, weil ihr sonst der Nimbus eines unkalkulierbaren Schlichtungsausgangs zugeschrieben würde. Schlichtungen können gerade in Fällen der einschlägigen Rechtslage bei unstreitigem Sachverhalt auch zu einem vollständigen Obsiegen des Verbrauchers führen, weil das Beschwerdemanagement eines Unternehmens kalkuliert oder versehentlich Fehler gemacht hat, oder zu einem vollständigen Unterliegen des Verbrauchers, weil zugunsten seines Anspruchs keine Rechtsgrundlage gegeben ist.[18] Schließlich findet der Abwägungsprozess im Rahmen einer Schlichtung seine Grenzen in §§ 134, 138 BGB.[19]

II. Recht, Rechtsfortbildung und transparente Schlichtungspraxis

Das so diskutierte Verhältnis von Schlichtung und Recht hat indes eine weitere Ebene. Die Frage der Bindung an Recht und Gesetz endet nicht in der praktischen Anwendung bestehender Gesetze und des bereits geschriebenen Rechts. Es geht oft auch darum, wie die Schlichtung mit einer Streitfrage umzugehen hat, für die es noch keine höchstrichterliche Klärung gibt.

Richtigerweise wird deshalb die Forderung nach einer fortbestehenden Möglichkeit der Rechtsentwicklung erhoben. Insofern wird jedoch kritisch angemerkt, dass mit Rücksicht auf das Vertraulichkeitsgebot in § 22 VSBG die Klärung grundsätzlicher Rechtsfragen in den Bereich der Intransparenz verdrängt werden könnte.[20] Auch fehle es bei der Schlichtung an der Transparenz, wie sie für die Rechtsfortbildung durch Veröffentlichung von Gerichtsentscheidungen gewährleistet sei.[21] Beide Befürchtungen dürften im Ergebnis unbegründet sein.

Das Transparenzgebot hat für die Praxis zwei Aspekte. Primär von Bedeutung ist es für die Schlichtungsparteien selbst. Je umfassender, je differenzierter und je nachvollziehbarer ein Schlichtungsvorschlag ist, desto

---

18) Beispiele aus der söp-Praxis bei *Isermann*, ReiseRecht aktuell (RRa) 2016, 106, 110 f.

19) So auch *Röthemeyer* in: Borowski/Röthemeyer/Steike, VSBG, 2016, § 19 Rz. 78 ff.; *Riehm*, JZ 2016, 866, 870.

20) *Tamm*, Das VSBG – ein mutiger Schritt in die Zukunft der Verbraucherstreitbeilegung?, VuR Sonderheft 2016, 51, 52, 56 f.; siehe im Ansatz auch *Röthemeyer* in: Borowski/Röthemeyer/Steike, VSBG, 2016, § 22 Rz. 1 ff.; *Braun* in: Roder/Röthemeyer/Braun, Verbraucherstreitbeilegungsgesetz, 2017, § 2 Rz. 128 ff., 135.

21) *Tonner*, Der RegE des VSBG aus verbraucherrechtlicher und -politischer Sicht, ZKM 2015, 132, 134; zur Transparenzfrage ausführlich *Berlin*, VuR Sonderheft 2016, 36 ff.

besser können die Parteien nicht nur erkennen, ob ihr Anliegen erkannt ist, sondern auch, welche Rechtsfragen ihr Fall impliziert. Indem dieser Vorschlag mögliche rechtliche Komplexitäten einschließlich alternativer Folgewirkungen verdeutlicht, gibt er den Parteien zugleich Hinweise für ihren eigenen weiteren Umgang mit etwaigen ungeklärten Grundsatzfragen.

Der im Übrigen aufgestellte Vergleich von veröffentlichten Gerichtsentscheidungen und der Veröffentlichung von Schlichtungsempfehlungen wird überschätzt. Einerseits fehlt schon die Vergleichbarkeit im Hinblick auf die unterschiedliche Festschreibung der jeweiligen Ergebnisse. Andererseits ist es nicht selten dem Zufall oder gar dem Interesse des Einsenders/Herausgebers überlassen, welche Gerichtsentscheidung der unteren Instanzen veröffentlicht wird.[22)] Gleichwohl ist es von rechtlicher Bedeutung, dass die Schlichtungsstellen die Ergebnisse ihrer Arbeit veröffentlichen. So wird es auch durchweg praktiziert.[23)] Damit erfährt die interessierte Fachöffentlichkeit von den Problemen der Rechtsanwendung und kann sie diskursiv erörtern, um auf diese Weise zur Klärung rechtsgrundsätzlicher Fragen beizutragen. Die Verbraucher wiederum bekommen die Möglichkeit, sich mit der Schlichtung als Alternative zum Gerichtsverfahren vertraut zu machen.[24)]

III. Agenda der Schlichtungsakteure

Im Hinblick auf die Anregung aus Verbrauchersicht, die außergerichtliche Streitbeilegung dürfe der Rechtsprechung nicht das benötigte Fallmaterial zur Weiterentwicklung des Verbraucherschutzrechts „entziehen“[25)], stellt sich die Frage: Werden die Gerichte wirklich „entmachtet“?[26)]

Ob und in welchem Umfang dies Realität ist, lässt sich mangels aktuell valider Statistiken nicht generell beantworten.[27)] Jedenfalls scheint es im

---

22) Näher dazu *Isermann*, ReiseRecht aktuell (RRa) 2016, 105, 113; ebenso *Braun* in: Roder/Röthemeyer/Braun, Verbraucherstreitbeilegungsgesetz, 2017, § 2 Rz. 136.

23) Siehe die Jahresberichte bzw. Veröffentlichungen der Schlichtungsstellen zu ihrer Schlichtungspraxis auf ihrer jeweiligen Website, z. B. für *söp* abrufbar unter https://soep-online.de/94.html (Abrufdatum: 14.12.2017).

24) *Berlin*, VuR Sonderheft 2016, 36, 39 ff.

25) *Tonner*, ZKM 2015, 132, 132.

26) U. a. *Roth*, Bedeutungsverluste der Zivilgerichtsbarkeit durch Verbrauchermediation?, JZ 2013, 637, 642.

27) Zur Entwicklung der Verfahrenszahlen bei den Gerichten vgl. *Graf-Schlicker*, Der Zivilprozess vor dem Aus?, AnwBl 2014, 473 ff., gerade auch im Hinblick auf Verfahren mit niedrigen Streitwerten, wie sie in der Schlichtung die Praxis sind (allerdings bezogen auf einen früheren Zeitraum, in dem die Schlichtungspraxis noch nicht so verbreitet war).

Schlichtungskontext keine Automatik zu geben. Die fortbestehende Möglichkeit des Geltendmachens von Ansprüchen im Nebeneinander von Gericht und Schlichtung zeigt ein Beispiel aus der Praxis zum öffentlichen Personenverkehr. Der kurzfristige und massenhafte Ausfall von Flugzeugbesatzungen eines Luftfahrtunternehmens führte im Oktober 2016 zu erheblichen Störungen des Flugverkehrs. Tausende von Passagieren waren betroffen. Hohe Entschädigungssummen standen im Raum. Die Verbraucher reagierten auf unterschiedliche Weise, um ihre Ansprüche zu verfolgen. Diese waren verbunden mit der Frage rechtsgrundsätzlicher Art, ob in dem Verhalten der Crews ein „wilder Streik“ als Haftungsausschlussgrund zu sehen sei. Die Auseinandersetzung dazu hat zu sehr vielen Gerichtsverfahren geführt. Allein das Amtsgericht Hannover verzeichnete einen Eingang von 1600 Verfahren.[28)] Das war indes nicht der einzige Weg der Rechts- und Interessenverfolgung. Eine sehr hohe Zahl von Anträgen ist auch bei der Schlichtungsstelle für den öffentlichen Personenverkehr (söp) eingegangen. Dort konnte in 81 % aller Fälle ein einverständliches Ergebnis erzielt werden.[29)] Die zu diesen Verfahren verschieden gewählte Vorgehensweise mag verdeutlichen, dass der generell befürchtete wechselseitige Ausschlussmodus gerichtlicher und außergerichtlicher Streitbeilegungsverfahren eher angezweifelt werden darf.

Vor diesem Hintergrund lässt sich die Betrachtung „Recht versus Schlichtung“[30)] als quasi andere Seite derselben Medaille ergänzen, indem der Fokus gelegt wird auf die Betrachtung, wie die Akteure der Schlichtung selbst, also die Parteien wie auch die Schlichtungsstellen, mit Fällen umgehen, in denen Fragen rechtsgrundsätzlicher Art aktuell sind oder sein könnten.

1. Verbraucher

Zunächst ist es jedem Verbraucher als Beschwerdeführer überlassen, welchen Weg er einschlägt. Wer aus welchen Gründen auch immer das Gerichtsverfahren meidet, verbindet mit der Wahl der Schlichtung spezielle Überlegun-

---

28) Stand: 14.8.2017 (Auskunft des Amtsgerichtsvizepräsidenten *Hippe*). Die bereits abgeschlossenen Verfahren haben zu diametral entgegengesetzten Ergebnissen im Obsiegen/Unterliegen geführt. In 8 Verfahren erging ein Vorlagebeschluss an den EuGH (siehe Pressemitteilung des AG Hannover v. 6.4.2017 sowie die veröffentlichten Beschlüsse v. 6.4.2017 – 506 C 13129/16 und v. 5.7.2017 – 406 C 494/17, in ReiseRecht aktuell (RRa) 2017, 132 und 246).

29) Eigene Kenntnisse des Verfassers als Leiter der Schlichtungsstelle söp.

30) *Riehm*, JZ 2016, 866, 868, mit Beispielen zu Praxisaspekten.

gen. Sein vorrangiges Interesse dürfte dabei in einer praktischen Befriedung des Konflikts liegen, weniger in der Klärung von Rechtsfragen, von der er nicht weiß, ob sie zu seinen Gunsten ausgeht. Nicht unerheblich ist dabei, was Kern seines Anliegens gegenüber dem Unternehmen ist, denn nicht alle Beschwerden sind mit rechtlichen Sanktionen unterlegt,[31] wie es etwa bei Missverständnissen aufgrund gestörter Kommunikationsabläufe der Fall ist. In dem Sinn gewinnt die Komplementärfunktion der Schlichtung ihren eigenen Stellenwert. Manche Kritik an der Schlichtung scheint wiederum zu insinuieren, dass jeder Gang zu Gericht zugleich mit der Lösung rechtsgrundsätzlicher Fragen verbunden sei. Das ist mitnichten der Fall. Gerade in den Massenverfahren mit kleinen Streitwerten kommt es den Antragstellern – und gelegentlich auch den Gerichten selbst – auf die komplikationslose schnelle Erledigung an. Auf der anderen Seite haben konsensorientierte Ergebnisse auch bei Gerichtsverfahren ihre Bedeutung. Nicht selten enden Verfahren dort z. B. mit einer Klagerücknahme oder dem Anerkenntnis der Klageforderung nach erfolgtem richterlichen Hinweis (§ 139 ZPO) bzw. durch Anerkenntnis kurzfristig vor der anstehenden Gerichtsverhandlung zur Vermeidung einer Entscheidung oder mit einem Vergleich, etwa im Rahmen des Güteverfahrens (§ 278 Abs. 5 ZPO) oder im Lauf der Gerichtsverhandlung.[32] Auch diese Varianten eröffnen keine Chance zur Klärung rechtsgrundsätzlicher Fragen. Wird hingegen ein Gerichtsverfahren streitig durchgeführt, muss dies ebenfalls nicht zur höchstrichterlichen Klärung von Grundsatzfragen führen. Die Rechtsordnung überlässt es allein der freien Entscheidung der unterlegenen Partei, ob sie im fallübergreifenden Interesse eine Klärung grundsätzlicher Rechtsfragen herbeiführen oder zur Rechtsfortbildung oder -vereinheitlichung beitragen will.[33] Die Anrufung der obersten Instanz bleibt also möglich und doch eher die Ausnahme – wie schon bisher ohne die Institution der Schlichtung.

2. *Unternehmen*

Auf den ersten Blick liegt die aktivere Rolle der Verfahrensgestaltung im Hinblick auf die Möglichkeit grundsätzlicher Rechtsklärung beim Ver-

31) *Riehm*, JZ 2016, 866, 869.

32) Zutreffend *Röthemeyer* in: Borowski/Röthemeyer/Steike, VSBG, 2016, § 19 Rz. 59; *Röthemeyer*, Verfahren nach VSBG und ZPO im Vergleich, VuR Sonderheft 2016, 9, 15.

33) Diese Realität hebt *Gaier*, NJW 2016, 1367, 1369, überzeugend hervor. Zu Problemen im Umgang mit dem Konflikt siehe auch *Riehm*, JZ 2016, 866, 868.

braucher. Er ist entweder Kläger bei Gericht oder Antragsteller bei der Schlichtung. Für das Schlichtungsverfahren haben sich viele Unternehmen als Antragsgegner hingegen einen von ihnen in den Schlichtungsstatuten selbst definierten Sonderstatus eingeräumt.[34)] Mit dem Aufkommen der Schlichtung als damals neuem Streitbeilegungsmodell ging aus ihrer Sicht offenbar die Skepsis einher, die eigenen Rechtsstandpunkte könnten nicht ausreichend beachtet werden. Deshalb haben sie sich als Beschwerdegegner in den jeweiligen Verfahrensordnungen vorbehalten, bei einem „Musterfall" von „rechtsgrundsätzlicher Bedeutung" mit eigener Kostenfolge für das etwaige Gerichtsverfahren darauf hinwirken zu können, dass die Beschwerde „unbeschieden" bleibe.[35)] Von diesen Möglichkeiten ist indes – soweit bekannt – kein Gebrauch gemacht worden. Das damit zum Ausdruck gebrachte, eher am ökonomischen Kalkül ausgerichtete Unternehmerverhalten, eine für sie befürchtete nachteilige Gerichtsentscheidung zu vermeiden, korrespondiert mit manchem prozesstaktischen Vorgehen bei Gericht, nicht zuletzt in vielen Revisionsverfahren, wenn dort durch Einlenken einer Partei die verbindliche Festschreibung einer nicht gewünschten Rechtslage kurz vor dem Termin abgewendet wird.[36)] Folglich liegen auch insofern die Realitäten zwischen Schlichtung und Gerichtsverfahren weniger auseinander als es zu sein scheint – auch bei rechtsgrundsätzlichen Fragen.

3. Schlichtungsstellen

Die Schlichtungsstellen sehen in ihren Verfahrensordnungen grundsätzlich vor, dass sie die Behandlung von Fällen mit rechtsgrundsätzlicher Bedeutung verweigern können. Das müssten sie aber auch „praktizieren", wird aus verbraucherpolitischer Sicht kritisch eingewandt.[37)]

Insoweit ist ein Vergleich der Zeit vor und ab Geltung des VSBG interessant.

Früher wurde es der Schlichtungsstelle überlassen, die Befassung mit dem Schlichtungsantrag abzulehnen, wenn das Anliegen für eine Schlichtung

---

34) Beispielhaft die Praxis beim Versicherungsombudsmann, daran anschließend auch die söp.

35) So z. B. VerfO 2013 des Versicherungsombudsmanns (§ 8 Abs. 4), ähnlich VerfO 2017 der söp (§ 7 Abs. 2).

36) Siehe die vom Gesetzgeber gesehene Notwendigkeit der Regelung in § 565 Satz 2 ZPO.

37) *Tonner*, Vorsicht Schlichtung, ReiseRecht aktuell (RRa), Editorial zu Heft 2/2016, mit Hinweis zur Sinnhaftigkeit eines Gesetzes zur Musterfeststellungsklage.

„ungeeignet“ erschien.[38] Oder es wurde gesagt, sie solle die Befassung ablehnen, wenn die Beschwerde „eine entscheidungserhebliche, streitige, höchstrichterlich noch nicht entschiedene Frage“ betreffe.[39] Davon haben die Schlichtungsstellen kaum[40] oder gar nicht Gebrauch gemacht.[41]

Mit dem Inkrafttreten des VSBG hat dieser an die Schlichtungsstellen gerichtete Appell einen neuen Stellenwert erhalten. Im Anschluss an die Vorgabe in § 14 Abs. 2 Nr. 4 VSBG „kann“ die jeweilige Verfahrensordnung eine Ablehnung der Durchführung eines Streitbeilegungsverfahrens vorsehen, wenn eine rechtliche Frage „nur mit einem erheblichen Aufwand geklärt (werden) kann“, oder eine „grundsätzliche Rechtsfrage, die für die Bewertung der Streitigkeit erheblich ist, nicht geklärt ist“.[42] Diese neuen Rahmenbedingungen finden sich in den Verfahrensordnungen der großen Schlichtungsstellen sinngemäß wieder[43] – mithin in deutlich gelockerter Form.

IV. Schlichtungsauftrag und Schlichtungsoptionen

Ob bzw. in welchem Umfang die Schlichtungsstellen in ihrer praktischen Arbeit von den oben geschilderten Möglichkeiten der Verfahrensablehnung bei Rechtsgrundsätzlichem Gebrauch machen, bleibt abzuwarten.[44] Derzeit scheint die praktische Umsetzung – soweit bekannt – gegen Null zu tendieren. Diese Handhabung dürfte nachvollziehbar sein, wenn man den Sinn des Schlichtungsauftrags hinterfragt.

Macht ein Beschwerdeführer einen Schlichtungsantrag geltend, muss die Schlichtungsstelle dieses Anliegen ernstnehmen. Es ist ihre originäre Auf-

38) VerfO 2014 der söp (§ 7 Abs. 1).

39) VerfO 2013 des Versicherungsombudsmanns (§ 8 Abs. 2).

40) Der Versicherungsombudsmann berichtet bei damals insgesamt jährlich rund 14.000 zulässigen Anträgen von 57 Fällen in 2015 und 64 Fällen in 2016 (Auskunft v. 1.6.2017). Dabei ist ergänzend zu berücksichtigen, dass die dortige Vorgehensweise ihren eigenen Sinn macht mit Blick auf die Variante der Verbindlichkeit vieler Schlichtersprüche.

41) So bei der söp sowie z. B. auch bei der BRAK-Schlichtungsstelle (Auskunft v. 31.5.2017).

42) Bemerkenswert in dem Zusammenhang ist die Perspektive der Formulierung in § 57b Abs. 3 des Gesetzes zur Schlichtung im Luftverkehr: „Die Schlichtungsstellen können die Schlichtung ablehnen, wenn die Schlichtung die Klärung einer grundsätzlichen Rechtsfrage beeinträchtigen würde“.

43) Versicherungsombudsmann in § 9 Abs. 1 der VerfO 2016; Ombudsmann für Privatbanken in § 4 Abs. 2 der VerfO 2017; VerfO 2017 der söp in § 2 Abs. 3; BVI-Ombudsstelle für Investmentfonds in § 10 Abs. 2 Nr. 1 VerfO 2/2017. Die VerfO der Schlichtungsstelle für Energie v. 1.1.2017 verhält sich dazu nicht (§ 8).

44) Der Versicherungsombudsmann hat derzeit „keine validen Zahlen“ (Auskunft v. 1.6.2017).

gabe, den ihrer Institution immanenten Auftrag einer Streitbefriedung umzusetzen. Nicht ihre Aufgabe ist es, selbst eine Klärung rechtsgrundsätzlicher Fragen zu bewerkstelligen. Recht kann nur bei feststehendem Sachverhalt definiert werden. Dafür sind die Gerichte mit allen Beweiserhebungsmöglichkeiten bei ungeklärtem Sachverhalt zuständig. Die Schlichtung hat ihren eigenen Wert gerade darin, dass sie auch bei ungeklärter Sach- und/oder Rechtslage gleichwohl eine die Parteien befriedende Einigung bewirken kann und soll.

Würde die Befassung mit einer Schlichtungssache abgelehnt, sind die sich daraus ergebenden Folgen zu bedenken.

Der Beschwerdeführer fiele in das Stadium vor Anrufen der Schlichtungsstelle zurück. Die ihm zustehende Parteidisposition würde gefährdet, weil es nicht mehr in seiner Hand läge, ob er auch ein Ergebnis mit ungeklärter Sach-/Rechtslage akzeptiert. Noch mehr: Warum sollte er jetzt mit allen Kostenfolgen ein Gerichtsverfahren anstrengen? Der Beschwerdegegner wiederum hätte den Vorteil, dass seine Verweigerungshaltung gegenüber dem Verbraucheranliegen ohne Prüfung der Sach- und Rechtslage durch einen Dritten bestätigt würde. Die Schlichtungsstelle als bei realistischer Betrachtungsweise oft „einzige externe Instanz"[45] verlöre ihre Funktion.

Die Schlichtungspraxis löst dieses scheinbare Dilemma, indem sie das Potential nutzt, das sich aus diversen Schlichtungsoptionen eröffnet. Genau dies dürfte der Gesetzgeber bei der Abfassung von § 19 VSBG gesehen und ihn veranlasst haben, keine festen Vorgaben zu machen, um den „Mehrwert konsensualer Methodik" zu eröffnen.[46] Welche Optionen sind das?

Offene Rechtsfragen sind keine Barriere für die Schlichtung. Neben offenen Fragen zum Sachverhalt sind gerade auch offene rechtliche Konstellationen nicht selten die Basis für eine sinnvolle Streitbeilegung durch Schlichtung. Dazu ist erforderlich, dass eine Schlichtungsempfehlung die tatsächlichen bzw. rechtlichen Unklarheiten klar benennt und die jeweiligen Rechtsfolgen in die Abwägung der Ergebnisbegründung ausdrücklich einbezieht. Die Parteien erhalten auf diese Weise eine realistische Einschätzung ihrer eigenen Rechtsposition. Eine so praktizierte Transparenz führt dazu, dass die Schlichtung nicht im Schatten, sondern im Licht des Rechts

---

45) So u. a. *Riehm*, JZ 2016, 866, 871.

46) *Röthemeyer* in: Roder/Röthemeyer/Braun, Verbraucherstreitbeilegungsgesetz, 2017, § 6 Rz. 25.

durchgeführt wird.[47] Entweder teilen sich also die Parteien das Risiko der unklaren Rechtslage, indem sie eine wirtschaftliche Einigung erzielen, oder sie sehen in der Schlichtungsempfehlung den „Einstieg in eine Prozessrisikoanalyse".[48] Die rechtsgutachterliche Aufbereitung gerade durch spezialisierte Schlichtungsstellen mit entsprechender hoher juristischer Expertise ermöglicht es den Parteien, die oft erst dabei erkennbar gewordene Chance zu nutzen, eine informierte Entscheidung im Sinn einer „informierten Autonomie"[49] zu treffen und durch die Ablehnung der Schlichtungsempfehlung eine offene Grundsatzfrage höchstrichterlich klären zu lassen. Mithin ist andererseits auch die Schlichtung keine Barriere für die Klärung offener Rechtsfragen. Bei klarer Sachlage orientiert sich das Ergebnis am Recht. Bei einschlägiger höchstrichterlicher Rechtsprechung kommen bereits geklärte Rechtsgrundsätze zum Tragen. Um eine Akzeptanz fördernde Empfehlung auszusprechen, können zugleich nichtrechtliche Umstände einbezogen werden.[50] Deshalb liegt ein weiteres Potential für eine die Parteien überzeugende Schlichtung in der Vielfalt denkbarer Möglichkeiten der Konfliktlösung. Bleiben Sachverhalt wie Rechtslage unklar, rücken Kulanzaspekte und Interessenabwägungen in den Vordergrund. Das ermöglicht ein weites Spektrum von Schlichtungsoptionen, indem variantenreiche Lösungsmöglichkeiten gefunden werden.[51] Gerade sie sind geeignet, die gestörte Balance zwischen Kunden und Unternehmen auszugleichen und das wechselseitige Vertrauen zukunftsfähig zu gestalten. Rechtslage und Interessenlage verhalten sich je nach Konstellation wie kommunizierende Röhren und bekommen ein jeweils unterschiedliches Gewicht, das in seiner Gesamtheit die Akzeptanz von Schlichtung erklärt.

Die Klärung rechtlicher oder rechtsgrundsätzlicher Fragen bleibt Aufgabe der Gerichte. Das kompensatorische Streitbeilegungsmodell der Schlichtung steht dem weniger entgegen als mancherorts befürchtet – es kann sie durch Transparentmachen einschlägiger Probleme sogar fördern.

---

47) In dem Sinn zu den „Metazielen" von ADR prägnant *Gläßer*, Verbraucher-ADR und Mediation, in: Althammer, Verbraucherstreitbeilegung: Aktuelle Perspektiven für die Umsetzung der ADR-Richtlinie, 2015, S. 85, 99.

48) *Röthemeyer* in: Borowski/Röthemeyer/Steike, VSBG, 2016, § 19 Rz. 47 ff., 49, 51; ebenso *Riehm*, JZ 2016, 866, 871.

49) *Niewisch-Lennartz*, ADR-RL und Verbraucherstreitbeilegungsgesetz – alternative Therapie ohne Diagnose? ZKM 2015, 136, 139; ferner *Berlin* in: Tamm/Tonner, Verbraucherrecht, 2. Aufl. 2016, § 23 Rz. 64.

50) *Röthemeyer* in: Roder/Röthemeyer/Braun, Verbraucherstreitbeilegungsgesetz, 2017, § 6 Rz. 29.

51) Beispiele aus der söp-Praxis: Reisegutscheine, Genussgutscheine, Upgrades, Bonuspunkte.

Kollektiver Rechtsschutz und gesetzgeberische Überlegungen zur Einführung einer Musterfeststellungsklage

BARBARA JANSEN UND THOMAS BIRTEL

Inhaltsübersicht

I. Einleitung

Kollektiver Rechtsschutz kennt unterschiedliche Instrumente: Sammelklage, Gruppenklage, Verbandsklage, Musterklage.[1] Nicht immer lassen sich die Instrumente trennscharf unterscheiden.[2] Die Diskussion um einen Ausbau bzw. Weiterentwicklung des kollektiven Rechtsschutzes ist seit langem ein Thema. Es geht beispielsweise um Fälle von unzulässigen Bearbeitungsgebühren von Kreditinstituten oder unwirksamen Preisklauseln von Energie- oder Telekommunikationsanbietern: Betroffen sind hiervon in der Regel eine Vielzahl von Verbrauchern in gleicher Weise.

Schon im Jahr 1998 stellten *Hopt* und *Baetge* in ihrer rechtsvergleichenden Untersuchung zum kollektiven Rechtsschutz[3] fest, dass „kollektive Rechtsschutzinstrumente keine Erfindung unserer Tage" sind, sondern auf „eine beachtliche Geschichte zurückblicken können, deren historische Ursprünge namentlich mit der *class action* in England rund 300 Jahre zurückreichen".[4]

---

1) Zu den Begrifflichkeiten und dem Versuch einer Klassifizierung, siehe *Koch*, Sammelklage und Justizstandorte im internationalen Wettbewerb, JZ 2011, 438, 439 ff.

2) *Stadler*, Grenzüberschreitender kollektiver Rechtsschutz in Europa, JZ 2009, 121, 122.

3) *Hopt/Baetge*, Rechtsvergleichende Untersuchung zur Bündelung gleichberechtigter Interessen im Prozess – Verbandsklage und Sammelklage, Gutachten im Auftrag des Bundesministeriums der Justiz, 1998.

4) *Hopt/Baetge*, Rechtsvergleichende Untersuchung zur Bündelung gleichberechtigter Interessen im Prozess, 1998, S. 12.

In Deutschland ließ der Gesetzgeber im Jahr 1965 durch eine Änderung von § 13 a. F. des Gesetzes gegen den unlauteren Wettbewerb (UWG) erstmals zu, dass bei bestimmten lauterkeitsrechtlichen Verstößen auch solche rechtsfähigen Verbände klagebefugt sein sollten, „zu deren satzungsgemäßen Aufgaben es gehört, die Interessen der Verbraucher durch Aufklärung und Beratung wahrzunehmen." Ein weiterer Meilenstein war dann im Jahr 1977 die Schaffung des Gesetzes zur Regelung des Rechts der Allgemeinen Geschäftsbedingungen (AGBG), das in § 13 ebenfalls eine Verbandsklagebefugnis für Verbraucherschutzverbände vorsah.

Wichtige Impulse zu einem Ausbau des kollektiven Rechtsschutzes kamen in der Folgezeit durch das europäische Recht, insbesondere durch die Richtlinie Nr. 93/13/EWG über missbräuchliche Klauseln in Verbraucherverträgen[5)] und die Richtlinie Nr. 98/27/EG über Unterlassungsklagen zum Schutz der Verbraucherinteressen[6)], später ersetzt durch die Richtlinie 2009/22/EG[7)]. Im Jahr 2005 wurde schließlich mit dem Kapitalanleger-Musterverfahrensgesetz (KapMuG) als Reaktion auf Massenklagen geschädigter Anleger gegen die Deutsche Telekom AG nach ihren Börsengängen erstmals ein detailliert ausgestaltetes Musterverfahren für das Kapitalmarktrecht eingeführt.

Als im Jahr 1965 die Verbandsklagemöglichkeit für Verbraucherschutzverbände im UWG eingeführt wurde, wurde dies mit einem schon damals festgestellten Durchsetzungsdefizit begründet.[8)] Dieser Befund ist auch heute unverändert aktuell: In einem durch standardisierte Massengeschäfte geprägten Wirtschaftsleben hinterlassen unrechtmäßige Verhaltensweisen von Anbietern häufig eine Vielzahl gleichartig geschädigter Verbraucherinnen und Verbraucher sowie sonstiger Betroffener. Gerade wenn der erlittene Nachteil wie in den eingangs erwähnten Beispielsfällen im Einzelfall gering ist, werden Schadensersatz- oder Erstattungsansprüche oft nicht individuell verfolgt, da der erforderliche Aufwand aus Sicht des Ge-

---

5) Richtlinie 93/13/EWG des Rates v. 5.4.1993 über missbräuchliche Klauseln in Verbraucherverträgen, ABl. (EG) L 95/29 v. 21.4.1993.

6) Richtlinie 98/27/EG des Europäischen Parlaments und des Rates v. 19.5.1998 über Unterlassungsklagen zum Schutz der Verbraucherinteressen, ABl. (EG) L 166/51 v. 11.6.1998.

7) Richtlinie 2009/22/EG des Europäischen Parlaments und des Rates v. 23.4.2009 über Unterlassungsklagen zum Schutz der Verbraucherinteressen (kodifizierte Fassung), ABl. (EG) L 110/30 v. 1.5.2009.

8) RegE zur Änderung des Gesetzes gegen den unlauteren Wettbewerb, des Warenzeichengesetzes und des Gebrauchsmustergesetzes, BT-Drucks. IV/2217, S. 4.

schädigten unverhältnismäßig erscheint (sog. „rationales Desinteresse“). Hier setzt die Musterfeststellungsklage an.

II. Europäische Entwicklungen

Im Jahr 2008 stellte die Europäische Kommission in ihrem Grünbuch über kollektive Rechtsdurchsetzungsverfahren für Verbraucher[9] fest, dass Verstöße gegen Verbraucherrechte, die eine sehr große Zahl von Verbrauchern betreffen, zu Marktverzerrungen führen könnten. Langwierige Verfahren und hohe Prozesskosten würden Verbraucher davon abhalten, individuell zu klagen, insbesondere, wenn es um geringfügige Beträge gehe. Kollektive Rechtsdurchsetzungsverfahren würden hier gegenüber individuellen gerichtlichen Rechtsbehelfen und alternativen Streitbeilegungsverfahren Vorteile aufweisen. Die Europäische Kommission stellte in dem Grünbuch hierzu verschiedene Optionen vor. In der Folge sprach die Europäische Kommission im Jahr 2013 Empfehlungen für „Gemeinsame Grundsätze für kollektive Unterlassungs- und Schadensersatzverfahren bei Verletzung von durch Unionsrecht garantierten Rechten“ aus.[10] Derzeit werden diese Empfehlungen von der Europäischen Kommission evaluiert. Es ist zu erwarten, dass die Europäische Kommission in absehbarer Zeit Regelungsvorschläge für eine Verbesserung des kollektiven Rechtsschutzes vorlegen wird. Erste Überlegungen in diese Richtung wird voraussichtlich die im November 2017 angekündigte Überarbeitung der Unterlassungsklagenrichtlinie[11] enthalten.

III. Aktuelle Entwicklungen in Deutschland

Auch in Deutschland ist die Debatte um neue Instrumente zur gebündelten Rechtsverfolgung sowohl in interessierten Kreisen als auch in der Öffentlichkeit aktuell geblieben. Neue Anlässe wie zuletzt der Abgas-Skandal haben die öffentliche Diskussion zusätzlich befeuert. Einen ersten parla-

---

9) Grünbuch der Kommission der Europäischen Gemeinschaften v. 27.11.2008, KOM(2008) 794 endgültig, abrufbar unter http://eur-lex.europa.eu/legal-content/DE/TXT/?uri=celex:52008DC0794 (Abrufdatum: 2.1.2018).

10) Empfehlung der Kommission v. 11.6.2013 „Gemeinsame Grundsätze für kollektive Unterlassungs- und Schadensersatzverfahren bei Verletzung von durch Unionsrecht garantierten Rechten“ (2013/396/EU), ABl. (EU) L 201/60 v. 26.7.2013.

11) New Deal for consumers – Inception impact assessment, abrufbar unter https://ec.europa.eu/info/law/better-regulation/initiatives/ares-2017-5324969_en (Abrufdatum: 2.1.2018).

mentarischen Vorschlag zur Stärkung des kollektiven Rechtsschutzes unterbreitete die Fraktion Bündnis 90/DIE GRÜNEN mit dem am 21. Mai 2015 in den Deutschen Bundestag eingebrachten Entwurf eines Gesetzes über die Einführung von Gruppenverfahren.[12] Der Deutsche Bundestag hat diesen Entwurf am 5. November 2015 abgelehnt.[13]

Im Dezember 2016 hat das Bundesministerium der Justiz und für Verbraucherschutz einen Referentenentwurf für ein Gesetz zur Einführung einer Musterfeststellungsklage vorgelegt. Wegen politischer Widerstände wurde dieser Entwurf jedoch schnell gestoppt. In der Diskussion befindet sich nun ein vom Bundesministerium der Justiz und für Verbraucherschutz am 27. Juli 2017 veröffentlichter Diskussionsentwurf eines Gesetzes zur Einführung einer Musterfeststellungsklage (nachfolgend Diskussionsentwurf).[14] Dieser Diskussionsentwurf liegt den nachfolgenden Ausführungen zugrunde.

IV. Übersicht über den Diskussionsentwurf eines Gesetzes zur Einführung einer Musterfeststellungsklage

Der Diskussionsentwurf beinhaltet den Vorschlag, in Abgrenzung zu Gruppen- oder Sammelklagen eine zivilprozessuale Musterfeststellungsklage einzuführen. Dabei handelt es sich um eine besondere Form der Verbandsklage. Sie hat das Ziel, einheitliche und verbindliche gerichtliche Feststellungen zu zentralen Tatsachen- und Rechtsfragen herbeizuführen, die für eine Vielzahl gleichgelagerter Streitigkeiten zwischen Verbrauchern und Unternehmern entscheidend sind. Die Verbraucher selbst profitieren von dem Musterfeststellungsverfahren, indem sie ihre potentiellen Ansprüche oder Rechtsverhältnisse zu einem elektronischen Klageregister anmelden können.

Im Einzelnen sieht der Diskussionsentwurf vor, das Musterfeststellungsverfahren auf sog. *Feststellungsziele* auszurichten. Anerkannten Verbraucherschutzverbänden soll ermöglicht werden, zugunsten einer Vielzahl von Verbrauchern das Vorliegen oder Nichtvorliegen zentraler Voraus-

---

12) BT-Drucks. 18/1464 v. 21.5.2014.

13) Stenographischer Bericht des Deutschen Bundestages v. 5.11.2015, Plenarprotokoll 18/133, S. 12962.

14) DiskE eines Gesetzes zur Einführung einer Musterfeststellungsklage (Stand 31.7.2017), abrufbar unter https://www.bmjv.de/SharedDocs/Gesetzgebungsverfahren/DE/Musterfeststellungsklage.html (Abrufdatum: 2.1.2018).

setzungen für das Bestehen oder Nichtbestehen von Ansprüchen oder Rechtsverhältnissen zwischen Unternehmern und Verbrauchern feststellen zu lassen. Die Ausrichtung des Streitgegenstands auf Feststellungsziele ist an die Ausgestaltung des KapMuG angelehnt und soll den Parteien und dem Gericht ermöglichen, sich auf die Klärung grundsätzlicher, in einer Vielzahl von Fällen wiederkehrender Fragen zu konzentrieren. Die Musterfeststellungsklage dient damit der einheitlichen Entscheidung zentraler Streitfragen mit Breitenwirkung. Angesichts dieser Zielrichtung soll die Musterfeststellungsklage nur zulässig sein, wenn glaubhaft gemacht wird, dass von den Feststellungszielen die Ansprüche oder Rechtsverhältnisse von einer Mindestzahl von Verbrauchern abhängen. Zur Diskussion gestellt werden vom Bundesministerium der Justiz und für Verbraucherschutz insoweit Schwellenwerte von 10, 50 oder 100 Verbrauchern.

Darüber hinaus soll die *Klagebefugnis* für Musterfeststellungsklagen ausschließlich qualifizierten Einrichtungen i. S. des § 3 Abs. 1 Satz 1 Nr. 1 Unterlassungsklagengesetz (UKlaG), also insbesondere anerkannten Verbraucherschutzverbänden, eingeräumt werden. Mit dieser Beschränkung der Klagebefugnis ist beabsichtigt, dass Musterfeststellungsverfahren nur im Interesse betroffener Verbraucher und nur von solchen Organisationen eingeleitet werden können, welche aufgrund ihrer bisherigen Tätigkeit die Gewähr für eine sachgerechte Aufgabenerfüllung bieten.

Zum Zwecke einer effizienten Verfahrensführung soll das Musterfeststellungsverfahren ausschließlich zwischen dem klagenden Verbraucherschutzverband und der beklagten Partei geführt werden. Dementsprechend werden die betroffenen Verbraucher nicht unmittelbar Prozessbeteiligte und können selbst keine Prozesshandlungen vornehmen. Eine unmittelbare Beteiligung der einzelnen Verbraucher am Musterfeststellungsverfahren ist nicht vorgesehen. Der Diskussionsentwurf sieht stattdessen vor, betroffenen Verbrauchern die Möglichkeit einzuräumen, eigene Ansprüche gegen die beklagte Partei oder entsprechende Rechtsverhältnisse zu einem neu – beim Bundesamt für Justiz – einzurichtenden *elektronischen Klageregister* anzumelden. Eine solche Anmeldung kann elektronisch erfolgen, erfordert keine anwaltliche Vertretung und soll nur eine geringe Gebühr kosten. Die Anmeldung soll dabei insbesondere die Verjährung etwaiger Ansprüche hemmen, ohne dass der Verbraucher gezwungen ist, allein zu diesem Zweck eine Individualklage zu erheben. Das Musterfeststellungsverfahren und bedeutende Zwischenentscheidungen sollen im Klageregister für Musterfeststellungsverfahren öffentlich bekannt zu machen sein.

Diese Bekanntmachung soll Verbrauchern als Grundlage einer Entscheidung über die Partizipation am Verfahren dienen.

Das Musterfeststellungsverfahren endet durch Vergleich oder Urteil. Kommt es zu einer gerichtlichen Entscheidung durch Musterfeststellungsurteil, entfaltet dieses Urteil für Streitigkeiten zwischen Anmeldern und der beklagten Partei grundsätzlich *Bindungswirkung*, wenn die zugrunde liegenden Sachverhalte von den Feststellungszielen abhängen. Zum Umfang dieser Bindungswirkung werden mit dem Diskussionsentwurf zwei Alternativen unterbreitet:

- Zum einen könnte die Bindungswirkung davon abhängig gemacht werden, dass sich der angemeldete Verbraucher auf sie beruft. Den Verbrauchern würde auf diesem Wege für ihre individuelle Rechtsdurchsetzung eröffnet, sich auf ihnen günstige gerichtliche Entscheidungen im Rahmen von Musterfeststellungsverfahren zu stützen.
- Alternativ kommt in Betracht, einem Musterfeststellungsurteil ohne weitere Zwischenschritte eine umfassende Bindungswirkung beizumessen. Die Bindungswirkung träte unabhängig davon ein, ob sich der angemeldete Verbraucher auf die Bindungswirkung beruft. Dies hätte zur Folge, dass das (klageabweisende) Musterfeststellungsurteil ggf. auch Wirkung zulasten der angemeldeten Verbraucher entfaltet.

Das Musterfeststellungsverfahren kann wie ausgeführt nicht nur durch Urteil, sondern auch durch einen Vergleich zwischen den Parteien beendet werden, der auch zugunsten und zulasten der Anmelder wirkt, soweit sie nicht aus dem vorgeschlagenen Vergleich austreten. Insoweit wird in Anlehnung an die im KapMuG bestehenden Regelungen vorgeschlagen, zunächst eine gerichtliche Genehmigung des beabsichtigten Vergleichs zu durchlaufen. Diese Genehmigung darf das Gericht nur erteilen, wenn es den Vergleich mit Blick auf typischerweise zu erwartenden Streitverhältnisse als angemessen erachtet. Die Wirksamkeit des Vergleichs hängt darüber hinaus davon ab, dass innerhalb eines Monats ab der ebenfalls vorgesehenen Zustellung des Vergleichs an die Anmelder weniger als 30 % der Anmelder ihren Austritt aus dem Vergleich erklären.

Schließlich ist angesichts der potentiellen Bedeutung von Musterverfahren, die für eine Vielzahl von Streitigkeiten Wirkung entfalten, vorgesehen, die sachliche Zuständigkeit unabhängig vom Streitwert den Landgerichten zuzuweisen.

V. Der Diskussionsentwurf im Einzelnen

1. Feststellungsziele/Zulässigkeit der Musterfeststellungsklage

Die Musterfeststellungsklage soll der zügigen Klärung von Tatsachen- und Rechtsfragen dienen und hierdurch zu einem effektiven Mittel der Rechtsverfolgung werden. Die Ausrichtung auf bestimmte Feststellungsziele ermöglicht die erforderliche Konzentration auf die wesentlichen Streitfragen. *Individuelle Streitfragen*, etwa konkrete Einwendungen gegen die einer Musterfeststellungsklage zugrunde liegenden Individualansprüche, die für die Feststellungsziele nicht von Bedeutung sind, sind im Musterfeststellungsverfahren nicht zu klären.

Dass die Musterfeststellungsklage nur zulässig sein soll, wenn glaubhaft gemacht wird, das von den Feststellungszielen eine Mindestzahl gleichgelagerter Ansprüche oder Rechtsverhältnisse abhängt, schließt aus, dass rein abstrakte Verfahren ohne Bezug zu konkreten Lebenssachverhalten oder mit lediglich individueller Bedeutung geführt werden. Soweit demgegenüber gefordert wird, die Musterfeststellungsklage solle von der Erhebung einer Mindestzahl individueller Klagen abhängig gemacht werden, die dann einer Bündelung zugeführt werden, vermag dieser Ansatz nicht zu überzeugen. Denn diese Lösung wäre angesichts des für die Verbraucher bestehenden Prozesskostenrisikos nicht geeignet, das rationale Desinteresse zu überwinden. Zudem wäre durch eine solche Lösung der mit dem Vorschlag beabsichtigte Effizienzgewinn in Frage gestellt, weil Beteiligungsrechte vorzusehen wären, die ebenso wie die fehlende Entkopplung von den individuellen Fragen zu einer Verfahrensverzögerung beitragen würden.

2. Beschränkung der Klagebefugnis

Darüber hinaus gewährleistet die vorgesehene Beschränkung der Klagebefugnis, dass keine sachwidrigen oder missbräuchlichen Musterfeststellungsklagen erhoben werden. So räumt der Entwurf grundsätzlich nur anerkannten Verbraucherschutzvereinen eine Klagebefugnis ein, also Einrichtungen, die eine kompetente Durchsetzung von Verbraucherinteressen sicherstellen. Dies entspricht der Ausgestaltung des UKlaG, das sich seit Jahren bewährt hat. Die Verbraucherschutzverbände dürfen insbesondere keine gewerbsmäßigen Ziele verfolgen. Der öffentlich erhobene Vorwurf, der Vorschlag könne den Boden für eine sog. „Klageindustrie“ bereiten, muss als sachlich unbegründete Kritik zurückgewiesen werden. Trotz jahrelanger Erprobung der Verbandsklagebefugnisse nach dem UKlaG liegen keine Erkenntnisse über eine missbräuchliche Interessenverfolgung durch klagebefugte Einrichtungen vor. Zu erwähnen ist zudem, dass das Modell der Musterfeststellungsklage ohnehin finanzielle Anreize für profitorientierte Rechtsanwaltskanzleien ausschließt. Denn aus Musterfeststellungsverfahren resultieren für die Kläger keine unmittelbaren finanziellen Erlöse. Vielmehr ist das Musterfeststellungsverfahren bewusst nur auf zentrale Feststellungen gerichtet, die erst anschließend die Grundlage für den individuellen Ausgleich von Ansprüchen der Verbraucher – außergerichtlich oder im Rahmen individueller Folgeklagen – bilden. Außerdem enthält der Diskussionsentwurf eine moderate Streitwertregelung, welche die Erhebung von Musterfeststellungsklagen aus reinem Gebühreninteresse reizlos macht.

3. Partizipation betroffener Verbraucher

Weiterhin bietet die Musterfeststellungsklage mit der Möglichkeit der kostengünstigen Anmeldung von Ansprüchen oder Rechtsverhältnissen einen einfachen Weg der kollektiven Rechtsverfolgung, mit dem für den einzelnen Betroffenen kein Prozesskostenrisiko verbunden ist. Durch die niederschwelligen Anforderungen – einfaches Anmeldeverfahren, kein Anwaltszwang und eine geringe Gebühr – ist das Anmeldeverfahren nämlich vor allem für solche Verbraucher attraktiv, die bislang vor einer individuellen Rechtsverfolgung wegen des Kostenrisikos und des Aufwandes eines Gerichtsverfahrens zurückschrecken.

4. Bindungswirkung des Musterfeststellungsurteils

Eine bedeutende Weiterentwicklung der bekannten Verbandsklageinstrumente liegt darin, dass Musterfeststellungsurteile Bindungswirkung für individuelle Streitigkeiten entfalten sollen, soweit ihre Entscheidung von den Feststellungszielen abhängt. Hierdurch kann der Erkenntnisgewinn in etwaige Folgeverfahren transferiert werden. Zudem erweist sich die Entscheidung angesichts der eintretenden Konsequenzen, die über eine bloße Referenzentscheidung hinausgehen, als ideale Grundlage für eine außergerichtliche Streitbeilegung der Individualstreitigkeiten. Die mit dem

Diskussionsentwurf zur Entscheidung gestellten Alternativen der Bindungswirkung berühren die Frage nach dem Umfang des verfassungsrechtlich verankerten Anspruchs auf rechtliches Gehör sowie den Gesichtspunkt eines effizienten Verfahrens. Es unterliegt der freien Entscheidung des Anspruchsstellers, ob er sich an dem Musterfeststellungsverfahren beteiligen möchte. Hierdurch werden seine prozessualen Möglichkeiten der Rechtsverfolgung ausschließlich erweitert. Es steht jedem Verbraucher frei, seine Ansprüche oder Rechtsverhältnisse selbst gerichtlich geltend zu machen. Zudem kann er jederzeit durch Rücknahme seiner Anmeldung von der Beteiligung am Musterfeststellungsverfahren Abstand nehmen. Auch ohne ausdrückliche Bindungswirkung würde ein Musterfeststellungsurteil in jedem Fall Präzedenzwirkung entfalten und dadurch einer Bindungswirkung letztlich faktisch gleichkommen. Bei Klageabweisung würde regelmäßig kaum Anreiz für spätere Individualklagen bestehen. Damit würde auch bei einer solchen Ausgestaltung ein erheblicher Effizienzgewinn erzielt werden können.

VI. Schlussbemerkung

Die Musterfeststellungsklage ist geeignet, das „rationale Desinteresse" der Verbraucher zu überwinden, ohne berechtigten Interessen der Wirtschaft zuwiderzulaufen. Darüber hinaus dient sie der effektiven Rechtsdurchsetzung, kann durch die verbindliche Entscheidung wesentlicher Tatsachen- und Rechtsfragen zu einer Entlastung der Justiz beitragen und trägt zur Stärkung des Gerichtsstandortes Deutschland bei. Zugleich stärkt sie die außergerichtliche Streitschlichtung, indem sie durch die Entscheidung zentraler Tatsachen- und Rechtsfragen die Grundlagen für eine einvernehmliche Lösung der Parteien schafft.

Leider ist die öffentliche Diskussion um die Musterfeststellungsklage bislang von einer starken Polarisierung durch Befürworter wie Gegner gekennzeichnet. Während die einen die Einführung einer Musterfeststellungsklage als lange überfälliges Instrument ansehen, um prozessuale Augenhöhe mit großen Wirtschaftsunternehmen herzustellen, sehen die anderen in jeder Ausweitung des kollektiven Rechtsschutzes den Einstieg in die berüchtigten „amerikanischen Verhältnisse" der *class action*. Dabei sollte im Blick behalten werden, dass die Ermöglichung von Rechtsschutz durch prozessuale Regeln neben dem materiellen Recht zugleich „ein eigenständiges Gerechtigkeitspostulat“ ist.[15] Es ist notwendig, zu einer Versachlichung der öffentlichen Auseinandersetzung zu gelangen. Die gesetzgeberischen Überlegungen sollten – auch mit Blick auf die europäischen Entwicklungen – auf jeden Fall zügig fortgesetzt werden.

15) *Koch*, JZ 2011, 438, 445.

Flexibilisierung des Richtereinsatzes

MICHAEL LOTZ

Inhaltsübersicht

Ich war viele Jahre zusammen mit Marie Luise Graf-Schlicker Mitglied der Ständigen Deputation des Deutschen Juristentages. Insbesondere das Ziel der Verbesserung der Rahmenbedingungen des Zivilverfahrens hat uns seitdem verbunden, vor allem in der gemeinsamen Zeit im Abteilungsvorstand der Abteilung Prozessrecht des 70. Deutschen Juristentages 2014. Hier hat uns neben anderen Themen auch das Thema „Flexibilisierung des Richtereinsatzes" besonders beschäftigt.

I. Einleitung

Der 70. Deutsche Juristentag 2014 hat in der Abteilung Prozessrecht mit großer Mehrheit die Forderung aufgestellt, unter Wahrung des Gebots des gesetzlichen Richters nach Art. 101 Abs. 1 Satz 2 GG dem in richterlicher Unabhängigkeit handelnden Präsidium bzw. Spruchkörpergremium eines Gerichts die Befugnis zu geben, Verfahren anhand überprüfbarer sachlicher Kriterien durch einen zu begründenden Beschluss auch abweichend von der Jahresgeschäftsverteilung zuzuweisen. Auf ihrer 67. Jahrestagung 2015 haben anschließend die Präsidentinnen und Präsidenten der Oberlandesgerichte, des Kammergerichts und des Bundesgerichtshofs eine Flexibilisierung in der Geschäftsverteilung für diskussionswürdig gehalten. Auf ihrer 69. Jahrestagung 2017 haben sie diesen Beschluss bekräftigt.

In vorliegendem Beitrag soll das Thema „Flexibilisierung des Richtereinsatzes“ näher beleuchtet werden, und zwar zunächst in seinen Implikationen nach deutschem (Verfassungs-)Recht (unter II.); anschließend soll ein kurzer Blick auf die in unsere Rechtsordnung „eingebundenen“ europäischen Gerichte (unter III.) sowie rechtsvergleichend auf die nationalen Gerichte von Frankreich und England gewagt werden (unter IV.), bevor im Ergebnis (unter V.) ein Regelungsvorschlag unterbreitet wird.

II. Deutsches (Verfassungs-) Recht

Art. 101 Abs. 1 Satz 2 GG lautet: „Niemand darf seinem gesetzlichen Richter entzogen werden.“ Es stellt sich daher die Frage, ob und ggf. unter welchen Voraussetzungen es bei Wahrung dieses Gebots zulässig ist, dem in richterlicher Unabhängigkeit handelnden Präsidium bzw. Spruchköpergremium die Befugnis zu geben, Verfahren anhand überprüfbarer sachlicher Kriterien durch einen zu begründenden Beschluss auch abweichend von der Jahresgeschäftsverteilung zuzuweisen.

1. Rechtsprechung des Bundesverfassungsgerichts

Ausgehend vom Grundsatz des Art. 101 Abs. 1 Satz 2 GG soll im Folgenden zwei Fragen nachgegangen werden: Zunächst der Frage, ob und ggf. unter welchen Voraussetzungen (sogar) eine Umverteilung bereits anhängiger Verfahren zulässig sein kann. Für den Fall der Zulässigkeit einer solchen Umverteilung stellt sich die allgemeine Frage, ob das Gebot des gesetzlichen Richters nach Art. 101 Abs. 1 Satz 2 GG einen Ermessensspielraum bei der Bestimmung – dann der Neubestimmung – des zuständigen Richters zulässt.

a) Grundsatz

Art. 101 Abs. 1 Satz 2 GG enthält nach der Rechtsprechung des Bundesverfassungsgerichts zum einen ein Verbot, von Regelungen abzuweichen, die der Bestimmung des gesetzlichen Richters dienen; zum anderen fordert er einen Bestand an Rechtssätzen, mit denen *im Voraus* generell-abstrakt die im Einzelfall zur Mitwirkung berufenen Richter festgelegt werden. Es gehört deshalb grundsätzlich zum Begriff des gesetzlichen Richters, dass die einzelne Rechtssache quasi „blindlings“ aufgrund allgemeiner, vorab festgelegter Merkmale an den entscheidenden Richter gelangt. Deshalb ist die Auswahl des zur Mitwirkung berufenen Richters *von Fall zu Fall* im Grundsatz untersagt. Die gerichtlichen Zuständigkeitsregelungen dürfen keinen *vermeidbaren* Spielraum bei der Heranziehung des einzelnen Richters beinhalten. Der im Einzelfall zur Mitwirkung berufene Richter muss *so genau wie möglich* im Voraus bestimmt sein.[1)]

b) Umverteilung bereits anhängiger Verfahren

Gerichtsinterne Zuständigkeitsregelungen können aber nach der Rechtsprechung des Bundesverfassungsgerichts auch mit Wirkung für bereits anhängige Verfahren geändert werden, wenn sich dies aus nicht vorhergesehenen sachlichen Gründen als notwendig erweist; etwa, um die Vertretung eines Richters bei seiner Verhinderung wegen Urlaubs, Krankheit *oder aus anderen Gründen* zu regeln.[2)]

In einem Kammerbeschluss vom 16. Februar 2005 hat das Bundesverfassungsgericht ausgeführt, eine nachträgliche Änderung der Geschäftsverteilung könne *geboten* sein, wenn nur auf diese Weise dem Verfassungsgebot einer Gewährleistung von Rechtsschutz innerhalb angemessener Zeit nachzukommen sei. Eine sich auch auf bereits anhängige Verfahren beziehende Änderung der Zuständigkeit sei jedenfalls dann möglich, wenn die Neuregelung generell gelte, z. B. mehrere anhängige Verfahren und eine Vielzahl künftiger, gleichartiger Fälle erfasse, und nicht sachwidrig sei. Das Bundesverfassungsgericht hat in dieser Entscheidung aber noch offengelassen, ob eine Umverteilung *ausschließlich* anhängiger Verfahren als ultima ratio geboten sein kann, um konfligierende Verfassungsgüter angemessen zur Geltung zu bringen.[3)] Aus dieser Entscheidung des Bundesverfassungsgerichts ergibt sich der Ansatz für eine ausnahmsweise Zulässigkeit einer Abweichung von der bestehenden Zuständigkeitsregelung: Zwar wäre eine solche Abweichung im Regelfall ein Verstoß gegen das Gebot des gesetzlichen Richters; auch wenn Art. 101 Abs. 2 Satz 1 GG

---

1) BVerfG, Plenarbeschl. v. 8.4.1997 – 1 PBvU 1/95, BVerfGE 95, 322, 327 ff. = ZIP 1997, 758; seitdem st. Rspr.; zuletzt etwa BVerfG, Beschl. v. 23.12.2016 – 2 BvR 2023/16, m. Anm. *El-Ghazi*, jurisPR-StrafR 3/2017 Anm. 1, und gleichlautend BVerfG, Beschl. v. 16.1.2017 – 2 BvR 2011/16, NJW 2017, 1233; BGH, Beschl. v. 12.5.2015 – 3 StR 569/14, NJW 2015, 2597.

2) BVerfG, Plenarbeschl. v. 8.4.1997 – 1 PBvU 1/95, BVerfGE 95, 322, 327, 332 = ZIP 1997, 758.

3) BVerfG, Beschl. v. 16.2.2005 – 2 BvR 581/03, juris, Rz. 18 f.

keinen Gesetzesvorbehalt enthält, kann er aber doch durch andere Verfassungsgüter – etwa durch das rechtsstaatliche Gebot des effektiven Rechtsschutzes gemäß Art. 19 Abs. 4 GG – eingeschränkt werden. Im Wege der praktischen Konkordanz muss dann ein möglichst schonender Ausgleich zwischen den widerstreitenden Verfassungsgütern „gesetzlicher Richter" und „effektiver Rechtsschutz" herbeigeführt werden, wobei das Recht auf den gesetzlichen Richter nicht vollständig zurücktreten darf und grundsätzlich ein Anspruch auf eine zügige Entscheidung durch den gesetzlichen Richter besteht.[4] Voraussetzung ist bei einer Änderung der Geschäftsverteilung auch für anhängige Verfahren immer, dass die Umverteilung geeignet ist, die Effizienz des Geschäftsablaufs zu erhalten oder wiederherzustellen.[5]

In diesem Sinn hat das Bundesverfassungsgericht in einem Kammerbeschluss vom 18. März 2009 festgestellt, in Ausnahmefällen könne auch eine Änderung des Geschäftsverteilungsplans verfassungsrechtlich zulässig sein, die *ausschließlich* anhängige Verfahren betrifft, wenn nur so dem verfassungsrechtlichen Beschleunigungsgebot insbesondere in Haftsachen angemessen Rechnung getragen werden könne; in derartigen Fällen sei eine umfassende Dokumentation und Darlegung der Gründe erforderlich, die die Umverteilung erfordern und rechtfertigen, um den Anschein einer willkürlichen Zuständigkeitsverschiebung auszuschließen.[6]

In zwei gleichlautenden Beschlüssen vom 23. Dezember 2016[7] und 16. Januar 2017[8] geht das Bundesverfassungsgericht davon aus, dass

> „(…) eine nachträgliche Änderung der Geschäftsverteilung geboten sein (kann), wenn nur auf diese Weise dem Verfassungsgebot einer Gewährleistung von Rechtsschutz innerhalb angemessener Zeit nachzukommen ist".[9]

Dies gelte auch bei der Umverteilung bereits anhängiger Verfahren *jedenfalls* dann, wenn die Neuregelung generell gelte, z. B. mehrere anhängige Verfahren und eine unbestimmte Vielzahl künftiger, gleich gelagerter Fälle erfasse und nicht aus sachwidrigen Gründen erfolge. Der Geschäfts-

4) BVerfG, Beschl. v. 16.2.2005 – 2 BvR 581/03, juris, Rz. 18 f.
5) BVerfG, Beschl. v. 16.2.2005 – 2 BvR 581/03, juris, Rz. 20.
6) BVerfG, Beschl. v. 18.3.2009 – 2 BvR 229/09, juris, Rz. 25.
7) BVerfG, Beschl. v. 23.12.2016 – 2 BvR 2023/16, m. Anm. *El-Ghazi*, jurisPR-StrafR 3/2017 Anm. 1.
8) BVerfG, Beschl. v. 16.1.2017 – 2 BvR 2011/16, NJW 2017, 1233.
9) Unter Bezugnahme auf BVerfG, Beschl. v. 20.4.1982 – 2 BvL 26/81, BVerfGE 60, 253, 269 f.; BVerfG, Beschl. v. 10.5.1988 – 1 BvL 8/82, BVerfGE 78, 165, 178; BVerfG, Beschl. v. 2.12.1992 – 2 BvF 2/90, BVerfGE 88, 17, 24.

verteilungsplan müsse, gerade auch soweit bereits anhängige Fälle erfasst würden, die Neuverteilung im Voraus generell-abstrakt festlegen, so dass das Verfahren „blindlings", aufgrund allgemeiner Merkmale, an den nunmehr entscheidenden Richter gelange und der Verdacht einer Manipulation ausgeschlossen werde.[10]

c) Ermessen bei der Richterauswahl

Im Zusammenhang mit einer früheren Regelung in § 186 StPO, wonach die Bestellung des Untersuchungsrichters in den zur Zuständigkeit des Bundesgerichtshofs gehörenden Strafsachen in der Hand des hierbei als unabhängiges Rechtspflegeorgan tätigen Präsidenten lag, hat das Bundesverfassungsgericht ausgeführt, die Forderung, der zuständige Richter müsse sich möglichst eindeutig aus einer allgemeinen Norm ergeben, schließe „einen begrenzten Spielraum bei der Richterbestimmung für den Einzelfall" nicht aus, wenn sie „in der Hand eines unabhängigen Richters" liege.[11] In einem Beschluss vom 12. November 2008 hat das Bundesverfassungsgericht auf diese frühere Entscheidung ausdrücklich Bezug genommen und den sich aus § 36 Abs. 1 Nr. 3 ZPO ergebenden Spielraum des höheren Gerichts bei der gerichtlichen Bestimmung der Zuständigkeit des Gerichts des vorangehenden Rechtszugs nicht beanstandet.[12] Das Bundesverfassungsgericht hat es auch nicht beanstandet, dass ein Revisionsgericht jedenfalls in bestimmten Fällen *nach freiem Ermessen* entscheiden kann, ob es selbst entscheidet oder die Sache gemäß § 354 Abs. 2 StPO an einen anderen Spruchkörper des Gerichts oder an ein von ihm bestimmtes anderes Gericht gleicher Ordnung des Landes zurückverweist; in diesem Zusammenhang hat das Gericht ausgeführt, dass es „übergeordnete Interessen" ausnahmsweise *„gebieten"* könnten, „die Bestimmung des zuständigen Gerichts *an Stelle des Gesetzgebers einem Organ der Rechtspflege zu überlassen"*.[13]

2. Literatur

In der Literatur gibt es vereinzelte Publikationen, die sich mit der vorliegenden Thematik befassen und für die grundsätzliche Zulässigkeit eines

---

10) BVerfG, Beschl. v. 23.12.2016 – 2 BvR 2023/16, m. Anm. *El-Ghazi*, jurisPR-StrafR 3/2017 Anm. 1 und BVerfG, Beschl. v. 16.1.2017 – 2 BvR 2011/16, NJW 2017, 1233.

11) BVerfG, Beschl. v. 16.4.1969 – 2 BvR 115/69, BVerfGE 25, 336, 346.

12) BVerfG, Beschl. v. 12.11.2008 – 1 BvR 2788/08, juris, Rz. 12.

13) BVerfG, Beschl. v. 14.6.200 – 2 BvR 1447/05, BVerfGE 118, 212, 240.

flexibleren Richtereinsatzes aussprechen. So hat *Brosius-Gersdorf* in ihrem Referat vor der Vereinigung der Deutschen Staatsrechtslehrer im Jahr 2014 einen Reformbedarf für eine „flexible Spruchkörperbesetzung und Geschäftsverteilung" zur Vermeidung langdauernder Gerichtsverfahren bejaht. *Brosius-Gersdorf* weist zutreffend darauf hin, dass das Gebot des gesetzlichen Richters nicht absolut gewährleistet sei, sondern in einem Spannungsverhältnis mit weiteren Rechtsschutzpositionen – hier dem Gebot effektiven Rechtsschutzes – stehen könne. Gerade bei rechtlich und tatsächlich schwierigen Verfahren könne der Aspekt des effektiven Rechtsschutzes Modifikationen der Garantie des gesetzlichen Richters rechtfertigen; die entsprechenden Ausnahmen müssten aber – auch mit prozeduralen Schutzvorkehrungen (z. B. Dokumentationspflicht) – so weit wie möglich durch abstrakt-generelle Regelungen vorherbestimmt sein.[14)]

In seinem Gutachten zum 70. Deutschen Juristentag 2014 begrüßt *Calliess*, dass das Bundesverfassungsgericht in den oben angesprochenen Kammerbeschlüssen vom 16. Februar 2005 und 18. März 2009 die bestehende Kollision zwischen den Verfassungspositionen des gesetzlichen Richters und des Anspruchs auf beschleunigte Behandlung und wirkungsvollen Rechtsschutz formuliert hat und zu einem angemessenen Ausgleich bringen will.[15)]

Schwab weist ebenfalls generell auf Einschränkungen des Gebots des gesetzlichen Richters durch kollidierendes Verfassungsrecht – insbesondere durch das Gebot effektiven Rechtsschutzes – hin.[16)] Er schließt es – u. a. unter Hinweis auf § 526 ZPO – nicht aus, dass Richtern *nach Ermessen* konkrete Fälle zugeteilt werden dürfen, wenn auf Eigenheiten des konkreten Verfahrens reagiert wird; auf Eigenheiten, die sich einer abstrakten „Vorherprogrammierung" entziehen.[17)]

3. Bestehende gesetzliche Flexibilisierungsregelungen

Zu dem bisherigen Befund, dass die Garantie des gesetzlichen Richters eine gewisse Flexibilität des Richtereinsatzes unter bestimmten Umstän-

---

14) Referat von *Brosius-Gersdorf* in: Veröffentlichungen der Vereinigung der Deutschen Staatsrechtslehrer, Bd. 74, 2015, S. 199 ff. und 222; ähnlich auch *Lotz*, Referat auf dem 70. Deutschen Juristentag, Bd. II/1, I 16–18 und I 25 f.

15) *Calliess*, Gutachten A zum 70. Deutschen Juristentag, Der Richter im Zivilprozess – Sind ZPO und GVG noch zeitgemäß?, A 72–74.

16) *Schwab*, Der gesetzliche sachverständige Laienrichter, DRiZ 2014, 252, 253, 254.

17) *Schwab*, DRiZ 2014, 252, 254, 255.

den zulässt, passt es, dass es schon jetzt einfachgesetzliche Regelungen gibt, nach denen ein gewisser Spielraum besteht, aufgrund dessen auch im Einzelfall konkret Einfluss auf die Zuständigkeit des zur Entscheidung berufenen Richters oder Spruchkörpers genommen werden kann, und die dennoch, zumindest überwiegend, als verfassungsgemäß bewertet werden oder deren Verfassungsmäßigkeit sogar nicht einmal angezweifelt wird. Hinzuweisen ist – über die oben erwähnten Vorschriften hinaus – beispielsweise auf die Ermessensvorschrift zur Möglichkeit der Übertragung des Berufungsverfahrens auf den Einzelrichter nach § 526 ZPO[18] oder die Ermessensvorschrift zur Zurückverweisung an einen anderen Spruchkörper gemäß § 563 Abs. 1 Satz 2 ZPO[19], § 354 Abs. 2 Satz 1 StPO, § 144 Abs. 3 Satz 1 Nr. 2 und Abs. 5 VwGO. Hinzuweisen ist aber vor allem auf § 21e Abs. 3 Satz 1 und § 21g Abs. 2 Halbs. 2 GVG. Diese Vorschriften erlauben unterjährige Änderungen der Geschäftsverteilung, wenn dies wegen Überlastung oder ungenügender Auslastung eines Richters oder Spruchkörpers bzw. einzelner Mitglieder des Spruchkörpers oder infolge Wechsels oder dauernder Verhinderung einzelner Richter nötig wird.

III. Europäische Gerichte

1. Gerichtshof der Europäischen Union

Beim Gerichtshof der Europäischen Union gibt es nicht den gesetzlichen Richter i. S. des deutschen Verfassungsrechts. Nach Eingang des verfahrenseinleitenden Schriftsatzes bestimmt der Präsident des Gerichtshofs den Berichterstatter für die Rechtssache (Art. 15 der Verfahrensordnung des Gerichtshofs [VerfO]). Der Berichterstatter gehört dann auch zur Besetzung der für die Rechtssache zuständigen Großen Kammer oder Kammer mit fünf oder mit drei Richtern des Gerichtshofs (vgl. Art. 27, 28 VerfO). Zuständig ist die Kammer, an die der Gerichtshof die Rechtssache gemäß Art. 60 VerfO verweist. Kurzum: Es gibt bei der Bestimmung der für die Entscheidung konkret zuständigen Richter des Gerichtshofs der Europäischen Union ein Ermessen des Gerichtshofs und des Präsidenten des Gerichtshofs.

---

18) Vgl. aber auch für die erste Instanz beim Landgericht § 348 ZPO in der bis zum 28.2.1993 geltenden („Ermessens"-)Fassung bzw. als eingeschränkte Ermessenvorschrift – „soll übertragen" – in der bis 31.12.2001 gültigen Fassung.

19) Vgl. dazu *Jacobs* in: Stein/Jonas, ZPO, 22. Aufl. 2013, § 563 Rz. 5, und *Krüger* in: MünchKomm-ZPO, 5. Aufl. 2016, § 563 Rz. 3.

Hingewiesen sei in diesem Zusammenhang auch auf die Rechtsprechung des Gerichtshofs zu Art. 47 Abs. 2 der Europäischen Grundrechte-Charta, wonach jede Person ein Recht darauf hat, dass ihre Sache von einem unabhängigen, unparteiischen und zuvor durch Gesetz errichteten Gericht in einem fairen Verfahren, öffentlich und innerhalb angemessener Frist verhandelt wird. Den Anspruch auf Verhandlung durch ein zuvor durch Gesetz errichtetes Gericht sah der Gerichtshof in einem Fall nicht als verletzt an, in dem der Präsident des Europäischen Gerichts nach den veröffentlichten Regeln dieses Gerichts von dem vorgesehenen Verteilungsmodus der Rechtssachen durch nachträgliche Neuzuweisung abgewichen ist, um eine ausgewogene Verteilung der Arbeitslast sicherzustellen; diese Auslegung (gemeint: der Regeln des Europäischen Gerichts) sei „umso mehr geboten, als mit der Neuzuweisung einer Rechtssache zur Sicherstellung einer ausgewogenen Verteilung der Arbeitslast im Interesse einer geordneten Rechtspflege das Ziel verfolgt wird, die Rechtssachen im Einklang mit Art. 47 Abs. 2 der Charta innerhalb angemessener Frist zu behandeln“.[20] Diese Begründung erinnert an die nach obigen Ausführungen aus Art. 19 Abs. 4 GG hergeleitete verfassungsimmanente Begrenzung des Art. 101 Abs. 1 Satz 2 GG.

2. Europäischer Gerichtshof für Menschenrechte

Auch beim Europäischen Gerichtshof für Menschenrechte gibt es nicht den gesetzlichen Richter i. S. des deutschen Verfassungsrechts. So weist der Präsident des Gerichtshofs gemäß Art. 52 Abs. 1 der Verfahrensordnung jede nach Art. 34 der Europäischen Konvention zum Schutz der Menschenrechte und Grundfreiheiten (EMRK) erhobene Individualbeschwerde einer Sektion zu; er achtet dabei auf eine gerechte Verteilung der Arbeitslast auf die Sektionen.

Hingewiesen sei in diesem Zusammenhang auf die Rechtsprechung des Gerichtshofs zu Art. 6 Abs. 1 Satz 1 EMRK, wonach jede Person ein Recht darauf hat, dass über Streitigkeiten der dort genannten Art von einem unabhängigen und unparteiischen, auf Gesetz beruhenden Gericht in einem fairen Verfahren, öffentlich und innerhalb angemessener Frist verhandelt wird. Der Gerichtshof hat entschieden, dass Voraussetzung für den ge-

---

20) EuGH, Urt. v. 2.10.2014 – Rs. C-127/13 P, juris, Rz. 50–52; zustimmend *Karpenstein* in: Grabitz/Hilf/Nettesheim, Das Recht der Europäischen Union, 2016, Art. 254 AEUV Rz. 10; vgl. auch *Nehl* in: FK-EUV/GRC/AEUV, 2017, Art. 47 GRC Rz. 57.

setzlichen Richter nach Art. 6 Abs. 1 Satz 1 EMRK (nur) eine entsprechende, die Gerichtsbesetzung regelnde gesetzliche Vorschrift sei; Gerichte, die aufgrund der Verfassung oder aufgrund von Gesetzen eingerichtet wurden, entsprechen daher den Anforderungen des Art. 6 Abs. 1 Satz 1 EMRK.[21] Deswegen ist Art. 6 Abs. 1 Satz 1 EMRK (nur) verletzt, wenn Vorschriften des staatlichen Rechts über die Zusammensetzung des zur Entscheidung berufenen Spruchkörpers verletzt worden sind.[22] Erwähnenswert erscheint auch, dass der Europäische Gerichtshof für Menschenrechte im Rahmen eines familienrechtlichen Umgangsverfahrens die Schaffung eines nationalen Rechtsbehelfs und damit letztlich einen punktuellen Eingriff in die (Instanz-)Zuständigkeit des mit der konkreten Rechtssache befassten gesetzlichen Richters gefordert hat, wenn dies für einen effektiven Rechtsschutz erforderlich ist.[23]

IV. Rechtsvergleichung

Naturgemäß kann der Blick in die Rechtsordnungen anderer Länder das als unantastbar gewollte Regime des Art. 101 Abs. 1 Satz 2 GG nicht in Zweifel ziehen und auch die Auslegung dieser Verfassungsnorm nicht unmittelbar beeinflussen. Trotzdem erscheint es mir hilfreich, den Blick aus dem eigenen Elfenbeinturm hinaus in andere Länder schweifen zu lassen, und zwar nach Frankreich und England.

1. Frankreich

Die geschriebene Verfassung Frankreichs enthält keine Garantie des gesetzlichen Richters. *Müßig* berichtet, dass im ungeschriebenen Verfassungsrecht Frankreichs das Recht auf den gesetzlichen Richter (*le droit fondamental au juge naturel*) anerkannt sei als Ausdruck des allgemeinen Gleichheitssatzes, der Gleichheit vor dem Gesetz gemäß Art. 6 der Erklä-

---

21) Wiedergegeben von *Kühne* in: IntKommEMRK, 2009, Art. 6 Rz. 294.

22) So wohl *Meyer-Ladewig/Harrendorf/König* in: Meyer-Ladewig/Nettesheim/Raumer, EMRK, 4. Aufl. 2017, Art. 6 Rz. 71.

23) EGMR, Urt. v. 15.1.2015 – 62198/11, juris, Rz. 137 ff. Infolge dieser Entscheidung sind durch das Gesetz zur Änderung des Sachverständigenrechts und zur weiteren Änderung des Gesetzes über das Verfahren in Familiensachen und in den Angelegenheiten der freiwilligen Gerichtsbarkeit sowie zur Änderung des Sozialgerichtsgesetzes, der Verwaltungsgerichtsordnung, der Finanzgerichtsordnung und des Gerichtskostengesetzes – SachVRÄndG, v. 15.10.2016, BGBl. I 2016, 2222, die §§ 155b, 155c in das FamFG eingefügt worden.

rung der Menschen- und Bürgerrechte vom 26. August 1789 in Verbindung mit der Präambel der Verfassung der V. Republik vom 4. Oktober 1958.[24] Tatsächlich hat der Conseil constitutionnel im Hinblick auf den Gleichheitsgrundsatz einen Verstoß gegen die Verfassung für den Fall angenommen, dass es alleine dem Gerichtspräsidenten überlassen sei, darüber zu entscheiden, ob der erkennende Spruchkörper sich aus einem oder drei Richtern zusammensetzt.[25]

Die Geschäftsverteilung erfolgt in den verschiedenen Gerichten in Frankreich wie folgt:

Die Verteilung der Richter auf die Kammern des *Tribunal de grande instance* und der *Cour d'appel* hat für ein Geschäftsjahr im Voraus zu erfolgen (Art. R121-1 Abs. 1 Code de l'organisation judiciaire). Diese Geschäftsverteilung kann während des Jahres geändert werden, z. B. auch, um hierdurch während der Ferienzeit von Richtern den Betrieb aufrechtzuerhalten (Art. R121-1 Abs. 2 Code de l'organisation judiciaire).

Nach Eingang einer Sache beim Tribunal de grande instance bestimmt der Gerichtspräsident einen Termin zum Aufruf der Sache und weist den Rechtsstreit einer Kammer seines Gerichts zu (Art. 758 Code de procédure civile). Die diesen Zuweisungen zugrunde liegende Geschäftsverteilung erfolgt ebenfalls durch den Gerichtspräsidenten: In der für das ganze Jahr vorgenommenen *ordonnance de roulement* sind die Spezialisierungen der Kammern bezeichnet. Auf dieser Basis erfolgt die Verteilung der Streitsachen auf die Kammern. Gibt es mehrere Kammern mit gleichem Spezialgebiet, erfolgt die Verteilung in der Praxis regelmäßig abwechselnd nach Eingang, auf Basis eines bestimmten Gebietes (Sitz der Parteien) oder auf Basis des Namens der Partei (alphabetische Aufteilung zwischen den Kammern). Das maßgebliche Kriterium legt auch insoweit der Gerichtspräsident fest. Änderungen an dieser Geschäftsverteilung (nicht an der *ordonnance de roulement*, die nur in Ausnahmefällen während des Jahres modifiziert werden kann) kann der Gerichtspräsident jederzeit vornehmen. Zeigt etwa ein Richter Überlastung an, so kann der Gerichtspräsident die Sache einem

---

24) *Müßig*, Recht und Justizhoheit, 2. Aufl. 2009, S. 81; das Recht auf den gesetzlichen Richter („le droit au juge naturel") wird von einem Teil der Lehre mit einem Verweis auf Art. 16 und 17 des Gesetzes v. 16.–24.8.1790, die immer noch in Kraft seien, begründet (vgl. *Renoux*, Le droit au juge naturel, droit fondamental, RTD. civ. 1993, 33).

25) Conseil constitutionnel, v. 23.7.1975 – Décision n°75–56 DC, Rec., 22; berichtet auch von *Eser*, Der „gesetzliche Richter" und seine Bestimmung für den Einzelfall, in: FS Salger, S. 247, 259, Fn. 77.

anderen Richter/Spruchkörper zuweisen. Eingeschränkt dürfte sein Ermessen nach obigem (nur) durch den Gleichheitsgrundsatz sein.[26)]

Auch bei der *Cour d'appel* teilt der Präsident des Gerichts die Verfahren nach deren Eingang den Kammern zu (Art. 904 Code de procédure civile). Für die dieser Zuteilung zugrunde liegende Geschäftsverteilung gelten entsprechende Grundsätze wie beim Tribunal de grande instance.

Für die *Cour de cassation* stellt der Präsident des Gerichts eine *ordonnance de roulement* auf, in der die Zuständigkeiten der Zivilkammern benannt sind (Art. R431-2 Code de l'organisation judiciaire); die Kammerpräsidenten wiederum bilden sog. Abteilungen (sections) innerhalb der Kammern und legen die Geschäftsverteilung innerhalb der Kammern fest. Die Kammerpräsidenten sorgen für die Zuweisung an die Abteilungen. Auch bei der Cour de cassation kommt den Präsidenten (dem Präsidenten der Cour de cassation und den Kammerpräsidenten) ein weiter Ermessensspielraum zu.

Festzuhalten ist somit, dass es in Frankreich bei der Bestimmung der für ein Verfahren konkret zuständigen Richter ein Ermessen der zuweisenden Präsidenten gibt.

2. *England*

England kennt keine Garantie des gesetzlichen Richters.[27)] In den Gerichten gibt es keine festen Spruchkörper. Die an einem Verfahren mitwirkenden Richter werden nicht nach abstrakt-generellen Regeln bestimmt.[28)] Zum Beispiel bestimmt für die Zivilabteilung des *Court of Appeal* der *Master of the Rolls* als deren Präsident[29)] die personelle Zusammensetzung für jeden Sitzungszeitraum. Er entscheidet auch darüber, was zu geschehen hat, wenn ein Richter während eines laufenden Verfahrens plötzlich verhindert ist.[30)] Dem Master of the Rolls stehen grundsätzlich alle *Lord Justices*

---

26) Zum Ganzen vgl. *Zwickel* in: Zwickel/Cottin/Ferrand, Die organisatorische Modernisierung der Ziviljustiz in Deutschland und Frankreich, 2015, S. 49 ff. m. w. N.; zum Procedere im Einzelnen siehe *Jeuland*, Revue française d'administration publique 2008/1, n°125, S. 33.

27) *Müßig*, Recht und Justizhoheit, 2. Aufl. 2009, S. 151.

28) *Müßig*, Recht und Justizhoheit, 2. Aufl. 2009, S. 369.

29) S. 3 (2) Senior Courts Act 1981.

30) S. 54 (2) – (4a) Senior Courts Act 1981.

of Appeal zur Verfügung. Er trifft entsprechend der Fähigkeiten der Richter die Wahl, welche Richter den konkreten Fall entscheiden sollen.[31]

V. Ergebnis und Vorschlag

Nach der oben angeführten Rechtsprechung und Literatur sind die Garantie des gesetzlichen Richters gemäß Art. 101 Abs. 1 Satz 2 GG auf der einen und das Gebot effektiven Rechtsschutzes gemäß Art. 19 Abs. 4 GG auf der anderen Seite miteinander in Ausgleich zu bringen. Das Gebot effektiven Rechtsschutzes ermöglicht unter bestimmten Umständen eine unterjährige Änderung des Geschäftsverteilungsplans und auch eine Umverteilung anhängiger Verfahren. Meines Erachtens wäre daher selbst unter dem unantastbaren Regime des Art. 101 Abs. 1 Satz 2 GG die Einführung folgender Regelung verfassungsgemäß und im Hinblick auf die Bedeutung effektiven Rechtsschutzes nach Art. 19 Abs. 4 GG auch geboten; sie könnte als neuer Absatz 3a in § 21e GVG und neuer Absatz 2a in § 21g GVG eingefügt werden:

> „Ist bei einem Verfahren Rechtsschutz innerhalb angemessener Frist nicht gewährleistet, kann das Präsidium (bzgl. § 21e Abs. 3a GVG) bzw. der Spruchkörper (bzgl. § 21g Abs. 2a GVG) zum Zweck der Beschleunigung des Verfahrens eine vom Geschäftsverteilungsplan des Gerichts (§ 21e Abs. 1) bzw. des Spruchkörpers (§ 21g Abs. 2) abweichende Zuteilung beschließen. Der Beschluss ist schriftlich zu begründen."

Erwähnenswert erscheint, dass sowohl die Europäischen Gerichte als auch Frankreich und England sogar in wesentlich weitergehendem Maß die Bestimmung des für eine bereits anhängige Rechtssache zuständigen Richters dem Ermessen des Gerichtspräsidenten oder dem Ermessen eines Gerichtsgremiums anvertrauen. Zur Europäischen Grundrechte-Charta führt der Gerichtshof der Europäischen Union insoweit aus, dies sei „umso mehr geboten, als mit der Neuzuweisung einer Rechtssache zur Sicherstellung einer ausgewogenen Verteilung der Arbeitslast im Interesse einer geordneten Rechtspflege das Ziel verfolgt wird, die Rechtssachen im Einklang mit Art. 47 Abs. 2 der Charta innerhalb angemessener Frist zu behandeln".[32]

---

31) *Müßig*, Recht und Justizhoheit, 2. Aufl. 2009, S. 371.

32) EuGH, Urt. v. 2.10.2014 – Rs. C-127/13 P, juris, Rz. 50–52; zustimmend *Karpenstein* in: Grabitz/Hilf/Nettesheim, Das Recht der Europäischen Union, 2016, Art. 254 AEUV Rz. 10; vgl. auch *Nehl* in: FK-EUV/GRC/AEUV, 2017, Art. 47 GRC Rz. 57.

Wie viel Streitschlichtung verträgt der deutsche Zivilprozess?

MONIKA NÖHRE

Inhaltsübersicht

Die Jubilarin hat sich in ihrem beruflichen Leben intensiv mit der Fortentwicklung der Zivilgerichtsbarkeit befasst und entscheidende Anstöße zu deren Modernisierung gegeben. Zu dem Rückgang der Eingangszahlen, der in den vergangenen zwei Jahrzehnten zu verzeichnen war, hat sie sich in dem vielbeachteten Beitrag „Der Zivilprozess vor dem Aus?“[1] geäußert. Die nachfolgende Abhandlung knüpft hieran an, lenkt den Blick zugleich auf die Instrumente der außergerichtlichen Streitschlichtung und behandelt insbesondere die Frage, ob die Schlichtung sich zu einer ernsthaften Konkurrenz für den staatlichen Zivilprozess entwickeln kann.

I. Einleitung

Ohne Gericht ist das Recht tot. Dieser Satz fiel von einem Kritiker der außergerichtlichen Streitschlichtung auf einer Diskussionsveranstaltung kurz vor Inkrafttreten des Verbraucherstreitbeilegungsgesetzes. Darin kommt die Befürchtung zum Ausdruck, durch die flächendeckende Einrichtung von Verbraucherschlichtungsstellen könne die Ziviljustiz quasi ausbluten. Gleichzeitig wird hiermit unterstellt, bei der Schlichtung handele es sich um ein geeignetes Mittel, Sachen von der Justiz dauerhaft fernzuhalten. Beide Prämissen sollen im Folgenden auf den Prüfstand gestellt werden.

---

1) *Graf-Schlicker*, Der Zivilprozess vor dem Aus?, AnwBl 2014, 573.

II. Die Entwicklung der Eingangszahlen

Ausgangspunkt für die Feststellung einer möglichen Konkurrenzsituation zwischen gerichtlicher Streitentscheidung und außergerichtlicher Konfliktlösung ist die Betrachtung der Eingangssituation in der Ziviljustiz ab dem Zeitpunkt der deutschen Wiedervereinigung. Erstinstanzliche Zivilsachen erreichten im Jahr 1995 mit 2.170.255 ihren Höhepunkt. Anschließend fielen sie mit leichten Schwankungen kontinuierlich bis auf zunächst 1.856.508 in 2002 ab. 2012 betrug dieser Wert noch 1.506.286 und 2015 wurden nurmehr insgesamt 1.423.489 Eingänge verzeichnet.[2)] Dieser Zeitraum von 25 Jahren wurde von mehreren gesetzgeberischen Maßnahmen mit unterschiedlicher Zielrichtung begleitet. Schon im Dezember 1990 wurde das Rechtspflegevereinfachungsgesetz verabschiedet.[3)] Ihm folgte im Januar 1993 das Gesetz zur Entlastung der Rechtspflege[4)] und Anfang 2002 das Zivilprozessreformgesetz[5)], letzteres mit gravierenden Veränderungen, insbesondere im Rechtsmittelrecht. Drei Jahre zuvor war den Ländern durch eine Öffnungsklausel die Möglichkeit eingeräumt worden, für bestimmte Streitigkeiten einen obligatorischen Güteversuch als Zulässigkeitsvoraussetzung vor Klageerhebung vorzugeben, § 15a EGZPO.[6)]

Während die Gesetzesvorhaben aus den frühen 90er Jahren eindeutig auf die Verringerung des Eingangsvolumens gerichtet waren, enthalten das ZPO-Reformgesetz und auch die Möglichkeit zur Einrichtung vorgeschalteter Zwangsgüteversuche eindeutig qualitative Elemente zur Förderung der einvernehmlichen Konfliktlösung. Der darin zum Ausdruck kommende rechtspolitische Trend wird sodann von den Gerichten selbst aufgegriffen, die im Anschluss an die gesetzliche Verankerung der obligatorischen Güteverhandlung mit der Einführung von Mediationsverhandlungen in Modellversuchen beginnen. Insoweit ist jedenfalls zum Teil *Wagner* zuzustimmen, der in der Hinwendung zu einvernehmlichen Lösungen im Gericht einen Mentalitätswandel in der Richterschaft glaubt aus-

---

2) Die statistischen Daten entstammen den Rechtspflegestatistiken „Zivilgerichte" (Fachserie 10 Reihe 2.1) des Statistischen Bundesamtes.

3) Rechtspflegevereinfachungsgesetz, v. 17.12.1990, BGBl. I 1990, 2847.

4) Gesetz zur Entlastung der Rechtspflege, v. 11.1.1993, BGBl. I 1993, 50.

5) Gesetz zur Reform des Zivilprozesses – Zivilprozessreformgesetz, v. 27.7.2001, BGBl. I 2001, 1887.

6) Gesetz zur Förderung der außergerichtlichen Streitschlichtung, v. 15.12.1999, BGBl. I 1999, 2400.

gemacht zu haben.[7] In ihrem Vorgehen werden die Richter durch eine Entscheidung des Bundesverfassungsgerichts aus dem Jahre 2007 gestärkt. Das Gericht sieht in der Einführung des obligatorischen Güteverfahrens nach § 15a EGZPO keinen Verfassungsverstoß und führt in diesem Zusammenhang aus „Eine zunächst streitige Problemlage durch eine einverständliche Lösung zu bewältigen, ist auch in einem Rechtsstaat grundsätzlich vorzugswürdig gegenüber einer richterlichen Streitentscheidung".[8]

Durch das Mediationsgesetz vom 21.7.2012[9] wird diese Gerichtspraxis legitimiert. Dabei wird sie in etwas andere Bahnen gelenkt. Fortan können die streitentscheidenden Richter Prozesssachen an einen Güterichter abgeben, der im Rahmen seiner Verhandlung auch das Instrument der Mediation einsetzen kann.[10]

Als letzter gesetzgeberischer Akt in dieser Reihe ist das in seinen wesentlichen Teilen am 1.4.2016 in Kraft getretene Verbraucherstreitbeilegungsgesetz zu nennen, das zwar keine gesetzgeberischen Veränderungen in der ZPO vorsieht, aber auf die flächendeckende Einrichtung von Verbraucherschlichtungsstellen hinwirkt und damit einen wesentlichen Beitrag zur Etablierung gerichtlich vorgeschalteter Streitbeilegungsmechanismen schafft.[11]

Die einzelnen Gesetzgebungsvorhaben dürften sich unterschiedlich auf die Entwicklung der gerichtlichen Eingangszahlen ausgewirkt haben. Eine unmittelbare Folge kann nach Inkrafttreten des ZPO-Reformgesetzes seit 2002 an der Statistik der Rechtsmittelgerichte abgelesen werden. Zivilgerichtliche Berufungen gingen bundesweit um ca. 20 % zurück. Im Kammergericht fiel die Zahl der Berufungen von gut 5.000 aus den Jahren vor Inkrafttreten der Reform auf ca. 4.000 ab 2002. Inzwischen sind aber auch diese Werte überholt. Während 2012 noch 3.960 Berufungen eingingen, fiel die Anzahl stetig bis auf 3.118 im Jahr 2016 ab.[12] Für andere Oberlandesgerichte gilt Vergleichbares. Das unmittelbare Absinken nach Inkraft-

---

7) *J. Wagner*, Ende der Wahrheitssuche, 2017, S. 83.

8) BVerfG v. 14.2.2007 – 1 BvR 1351/01, BVerfGK 10, 275.

9) Gesetz zur Förderung der Mediation und anderen Verfahren der außergerichtlichen Konfliktbeilegung – Mediationsgesetz, v. 21.7.2012, BGBl. I 2012, 1577.

10) § 278 Abs. 5 Satz 2 ZPO.

11) Gesetz zur Umsetzung der Richtlinie über alternative Streitbeilegung in Verbraucherangelegenheiten und zur Durchführung der Verordnung über Online-Streitbeilegung in Verbraucherangelegenheiten – Verbraucherstreitbeilegungsgesetz, v. 19.2.2016, BGBl. I 2016, 254.

12) Die statistischen Daten sind der Website des Kammergerichts entnommen: http://www.berlin.de/gerichte/kammergericht/statistik (Abrufdatum: 4.1.2018).

treten des ZPO-Reformgesetzes geht vermutlich auf die Einführung der Zurückweisungsmöglichkeit des Rechtsmittels durch unanfechtbaren Beschluss zurück. Für die Entwicklung in den letzten fünf Jahren fehlt bisher eine eindeutige Erklärung.

Ob und in welchem Umfang Prozesssachen als Folge der geänderten Gesetzeslage von der staatlichen in die private (Schieds-)Gerichtsbarkeit abgewandert sind, ist statistisch nicht feststellbar. Schütze hält das aber für wahrscheinlich, weil nach Abschaffung der Wertrevision die staatlichen Gerichte für Rechtsfälle von großer wirtschaftlicher Bedeutung unattraktiv geworden seien.[13)]

Als Zwischenbilanz für die vergangenen gut 20 Jahre ist damit Folgendes festzuhalten: Erstinstanzliche Eingänge und Rechtsmittel gehen kontinuierlich zurück, die ZPO wird kontinuierlich geändert, die außergerichtliche Streitschlichtung etabliert sich, selbst in den Gerichten dürfen Güterichter das Element der Mediation anwenden, das zu Beginn der 90er Jahre des vergangenen Jahrhunderts im deutschen Justizleben noch weitgehend unbekannt war.

III. Klagehäufigkeit als Indikator für den Zustand des Rechtsstaats?

Haben damit die gesetzgeberischen Maßnahmen ihr Ziel erreicht, was die Eindämmung der so oft beschworenen Klageflut angeht? Auf den ersten Blick mag man diese Frage bejahen, denn ein Rückgang in absoluten Zahlen von 746.766 erstinstanzlichen Rechtssachen binnen eines Zeitraums von 20 Jahren wird kaum als marginal bezeichnet werden können. Hieran knüpft die weitere Frage an, ob diese Entwicklung nicht vielleicht über ihr Ziel hinausgeschossen ist, indem sie mit ihrem letzten Rechtsakt die flächendeckende Einrichtung von Schlichtungsstellen vorgesehen hat, die – so ihre Kritiker – das Potenzial dazu haben, den Verbraucher dauerhaft aus dem Recht zu vertreiben, indem ihm mit den Schlichtungsstellen ein angeblich qualitativ minderwertigerer Weg gegenüber der staatlichen Justiz (Jura-light bzw. *Rough-justice*) eröffnet wird.[14)] Bevor in dem folgenden Abschnitt der

---

13) *Schütze*, Schiedsgericht und Schiedsverfahren, 6. Aufl., 2016, Rz. 49 f.

14) Siehe zu der Kritik i. E.: *G. Wagner*, Die Richtlinie über Alternative Streitbeilegung – Law Enforcement statt mediative Konfliktlösung, ZKM 2013, 104, 105; *H. Roth*, Bedeutungsverluste der Zivilgerichtsbarkeit durch Verbrauchermediation, JZ 2013, 637 ff.; *H. Roth*, Etabliert EU Verbraucherschutz zweiter Klasse?, DRiZ 2015, 24, 25; *Limperg*, Kann denn Schlichten Sünde sein?, Editorial, NJW Heft 15/2015.

Frage nachgegangen wird, ob die Schlichtungsstellen als Instrument zur außergerichtlichen Konfliktbewältigung überhaupt geeignet sind, der staatlichen Justiz die Fälle abzugraben, soll der Blick zunächst auf die Klagehäufigkeit und Klagefreudigkeit der deutschen Bevölkerung gelenkt werden. Wie viel staatliche Zivilklagen pro Einwohner will, braucht und verträgt ein demokratischer Rechtsstaat überhaupt? An welcher Marke orientiert man sich, gibt es hierzu überhaupt qualitativ fundierte Überlegungen?

Rottleuthner hat in einer Auswertung der seit 1918 veröffentlichen statistischen Daten nachgewiesen, dass im Jahr 1931 die Eingänge in der deutschen Ziviljustiz ihren Höchststand erreicht haben.[15] In jenem Jahr sind bei den Gerichten mehr als 8 Klagen pro 100 Einwohner eingegangen. Stellt man diesem Wert die Zahlen von 1995 mit 2,65 Klagen pro 100 Einwohner und 2015 mit 1,73 Klagen pro 100 Einwohner gegenüber, so mag der jetzt verzeichnete Rückgang in etwas milderem Licht betrachtet werden. Projiziert auf eine Gesamtbevölkerungszahl von über 80 Millionen erscheint ein Rückgang von 0,9 Klagen pro 100 Einwohner über einen Zeitraum von 20 Jahren zunächst einmal nicht zwingend alarmierend.

IV. Die Systemunterschiede

Bevor der staatliche Zivilprozess und die außergerichtliche Streitschlichtung als ernstzunehmende Konkurrenten auf dem angeblich umkämpften Markt der Konfliktbewältigung angesehen werden können, soll zunächst eine Analyse und anschließende Bewertung der beiden Mechanismen vorgenommen werden. Erst im Anschluss hieran wird sich beurteilen lassen, ob das so oft beschworene Konkurrenzverhältnis überhaupt existiert.

1. Öffentlichkeit und Mündlichkeit als Differenzierungsmerkmal

Schlichtungsverfahren laufen in aller Regel schriftlich ab. Das gilt sowohl für die vom Bundesamt für Justiz nach § 24 VSBG anerkannten wie auch die spezialgesetzlich legitimierten Schlichtungsstellen. Schriftlichkeit schließt von vornherein direkte Teilhabe unbeteiligter Dritter an dem Verfahrensgang mangels mündlicher Verhandlung bzw. Erörterung aus. Dies hat in der Vergangenheit vielerlei Kritik heraufgeschworen, die im Rahmen eines Streitgesprächs in der zugegebener Maßen polemischen Äußerung gipfel-

---

15) *Rottleuthner*, Prozessflut und Prozessebbe – Fragen und Forschungsbedarf, in: Höland/Meller-Hannich, Nichts zu klagen?, 2016, S. 101.

te, Schlichtungsverfahren fänden im Hinterzimmer statt und scheuten das reinigende Licht der Öffentlichkeit. An dieser Stelle lohnt sich ein Blick zurück auf die Wurzeln des Öffentlichkeitsprinzips. Die Öffnung der Gerichtsverhandlungen für Dritte ist eine Errungenschaft des liberalen 19 Jahrhunderts, als sich nach intensiver Diskussion die Erkenntnis durchgesetzt hat, dass der moderne Strafprozess nur vor den Augen der Öffentlichkeit stattfinden kann.[16)] Nach dem Inkrafttreten des Gerichtsverfassungsgesetzes gilt dieser Grundsatz bis heute automatisch für den Zivilprozess, und zwar ungeachtet dessen vollkommen anderer prozessualer Ausgestaltung mit umfangreichen Bezugnahmemöglichkeiten.[17)]

Der Zivilprozess ist in erster Linie ein Aktenprozess, der Strafprozess ist demgegenüber ein Verhandlungsprozess. Umfang und Bedeutung der Öffentlichkeit werden in der staatlichen Ziviljustiz zumeist überschätzt. Wer wie die Autorin als Praktiker den Zivilprozess über mehrere Jahrzehnte begleitet hat, wird konstatieren müssen, dass die Öffentlichkeit in Form der in § 169 GVG vorgesehenen Saalöffentlichkeit im Zivilprozess praktisch keine Rolle spielt. Private Zuschauer bilden die absolute Ausnahme. Für sie ist der Zivilprozess in seiner derzeitigen Ausgestaltung schlicht unattraktiv. Ein Unterschied zwischen Zivilprozess und Strafprozess wird im Übrigen an der Vorschrift des § 299 ZPO sichtbar. Da Zuhörer den Prozess nur schwer – wenn überhaupt – aus der mündlichen Verhandlung erschließen können, sind sie hierzu auf das Studium der Akten angewiesen. Sofern sie ein rechtliches Interesse glaubhaft machen können, kann der Gerichtsvorstand ihnen Einsicht in die Akten gestatten, § 299 Abs. 2 ZPO.

Die fehlende Öffentlichkeit wird im Schlichtungsverfahren durch Transparenz ersetzt.[18)] Die Schlichtungsstelle der Rechtsanwaltschaft hält sich strikt an diese Regel und gibt jedes eingegangene Schreiben der Gegenseite zur Kenntnis. Eigene Schreiben werden stets gleichzeitig an beide Parteien übermittelt. Der Vorwurf einer wie auch immer gearteten Geheimpraxis ist damit eindeutig widerlegt. Eine Teilhabe an dem eigentlichen Entscheidungsprozess ist im Übrigen auch im staatlichen Verfahren nicht vorgesehen, denn Beratung und Abstimmung erfolgen in Abwesenheit der Öffentlichkeit, § 193 Abs. 1 GVG.

---

16) Zu der Entwicklung des öffentlichen Strafprozesses siehe *Nöhre*, Wie viel Öffentlichkeit verträgt der Strafprozess?, in: FS Stilz, 2014, S. 455 ff.

17) § 169 GVG.

18) *Wolf*, Zivilprozess versus außergewöhnliche Konfliktlösung – Wandel der Streitkultur in Zahlen, NJW 2015, 1656, 1660.

Verfahrensrechtlich ist an dieser Stelle darauf hinzuweisen, dass Schlichtungsstellen das Verfahren in ganz anderer Weise gestaltend vorantreiben als Zivilgerichte. Inhaltliche Nachfragen bei dem Antragsteller und Bitten um Hergabe von Urkunden prägen das Geschehen in der Schlichtungslandschaft.[19] Damit gewinnt die Transparenz hier eine ganz andere Dimension. Sie bedeutet aktuelle Verfahrensklarheit für beide Schlichtungsparteien. Dem Zivilprozess liegt demgegenüber – ohne dass es hierfür eine besondere Vorschrift gibt – die Verhandlungsmaxime zugrunde. Es besteht die Vorstellung, dass es die Parteien selbst sind, die am besten wissen, auf welchen Sachverhalt es ankommt und wie er zu beschaffen ist.[20] Der Richter agiert demgegenüber zurückgenommen. Hierbei lassen es die Schlichter und Ombudspersonen nicht bewenden. Sie leisten bei der Sachverhaltsaufklärung praktische Hilfe und versuchen, etwaige Kommunikations- und Verständnisdefizite auszugleichen.

2. Der Stellenwert der Rechtsfortbildung

Kritiker von Schlichtungsstellen befürchten bei einer denkbaren Verlagerung von Fällen aus der Justiz in andere Institutionen einen Verlust von Rechtsklarheit und Rechtssicherheit, weil eine Rechtsfortbildung mangels Fallmaterial fortan nicht mehr stattfinden könne.[21] Schlichtungsstellen schildern zwar in ihren Tätigkeitsberichten anonymisierte Fälle und nennen spezifische Verhaltensweisen, die den Beanstandungen zugrunde liegen. Damit leisten sie unzweifelhaft einen Beitrag zur Fortbildung des Verbraucherschutzrechts, was der Intention von § 34 Abs. 3 VSBG entsprechen dürfte. Darüber hinaus geht ihre Bedeutung für die Rechtsfortbildung allerdings nicht. Im Gegenteil: Hängt die Entscheidung in einem Schlichtungsfall von der Klärung einer bisher nicht entschiedenen Grundsatzfrage ab, können Schlichtungsstellen eine weitere Bearbeitung unter Hinweis hierauf ausdrücklich ablehnen. Denn die Klärung von rechtlichen Grundsatzfragen gehört eindeutig nicht zu ihrem Leistungsspektrum.[22]

---

19) *Isermann*, RRa 2016, 106, 110.
20) *Säcker* in: MünchKomm-BGB, Bd. 1, 7. Aufl. 2015, Einl. Rz. 330.
21) Vgl. *G. Wagner*, DRiZ 2016, 135.
22) Die Satzung der Schlichtungsstelle der Rechtsanwaltschaft enthält in § 4 Nr. 2 lit. g, cc einen entsprechenden Ablehnungsgrund, http://www.schlichtungsstelle-der-rechtsanwaltschaft.de/sites/default/files/satzung_ab_010716.pdf (Abrufdatum: 4.1.2018).

Die gelegentlich geforderte generelle Veröffentlichung von Schlichtungsvorschlägen verkennt deren Charakter. Schlichtungsvorschläge entsprechen nach meinem Verständnis nicht einer streitigen Gerichtsentscheidung. Sie rücken vielmehr in die Nähe von gerichtlichen Vergleichsvorschlägen, die in ähnlicher Weise wie Schlichtungsvorschläge Billigkeits- und Plausibilitätserwägungen enthalten können.[23] Vergleichsvorschläge werden aber ebenso wenig wie Schlichtungsvorschläge generell veröffentlicht, weil wegen ihrer Besonderheit oftmals keine Impulse für eine generell-abstrakte Fortbildung des Rechtes von ihnen ausgehen können.

Die konkrete Befürchtung, durch eine Ausweitung der außergerichtlichen Streitschlichtung könnten weitere Rechtsgebiete wegbrechen, halte ich ebenfalls für unbegründet. Für den jetzt erreichten Zustand sind nicht Schlichtungsstellen, sondern private Schiedsgerichte verantwortlich.[24] Ihnen wurden in der Vergangenheit Rechtsstreitigkeiten vornehmlich aus dem nationalen zivilen Wirtschaftsrecht anvertraut, die Entscheidungen hierfür dürften vielschichtig sein. Eine große Rolle wird sicherlich die Überschaubarkeit der Verfahrensdauer in der privaten Gerichtsbarkeit spielen, weil Rechtsmittelzüge dort nicht vorkommen.

So lange aber die Schlichtungsstellen Abstand von der Klärung von Grundsatzfragen nehmen, kann das private Verbraucherschutzrecht der staatlichen Justiz nicht verloren gehen.

3. Rechtsanwendung und Rechtsausrichtung

Gerichte sind an Recht und Gesetz gebunden. Sie wenden geltendes Recht an und lassen in ihre Entscheidungen keine anderen Erwägungen einfließen. Schlichter sollen ihre Vorschläge am geltenden Rechts ausrichten, § 19 Abs. 1 Satz 2 VSBG. Sie dürfen dabei Billigkeits- und Plausibilitätserwägungen anstellen. Das beschreibt ihre andersartige Arbeitsweise. Schlichtungsstellen agieren damit allerdings nicht im rechtsfreien Raum, sondern sind ebenso wie Gerichte zur Beachtung des geltenden Rechts verpflichtet.[25]

---

23) In diesem Sinne auch *Riehm*, Die Rolle des materiellen Verbraucherrechts in der neuen Verbraucherstreitbeilegung, JZ 2016, 866, 872.

24) Vgl. *Geimer* in: Zöller, ZPO, 31. Aufl. 2016, vor § 121 Rz. 9.

25) *Gaier*, Schlichtung, Schiedsgericht, staatliche Justiz – Drei Akteure in einem System institutioneller Rechtsverwirklichung, NJW 2016, 1367, 1369, formuliert in diesem Zusammenhang, dass die Schlichtungsstellen das Recht nicht exakt treffen müssen; *Gössl*, Das Gesetz über die alternative Streitbeilegung in Verbrauchersachen – Chancen und Risiken, NJW 2016, 838, 841, hält den Maßstab von § 19 Abs. 1 Satz 2 VSBG für unklar.

Denn die gesetzliche Formulierung, „der Schlichtungsvorschlag soll am geltenden Recht ausgerichtet sein", beschreibt in ihrem Kern, dass die Schlichtungsstellen das Recht sichtbar zu machen haben, was eine korrekte Anwendung voraussetzt.

Der Kritik, dass Verbraucherschlichtungsstellen den Bürger aus dem Recht vertreiben, gesetzesfern arbeiten oder eine Schattenjustiz etablieren, ist unter Hinweis auf die vorgenannte verpflichtende Norm des Verbraucherstreitbeilegungsgesetzes meines Erachtens der Boden entzogen. Dennoch ist die Arbeitsweise von Gerichten und Schlichtungsstellen verschieden. Im Gegensatz zu den Gerichten ist den Schlichtungsstellen keine Beweisaufnahme im klassischen Sinn möglich. Ihre Verfahrensordnungen sehen ein schriftliches Verfahren vor. Damit steht grundsätzlich nur der Urkundenbeweis offen. In den Schlichtungsvorschlag fließt wegen dieser Beschränkung in erster Linie der Vortrag aus dem Antrag und der Erwiderung sowie der Inhalt der vorgelegten Dokumente ein. Zeugen und Sachverständige können nicht vernommen bzw. angehört werden. Sie kommen im Schlichtungsverfahren nicht vor. Gleiches gilt für die Parteivernehmung und – wenn auch im eingeschränkten Sinne – für den Augenschein.[26)]

Damit ist für einen Antragsteller von vornherein klar: Kommt es für die Durchsetzung seines Anspruchs entscheidend auf eine vom Antragsgegner bestrittene Aussage an, hilft die Schlichtungsstelle zunächst einmal nicht weiter. Eine verbindliche Klärung kann sie bei dieser Konstellation nicht herbeiführen. Dies kann nur durch die staatlichen Gerichte erfolgen. Wollen die Schlichtungsstellen gleichwohl eine Empfehlung zur Beilegung eines nicht vollständig ausermittelten Konflikts unterbreiten, müssen sie deutlich hierauf hinweisen und den Parteien das Sachverhaltsrisiko verdeutlichen, welches mit der Akzeptanz einer nicht vollständig ausermittelten Sache einhergeht.[27)] Unabhängig hiervon weisen Schlichtungsstellen den Verbraucher in ihren abschließenden Bemerkungen ohnehin stets darauf hin, dass wegen einer möglicherweise fehlenden Beweisaufnahme oder angestellter verfahrensspezifischer Erwägungen eine Gerichtsent-

---

26) Neben dem Urkundenbeweis erscheint auch das Abhören einer zur Akte gereichten Compact Disc (CD) wegen des damit verbundenen geringen Aufwands möglich, obwohl diese Art der Beweisaufnahme als Einnahme des Augenscheins zu qualifizieren ist, siehe *Greger* in: Zöller, ZPO, 31. Aufl. 2016, § 371 Rz. 1.

27) In diesem Sinne *Riehm*, JZ 2016, 866, 870.

scheidung in derselben Sache von einer Schlichtungsempfehlung abweichen kann.[28)]

Festzuhalten aber bleibt, dass Schlichtungsstellen nicht rechtsfern arbeiten. Ihre Möglichkeiten zur Konflikterledigung sind lediglich anders definiert. Eine eher rechtsferne Arbeitsweise im Zusammenhang mit Methoden der Konfliktbeilegung kann allenfalls dem Mediator beigemessen werden. Er ist in seiner Rolle nicht zwingend an Recht und Gesetz gebunden. Der zwischen ihm und den Parteien abgeschlossene Vertrag verpflichtet nicht zu einer rechtlichen Beratung. Sein Beitrag zur Lösung des Konflikts soll nicht am objektiven Recht, sondern an den subjektiven Bedürfnissen und Wertvorstellungen der Parteien orientiert sein.[29)]

4. Die Höhe der Zugangsschranke

Der Zugang zu Schlichtungsstellen ist für den Bürger nicht von der Beauftragung eines Rechtsanwalts abhängig, kann formlos per E-Mail erfolgen und ist für ihn in der Regel kostenfrei. Damit sind in einem Satz die drei Punkte genannt, die das Schlichtungsverfahren so attraktiv machen. Rechtsanwalts- und Gerichtskosten müssen nicht befürchtet werden, die „loser-pays-rule" ist außer Kraft gesetzt. Ferner kann sich der Verbraucher mit dem heute am meisten gebräuchlichen Kommunikationsmittel direkt an die Verbraucherinstitution wenden.

Schlichtungsstellen öffnen dem Verbraucher ihre Tätigkeit ohne Zwischenschritt über einen Rechtsanwalt, und zwar unabhängig vom Gegenstandswert der Beschwerde. Dabei steht es den Antragstellern im Schlichtungsverfahren frei, ob sie einen Rechtsanwalt beauftragen oder persönlich handeln.[30)] Die Verfahrensordnungen schließen eine Vertretung nicht aus, enthalten lediglich keine entsprechende Verpflichtung. Der direkte Kommunikationsweg bedeutet für den Verbraucher in zweierlei Hinsicht eine große Erleichterung. Er muss kein mit Kosten verbundenes Mandatsverhältnis eingehen. Weiter kann er darauf vertrauen, dass die angerufene Insti-

---

28) § 6 Nr. 2 lit. a der Satzung der Schlichtungsstelle der Rechtsanwaltschaft setzt die entsprechende Vorgabe aus § 20 Abs. 2 VSBG um, http://www.schlichtungsstelle-der-rechtsanwaltschaft.de/sites/default/files/satzung_ab_010716.pdf (Abrufdatum: 4.1.2018).

29) *Greger* in: Greger/Unberath/Steffek, Recht der alternativen Konfliktlösung, 2. Aufl. 2016, § 2 MediationsG Rz. 185.

30) § 13 VSBG.

tution sein Anliegen unmittelbar aufnimmt und in für ihn verständlichen Worten beantwortet.

Die Gerichtswelt stellt sich an dieser Stelle völlig anders dar: Wo ein Richter, da meist auch ein Rechtsanwalt, lautet ein häufig genannter Satz. Zwar ist der Zugang zu amtsgerichtlichen Streitverfahren bei einem Wert bis zu 5.000 € auch für den Bürger ohne Einschaltung eines Rechtsanwalts möglich. Die anwaltliche Vertretungsquote zeichnet allerdings ein anderes Bild. In ca. 90 % aller erstinstanzlichen Zivilsachen (Amtsgericht und Landgericht) aus dem Jahr 2012 war mindestens eine Partei durch einen Rechtsanwalt vertreten. In ca. 40–50 % aller Fälle trat für jede Partei ein Rechtsanwalt auf. Damit finden lediglich 10 % aller erstinstanzlichen Gerichtssachen ohne Beteiligung eines Anwalts statt.[31)] Bei der Schlichtungsstelle der Rechtsanwaltschaft erheben wir statistisch nicht die anwaltliche Vertretungsquote auf Seiten der Mandanten, die sich mit einer Frage/Beschwerde aus dem Mandatsverhältnis an uns wenden. Die anwaltliche Vertretung findet hier nach meiner Beobachtung nur in wenigen Fällen statt und dürfte deutlich unter 10 % liegen.

Kostenfreiheit auf Seiten des Verbrauchers ist ein weiterer Anreiz für die Einschaltung einer Schlichtungsstelle. Zwar ist der Zugang zu den staatlichen Gerichten auch für Bürger möglich, die aus eigener Kraft nicht dazu in der Lage sind, die Gerichts- und Anwaltskosten zu tragen. Sie können Prozess- bzw. Verfahrenskostenhilfe beantragen. Allerdings kann die Höhe der Prozesskosten für Parteien, die weder von der Kostentragung befreit noch rechtsschutzversichert sind, durchaus abschreckend wirken. Ein Bauprozess über zwei Instanzen mit einem Streitwert von 15.000 € birgt im Falle des Unterliegens ein Kostenrisiko von über 10.000 €, Sachverständigenkosten noch nicht einmal eingerechnet.[32)]

Auch das EU-Justizbarometer bescheinigt Deutschland ein hohes Kostenniveau. Bei einem europaweiten Vergleich sind die Gebühren für einen Zivilrechtsstreit mit einem Streitwert von 6.000 € herangezogen worden. In

---

31) Die Angaben zur anwaltlichen Vertretungsquote sind der Publikation des Statistischen Bundesamtes, Justiz auf einen Blick 2015, entnommen, abrufbar unter https://www.destatis.de/Publikationen/Rechtspflege/Querschnitt/BroschuereJustizBlick (Abrufdatum: 4.1.2018).

32) *Nöhre*, Erfahrungen mit Streitverhalten und Streitbeilegung aus Justiz und Schlichtung, in: Höland/Meller-Hannich, Nichts zu klagen?, 2016, S. 39.

keinem anderen Staat der Europäischen Union sind die Gerichtsgebühren so hoch wie in Deutschland.[33)]

Schließlich darf nicht verkannt werden, dass der Zugang zu den Schlichtungsstellen über das heute im Geschäftsleben wohl am meisten gebräuchliche Kommunikationsmittel, die E-Mail, möglich und sogar erwünscht ist. Anders sieht die Welt in den Gerichten aus. Ein „normaler" E-Mail-Verkehr findet derzeit nicht statt.[34)] Unmissverständlich heißt es hierzu beispielsweise auf der Website der Senatsverwaltung für Justiz, Verbraucherschutz und Antidiskriminierung in Berlin: „Eine Übersendung per E-Mail an das Gericht ist nicht möglich".[35)] Für Klagen und Rechtsmittel sind nach wie vor die Papierform und das heute aus dem Geschäftsleben weitgehend verbannte Fax gängig. Zwar existiert die Möglichkeit, bestimmende Schriftsätze über das Elektronische Gerichtspostfach mit einer qualifizierten E-Mail einzureichen. Hiervon haben die ermächtigten Bundesländer allerdings nicht flächendeckend Gebrauch gemacht.[36)] Greger hat den Zivilprozess in seiner jetzigen Form einmal plakativ als Verkehrshindernis bezeichnet und mit einer Postkutsche auf der Autobahn verglichen.[37)] Ich kann mich an noch deutlichere Äußerungen zum Allgemeinzustand der Ziviljustiz in Deutschland aus dem Munde eines Unternehmensberaters erinnern, der die Hamburger Justiz im Rahmen des Reformprojektes „Justiz 2000" Ende der 90er Jahre beraten hat. Er entwarf zur Veranschaulichung folgendes Bild: Hätte man eine Justizangestellte Ende des 19. Jahrhunderts eingefroren und 100 Jahre später wieder aufgetaut, könnte sie mühelos an ihre gewohnte Arbeitsweise anknüpfen, denn in den Gerichten sei schließlich alles beim Alten geblieben. Unabhängig und unmodern, so beschreibt das Justizbarometer unser System.[38)]

Änderungen der Arbeitsweise sind in Sicht. Das Gesetz zur Förderung des elektronischen Rechtsverkehrs gibt einen verbindlichen Zeitplan für neue

---

33) Abrufbar unter: http://www.ec.europa.eu/germany/news/eu-justizbarometer-2107-justizsysteme-werden-effektiver_de (Abrufdatum: 4.1.2018).

34) *Isermann* formuliert hierzu: „der Zugang zur Schlichtung ist einfach, der Zugang zum Recht ist kompliziert", RRa 2016, 106, 108.

35) https://www.berlin.de/gerichte/was-moechten-sie-erledigen (Abrufdatum: 4.1.2018).

36) Kritisch zu der damit verbunden Partikularisierung *Greger* in: Zöller, ZPO, 31. Aufl. 2016, § 130a Rz. 5.

37) *Greger*, Postkutsche auf der Autobahn – Ist der Zivilprozess noch zeitgemäß?, NJW 2016, 1.

38) Abrufbar unter: http://www.ec.europa.eu/germany/news/eu-justizbarometer-2107-justizsysteme-werden-effektiver_de (Abrufdatum: 4.1.2018).

Zugangswege zum Gericht vor.[39] Ab Beginn des Jahres 2018 an können alle vorbereitenden Schriftsätze und Anlagen bei Gericht als elektronisches Dokument eingereicht werden. Spätestens mit Beginn des Jahres 2022 wird die elektronische Einreichung Pflicht. Auf Seiten der Anwaltschaft werden die Voraussetzungen hierfür voraussichtlich kurzfristig durch die Bereitstellung des besonderen elektronischen Anwaltspostfachs (beA) geschaffen sein.[40]

5. Das Zwangs- und Freiwilligkeitsprinzip

Große Unterschiede zwischen Schlichtungsempfehlungen und Gerichtsentscheidungen gibt es bei dem Grad ihrer Verbindlichkeit. Wer ein Gerichtsverfahren anstrengt, hat es in der Hand, gegen den Beklagten auch ohne dessen aktive Teilnahme eine rechtsverbindliche Entscheidung zu erlangen, die notfalls mit den Mitteln der Zwangsvollstreckung durchgesetzt werden kann. Verweigerung auf Seiten des Beklagten bleibt damit im Ergebnis wirkungslos. Legitimiert er sich nicht wirksam zum Verfahren oder verhandelt er im Termin nicht zur Sache, kann gegen ihn ein Versäumnisurteil ergehen, soweit die weiteren gesetzlichen Voraussetzungen erfüllt sind.

Ganz anders ist die Stellung des Antragsgegners im Schlichtungsverfahren. Soweit die konkrete Verfahrensordnung nichts Gegenteiliges vorsieht, kann er seine Teilnahme in jedem Stadium des Verfahrens beenden. Er kann sich von Anbeginn an verweigern, vor Erhalt des Schlichtungsvorschlages aus dem Verfahren aussteigen und schließlich nach Vorliegen der ausformulierten Empfehlung diese ablehnen, ohne dass es irgendeiner Begründung hierzu bedarf, § 15 Abs. 2 VSBG. Die Teilnahme am Schlichtungsverfahren beruht für alle Beteiligten auf dem Freiwilligkeitsprinzip. Für den Antragsteller versteht es sich von selbst, er stößt das Verfahren an und kann es auch jederzeit – etwa durch Rücknahme des Antrags oder Verweigerung weiterer notwendiger Mitwirkung – beenden. Insoweit ist seine Stellung mit der eines Klägers im streitigen Zivilprozess vergleichbar. Die Dispositionsmaxime garantiert ihm die Herrschaft über das Verfahren.[41]

---

39) Gesetz zur Förderung des elektronischen Rechtsverkehrs mit Gerichten, v. 10.10.2013, BGBl. I 2013, 3786.

40) Abrufbar unter www.brak.de/zur-rechtspolitik/bea-newsletter/ausgabe-1-2016-v-07122016.news.pdf (Abrufdatum: 4.1.2018).

41) *Greger* in: Zöller, ZPO, 31. Aufl. 2016, vor § 128 Rz. 9.

Er kann nicht gegen seinen Willen vom Gericht oder dem Beklagten am Prozess festgehalten werden. Demgegenüber ist die Stellung eines Antragsgegners im Schlichtungsverfahren wesentlich stärker als die eines Beklagten im Zivilprozess. Er kann sich verweigern, ohne negative Folgen befürchten zu müssen. Seine Nichtteilnahme bzw. Passivität bedarf nicht einmal einer Begründung.

Auch die Verfahrensergebnisse von Zivilprozess und Schichtung entfalten unterschiedliche Wirkung. Aus Urteilen kann die Zwangsvollstreckung betrieben werden, § 704 ZPO. Schlichtungsempfehlungen kommt diese Wirkung nach erzieltem Konsens nicht zu. Nehmen beide Parteien den Vorschlag an, schließen sie einen als Vergleich zu qualifizierenden Vertrag. Wird dieser nicht erfüllt, stehen keine Zwangsmittel zur Verfügung. Wer hieraus gegen den Willen des anderen Beteiligten vorgehen will, muss den Weg zu den Gerichten beschreiten.[42] Die Wirkunterschiede zwischen den verfahrensbeendenden Produkten sind für die Beteiligten gravierend.

V. Bewertung und Ausblick

Nach allem bestehen zwischen den beiden untersuchten Konfliktbeilegungsmethoden nicht nur graduelle Wirk-, sondern gravierende Systemunterschiede. Hieraus folgt, dass keine massenhafte Abwanderung von Fällen aus der Ziviljustiz in die Schlichtung zu erwarten ist. Dies bestätigen auch die statistischen Daten. Die größeren Schlichtungsstellen, wie z. B. der Versicherungsombudsmann, die Schlichtungsstelle für den öffentlichen Personenverkehr und die Schlichtungsstelle Energie, verzeichnen mit Schwankungen im Durchschnitt jährliche Eingangszahlen im unteren fünfstelligen Bereich.[43] Bei der Schlichtungsstelle der Rechtsanwaltschaft gingen über einen Zeitraum von 6 Jahren konstant ca. 1.000 Anträge pro Jahr ein, wobei auf der Basis der Zahlen bis Ende Juli 2017 für dieses Jahr eine Steigerung zu erwarten ist.[44] Das Zentrum für Schlichtung schließlich mit seiner Auffangzuständigkeit für alle nicht bereichsspezifisch zugewiesenen Verfahren gibt für 2016 gerade einmal 825 Ein-

---

42) *Röthemeyer* in: Roder/Röthemeyer/Braun, Verbraucherstreitbeilegungsgesetz, 2017, S. 164.

43) Abrufbar unter: https://www.versicherungsombudsmann.de/Schlichtungsstelle/ZahlenundFakten; https://soep-online.de; https://www.schlichtungsstelle-energie.de (Abrufdatum: 4.1.2018).

44) Abrufbar unter: https://www.schlichtungsstelle-der-rechtsanwaltschaft.de/Tätigkeitsberichte (Abrufdatum: 4.1.2018).

gänge an.[45] Diese Zahlen lassen kein Massenphänomen erkennen. Sie können keine plausible Erklärung für einen Rückgang von über 700.000 Fällen in der Ziviljustiz über einen Zeitraum von 20 Jahren liefern. Auch das Mediationsgesetz dürfte der außergerichtlichen Konfliktbeilegung zahlenmäßig keinen erheblichen Auftrieb gegeben haben.[46] Ob für das Verbraucherstreitbeilegungsgesetz Gleiches zu gelten hat, bleibt abzuwarten. Die Liste der bis Mai 2017 beim Bundesamt für Justiz gemäß § 24 VSBG anerkannten oder gesetzlich legitimierten Stellen lässt jedenfalls keine sprunghafte Steigerung von Schlichtungsfällen vermuten.[47] Denn die gemäß § 33 VSBG gelisteten Stellen können bis auf das Zentrum für Schlichtung auf eine mehrjährige Praxis zurückblicken und sind kein Kind des neuen Rechts.

Nach allem steht zu vermuten, dass außergerichtliche Streitschlichtung den staatlichen Zivilprozess nicht maßgeblich beeinflussen wird und insbesondere nicht für den massiven Rückgang der Eingänge verantwortlich ist. Die Gründe hierfür mögen vielschichtig sein.[48] Weitere Änderungen und Modernisierungen der ZPO sind zu erwarten. Als jüngster Gesetzesakt ist an dieser Stelle das Gesetz zur Reform des Bauvertragsrechts und anderer Gesetze zu nennen, das die Einführung von spezialisierten Spruchkörpern für vier zivilrechtliche Sachgebiete zum Beginn des Jahres 2018 vorsieht.[49] Hiermit wird der Forderung nach mehr Spezialisierung in den Gerichten als Antwort auf den ständigen Ausbau der Fachanwaltschaften nachgekommen. Wünschenswert wären darüber hinaus eine stärkere Flexibilisierung der starren Regeln über die Geschäftsverteilung und eine Lockerung des Öffentlichkeitsgrundsatzes, soweit keine höherrangigen Interessen

---

45) Abrufbar unter: https://verbraucher-schlichter.de/Informationen nach dem VSBG/Tätigkeitsberichte (Abrufdatum: 4.1.2018).

46) Zu diesem Ergebnis kommt der Evaluationsbericht zum Mediationsgesetz, den die Bundesregierung auftragsgemäß 5 Jahre nach Inkrafttreten des Gesetzes erstattet hat, abrufbar unter: https://www.bmjv.de/SharedDocs/Downloads/DE/StudienUntersuchungen Fachbuecher/Evaluationsbericht_Mediationsgesetz.pdf (Abrufdatum: 4.1.2018).

47) Abrufbar unter: https://www.bundesjustizamt.de/DE/Themen/Buergerdienste/Verbraucherschutz/Verbraucherstreitbeilegung/Verbraucherschlichtungsstellen/Uebersicht_node.html (Abrufdatum: 4.1.2018).

48) In diesem Sinn *Graf-Schlicker*, AnwBl 2014, 573, 576; *Wolf*, NJW 2015, 1656, 1659, weist den Schlichtungsstellen Verantwortung am Rückgang zu; ebenso *J. Wagner*, Ende der Wahrheitssuche, 2017, S. 81.

49) Gesetz zur Reform des Bauvertragsrechts, zur Änderung der kaufrechtlichen Mängelhaftung, zur Stärkung des zivilprozessualen Rechtsschutzes und zum maschinellen Siegel im Grundbuch- und Schiffsregisterverfahren, v. 28.4.2017, BGBl. I 2017, 969.

entgegenstehen. Dies fordern die Präsidentinnen und Präsidenten der Oberlandesgerichte seit langem.[50)]

Doch all diese Aspekte berühren das Schlichtungsverfahren nicht. Schlichtung in der hier behandelten Form ist kein Teil der staatlichen Justiz im weiteren Sinne.[51)] Schlichtung steht außerhalb des Justizsystems und wirkt sich nicht negativ auf dessen Existenz aus. Sie ist einer von mehreren Bausteinen auf dem Weg zur Durchsetzung von Verbraucheransprüchen gegen Unternehmen. Dabei steht sie auf der Mittelstufe zwischen der direkten Beschwerde an das Unternehmen als Ausgangspunkt[52)] und dem Zivilprozess am oberen Ende der Eskalationsskala.[53)]

---

50) Vgl. *Poseck*, Der Zivilprozess – Gegenwart und Zukunft, DRiZ 2015, 303.

51) Vgl. *Riehm*, JZ 2016, 866, 867.

52) *Tombrink*, Der Zivilprozess im Wettbewerb der Methoden aus Sicht der Justiz, BRAK-Mitteilungen 2017, 152, 153, spricht in diesem Zusammenhang von informellen Streitbeilegungsverfahren.

53) *Hirsch*, Streit um die außergerichtliche Streitbeilegung: neuer Zugang zum Recht oder Schlichterfalle?, in: FS Lorenz, S. 159, 163, spricht in diesem Zusammenhang von einer Komplettierung des Zugangs zum Recht.

Sperrerklärungen im Verwaltungsprozess

BERNHARD SCHRÖDER

Inhaltsübersicht

Marie Luise Graf-Schlicker hat mehr als zehn Jahre lang als Leiterin der Abteilung Rechtspflege im Bundesministerium der Justiz und für Verbraucherschutz die Fahne der Justiz im Allgemeinen und die der Gerichte im Besonderen hochgehalten. Ihr Blick auf die Judikative war geprägt von den persönlichen Erfahrungen als Präsidentin des Landgerichts Bochum – mit anderen Worten: Sie wusste aus eigener Anschauung um die Stärken der Rechtsprechung, aber auch um deren Schwächen und neigte deshalb weder zur Verklärung noch zur Geringschätzung.

Eine funktionierende Justiz ist Voraussetzung und zugleich Garant eines Rechtsstaats; für die Verwaltungsgerichtsbarkeit, deren Aufgabe es ist, das Handeln staatlicher Stellen zu überprüfen, gilt das in besonderem Maße. Das Prozessrecht hat folglich die Funktionsfähigkeit der Justiz zu gewährleisten und es muss dem Einzelnen zu seinem Recht verhelfen. Beiden Aspekten hat Marie Luise Graf-Schlicker stets große Bedeutung beigemessen und ohne Zweifel hätte sie insoweit eine „dienende Funktion“ des Prozessrechts anerkannt. Der Meinung von F. Stein,[1] *wonach der Prozess „das ‚technische Recht‘ in seiner allerschärfsten Ausprägung [sei], von wechselnden Zweckmäßigkeiten beherrscht, der Ewigkeitswerte bar“, wäre Marie Luise Graf-Schlicker hingegen vehement entgegengetreten.*

1) *F. Stein*, Grundriß des Zivilprozeßrechts, 1. Aufl. 1921, S. III (Vorwort).

I. Einleitung

Der vorliegende Beitrag[2] widmet sich einem prozessrechtlichen Thema, das sehr enge Bezüge zum materiellen Recht aufweist. Sperrerklärungen können den Prozess der gerichtlichen Wahrheitsfindung beeinflussen und den Ausgang eines Verwaltungsrechtsstreits maßgeblich vorzeichnen. Deshalb lohnt sich ein genauerer Blick, insbesondere auf die prozessualen Folgen einer Sperrerklärung.

II. Grundzüge des In-camera-Zwischenverfahrens

Behörden sind gegenüber den Gerichten der Verwaltungsgerichtsbarkeit grundsätzlich verpflichtet, Urkunden und Akten vorzulegen, elektronische Dokumente zu übermitteln sowie Auskünfte zu erteilen (§ 99 Abs. 1 Satz 1 VwGO). In Bezug auf geheimhaltungsbedürftige Vorgänge steht der zuständigen obersten Aufsichtsbehörde allerdings ein Weigerungsrecht zu (§ 99 Abs. 1 Satz 2 VwGO). Die Ausübung des Weigerungsrechts erfolgt durch Abgabe einer sog. Sperrerklärung.[3] § 99 Abs. 2 VwGO (vgl. auch § 86 Abs. 3 FGO)[4] gibt den Verfahrensbeteiligten (§ 63 VwGO) die Möglichkeit, in einem unselbstständigen Zwischenverfahren, dem In-camera-Verfahren, die Rechtmäßigkeit der Behördenweigerung durch das Oberverwaltungsgericht, in bestimmten Fällen durch das Bundesverwaltungsgericht, überprüfen zu lassen. Diese Überprüfung wird nicht vom Gericht/ Spruchkörper der Hauptsache vorgenommen; zuständig sind vielmehr besondere Fachsenate beim Oberverwaltungsgericht bzw. Bundesverwaltungsgericht (§ 189 VwGO), denen die geheimhaltungsbedürftigen Vorgänge auf entsprechende Anforderung zugänglich zu machen sind (§ 99 Abs. 2 Satz 5 und 8 VwGO). Ein Akteneinsichtsrecht der Beteiligten besteht insoweit nicht (§ 99 Abs. 2 Satz 9 i. V. m. § 100 VwGO). Das In-camera-

---

2) Der Beitrag gibt ausschließlich die persönliche Auffassung des Autors wieder.

3) Vgl. BVerwG, Beschl. v. 5.11.2008 – 20 F 6/08, juris, Rz. 6; *Stuhlfauth* in: Bader/Funke-Kaiser/Stuhlfauth/v. Albedyll, VwGO, 6. Aufl. 2014, § 99 Rz. 9.

4) Seit der Neufassung von § 86 Abs. 3 FGO durch Art. 3 Nr. 14 lit. c des Justizkommunikationsgesetzes (Gesetz über die Verwendung elektronischer Kommunikationsformen in der Justiz, v. 22.3.2005, BGBl. I 2005, 837, 845 f.) ist auch im Finanzgerichtsprozess ein In-camera-Verfahren ausdrücklich gesetzlich vorgesehen. Dagegen enthält das SGG für das sozialgerichtliche Verfahren keine dem § 99 Abs. 2 VwGO entsprechende Regelung. Nach h. M. (vgl. *Bieresborn* in: Roos/Wahrendorf, SGG, 1. Aufl. 2014, § 119 Rz. 122; *Keller* in: Meyer-Ladewig/Keller/Leitherer/Schmidt, SGG, 12. Aufl. 2017, § 119 Rz. 5d) findet aber auch im Sozialgerichtsprozess ein In-camera-Verfahren statt.

Verfahren unterliegt den Vorschriften des materiellen Geheimschutzes (§ 99 Abs. 2 Satz 7 VwGO). Die Mitglieder der Fachsenate sind zur Geheimhaltung verpflichtet; die Entscheidungsgründe dürfen Art und Inhalt der geheimhaltungsbedürftigen Vorgänge nicht erkennen lassen (§ 99 Abs. 2 Satz 10 VwGO). Für das nichtrichterliche Personal gelten die Regelungen des personellen Geheimschutzes (§ 99 Abs. 2 Satz 11 VwGO). Von dem In-camera-Zwischenverfahren, in dem de lege lata vom Fachsenat ausschließlich über die Rechtmäßigkeit der Sperrerklärung entschieden wird, ist ein In-camera-Hauptsacheverfahren zu unterscheiden, das dem Gericht der Hauptsache de lege ferenda eine Verwertung der rechtmäßig gesperrten Verwaltungsvorgänge ermöglichen würde.[5)]

III. Auswirkungen auf das Hauptsacheverfahren

Am Ende des als Zwischenverfahren ausgestalteten In-camera-Verfahrens steht die gerichtliche Feststellung, ob die Behördenweigerung rechtmäßig oder rechtswidrig ist. Diese Entscheidung des Fachsenats im Zwischenverfahren wirkt sich nach der Rechtsprechung des Bundesverwaltungsgerichts auf das Hauptsacheverfahren wie folgt aus:

Erweist sich die Behördenweigerung als rechtmäßig, müssen die geheimhaltungsbedürftigen Vorgänge im Hauptsacheverfahren grundsätzlich als nicht gerichtsverwertbare Tatsachen unberücksichtigt bleiben.[6)] Das Gericht der Hauptsache hat die ihm verbleibenden Möglichkeiten der Sachaufklärung (§ 86 Abs. 1 Satz 1 VwGO) vollständig auszuschöpfen, sämtliche ihm zugänglichen Tatsachen in seine Überzeugungsbildung (§ 108 Abs. 1 Satz 1 VwGO) einzubeziehen und dabei die gesetzliche Verteilung der materiellen Beweislast zu berücksichtigen.[7)] Führt die Sperrerklärung dazu, dass sich bestimmte Umstände nicht aufklären lassen (non liquet) oder dass die Aussagekraft festgestellter Tatsachen vermindert ist, so hat das Gericht auch dies angemessen zu würdigen.[8)] Die Unaufklärbarkeit darf der Verwaltung weder i. S. einer Beweisvereitelung zum Nachteil gereichen, noch wird umgekehrt der Grundsatz der freien Beweiswürdigung durch

---

5) Zur Trennung von Geheimhaltung und Verwertung siehe *Margedant*, Das „in camera“-Verfahren, NVwZ 2001, 759, 761.

6) Vgl. BVerwG, Beschl. v. 1.2.1996 – 1 B 37/95, juris, Rz. 28.

7) BVerwG, Urt. v. 20.10.2016 – 2 A 2/16, juris, Rz. 20.

8) BVerwG, Urt. v. 27.9.2006 – 3 C 34/05, juris, Rz. 30.

eine gesetzliche Beweisregel zu ihren Gunsten eingeschränkt.[9] Etwaige Beweisschwierigkeiten führen nicht zu einer Umkehr der Beweislast,[10] und zwar selbst dann nicht, wenn hieran die Verwirklichung eines Grundrechts zu scheitern droht.[11]

Verweigert die zuständige oberste Aufsichtsbehörde trotz Fehlens eines gesetzlichen Grundes oder ermessensfehlerhaft – also rechtswidrig – weiterhin die Vorlage von Urkunden oder Akten, die Übermittlung elektronischer Dokumente oder die gerichtlich erbetenen Auskünfte, hat das Gericht der Hauptsache dieses Verhalten im Rahmen der Beweiswürdigung gemäß § 108 Abs. 1 Satz 1 VwGO frei zu würdigen.[12] Ist die vorlage-/auskunftspflichtige Behörde (bzw. deren Rechtsträger) allerdings auch an dem Hauptsacheverfahren beteiligt, greifen zu ihren Lasten die Grundsätze über die Beweisvereitelung ein.[13]

Die Unverwertbarkeit geheimhaltungsbedürftiger Vorgänge infolge einer rechtmäßigen Sperrerklärung kann also im Falle der Unaufklärbarkeit eines entscheidungserheblichen Umstands – je nach Verteilung der materiellen Beweislast – sowohl für die Verwaltung als auch für deren Verfahrensgegner den Prozessverlust in der Hauptsache zur Folge haben. Mit einer für die Verwaltung ungünstigen Entscheidung ist insbesondere im Rahmen der Eingriffsverwaltung und in Anfechtungssituationen zu rechnen, da sie in diesen Fällen regelmäßig die materielle Beweislast trägt.[14]

IV. Fallbeispiele

Die Folgen dieser Grundsätze in der gerichtlichen Praxis sollen anhand von zwei ausgewählten Fällen aus der Rechtsprechung des Bundesverwaltungsgerichts verdeutlicht werden.

Im ersten Fall[15] klagte ein Verein gegen das Land Baden-Württemberg auf Unterlassung bestimmter nachteiliger Tatsachenbehauptungen im Landes-

---

9) BVerwG, Urt. v. 30.10.2013 – 6 C 22/12, juris, Rz. 18; BVerwG, Urt. v. 27.6.2013 – 7 A 15/10, juris, Rz. 22.

10) BVerwG, Urt. v. 21.5.2008 – 6 C 13/07, juris, Rz. 44.

11) Vgl. BVerwG, Urt. v. 16.4.1985 – 9 C 109/84, juris, Rz. 16.

12) *Geiger* in: Eyermann, VwGO, 14. Aufl. 2014, § 99 Rz. 22 a. E.

13) *Rudisile* in: Schoch/Schneider/Bier, VwGO, Stand: 9/2007, § 99 Rz. 65 m. w. N. in Fn. 260.

14) *Benedikt*, Geheimnisschutz im deutschen Verwaltungsprozess und im Verfahren vor der Unionsgerichtsbarkeit, 2013, S. 216; vgl. auch BVerwG, Urt. v. 14.1.1998 – 11 C 11/96, juris, Rz. 81.

15) BVerwG, Urt. v. 21.5.2008 – 6 C 13/07, juris.

verfassungsschutzbericht 2001. Der Verein machte geltend, die ihn betreffenden Tatsachenbehauptungen seien unrichtig. Dem widersprach das beklagte Land und berief sich für die Richtigkeit der Tatsachenbehauptungen auf Erkenntnisse des Bayerischen Landesamts für Verfassungsschutz. Nach Anforderung der entsprechenden Akten durch das Verwaltungsgericht Stuttgart gab das Bayerische Staatsministerium des Innern als oberste Aufsichtsbehörde des Bayerischen Landesamts für Verfassungsschutz eine Sperrerklärung ab, deren Rechtmäßigkeit im In-camera-Verfahren vom Fachsenat beim Verwaltungsgerichtshof Baden-Württemberg bestätigt wurde. Das Verwaltungsgericht wies die Klage nach Vernehmung eines Beamten des Bayerischen Landesamts für Verfassungsschutz und des ehemaligen Vorsitzenden des klagenden Vereins als Zeugen ab. Es hatte die Überzeugung gewinnen können, dass die streitigen Tatsachenbehauptungen zutreffend seien. In der Berufungsinstanz gab der Verwaltungsgerichtshof der Klage nach Vernehmung von zehn Zeugen statt, soweit er die Berufung zugelassen hatte. Der Verwaltungsgerichtshof ging von einem non liquet aus und sah die materielle Beweislast beim beklagten Land.

Das Bundesverwaltungsgericht hat die Entscheidung des Verwaltungsgerichtshofs bestätigt. Dem klagenden Verein stehe ein aus seinem grundrechtlich geschützten allgemeinen Persönlichkeitsrecht folgender Unterlassungsanspruch zu. Die materielle Beweislast für die Richtigkeit der streitigen Tatsachenbehauptungen liege beim beklagten Land. Denn in der freiheitlichen Demokratie des Grundgesetzes bedürfe der hoheitliche Eingriff in ein Grundrecht der Rechtfertigung; nicht sei umgekehrt die Ausübung von Grundrechten rechtfertigungsbedürftig. Aus dem sachtypischen Beweisnotstand infolge der rechtmäßigen Sperrerklärung lasse sich weder eine Umkehr der materiellen Beweislast noch eine Verringerung des Regelbeweismaßes der vollen richterlichen Überzeugung auf eine überwiegende Wahrscheinlichkeit oder gar auf eine bloße Glaubhaftmachung herleiten.

Im zweiten Fall[16)] klagte ein Bewerber, der unter Hinweis auf Sicherheitsbedenken abgelehnt worden war, auf Einstellung beim Bundesnachrichtendienst (BND). Der BND hatte den Bewerber nach erfolgreich absolviertem Auswahlverfahren einer Sicherheitsüberprüfung nach dem Sicher-

16) BVerwG, Urt. v. 20.10.2016 – 2 A 2/16, juris.

heitsüberprüfungsgesetz[17] (SÜG) unterzogen und aufgrund von Zweifeln an dessen Zuverlässigkeit ein Sicherheitsrisiko i. S. von § 5 Abs. 1 Satz 1 Nr. 1 SÜG bejaht. Auf die gerichtliche Aufforderung,[18] diejenigen Aktenbestandteile vorzulegen, aus denen sich die tatsächlichen Anhaltspunkte für ein Sicherheitsrisiko ergeben, reagierte das Bundeskanzleramt als oberste Aufsichtsbehörde des BND mit einer Sperrerklärung, deren Rechtmäßigkeit im In-camera-Verfahren vom Fachsenat bestätigt wurde.

Das Bundesverwaltungsgericht hat die Klage abgewiesen und zur Begründung ausgeführt, dass mit Blick auf die rechtmäßige Sperrerklärung nicht aufgeklärt werden könne, ob in der Person des Bewerbers ein Eignungsmangel vorliege oder nicht. Einer Zeugenvernehmung der Bediensteten des BND, die mit der Sicherheitsüberprüfung befasst waren, stehe ein sich aus der rechtmäßigen Sperrerklärung ergebendes Beweiserhebungsverbot entgegen. Ob aus dem gleichen Grund auch eine Zeugenvernehmung der vom Bewerber benannten Referenzpersonen ausscheide, könne dahinstehen, da deren Aussagen jedenfalls nicht die weiteren Erkenntnisse des BND in Frage stellen könnten. Für seine sicherheitsrechtliche Eignung trage der Bewerber die materielle Beweislast, weil er daraus eine für ihn günstige Rechtsfolge ableiten wolle. Die Schwierigkeit eines Negativbeweises ändere die Verteilung der materiellen Beweislast nicht.

V. Verteilung der materiellen Beweislast

Wie gesehen, geht es bei der Verteilung der materiellen Beweislast um die Frage, wer den Prozess verliert, wenn ein entscheidungserheblicher Umstand nach Ausschöpfung sämtlicher Erkenntnismöglichkeiten nicht aufgeklärt werden kann.[19] Die materielle oder objektive Beweislast ist zu unterscheiden von der formellen oder subjektiven Beweislast.[20] Letztere betrifft die Frage, wer ein bestimmtes Tatbestandsmerkmal zu beweisen hat (auch Beweisführungslast oder Beweisführungspflicht);[21] sie spielt im

---

17) Gesetz über die Voraussetzungen und das Verfahren von Sicherheitsüberprüfungen des Bundes und den Schutz von Verschlusssachen – Sicherheitsüberprüfungsgesetz (SÜG), v. 20.4.1994, BGBl. I 1994, 867.

18) BVerwG, Beschl. v. 17.9.2015 – 2 A 9/14, juris.

19) *Höfling/Rixen* in: Sodan/Ziekow, VwGO, 4. Aufl. 2014, § 108 Rz. 108.

20) *Breunig* in: Posser/Wolff, VwGO, 2. Aufl. 2014, § 86 Rz. 35; *Greger* in: Zöller, ZPO, 32. Aufl. 2018, Vor § 284 Rz. 18.

21) Vgl. *Störmer* in: Fehling/Kastner/Störmer, VerwR, 4. Aufl. 2016, § 86 VwGO Rz. 4.

vom Untersuchungsgrundsatz geprägten Verwaltungsprozess keine Rolle.[22) Maßgeblich für die materielle Beweislast ist das jeweils einschlägige materielle Fachrecht, nicht das Prozessrecht.[23) Das Bundesverwaltungsgericht[24) geht dabei von folgendem Grundsatz aus:

> „Wer die materielle Beweislast trägt, bestimmt sich nach materiellem Recht und ist in Auslegung der im Einzelfall einschlägigen Norm zu ermitteln; enthält diese keine besonderen Regelungen, so greift der allgemeine Rechtsgrundsatz ein, daß die Nichterweislichkeit von Tatsachen, aus denen eine Partei ihr günstige Rechtsfolgen herleitet, zu ihren Lasten geht (BVerwGE 80, 290 <296 f.>)."

Dieses sog. Günstigkeitsprinzip hat es auch in dem oben dargestellten BND-Fall angewendet. Ausgangspunkt ist die Überlegung, dass eine Einstellung die – auch sicherheitsrechtliche – Eignung des Bewerbers für die angestrebte Laufbahn voraussetzt. Begründet wird dies damit, dass ein Bewerber, dem die erforderliche Eignung i. S. des § 9 Satz 1 BBG und Art. 33 Abs. 2 GG fehlt, nicht in das Beamtenverhältnis berufen werden kann. Der Einstellungsbewerber trägt daher die materielle Beweislast für die erforderliche Eignung.[25)

Ausgehend vom Wortlaut des § 5 Abs. 1 Satz 1 Nr. 1 SÜG, wonach ein die Einstellung hinderndes Sicherheitsrisiko (nur) vorliegt, wenn tatsächliche Anhaltspunkte Zweifel an der Zuverlässigkeit der betroffenen Person bei der Wahrnehmung einer sicherheitsempfindlichen Tätigkeit begründen, lässt sich allerdings auch eine andere Verteilung der materiellen Beweislast vertreten. Für die vom Bewerber um ein Amt zu gewährleistende Verfassungstreue als Voraussetzung für eine Einstellung (§ 7 Abs. 1 Nr. 2 BBG; siehe auch § 5 Abs. 1 Satz 1 Nr. 3 SÜG) hat das Bundesverwaltungsgericht[26) etwa folgende Beweislastverteilung angenommen:

> „Hiernach hat der Dienstherr die Tatsachen darzulegen, die bei objektiver Betrachtungsweise, unter Berücksichtigung seiner Beurteilungsermächtigung seine Zweifel rechtfertigen. Können diese tatsächlichen Umstände nicht festgestellt werden, so trägt er die materielle Beweislast und muß schon deshalb im Rechtsstreit unterliegen. Können

---

22) BVerwG, Urt. v. 6.2.1975 – II C 68.73, juris, Rz. 60: „(…) eine prozessuale Beweislast kennt das Verwaltungsstreitverfahren, in dem die Untersuchungsmaxime herrscht, nicht (…)"; vgl. auch BVerwG, Urt. v. 11.9.2007 – 10 C 17/07, juris, Rz. 13, sowie BVerwG, Urt. v. 20.9.1984 – 7 C 80/82, juris, Rz. 30.

23) *Schenke* in: Kopp/Schenke, VwGO, 23. Aufl. 2017, § 108 Rz. 12; *Kothe* in: Redeker/v. Oertzen, VwGO, 16. Aufl. 2014, § 108 Rz. 11.

24) BVerwG, Urt. v. 29.6.1999 – 9 C 36/98, juris, Rz. 13.

25) BVerwG, Beschl. v. 11.4.2017 – 2 VR 2/17, juris, Rz. 11–13 u. 17.

26) BVerwG, Urt. v. 27.11.1980 – 2 C 38/79, juris, Rz. 39 a. E.; BVerwG, Urt. v. 6.2.1975 – II C 68.73, juris, Rz. 60; ausführlich zur Beweislastverteilung bei der Prognose der Verfassungstreue *Peschau*, Die Beweislast im Verwaltungsrecht, 1983, S. 135 ff.

hingegen die für die Zerstreuung der Zweifel des Dienstherrn erheblichen Fakten nicht festgestellt werden, so trägt insoweit der Beamtenbewerber die materielle Beweislast."

In die gleiche Richtung geht eine Entscheidung des Bundesverwaltungsgerichts[27)] zu den einer öffentlichen Bestellung zum Sachverständigen entgegenstehenden Bedenken gegen die Eignung i. S. des § 36 Abs. 1 Satz 1 GewO:

„Bedenken gegen die Eignung im Sinne von § 36 Abs. 1 Satz 1 GewO bestehen nur dann, wenn Tatsachen vorliegen, welche Bedenken gegen die Eignung begründen; da schon Bedenken gegen die Eignung die Versagung der öffentlichen Bestellung rechtfertigen, brauchen keine Tatsachen vorzuliegen, welche die Ungeeignetheit des Antragstellers dartun. Verbleiben Zweifel an der Eignung des Antragstellers, so gehen diese zu seinen Lasten: Da die gesetzlichen Bestellungsvoraussetzungen nicht vollständig erfüllt sind, muß der Antrag abgelehnt werden."

Zudem kann nach der Rechtsprechung des Bundesverwaltungsgerichts eine negative Prognose zur Zuverlässigkeit der betroffenen Person bei der Wahrnehmung einer sicherheitsempfindlichen Tätigkeit nur auf feststehende Tatsachen gestützt werden.[28)]

Im BND-Fall hatte sich die Beklagtenseite geweigert, die Anhaltspunkte offenzulegen, aufgrund derer sie ein Sicherheitsrisiko in einer Tätigkeit des Klägers beim BND sah. Auch ein Behördenzeugnis wurde nicht vorgelegt. An einer Zeugenvernehmung der Bediensteten des BND, die im Rahmen der Sicherheitsüberprüfung die vom Kläger benannten Referenzpersonen befragt hatten, sah sich das Bundesverwaltungsgericht wegen eines aus der rechtmäßigen Sperrerklärung folgenden Beweiserhebungsverbots gehindert. Infolge des non liquet kam es auf die materielle Beweislast an, die das Bundesverwaltungsgericht dem Kläger zuwies. Zur Begründung stellte es neben dem Günstigkeitsprinzip darauf ab, dass die unter Berufung auf den Geheimnisschutz rechtmäßig verweigerte Aktenvorlage der Beklagtenseite auf der Ebene der Beweislast nicht zum Nachteil gereichen dürfe.[29)]

Sowohl die Annahme eines Beweiserhebungsverbots als auch die vorstehende Argumentation zur Verteilung der materiellen Beweislast unterliegen Zweifeln. Denn mit beiden Aussagen entfernt sich das Bundesverwal-

---

27) BVerwG, Urt. v. 24.6.1975 – I C 23.73, GewArch 1975, 333, 335; siehe dazu *Rickert* in: Pielow, GewO, 2. Aufl. 2016, § 36 Rz. 33; *Bleutge* in: Landmann/Rohmer, GewO, Stand: 9/2013, § 36 Rz. 72.

28) BVerwG, Urt. v. 31.3.2011 – 2 A 3/09, juris, Rz. 28; BVerwG, Beschl. v. 11.3.2008 – 1 WB 37/07, juris, Rz. 23; BVerwG, Urt. v. 15.2.1989 – 6 A 2/87, juris, Rz. 27; a. A. *Denneborg*, Sicherheitsüberprüfungsrecht, Stand: 5/2013, § 14 SÜG Rz. 10.

29) BVerwG, Urt. v. 20.10.2016 – 2 A 2/16, juris, Rz. 30.

tungsgericht von seinen eigenen Obersätzen zu den Auswirkungen des In-camera-Zwischenverfahrens auf das Hauptsacheverfahren. Im Einzelnen:

Die Annahme eines Beweiserhebungsverbots steht im Widerspruch zu der Vorgabe, das Gericht der Hauptsache habe die ihm verbleibenden Möglichkeiten der Sachaufklärung vollständig auszuschöpfen. Dementsprechend ist ein Beweiserhebungsverbot als Folge einer rechtmäßigen Sperrerklärung nicht anzuerkennen.[30] Auch das Bundesverwaltungsgericht selbst hat in dem ersten oben dargestellten Fall ausdrücklich die Vernehmung bestimmter Bediensteter des Bayerischen Landesamts für Verfassungsschutz (V-Mann-Führer und/oder Auswerter) in Erwägung gezogen.[31] Bis zur Erteilung einer vom Gericht gemäß § 98 VwGO i. V. m. § 376 Abs. 3 ZPO einzuholenden Aussagegenehmigung besteht allerdings ein Vernehmungsverbot.[32] Für die Vernehmung der vom BND-Bewerber im Rahmen seiner Sicherheitsüberprüfung benannten Referenzpersonen hätte es einer Aussagegenehmigung nicht bedurft.

Die Begründung des Bundesverwaltungsgerichts dafür, dass der BND-Bewerber die materielle Beweislast für seine sicherheitsrechtliche Eignung zu tragen habe, läuft im Ergebnis – soweit der im In-camera-Zwischenverfahren festgestellten Rechtmäßigkeit der Sperrerklärung Bedeutung beigemessen wird – auf eine gesetzliche Beweisregel zugunsten der Verwaltung hinaus. Nach der Rechtsprechung des Bundesverwaltungsgerichts existiert eine solche Beweisregel aber gerade nicht. Die vom Bundesverwaltungsgericht angenommene Beweislastverteilung lässt sich jedoch aus einer wertenden Gesamtbetrachtung der Normen des Sicherheitsüberprüfungsgesetzes herleiten. Danach hat das Sicherheitsinteresse im Zweifel Vorrang vor anderen Belangen (§ 14 Abs. 3 Satz 3 SÜG) und eine sicherheitsempfindliche Tätigkeit darf ohne abgeschlossene Sicherheitsüberprüfung mit dem Ergebnis, dass kein Sicherheitsrisiko vorliegt, nicht ausgeübt werden (§ 14 Abs. 5 Satz 2 SÜG). Zudem muss ein Bewerber bei den Nachrichtendiensten des Bundes vor der Feststellung eines Sicherheitsrisikos nicht angehört (§ 6 Abs. 1 Satz 4 SÜG) und nicht über das Ergebnis

---

30) Ebenso *Schenke* in: Kopp/Schenke, VwGO, 23. Aufl. 2017, § 86 Rz. 6a a. E.; BGH, Beschl. v. 10.2.1993 – 5 StR 550/92, juris, Rz. 12 (zu § 96 StPO); vgl. auch *Denneborg*, Sicherheitsüberprüfungsrecht, Stand: 9/2012, § 14 SÜG Rz. 17a a. E., der insbesondere „die Erstellung eines Behördenzeugnisses oder die Vernehmung eines Mitarbeiters der mitwirkenden Behörde als sachverständiger Zeuge" für möglich hält.

31) BVerwG, Urt. v. 21.5.2008 – 6 C 13/07, juris, Rz. 33.

32) *Hartmann* in: Baumbach/Lauterbach/Albers/Hartmann, ZPO, 76. Aufl. 2018, § 376 Rz. 8.

der Sicherheitsüberprüfung unterrichtet werden (§ 14 Abs. 4 Satz 2 SÜG) und ihm steht ein Akteneinsichtsrecht nur zu, soweit eine (bloße) Auskunft für die Wahrnehmung seiner rechtlichen Interessen nicht ausreicht und er hierfür auf die Einsichtnahme angewiesen ist (§ 18 Abs. 3 Satz 2, § 23 Abs. 6 Satz 1 SÜG). Diese Vorgaben des materiellen Rechts sind Ausdruck der gesetzgeberischen Entscheidung, den „BND als eine im Kernbereich nachrichtendienstlicher Tätigkeiten operierende Behörde (...) insgesamt zum Sicherheitsbereich" zu erklären (vgl. § 1 Abs. 2 Nr. 3 und § 10 Nr. 3 SÜG).[33] In ihnen ist der sachliche Grund dafür zu sehen, dass der Bewerber die materielle Beweislast für das Fehlen eines Sicherheitsrisikos als Voraussetzung seiner sicherheitsrechtlichen Eignung trägt.

In dem Fall des Vereins, der sich gegen bestimmte, ihn betreffende und aus seiner Sicht unwahre Tatsachenbehauptungen im Landesverfassungsschutzbericht 2001 wandte, liegt die materielle Beweislast für die Richtigkeit dieser Behauptungen nach der Entscheidung des Bundesverwaltungsgerichts bei der Verwaltung.[34] Etwas anderes ergibt sich nicht daraus, dass keine Anfechtungssituation vorlag, sondern der Verein sein Klagebegehren im Wege der Unterlassungsklage als Unterfall der allgemeinen Leistungsklage verfolgte. In Anfechtungssituationen ist regelmäßig die Verwaltung für alle die Ermächtigungsgrundlage ausfüllenden Umstände beweisbelastet, da sie daraus eine für sie günstige Rechtsfolge ableiten will. Gleiches muss jedoch gelten, wenn der Staat außerhalb einer Anfechtungssituation das Recht beansprucht, „in einen durch ein negatorisches Grundrecht geschützten Freiheitsbereich einzugreifen" (so wie hier in das allgemeine Persönlichkeitsrecht des Vereins).[35] Dieses Ergebnis deckt sich mit der zivilrechtlich anerkannten und verfassungsgerichtlich bestätigten Beweislastverteilung im privatrechtlichen Ehrenschutzprozess, in dem der Behauptende nach dem Rechtsgedanken des § 186 StGB grundsätzlich die Beweislast für die Richtigkeit seiner Tatsachenbehauptung trägt.[36] Auch im Rahmen des § 16 BVerfSchG, der die Rechtsgrundlage für den Verfassungsschutzbericht des Bundes enthält, liegt die Beweislast

---

33) Vgl. BVerwG, Urt. v. 20.10.2016 – 2 A 2/16, juris, Rz. 12.

34) Zu demselben Ergebnis kommt *Nierhaus*, Beweismaß und Beweislast, 1989, S. 396, bei einem auf Widerruf ehrkränkender Behauptungen gerichteten Begehren.

35) BVerwG, Urt. v. 21.5.2008 – 6 C 13/07, juris, Rz. 41.

36) BGH, Urt. v. 30.1.1996 – VI ZR 386/94, juris, Rz. 30; BVerfG, Beschl. v. 25.10.2005 – 1 BvR 1696/98, juris, Rz. 42.

für die Richtigkeit darin enthaltener Tatsachenbehauptungen bei der Verwaltung.[37)]

VI. In-camera-Hauptsacheverfahren

Die in den beiden oben dargestellten Fällen gefundenen Ergebnisse sind nicht unangreifbar. Im ersten Fall musste die Verwaltung hinnehmen, dass sie den Prozess verliert und künftig die in Rede stehenden Tatsachenbehauptungen zu unterlassen hat, obwohl sich deren Richtigkeit aus den rechtmäßig gesperrten Verwaltungsvorgängen – jedenfalls nach Überzeugung der Verwaltung – ergeben hätte. Ein anderer Ausgang des Prozesses wäre nur zu erreichen gewesen, wenn die Verwaltung ihre Geheimnisse offengelegt hätte. Sie sah sich also vor die Wahl gestellt: Wahrung ihrer Geheimnisse um den Preis des Prozessverlusts oder Verzicht auf die Geheimhaltung mit der Aussicht auf einen für sie günstigen Prozessausgang. Dabei blieb es ihr überlassen, welche Alternative sie als geringeres Übel ansieht. Die Entscheidungsträger allerdings hatten § 95 und § 353b StGB zu beachten, die das Offenbaren von Staatsgeheimnissen sowie die Verletzung des Dienstgeheimnisses und einer besonderen Geheimhaltungspflicht unter Strafe stellen. Im zweiten Fall war es dem BND-Bewerber unmöglich, die Zweifel der Verwaltung an seiner sicherheitsrechtlichen Zuverlässigkeit zu entkräften, da ihm die tatsächlichen Anhaltspunkte, die das Vorliegen eines Sicherheitsrisikos begründen sollten, infolge der rechtmäßigen Sperrerklärung nicht offenbart wurden. Seine Einstellung beim BND konnte er daher nicht erreichen.

Zur Vermeidung solcher Ergebnisse wird – neben weiteren Alternativen[38)] – vorgeschlagen, dem Gericht bei der Entscheidung über die Hauptsache unter bestimmten Voraussetzungen eine Verwertung der rechtmäßig gesperrten Verwaltungsvorgänge zu ermöglichen. Erreicht werden soll dieses

---

37) *Mallmann* in: Schenke/Graulich/Ruthig, Sicherheitsrecht des Bundes, 1. Aufl. 2014, § 16 BVerfSchG Rz. 14.

38) Einen umfassenden Überblick geben folgende Autoren: *Benedikt*, Geheimnisschutz im deutschen Verwaltungsprozess und im Verfahren vor der Unionsgerichtsbarkeit, 2013, S. 199 ff.; *Wolfshohl*, Das „in camera"-Verfahren nach § 99 Abs. 2 VwGO, 2011, S. 172 ff.; vgl. auch BVerfG, Beschl. v. 14.3.2006 – 1 BvR 2087/03, 1 BvR 2111/03, juris, Rz. 108–113.

Ziel durch ein In-camera-Hauptsacheverfahren.[39] Nach geltendem Recht ist ein solches In-camera-Hauptsacheverfahren unzulässig, „da der Gesetzgeber keine Ermächtigung dafür geschaffen" hat.[40] Im Telekommunikationsrecht existiert mit § 138 Abs. 2 TKG allerdings eine Sonderregelung, die eine In-camera-Verwertung erlaubt.[41] Sie dient der Umsetzung einer Entscheidung des EuGH,[42] kann sich aber auch auf die abweichende Meinung des (ehemaligen) Richters am Bundesverfassungsgericht *Gaier*[43] in der zweiten Grundsatzentscheidung des Bundesverfassungsgerichts zu § 99 VwGO stützen, wo dieser zumindest in multipolaren Konstellationen, wie etwa bei der Entgeltkontrolle im Telekommunikationsrecht, für die Zulassung einer In-camera-Verwertung im Hauptsacheverfahren votiert hat. Weitgehend einig sind sich die Befürworter dieses Vorschlags darin, dass ein In-camera-Hauptsacheverfahren jedenfalls dann zulässig sein soll (und aus verfassungsrechtlichen Gründen auch geboten sei), wenn eine Verwertung der gesperrten Verwaltungsvorgänge dem Bürger zum Vorteil gereichen würde.[44] Die Frage, ob und ggf. unter welchen Voraussetzun-

---

39) *Geiger* in: Eyermann, VwGO, 14. Aufl. 2014, § 99 Rz. 22b a. E.; *Schemmer*, Das in-camera-Verfahren nach § 99 Abs. 2 VwGO, DVBl. 2011, 323, 331 (beide für mehrpolige Verwaltungsrechtsverhältnisse); *Sawang*, Geheimhaltung und rechtliches Gehör im Schiedsverfahren nach deutschem Recht, 2010, S. 181 f.; *Schoch*, Aktuelle Fragen des Informationsfreiheitsrechts, NJW 2009, 2987, 2993 (für Klagen auf Zugang zu amtlichen Informationen nach dem IFG); *Schenke*, Probleme des verwaltungsgerichtlichen „in-camera"-Verfahrens, in: Kluth/Rennert, Hallesche Schriften zum Öffentlichen Recht, Band 9, 2008, S. 115, 139 ff.; *Beutling*, Neue Wege im Verwaltungsprozess – das „in camera"-Verfahren, DVBl. 2001, 1252, 1258; differenzierend *Schmidt-Aßmann*, In-camera-Verfahren, in: FS Schenke, 2011, S. 1147, 1164 f., der folgendes „Kern-Schalen-Konzept" vertritt: Soweit besonders sensible Geheimnisse betroffen sind, soll eine In-camera-Verwertung durch das Gericht der Hauptsache ausscheiden. Im Übrigen und bei mehrpoligen Interessenlagen wird eine In-camera-Verwertung befürwortet.

40) BVerfG, Beschl. v. 14.3.2006 – 1 BvR 2087/03, 1 BvR 2111/03, juris, Rz. 113; ebenso BVerwG, Beschl. v. 15.8.2003 – 20 F 3/03, juris, Rz. 10; *Schemmer*, DVBl. 2011, 323, 331; *Seibert*, Änderungen der VwGO durch das Gesetz zur Bereinigung des Rechtsmittelrechts im Verwaltungsprozess, NVwZ 2002, 265, 270.

41) Begr. RegE § 138 TKG, BT-Drucks. 17/5707, S. 87: „Die Eröffnung der Beschwerdemöglichkeit im Falle der Einschränkung der §§ 100 und 108 Absatz 1 Satz 2 VwGO ist gerechtfertigt, da das Gericht in diesem Fall, anders als nach dem bisher geltenden § 138 Absatz 3 TKG, Informationen verwertet, auf die eine Partei keinen Zugriff hat."; *Heinickel* in: Arndt/Fetzer/Scherer/Graulich, TKG, 2. Aufl. 2015, § 138 Rz. 12 a. E.

42) EuGH, Urt. v. 13.7.2006 – Rs. C-438/04 (Mobistar), juris, Rz. 43.

43) BVerfG, Beschl. v. 14.3.2006 – 1 BvR 2087/03, 1 BvR 2111/03, juris, Rz. 144 ff. (Sondervotum *Gaier*).

44) Vgl. etwa *v. Egidy*, Vorlagepflichten und Geheimhaltungsinteressen im Verwaltungsprozess in Deutschland und Frankreich, 2005, S. 148 f.; siehe auch die Nachweise in der folgenden Fn.

gen darüber hinaus auch in Fällen, in denen eine Verwertung für den Bürger nachteilig wäre, ein In-camera-Hauptsacheverfahren in Betracht kommen kann, wird unterschiedlich beantwortet.[45)]

Ausgangspunkt für die Bewertung dieses Vorschlags müssen die beiden Grundsatzentscheidungen des Bundesverfassungsgerichts zu § 99 VwGO sein. In seiner ersten Entscheidung, der ein zweipoliges Rechtsverhältnis (zwischen Bürger und Staat) zugrunde lag, hat das Bundesverfassungsgericht ausgeführt, der Anspruch auf effektiven Rechtsschutz (Art. 19 Abs. 4 GG) einerseits und der Anspruch auf rechtliches Gehör (Art. 103 Abs. 1 GG) andererseits dürften „nicht in Gegensatz zueinander gerückt werden“, da beide dem gleichen Ziel dienten.[46)] Art. 103 Abs. 1 GG schließe eine Abwägung zwischen verschiedenen Interessen und eine darauf beruhende Einschränkung des rechtlichen Gehörs nicht aus. Das rechtliche Gehör könne eingeschränkt werden, wenn dies durch sachliche Gründe hinreichend gerechtfertigt sei. Daraus folge, dass die mit einem In-camera-Verfahren verbundene Beschränkung des rechtlichen Gehörs eines Beteiligten verfassungsrechtlich unbedenklich sei, wenn sich dadurch dessen Rechtsschutzposition ausschließlich verbessere.[47)] Die zweite Entscheidung des Bundesverfassungsgerichts hatte ein mehrpoliges Rechtsverhältnis zum Gegenstand, das sich vor dem Verwaltungsgericht wie folgt darstellte: Mehrere Wettbewerber (Kläger) eines marktbeherrschenden Telekommunikationsunternehmens (Beigeladene) wandten sich gegen eine der Beigeladenen von der Regulierungsbehörde (Beklagte) erteilte Entgeltgenehmigung. Für die Entscheidung über die Rechtmäßigkeit der Entgeltgenehmigung kam es auf Unterlagen der Beigeladenen an, die Betriebs- und Geschäftsgeheimnisse enthielten und um deren Vorlage gestritten wurde. Die sich aus einer Geheimhaltung der Unterlagen ergebenden Konsequenzen hat das Bundesverfassungsgericht[48)] wie folgt beschrieben:

---

45) Dafür *Wolfshohl*, Das „in camera“-Verfahren nach § 99 Abs. 2 VwGO, 2011, S. 188 f.; mit Einschränkungen *Mayen*, Verwertbarkeit von geheim gehaltenen Verwaltungsvorgängen im gerichtlichen Verfahren?, NVwZ 2003, 537, 542 (etwa wenn „ein überragend wichtiger Gemeinwohlbelang“ die In-camera-Verwertung gebiete); vgl. auch *Lang* in: Sodan/Ziekow, VwGO, 4. Aufl. 2014, § 99 Rz. 41, 56 (Verwertung „nur unter strengen Voraussetzungen zulasten des Rechtsschutzsuchenden“); unklar *Margedant*, NVwZ 2001, 759, 763, der meint, „auch die Verwertung zu Lasten des Bürgers [könne] (...) zu einer Verbesserung des Rechtsschutzes führen“.

46) BVerfG, Beschl. v. 27.10.1999 – 1 BvR 385/90, juris, Rz. 91.

47) BVerfG, Beschl. v. 27.10.1999 – 1 BvR 385/90, juris, Rz. 94.

48) BVerfG, Beschl. v. 14.3.2006 – 1 BvR 2087/03, 1 BvR 2111/03, juris, Rz. 100.

„Je nach der einfachrechtlichen – höchstrichterlich noch nicht entschiedenen – Frage der Beweislastverteilung hinsichtlich der Entgeltkontrolle kann dies die Marktbeherrscherin oder ihre Wettbewerber benachteiligen. Trägt die Behörde die Beweislast (...) und sind die in den Unterlagen enthaltenen Geschäftsgeheimnisse geeignet, die Richtigkeit der genehmigten Entgelthöhe zu belegen, steht die Marktbeherrscherin als Beigeladene vor der Alternative, die Geheimnisse offen zu legen (also die Berufsfreiheit unberücksichtigt zu lassen) oder sich die Verteidigung der Entgelthöhe zu erschweren oder unmöglich zu machen, also Abstriche im effektiven Rechtsschutz hinzunehmen. Liegt die Beweislast bei den Wettbewerbern, die die Entgeltgenehmigung angreifen (...), können sie sich nicht auf die aus dem Verfahren herausgenommenen Grundlagen der Entgeltberechnung beziehen und diese substantiiert in Frage stellen. Dies beeinträchtigt ihre Rechtsschutzmöglichkeit."

In den Gründen seiner Entscheidung kommt das Bundesverfassungsgericht zu dem Ergebnis, dass hier ein In-camera-Hauptsacheverfahren, welches dem Gericht eine Verwertung der geheimhaltungsbedürftigen Unterlagen ermöglichen würde, nicht aus verfassungsrechtlichen Gründen ausgeschlossen sei.[49] Etwas anderes ergebe sich nicht aus den in seiner ersten Entscheidung aufgestellten Grundsätzen. Diese müssten ggf. im Hinblick auf die Besonderheiten der Bewältigung des multipolaren Konflikts modifiziert werden.

Zusammenfassend lässt sich festhalten, dass nach der Rechtsprechung des Bundesverfassungsgerichts ein In-camera-Hauptsacheverfahren in zweipoligen Rechtsverhältnissen, an denen auf der einen Seite der Bürger und auf der anderen Seite der Staat beteiligt ist, jedenfalls dann zulässig sein dürfte, wenn eine Verwertung der rechtmäßig gesperrten Verwaltungsvorgänge die Rechtsposition des Bürgers ausschließlich verbessert. Darüber hinaus hält das Bundesverfassungsgericht ein In-camera-Hauptsacheverfahren auch zur Bewältigung mehrpoliger Rechtsgüterkonflikte für grundsätzlich geeignet. Vor diesem Hintergrund erscheint § 138 Abs. 2 TKG i. d. F. des Gesetzes zur Änderung telekommunikationsrechtlicher Regelungen[50] verfassungsrechtlich unbedenklich.

Der Gesetzgeber ist allerdings nicht darauf festgelegt, ein In-camera-Hauptsacheverfahren einzuführen, um die Anforderungen von Art. 19 Abs. 4 GG zu erfüllen.[51] Als Argument für ein solches Verfahren wird angeführt, die In-camera-Verwertung habe den Vorzug, „der richtigen Erkenntnis der materiellen Rechtslage zum Durchbruch zu verhelfen".[52] Dem wird ent-

49) BVerfG, Beschl. v. 14.3.2006 – 1 BvR 2087/03, 1 BvR 2111/03, juris, Rz. 112.
50) Gesetz zur Änderung telekommunikationsrechtlicher Regelungen, v. 3.5.2012, BGBl. I 2012, 958, 990.
51) BVerfG, Beschl. v. 27.10.1999 – 1 BvR 385/90, juris, Rz. 95.
52) *Schmidt-Aßmann* in: FS Schenke, S. 1147, 1156.

gegengehalten, die „geheime Verwertung [werde] (...) mit dem Verlust der Möglichkeit zur Stellungnahme und dem damit verbundenen Risiko der Fehlentscheidung erkauft".[53] Diese Kritik greift nicht durch, soweit es um eine In-camera-Verwertung im Rechtsstreit zwischen Bürger und Staat ausschließlich zugunsten des Bürgers geht. Denn sollten die rechtmäßig gesperrten Verwaltungsvorgänge das Vorbringen der beweisbelasteten Verwaltung nicht bestätigen oder – wenn die Beweislast beim Bürger liegt – sogar widerlegen, also für den Bürger jeweils günstig sein, hätte eine In-camera-Verwertung zur Folge, dass der Bürger den Prozess gewinnt. Die fehlende Möglichkeit zur Stellungnahme wäre aus Sicht des Bürgers zu verschmerzen und sie begründet in diesen Konstellationen auch nicht das Risiko einer Fehlentscheidung. Es bestehen deshalb keine Bedenken, dem Gericht der Hauptsache ausnahmsweise zu gestatten, seine Entscheidung abweichend von § 108 Abs. 2 VwGO auf Tatsachen und Beweisergebnisse zu stützen, zu denen der Bürger sich zwar nicht äußern konnte, die für ihn aber lediglich rechtlich vorteilhaft sind.[54]

In der 18. Legislaturperiode hat die Bundestagsfraktion Bündnis 90/Die Grünen den „Entwurf eines Siebten Gesetzes zur Änderung der Verwaltungsgerichtsordnung zum besseren Rechtsschutz bei behördlich geheim gehaltenen Informationen" vorgelegt.[55] Gegenstand dieses Gesetzentwurfs war die „Einführung eines In-camera-Hauptsacheverfahrens".[56] Nach dem Gesetzentwurf sollte eine Verwertung der rechtmäßig gesperrten Verwaltungsvorgänge nur auf Antrag des Bürgers zulässig sein, unabhängig davon, ob deren Inhalt die Rechtsposition des Bürgers verbessert oder nicht. Der Deutsche Bundestag hat sich am 5. März 2015 in 1. Lesung mit dem Gesetzentwurf befasst.[57] Auf Empfehlung[58] des federführenden Ausschusses für Recht und Verbraucherschutz und des mitberatenden Innenausschusses wurde der Gesetzentwurf am 29. Juni 2017 in 2. Lesung mit den Stimmen der Koalitionsfraktionen CDU/CSU und SPD abgelehnt.[59]

---

53) *Margedant*, NVwZ 2001, 759, 763.

54) Vgl. *Schmidt-Aßmann* in: Maunz/Dürig, GG, Stand: 11/2006, Art. 103 Abs. 1 Rz. 139, der insoweit von einer „immanente[n] Schranke" des Verwertungsverbots spricht.

55) BT-Drucks. 18/3921.

56) BT-Drucks. 18/3921, S. 2.

57) BT-Plenarprotokoll 18/91, S. 8708(B)-8713(C).

58) BT-Drucks. 18/11791.

59) BT-Plenarprotokoll 18/243, S. 25031(C).

VII. Fazit

Sperrerklärungen sind im Verwaltungsprozess zum Schutz staatlicher oder privater Geheimnisse unverzichtbar. Die rechtsschutzverkürzende Wirkung einer Sperrerklärung ist von der obersten Aufsichtsbehörde bei der Ausübung des ihr eingeräumten Ermessens in den Blick zu nehmen; dabei kann sie dem Interesse an der Wahrheitsfindung den Vorrang vor dem Geheimnisschutz einräumen.[60] Liegt eine rechtmäßige Sperrerklärung vor und können deshalb entscheidungserhebliche Verwaltungsvorgänge nicht verwertet werden, hat das Gericht der Hauptsache die ihm verbleibenden Möglichkeiten der Sachaufklärung vollständig auszuschöpfen. Aus der Rechtmäßigkeit einer Sperrerklärung lässt sich nicht ohne weiteres auf ein Beweiserhebungsverbot schließen. Im Falle eines non liquet hat das Gericht nach den Grundsätzen über die Verteilung der materiellen Beweislast zu entscheiden. Das insoweit maßgebliche materielle Recht ermöglicht regelmäßig sachgerechte Lösungen.[61] Etwaige Defizite wären durch entsprechende Anpassungen im jeweils einschlägigen Fachrecht zu beseitigen.

60) BVerwG, Beschl. v. 6.4.2011 – 20 F 20/10, juris, Rz. 22.
61) Vgl. *Schüly*, Das „in camera"-Verfahren der Verwaltungsgerichtsordnung, 2006, S. 102.

Die acht Bücher des reformierten Verfahrensrechts in Familiensachen und in den Angelegenheiten der freiwilligen Gerichtsbarkeit

HEIKO WAGNER

Inhaltsübersicht

Das Wirken der Jubilarin an einer der größten Reformen im Verfahrensrecht bedarf einer besonderen Würdigung. Mit Beginn des Gesetzgebungsverfahrens zu dem Entwurf eines Gesetzes zur Reform des Verfahrens in Familiensachen und in den Angelegenheiten der freiwilligen Gerichtsbarkeit übernahm Marie Luise Graf-Schlicker im Jahr 2007 das Amt der für das Justizverfahrensrecht zuständigen Abteilung „Rechtspflege" in dem damaligen Bundesministerium der Justiz. Das Reformvorhaben war gekennzeichnet von intensiven Beratungen zur Neuausrichtung und Modernisierung des Familienverfahrensrechts sowie zu einem völlig neu zu kodifizierenden Verfahrensrecht der freiwilligen Gerichtsbarkeit.

I. Kurzgeschichte einer großen verfahrensrechtlichen Reform

Die 1964 vom Bundesjustizministerium eingesetzte „Kommission für das Recht der freiwilligen Gerichtsbarkeit" legte 1977 erste Gesetzesvorschläge für eine umfassende Reform des Verfahrensrechts der freiwilligen Gerichtsbarkeit vor. Der im Bericht der Kommission enthaltene „Entwurf einer Verfahrensordnung für die freiwillige Gerichtsbarkeit (FrGO) sollte eine intensive Diskussion in interessierten Fachkreisen und in der Öffentlichkeit in Gang setzen.[1] Im Jahre 1984 folgte ein Diskussionsentwurf

---

1) Bericht der Kommission, hrsg. v. Bundesministerium der Justiz, 1977.

eines „Gesetzes zur Vereinfachung des Rechts der freiwilligen Gerichtsbarkeit“, der sich in der rechtspolitischen Diskussion allerdings nicht durchsetzen konnte. In der 14. Legislaturperiode sollte die FGG-Reform Bestandteil einer großen Justizreform werden, die von den Koalitionsfraktionen 1998 vereinbart wurde.[2] Auf Grund der höheren justizpolitischen Priorität der Rechtsmittelreform im Zivilprozess (ZPO-Reform) geriet die freiwillige Gerichtsbarkeit jedoch ins Hintertreffen. Es begannen allerdings in den Jahren 2001 bis 2005 wieder intensive Arbeiten auf der Fachebene unter Einbeziehung der Landesjustizverwaltungen sowie in Arbeits- und Expertengruppen. Eine bedeutsame Weichenstellung in diesem Prozess war die Integration des Familienverfahrensrechts in die Ausarbeitung einer neuen eigenständigen Verfahrensordnung. In dem Koalitionsvertrag vom 11. November 2005 wurde daher vereinbart, für die freiwillige Gerichtsbarkeit ein modernes und klar strukturiertes Verfahrensrecht neu zu kodifizieren und für alle Streitigkeiten, die mit Ehe, Trennung und Scheidung zu tun haben, ein „*Großes Familiengericht*“ einzuführen.

Im Februar 2006 lag ein vollständiger Referentenentwurf eines Gesetzes zur Reform des Verfahrens in Familiensachen und in den Angelegenheiten der freiwilligen Gerichtsbarkeit vor, dem im Mai 2007 der Regierungsentwurf folgte.[3] Die Stellungnahme des Bundesrates vom 6. Juli 2007 beinhaltete 125 Anträge und Prüfbitten. Die Bundesregierung stimmte in ihrer Gegenäußerung 33 Vorschlägen des Bundesrates zu und sagte in 18 Fällen die Prüfung der Anträge zu.[4]

Im Verlauf des Gesetzgebungsverfahrens hat es im damaligen Rechtsausschuss eine zweigeteilte Expertenanhörung und mehrere Gespräche mit den Berichterstattern gegeben. Im Ergebnis dessen beschloss der Ausschuss eine Reihe von Änderungsanträgen, denen *drei Leitgedanken* zugrunde lagen:[5]

– Den Schutz von Opfern häuslicher Gewalt im familiengerichtlichen Verfahren noch besser zur Geltung zu bringen;

---

2) *Däubler-Gmelin*, Erweiterung des Sanktionssystems, in dem Beitrag zu den Schwerpunkten der Rechtspolitik in der neuen Legislaturperiode, ZRP 1999, 81.

3) RegE eines Gesetzes zur Reform des Verfahrens in Familiensachen und in den Angelegenheiten der freiwilligen Gerichtsbarkeit, BR-Drucks. 309/07.

4) BT-Drucks. 16/6308, S. 360 ff., 403 ff.

5) BT-Drucks. 16/9733, S. 287.

- den Rechtsschutz der Betroffenen in Betreuungs-, Unterbringungs- und Freiheitsentziehungsverfahren durch die Erweiterung des Zugangs zum Bundesgerichtshof zu verbessern;
- durch geeignete Maßnahmen die gebotene Haushaltsneutralität in der Reform insgesamt sicherzustellen.

In der Beschlussempfehlung des Ausschusses wurden auch Änderungsvorschläge aus der Stellungnahme des Bundesrates aufgegriffen, der die Bundesregierung in ihrer Gegenäußerung zugestimmt hatte.

Mit dem am 1. September 2009 in Kraft getretenen FGG-Reformgesetz[6) wurde eines der größten verfahrensrechtlichen Vorhaben in der bundesdeutschen Gesetzgebung umgesetzt.

II. Ergebnis und Inhalt der Reform

Kern der Reform war ein neues Stammgesetz, das Gesetz über das Verfahren in Familiensachen und in den Angelegenheiten der freiwilligen Gerichtsbarkeit vom 17. Dezember 2008 (FamFG)[7).

Das lückenhafte und unstrukturierte Gesetz über die Angelegenheiten der freiwilligen Gerichtsbarkeit (FGG) aus dem Jahre 1898 sowie Buch 6 der Zivilprozessordnung (ZPO), in dem das frühere familiengerichtliche Verfahren größtenteils geregelt war, wurden aufgehoben. Über 100 Artikel des FGG-Reformgesetzes bewirkten notwendige Anpassungen in anderen Gesetzen, insbesondere im Gerichtsverfassungsrecht, im materiellen Familienrecht und in einer Vielzahl von Gesetzen, in denen auf das Verfahrensrecht der freiwilligen Gerichtsbarkeit verwiesen wurde.

Die FGG-Reform griff damit in das Gefüge der Reichsjustizgesetze aus dem 19. Jahrhundert so tief wie kaum zuvor ein anderes Reformgesetz ein.

Durch die Reform wurde die freiwillige Gerichtsbarkeit vor allem gerichtsverfassungsrechtlich aufgewertet, so dass sie nunmehr neben der streitigen Zivilgerichtsbarkeit und der Strafgerichtsbarkeit ein eigenständiger Bestandteil der ordentlichen Gerichtsbarkeit ist. Die Vorschriften des Ge-

---

6) Gesetz zur Reform des Verfahrens in Familiensachen und in den Angelegenheiten der freiwilligen Gerichtsbarkeit – FGG-Reformgesetz (FGG-RG), v. 17.12.2008, BGBl. I 2008, 2586.

7) Gesetz über das Verfahren in Familiensachen und in den Angelegenheiten der freiwilligen Gerichtsbarkeit – FamFG, Art. 1 des FGG-RG, BGBl. I 2008, 2586 bis 2666.

richtsverfassungsgesetzes (GVG) gelten seit dem für die freiwillige Gerichtsbarkeit unmittelbar.

Eine Vielzahl der Baustellen im Gesetzgebungsverfahren betrafen die Neuausrichtung des familiengerichtlichen Verfahrens auf die Stärkung der Eigenverantwortung der Beteiligten zur Lösung ihrer familiären Konflikte unter weitest gehendem Verzicht auf kontradiktorische Verfahrenselemente sowie die Ausrichtung der kindschaftsrechtlichen Verfahren nach dem Kindeswohl.

Im Verfahrensrecht der freiwilligen Gerichtsbarkeit war der besondere Reformbedarf durch die im Kommissionsbericht aus dem Jahr 1977 bereits enthaltenen Regelungsvorschläge zu einer Verfahrensordnung für die freiwillige Gerichtsbarkeit (FrGO) vorgezeichnet.

Der unscheinbare Begriff der freiwilligen Gerichtsbarkeit ist gekennzeichnet von einem Konglomerat von Verfahren, die eher rechtsfürsorglichen bzw. rechtvorsorgenden Charakter haben. Dazu gehören Verfahren zur Einrichtung einer Betreuung oder Unterbringung, zur Abwicklung von Erbfällen, zur Führung der verschiedensten Justizregister, zur außerstrafrechtlichen Freiheitsentziehung und zur Kraftloserklärung von Urkunden. All diese Verfahren waren zuvor nur unvollständig und ohne eine einheitlich verbindende Dogmatik geregelt. Dies hatte zu Unsicherheiten in der Rechtsanwendung geführt und betraf vor allem Bereiche, die in höchstem Maße grundrechtssensibel sind. Diese sehr unterschiedlichen Regelungsmaterien wurden in sechs Büchern des FamFG zusammenfassend neu geregelt.

Dem Familienverfahrensrecht in Buch 2 des FamFG und dem Verfahrensrecht der freiwilligen Gerichtsbarkeit in den Büchern 3 bis 8 des FamFG wurde ein Allgemeiner Teil – Buch 1 FamFG – vorangestellt, in dem insbesondere die Verfahrensbeteiligung, die Rechtsmittel und der Instanzenzug sowie die Vollstreckung für alle Verfahren in den Bücher 2 bis 8 einheitlich neu geregelt wurden. Gleichzeitig fand eine deutliche terminologische Umstellung in Abgrenzung zum kontradiktorischen Verfahrensrecht statt.

Insgesamt hat der Gesetzgeber damit eine moderne und allgemein verständliche Verfahrensordnung neu geschaffen, mit der materielles Recht schnell und effektiv durchgesetzt werden kann, aber zugleich die Verfahrensrechte der Beteiligten umfassend garantiert sind.

III. Buch 1 des FamFG

In dem als Allgemeinen Teil vorangestellten Buch 1 des FamFG kam der Bestimmung der Verfahrensbeteiligten (Beteiligtenbegriff) eine besondere Bedeutung zu. Mit dem für alle FamFG-Verfahren zugrunde liegende Beteiligtenbegriff ist nunmehr grundsätzlich bestimmt, wer von vornherein Beteiligter am Verfahren ist, wer von Amts wegen als Beteiligter hinzuziehen ist und wer auf Antrag als Beteiligter hinzugezogen werden kann. Den Beteiligten werden Rechte, insbesondere zur Sicherung ihres rechtlichen Gehörs, aber auch Pflichten zur Aufklärung des Sachverhalts zugewiesen.

Im Verfahren des einstweiligen Rechtsschutzes wurde ein Systemwechsel vollzogen, indem es vom Hauptsacheverfahren entkoppelt wurde. Der Vergleich ist zu einem allgemeinen Verfahrensinstitut geworden und fördert generell einvernehmliche Streitbeilegungen. Er ermöglicht den Beteiligten sich verfahrensabschließend zu vergleichen, soweit sie über den Verfahrensgegenstand selbst verfügen können.

Das bis dahin völlig unstrukturierte Rechtsmittelsystem der freiwilligen Gerichtsbarkeit wurde grundlegend umgestellt. Ausgehend von der legal definierten Endentscheidung, wurde die Beschwerdefähigkeit nur dieser Entscheidungen vorgesehen. Zwischenentscheidungen können demzufolge nicht mehr selbstständig angefochten werden; sie sind allerdings im Rahmen des Rechtsmittelverfahrens gegen die Endentscheidung nachprüfbar. Die einfache Beschwerde wurde durch die befristete Beschwerde ersetzt und jeder Beschluss hat eine Rechtsmittelbelehrung zu enthalten. Der Ablauf des Beschwerdeverfahrens erhielt klare systematische Vorgaben. Anstelle der weiteren Beschwerde zum Oberlandesgericht trat die Rechtsbeschwerde zum Bundesgerichtshof. Die Rechtsbeschwerde ist zuzulassen, wenn eine Entscheidung geboten ist, um das Recht zu vereinheitlichen oder fortzubilden. Damit erhielt der Bundesgerichtshof neue Kompetenzen zur Herstellung von Rechtseinheit und zur Kontrolle der Rechtsprechung der Beschwerdegerichte. Gegen Entscheidungen, mit denen in höchstpersönliche Rechte der Beteiligten eingegriffen wird und freiheitsentziehende Maßnahmen angeordnet werden, ist die zulassungsfreie Rechtsbeschwerde vorgesehen.

Ein eigenständiges und neuartige Instrumente beinhaltendes Vollstreckungsrecht trat an die Stelle der zuvor geltenden unvollständigen und teilweise nicht sachgerechten Vollstreckungsbestimmungen der freiwilligen Gerichtsbarkeit. Besonders hervorzuheben sind die erstmals einheitlich geregelten Vollstreckungsvoraussetzungen, die Abgrenzung von amtswegiger und antragsgebundener Vollstreckung und die Umstellung von Zwangs- auf Ordnungsmittel in der Vollstreckung von Sorge- und Umgangsentscheidungen.

IV. Buch 2 des FamFG

Das gerichtliche Verfahren in Familiensachen war vor der FGG-Reform durch ein unübersichtliches Nebeneinander verschiedener Verfahrensordnungen und Verfahrensvorschriften im materiellen Recht gekennzeichnet. Neben zivilprozessualen Bestimmungen (Buch 6 der ZPO) waren über eine Vielzahl von Verweisungen auch das Verfahrensrecht der freiwilligen Gerichtsbarkeit, Verfahrensvorschriften im Bürgerlichen Gesetzbuch (BGB), in der Hausratsverordnung und in verschiedenen weiteren Gesetzen anzuwenden.

Es war daher dringend notwendig, dieses Verfahrensrecht formal neu zu ordnen, an einem einheitlichen Standort zusammenzufassen und es gesetzestechnisch anwenderfreundlich zu gestalten. Zudem bedurfte es auch einer systematischen Unterscheidung der Verfahrensgegenstände zwischen den Familiensachen der freiwilligen Gerichtsbarkeit und den Familienstreitsachen.

Besondere inhaltliche Schwerpunkte des reformierten familiengerichtlichen Verfahrens waren dessen Neuausrichtung, als ein eher rechtsfürsorgliches Verfahren und die Ausrichtung nach dem Kindeswohl. Es wurden daher konfliktvermeidende und konfliktlösende Verfahrenselemente aufgenommen bzw. erweitert:

- zur gerichtlichen und außergerichtlichen Streitschlichtung bei Scheidungsfolgesachen;
- zur Beschleunigung von Verfahren über das Umgangs- und Sorgerecht;
- zur Stärkung der Beteiligungs- und Mitwirkungsrechte betroffener Kinder;
- zur Verfahrensbeendigung durch einen gerichtlich gebilligten Vergleich in Kindschaftssachen.

Die ursprünglich im Referentenentwurf vorgesehenen Neuregelungen zu einem vereinfachten (einvernehmlichen) Scheidungsverfahren wurden im Gesetzgebungsverfahren allerdings nicht weiter verfolgt.

Die Zuständigkeiten der Familiengerichte wurde durch die Bestimmung weiterer Verfahren als Familiensachen erweitert und so das „*Große Familiengericht*“ etabliert. Mit der Erweiterung der sachlichen Zuständigkeiten hat nunmehr ein Gericht über alle Familiensachen, die in Zusammenhang mit einer Ehescheidung oder anderen familiären oder auch häuslichen Streitigkeiten stehen, zu entscheiden.

V. Buch 3 des FamFG

Das in Buch 3 geregelte Verfahren in Betreuungs- und Unterbringungssachen trat an die Stelle des 2. Abschnitts des früheren FGG, dessen Regelungsinhalte weitestgehend erhalten blieben. Die Verfahrensvorschriften waren durch das Zweite Gesetz zur Änderung des Betreuungsrechts vom 21. April 2005[8)] bereits novelliert worden. Der durch die allgemeinen Vorschriften in Buch 1 des FamFG entstandene Anpassungsbedarf wurde umgesetzt. So sind die Beteiligten in diesen Verfahren nunmehr erstinstanzlich zu bestimmen. Um die Flexibilität des Verfahrens zu erhalten, wurde der Kreis der potentiellen Verfahrensbeteiligten besonders in Betreuungssachen enger gefasst. Die Beteiligtenstellung des Verfahrenspflegers und der Betreuungsbehörde wurden systematisch neu eingeordnet. Die Anpassungen im Beschwerderecht beinhalteten die Umstellung auf die generell befristete Beschwerde. Ergänzend dazu erweitert die zulassungsfreie Rechtsbeschwerde gegen freiheitsentziehende bzw. -beschränkende Entscheidungen zum Bundesgerichtshof die Rechtsschutzmöglichkeiten des Betreuten.

Das Verfahren zum Erlass einer einstweiligen Anordnung wurde auch in Betreuungs- und Unterbringungssachen als ein von der Hauptsache unabhängiges Verfahren ausgestaltet und durch besondere Regelungen ergänzt.

VI. Buch 4 des FamFG

Die Verfahrensvorschriften in Buch 4 betreffen Nachlass- und Teilungssachen. Die früheren FGG-Vorschriften für diese Verfahren wurden an die Systematik des FamFG und an die allgemeinen Regelungen angepasst. Dabei konnten die Regelungen zu den Teilungssachen inhaltlich weitgehend unverändert übernommen werden.

---

8) Zweites Gesetz zur Änderung des Betreuungsrechts – Zweites Betreuungsrechtsänderungsgesetz (2. BtÄndG), v. 21.4.2005, BGBl. I 2005, 1073.

In den Nachlassverfahren mussten allerdings zur Begrenzung des Verfahrensaufwands einige grundlegende Änderungen vorgenommen werden. Um die Anzahl der in diesen Verfahren möglichen Kann-Beteiligten einzugrenzen, war für einzelne Nachlassverfahren eine die Regelung des Allgemeinen Teils ergänzende Definition des Beteiligtenbegriffs notwendig.

Neu strukturiert wurden die Vorschriften über die besondere amtliche Verwahrung von Verfügungen von Todes wegen. Die verfahrensrechtlichen Bestimmungen zur Eröffnung von Verfügungen von Todes wegen wurden aus dem BGB herausgelöst und im FamFG verortet. Eine vollständige Überführung von Verfahrensvorschriften aus dem materiellen Erbrecht in das FamFG gelang allerdings nicht. Ergänzt wurden aber die Vorschriften über die Anfechtung der Kraftloserklärung von Erbscheinen und sonstigen Zeugnissen.

Das Verfahren zur Entscheidung über den Antrag auf Erteilung eines Erbscheins musste aus rechtssystematischen Gründen völlig neu geregelt werden. Vor Erteilung des Erbscheins trat anstelle des früheren Vorbescheids der Feststellungsbeschluss. In unstreitige Erbfälle ist dieser vorausgehende Beschluss mit Erlass wirksam und seiner Bekanntgabe bedarf es nicht, um Verzögerungen des Verfahrens zu vermeiden. Widerspricht der Beschluss aber dem erklärten Willen eines Beteiligten, ist er bekannt zu geben. Das Gericht hat in diesem Fall die sofortige Wirksamkeit des Beschlusses auszusetzen und die Erteilung des Erbscheins bis zur Rechtskraft des Beschlusses zurückzustellen. Ist der Erbschein bereits erteilt, ist die Beschwerde gegen den Beschluss nur noch insoweit zulässig, als die Einziehung des Erbscheins beantragt wird.

Da die Vorschriften zur Vollstreckung im Allgemeinen Teil die bisherigen Regelungen zur Erzwingung der Ablieferung von Testamenten ersetzen, fanden sie keinen Eingang in das FamFG. Dies betraf auch frühere Sonderregelungen zum Beschwerdeverfahren zu bestimmten nachlassrechtlichen Entscheidungen.

VII. Buch 5 des FamFG

In den in Buch 5 geregelten Verfahren in Registersachen und unternehmensrechtliche Verfahren wurden die früheren FGG-Regelungen zu den Handelssachen und zu den Vereins- und Partnerschaftssachen sowie zum Güterrechtsregister zusammengefasst und soweit es möglich war, an die Systematik des FamFG angepasst. Mit dem dadurch möglichen Wegfall einer Vielzahl von Verweisungen sind diese Verfahren für den Rechtsanwender leichter handhabbar geworden. Dies betrifft vor allem die Regelungen zur örtlichen Zuständigkeit, die zuvor in verschiedenen Spezialgesetzen enthalten waren.

Die Regelungsinhalte der Verfahrensvorschriften für die Register- und Handelssachen blieben weitestgehend unverändert. Dies war geboten, da die Vorschriften des Allgemeinen Teils des FamFG nicht uneingeschränkt auf das Registerverfahren übertragbar waren; wie etwa die Form der Entscheidung über einen Antrag zur Eintragung in das Register und deren Wirksamkeit. Von der FamFG-Systematik abweichend war auch die Anfechtbarkeit von Zwischenverfügungen in Handels-, Genossenschafts-, Partnerschafts- und Vereinsregistersachen neu zu regeln.

Unter dem neu eingeführten Begriff der „*Unternehmensrechtlichen Verfahren*“ wurden die in verschiedensten wirtschaftsrechtsrechtlichen Vorschriften[9)] vorgesehenen Verfahren, die zuvor der freiwilligen Gerichtsbarkeit als Geschäfte der Amtsgerichte zugewiesen waren, zusammengefasst. Zu einigen Verfahren der Treuhänderbestellung[10)] wurden die Angaben ergänzt oder korrigiert. Diese Angelegenheiten waren zuvor bereits, ohne eigentliche Registersachen zu sein, den Registergerichten zugeordnet.

VIII. Buch 6 des FamFG

Die Verfahrensgegenstände, die nicht Buch 3 bis 5 zuzuordnen waren, wurden in Buch 6 als Verfahren in weiteren Angelegenheiten der freiwilligen Gerichtsbarkeit zusammengefasst. Dazu gehören beispielhaft die im BGB vorgesehenen Verfahren zur Erklärung einer eidesstattlichen Versicherung, zur Bestellung eines Sachverständigen bzw. eines Verwahrers oder zu einer abweichenden Art des Pfandverkaufs in bestimmten Fällen. Diese Verfahren bedurften allerdings besonderer Bestimmungen zur örtlichen Zuständigkeit und zur Verfahrensbeteiligung.

IX. Buch 7 des FamFG

Das in Buch 7 FamFG geregelte Verfahren in Freiheitsentziehungssachen trat an die Stelle des Gesetzes über das gerichtliche Verfahren bei Frei-

9) U. a. im Handelsgesetzbuch, Binnenschifffahrtsgesetz, Aktiengesetz, Umwandlungsgesetz, Genossenschaftsgesetz, Gesetz betreffend die Gesellschaften mit beschränkter Haftung, Kreditwesengesetz, Partnerschaftsgesellschaftsgesetz.

10) Im Versicherungsaufsichtsgesetz, SE-Ausführungsgesetz, Börsengesetz.

heitsentziehungen (FrhEntzG). Die systematische Unterscheidung zwischen verwaltungsrechtlichem Anordnungsverfahren und freiheitsentziehenden Verfahren der ordentlichen Gerichtsbarkeit blieb aber erhalten.

Der Regelungsinhalt des bisherigen Gesetzes wurde grundsätzlich übernommen und mit den allgemeinen Bestimmungen in Buch 1 sowie den sachlich ähnlichen Vorschriften in Betreuungs- und Unterbringungssachen abgestimmt. Dies waren vor allem die Regelungen über die Beteiligten, den Verfahrenspfleger, die Anhörung und die Beschwerde. Besonders hervorzuheben ist die Erweiterung des Rechtschutzes durch eine zulassungsfreie Rechtsbeschwerde, die es nach dem früheren Freiheitsentziehungsgesetz nicht gab.

X. Buch 8 des FamFG

Das aus der ZPO übernommene Aufgebotsverfahren fand als Buch 8 Eingang in das FamFG. Der Regelungsgehalt der früheren Vorschriften und ihre Verknüpfung mit dem materiellen Recht wurden weitgehend unverändert übernommen.

Bei Aufgebotsverfahren handelt es sich ihrer Struktur nach nicht um kontradiktorische Verfahren. Sie hätten auf Grund ihrer rechtsgestaltenden Wirkungen eigentlich von vornherein der freiwilligen Gerichtsbarkeit zugeordnet werden müssen. Da es aber zum Zeitpunkt des Inkrafttretens der Zivilprozessordnung am 30. Januar 1877[11)] kein reichseinheitliches Gesetz auf dem Gebiet der freiwilligen Gerichtsbarkeit gab, sind diese Verfahren in das Zivilprozessrecht eingestellt worden.[12)]

Mit der Überführung des Aufgebotsverfahrens in das FamFG konnten die Verfahrensvorschriften insbesondere durch die Geltung von Buch 1 erheblich gestrafft werden. An die Stelle der Regelungen zur Anfechtungsklage traten die allgemeinen FamFG-Beschwerdebestimmungen. Entfallen konnte auch der frühere Aufgebotstermin, der durch ein Anmeldeverfahren, ähnlich wie im Verschollenheitsverfahren, ersetzt wurde. Das Urteilsverfahren wurde durch das FamFG-Beschlussverfahren mit erleichterten Zustellungsvorgaben ersetzt, was dem nichtstreitigen Charakter des Verfahrens besser entspricht. Für den Rechtsinhaber bieten die allgemeinen Bestimmungen in Buch 1 neue Möglichkeiten zur Wiedereinsetzung in die Rechtsmittelfristen und zur Abänderung der Entscheidung.

---

11) Zivilprozessordnung – ZPO, v. 30.1.1877, RGBl. 1877, 83.

12) *Hahn*, Begr. des Entwurfs einer Civilprozeßordnung, Materialien, 1881, S. 479 f.

XI. Änderungshistorie bis 2017 und Ausblick

Als das FamFG am 1. September 2009 in Kraft trat, war es bereits mehrfach geändert worden. Dabei handelte es sich um verfahrensrechtliche Anpassungen infolge von Änderungen vor allem im materiellen Recht, wie beispielsweise dem Gesetz zur Strukturreform des Versorgungsausgleichs[13)] und dem Dritten Gesetz zur Änderung des Betreuungsrechts[14)]).

Mit dem Gesetz zur Modernisierung von Verfahren im anwaltlichen und notariellen Berufsrecht, zur Errichtung einer Schlichtungsstelle der Rechtsanwaltschaft sowie zur Änderung sonstiger Vorschriften[15)] wurde das FamFG kurz vor seinem Inkrafttreten im Wesentlichen redaktionell nachgebessert.

In den acht Jahren nach seinem Inkrafttreten kam es zu insgesamt 37 weiteren Änderungen des FamFG. Davon waren besonders das Verfahren in Familiensachen (Buch 2), in Betreuungssachen (Buch 3) und in Nachlasssachen (Buch 4) betroffen.[16)]

---

13) Gesetz zur Strukturreform des Versorgungsausgleichs – VAStrRefG, v. 3.4.2009, BGBl. I 2009, 700.

14) Drittes Gesetz zur Änderung des Betreuungsrechts – 3. BtÄndG, v. 29.7.2009, BGBl. I 2009, 2286.

15) Gesetz zur Modernisierung von Verfahren im anwaltlichen und notariellen Berufsrecht, zur Errichtung einer Schlichtungsstelle der Rechtsanwaltschaft sowie zur Änderung sonstiger Vorschriften – RAuNOBRÄndG, v. 30.7.2009, BGBl. I 2009, 2449.

16) Auswahl wichtiger Änderungsgesetze:
Gesetz zur Modernisierung des Benachrichtigungswesens in Nachlasssachen durch Schaffung des Zentralen Testamentsregisters bei der Bundesnotarkammer und (...), v. 22.12.2010, BGBl. I 2010, 2255);
Gesetz zur Regelung der betreuungsrechtlichen Einwilligung in eine ärztliche Zwangsmaßnahme v. 18.2.2013, BGBl. I 2013, 266;
Gesetz zur Reform der elterlichen Sorge nicht miteinander verheirateter Eltern v. 16.4.2013, BGBl. I 2013, 795;
Gesetz zum Internationalen Erbrecht und zur Änderung von Vorschriften zum Erbschein sowie zur Änderung sonstiger Vorschriften v. 29.6.2015, BGBl. I 2015, 1042;
Gesetz zur Änderung des Unterhaltsrechts und des Unterhaltsverfahrensrechts sowie (...) v. 20.11.2015, BGBl. I 2015, 2018;
Gesetz zur Änderung des Sachverständigenrechts und (...) v. 11.10.2016, BGBl. I 2016, 2222;
Gesetz zur Einführung eines familiengerichtlichen Genehmigungsvorbehaltes für freiheitsentziehende Maßnahmen bei Kindern v. 17.7.2017, BGBl. I 2017, 2424;
Gesetz zur Änderung der materiellen Zulässigkeitsvoraussetzungen von ärztlichen Zwangsmaßnahmen und zur (...) v. 17.7.2017, BGBl. I 2017, 2426;
Gesetz zur Bekämpfung von Kinderehen v. 17.7.2017, BGBl. I 2017, 2429.

Bereits im Gesetzgebungsverfahren kam die Forderung nach einer Evaluierung des Reformvorhabens auf, ohne jedoch einen gesetzlichen Auftrag dafür zu beschließen. Dieser Forderung entsprechend begann im Dezember 2015 eine rechtstatsächliche Untersuchung, mit der festgestellt werden soll, ob und inwieweit sich in der Praxis die Zielsetzungen der Reform realisiert haben. Die Ergebnisse der Evaluierung werden zu Beginn des Jahres 2018 vorliegen.

Zwangsvollstreckung und Zwangsversteigerung in Bewegung

– Ist das deutsche Vollstreckungsrecht noch zeitgemäß? –

Detlef Wasser

Inhaltsübersicht

I. Einführung[1)]

Das Zwangsvollstreckungsrecht steht derzeit nicht im Zentrum des Interesses von Rechtswissenschaft und -politik. Dagegen haben sich zwischen 1872 und 1910 mehrere Juristentage allein mit Themen des Zwangsversteigerungsgesetzes (ZVG) beschäftigt, während das Vollstreckungsrecht in den letzten Jahren auf den Veranstaltungen des Deutschen Juristentages – zurückhaltend formuliert – eher wenig beachtet worden ist. Dass die Justiz dies wohl ähnlich sieht, zeigt sich etwa daran, dass die Materie im Geschäftsverteilungsplan des Bundesgerichtshofes auf mehrere Zivilsenate verteilt worden ist, mithin ein die Rechtsvereinheitlichung und -fortbildung auf dem Gebiet des Zwangsvollstreckungsrechts fördernder Stammsenat fehlt. Der Blick in die Kommentarliteratur und die dort geführte Auseinandersetzung mit der vornehmlich unterinstanzlichen Rechtsprechung unterstreicht ebenfalls diese Misere des Vollstreckungsrechts, das einer höchstrichterlichen Prägung weitgehend entzogen scheint. Und auch der Gesetzgeber hat – wie nicht zuletzt einige der in § 811 der Zivilprozess-

---

1) Der Verfasser dankt allen derzeitigen Mitarbeiterinnen und Mitarbeitern des Referats R A 4 des BMJV – Herrn Richter am Amtsgericht *Laskowski*, Frau Oberamtsrätin *Fechter*, Frau Oberamtsrätin *Bauer* und Frau Amtsinspektorin *Klaes* – für ihre wertvolle Zuarbeit und Mithilfe. Der Beitrag gibt allein die persönliche Auffassung der Beteiligten wieder. Der Text wurde am 1.9.2017 abgeschlossen; nur hinsichtlich einzelner Punkte konnten noch Aktualisierungen erfolgen.

ordnung (ZPO) aufgeführten geradezu anachronistischen Fallgestaltungen zeigen – auf das Ganze gesehen nur wenig Impetus gezeigt, auf diesem rechtstechnisch schwierigen Feld politische Akzente zu setzen.

Dennoch hat das Vollstreckungsrecht erhebliche rechtspraktische Bedeutung. Dies ergibt sich bereits aus der vom Statistischen Bundesamt veröffentlichten Justizstatistik, woraus deutlich wird, dass das Vollstreckungsverfahren ein millionenfach durchgeführtes Massenverfahren ist; so wurden im Jahre 2016 – dem letzten Jahr, aus dem derzeit valide Angaben vorliegen – beispielsweise mehr als 3,7 Millionen Aufträge zur Abnahme der Vermögensauskunft erteilt. Im gleichen Jahr ergingen mehr als 2,6 Millionen Eintragungsanordnungen für das Schuldnerverzeichnis. Plastisch ausgedrückt hat die Bedeutung des Vollstreckungsrechts erst jüngst ein Vertreter des Deutschen Anwaltvereins:[2)]

> „Vollstreckungsrecht? Wer interessiert sich für Vollstreckungsrecht? Unser Mandant!
>
> Für den Mandanten ist das Erkenntnisverfahren ein notwendiges Übel; er weiß doch schon, dass er Recht hat. Überspitzt: Wurde der Prozess gewonnen, hat das Gericht nur bestätigt, dass er Recht hat. (...) Doch will der Mandat „Recht“? Die meisten Mandanten in meiner Kanzlei wollen wirtschaftlich, „das, was ihnen zusteht“. Die Unterscheidung, ob der wirtschaftliche Erfolg aufgrund der vom Anwalt erkämpften Gerichtsentscheidung „freiwillig“ oder im Wege der Vollstreckung erzielt wird, scheint dem Mandanten zweitrangig.“

Das geltende Recht der Zwangsvollstreckung ist indes noch maßgeblich von den wirtschaftlichen und sozialen Verhältnissen des 19. Jahrhunderts geprägt. Seither hat sich die Vermögensstruktur der Schuldner aber grundlegend gewandelt. Heute sind Pfändungen in Forderungen des Schuldners häufig erfolgversprechender; dazu gehören auch vielfach gewährte Sozialleistungen. Der Gesetzgeber hat versucht, den veränderten gesellschaftlichen Rahmenbedingungen durch einzelne – allerdings nur eher punktuelle – Reformvorhaben Rechnung zu tragen. Zu nennen ist im Bereich der Forderungspfändung etwa die Einführung des Pfändungsschutzkontos.[3)] Ein weiterer – wichtiger – Schritt wurde im Jahre 2009 durch das Gesetz zur Reform der Sachaufklärung in der Zwangsvollstreckung vollzogen, welches in seinen maßgeblichen Teilen am 1. Januar 2013 in Kraft getreten ist.[4)] Dieses sieht eine Reihe von Neuerungen vor: Werkzeuge zur Informationsgewinnung für den Gläubiger sind nunmehr an den Beginn des Vollstreckungsverfahrens gestellt worden, gleichzeitig ist das Verfahren zur Ab-

---

2) *RA Norbert Slomian*, IVR 01/2017, Vorwort.
3) Dazu näher unten zu III.
4) Dazu näher nachfolgend zu II.

gabe der Vermögensauskunft modernisiert und die Verwaltung der Vermögensverzeichnisse sowie die Führung und der Inhalt der Schuldnerverzeichnisse überarbeitet worden.

Das 8. Buch der ZPO hat dadurch jedoch seine ursprüngliche – auf Transparenz und Verständlichkeit angelegte – Struktur verloren. Nunmehr finden sich hier zahlreiche „Buchstabenparagraphen" sowie überlange Vorschriften, die oft selbst für Fachleute wenig verständlich sind. Das 8. Buch ähnelt damit heute in vielem einem alten Haus, das bei ad hoc auftretenden Problemstellungen vielfältige und nicht zuletzt häufig nur eilig konzipierte An- und Rückbauten oder sonstige Umgestaltungen erfahren hat. Eine Gesamtreform aus einem Guss ist seit mehr als 100 Jahren unterblieben und wird derzeit vor allem in akademischen Zirkeln diskutiert, in Festreden angesprochen oder durch Interessenverbände – mit ersichtlichen Zielsetzungen – thematisiert. Geblieben sind insbesondere grundsätzliche Schwachstellen – so z. B.:

- Ist es noch zeitgemäß, nach der Art der Vollstreckung unterschiedene Vollstreckungsorgane vorzusehen?
- Wie ist die Vielfalt und Unübersichtlichkeit des Rechtsbehelfssystems zu rechtfertigen?

Überdies bedarf es einer grundlegenden Diskussion darüber, ob die notwendige Balance zwischen berechtigtem Gläubigerinteresse und angemessenem Schuldnerschutz heute noch gewahrt wird.

Es ist deshalb zu begrüßen, dass sich nunmehr zwei maßgebliche Berufsverbände auf dem Gebiet des Zwangsvollstreckungsrechts innerhalb des Deutschen Beamtenbundes – der Deutsche Gerichtsvollzieher Bund (DGVB) und der Bund Deutscher Rechtspfleger (BDR) – darauf verständigt haben, die Forderung nach einer umfassenden Evaluation des 8. Buchs der ZPO mit Blick auf die Notwendigkeit einer umfassenden Modernisierung voranzubringen.[5] Es bleibt abzuwarten, ob und in welcher Weise diese Forderung noch in der 19. Legislaturperiode im politischen Raum aufgegriffen wird. Möglicherweise bereits im Vorfeld einer solchen grundlegenden Überprüfung sollen jedoch im Folgenden schwerpunktmäßig aktuelle Arbeiten des Bundesministeriums der Justiz und für Verbraucherschutz zur Fortentwicklung des Zwangsvollstreckungsrechts vorgestellt werden. Diese sind

---

5) Eine entsprechende Beschlussfassung erfolgte auf dem Gewerkschaftstag des Deutschen Beamtenbundes im November 2017.

unter der Verantwortung der scheidenden Leiterin der Abteilung „Rechtspflege“, *Marie Luise Graf-Schlicker*, der dieser Beitrag deshalb gewidmet ist, angestoßen worden. Behandelt werden sollen die Konsequenzen der erweiterten Sachaufklärung in der Zwangsvollstreckung (nachfolgend zu II.), die Überarbeitung des Rechts des Pfändungsschutzkontos (zu III.) und die Arbeiten zur Fortentwicklung des ZVG (zu IV.).

II. Konsequenzen der erweiterten Sachaufklärung in der Zwangsvollstreckung

In der 1879 in Kraft getretenen Fassung der ZPO nehmen Vorschriften über die Ermittlung des Schuldnervermögens keinen besonderen Raum ein. Geht man von dem bekannten Aperçu aus, dass in der Zwangsvollstreckung gehandelt und nicht verhandelt wird, erscheint dies auch folgerichtig: Das streng formalisierte, vom Erkenntnisverfahren und seinem Beweisrecht betont geschiedene Zwangsvollstreckungsverfahren schien nur wenig Raum dafür zu lassen, von den Vollstreckungsorganen kosten- und zeitaufwändige Prüfungsschritte der individuellen Vermögenssituation des Schuldners zu verlangen. Zudem stellte der historische Gesetzgeber – wie man der Struktur des 8. Buches noch immer anmerkt – die durch den Gerichtsvollzieher bewirkte Vollstreckung in bewegliche körperliche Sachen in den Mittelpunkt. Wenn aber der Gerichtsvollzieher in erster Linie bewegliche Sachen des Schuldners pfänden soll, gehört dazu zwangsläufig auch, Wohnung oder Betrieb des Schuldners aufzusuchen und sich dort zunächst nach Pfändbarem umzuschauen, wozu § 758 ZPO ermächtigt. Man kann also sagen, dass die Mobiliarpfändung ihre eigene Sachaufklärung gleichsam in sich trägt. Dass auch diese Form der Sachaufklärung durch das geschulte Auge des Gerichtsvollziehers einen Eingriff in (nicht zuletzt verfassungsrechtlich gewährleistete) Schuldnerrechte darstellt, konnte jedoch unter der Geltung des Art. 13 GG nicht mehr verneint werden; der Richtervorbehalt in § 758a ZPO ist Ausdruck dieser Überlegungen.

Mit der Änderung der Wirtschaftsverhältnisse und damit der Vermögensstruktur hat dieser Ansatz immer weniger praktischen Bedürfnissen genügt. Schuldnervermögen, das werthaltig ist und in effizienter Weise zugunsten des Gläubigers verwertet werden kann, ist heute – und man darf wohl annehmen künftig eher noch mehr – ganz überwiegend unkörperlich: Neben Giro- und Sparkonten ist hier an klassische Immaterialgüterrechte zu denken; die technische Entwicklung rückt ferner Domain-Namen, Online-Accounts oder „virtuelle Waren“ in den Blickpunkt – bis hin zu

Bitcoins, deren abgeschlossene Struktur eigene Probleme mit sich bringt.[6)] Eines ist all diesen Vermögenswerten indes gemeinsam: Ihre Existenz erschließt sich weder dem Gläubiger noch dem Vollstreckungsorgan ohne weiteres. Grundvoraussetzung jeder Vollstreckung ist aber, dass werthaltiges Vermögen bekannt wird – unbekannte Gegenstände können nicht im Gläubigerinteresse verwertet werden. Die Funktionalität der staatlichen Zwangsvollstreckung droht sonst ins Leere zu laufen. Deshalb konnte das Vollstreckungsrecht nicht der Frage ausweichen, ob neben dem eigentlichen Vollstreckungszugriff nicht weitere Ermittlungen vorgenommen werden dürfen. Zunächst erlaubte der erst 1990 eingefügte § 806a ZPO a. F. dem Gerichtsvollzieher lediglich, bei Gelegenheit eines Mobiliarvollstreckungsversuchs erlangte Kenntnisse über etwaige Forderungen des Schuldners gegen einen Dritten dem Gläubiger mitzuteilen und Mitbewohner des Schuldners – ausdrücklich ohne Antwortzwang – nach dessen Arbeitgeber zu befragen.

Mit dem Gesetz zur Reform der Sachaufklärung in der Zwangsvollstreckung[7)] sind die Ermittlungsbefugnisse des Gerichtsvollziehers durchgreifend erweitert worden: § 755 ZPO gewährt nunmehr umfassende Ermittlungsmöglichkeiten zum Aufenthaltsort des Schuldners; nach § 802l ZPO kann der Gerichtsvollzieher ferner – ohne Kenntnis des Schuldners, quasi „verdeckt" – über zuständige Behörden (Rentenversicherungsträger, Bundeszentralamt für Steuern, Kraftfahrt-Bundesamt) bezüglich Arbeitgebern, Konten und Fahrzeugen des Schuldners ermitteln. Die große Zahl der Fälle, in denen von diesen Maßnahmen Gebrauch gemacht wird,[8)] und die zwischenzeitlich erfolgte Aufhebung der zuvor für die Ermittlungsmaßnahmen bestehenden zivilprozessualen Wertgrenzen[9)] sind ein deutlicher Hinweis auf die praktische Bedeutung und grundsätzliche Akzeptanz dieser zusätzlichen Ermittlungsbefugnisse. Bemerkenswert ist zudem, dass der Gesetzgeber für die so geregelten Drittermittlungen stets den Gerichtsvollzieher als Ermittlungsorgan bestimmt hat – unabhängig davon, ob dieser letztlich für die Vollstreckung in die ermittelten Vermögensgegenstände

---

6) Vgl. nur jüngst *Würdinger* in: Stein/Jonas, ZPO, 23. Aufl., 2017, § 857 ZPO.

7) Gesetz zur Reform der Sachaufklärung in der Zwangsvollstreckung v. 29.7.2009, BGBl. I 2009, 2258.

8) Im Jahr 2016 erfolgten etwa 330.000 Anfragen bei den Rentenversicherungsträgern, 285.000 Kontenermittlungen über das Bundeszentralamt für Steuern und 55.000 Anfragen beim Kraftfahrt-Bundesamt.

9) Geändert durch das Gesetz zur Durchführung der Verordnung (EU) Nr. 655/2014 sowie zur Änderung sonstiger zivilprozessualer, grundbuchrechtlicher und vermögensrechtlicher Vorschriften und zur Änderung der Justizbeitreibungsordnung – EuKoPfVODG, v. 21.11.2016, BGBl. I 2016, 2591.

zuständig ist, was etwa bei Forderungspfändungen hinsichtlich Arbeitseinkommen und Kontoguthaben nicht der Fall ist. Dies fußt auf dem Gedanken, dass der Gerichtsvollzieher mit seinem unmittelbaren Kontakt zu Schuldnern regelmäßig die besten Kenntnisse über deren Verhältnisse hat. Als operativ tätige Beamte erscheinen Gerichtsvollzieher in Vollstreckungsverfahren gegenüber dem Bürger gleichsam als das „Gesicht der Justiz". Wenn es also im deutschen Vollstreckungsrecht mit seinen zerklüfteten Zuständigkeiten so etwas wie einen zentralen „Vollstreckungsmanager" gibt, wäre dies der Gerichtsvollzieher.

Vor diesem Hintergrund dürften jedenfalls systematische Erwägungen einer Ausweitung der Drittauskunftsbefugnisse kaum entgegengehalten werden können – denkbar ist (und derzeit diskutiert wird) beispielsweise, den Gerichtsvollziehern eine Einsichtsbefugnis in das Grundbuch zu geben. Jede Ausdehnung der Befugnisse der Gerichtsvollzieher wirft jedoch zugleich datenschutzrechtliche Fragen auf; Daten zu den Personalien von Schuldnern und einzelnen Vermögensgegenständen sind personenbezogen und besonders sensibel – dies gilt umso mehr für Drittauskünfte, die ohne vorherige Kenntnis des Schuldners erhoben werden. Daher hat der Gesetzgeber diese subsidiär zur Eigenauskunft des Schuldners ausgestaltet (§ 802l Abs. 1 Satz 1 ZPO) und bestimmt, dass sie nur in dem zur Vollstreckung erforderlichen Umfang erfolgen dürfen (§ 802l Abs. 1 Satz 2 ZPO). Dennoch kann es nicht überraschen, dass den Gerichtsvollziehern schon heute nicht unerhebliche datenschutzrechtliche Pflichten auferlegt sind: Sie haben nicht erforderliche Daten unverzüglich zu sperren und zu löschen (§ 802l Abs. 2 ZPO), den Schuldner über die ihn betreffenden Datenverarbeitungen zu informieren (§§ 802d Abs. 1 Satz 4, 802l Abs. 3 und 5 ZPO) und den Gläubiger zum vorschriftsmäßigen Umgang mit weitergegebenen Daten zu ermahnen (§ 802d Abs. 1 Satz 3 ZPO). Mit der Erweiterung der Befugnisse der Gerichtsvollzieher zur Sachaufklärung ist – notwendigerweise – ihre Funktion als datenverarbeitende Stelle begründet worden; das Datenschutzrecht ist somit auch ein wesentlicher Bestandteil des Gerichtsvollzieherrechts geworden.

Noch virulenter dürften die datenschutzrechtlichen Problemstellungen mit der Anwendung der Datenschutz-Grundverordnung[10)] ab dem 25. Mai 2018

---

10) Verordnung (EU) 2016/679 des Europäischen Parlaments und des Rates v. 27.4.2016 zum Schutz natürlicher Personen bei der Verarbeitung personenbezogener Daten, zum freien Datenverkehr und zur Aufhebung der Richtlinie 95/46/EG – Datenschutz-Grundverordnung, ABl. (EU) L 119/1 v. 4.5.2016.

werden. Diese enthält in den Art. 12 bis 22 weitgreifende Pflichten für Daten verarbeitende Stellen und Betroffenenrechte – zugleich aber Ausnahmebestimmungen, so in Art. 23 Abs. 1 lit. j für die Durchsetzung zivilrechtlicher Forderungen. Als Verarbeiter sensibler personenbezogener Daten werden auch – und gerade – die Gerichtsvollzieher von diesen neuen Pflichten betroffen sein. Angesichts des Charakters des Vollstreckungsverfahrens als Massenverfahren und der Zeitsensibilität von Vollstreckungsmaßnahmen – es geht dabei nicht zuletzt um Rangfragen – ist dies sicherlich eine große Herausforderung. Eine grundlegende Untersuchung des Einflusses des Datenschutzrechts auf das Zwangsvollstreckungsrecht und deren Wechselwirkungen steht im Übrigen immer noch aus – lohnenswert wäre sie fraglos.

Mit Blick auf die dargestellten Berechtigungen des Gerichtsvollziehers zur Datenerhebung wird der Fokus zugleich auf das Schicksal der von ihm an einen Gläubiger weitergegebenen Daten gelenkt, die aus Drittauskünften oder vom Schuldner abgegebenen Vermögensverzeichnissen stammen. Außer dem ausdrücklichen Hinweis gemäß § 802d Abs. 1 Satz 3, § 802l Abs. 3 Satz 3 ZPO bestehen für ihn keine unmittelbaren Kontrollmittel. Aus dem politischen Raum ist deshalb die Frage aufgeworfen worden, ob es – i. S. des Schuldnerschutzes – nicht zielführender sei, die erhobenen Daten bei dem Gerichtsvollzieher zu belassen, der sie wiederum bei der Ausführung von Gläubigeraufträgen nutzt, ohne sie weiterzugeben. Hierdurch würde der Gerichtsvollzieher allerdings zugleich zu einem „Datenmanager". Damit verbunden wäre zugleich ein erheblicher Eingriff in die Gläubigerautonomie hinsichtlich Art und Zeitpunkt der Vollstreckungsmaßnahmen, immerhin einer der tragenden Pfeiler des deutschen Vollstreckungsrechts. Solange keine einheitliche Zuständigkeit für Vollstreckungshandlungen besteht, der Gläubiger somit Schuldnerdaten auch für Vollstreckungsmaßnahmen benötigt, die er bei anderen Stellen beantragen muss, dürften ferner praktische Gesichtspunkte gegen eine solche Datenzentralisierung sprechen. Denn auch insoweit gilt: Jede künftige Reform des Vollstreckungsrechts wird Fragen der Weitergabe und Verarbeitung von Daten aufwerfen – und (vor allem) beantworten müssen.

III. Überarbeitung des Rechts des Pfändungsschutzkontos

Die Reform des Kontopfändungsschutzes[11], deren Kern die Einführung des Pfändungsschutzkontos (P-Konto) ist, ist – neben der Reform der

11) Gesetz zur Reform des Kontopfändungsschutzes v. 7.7.2009, BGBl. I 2009, 1707.

Sachaufklärung – als wichtigste Neuausrichtung der Zwangsvollstreckung der letzten Jahre anzusehen. Ihr liegt die Einsicht zugrunde, dass ein funktionsfähiges Zahlungskonto, mit dem – auch bei Vorliegen einer Pfändung – Zahlungsvorgänge des täglichen Lebens abgewickelt werden können, im heutigen Wirtschaftsleben unverzichtbar ist. Denn selbst eine nur zeitweise Konto-Blockade kann für den Schuldner einschneidende Folgen haben; diese reichen von Problemen bei der Zahlung des Mietzinses bis hin zu einer sozialen Deklassierung des Schuldners; um diese negativen Auswirkungen zu verhindern, wurde das P-Konto eingeführt.[12)]Auf dem P-Konto ist – ohne weiteres Zutun des Schuldners – ein Grundfreibetrag, der sich an dem steuerfrei zu stellenden Existenzminimum orientiert, automatisch geschützt (1. Stufe). Der Grundfreibetrag kann sich in bestimmten Fällen erhöhen, beispielsweise wegen gesetzlicher Unterhaltsverpflichtungen des Schuldners (2. Stufe); das Vorliegen der Erhöhungstatbestände muss der Schuldner dem Zahlungsinstitut dabei durch die Vorlage einer Bescheinigung nachweisen. Im Falle weiterer Abweichungen von dem Grundfreibetrag ist die Mitwirkung des Vollstreckungsgerichts erforderlich (3. Stufe).

Bereits die Einführung des P-Kontos gestaltete sich allerdings schwierig. So wurde die Befürchtung geäußert, dass der neue Kontopfändungsschutz erhebliches Missbrauchspotential beinhalte, etwa weil der Schuldner mehrfach den Pfändungsschutz in Anspruch nehmen könne; das hat sich jedoch in der Praxis als unbegründet erwiesen. Auch der Schutz von Sozialleistungen sowie die gegenüber dem alten Schutzregime gestiegene Verantwortung der Banken – insbesondere beim Pfändungsschutz auf der 2. Stufe – sorgten für Zündstoff. Aus diesem Grund hatte die Bundesregierung schon in ihrem Gesetzentwurf vorgesehen, drei Jahre nach dem Inkrafttreten im Jahre 2010[13)] eine Evaluierung durchzuführen. Mit dieser wurde im Jahre 2013 das Institut für Finanzdienstleistungen in Hamburg (iff) beauftragt, wobei bereits bei Auftragserteilung ein erheblicher Teil der untersuchungsrelevanten Fragestellungen benannt wurde. Hierzu gehörten die Ansparmöglichkeiten bei nicht verbrauchtem Guthaben, Probleme bei der Ausstellung, Anerkennung und Geltungsdauer von Bescheinigungen, die für den Pfändungsschutz auf der 2. Stufe erforderlich sind, Probleme bei der Nachzahlung von Sozialleistungen sowie der Um-

12) Vgl. BT-Drucks. 16/7615, S. 2, 12 f.
13) BR-Drucks. 663/07 v. 28.9.2007, S. 28.

fang der Entlastung der Vollstreckungsgerichte. Ende 2014 wurde zudem die Verbesserung des Schutzes von Geldleistungen aus der Bundesstiftung „Mutter und Kind – Schutz des ungeborenen Lebens“ in die Untersuchung einbezogen.

Der Schlussbericht über die Evaluierung vom 1. Februar 2016[14] zeigt auf, dass eine Sicherstellung des Kontopfändungsschutzes durch das P-Konto grundsätzlich bejaht werden kann, das Gesetz zur Reform des Kontopfändungsschutzes mithin als Erfolg zu bewerten ist. So gewährleistet bereits bei zwei Dritteln der P-Konten der Grundfreibetrag einen ausreichenden Pfändungsschutz und ist die mit dem Gesetz intendierte Entlastung der Vollstreckungsgerichte ebenfalls eingetreten. Ein Teil der aufgetretenen Probleme – wie die Erhebung gesonderter Entgelte für die Kontoführung oder die Einschränkung von Kontoführungsfunktionen – wurde außerdem durch die höchstrichterliche Rechtsprechung und gesetzgeberische Maßnahmen (insbesondere durch das Zahlungskontengesetz) behoben. Nach dem Ergebnis der Untersuchung bestehen aber dennoch punktuell Probleme mit dem P-Konto.

Es besteht deshalb Raum für eine Optimierung der Anwenderfreundlichkeit des P-Kontos für alle Betroffenen. Mit dieser Zielsetzung hat die im Bundesministerium der Justiz und für Verbraucherschutz federführende Arbeitseinheit bereits einen Diskussionsentwurf zu einem Gesetz zur Fortentwicklung des Rechts des Pfändungsschutzkontos (PKoFoG) erarbeitet. Durch die avisierten Nachbesserungen sollen insbesondere Schwierigkeiten für die Inhaber von P-Konten bei der Realisierung des ihnen gesetzlich garantierten Pfändungsschutzes behoben werden. Denn die Evaluierung hat gezeigt, dass es derzeit – aus Sicht der Schuldner – zu nicht unerheblichen vermeidbaren Auskehrungen an die Gläubiger kommt. Der Entwurf soll deshalb die Schaffung von eindeutigeren Regeln und klareren Zuständigkeiten für den Pfändungsschutz auf der 2. und 3. Stufe vorsehen. Zudem soll in den Blick genommen werden, den Ansparzeitraum zu verlängern, zusätzliche Regelungen zu debitorischen Konten und zum Schutz bei Pfändung des Guthabens auf einem Gemeinschaftskonto zu schaffen sowie das Verfahren für den häufig auftretenden Fall der Nachzahlung von Sozialleistungen zu optimieren. Neu eingeführt werden soll ebenfalls

---

14) Abrufbar unter http://www.bmjv.de/DE/Themen/FinanzenUndAnlegerschutz/ZwangsvollstreckungPfaendungsschutz/Pfaendungsschutzkonto.html?nn=6766112 (Abrufdatum: 2.1.2018); als Schrift erhältlich beim BMJV.

eine Beteiligung des Bundesamtes für Justiz, das künftig Codierungen für Leistungen der Sozialleistungsträger festlegen und Muster für Vordrucke von Bescheinigungen zertifizieren können soll. Ferner ist beabsichtigt, im Falle des Kontenwechsels in der Sache eine weitreichende Kontinuität des Pfändungsschutzes sicherzustellen. Um die Anwenderfreundlichkeit zu erhöhen, sollen die – bislang wenig übersichtlichen – Vorschriften für den Kontopfändungsschutz überdies grundlegend neu strukturiert werden.

Der Diskussionsentwurf berücksichtigt so die teilweise sehr unterschiedlichen Interessen der bei der Kontopfändung Beteiligten und verfolgt insoweit einen ausgewogenen Ansatz. Die Belastung der Zahlungsinstitute, die sowohl im personellen Bereich als auch in der Bereitstellung IT-technischer Lösungen liegt und für die – bislang – keine Kompensation über erhöhte Kontoführungsgebühren erfolgt, ist in diesem Zusammenhang ebenso zu bedenken wie die derzeit (weder personell noch finanziell kompensierte) erhebliche Beteiligung der Schuldnerberatungsstellen bei der Ausstellung von Bescheinigungen. Auf der anderen Seite müssen die Mitwirkungspflichten der Sozialbehörden und der Vollstreckungsgerichte neu austariert werden. Vor dem Hintergrund der durchaus divergierenden Interessen ist allerdings damit zu rechnen, dass – wie bereits bei der Einführung des P-Kontos – im weiteren Verfahren noch eine Reihe von Untiefen umschifft werden müssen. Jedoch besteht – bei aller Unterschiedlichkeit der Positionen – eine konstruktive Zusammenarbeit der vom P-Konto-Recht Betroffenen und ein praktischer Austausch in einer Reihe von einschlägigen Gesprächskreisen und Foren. Jedenfalls vorsichtiger Optimismus für das Gelingen eines solchen Reformwerks erscheint daher angezeigt.

IV. Arbeiten zur Fortentwicklung des ZVG

Der Immobilienmarkt zählt zu den größten Wirtschaftszweigen Deutschlands. Mehr als 50 % aller Kredite werden durch Immobilien besichert. Jährlich werden im Bundesgebiet etwa 50.000 Objekte zwangsversteigert. Um diese Aufgabe erfüllen zu können, ist die Bereitstellung eines funktionierenden Verwertungsverfahrens unerlässlich. Die Verwertung von Immobilien sowie deren etwaige Zwangsverwaltung wird aber auch heute noch durch das ZVG geregelt, das aus dem Jahre 1897 stammt und – wie die ZPO – bislang keine strukturelle Anpassung an die Änderungen der ökonomischen Grundlagen und die sozialen Verhältnisse des 21. Jahrhunderts erfahren hat.

„Das ZVG auf dem Prüfstand“ – unter diesem Titel wurde deshalb nach langwierigen Vorarbeiten durch das Bundesjustizministerium eine umfassende Evaluierung in Auftrag gegeben, die – nach zweijähriger Laufzeit – im Sommer 2017 fertiggestellt werden konnte. Ein Projektteam der Hochschule für Wirtschaft und Recht Berlin – bestehend aus den *Professoren Roland Böttcher*, *Ulrich Keller* und *Wolfgang Schneider* – befasste sich dabei schwerpunktmäßig mit rechtstatsächlichen Aspekten; *Professor Dr. Klaus Bartels* (Universität Hamburg) verfasste eine rechtsvergleichende Studie. Das Bundesjustizministerium begleitete die Arbeiten der Forscher durch eine Reihe von Experten- und Beiratssitzungen. Da von dem Recht der Zwangsversteigerung und Zwangsverwaltung als Querschnittsmaterie vielfältigste Lebensbereiche betroffen sind, waren daran unterschiedlichste Interessenverbände beteiligt; erwähnt seien nur: Vertreter der Kreditwirtschaft, Rechtsanwalts-, Richter- und Rechtspflegerverbände, Mieter-, Eigentümer- und Vermieterverbände, Vertreter der Zwangsverwalter und der Wertgutachter.

Die Ergebnisse der Untersuchung[15)] weisen die Richtung hin zu einem reformierten Verfahrensrecht, das heutigen Transparenzanforderungen genügt und die Interessen aller Beteiligten möglichst angemessen berücksichtigt. Die Verfahrenspraktikabilität und die Effizienz i. S. beteiligter Gläubiger müssen hierbei in einen gerechten Ausgleich mit den Belangen der Schuldner und der Ersteher gebracht werden. In gleicher Weise sind die Interessen von Mietern oder sonstigen berechtigten Nutzern eines Vollstreckungsobjekts zu wahren; ein selbst genutztes „Familienheim“ stellt häufig den Mittelpunkt des Zusammenlebens dar – ein Zugriff darauf beinhaltet deshalb nicht nur einen Vermögensverlust.

Die Berichte zeigen auf, dass das ZVG zwar immer noch ein solides rechtstechnisches Gerüst für die Zwangsversteigerung und die Zwangsverwaltung in Deutschland bietet, ein modernes Vollstreckungsrecht aber die Neujustierung zahlreicher Verfahrensabläufe erfordert und erheblicher Fortentwicklungsbedarf bezüglich einer Fülle sich neu stellender – auch grundsätzlicher – Fragen besteht. Besonderer Reformbedarf wird vor allem

---

15) Abrufbar unter http://www.bmjv.de/DE/Themen/FinanzenUndAnlegerschutz/ZwangsvollstreckungPfaendungsschutz/ForschungsvorhabenReformbedarfZVG.html (Abrufdatum: 2.1.2018); als Schrift erhältlich beim BMJV.

gesehen bei der Stärkung des Schuldnerschutzes, dem Schutz der Familie insbesondere bei Teilungsversteigerungen, der Erhöhung der Qualität der Sachverständigengutachten zur Verkehrswertermittlung und bei den Versteigerungsbedingungen – mit dem Ziel einer verstärkten Nutzung elektronischer Medien. In den Berichten wird zudem vorgeschlagen, die Stellung der Bieter näher zu konturieren, etwa um unzulässige Bieterabsprachen zu bekämpfen, aber auch um den Wettbewerb der Bieter zu fördern, z. B. in Form eines Nachgebots, einer freihändigen Veräußerung oder der Möglichkeit einer Versteigerung im Internet. Besichtigungsrechte während des laufenden Verfahrens könnten geschaffen werden, um den Erwerb einer Immobilie in der Versteigerung attraktiver zu gestalten. Besonderes Augenmerk wird zudem auf die Fortentwicklung des Instituts der Zwangsverwaltung gelegt, da hierdurch – dem Gebot der Verhältnismäßigkeit entsprechend – ein geringerer Eingriff in das Schuldnereigentum erfolgt als durch eine Versteigerung.

Das Bundesjustizministerium wertet die Forschungsberichte derzeit umfassend aus. Die Formulierung eines Gesetzentwurfs auf ihrer Grundlage kann sicherlich ein rechtspolitisches Großvorhaben in der anstehenden 19. Legislaturperiode werden.

V. Fazit

Die vorstehend – beispielhaft – dargestellten Arbeiten des Bundesjustizministeriums lassen erkennen, dass das Recht der Zwangsvollstreckung und Zwangsversteigerung – wenn auch im unterschiedlichen Maße – bereits „in Bewegung" ist. Dabei wird es schon erheblicher Anstrengungen bedürfen, diese Arbeiten abzuschließen. Zugleich gilt es aber, auf dem Weg einer grundlegenden Neuordnung für ein effizientes und zeitgemäßes Recht der Zwangsvollstreckung – sei es mit kleinen Schritten, sei es mit größeren Sprüngen – stetig und beharrlich voranzukommen. Hierzu kann das Motto ebenfalls nur lauten:

„Wir können den Wind nicht ändern, aber wir können die Segel richtig setzen."

(Aristoteles)

Die Leitprinzipien der Vereinten Nationen für Wirtschaft und Menschenrechte und die alternative Streitbeilegung im Zivilrecht

NICOLA WENZEL

Inhaltsübersicht

I. Einleitung

Am 16. Juni 2011 hat der Menschenrechtsrat der Vereinten Nationen die „Leitprinzipien für Wirtschaft und Menschenrechte" angenommen.[1] Diese sind das Ergebnis jahrzehntelanger Bemühungen auf Ebene der Vereinten Nationen, menschenrechtliche Standards für das Handeln von Wirtschaftsunternehmen festzulegen. Die Leitprinzipien konkretisieren die bestehenden menschenrechtlichen Schutzpflichten der Staaten, differenzieren die Verantwortung der Unternehmen zur Achtung der Menschenrechte aus und thematisieren den Zugang von in ihren Menschenrechten beeinträchtigten Personen zu wirksamer Abhilfe. Diese umfasst nicht nur den gerichtlichen Rechtsschutz, sondern auch den Zugang zu außergerichtlichen Mechanismen der Streitbeilegung. Erstmalig finden sich damit in einem völkerrechtlichen Instrument ausdifferenzierte Standards zur alternativen Beilegung von Streitigkeiten zwischen Unternehmen und Individuen.

---

1) Resolution 17/4 v. 16.6.2011, UN Doc. A/HRC/17/L.17/Rev.1, § 1. Die Leitprinzipien selbst finden sich in dem abschließenden Bericht des UN-Sonderbeauftragten *Ruggie* an den Menschenrechtsrat v. 21.3.2011, UN Doc. A/HRC/17/31.

Diese völkerrechtliche Perspektive auf das herkömmlich dem Bereich des Privatrechts zugeordnete Recht der alternativen Streitbeilegung soll in diesem Beitrag näher beleuchtet werden. In einem ersten Schritt werden die UN-Leitprinzipien vorgestellt und in ihren völkerrechtlichen Kontext eingeordnet (II). Sodann wird das Zusammenspiel der Leitprinzipien mit Recht und Praxis der alternativen Streitbeilegung im deutschen Zivilrecht erörtert (III.).

II. Die Leitprinzipien für Wirtschaft und Menschenrechte der Vereinten Nationen

1. Entstehungsgeschichte

In der globalisierten Welt haben transnationale Unternehmen an Bedeutung gewonnen. Ihre unternehmerischen Entscheidungen können weitreichende Folgen für die Menschenrechte der von ihnen betroffenen Individuen haben. Dies hat dazu geführt, dass das Thema Wirtschaft und Menschenrechte auf die Agenda der Vereinten Nationen kam. Anfang der 2000er Jahre entwickelte sich mit dem Entwurf von Normen zur Verantwortlichkeit transnationaler Unternehmen ein ehrgeiziges Projekt, das die Begründung von direkten menschenrechtlichen Pflichten für Unternehmen zum Ziel hatte.[2] Die Anerkennung direkter menschenrechtlicher Pflichten von Unternehmen hätte einen klaren Bruch mit dem klassischen Verständnis des Völkerrechts als eines Rechts zwischen Staaten[3] bedeutet und auch den internationalen Menschenrechtsschutz revolutioniert, in dem die völkerrechtlichen Menschenrechtsstandards als Rechte des Einzelnen gegen den Staat konzipiert und Privatpersonen daher nicht unmittelbar gebunden sind.[4] Der Entwurf scheiterte schließlich am Widerstand

---

2) Dabei handelt es sich um die sog. Norms on the Responsibilities of Transnational Corporations and Other Business Enterprises with Regard to Human Rights, die 2003 von der United Nations Sub-Commission on the Promotion and Protection of Human Rights angenommen wurden (UN Doc. E/CN.4/Sub.2/2003/12/Rev. 2). Dazu *Hillemanns*, UN Norms on the Responsibilities of Transnational Corporations and Other Business Enterprises with Regard to Human Rights, GLJ 2003, 1065; *Weissbrodt/Kruger*, Norms on the Responsibilities of Transnational Corporations and Other Business Enterprises with Regard to Human Rights, AJIL 2003, 901 ff.

3) Dazu *Herdegen*, Völkerrecht, 16. Aufl. 2017, S. 2.

4) Dazu *Kau* in: Graf Vitzthum/Proelß, Völkerrecht, 7. Aufl. 2016, S. 209 ff.

der Unternehmen und mangelnder Unterstützung durch die Staaten.[5] In der Folge wurde ein Sonderbeauftragter für Wirtschaft und Menschenrechte berufen mit dem Auftrag, einen neuen Prozess in Gang zu setzen.

Auf der Grundlage einer umfassenden Bestandsaufnahme existierender Standards entwickelte der Sonderbeauftragte *Ruggie* in einem ersten Schritt einen rechtlichen Rahmen zur Einbettung der Verantwortlichkeit von Unternehmen in die herkömmliche Dogmatik des internationalen Menschenrechtsschutzes.[6] Danach sind Menschenrechtsverletzungen durch Privatpersonen nicht unbeachtlich, sondern lösen eine Schutzpflicht des Staates aus. Die Schutzpflicht des Staates in Bezug auf grundrechtsbeschränkendes Handeln von Unternehmen stellt die erste Säule des von *Ruggie* entwickelten Rahmens dar. Die zweite Säule bezieht sich auf die Unternehmen, die, ohne direkter Adressat der Menschenrechte zu sein, in der (moralischen) Verantwortung gesehen werden, diese bei ihrer Tätigkeit zu achten. Eine dritte Säule schließlich betrifft den Zugang der von Menschenrechtsverletzungen Betroffenen zu effektiver Abhilfe.

Dieser pragmatische Ansatz erwies sich als erfolgreicher, so dass der Sonderberichterstatter in einem zweiten Schritt im Auftrag des UN-Menschenrechtsrates Empfehlungen für die praktische Umsetzung der drei Säulen erarbeitete. Dies sind die Leitprinzipien für Wirtschaft und Menschenrechte.

2. Inhalt

Die Leitprinzipien sind in die bereits dargelegten drei Säulen „Schutz, Achtung, Abhilfe" unterteilt und enthalten für jede Säule zunächst grundlegende Prinzipien und sodann eine Reihe von operativen Prinzipien, mit denen Hinweise zur praktischen Umsetzung gegeben werden.

Im Folgenden sollen die für die alternative Streitbeilegung relevanten Prinzipien zum Zugang zur Abhilfe der dritten Säule näher dargestellt werden.[7] Diese Säule hat in den ersten Jahren nach Verabschiedung der Leitprin-

---

5) Angesichts der Widerstände nahm die Human Rights Commission den Entwurf zur Kenntnis, machte ihn sich jedoch nicht zu eigen und hielt ausdrücklich fest, dass er keinerlei Rechtswirkungen entfalte (Human Rights Commission, Entsch. v. 20.4.2004, abgedruckt in UN Doc. E/2004/23, E/CN.4/2004/127, S. 332).

6) UN Doc. A/HRC/8/5.

7) Dazu ausführlich *Drimmer/Laplante*, The Third Pillar, in: Martin/Bravo, The Business and Human Rights Landscape, 2015, S. 316 ff.

zipien durch den Menschenrechtsrat zunächst wenig Beachtung erfahren. Dies soll sich nun ändern. Zu diesem Zweck hat der Menschenrechtsrat den Hohen Kommissar für Menschenrechte beauftragt, besonderes Augenmerk auf die Umsetzung der dritten Säule zu legen.[8] Dies geschieht derzeit im sogenannten *Accountability and Remedy Project*.[9]

Grundlegendes Prinzip der dritten Säule ist die menschenrechtliche Pflicht der Staaten, im Fall von mit Unternehmen zusammenhängenden Menschenrechtsverletzungen dafür zu sorgen, dass die Betroffenen Zugang zu wirksamer Abhilfe haben.[10] Angeknüpft wird hier letztlich an Bestimmungen in internationalen Verträgen zum Schutz der Menschenrechte, die das Recht auf eine wirksame Beschwerde bei Menschenrechtsverletzungen vorsehen.[11] Auch wenn sich diese Bestimmungen dem Wortlaut nach auf Menschenrechtsverletzungen durch hoheitliches Handeln beziehen, ist anerkannt, dass sie bei Rechtsverletzungen durch Private insoweit greifen, als sich aus den materiellen Menschenrechten Schutzpflichten der Staaten ergeben.[12]

Die operativen Prinzipien betreffen zum einen gerichtliche Mechanismen,[13] auf die hier nicht näher eingegangen wird, und zum anderen außergerichtliche Beschwerdemechanismen. Letztere lassen sich unterteilen in Prinzipien, die den Zugang zu außergerichtlichen Beschwerdemechanismen gewährleisten sollen (a), und solchen, die die Ausgestaltung der Verfahren betreffen (b).

a) Gewährleistung des Zugangs zu außergerichtlicher Streitbeilegung

Die Leitprinzipien gehen davon aus, dass die Gewährleistung wirksamer Abhilfe am besten durch ein umfassendes Abhilfesystem gewährleistet wird, in dem sich gerichtliche und außergerichtliche Beschwerdemechanismen gegenseitig ergänzen. Der Staat ist in der Pflicht, neben gerichtlichen

8) UN Doc. A/HRC/26/L.1.

9) Das erste Teilprojekt betraf den gerichtlichen Rechtsschutz und wurde mit einem Bericht an den Menschenrechtsrat abgeschlossen (UN Doc. A/HRC/32/19). Nunmehr werden in dem sog. *Accountability and Remedy Project II* die außergerichtlichen Mechanismen in den Vordergrund gestellt (vgl. OHCHR, Access to remedy for business-related human rights abuses, v. 17.2.2017, abrufbar unter https://business-humanrights.org/sites/default/files/images/ARPII_FINAL%20Scoping%20Paper.pdf (Abrufdatum: 20.12.2017)).

10) Resolution 17/4 v. 16.6.2011, UN Doc. A/HRC/17/L.17/Rev.1, § 25.

11) So zum Beispiel Art. 2 Abs. 3 IPbpR, Art. 13 EMRK, Art. 25 AMRK.

12) Für die EMRK *Richter* in: Dörr/Grote/Marauhn, EMRK/GG, 2. Auflage 2013, Bd. 2, Kap. 20 Rz. 80; *Breuer* in: Karpenstein/Mayer, EMRK, 2. Auflage 2015, Art. 13 Rz. 21.

13) Resolution 17/4 v. 16.6.2011, UN Doc. A/HRC/17/L.17/Rev.1, § 27.

Mechanismen auch außergerichtliche Beschwerdemechanismen bereitzustellen.[14] Die Ergänzung durch außergerichtliche Beschwerdemechanismen soll der Gefahr einer Überlastung des Gerichtssystems vorbeugen, beruht aber auch auf der Erkenntnis – die in dem Kommentar zu den Prinzipien allerdings nur angedeutet wird – dass ein gerichtliches Verfahren nicht in allen Fällen den Bedürfnissen des in seinen Menschenrechten betroffenen Individuums gerecht wird.[15]

Die Berücksichtigung der besonderen Bedürfnisse der betroffenen Personen wie dem nach einer schnellen Abhilfe, geringen Kosten oder grenzüberschreitender Reichweite ist auch Grund für den Aufruf an die Staaten, in Erwägung zu ziehen, den Zugang zu nicht-staatlichen Beschwerdemechanismen zu erleichtern. Damit sind zum einen unternehmensgetragene Beschwerdemechanismen gemeint, aber auch internationale Beschwerdemechanismen, wie sie z. B. bei den regionalen und universellen Menschenrechtsgremien existieren.

Als Reflex der in der zweiten Säule des Rahmens verankerten Verantwortung der Unternehmen zur Achtung der Menschenrechte wird zudem an die Unternehmen appelliert, selbst unternehmensgetragene Beschwerdemechanismen zu schaffen oder sich an solchen Mechanismen zu beteiligen.[16]

b) Ausgestaltung der außergerichtlichen Streitbeilegung

Außergerichtliche Beschwerdemechanismen können eine wirksame Abhilfe nur gewährleisten, wenn bei ihrer Ausgestaltung gewisse Standards beachtet werden. Die Leitprinzipien nennen hier als wesentliche Kriterien:[17]

– Der Mechanismus muss so konzipiert sein, dass ein faires Verfahren gewährleistet ist und insbesondere keine Einflussnahme der Parteien stattfinden kann (Legitimität).

---

14) Resolution 17/4 v. 16.6.2011, UN Doc. A/HRC/17/L.17/Rev.1, § 27.

15) Kommentar zu Resolution 17/4 v. 16.6.2011, UN Doc. A/HRC/17/L.17/Rev.1, § 27: „(...) gerichtliche Abhilfe ist weder immer notwendig noch wird sie von allen Anspruchstellern unbedingt bevorzugt."

16) Resolution 17/4 v. 16.6.2011, UN Doc. A/HRC/17/L.17/Rev.1, § 29. Siehe auch § 30, der vorsieht, dass industrieweite, Multi-Stakeholder- und andere gemeinschaftliche Initiativen, die auf der Achtung menschenrechtsbezogener Normen aufbauen, dafür Sorge tragen sollten, dass wirksame Beschwerdemechanismen zur Verfügung stehen.

17) Resolution 17/4 v. 16.6.2011, UN Doc. A/HRC/17/L.17/Rev.1, § 31.

- Der Mechanismus muss insbesondere auch für schwache Parteien zugänglich sein (Zugänglichkeit).
- Der Beschwerdemechanismus muss ein klares und vorhersehbares Verfahren bieten (Berechenbarkeit).
- Durch Information und Beratung muss gewährleistet sein, dass schwächere Parteien in dem Verfahren nicht benachteiligt werden (Ausgewogenheit).
- Über den Beschwerdemechanismus muss öffentlichkeitswirksam informiert werden; zudem muss in jedem einzelnen Verfahren für eine hinreichende Information der Beteiligten über den Stand des Verfahrens gesorgt werden (Transparenz).
- Die Ergebnisse des Verfahrens müssen mit den internationalen Menschenrechten im Einklang stehen (Rechte-Kompatibilität).
- Die Erfahrungen, die der Beschwerdemechanismus bei dem Umgang mit Beschwerden macht, sollen zur Verfahrensoptimierung genutzt werden; zudem sollen Erkenntnisse über Missstände genutzt werden, um diese proaktiv anzugehen (Quelle kontinuierlichen Lernens).

Mit diesen Kriterien wird eine Matrix für die Ausgestaltung von Mechanismen der außergerichtlichen Streitbeilegung geschaffen, in denen sich zum Teil Anklänge an das menschenrechtlich verbürgte Recht auf ein faires gerichtliches Verfahren finden. Der Ansatz ist jedoch nicht individualrechtlich; vielmehr liegt ihm eine allgemeinwohlorientierte utilitaristische Herangehensweise zugrunde: Das angestrebte Ziel einer wirksamen Abhilfe bei Menschenrechtsverletzungen von Unternehmen lässt sich in Bezug auf alternative Streitbeilegung nur gewährleisten, wenn die entsprechenden Mechanismen gewissen Qualitätsstandards genügen und dadurch das Vertrauen der Öffentlichkeit genießen. Zwar gibt es durchaus Ansätze, aus internationalen Menschenrechten ein Individualrecht auf ein faires Verfahren auch in Bezug auf Mechanismen der außergerichtlichen Streitbeilegung abzuleiten.[18] Diese Ansätze werden jedoch durch die Leitprinzipien nicht aufgegriffen – auch hier zeigt sich der zurückgenommene Ansatz von *Ruggie*, keine neuen menschenrechtlichen Standards zu schaffen, um die Akzeptanz der Prinzipien nicht zu gefährden.

---

18) Vgl. dazu *McGregor*, Alternative Dispute Resolution and Human Rights, EJIL 2015, 607, 620 f.

3. *Rechtsnatur*

Die Leitprinzipien stellen keine verbindlichen völkerrechtlichen Standards dar, sondern sind dem Bereich des unverbindlichen *soft law* zuzuordnen.[19)]

Dennoch sollte ihre Bedeutung nicht unterschätzt werden. Zum einen ist durchaus denkbar, dass nationale oder internationale Gerichte die Prinzipien zur Auslegung völkerrechtlicher Menschenrechtsverträge heranziehen.[20)] Zum anderen bilden die Prinzipien ein wichtiges Referenzdokument zur menschenrechtlichen Verantwortlichkeit von Unternehmen und üben als solches einen gewissen Anpassungs- und Rechtfertigungsdruck aus. Dies gilt insbesondere dann, wenn Nationale Aktionspläne für das jeweilige nationale Recht entwickelt werden.[21)] Die Leitprinzipien stellen sich vor diesem Hintergrund als Impulsgeber für einen langsamen, aber stetigen Wandel zu einer gelebten menschenrechtlichen Verantwortlichkeit von Unternehmen dar.

III. Das Zusammenspiel von Leitprinzipien und alternativer Streitbeilegung im Privatrecht

Im Folgenden sollen mögliche Wechselwirkungen zwischen den Leitprinzipien und Recht und Praxis der alternativen Streitbeilegung im deutschen Zivilrecht untersucht werden. Dabei wird zunächst der Frage nachgegangen, welche Relevanz den Leitprinzipien für die alternative Streitbeilegung im deutschen Zivilrecht zukommt (1.). Sodann wird dargelegt, wie Recht und Praxis der alternativen Streitbeilegung in Deutschland die Anwendung der Leitlinien beeinflussen können (2.).

---

19) Zu dem Begriff des soft law vgl. *Thürer*, Soft Law, in: Wolfrum, The Max Planck Encyclopedia of Public International Law, Oxford University Press Oxford 2017, abrufbar unter http://opil.ouplaw.com/view/10.1093/law:epil/9780199231690/law-9780199231690-e1469?prd=EPIL (Abrufdatum: 20.12.2017).

20) Erste Ansätze gibt es bereits. Vgl. die Studie des Europäischen Parlaments, Implementation of the UN Guiding Principles on Business and Human Rights, abrufbar unter http://www.europarl.europa.eu/RegData/etudes/STUD/2017/578031/EXPO_STU(2017)578031_EN.pdf, v. 2/2017, S. 16 m. w. N.

21) Im Dezember 2016 hat das Bundeskabinett den Nationalen Aktionsplan für Deutschland verabschiedet, abrufbar unter http://www.auswaertiges-amt.de/cae/servlet/contentblob/754690/publicationFile/222786/161221-NAP-DL.pdf (Abrufdatum: 20.12.2017). Eine Übersicht über Nationale Aktionspläne enthält die Studie des Europäischen Parlaments, Implementation of the UN Guiding Principles on Business and Human Rights, v. 2/2017.

1. Relevanz der Leitprinzipien für die außergerichtliche Streitbeilegung im Privatrecht

Auf den ersten Blick scheinen die Leitprinzipien und insbesondere ihre dritte Säule wenig Relevanz für die außergerichtliche Streitbeilegung im zivilrechtlichen Bereich zu haben. Das deutsche Zivilrecht kennt vermeintlich keine Mechanismen der außergerichtlichen Streitbeilegung, die der Durchsetzung von individuellen Menschenrechten gegenüber Unternehmen dienen. Die wissenschaftlichen Diskurse – die Auseinandersetzung um die Leitprinzipien in der völkerrechtlichen Literatur einerseits und die Diskussionen über die alternative Streitbeilegung im Zivilrecht in Deutschland andererseits – sind dementsprechend im Wesentlichen voneinander abgekoppelt.

Dabei wird übersehen, dass den Leitprinzipien ein sehr weiter Begriff der Menschenrechte zugrunde liegt.[22] Dies zeigt sich u. a. in den Arbeiten des Hohen Kommissars für Menschenrechte im Auftrag des Menschenrechtsrates zur Umsetzung der dritten Säule im Rahmen des *Accountability and Remedy Project II*. Hier werden das Arbeitsrecht und das Verbraucherschutzrecht als Bereiche identifiziert, die eine klare Relevanz für die menschenrechtliche Verantwortung von Unternehmen haben.[23] Auch der Europarat teilt dieses Verständnis.[24]

Das Schutzregime für Arbeitnehmer und Verbraucher ist in Deutschland sehr ausdifferenziert und überschreitet den menschenrechtsrelevanten Bereich bei weitem. Diese positive Entwicklung geht mit einem Verlust der Sensibilität dafür einher, dass der Schutz von Arbeitnehmern und Verbrauchern einen menschenrechtlichen Kern hat, der unmittelbar deutlich wird, denkt man z. B. an lebensgefährdende Produktionsbedingungen oder schwere Gesundheitsschäden verursachende Produkte. Das Bewusstsein für den menschenrechtlichen Kern von Schutzregimen wie denen des Arbeits- und des Verbraucherschutzrechts sollte Anlass sein, die Leitprinzipien bei den Diskussionen über die alternative Streitbeilegung in diesen Bereichen stärker zu berücksichtigen. Dabei soll und darf es nicht darum gehen, den Kauf eines defekten Fernsehgeräts als Menschenrechtsverletzung

---

22) *Drimmer/Laplante* in: Martin/Bravo, The Business and Human Rights Landscape, 2015, S. 320.

23) Siehe Fn. 9. Schon der Vorgängerentwurf der gescheiterten VN-Normen zur Verantwortlichkeit transnationaler Unternehmen erfasste ausdrücklich das Arbeitsrecht und das Verbraucherschutzrecht (UN Doc. E/CN.4/Sub.2/2003/12/Rev.2 (2003), Rz. 5 ff., 13, 14).

24) Ministerkomitee, Empfehlung v. 2.3.2016 – CM/Rec(2016)3, Rz. 51.

zu deklarieren oder Verbraucherschlichtungsstellen als Instrumente des Menschenrechtsschutzes zu qualifizieren. Vielmehr geht es darum, die Leitprinzipien als (unverbindlichen) Referenzrahmen in Bezug auf die alternative Streitbeilegung im Zivilrecht anzuerkennen. Als solche bekommen sie auch für die Entwicklung einer alternativen Streitkultur in Deutschland Relevanz.

Die Leitprinzipien stärken einen integrativen Ansatz in Bezug auf die Streitbeilegung. Dementsprechend sollte der gerichtliche Rechtsschutz durch alternative Methoden der Streitbeilegung ergänzt werden. Ziel sollte die Entwicklung eines ganzheitlichen Systems der Streitbeilegung sein, in dem der gerichtliche Rechtsschutz und alternative Mechanismen der Streitbeilegung ineinandergreifen und sich dahingehend ergänzen, dass für jeden Streit ein maßgeschneidertes und bedarfsgerechtes Konfliktlösungsprogramm zur Verfügung steht.

In dieser Entwicklung steht Deutschland noch am Anfang: Das deutsche Recht der alternativen Streitbeilegung ist ein relativ neues, für viele exotisch anmutendes Rechtsgebiet, das sich in dem gerichtszentrierten Denken nicht nur der Fachwelt, sondern auch der breiten Öffentlichkeit erst bewähren muss. Gerade in diesem Stadium kann der Blick auf die Leitprinzipien gewinnbringend sein. Er regt dazu an, sich darüber Gedanken zu machen, ob zusätzliche Angebote der alternativen Streitbeilegung in bestimmten Bereichen sinnvoll sein können und wie man diese Angebote miteinander verzahnen kann. Solche Überlegungen setzen allerdings ein vollständiges Bild darüber voraus, welche Angebote der alternativen Streitbeilegung es in Deutschland im zivilrechtlichen Bereich gibt. Es wäre sehr zu begrüßen, wenn der Umsetzungsprozess der Leitprinzipien zum Anlass für eine solche Bestandsaufnahme genommen würde.

Auch die Prinzipien zur Ausgestaltung außergerichtlicher Streitbeilegungsmechanismen sind durchaus geeignet, Impulse für die Weiterentwicklung der alternativen Streitbeilegung in Deutschland zu geben. Für das deutsche Recht neu ist unter anderem das Verständnis von Streitbeilegung als lernendem System. Einen solchen Ansatz enthält auch das 2016 in Kraft getretene Verbraucherstreitbeilegungsgesetz,[25] das die Verbraucherschlichtungsstellen verpflichtet, in ihren Tätigkeitsberichten unter anderem auch über Geschäftspraktiken zu berichten, die auffällig häufig Anlass

25) Gesetz über die alternative Streitbeilegung in Verbrauchersachen – Verbraucherstreitbeilegungsgesetz (VSBG), v. 19.2.2016, BGBl. I 2016, 254, 1039.

für Anträge auf Durchführung von Streitbeilegungsverfahren waren,[26] um auf diese Weise dazu beizutragen, Problemfelder zu erkennen, zu beobachten und gegebenenfalls auch in geeigneter Weise zu reagieren.[27] Die Verbraucherschlichtungsstellen sind auch verpflichtet, Behörden, die für die Durchsetzung von Verbraucherrechten zuständig sind, auf Anfrage Auskunft zu solchen Geschäftspraktiken zu geben.[28] Das Zusammenspiel von behördlicher Aufsicht und alternativer Streitbeilegung erfordert ein Umdenken von allen Seiten, und es wird sicherlich noch einige Zeit in Anspruch nehmen, bevor diese Mechanismen verinnerlicht sind und ihr Potential voll ausgeschöpft wird.

2. Relevanz der außergerichtlichen Streitbeilegung im Privatrecht für die Verwirklichung der Leitprinzipien auf völkerrechtlicher Ebene

Kommt den Leitprinzipien demnach, wie aufgezeigt, durchaus Relevanz für die zivilrechtliche alternative Streitbeilegung in Deutschland zu, können umgekehrt Erfahrungen mit dieser gewinnbringend in den Prozess der Verwirklichung der Leitprinzipien auf völkerrechtlicher Ebene eingespeist werden. Auch auf völkerrechtlicher Ebene werden nämlich zur Durchsetzung völkerrechtlicher Positionen von Individuen gegenüber Unternehmen zunehmend nichtgerichtliche weiche Durchsetzungsmechanismen geschaffen.[29] So sehen z. B. die OECD-Leitsätze für multinationale Unternehmen die Einrichtung von Nationalen Kontaktstellen in allen Mitgliedstaaten vor, die unter anderem als Beschwerdestellen bei möglichen Verletzungen der Leitsätze durch ein Unternehmen tätig werden sollen.[30] Auch die kürzlich von der Generalversammlung der Welttourismusorganisation (UNTWO) angenommene Rahmenkonvention zu Ethikfragen im Tourismus sieht ein außergerichtliches Streitbeilegungsverfahren unter anderem für nicht konventionskonformes Verhalten von Tourismusunternehmen vor.[31]

---

26) § 34 Abs. 3 VSBG.

27) BT-Drucks. 18/5089, S. 73.

28) § 34 Abs. 4 VSBG.

29) Ein Überblick findet sich bei *Drimmer/Laplante*, in: Martin/Bravo, The Business and Human Rights Landscape, 2015, S. 335 ff.

30) Declaration on International Investment and Multinational Entreprises, v. 25.5.2011.

31) UNWTO Framework Convention on Tourism Ethics, angenommen am 15.9.2017 durch A/RES/707(XXII), abrufbar unter http://ethicsconventions.unwto.org/content/unwto-framework-convention-tourism-ethics-0 (Abrufdatum: 20.12.2017).

Solche Mechanismen sind als außergerichtliche Mechanismen i. S. der Leitprinzipien anzusehen und sollten daher den in den Leitprinzipien aufgeführten Anforderungen entsprechen. Bei ihrer konkreten Ausgestaltung kann auf die Erfahrungen zurückgegriffen werden, die auf nationaler Ebene mit Mechanismen der alternativen Streitbeilegung gemacht werden. Denn die Probleme, die sich stellen, sind ähnlich. Eines betrifft z. B. die zum Teil fehlende Bereitschaft der Unternehmer, sich konstruktiv an den Verfahren zu beteiligen.[32)] Wie diese Bereitschaft gefördert werden kann, wird auf nationaler Ebene seit langem diskutiert, und es sind die unterschiedlichsten Lösungsansätze entwickelt worden. Die nationalen Rechte bieten hier einen Vorrat an Lösungen, der bei der Entwicklung neuer Mechanismen auf der Ebene des Völkerrechts nutzbar gemacht werden sollte.

IV. Ausblick

Auch wenn ihnen auf den ersten Blick für das deutsche Zivilrecht wenig Relevanz zukommt, sind die Leitprinzipien für Wirtschaft und Menschenrechte der Vereinten Nationen ein wichtiges Referenzdokument für Recht und Praxis der alternativen Streitbeilegung in Deutschland. Es sollte bei der Weiterentwicklung des deutschen Rechts Berücksichtigung finden. Gleichzeitig können die Erfahrungen mit alternativer Streitbeilegung im deutschen Zivilrecht für die Entwicklung völkerrechtlich begründeter Mechanismen der alternativen Beilegung von Streitigkeiten zwischen Unternehmern und Privatpersonen fruchtbar gemacht werden.

---

32) Zu dieser Problematik im Verfahren vor der deutschen Nationalen Kontaktstelle für die OECD-Leitsätze s. *Krajewski/Bozorgzad/Heß*, Menschenrechtliche Pflichten von multinationalen Unternehmen in den OECD-Leitsätzen: Taking Human Rights More Seriously?, ZaöRV 2016, 309, 336 ff.

Brauchen wir Handelsgerichtsbarkeit?

Peter A. Windel

Inhaltsübersicht

Die Jubilarin hat seit jeher ein großes Interesse an den Strukturen der Gerichtsverfassung, das keineswegs nur auf den nationalen und den europäischen Bereich beschränkt bleibt. Deshalb will ich versuchen, ihr mit einigen grundsätzlichen Überlegungen zur Handelsgerichtsbarkeit eine Freude zu machen, die ursprünglich anlässlich der derzeit in Taiwan anstehenden Justizreform angestellt wurden.[1] *Gleichzeitig ist es mir ein Bedürfnis, Marie Luise Graf-Schlicker für ihr jahrelanges und überaus erfolgreiches Wirken als akademische Lehrerin an der Juristischen Fakultät der Ruhr-Universität Bochum von ganzem Herzen zu danken: Vielleicht ist weniger bekannt, dass Marie Luise Graf-Schlicker seit ihrer Zeit als Landgerichtspräsidentin in Bochum durchgängig Lehrveranstaltungen durchgeführt, insbesondere von 2007 bis 2016 turnusmäßig die Vorlesung Insolvenzrecht gehalten hat. Dabei hat mehr als eine Studentengeneration von der überaus glücklichen Verbindung eines scharfen wissenschaftlichen Blickes mit reichhaltiger praktischer Erfahrung profitiert, die die Jubilarin wie kaum jemanden auszeichnet.*

Eine weitere bis heute fortwirkende Verbindung zum Ruhrgebiet besteht auch über den Bochumer Kreis Gewerblicher Rechtsschutz e. V., den Marie Luise Graf-Schlicker mit gegründet und in der Anfangszeit als Erste Vorsitzende geleitet hat. Dieser Kreis umschließt Wissenschaftler und Praktiker, unter letzteren

---

1) Der Beitrag geht auf einen Vortrag zurück, den ich am 27.12.2016 am *College of Law* der *National Taiwan University* gehalten habe.

auch ehrenamtliche Handelsrichter – ein weiterer guter Grund, im Folgenden zunächst die Entwicklung der Handelsgerichtsbarkeit nachzuzeichnen (I.) und das sog. „Deutsche System" der Kammer für Handelssachen (KfH) etwas näher darzustellen (II.), bevor wir uns abschließend über die notwendigen Rahmenbedingungen und die Zukunft einer Handelsgerichtsbarkeit Gedanken machen (III.).

I. Die Entwicklung der Handelsgerichtsbarkeit

Handelsgerichtsbarkeit ist in Europa seit langem verbreitet.[2] Wir müssen uns deshalb auf einen kurzen historischen Überblick (1.) und Skizzen der französischen und deutschen als den wahrscheinlich wichtigsten Systemen konzentrieren (2.), um ein Zwischenergebnis als Grundlage der weiteren Diskussion zu gewinnen (3.).

1. Geschichtliche Entwicklung

Die Geschichte der Handelsgerichtsbarkeit ist wie die des materiellen Handelsrechts lange Zeit kontinentaleuropäisch, auch wenn verschiedene Regionen zu unterschiedlichen Zeiten unterschiedlich starken Einfluss auf die Entwicklung hatten.[3] Zunächst war einerseits die Rechtsentwicklung in den Lombardischen Städten richtungsweisend, während in Nordeuropa die Hanse zumindest auf das Seehandelsrecht lange bestimmenden Einfluss hatte. An der Schwelle zur Neuzeit waren Kaufmanns- oder Handelsgerichte jedenfalls an allen bedeutenden Seehäfen und Binnenhandelsplätzen bekannt. Obwohl eng miteinander zusammenhängend, scheinen mir doch zwei unterscheidbare Wurzeln der Handelsgerichtsbarkeit zu bestehen: *Einerseits* das objektive Bedürfnis, in Seehäfen, bei Messen und für den damals logistisch schwierig abzuwickelnden Fernhandel zu schnellen, kostengünstigen und doch verlässlichen rechtlichen Entscheidungen zu kommen; *andererseits* die Verfasstheit der Kaufmannsgilden, die mit derjenigen der Handwerkszünfte vergleichbar ist und eine eigene interne Konfliktregelung einschloss.[4] Auf den Punkt gebracht hat dies *Kaiser*

---

2) Umfassend *Brunner* (Hrsg.), Europäische Handelsgerichtsbarkeit, Bern 2009; *Brunner*, Handelsgerichte im Rechtsvergleich (Projekt Best Practice), Bern 2012.

3) Zum Folgenden *Kramer*, Die Geschichte der Handelsgerichtsbarkeit, 2002, S. 1 f., abrufbar unter http://www.handelsrichter.de/pdf/die_geschichte_der_handelsgerichtsbarkeit.pdf (Abrufdatum 15.12.2017); *Berger-Delhey*, Der Handelsrichter und sein Amt, DRiZ 1989, 246 f.

4) Zur heutigen Bedeutung objektiver und subjektiver Rahmenbedingungen siehe unten III.

Maximilian I. in seinem berühmt gewordenen Edikt vom 17. März 1508 zum *Nürnberger Bankoamt*, dem dortigen Handelsgericht:[5)]

> „(...) dass überhaupt niemand geschickter ist, die obgemeldeten Gebrechen der Kaufleut und Kaufmannshändel zu entscheiden, als die verständigen Kaufleut."

In Frankreich[6)] hatten seit dem Mittelalter (ständige) Admiralitätsgerichte in den Seehäfen und (vorübergehende) Consulargerichte während der Dauer von Messen bestanden.[7)] Wegweisend für Frankreich war dann die Gründung des in doppeltem Sinne „ständigen", nämlich *einerseits* permanent tagenden, *andererseits* bis heute bestehenden *Tribunal de Commerce de Paris* im November 1563.[8)] Zu ihrer prägenden Rolle gelangte die französische Handelsgerichtsbarkeit aber erst gut 100 Jahre später, als König *Ludwig XIV.* und sein Finanzminister *Jean-Baptiste Colbert* den Merkantilismus einführten. Denn im Zuge der *Ordonnance de Commerce*[9)] wurde 1673 das Amt des Handelsrichters für das ganze Reich gesetzlich geregelt. Die Handelsgerichtsbarkeit hat als einzige der sog. Ständegerichtsbarkeiten selbst die Französische Revolution unbeschadet überstanden, so dass in Frankreich bis heute historische Kontinuität besteht: Schon das Gesetz Nr. 16 vom 24. August 1790 legalisierte die Handelsgerichte, was im *Code de Commerce* von 1808 nur übernommen wurde. Man mag sich darüber verwundern, wie man mit den vom Handelsstand seinerzeit angeführten Argumenten, das Handelsrecht sei national wie international elastischer als das übrige zeitgenössische französische Recht und Handelsgerichte seien geradezu Ausdruck demokratischer Volkssouveränität, dem „Sturm der Französischen Revolution (...) trotzen"[10)] konnte. Hält man sich aber vor Augen, dass die Französische eine (groß-) bürgerliche Revolution war, erklärt sich die transrevolutionäre Kontinuität der dortigen Handelsgerichtsbarkeit von selbst.

In *Deutschland*[11)] war die Lage zu Beginn des 19. Jahrhunderts nicht anders als in Frankreich vor Einführung eines zentralen Merkantilismus: Vereinzelt gab es ständige Handels- oder Schifffahrtsgerichte, mancherorts

---

5) Zitiert nach *Kramer*, Die Geschichte der Handelsgerichtsbarkeit, 2002, S. 1.

6) Zum Folgenden *Gross*, Der Handelsrichter, in: FS Rowedder, 1994, S. 93, 94 ff.

7) Lyon 1419; Toulouse 1549; Rouen 1556.

8) Durch Edikt des jugendlichen Königs *Karl IX.*, unmittelbar im Anschluss an den ersten Hugenottenkrieg.

9) Von 1673; 1681 für den Seehandel ergänzt durch die *Ordonnance de la Marine*.

10) So *Fleischer/Danninger*, Die Kammer für Handelssachen: Entwicklungslinien und Zukunftsperspektiven, ZIP 2017, 205.

11) Auch zum Folgenden *Gross* in: FS Rowedder, 1994, S. 93, 96 ff.; sowie *Kramer*, Die Geschichte der Handelsgerichtsbarkeit, 2002, S. 2 f.

funktionsäquivalente Kommerz- oder Admiralitätskollegien, zu besonderen Anlässen auch vorübergehende Spruch- und Schlichtungsstellen. Eine einheitliche Institution begann sich aber erst unter französischem Einfluss zu entwickeln. Wie bei manch anderen deutschen Rechtsentwicklungen, die durch die Französische Revolution angestoßen worden waren, gibt es aber entscheidende Abweichungen vom Vorbild.

2. *Das französische und das deutsche System*[12)]

a) Frankreich

In Frankreich sind Handelsgerichte bis heute *selbständige Gerichte*, die mit Ausnahme der Konkurs- und Sanierungssachen trotz immer wieder aufflammender Diskussion[13)] *ausschließlich* mit Laienrichtern besetzt sind. Ihre *Zuständigkeit* ist zwingend und relativ breit, insbesondere weil in der französischen Tradition, Insolvenzverfahren nur über das Vermögen von Kaufleuten zuzulassen, das gesamte Konkurs-, Vergleichs- und Sanierungsrecht der Handelsgerichtsbarkeit überantwortet ist.[14)] In Frankreich sind die Handelsgerichte folglich zugleich als Insolvenzgerichte tätig.

Schon in zweiter Instanz mündet die Handelsgerichtsbarkeit in die ordentliche Gerichtsbarkeit. Wie in Deutschland[15)] gibt es in Frankreich also *keinen* von der ordentlichen Zivilgerichtsbarkeit getrennten *eigenständigen Rechtsweg*.

b) Deutschland

In Deutschland ist man trotz der an sich guten Erfahrungen mit dem französischen Modell[16)] sogleich in einem entscheidenden Punkt vom Vorbild abgewichen,[17)] nämlich darin, dass den *Laien nur* die Rolle von zwei *Beisitzern* zugestanden wurde; Vorsitzender (so für die heutige Zeit beispielgebend die Neuordnung des *Nürnberger Bankoamtes* von 1804) oder andernorts Präsident bzw. Vizepräsident (so wohl zuerst bei der Neuord-

---

12) *Gross* in: FS Rowedder, 1994, S. 93, 94 ff., 101 f.

13) Dazu *Fleischer/Danninger*, ZIP 2017, 205, 214.

14) Zu allem näher *Goetz*, Welche Zukunft besteht für den Handelsrichter in Europa?, 2002, S. 3 f., abrufbar unter http://www.sed-trading.eu/UEMC/telechargements/mon_2001_p_goetz_d.pdf (Abrufdatum: 15.12.2017).

15) Gegen Senate für Handelssachen an den Oberlandesgerichten zutreffend *Fleischer/Danninger*, ZIP 2017, 205, 211 f.

16) Sie wurden in den napoleonisch besetzten bzw. kontrollierten Gebieten gemacht.

17) *Fleischer/Danninger*, ZIP 2017, 205 f.

nung des *Hamburger Handelsgerichts*[18] 1815) mussten in Deutschland Volljuristen sein. Damit war zwar eine entscheidende Weiche gestellt; gerichtsverfassungsrechtlich blieb die Rechtslage in Deutschland bis zur am 18. Januar 1871 proklamierten Reichsgründung aber gleichwohl zersplittert,[19] nachdem rechtspolitischen Initiativen[20] der erhoffte flächendeckende Erfolg versagt geblieben war. Auch das Allgemeine Deutsche Handelsgesetzbuch (ADHGB)[21] sah in Art. 3 nur die fakultative Errichtung von Handelsgerichten vor; unterblieb dies im jeweiligen Bundestaat, fiel die Zuständigkeit in Handelssachen an die ordentlichen Zivilgerichte.

Seine heutige Gestalt fand das deutsche System der Handelsgerichtsbarkeit mit dem als eines der Reichsjustizgesetze 1877 verkündeten und 1879 in Kraft getretenen Gerichtsverfassungsgesetz (GVG). Der Entwurf zum GVG hatte zwar die „deutsche" Besetzung mit einem Berufsrichter als Vorsitzendem und zwei Laien als Beisitzern übernommen, war im Übrigen aber weitgehend dem französischen Modell gefolgt: Handelsgerichte sollten neben den Amts- und den Landgerichten die dritte Art selbständiger Eingangsgerichte *mit zwingender sachlicher Zuständigkeit* sein, die ähnlich wie in Frankreich relativ weit gefasst war. So sollten insbesondere alle Klagen aus Ansprüchen gegen einen Kaufmann vor die Handelsgerichte gehören, wenn ihnen ein auch nur einseitiges Handelsgeschäft zugrunde lag, § 83 Nr. 1 Entwurf GVG.[22] Obwohl es den Bundesstaaten überlassen blieb, ob sie überhaupt Handelsgerichte errichten wollten (§ 81 Entwurf GVG), war bei den folgenden Beratungen äußerst umstritten, ob man überhaupt Handelsgerichte mit Laienrichtern zulassen sollte.[23]

Herausgekommen ist der Kompromiss[24] einer *Kammer für Handelssachen* (KfH), den wir noch heute in den §§ 93–114 GVG[25] finden. Die KfH ist in

---

18) Dazu *Fleischer/Danninger*, ZIP 2017, 205, 206.

19) 1845 Bremen; 1850 Braunschweig; 1861 Bayern und Österreich; Preußen wartete ab.

20) Hervorzuheben sind die Beschlüsse des Ersten Deutschen Handelstages in Heidelberg v. 13. bis 18. Mai 1861, mitgeteilt bei *Gross* in: FS Rowedder, 1994, S. 93, 98.

21) 1861 partikularrechtlich auf Empfehlung des Deutschen Bundes in Kraft gesetzt, 1869 zum Gesetz des Norddeutschen Bundes und 1871 zum Reichsgesetz erhoben.

22) *Hahn/Stegemann*, Die gesammten Materialien zu den Reichs-Justizgesetzen, Bd. I/1, 2. Aufl. 1883, S. 13 mit Begründung S. 115 ff.

23) Siehe *Hahn/Stegemann*, Die gesammten Materialien zu den Reichs-Justizgesetzen, Bd. I/2, 2. Aufl. 1883, S. 1063 ff.

24) Dazu *Gross* in: FS Rowedder, 1994, S. 93, 100.

25) Die etwa von *Kissel/Mayer*, GVG, 8. Aufl. 2015, § 93 Rz. 1, beklagte Länge des Abschnitts (21 Paragraphen gegenüber nur 6 für die Zuständigkeit der Landgerichte in Zivilsachen überhaupt) dürfte auf diesem Kompromisscharakter beruhen.

Abweichung vom französischen Vorbild wie vom Entwurf des GVG *erstens* kein selbständiges Gericht, sondern nur *ein fakultativer besonderer Spruchkörper* des Landgerichts, § 93 GVG. Es geht also nicht um sachliche, sondern nur um *funktionelle Zuständigkeit*. Diese funktionelle Zuständigkeit ist *zweitens* nicht einmal zwingend, wie es etwa einer gesetzlich verfestigten Geschäftsverteilung entsprechen würde, sondern *unterliegt der Parteidisposition*. Die KfH wird nur tätig, wenn dies entweder der Kläger (§ 96 GVG) oder der Beklagte (§ 98 GVG) beantragt. Diese Modifikation der funktionellen Zuständigkeit ähnelt der Disponibilität von Gerichtsständen, wie wir sie aus dem Bereich der örtlichen Zuständigkeit kennen. *Drittens* wurde die Zuständigkeit im Kern auf *Klagen aus* Ansprüchen beschränkt, die auf *beidseitigen Handelsgeschäften* beruhen, § 95 Abs. 1 Nr. 1 GVG.

3. *Zwischenergebnis*

Als Zwischenergebnis können wir festhalten: Wenn wir uns zur Beantwortung der Frage, ob wir Handelsgerichtsbarkeit brauchen, am französischen oder am deutschen Modell als den in Europa wohl führenden Systemen orientieren wollen, geht es um die *Frage*, entweder besondere Eingangsgerichte oder aber Spezialspruchkörper bei den Landgerichten zu schaffen; terminologisch korrekt sprechen wir von *sachlicher oder funktioneller Zuständigkeit*, *nicht* von *einem* eigenen, von der ordentlichen Gerichtsbarkeit *unabhängigen Rechtsweg*. Zum Glück, weil das „Erbübel" einer Konfusion der Gerichtsbarkeiten zahlreiche prozessuale Folgeprobleme nach sich zieht.[26] Wohlgemerkt: Natürlich ergeben sich auch aus einem Nebeneinander verschiedener Spruchkörper innerhalb eines Rechtsweges Reibungsverluste. Sie lassen sich aber insgesamt offenbar besser bewältigen[27] als diejenigen, die eine Rechtswegspaltung hervorruft.

II. Die Praxis der Kammer für Handelssachen

Um die Bedeutung der Kammer für Handelssachen im Rechtsleben etwas näher kennenzulernen, wollen wir ihre Zuständigkeit (1.) sowie die Rollen

---

26) *Windel/Yang*, Is there a Need for Independent Labour Courts?, NTU Law Review, Vol. 7 No. 2, 2012, pp. 319; *Windel*, Brauchen wir Arbeitsgerichtsbarkeit?, in: FS Wank, 2014, S. 679 ff.

27) Zum Zuständigkeitsverhältnis der Zivilkammer zur KfH *Gaul*, Das Zuständigkeitsverhältnis der Zivilkammer zur Kammer für Handelssachen bei gemischter Klagehäufung und (handelsrechtlicher) Widerklage, JZ 1984, 57 ff.

der Handelsrichter (2.) und des Vorsitzenden (3.) etwas näher beleuchten.

1. Die Handelssachen

Gemäß § 95 Abs. 1 Nr. 1 GVG sind Handelssachen in erster Linie Klagen aus Ansprüchen, die auf beidseitigen Handelsgeschäften beruhen. Dies klingt einleuchtend, ist bei näherem Zusehen aber höchst problematisch. Denn gemäß § 343 HGB sind Handelsgeschäfte *alle* Geschäfte eines Kaufmanns, die zum Betriebe seines Handelsgewerbes gehören;[28)] es gibt keine typologische Eingrenzung. Deshalb beklagt die Praxis eine Belastung der KfH mit sog. *branchenfremden Prozessen*, also mit Prozessen, für die die besondere Sachkunde der Handelsrichter gar keine Rolle spielt.[29)] Von solchen branchenfremden Geschäften spricht man, wenn das Geschäft keinen Bezug zum Handel aufweist. So kommt es etwa oft vor, dass ein Kaufmann eine neue Filiale bauen lässt. Entsteht in diesem Zusammenhang ein Baumängelprozess, ist die Zuständigkeit der KfH wegen der nach wie vor zu weiten Fassung des § 343 HGB gegeben, weil der Bauvertrag zum Betriebe des Handelsgewerbes gehört. Dies ist verfehlt, weil die KfH keine besondere Sachkunde im Bau- oder Architektenrecht hat.

Neben der wohl zu weit gefassten Grundregel fallen Wertpapiersachen (§ 95 Abs. 1 Nr. 2, 3 GVG), Streitigkeiten des Handelsgesellschafts- und Genossenschaftsrechts (§ 95 Abs. 1 Nr. 4a, Abs. 2 Nr. 1, 2 i. V. m. § 71 Abs. 2 Nr. 4b–4f GVG), das Recht der Firma, der Prokura und des einzelkaufmännischen Handelsgeschäfts (§ 95 Abs. 1 Nr. 4b, 4d, 4e GVG) sowie der Prospekthaftung (§ 95 Abs. 1 Nr. 6 GVG) in die Zuständigkeit der KfH. Weitere Handelssachen sind das Marken- und Designrecht (§ 95 Abs. 1 Nr. 4c GVG), während Patentstreitigkeiten (explizit § 143 Abs. 1 PatG) ebenso wie solche um Gebrauchsmuster (explizit § 27 Abs. 1 GebrMG) und Sorten vor die allgemeinen Zivilkammern gehören. Diese Differenzierung scheint allenfalls im letzten Punkt verständlich,[30)] weil es bei Sorten um Pflanzensorten geht, so dass eher die Landwirtschaft als der

28) Noch umstritten ist, ob auch die insolvenzrechtliche Anfechtung von Handelsgeschäften vor die KfH gehört, dazu (bejahend) zuletzt LG Duisburg, Urt. v. 9.3.2016 – 8 O 382/15, ZVI 2016, 449 f. m. w. N.

29) *Gross* in: FS Rowedder, 1994, S. 93, 104; *Kunzler* in: Brunner, Europäische Handelsgerichtsbarkeit, Bern 2009, S. 133, 137.

30) Insgesamt kritisch *Kissel/Mayer*, GVG, 8. Aufl. 2015, § 95 Rz. 17.

Handel betroffen ist. Das Lauterkeitsrecht (§ 95 Abs. 1 Nr. 5 GVG) und ganz überwiegend das Kartellrecht (§ 95 Abs. 2 Nr. 1 a. E. GVG, dort auch zu den Ausnahmen) können aber beide vor die KfH gelangen. Wir werden gleich sehen, dass diese doch sehr kleinteilige Zuweisung die Handelsrichter ebenfalls zu überfordern droht.

An dieser Stelle noch der Hinweis auf die historisch uralte Zuständigkeit der Handelsgerichte in seerechtlichen Angelegenheiten, § 95 Abs. 1 Nr. 4f GVG. Praktisch werden *an den Seeplätzen*, also in den Häfen, besondere Kammern gebildet, an denen sich die ehrenamtlichen Richter aus dem Kreise der Schifffahrtskundigen rekrutieren, § 110 GVG. Vielleicht sollte man der Luftfahrt geben, was der Schifffahrt billig ist, und an internationalen Flughäfen Kammern für Luftfahrtssachen einrichten.

Die KfH ist entsprechend dem Gesagten auch als zweite Instanz, also für die Berufung gegen Urteile des Amtsgerichts zuständig. Praktisch spielt diese erst 1909 eingeführte Zuständigkeit[31)] aber so gut wie keine Rolle.[32)] Die Rechtsmittel gegen Entscheidungen der KfH unterliegen keinen Besonderheiten; Handelssachen werden bei den Oberlandesgerichten und beim Bundesgerichtshof den Spruchkörpern schlicht im Rahmen der Geschäftsverteilung zugewiesen.[33)]

2. Die Rolle der Handelsrichter

Die KfH ist als besonderer Spruchkörper überhaupt nur denkbar, weil ihr mit den Handelsrichtern ehrenamtlich tätige Laien angehören. In Deutschland kennen wir drei Typen von Laienrichtern[34)], nämlich den *quivis ex populo*, also den schlichten Volksvertreter, den Interessenvertreter und den Sachkundigen. Der Volksvertreter begegnet uns als sog. Schöffe im Erwachsenenstrafrecht und als ehrenamtlicher Richter in der allgemeinen Verwaltungsgerichtsbarkeit. Interessenvertreter agieren in der Arbeits-[35)] und in der Sozialgerichtsbarkeit. Sachkundige sind neben unseren Handelsrichtern die landwirtschaftlichen Beisitzer in Landwirtschaftssachen sowie die Jugendschöffen in Jugendstrafsachen. Die ehrenamtlichen Rich-

---

31) Dazu *Kissel/Mayer*, GVG, 8. Aufl. 2015, § 100 Rz. 1.

32) Vgl. *Gross* in: FS Rowedder, 1994, S. 93, 106.

33) *Kissel/Mayer*, GVG, 8. Aufl. 2015, § 100 Rz. 1; *Gross* in: FS Rowedder, 1994, S. 93, 106.

34) Zum Folgenden ausführlich bereits *Windel*, Soll am Laienricherwesen festgehalten werden?, ZZP 112 (1999), 293, 295 ff., 303 ff., 310 ff.

35) Speziell hierzu nochmals weiter vertiefend *Windel* in: FS Wank, 2014, S. 679, 691 f.

ter der Finanzgerichtsbarkeit nehmen eine Zwitterstellung zwischen Interessenvertretern und Sachkundigen ein.[36)]

Natürlich ist der Handelsrichter der Archetyp des sachkundigen Richters. Das mit sachkundigen Laien, die keine Interessenvertreter sind, besetzte Kollegialgericht hat sich nach nahezu allgemeiner, im Grundsatz auch von mir geteilter Ansicht bewährt. Es bietet die spruchkörperinterne Möglichkeit zur Arbeitsteilung, insbesondere wenn die Überschaubarkeit des zur Anwendung kommenden Rechts den Laien die Einarbeitung erleichtert. Ein weiterer Vorteil besteht darin, dass Fachwissen auf die Richterbank gebracht wird. Dies bringt § 114 GVG treffend auf den Punkt, wonach die KfH „über Gegenstände, zu deren Beurteilung eine kaufmännische Begutachtung genügt, sowie über das Bestehen von Handelsbräuchen (...) auf Grund eigener Sachkunde und Wissenschaft entscheiden" kann. Hinzu kommt, dass der weise Handelsrichter dann, wenn er seine eigenen Grenzen sieht, aufgrund seiner Sachkunde oft geeignete Sachverständige wird vorschlagen können.[37)]

Allerdings tritt die Sachkunde *auf* der Richterbank in Konkurrenz zu der Sachkunde, die der Sachverständige *vor* die Richterbank bringt. Beweisrechtlich kann daraus nicht nur ein für das Prozessklima unguter Streit um die Sachkunde der KfH in erster Instanz, sondern in zweiter Instanz die Besonderheit folgen, dass die erstinstanzliche Beurteilung der KfH durch ein Sachverständigengutachten angegriffen wird.[38)] Neben diesem letztlich sicher handhabbaren Problem erheben sich weitere Bedenken gegen das Sachkundeprinzip in heutiger Zeit.

Zunächst fällt auf, dass sich sachkundige Laienrichter eben nur ganz vereinzelt finden,[39)] nämlich neben den Handelsrichtern als Jugendschöffen (§ 35 Abs. 2 Satz 2 JGG), die erzieherische Befähigung und Erfahrung in der Jugenderziehung haben sollen, und als landwirtschaftliche Beisitzer (§§ 3 f. LwVfG). Dies ist unsystematisch und schwer erklärlich. Warum sollen etwa in den Verfahren nach dem FamFG, in denen es ebenso um Erziehungsfragen geht, keine Laien zugezogen werden? Fast noch auffälliger ist, dass gemäß § 19 Nr. 5 FGO Steuerberater und Wirtschaftsprüfer

---

36) Speziell zu ihnen *Windel*, ZZP 112 (1999), 293, 305 f., 311.
37) Dazu *Kunzler* in: Brunner, Europäische Handelsgerichtsbarkeit, Bern 2009, S. 133, 142.
38) Dazu *Kissel/Mayer*, GVG, 8. Aufl. 2015, § 114 Rz. 2.
39) Ausführlich *Baur*, Laienrichter – Heute?, in: FS Kern, 1968, S. 49, 55 ff.

vom Laienrichteramt ausgeschlossen sind, obwohl sie sich aufgrund ihrer Sachkunde geradezu aufdrängen würden.[40]

Hinter dieser punktuellen und unsystematischen Umsetzung des Sachkundeprinzips stecken bei näherem Zusehen seine grundsätzlichen Problematiken:[41] Durch das Modell des sachkundigen Laienrichters kann nur ein Grundwissen, kein fallbezogenes Spezialwissen auf die Richterbank gebracht werden. Dies beruht darauf, dass auch sektoral abgegrenzte Lebensbereiche wie der Handelsverkehr oder die Landwirtschaft äußerst komplex geworden sind. Ein Beispiel bilden Klagen aus kartellrechtlichen Schadensersatzansprüchen, die wegen der mit ihnen verbundenen verwickelten Rechtsfragen der Zuständigkeit der KfH unlängst entzogen wurden.[42]

Diese Entwicklung der Spezialisierung wird sich fortsetzen, womit in sich geschlossene und damit dem Laien leicht zugängliche Regelungskomplexe verschwinden dürften. Denn das Recht als gesellschaftliches Subsystem muss auf komplizierter werdende Lebensverhältnisse entweder durch Spezialisierung oder durch Erhöhung seines Abstraktionsgrades reagieren. Im ersten Falle ist das Laienrichterwesen zwar weiterhin praktikabel, fördert aber die unerwünschte Zerfaserung der Gerichtsverfassung.[43] Im zweiten Falle verliert das anzuwendende materielle Recht seine konkrete Anschaulichkeit für Laien.

Angesichts der Bindung an das Gesetz,[44] der selbstverständlich auch Laien unterliegen, hat die zunehmende Vergesetzlichung auch des Handelsrechts die Aufgaben des Handelsrichters verändert. So ist sein Wissen um und seine Kreativität zur Fortbildung von Handelsbräuchen in den Hintergrund getreten. Weiter wird aus der Praxis geklagt, dass sich Handelsrichter häufig nur schwer in neue Gesetze einarbeiten können. Die zuvor geschilderte kleinteilige Zuweisung von Materien wie der Prospekthaftung oder des aktienrechtlichen Spruchverfahrens bieten hierfür Beispiele.

---

40) *Baur* in: FS Kern, 1968, S. 56 f.

41) Zur gegenwärtigen Diskussion *Fleischer/Danninger*, ZIP 2017, 205, 212 ff., bes. 214, die zur Zurückhaltung mahnen.

42) Durch Art. 5 Abs. 7 des Achten Gesetzes zur Änderung des Gesetzes gegen Wettbewerbsbeschränkungen (BGBl. I 2013, 1738, 1748), und dazu *Brömmelmeyer*, Die Ermittlung des Kartellschadens nach der Richtlinie 2014/104/EU, NZKart 2016, 2, 7.

43) Davor hat bereits *Lent*, Laienrichter im Zivilprozess, AcP 150 (1949), 193, 211, gewarnt.

44) *Gross* in: FS Rowedder, 1994, S. 93, 106 ff.

Andererseits hat der zeitgenössische Gesetzgeber eine neue Domäne für Handelsrichter geschaffen, indem er seine Gesetze mit unbestimmten Rechtsbegriffen spickt oder gleich als Generalklauseln fasst. Bei deren Konkretisierung können die verständigen Laien dem Berufsjuristen viel helfen. Ihre Grenze finden auch Handelsrichter oft dann, wenn es darum geht, europäisches oder europäisch vorgeprägtes Recht „autonom" an Hand kryptischer „Erwägungsgründe" auszulegen, während sie mit der Internationalisierung im Übrigen ganz gut zurechtkommen.[45] Die eigentliche Stärke der Handelsrichter liegt aber weder darin, dass sie den Sachverständigen entbehrlich machen, noch darin, dass sie bei der Konkretisierung des materiellen Rechts helfen können, sondern in der Erfassung des Sachverhalts.[46] Hier befähigt sie ihre Berufserfahrung zu einem ebenso sicheren wie schnellen Urteil. Beides zusammengenommen führt dazu, dass der einstweilige Rechtsschutz, also einstweilige Verfügung und Arrest, als eigentliche Domäne der Handelsrichter bezeichnet wird.[47]

Angesichts der geschilderten weiteren Ausdifferenzierung der zu judizierenden Rechtsmaterie werden sich diese Vorteile aber nur dann voll nutzen lassen, wenn man zu einer *bereichsspezifischen Zuteilung der Handelsrichter* zu den jeweiligen Verfahren kommt (sog. *Matching*).[48] Die bisherige Praxis der „blinden" Zuweisung der Laien aus einem Pool aus ganz verschiedenen Branchen kommenden Kaufleuten ist eine deutsche Besonderheit,[49] die durch das verfassungsrechtliche Gebot der abstrakt-generellen Bestimmbarkeit des gesetzlichen Richters (Art. 101 Abs. 1 Satz 2 GG) nicht zwingend vorgegeben ist; erforderlich wäre nur eine an Fachbereichen orientierte Zuteilung, die einer vorab erfolgten Klassifikation der Handelsrichter entsprechend ihrer spezifischen Sachkunde entspricht.[50]

3. Die Rolle des Vorsitzenden der KfH

Unsere KfH versteht man nicht, wenn man die Rolle ihres Vorsitzenden in der Praxis nicht kennt – er handelt nämlich in der Praxis häufig allein. Die Rechtsgrundlage dafür liegt in § 349 ZPO. Nach dessen Absatz 1

---

45) Vgl. *Gross* in: FS Rowedder, 1994, S. 93, 106.
46) *Kunzler* in: Brunner, Europäische Handelsgerichtsbarkeit, Bern 2009, S. 133, 142.
47) *Gross* in: FS Rowedder, 1994, S. 93, 105.
48) Dezidiert *Fleischer/Danninger*, ZIP 2017, 205, 207–210.
49) *Fleischer/Danninger*, ZIP 2017, 205, 208 f.
50) Überzeugend *Fleischer/Danninger*, ZIP 2017, 205, 209 f.

Satz 1 hat der Vorsitzende die Sache ohnehin immer zunächst so weit zu fördern, dass sie in einer mündlichen Verhandlung erledigt werden kann. Zwar zieht dem Absatz 1 Satz 2 insoweit Grenzen, als dem Vorsitzenden eine alleinige Beweisaufnahme nur gestattet ist, wenn es weder auf die besondere Sachkunde der Handelsrichter noch auf deren persönlichen Eindruck ankommt. Aber es wird oft beklagt, dass sich die Vorsitzenden an diese Grenzen nicht halten und den Handelsrichtern routinemäßig bereits vollständige Prozessakten zur „Entscheidung“ vorlegen.[51)]

Noch weitergehend hat der Vorsitzende im Rahmen des § 349 Abs. 2 ZPO kraft Gesetzes und gemäß § 349 Abs. 3 ZPO kraft einverständlicher Parteidisposition sogar die alleinige Entscheidungsbefugnis.[52)] Absatz 2 hat geringere Bedeutung, weil die dort genannten Konstellationen bis auf die Wechsel- und Schecksachen (Nr. 8) ohnehin prozessuale Punkte betreffen. Umso mehr dürfte es erstaunen, dass die Parteien auch „im Übrigen“, wie es in § 349 Abs. 3 ZPO heißt, den Vorsitzenden allein entscheiden lassen können.[53)] Wieso wählen die Parteien zuerst die KfH, um dann die Handelsrichter sogleich aus dem Spiel zu nehmen? Die Entscheidung eines einzelnen Berufsrichters würden sie heute im Regelfalle ja auch vor der allgemeinen Zivilkammer des Landgerichts bekommen, vgl. §§ 348, 348a ZPO. Die Erklärung liegt meines Erachtens darin, dass das Amt des Vorsitzenden einer KfH traditionsgemäß gerade besonders qualifizierten Berufsrichtern übertragen wird. So gesehen bringen die Parteien dadurch, dass sie zur KfH wollen, häufig alles andere als ein besonderes Vertrauen in Laienrichter, sondern vielmehr umgekehrt in akademisch gebildete Spitzenkräfte zum Ausdruck. Vor diesem Hintergrund ist die deutsche Praxis janusköpfig und bietet auch ein Vorbild für eine *KfH ohne Laienbeteiligung*.

III. Rahmenbedingungen und Zukunftsperspektiven

Lassen Sie uns jetzt versuchen, aus der geschichtlichen Entwicklung und den gegenwärtigen Beobachtungen überzeitlich gültige Rahmenbedingungen ab-

---

51) Statt aller *Gross* in: FS Rowedder, 1994, S. 93, 103 f., bes. zu und in Fn. 37; *Stackmann* in: MünchKomm-ZPO, 5. Aufl. 2016, § 349 Rz. 6.

52) Umstritten ist, ob und bejahendenfalls wann auch hier eine Kammerentscheidung möglich ist, *Gross* in: FS Rowedder, 1994, S. 93, 103 f.; *Stackmann* in: MünchKomm-ZPO, 5. Aufl. 2016, § 349 Rz. 30.

53) Statt aller *Gross* in: FS Rowedder, 1994, S. 93, 103.

zuleiten (1., 2.), um eine Prognose für das zukünftige Schicksal der Handelsgerichtsbarkeit wagen zu können (3.).

1. *Referenzpunkt Handelsrecht*

Eine besondere *Handels*gerichtsbarkeit ist ohne *Handels*recht als vom allgemeinen Zivilrecht unterscheidbares Sonderprivatrecht nicht denkbar. Das bedeutet zwar nicht, dass es ein Handelsgesetzbuch geben müsste; denn einerseits kennt auch die Schweiz Handelsgerichte, obwohl es dort kein HGB gibt. Andererseits ist in Deutschland die Abgrenzung der Handels- von den allgemeinen Zivilsachen nicht besonders gut gelungen,[54)] obwohl wir ein HGB haben. Hinzu kommt, dass die Berechtigung des Handelsrechts als eines eigenständigen Sonderprivatrechts ihrerseits nicht mehr unumstritten ist:

In Deutschland war die Diskussion der letzten zwei, drei Jahrzehnte des letzten Jahrhunderts davon geprägt, ob sich das materielle Handelsrecht bereits zum Unternehmensrecht oder – wohl sinnvoller – zum Recht der unternehmerisch Tätigen wandeln müsste oder vielleicht schon gewandelt hatte.[55)] Eine Handelsrechtsreform von 1998 veränderte zwar den Kaufmannsbegriff,[56)] ließ diese Grundfrage aber offen.[57)] Auch im Rahmen der Schuldrechtsmodernisierung[58)] ist das Handelsrecht stiefmütterlich behandelt worden.[59)] Die relativ geringen redaktionellen und inhaltlichen Anpassungen erscheinen zwar im Wesentlichen geglückt.[60)] Die das Verhältnis des Handelsrechts zum allgemeinen Schuldrecht betreffende Strukturfrage wurde aber überhaupt nicht berührt. Diese besteht darin, ob die mittlerweile das BGB prägende situativ-rollenspezifische Unterscheidung zwischen Verbraucher und Unternehmer (§§ 13, 14 BGB) weiterhin Raum für besondere Handelsgeschäfte (§§ 343 ff. HGB) lässt.[61)] Damit blieb auch

---

54) Siehe oben II. 1.

55) *K. Schmidt*, Handelsrecht, 6. Aufl. 2014, § 2 III (S. 55 ff.) einerseits, *Canaris*, Handelsrecht, 24. Aufl. 2006, § 1 III (S. 8 ff.), andererseits.

56) Zur Kritik *Lieb*, Probleme des neuen Kaufmannsbegriffs, NJW 1999, 35 f.

57) *K. Schmidt*, Das Handelsrechtsreformgesetz, NJW 1998, 2161 ff.

58) Ausführlicher zum Folgenden *Windel*, ZJapanR, Sonderheft 7 (2013), 203, 207 f.

59) *Steck*, Das HGB nach der Schuldrechtsreform, NJW 2002, 3201.

60) *Steck*, NJW 2002, 3201 ff., dort 3203 aber auch zu Defiziten.

61) Dazu *K. Schmidt*, „Unternehmer" – „Kaufmann" – „Verbraucher", BB 2005, 837 ff.; vgl. auch *Weyer*, Handelsgeschäfte (§§ 343 ff. HGB) und Unternehmergeschäfte (§ 14 BGB), WM 2005, 490 ff.

§ 345 HGB als „handelsrechtlicher Sonderling“[62] erhalten, wonach auf *einseitige* Handelsgeschäfte die Vorschriften über Handelsgeschäfte für *beide* Teile gleichmäßig zur Anwendung kommen, soweit sich aus deren Detailregelungen nicht ein anderes ergibt. Ist also ein Teil Kaufmann, gelten schon deshalb auch für seinen Vertragspartner strengere Regelungen. Dies steht zwar in diametralem Gegensatz zum Verbraucherschutzkonzept des modernisierten BGB;[63] die KfH gefährdet es aber vorläufig nicht unmittelbar; eben weil der Gesetzgeber des GVG seinerzeit die *Zuständigkeit* letztlich doch *nicht auf einseitige, sondern auf zweiseitige Handelsgeschäfte bezogen* hat.[64]

Wahrscheinlich ist die Existenzfrage eines besonderen Handelsrechts und damit einer besonderen Handelsgerichtsbarkeit aber nur aufgeschoben, nicht aufgehoben. Denn die derzeitigen Systembrüche werden mittelfristig eine konzeptionelle Neuorientierung gebieten,[65] mit denen der deutsche Modernisierungsgesetzgeber der Jahre 2001/2002 noch überfordert war. Ich könnte mir etwa gut vorstellen, dass die Entwicklung insgesamt zu einer Aufnahme der Regeln für Handelsgeschäfte in das BGB führen wird.[66] Dann müsste automatisch auch die Zuständigkeitsregelung des § 95 GVG auf den Prüfstand.

2. Die Reservearmee der verständigen Kaufleut‘

Mit ehrenamtlichen Handelsrichtern besetzte Handelsgerichte sind nicht ohne potentielle Kandidaten denkbar. § 109 GVG regelt die *Voraussetzungen für eine Ernennung*.[67] Neben der deutschen Staatsangehörigkeit, einem Mindestalter von 30 Jahren, Ortsansässigkeit im Gerichtsbezirk sowie natürlich einem guten Leumund (§ 109 Abs. 1 Nr. 1, 2, Abs. 2 Satz 1, Abs. 3 GVG) ist dabei nur die Eintragung in einem Register als Kaufmann, Vorstandsmitglied oder Geschäftsführer einer Handelsgesellschaft oder Genossenschaft oder als eigenverantwortlich tätiger Prokurist erforderlich (§ 109 Abs. 1 Nr. 3, Abs. 2 Satz 2 GVG). Welche Qualifikation der Gesetzgeber inhaltlich erwartet, ist also ebenso wenig explizit gesagt wie im

---

62) So *K. Schmidt*, BB 2005, 837, 841.
63) Näher *K. Schmidt*, BB 2005, 837, 841.
64) Siehe oben II. 1.
65) Vorstudienhaft *Weyer*, WM 2005, 490, 495 ff.
66) *Windel*, ZJapanR, Sonderheft 7 (2013), 203, 208.
67) Dezidiert *Berger-Delhey*, DRiZ 1989, 246, 248 ff.

Begriff der *verständigen Kaufleut'*, den *Kaiser Maximilian I.* 1508 verwendete. Der Rechtsdogmatiker könnte jetzt vielleicht versucht sein, die materialen Kriterien aus den gesetzlich aufgestellten formalen zu extrapolieren. So kompliziert ist die Welt aber dann doch nicht. Vielmehr erledigt sich das Problem elegant durch die *Gestaltung des Ernennungsverfahrens*:[68] Entscheidend ist hierbei das *Vorschlagsrecht der Industrie- und Handelskammern* (IHK) gemäß § 108 GVG, denen man zu Recht die Kompetenz und vor allem das Gespür zutraut, die richtigen Persönlichkeiten auszuwählen. Deshalb unterliegen die Vorschlagslisten der Kammern nur einer Rechtskontrolle, sind faktisch also so gut wie immer maßgeblich.

3. Die Zukunft der Handelsgerichtsbarkeit

Abschließend will ich versuchen, einen Blick in die Zukunft zu wagen. Dazu ist zunächst auf eine Brandrede zu verweisen, die *Pierre Goetz*, der damalige Generalsekretär des europäischen Verbandes der Richter in Handelssachen, im Jahre 2002 gehalten hat.[69] Er hat die Institution damals aus folgenden Gründen in Gefahr gesehen: *Erstens* stand das Laienrichterwesen um die Jahrtausendwende in verschiedenen europäischen Staaten ganz allgemein in der Kritik, insbesondere in Frankreich und in Österreich.[70] *Zweitens* schien die Rechtszersplitterung innerhalb der Europäischen Union, wo Handelsgerichtsbarkeit weder überall bekannt und wo bekannt ganz unterschiedlich ausgestaltet ist, die Institution überhaupt zu gefährden. Und *drittens* befürchtete man, die Globalisierung sei von den überkommenen Handelsgerichten nicht zu bewältigen.

Seit der Rede von *Pierre Goetz* sind über 15 Jahre vergangen – Handelsgerichtsbarkeit gibt es immer noch. Denn *erstens* stehen Laienrichter wieder höher im Kurs. Das bedauere ich zwar, weil sich in dieser Hinsicht nur der Zeitgeist, nicht die Sachlage gewandelt hat; ich muss es aber hinnehmen. *Zweitens* hat Europa die nationalen Gerichtsverfassungen bisher verschont. Das begrüße ich und hoffe, dass sich daran auch in Zukunft nichts ändern wird. *Drittens* zeigt die Erfahrung, dass Handelsrichter mit der Internati-

---

68) Näher *Berger-Delhey*, DRiZ 1989, 246, 250 f.

69) *Goetz*, Welche Zukunft besteht für den Handelsrichter in Europa?, 2002, abrufbar unter http://www.sed-trading.eu/UEMC/telechargements/mon_2001_p_goetz_d.pdf (Abrufdatum: 15.12.2017).

70) Auch ein ablehnender Beitrag des Verfassers stammt aus dieser Zeit: *Windel*, ZZP 112 (1999), 293 ff.

onalisierung ganz gut zurechtkommen. Das freut mich, und ich würde mir wünschen, dass ich über die deutschen Berufsrichter dasselbe sagen könnte. Nehme ich hinzu, dass historisch gewachsene Gerichtsbarkeiten wie Institutionen überhaupt ein ausgeprägtes Beharrungsvermögen haben,[71] so ist mir vorläufig um unsere ehrwürdige Kammer für Handelssachen nicht bange. Die Organisation des Bundesverbandes der Richter In Handelssachen e. V. hat jedenfalls einen beeindruckenden Internetauftritt,[72] dessen Archiv[73] eine Fundgrube für jeden darstellt, der sich von der Praxis der deutschen Handelsgerichtsbarkeit ein (oder auch mehrere) Bild(er) machen will.

Insgesamt haben wir also eine gut funktionierende und mit geringem Aufwand sogar noch verbesserungsfähige Institution kennengelernt. Freilich: Staatliche Handelsgerichtsbarkeit wird wohl immer neben der privaten Schiedsgerichtsbarkeit stehen. Deswegen haben die immer wieder angestellten Erwägungen, ob der eine oder der andere Weg der Streitschlichtung vorzugswürdig ist,[74] etwas Akademisches. Bei aller Freude an zweckfreiem Räsonieren kann dem hier schon aus Platzgründen aber nicht weiter nachgegangen werden.

---

71) *Windel/Yang*, National Taiwan University Law Review, Vol. 7 No. 2, 2012, pp. 319, 326; *Windel* in: FS Wank, 2014, S. 679, 682 f.

72) Siehe www.handelsrichter.de.

73) Versteckt unter „Handelsrichter-aktuell“, abrufbar unter www.handelsrichter.de.

74) Dazu *Fleischer/Danninger*, ZIP 2017, 205, 207 m. w. N.

Teil II

Insolvenzverfahren

Bemerkungen zum neuen Konzerninsolvenzrecht

SUSANNE BERNER UND WOLFGANG ZENKER

Inhaltsübersicht

Die Jubilarin hat einen ganz maßgeblichen Anteil an der Weiterentwicklung des deutschen Insolvenzrechts zu einem modernen Regelungsrahmen für die Liquidation, aber vor allem auch die Restrukturierung von Unternehmen und für die Entschuldung von natürlichen Personen. Das Jahr 2017 hat noch einmal eine Vielzahl von insolvenzrechtlichen Reformen gebracht,[1] *darunter das Gesetz zur Erleichterung der Bewältigung von Konzerninsolvenzen.*[2] *Zum Diskussionsentwurf dieses Gesetzes aus dem Januar 2013 hatte seinerzeit auch die Erstautorin mit ihren Vorstandskollegen für die Neue Insolvenzverwaltervereinigung Deutschlands (NIVD) e. V. Stellung genommen.*[3] *Dieser winzige Ausschnitt der vielfältigen beruflichen Zusammenarbeit der Erstautorin mit der Jubilarin bildet den Ausgangspunkt für diesen Beitrag, der einzelne Aspekte des verabschiedeten Gesetzes, das am 21. April 2018 in Kraft treten wird, schlaglichtartig beleuchtet.*

I. Einleitung

Das Gesetz zur Erleichterung der Bewältigung von Konzerninsolvenzen ist gewiss eine der größeren und wichtigeren Reformen des Insolvenzrechts der letzten Jahre, auch wenn die Sachverständigen bei der Anhö-

---

1) Vgl. den Überblick bei *Zenker*, Entwicklungen im deutschen Insolvenzrecht, in: Clavora/Kapp/Mohr, Insolvenz- und Sanierungsrecht sowie Exekutionsrecht – Jahrbuch 2017, 2017, S. 143.

2) Gesetz zur Erleichterung der Bewältigung von Konzerninsolvenzen – KIG v. 13.4.2017, BGBl. I 2017, 866.

3) *Berner/Bartelheimer/Schiebe*, Stellungnahme der Neuen Insolvenzverwaltervereinigung Deutschlands e. V. (NIVD e. V.) zum Diskussionsentwurf des BMJ für ein Gesetz zur Erleichterung der Bewältigung von Konzerninsolvenzen (DiskE Stand 3.1.2013), ZInsO 2013, 434.

rung des Bundestagsausschusses für Recht und Verbraucherschutz am 2. April 2014 die Materie wohl mehrheitlich nicht für sonderlich regelungsbedürftig und die Reform nicht für allzu dringend hielten.[4] Dies, eine zeitweilig geplante Verbindung mit der wesentlich kontroverseren Reform des Anfechtungsrechts sowie die parallele Neufassung der Europäischen Insolvenzverordnung[5] mit Regelungen zur Konzerninsolvenz[6] führten zur langen Dauer des Gesetzgebungsverfahrens, obwohl die Änderungen vom Diskussions-[7] zum Regierungsentwurf[8] und vor allem vom Regierungsentwurf zum schließlich beschlossenen Gesetz[9] kaum ins Gewicht fallen.

Die mit der Neuregelung verfolgten Ziele sind die Ermöglichung einer örtlichen und ggf. auch personellen Konzentration von Einzelinsolvenzverfahren über die Glieder einer Unternehmensgruppe dort, wo sie mit den Gläubigerinteressen im Einklang steht, und im Übrigen die Verbesserung der Koordination einzelner Verfahren durch Kooperation der Beteiligten sowie in geeigneten Fällen ein besonderes Koordinationsverfahren.[10] Damit hat der Gesetzgeber den wohl mehr oder weniger konsensfähigen Grundbestand eines modernen Konzerninsolvenzrechts abgedeckt, ohne etwa das „heiße Eisen" einer Konsolidierung der Verfahren bzw. der Einzelmassen anzupacken.[11] Dass etwa das Koordinationsverfahren aufgrund der bewusst schwachen Stellung des Verfahrenskoordinators die Kooperation aller beteiligten Verwalter und Gerichte nicht ersetzen kann, ist eine sachgerechte Konsequenz aus der so nach wie vor betonten Selbständigkeit der Einzelverfahren;[12] es wird sich in der Regel nur bei größeren Unternehmensgruppen anbieten, kann dort aber ein Instrument sein, das

---

4) Vgl. *Reuter*, Anhörung im Bundestag: Wie gewichtig das Konzerninsolvenzrecht für die Praxis ist, INDat-Report 03_2014, 8.

5) Verordnung (EU) 2015/848 des Europäischen Parlaments und des Rates v. 20.5.2015 über Insolvenzverfahren, (Neufassung) – EuInsVO, ABl. (EU) L 141/19 v. 5.6.2015.

6) Art. 56 ff. EuInsVO.

7) DiskE des BMJ für ein Gesetz zur Erleichterung der Bewältigung von Konzerninsolvenzen – KIG, ZIP Beilage zu Heft 2/2013.

8) RegE KIG, BT-Drucks. 18/407.

9) Vgl. dazu die Beschlussempfehlung KIG, BT-Drucks. 18/11436.

10) Vgl. RegE KIG, BT-Drucks. 18/407, S. 1 f.

11) Dazu vgl. etwa *K. Schmidt*, Konsolidierte Insolvenzabwicklung, KTS 2011, 161; ein Plädoyer für eine (fallweise) Konsolidierung findet sich z. B. bei *Paulus*, Überlegungen zu einem modernen Konzerninsolvenzrecht, ZIP 2005, 1948, 1953 ff.

12) Vgl. bereits *Berner/Bartelheimer/Schiebe*, ZInsO 2013, 434, 437 ff.

wesentlich zu einer erfolgreichen Restrukturierung oder auch Abwicklung der Gruppe beiträgt.

Insgesamt wird sich die Neuregelung durchaus bewähren können, wenn die Praxis sie behut- und bedachtsam und stets mit Blick auf den einzelnen Anwendungsfall handhabt; eine Blaupause für Konzerninsolvenzen kann es nicht geben. In einigen Punkten freilich wirft die Reform Fragen oder Zweifel auf – dieser Beitrag greift einzelne davon heraus,[13] ohne den Anspruch zu erheben, sie abschließend zu beantworten bzw. aufzulösen.

II. Anwendungsbereich der Regelungen

1. § 3e Abs. 1 InsO n. F.: Inlands-COMI

Der Anwendungsbereich der Neuregelungen ist in § 3e InsO n. F. festgelegt, der die „Unternehmensgruppe" für die InsO und damit die konzerninsolvenzrechtlichen Vorschriften definiert. Es geht danach (Absatz 1) zunächst um rechtlich selbständige Unternehmen, die den Mittelpunkt ihrer hauptsächlichen Interessen (*centre of main interests* – „COMI") im Inland haben und die unmittelbar oder mittelbar durch die Möglichkeit der Ausübung eines beherrschenden Einflusses oder die Zusammenfassung unter einheitlicher Leitung miteinander verbunden sind. Damit übernimmt das Gesetz die Kriterien der Beherrschung gemäß § 17 AktG[14] sowie der Konzernierung gemäß § 18 AktG und schränkt den durch alle in wenigstens einer dieser beiden Beziehungen stehenden Unternehmen abgesteckten Kreis lediglich mit dem Erfordernis eines Inlands-COMI ein.

Diese Einschränkung ist unmittelbar einleuchtend hinsichtlich der Vorschriften zur Zuständigkeitskonzentration, da ansonsten deutschen Insolvenzgerichten schon die internationale Zuständigkeit fehlt. Auch für die Regelungen zur Gläubigermitwirkung und für das sehr spezielle und an deutsche Insolvenzverfahren anknüpfende Instrument eines gemeinsamen Koordinationsverfahrens ist die Begrenzung auf deutsche Gruppenunternehmen wohl sachgerecht. Bedauerlich ist aber die damit einhergehende

13) Zu einem weiteren Punkt (Überlagerung von Gläubigerausschussentscheidungen nach § 56b InsO n. F.) vgl. *Kebekus/Zenker*, Unabhängigkeit im modernen Insolvenzverfahren, in: FS Beck, 2016, S. 285, 300 f.

14) Statt auf § 17 AktG stellt der RegE grundsätzlich auf § 290 HGB ab, so dass – zweifelhaft – auch § 290 Abs. 2 HGB als unwiderlegliche Vermutung anwendbar sein soll, vgl. RegE KIG, BT-Drucks. 18/407, S. 28 f.; ebenso *Prütting* in: Kübler/Prütting/Bork, InsO, Stand: 11/2017, § 3e Rz. 4.

Kappung auch der Kooperationspflichten deutscher Insolvenzverwalter und -gerichte an der Grenze. Gegenüber ausländischen Verfahren im Geltungsbereich der Europäischen Insolvenzverordnung folgen entsprechende Pflichten zwar aus Art. 56 ff. EuInsVO, die nach Art. 102c § 22 Abs. 1 EGInsO n. F.[15] möglicherweise sogar zwischen rein deutschen Verfahren[16] weitgehenden (wenn nicht umfassenden) Vorrang gegenüber §§ 269a, 269b und 56b Abs. 1 InsO n. F. genießen.[17] Ihrem Wortlaut nach, der an „Insolvenzverfahren" gemäß Art. 2 Nr. 4 EuInsVO anknüpft, finden jedoch die europäischen Bestimmungen keine Anwendung im Verhältnis zu in Drittstaaten geführten Verfahren.[18] Die Regelungen in §§ 348 Abs. 2, 357 InsO helfen ebenfalls nicht, da sie nicht schuldnerübergreifend wirken.

Gleichwohl sollte wenigstens *de lege ferenda* eine Zusammenarbeit mit den ausländischen Verwaltern und Gerichten auch hier möglich und geboten sein – beschränkt nur (wie in § 269a InsO n. F.) durch die Beteiligteninteressen und damit wohl auch das Erfordernis eines gewissen Maßes an Gegenseitigkeit. Schon *de lege lata* lässt sich dies immerhin für den deutschen Insolvenzverwalter in einem Grundbestand wohl bereits seinen allgemeinen Verfahrenspflichten entnehmen;[19] eine klarstellende und auch die Gerichte erfassende Regelung bleibt dennoch wünschenswert.

2. § 3e Abs. 2 InsO n. F.: Einbeziehung der GmbH & Co. KG

Durch § 3e Abs. 2 InsO n. F. werden eine Gesellschaft und ihre persönlich haftenden Gesellschafter zu einer Unternehmensgruppe erklärt, wenn nicht direkt oder mittelbar eine natürliche Person persönlich haftet – also die GmbH & Co. KG und Abwandlungen. Diese erst im Gesetzgebungsverfahren hinzugekommene Regelung soll – allein für die Anwendung des Konzerninsolvenzrechts – Zweifeln über die richtige Einordnung dieser

15) I. d. F. des Gesetzes zur Durchführung der Verordnung (EU) 2015/848 über Insolvenzverfahren, v. 5.6.2017, BGBl. I 2017, 1476.

16) A. A. *Mock*, Das neue Konzerninsolvenzrecht nach dem Gesetz zur Erleichterung der Bewältigung von Konzerninsolvenzen, DB 2017, 951, 956 f.

17) Vgl. Beschlussempfehlung EuInsVO-DurchführungsG, BT-Drucks. 18/12154, S. 33 f. Der Frage, ob den genannten Vorschriften der InsO danach überhaupt noch ein Anwendungsbereich verbliebe – und welcher –, kann hier nicht nachgegangen werden.

18) Anders aber *J. Schmidt* in: Mankowski/Müller/J. Schmidt, EuInsVO 2015, 2016, Art. 56 Rz. 13; *Mock*, DB 2017, 951, 957.

19) Vgl. RegE KIG, BT-Drucks. 18/407, S. 32; *Berner/Bartelheimer/Schiebe*, ZInsO 2013, 434, 436.

Gesellschaftsstrukturen den Boden entziehen.[20] Wie stichhaltig diese Zweifel bei typischen Gestaltungen sind, in denen GmbH und KG derart verzahnt werden, dass in beiden Gesellschaften letztlich dieselben natürlichen Personen das Sagen haben,[21] mag dahinstehen.[22]

Dass die Insolvenzverfahren von KG und Komplementär-GmbH bei der GmbH & Co. KG nicht isoliert nebeneinanderstehen können und in irgendeiner Weise aufeinander abgestimmt werden müssen, leuchtet mit Blick auf die enge Verzahnung der Gesellschaften und ihrer Aktivitäten sowie die gegenseitigen Ansprüche unmittelbar ein. Wenn man nicht sogar den Schritt zu einer *de-facto*-Konsolidierung wagen will,[23] sind daher jedenfalls – und mehr noch als bei „einfachen" Unternehmensgruppen – die Konzentration und Koordination der Insolvenzverfahren über die einzelnen Gesellschaften sinnvoll und geboten. Vor diesem Hintergrund ist § 3e Abs. 2 InsO n. F. also gewiss zu begrüßen.[24]

Doch darf diese Norm nicht davon ablenken, dass die damit eröffneten Instrumente bei der Insolvenz einer GmbH & Co. KG kaum einmal relevant (Zuständigkeitskonzentration) bzw. regelmäßig ungeeignet (Koordinationsverfahren) sein dürften[25] und dass sich hier meist schlicht die Bestellung eines einheitlichen Insolvenzverwalters für beide Gesellschaften anbietet.[26] Sie scheint dann in der Praxis wohl auch bislang schon die Regel zu sein[27] – daran sollte sich nichts ändern.

III. Zuständigkeitskonzentration

1. § 2 Abs. 3 InsO n. F.: Schwerpunktgerichte

Nach § 2 Abs. 3 InsO n. F. sollen die Landesregierungen höchstens ein Insolvenzgericht je OLG-Bezirk bestimmen, bei dem ein Gruppen-Gerichtsstand (§ 3a InsO n. F.) begründet werden kann. Diese Regelung –

---

20) Beschlussempfehlung KIG, BT-Drucks. 18/11436, S. 21 f.
21) Zu dieser typischen Gestaltung s. etwa *K. Schmidt*, KTS 2011, 161, 163 f.
22) Vgl. näher und m. w. N. *Wimmer*, Das Gesetz zur Erleichterung der Bewältigung von Konzerninsolvenzen, jurisPR-InsR 8/2017 Anm. 1.
23) Vgl. dazu näher *K. Schmidt*, KTS 2011, 161, 163 ff.
24) *Wimmer*, jurisPR-InsR 8/2017 Anm. 1.
25) Ähnlich *Mock*, DB 2017, 951, 952.
26) *K. Schmidt*, KTS 2011, 161, 171.
27) So auch der Eindruck von *Mock*, DB 2017, 951, 952.

auch wenn es sich lediglich um eine Sollvorschrift handelt[28] – ist überaus wichtig und zur Bildung von Kompetenz- bzw. Erfahrungszentren für typischerweise komplexe sowie oft gesamtwirtschaftlich wesentliche Konzerninsolvenzverfahren evident sinnvoll.[29] Sie birgt jedoch im Zusammenspiel mit der Antrags- und Verweisungslösung der §§ 3a ff. InsO n. F. einige Anwendungsfragen und -probleme.

Wenn das nach § 3 Abs. 1 InsO zuständige Insolvenzgericht vom Schwerpunktgericht nach § 2 Abs. 3 InsO n. F. verschieden ist, so stellen sich etwa die Fragen, bei welchem der Gerichte ein Antrag zur Begründung eines Gruppen-Gerichtsstands (§ 13a InsO n. F.) zu stellen ist und welches Gericht darüber und über den Insolvenzantrag zu entscheiden hat:

Das Schwerpunktgericht wird für das Insolvenzverfahren erst durch die Begründung des Gruppen-Gerichtsstands zuständig und ist bei nachträglichen Konzentrationsanträgen auch nicht so vertraut mit dem Verfahren und dem Schuldner wie das (bislang) verfahrensleitende Insolvenzgericht; die Entscheidung könnte sich durch den Aktentransfer und die Einarbeitung daher ggf. verzögern, bei einer ablehnenden Entscheidung droht weitere Verzögerung durch die Rückgabe des Verfahrens an das Insolvenzgericht nach § 3 Abs. 1 InsO. Andererseits ist es zwar nicht ungewöhnlich, dass ein Gericht ein anderes bindend für zuständig erklären kann (vgl. etwa § 17a Abs. 2 Satz 3 GVG, § 102 Satz 2 GVG, § 281 Abs. 2 Satz 4 ZPO oder § 3 Abs. 3 Satz 2 FamFG), jedoch erschiene es vorzugswürdig, die besondere Expertise des Schwerpunktgerichts bereits bei der Einschätzung nutzen zu können, ob eine Unternehmensgruppe vorliegt, ob der betreffende Schuldner von lediglich untergeordneter Bedeutung für die Gruppe ist (§ 3a Abs. 1 InsO n. F.) und ob ein Gruppen-Gerichtsstand ebendort im gemeinsamen Interesse der Gläubiger liegt (§ 3a Abs. 2 InsO n. F.).

Die Gesetzesmaterialien geben ebenso wenig wie der Gesetzeswortlaut Aufschluss darüber, welche Lösung etwa dem Gesetzgeber vorschwebte.

---

28) Von einer – allerdings sanktionslosen – Verpflichtung zur Konzentration ausgehend *Prütting* in: Kübler/Prütting/Bork, InsO, Stand: 11/2017, § 2 Rz. 36.

29) *Grell/Splittgerber*, Gestaltungsmöglichkeiten bezüglich des Gerichtsstands bei der nationalen Konzerninsolvenz, DB 2017, 1497, 1501; *Stahlschmidt/Bartelheimer*, Änderungen bei der Konzerninsolvenz in Eigenverwaltung durch das Gesetz zur Erleichterung der Bewältigung von Konzerninsolvenzen – Frischzellenkur auch für DAX-Unternehmen?, ZInsO 2017, 1010, 1014. Vgl. bereits *Berner/Bartelheimer/Schiebe*, ZInsO 2013, 434, 435, mit dem Vorschlag, auf LG-Bezirks-Ebene zu konzentrieren.

Dem Wortlaut nach geht § 3a InsO n. F. nämlich davon aus, dass sich das angerufene Insolvenzgericht selbst (dies spricht für die Entscheidungskompetenz des Schwerpunktgerichts) – nur – für die Insolvenzverfahren über die „anderen“ gruppenangehörigen Schuldner für zuständig erklärt, nicht aber auch für den antragstellenden Schuldner. Überdies bedeutet das Erfordernis des zulässigen Insolvenzantrags in § 3a Abs. 1 Satz 1 InsO n. F. zwar nicht zwingend, dass das damit angerufene Gericht auch örtlich zuständig sein muss – das unzuständige Gericht kann das Verfahren auf Antrag an das zuständige verweisen[30] –, jedoch dürfte der Gesetzgeber jenseits der hier behandelten Sonderkonstellation doch davon ausgehen, dass nur das für den Schuldner *zuständige* Insolvenzgericht bei sich einen Gruppen-Gerichtsstand begründen kann, es also neben der Zulässigkeit des Insolvenzantrags auch seine Zuständigkeit prüfen muss.

In der Praxis ist eine pragmatische Lösung gefragt, die Verzögerungen und negative Auswirkungen der gespaltenen Zuständigkeit minimiert, aber doch die besondere Erfahrung und Kompetenz des Schwerpunktgerichts schon bei dieser zentralen Entscheidung nutzbar macht. Diese Lösung könnte etwa wie folgt aussehen:

- Wird der Insolvenzantrag zusammen mit dem Antrag zur Begründung eines Gruppen-Gerichtsstands beim Schwerpunktgericht gestellt, sollte dieses das Eröffnungsverfahren betreiben, bis es über die Voraussetzungen des § 3a InsO n. F. entschieden hat. Lehnt es die Begründung eines Gruppen-Gerichtsstands ab, so weist es den Schuldner auf die fehlende örtliche Zuständigkeit hin und gibt ihm Gelegenheit, einen Verweisungsantrag zu stellen.
- Sollte – was glücklicherweise kaum vorstellbar ist – der Eröffnungsantrag einmal vor dem Antrag nach § 13a InsO n. F. entscheidungsreif sein, so dürfte allerdings ausgeschlossen sein, dem (noch unzuständigen) Schwerpunktgericht die (positive oder negative) Eröffnungsentscheidung zu überlassen. Die wenig pragmatische, aber wohl von Art. 101 Abs. 1 Satz 2 GG gebotene Lösung bestünde vielmehr darin, eine Verweisung des Eröffnungsverfahrens an das noch zuständige Insolvenzgericht zu verlangen, auch wenn dieses eventuell (im Fall der Eröffnung) kurze Zeit später wieder würde zurückverweisen müssen. Ist die Entscheidung über den Gruppen-Gerichtsstand immerhin ab-

---

30) Statt aller *Madaus* in: BeckOK InsO, 8. Ed. 10/2017, § 3 Rz. 23. Zur Möglichkeit formloser Abgabe vgl. etwa *Pape* in: Uhlenbruck, InsO, 14. Aufl. 2015, § 3 Rz. 17.

sehbar, dürfte es deshalb naheliegen, dass das Schwerpunktgericht die Entscheidung über den Insolvenzantrag trotz Entscheidungsreife aufschiebt, wenn damit keine Nachteile für die Beteiligten verbunden sind.

– Wird der Insolvenzantrag beim nach § 3 Abs. 1 InsO örtlich zuständigen Insolvenzgericht gestellt, so betreibt dieses das Verfahren und entscheidet ggf. auch über die Verfahrenseröffnung. Ein gleichzeitig oder nachträglich gestellter Antrag zur Begründung eines Gruppen-Gerichtsstands ändert daran nichts. Er kann vom Schuldner direkt beim Schwerpunktgericht gestellt werden; ansonsten sollte das Insolvenzgericht ihn unverzüglich dem Schwerpunktgericht zur Entscheidung vorlegen.[31] Die Verfahrensakten verbleiben am verfahrensleitenden Insolvenzgericht, jedoch sollte dieses das Schwerpunktgericht bei seiner Entscheidung über den Antrag nach § 13a InsO n. F. (ebenso wie ein etwa bestellter [vorläufiger] Insolvenzverwalter) auf Anfrage mit Auskünften und Aktenauszügen unterstützen müssen. Begründet das Schwerpunktgericht bei sich einen Gruppen-Gerichtsstand, so wird das Eröffnungs- oder Insolvenzverfahren in seinem jeweiligen Stand unverzüglich von Amts wegen analog § 3d Abs. 1 Satz 1 InsO n. F. an das neue Gericht des Gruppen-Gerichtsstands verwiesen – allerdings wohl ohne das in dieser Vorschrift vorgesehene Ermessen. Dieses Ermessen wird gleichsam durch die Entscheidung des Schwerpunktgerichts darüber ersetzt, ob die Zuständigkeitskonzentration und damit Verweisungsnotwendigkeit gerade auch mit Blick auf das anlassbildende Verfahren im gemeinsamen Interesse der Gläubiger liegt, § 3a Abs. 2 InsO n. F.

2. § 3a Abs. 1 Satz 2 InsO n. F.: Holding?

Abschließend sollen noch die Änderungen betrachtet werden, die das Ausschlusskriterium für den Gruppen-Gerichtsstand „untergeordnete Bedeutung für die gesamte Unternehmensgruppe“ im Gesetzgebungsverfahren erfahren hat. Als Prüfstein soll dabei vor allem die Konzernober- bzw. Holding-Gesellschaft dienen, die selbst in der Regel kaum Umsatzerlöse erzielt und keine oder nur wenige Arbeitnehmer beschäftigt. Die Bilanz-

31) Für die Bestimmung der Reihenfolge von mehreren Anträgen (§ 3a Abs. 1 Satz 3 InsO n. F.) – auf die es entgegen *Mock*, DB 2017, 951, 952, ankommt – sollte der Zeitpunkt der Einreichung durch den Schuldner beim Insolvenzgericht maßgeblich sein.

summe kann im Einzelfall erheblich sein, aber ebenso gut auch nur einen Bruchteil der Bilanzsumme der operativ tätigen Töchter betragen.

Unterschiedslos ist Voraussetzung für die Begründung eines Gruppen-Gerichtsstands nach dem Diskussionsentwurf, dem Regierungsentwurf und dem verabschiedeten Gesetz (§ 3a Abs. 1 Satz 1 InsO n. F.), dass „der Schuldner nicht offensichtlich von untergeordneter Bedeutung für die gesamte Unternehmensgruppe ist". Damit soll ein missbräuchliches Forum Shopping verhindert werden, bei dem der Gruppen-Gerichtsstand nicht dort begründet wird, wo sich eine Verfahrenskonzentration mit Blick auf die Unternehmensgruppe und ihre Rechtsverhältnisse anbietet, sondern aus strategischen Gründen andernorts.[32] Diese Regelung ist gewiss sinnvoll – auch wenn man sich fragen kann, ob es überzeugt, wenn auf die Bedeutung des konkreten Schuldners und nicht auf diejenige des Gerichtsbezirks (der immerhin nach § 2 Abs. 3 InsO n. F. einem OLG-Bezirk oder gar einem Bundesland entsprechen kann) für die Unternehmensgruppe abgestellt wird. Wenn in diesem Gerichtsbezirk mehrere gruppenangehörige Schuldner ihren COMI haben, die vielleicht nicht einzeln, aber doch gemeinsam von nennenswerter Bedeutung für die Gruppe sind, so sollte dort jedenfalls auf gemeinsamen Antrag hin ein Gruppen-Gerichtsstand begründet werden können.

Gewandelt hat sich im Lauf des Gesetzgebungsverfahrens hingegen die Konkretisierung der Bedeutung eines Schuldners für die Unternehmensgruppe: Der Diskussionsentwurf sah noch ausdrücklich neben einer Betrachtung von Umsatz und Bilanzsumme vor, dass auch die vom Schuldner wahrgenommenen Aufgaben und Funktionen die Bedeutung begründen können. Der Regierungsentwurf verzichtete (ohne Angabe eines Grundes) auf diesen Passus und betonte (kumulativ) die Kennzahlen Bilanzsumme, Umsatzerlöse sowie beschäftigte Arbeitnehmer. Allerdings ergab sich aus der Begründung, dass die nicht nur untergeordnete Bedeutung auch anders feststellbar sei, dass sie lediglich bei Erreichen der Schwellenwerte regelmäßig vorliege und dass insbesondere am COMI der Muttergesellschaft stets ein Gruppen-Gerichtsstand begründet werden könne.[33] Letzteres wird überzeugend damit erklärt, dass beim Mutterunternehmen in aller Regel die Konzernleitung verortet sein werde und sich daher von

32) *Wimmer*, jurisPR-InsR 8/2017 Anm. 1. Der RegE KIG, BT-Drucks. 18/407, S. 19, 49, schätzt die Missbrauchsgefahr allerdings (plausibel) als gering ein und nennt in erster Linie Zweckmäßigkeitserwägungen als Regelungsgrund.

33) RegE KIG, BT-Drucks. 18/407, S. 19, 26 f.

dort aus auch in der Insolvenz die wirtschaftlichen Aktivitäten am besten koordinieren ließen.[34] Die verabschiedete Gesetzesfassung erhöht die Schwellenwerte für die Regelvermutung gegenüber den Entwürfen, und verlangt neben dem entsprechenden Arbeitnehmeranteil bloß noch entweder die Bilanzsumme oder die Umsatzerlöse. Ergänzend wird in § 3a Abs. 1 Satz 4 InsO n. F. angeordnet, dass dann, wenn kein gruppenangehöriger Schuldner die Schwellenwerte erreicht, jedenfalls beim Schuldner mit den absolut meisten Arbeitnehmern der Gruppen-Gerichtsstand begründet werden kann.

Durch die Anhebung der Schwellenwerte sollten die Spielräume – unter Bevorzugung der größten Betriebsstandorte und damit des Arbeitnehmerschutzes[35] – eingeschränkt werden.[36] Mit § 3a Abs. 1 Satz 4 InsO n. F. gibt es auch bei zersplitterten Unternehmensgruppen wenigstens einen – recht leicht feststellbaren – Ort, an dem ungeachtet der Schwellenwerte ein Gruppen-Gerichtsstand begründet werden kann.

Letztere Regelung ist vor allem dann sinnvoll, wenn die Holding-Gesellschaft nicht insolvent ist oder im Ausland ihren COMI hat, da dann der Gruppen-Gerichtsstand nicht bei ihr begründet werden kann. Sie gilt aber auch, wenn die deutsche Konzernholding zugleich insolvent ist und kann einen anderen – regelmäßig weniger tauglichen – Ort als „jedenfalls" möglichen Gruppen-Gerichtsstand bezeichnen (vorbehaltlich nur des entgegenstehenden Gläubigerinteresses, § 3a Abs. 2 InsO n. F.). Das ist hinzunehmen und mit Blick darauf akzeptabel, dass es grundsätzlich in den Händen der Konzernleitung liegen wird, ob und wo der Antrag zur Begründung eines Gruppen-Gerichtsstands gestellt wird.

Der vage Gesetzeswortlaut und die Gesetzgebungsgeschichte dürfen der Praxis jedoch nicht den Blick darauf nehmen, dass weder mit dem Regierungsentwurf noch mit dem schließlichen Gesetz ein Gruppen-Gerichtsstand am deutschen COMI einer insolventen Konzernobergesellschaft ausgeschlossen werden sollte, obwohl sie die Schwellenwerte nicht erreicht

---

34) RegE KIG, BT-Drucks. 18/407, S. 19.

35) Dieser Gedanke findet sich etwa auch in § 269c Abs. 1 InsO n. F. wieder. Dazu vgl. *Zenker* in: Clavora/Kapp/Mohr, Insolvenz- und Sanierungsrecht sowie Exekutionsrecht – Jahrbuch 2017, 2017, S. 143, 151 f. Fn. 46.

36) Beschlussempfehlung KIG, BT-Drucks. 18/11436, S. 21.

und nicht die meisten Arbeitnehmer beschäftigt.[37] Hier begründen, auch wenn sie in der Regelvermutung nicht mehr auftauchen, zwanglos die wesentlichen Aufgaben und Funktionen der Holding ihre nicht nur untergeordnete Bedeutung für die Unternehmensgruppe.

IV. Schluss

Das neue Konzerninsolvenzrecht ist ein weiterer und wichtiger Bestandteil eines modernen Insolvenz- und Sanierungsrechts für Deutschland. Kleinere Unebenheiten, Auslegungszweifel und Regelungslücken wie die hier beispielhaft vorgestellten vermögen daran nichts zu ändern. Die Beteiligten, vornehmlich die Insolvenzgerichte, seien zu einer pragmatischen, am Einzelfall und den Konzentrations- und Koordinationszielen des Gesetzes orientierten Rechtsanwendung aufgerufen.

37) So wohl auch *Harder*, Das neue deutsche Konzerninsolvenzrecht im Überblick, NJW-Spezial 2017, 469; a. A. *Wimmer*, jurisPR-InsR 8/2017 Anm. 1; implizit auch *Stahlschmidt/Bartelheimer*, ZInsO 2017, 1010, 1012 f.

Eigentumsvorbehalt und Gläubigerbenachteiligung

REINHARD BORK

Inhaltsübersicht

Marie Luise Graf-Schlicker hat sich, das darf ohne Übertreibung gesagt werden, durch ihr Wirken in verschiedenen Positionen und nicht zuletzt im Bundesjustizministerium, dessen mehrfache Umbenennung sie mit großer Gelassenheit miterlebt hat, außerordentlich verdient gemacht. Der nachfolgende Beitrag greift eine aktuelle Problematik auf, die sicher nicht des Eingreifens des Gesetzgebers bedarf, aber, so darf vermutet werden, auf das Interesse der Jubilarin stoßen wird, der der Aufsatz in großer persönlicher Verbundenheit gewidmet ist.

I. Gläubigerbenachteiligung

Der vorliegende Beitrag befasst sich mit der Frage, ob Zahlungen, die ein Vorbehaltskäufer an seinen Vorbehaltslieferanten erbringt, vom Insolvenzverwalter nach Verfahrenseröffnung angefochten werden können. Dies ist in erster Linie ein Problem der Gläubigerbenachteiligung. Gemäß § 129 Abs. 1 InsO können nur solche Rechtshandlungen angefochten werden, die die Insolvenzgläubiger benachteiligt haben. Nach ständiger Rechtsprechung des Bundesgerichtshofs ist diese Voraussetzung erfüllt, wenn die Rechtshandlung entweder die Schuldenmasse vermehrt oder die Aktivmasse verkürzt und dadurch den Zugriff auf das Vermögen des Schuldners vereitelt, erschwert oder verzögert hat, mithin wenn sich die

Befriedigungsmöglichkeiten der Insolvenzgläubiger ohne die Handlung bei wirtschaftlicher Betrachtungsweise günstiger gestaltet hätten.[1]

Eine Gläubigerbenachteiligung liegt danach regelmäßig vor, wenn der Schuldner Zahlungen an Gläubiger aus seinem pfändbaren Vermögen leistet.[2] Zahlt ein Vorbehaltskäufer die Rechnungen des Vorbehaltslieferanten, ist diese Voraussetzung im Allgemeinen erfüllt, da Vorbehaltskäufer normalerweise nicht aus pfändungsfreiem Vermögen leisten.

II. Gläubigerbenachteiligung und Sicherheiten

Besonderheiten bestehen, wenn der Zahlungsempfänger gesichert ist. Erbringt der Schuldner aus seinem pfändbaren Vermögen Zahlungen an einen gesicherten Gläubiger, so fehlt es an der Gläubigerbenachteiligung, sofern der Gläubiger i. H. der Zahlung anfechtungsfest gesichert, die Sicherheit also nicht ihrerseits anfechtbar ist.[3] Das gilt zum einen dann, wenn mit der Zahlung das Sicherungsgut abgelöst werden soll, weil sich dieser Vorgang als reiner Aktiventausch darstellt: Dem Abfluss der Zahlungsmittel steht in gleicher Höhe ein Wertzuwachs für die Masse gegenüber, weil das Sicherungsrecht wegfällt, so dass das Sicherungsgut jetzt der Masse wieder mit vollem Wert zur Verfügung steht. Voraussetzung ist natürlich, dass der Wertzuwachs aus dem Wegfall der Belastung nicht hinter dem Zahlungsbetrag zurückbleibt.[4]

---

1) Zuletzt BGH, Urt. v. 27.4.2017 – IX ZR 198/16, ZIP 2017, 1336, Rz. 11; BGH, Urt. v. 25.2.2016 – IX ZR 12/14, ZIP 2016, 581, Rz. 6, dazu EWiR 2016, 567 *(Henkel)*; BGH, Urt. v. 28.1.2016 – IX ZR 185/13, ZIP 2016, 426, Rz. 24, dazu EWiR 2016, 243 *(Haneke)*; vgl. ferner BGH, Urt. v. 26.4.2012 – IX ZR 74/11, BGHZ 193, 129 = ZIP 2012, 1038, Rz. 11, dazu EWiR 2012, 391 *(Jacoby)*; BGH, Urt. v. 22.12.2005 – IX ZR 190/02, BGHZ 165, 343, 350 = ZIP 2006, 243; BGH, Urt. v. 10.9.2015 – IX ZR 215/13, ZIP 2015, 2083, Rz. 9, dazu EWiR 2015, 775 *(Lau/Schlicht)*; BGH, Urt. v. 12.2.2015 – IX ZR 180/12, ZIP 2015, 585, Rz. 27, dazu EWiR 2015, 251 *(Cranshaw)*.

2) BGH, Beschl. v. 20.10.2016 – IX ZR 305/14), NZI 2017, 28, Rz. 13; BGH, Urt. v. 10.9.2015 – IX ZR 215/13, ZIP 2015, 2083, Rz. 10; vgl. auch BGH, Urt. v. 17.11.2016 – IX ZR 65/15, ZIP 2016, 2423, Rz. 11, dazu EWiR 2017, 115 *(Opp)*; BGH, Urt. v. 7.4.2016 – IX ZR 145/15, ZIP 2016, 1174, Rz. 17.

3) BGH, Urt. v. 17.9.2009 – IX ZR 106/08, BGHZ 182, 264 = ZIP 2010, 38, Rz. 6, dazu EWiR 2010, 191 *(Eckardt)*; BGH, Urt. v. 10.2.2005 – IX ZR 211/02, BGHZ 162, 143 = ZIP 2005, 494, dazu EWiR 2005, 607 *(Eckardt)*; BGH, Urt. v. 22.1.2004 – IX ZR 39/03, BGHZ 157, 350, 353 = ZIP 2004, 513; BGH, Urt. v. 2.2.2017 – IX ZR 245/14, ZIP 2017, 533, Rz. 11, dazu EWiR 2017, 207 *(Bork)*; BGH, Urt. v. 12.2.2015 – IX ZR 180/12, ZIP 2015, 585, Rz. 8; *Kayser* in: MünchKomm-InsO, 3. Aufl. 2013, § 129 Rz. 108d.

4) *Kayser* in: MünchKomm-InsO, 3. Aufl. 2013, § 129 Rz. 142a.

Dasselbe gilt, wenn die Zahlung zu einem Sicherheitentausch führt,[5] was etwa der Fall ist, wenn ein Drittschuldner des Insolvenzschuldners auf die gegen ihn gerichtete, aber einer Bank zur Sicherheit abgetretene Forderung auf ein Konto des Insolvenzschuldners bei dieser Bank zahlt. Denn auch hier liegt nur ein Aktiventausch vor: Die zur Sicherheit abgetretene Forderung des Insolvenzschuldners gegen den Drittschuldner wird ersetzt durch einen Anspruch des Insolvenzschuldners gegen die Bank auf Herausgabe des eingegangenen Betrages (§ 675t Abs. 1 Satz 1 BGB); zugleich wird das aus der Sicherungszession resultierende Sicherungsrecht der Bank ersetzt durch ein AGB-Pfandrecht an diesem Herausgabeanspruch. Für das Schuldnervermögen stellt sich dies als neutraler Vorgang dar, der die Insolvenzgläubiger nicht benachteiligt.[6]

III. Gläubigerbenachteiligung und Eigentumsvorbehalt

Hat der Vorbehaltslieferant mit dem Käufer einen Eigentumsvorbehalt vereinbart, so ist zu prüfen, ob sich daraus eine insolvenzfeste Sicherheit ergibt, die die Gläubigerbenachteiligung ausschließt. Insoweit ist zu unterscheiden zwischen dem einfachen, dem verlängerten und dem erweiterten bzw. Kontokorrentvorbehalt.

1. Einfacher Eigentumsvorbehalt

Hat ein Lieferant mit seinem Kunden einen einfachen Eigentumsvorbehalt vereinbart und befindet sich die gelieferte Ware noch beim Kunden, so sichert dieses Eigentum die Kaufpreisforderung. Mit vollständiger Bezahlung der Kaufpreisforderung geht das Eigentum auf den Kunden über, sofern sich die unter Vorbehalt gelieferte Ware noch bei ihm befindet, d. h. von ihm noch nicht weiterveräußert ist. Es fehlt deshalb in dem Fall, dass das Eigentum an der noch nicht weiterveräußerten Sache[7] mit Zahlung auf den Kunden übergeht, nach allgemeiner Meinung jedenfalls an einer unmittelbaren Gläubigerbenachteiligung, denn auch hier liegt ein bloßer Aktiventausch vor (Zahlungsmittel gegen Volleigentum an der gelie-

---

5) Näher dazu *Bork* in: Kübler/Prütting/Bork, InsO, Stand: 6/2017, Anh. I zu § 147 Rz. 11 ff.

6) Ausführlich dazu zuletzt BGH, Urt. v. 2.2.2017 – IX ZR 245/14, ZIP 2017, 533, Rz. 12.

7) Vgl. zu dieser Voraussetzung etwa BGH, Urt. v. 21.6.2007 – IX ZR 231/04, ZIP 2007, 1469, Rz. 48; *Hirte/Ede* in: Uhlenbruck, InsO, 14. Aufl. 2015, § 129 Rz. 360.

ferten Ware)[8].[9] Etwas anderes gilt nur dann, wenn der Restwert der Vorbehaltsware[10] kleiner ist als die im Anfechtungszeitraum geleisteten Zahlungen.[11] Eine mittelbare Gläubigerbenachteiligung kann vorliegen, wenn die Kaufsache (spätestens bis zum Schluss der letzten mündlichen Verhandlung in der letzten Tatsacheninstanz im Anfechtungsprozess) ersatzlos untergegangen ist oder an Wert eingebüßt hat.[12] Eine Anfechtung scheitert dann allerdings regelmäßig an § 142 InsO, da sich der Austausch von Zahlung und Eigentumsübergang als Bargeschäft darstellt.[13]

2. *Verlängerter Eigentumsvorbehalt*

Beim Eigentumsvorbehalt wird regelmäßig vereinbart, dass der Käufer die unter Eigentumsvorbehalt gelieferte Ware weiterveräußern darf. Dafür tritt er im Voraus die aus der Weiterveräußerung stammende Kaufpreisforderung an den Verkäufer ab. Im Moment der Weiterveräußerung findet dabei ein Sicherheitentausch statt: Der Verkäufer verliert das vorbehaltene Eigentum, erwirbt dafür aber im Gegenzug die ihm zur Sicherheit vorausabgetretene Kaufpreisforderung gegen den Dritten. Dieser Sicherheitentausch ist als solcher grundsätzlich mangels Gläubigerbenachteiligung nicht anfechtbar, da hier nur eine Sicherheit (das vorbehaltene Eigentum) durch eine andere (die Sicherungszession) ersetzt wird. Lediglich hinsichtlich der „Marge“, also der Differenz zwischen dem Wert der Kaufsache und dem Nominalbetrag der sicherungszedierten Forderung, be-

---

8) Bei Teilzahlungen handelt es sich um einen Austausch „Zahlungsmittel gegen Erhöhung des Wertes des Anwartschaftsrechts“; vgl. *Henckel* in: Jaeger, InsO, 2008, § 129 Rz. 188.

9) Vgl. auch BGH, Urt. v. 2.4.1998 – IX ZR 232/96, ZIP 1998, 830, 834; BGH, Urt. v. 11.7.1991 – IX ZR 230/90, ZIP 1991, 1014 = NJW 1992, 624, 626; BGH, Urt. v. 3.3.1960 – VIII ZR 86/59, WM 1960, 381, 382.

10) Sofern der Käufer durch Teilzahlungen außerhalb des Anfechtungszeitraums bereits den Wert seines Anwartschaftsrechts erhöht hat, müsste man genauer sagen: Eine Gläubigerbenachteiligung liegt vor, wenn und soweit die Summe der im Anfechtungszeitraum erbrachten Zahlungen höher ist als die Differenz zwischen dem Restwert der Vorbehaltsware und dem Wert des vorher bereits angereicherten Anwartschaftsrechts.

11) *Henckel* in: Jaeger, InsO, 2008, § 129 Rz. 188; *Serick*, Eigentumsvorbehalt und Sicherungsübertragung, Bd. I, 1963, § 13 II 5, S. 352, vgl. auch *Ganter*, Wiederaufleben von Sicherheiten nach Tilgung der gesicherten Hauptforderung durch Anfechtung, WM 2011, 245, 247.

12) OLG Stuttgart, Urt. v. 15.7.2008 – 10 U 147/07, ZInsO 2011, 232, 235; *Hirte/Ede* in: Uhlenbruck, InsO, 14. Aufl. 2015, § 129 Rz. 360. Ablehnend *Henckel* in: Jaeger, InsO, 2008, § 129 Rz. 188.

13) OLG Saarbrücken, Urt. v. 23.1.2007 – 4 U 311/06 – 95, ZInsO 2010, 92, 95.

kommt der Verkäufer mehr, als er ursprünglich hatte, so dass insoweit eine Gläubigerbenachteiligung vorliegt.[14)]

Zahlt nun der Käufer auf die ursprüngliche, nunmehr durch eine Sicherungszession abgesicherte Kaufpreisforderung, so handelt es sich um die Ablösung einer (soweit es nicht um die „Marge" geht) anfechtungsfest bestellten Sicherheit. Hier fehlt es an der der Gläubigerbenachteiligung, weil die Zahlung ausgeglichen wird durch das Freiwerden der Sicherheit, sodass die Zahlung nicht anfechtbar ist.

Insoweit ist allerdings zu berücksichtigen, dass der Käufer beim verlängerten Eigentumsvorbehalt in der Praxis regelmäßig eine Einziehungsermächtigung hat. Macht der Käufer von dieser Einziehungsermächtigung Gebrauch und zahlen seine Kunden an ihn, so erlöschen die zur Sicherheit abgetretenen Forderungen ersatzlos. Tilgt der Käufer jetzt mit den eingezogenen Beträgen die Kaufpreisforderungen des Lieferanten, so stellt sich das nicht als Ablösung einer anfechtungsfest bestellten Sicherheit dar, denn die Sicherheit ist bereits erloschen und kann folglich nicht mehr abgelöst werden. Vielmehr handelt es sich um eine einfache Zahlung auf eine nunmehr ungesicherte Forderung und damit um eine gläubigerbenachteiligende Rechtshandlung.[15)]

3. Erweiterter Eigentumsvorbehalt

In vielen Fällen wird außerdem ein erweiterter Eigentumsvorbehalt vereinbart. Danach sichert zunächst das vorbehaltene Eigentum und dann – nach Weiterveräußerungen durch den Käufer – die sicherungszedierte Kaufpreisforderung nicht nur die Entgeltforderung, die aus dem Verkauf gerade dieser Ware resultiert („Anlassforderung"), sondern alle noch offenen Ansprüche gegen den Käufer. In den einschlägigen AGB kommt das regelmäßig durch Formulierungen wie „bis zum Eingang aller bestehenden sowie aller noch entstehenden künftigen Forderungen" zum Ausdruck. Soweit andere als die Anlassforderung gesichert werden, handelt es sich streng genommen nicht um Vorbehaltseigentum, sondern um Sicherungseigentum.

---

14) Vgl. zum Ganzen BGH, Urt. v. 26.4.2012 – IX ZR 67/09, ZIP 2012, 1301, Rz. 33, dazu EWiR 2012, 735 *(Lau)* m. w. N.

15) BGH, Urt. v. 12.2.2015 – IX ZR 180/12, ZIP 2015, 585, Rz. 10 ff.

An der Bewertung von Zahlungen ändert das an und für sich nichts. Zahlungen auf die gesicherten Forderungen bewirken den Eigentumsübergang bzw. das Freiwerden der zur Sicherheit abgetretenen Forderungen, so dass sich der Vorgang als nicht gläubigerbenachteiligender Aktiventausch darstellt. Das gilt freilich nur unter zwei Voraussetzungen:

Erstens müssen alle Forderungen, die die Gläubigerin gegen die Schuldnerin hat, gesichert sein. Ansonsten könnte nämlich der Fall eintreten, dass die von der Schuldnerin zur Tilgung mehrerer Ansprüche geleisteten Zahlungen höher sind als der Wert der als Sicherheit dienenden Kaufsache bzw. Kaufpreisforderung. Hat beispielsweise V gegen K zwei Forderungen über 1.000 € und beträgt der Wert der gelieferten Ware 1.200 €, so muss K 2.000 € zahlen, um das Eigentum an einer Ware im Wert von 1.200 € zu erhalten, so dass i. H. von 800 € eine Gläubigerbenachteiligung vorliegt.

Zweitens ist erforderlich, dass sämtliche noch offenen Forderungen bezahlt werden. Sind nämlich alle Forderung gesichert, so werden die Sicherungsgüter (Waren bzw. Kaufpreisforderungen) erst nach Begleichung aller Verbindlichkeiten frei.[16] Erst dann stehen sich die Gesamtsumme aller Zahlungen und der Gesamtwert aller freiwerdenden Sicherungsgüter gleichwertig gegenüber, so dass es an der Gläubigerbenachteiligung fehlt. Der Bundesgerichtshof hat deshalb angenommen, dass Einzelzahlungen nicht als Ablösung von Sicherheiten gewertet werden können und deshalb gläubigerbenachteiligend sind, weil sie eben nicht zum Freiwerden der in den erweiterten Eigentumsvorbehalt einbezogenen Sicherungsgüter führen.[17] Auch ein Bargeschäft scheidet dann insoweit aus.[18] Nicht gläubigerbenachteiligend ist hier nur die letzte Zahlung, mit der alle noch offenen Verbindlichkeiten getilgt und alle Sicherheiten abgelöst sind. Zahlt also der Käufer auf verschiedene Rechnungen jeweils den in der Rechnung

---

16) Nach den einschlägigen AGB führt eine etwaige Übersicherung regelmäßig nicht zum automatischen Freiwerden der Sicherungsgüter, sondern nur zu einem Freigabeanspruch.

17) BGH, Urt. v. 17.11.2016 – IX ZR 65/15, ZIP 2016, 2423, Rz. 11; ebenso *Gehrlein*, Aktuelle höchstrichterliche Rechtsprechung zum Insolvenzrecht (Teil 2), DB 2017, 472, 474; *Hirte/Ede* in: Uhlenbruck, InsO, 14. Aufl. 2015, § 129 Rz. 362.

18) BGH, Urt. v. 12.2.2015 – IX ZR 180/12, ZIP 2015, 585, Rz. 24; OLG Saarbrücken, Urt. v. 23.1.2007 – 4 U 311/06 – 95, ZInsO 2010, 92, 95; *Kirchhof* in: MünchKomm-InsO, 3. Aufl. 2013, § 142 Rz. 13d; *Zeuner*, Die Anfechtung in der Insolvenz, 2. Aufl. 2007, Rz. 55.

ausgewiesenen Betrag, so sind alle Zahlungen mit Ausnahme der letzten gläubigerbenachteiligend.[19)]

Außerdem muss auch hier wieder auf die Einziehungsermächtigung hingewiesen werden. Macht der Käufer von dieser Einziehungsermächtigung Gebrauch und zahlen seine Kunden an ihn, so erlöschen die zur Sicherheit abgetretenen Forderungen ersatzlos. Tilgt der Käufer jetzt mit den eingezogenen Beträgen die Kaufpreisforderungen des Lieferanten, so stellt sich das insoweit nicht als Ablösung einer anfechtungsfest bestellten Sicherheit dar, denn die Sicherheit ist bereits erloschen und kann folglich nicht mehr abgelöst werden. Vielmehr handelt es sich um eine einfache Zahlung auf eine nunmehr ungesicherte Forderung und damit um eine gläubigerbenachteiligende Rechtshandlung.[20)]

4. Kontokorrentvorbehalt

Stehen die Parteien in regelmäßiger Geschäftsbeziehung, so haben sie zumeist ein Kontokorrent vereinbart, in das die wechselseitigen Ansprüche – etwa Gutschriften aus stornierten Geschäften einerseits, Kaufpreisforderungen andererseits – eingestellt werden. Bei einem solchen Kontokorrentvorbehalt handelt es sich zunächst einmal um eine spezielle Erscheinungsform des erweiterten Eigentumsvorbehalts,[21)] so dass das vorstehend zu 3. Ausgeführte entsprechend gilt.

Etwas anderes könnte sich allenfalls aus AGB-Klauseln ergeben, nach denen sich der Vorbehalt im Falle eines bestehenden Kontokorrentverhältnisses mit dem Besteller „auf den anerkannten Saldo" bezieht. Diese Formulierung ist als solche nicht eindeutig, weil nicht klar ist, ob sich der Vorbehalt „nur" auf den anerkannten Saldo bezieht, also nicht auf die einzelnen in das Kontokorrent eingestellten Forderungen, oder „auch" auf den anerkannten Saldo. Möglicherweise kommt es aber auf eine Klärung dieser Frage nicht an.

---

19) Teilzahlungen auf die letzte Rechnung sind daher ebenfalls gläubigerbenachteiligend. Etwas anderes gilt nur für die letzte Zahlung sowie für solche Teilzahlungen, die sich als nur technisch gesplittete Gesamtzahlung darstellen. (Beispiel: Die Bank des Käufers hat für das online-Banking einen Höchstbetrag von 20.000 € pro Überweisung festgelegt, so dass eine Rechnung über 55.000 € in drei Überweisungen beglichen werden muss, die sich aber wegen der nur technischen Aufspaltung als einheitliche Zahlung darstellen.).

20) BGH, Urt. v. 12.2.2015 – IX ZR 180/12, ZIP 2015, 585, Rz. 10 ff.

21) Vgl. nur BGH, Urt. v. 12.2.2015 – IX ZR 180/12, ZIP 2015, 585, Rz. 9.

Sofern sich der Vorbehalt „nur" auf den anerkannten Saldo beziehen soll, sichert zunächst das vorbehaltene Eigentum und dann, nach Weiterveräußerung, die zur Sicherheit abgetretene Kaufpreisforderung des Käufers gegen seinen Kunden außer der „Anlassforderung" nur eine künftige Forderung, nämlich die auf einem Saldoanerkenntnis beruhende Saldoforderung. Das ändert aber nichts daran, dass alle auf Rechnungen des Verkäufers geleisteten Zahlungen nicht zum Freiwerden der Sicherungsgüter (Ware/Kaufpreisforderung) führen. Diese werden vielmehr erst frei, wenn ein Saldo festgestellt und die daraus resultierende Saldoforderung bezahlt ist. Es gilt daher dasselbe wie beim „einfachen" erweiterten Eigentumsvorbehalt: Zahlungen, die nicht zum Erlöschen der Saldoforderung und damit zum Freiwerden der Sicherungsgüter führen, sind gläubigerbenachteiligend. Etwas anderes gilt folglich nur für die „Schlusszahlung", und dies auch nur dann, wenn das Kontokorrentverhältnis beendet ist, denn anderenfalls sichern die Sicherungsgüter auch den nächsten (bei Zahlung noch künftigen) Saldo. Von der Haftung frei werden sie dann niemals durch Zahlung, sondern – wie bei anderen revolvierenden Sicherheiten auch – durch Untergang der Verkäuferrechte, also durch Weiterveräußerung (einfacher Eigentumsvorbehalt) oder Forderungseinzug (verlängerter Eigentumsvorbehalt).

Sofern sich der Vorbehalt „auch" auf den anerkannten Saldo beziehen soll, gilt das soeben Ausgeführte erst recht, denn auch in diesem Fall werden die Sicherungsgüter erst nach Saldoausgleich frei.

IV. Rechtsfolgen

Abschließend empfiehlt sich ein Blick auf die Rechtsfolgen für den Fall, dass sich die Zahlung nach den vorstehenden Ausführungen als gläubigerbenachteiligend darstellt und die übrigen Anfechtungsvoraussetzungen vorliegen, insbesondere ein Anfechtungsgrund gegeben ist.

Ist die Zahlung zur Ablösung eines Eigentumsvorbehalts anfechtbar und hat der Verkäufer den Anfechtungsanspruch des Insolvenzverwalters erfüllt, so lebt seine Kaufpreisforderung gemäß § 144 Abs. 1 InsO wieder auf. Fraglich ist, ob das auch für diese Forderung absichernde Sicherungsrechte gilt. In einer Grundsatzentscheidung vom 12. Januar 2017[22)] hat der

---

22) BGH, Beschl. v. 12.1.2017 – IX ZR 95/16, ZIP 2017, 337, Rz. 10 ff., dazu EWiR 2017, 209 *(Müller)*.

Bundesgerichtshof ganz allgemein entschieden, dass akzessorische Sicherheiten mit erfolgreicher Anfechtung wieder aufleben und dass noch existierende nicht-akzessorische Sicherungsgüter die gemäß § 144 Abs. 1 InsO aufgelebte Forderung wieder sichern. Nicht mehr existierende Sicherungsrechte müssen, sofern möglich, neu bestellt werden. Für die Absicherung durch Eigentumsvorbehalt, zu der sich der Bundesgerichtshof nicht geäußert hat, ergibt sich daraus Folgendes:

1. Einfacher Eigentumsvorbehalt

Beim einfachen Eigentumsvorbehalt scheitert die Anfechtung nur dann nicht an der fehlenden Gläubigerbenachteiligung, wenn eine mittelbare Gläubigerbenachteiligung vorliegt oder die Kaufsache einen geringeren Wert hatte als die im Anfechtungszeitraum geleisteten Zahlungen.[23] Lässt man in letzterem Fall nur eine die Wertdifferenz abschöpfende Teilanfechtung zu, stellt sich die Frage nach dem Wiederaufleben des Eigentumsvorbehalts nicht.[24] Lässt man hingegen eine vollständige Anfechtung zu, fällt das Eigentum wieder an den Verkäufer zurück und sichert dort die aufgelebte Kaufpreisforderung.[25] Das gilt allerdings nur, wenn der Schuldner noch Eigentümer der Kaufsache ist. Hat er sie bereits weiterveräußert, kann nur eine in der Masse noch vorhandene Bereicherung abgeschöpft werden (§§ 144 Abs. 2 Satz 1, 55 Abs. 1 Nr. 3 InsO). Hat aber beispielsweise der Drittkunde bereits bezahlt und ist das Entgelt in der Masse nicht mehr unterscheidbar vorhanden, so steht dem Verkäufer nur eine einfache Insolvenzforderung zu (§ 144 Abs. 2 Satz 2 InsO).

Fällt das Eigentum an der noch vorhandenen Kaufsache wieder an den Verkäufer zurück, so handelt es sich nun wieder um einen beiderseits nicht vollständig erfüllten Vertrag, so dass der Insolvenzverwalter gemäß §§ 103, 107 Abs. 2 InsO wählen kann, ob er den Vertrag erfüllen will oder

---

23) Vgl. oben III. 1.

24) *Henckel* in: Jaeger, InsO, 2008, § 144 Rz. 15.

25) *Jacoby* in: Kübler/Prütting/Bork, InsO, Stand: 6/2017, § 144 Rz. 15. Hilfsweise ist an einen Anspruch auf Rückübereignung aus § 144 Abs. 2 InsO zu denken; vgl. *Bork*, Wiederaufleben von Sicherheiten nach Anfechtung der Erfüllungsleistung, in: FS Kreft, 2004, S. 229, 243 f.; *Mitlehner*, Mobiliarsicherheiten im Insolvenzverfahren, 4. Aufl. 2016, Rz. 106 mit Rz. 598. Nach *Kirchhof* in: MünchKomm-InsO, 3. Aufl. 2013, § 144 Rz. 10d, ist Rückübereignung erforderlich, wobei die dafür erforderlichen Willenserklärungen gemäß § 894 ZPO durch das Anfechtungsurteil ersetzt werden sollen, was freilich einen dahin gehenden Klageantrag sowie eine entsprechende Tenorierung voraussetzt.

nicht. Lehnt er die Erfüllung ab, kann der Verkäufer einen Anspruch wegen Nichterfüllung gemäß § 103 Abs. 2 Satz 1 InsO zur Tabelle anmelden oder vom Kaufvertrag zurücktreten, beides mit der Folge, dass die Kaufsache ausgesondert werden kann. Will der Verwalter hingegen Erfüllung wählen, so kann er gleich auf die Anfechtung verzichten, da ihm die Kombination aus Anfechtung und Erfüllungswahl keine erkennbaren Vorteile bringt.

2. *Verlängerter Eigentumsvorbehalt*

Dasselbe gilt sinngemäß für den verlängerten Eigentumsvorbehalt. Ist die Kaufsache weiterveräußert worden und wird später erfolgreich angefochten, so hat der Kunde des Insolvenzschuldners sie jedenfalls gutgläubig erworben.[26] An die Stelle des Eigentums ist dann die Forderung des Insolvenzschuldners gegen seinen Kunden getreten, die nun wieder die aufgelebte Kaufpreisforderung des Verkäufers sichert.[27] Allerdings wird die Anfechtung in dieser Konstellation regelmäßig an der fehlenden Gläubigerbenachteiligung scheitern, sofern die im Voraus zedierte Forderung gegen den Kunden bei Zahlung noch nicht eingezogen war.[28] Anderenfalls war sie bei Zahlung bereits erloschen, sodass sie nach Anfechtung auch nicht wiederaufleben kann. Auch ein Anspruch des Verkäufers auf Rückübereignung der Kaufsache kommt in dieser Konstellation nicht in Betracht, da die Ware bereits weiterveräußert ist. Damit liegen auch die Voraussetzungen des § 103 InsO nicht vor, weil der Verkäufer den Vertrag bereits erfüllt hat. Allenfalls ist das Entgelt aus der Weiterveräußerung herauszugeben, sofern es sich noch unterscheidbar in der Masse befindet (§ 144 Abs. 2 InsO).

3. *Erweiterter Eigentums-/Kontokorrentvorbehalt*

Entsprechendes gilt dann auch für den erweiterten Eigentumsvorbehalt. Zahlungen auf die durch erweiterten Eigentumsvorbehalt gesichelten Forderungen benachteiligen die Gläubiger und sind daher grundsätzlich anfecht-

---

26) *Bork*, Wiederaufleben von Sicherheiten nach Anfechtung der Erfüllungsleistung, in: FS Kreft, 2004, S. 229, 249 f.; *Heidbrink*, Zum Wiederaufleben von Sicherheiten nach Insolvenzanfechtung, NZI 2005, 363, 366.

27) Vgl. auch OLG Frankfurt/M., Urt. v. 25.11.2003 – 9 U 127/02, ZIP 2004, 271, dazu EWiR 2004, 563 *(Wagemann)*.

28) Näher oben III. 2.

bar; etwas anderes gilt nur für die letzte Zahlung.[29] Wird der Anfechtungsanspruch erfüllt, leben die erfüllten Kaufpreisforderungen wieder auf und mit ihnen das Eigentum an noch nicht weiterveräußerten Waren und das Sicherungsrecht an noch nicht eingezogenen Ansprüchen des Insolvenzschuldners aus einer Weiterveräußerung. Wegen der weiteren Konsequenzen kann auf die vorstehenden Ausführungen zu 1. und 2. verwiesen werden.

V. Zusammenfassung der wesentlichen Ergebnisse

Damit können die wesentlichen Ergebnisse des Beitrags wie folgt zusammengefasst werden.

- Zahlungen auf Kaufpreisforderungen, die durch einen einfachen Eigentumsvorbehalt gesichert sind, sind nicht gläubigerbenachteiligend, wenn die gelieferte Ware noch nicht weiterveräußert und ihr Wert nicht niedriger als die im Anfechtungszeitraum geleisteten Zahlungen ist.
- Für Zahlungen auf Kaufpreisforderungen, die durch einen verlängerten Eigentumsvorbehalt gesichert sind, gilt dasselbe, sofern die zur Sicherheit abgetretene Forderung aus der Weiterveräußerung noch nicht eingezogen und damit erloschen ist.
- Zahlungen auf Forderungen, die durch einen erweiterten oder Kontokorrentvorbehalt gesichert sind, sind stets gläubigerbenachteiligend. Etwas anderes gilt nur für die nach Beendigung des Kontokorrents erbrachte Schlusszahlung.
- Sind die Zahlungen anfechtbar und wird der Anfechtungsanspruch vom Verkäufer erfüllt, so leben seine Kaufpreisforderungen und mit ihnen das Eigentum an noch nicht weiterveräußerten Waren und das Sicherungsrecht an noch nicht eingezogenen Forderungen wieder auf.

---

29) Vgl. oben III. 3./4.

Recht und Politik der insolvenzbedingten Liquidation von Finanzkontrakten

ALEXANDER BORNEMANN

Inhaltsübersicht

I. Ein Spannungsfeld zwischen zwingendem Insolvenzrecht und privatautonomer Insolvenzvorsorge

1. Koexistenz von gesetzlichen Regelungen und privatautonomen Vereinbarungen in 160-jähriger Praxis

Gesetzliche Regelungen zum insolvenzrechtlichen Schicksal von Finanzkontrakten gibt es in Deutschland seit dem Inkrafttreten der Preußischen Konkursordnung von 1855 (PrKO).[1] Die seither unverändert gebliebene, heute in § 104 Abs. 1 InsO zu findende Grundregel lautet, dass die Erfüllungsansprüche aus solchen Kontrakten mit der Verfahrenseröffnung in einer Nichterfüllungsforderung aufgehen.[2] Von Anfang an vollzog sich die Praxis des Markt- und Börsenhandels allerdings auf der Grundlage von Vertragsmustern, die den gesetzlichen Beendigungs- und Abrechnungsmechanismus zu modifizieren suchten. Im Vordergrund standen dabei Klauseln, welche die Wirkungen der gesetzlichen Regelungen bereits zu einen früheren Zeitpunkt als den der Verfahrenseröffnung eintreten lassen sollten. Schon im 19. Jahrhundert löste die Zahlungseinstellung eines Kontrahenten (zu welcher man u. a. auch die Stellung eines Eigenantrags auf Eröffnung eines Konkursverfahrens zählte)[3] nach den einschlägigen Usancen[4] des Markt- und Börsenhandels entweder eine sofortige Fälligstellung der Leistungspflichten[5]

---

1) § 17 PrKO lautete „Wenn von dem Gemeinschuldner Kauf- oder Lieferungsgeschäfte über fungible Sachen, welchen einen marktgängigen Preis haben, oder über geldwerthe Papiere dergestalt geschlossen sind, daß sie erst nach der Konkurseröffnung zur Erfüllung kommen sollen, so kann weder von der Gläubigerschaft noch von dem Mitkontrahenten des Gemeinschuldners Erfüllung gefordert werden, sondern es findet aus dem Geschäft nur ein Anspruch auf Entschädigung statt. Dieser Anspruch richtet sich nach der Differenz, welche an dem kontraktlichen Erfüllungstage zwischen dem Kontraktpreise und dem Marktpreise oder dem Börsenkurse sich ergiebt."

2) § 104 InsO geht zurück auf § 18 der Konkursordnung (KO), welcher identisch war mit § 16 der Konkursordnung von 1877 (KO 1877) und auf § 17 PrKO (oben Fn. 1) zurückging. Eingehend zur Entstehungsgeschichte des § 104 InsO siehe *Bornemann* in: FK-InsO, 9. Aufl. 2017, § 104 Rz. 23 ff.

3) Vgl. § 8 Abs. 3 lit. a der Bedingungen für die Geschäfte an der Berliner Fonds-Börse v. 15.2.1873 (abgedruckt in ZHR 18 (1873), 502, 505 f.).

4) Zu Begriff und Bedeutung solcher und anderer Handelsusancen siehe *Laband*, Die Handels-Usancen, ZHR 17 (1872), 466 ff.

5) So z. B. die Bedingungen des an der Berliner Produktenbörse verwendeten Formulars für die Schlusszettel (abgedruckt in ZHR 17 (1872), 174, 178, 181, 284), § 5 des Schlusszettelformulars für Prämiengeschäfte an der Berliner Effektenbörse (abgedruckt in ZHR 11 (1868), 359, 361) sowie § 13 der Usancen des Berliner Mehlhandels (abgedruckt in ZHR 17 (1872)): „(...) so soll der vorstehend vorgesehene Liefertermin augenblicklich abgelaufen und der Erfüllungstag sofort eingetreten sein".

aus oder begründete das Recht des anderen Kontrahenten, eine solche Fälligstellung zu bewirken[6].

2. *Urteil des Bundesgerichtshof vom 9. Juni 2016 und Auswirkungen auf den deutschen Finanzterminmarkt*

Die stille und damit offenbar friedliche Koexistenz von gesetzlichen und privatautonomen Regimen[7] fand nach über 160 Jahren am 9. Juni 2016 ein eher lautes, jedenfalls aber konfliktträchtiges Ende, als der Bundesgerichtshof Klauseln in Abrechnungsvereinbarungen über Finanztermingeschäfte nach § 119 InsO für unwirksam erklärte, soweit diese von § 104 InsO a. F. abweichen.[8] *In casu* kassierte der Bundesgerichtshof Klauseln des Deutschen Rahmenvertrags für Finanztermingeschäfte, welche im deutschen Finanzterminmarkt in den weit überwiegenden Fällen den Geschäftsabschlüssen zwischen Banken und deren Kunden zugrunde gelegt werden. Damit zeitigte das Urteil Wirkungen weit über den entschiedenen Fall hinaus und affizierte große Teile des deutschen Finanzterminmarkts.[9] Weitergehende Auswirkungen ließ die bankaufsichtsrechtliche Relevanz der kassierten Klauseln erwarten. Von der Wirksamkeit und Insolvenzfestigkeit der Klauseln hängt bei einer Mehrzahl von Finanzkontrakten zwischen einem Kreditinstitut und dessen Vertragsgegner ab, ob die aufsichtsrechtlichen Anforderungen an die Eigenkapitalausstattung des Instituts

---

6) So z. B. § 8 Abs. 1 der Bedingungen für die Geschäfte an der Berliner Fonds-Börse (abgedruckt in ZHR 18 (1873), 502: „(…) ist der andere Kontrahent berechtigt, den laut Schlußzettel festgesetzten Lieferungs-Termin als für beide Theile augenblicklich abgelaufen, auch den Erfüllungstag als sofort eingetreten zu betrachten“, sowie § 35 der Allgemeinen Bedingungen beim An- und Verkauf von Getreide, Hülsenfrüchten und Oelsaaten in Danzig (abgedruckt in ZHR 19 (1874), 189, 200): „(…) so hat der andere Theil die Wahl, ob er die Erfüllung abwarten (…) oder das Geschäft sofort reguliren will.“

7) Bis zum 9.6.2016 war das Konkurrenzverhältnis zwischen gesetzlichen und privatautonomen Regimen ohne Resonanz in der höchstrichterlichen Rechtsprechung geblieben. Überhaupt war das Recht der insolvenzbedingten Liquidation von Finanzkontrakten in der höchstrichterlichen Rechtsprechung so gut wie nicht thematisiert worden; die einzige einschlägige Entscheidung war das Urteil des RG v. 19.12.1914 – III 116/14, LZ 1915 Sp. 539 ff. = Bank-Archiv 1914, 197 f., und lag damit mehr als 100 Jahre zurück.

8) BGH, Urt. v. 9.6.2016 – IX ZR 314/14, BGHZ 210, 321, Rz. 54 ff. = ZIP 2016, 1226 m. Anm. *Paulus*, dazu EWiR 2016, 535 *(Hartmann)*.

9) Vgl. zu den latenten Gefahren für die Finanzmarktstabilität, die von überraschenden Urteilen zur Auslegung von im Finanzmarkt weit verbreiteten Standardklauseln herrühren, *Golden*, Judges and Systematic Risk in the Financial Markets, 18 Fordham J. Corp. & Fin. L. 327 (2012).

auf der Grundlage der Summe der Kontrakte zu ermitteln ist, die aus der Sicht der Bank einen positiven Marktwert haben, oder ob eine Verrechnung von Kontrakten mit negativen Marktwerten statthaft ist, in deren Folge sich auch die Eigenkapitalanforderungen vermindern (vgl. Art. 296 Abs. 2 der Verordnung (EU) Nr. 575/2013)[10]. Daher ließ das Urteil nicht nur einen Anstieg der Eigenkapitalanforderungen deutscher Banken und mithin einen Kapitalmehrbedarf im deutschen Bankensektor nebst weitergehenden systemischen Implikationen befürchten, sondern auch eine Verschlechterung des Zugangs realwirtschaftlicher Unternehmen zu bankseitig bereitgestellten Finanzdienstleistungen, auf welche diese zur Absicherung von finanzwirtschaftlichen Risiken (insbesondere Preis-, Zins- und Währungsrisiken) angewiesen sind.

3. Restitution des status quo ante durch die Finanzmarktaufsicht und den Gesetzgeber

Zur Abwendung dieser negativen Folgewirkungen erließ die Bundesanstalt für Finanzdienstleistungsaufsicht (BaFin) nur wenige Stunden nach der Urteilsverkündung eine Allgemeinverfügung, mit der sie die Parteien betroffener Kontrakte verpflichtete, diese ungeachtet der durch das Urteil veranlassten Wirksamkeitszweifel durchzuführen.[11] Zugleich kündigte die Bundesregierung an, sich für eine Änderung des § 104 InsO a. F. einsetzen zu wollen, sofern sich eine solche als erforderlich erweisen würde, um die Akzeptanz der gängigen Vertragsmuster bei Marktakteuren und Aufsichtsbehörden im In- und Ausland sicherzustellen.[12] Ein halbes Jahr später fanden solche Änderungen ihren Weg in das Bundesgesetzblatt.[13] Sie wurden in ihren wesentlichen Teilen rückwirkend zum 10. Juni 2016 und damit an dem Tag in Kraft gesetzt, welcher der Urteilsverkündung folg-

---

10) Verordnung (EU) Nr. 575/2013 des Europäischen Parlaments und des Rates vom 26.6.2013 über Aufsichtsanforderungen an Kreditinstitute und Wertpapierfirmen und zur Änderung der Verordnung (EU) Nr. 646/2012 – Kapitaladäquanzrichtlinie, ABl. (EU) L 176/1, v. 27.6.2013.

11) BaFin, Allgemeinverfügung zu Nettingvereinbarungen im Anwendungsbereich des deutschen Insolvenzrechts, v. 9.6.2016 (GZ: ED WA-Wp 1000-2016/0001), abrufbar unter https://www.bafin.de/SharedDocs/Veroeffentlichungen/DE/Aufsichtsrecht/Verfuegung/vf_160609_allgvfg_nettingvereinbarungen.html (Abrufdatum: 18.1.2018).

12) BMF/BMJV, Gemeinsame Stellungnahme v. 9.6.2016 zum BGH-Urteil zur Wirksamkeit des Rahmenvertrags für Finanztermingeschäfte, abrufbar unter http:/www.bmjv.de/SharedDocs/Artikel/DE/2016/06092016_Urteil_BGH.html (Abrufdatum: 18.1.2018).

13) Drittes Gesetz zur Änderung der Insolvenzordnung und des Gesetzes, betreffend die Einführung der Zivilprozessordnung v. 22.12.2016, BGBl. I 2016, 3147.

te.[14] Der durch den Urteilsspruch ausgelöste Schrecken über die befürchteten Folgewirkungen wurde damit zumindest rückblickend zu einer noch nicht einmal einen ganzen Tag lang währenden Episode in der über 160-jährigen Geschichte des Rechts der insolvenzbedingten Liquidation von Finanzkontrakten.

4. Kritik am Vorgehen von Finanzmarktaufsicht und Gesetzgeber

Die Reaktionen von BaFin und Gesetzgeber sind nicht ohne Kritik geblieben. Ihr Fett bekam zunächst die BaFin weg, die sich vorwerfen lassen musste, es an Respekt vor der rechtsprechenden Gewalt missen zu lassen[15] und sich Kompetenzen angemaßt zu haben, die allein dem Gesetzgeber zustehen.[16] Vorhaltungen mussten sich aber auch die Bundesregierung und der Gesetzgeber gefallen lassen, welche die vermeintliche[17] Kompetenzanmaßung der BaFin in der Sache nachträglich billigten. Ihre pointierteste Ausprägung hat diese Kritik in einer Urteilsanmerkung von *Paulus*[18] gefunden. Hiernach lassen sich die Reaktionen von Bundesregierung und Bankenaufsicht nur als Resultat einer „beängstigenden Steuerungsmacht der Lobbyarbeit“ der Finanzindustrie begreifen.[19] § 104 InsO a. F. sei bereits ein „Gewächs der immer weiter gesteigerten Sicherungs-

---

14) Art. 4 Abs. 2 des Dritten Gesetzes zur Änderung der Insolvenzordnung und des Gesetzes, betreffend die Einführung der Zivilprozessordnung v. 22.12.2016, BGBl. I 2016, 3147.

15) Von der Anmaßung der Position eines „Superrevisionsgerichts“ ist etwa in der Stellungnahme von *Köndgen* im Rahmen der öffentlichen Sachverständigenanhörung vor dem Rechts- und Verbraucherschutzausschuss des Bundestags die Rede (S. 57 des Protokolls Nr. 18/119 v. 9.11.2016, abrufbar unter https://www.bundestag.de/blob/529272/39a6b7c58cd6732a1c80b0cfeb7df65c/wortprotokoll-data.pdf (Abrufdatum: 18.1.2018)). In dieselbe Richtung stößt die zuweilen verwandte Bezeichnung der Allgemeinverfügung als „Nichtanwendungserlass“.

16) *Schäfer*, BaFin vs. BGH, BKR 2016, 321, 324; *Köndgen*, Protokoll Nr. 18/119 des Rechts- und Verbraucherschutzausschusses v. 9.11.2016.

17) Eine Anmaßung gerichtlicher Kompetenzen liegt schon deshalb fern, weil die Allgemeinverfügung den vom BGH entschiedenen Fall aus ihrem Anwendungsbereich explizit ausgenommen hatte. Und eine Anmaßung gesetzgeberischer Kompetenzen kann in der Ausübung einer gesetzlichen Ermächtigung zum Erlass von Verwaltungsakten wohl auch kaum gesehen werden. Streiten ließe sich allenfalls darüber, ob die konkrete Verfügung durch die Ermächtigungsgrundlage gedeckt war, sowie darüber, ob eine Verfügung zweckmäßig ist, die auf ein Auseinandergehen von zivilrechtlichen Anspruchslagen und öffentlich-rechtlichen Verpflichtungen hinausläuft.

18) *Paulus*, ZIP 2016, 1233 ff. (Urteilanm.).

19) *Paulus*, ZIP 2016, 1233, 1234 (Urteilanm.).

bemühungen der Finanzindustrie".[20] Die Vorschrift sei auf Drängen der Finanzindustrie zur „Optimierung von Geschäftsmodellen"[21] geschaffen worden, setze der unbändig expandierenden Praxis mittlerweile aber Grenzen,[22] welche der Bundesgerichtshof *erstens* korrekt aufgezeigt und der Finanzindustrie *zweitens* Anlass gegeben habe, auf eine umgehende Behebung zu dringen.[23] Die Bundesregierung habe sich mit ihrer schnellen Reaktion zum Handlanger und Steigbügelhalter der Finanzindustrie gemacht – und zwar „wider besseren Wissens". Dies stelle die Steuerungswirkung von Gesetzen in Frage und bereite ein gewisses Unbehagen an den „wahren Machtverhältnissen im Staate".[24]

5. Ziel und Gang der Darstellung

Schlussfolgerungen dieser Art wiegen schwer. Man sollte daher erwarten, dass sie sich auf ein solides und tragfähiges Fundament stützen. Eine nähere Betrachtung erweist jedoch, dass es an einem solchen fehlt und dass insbesondere die Entscheidung des Bundesgerichtshofs keineswegs so alternativlos war, wie von der Kritik hingestellt. Zunächst lohnt es sich, in Erinnerung zu rufen, dass der wesentliche Stützpfeiler, auf welchem die Entscheidung beruhte – namentlich die mit BGHZ 195, 348[25] begründete Rechtsprechung zur grundsätzlichen Unwirksamkeit von insolvenzbedingten Lösungsklauseln – auf der Ausblendung eines explizit zum Ausdruck gebrachten Willens des Gesetzgebers beruht (dazu unter II. 1.). Sodann ist festzustellen, dass es sogar in der Konsequenz der vorgenannten Rechtsprechungslinie gelegen hätte, insolvenzbedingte Lösungsklauseln im Anwendungsbereich des § 104 InsO a. F. für unbedenklich zu halten (dazu sodann unter II. 2.). Diese Konsequenz hat der Senat indessen nicht gezogen, weil er annahm, dass § 104 InsO dem Schutz der Insolvenzmasse dient. Demgegenüber weisen Gesetzesmaterialien, Normhistorie und -systematik den Schutz des Vertragsgegners und nicht der Masse als

---

20) *Paulus*, ZIP 2016, 1233, 1234 (Urteilanm.).
21) *Paulus*, ZIP 2016, 1233, 1234 (Urteilanm.).
22) *Paulus*, ZIP 2016, 1233, 1235 (Urteilanm.): „Das durch die Finanzindustrie vorgegebene Gesetz, § 104 InsO, ist auf Grund der durch eben dieselbe vorangetriebene Weiterentwicklung der Verträge nicht (mehr) passend."
23) *Paulus*, ZIP 2016, 1233, 1234 (Urteilanm.).
24) *Paulus*, ZIP 2016, 1233, 1235 (Urteilanm.).
25) BGH, Urt. v. 15.11.2012 – IX ZR 169/11, BGHZ 195, 348 = ZIP 2013, 274, dazu EWiR 2013, 153 *(Marotzke)*.

Normzweck aus (dazu unter III. 1. und 2.). Die gegenteilige Auffassung führt, wie sich an den unmittelbaren Konsequenzen des Urteils des Bundesgerichtshofs veranschaulichen lässt, zu normzweckwidrigen Ergebnissen (dazu III. 3.). Das sich hieraus ergebende Gesamtbild lässt erkennen, dass der Gesetzgeber bei der Novellierung des § 104 InsO nichts anderes getan hat, als das vorgefundene Recht im Lichte des historischen Normzwecks klarzustellen. Es mag dabei sein, dass sich die Sinnhaftigkeit des bestehenden Sonderregimes für Finanzkontrakte rechts- und finanzpolitisch in Frage stellen lässt (V. 1.). Allerdings verträgt diese Diskussion durchaus einige Differenzierungen (V. 2.). Und für den Verantwortung tragenden Gesetzgeber sind auch die im Mehrebenensystem angelegten Grenzen der Wirkkraft nationaler Gesetzgebung sowie die Aus- und Rückwirkung nationaler Initiativen auf die Rechts- und Wettbewerbssituation heimischer Akteure in das Kalkül einzubeziehen (V. 3.).

II. Ausgangspunkt: Rechtsprechung zur Unwirksamkeit insolvenzbezogener Lösungsklauseln

1. Ausblendung des in den Materialien zum Ausdruck gebrachten Willens des Gesetzgebers

Noch vor wenigen Jahren ging die ganz h. A. davon aus, dass vertragliche Regelungen, mit denen der gesetzliche Lösungs- und Abrechnungsmechanismus des § 104 InsO modifiziert, insbesondere auf einen Zeitpunkt vor Verfahrenseröffnung vorbezogen wird, wirksam sind.[26] Ein wesentlicher Pfeiler, auf dem diese h. M. beruhte, war die bewusste Entscheidung des Rechtsausschusses des Bundestags, das im Regierungsentwurf zur Insolvenzordnung (InsO) noch enthaltene Verbot von insolvenzbedingten Lösungsklauseln (§ 137 Abs. 2 InsO-RegE)[27] zu strei-

---

26) Vgl. *Zimmer/Fuchs*, Die Bank in Krise und Insolvenz, ZGR 2010, 597, 633 ff. m. w. N.: Zulässigkeit abweichender Gestaltungen sei „nahezu einmütig zu bejahen“.

27) § 137 Abs. 2 InsO-RegE lautete: „Vereinbarungen, die für den Fall der Eröffnung des Insolvenzverfahrens die Auflösung eines gegenseitigen Vertrags vorsehen oder der anderen Partei das Recht geben, sich einseitig vom Vertrag zu lösen, sind unwirksam. Iat in einem gegenseitigen Vertrag vereinbart, daß bei einer Verschlechterung der Vermögensverhältnisse einer Vertragspartei die andere das Recht hat, sich einseitig vom Vertrag zu lösen, so kann dieses Recht nach der Eröffnung des Insolvenzverfahrens nicht mehr ausgeübt werden.“

chen.[28] Wenn Lösungsklauseln schon grundsätzlich wirksam sind, so sollte dies erst recht für Verträge im Anwendungsbereich des § 104 InsO a. F. gelten, der selbst eine Lösungsmöglichkeit vorsieht. Dieser Pfeiler brach indessen mit der Entscheidung des Bundesgerichtshofs vom 15. November 2012[29] zusammen, wonach insolvenzbezogene Lösungsklauseln nach § 119 InsO unwirksam sind.[30] Diese Entscheidung beruht auf dem Gedanken, dass das mit der Verfahrenseröffnung zur Entstehung gelangende Insolvenzverwalterwahlrecht in der Praxis kaum jemals zum Zuge käme, wenn die Parteien vereinbaren könnten, dass die Verträge bereits im Eröffnungsverfahren, d. h. also nach der Antragstellung beendet und abgewickelt werden können. Daher hält der Bundesgerichtshof Lösungsklauseln für grundsätzlich unwirksam, wenn sie an einen Sachverhalt wie die Insolvenzantragstellung oder die Anordnung von Sicherungsmaßnahmen anknüpfen, bei dem mit der Eröffnung eines Insolvenzverfahrens ernsthaft zu rechnen ist.[31] Den entgegenstehenden Willen des Gesetzgebers erklärte der Bundesgerichtshof für unbeachtlich,[32] da er sich nicht im Wortlaut des Gesetzestextes niedergeschlagen habe. Da sich das Votum des Rechtsausschusses allerdings in der Streichung der im Regierungsentwurf zur InsO noch enthaltenen Regelung zur Unwirksamkeit von Lösungsklauseln niedergeschlagen hatte und da damit auch schwer vorstellbar ist, wie der Gesetzgeber seinem Willen sonst noch hätte Ausdruck verleihen können,[33] hat man dies

---

28) BT-Drucks. 12/7302, S. 170: „Absatz 2 des Regierungsentwurfs ist vom Ausschuß gestrichen worden. Die dort erfaßten vertraglichen Vereinbarungen über die Auflösung eines gegenseitigen Vertrags im Falle der Eröffnung eines Insolvenzverfahrens oder der Verschlechterung der Vermögensverhältnisse einer Vertragspartei sollen durch die Insolvenzordnung nicht in ihrer Wirksamkeit eingeschränkt werden. Daß derartige Vereinbarungen mittelbar das Wahlrecht des Insolvenzverwalters einschränken, ist kein ausreichender Grund für einen schwerwiegenden Eingriff in die Vertragsfreiheit."

29) BGH, Urt. v. 15.11.2012 – IX ZR 169/11, BGHZ 195, 348 = ZIP 2013, 274.

30) BGH, Urt. v. 15.11.2012 – IX ZR 169/11, BGHZ 195, 348, Rz. 13 ff., 18 ff. = ZIP 2013, 274.

31) BGH, Urt. v. 15.11.2012 – IX ZR 169/11, BGHZ 195, 348, Rz. 19 = ZIP 2013, 274.

32) BGH, Urt. v. 15.11.2012 – IX ZR 169/11, BGHZ 195, 348, Rz. 13 = ZIP 2013, 274.

33) *Piekenbrock*, Insolvenzbedingte Lösungsklauseln aus deutscher und internationaler Sicht, ZIP 2018, 1, 5.

als eine problematische Ersetzung des gesetzgeberischen Willens durch eine richterliche Wertentscheidung kritisiert.[34)]

2. *Ausnahme für Gestaltungen, die einer gesetzlichen Lösungsmöglichkeit entsprechen*

Vom Verbot insolvenzbedingter Lösungsklauseln sollen selbst nach BGHZ 195, 348 Klauseln ausgenommen werden, die besonderen gesetzlichen Lösungsmöglichkeiten entsprechen.[35)] Das ist insoweit konsequent, als in solchen Fällen eine Aushöhlung des Verwalterwahlrechts nicht zu befürchten ist. Dies hätte aber auch genau deshalb erwarten lassen, dass Vereinbarungen, mit denen der gesetzliche Lösungsmechanismus des § 104 InsO a. F. ausgestaltet und modifiziert wird, unschädlich und damit wirksam sind. Diesen Weg ist der Bundesgerichtshof aber nicht gegangen, da er annahm, dass die Lösungsmöglichkeit des § 104 InsO a. F. dem Schutz der Insolvenzmasse vor einer Spekulation durch den Verwalter diente.[36)]

III. Normzweck des gesetzlichen Beendigungs- und Abrechnungsmechanismus

1. Schutz der Masse vor Fehlspekulationen durch den Verwalter?

a) Gesetzesmaterialien

Dass der Zweck des § 104 InsO a. F. darin bestand, die *Masse* vor einer Spekulation durch den Verwalter zu schützen,[37)] ist indessen nicht zutreffend. Zwar trifft es im Kern zu, dass in dem durch § 104 InsO ausgeschlossenen Verwalterwahlrecht Spekulationsmöglichkeiten angelegt sind.[38)] Es ist dem-

---

34) *Piekenbrock*, ZIP 2018, 1, 5: „Damit hat der Senat schlicht seine (scheinbar objektiv-teleologische) Sichtweise an die Stelle des Rechtsausschusses des Bundestags gesetzt. (…) Lösungsklauseln grundsätzlich als unwirksame Einschränkungen des Verwalterwahlrechts anzusehen, beruht daher nicht auf einer gesetzlichen, sondern auf einer richterlichen Wertentscheidung. Richtigerweise sollte die Entscheidung (…) aber nicht vom Richter, sondern vom Gesetzgeber entschieden werden."

35) BGH, Urt. v. 15.11.2012 – IX ZR 169/11, BGHZ 195, 348, Rz. 16 = ZIP 2013, 274.

36) BGH, Urt. v. 9.6.2016 – IX ZR 314/14, BGHZ 210, 321, Rz. 59 f. = ZIP 2016, 1226 m. Anm. *Paulus*.

37) BGH, Urt. v. 9.6.2016 – IX ZR 314/14, BGHZ 210, 321, Rz. 59 = ZIP 2016, 1226 m. Anm. *Paulus*.

38) Treffend *Bathasar* in: Nerlich/Römermann, InsO, Stand: 32. EL 2017, § 104 Rz. 8, wonach die Position des Vertragsgegners ökonomisch der eines Stillhalters einer Option entspricht.

gegenüber unzutreffend, wenn angenommen wird, dass die *Masse* vor einer Spekulation durch den Verwalter geschützt werden sollte.[39] Es handelt sich um eine Fehlinterpretation der Ausführungen im Bericht des Rechtsausschusses zum Regierungsentwurf zur InsO,[40] in denen von einer Spekulation des Verwalters die Rede war. Gemeint war damit aber keine Spekulation zulasten der Insolvenzmasse, sondern eine Spekulation zulasten des Vertragsgegners. Auf die mit Spekulationen einhergehenden Unsicherheiten und Nachteile für den Vertragsgegner hatten bereits die Erwägungen abgestellt, die dem Regierungsentwurf zur InsO,[41] der Vorgängervorschrift in § 18 KO[42] sowie deren Vorgängervorschrift in § 17 PrKO[43], zugrunde lagen. Es gibt keine Anhaltspunkte dafür, dass der Rechtsausschuss ein hiervon abweichendes Verständnis von den spekulativen Dimensionen des Verwalterwahlrechts hatte.[44]

b) Fehlende Eignung zur Unterbindung von Spekulationen zulasten der Masse

Unabhängig hiervon ist die Vorschrift auch gar nicht geeignet, eine Spekulation zulasten der Masse zu unterbinden. Einer etwaigen Spekulationsabsicht kann der Verwalter ebenso gut auf der Grundlage eines Ersatzgeschäfts nachgehen, mit dem er das durch § 104 InsO a. F. in Wegfall geratene Geschäft ersetzt.[45] Effektive Schranken können einer spekulativen Tätigkeit des Verwalters allein durch die verfahrensrechtlichen Vorkehrungen und die haftungsrechtlichen Korrektive der §§ 60, 160 InsO gesetzt werden.[46] Überdies ist schon die Redensart von einer Spekulation

---

39) So aber neben BGH, Urt. v. 9.6.2016 – IX ZR 314/14, BGHZ 210, 321, Rz. 59 = ZIP 2016, 1226 m. Anm. *Paulus*, vor allem *Köndgen* in: Kübler/Prütting/Bork, InsO, Stand: 4/2016, § 104 Rz. 5; *Jacoby* in: Henckel/Gerhardt, InsO, 2014, § 104 Rz. 4, 7; *Ahrendt* in: HambKomm-InsO, 6. Aufl. 2017, § 104 Rz. 1; *Wegener* in: FK-InsO, 8. Aufl. 2015, § 104 Rz. 2; *Benzler*, Das deutsche Nettinggesetz – § 104 Abs. 2, 3 InsO, ZInsO 2000, 1, 11; *Paulus*, ZIP 2016, 1233, 1234 (Urteilsanm.).

40) BT-Drucks. 12/7302, S. 168.

41) BT-Drucks. 12/2443, S. 168.

42) Motive KO 1877, S. 70 ff.

43) Motive PrKO 1855, zitiert nach *Goltdammer*, Preußische Konkursordnung, 1858, S. 103.

44) *Bornemann* in: FK-InsO, 9. Aufl. 2018, § 104 Rz. 9.

45) *Bornemann* in: Graf-Schlicker, InsO, 4. Aufl. 2014, § 104 Rz. 4; *Zeuner* in: Leonhardt/Smid/Zeuner, InsO, 3. Aufl. 2010, § 104 Rz. 3; *Reiner*, Derivative Finanzinstrumente, 2002, S. 197.

46) *Bornemann* in: Graf-Schlicker, InsO, 4. Aufl. 2014, § 104 Rz. 4; *Zeuner* in: Leonhardt/Smid/Zeuner, InsO, 3. Aufl. 2010, § 104 Rz. 3; *Reiner*, Derivative Finanzinstrumente im Recht, 2002, S. 197.

des Verwalters nicht unproblematisch. Zwar können die von § 104 InsO erfassten Finanzkontrakte auch zu Spekulationszwecken verwendet werden, doch ist dies nicht zwingend oder auch nur typisch, da die Kehrseite dieser Spekulationseignung die Eignung ist, präexistente Risiken abzusichern.[47] Deshalb ist bei der Klassifizierung bestimmter Geschäfte als spekulativ und der damit oft einhergehenden Abwertung als weniger produktiv oder schützenswert Vorsicht angebracht,[48] zumal sich Spekulations- und Absicherungscharakter sogar bei konkret abgeschlossenen Kontrakten, erst recht aber bei der Betrachtung von Transaktionsgattungen kaum jemals klar voneinander scheiden lassen.[49] Bedenkt man zudem, dass die von § 104 Abs. 1 InsO erfassten Geschäfte insbesondere auch zur Absicherung gegen finanzwirtschaftliche Risiken geeignet sind, die im Zuge realwirtschaftlicher Tätigkeit anfallen (insbesondere: Zins-, Preis- und Währungsrisiken), und dass sie von realwirtschaftlichen Unternehmen in der Regel auch zu eben diesen Absicherungszwecken nachgefragt werden, so kann man sich nicht der Erkenntnis verschließen, dass umgekehrt der Verzicht auf den Abschluss eines solchen Geschäfts auf eine Spekulation hinauslaufen kann, wenn hierdurch ein absicherbares Risiko unabgesichert bleibt. Das gilt übrigens auch unter der Geltung des § 104 Abs. 1 InsO, so dass vom Insolvenzverwalter gerade verlangt werden kann, ein Ersatzgeschäft abzuschließen, um die durch den Beendigungsmechanismus des § 104 Abs. 1 InsO offen gestellte Risikoposition wieder zu schließen.[50] Der Vorschrift lässt sich daher unter keinem erdenklichen Gesichtspunkt ein an den Verwalter adressiertes und zugunsten der Masse wirkendes Spekulationsverbot entnehmen.

---

47) Vgl. *Stout*, Derivatives and the Legal Origins of the 2008 Credit Crisis, 1 Harvard Business Law Review (2011) 1, 7: „Yet bets and wagers can serve a valuable and important economic purpose, because bets can be used to hedge against preexisting risks. In other words, bets are useful for insurance."

48) Vgl. hierzu bereits die zur Zurückhaltung mahnenden Erwägungen der Kommission zur Preußischen Konkursordnung von 1855: „(...), weil man nicht bloß an die Börsen-Spekulation und Zeitkäufe von geldwerthen Papieren, sondern auch an die vielen anderen Verträge denken muß, die sehr häufig dahin getroffen werden, daß z. B. Getreide, Wolle, Spiritus oder andere Produkte eines Fabrikanten oder Landbauers erst nach längerer Zeit abgeliefert werden sollen."

49) *Johnson*, Theory of Hedging and Speculation in Commodity Futures, 27 Review of Economic Studies (1960), S. 139 ff.; *Banner*, Speculation – A History of the Fine Line Between Gambling and Investing, 2017, S. 279 ff.

50) *Reiner*, Derivative Finanzinstrumente, 2002, S. 197: „Im Gegenteil wäre es ‚spekulativ', die Position mit Eintritt der Insolvenz zu schließen, ohne gleichzeitig für Ersatz zu sorgen."

2. *Schutz des Vertragsgegners*

Richtigerweise diente § 104 InsO a. F. – nicht anders als dessen Vorgängervorschriften in § 18 KO und § 17 PrKO – seit jeher nicht dem Schutz der Masse, sondern dem Schutz des *Vertragsgegners*. Indem die Vorschrift die Erfüllung der noch offenen Leistungspflichten ausschloss, ersparte sie dem Vertragsgegner die mit dem Verwalterwahlrecht des § 103 InsO einhergehende Schwebelage. Das war eine notwendige Voraussetzung dafür, dass der Vertragsgegner die mit dem Geschäft verbundenen Marktrisiken effektiv steuern kann:[51)] Zwar wäre es ihm auch bei Bestehen eines Wahlrechts möglich, sich im Falle einer Erfüllungsverweigerung mit der weggefallenen Position über den Markt neu einzudecken.[52)] Allerdings wäre er dabei schutzlos dem Risiko ausgesetzt, dass sich der hierfür aufzuwendende Preis im Zeitraum zwischen Eröffnung und Erfüllungsverweigerung erhöht.[53)] Diesen Verlust könnte er – wenn überhaupt[54)] – nur teilweise über die Nichterfüllungsforderung auf den Schuldner abwälzen, da diese im Rang einer Insolvenzforderung steht und daher nur eine Bedienung zur Quote verspricht.[55)] Gegen dieses Risiko kann sich der Vertragsgegner auch nicht durch eine vorsorgliche Ersatzeindeckung schützen. Denn insoweit besteht das Risiko, dass der Verwalter später die Erfüllung wählt und der Vertragsgegner dann nicht nur das Geschäft mit dem Schuldner, sondern auch das Ersatzgeschäft durchführen muss – mithin wäre er den geschäftsbezogenen Marktrisiken doppelt ausge-

---

51) *Bornemann* in: Graf-Schlicker, InsO, 4. Aufl. 2014, § 104 Rz. 2 ff.; *Bornemann* in: FK-InsO, 9. Aufl. 2018, § 104 Rz. 5 f. (Schutz der Marktrisikosteuerungsfähigkeit als Zweck des gesetzlichen Beendigungsmechanismus in § 104 InsO).

52) Vgl. Motive KO 1877, S. 70 (zur Vorgängerbestimmung in § 18 KO), sowie Motive PrKO 1855, zitiert nach *Goltdammer*, Preußische Konkursordnung, 1858, S. 103.

53) Vgl. Motive KO 1877, S. 70; *Henckel* in: Jaeger, KO, 9. Aufl. 1997, § 18 KO Rz. 2 (jeweils zur Vorgängervorschrift in § 18 KO), sowie Motive PrKO 1855, zitiert nach *Goltdammer*, Preußische Konkursordnung, 1858, S. 103.

54) Denn der maßgebliche Zeitpunkt für die Bestimmung der Höhe der Nichterfüllungsforderung nach § 103 Abs. 2 InsO ist streitig; teilweise wird angenommen, es komme auf den Zeitpunkt der Verfahrenseröffnung an (so *Tintelnot* in: Kübler/Prütting/Bork, InsO, Stand: 11/2017, § 103 Rz. 319), teilweise wird auf den Zeitpunkt der Erfüllungsverweigerung abgstellt (so *Zeuner* in: Leonhardt/Smid/Zeuner, InsO, 3. Aufl. 2010, § 103 Rz. 50).

55) Unzutreffend daher *v. Wilmowsky*, Termingeschäft und Insolvenz: Die gesetzliche Regelung – Plädoyer für ein neues Verständnis des 104 InsO –, WM 2002, 2264, 2268, der meint, dass sich die vorzeitige Beendigung des Geschäfts nicht auf die Befriedigungsaussichten des Vertragsgegners auswirke.

setzt.[56] Diesem Dilemma half § 104 InsO a. F. – wie zuvor bereits § 18 KO und § 17 PrKO – ab, indem durch den Ausschluss der Erfüllungspflichten klare und kalkulierbare Verhältnisse geschaffen wurden: Um ihr Erfüllungsinteresse zu wahren, können (und müssen) die Parteien ein Ersatzgeschäft abschließen. Die Anordnung der Nichterfüllungshaftung dient dem Ausgleich dafür, dass der Marktwert des Geschäfts im Zuge der Ersatzeindeckung über den Markt oder die Börse von der einen Seite aufzuwenden ist und von der anderen Seite vereinnahmt werden kann.[57]

3. Normzweckwidrige Konsequenzen des Urteils vom 9. Juni 2016

Da auch der Schuldner das in Wegfall geratene Geschäft über den Markt oder die Börse zu dem Preis ersetzen kann, zu dem es im Verhältnis der Parteien zueinander abgerechnet wird, besteht ein grundsätzlicher Gleichlauf der Interessen von Masse und Vertragsgegner.[58] Das heißt aber nicht, dass dem auf den Schutz des Vertragsgegners gerichteten Normzweck keine eigenständige Bedeutung zukommt. Vielmehr mutet der gesetzliche Mechanismus der Masse einige Nachteile zu, um dem Vertragsgegner die Möglichkeit zu gewährleisten, die durch das Geschäft gebildete Position sofort beenden und abrechnen zu können.[59] Unter anderem belässt es § 104 InsO – anders als noch § 18 Abs. 3 KO – bei den angeordneten Rechtsfolgen auch dann, wenn es im Einzelfall nicht möglich ist, ein Ersatzgeschäft zu einem Markt- oder Börsenpreis abzuschließen.[60] Daraus folgt umgekehrt auch, dass die Betonung des Masseschutzes oder dessen Erhebung zu einem vorrangigen Normzweck mit der Möglichkeit und Gefahr verbunden ist, das Niveau des Vertragsgegnerschutzes auf ein mit dem Normzweck des § 104 InsO nicht mehr vereinbares Maß herabzusenken. Zur Verdeutlichung dieses Befunds lohnt es sich vor Augen zu führen, dass die auf den Gesichtspunkt des Masseschutzes gestützten Erwägungen des Bundesgerichtshofs zu Ergebnissen führten, die sich mit dem auf

---

56) Anschaulich Motive KO 1877, S. 70: „(…) wählte trotzdem der Konkursverwalter die Erfüllung des Vertrages, so hätte der Kontrahent unnütz und, bei ungünstiger Konjunktur, mit doppeltem Verlust gekauft."

57) *Bornemann* in: FK-InsO, 9. Aufl. 2018, § 104 Rz. 5.

58) *Bornemann* in: FK-InsO, 9. Aufl. 2018, § 104 Rz. 6, 107 f. („praktische Konkordanz" von Masse- und Vertragsgegnerschutz).

59) *Bornemann* in: FK-InsO, 9. Aufl. 2018, § 104 Rz. 6, 108.

60) BT-Drucks. 12/7302, S. 168; heute klargestellt in § 104 Abs. 2 Satz 3 InsO, wonach bei Fehlen von Markt- und Börsenpreise ein solcher nach Methoden und Verfahren zu ermitteln ist, die Gewähr für eine angemessene Bewertung der Position bieten.

den Schutz des Vertragsgegners gerichteten Zweck des § 104 Abs. 1 InsO a. F. nicht mehr vereinbaren lassen. Das gilt insbesondere für die Annahme, dass es auch dann bei der Rechtsfolgenanordnung des § 104 InsO a. F. bleiben müsse, wenn die Parteien von der in § 104 Abs. 3 Satz 3 InsO a. F. *expressis verbis* gewährten Möglichkeit Gebrauch gemacht haben, die Geschäfte „bei Vorliegen eines Insolvenzgrundes" zu beenden.[61] Denn es liegt in der Konsequenz dieser Annahme, dass der Vertragsgegner den Unsicherheiten und Verlustrisiken ausgesetzt wird, vor denen ihn § 104 InsO schützen will: Dem Vertragsgegner würde zugemutet, das Risiko einer nachteiligen Entwicklung des Neueindeckungspreises im (in der Regel langwierigen) Zeitraum zwischen Beendigung (= Vorliegen des Insolvenzgrundes) und Abrechnung (= Verfahrenseröffnung) zu tragen und sich nur in Höhe der auf diesen Verlust entfallenden Quote schadlos halten zu können.[62] Dem lässt sich nicht entgegenhalten, dass der Insolvenzmasse Gewinne vorenthalten werden, die infolge einer für die Masse günstigen Markt- oder Börsenpreisentwicklung zwischen der vorzeitigen Beendigung und dem nach § 104 Abs. 3 InsO maßgeblichen Zeitpunkt ansonsten vereinnahmt werden könnten.[63] Solche Gewinne resultieren aus stochastischen Marktpreisbewegungen, die sich *ex ante* nicht voraussagen lassen und sich deshalb auch ebenso gut in Verlusten für die Masse niederschlagen können. Vor allem aber will § 104 InsO gerade die Fähigkeit der Parteien schützen, die mit diesen Volatilitäten verbundenen Marktpreisrisiken effektiv zu steuern.[64]

IV. Die Novellierung des § 104 InsO als Klarstellung und Präzisierung bestehenden Rechts

Auf den Normzweck des § 104 InsO a. F. lässt sich damit die Unwirksamkeit privatautonomer Regelungen zur Ausgestaltung und Modifikation des gesetzlichen Beendigungs- und Abrechnungsmechanismus nicht stützen. Insbesondere bietet der Normzweck keine Grundlage für eine Rückausnahme von der für gesetzliche Lösungsmöglichkeiten auch vom

61) BGH, Urt. v. 9.6.2016 – IX ZR 314/14, BGHZ 210, 321, Rz. 54 ff. = ZIP 2016, 1226 m. Anm. *Paulus*.

62) Näher *Bornemann* in: Graf-Schlicker, InsO, 4. Aufl. 2014, § 104 Rz. 42.

63) *Fuchs*, Close-out Netting, Collateral und systemisches Risiko, 2013, S. 117; *Kieper*, Abrechnungssysteme in der Insolvenz, 2004, S. 91; *Köndgen* in: Kübler/Prütting/Bork, InsO, Stand: 4/2016, § 104 Rz. 31.

64) *Bornemann* in: Graf-Schlicker, InsO, 4. Aufl. 2014, § 104 Rz. 42.

Bundesgerichtshof anerkannten[65] Ausnahme vom Grundsatz der Unwirksamkeit insolvenzbedingter Lösungsklauseln. Ruft man sich nochmals in Erinnerung,[66] dass dieser Grundsatz ohnehin nur unter Ausblendung des ausdrücklichen Votums des historischen Gesetzgebers begründbar ist, so zeichnet sich ein Gesamtbild, in dem deutlich wird, dass die vom historischen Gesetzgeber vorgesehenen Spielräume für die privatautonome Ausgestaltung des Beendigungs- und Abrechnungsregimes weitaus größer gewesen sein müssen, als vom Bundesgerichtshof angenommen. Die Unwirksamkeit der vom Bundesgerichtshof kassierten Regelungen ließ sich, bei Lichte besehen, allein auf den weiten Wortlaut des § 119 InsO stützen, nach welchem jedwede Abweichung vom gesetzlichen Programm der §§ 103 ff. InsO die Unwirksamkeit nach sich zieht. Doch schon die Berücksichtigung des Zwecks des § 119 InsO, der auch nach der Rechtsprechung des Bundesgerichtshofs in der Absicherung des Insolvenzverwalterwahlrechts besteht,[67] gab dringenden Anlass, § 119 InsO zur Vermeidung normzweckwidriger Resultate einer teleologischen Auslegung zuzuführen, in deren Folge Abweichungen von § 104 InsO entweder ganz aus dem Anwendungsbereich des § 119 InsO auszuscheiden oder nur insoweit den Rechtsfolgen des § 119 InsO zu unterstellen gewesen wären, wie es um Unvereinbarkeiten *mit den Normzwecken des § 104 InsO* ging.[68] Letzteres hat der Gesetzgeber nun mit dem Dritten Gesetz zur Änderung der InsO[69] klargestellt: Abweichungen sind nunmehr ausdrücklich zulässig, solange sie sich in den Grenzen der wesentlichen Grundgedanken bewegen, von denen abgewichen wird (§ 104 Abs. 4 Satz 1 InsO). Zur Klarstellung hat der Gesetzgeber zudem besonders praxisrelevante Klauseln als wirksam ausgewiesen (§ 104 Abs. 4 Satz 2 InsO). Auch darin liegt nichts Neues, da sich die Wirksamkeit dieser Klauseln auch unter altem Recht bereits aus

---

65) BGH, Urt. v. 15.11.2012 – IX ZR 169/11, BGHZ 195, 348, Rz. 16 = ZIP 2013, 274.

66) Siehe oben II. 1.

67) BGH, Urt. v. 15.11.2012 – IX ZR 169/11, BGHZ 195, 348, Rz. 19 ff. = ZIP 2013, 274.

68) *Bornemann* in: Graf-Schlicker, InsO, 4. Aufl. 2014, § 104 Rz. 36: „Maßgeblich ist vielmehr, ob die abweichende Vereinbarung auf eine Vertragsabwicklung zielt, die mit den insolvenzrechtlichen Schutzzwecken der betroffenen gesetzlichen Regelung(en) nicht vereinbar ist."

69) Drittes Gesetz zur Änderung der Insolvenzordnung und des Gesetzes, betreffend die Einführung der Zivilprozessordnung v. 22.12.2016, BGBl. I 2016, 3147.

dem Normzweck ableiten ließ.[70] Insgesamt zeichnet sich damit ein Bild, das erkennen lässt, dass das Handeln von Gesetzgeber und Finanzmarktaufsicht darauf gerichtet war, dem Willen des historischen Gesetzgebers Geltung zu verschaffen.

V. Politik der insolvenzbedingten Liquidation von Finanzkontrakten

1. Rechts- und finanzpolitische Grundsatzkritik an den bestehenden Regimen

Auch wenn sich damit die Kritik am Vorgehen von Bundesregierung, Finanzmarktaufsicht und Gesetzgeber als unbegründet erwiesen haben sollte, entlastet dies nicht von der Notwendigkeit, sich mit ihr weitergehend zu befassen. Letztlich kann sie als Ausdruck einer rechtspolitischen (Fundamental-) Kritik an insolvenzrechtlichen Sonderregimen für Finanzkontrakte gelesen werden. Im Nachgang zur Finanzkrise von 2007 bis 2010 sind diese Sonderregime in die rechts- und finanzpolitische Defensive geraten.[71] Die Kritik lautet im Kern, dass die Vorteile, welche diese Sonderregime den Vertragsgegnern des Schuldners gewähren, zulasten von Insolvenzgläubigern

---

70) Vgl. zur Möglichkeit einer vertraglichen Beendigung zu einem Zeitpunkt vor Verfahrenseröffnung (§ 104 Abs. 4 Satz 2 Nr. 1 und 2 InsO) *Ehricke*, Lösungsklauseln im Hinblick auf Krise und Insolvenz von Teilnehmern an Handelssystemen für Derivate, in: FS Kümpel, 2003, S. 77, 83 ff.; *Bornemann* in: Graf-Schlicker, InsO, 4. Aufl. 2014, § 104 Rz. 37 f. Zur Möglichkeit der Vereinbarung abweichender Bewertungsverfahren (heute § 104 Abs. 2 Satz 1Nr. 1, Abs. 4 Satz 2 Nr. 3 InsO) *Bornemann* in: Graf-Schlicker, InsO, 4. Aufl. 2014, § 104 Rz. 27 f., 40 f.

71) Einen Überblick über das kaum mehr zu übersehende Schrifttum geben *Garcimartín/Saez*, Set-off, Netting and Close-out Netting, in: Haentjens/Wessels, Research Handbook on Crisis-Management in the Banking Sector, 2015, S. 331, 339 ff., sowie *Mokal*, Liquidity, Systemic Risk, and the Bankruptcy Treatment of Financial Contracts, 10 Brook. J. Corp. Fin. & Com. L. (2015) 15. Siehe aber auch *Edwards/Morrison*, Derivatives and the Bankruptcy Code: Why the Special Treatment?, 22 Yale L. J. (2005) 91; *Janger/Pottow*, Implementing Systemic Treatment of Financial Contracts in Bankruptcy and Bank Resolution, 10 Brook. J. Corp. Fin. & Com. L. (2015) 155; *Lubben*, 84 Repeal the Save Harbors, ABI L. Rev. (2010) 319; *Lubben*, Derivatives and Bankruptcy: The Flawed Case for Special Treatment, 12 U. Pa. J. Bus. L. (2010) 61; *Morrison/Riegel*, Financial Contracts and the New Bankruptcy Code: Insulating Markets from Bankrupt Debtors and Bankruptcy Judges, 13 Am. Bankr. Inst. L. Rev. (2005) 641; *Skeel/Jackson*, Transaction Consistency and the New Finance in Bankruptcy, 112 Colum. L. Rev. (2012) 194. Aus dem deutschsprachigen Schrifttum: *Paulus*, Close-out Netting und weitere Privilegien der Finanzindustrie, in: FS Vallender, 2015, S. 397 ff.; *Paulus*, Multinationale Unternehmen und nationale Insolvenzrechte, ZIP 2014, 2374, 2380 ff., sowie die Skizze von *Rausch*, Close-out Netting für Finanzunternehmen, 2017, S. 37 ff.

und Sanierungschancen gehen.[72] Vor allem aber werde den Marktakteuren der Anreiz genommen, die Kreditwürdigkeit ihrer Kontrahenten zu prüfen und während der Laufzeit der Geschäfte zu überwachen.[73] Daher greife auch das üblicherweise zur Rechtfertigung der Sonderregime herangezogene Argument nicht, wonach diese helfen, Ansteckungseffekte im Finanzsystem und damit auch systemische Krisen zu unterbinden.[74] Die Erosion von Kreditvergabe- und -überwachungsstandards begünstige umgekehrt eine Tendenz zur sorglosen Kreditvergabe und damit zum Aufbau systemischer Risiken.[75]

2. *Notwendigkeit einer differenzierenden Diskussion*

Diese Kritik, auf die hier nicht im Einzelnen eingegangen werden kann, ist nicht unplausibel, fällt oftmals aber nicht differenziert genug aus. Zunächst wird regelmäßig verkannt oder ausgeblendet, dass die Sonderregime grundsätzlich auch zugunsten des Schuldners und der Masse wirken, da diesen ebenfalls die Möglichkeit eröffnet ist, die beendeten Geschäfte zu dem Markt und Börsenpreis zu ersetzen, zu dem das Geschäft zwischen den Parteien abgerechnet wird. Näherer Betrachtung bedarf darüber hinaus die Annahme, dass das Liquidationsnetting zwangsläufig mit einer Ausdehnung des Kreditvolumens im Finanzsystem verbunden ist. Liquidationsnetting kann nur dort und insoweit wirken, wie es etwas zu verrechnen gibt, mithin dort, wo unter dem Strich gerade kein Kredit gewährt wird. Darum dürfte auch nicht ohne weiteres zutreffen, dass die Sonderregime zur bedenkenlosen Kreditvergabe sowie dazu einladen, auf die Prüfung und Überwachung der Kreditwürdigkeit von Kontrahenten zu verzichten. Das liegt für die Fälle auf der Hand, in denen die unter einem Rahmenvertrag zusammengefassten Positionen nicht ausgeglichen sind und daher unter dem Strich Kredit gewährt wird. Zwar sind die Partei-

72) Zusammenfassend: *Wimmer*, Eine Lösung für die Lösungsklauseln?, in: FS Vallender, 2015, S. 793, 801 f.

73) Zu diesem *moral hazard*-Argument *Paulus*, ZIP 2014, 2374, 2381 f.; *Paulus* in: FS Vallender, 2015, S. 397, 415; *Roe*, The Derivatives Market's Payment Priorities as Financial Crisis Accelerator, 63 Stan. L. Rev. (2011) 539, 542 ff.

74) Grundlegend zu diesem in Zweifel gezogenen Stabilitätsargument *Bliss/Kaufman*, Derivatives and Systemic Risk: Netting, Collateral and Close-out, 2 J. Fin. Stab. (2006) 55 ff.; vgl. *Paech*, Netting, Finanzmarktstabilität und Bankenrestrukturierung – die Notwendigkeit eines internationalen zivilrechtlichen Standards zum Netting, WM 2010, 1965, 1966 f. Zur Kritik daran: *Schwarcz*, Derivatives and Collateral: Balancing Remedies and Systemic Risk, 2015 U. Ill. L. Rev. 699, 704 ff.; *Mokal*, 10 Brook. J. Corp. Fin. & Com. L. (2015) 15, 68 ff.

75) *Mokal*, Liquidity, 10 Brook. J. Corp. Fin. & Com. L. (2015) 15, 48 ff.

en oftmals gehalten, über Sicherheitenarrangements dafür Sorge zu tragen, dass die Positionen ausgeglichen sind, doch kommt insoweit gerade der Fähigkeit des Kontrahenten besondere Bedeutung zu, entsprechende Sicherheiten vertragsgemäß zu stellen. Eine nähere Untersuchung verdient deshalb auch die Frage, ob ein etwaiger Bedeutungsverlust klassischer Mechanismen zur Steuerung und Überwachung von Kreditrisiken nicht durch die spezifischen Steuerungs- und Überwachungsmechanismen der gängigen Rahmenverträge kompensiert werden kann. Richtig ist allerdings, dass die finanzwirtschaftlichen und aufsichtsrechtlichen Spielräume für die Eingehung von Finanzkontrakten durch die insolvenzrechtlichen Sonderregime erweitert werden und dass dies auch Auswirkungen auf die Risiken haben kann, die sich auf systemischer Ebene aufbauen.[76] Will man jedoch keine systemischen Verwerfungen riskieren, kann es gerade deshalb keine Lösung sein, die bisherige Praxis mit einem Paukenschlag – rühre dieser vom Gesetzgeber oder von einem obersten Bundesgericht – implodieren zu lassen.

3. Rechts- und finanzpolitische Herausforderungen im Mehrebenensystem

Dies gilt umso mehr, als Maßnahmen nationaler Gesetzgeber in dem hier angesprochenen Regelungsbereich von limitierter Wirkkraft sind. Das soll nicht heißen, dass nationale Gesetzgebung irrelevant oder folgenlos wäre. Die internationale Vernetztheit der Finanzmärkte und die im Mehrebenensystem angelegte internationale Koordination der Rechtssetzung im Finanzmarktrecht[77] haben jedoch zwangsläufig zur Folge, dass Alleingänge nationaler Gesetzgeber, sofern überhaupt möglich,[78] nicht nur in ihrer Wirkkraft beschränkt, sondern auch mit unintendierten, dafür aber erheblichen Nebenwirkungen verbunden sein können, die sich in aller Regel zulasten der Wettbewerbsfähigkeit der einheimischen Kredit- und Real-

---

76) *Mokal*, 10 Brook. J. Corp. Fin. & Com. L. (2015) 15, 48 ff.

77) Zentraler Baustein dieser Koordinierung ist für das hier interessierende close-out netting der für die internationale Bankenregulierung maßgebliche Basler Eigenkapitalakkord, näher dazu *Bornemann* in: FK-InsO, 9. Aufl. 2018, § 104 Rz. 19, sowie *Bornemann* in: Graf-Schlicker, InsO, 4. Aufl. 2014, § 104 Rz. 6 f.

78) Infolge einer unionsweiten Harmonisierung sind der Gestaltungsmacht des nationalen Gesetzgebers u. a. entzogen: das „ob" und „wie" der bankaufsichtsrechtlichen Privilegierung von Nettingvereinbarungen (Art. 296 CRR) sowie das „ob" und „wie" der insolvenzrechtlichen Privilegierung von Finanzsicherheiten nach der Richtlinie 2002/47/EG des Europäischen Parlaments und des Rates v. 6.6.2002 über Finanzsicherheiten, ABl. (EG) L 168/43, sowie der Abrechnungen in Systemen nach der Richtlinie 98/26/EG des Europäischen Parlaments und des Rates v. 19.5.1998 über die Wirksamkeit von Abrechnungen in Zahlungs- sowie Wertpapierliefer- und -abrechnungssystemen, ABl. (EG) L 166/45.

wirtschaft auswirken und über die nationale Gesetzgeber wegen der greifbaren Rückwirkungen auf die Allgemeinheit nicht ohne weiteres hinwegsehen können.[79)]

VI. Grund zur Sorge über transdemokratisch-finanzkapitalistische Machtdispositive?

Zwei Resultate lassen sich festhalten: *Erstens* ist die Notwendigkeit anzuerkennen, die Diskussion über den Nutzen und die Kosten insolvenzrechtlicher Sonderregime für Finanzkontrakte vor allem auf internationaler und europäischer Ebene fortzuführen. *Zweitens* aber sollte auch deutlich geworden sein, dass sich die jüngste Novelle des § 104 InsO nicht als Beispiel für Spekulationen über transdemokratisch-finanzkapitalistische Machtdispositive eignet.

Bei Lichte besehen, brachte diese Novelle nichts anderes als die Klarstellung, dass die Vorschrift in den durch ihre Zwecke gezogenen Grenzen abweichende Parteivereinbarungen zulässt. Das entspricht nicht nur der eingangs referierten[80)] ständigen Markt- und Börsenpraxis seit Mitte des 19. Jahrhunderts, sondern liegt vor allem in der Konsequenz des seither das deutsche Recht beherrschenden Regelungsgedankens, dass bei markt- und börsengängigen Finanzkontrakten ein besonderes Bedürfnis für Rechtssicherheit besteht, dem durch die sofortige Beendigung bei Ausgleich des Markt- und Börsenwerts des beendeten Kontrakts Rechnung zu tragen ist. So gesehen, hat die Novelle nicht nur eine Klarstellung des vorgefundenen Rechts gebracht, sondern einem Regelungsgedanken Geltung verschafft, der das deutsche Recht seit über 160 Jahren beherrscht und der damit einer Zeit entstammt, für deren Verhältnisse man die „Finanzlobby" schlecht verantwortlich machen kann.

---

79) Das wird, wenn auch an anderer Stelle, auch von *Paulus* eingeräumt, von dem die eingangs (Fn. 18-23) referierte Kritik an der Reaktion von BaFin und Bundesregierung stammt, siehe *Paulus* in: FS Vallender, 2015, S. 397, 417: „Jede realitätsnahe Herangehensweise an die hier angestellten Überlegungen muss davon ausgehen, dass es mit einer simplen Forderung, all diese Privilegien abzuschaffen, nicht getan ist. In Anbetracht des eingespielten Funktionsmechanismus wären die Konsequenzen vermutlich desaströs." Siehe auch die anschaulichen Ausführungen von *Paulus* im Rahmen der Sachverständigenanhörung vor dem Rechts- und Verbraucherschutzausschuss, mit denen er den internationalen Konsens zur Wirksamkeit und Insolvenzfestigkeit des Liquidationsnetting auf das Bild einer mehrspurigen Autobahn bringt, auf der man nicht in voller Fahrt umkehren könne, S. 18 des Protokolls Nr. 18/119 v. 9.11.2016, abrufbar unter https://www.bundestag.de/blob/529272/39a6b7c58cd6732a1c80b0cfeb7df65c/wortprotokoll-data.pdf (Abrufdatum: 18.1.2018).

80) Siehe oben bei und in Fn. 1 bis 6.

Schutz der Gläubiger im Insolvenzverfahren bei einer Befriedigung aus künftigen Erträgen

BETTINA E. BREITENBÜCHER

Inhaltsübersicht

I. Sanierungschancen in der Insolvenz inhabergeführter Unternehmen

Das Gesetz zur weiteren Erleichterung der Sanierung in der Insolvenz, kurz ESUG[1)], hat die Restrukturierung im gerichtlichen Verfahren modernisiert. In Großverfahren werden die Chancen einer gestärkten Eigenverwaltung mehr und mehr genutzt und Sanierungskonzepte unter Aufsicht eines Sachwalters in eigener Regie – mehr oder weniger erfolgreich – umgesetzt.

Das Planverfahren bietet aber auch kleinen und mittleren, insbesondere inhabergeführten Unternehmen Sanierungschancen, wenn im Regelinsolvenzverfahren ohne zukünftige Bindung des „Inhabers", und zwar unabhängig von der Rechtsform des Unternehmens, lediglich eine Einstellung des Geschäftsbetriebs in Betracht käme.

Das Potenzial des Plans auf der Ergebnisseite ist klar: Arbeitsplätze werden erhalten und ebenso Geschäftsbeziehungen, so dass ein Dominoeffekt mit Folgeinsolvenzen gerade in strukturschwachen Regionen verhindert wird. Der Inhaber behält sein Unternehmen als wirtschaftliche und persönliche Lebensgrundlage. Im Gegenzug wird er befreit und nach einer

---

1) Gesetz zur weiteren Erleichterung der Sanierung von Unternehmen – ESUG, v. 7.12.2011, BGBl. I 2011, 2582.

Sanierung im operativen Bereich mit insolvenzrechtlichen Instrumenten vor allem auch in der Lage sein, seinen Gläubigern eine bessere Quote anzubieten, als sie sie im Regelinsolvenzverfahren zu erwarten hätten.

Der Schuldner kann allerdings nur und erst geben, wenn er entschuldet aus dem Verfahren entlassen ist und die Geschäftstätigkeit plangemäß erfolgreich fortführt. Hierzu werden nicht selten eine weitere Unterstützung und Kontrolle der Geschäftstätigkeit und des Inhabers erforderlich sein. Als vertrauensbildende Maßnahme werden sie die Gläubiger zumindest regelmäßig verlangen.

Eine das gesetzliche Modell der Überwachung der Planerfüllung begleitende bzw. auch ersetzende gesellschaftsrechtliche Lösung ist hier ein Weg, die Befriedigung der Gläubiger aus künftigen Erträgen zu einer Win-Win-Lösung für alle Beteiligten zu machen.

II. Plankonstellationen und Voraussetzungen

1. Restrukturierung versus Zerschlagung

Das Insolvenzverfahren dient dazu, die Gläubiger gleichmäßig und bestmöglich zu befriedigen, § 1 Satz 1 InsO. Dass auch Insolvenzplanlösungen an diesem Zweck zu messen sind, hat der Regierungsentwurf in § 1 Abs. 3 InsO-E noch deutlicher zum Ausdruck gebracht als die schließlich Gesetz gewordene Fassung. Die Beteiligten könnten insbesondere in Insolvenzplänen bestimmen,

> „(...) dass der Schuldner sein Unternehmen fortführt und die Gläubiger aus den Erträgen des Unternehmens befriedigt werden".

Die Streichung von Absatz 3 durch den Rechtsausschuss diente der redaktionellen Straffung und Rückführung auf die „wesentlichen Elemente".

> „Als ein Weg zur Gläubigerbefriedigung wird die Erhaltung von Unternehmen durch einen Insolvenzplan hervorgehoben."[2)]

Ob die Zahlung einer Quote an die Gläubiger aus erst künftig, nach Aufhebung des Insolvenzverfahrens durch den Schuldner zu erwirtschaftenden Erträgen die bestmögliche Gläubigerbefriedigung verspricht, hängt zunächst maßgeblich von den Alternativen ab, die sich im Regelinsolvenzverfahren bieten.

2) Begr. Rechtsausschuss z. InsO, BT-Drucks. 12/7302, S. 155.

Denn auch wenn die Sanierung zumindest dann neben der Gläubigerbefriedigung als „nachgeordnetes" oder „partielles" Verfahrensziel Bedeutung haben muss, wenn sie den Gläubigern mindestens gleiche Befriedigungschancen verspricht,[3)] konkurriert eine Restrukturierung des Unternehmensträgers und Befriedigung aus künftigen Erträgen immer noch mit einer übertragenden Sanierung.

Als Variante der Verwertung wird die übertragende Sanierung den Interessen aller Beteiligter – mit Ausnahme des insoweit unmaßgeblichen Interesses des „Inhabers" – in der Regel bestens gerecht. Die Unternehmenstätigkeit wird in der Hand eines Erwerbers fortgeführt, so dass Arbeitsplätze zumindest teilweise erhalten bleiben und Geschäftsbeziehungen fortgesetzt werden können. Weiter werden Absonderungsrechte zu Fortführungswerten abgelöst und zumindest aus dem Verkauf auch immaterieller Vermögenswerte kann freie Masse generiert werden. Für den Verwalter und den Erwerber gestaltet sich ein solcher Verkauf des Unternehmens aus der Insolvenz im Wege eines *asset deals* relativ unkompliziert und rechtssicher. Auch für die Gläubiger ist das Ergebnis kalkulierbar.

Diese Kombination von Verwertung und Fortbestand der Geschäftstätigkeit kann jedoch aus unterschiedlichsten Gründen nicht realisierbar sein.

Hier ist zunächst an Branchen zu denken, die sich gerade im Umbruch befinden und ganz allgemein unter Druck stehen, wie z. B. aktuell der Bekleidungs- und Möbeleinzelhandel. Investoren werden sich hier kaum finden lassen. Weiter stehen aber auch inhabergebundene Genehmigungen und Lizenzen einer übertragenden Sanierung ebenso im Wege wie fortführungsnotwendige Dauerschuldverhältnisse, wenn die Vertragspartner zu einer Überleitung auf den Käufer des Unternehmens nicht bereit sind. Ein typisches K.-o.-Kriterium ist bei kleineren und mittleren Unternehmen weiter die Bindung von Geschäftsbeziehungen, insbesondere auf Auftraggeberseite, an die Person des „Inhabers". Die Gründung einer Auffanggesellschaft durch den „Inhaber" selbst, um eine übertragende Sanierung auf diesem Wege zu realisieren, wird regelmäßig an dessen Bonität scheitern. Im Regelinsolvenzverfahren bliebe damit nur die Stilllegung und Zerschlagung des Unternehmens. Mit einer nennenswerten Quote könnten die ungesicherten Gläubiger in diesem Fall regelmäßig nicht rechnen.

---

3) *Ganter/Lohmann* in: MünchKomm-InsO, 3. Aufl. 2013, § 1 Rz. 85.

2. Lösungen für absonderungsberechtigte Gläubiger

Entscheidend für die Machbarkeit einer alternativen Planlösung ist regelmäßig die Unterstützung durch die absonderungsberechtigten Gläubiger mit Sicherungsrechten am fortführungsnotwendigen Anlagevermögen, soweit vorhanden.

Auch wenn ein Eingriff in Absonderungsrechte selbst gegen den Willen des Gläubigers rein rechtlich betrachtet im Plan möglich ist (§§ 222 Abs. 1 Nr. 1, 223, 228, 254a InsO), scheitert dieser Weg zumeist an der fehlenden Liquidität für eine finanzielle Gleichstellung des Betroffenen mit dem zu erwartenden Verwertungsergebnis im Regelinsolvenzverfahren (§ 245 Abs. 1 Nr. 1 InsO).

Hier ist der Schuldner angewiesen auf die Mitwirkung und Unterstützung des Restrukturierungsvorhabens durch die absonderungsberechtigten Gläubiger, also namentlich die Hausbank. Gegebenenfalls ist diese bereit, ihren Kredit und die Sicherheiten stehen zu lassen und erst zeitlich nach den ungesicherten Gläubigern befriedigt zu werden. Ausschlaggebend hierfür wird sicherlich die Werthaltigkeit der Sicherheiten im Falle einer Folgeinsolvenz sein.

Gerade bei Unternehmen mit einer Bindung der Geschäftstätigkeit an Schlüsselauftraggeber und -kunden kann aber häufig auch in deren Reihen ein Interessent zwar nicht für das Unternehmen als Ganzes, wohl aber für einzelne Assets, wie z. B. die belastete Geschäftsimmobilie gefunden werden. Durch den Erwerb und die nachfolgende Vermietung an den Schuldner kann nicht nur das Absonderungsrecht abgelöst, sondern auch die künftige Geschäftsbeziehung zum Erwerber und Geschäftspartner weiter abgesichert werden.

3. Abgrenzung Eigenverwaltung

Gerade die „Inhaber" kleinerer und mittlerer Unternehmen sind typischerweise bereit, ihr Unternehmen auch mit der Aussicht einer nur auskömmlichen Quote fortzuführen. Um Eigenverwaltungskonstellationen und den selbst erarbeiteten und im gerichtlichen Verfahren in eigener Regie durch den Schuldner umgesetzten Restrukturierungsplan geht es hier allerdings regelmäßig nicht.

Gegebenenfalls wurde bereits in der Krise viel Vertrauen der Gläubiger in die Geschäftsleitung verspielt durch wenig handfeste außergerichtliche

Sanierungsversuche. Gibt es keinen vorläufigen Gläubigerausschuss, der eine Eigenverwaltung einstimmig unterstützt (§ 270 Abs. 3 Satz 2 InsO), hat der Insolvenzrichter zu prüfen, ob Umstände bekannt sind, die Nachteile für die Gläubiger durch eine Zulassung der Eigenverwaltung erwarten lassen (§ 270 Abs. 2 Nr. 2 InsO). Relevant sind hier Zweifel an der Zuverlässigkeit des Schuldners, die sich insbesondere daraus ergeben, dass dieser die finanzielle Lage seines Unternehmens in der Vergangenheit nicht ausreichend überprüft und überblickt hat und erst auf Druck eines unabwendbaren Eröffnungsantrags eines Gläubigers einen Insolvenzantrag gestellt hat.[4] Der Schuldner muss sich in jedem Fall einer Eigenverwaltung insoweit „würdig" erweisen, als keine Zweifel an seiner ordnungsgemäßen und am Interesse der Gläubiger ausgerichteten Verfahrensleitung aufgrund in der Vergangenheit liegenden dolosen Handelns bestehen.[5]

Weiter werden in kleineren und insbesondere sehr spät eingeleiteten Verfahren auch die Kosten einer Eigenverwaltung nicht aufzubringen sein. Auch wenn ein Sachwalter in der Eigenverwaltung nur einen Bruchteil der Vergütung eines Insolvenzverwalters beanspruchen kann, könnten doch die Beraterkosten für die fortlaufende Begleitung des Insolvenzverfahrens sowie Verhandlung und Erstellung des Insolvenzplans das Verfahren zu kostenintensiv machen.[6]

Das Planverfahren ist an eine Eigenverwaltung mit Schuldnerplan jedoch nicht gebunden, wie schon das eigene Planinitiativrecht des Insolvenzverwalters gemäß § 218 Abs. 1 Satz 1 InsO zeigt. Im Einzelfall kann sich aus diesem originären Planinitiativ- und Planvorlagerecht i. V. m. dem Verfahrensziel der bestmöglichen Gläubigerbefriedigung umgekehrt sogar eine Pflicht zur Überprüfung auch einer Planlösung ableiten lassen.[7] Eine besondere „Würdigkeit" setzt der Gesetzgeber in § 1 InsO für eine Entschuldung im Planverfahren nicht voraus. Entsprechend hat auch der Bundesgerichtshof entschieden, dass vom Schuldner begangene restschuldbefreiungsrelevante Insolvenzstraftaten der Bestätigung auch eines auf Fortführung des Unternehmens gerichteten Insolvenzplans nicht entge-

---

4) AG Köln, Beschl. v. 9.2.2017 – 72 IN 496/16, ZIP 2017, 889.

5) *Frind*, Eigenverwaltung für „dolos handelnde" Unternehmen?, ZIP 2017, 993 ff.

6) *Hammes*, Keine Eigenverwaltung ohne Berater?, NZI 2017, 233 ff.; *Rendels*, Eigenverwaltung: Schutz der Masse durch Honorarkriterien, in: FS Kübler, 2015, S. 577 ff.

7) *Spahlinger* in: Kübler/Prütting/Bork, InsO, Stand: 11/2017, § 218 Rz. 12; a. A. *Sinz* in: Uhlenbruck, InsO, 14. Aufl. 2015, § 60 Rz. 50.

genstehen.[8] Voraussetzung ist allerdings, dass diese im darstellenden Teil des Plans aufgenommen sind, so dass die Beteiligten die Zuverlässigkeit des Schuldners i. S. einer „Fortführungssicherheit" und damit der Zahlbarkeit der Planquote aus künftigen Erträgen beurteilen können.[9] Die zur Entschuldung natürlicher Personen, hier z. B. des „Inhabers" in einem parallelen Planverfahren, geäußerte „Gesinnung"[10], dass der Schuldner von seinen Restschulden durch Plan nur befreit werden kann, wenn er auch Restschuldbefreiung beantragt hat und für diese Verbindlichkeiten erlangen könnte, ist daher mehr als bedenklich.[11]

III. Gesetzliches Modell der Planüberwachung

1. Entschuldung – Verfahrensaufhebung – Quotenzahlung

Hat der Schuldner nach dem Plan die Quote aus künftigen Erträgen zu bestreiten, tut er dies in einer Zeit nach Entschuldung des Unternehmens und Aufhebung des Insolvenzverfahrens. Nach der Konzeption des Insolvenzplanverfahrens treten die im gestaltenden Teil des Plans festgelegten Wirkungen mit der Rechtskraft des Planbestätigungsbeschlusses durch das Insolvenzgericht ein (§ 254 InsO). Die Aufhebung des Insolvenzverfahrens als actus contrarius zur Eröffnung schließt sich sodann als gesonderter Akt an (§ 258 InsO).

Mit der Aufhebung des Insolvenzverfahrens erhält der Schuldner die Verfügungsbefugnis über sein Vermögen zurück. Von dieser in § 259 Abs. 1 Satz 2 InsO nochmals ausdrücklich normierten Rechtsfolge der förmlichen Beendigung des Verfahrens kann auch im Insolvenzplan nicht abgewichen werden.[12] Die Möglichkeiten einer Fortwirkung insolvenzrechtlicher Befugnisse oder Beschränkungen sind in § 259 Abs. 2 und 3 InsO abschließend aufgezählt.

Von Bedeutung ist im Zusammenhang mit der Befriedigung aus künftigen Erträgen die Anordnung einer Überwachung der Planerfüllung für die

---

8) BGH, Beschl. v. 13.10.2011 – IX ZB 37/08, ZIP 2012, 187, dazu EWiR 2012, 215 *(Rendels/Körner)*.

9) *Rendels/Körner*, EWiR 2012, 215 f.

10) AG Hamburg, Beschl. v. 24.5.2017 – 67c IN 164/15, ZVI 2017, 304 = ZIP 2017, 2220; *Frind*, Das Verhältnis von Restschuldbefreiungsantrag und Insolvenzplan, NZI 2017, 824 ff.

11) *Foerste*, Besorgter Blick nach Hamburg, ZInsO 2017, 2424 ff.; HG Osnabrück, Beschl. v. 12.7.2017 – 38 IN 25/15, ZVI 2018, 24.

12) BGH, Urt. v. 7.7.2008 – II ZR 26/07, ZIP 2008, 2094, Rz. 10.

Dauer von bis zu drei Jahren nach Aufhebung des Insolvenzverfahrens, §§ 260 ff., 268 InsO. Die Planüberwachung ist Aufgabe des Insolvenzverwalters gemäß § 261 InsO. Sein Amt besteht insoweit fort, als die Überwachung der Erfüllung des Plans dies erfordert.

2. Gegenstand und Grenzen einer Planüberwachung

Die Aufsicht des Insolvenzverwalters als „Planüberwacher" erstreckt sich gemäß § 260 Abs. 2 InsO darauf, ob der Schuldner die Ansprüche erfüllt, die den Gläubigern nach dem gestaltenden Teil des Plans gegen den Schuldner zustehen.[13] Hierzu gehört nach dem Wortlaut von § 262 InsO die Prüfung, ob alle Leistungen bei Fälligkeit plangemäß erbracht wurden und in Bezug auf noch zu erbringende Leistungen, dass die Erfüllbarkeit nach den Umständen nicht bereits ausgeschlossen erscheint.

Welche Informationen der Verwalter im konkreten Fall einzuholen hat bzw. einzuholen befugt ist, richtet sich danach, welche Ansprüche den Gläubigern zustehen und welche Maßnahmen des Schuldners bzw. Ergebnisse im Unternehmen hierfür von Bedeutung bzw. notwendig sind.

Sind die Gläubiger aus den Erträgen des fortgeführten Unternehmens zu befriedigen, hat der Verwalter vor allem die tatsächlichen Aufwendungen und Erträge mit der dem Plan als Anlage beigefügten Ergebnis- und Finanzplanung (§ 229 Satz 2 InsO) abzugleichen. Stellt der Verwalter Abweichungen fest, hat er zu prüfen, ob diese so erheblich sind, dass sie die Erfüllung der Ansprüche gefährden können.

Die Beratung der Geschäftsführung gehört dagegen nicht zu seinen Aufgaben. Zu Eingriffen in die Geschäftsführung des Unternehmens ist der Planüberwacher nach dem gesetzlichen Modell der Planüberwachung grundsätzlich nicht befugt.[14]

Die mit der Verfahrensaufhebung zurückgewonnene Herrschaft des Schuldners über sein Vermögen kann nur durch die in § 259 Abs. 2 i. V. m. § 263 InsO vorgesehene Festlegung bestimmter zustimmungspflichtiger Rechtsgeschäfte im Plan in begrenztem Maße eingeschränkt werden. So kann etwa die Wirksamkeit von Verpflichtungsgeschäften, die einen bestimmten Wert übersteigen oder von Grundstücksgeschäften an die Zustimmung

---

13) BGH, Urt. v. 7.7.2008 – II ZR 26/07, ZIP 2008, 2094, Rz. 11.
14) Begr RegE InsO, BT-Drucks. 12/2443, S. 215 zu § 308 InsO-E.

des Planüberwachers gebunden werden.[15] Ein pauschaler Zustimmungsvorbehalt für alle Rechtsgeschäfte oder auch eine Anlehnung an § 160 InsO mit seiner beispielhaften Aufzählung besonders bedeutsamer Rechtshandlungen ist dagegen unzulässig.[16]

Die Führung des Unternehmens obliegt damit wieder dem Schuldner in eigener Verantwortung. Die Ergebnisse der Geschäftstätigkeit, die Erfüllbarkeit der Quotenzahlung bzw. die Gefahr einer Folgeinsolvenz sind daher maßgeblich an die Kompetenz und Zuverlässigkeit des „Inhabers" geknüpft.

IV. Risiko Folgeinsolvenz

1. Prognoserisiko

Sollen die Gläubiger aus den Erträgen des vom Schuldner fortgeführten Unternehmens befriedigt werden, sind dem Insolvenzplan gemäß § 219 InsO die in § 229 InsO aufgelisteten Anlagen zur Darstellung der aktuellen Vermögenslage des Schuldners bei Wirksamwerden des Plans sowie zur prognostizierten künftigen Entwicklung beizufügen. Für die Information der Gläubiger und ihre Zustimmung zur Befriedigung aus noch zu erwirtschaftenden Erträgen sind die Plan-Gewinn- und -Verlustrechnung (Ertrags- bzw. Ergebnisplan) sowie ein Liquiditätsplan (Finanzplan) von ausschlaggebender Bedeutung.[17]

Erweist sich die Prognose im Nachhinein als zu positiv, kann das auf vielfältigen Gründen beruhen. Eine Haftung des Planvorlegenden gegenüber den Gläubigern erscheint daher kaum begründbar bzw. realisierbar.

Mit der Erarbeitung, Verhandlung und Vorlage eines Insolvenzplans im Auftrag der Gläubigerversammlung nimmt der Verwalter eine insolvenzrechtliche Aufgabe wahr. Eine persönliche Haftung käme hier gemäß § 60 Abs. 1 InsO nur in Betracht, wenn er dabei Pflichten, die ihm nach der Insolvenzord-nung obliegen, schuldhaft verletzen würde.

Der Verwalter ist zur bestmöglichen Gläubigerbefriedigung verpflichtet. Ist die Planquote aus künftigen Erträgen tatsächlich nicht wie geplant zu

15) *Pleister* in: Kübler/Prütting/Bork, InsO, Stand: 11/2017, § 263 Rz. 3.

16) *Pleister* in: Kübler/Prütting/Bork, InsO, Stand: 11/2017, § 263 Rz. 4; *Spliedt* in: K. Schmidt, InsO, 19. Aufl. 2016, § 263 Rz. 2.

17) *Spahlinger* in: Kübler/Prütting/Bork, InsO, Stand: 11/2017, § 229 Rz. 1.

realisieren, könnten die Gläubiger als Schaden maximal die ihnen entgangene Quote im Falle einer sofortigen Stilllegung und Verwertung geltend machen.

Voraussetzung wäre jedoch, dass dem Verwalter ein Verschulden bei der Prognose der künftigen Entwicklung vorgeworfen werden kann. Die Entscheidung über die Planlösung anstelle einer Zerschlagung treffen die Gläubiger in eigener Verantwortung, nicht der Verwalter. Haftbar kann sich der Verwalter daher nur machen, wenn er den Gläubigern unrichtige Informationen als Grundlage ihrer Entscheidung liefert. An dieser Stelle ist jedoch eine *ex ante*-Betrachtung maßgeblich. Ist die Planung vollständig und nachvollziehbar, scheidet eine schuldhafte Verletzung insolvenzrechtlicher Pflichten aus.

Ein ungleich schärferer Haftungstatbestand in der Insolvenz ist aufgrund seiner Umkehr der Beweislast die Ausfallhaftung des Verwalters gegenüber Massegläubigern nach § 61 InsO. Hat der Verwalter Masseverbindlichkeiten durch eine Rechtshandlung begründet, die nachfolgend aus der Masse nicht vollständig befriedigt werden können, haftet er dem Massegläubiger auf das negative Interesse.

Eine unmittelbare Anwendung der Norm kommt allerdings beim Ausfall mit der Quote aus künftigen Erträgen nicht in Betracht. Es geht hier schon nicht um Masseverbindlichkeiten, die vom Verwalter begründet wurden und aus der Masse gezahlt werden sollten. Für eine entsprechende Anwendbarkeit fehlt es sowohl an einer Schutzlücke als auch an einer vergleichbaren Interessenlage. Eine Einstandspflicht bei nicht den Anforderungen entsprechenden Planrechnungen würde sich schon aus § 60 InsO ergeben. Eine Ausfallhaftung wird umgekehrt gerade ausgeschlossen bei einer *ex ante* belastbaren Planung der Erfüllbarkeit von Leistungsversprechen, wie sich aus § 61 Satz 2 InsO ergibt.

2. *Totalausfallrisiko*

In einer Folgeinsolvenz werden die Beteiligten regelmäßig mit einem Totalausfall ihrer Forderungen zu rechnen haben.

Zwar verlieren die Sanierungsbeiträge gemäß § 255 Abs. 2 InsO ihre Wirkung und leben noch nicht erfüllte Insolvenzforderungen wieder auf, wenn vor vollständiger Erfüllung des Plans über das Vermögen des Schuldners ein neues Insolvenzverfahren eröffnet wird. Die Alt-Insolvenzgläubiger des ersten Insolvenzverfahrens sollen am Folgeverfahren nicht nur mit ihrem Planquotenanspruch teilnehmen, sondern mit ihrer Forderung in der ursprünglichen Höhe.[18)]

Das Vermögen des Schuldners wird sich bis zur Folgeinsolvenz jedoch regelmäßig weiter vermindert haben. Zudem sind weitere Massegläubiger und Neu-Insolvenzgläubiger im Folgeverfahren zu berücksichtigen.

Auch ein Anspruch auf Insolvenzgeld als Sanierungsbeitrag scheidet in einer Folgeinsolvenz während der Überwachungsphase aus. Dieser setzt grundsätzlich ein neues Insolvenzereignis voraus. Eine fortbestehende Zahlungsunfähigkeit schließt damit einen Anspruch auf (erneutes) Insolvenzgeld aus.[19)]

Alleine die formale Beendigung des früheren Insolvenzverfahrens durch Aufhebung nach § 258 InsO bei gleichzeitiger Anordnung der Planüberwachung genügt nach Auffassung des Bundessozialgerichts nicht zur Annahme der Wiederherstellung der allgemeinen Zahlungsfähigkeit, solange noch Gesamtforderungen gemäß § 255 Abs. 2 InsO wieder aufleben können.[20)]

Mit einer Rückforderung ggf. schon gezahlter Teilbeträge werden die Alt-Gläubiger dagegen nicht konfrontiert sein, auch wenn die Insolvenzplanvorschriften eine Insolvenzanfechtung nicht ausdrücklich ausschließen.

Eine Anfechtung wegen kongruenter Deckung setzt voraus, dass der Schuldner bei der Vornahme von Zahlungen bereits zahlungsunfähig war und der Gläubiger dies weiter auch wusste. Diese Kenntnis haben die Gläubiger nicht, solange der Planüberwacher keine Anzeige des Scheiterns der Planerfüllung nach § 262 InsO gemacht hat.

Auch eine Anfechtung wegen vorsätzlicher Benachteiligung nach § 133 Abs. 3 InsO erscheint ausgeschlossen, wenn es um eine plangemäße Teilzahlung geht. Auch hierfür verlangt das Gesetz die Kenntnis des Gläubigers von der eingetretenen Zahlungsunfähigkeit. Weiter schützt § 133 Abs. 3 Satz 2 InsO ausdrücklich auch Sanierungsbeiträge.

---

18) BGH v. 9.1.2014 – IX ZR 209/11, ZIP 2014, 330, Rz. 26, dzu EWiR 2014, 117 *(Madaus)*; *Huber* in: MünchKomm-InsO, 3. Aufl. 2014, § 255 Rz. 31 ff. *Spliedt* in: K. Schmidt, InsO, 19. Aufl. 2016, § 255 Rz. 14.

19) BSG v. 17.3.2015 – B 11 AL 9/14 R, ZIP 2015, 1402.

20) BSG v. 17.3.2015 – B 11 AL 9/14 R, ZIP 2015, 1402 Rz. 16; BSG v. 29.5.2008 – B 11a AL 57/06 R, NZS 2009, 516, Rz. 14.

V. Unterstützung und erweiterte Kontrolle nach Verfahrensaufhebung

1. Interimsgeschäftsführung

Betrachtet man auf der einen Seites die Grenzen der gesetzlich konzipierten Planüberwachung sowie auf der anderen Seite die Konsequenzen einer Folgeinsolvenz für die Alt-Gläubiger, kann sich im Einzelfall ein spürbares Bedürfnis für die Installation einer weiteren Unterstützung und Kontrolle der Geschäftstätigkeit des Schuldners zur Sicherstellung der Erfüllbarkeit des Plans zeigen.

Hier bietet sich eine über die gesetzlich konzipierte Planüberwachung hinausgehende Installation von Kontrollmechanismen im Insolvenzplan an. So kann an die Zuziehung eines Interimsmanagers gedacht werden, wie in außergerichtlichen Sanierungsfällen oder auch in großen Insolvenzverfahren üblich. Um die Liquidität des Schuldnerunternehmens nicht zulasten der Quote aus den künftigen Erträgen zu belasten, kann es selbstverständlich nicht um eine vollständige Übernahme der Geschäftsleitung gehen. Der Interimsgeschäftsführer kann aber jedenfalls ähnlich einem Insolvenzverwalter die Kontoführung innehaben, ggf. auch Freizeichnungsbefugnis für auszulösende Bestellungen erhalten, und so als „verlängerter Arm des Insolvenzverwalters" fungieren. So kann weitergehend als beim gesetzlichen Modell der Planüberwachung der Rahmen abgesteckt werden, innerhalb dessen der „Inhaber" über die vorhandenen liquiden Mittel disponieren kann.

Die weitere Führung des operativen Geschäfts durch den „Inhaber" im Außenverhältnis wird durch dessen vorübergehende Anstellung als Betriebsleiter ermöglicht. Auf diese Weise werden sowohl sein Know-how als auch die an seine Person geknüpfte Kundenbindung weiter genutzt.

An dieser Stelle kann der „Inhaber" zudem einen weiteren Sanierungsbeitrag in der Weise leisten, dass sein Gehalt der wirtschaftlichen Situation des Unternehmens angeglichen wird und sich erst stufenweise wieder erhöht. Dieses Mittragen der Sanierung ist regelmäßig auch eine wichtige Grundlage für die Einräumung einer zweiten Chance durch die Gläubiger.

Zur Umsetzung sind entsprechende Vereinbarungen mit dem „Inhaber" bzw. gesellschaftsrechtliche Gestaltungen erforderlich, deren Ziel es ist, die Vertretungsmacht im Außenverhältnis dem Interimsmanager zu übertragen. Ist dies aufgrund der Rechtsform des Schuldners nicht möglich, da dieser z. B. als Einzelkaufmann tätig ist, sind interne Kontrollmechanismen bis zur Befriedigung der Planquote einzurichten.

Der Abschluss der Vereinbarungen bzw. die entsprechende gesellschaftsrechtliche Gestaltung kann zur Planbedingung gemacht werden gemäß § 249 InsO. In diesem Fall kann der von den Gläubigern angenommene Plan durch das Insolvenzgericht erst bestätigt werden und damit Wirksamkeit erlangen, wenn die Planbedingung eingetreten ist. Zumindest soweit die Maßnahmen keiner besonderen Form bedürfen und damit ihre Vornahme keine Kosten auslöst, wird es jedoch praktikabler sein, die Vereinbarungen mit dem „Inhaber" schon vor dem Abstimmungstermin, ggf. bedingt auf die Annahme des Insolvenzplans abzuschließen und sie als Anlage dem Plan beizufügen.

2. *Gesellschaftsrechtliche Maßnahmen*

Ist das Unternehmen in der Rechtsform einer GmbH geführt, wird vom „Inhaber" zu verlangen sein, dass er sein Geschäftsführeramt niederlegt und den Interimsmanager für die Dauer der Befriedigung der Planforderungen zum Geschäftsführer seiner Gesellschaft bestellt. Ist der Schuldner ausnahmsweise als GmbH & Co. KG strukturiert, bietet sich gesellschaftsrechtlich die Übernahme des Geschäftsführeramtes durch den Interimsmanager in der Komplementär-Gesellschaft an.

Die Komplementärin ist zwar regelmäßig aufgrund ihrer persönlichen Haftung für die Schulden der KG gleichermaßen von der Insolvenz betroffen. Allerdings fehlt es bei einer reinen Haftungsübernahme- und Geschäftsführungsgesellschaft an ausreichender Masse zur Eröffnung eines parallelen Insolvenzverfahrens. Ihr Insolvenzantrag kann in Absprache mit dem Gericht bis zu einer Entschuldung der KG durch den Plan und damit simultanen Entschuldung auch der Komplementärin von der akzessorischen Haftung für Gesellschaftsschulden gemäß § 227 Abs. 2 InsO ruhend gestellt und diese nachfolgend weiter in ihrer alten Funktion, mit ausgetauschter Geschäftsführung, tätig werden.

Ist die Beibehaltung der bisherigen Komplementärgesellschaft im Einzelfall, z. B. wegen einer vertraglich begründeten Mithaft oder verpfändeter Geschäftsanteile, kein gangbarer Weg, bietet sich die Neugründung einer Einheitsgesellschaft im Insolvenzverfahren an. Die Einheitsgesellschaft ist dadurch gekennzeichnet, dass die KG die alleinige Gesellschafterin ihrer

Komplementärin ist.[21] Die Gründung durch den Insolvenzverwalter und Aufbringung des Stammkapitals aus der Insolvenzmasse erscheint daher für die Gläubiger nicht nachteilig.

In seiner Rechtsstellung als Kommanditist hat sich der „Inhaber" zudem weiter auch einem Entnahmeverbot zu unterwerfen. Auch dessen Einhaltung hat der Interimsmanager zu kontrollieren. Zuzulassen sind neben einem zu vereinbarenden Unternehmergehalt lediglich Entnahmen zur Begleichung der Einkommensteuern aus der Mitunternehmerstellung in der sanierten Gesellschaft.

Die Fremdgeschäftsführung sowie das Entnahmeverbot sind im Interesse der Gläubiger bis zur Tilgung sämtlicher Planforderungen zu befristen. Für den „Inhaber" wird diese Zeitspanne im Vergleich zum Verlust seines Unternehmens regelmäßig die bessere Alternative sein, so dass beides seine Zustimmung und Mitwirkung finden wird.

3. Private Entschuldung

Soweit der „Inhaber" nicht als Einzelunternehmer tätig ist, wird er als Organ seiner Gesellschaft über Bürgschaften und andere Sicherheiten persönlich für zahlreiche Insolvenzforderungen haften. Dann darf die gleichzeitige Entschuldung des Unternehmers, die parallel mit der Planerstellung mit den Sicherungsgläubigern verhandelt werden muss, nicht aus den Augen verloren werden. Sonst könnten einzelne persönliche Gläubiger des „Inhabers" über die Pfändung der Anteile des sanierten Unternehmens den Akkord der Unternehmensgläubiger stören. Auch hier kann aufgrund der vom „Inhaber" verlangten Sanierungsbeiträge und seiner Haftungssituation ggf. eine Lösung mit Mitteln der Masse gefunden werden, soweit die Gläubigergemeinschaft dem zustimmt. Dies näher zu untersuchen bleibt jedoch einem gesonderten Beitrag vorbehalten.

VI. Zusammenfassung und Thesen

– Ein Insolvenzplan kann gerade auch in „aussichtslosen" inhabergebundenen Regelinsolvenzverfahren Sanierungschancen bieten.

---

21) *Brosius/Frese*, Konflikte bei der Willensbildung in der Einheitsgesellschaft, NZG 2016, 808.

- Durch eine Befriedigung aus künftigen Erträgen kann den Beteiligten häufig eine nennenswerte Quote angeboten werden, auch wenn im Regelinsolvenzverfahren nur Zerschlagungswerte zu realisieren wären.
- Ein Insolvenzverwalter, der das Vertrauen aller Beteiligter genießt, kann vielgestaltige fortführungsnotwendige Sanierungsbeiträge einwerben, wenn er die unterschiedlichen Interessen, Bedürfnisse und Möglichkeiten der von der Insolvenz Betroffenen im Einzelfall berücksichtigt.
- Die erfolgreiche Umsetzung eines Restrukturierungsplans mit Befriedigung aus künftigen Erträgen verlangt jedoch nach kreativen und über die gesetzlichen Instrumente hinausgehenden Gestaltungen für die Phase nach Aufhebung des Insolvenzverfahrens.
- Hier bietet sich neben oder anstelle einer Planüberwachung eine gesellschaftsrechtliche Lösung mit Einsetzung eines Interimsmanagements an.

Abstand oder Kollision

Michael Bremen

Inhaltsübersicht

I. Problemstellung

Seit dem 22. November 2016 liegt der Richtlinienvorschlag der Europäischen Kommission über präventive Restrukturierungsrahmen, die zweite Chance und Maßnahmen zur Steigerung der Effizienz von Insolvenzverfahren vor, der zunächst nur in englischer und französischer Sprache veröffentlicht wurde. Am 4. Januar 2017 lieferte die Europäische Kommission die deutsche Fassung nach.[1)]

Er durchläuft derzeit das Gesetzgebungsverfahren im EU-Parlament, in dessen Verlauf bereits zahlreiche Stellungnahmen[2)] eingegangen sind. In

---

1) Vorschlag für eine Richtlinie des Europäischen Parlaments und des Rates über präventive Restrukturierungsrahmen, die zweite Chance und Maßnahmen zur Steigerung der Effizienz von Restrukturierungs-, Insolvenz- und Entschuldungsverfahren und zur Änderung der Richtlinie 2012/30/EU, COM(2016) 723 final, v. 22.11.2016; Beilage zu ZIP 1/2017, im Text: Richtlinienentwurf.

2) BAKinso, BDI, BDIU, BDU, BDI, Bankenverbände, Bundessteuerberaterkammer, Clearingstelle Mittelstand des Landes NRW bei der IHK NRW, DAV, Die Kreditwirtschaft, EIP, GDV, Gravenbrucher Kreis, NVID, VID, u. v. a.

der Bundesrepublik Deutschland wurden das Für und Wider eines vorinsolvenzlichen Sanierungsverfahrens schon im Kontext der Bemühungen des Gesetzgebers zur Stärkung der Instrumente der Eigenverwaltung und des Insolvenzplanes der 1999 in Kraft getretenen Insolvenzordnung diskutiert;[3] diese Bemühungen mündeten 2011 bekanntlich in das ESUG.[4] Dabei standen die Fragen nach dem Bedarf eines vorinsolvenzlichen Sanierungsverfahrens und dessen Verhältnisses zu den vorhandenen Insolvenverfahren im Mittelpunkt der Diskussion. Der Gesetzgeber hat 2011 entschieden, die seit 1999 eingeführten Sanierungsinstrumente Insolvenzplan und Eigenverwaltung der Insolvenzordnung zu stärken und zu erkennen gegeben, dass er einen Bedarf für die Schaffung eines zusätzlichen vorinsolvenzlichen Sanierungsverfahrens nicht sieht.

Der Richtlinienentwurf hat inzwischen eine Vielzahl von Veröffentlichungen hervorgebracht, die sich u. a. mit der Frage beschäftigen, wie er in nationales Recht umgesetzt werden kann.[5] Auch dabei steht das Verhältnis eines präventiven Restrukturierungsverfahrens zu den Verfahren und Instrumentarien der Insolvenzordnung im Mittelpunkt.

Der Gesetzgeber der neuen Legislaturperiode wird sich daher nicht mehr mit der bis 2011 diskutierten Frage befassen, ob angesichts der bereits vorhandenen Sanierungsinstrumente der Insolvenzordnung ein zusätzlicher Bedarf nach einem präventiven Restrukturierungsverfahren besteht; er wird sich vielmehr daran abarbeiten, die Vorgaben einer EU-Richtlinie entsprechend dem vorliegenden Richtlinienentwurf in nationales Recht umzuset-

---

3) Z. B. *Bork*, Grundfragen des Restrukturierungsrechts – Prolegomena zu einer Reform des deutschen Insolvenzrechts, ZIP 2010, 397 ff.

4) Gesetz zur weiteren Erleichterung der Sanierung von Unternehmen – ESUG, BGBl. I 2011, 2582 ff.

5) Unter Beschränkung auf die Veröffentlichungen in 2017: *Bork*, Präventive Restrukturierungsrahmen, ZIP 2017, 1441 ff.; *Blankenburg*, Umsetzungsbedarf auf Grund des Entwurfs zur Restrukturierungs-Richtlinie, ZInsO 2017, 241 ff.; *Jakobi*, Das präventivere Restrukturierungsverfahren, ZInsO 2017, 1 ff.; *Kayser*, Vorinsolvenzliche Sanierung als Pflichtaufgabe des Gesetzgebers? – Ein Plädoyer für die Schaffung eines neuen Rechtsrahmens, in: FS Pannen, 2017, S. 273 ff.; *Hölzle*, Präventive Restrukturierungsrahmen, ZIP 2017, 1307 ff.; *Kayser*, Eingriffe des Richtlinienvorschlages der Europäischen Union in das deutsche Vertrags-, Insolvenz- und Gesellschaftsrecht, ZIP 2017, 1393 ff.; *Madaus*, Einstieg in die ESUG-Übersetzung, NZI 2017, 329 ff.; *Paulus*, Die Gunst der Stunde – oder: der präventivere Restrukturierungsrahmen, ZIP 2017, 910 f.; *Seagon/Riggert*, Taugliche Sanierungsvorschläger aus Brüssel?, NZI 2017, Sonderbeilage 1; *Thole*, Der Richtlinienvorschlag zum präventiven Restrukturierungsrahmen, ZIP 2017, 101 ff.; *Vallender*, Ist die Zeit reif für ein vorinsolvenzliches Sanierungsverfahren?, in: FS Klaus Pannen, 2017, S. 303 ff.

zen, und dabei das Verhältnis eines derartigen Verfahrens zu den Verfahren der Insolvenzordnung zu regeln. Kollision oder Abstand? Soll ein präventives Restrukturierungsverfahren in Konkurrenz zu den Verfahren der Insolvenzordnung treten oder muss ein bestimmter Abstand zu den Sanierungsinstrumente der Insolvenzordnung eingehalten werden und wenn ja: wie?

Dieser Beitrag unternimmt ohne Anspruch auf Vollständigkeit den Versuch, einen Vorschlag zur Umsetzung in das nationale Recht unter dem Gesichtspunkt „Abstand oder Kollision" zu entwickeln.

II. Ausgangspunkt

1. Parallelität des präventiven Restrukturierungsrahmens nach der EU-Richtlinie zu den Verfahren nach deutschen Recht

Der Richtlinienentwurf nimmt Fragen zur Abgrenzung des präventiven Restrukturierungsrahmens von Sanierungsinstrumenten, die die nationalen Rechte der Mitgliedstaaten bereits bereitstellen, nicht in den Blick. Er überlässt die Umsetzung in ihr nationales Recht den Mitgliedstaaten. Ihm geht es in erster Linie um die Verfolgung übergeordneter Ziele wie u. a.

> „Hindernisse für die Ausübung der Grundfreiheiten, etwa des freien Kapitalverkehrs oder der Niederlassungsfreiheit, zu beseitigen, die auf Unterschiede zwischen den nationalen Vorschriften und Verfahren über die präventive Restrukturierung, die Insolvenz und die zweite Chance zurückzuführen sind. Solche Hindernisse sollen mit dieser Richtlinie beseitigt werden, indem sichergestellt wird, dass rentable Unternehmen in finanziellen Schwierigkeiten Zugang zu wirksamen nationalen präventiven Restrukturierungsrahmen haben, die es ihnen ermöglichen, (...)" (vgl. ErwG 1 Richtlinienentwurf).[6]

2. Likelihood of insolvency

a) Zugang zum Verfahren

Dass der präventive Restrukturierungsrahmen neben bereits bereitstehenden Sanierungsinstrumenten des deutschen Insolvenzrechts Anwendung findet, könnte bereits dadurch angelegt sein, dass

---

6) Mit der Anknüpfung an die Dienstleistungsfreiheit statt an die Schaffung einer Rechtsunion leitet die Europäische Kommission ihre Zuständigkeit zur Regelung u. a. eines präventiven Restrukturierungsrahmens aus den Art. 53, 114 a EUV ab; zweifelnd zur Regelungskompetenz der Europäischen Kommission insoweit u. a.: *Kayser*, ZIP 2017, 1393, 1394.

> „Schuldner in finanziellen Schwierigkeiten bei einer drohenden Insolvenz Zugang zu einem wirksamen präventiven Restrukturierungsrahmen haben" sollen (Art. 4 Abs. 1 Richtlinienentwurf).

Was unter dieser Formulierung, die Ergebnis der Übersetzung des englischen *likelihood of insolvency*,[7] zu verstehen ist, beschreibt der Richtlinienentwurf nicht.

b) Begriffsbestimmungen in Art. 2 Richtlinienentwurf

Geht man den Katalog der Begriffsbestimmungen in Art. 2 Richtlinienentwurf durch, stellt man enttäuscht fest, dass dort weder die finanziellen Schwierigkeiten, in denen die Mitgliedstaaten Schuldnern Zugang zu einem präventiven Restrukturierungsrahmen geben sollen, noch die Insolvenz, in die finanzielle Schwierigkeiten Schuldner führen kann, definiert sind. Den vielleicht sogar wichtigsten unbestimmten Rechtsbegriff lässt der Richtlinienentwurf definitorisch brach liegen, obwohl er andererseits aus sich heraus verständliche Begriffe wie z. B. „noch zu erfüllende Verträge" (Art. 2 Nr. 5 Richtlinienentwurf) oder „neue Finanzierung" (Art. 2 Nr. 11 Richtlinienentwurf) eingehend definiert.

c) Erwägungsgründe

ErwG 12 spricht hierzu die Beseitigung der Hindernisse

> „(...) für eine wirksame Restrukturierung rentabler Unternehmen in finanziellen Schwierigkeiten (...)"

an. Der ErwG 17 Richtlinienentwurf fordert zunächst, Schuldnern solle ein Restrukturierungsrahmen zur Verfügung stehen,

> „(...) der es ihnen ermöglicht, ihre finanziellen Schwierigkeiten frühzeitig anzugehen, wenn es sich als wahrscheinlich erweist, dass ihre Insolvenz abgewendet und die Fortsetzung ihrer Geschäftstätigkeit gesichert werden kann (...)",

spricht aber sodann davon, dass die Rentabilität des Unternehmens nicht zur Vorbedingung für die Aufnahme von Verhandlungen und für die Gewährung einer Aussetzung von Durchsetzungsmaßnahmen gemacht werden soll; vielmehr sollten die mehrheitlich zustimmenden betroffenen Gläubiger die Rentabilität des Unternehmens „in den meisten Fällen" prüfen.

---

7) Hierzu: *Bork*, ZIP 2017, 1441, 1445, der problematisiert, ob aus der „Wahrscheinlichkeit der Insolvenz" deren „Drohen" zu verstehen ist, letztlich aber zu dem Ergebnis kommt, „wahrscheinlich" könne i. S. eines strengeren Verständnisses mit „unvermeidlich", genauso gut aber auch i. S. eines weiteren Verständnisses mit „sich abzeichnen" verstanden werden.

Die Erwägungsgründe lassen also offen, welches Stadium der Krise der Schuldner, der den präventiven Restrukturierungsrahmen in Anspruch nimmt, erreicht haben muss oder noch nicht erreicht haben darf. Immerhin ist aber die Vorstellung des Richtliniengebers erkennbar, dass die Rentabilität des Unternehmens von den Gläubigern geprüft werden soll. Dabei geht der Richtliniengeber aber offensichtlich nicht davon aus, dass – obwohl als Eingangsvoraussetzung nicht zu prüfen – das Unternehmen bei Inanspruchnahme des präventiven Restrukturierungsrahmens (noch) rentabel ist. Dies folgt daraus, dass der Zugang zu einem präventiven Restrukturierungsrahmen u. a. deshalb bestehen soll, damit – nach der Formulierung in ErwG 1 Richtlinienentwurf – der Schuldner seine Rentabilität wiederherstellen kann.

Der Richtliniengeber geht also davon aus, dass die Gläubiger der Anpassung ihrer Ansprüche nicht zustimmen, ergibt ihre Prüfung, dass das Unternehmen nicht rentabel ist, sei es dass die Rentabilität bereits bei Beginn des Verfahrens nicht mehr gegeben war und durch die in dem Verfahren vorgesehenen Maßnahmen nicht wiedererlangt werden kann, sei es dass die Restrukturierung sich auf die Vermögensverhältnisse und Verbindlichkeiten eines im Kern rentablen Unternehmens bezieht, aber die weiteren Verfahrensziele der Restrukturierung der Schulden oder des Unternehmens oder der Abwendung der Insolvenz nicht erreicht werden können.

d) Anlehnung an nationale Rechte

Auszugehen ist auch davon, dass der Richtliniengeber sich bei der Formulierung *likelihood of insolvency* nicht an Voraussetzungen angelehnt hat, unter denen nach dem nationalen Recht eines oder mehrerer Mitgliedstaaten bereits materielle Insolvenz vorliegt oder eben (noch) nicht vorliegt. Damit ist die „Wahrscheinlichkeit der Insolvenz“ der deutschen Übersetzung des Richtlinienentwurfs nicht zwingend auf den Anwendungsbereich der drohenden Zahlungsunfähigkeit nach § 18 InsO oder einer regelmäßig zeitlich bereits früher eintretenden rechnerischen Überschuldung gemäß § 19 Abs. 2 Satz 1 Halbs. 1 InsO beschränkt, sondern erfasst ebenso ein zeitlich vor diesen Tatbeständen anzusiedelndes Krisenstadium.

e) Zwischenergebnis

Der Richtlinienentwurf sieht bewusst von einer Definition „finanzieller Schwierigkeiten bei drohender Insolvenz“ ab. Er lässt allerdings seine Vorstellung anklingen, dass das Unternehmen des Schuldners rentabel sein muss. Die Prüfung der Rentabilität soll nicht Voraussetzung für die Inanspruchnahme der präventiven Restrukturierung sein, da der Richtliniengeber Wert auf einen niedrigschwelligen Zugang zu dem präventiven Restrukturierungsrahmen legt. Er überlässt vielmehr den Gläubigern, die Rentabilität des Unternehmens des Schuldners zu prüfen, und zwar unabhängig davon, ob sie bei Aufnahme der Verhandlungen noch vorhanden war oder erst durch die Restrukturierungsmaßnahmen wiederhergestellt wird. Damit eröffnet der unbestimmte Begriff der *likelihood of insolvency* einen eher weiten als einengenden Anwendungsbereich des präventiven Restrukturierungsrahmens.

Insbesondere aber legt der Richtlinienentwurf mit der Formulierung „bei einer drohenden Insolvenz" mit Blick auf den Insolvenzgrund der drohenden Zahlungsunfähigkeit (§ 18 InsO) nach deutschen Recht auch an, dass restrukturierungswillige Schuldner durchaus wählen können zwischen der Inanspruchnahme des präventiven Restrukturierungsrahmens einerseits oder der Einleitung eines Insolvenzverfahrens durch eigenen Antrag i. V. m. einem Antrag auf Eigenverwaltung andererseits. Die Umsetzung der Richtlinie erfordert daher eine Prüfung des Gesetzgebers, ob bei drohender Zahlungsunfähigkeit oder rechnerischer Überschuldung der Schuldner ein derartiges Wahlrecht haben soll oder nicht. Anders gefragt: Kann die Umsetzung in nationales Recht die Anwendung des präventiven Restrukturierungsrahmens in diesen Fällen ausschließen? Abstand oder Kollision?

3. Aussetzungen

a) Begriffsbestimmung (Art. 2 Nr. 4 Richtlinienentwurf)

Aussetzungen von Durchsetzungsmaßnahmen, deren Anordnung durch Justiz- oder Verwaltungsbehörden erfolgt, sind nach Art. 2 Nr. 4 Richtlinienentwurf definiert als das Ruhen des Rechts eines Gläubigers, seinen Anspruch gegen den Schuldner durchzusetzen.

b) Regelungen in Art. 6 Richtlinienentwurf

Mit den neun Absätzen des Art. 6 Richtlinienentwurf zeigt der Richtliniengeber den erheblichen Bedarf zur Regelung dieser Materie. Im Kern sieht

Art. 6 Richtlinienentwurf ein Moratorium der Ansprüche einzelner oder aller Gläubiger von bis zu vier Monaten mit der Option einer Verlängerung unter besonderen weiteren Voraussetzungen auf bis zu längstens zwölf Monate vor.[8)]

Moratorien des Umfanges, wie sie Art. 6 Richtlinienentwurf vorsehen, machen betroffene Forderungen für das operative Geschäft des Gläubigers so gut wie wertlos und kommen in ihrer wirtschaftlichen Auswirkung daher den insolvenzrechtlichen Durchsetzungssperren wie dem Vollstreckungsverbot (§ 89 InsO), der Unzulässigkeit der Aufrechnung (§ 96 InsO) sowie den Vorschriften über die Erfüllung von Rechtsgeschäften (§§ 103 ff. InsO) nahe; Insolvenzgläubiger sind auf die Anmeldung ihrer Forderungen zur Insolvenztabelle (§§ 174 ff. InsO) mit der ungewissen Aussicht, ob, wann und in welcher Höhe sie eine Quote erhalten, beschränkt. Die Gläubiger durch Aussetzungen betroffener Forderungen befinden sich in einer vergleichbaren Situation, auch wenn die Aussetzungen nach Art. 6 Richtlinienentwurf nur temporär wirken, was aber bereits bei der Regeldauer von bis zu vier Monaten dem Gläubiger wie eine halbe, bei einer Verlängerung bis zu zwölf Monaten allerdings wie eine ganze Ewigkeit erscheinen dürfte. Sie können über derartige Zeiträume mit sicheren Zuflüssen auf ihre Forderungen nicht (mehr) rechnen.

c) Art. 7 Richtlinienentwurf

Die Folgen der Aussetzung einzelner Durchsetzungsmaßnahmen sind gesondert in Art. 7 Richtlinienentwurf geregelt. Dessen Absatz 1 bestimmt das Ruhen einer während der Aussetzung einzelner Durchsetzungsmaßnahmen nach nationalem Recht entstehenden Insolvenzantragspflicht für die Dauer der Aussetzung. Absatz 3 lässt davon zwar Ausnahmen der Mitgliedstaaten zu, wird der Schuldner während der Aussetzung illiquide und ist er aufgrund dessen nicht mehr zur Zahlung der während der Aussetzung fällig werdenden Schulden in der Lage. Noch im selben Atemzug schwächt Absatz 3 diese Ausnahme aber wieder ab, wenn Justiz- oder Verwaltungsbehörden die Aussichten einer Einigung über den Restruktu-

8) Ausgenommen sind Ansprüche von Arbeitnehmer, es sei denn, der Schutz deren Ansprüche ist durch Regelungen der Mitgliedstaaten gewährleistet, die dem Schutzniveau der Richtlinie 2008/94/EG (Richtlinie 2008/94/EG des Europäischen Parlaments und des Rates v. 22.10.2008 über den Schutz der Arbeitnehmer bei Zahlungsunfähigkeit des Arbeitgebers, ABl. (EU) L 283/36 v. 28.10.2008) gleichwertig sind.

rierungsplan noch während der Aussetzung positiv beurteilen. Im Hinblick auf Insolvenzanträge von Gläubigern hindert eine alle Gläubiger umfassende allgemeine Aussetzung die Eröffnung des Insolvenzverfahrens (Art. 7 Abs. 2 Richtlinienentwurf).

d) Zwischenergebnis

Bei der Konkurrenz zwischen der Inanspruchnahme des präventiven Restrukturierungsrahmens und der Einleitung eines Insolvenzverfahrens bei Antragspflicht oder auf Antrag eines Gläubigers spricht der Richtlinienentwurf sich mit den Regelungen über Aussetzungen eindeutig für den Vorrang der präventiven Restrukturierungsbemühungen aus. Er stört sich nicht an der bestehende Unwucht der Regelung, dass der Schuldner den präventiven Restrukturierungsrahmen weiter nutzen kann, obwohl er trotz seiner bisherigen Bemühungen um präventive Restrukturierung das Stadium finanzieller Schwierigkeiten bei drohender Insolvenz hinter sich gelassen hat und die materielle Insolvenz bereits eingetreten ist. Der Anwendungsbereich auch gut funktionierender Sanierungsinstrumente in den nationalen Insolvenzrechten der Mitgliedstaaten wird hiermit verkleinert. Das betrifft besonders das deutsche Insolvenzrecht, dessen Effektivität es auf Rang 3 des Rankings der Weltbank gebracht hat.[9]

4. Restrukturierungsplan

a) Restrukturierungsplan als Mittel der präventiven Restrukturierung

Zentrales Mittel der präventiven Restrukturierung ist der Restrukturierungsplan (Art. 8 Richtlinienentwurf). Er bedarf der Bestätigung einer Justiz- oder Verwaltungsbehörde. Über seine Annahme entscheiden die Gläubiger (Art. 9 Richtlinienentwurf) in Klassen. Die Einzelheiten der Bestätigung durch die Justiz- oder Verwaltungsbehörde regeln Art. 10, 11 Richtlinienentwurf.

Unter der Fragestellung *Abstand oder Kollision* ist zu konstatieren, dass der Richtlinienentwurf sich mit dem Restrukturierungsplan als zentralem Instrument der präventiven Restrukturierung stark an das Chapter 11-Ver-

---

9) Studie der Weltbank „Doing Business 2017 – Equal Opportunity for all", v. 25.10.2016, abrufbar unter http://www.doingbusiness.org/~/media/WBG/DoingBusiness/Documents/Annual-Reports/English/DB17-Report.pdf (Abrufdatum: 13.12.2017).

fahren des US-Amerikanischen Rechts und das Insolvenzplanverfahren des Deutschen Rechts anlehnt. Dies verwundert umso mehr, als der präventivere Restrukturierungsrahmen zur Rettung eines solventen Unternehmens auf ein bereits existierendes Instrumentarium zur Rettung insolventer Unternehmen zurückgreift. *Bork*[10] sieht hierin u. a. einen „Restrukturierungshyp", nämlich maximale Energien in eine Lösung zu investieren, die nur in einer Minderheit von Fällen hilfreich ist, da die Grundprinzipien von Insolvenz- und Restrukturierungsrecht vernachlässigt und hierdurch der Entstehung von Widersprüchen zwischen präventiven Restrukturierungsrahmen und Insolvenzrecht Vorschub geleistet wird; er zeigt im Weiteren an einer Reihe von Einzelregelungen auf, dass es dem Richtlinienentwurf an der rechtstheoretischen Grundlage einer Restrukturierungslehre in Abgrenzung von den Grundlagen eines funktionierenden Insolvenzrechts fehlt.

b) Zwischenergebnis

Auch der Restrukturierungsplan als das Instrument der Sanierung im präventiven Restrukturierungsverfahren schafft daher keinen Abstand zu den bestehenden Regelungen des deutschen Rechts, sondern eine parallel zu der Plansanierung nach §§ 217 ff. InsO angelegte Sanierungsoption. Dadurch wird die bereits unter II. 3. d) beschriebene Folge der Zurückdrängung des Anwendungsbereichs der bereits vorhandenen Sanierungsinstrumente weiter verstärkt und vor allem einer Stigmatisierung des Insolvenzverfahrens mit seinen guten Sanierungsinstrumenten der Eigenverwaltung und des Insolvenzplanes – vor allem aufgrund deren Stärkung durch das ESUG – erneut Vorschub geleistet.[11] Auch bei dem Sanierungsinstrument des Restrukturierungsverfahrens geht der Richtlinienentwurf nicht auf Abstand, sondern auf Kollision.

III. Umsetzung

Bereits die vorstehenden Beispiele zeigen, dass nicht nur einzelne unbestimmte Rechtsbegriffe wie die *likelihood of insolvency* des Richtlinienentwurfs mit Instrumenten nationaler Rechte kollidieren, sondern auch die Ausgestaltung des präventiven Restrukturierungsrahmens mit den Ver-

---

10) *Bork*, ZIP 2017, 1441, 1443.
11) *Hölzle*, ZIP 2017, 1307, 1308 m. w. N.

fahren nationaler Rechte. Alle zu dem Richtlinienentwurf abgegebenen Stellungnahmen der deutschen Einrichtungen und Verbände[12] beklagen daher u. a. die bestehenden Unklarheiten des Verhältnisses eines präventiven Restrukturierungsrahmens, wie ihn der Richtlinienentwurf zu erkennen gibt, zu den Sanierungsinstrumenten *de lege lata*.

1. Einzelregelungen zur Beseitigung von Kollisionen

Die Auflösung der Kollisionen könnte in ergänzenden Regelungen einer Richtlinie oder des Umsetzungsgesetzgebers – bei Vorhandensein einer entsprechenden Öffnungsklausel – bestehen, die die erforderlichen Abgrenzungen schaffen. Der Richtlinienentwurf versucht dies an anderer Stelle zwar bereits teilweise selbst. Exemplarisch sei auf Art. 7 Abs. 3 Satz 1 Richtlinienentwurf verwiesen, der Ausnahmeregelungen von dem in Art. 7 Abs. 1 geregelten Grundsatz vorsieht. Der Grundsatz in Absatz 1 lautet, dass eine während der Aussetzung einzelner Durchsetzungsmaßnahmen entstehende Verpflichtung des Schuldners, nach nationalem Recht einen Insolvenzantrag zu stellen, für die Dauer der Aussetzung ruht. Die Ausnahme hiervon, also das Bestehenbleiben der Verpflichtung des Schuldners oder deren Wiederaufleben während der Aussetzung einzelner Durchsetzungsmaßnahmen, einen Insolvenzantrag zu stellen, wird daran festgemacht,

> „(…) dass der Schuldner illiquid wird und daher nicht in der Lage ist, seine während der Aussetzung fällig werdenden Schulden zu begleichen." (Art. 7 Abs. 3 Satz 1 Richtlinienentwurf).

Gleichwohl schließt Art. 7 Abs. 3 Satz 2 Richtlinienentwurf die Ausnahme von der Ausnahmeregelung des Satzes 1 an, dass die Justiz- oder Verwaltungsbehörden beschließen können, die Eröffnung eines Insolvenzverfahrens zu verschieben, wenn ihre Prüfung ergibt, dass während der Aussetzung eine Einigung über einen erfolgreichen Restrukturierungsplan erzielt werden kann.

Diese Formulierung lässt noch den Schluss zu, dass eine Einigung über den Restrukturierungsplan einen größeren Grad von Wahrscheinlichkeit haben muss als das Scheitern. Wie aber die Prüfung der Voraussetzungen der Ausnahme von der Ausnahmeregelung im Einzelnen erfolgen soll,

---

12) S. BAKinso; BDI, BDIU, BDU, BDI, Bankenverbände, Bundessteuerberaterkammer, Clearingstelle Mittelstand des Landes NRW bei der IHK NRW, DAV, Die Kreditwirtschaft, EIP, GDV, Gravenbrucher Kreis, NVID, VID, u. v. a.

bleibt ebenso offen wie die nicht bedachte Zeit, die die Prüfung erfordert. Ein Sanierungsverfahren zeichnet sich ohnehin durch knapp bemessene Zeit aus, die noch knapper wird, tritt Illiquidität des Schuldners während einer Aussetzung der Insolvenzantragspflicht ein.

Die Richtlinie selbst müsste daher über detaillierte Regelungen verfügen, die den vielfältigen nationalen Regelungen Rechnung tragen. Daran fehlt es derzeit; mit der Schaffung derartiger Regelungen ist nach dem derzeitigen Verlauf des EU-Gesetzgebungsverfahrens nicht zu rechnen. Detaillierte Regelungen des Umsetzungsgesetzgebers zur Entschärfung von Kollisionen mit bestehenden Instrumenten des nationalen Rechts setzen hingegen Spielräume voraus, die für die Zwecke der Abgrenzung der Sanierungsinstrumente genutzt werden können. Diese Spielräume müsste die Richtlinie allerdings eröffnen. Sie bergen zwar erhebliche Anwendungsunsicherheiten und beeinträchtigen damit jenseits aller unterschiedlichen Auffassungen, ob es eines präventiven Restrukturierungsrahmens überhaupt bedarf, die Rechtssicherheit und Effektivität eines präventiven Restrukturierungsrahmens insgesamt, eröffnen aber dem Umsetzungsgesetzgeber eine Umsetzung in nationales Recht, die eine Abstimmung auf bereits vorhandene und gut funktionierende Sanierungsinstrumente ermöglicht.

2. *Trend zur präventiven Restrukturierung*

Das ESUG hat in einer Vielzahl von Fällen vor allem größerer Unternehmen zu Sanierungsergebnissen geführt, die ohne die durch das ESUG eingeführten Erleichterungen der Sanierung nicht erreicht worden wären; es hat ferner einen erkennbaren Beitrag zur Entstigmatisierung der Insolvenz geleistet.[13)]

Decken sich in einem bestimmten Stadium der Krise die Anwendungsbereiche des präventiven Restrukturierungsrahmens und die Möglichkeiten der Einleitung eines Insolvenzverfahrens zum Zwecke der Sanierung in Eigenverwaltung durch einen Insolvenzplan, ginge dies mit einem Reputationsverlust der durch das ESUG gestärkten Instrumentarien der Eigenverwaltung und des Insolvenzplanes einher (wie gewonnen, so zerronnen!). Jeder sanierungswillige Schuldner würde für sich die Inanspruchnahme des außerinsolvenzlichen Sanierungsverfahrens in Gestalt des präventiven Restrukturierungsrahmens reklamieren – genauso wie bei Inkrafttreten des

13) Hierzu ausführlich insbesondere *Hölzle*, ZIP 2017, 1307, 1308 m. w. N.

ESUG viele Schuldner dem von vorneherein untauglichen Versuch einer Sanierung unter Eigenverwaltung mit oder ohne Schutzschirm erlegen waren. Die starke Tendenz zu Nutzung zunächst des präventiven Restrukturierungsrahmens ist aus Sicht des Schuldner nur zu verständlich: Wer will schon insolvent sein? Der Schuldner kann für sich und gegenüber seinen Kunden und Lieferanten reklamieren, sich nicht in einem Insolvenzverfahren zu befinden.

3. Abgrenzung der Sanierungsinstrumente

ErwG 2 Richtlinienentwurf beschreibt die Änderungen, welche der Schuldner bei Nutzung des präventiven Restrukturierungsrahmens herbeiführen kann, nämlich

> „(...) eine Änderung der Zusammensetzung, der Bedingungen oder der Struktur der Vermögenswerte und Verbindlichkeiten oder der Kapitalstruktur, einschließlich des Verkaufs von Vermögenswerten oder Geschäftsbereichen, (...)",

die durch den an den Insolvenzplan deutschen Rechts angelehnten Restrukturierungsplan umgesetzt werden sollen. Instrumente einer operativen Sanierung, wie sie z. B. in §§ 103 ff. InsO enthalten sind, sieht der Richtlinienentwurf nicht vor. Die Regelungen im Restrukturierungsplan, welche Gläubiger und Anteilseigner (vgl. z. B. Art. 2 Nr. 2, 3, 6, Art. 8 Abs. 1 lit. d, Art. 9 Abs. 2 Richtlinienentwurf) treffen können, sind daher wie die Regelungen in einem Insolvenzplan gerichtet auf eine Neuordnung der dem Schuldner von Gläubigern oder Anteilseignern gewährten Finanzierungen und betreffen damit die Passivseite der Bilanz, also Änderungen der Eigen-, Hybrid- oder Fremdkapitalfinanzierung. Es ist nicht ersichtlich, dass die in ErwG 2 des Richtlinienentwurfs genannten Veränderungen der Struktur der Vermögenswerte, welche im Wesentlichen die Verwertung nicht betriebsnotwendigen Vermögens, einen Bestandsabbau und die Trennung von nicht betriebsnotwendigen Beteiligungen zum Gegenstand haben, durch den Restrukturierungsplan selbst erfolgen sollen; derartige Maßnahmen setzen vielmehr dem deutschen Insolvenzplanrecht folgend Regelungen außerhalb des Restrukturierungsplanes selbst voraus, zumal hieran in der Regel Dritte – wie z. B. in Veräußerungsfällen – zu beteiligen sind.

Auch Art. 8 Richtlinienentwurf beschreibt zunächst die Informationszwecken dienenden Inhalte eines Restrukturierungsplanes wie Angaben zur Identität des Schuldners oder des Unternehmens des Schuldners, zur Bewertung des Zeitwertes des Schuldners oder des Unternehmens des Schuldners, zu Erklärungen zu den Ursachen und dem Umfang der finanziellen Schwierigkeiten und zur Identität der betroffenen Parteien. Der Schwerpunkt der Regelungen in Art. 8 Richtlinienentwurf besteht aber in den Regelungen zur Bildung von Klassen von Gläubigern und den Bedingungen des Planes wie seine Laufzeit, den Vorschlägen zur Umschuldung des Schuldners, Schuldenerlassen und neuen Finanzierungen (Art. 8 Abs. 1 lit. d, f Richtlinienentwurf).

Auch die Regelungen in Art. 8 Richtlinienentwurf geben folglich zu erkennen, dass der präventive Restrukturierungsrahmen eine finanzwirtschaftliche Restrukturierung des Schuldners oder seines Unternehmens im Fokus hat. Dem widerspricht nicht, dass die Gläubiger die Rentabilität des Unternehmens überprüfen sollen (ErwG 17 Richtlinienentwurf), unabhängig davon, dass die Rentabilität des Unternehmens bei Inanspruchnahme des präventiven Restrukturierungsrahmens nicht geprüft wird (ErwG 17 Richtlinienentwurf). Damit beschreibt der Richtlinienentwurf aber nur, was bei vernünftiger Betrachtungsweise für jeden betroffenen Gläubiger gilt: Er wird einem Restrukturierungsplan und damit einem Eingriff in seine Rechte nur zustimmen, wenn der Schuldner ihn davon überzeugt hat, dass sein Unternehmen rentabel ist oder durch den Restrukturierungsplan wieder wird.

Kennzeichnend für die finanziellen Schwierigkeiten, die zur Insolvenz führen können, ist demzufolge eine Schuldenlast, die der Schuldner nicht mehr bedienen kann. Das operative Geschäft des Schuldners erbringt ausreichende Erträge zur Bedienung dieser Schuldenlast nicht. Gegenüber den Gläubigern dieser Schuldenlast ist der Schuldner mit seinen Verpflichtungen in Rückstand geraten. Damit lässt sich die nicht mehr finanzierbare Schuldenlast als eine solche gegenüber den Finanzkreditgläubigern[14)] charakterisieren.

Ist das Unternehmen des Schuldners operativ stabil, besteht keine Veranlassung, Gläubiger, die Lieferungen und Leistungen für das operative Geschäft des Schuldners erbracht haben, in den präventiven Restrukturie-

---

14) So die Forderungen u. a. des Verbandes der Insolvenzverwalter Deutschland e. V. (VID), abrufbar unter http://www.vid.de/stellungnahmen/stellungnahme-des-vid-zum-vorschlag-fuer-eine-richtlinie-des-europaeischen-parlaments-und-des-rates-ueber-praeventive-restrukturierungsrahmen-die-zweite-chance-und-massnahmen-zur-steigerung-der-effiz/ (Abrufdatum: 13.12.2017) und des Gravenbrucher Kreises, abrufbar unter https://www.gravenbrucher-kreis.de/2017/01/15/gravenbrucher-kreis-kommentiert-richtlinien-vorschlag-der-europ%C3 %A4ischen-kommission-zu-restrukturierung/: Thesenpapier Vorinsolvenzliches Sanierungsverfahren (Abrufdatum: 13.12.2017).

rungsrahmen einzubeziehen und ihnen Eingriffe in ihre Rechte zuzumuten. Gleichzeitig entfällt damit die Notwendigkeit, diese Gläubiger mit Aussetzungen nach Art. 6, 7 Richtlinienentwurf zu belegen; solche Maßnahmen sind auf die betroffenen Gläubiger der nicht mehr finanzierbaren Schuldenlast zu begrenzen.

Bedient der Schuldner hingegen seine Verbindlichkeiten aus Lieferungen und Leistungen oder gegenüber institutionellen Gläubigern (Fiskus, Sozialkassen etc.) aus seinem operativen Geschäft nicht mehr, hat seine Krise in der Regel bereits das Stadium der materiellen Insolvenz erreicht; in diesem Fall ist eine Sanierung allein aufgrund finanzwirtschaftlicher Sanierungsmaßnahmen dauerhaft nicht zu erreichen, sondern müssen finanzwirtschaftliche und operative Sanierungsmaßnahmen in den dafür vorgesehenen Insolvenzverfahren miteinander einhergehen. Die Umsetzung einer Richtlinie muss daher eine klare Abgrenzung der Institute des präventiven Restrukturierungsrahmens von den bereits bestehenden Verfahren, insbesondere der Einleitung eines Insolvenzverfahrens auf Antrag des Schuldners bei drohender Zahlungsunfähigkeit, im Blick haben. Hierauf haben der Verband der Insolvenzverwalter Deutschland e. V. (VID)[15] und der Gravenbrucher Kreis[16] in ihren Stellungnahmen zum Richtlinienentwurf frühzeitig hingewiesen.

Es wird daher eine Ergänzung der Begriffsbestimmungen in Art. 2 Richtlinienentwurf um eine Nr. 2a vorgeschlagen:

> „Für die Zwecke dieser Richtlinie bezeichnet der Ausdruck (…)“
>
> Nr. 2a „‘finanzielle Schwierigkeiten bei einer drohenden Insolvenz‘ eine Schuldenlast, die der Schuldner eines im Kern operativ gesunden Unternehmen nicht mehr bedienen kann“.[17]

oder eine diese Ergänzung ermöglichende Öffnungsklausel der Richtlinie.

---

15) Abrufbar unter http://www.vid.de/stellungnahmen/stellungnahme-des-vid-zum-vorschlag-fuer-eine-richtlinie-des-europaeischen-parlaments-und-des-rates-ueber-praeventive-restrukturierungsrahmen-die-zweite-chance-und-massnahmen-zur-steigerung-der-effiz/ (Abrufdatum: 13.12.2017).

16) Abrufbar unter https://www.gravenbrucher-kreis.de/2017/01/15/gravenbrucher-kreis-kommentiert-richtlinienvorschlag-der-europ%C3 %A4ischen-kommission-zu-restrukturierung/: Thesenpapier Vorinsolvenzliches Sanierungsverfahren (Abrufdatum: 13.12.2017).

17) So einer der Änderungsvorschläge des VID zum Richtlinienentwurf, abrufbar unter http://www.vid.de/stellungnahmen/aenderungsvorschlaege-des-vid-zum-text-des-vorschlags-fuer-eine-richtlinie-des-europaeischen-parlaments-und-des-rates-ueber-praeventive-restrukturierungsrahmen-die-zweite-chance-und-massnahmen-zur steigerung-der-effiz/ (Abrufdatum: 13.12.2017).

4. Fazit

Der zum Teil viel gescholtene Richtlinienentwurf ermöglicht eine Umsetzung in nationales Recht, die Abstand zu den bestehenden und bewährten Sanierungsinstrumenten *de lege lata* hält und finanzwirtschaftliche Sanierungen in einem besonderen präventiven Rahmen fördert. Die vorgeschlagenen Ergänzung von Art. 2 Nr. 2a Richtlinienentwurf dient daher der Klarstellung und Abgrenzung.

Die Zukunft des Pre-pack nach dem Smallsteps-Urteil des Europäischen Gerichtshofs

REINHARD DAMMANN

Inhaltsübersicht

I. Einleitung

Der aus dem englischen Recht kommende *„prepackaged insolvency sale"*, kurz „Pre-pack" genannt, wird seit 2012 von den niederländischen Gerichten praktiziert. Worum handelt es sich? Wir stellen uns die folgende Ausgangssituation vor: Die Insolvenz eines Unternehmens ist unausweichlich. Lediglich eine übertragende Sanierung kann ins Auge gefasst werden. Der Verkauf der werthaltigen Teilbereiche des Unternehmens im Rahmen eines öffentlichen und langwierigen Insolvenzverfahrens würde allerdings die Fortführung des Unternehmens gefährden und in jedem Fall zu großer Wertminderung führen. Daher arbeitet der Schuldner einen Restrukturierungsplan aus, um die werthaltigen Teile des Unternehmens als *„prepackaged asset deal"* im Rahmen eines abgekürzten Insolvenzverfahrens so schnell wie möglich an einen Investor zu veräußern. Die Altgesellschaft wird danach im Rahmen des Insolvenzverfahrens abgewickelt. Ziel des „Pre-pack" ist folglich die Maximierung der Befriedigungschancen der Gläubiger.

Beim „Pre-pack" muss zwischen zwei Phasen unterschieden werden. Nach Erstellung des Restrukturierungsplans stellt der Schuldner bei Gericht Antrag auf Bestellung eines Verwalters in spe („beoogd curator", ein „in Aussicht genommener Verwalter"). Benannt wird ebenfalls der zukünftige Insolvenzrichter. Es handelt sich nicht um ein offizielles (Vor)verfahren, das mit der Bestellung eines vorläufigen Verwalters deutschen Rechts vergleichbar wäre, sondern um ein informelles (Vor)verfahren, das nicht publik gemacht wird. Der zukünftige Verwalter hat zur Aufgabe, innerhalb einer recht kurzen Frist den vom Schuldner ausgearbeiteten Übernahmeplan zu prüfen und ggf. Konkurrenzangebote einzuholen, um den Verkaufspreis für das Unternehmen zu maximieren. In der zweiten Phase wird das Insolvenzverfahren eröffnet. Die zukünftigen Verwalter und Insolvenzrichter werden als gewöhnliche Organe des Verfahrens bestellt und der vorbereitete Veräußerungsplan kann so unmittelbar nach Eröffnung des Insolvenzverfahrens vollzogen werden.

Der „Pre-pack" funktioniert allerdings nur unter der Voraussetzung, dass die insolvenzrechtlichen Instrumentarien im Rahmen des abgekürzten Insolvenzverfahrens effektiv greifen. Das gilt insbesondere für die arbeitsrechtlichen Maßnahmen. Im Rahmen des *asset deals* werden nämlich in der Regel nicht alle Arbeitnehmer übernommen. Es ist daher sehr wichtig, dass die im Rahmen des Insolvenzverfahrens entlassenen Arbeitnehmer nicht auf Übernahme ihrer Arbeitsverträge unter Berufung auf die Richtlinie 2001/23/EG zur Wahrung von Ansprüchen der Arbeitnehmer beim Übergang von Unternehmen, Betrieben oder Unternehmens- oder Betriebsteilen vom 12. März 2001[1)] klagen können.

Diese Problematik war Gegenstand des *Smallsteps*-Falles. Wie ist der „Pre-pack" insolvenzrechtlich einzuordnen? Handelte es sich um ein Insolvenzverfahren, käme die Richtlinie 2001/23 nach ihrer Umsetzung in niederländisches Recht nicht zur Anwendung. In seinem *Smallsteps*-Urteil vom 22. Juni 2017[2)] hat der Europäische Gerichtshof dies allerdings überraschenderweise verneint, wodurch die Zukunft des „Pre-pack" in Frage gestellt wird.

II. Sachverhalt

Bis zu ihrer Insolvenz im Sommer 2014 war die *Estro Groep BV* (im Folgenden „*Estro-Gruppe*") das größte Unternehmen für Kinderbetreuung in

---

1) Richtlinie 2001/23/EG des Rates v. 12.3.2001 zur Angleichung der Rechtsvorschriften der Mitgliedstaaten über die Wahrung von Ansprüchen der Arbeitnehmer beim Übergang von Unternehmen, Betrieben oder Unternehmens- oder Betriebsteilen, ABl. (EG) L 82/16 v. 22.3.2001 (in Deutschland umgesetzt durch § 613a BGB).

2) EuGH, Urt. v. 22.6.2017 – Rs. C-126/16 (Smallsteps BV), ECLI:EU:C:2017:489 = ZIP 2017, 1289, dazu EWiR 2017, 467 *(Paulus)*; EuGH, Schlussanträge *(GA Mengozzi)* v. 29.3.2017 – Rs. C-126/16 (Smallsteps BV), ECLI:EU:C:2017:241, Act. Proc. coll. 2017, Alerte 210, m. Anm. Fin-Langer; D. 2017, 2242 m. Anm. *Dammann/Podeur*.

den Niederlanden mit 380 Kindertagesstätten und rund 3600 Arbeitnehmern. Ihr Hauptgesellschafter war der Investmentfonds *Bayside Capital*.

Ab November 2013 zeichnete sich ab, dass die *Estro-Gruppe* ohne zusätzliche Finanzierung ihren Zahlungsverpflichtungen im Sommer 2014 nicht mehr würde nachkommen können. Das Management führte Gespräche mit neuen Geldgebern und potentiellen Investoren, die jedoch erfolglos blieben. Diese Restrukturierungsvariante wurde intern als „Plan A" bezeichnet.

Parallel zu den Verhandlungen im Rahmen des Plans A erarbeitete die *Estro-Gruppe* einen alternativen Restrukturierungsplan, das sog. „Projekt *Butterfly*". Im Rahmen eines „Pre-pack"-Verfahrens sollten 243 Einrichtungen mit etwa 2.500 Arbeitnehmern an eine Auffanggesellschaft übertragen werden, die von *H.I.G. Capital*, einer Schwestergesellschaft von *Bayside Capital*, zu gründen war.

Aus dem im Urteil geschilderten Sachverhalt geht hervor, dass bei der Durchführung des Projekts *Butterfly* das Management der *Estro-Gruppe* nur mit *H.I.G. Capital* verhandelte. Andere Investoren wurden offensichtlich nicht kontaktiert.

Am 5. Juni 2014 beantragte die *Estro-Gruppe* dann beim Bezirksgericht Amsterdam die Bestellung eines Verwalters in spe, der am 10. Juni 2014 bestellt wurde. Am 20. Juni 2014 wurde *Smallsteps BV* als Zweckgesellschaft von *H.I.G. Capital* gegründet, die im Rahmen des Projekts *Butterfly* einen Großteil der Kindertagesstätten übernehmen sollte. Am 3. Juli 2014 wurde das gesamte Personal der *Estro-Gruppe* per E-Mail darüber informiert, dass am Folgetag die Gruppe Antrag auf Eröffnung eines Insolvenzverfahren stellen werde. Das Personal werde möglicherweise zu einer Versammlung vor der Stellung des Antrags einberufen. Einen Tag später, am 4. Juli 2014, stellte die *Estro-Gruppe* Antrag auf Zahlungsaufschub. Am 5. Juli 2014, wurde dieser Antrag in einen Antrag auf Eröffnung eines Insolvenzverfahrens umgewandelt, das noch am gleichen Tag eröffnet wurde. Noch am selben Tag wurde der Kaufvertrag über rund 250 Einrichtungen zwischen dem Verwalter und *Smallsteps* unterzeichnet. Zwei Tage später wurden daraufhin alle Arbeitnehmer der *Estro-Gruppe* vom Insolvenzverwalter entlassen. *Smallsteps* bot rund 2.600 Arbeitnehmern einen neuen Arbeitsvertrag an. Mehr als 1.000 Arbeitnehmer verloren letztlich ihren Arbeitsplatz.

Eine niederländische Gewerkschaftsvereinigung (*Federatie Nederlandse Vakvereniging, FNV*) sowie vier ehemalige Arbeitnehmerinnen der Estro-

Gruppe, die von *Smallsteps* nicht übernommen worden sind, erhoben beim zuständigen niederländischen Gericht Klage auf Feststellung, dass die Richtlinie 2001/23 auf das „Pre-pack"-Verfahren anwendbar sei.

Für deutsche Juristen ist der Sachverhalt im *Smallsteps*-Fall überraschend. Eine derartige übertragende Sanierung wäre im Rahmen der Insolvenzordnung aufgrund von § 613a BGB undenkbar.[3)]

III. Problematik

Art. 3 Abs. 1 der Richtlinie 2001/23 sieht vor, dass beim Erwerb eines Unternehmens alle zum Zeitpunkt des Übergangs bestehenden Arbeitsverträge aufgrund des Übergangs automatisch auf den Erwerber übergehen. Art. 4 Abs. 1 der Richtlinie 2001/23 sieht eine weitere Schutzvorschrift vor:

> „Der Übergang eines Unternehmens, Betriebs oder Unternehmens- bzw. Betriebsteils stellt als solcher für den Veräußerer oder den Erwerber keinen Grund zur Kündigung dar."

Möglich sind allerdings Kündigungen aus wirtschaftlichen, technischen oder organisatorischen Gründen, die Änderungen im Bereich der Beschäftigung mit sich bringen.

In Art. 5 Abs. 1 der Richtlinie 2001/23 heißt es nun:

> „Sofern die Mitgliedstaaten nichts anderes vorsehen[4)], gelten die Artikel 3 und 4 nicht für Übergänge von Unternehmen, Betrieben oder Unternehmens- bzw. Betriebsteilen, bei denen gegen den Veräußerer unter der Aufsicht einer zuständigen öffentlichen Stelle (worunter auch ein von einer zuständigen Behörde ermächtigter Insolvenzverwalter verstanden werden kann) ein Insolvenzverfahren oder ein entsprechendes Verfahren mit dem Ziel der Auflösung des Vermögens des Veräußerers eröffnet wurde."

Im *Smallsteps*-Urteil ging es daher um die Frage, ob das niederländische „Pre-pack"-Verfahren als Insolvenzverfahren i. S. von Art. 5 Richtlinie 2001/23 zu werten ist. Kommt es zur Anwendung der Richtlinie, dann können alle 1.000 ehemaligen Arbeitnehmer auf Wiedereinstellung bzw. auf Schadensersatz klagen. Darüber hinaus hat natürlich die Entscheidung des Europäischen Gerichtshofs Signalcharakter für die Zukunft des „Pre-pack" nicht nur in den Niederlanden.

---

3) Vgl. *Zobel* in: Beck/Depré, Praxis der Insolvenz, 3. Aufl. 2017, § 28 Rz. 259 ff.
4) Opt-in zugunsten der Arbeitnehmer, vgl. *Paulus*, EWiR 2017, 467.

IV. Urteil des Europäischen Gerichtshofs

Der Europäische Gerichtshof definiert zunächst das „Pre-pack“ Verfahren. Laut Europäischem Gerichtshof handelt es sich hierbei um ein Geschäft über das Aktivvermögen, das vor der Insolvenzeröffnung zusammen mit dem von einem Gericht bestellten Verwalter in spe vorbereitet und von diesem unmittelbar nach der Insolvenzeröffnung vollzogen wird.[5)]

Um die Frage zu beantworten, ob die Richtlinie auf den Verkauf des Unternehmens im Rahmen des „Pre-pack“ Anwendung findet oder nicht, verweist Generalanwalt *Paolo Mengozzi* in seinen Schlussanträgen auf der Rechtsprechung des Europäischen Gerichtshofs zur damaligen Richtlinie 77/187/EWG.[6)]

Da es sich bei Art. 5 Abs. 1 der Richtlinie 2001/23 um eine Ausnahmebestimmung zum Schutz der Arbeitnehmer im Fall bestimmter Unternehmensübergänge handelt, ist sie eng auszulegen.[7)]

Art. 5 Abs. 1 Richtlinie 2001/23 sieht kumulativ drei Bedingungen vor:

- Die Unternehmensveräußerung muss im Rahmen eines Insolvenzverfahrens (oder eines entsprechenden Verfahrens) geschehen,
- das Insolvenzverfahren bzw. das entsprechende Verfahren muss zum Zweck der Auflösung des Vermögens des Veräußerers eröffnet worden sein und
- die Übertragung des Unternehmens (oder eines Teils davon) muss unter Aufsicht einer zuständigen öffentlichen Stelle, d. h. eines zuständigen Gerichts bzw. Behörde, oder eines gerichtlich bzw. behördlich bestellten Insolvenzverwalters vollzogen werden.

1. Eröffnung des Insolvenzverfahrens

Im Rahmen eines niederländischen „Pre-pack“ sind zwei Phasen zu unterscheiden.[8)] Während der außergerichtlichen Vorbereitungsphase verhan-

---

5) Vgl. EuGH, Urt. v. 22.6.2017 – Rs. C-126/16 (Smallsteps BV), Rz. 14, ECLI:EU:C:2017:489 = ZIP 2017, 1289.

6) Vgl. EuGH, Schlussanträge *(GA Mengozzi)* v. 29.3.2017 – Rs. C-126/16 (Smallsteps BV), Rz. 49 ff., ECLI:EU:C:2017:241.

7) Vgl. EuGH, Urt. v. 22.6.2017 – Rs. C-126/16 (Smallsteps BV), Rz. 41, ECLI:EU:C:2017:489 = ZIP 2017, 1289; EuGH, Schlussanträge *(GA Mengozzi)* v. 29.3.2017 – Rs. C-126/16 (Smallsteps BV), Rz. 61, ECLI:EU:C:2017:241.

8) Vgl. EuGH, Schlussanträge *(GA Mengozzi)* v. 29.3.2017 – Rs. C-126/16 (Smallsteps BV), Rz. 65 ff., ECLI:EU:C:2017:241.

delt das Management des Schuldners mit einen oder mehreren Investoren über den möglichen Verkauf des Unternehmens bzw. dessen bestandsfähige Einheiten zu den bestmöglichen Bedingungen. Kurz vor Abschluss der Verhandlungen wird das örtlich zuständige Gericht ersucht, einen Verwalter in spe und einen Insolvenzrichter in spe zu bestellen. Es handelt sich nicht um eine offizielle Bestellung i. S. der Eröffnung eines vorläufigen Insolvenzverfahrens, sondern um eine inoffizielle Benennung von Ansprechpartnern, die während der zweiten Phase formell in der Eröffnungsentscheidung des Insolvenzverfahrens zum Insolvenzverwalter bzw. zum Insolvenzrichter bestellt werden. Das Gericht legt die Mission des zukünftigen Verwalters in einem an ihn gerichteten Schreiben fest.

So können sich die zukünftigen Verwalter und Insolvenzrichter ein genaues Bild der finanziellen Lage des Unternehmens und der ins Auge gefassten Lösungsmöglichkeiten machen, damit nach Eröffnung des Insolvenzverfahrens schnellstmöglich die Transaktion durchgeführt werden kann. In der Regel nimmt der Verwalter mit den betroffenen Unternehmen Kontakt auf, überprüft die Buchführung und erhält alle notwendigen Daten und Auskünfte. Er kann eventuell auch an den Abschlussverhandlungen teilnehmen. Es ist ebenfalls möglich, dass der Verwalter ein *market testing* vorschlägt, um Konkurrenzangebote einzuholen. Der Zeitfaktor und die finanzielle Situation des Unternehmens spielen natürlich eine entscheidende Rolle. So wird die Transaktion in allen Einzelheiten geplant, damit nach der Verfahrenseröffnung die übertragenen Unternehmenseinheiten reibungslos weitergeführt werden können. Im vorliegenden Fall dauerte diese Phase zwei Wochen.

Diese Vorbereitungsphase ist nicht publik. Sollte nämlich bekannt werden, dass der Schuldner kurz vor der Insolvenz steht, besteht die Gefahr, dass der Geschäftsbetrieb zusammenbricht, bzw. Geschäftspartner ihre Vertragsbeziehungen beenden oder nur noch gegen Vorkasse liefern. Sollte das Unternehmen oder die bestandsfähigen Unternehmenseinheiten dennoch übertragen werden können, wären erhebliche Wertverluste zu befürchten.

Die zweite Phase des „Pre-pack“ beginnt mit der offiziellen Eröffnung des Insolvenzverfahrens. Das Gericht bestellt den Verwalter in spe zum Insolvenzverwalter;[9] der Insolvenzrichter in spe wird zum Insolvenzrich-

9) Nur in Ausnahmefällen und aus schwerwiegenden Gründen wird der vorläufige Verwalter nicht zum Insolvenzverwalter bestellt.

ter ernannt.[10] Da während der Vorbereitungsphase über alle Einzelheiten der Übertragung Einvernehmen erzielt wurde, erlangt der Insolvenzverwalter die von ihm beantragte Zustimmung des Insolvenzrichters zu der „Pre-pack"-Übertragung sehr schnell nach der Insolvenzeröffnung (im Fall der *Estro-Gruppe* sogar am selben Tag). Der Insolvenzrichter kann natürlich seine Zustimmung nur dann so rasch erteilen, wenn er während der Vorbereitungsphase vollständig und detailliert über den geplanten Verkauf des Unternehmens unterrichtet wurde.

Handelt es sich um ein ordentliches Insolvenzverfahren? In seinen Schlussanträgen hat der Generalanwalt dies angezweifelt. Alles spielt sich in der ersten Vorbereitungsphase ab. Die Würfel sind bereits gefallen. Der „Pre-pack" ist lediglich Mittel zum Zweck, einen Neustart des Unternehmens zu organisieren. Generalanwalt *Paolo Mengozzi* bezeichnet daher das Verfahren als „technischen Konkurs", der also gar kein richtiges Insolvenzverfahren sei.[11] Der Europäische Gerichtshof begibt sich nicht auf dieses glatte Parkett. Ein „Pre-pack" wird zwar vor der Eröffnung des Insolvenzverfahrens vorbereitet, aber erst danach vollzogen.

> „Ein solcher Vorgang, der tatsächlich einen Konkurs impliziert, kann daher unter dem Begriff „Konkursverfahren" im Sinne von Art. 5 Abs. 1 der Richtlinie 2001/23 fallen."[12]

2. *Ziel und Zweck des Verfahrens*

Ist die zweite Bedingung ebenfalls erfüllt? Das Konkursverfahren oder das entsprechende Insolvenzverfahren muss zum Zweck der Auflösung des Vermögens des Veräußerers eröffnet werden. In seinen Urteilen *d'Urso* vom 25. Juli 1991[13] und *Spano* vom 7. Dezember 1995[14] zur ehemaligen Richtlinie 77/187/EWG vom 14. Februar 1977 hatte der Europäische Gerichtshof auf die Zielsetzung des jeweiligen Verfahrens abgestellt. Diese Rechtsprechung zieht der Europäische Gerichtshof im *Smallstep*-Urteil analog heran. Steht die Fortführung der Geschäftstätigkeit, also die Erhaltung des betreffenden Unternehmens im Mittelpunkt des Interesses, kommt

---

10) Vgl. EuGH, Schlussanträge *(GA Mengozzi)* v. 29.3.2017 – Rs. C-126/16 (Smallsteps BV), Rz. 71, ECLI:EU:C:2017:241.

11) Vgl. EuGH, Schlussanträge *(GA Mengozzi)* v. 29.3.2017 – Rs. C-126/16 (Smallsteps BV), Rz. 76, ECLI:EU:C:2017:241.

12) Vgl. EuGH, Urt. v. 22.6.2017 – Rs. C-126/16 (Smallsteps BV), Rz. 46, ECLI:EU:C:2017:489 = ZIP 2017, 1289.

13) EuGH, Urt. v. 25.7.1991 – Rs. C-362/89 *(d'Urso)*, EU:C:1991:326 = ZIP 1993, 936.

14) EuGH, Urt. v. 7.12.1995 – Rs. C-472/93 *(Spano)*, EU:C:1995:421.

die Richtlinie zum Schutz der Arbeitnehmer bei einer Unternehmensübertragung zur Anwendung. Zielt das Verfahren dagegen auf die Auflösung des Vermögens ab, gilt es, eine möglichst hohe gleichmäßige Befriedigung der Gläubiger zu erreichen.[15)] Der Europäische Gerichtshof räumt allerdings ein, dass sich beide Verfahrensziele durchaus überschneiden können.[16)]

Es ist interessant, sich die damaligen Fälle in Erinnerung zu rufen. Leider bezieht sich der Europäische Gerichtshof nicht auf die erste Entscheidung in Sachen *Abels* vom 7. Februar 1985.[17)] In diesem Fall hatte es der Europäische Gerichtshof abgelehnt, die damalige Richtlinie 77/187 des Rates vom 14. Februar 1977 im Rahmen des Insolvenzverfahrens der Firma *Thole* bei der Übertragung des Unternehmens auf die Firma *TTP* anzuwenden. In diesem Zusammenhang ist die Begründung interessant. Die niederländische Regierung und die Europäische Kommission machten geltend, dass die Ausdehnung des Anwendungsbereichs der Richtlinie auf den Übergang von Unternehmen im Fall einer Insolvenz einen möglichen Erwerber vom Kauf des Unternehmens zu für die Insolvenzgläubiger annehmbaren Bedingungen abhalten könnte, die dann darauf angewiesen wären, die Aktiva des Unternehmens einzeln zu veräußern. Dies bedeute den Verlust sämtlicher Arbeitsplätze des Unternehmens, was der beabsichtigten Wirkung der Richtlinie zuwiderlaufe.[18)]

In *d'Urso* wurde durch Dekret des italienischen Industrieministers vom 26. Mai 1981 die sich in einer Krise befindende Firma *EMG* einer außerordentlichen Verwaltung unterworfen. Das Unternehmen setzte seine Tätigkeiten unter der Leitung eines Kommissars während eines Zeitraums von vier Jahren fort. Im September 1985 wurde dann das gesamte Unternehmen an eine zu diesem Zweck gegründete Auffanggesellschaft *Nuova EMG* übertragen. 940 Arbeitnehmer wurden übernommen, 518 wurden hingegen gegen Zahlung einer Abfindungsentschädigung von der Altgesellschaft entlassen. Der Europäische Gerichtshof stellte fest, dass das italienische Gesetz vom 3. April 1979 über Dringlichkeitsmaßnahmen zur

15) Vgl. EuGH, Urt. v. 22.6.2017 – Rs. C-126/16 (Smallsteps BV), Rz. 48, ECLI:EU:C:2017:489 = ZIP 2017, 1289.

16) Vgl. EuGH, Urt. v. 22.6.2017 – Rs. C-126/16 (Smallsteps BV), Rz. 48, ECLI:EU:C:2017:489 = ZIP 2017, 1289; EuGH, Schlussanträge *(GA Mengozzi)* v. 29.3.2017 – Rs. C-126/16 (Smallsteps BV), Rz. 57 f., ECLI:EU:C:2017:241.

17) Vgl. EuGH, Urt. v. 7.2.1985 – Rs. C-135/83 *(Abels)*, EU:C:1985:55.

18) Vgl. EuGH, Urt. v. 7.2.1985 – Rs. C-135/83 *(Abels)*, Rz. 21, EU:C:1985:55.

außerordentlichen Verwaltung großer Unternehmen, die sich in einer Krise befinden, zwei Verfahrensvarianten vorsieht: eine Zwangsliquidation, die die gleichen Rechtswirkungen entfaltet wie ein Insolvenzverfahren,[19] bzw. die Fortführung des Unternehmens mit Erstellung eines Sanierungsplans. Im vorliegenden Fall, wurde die zweite Alternative gewählt. Der Europäische Gerichtshof stellte daher fest, dass

> „(...) [a]ngesichts des damit verfolgten wirtschaftlichen und sozialen Ziels ließe es sich weder erklären noch rechtfertigen, dass die Beschäftigten des betroffenen Unternehmens bei dessen völliger oder teilweiser Veräußerung die Rechte verlieren sollten, die ihnen die Richtlinie unter den in ihr genannten Bedingungen zuerkennt".[20]

Im Fall *Spano* verhielt es sich ähnlich. Es ging um die Auslegung von Art. 47 des italienischen Gesetzes vom 29. Dezember 1990, das eine Ausnahmeregelung zur automatischen Übernahme von Arbeitnehmern beim Übertragung eines Betriebes vorsieht, falls der Ministerialausschluss für die Koordinierung der Industriepolitik festgesellt hat, dass sich das betroffene Unternehmen gemäß Art. 2 Abs. 5 lit. c des Gesetzes vom 12. August 1977 in einer Krise befindet. Im vorliegenden Fall wurden 600 der 1.355 Beschäftigten der Firma *Fiat Geotech* von der neu gegründeten Auffanggesellschaft Fiat *Hitachi* übernommen. Die 755 verbliebenen Beschäftigten wurden gegen Zahlung einer Abfindungsentschädigung entlassen. Der Europäische Gerichtshof stellte zunächst fest, dass das eingeleitete Verfahren

> „(...) keineswegs die Liquidation des Unternehmens, sondern vielmehr die Förderung der Aufrechterhaltung seiner Tätigkeit in Hinblick auf eine spätere Übernahme bezweckt".[21]

Das Verfahren zur Feststellung der Krise sei kein Insolvenzverfahren. Es sehe keinerlei gerichtliche Kontrolle oder Maßnahmen zur Verwaltung des Vermögens des Unternehmens noch einen Zahlungsaufschub vor.[22] Der Europäische Gerichtshof entschied daher, dass der wirtschaftliche und soziale Zweck des Verfahrens es rechtfertige, die Richtlinie 77/187/EWG anzuwenden.[23]

---

19) Vgl. EuGH, Urt. v. 25.7.1991 – Rs. C-362/89 *(d'Urso)*, Rz. 28, EU:C:1991:326 = ZIP 1993, 936.

20) Vgl. EuGH, Urt. v. 25.7.1991 – Rs. C-362/89 *(d'Urso)*, Rz. 32, EU:C:1991:326 = ZIP 1993, 936.

21) Vgl. EuGH, Urt. v. 7.12.1995 – Rs. C-472/93 *(Spano)*, Rz. 28, EU:C:1995:421.

22) Vgl. EuGH, Urt. v. 7.12.1995 – Rs. C-472/93 *(Spano)*, Rz. 29, EU:C:1995:421.

23) Vgl. EuGH, Urt. v. 7.12.1995 – Rs. C-472/93 *(Spano)*, Rz. 30, EU:C:1995:421, der die Formel des *d'Urso*-Urteils EuGH, Urt. v. 25.7.1991 – Rs. C-362/89 *(d'Urso)*, Rz. 32, EU:C:1991:326 = ZIP 1993, 936, wiederholt.

Der Europäische Gerichtshof wendet die Rechtsprechung *Spano* analog auf den vorliegenden Fall an. Beim „Pre-pack“ gehe es primär darum,

> „(...) einen schnellen Neustart bestandsfähiger Unternehmenseinheiten nach der Konkurseröffnung zu ermöglichen, in dem Bestreben, so den Bruch, der sich aus einer abrupten Beendigung der Geschäftstätigkeit des Unternehmens zum Zeitpunkt der Insolvenzeröffnung ergäbe, zu verhindern, damit der Unternehmenswert und die Arbeitsplätze erhalten werde“.[24)]

Der Europäische Gerichtshof führt weiter aus, dass der Prepack „letztlich nicht auf die Liquidation des Unternehmens abzielt“.[25)] Der Europäische Gerichtshof stellt abschließend fest, dass allein der Umstand, dass der „Prepack“ auch auf die Maximierung der Befriedigung der Gläubiger abzielen kann, nicht dazu führt, das primäre Verfahrensziel der Fortführung der Geschäftstätigkeit des Unternehmens in Frage zu stellen.[26)]

Die analoge Anwendung der *d'Urso*- und *Spano*-Urteile vermag nicht zu überzeugen. In *d'Urso* handelte es sich um ein außerordentliches Verfahren, das eindeutig zwei alternative Ausgestaltungen aufwies mit völlig unterschiedlichen Zielsetzungen. Wenn ein Unternehmen vier Jahre kommissarisch fortgeführt wird, anstatt liquidiert zu werden, ist vollkommen nachvollziehbar, dass am Ende des Verfahrens eine Übertragung des Unternehmens nicht zulasten der Arbeitnehmer führen darf. Sie hätten während der Restrukturierung auf ordentlichem Wege entlassen werden müssen. Im Fall *Spano*, wurde gar kein ordentliches Insolvenzverfahren eröffnet. Im *Smallsteps*-Fall handelte es sich hingegen um den Verkauf eines Unternehmens im Rahmen der „Pre-pack“-Variante eines Insolvenzverfahrens. Das herkömmliche Insolvenzrecht bietet in der Tat die Instrumentarien, die im Rahmen des „Pre-pack“ lediglich effizienter angewendet werden. Ziel beider Verfahren ist die bestmögliche Gläubigerbefriedigung.

Schließlich sollte die Richtlinie 2001/23 im Lichte der jüngsten Entwicklungen des modernen Insolvenzrechts ausgelegt werden. Wenn die Richtlinie vom Ziel der *„Auflösung des Vermögens des Veräußerers“* spricht, ist damit gemeint, dass der Schuldner liquidiert werden muss. Anders ausgedrückt, wenn das Insolvenzverfahren, wie im Planverfahren oder der *pro-*

---

24) Vgl. EuGH, Urt. v. 22.6.2017 – Rs. C-126/16 (Smallsteps BV), Rz. 49, ECLI:EU:C:2017:489 = ZIP 2017, 1289.

25) Vgl. EuGH, Urt. v. 22.6.2017 – Rs. C-126/16 (Smallsteps BV), Rz. 50, ECLI:EU:C:2017:489 = ZIP 2017, 1289. Vgl. entsprechend EuGH, Urt. v. 7.12.1995 – Rs. C-472/93 *(Spano)*, Rz. 28, 30, EU:C:1995:421.

26) Vgl. EuGH, Urt. v. 22.6.2017 – Rs. C-126/16 (Smallsteps BV), Rz. 51, ECLI:EU:C:2017:489 = ZIP 2017, 1289.

cédure de sauvegarde, darauf abzielt, die Verbindlichkeiten zu restrukturieren, unterliegen eventuelle Entlassungen dem allgemeinen Arbeitsrecht. Die Richtlinie 2001/23 kommt zur Anwendung. Anders verhält es sich, wenn im klassischen Insolvenzverfahren die Aktiva des Schuldners versilbert werden. Zum Zweck der bestmöglichen Gläubigerbefriedigung kann dies auch auf dem Wege der übertragenden Sanierung gesehen. In einem solchen Fall darf für den Investor nicht das Risiko bestehen, dass er sich Wiedereinstellungs- oder Schadenersatzansprüche von Arbeitnehmern aussetzt, die er nicht übernommen hat. Im *Abels*-Urteil wird deutlich, dass Rechtssicherheit auch im Interesse der Arbeitnehmer ist, damit Investoren Unternehmen im Rahmen eines Insolvenzverfahrens erwerben.

Im vorliegenden Fall ist darüber hinaus zu berücksichtigen, dass es nicht zu einer Übernahme der *Estro-Gruppe* durch einen Dritten gekommen ist. *Byside Capital* hat das Unternehmen an eine Schwestergesellschaft verkauft. Der Kaufpreis dürfte hier eine eher untergeordnete Rolle gespielt haben. Für den Anteilseigner kam es darauf an, unrentable Tagesstätten zu schließen, 1.000 Arbeitnehmer zu entlassen, neue Arbeitsverträge abzuschließen und das nunmehr wieder rentable gewordene Unternehmen weiterzuführen. Aus dem geschilderten Sachverhalt scheint hervorzugehen, dass insolvenzrechtliche Instrumentarien benutzt worden sind, um Restrukturierungskosten einzusparen. Der „Prepack“ könnte sich als reines Restrukturierungsverfahren entpuppen. So gesehen kann die Anwendung der Richtlinie durchaus nachempfunden werden. Allerdings hätte der Europäische Gerichtshof diesen Aspekt in seinem Urteil hervorheben sollen.

3. Aufsicht einer öffentlichen Stelle

Drittens muss das vorliegende Verfahren unter der Aufsicht einer öffentlichen Stelle stehen. In diesem Zusammenhang stellt der Europäische Gerichtshof zunächst fest, dass das niederländische Recht keine spezialgesetzlichen Regelungen vorsieht.[27] Das „Pre-pack“-Verfahren beruht folglich auf richterlicher Rechtsfortbildung. Es steht hier außer Zweifel, dass in der ersten Phase des Verfahrens keinerlei richterliche Aufsicht erfolgt, weder durch den Insolvenzrichter in spe noch durch den Verwalter in spe.

27) Vgl. EuGH, Urt. v. 22.6.2017 – Rs. C-126/16 (Smallsteps BV), Rz. 53, ECLI:EU:C:2017:489 = ZIP 2017, 1289.

Sie haben formell keine Befugnisse. Im vorliegenden Fall hat die Unternehmensleitung die Verhandlungen allein geführt.[28)]

Nach der Verfahrenseröffnung ging dann alles wie am Schnürchen vonstatten. Die Zustimmung des Insolvenzrichters zur geplanten Übertragung war reine Formsache. Da der Verwalter sehr schnell nach der Insolvenzeröffnung die Zustimmung des Insolvenzrichters zur Veräußerung des Unternehmens beantragt und erhält, muss letzterer außerdem vor der Insolvenzeröffnung Informationen erhalten und dieser Veräußerung im Prinzip nicht wiedersprochen haben. Der Kaufvertrag wurde noch am Tage der Eröffnung des Insolvenzverfahrens vom Verwalter unterzeichnet und die Transaktion durchgeführt. Der Europäische Gerichtshof folgt daher den Schussanträgen des Generalanwalts und stellt fest, dass

> „(...) durch diese Vorgehensweise aber jede etwaige durch eine zuständige öffentliche Stelle ausgeübte Aufsicht über das Konkursverfahren weitgehend ausgehöhlt werde".[29)]

V. Praktische Konsequenzen

Das *Smallsteps*-Urteil hat zur Konsequenz, dass der niederländische „Prepack" in der jetzigen Form aufgrund der zwingenden Anwendung der Richtlinie 2001/23 unattraktiv geworden ist. Wie steht es mit dem französischen „Pre-pack", den der Generalanwalt beispielhaft in seinen Schlussanträgen erwähnt hat?

In Frankreich wurde nach englischem Muster von Praktikern im Rahmen der Liquidierung der Buchladenkette *Chapitre* ein sog. *pré-pack-cession*-Verfahren entwickelt.[30)] Allerdings ist, anders als in den Niederlanden, dieses Verfahren durch die *ordonnance* vom 12. März 2014 gesetzlich geregelt worden. Art. L. 611-7 des code de commerce sieht vor, dass im Rahmen eines vertraulichen Schlichtungsverfahrens der *conciliateur* beauftragt werden kann, eine übertragende Sanierung vorzubereiten. Der Staatsanwalt muss das Verfahren genehmigen. Der Schuldner agiert in Eigenverwaltung, unter der Aufsicht des *conciliateurs*. Das Verfahren ist streng vertraulich.

---

28) Vgl. EuGH, Urt. v. 22.6.2017 – Rs. C-126/16 (Smallsteps BV), Rz. 54, ECLI:EU:C:2017:489 = ZIP 2017, 1289.

29) Vgl. EuGH, Urt. v. 22.6.2017 – Rs. C-126/16 (Smallsteps BV), Rz. 57, ECLI:EU:C:2017:489 = ZIP 2017, 1289; EuGH, Schlussanträge *(GA Mengozzi)* v. 29.3.2017 – Rs. C-126/16, Rz. 82, ECLI:EU:C:2017:241.

30) Vgl. *F. Gentin*, „Au-delà de son intérêt pratique, la réforme opérée par l'ordonnance est un vrai revirement dans l'approche par le droit français des entreprises en difficulté", BJE 2014, 208, n° 111c9. Der Ausdruck stammt von Stephane Gorrias, Gaz. Pal, 8.4.2014, n°098, ID: GPL174g2.

In der Praxis muss der Schuldner darlegen, dass ein öffentliches Insolvenzverfahren den Fortbestand des Unternehmens und die damit verbundenen Arbeitsplätze gefährdet. Die Insolvenz der *Financière Turenne Lafayette/William Saurin*-Gruppe ist hier ein sehr gutes Beispiel. Im Rahmen der *conciliation* hat der Schuldner eine Investmentbank mandatiert. Die einzelnen Angebote wurden den Gläubigern vorgelegt, die auf Grund der dinglichen Sicherheiten dem Verkauf zustimmen mussten. All dies geschah unter Aufsicht des gerichtlich bestellten Schlichters. Nachdem das interessanteste Angebot zur Sicherung der Arbeitsplätze und der Optimierung des Preises abgegeben worden war, wurde das offizielle Insolvenzverfahren in der Form eines *redressement judiciaire* eröffnet.

Der *conciliateur* wird als Insolvenzverwalter bestellt, um einen reibungslosen Ablauf des Verfahrens zu gewährleisten. Der Schuldner macht publik, dass ein Angebot zur Übernahme des Unternehmens vorliegt. So wird gewährleistet, dass das Unternehmen seine Produktion ungestört fortsetzen kann, da eine konkrete Lösung der finanziellen Schwierigkeiten in greifbarer Nähe ist. Im Rahmen des Insolvenzverfahrens können sich noch andere Investoren melden und Konkurrenzangebote abgeben. Die Dauer des Verfahrens ist abgekürzt auf einige Wochen. Wer den Zuschlag erhält, entscheidet das Gericht. Hauptgesellschafter und das Management können grundsätzlich keine Übernahmeangebote abgeben.[31] Die Problematik des *Smallsteps*-Falls stellt sich im französischen Recht daher nicht.

Vergleicht man das niederländische und das französische Modell, so fällt sofort auf, dass es in Frankreich in erster Linie um die Sicherung der Arbeitsplätze geht. Der „Pre-pack" ist verfahrensrechtlich deutlich besser abgesichert als in den Niederlanden. Es handelt sich bei der *conciliation* nicht um ein informelles (Vor)verfahren, sondern um ein wirkliches präventives Restrukturierungsverfahren, dass maximal fünf Monate dauern kann. Im Rahmen des Insolvenzverfahrens können Konkurrenzangebote abgegeben werden. Am Ende entscheidet das Gericht. Daher ist die Voraussetzung der Veräußerung des Unternehmens unter der Aufsicht einer öffentlichen Stelle erfüllt.

Es stellt sich schließlich die Frage, ob das französische „Pre-pack"-Verfahren eine Optimierung der Befriedigungschancen der Gläubiger ver-

---

31) Eine Ausnahme ist nur möglich, wenn die Staatsanwaltschaft ihre Zustimmung erteilt, was in der Praxis nur ausnahmsweise der Fall ist, falls kein anderer Investor ein (attraktives) Angebot abgibt.

folgt, wie dies der Europäische Gerichtshof zu fordern scheint. Auf den ersten Blick könnte dies zweifelhaft erscheinen. Bei der übertragenden Sanierung steht die Fortführung des Unternehmens zugunsten der Arbeitnehmer im Mittelpunkt des Interesses. Die Maximierung des Verkaufspreises spielt in Frankreich eher eine untergeordnete Rolle. Diese Problematik stellt sich allerdings nicht nur beim „Pre-pack", sondern ganz allgemein bei allen übertragenden Sanierungen.

Dieses Problem wurde durch die Rechtsprechung gelöst. Das Gerichtsurteil entscheidet nicht nur über den Zuschlag des Übernahmeangebots. Es bestätigt auch die Entlassung aller Arbeitnehmer, die nicht übernommen werden. In diesem Zusammenhang ist auf Art. 4 Abs. 1 der Richtlinie 2001/23 hinzuweisen, die besagt, dass der Übergang eines Unternehmens, Betriebs oder Unternehmens- bzw. Betriebsteils als solcher für den Veräußerer oder den Erwerber keinen Grund zur Kündigung darstellt. Diese Bestimmung steht allerdings etwaigen Kündigungen aus wirtschaftlichen, technischen oder organisatorischen Gründen, die Änderungen im Bereich der Beschäftigung mit sich bringen, nicht entgegen.

VI. Ausblick

Die *Jubilarin*, der diese Zeilen gewidmet sind, hat sich für die Weiterentwicklung des deutschen und des europäischen Insolvenzrechts in den letzten Jahren wie wohl niemand anderes verdient gemacht. Alle wichtigen Weichenstellungen wurden von *Marie Luise Graf-Schlicker* umsichtig eingeleitet und in die Tat umgesetzt.

Die *Smallsteps*-Enscheidung wird dazu führen, dass der „Prepack" bei der übertragenden Sanierung neu überdacht und verfahrensrechtlich ausgewogen gestaltet werden muss. Die Vorteile für die Gläubiger liegen auf der Hand. Er könnte in Zukunft eine interessante Bereicherung eines modernen Restrukturierungsrechts darstellen und die recht komplizierten Konstruktionen im deutschen Recht ersetzen. Wie der Generalanwalt in seinen Schlussanträgen unter Hinweis auf das *Abels*-Urteil ausgeführt hat, haben die Mitgliedstaaten einen weiten Handelsspielraum bei der Durchführung und Anwendung der Richtlinie 2001/23.[32]

---

32) Vgl. EuGH, Schlussanträge *(GA Mengozzi)* v. 29.3.2017 – Rs. C-126/16 (Smallsteps), Rz. 63 f., ECLI:EU:C:2017:241.

Präventiver Restrukturierungsrahmen nach dem Richtlinienvorschlag der Europäischen Kommission vom 22. November 2016

– Weg zu einer deutschen Restrukturierungsordnung? –

Lucas F. Flöther

Inhaltsübersicht

Frau Ministerialdirektorin Marie Luise Graf-Schlicker hat sich in ihrer Zeit beim Bundesministerium der Justiz und für Verbraucherschutz stets für ein gut funktionierendes und sanierungsfreundliches Insolvenzrecht – auch auf europäischer Ebene – eingesetzt und dessen Vorzüge vehement vertreten. Vor diesem Hintergrund widme ich Marie Luise Graf-Schlicker den nachfolgenden Beitrag und spreche ihr als Sprecher des Gravenbrucher Kreises[1] *zugleich den Dank des gesamten Gravenbrucher Kreises für ihren unermüdlichen Einsatz aus. Die Mitglieder des Gravenbrucher Kreises aber auch der Autor persönlich danken Marie Luise Graf-Schlicker für das dem Gravenbrucher Kreis stets entgegengebrachte Vertrauen, für die langjährige Unterstützung, das Insolvenzrecht und angrenzende Rechtsgebiete aus der Perspektive der Praktiker fortzuentwickeln sowie für die zahlreichen äußerst ertragreichen und gewinnbringenden Diskussionen.*

---

1) Dem Gravenbrucher Kreis e. V. gehören zur Zeit folgende aktive Mitglieder an: *RA Dr. Dirk Andres, RA Axel W. Bierbach, RA Volker Böhm, RA Joachim Exner, RA Udo Feser, RA Prof. Dr. Lucas F. Flöther, RA Dr. Michael C. Frege, WP StB Arndt Geiwitz, RA WP StB Ottmar Hermann, RA Tobias Hoefer, RA Dr. Michael Jaffé, RA Dr. Frank Kebekus, RA Dr. Bruno M. Kübler, RA Prof. Dr. Rolf-Dieter Mönning, RA Dr. Jörg Nerlich, RA Horst Piepenburg, RA Michael Pluta, RA Dr. Andreas Ringstmeier, RA Christopher Seagon, RA Dr. Sven-Holger Undritz, RA Rüdiger Wienberg.*

I. Einführung

Am 22. November 2016 hat die Europäische Kommission ihren mit Spannung erwarteten Vorschlag für eine Richtlinie des Europäischen Parlaments und des Rates über präventive Restrukturierungsrahmen, die zweite Chance und Maßnahmen zur Steigerung der Effizienz von Restrukturierungs-, Insolvenz- und Entschuldungsverfahren und zur Änderung der Richtlinie 2012/30/EU[2)] veröffentlicht. Der Vorstoß der Europäischen Kommission hat bereits vor seiner Veröffentlichung eine intensive Diskussion zu Fragen der vorinsolvenzlichen Sanierung in Deutschland angefeuert. Auch das mit der Veröffentlichung des Vorschlags in Gang gesetzte ordentliche Gesetzgebungsverfahren auf europäischer Ebene gemäß Art. 294 AEUV heizt die Debatte um die mögliche Schaffung eines präventiven Restrukturierungsverfahrens in Deutschland weiter an. Unbestreitbar ist, dass die Einführung eines präventiven Restrukturierungsrahmens in Deutschland angesichts der aktuellen Bestrebungen auf europäischer Ebene sehr gegenwärtig ist. Aus dem Richtlinienvorschlag können nun zum Teil bereits detaillierte Vorgaben u. a. zur Ausgestaltung eines vorinsolvenzlichen Sanierungsverfahrens entnommen werden. Es lässt sich daher bereits ein deutlicheres Bild eines solchen Rahmens erkennen, wie sich diesen die Europäische Kommission vorstellt.

Der Beitrag setzt sich zum Ziel, einen Überblick über einige wesentliche Eckpunkte des präventiven Restrukturierungsrahmens in seiner derzeitigen Ausgestaltung nach dem Richtlinienvorschlag[3)] (II.) zu geben und möchte

---

2) Vorschlag für eine Richtlinie des Europäischen Parlaments und des Rates über präventive Restrukturierungsrahmen, die zweite Chance und Maßnahmen zur Steigerung der Effizienz von Restrukturierungs-, Insolvenz- und Entschuldungsverfahren und zur Änderung der Richtlinie 2012/30/EU, v. 22.11.2016, COM(2016) 723 final, abrufbar unter http://eur-lex.europa.eu/legal-content/DE/TXT/PDF/?uri=CELEX:52016PC0723&qid=1483620686500&from=EN (Abrufdatum: 11.1.2018); Beilage 1 zu ZIP 1/2017; nachfolgend auch RL-E.

3) Der Entwurf eines Berichts des Rechtsausschusses des Europäischen Parlaments v. 22.9.2017 über den Vorschlag für eine Richtlinie des Europäischen Parlaments und des Rates über präventive Restrukturierungsrahmen, die zweite Chance und Maßnahmen zur Steigerung der Effizienz von Restrukturierungs-, Insolvenz- und Entschuldungsverfahren und zur Änderung der Richtlinie 2012/30/EU bleibt außer Betracht und ist nicht Gegenstand dieses Beitrags. Der Berichtsentwurf ist abrufbar unter http://www.europarl.europa.eu/sides/getDoc.do?pubRef=-//EP//NONSGML+COMPARL+PE-610.684+01+DOC+PDF+V0//DE&language=DE (Abrufdatum: 11.1.2018).

darüber hinaus auch Überschneidungen des Richtlinienvorhabens mit dem ESUG (III.) aufzeigen.

II. Überblick über den präventiven Restrukturierungsrahmen

Das Herzstück des Richtlinienvorschlags der Europäischen Kommission vom 22. November 2016 (im Folgenden auch RL-E) ist zweifelsohne der derzeit viel diskutierte präventive Restrukturierungsrahmen,[4] dessen wesentliche Eckpunkte kurz aufgeführt werden sollen (1.). Auf einzelne Punkte wird sodann näher einzugehen sein (2.).

1. Wesentliche Eckpunkte des präventiven Restrukturierungsrahmens

Die wesentlichen Eckpunkte des präventiven Restrukturierungsrahmens können wohl wie folgt im Überblick genannt werden:

- *„Likelihood of insolvency"* als „Zugang" zum präventiven Restrukturierungsrahmen;[5]
- bloße Beschränkung auf die Restrukturierung der Passivseite der Bilanz durch einen präventiven Restrukturierungsrahmen ist fraglich, da eine leistungswirtschaftliche Sanierung nicht explizit ausgeschlossen ist;[6]
- Eigenverwaltung ohne verpflichtende Bestellung einer Aufsichtsperson;[7]
- beschränkte gerichtliche Beteiligung auf das für den Schutz der Beteiligten erforderliche und verhältnismäßige Maß, die erst gegeben ist bei Anordnung eines Moratoriums und bei der Bestätigung des Restrukturierungsplans;[8]
- Moratorium als Vollstreckungs-, Kündigungs- und Erfüllungsverweigerungsschutz für bis zu vier Monate, mit Erneuerungs- bzw. Verlängerungsmöglichkeit auf bis zu zwölf Monate; zudem werden Insolvenzantragspflichten suspendiert;[9]

---

4) Vgl. *Thole*, Der Richtlinienvorschlag zum präventiven Restrukturierungsrahmen, ZIP 2017, 101, 102.
5) Vgl. ErwG 17 RL-E, Art. 4 Abs. 1 RL-E.
6) Vgl. ErwG 2 RL-E, Art. 2 Nr. 2, Art. 4 Abs. 1 RL-E.
7) Vgl. ErwG 18 RL-E, Art. 5 Abs. 2, 3 RL-E.
8) Vgl. ErwG 18 RL-E, Art. 4 Abs. 3 RL-E.
9) Vgl. ErwG 19 bis 23 RL-E, Art. 6, 7 RL-E.

- Bildung von und Abstimmung in Gläubigergruppen;[10] Annahme des Restrukturierungsplans mit Summenmehrheit in Höhe von maximal 75 %[11] sowie Cram-down dissentierender Gläubiger und Gruppen möglich[12];
- Einbeziehung aller Gläubiger in das Moratorium und in den Restrukturierungsplan möglich[13] sowie
- Privilegierung von (Zwischen-)Finanzierungen und Maßnahmen im Zusammenhang mit dem Restrukturierungsplan[14].

2. *Im Einzelnen*

Im Einzelnen sollen nun einige Aspekte des präventiven Restrukturierungsrahmens nach seiner derzeitigen Ausgestaltung beleuchtet werden. Dabei wird sich auf das Moratorium, Art. 6 f. RL-E (a), den Restrukturierungsplan, Art. 8 ff. RL-E (b) und die Sanierungsprivilegien, Art. 16 f. RL-E (c) beschränkt.

a) Moratorium, Art. 6 f. RL-E

Im präventiven Restrukturierungsrahmen wird nach den Vorgaben der Europäischen Kommission ein Moratorium[15] vorgesehen. Ein solches wird im Richtlinienvorschlag als das von einem Gericht angeordnete vorübergehende Ruhen des Rechts, den Anspruch eines Gläubigers gegen den Schuldner durchzusetzen, definiert.[16] Das Moratorium kann durch ein Gericht angeordnet werden, sofern und soweit es zur Unterstützung laufender Verhandlungen über den Restrukturierungsplan notwendig ist.[17] Diese doch eher leicht für den Schuldner zu erfüllende Voraussetzung wird mit der Bedingung flankiert, dass einzelne Gläubiger oder Gläubigergruppen durch das Moratorium aber nicht in unangemessener Weise beeinträchtigt

---

10) Vgl. ErwG 24, 25 RL-E, Art. 8 Abs. 1 lit. d, Art. 9 Abs. 1 bis 3 RL-E.
11) Siehe Art. 9 Abs. 4 RL-E.
12) Vgl. ErwG 26, 28 RL-E, Art. 9 Abs. 6, 11 RL-E.
13) Für Moratorium siehe Art. 6 Abs. 2 RL-E; für Restrukturierungsplan vgl. ErwG 24, 25 RL-E, Art. 8 Abs. 1 lit. c, Art. 9 Abs. 1, 2 RL-E.
14) Vgl. ErwG 31, 33 RL-E, Art. 16, 17 RL-E.
15) Siehe hierzu i. E.: *Geiwitz/Heidenfelder*, Aussetzung einzelner Vollstreckungshandlungen – Stand Still und Vollstreckungsschutz – Zu Art. 6 und 7 des Richtlinienvorschlags der Europäischen Kommission v. 22.11.2016, COM(2016) 723 final, NZI 2017, Beilage 1, 22 ff.
16) Vgl. Art. 2 Nr. 4 RL-E.
17) Siehe Art. 6 Abs. 1 RL-E.

werden.[18] Eine Benachteiligung in unangemessener Weise ist wohl nur bei Vorliegen von außerordentlichen Umständen gegeben, sodass dies einer Anordnung eines Moratoriums üblicherweise nicht entgegenstehen dürfte. Die Voraussetzungen zur Anordnung eines Moratoriums zur Unterstützung der Verhandlungen in einem präventiven Restrukturierungsrahmen sind damit eine eher leichte Hürde.

Dies erstaunt doch in gewisser Weise, wenn man sich die Reichweite des Moratoriums nach dem derzeitigen Richtlinienvorschlag in seinem sachlichen, persönlichen und zeitlichen Umfang vergegenwärtigt. Betrachtet man die sachliche Reichweite ist anzunehmen, dass es die Einzelzwangsvollstreckung und die Verwertung dinglicher Sicherheiten hindert. Auch werden bestimmte Leistungsverweigerungsrechte untersagt. Darüber hinaus soll das angeordnete Moratorium auch vorherige Kündigungen von Verträgen aussetzen können.[19] Es würde damit eine Kündigungssperre vorliegen. Allerdings gibt es nach dem Richtlinienvorschlag eine Option der Mitgliedstaaten, dies auf wesentliche Verträge zu beschränken, die für die Fortsetzung des täglichen Betriebs des Unternehmens erforderlich sind. Hierunter fallen wohl Verträge über wesentliche Versorgungsgüter, wie Gas, Strom, Wasser, Telekommunikation und Kartenzahlungsdienste.[20] Das Moratorium lässt aber auch Vertragsklauseln, die wegen Restrukturierungsverhandlungen Kündigungs-, Änderungs- oder Zurückbehaltungsrechte vorsehen, unwirksam werden (sog. *Verbot von Ipso-facto-Klauseln*).[21] Neben dem bereits erheblichen Umfang des Moratoriums in einem vorinsolvenzlichen Verfahren werden darüber hinaus die Insolvenzantragspflichten für die Dauer des Moratoriums suspendiert.[22] Hier sieht der Richtlinienvorschlag jedoch eine optionale Ausnahme bei Eintreten der Zahlungsunfähigkeit vor.[23] Für diesen Fall darf indes trotz Vorliegen der Zahlungsunfähigkeit des Schuldners während des präventiven Restrukturierungsrahmens dieses Verfahren nicht automatisch beendet werden.[24] Liegt ein allgemeines Moratorium, das auch im Rahmen dieses vorinsolvenzlichen Verfahrens möglich sein soll, vor, wird darüber hinaus sogar die Eröffnung von Insolvenzverfahren auf Antrag eines oder mehrerer

18) Siehe Art. 6 Abs. 9 RL-E.
19) Siehe Art. 6 Abs. 4 RL-E.
20) Vgl. ErwG 21 RL-E.
21) Siehe Art. 7 Abs. 5 RL-E.
22) Siehe Art. 7 Abs. 1 RL-E.
23) Siehe Art. 7 Abs. 3 RL-E.
24) Siehe Art. 7 Abs. 3 RL-E.

Gläubiger gesperrt.[25] Damit wäre auch ein Fremdantrag für die Dauer des Moratoriums unzulässig.

Die persönliche Reichweite des Moratoriums kann sich auf alle Arten von Gläubigern erstrecken. So können auch gesicherte und bevorrechtigte Gläubiger einbezogen werden.[26] Auch soll ein allgemeines Moratorium, das sämtliche Gläubiger umfasst, in diesem präventiven Verfahren möglich sein. Dies wird aus Art. 6 Abs. 2 RL-E ersichtlich. Zwar sieht der Richtlinienvorschlag eine Beschränkung des Moratoriums auch auf einen bestimmten Gläubiger oder eine bestimmte Gläubigergruppe vor. Doch ist zu berücksichtigen, dass die Initiative für die Auswahl der betroffenen Gläubiger bzw. der betroffenen Gläubigergruppe allein beim Schuldner liegt. Eine Sonderreglung bezüglich des Moratoriums gilt ausdrücklich nur für Arbeitnehmer. Hiernach sind Ansprüche auf Arbeitslohn nur vom Moratorium betroffen, falls diese hinreichend – beispielsweise durch Insolvenzsicherung – bedient werden.[27] Anzumerken ist weiterhin, dass das Moratorium nicht im Gleichlauf mit den Planwirkungen bestehen müsste. Ein solcher Gleichlauf ergibt sich nicht aus den derzeitigen Regelungen des Richtlinienvorschlags. Daher könnten die EU-Mitgliedstaaten bei der Implementierung des präventiven Restrukturierungsrahmens in nationales Recht vorsehen, dass Gläubiger von einem Moratorium erfasst werden, diese jedoch nicht im Restrukturierungsplan Berücksichtigung finden.

Zeitlich ist das Moratorium nach Art. 6 Abs. 4 RL-E auf einen Höchstzeitraum von nicht mehr als vier Monaten zu begrenzen. Daraus folgt, dass die Mitgliedstaaten bei der Umsetzung einer möglichen Richtlinie auch eine andere Dauer des Moratoriums regeln können, sofern diese nicht mehr als vier Monate beträgt. Das Moratorium kann jedoch unter bestimmten Voraussetzungen auf bis zu zwölf Monate verlängert werden.[28] Hierfür müssten deutliche Fortschritte in den Verhandlungen über den Restrukturierungsplan erzielt werden,[29] keine unangemessene Benachteiligung vom Moratorium betroffener Parteien gegeben[30] und ggf. eine Annahme des Restrukturierungsplans sehr wahrscheinlich sein[31].

---

25) Siehe Art. 7 Abs. 2 RL-E.
26) Siehe Art. 6 Abs. 2 RL-E.
27) Vgl. Art. 6 Abs. 3 RL-E.
28) Vgl. Art. 6 Abs. 7 RL-E.
29) Siehe Art. 6 Abs. 5 lit. a RL-E.
30) Siehe Art. 6 Abs. 5 lit. b RL-E.
31) Siehe Art. 6 Abs. 6 RL-E.

Das Moratorium kann jedoch auch aufgehoben werden. Eine solche Aufhebung ist nach dem Richtlinienvorschlag möglich, wenn eine Sperrminorität den Restrukturierungsplan nicht mehr unterstützt oder ein Antrag auf Aufhebung vom Schuldner oder Restrukturierungsverwalter gestellt wurde. Ein Restrukturierungsverwalter kann jedoch nur einen Antrag auf Aufhebung des Moratoriums stellen, sofern ein allgemeines Moratorium angeordnet wurde. Denn nur bei der Anordnung eines solchen sieht der Richtlinienvorschlag vor, dass ein Restrukturierungsverwalter bestellt werden kann.[32] Neben den vorgenannten Aufhebungsmöglichkeiten kann auch auf Antrag eines Gläubigers oder einer Gläubigergruppe die Aufhebung des Moratoriums erfolgen, sofern diese in unangemessener Weise durch das Moratorium beeinträchtigt werden.[33]

b) Restrukturierungsplan, Art. 8 ff. RL-E

Ein zweiter Aspekt des Restrukturierungsrahmens, der näher beleuchtet werden soll, sind die Regelungen zum Restrukturierungsplan.[34] Der Restrukturierungsplan steht am Ende des präventiven Restrukturierungsrahmens und trägt sodann die Restrukturierung des Schuldners. Seine Regelungen sind in Art. 8 ff. RL-E zu finden.

Zur sachlichen Reichweite kann ausgeführt werden, dass eine Restrukturierung mit Hilfe des präventiven Restrukturierungsrahmens Änderungen der Zusammensetzung, der Bedingungen oder der Struktur der Vermögenswerte und Verbindlichkeiten eines Schuldners oder jedes anderen Teils der Kapitalstruktur des Schuldners oder eine Kombination dieser Elemente, einschließlich des Verkaufs von Vermögenswerten oder Geschäftsbereichen, umfasst.[35] All dies könnte daher Regelungsgegenstand eines Restrukturierungsplans sein. Es kann geschlossen werden, dass der Fokus des präventiven Restrukturierungsrahmens auf einer finanzwirtschaftlichen Sanierung einschließlich Kapitalmaßnahmen liegt. Doch wird

---

32) Siehe Art. 5 Abs. 3 lit. a RL-E.

33) Siehe Art. 6 Abs. 9 RL-E.

34) Vgl. hierzu i. E.: *Specovius/v. Wilcken*, Erstellung, Gruppenbildung und Annahme des Restrukturierungsplans – Zu Art. 8 bis 12 des Richtlinienvorschlags der Europäischen Kommission v. 22.11.2016, COM(2016) 723 final, NZI 2017, Beilage 1, 24 ff., und *Spahlinger*, Der Restrukturierungsplan – Rechtsmittel und Rechtskraft – Zu Art. 13 bis 15 des Richtlinienvorschlags der Europäischen Kommission v. 22.11.2016, COM(2016) 723 final, NZI 2017, Beilage 1, 27 ff.

35) Siehe Art. 2 Nr. 2 RL-E.

im Text des Richtlinienvorschlags die leistungswirtschaftliche Sanierung nicht explizit ausgeschlossen.

Betrachtet man die persönliche Reichweite des Restrukturierungsplans ist festzuhalten, dass es möglich erscheint, dass im Grundsatz alle Gläubiger in den Plan einbezogen werden können. Darüber hinaus ist jedoch auch eine Beschränkung des Plans auf ausgewählte Gläubiger bzw. Gläubigergruppen möglich.

Die Annahme des zwischen dem Schuldner und den betroffenen Parteien ausgehandelten Restrukturierungsplans kann einstimmig erfolgen. Hierzu bedarf es, sofern der Plan keine neue Finanzierung („*new financing*") vorsieht, keiner gerichtlichen Bestätigung. Dies kann aus Art. 10 Abs. 1 RL-E geschlussfolgert werden. Wenn jedoch nicht alle Parteien, die vom Plan betroffenen werden, dem Plan zustimmen, kann der Plan durch gerichtlich bestätigte Mehrheitsentscheidung angenommen werden.[36] Die Abstimmung zum Plan selbst hat ähnlich wie im deutschen Insolvenzplanverfahren in Gruppen („*Klassen*") zu erfolgen. Zur Gruppenbildung macht der Richtlinienvorschlag jedoch nur wenige Ausführungen. Es wird jedenfalls ersichtlich, dass zumindest gesicherte und ungesicherte Gläubiger in den Plan einbezogen werden können und in unterschiedlichen Gruppen behandelt werden sollen.[37] Auch Arbeitnehmer sowie ggf. Anteilsinhaber bilden jeweils eine Gruppe bei der Abstimmung. Die Bildung der unterschiedlichen für die Abstimmung zum Plan relevanten Gruppen soll nach dem Prinzip der Interessenhomogenität vorgenommen werden.[38] Dabei gilt ein Restrukturierungsplan als von den betroffenen Parteien angenommen, wenn bezogen auf den Betrag ihrer Ansprüche oder Beteiligungen in jeder Gruppe eine qualifizierte Mehrheit erreicht wird, die jedoch in keinem Fall über 75 % des Betrags der Ansprüche oder Beteiligungen in jeder Gruppe liegen darf.[39] Das Erfordernis einer Kopfmehrheit sieht der Richtlinienvorschlag nicht vor.

Ist ein Plan gerichtlich zu bestätigen, erfolgt dies unter bestimmten Voraussetzungen. So sind die Verfahrensvorschriften zur Planannahme, wie die ordnungsgemäße Einteilung der Gläubigergruppen und die Information

---

36) Siehe Art. 10 Abs. 1 RL-E.
37) Siehe Art. 9 Abs. 2 RL-E.
38) Siehe Art. 9 Abs. 2 RL-E.
39) Siehe Art. 9 Abs. 4 RL-E.

der vom Plan betroffenen Parteien, einzuhalten.[40] Des Weiteren darf nicht gegen den sog. *„best interest of creditors test"* verstoßen werden. Hiernach darf kein ablehnender Gläubiger nach dem Restrukturierungsplan schlechtergestellt werden als im Falle der Liquidation, unabhängig davon, ob diese stückweise oder durch Verkauf als laufendes Unternehmen erfolgen würde.[41] Der Maßstab dieses Tests ist in diesem Fall der Liquidationswert, dem aber ein Going concern-Verkauf zugrunde gelegt werden kann.[42] Ferner hat das Gericht bei der Bestätigung des Plans zu prüfen, ob durch den Plan eine begründete Aussicht besteht, dass die Insolvenz verhindert wird und die Rentabilität des Schuldners gewährleistet ist.

Besondere Voraussetzungen sieht der Richtlinienvorschlag bei einem *gruppenübergreifenden Cram-down* vor. Hiernach kann ein Restrukturierungsplan, der nicht von jeder Gruppe betroffener Parteien genehmigt worden ist, auf Vorschlag eines Schuldners oder eines Gläubigers mit Zustimmung des Schuldners von einem Gericht bestätigt und für eine oder mehrere ablehnende Gruppen verbindlich werden.[43] Hierfür müssten neben den Verfahrensvorschriften zur Planannahme die Zustimmung zumindest einer Gruppe betroffener Gläubiger, die in einer Liquidation eine Quote erhalten hätten, vorliegen.[44] Es darf sich bei der zustimmenden Gruppe jedoch nicht um die Gruppe der Anteilseigner handeln. Darüber hinaus ist hier die sog. *„absolute priority rule"* zu beachten. Hiernach muss eine ablehnende Gläubigergruppe im vollen Umfang befriedigt werden, bevor eine nachrangige Gruppe nach dem Restrukturierungsplan eine Auszahlung erhalten oder eine Beteiligung behalten kann.[45] Außerdem muss auch hier die Einhaltung des *„best interest of creditors test"* vorliegen. Bei einem *gruppenübergreifenden Cram-down* dürfte sich jedoch der Maßstab vom Liquiditäts- auf den Fortführungswert ändern.[46] Eine zwingende Gleichbehandlung gleichrangiger Gruppen wird hier indes nicht vorgesehen. Des Weiteren ist darauf hinzuweisen, dass die EU-Mitgliedstaaten die Mindestzahl der für die Genehmigung des Plans erforderlichen betroffenen Gruppen, von derzeit einer, festlegen können.[47]

---

40) Siehe Art. 10 Abs. 2 lit. a RL-E.
41) Siehe Art. 2 Nr. 9 RL-E.
42) Siehe Art. 2 Nr. 9, Art. 10 Abs. 2 lit. b, Art. 13 Abs. 1 RL-E.
43) Siehe Art. 11 Abs. 1 RL-E.
44) Vgl. Art. 11 Abs. 1 lit. b RL-E.
45) Siehe Art. 2 Nr. 10 RL-E.
46) Vgl. Art. 13 Abs. 2 RL-E.
47) Siehe Art. 11 Abs. 2 RL-E.

Eine gerichtliche Bestätigung ist auch für Restrukturierungspläne erforderlich, die eine neue Finanzierung vorsehen, und zwar unabhängig davon, ob der Plan von den betroffenen Parteien einstimmig angenommen wurde. Ein solcher Restrukturierungsplan wird nur gerichtlich bestätigt, sofern die Finanzierung zur Umsetzung des Plans erforderlich ist und keine unangemessene Benachteiligung von Gläubigern durch die Finanzierung vorliegt.[48)]

Zu Wirkungen des Restrukturierungsplans ist auf Art. 14 RL-E zu verweisen. Hiernach ist der gerichtlich bestätigte Restrukturierungsplan für die am Planverfahren beteiligten Betroffenen verbindlich. Der Plan hat jedoch keine Bindungswirkung gegenüber Gläubigern die nicht bei der Annahme des Plans beteiligt waren.

Weiter regelt der Richtlinienvorschlag auch Rechtsbehelfe gegen die Planbestätigung. Auf diese soll jedoch nur insoweit eingegangen werden, als dass der eingelegte Rechtsbehelf kein Suspensiveffekt aufweist.[49)] Sofern der Rechtsbehelf Erfolg hat, kann der Restrukturierungsplan aufgehoben oder der Plan bestätigen werden, wobei den dissentierenden Gläubigern sodann eine Abfindung vom Schuldner und von den Gläubigern, die für den Plan gestimmt haben, zu zahlen wäre.[50)]

c) Sanierungsprivilegien, Art. 16 f. RL-E

Der Richtlinienvorschlag regelt verschiedene Sanierungsprivilegien,[51)] die es im Nachfolgenden kurz zu skizzieren gilt.

So erfasst Art. 16 RL-E Zwischenfinanzierungen (*„interim financing“*) sowie Sanierungsfinanzierungen (*„new financing“*), die privilegiert werden. Zwischenfinanzierungen sind dabei von einem bereits beteiligten oder einem neuen Gläubiger bereitgestellte Mittel, die nach vernünftigem Ermessen unverzüglich notwendig sind, damit das Unternehmen des Schuldners seinen Betrieb fortsetzen oder überleben kann oder um den Wert dieses Unternehmens bis zur Bestätigung eines Restrukturierungsplans zu erhalten

---

48) Siehe Art. 10 Abs. 2 lit. c RL-E.
49) Siehe Art. 15 Abs. 3 RL-E.
50) Siehe Art. 15 Abs. 4 RL-E.
51) Siehe hierzu i. E.: *Hoegen*, Schutz für Sanierungsfinanzierungen – Zu Art. 16 und 17 des Richtlinienvorschlags der Europäischen Kommission v. 22.11.2016, COM(2016) 723 final, NZI 2017, Beilage 1, 30 ff.

oder zu steigern.[52] Neue Finanzierungen sind dagegen von einem beteiligten Gläubiger oder einem neuen Gläubiger bereitgestellte neue Mittel, die für die Umsetzung eines Restrukturierungsplans erforderlich sind, in diesem Restrukturierungsplan vereinbart und anschließend von einem Gericht bestätigt wurden.[53] Daraus ist auch zu schließen, dass nach dem Richtlinienvorschlag lediglich neue Finanzierungen im Restrukturierungsplan aufzunehmen sind und der Restrukturierungsplan – unabhängig, ob der Plan ansonsten einstimmig angenommen wurde – gerichtlich zu bestätigen ist.[54] Es kann hervorgehoben werden, dass die Europäische Kommission Zwischen- sowie neue Finanzierungen in weitem Umfang privilegieren will. Dies ergibt sich aus dem derzeitigen Richtlinienvorschlag. Finanzierungen nach Art. 16 RL-E sollen in einem sich ggf. anschließenden Insolvenzverfahren anfechtungsfest sein, daher nicht der Insolvenzanfechtung unterliegen. Des Weiteren sollen diese Finanzierungen auch nicht als nichtig oder undurchsetzbar erklärt werden können.[55] Neben diesem weitläufigen Schutz in einem nachfolgenden Insolvenzverfahren sollen darüber hinaus Geber von solchen Finanzierungen in einem späteren Insolvenzverfahren von ihrer etwaigen zivil-, verwaltungs- und strafrechtlichen Haftung bzw. Verantwortlichkeit freigestellt werden.[56] Damit wird von einer etwaigen persönlichen Haftung des Finanzgebers bei einem nachfolgenden Insolvenzverfahren abgesehen. Insgesamt werden die vorgenannten Privilegierungen hinsichtlich der Zwischen- und neuen Finanzierungen nach Art. 16 Abs. 1 und 3 RL-E jedoch hinfällig, wenn die Finanzierung in betrügerischer Absicht oder bösgläubig vorgenommen bzw. gewährt wurde.[57]

Ein generelles Vorrecht von Zwischen- und neuen Finanzierungen bei einem späteren Insolvenzverfahren, das von den EU-Mitgliedstaaten zwingend umzusetzen wäre, ist im Richtlinienvorschlag nicht geregelt. Jedoch wird optional vorgesehen, dass Geber von solchen Finanzierungen in einem späteren Insolvenzverfahren vorrangig gegenüber anderen Gläubigern Zahlungen erhalten können, die anderenfalls höherrangige oder gleichrangige Ansprüche auf Geld oder Vermögenswerte hätten. Sofern diese Option bei der Umsetzung in nationales Recht aufgegriffen wird, soll Zwi-

52) Siehe Art. 2 Nr. 12 RL-E.
53) Siehe Art. 2 Nr. 11 RL-E.
54) Siehe auch Art. 8 Abs. 1 lit. f (iii), Art. 10 Abs. 1 lit. b, Abs. 2 lit. c RL-E.
55) Siehe Art. 16 Abs. 1 RL-E.
56) Siehe Art. 16 Abs. 3 RL-E.
57) Siehe Art. 16 Abs. 1, 3 RL-E.

schen- sowie neuen Finanzierungen mindestens Vorrang gegenüber Ansprüchen ungesicherter Gläubiger in einem nachfolgenden Insolvenzverfahren gegeben werden.[58)]

Neben den Finanzierungen aus Art. 16 RL-E sollen auch Transaktionen, die im Zusammenhang mit der Restrukturierung stehen, privilegiert werden. Nach dem Richtlinienvorschlag werden hier zwei Arten von Transaktionen aufgegriffen, d. h. zum einen planfördernde und zum anderen planumsetzende Transaktionen. Planfördernde Transaktionen, d. h. solche, die vorgenommen werden, um die Aushandlung eines von einem Gericht zu bestätigenden Restrukturierungsplan zu fördern, oder mit solchen Verhandlungen in engem Zusammenhang stehen, sollen in einem späteren Insolvenzverfahren anfechtungsfest sein sowie nicht für nichtig und nicht für undurchsetzbar erklärt werden können. Planfördernde Transaktionen werden in Art. 17 Abs. 2 RL-E wohl beispielhaft aufgezählt. Hier wird jedoch zwischen planfördernden Transaktionen im normalen Geschäftsgang und außerhalb des normalen Geschäftsgangs unterschieden.[59)] Planfördernde Transaktionen im normalen Geschäftsgang sind beispielsweise Zahlungen angemessener Gebühren und Kosten für die Inanspruchnahme professioneller Beratung, Zahlung von Arbeitnehmerlöhnen (Arbeitsentgelte) für bereits geleistete Arbeit sowie sonstige notwendige und angemessene Zahlungen und Auszahlungen im gewöhnlichen Geschäftsgang. Transaktionen außerhalb des normalen Geschäftsgangs sind gemäß Art. 17 Abs. 2 lit. e RL-E beispielsweise neue Kredite, finanzielle Beiträge oder die teilweise Übertragung von Vermögenswerten. Unklar sind hier jedoch Inhalt und Abgrenzung der sog. „neuen Kredite“ und „finanziellen Beiträge“ zur Zwischen- und neuen Finanzierung, die bereits in Art. 16 RL-E als Formen der privilegierten Kreditaufnahme umfasst sein dürften. Keine Überschneidung mit diesen Finanzierungen, insbesondere auch mit der in Betracht kommenden Zwischenfinanzierung, wäre jedoch gegeben, wenn man, wie bei Art. 17 Abs. 2 lit. a bis d RL-E, auch bei Art. 17 Abs. 2 lit. e RL-E annehmen würde, dass die dort vorgesehene Maßnahme auch vom Schuldner durchzuführen wäre.[60)] Dies könnte etwa – wie z. B. Art. 17 Abs. 2 lit. c RL-E vorsieht – die Zahlung der Arbeitnehmerlöhne für die bereits geleistete Arbeit sein. So würde der Schuldner nach Art. 17 Abs. 2 lit. e RL-E der Geber für den neuen Kredit bzw. den finanziellen Beitrag

---

58) Siehe Art. 16 Abs. 2 RL-E.

59) Siehe zum einen Art. 17 Abs. 2 lit. a bis d und zum anderen Art. 17 Abs. 2 lit. e RL-E.

60) So auch *Hoegen*, NZI 2017, Beilage 1, 30, 31.

sein. Setzt man diese Sichtweise voraus, so können „neue Kredite" und „finanzielle Beiträge" nach Art. 17 Abs. 2 lit. e RL-E von Zwischen- und neuen Finanzierungen des Art. 16 RL-E abgegrenzt werden. Des Weiteren spricht auch hierfür, dass Art. 17 Abs. 2 lit. e RL-E wie Art. 17 Abs. 2 lit. a bis d RL-E an den Geschäftsgang anknüpft. Was im normalen oder außerhalb des normalen Geschäftsgangs liegt, kann sinnvollerweise nur aus der Sicht des Schuldners beurteilt werden.[61] Im Hinblick auf die planfördernden Transaktionen außerhalb des normalen Geschäftsgangs stellt der Richtlinienvorschlag den EU-Mitgliedstaaten zur Option, solche unter Genehmigungsvorbehalt eines Gerichts oder eines Restrukturierungsverwalters zu stellen, damit diese Transaktionen unter die Privilegierung gemäß Art. 17 Abs. 1 RL-E fallen. Planfördernde Transaktionen sind nicht privilegiert, wenn sie in betrügerischer Absicht oder bösgläubig vorgenommen wurden.[62]

Neben planfördernden sollen auch planumsetzende Transaktionen privilegiert werden. Planumsetzende Transaktionen sind in Art. 17 Abs. 4 RL-E geregelt. Hierunter fallen solche Rechtsgeschäfte, die vorgenommen werden, um die Umsetzung eines von einem Gericht bestätigten Restrukturierungsplans zu fördern, oder die mit einer solchen Umsetzung in engem Zusammenhang stehen. Wie die planfördernden sollen die planumsetzenden Transaktionen in einem späteren Insolvenzverfahren anfechtungsfest sein und auch nicht als nichtig oder nicht durchsetzbar erklärt werden können. Aus Art. 17 Abs. 4 RL-E ergeben sich zudem einzelne Beispiele solcher planumsetzenden Transaktionen. Hierunter fallen Zahlungen, Schuldenkapitalisierungen, Garantien oder Sicherheitsleistungen. Auch hier erscheint unklar, wie diese zu den privilegierten Finanzierungen nach Art. 16 RL-E abzugrenzen sind. Abzusprechen ist die Privilegierung planumsetzender Transaktionen, wenn sie in betrügerischer Absicht oder bösgläubig vorgenommen wurden.[63]

Insgesamt ist festzuhalten, das Zwischen- und neue Finanzierungen nach Art. 16 RL-E sowie planfördernde und planumsetzende Transaktionen nach Art. 17 RL-E insoweit in gleichem Umfang privilegiert werden sollen, dass alle in einem nachfolgenden Insolvenzverfahren anfechtungsfest sind sowie nicht für nichtig und nicht für undurchsetzbar erklärt werden können.

---

61) So auch *Hoegen*, NZI 2017, Beilage 1, 30, 31.
62) Siehe Art. 17 Abs. 1 RL-E.
63) Siehe Art. 17 Abs. 4 RL-E.

Insoweit liegt ein Gleichlauf vor. Zudem gilt allgemein eine Ausnahme von der Privilegierung bei Finanzierungen bzw. Transaktionen, wenn betrügerische Absicht oder Bösgläubigkeit anzunehmen ist.

III. Abgrenzung zum ESUG

Aus den dargestellten Eckpunkten des präventiven Restrukturierungsrahmens ist zu schließen, dass der Vorstoß der Europäischen Kommission nicht lediglich isoliert betrachtet werden darf.[64] Vielmehr gibt es in Deutschland mit dem Gesetz zur weiteren Erleichterung der Sanierung von Unternehmen[65] – kurz: ESUG – bereits eine gesetzliche Regelung, die Potential besitzt, eine „echte" Sanierungskultur[66] in Deutschland zu entwickeln, obgleich an der einen oder anderen Stelle noch Nachjustierungsbedarf[67] besteht. Die Regelungen des ESUG, die als Antwort des deutschen Gesetzgebers auf die Forderung nach einem vorinsolvenzlichen Sanierungsverfahren gelten,[68] stehen daher im engen Zusammenhang mit der Schaffung eines möglichen präventiven Restrukturierungsrahmens.

1. Sachliche Verknüpfung mit dem ESUG

Das ESUG und der mögliche, in nationales Recht umzusetzende präventive Restrukturierungsrahmen weisen zum einen enge sachliche Verknüpfungen auf. Um nur einige zu nennen, kann beispielsweise hervorgehoben werden, dass der Schuldner gemäß Art. 5 Abs. 1 RL-E während des präventiven Restrukturierungsrahmens ganz oder teilweise die Kontrolle über seine Vermögenswerte und den täglichen Betrieb des Unternehmens behalten soll. Es handelt sich beim Schuldner um einen „*debtor in possession*". Dies ist vergleichbar mit der Situation, die in Deutschland aufgrund der Regelungen des ESUG zur Stärkung der Eigenverwaltung[69] zu finden ist.

---

64) Vgl. auch *Madaus*, Einstieg in die ESUG-Evaluation – Für einen konstruktiven Umgang mit den europäischen Ideen für einen präventiven Restrukturierungsrahmen, NZI 2017, 329, 329.

65) Gesetz zur Erleichterung der Sanierung von Unternehmen v. 7.12.2011 – ESUG, BGBl. I 2011, 2582.

66) *Flöther*, Die aktuelle Reform des Insolvenzrechts durch das ESUG – Mehr Schein als Sein?, ZIP 2012, 1833, 1842.

67) Vgl. *Gravenbrucher Kreis*, ESUG: Erfahrungen, Probleme, Änderungsnotwendigkeiten – Thesenpapier, Stand: 10/2015, ZIP 2015, 2159 ff.

68) Vgl. Beschluss des Deutschen Bundestages z. ESUG, BR-Drucks. 679/11, S. 2.

69) Vgl. §§ 270 ff. InsO.

Auch im Eigenverwaltungsverfahren ist der Schuldner „*debtor in possession*". Eine Verknüpfung besteht aber auch dadurch, dass nach der mit dem ESUG gestärkten Eigenverwaltung eine Sanierung mit Hilfe eines Insolvenzplans erfolgen soll. Betrachtet man vergleichend den präventiven Restrukturierungsrahmen wird auch hier ein Restrukturierungsplan zwischen Schuldner und den betroffenen Parteien ausgearbeitet, der sodann die Restrukturierung des Schuldners trägt.[70)] Wie bereits ausgeführt, darf auch nicht in den Hintergrund gerückt werden, dass mit dem ESUG auf die Forderung nach einem vorinsolvenzlichen Sanierungsverfahren vom deutschen Gesetzgeber reagiert wurde.[71)] Insoweit lässt sich ein gewisser sachlicher Zusammenhang zwischen dem ESUG und der Diskussion zur Schaffung eines präventiven Restrukturierungsrahmens nicht verleugnen. So will das ESUG vorinsolvenzliche Komponenten aufweisen. Hierzu kann auf das Schutzschirmverfahren gemäß § 270b InsO sowie auf das vorläufige Eigenverwaltungsverfahren gemäß § 270a InsO verwiesen werden. Beide Verfahrensarten knüpfen maßgeblich an die Zeit vor Eröffnung des Insolvenzverfahrens an. Des Weiteren sollen im präventiven Restrukturierungsrahmen Vollstreckungsverbote angeordnet werden können.[72)] Auch dies stellt eine Parallele zum ESUG dar. So können beispielsweise auch im Schutzschirmverfahren gemäß § 270b Abs. 2 Satz 3 InsO Vollstreckungsverbote vorgesehen werden.

2. *Zeitliche Überschneidung mit der Evaluation des ESUG*

Neben sachlichen Verknüpfungen zwischen dem ESUG und einem möglichen präventiven Restrukturierungsrahmen gibt es auch zeitliche Überschneidungen und damit Anknüpfungspunkte in zeitlicher Hinsicht. Wie der Gesetzgeber festgelegt hat[73)], hat nun fünf Jahre nach dem Inkrafttreten des ESUG im Mai 2017 die Evaluation dieses Gesetzes begonnen. Die Evaluation hat sich zum Ziel gesetzt, die Erfahrungen mit der Anwendung des Gesetzes zusammenzutragen, zu analysieren und etwaigen Änderungsbedarf anzuzeigen. Die mit Spannung erwartete Studie zur Evaluation wird voraussichtlich im Mai 2018 fertiggestellt werden. Demgegenüber wurde mit der Veröffentlichung des Richtlinienvorschlags der Euro-

70) Siehe hierzu II. 2. b).
71) Vgl. Beschluss des Deutschen Bundestages z. ESUG, BR-Drucks. 679/11, S. 2.
72) Siehe hierzu II. 2. a).
73) Vgl. Beschluss des Deutschen Bundestages z. ESUG, BR-Drucks. 679/11, S. 3.

päischen Kommission am 22. November 2016 das ordentliche Gesetzgebungsverfahren auf europäischer Ebene nach Art. 294 AEUV in Gang gesetzt. Zwar ist die voraussichtliche Dauer des Gesetzgebungsverfahrens auf europäischer Ebene schwer einzuschätzen. Ein Anhaltspunkt kann jedoch aus den erlassenen Rechtsakten im ordentlichen Gesetzgebungsverfahren der laufenden 8. Wahlperiode des Europäischen Parlaments gezogen werden. Hiernach wurden 75 % der Rechtsakte in der ersten von drei möglichen Lesungen im ordentlichen Gesetzgebungsverfahren bei einer durchschnittlichen Dauer von 17 Monaten angenommen.[74] Aufgrund des politischen Drucks zur Schaffung einer Kapitalmarktunion – zu der der Richtlinienvorschlag einen Beitrag darstellt – wäre ein Abschluss des derzeit laufenden Gesetzgebungsverfahrens auf europäischer Ebene und damit das Vorliegen einer finalen Richtlinie zum präventiven Restrukturierungsrahmen innerhalb von 17 Monaten durchaus denkbar. Legt man dies zugrunde, könnte die fertige Richtlinie in der ersten Hälfte des Jahres 2018 vorliegen und damit zeitnah zur anvisierten Fertigstellung der Evaluationsstudie zum ESUG im Mai 2018. Des Weiteren muss beachtet werden, dass die Ergebnisse der Evaluationsstudie vom deutschen Gesetzgeber wahrscheinlich aufgegriffen und umgesetzt werden. Jedoch wird der deutsche Gesetzgeber zudem die finale Richtlinie zum präventiven Restrukturierungsrahmen in nationales Recht umsetzen müssen. Der voraussichtliche Umsetzungszeitraum für den deutschen Gesetzgeber beträgt gemäß Art. 34 Abs. 1 RL-E zwei Jahre nach dem Inkrafttreten der Richtlinie. Legt man dies zugrunde, könnte der deutsche Gesetzgeber einen Umsetzungszeitraum bis etwa Mitte 2020 haben. Insoweit wird interessant sein, welche rechtspolitischen Konsequenzen aus den Ergebnissen der Studie zur Evaluation des ESUG gezogen werden.

IV. Fazit

Die Regelungen des präventiven Restrukturierungsrahmens nach dem derzeitigen Richtlinienvorschlag der Europäischen Kommission vom 22. November 2016 enthalten insgesamt eine große Bandbreite von Umsetzungsmöglichkeiten. Vor diesem Hintergrund ist bereits jetzt festzuhalten, dass die Herausforderung wohl in der Umsetzung des möglichen präventiven Restrukturierungsrahmens in deutsches Recht liegt. Hierbei

74) Abrufbar unter http://www.europarl.europa.eu/code/about/statistics_en.htm (Abrufdatum: 11.1.2018).

ist zu berücksichtigen, dass das ESUG bzw. die laufende Evaluation des ESUG und die Überlegungen zur Schaffung eines präventiven Restrukturierungsrahmens eng miteinander verknüpft sind. Aufgrund dessen sollte ggf. auf die bestehenden Regelungen des ESUG „draufgesattelt" werden, ohne jedoch einen Systembruch zu erzeugen[75] oder verfassungsrechtliche Grundsätze zu verletzen. Jedenfalls ist darauf zu achten, dass dem Werkzeugkasten des deutschen Restrukturierungsrechts eine sich einpassende Ergänzung hinzugefügt wird. Darüber hinaus dürfen durch die Diskussion über einen präventiven Restrukturierungsrahmen das ESUG sowie seine Evaluation nicht vernachlässigt werden. Insgesamt sollte sich Deutschland auf europäischer Ebene an der laufenden und politisch geprägten Diskussion über die Schaffung eines präventiven Restrukturierungsrahmens intensiv beteiligen[76] und auch selbstbewusst zum Ausdruck bringen, wie es die eventuelle europäische Richtlinie in deutsches Recht umsetzen will. Denn es sollte im Rahmen der Diskussion nicht in den Hintergrund rücken, dass Deutschland eines der besten Insolvenzrechte weltweit besitzt.[77]

---

75) Vgl. auch *Thole*, ZIP 2017, 101, 112.

76) Siehe als einen Diskussionsbeitrag die Stellungnahme des Gravenbrucher Kreises zu den Regelungen des Richtlinienvorschlags der Europäischen Kommission v. 22.11.2016 über präventive Restrukturierungsrahmen, abrufbar unter https://www.gravenbrucher-kreis.de/app/download/13069351235/Stellungnahme_praeventiver_Restrukturierungs-rahmen_Feb2017_DE.pdf?t=1494487312 (Abrufdatum: 11.1.2018).

77) Siehe Studie der Weltbank „Doing Business 2018 – Reforming to Create Jobs" v. 31.10.2017, S. 162, abrufbar unter http://www.doingbusiness.org/~/media/WBG/DoingBusiness/Documents/Annual-Reports/English/DB2018-Full-Report.pdf (Abrufdatum: 11.1.2018): Platz 4 von 190 Staaten; lediglich Japan (Platz 1), Finnland (Platz 2) und die Vereinigten Staaten von Amerika (Platz 3) liegen vor Deutschland.

InsO 2.0: Deutschland als Vorreiter oder Schlusslicht?

– Plädoyer für eine durchgreifende Digitalisierung des Unternehmens-Insolvenzverfahrens –

Hans Haarmeyer

Inhaltsübersicht

I. Einleitung[1)]

Die Gewährleistung effektiver Informationsrechte sowohl zur Durchsetzung der verfahrensrechtlichen wie auch der materiellen Rechte von Gläubigern im Insolvenzverfahren entspricht einer Forderung der die Institutsgarantie des Insolvenzverfahrens sichernden Justizgewährleistungspflicht. Diese Pflicht erwächst aus den Grundrechten i. V. m. dem Rechtsstaatsprinzip aus Art. 20 Abs. 3 GG und daraus auch ihre verfassungsrechtliche Basis, die zugleich auch der Garantie eines fairen Verfahrens nach Art. 6 EMRK entspricht. Die informatorische Rechtsstellung muss dabei so ausgestaltet sein, dass der einzelne berechtigte Gläubiger im Insolvenzverfahren die für die Ausübung seiner Beteiligungsrechte notwendigen Informationen erhält. Ob dem die Insolvenzordnung mit ihren generalisierten Berichtspflichten und dem kollektiven Auskunftsrecht der Gläubigerversammlung noch gerecht wird, muss auch auf der Grundlage der Entscheidungen des Bundesverfassungsgerichts[2)] ohne einen individuellen Auskunftsanspruch sowie Mitteilungs- und Informationspflichten als Ausdruck des Anspruchs auf rechtlichen Gehör ernsthaft bezweifelt werden.

In keinem Rechtsgebiet werden die verfassungsrechtlichen Anforderungen an die Art und Weise der gerichtlichen Information so bedeutsam, wie im

---

1) Zum Thema Digitalisierung des Unternehmens-Insolvenzverfahrens siehe schon *Braegelmann*, Moderne Onlinegerichte, ZInsO 2016, 950; umfassend zum Gesamtkontext *Heese*, Gläubigerinformation in der Insolvenz, 2008.

2) Grundlegend BVerfG, Urt. v. 30.1.1985 – 1 BvR 876/84, BVerfGE 69, 145, 148; BVerfG, Urt. v. 18.4.1984 – 1 BvR 869/83, BVerfGE 67, 39, 41; BVerfG, Urt. v. 9.2.1982 – 1 BvR 1379/80, BVerfGE 60, 1, 5.

Insolvenzverfahren, das sich in weiten Teilen der öffentlichen Bekanntmachung auch in solchen Fällen bedient, in denen es einerseits um die Erfüllung der aus Art. 103 Abs. 1 GG folgenden Mitteilungspflicht geht und andererseits um die Gewährleistung wirksamen Rechtsschutzes gegenüber Akten der öffentlichen Gewalt. Gerade die durch die öffentliche Bekanntmachung bewirkte Kenntnisfiktion strapaziert daher auch die Gewährleistung wirksamen Rechtsschutzes gegenüber der öffentlichen Gewalt.[3)]

Dies gilt insbesondere auch und gerade vor dem Hintergrund, dass der Bundesgerichtshofs Ende 2013 festgestellt hat,[4)] dass die „irreführende Gestaltung der Abfragemaske" der länderübergreifenden Plattform www.insolvenzbekanntmachungen.de übermäßigen Bedienungsaufwand erfordert und somit keinen verlässlichen und einfach zu handhabenden Zugang zu den Veröffentlichungen der Insolvenzgerichte ermöglicht und derselbe Senat schon 2011 Zweifel daran geäußert hat, ob die öffentliche Bekanntmachung von vergütungsrechtlichen Entscheidungen und der daraus folgende Lauf von Rechtsmittelfristen verfassungsrechtlich haltbar ist.[5)] An den insoweit eher beklagenswerten Zuständen hat sich seither nichts geändert, sodass Anlass besteht, dies nun nicht nur einzufordern, sondern zugleich den Gesetzgeber zu ermutigen einen großen Schritt zu gehen und nicht in kleinen Trippelschritten längst überkommene Rahmenbedingungen immer wieder und möglichst lange zu verteidigen. Dabei sollten einerseits die Verbesserung der Informationsinteressen der Gläubiger im Vordergrund stehen und zugleich das Ziel verfolgt werden, durch den Einsatz digitaler Mittel und Methoden, die Teilhabe und Teilnahme am Insolvenzverfahren nachhaltig zu stärken und zeitgemäß anzupassen.

Dass unter den gegenwärtigen Umständen die aktive Teilnahme von Gläubigern fast ausschließlich in Verfahren der Eigenverwaltung festzustellen ist, kann nicht wirklich verwundern, denn wenn die Regelinsolvenz für die einfachen Insolvenzgläubiger im Durchschnitt Quoten von 2,3 %[6)] als bestmögliche Befriedigung in Aussicht stellt, dann steht die Teilnahme an dem Verfahren und der damit verbundene Aufwand in keinem auch nur annähernd wirtschaftlichem Verhältnis. Trotz des Wegfalls überkommener

---

3) Vgl. dazu *Huber* in: v. Mangoldt/Klein/Stark, GG, Art. 19 Abs. 4 Rz. 498.

4) BGH, Beschl. v. 10.10.2013 – IX ZB 229/11, ZIP 2014, 86 = ZInsO 2014, 88, dazu EWiR 2014, 89 *(Vallender)*.

5) BGH, Beschl. v. 10.11.2011 – IX ZB 165/10, ZIP 2011, 2479 = ZInsO 2012, 49 Rz. 19.

6) Destatis, Pressemitteilung v. 15.5.2017.

Vorrechte durch die Reform des Insolvenzrechts kommt, wie vom Gesetzgeber erwartet, nicht endlich auch mehr Geld bei den Gläubigern an, sondern 98 % der verfügbaren Mittel werden für die Abwicklung des Verfahrens und die Befriedigung vorrangiger Rechte selbst aufgewendet – was den Sinn des Verfahrens schlicht komplett infrage stellt und ebenso die Bereitschaft und Fähigkeit der Insolvenzverwalter ein Insolvenzverfahren als Treuhänder im Fremdinteresse und zum vorrangigen Nutzen der einfachen, ungesicherten Gläubiger durchzuführen.

Doch auch die insolvenzrechtliche Wirklichkeit ändert sich infolge der Fortentwicklung der Wirtschaft. Immer mehr Insolvenzgläubiger und andere Beteiligte sind über ganz Deutschland, die Europäische Union oder die ganze weite Welt verstreut. Dass sie dann immer noch körperlich anwesend sein sollen bei Gerichtsanhörungen, Gläubigerversammlungen, Treffen des Gläubigerausschusses oder Abstimmungen über Insolvenzpläne oder zur Akteneinsicht ist offensichtlich ineffizient und abschreckend. Die Bevollmächtigung von örtlichen Insolvenzpraktikern kommt oft nicht in Frage, da diese keine grenzüberschreitende Beratungskompetenz haben (müssen), oder führt generell zu Zeit- und Reibungsverlusten mit dem Resultat, dass bei Insolvenzverfahren oft im Wesentlichen nur die örtlich präsenten Gläubiger erscheinen.

Die vom Gesetzgeber seit vielen Jahren angestrebte aktive und zahlreiche Gläubigerbeteiligung fällt aus oder ist zumindest verzerrt. Ein verstärkter Einsatz digitaler Strukturen könnte hier Abhilfe schaffen, also einerseits die aktive Einbindung möglichst vieler Gläubiger fördern und andererseits maßgeblich sowohl die Gerichte als auch die Sachbearbeiter in den Kanzleien der Insolvenzverwalter von An- und Nachfragen deutlich entlasten.

Eine solche Initiative ist aber auch deswegen relevant, weil im Zuge der Umsetzung der neuen Europäischen Insolvenzverordnung[7)] und der EU-Datenschutz-Grundverordnung[8)] sowieso auch im Bereich des deutschen Insolvenzrechts in technischer Hinsicht Modernisierungen anstehen und hinsichtlich der Informationsfreiheit im Spannungsfeld zum Datenschutz.

---

7) Verordnung (EU) 2015/848 des Europäischen Parlaments und des Rates v. 20.5.2015 über Insolvenzverfahren – Europäische Insolvenzverordnung (EuInsVO), ABl. (EU) L 141/19 v. 5.6.2015.

8) Verordnung (EU) 2016/679 des Europäischen Parlaments und des Rates v. 27.4.2016 zum Schutz natürlicher Personen bei der Verarbeitung personenbezogener Daten, zum freien Datenverkehr und zur Aufhebung der Richtlinie 95/46/EG – EU-Datenschutz-Grundverordnung (EU-DSGVO), ABl. (EU) L 119/1 v. 4.5.2016.

II. Notwendige und sinnvolle Maßnahmen

Die vor fast 10 Jahre angestellten und noch sehr vorsichtigen gesetzgeberischen Vorschläge zur Verbesserung und Vereinfachung der Aufsicht in Insolvenzverfahren (GAVI)[9] sollten entsprechend der dynamischen Entwicklung bei der Verbreitung des Internets konsequent fortgesetzt und zeitgemäß insoweit umgesetzt werden, als vergleichbar dem US-amerikanischen *National Creditor Registration Services* (NCRS) sich die beteiligten Insolvenzgläubiger registrieren können und zugleich sich auch mit elektronischen Zustellungen durch das Insolvenzgericht einverstanden erklären. Dadurch würden nicht nur die Verfahrenskosten deutlich gesenkt werden, sondern auch die Gerichte würden deutlich entlastet werden können.[10] Würde man zudem die Insolvenzgerichte zumindest für Verfahren über noch am Markt befindliche Unternehmen bei speziellen Restrukturierungsgerichten konzentrieren,[11] dann wäre auch die organisatorische Umsetzung nicht durch unüberwindbare Hindernissen oder Kosten gehemmt.

Bei dem Spektrum heute möglicher Maßnahmen zur Informationsverbesserung der Gläubiger und zur Stärkung einer aktiven Teilhabe sollte für die Beteiligten und Berechtigten eine jederzeit einsehbare Online-Insolvenzakte[12] des konkreten Verfahrens an erster Stelle stehen, kombiniert mit der gesetzlichen Verpflichtung der Insolvenzverwalter, über die in den bereits genutzten Softwaresystemen vorhandene Möglichkeiten eines Gläubigerinformationssystems den Gang des Verfahren fortlaufend über das Internet zu hinterlegen und damit auch durch eine transparente, fortlaufend aktualisierte Fassung zum Stand des Verfahrens für mehr Gläubigerinformationen Sorge zu tragen. Beide Möglichkeiten würden die Geschäftsstellen der Gerichte deutlich entlasten und auch für entfernt wohnende Gläubiger die aktive Teilhabe sichern. Der Gesetzgeber sollte daher die laufende Information der Beteiligten über den Sachstand künftig zur Pflicht der Insolvenzverwalter machen und diesen, neben den Insolvenzgerichten,

---

9) BT-Drucks. 16/7251 v. 21.11.2007; vgl. dazu auch *Tömp*, Der „GAVI-Gesetzentwurf" – Sind die geplanten Maßnahmen machbar und effektiv?, ZInsO 2007, 234 ff.

10) Vgl. dazu auch die zusammengefassten Vorschläge von *Heese*, Gläubigerinformation in der Insolvenz, 2008, S. 464 ff.

11) Die Konzentration und Professionalisierung der Insolvenzgerichte ist für die *Jubilarin* immer ein zentrales Ziel gewesen, das aber leider immer wieder an kleinkariertem Denken und überkommenen föderalen Strukturen gescheitert ist.

12) Mit dem am 2.6.2017 im Bundesrat angenommenen Gesetzentwurf der BReg zur Einführung der E-Akte ist hierzu ein wichtiger erster Schritt gemacht worden (BR-Drucks. 395/17).

die Nutzung eines bundesweiten elektronischen Informationssystems ermöglichen, um eine effektive und einwandfreie Informationspraxis bei allen Insolvenzgerichten zu gewährleisten. Ein bundeseinheitliches Verfahren unter gerichtlicher Kontrolle bietet zudem die Gewähr für ein hinreichendes technisches Niveau und damit auch einen wirksamen Sicherheitsstandard im Bereich der Nutzeridentifikation.

Außerdem sollte, entsprechend des Vorschlags von *Braegelmann*[13)], eine bundesweit einheitliche Online-Insolvenztabelle eingerichtet werden, ähnlich wie das jüngst eingeführte Schutzschriftregister, um damit Insolvenzgerichte und Insolvenzverwalter von der mühseligen Pflege der Insolvenztabelle zu entlasten. Die Insolvenzverwalter könnten sich dann darauf konzentrieren, inhaltlich die Begründetheit von Insolvenzforderungen zu prüfen. Die Insolvenzgläubiger könnten sich außerdem anhand solch einer bundesweiten Insolvenztabelle, sofern sie der Freischaltung ihrer Kontaktdaten zustimmen, schneller mit anderen Insolvenzgläubigern vernetzen und ggf. gemeinsam handeln. Gläubiger, welche keine Zeit haben, sich an einem langwierigen Insolvenzverfahren zu beteiligen, könnten so auch leichter einen Käufer für ihre Insolvenzforderung finden. Man könnte die Wirksamkeit eines solchen Insolvenzforderungsverkaufs von der (nicht-öffentlichen) Online-Notifizierung des Insolvenzgerichts abhängig machen. Schnell würde dadurch für einen Insolvenzrichter offensichtlich, wenn Käufer von Insolvenzforderungen versuchen würden, unangemessenen Einfluss auf ein Insolvenzverfahren zu gewinnen. Somit würde durch eine technische Lösung die Absicht des Gesetzgebers, die Gläubigerbeteiligung im Insolvenzverfahren zu steigern, endlich erreicht werden.

Den berechtigten Gläubigern sollte zudem die Möglichkeit eröffnet werden, sich ohne körperliche Präsenz an Versammlungen zu beteiligen und an Abstimmungen teilzunehmen. Die dazu heute bereits vorhandenen technischen Gegebenheiten eröffnen die Möglichkeit digitaler Gläubigerversammlungen bei gleichzeitiger Präsenz aller Beteiligten, was einerseits zu einer erheblichen Zeit- und Kostenersparnis führen würde, andererseits aber eine aktive und hohe Beteiligung der Gläubiger ermöglicht, die dann nicht mehr gezwungen sind, mit erheblichem Kostenaufwand zu auch weit entfernt liegenden Gerichten zu reisen, um ihre Rechte überhaupt wahrnehmen zu können.

---

13) Vgl. dazu *Braegelmann*, ZInsO 2016, 950.

Gleich der Rechtslage in den meisten ausländischen Rechtsordnungen sollte der Gesetzgeber in diesem Zuge auch die Eröffnungsvoraussetzung kostendeckender Masse aufgeben und damit auch der gezielten Herbeiführung einer Abweisung mangels Masse den Boden entziehen. Vergleichbar den Regelungen zum Insolvenzgeld könnte durch eine geringe Umlage bei allen unternehmerisch tätigen natürlichen wie juristischen Personen die Finanzierung masseloser Verfahren gesichert werden, wobei allerdings auch eine ergänzende Finanzierung aus Steuergeldern rechts- und ordnungspolitisch gerechtfertigt sein dürfte. Ist für die Organe juristischer Personen klar, dass es für den Fall einer Insolvenz in jedem Fall zur Eröffnung kommen wird, so dürfte der „Anreiz", diesen Zeitpunkt möglichst weit nach hinten zu verlagern und die Masselosigkeit gezielt herbeizuführen, entfallen, sodass damit auch das Geschäft der Firmenbestattung obsolet werden würde.

Wie schon in Österreich sollte der Gesetzgeber schließlich die Voraussetzungen dafür schaffen, dass sich bundesweit organisierte Gläubigerschutzorganisationen in den Dienst des Verfahrens stellen und die wesentlichen Organisations- und Informationsdienstleistungen für die von ihnen vertretenen Gläubiger übernehmen, wodurch auch an dieser Stelle eine deutliche Arbeitsentlastung für die Insolvenzgerichte eintreten würde. Zugleich würde aber auch endlich eine organisierte Interessenvertretung der einfachen Insolvenzgläubiger stattfinden und deren Ziele könnten vom ersten Tag eines Verfahrens an in die gesamte Verfahrensdurchführung als kooperativer gemeinsamer Gestaltungs- und/oder Verwertungsprozess integriert werden.

Zur Vergütung des gemeinsamen Vertreters nach SchVG 2009 in „Altfällen“

FLORIAN JACOBY

Inhaltsübersicht

I. Einführung

Die Rechtsstellung des gemeinsamen Vertreters ergibt sich in erster Linie aus § 7 SchVG.[1] Unlängst hat der Bundesgerichtshof dem gemeinsamen Vertreter, der erst nach Eröffnung des Insolvenzverfahrens über das Vermögen des Emittenten bestellt wird, eine Geltendmachung seines gesetzlichen Vergütungsanspruchs aus § 7 Abs. 6 SchVG als Masseverbindlichkeit in diesem Verfahren verweigert.[2] Dieser Beitrag will sich mit den Folgen dieser Entscheidung für solche gemeinsamen Vertreter auseinandersetzen, die ihre Tätigkeit im Interesse der Anleihegläubiger bereits in der Erwartung durchgeführt haben, als Massegläubiger vom Insolvenzverwalter des Emittenten befriedigt zu werden. Zu diesem Ziel soll zunächst die Rechtsstellung des gemeinsamen Vertreters (unter II.) und die maßgebliche Weichenstellung des Bundesgerichtshofs (unter III.) in Erinnerung gerufen werden. Anschließend wird untersucht, unter welchen Voraussetzungen dem gemeinsamen Vertreter aus Vertrag (unter IV. 1.) oder aus den Grundsätzen über fehlerhafte/faktische Amtsverhältnisse (unter IV. 2.) ein Ver-

---

1) Schuldverschreibungsgesetz, v. 31.7.2009, BGBl. I 2009, 2512.

2) BGH, Urt. v. 12.1.2017 – IX ZR 87/16, ZIP 2017, 383, dazu EWiR 2017, 181 *(Schaumann/Zenker)*; ferner BGH, Beschl. v. 14.7.2016 – IX ZB 46/15, ZIP 2016, 1688, dazu EWiR 2016, 599 *(Hofmann)*, gegen die Einordnung als Kosten des Verfahrens nach § 54 InsO.

gütungsanspruch zustehen könnte. Schließlich ist unter der Prämisse, dass im Einzelfall solche Vergütungsansprüche nicht bestehen, zu überlegen, inwieweit der gemeinsame Vertreter sich gegen einen Anspruch eines Insolvenzverwalters aus ungerechtfertigter Bereicherung verteidigen kann, wenn dieser dem gemeinsamen Vertreter bereits Zahlungen aus der Insolvenzmasse auf die vermeintliche Masseverbindlichkeit erbracht hat (IV. 3.).

Dieser Beitrag hofft auf das Interesse der hoch verehrten *Jubilarin*. Zum einen steht sie nicht nur aufgrund ihrer beruflichen Stellung rechtspolitisch brisanten Fragen stets aufgeschlossen gegenüber.[3)] Zum anderen zeigt die *Jubilarin* nicht zuletzt als Herausgeberin eines angesehenen Kommentars zur Insolvenzordnung stets ein breites Interesse an allen aktuellen Fragen des Insolvenzrechts und ihren Verbindungslinien zur allgemeinen Rechtslehre. Dazu möchte diese Festgabe einen Beitrag leisten.

II. Die Amtsstellung des gemeinsamen Vertreters

Der gemeinsame Vertreter erlangt seine Amtsstellung nicht durch Vertrag, sondern durch (annahmebedürftigen) Bestellungsbeschluss der Gläubiger nach §§ 7 Abs. 1, 19 Abs. 2 SchVG.[4)] Insoweit unterscheidet sich die Begründung des Amtsverhältnisses nicht von anderen Ämtern wie Geschäftsführer (§ 46 Nr. 6 GmbHG), Vorstand (§ 27 Abs. 1 BGB, § 84 AktG), Wohnungseigentumsverwalter (§ 26 Abs. 1 WEG) etc.

Das Schuldverschreibungsgesetz gestaltet das Amtsverhältnis des gemeinsamen Vertreters allerdings auf eigentümliche Art und Weise aus, soweit man die Rechtsverhältnisse betrachtet, die allein aus der Amtsstellung des gemeinsamen Vertreters folgen. Es handelt sich um ein mehrpoliges Rechtsverhältnis, an dem nicht nur gemeinsamer Vertreter und Gläubiger, sondern auch der Emittent beteiligt sind. Einerseits wird der gemeinsame Vertreter nicht nur von den Gläubigern bestellt, sondern ist auch diesen gegenüber verpflichtet. So ordnet § 7 Abs. 3 SchVG ausdrücklich eine Haftung des gemeinsamen Vertreters für Pflichtverletzungen gegenüber den Gläubigern

---

3) Vgl. zum hiesigen Thema nur den rechtspolitischen Appell von *Holzer*, Die Vergütung des gemeinsamen Vertreters der Anleihegläubiger im Insolvenzverfahren, NZI 2017, 465.

4) In diese Richtung auch *Thole* in: Hopt/Seibt, Schuldverschreibungsrecht, 2017, § 7 SchVG Rz. 29, allerdings diskutiert und favorisiert *Thole* in Rz. 22 ff. auch abweichende vertragsrechtliche Konstruktion, die allesamt am fehlenden Vertragsschluss scheitern. Jedenfalls setzen die Wirkungen in § 7 SchVG keinen solchen voraus.

an. Andererseits müssen aber nicht die Gläubiger für Vergütung und Auslagen des gemeinsamen Vertreters aufkommen, sondern nach § 7 Abs. 6 SchVG der Emittent. § 7 Abs. 6 SchVG ist also keine Regressnorm, die anordnet, dass die die Vergütung schuldenden Gläubiger Rückgriff beim Emittenten nehmen können, sondern Anspruchsnorm des gemeinsamen Vertreters gegen den Emittenten.[5)]

Diese Amtsstellung des gemeinsamen Vertreters äußert damit Rechtsfolgen, die denen eines Vertrags zugunsten Dritter (§§ 328 ff. BGB) durchaus vergleichbar sind. Diese Rechtsfolgen beruhen aber nicht auf einem Vertrag, sondern auf der Ausgestaltung des Amtes des gemeinsamen Vertreters durch das SchVG. Indessen könnte ein Vertrag des gemeinsamen Vertreters mit dem Insolvenzverwalter oder mit Anleihegläubigern das Rechtsverhältnis ergänzend ausgestalten. So tut es etwa auch typischerweise der Anstellungsvertrag eines Geschäftsführers mit der GmbH, zu deren Organ er durch Beschluss der Gesellschafterversammlung wird.[6)] In beiden Fällen darf freilich der Vertrag nicht mit den gesetzlichen Regelungen in Konflikt geraten. Beispielsweise setzen § 9b Abs. 1, § 43 Abs. 3 Satz 2 GmbHG einer Begrenzung der Haftung des Geschäftsführers Grenzen.

Typischer Gegenstand für eine solche konkretisierende Vereinbarung ist im Gesellschaftsrecht die Vergütungshöhe, die der Anstellungsvertrag zwischen Gesellschaft und Geschäftsführer regelmäßig präzisiert.[7)] Zumindest dieses Bedürfnis kann sich auch im Anwendungsbereich des SchVG ergeben. § 7 Abs. 6 SchVG sieht eine amtsangemessene Vergütung vor. Um die Vergütung auszuzahlen, muss in jedem Einzelfall ihre angemessene Höhe exakt bestimmt werden. Eine gerichtliche Festsetzung der Vergütung findet nicht statt.[8)] Daher bietet sich eine Vereinbarung von Emittent und gemeinsamem Vertreter als Schuldner und Gläubiger an. Darüber hinaus ist zu bedenken, dass vor der Entscheidung des Bundesgerichtshofs der Rang des Vergütungsanspruchs im Insolvenzverfahren höchst

---

5) RegE zu § 7 Abs. 6 SchVG, BT-Drucks. 16/12814: „Die Ansprüche des gemeinsamen Vertreters richten sich demzufolge direkt gegen den Schuldner.“; *Thole* in: Hopt/Seibt, Schuldverschreibungsrecht, 2017, § 7 SchVG Rz. 64 f.; *Veranneman* in: Veranneman, SchVG, 2. Aufl. 2016, §§ 7, 8 SchVG Rz. 80; a. A. *Antoniadis*, Kosten und Auslagen des gemeinsamen Vertreters von Anleihegläubigern im Insolvenzverfahren über das Vermögen des Emittenten, NZI 2014, 785, 786, 787.

6) Statt aller *Kleindiek* in: Lutter/Hommelhoff, GmbHG, 19. Aufl. 2016, Anh. § 6 Rz. 2 ff.

7) *Kleindiek* in: Lutter/Hommelhoff, GmbHG, 19. Aufl. 2016, Anh. § 6 Rz. 31.

8) Vgl. BGH, Beschl. v. 14.7.2016 – IX ZB 46/15, ZIP 2016, 1688, gegen die Festsetzung im Insolvenzverfahren; ferner *Holzer*, NZI 2017, 465, 470.

umstritten war.[9] Vielfach wurde die Verbindlichkeit nach § 7 Abs. 6 SchVG als Masseverbindlichkeit eingeordnet. Es bestand keine Klarheit, so dass das Bedürfnis nach einer Fixierung auch hier bestand. Darauf ist zurückzukommen.[10]

III. Weichenstellung des Bundesgerichtshofs

Der Bundesgerichtshof hat in den tragenden, aber auch in den ergänzenden Erwägungen seines Urteils vom 12. Januar 2017 maßgebliche Aussagen zum Vergütungsanspruch des gemeinsamen Vertreters getroffen:

1. Verbindlichkeit aus § 7 Abs. 6 SchVG

Der Bundesgerichtshof hat es abgelehnt, die aus § 7 Abs. 6 SchVG folgende Vergütungsforderung eines gemeinsamen Vertreters, der erst nach Verfahrenseröffnung bestellt wird, als Masseverbindlichkeit einzuordnen. Zwar wurden ganz unterschiedliche Gründe für die Qualifizierung als Masseverbindlichkeit angeführt. Am stichhaltigsten erscheint, § 55 Abs. 1 Nr. 1 Fall 2 InsO anzuwenden. Dafür müsste die Verbindlichkeit aus der sonstigen Verwaltung der Masse folgen. Dem Bundesgerichtshof fehlt es jedoch ungeachtet der besonderen Anordnung in § 19 SchVG am hinreichenden Massebezug der Tätigkeit des gemeinsamen Vertreters. Insbesondere hänge auch die Begründung der Verbindlichkeit nur von der Bestellung durch die Gläubiger, aber nicht vom Insolvenzverwalter ab. So kam der Bundesgerichtshof dazu, dass es sich grundsätzlich um eine gegen den (vermögenslosen) Emittenten (Insolvenzschuldner) selbst geltend zu machende Neuforderung handele.[11] Für die Einordnung als Insolvenzforderung fehle es an der Begründung im Zeitpunkt der Verfahrenseröffnung, wenn der Vertreter erst nach Verfahrenseröffnung bestellt werde.

2. Vertragliche Verbindlichkeit

Diese Einordnung gilt aber nicht, falls der Insolvenzverwalter sich vertraglich dem gemeinsamen Vertreter gegenüber zur Zahlung einer bestimmten

9) Vgl. nur die Nachweise bei BGH, Urt. v. 12.1.2017 – IX ZR 87/16, ZIP 2017, 383, Rz. 10 f.
10) Unten IV. 1. b.
11) BGH, Urt. v. 12.1.2017 – IX ZR 87/16, ZIP 2017, 383, Rz. 26.

Vergütung verpflichtet hat. Ein solcher Anspruch ist dann grundsätzlich Masseverbindlichkeit nach § 55 Abs. 1 Nr. 1 Fall 1 InsO.

Der Bundesgerichtshof hält den Abschluss einer solchen Vereinbarung allerdings nur unter besonderen Voraussetzungen für zulässig, weil doch der gesetzliche Anspruch keine im Insolvenzverfahren zu verfolgende Forderung darstelle. Daher müssten die Nachteile, die der Vertrag in Gestalt der Masseverbindlichkeit mit sich brächte, durch Vorteile für die Masse aufgewogen werden.[12)] Dabei erklärt der Bundesgerichtshof nicht ausdrücklich, worauf diese Beschränkung dogmatisch beruht. Eine anerkannte Grenze der Rechtsmacht des Insolvenzverwalters, nach §§ 80, 55 Abs. 1 Nr. 1 InsO Masseverbindlichkeiten zu begründen, bildet die sog. Insolvenzzweckwidrigkeit eines Rechtsgeschäfts. Diese ist gegeben, wenn der Insolvenzverwalter erkennbar zum Nachteil der Masse handelt. Dann ist das Rechtsgeschäft unwirksam.[13)]

Die danach maßgebliche Erkennbarkeit der Masseschädlichkeit ist freilich erst gegeben, seit dem der Bundesgerichtshof den Rang der Forderungen aus § 7 Abs. 6 SchVG geklärt hat. Wurden zwischen Insolvenzverwalter und gemeinsamen Vertretern vorher Vereinbarungen geschlossen, waren die Nachteile für die Masse indessen nicht erkennbar. Daher greift die vom Bundesgerichtshof nunmehr gemachte Einschränkung auf solche Altfälle nicht. Auch darauf ist zurückzukommen.[14)]

3. Befriedigung über das Eck

Der Bundesgerichtshof erwägt, dass der gemeinsame Vertreter von den Gläubigern – entweder unmittelbar oder aus der an die Schuldverschreibungsgläubiger ausgeschüttete Masse – befriedigt wird.[15)] Dieser Ansatz stößt aber auf erhebliche rechtliche Schwierigkeiten.[16)] Diese Schwierigkeiten beruhen in erster Linie darauf, dass § 7 Abs. 6 SchVG keinen Anspruch gegen die Gläubiger, sondern nur gegen den Emittenten begründet. Die Schuldverschreibungsgläubiger können daher auch nicht durch Beschluss die Grundlage für einen gemeinsamen Vertragsschluss mit dem

12) BGH, Urt. v. 12.1.2017 – IX ZR 87/16, ZIP 2017, 383, Rz. 28.
13) Vgl. BGH, Urt. v. 17.12.2015 – IX ZR 143/13, BGHZ 208, 227 = ZIP 2016, 274, Rz. 24, dazu EWiR 2016, 211 *(Lüke)*; BGH, Urt. v. 10.01.2013 – IX ZR 172/11, ZIP 2013, 531, Rz. 8, dazu EWiR 2013, 329 *(Schulz)*.
14) Unten unter IV. 1.
15) BGH, Urt. v. 12.1.2017 – IX ZR 87/16, ZIP 2017, 383, Rz. 28.
16) Nachdrücklich und treffend *Holzer*, NZI 2017, 465, 467.

gemeinsamen Vertreter schaffen.[17] Es bedürfte eigenständiger Verträge des gemeinsamen Vertreters mit den Gläubigern.

4. *Folgerungen*

So ergibt sich auf Grundlage der Rechtsprechung des Bundesgerichtshofs ein recht klares Bild: Das Amt des gemeinsamen Vertreters ist wirtschaftlich ein Risiko. Der gesetzliche Anspruch aus § 7 Abs. 6 SchVG verspricht im Regelfall keine einbringliche Forderung. Der gemeinsame Vertreter ist auf einen Vertragsschluss mit Insolvenzverwalter oder Gläubiger angewiesen, die ihm eine Vergütung zusichern.

Der Vertragsschluss mit dem Insolvenzverwalter setzt neben dessen Bereitschaft voraus, dass die Tätigkeit des gemeinsamen Vertreters der Masse Vorteile bringt, die die Zahlung der Vergütung zulasten der Masse aufwiegen. Solche Vorteile können in erster Linie Erleichterungen bei der Feststellung der Forderungen, insbesondere bei der Klärung des Ranges der Forderungen sowie bei der Ausübung des Stimmrechts sein. Stets wird es für den Insolvenzverwalter die Tätigkeit erheblich erleichtern, sich mit nur einem gemeinsamen Vertreter statt mit tausenden Gläubigern auseinanderzusetzen. Inwieweit diese Erleichterung mit dem Aufwand des gemeinsamen Vertreters abzugleichen ist und daher eine angemessene Grundlage für die Vergütungsbemessung darstellt, ist Tatfrage, im Zweifel zu bezweifeln.[18]

Der Vertragsschluss mit einzelnen Gläubigern birgt verschiedene Risiken. Einerseits werden einzelne Gläubiger aus Sparsamkeit versucht sein, vom Vertragsschluss abzusehen. Andererseits beinhaltet die Vergütung allein durch einzelne Großgläubiger die Gefahr, dass der Vertreter dessen Interessen in den Vordergrund rückt und die Gemeinsamkeit der Vertretung auf der Strecke bleibt.

IV. Vergütung in Altfällen

Im Folgenden sollen aber weniger diese Zukunftsprobleme vertieft, sondern der Vergütungsforderung des gemeinsamen Vertreters in Altfällen nachgegangen werden. In Rede steht also ein Anspruch des gemeinsamen

---

17) *Holzer*, NZI 2017, 465, 467, unter Hinweis auf AG Schwerin, Beschl. v. 12.5.2016 – 580 IN 64/16 (German Pallets).

18) Zu Kriterien für eine angemessene Vergütung *Holzer*, NZI 2017, 465, 469.

Vertreters für seine Dienste, die er bereits vor Erlass des Urteils des Bundesgerichtshofs verrichtet hat.

1. Anspruch aus Vertrag

Eine mögliche Anspruchsgrundlage für einen gemeinsamen Vertreter kann ein mit dem Insolvenzverwalter geschlossener Vertrag darstellen.

Wie gerade bereits angedeutet,[19] lässt sich dieser Anspruchsgrundlage nicht die Unzulässigkeit des Vertrags ohne ausgleichende Gegenleistung entgegenhalten. Diese vom Bundesgerichtshof postulierte Einschränkung der Rechtsmacht des Verwalters kann in Altfällen nicht greifen, weil vor der Entscheidung des Bundesgerichtshofs die Verträge noch in der Erwartung geschlossen werden konnten, dass dem gemeinsamen Vertreter ohnehin Masseverbindlichkeiten erwachsen. Recht klar liegen daher Gestaltungen, in denen ein ausdrücklicher, vielfach dann auch schriftlicher Vertrag geschlossen worden ist.

Nähere Untersuchung erfordern Sachlagen, in denen es an einem ausdrücklichen Vertragsschluss fehlt. Es soll für solche Fälle im Folgenden darum gehen, Kriterien zu entwickeln, aufgrund welcher Umstände dann typischerweise ein konkludenter Vertragsschluss festgestellt werden kann. Ein solcher Vertragsschluss liegt fern, wenn der Insolvenzverwalter sich in die Gewinnung des gemeinsamen Vertreters abseits seiner eigenen Amtspflichten nicht eingeschaltet hat. Bei Beurteilung seines Verhaltens ist indes einzustellen, dass § 19 SchVG dem Insolvenzverwalter keine Pflichten zuweist. Insbesondere Einberufung und Leitung der Gläubigerversammlung liegen nach § 19 Abs. 2 Satz 2 SchVG beim Insolvenzgericht.

In vielen Fällen haben die Insolvenzverwalter sich – über ihre eigenen Pflichten hinaus – an der Gewinnung des gemeinsamen Vertreters beteiligt, indem sie in Betracht kommende Personen zur Kandidatur aufgefordert haben, die Kandidaten auf der Gläubigerversammlung den Gläubigern vorgestellt haben, dabei mit den Kandidaten die Höhe ihrer Vergütungsforderung abgestimmt haben, und die Kandidaten über die Möglichkeit aufgeklärt haben, dass die Vergütung als Masseverbindlichkeit aus der Masse gezahlt wird. Mir lag ein Fall zur Stellungnahme vor, in dem der Insolvenzverwalter gar dem gemeinsamen Vertreter absprachegemäß Vorschüsse auf seine Forderung als Masseverbindlichkeit gezahlt hat. Der

---

19) Oben unter III. 2.

Wahl des gemeinsamen Vertreters durch die Gläubiger lag ein Angebot des gewählten Kandidaten unter Angabe einer exakten Vergütungshöhe zugrunde. Danach wurde die Höhe der Vorschüsse bemessen. Dem gemeinsamen Vertreter war vom Insolvenzverwalter auch mitgeteilt worden, dass nach einem eingeholten Rechtsgutachten, seine Forderungen als Masseverbindlichkeiten befriedigt werden würden.

In solchen Sachlagen haben sich Verwalter und gemeinsamer Vertreter mit Rang und Höhe der Vergütung über die notwendigen Bestandteile eines Dienstvertrags verständigt. Zu hinterfragen bleibt, ob beide auch einen hinreichenden Rechtsbindungswillen zum Ausdruck gebracht haben, um einen Vertragsschluss anzunehmen. Dafür ist zu entscheiden, ob Insolvenzverwalter und gemeinsamer Vertreter sich allein über den Inhalt der gesetzlichen Folge des Amtes in § 7 Abs. 6 SchVG ausgetauscht haben oder ob sie den Inhalt des Rechtsverhältnisses durch Vertrag konkretisieren wollten.

a) Vergütungshöhe

Eine Fixierung der Vergütungshöhe ist nur durch einen Vertragsschluss möglich, während Beschlüsse der Gläubigerversammlung keine bindende Wirkung haben.[20] Anderenfalls gilt nach § 7 Abs. 6 SchVG eine amtsangemessene Vergütung. Wenn also das (vom Insolvenzverwalter angeforderte) Angebot des gemeinsamen Vertreters Motiv war, gerade ihn zu bestellen, liegt es nahe, dass diese Vergütung auch fixiert werden sollte. Das gilt für den Insolvenzverwalter, weil ihm daran liegen musste, die Entscheidungskriterien der Gläubiger zu beachten. Daher hatte er ein Interesse daran, insoweit eine Vereinbarung zu schließen. Auf der anderen Seite gilt das aber auch für den gemeinsamen Vertreter. Legt er sich bei seiner Bestellung auf eine bestimmte Vergütung fest, dann will er ebenso wenig eine höhere – wenngleich auch amtsangemessene – Vergütung beanspruchen, wie er sich mit weniger zufrieden geben mag.

b) Qualität als Masseverbindlichkeit

Auf Seiten des gemeinsamen Vertreters besteht auch ein deutlich erkennbares Bedürfnis, Masseverbindlichkeiten zu erlangen. Einen gemeinsamen Vertreter treffen im Regelfall so umfangreiche Pflichten, dass ihn jeden-

---

20) *Thole* in: Hopt/Seibt, Schuldverschreibungsrecht, 2017, § 7 SchVG Rz. 69, 71.

falls ein Koordinierungsaufwand mit nicht unerheblichen Kosten für Zustellungen trifft. In manchen Fällen muss er auch Prozesse als Vertreter der Insolvenzgläubiger im Streit um den Rang der jeweiligen Forderung führen. Dann bringt die Tätigkeit des gemeinsamen Vertreters auch ein hohes Haftungsrisiko aus § 7 Abs. 3 SchVG mit sich. Angesichts dessen kann sich eine Person erkennbar nur dann vernünftigerweise dazu bereitfinden, das Amt des gemeinsamen Vertreters zu übernehmen, wenn mangels anderer Deckung die Zahlung der Vergütung jedenfalls als Masseverbindlichkeit gesichert ist.

Auf Seiten des Insolvenzverwalters ist es indessen weitaus schwieriger, die Bereitschaft des Insolvenzverwalters zu erkennen, einem gemeinsamen Vertreter eine Vergütungsforderung im Range einer Masseverbindlichkeit zusichern zu wollen. Allerdings lassen sich folgende Umstände als Indizien anführen:

Zunächst offenbart der Insolvenzverwalter seine Bereitschaft, die Vergütung als Masseverbindlichkeit zu befriedigen, wenn er mögliche Kandidaten für das Amt des gemeinsamen Vertreters unter Hinweis auf den Charakter der Vergütungsforderung als Masseverbindlichkeit zu einer Bewerbung als gemeinsamer Vertreter auffordert. Das setzt sich fort, wenn er auf der Versammlung der Gläubiger diese ebenfalls über diesen Umstand informiert. Weiteres Indiz ist es, wenn der Insolvenzverwalter die Gläubiger gerade nicht von der Begründung dieser Verbindlichkeiten durch Wahl eines gemeinsamen Vertreters abbringen will, sondern diese vielmehr drängt, einen gemeinsamen Vertreter aus der Liste der von ihm vorgeschlagenen Kandidaten zu wählen. Dadurch kann sich insbesondere zeigen, dass er auf die mit der Bestellung eines gemeinsamen Vertreters einhergehende Erleichterung bei der Verfahrensabwicklung setzt. Er braucht sich dann nicht mit jedem einzelnen Gläubiger gesondert abzustimmen, sondern kann dies konzentriert mit dem gemeinsamen Vertreter über die Forderungen aller Gläubiger tun. Ein besonders deutliches Zeichen ist es schließlich, wenn der Insolvenzverwalter sich bereitfindet, Vorschussforderungen des gemeinsamen Vertreters als Masseverbindlichkeiten zu befriedigen.

c) Folgerungen

Im Ergebnis ist es also Frage des Einzelfalls, ob zwischen Insolvenzverwalter und gemeinsamen Vertreter ein Vertrag zustande gekommen ist.

Vielfach wird dem Verhalten der Beteiligten zu entnehmen sein, dass man sich auf eine bestimmte Vergütung oder einen Schlüssel verständigen wollte, wie man die amtsangemessene Vergütung konkretisieren will. Eine andere Frage ist, ob auch über den Rang der Vergütungsforderung als Masseverbindlichkeit eine Verständigung herbeigeführt wurde. Insoweit ist allerdings von der Situation des gemeinsamen Vertreters auszugehen. Ihm ist die Tätigkeit kaum zuzumuten, wenn seine Ansprüche auf Vergütung und Aufwendungsersatz nahezu wertlos sind. Eine Vereinbarung wird immer dann anzunehmen sein, wenn dem Verhalten des Insolvenzverwalters zu entnehmen ist, dass er das Risiko, dass der gemeinsame Vertreter doch keine Masseverbindlichkeit erhält, nicht bei diesem belassen wollte. Dafür sind verschiedene Indizien aufgezählt worden.

2. *Faktische Amtsstellung als Rechtsgrund*

Lässt sich ein Vertrag nicht annehmen, kann sich eine Vergütungsforderung des gemeinsamen Vertreters aus den Grundsätzen über faktische/fehlerhafte Dienst- und Amtsverhältnisse ergeben.

Für solche Rechtsverhältnisse gelten besondere Grundsätze, wenn der Vertrag zwar nicht wirksam zustande gekommen ist, das Rechtsverhältnis aber in Vollzug gesetzt wurde.[21)] So bleiben grundsätzlich die Vergütungsansprüche aus dem wenn auch nichtigen, aber vollzogenen Rechtsverhältnis bestehen. Die Unwirksamkeitsgründe können allerdings jederzeit mit Wirkung *ex nunc* geltend gemacht werden. Solange die Wirksamkeit nicht beanstandet wird, gilt das Vollzogene. Diese Grundsätze finden nicht nur auf reine Dienstverhältnisse, sondern auch auf die Rechtsstellung unwirksam bestellter Amtswalter Anwendung.[22)] Der Grund für die Anerkennung dieser faktischen/fehlerhaften Dienstleistungsverhältnisse ist nämlich nicht der Entstehungsgrund des Rechtsverhältnisses, sondern die Eigenart der aus ihnen geschuldeten Dienstleistungspflicht:[23)] Durch eine Dienstleistung geht der in ihr verkörperte Vermögenswert in das Vermögen des Dienstberechtigten unwiderruflich über. Diese Leistung ist in Natur nicht kondizierbar, dem Dienstberechtigten gebührt indessen eine Kompensa-

---

21) BAG, Urt. v. 15.1.1986 – 5 AZR 237/84, NJW 1986, 2133; *Richardi/Fischinger* in: Staudinger, BGB, 2016, § 611 Rz. 699 f.

22) BGH, Urt. v. 15.4.2014 – II ZR 44/13, GmbHR 2014, 817 Rz. 12 = ZIP 2014, 1278, zum GmbH-Geschäftsführer.

23) *Richardi/Fischinger* in: Staudinger, BGB, 2016, § 611 Rz. 700.

tion. Als diese Kompensation ist das angemessen, was die Beteiligten als Vergütung zugrunde gelegt haben.

Diese Grundsätze sind auch im Verhältnis von Insolvenzverwalter und gemeinsamen Vertreter nicht nur im Hinblick auf die Vergütungshöhe, sondern auch auf die vermeintliche Einordnung der Vergütungsforderung als Masseverbindlichkeit anwendbar. Lehnt man einen Vertrag ab, wird sich eine faktische Behandlung als Masseverbindlichkeit freilich nur dann feststellen lassen können, wenn die Vergütung auch als Masseverbindlichkeit gezahlt wurde. Dann hat der gemeinsame Vertreter allerdings im Vertrauen auf das Rechtsverhältnis und auf die ihm gegenüber als Masseverbindlichkeit ausgezahlte Vergütung oder den ebenso erhaltenen Vorschuss nicht nur Aufwendungen gemacht, sondern auch die von ihm geschuldete Dienstleistung erbracht. Daher kann der Insolvenzverwalter sich nicht isoliert auf das Fehlen einer Masseverbindlichkeit berufen und einen bereicherungsrechtlichen Rückforderungsanspruch geltend machen. Die faktische Verknüpfung von Vorschusszahlung und Dienstleistung gebietet die Berücksichtigung der Gegenleistung. Will man diese Gegenleistung bei einer etwaigen Rückabwicklung berücksichtigen, steht man nämlich gerade vor den Problemen, die durch die Grundsätze des faktischen/fehlerhaften Arbeitsverhältnisses gelöst werden: Die Dienstleistung ist erbracht und den begünstigten Gläubigern zugutegekommen. Da eine Kondiktion in Natur ausscheidet, muss die Kompensation auf andere Weise erfolgen, wofür sich eben die Anerkennung der Rechtsfolgen des faktischen Verhältnisses anbietet.

Im Ergebnis kann ein Vergütungsanspruch auch aus den Grundsätzen über das faktische Amtsverhältnis folgen.

3. *Entreicherung*

Hat der Insolvenzverwalter dem gemeinsamen Vertreter vor der Entscheidung des Bundesgerichtshofs eine Vergütung als Masseverbindlichkeit gezahlt, ist zu erwägen, ob der Verwalter diese als ungerechtfertigte Bereicherung nach § 812 BGB vom gemeinsamen Vertreter zurückverlangen kann. Das scheitert am bestehenden Rechtsgrund, falls man aus den gerade dargelegten Gründen einen Vertrag bejaht oder die Grundsätze über faktische/fehlerhafte Amtsverhältnisse anwendet. In den wenigen verbleibenden Fällen kann sich der gemeinsame Vertreter auf Entreicherung nach § 818 Abs. 3 BGB berufen.

So kann der gemeinsame Vertreter zunächst Aufwendungen absetzen, die er im Vertrauen auf die ihm gezahlte Vergütung gemacht hat. Typische Aufwendungen sind der Abschluss einer Haftpflichtversicherung für seine Amtstätigkeit, Auslagen für Korrespondenz und Prozessführung. Solche Aufwendungen sind jedenfalls dann nach § 818 Abs. 3 BGB abzugsfähig, wenn der Verwalter ohne Aussicht auf Vorschuss und Vergütung sein Amt niedergelegt und diese Aufwendungen nicht getätigt hätte.

Die vom gemeinsamen Vertreter erbrachte Dienstleistung ist schwierig bereicherungsrechtlich rückabzuwickeln. Deswegen sind vorrangig auch die gerade unter 2. behandelten Grundsätze über faktische Dienst- und Amtsverhältnisse anzuwenden. Will man diese allerdings nicht anwenden, muss man auf andere Weise die erbrachte Dienstleistung berücksichtigen. Grundsätzlich wendet die h. M. auf die Rückabwicklung gegenseitiger Vertragsverhältnisse die Saldotheorie an:[24] Danach bewirkt die Entreicherung der einen Partei nicht nur den Untergang des gegen sie gerichteten Bereicherungsanspruchs, sondern bringt in gleicher Höhe den Gegenanspruch dieser Partei zum Erlöschen. Auf dieser Grundlage könnte ein gemeinsamer Vertreter argumentieren, dass er selbst die von ihm erbrachten Leistungen nicht kondizieren kann. Diesen Rückforderungsverlust muss er dann auch dem Insolvenzverwalter entgegenhalten können.

Freilich liegt im Falle des gemeinsamen Vertreters die Besonderheit vor, dass er seine Vergütung vom Emittenten beansprucht, er die Gegenleistung aber an die Gläubiger erbringt. Diese unterschiedliche Gläubiger- und Schuldnerstellung ist aber in dem eigentümlichen, unter II. dargestellten und aus dem Amt folgenden dreipoligen Rechtsverhältnis des gemeinsamen Vertreters angelegt. Der gemeinsame Vertreter ist hier genauso schutzbedürftig, weil er den in seiner Dienstleistung verkörperten Wert ersatzlos verloren hat, ohne dass es darauf ankommt, wem er die Dienstleistung gegenüber erbracht hat. Es kommt auf die Schutzbedürftigkeit des gemeinsamen Vertreters an, da dessen Schutz gerade der Entreicherungseinwand des § 818 Abs. 3 BGB dienen soll.

Im Ergebnis kann der gemeinsame Vertreter jedenfalls über § 818 Abs. 3 BGB dem Insolvenzverwalter sowohl seine im Amt gemachten Aufwendungen als auch den Wert seiner Dienstleistung entgegenhalten.

---

24) BGH, Urt. v. 6.12.1991 – V ZR 311/89, BGHZ 116, 251, 256 = ZIP 1992, 489.

V. Zusammenfassung

Die Ergebnisse dieses Beitrags lassen sich folgendermaßen zusammenfassen:

- Die Amtsstellung des gemeinsamen Vertreters wird nicht durch Bestellung, sondern durch annahmebedürftigen Bestellungsbeschluss begründet. Es wird ein dreipoliges Rechtsverhältnis nach Maßgabe von § 7 SchVG begründet. Die Parteien können das Verhältnis durch Abschluss eines Vertrags konkretisieren.
- Der Bundesgerichtshof hat dem gemeinsamen Vertreter versagt, dessen Vergütung aus § 7 Abs. 6 SchVG als Masseverbindlichkeit anzuerkennen. Eine beitreibbare Vergütung kann sich daher nur aus einem Vertrag mit dem Insolvenzverwalter oder mit Gläubigern ergeben.
- In Altfällen kann der gemeinsame Vertreter aber für seine Tätigkeit vor Erlass der Entscheidung des Bundesgerichtshofs eine Vergütung dennoch verdient haben. Insbesondere lässt sich unter erleichterten Umständen ein Vertragsschluss zwischen Insolvenzverwalter und gemeinsamen Vertreter bejahen, wenn diese sich auf eine bestimmte Vergütungshöhe oder die Einordnung der Vergütung als Masseverbindlichkeit verständigt haben. Hat der Insolvenzverwalter bereits die Vergütung als Masseverbindlichkeit bezahlt, wird eine Rückforderung an den Grundsätzen über das fehlerhafte/faktische Amtsverhältnis scheitern, hilfsweise kann sich der gemeinsame Vertreter auf Entreicherung berufen.

Der konfrontative Gesellschafter im Eigenverwaltungsverfahren

FRANK KEBEKUS UND DAVID GEORG

Inhaltsübersicht

Die Jubilarin hat die Weiterentwicklung des Insolvenzrechts an nahezu sämtlichen Fronten begleitet und geprägt: Ob bei der Ausarbeitung der Insolvenzordnung, der Tätigkeit als Richterin, als Herausgeberin eines Kommentares zur Insolvenzordnung oder aber bei der Begleitung einer Vielzahl weiterer Gesetzesänderungen. Damit steht sie wie wenige andere für Kontinuität im Wandel des Insolvenzrechts.

I. Einführung

In den vergangenen Jahren ist der (gesetzgeberischen) Stärkung des Eigenverwaltungsverfahrens eine tragende Bedeutung zugekommen. In diesem Zusammenhang wurden mit Einführung der §§ 225a, 276a InsO konkrete Regelungen in Bezug auf die Behandlung von Gesellschafterrechten in die Insolvenzordnung aufgenommen.

Der nachstehende Beitrag beleuchtet verschiedene Konfliktpotentiale in Eigenverwaltungsverfahren, die zu Tage treten, wenn unterschiedliche Interessenlagen von Geschäftsführung und Gesellschafterkreis aufeinandertreffen. In einem solchen Spannungsfeld entstehen verschiedene Reibungsverluste, die die Erfolgsaussichten einer Eigenverwaltung erheblich einschränken. Interessenkollisionen können bereits bei der Frage einer etwaigen

Insolvenzantragstellung beginnen und setzten sich bis zur Sanierung im Rahmen eines Asset Deals oder eines Insolvenzplans fort.

II. Interessenkonflikte bei der Eigenverwaltung

In der überwiegenden Anzahl von Eigenverwaltungsverfahren steht ein nicht unerhebliches Eigeninteresse des Gesellschafterkreises im Mittelpunkt der Sanierungsbemühungen. Angestrebt wird die Sanierung einer insolventen Gesellschaft durch ein Insolvenzplanverfahren sowie die damit verbundene Aufwertung von (wertlosen) Gesellschaftsanteilen. In diesem Kontext darf gleichwohl der Grundsatz der bestmöglichen Gläubigerbefriedigung nicht vernachlässigt werden. Konflikte zwischen Gesellschafter und Geschäftsführung ergeben sich in derartigen Konstellationen häufig nur, sofern durch einen Insolvenzplan in Gesellschafterrechte eingegriffen werden soll.

Darüber hinaus kann die Geschäftsführung infolge von Insolvenzgründen zur Stellung eines Insolvenzantrags verpflichtet sein, obwohl der Gesellschafter einen derartigen Schritt nicht unterstützt. Regelmäßig wird der Gesellschafter in solchen Fällen kein Mitglied der Geschäftsführung der Schuldnerin sein. Seine Beurteilung der wirtschaftlichen Verhältnisse erfolgt ohne Einbindung in den operativen Geschäftsbetrieb auf Grundlage von Bilanzzahlen. Falls sich die Geschäftsführung gleichwohl dazu entschließt, einen Insolvenzantrag ohne ausdrückliche Zustimmung der Gesellschafter zu stellen, sind im weiteren Verfahrensverlauf verschiedene Folgeprobleme zu beobachten. Nachdem Eigenverwaltungsverfahren ein Miteinander von Gesellschafter und Geschäftsführung voraussetzen, sind durchgreifende Konflikte zwischen diesen beiden Beteiligten häufig mit der Aussichtslosigkeit der Eigenverwaltung verbunden.

III. Insolvenzantragstellung

Die Geschäftsführung einer juristischen Person hat gemäß § 15a InsO ohne schuldhaftes Zögern, spätestens aber drei Wochen nach Eintritt der Zahlungsunfähigkeit oder Überschuldung einen Insolvenzantrag zu stellen. Darüber hinaus kann fakultativ ein Insolvenzantrag gestellt werden, wenn die Schuldnerin gemäß § 18 InsO drohend zahlungsunfähig ist.

1. Antragsberechtigung

Im Falle der Zahlungsunfähigkeit oder Überschuldung sind bei juristischen Personen gemäß § 15 InsO die organschaftlichen Vertreter antragsberechtigt. Unabhängig von der gesellschaftsrechtlichen Ausgestaltung der Vertretungsregelungen ist jedes Mitglied des Vertretungsorgans alleine zur Antragstellung befugt.[1] Eine Mitwirkung der Gesellschafter oder eines vom Gesellschafter beeinflussten Mitglieds der Geschäftsleitung ist nicht erforderlich.

Demgegenüber ist bei einer Antragstellung wegen drohender Zahlungsunfähigkeit gemäß § 18 Abs. 3 InsO die organschaftliche Vertretungsbefugnis vom Antragsteller darzulegen und nachzuweisen. Abweichende gesellschaftsrechtliche oder vertragliche Regelungen sind unerheblich.[2]

Bei sämtlichen Insolvenzgründen bietet sich im Falle der angestrebten Anordnung der Eigenverwaltung – auch bei insolvenzrechtlicher Einzelantragsbefugnis – eine Antragstellung durch sämtliche Mitglieder des Vertretungsorgans an. Auf diese Wiese wird der gemeinsame Willen der Geschäftsleitung zur Lösung der Krise im Rahmen eines Insolvenzverfahrens unterstrichen.

2. Mitwirkung von Gesellschafter/Aufsichtsrat

Im Falle der Zahlungsunfähigkeit oder Überschuldung obliegt der Geschäftsführung eine Antragspflicht. Soweit von einer Antragstellung abgesehen wird, drohen Haftungsrisiken und strafrechtliche Sanktionen für die Geschäftsführung.[3] Gleichwohl empfiehlt sich auch bei diesen Insolvenzgründen die Einbeziehung der Gesellschafter, um auszuschließen, dass diese eine weitere Finanzierung bereitgestellt hätten. Ein Beschluss oder

1) *Bremen* in: Graf-Schlicker, InsO, 4. Aufl. 2014, § 18 Rz. 4; *Steffek* in: Kübler/Prütting/Bork, InsO, Stand: 6/17, § 15a Rz. 27; sofern der Antrag nicht von allen Mitgliedern des Vertretungsorgans gestellt wird, ist der Eröffnungsgrund gemäß § 15 Abs. 2 Satz 1 InsO glaubhaft zu machen.

2) *Mock* in: Uhlenbruck, InsO, 14. Aufl. 2015, § 18 Rz. 61.

3) *Hirte* in: Uhlenbruck, InsO, 14. Aufl. 2015, § 15a Rz. 14 ff.; zur Beraterhaftung: *K. Schmidt/Herchen* in: K. Schmidt, InsO, 19. Aufl. 2016, § 15a Rz. 68; Hinweispflichten der Steuerberater bei Insolvenzgründen: BGH, Urt. v. 26.1.2017 – IX ZR 285/14, ZIP 2017, 427 = NZI 2017, 312, dazu EWiR 2017, 173 *(Wagner)*.

Weisungen von Gesellschafterseite befreien die Geschäftsführung allerdings nicht von entsprechenden Antragspflichten.[4)]

Anders stellt sich die Situation im Falle der drohenden Zahlungsunfähigkeit dar. Während das Außenverhältnis und damit die Zulässigkeit einer Insolvenzantragstellung über § 18 Abs. 3 InsO geregelt wird, hat die Geschäftsführung im Innenverhältnis Zustimmungen einzuholen.

Bei der GmbH sowie vergleichbaren juristischen Personen ist bei der drohenden Zahlungsunfähigkeit für eine Antragstellung ein Gesellschafterbeschluss erforderlich.[5)] Dieses Erfordernis wird nunmehr auch durch die Pflicht zur Einberufung einer Hauptversammlung bei der Unternehmergesellschaft gemäß § 5a Abs. 4 GmbH verdeutlicht. Bei der GmbH & Co. KG ist für die Antragstellung bei der Kommanditgesellschaft zudem die Zustimmung der Kommanditisten erforderlich.[6)]

Bei der Aktiengesellschaft ist der Vorstand beim Vorliegen der drohenden Zahlungsunfähigkeit zur Antragstellung berechtigt.[7)] Im Innenverhältnis ist selbst dann die Zustimmung des Aufsichtsrates erforderlich, wenn ein ausdrückliches Zustimmungserfordernis gemäß § 111 Abs. 4 Satz 2 AktG nicht besteht.[8)]

Gerade die im Innenverhältnis erforderliche Einbindung der Gesellschafter bzw. des Aufsichtsrates minimiert die Gefahr einer Insolvenzantragstellung wegen drohender Zahlungsunfähigkeit aus sachfremden Erwägungen, z. B. zur Umsetzung eines *Management Buy-Outs*.[9)] Soweit sich die Geschäftsführung einem entsprechenden Beschluss widersetzt bzw. ohne

---

4) *Hirte* in: Uhlenbruck, InsO, 14. Aufl. 2015, InsO, § 15a Rz. 12.

5) OLG München, Urt. v. 21.3.2013 – 23 U 3344/12, ZIP 2013, 1121 = NZG 2013, 742, EWiR 2013, 483 *(Jakobs/Hoffmann)*; *K. Schmidt/Herchen* in: K. Schmidt, InsO, 19. Aufl. 2016, § 18 Rz. 31; da letztlich die Auflösung der Gesellschaft betroffen ist, wird teilweise auch eine qualifizierte Mehrheit gefordert.

6) OLG München, Urt. v. 21.3.2013 – 23 U 3344/12, ZIP 2013, 1121 = NZG 2013, 742.

7) *Mock* in: Uhlenbruck, InsO, 14. Aufl. 2015, § 18 Rz. 72.

8) *K. Schmidt/Herchen* in: K. Schmidt, InsO, 19. Aufl. 2016, § 18 Rz. 31; *Kebekus/Zenker*, Business Judgment Rule und Geschäftsleiterermessen – auch in Krise und Insolvenz?, in: FS Maier-Reimer, S. 319, 335; Zustimmungserfordernis des Aufsichtsrates verneinend: *Haas/Mock* in: Gottwald, InsR-Hdb., 5. Aufl. 2015, § 93 Rz. 7; teilweise wird zudem die Befragung der Hauptversammlung bzw. ein Hauptversammlungsbeschluss mit einer 3/4-Mehrheit gefordert, *Brinkmann*, Der strategische Eigenantrag – Missbrauch oder kunstgerechte Handhabung des Insolvenzverfahrens?, ZIP 2014, 197, 205.

9) Zur Frage einer rechtsmissbräuchlichen Insolvenzantragstellung: *Westermann*, Der „Suhrkamp“-Gesellschafter unter dem Schutzschirm der Gesellschafterinsolvenz, NZG 2015, 134, 136 f.

Beschlussfassung einen Insolvenzantrag stellt, besteht ein Haftungsrisiko wegen verfrühter Antragstellung. Gleichwohl ist auch in einem solchen Fall der Insolvenzantrag wirksam.

3. Haftung der Geschäftsführung/Vorstand

Nachdem die drohende Zahlungsunfähigkeit keine Insolvenzantragspflicht begründet, sollte ein entsprechender Insolvenzantrag nicht ohne Zustimmung der Gesellschafter bzw. des Aufsichtsrates gestellt werden. Der Insolvenzantrag ist bei einer Vertretungsberechtigung zwar wirksam, allerdings läuft die Geschäftsleitung im Falle der verfrühten Antragstellung Gefahr, wegen einer Pflichtverletzung Haftungstatbestände gemäß § 43 Abs. 2 GmbHG oder § 823 BGB auszulösen.[10] Entsprechende Haftungsrisiken bestehen zudem auch für den Vorstand einer Aktiengesellschaft.[11]

Bei der Geltendmachung von Haftungsansprüchen ist zunächst der Nachweis zu erbringen, dass ein Schaden infolge einer Pflichtverletzung der Geschäftsführung entstanden ist. Dieser Nachweis kann entkräftet werden, wenn die Geschäftsführung kein Verschulden trifft oder der Schaden auch bei pflichtgemäßem Alternativverhalten eingetreten wäre.[12] Eine Erleichterung im Rahmen der Business Judgment Rule kommt jedoch nicht in Betracht, da die Beantragung der Eröffnung eines Insolvenzverfahrens keine unternehmerische Entscheidung darstellt.[13] Sie dient – im Falle der Überschuldung oder Zahlungsunfähigkeit – der Erfüllung einer zwingenden gesetzlichen Pflicht gemäß § 15a InsO oder stellt im Falle der drohenden Zahlungsunfähigkeit ein gesellschaftsrechtliches Grundlagengeschäft im Verantwortungsbereich der Gesellschafter dar.

Haftungsansprüche wegen einer verfrühten Antragstellung dürften sich im Ergebnis jedoch auf Konstellationen beschränken, in denen ein Insol-

---

10) *Schröder* in: HambKomm-InsR, 5. Aufl. 2015, § 18 Rz. 14; *Mock* in: Uhlenbruck, InsO, 14. Aufl. 2015, § 18 Rz. 70 m. w. N; *Tetzlaff*, Drohende Zahlungsunfähigkeit – Geschäftsführer und Gesellschafter in der Zwickmühle?, ZInsO 2008, 226, 229; *Haas/Mock* in: Gottwald, InsR-Hdb., 5. Aufl. 2015, § 92 Rz. 154 ff.; *Brinkmann*, ZIP 2014, 197, 204.

11) *Haas/Mock* in: Gottwald, InsR-Hdb., 5. Aufl. 2015, § 93 Rz. 7.

12) BGH, Urt. v. 4.11.2002 – II ZR 224/00, ZIP 2002, 2314 = NZG 2003, 81, dazu EWiR 2003, 225 *(Schimmer)*.

13) OLG München, Urt. v. 21.3.2013 – 23 U 3344/12, ZIP 2013, 1121 = NZG 2013, 742; *Ziemons* in: Michalski/Heidinger/Leible/J. Schmidt, GmbHG, 3. Aufl. 2017, § 43 Rz. 137; vertiefende Ausführungen zur Anwendung der Business Judgment Rule: *Kebekus/Zenker* in: FS Maier-Reimer, S. 319 ff.

venzverfahren – wegen einer Rücknahme des Insolvenzantrages gemäß § 13 Abs. 2 InsO – nicht eröffnet worden ist.[14] Im Übrigen wird sich durch die Antragstellung als selbsterfüllende Prophezeiung regelmäßig der Eintritt von Insolvenzgründen realisieren.

IV. Gesellschafterbeteiligung im Insolvenzeröffnungsverfahren

Mit Einleitung des Insolvenzeröffnungsverfahrens wird zwar eine Vielzahl von Rechten und Pflichten auf die vorläufige Eigenverwaltung übertragen, allerdings ist eine Mitwirkung des Gesellschafters in verschiedenen Themenbereichen hilfreich, teilweise sogar zwingend erforderlich.

Unabhängig von der Ausgestaltung als Eigenverwaltungsverfahren oder Regelinsolvenzverfahren verlangen die das Insolvenzgeld vorfinanzierenden Banken regelmäßig eine Verpflichtungserklärung des Gesellschafters. In dieser sichert der Gesellschafter zu, dass eine Rücknahme des Insolvenzantrages nicht erfolgen wird. Die Erklärung ist letztlich abzugeben von der natürlichen Person, die als (mittelbarer) Gesellschafter beherrschenden Einfluss auf die Schuldnerin ausübt. Nachdem eine Betriebsfortführung ohne Insolvenzgeldvorfinanzierung regelmäßig nicht darstellbar ist, ist die Weigerung des Gesellschafters letztlich mit einer vollständigen Entwertung seiner Beteiligung im Falle der Betriebsstilllegung verbunden.[15] Gleichwohl fehlt (ausländischen) Gesellschaftern – insbesondere Private Equity Fonds – einerseits das Verständnis für die Rechtslage und Auswirkungen. Andererseits wird versucht, diese Situation zum eigenen finanziellen Vorteil zu nutzen.

Darüber hinaus können Gesellschafter versuchen durch die Abberufung und Neubestellung von Mitgliedern der Geschäftsleitung Einfluss auf den Sanierungsprozess zu nehmen. § 276a InsO sieht für den Zeitraum nach Insolvenzeröffnung eine Zustimmungspflicht des Sachwalters vor. Eine entsprechende Anwendung im Insolvenzeröffnungsverfahren ist derzeit (noch) zu verneinen, da der Eingriff in Gesellschafterrechte über § 276a InsO durch den Umstand legitimiert wird, dass das Schuldnervermögen

14) *Tetzlaff*, ZInsO 2008, 226, 229; zu rechtsmissbräuchlichen Insolvenzanträgen und deren gerichtlicher Überprüfbarkeit: *Brinkmann*, ZIP 2014, 197 ff.

15) Alternativ müssten von der Schuldnerin, Mitgesellschaftern oder sonstigen Stakeholdern Sicherheiten gegenüber der finanzierenden Bank erbracht werden.

mit Insolvenzeröffnung im Gläubigerinteresse zu führen ist.[16] Gleichwohl gibt es auch Befürworter einer analogen Anwendung der Regelung bereits im Eröffnungsverfahren.[17] Zwar überzeugt dies infolge der von der Insolvenzordnung vorgesehenen Kontrollorgane, allerdings ist eine solche Ausweitung mangels planwidriger Regelungslücke nur de lege ferenda denkbar.

Daneben verbinden das Insolvenzgericht, die Mitglieder des vorläufigen Gläubigerausschusses oder sonstige Stakeholder ihre Unterstützung der Eigenverwaltung je nach Komplexität des Verfahrens häufig mit der Forderung, dass die Geschäftsleitung um einen Sanierungsexperten erweitert wird. Sofern daher die Bestellung eines Generalbevollmächtigten oder Chief Restructuring Officer verlangt wird, ist diese Vorgabe ebenfalls nur unter Einbindung des Gesellschafters möglich, da es sich um ein Grundlagengeschäft handelt.

Falls zwischen Gesellschaftern und der Geschäftsleitung im Ergebnis unterschiedliche Auffassungen über das weitere Vorgehen im Rahmen des Insolvenzeröffnungsverfahrens – insbesondere die Bestellung bzw. Abberufung von Mitgliedern der Geschäftsleitung – bestehen, wird die vorläufige Eigenverwaltung häufig aussichtslos. Als Folge ist das Eigenverwaltungsverfahren in ein Regelverfahren überzuleiten.[18]

V. Problemkreise nach Insolvenzeröffnung

Unabhängig vom Verfahrenstypus wird die Gesellschaft mit Insolvenzeröffnung aufgelöst. Auch im Eigenverwaltungsverfahren haben die Gesellschafter darüber hinaus gemäß § 276a InsO keinen Einfluss mehr auf die Geschäftsführung.[19] Die Überwachung der Geschäftsführung erfolgt vielmehr durch den Sachwalter, den Gläubigerausschuss bzw. die Gläubiger-

---

16) *Graf-Schlicker* in: Graf-Schlicker, InsO, 4. Aufl. 2014, § 276a Rz. 4; *K. Schmidt/Herchen* in: K. Schmidt, InsO, 19. Aufl. 2016, § 276a Rz. 3; *Zipperer* in: Uhlenbruck, InsO, 14. Aufl. 2015, § 276a Rz. 4; *Klöhn*, Gesellschaftsrecht in der Eigenverwaltung: Die Grenzen des Einflusses auf die Geschäftsführung gemäß § 267a Satz 1 InsO, NZG 2013, 81, 84 m. w. N.

17) *Landfermann* in: HK-InsO, 8. Aufl. 2016, § 276a Rz. 16 f.; *Haas*, Das gesellschaftsrechtliche Organisationsrecht in der (vorläufigen) Eigenverwaltung, in: FS Kübler, 2015, S. 203, 215 f.

18) Vgl. auch *Zipperer* in: Uhlenbruck, InsO, 14. Aufl. 2015, § 276a Rz. 4.

19) Weitere Einzelheiten zum Begriff der Einflussnahme: *Zipperer* in: Uhlenbruck, InsO, 14. Aufl. 2015, § 276a Rz. 5; *Landfermann* in: HK, InsO, 8. Aufl. 2016, § 276a Rz. 6 ff.

versammlung und das Insolvenzgericht. Ausgenommen von diesen Einschränkungen ist der sog. *insolvenzfreie Bereich*, der bestimmte Grundlagenentscheidungen betrifft.[20]

Im Hinblick auf das Rechtsverhältnis zwischen Geschäftsführung und (konfrontativen) Gesellschaftern gibt es bei Eigenverwaltungen zudem weitere Besonderheiten zu berücksichtigen.

1. Austausch der Geschäftsleitung

Die Zuständigkeiten des Aufsichtsrates bzw. der Gesellschafterversammlung in Bezug auf die Bestellung und Abberufung von der Geschäftsleitung wird durch ein Eigenverwaltungsverfahren grundsätzlich nicht aufgehoben. Allerdings erfolgt mit Insolvenzeröffnung eine erhebliche Einschränkung dieser Rechte über die Vorschrift des § 276a Satz 2 InsO. Die Abberufung und Neubestellung von Mitgliedern der Geschäftsführung ist nur wirksam, wenn der Sachwalter die Zustimmung erteilt. Damit hat der Gesetzgeber im Rahmen des ESUG durch § 276a InsO die Reichweite der Einflussnahme der Gesellschafter auf die Geschäftsführung geklärt.[21]

Falls die Bestellung bzw. Abberufung nicht zu Nachteilen für die Gläubiger führt, hat der Sachwalter die Zustimmung zu erteilen. Vermieden wird daher lediglich ein missbräuchliches Austauschen der Geschäftsführung, um zu verhindern, dass der angestrebte Sanierungsprozess (negativ) beeinträchtigt wird.[22]

2. M&A Prozess versus Insolvenzplanverfahren

Regelmäßig werden Insolvenzverfahren in Eigenverwaltung gleichgesetzt mit einer Sanierung durch einen Insolvenzplan. Daneben sind allerdings auch alle übrigen Sanierungslösungen denkbar; sogar eine Vollliquidation der Schuldnerin kann theoretisch erfolgen.

---

20) Der insolvenzfreie Raum erfasst z. B. die Wahl von Aufsichtsratsmitgliedern durch die Hauptversammlung sowie Satzungsänderungen; vgl. auch *K. Schmidt/Undritz* in: K. Schmidt, InsO, 19. Aufl. 2016, § 276a Rz. 4 m. w. N.; *Klöhn*, NZG 2013, 81, 84 ff.; *Graf-Schlicker* in: Graf-Schlicker, InsO, 4. Aufl. 2014, § 276a Rz. 2.

21) *Graf-Schlicker* in: Graf-Schlicker, InsO, 4. Aufl. 2014, § 276a Rz. 1 f.

22) Vgl. BT-Drucks. 17/5712, S. 42; *Graf-Schlicker* in: Graf-Schlicker, InsO, 4. Aufl. 2014, § 276a Rz. 4; weitere Nachweise zum Diskussionsstand in: *Zipperer* in: Uhlenbruck, InsO, 14. Aufl. 2015, § 276a Rz. 1 ff.

Im Hinblick auf eine Unternehmensveräußerung ist das Spannungsverhältnis zwischen (geschäftsführenden) Gesellschaftern und potentiellen Erwerbern als neuralgisch einzuschätzen, da die Bearbeitung etwaiger Verkaufsangebote gerade der Eigenverwaltung obliegt. Gleichzeitig kann diese jedoch bestrebt sein, den Unternehmensträger im Wege des Insolvenzplanverfahrens zu sanieren ohne neue Gesellschafter aufzunehmen und so ggf. Geschäftsanteile wieder im Wert zu steigern. Bei entsprechenden Anzeichen wird sich der Sachwalter zunächst verstärkt in den Verkaufsprozess einzubinden haben. Sofern gleichzeitig Nachteile für die Gläubiger anzunehmen sind, hat eine entsprechende Anzeige beim Insolvenzgericht zu erfolgen. Eine Aufrechterhaltung der Eigenverwaltung wäre ausgeschlossen, so dass das Verfahren als Regelinsolvenzverfahren mit einem (vorläufigen) Insolvenzverwalter fortzuführen ist.

Im Falle eines Investorenprozesses ist der Gesellschafter zudem wie jeder außenstehende Investor zu behandeln. Gleichzeitig wird er regelmäßig über tiefere Vorkenntnisse verfügen, so dass bei zeitkritischen Transaktionen ggf. eine abgekürzte oder gar keine Due Dilligence erforderlich sein kann.

3. „Restabwicklung" nach Asset Deal

Soweit die Eigenverwaltung das Ziel einer übertragenden Sanierung im Wege eines *Asset Deals* verfolgt, stellt sich die Frage, ob eine Fortsetzung der Eigenverwaltung nach der Transaktion weiterhin angestrebt wird und sachgemäß bleibt. In diesem Zusammenhang wird der Zeitpunkt einer Überleitung ins Regelverfahren häufig durch den Verlauf des Verkaufsprozesses – insbesondere den Zeitpunkt der Übertragung des Geschäftsbetriebs auf den Erwerber – vorgegeben. Im Anschluss hat der vormalige Sachwalter als Insolvenzverwalter die Verwertung der Insolvenzmasse zu finalisieren. Je später allerdings eine Überleitung erfolgt, desto größer wird die Gefahr, dass der Sachwalter ohne tiefe vorherige Einbindung in die Geschäftstätigkeit wesentliche Ansprüche nicht kennt, nicht über die erforderlichen Unterlagen verfügt oder der Zugriff auf das benötigte Personal nicht mehr vorhanden ist. Vor diesem Hintergrund ist zwischen den Beteiligten bereits frühzeitig eine entsprechende Abstimmung erforderlich.

Erstmöglicher Zeitpunkt einer Überleitung ins Regelverfahren ist die Insolvenzeröffnung. Zwar verläuft ein Übergang zu diesem Zeitpunkt grundsätzlich am reibungslosesten, regelmäßig werden die Verkaufsverhandlungen jedoch noch nicht abgeschlossen sein. Da ein Wechsel der Verfahrensart mit einem Vertrauensverlust gegenüber dem Käufer, Kunden oder Lieferanten verbunden sein kann, wird eine Beendigung der Eigenverwaltung zu diesem Zeitpunkt häufig als unverhältnismäßig risikobehaftet eingeschätzt.

Als zweiter Anknüpfungspunkt für die Beendigung der Eigenverwaltung bietet sich der Berichts- und Prüfungstermin an, da der M&A-Prozess zu diesem Zeitpunkt regelmäßig abgeschlossen ist. Anderenfalls wird die Überleitung mit der Übertragung des Geschäftsbetriebs zu verbinden sein.

Soweit das Insolvenzverfahren auch nach einer Veräußerung als Eigenverwaltung fortgeführt und beendet werden soll, ist infolge der insolvenzrechtlichen Pflichten regelmäßig eine weitere Begleitung durch die (insolvenzrechtlichen) Berater erforderlich. Diese haben in Abstimmung mit der Geschäftsführung gegenüber dem Insolvenzgericht und den Insolvenzgläubigern zu berichten.

Schwierigkeiten ergeben sich, wenn die Geschäftsführung der Schuldnerin im Zusammenhang mit der Übertragung des Geschäftsbetriebs vom Erwerber weiterbeschäftigt wird oder das Unternehmen endgültig verlässt. Sofern die Mitglieder der Geschäftsführung ihr Amt bei der Schuldnerin niederlegen, ist die Schuldnerin führungslos. Falls die Eigenverwaltung gleichwohl fortgesetzt werden soll, ist ein Dritter (z. B. der anwaltliche Berater) als Geschäftsführer zu bestellen. Gerade bei konfrontativen Mehrheitsgesellschaftern wird die Bestellung eines neuen Mitglieds in der Geschäftsführung allerdings kaum umsetzbar sein. Ebenso wird eine Vertretung durch die Gesellschafter regelmäßig nicht im Gläubigerinteresse sein.

Darüber hinaus kann das Registergericht bei der GmbH in dringenden Fällen zwar einen Notgeschäftsführer bestellen, allerdings würde ein entsprechender Antrag durchgreifende Zweifel am Vorliegen der Voraussetzungen der Eigenverwaltung aufwerfen.

4. Eingriff in Gesellschaftsrechte durch Insolvenzplan

Der Insolvenzplan kann gemäß § 225a InsO in die Anteils- oder Mitgliedschaftsrechte der Anteilsinhaber eingreifen. Dem liegt die Zielsetzung des Gesetzgebers zugrunde, das strategische Blockadepotenzial zu durchbrechen, das Altgesellschafter eines notleidenden Unternehmens besitzen.[23] In Betracht kommen sämtliche Maßnahmen, die gesellschaftsrechtlich zulässig sind.[24] Insoweit erfolgt eine Überlagerung des Gesellschaftsrechts durch das Insolvenzrecht. Ermöglicht werden daher neben einem *Debt-Equity-Swap* auch alle sonstigen gesellschaftsrechtlichen Maßnahmen.

Die Inhaber von Anteils- oder Mitgliedschaftsrechten sind demnach als Beteiligte in das Insolvenzplanverfahren eingebunden und können als eigene Gruppe über den Plan abstimmen. In diesem Falle genießen Sie wie die übrigen Gläubiger Minderheitenschutz gemäß § 251 InsO.[25]

VI. Zusammenfassung

Wesentliche Voraussetzung für eine gelungene Eigenverwaltung ist insbesondere das reibungslose Zusammenspiel zwischen den Beteiligten, was ein gemeinsames Vorgehen auf Seiten der Eigenverwaltung voraussetzt. Bei Konflikten mit Gesellschaftern empfiehlt sich eine stärke Einbindung des (vorläufigen) Sachwalters, um im Falle eines Verfahrenswechsels möglichst nur eine geringe Einarbeitungszeit zu verlieren. Erhebliche Auseinandersetzungen führen zur Aussichtslosigkeit der Eigenverwaltung, so dass diese regelmäßig zu beenden sein wird.

Im Hinblick auf die Rechte der Gesellschafter im Rahmen der Eigenverwaltung ergeben sich letztlich kaum Unterschiede zu einem Regularverfahren, insbesondere ab dem Zeitpunkt der Insolvenzeröffnung. Unterbunden wird insbesondere die weitere Einflussnahme auf die Geschäftsführung. Darüber hinaus kann durch einen Insolvenzplan in sämtliche Gesellschafterrechte eingegriffen werden. Im Falle einer übertragenden Sanierung ist zudem sicherzustellen, dass der Übergang ins Regularverfahren reibungslos verläuft oder aber die das insolvenzrechtliche Know-how der Eigenverwaltung bis zum Ende des Insolvenzverfahrens zur Verfügung steht.

---

23) BT-Druck. 17/5712, S. 30.

24) *Haas* in: HK-InsO, 8. Aufl. 2016, § 225a Rz. 8 ff.; *Eidenmüller* in: MünchKomm-InsO, 3. Aufl. 2014, § 225a Rz. 23; kritisch: *Westermann*, NZG 2015, 134 ff.

25) *Kebekus/Wehler* in: Graf-Schlicker, InsO, 4. Aufl. 2014, § 225a Rz. 2; zur Frage des „Missbrauchs“ des Insolvenzplanverfahrens: *Brinkmann*, ZIP 2014, 197, 201 ff.

Insolvenzbekanntmachungen im Internet – eine Erfolgsgeschichte „made in NRW“

THOMAS KEXEL UND CARSTEN SCHMIDT

Inhaltsübersicht

I. Einleitung

Kaum ein Bereich des Zivil- und Zivilverfahrensrechts stand in den letzten Jahren so sehr im Fokus der Öffentlichkeit wie das Insolvenzverfahren. Nicht nur erfreuen sich die publikumswirksamen Insolvenzen großer Unternehmen nationaler und internationaler Bedeutung oder auch einzelner Prominenter großen, auch medialen Interesses, die Fortschreibung des Insolvenzrechts selbst und seine tatsächliche Umsetzung spiegeln nicht weniger als die großen gesellschaftlichen Entwicklungslinien. Seien es die überstandenen großen Finanzkrisen, seien es die Globalisierung und insbesondere die rasant fortschreitende technische Erneuerung – schon allein bei der Betrachtung eines einzigen kleinen Teilbereichs, nämlich der neueren Geschichte der Insolvenzbekanntmachungen wird der wechselseitige Einfluss deutlich, wie die folgende nähere Betrachtung zeigt.

II. Hintergrund

Ziel der öffentlichen Bekanntmachungen im Insolvenzverfahren, die teilweise neben speziellen Zustellungen an die Verfahrensbeteiligen vorgesehen sind, ist eine umfassende Information aller am Verfahren interessierten Kreise. Informationen und Transparenz über Insolvenzverfahren sind für Bürger, Unternehmen und die Wirtschaft als Ganzes von herausragender Bedeutung. Im Zusammenhang mit den Maßnahmen zur finanziellen Sanierung juristischer und natürlicher Personen kann die Verbesserung des Zugangs zu aktuellen und offiziellen Informationen über Insolvenzverfahren als Mittel zur Herstellung des Vertrauens auf den Märkten in ganz Europa und darüber hinaus verstanden werden.

Erste Formen der öffentlichen Bekanntmachung waren bereits von Beginn an in der Konkursordnung vorgesehen: „Die öffentlichen Bekanntmachungen erfolgen durch mindestens einmalige Einrückung in das zur Veröffentlichung amtlicher Bekanntmachungen des Gerichts bestimmte Blatt.[1]" Diese Regelungen des früheren Konkurs- und Vergleichsrechts wurden in die 1999 eingeführte Insolvenzordnung[2] übernommen.

Im Zuge der geplanten Reform des Verbraucherinsolvenzrechts wurde zur 71. Konferenz der Justizministerinnen und Justizminister im Jahre 2000 durch die von der seinerzeit beim Justizministerium des Landes Nordrhein-Westfalen tätigen *Marie Luise Graf-Schlicker* geleiteten Bund-Länder-Arbeitsgruppe „Insolvenzrecht" ein Bericht zu Problemen der praktischen Anwendungen und Schwachstellen des Verbraucherinsolvenzverfahrens mit entsprechenden Änderungsvorschlägen vorgelegt. Hierbei wurde erstmalig vorgeschlagen, im Insolvenzrecht auch die Nutzung des Internets als Bekanntmachungsmedium an Stelle der Veröffentlichung in einem Printmedium nach § 9 Abs. 1 InsO gesetzlich ausdrücklich zuzulassen. Als Begründung wurde im Schwerpunkt vorgetragen, dass hierdurch die Veröffentlichungskosten radikal reduziert werden können.[3] Der Vorschlag erfolgte u. a., da z. B. mit der sog. „zentralen" Ediktsdatei in Österreich[4] die Veröffentlichung von Informationen aus dem Insolvenzverfahren bereits erfolgreich getestet war.

Das Bundesministerium der Justiz hat diese Anregung dann im Rahmen des Gesetzes zur Änderung der Insolvenzordnung und anderer Gesetze vom 26.10.2001[5] aufgegriffen. Im Hinblick auf die damals noch nicht flächendeckende Verbreitung des Internets waren jedoch auch weiterhin – ggf. auszugsweise – Veröffentlichungen in Printmedien vorgesehen. Hierzu gehörte insbesondere die Bekanntmachung im Bundesanzeiger.

---

1) § 68 Satz 1 KO i. d. F. v. 10.2.1877.

2) Insolvenzordnung – InsO, v. 5.10.1994, BGBl. I 1994, 2866; Inkrafttreten siehe Art. 104 des Einführungsgesetzes zur Insolvenzordnung – EGInsO, v. 5.10.1994, BGBl. I 1994, 2911.

3) Bericht der Bund-Länder Arbeitsgruppe zur Analyse und Änderungsvorschlägen bezüglich Problemen bei der praktischen Anwendung und von Schwachstellen des Verbraucherinsolvenzverfahrens (71. JuMiKo 2000 in Potsdam).

4) Abrufbar unter http://www.ediktsdatei.justiz.gv.at/ (Abrufdatum: 4.1.2018).

5) Gesetzes zur Änderung der Insolvenzordnung und anderer Gesetze, v. 26.10.2001, BGBl. I 2001, 2710.

III. Erste Schritte

Im Zusammenhang mit der Umsetzung der entsprechenden Änderungen des Insolvenzrechts wurde auch geregelt, dass es für die Bundesrepublik nur eine einheitliche Veröffentlichungsplattform im Internet geben solle und keine spezifischen Lösungen für die einzelnen Länder. Im Rahmen des Gesetzgebungsverfahrens und dessen Umsetzung wurden vorab verschiedene technische und administrative Ansätze erörtert. Dies waren insbesondere, ob es eine zentrale Plattform geben solle, die durch die öffentliche Hand betrieben wird oder als Alternative eine Lösung, bei der der Betrieb durch eine juristische Person des Privatrechts erfolgt. Letztendlich wurde die Entscheidung für eine durch die Länder gemeinsam betriebene Plattform getroffen. Auch die nachfolgende technische Umsetzung erfolgte dann unter der fachlichen Aufsicht von *Marie Luise Graf-Schlicker*.

Im Kontext der Gesetzesänderung wurde zudem eine Klausel eingeführt, die es den Ländern ermöglichte, selbst zu entscheiden, wann eine Publizierung im Internet erfolgen sollte. Nordrhein-Westfalen, seinerzeit Vorreiter in der Begleitung der Insolvenzreformen, hat dann auch als erstes Land der Bundesrepublik von dieser Länderöffnungsklausel Gebrauch gemacht. Zum 1. April 2002 wurden erst für eine Übergangszeit von drei Monaten die Daten im Internet und in den entsprechenden Publikationsorganen parallel veröffentlicht, anschließend – ab dem 1. Juli 2002 – nur noch im Internet.[6)]

Die umfassende Ausnutzung der gesetzlichen Möglichkeiten der Internetbekanntmachung führte erwartungsgemäß zu mehreren Vorteilen, zum einen einer Steigerung der Publizität und zum anderen der Senkung der Verfahrenskosten. Betrugen vor dieser Reform des Insolvenzrechts die Veröffentlichungskosten noch mehrere hundert Euro pro Verfahren, wurden sie durch die Reform auf unter zehn Euro gesenkt, da die einzelne Veröffentlichung nur noch einen Euro kostete. Zwischenzeitlich werden in den Insolvenzverfahren gar keine Kosten für die einzelnen Internetveröffentlichungen mehr erhoben.[7)]

Diese Publikation der Daten im Internet kann insgesamt als eine Erfolgsgeschichte in der deutschen Justizverwaltung angesehen werden. Am

---

6) Abrufbar unter https://www.insolvenzbekanntmachungen.de/laenderuebersicht.html (Abrufdatum: 4.1.2018).

7) Nr. 9004 der Anlage 1 zu § 3 Abs. 2 GKG.

Anfang wurde noch darüber diskutiert, ob es wohl zu den Kernaufgaben des Staates gehöre, eine Internetplattform zu betreiben und Daten selber ins Internet zu stellen. Die Diskussion wurde mit großer Intensität geführt. In letzter Konsequenz überwog jedoch auf Seiten der Länder und des Bundes die Überzeugung, dass nur der Staat selbst die Garantie übernehmen konnte, dass die mit der Veröffentlichung von Insolvenzdaten verbundenen Sorgfaltspflichten erfüllt werden könnten. Hierzu zählen insbesondere eine hohe Verfügbarkeit der Daten, fristgemäße Löschung und Schutz vor Angriffen Dritter (Hacker). Außerdem konnte – ein schönes Argument gerade in diesem Zusammenhang – hierdurch das Insolvenzrisiko des Betreibers ausgeschlossen werden.

IV. Justizportal des Bundes und der Länder

Mit der Entscheidung für einen Betrieb der Plattform durch die öffentliche Verwaltung war der Startschuss für die Internetseite www.insolvenzbekanntmachungen.de gefallen. Nach dem Beginn in Nordrhein-Westfalen kamen sukzessive die anderen Länder der Bundesrepublik hinzu und veröffentlichten ebenfalls ihre jeweiligen Daten auf dieser Plattform. Mit der Entscheidung Sachsens als letztem der 16 Länder der Bundesrepublik konnte der Prozess schließlich im Februar 2005 abgeschlossen werden.[8)]

Im Laufe der Zeit wurden auch weitere Informationen aus dem Insolvenzbereich in die Publikation aufgenommen, z. B. die Abweisung mangels Masse.[9)] Hierbei hat sich der Gesetzgeber bemüht, die Anregungen aus der Praxis, soweit dies datenschutzrechtlich möglich war, aufzugreifen. Insgesamt hat dies zu einer massiven Steigerung an Transparenz und zur Entlastung von Verwaltern und Gerichten geführt, in dem eine große Anzahl von Anfragen bereits über das Internet erledigt werden können.

Datenschutzrechtliche Belange spielten bei den Bekanntmachungen von Beginn an eine große Rolle. Die Veröffentlichung der Insolvenzinformationen im Internet machte die Daten gleichzeitig einem wesentlichen größeren Nutzerkreis zugänglich. Insbesondere wurde dadurch aber auch die Möglichkeit eröffnet, dass Daten einfach über entsprechende Suchmaschinen im Internet gefunden werden können. Dies führte zwangsläufig

---

8) Abrufbar unter https://www.insolvenzbekanntmachungen.de/laenderuebersicht.html (Abrufdatum: 4.1.2018).

9) Gesetz zur Vereinfachung des Insolvenzverfahrens, v. 13.4.2007, BGBl. I 2007, 509.

zu Überlegungen, in jedem Falle eine Art „elektronischen Pranger“ im Internet zu verhindern. Insofern wurden für die Gerichte die Einzelheiten der Veröffentlichung in einem elektronischen Informations- und Kommunikationssystem in einer speziellen Rechtsverordnung geregelt. Hierzu gehörten insbesondere auch die Vorschriften zur Löschung der einzelnen Bekanntmachungen. Es sollte soweit als möglich sichergestellt werden, dass die Daten eines Insolvenzverfahrens nicht zu lange im Internet frei verfügbar sind. Diesem Gedanken suchte man durch mehrere Mechanismen Rechnung zu tragen. Zum einen sind Daten einer Veröffentlichung ohne Einschränkung nur zwei Wochen lang nach deren Publizierung im Internet abrufbar. Zum anderen müssen nach dem Verstreichen dieser Zwei-Wochen-Frist bei der Recherche weitere Suchkriterien eingegeben werden, der Sitz des Insolvenzgerichts und mindestens eine der folgenden Angaben: Familiennamen, Firma, Sitz bzw. Wohnsitz des Schuldners, Aktenzeichen des Insolvenzgerichts oder Registernummer und Sitz des Registergerichts.[10)]

Ein weiterer wichtiger Aspekt war die „Kontrolle“ über die Verbreitung der Veröffentlichungen. Um eine unkontrollierte Verbreitung zu verhindern, sollte sichergestellt werden, dass die Daten „nach dem Stand der Technik durch Dritte nicht kopiert werden können“.[11)] Hierdurch sollte ein Auffinden der Informationen über Suchmaschinen und der Aufbau von anderen, nicht offiziellen, Datenbanken verhindert werden. Diese Regelung zwang die Länder zu einem „technischen Wettrüsten“ mit professionellen Nutzern des Internets, um ein automatisiertes Kopieren zu vermeiden. Im Ergebnis erwies sich die Regelung als wirkungslos, da die Anforderungen – auch im Zwiespalt mit dem Erfordernis der Barrierefreiheit, z. B. für Menschen mit Sehbehinderung – unerfüllbar waren. Die Regelungen wurden zu Beginn des Jahres 2007 aufgehoben.[12)]

---

10) Verordnung zu öffentlichen Bekanntmachungen in Insolvenzverfahren im Internet – InsoBekV, v. 12.2.2002, BGBl. I, 2002, 677.

11) § 9 Abs. 2 Satz 3 Nr. 3 InsO i. d. F. v. 1.12.2001.

12) Gesetz über elektronische Handelsregister und Genossenschaftsregister sowie das Unternehmensregister – EHUG, v. 10.11.2006, BGBl. I 2006, 2553 (Art. 12 Abs. 2 Nr. 2 lit. b, Art. 13 Abs. 2 Halbs. 1). Die Thematik hat in den letzten Monaten gleichwohl wieder erheblich an Aktualität gewonnen – die heute unbegrenzten Recherchemöglichkeiten im Internet und die „rechtliche Unerreichbarkeit“ von Übersee-Servern führen zu regelrechten neuen Geschäftsmodellen durch gleichsam unbegrenztes Vorhalten längst gesetzlich zu löschender Daten. Hierzu und dem entsprechenden Ausloten regulatorischer Möglichkeiten und Erfordernisse hat unlängst ein neuer Bund-Länder-Dialog begonnen.

Die Insolvenzbekanntmachungen waren in gewissem Sinne auch der erste Schritt hin zum Gemeinsamen Justizportal des Bundes und der Länder.[13] Es war die erste bundeseinheitliche Plattform in der Justizverwaltung. Die Lösung wird seitdem regelmäßig bei der Umsetzung von Gesetzen und der Herstellung von Publizität wiederverwendet, so z. B. auch bei den Registerinformationen im Internet.

V. Entwicklungen in anderen Staaten

Der Bedarf für die Entwicklung und den Betrieb einer Bekanntmachungsplattform im Internet ist nicht nur auf einen Staat beschränkt. Dieser Gedanke wurde auch vom Deutschen Vorsitz des Rates der Europäischen Union aufgegriffen. Auf der europäischen Ebene wurde die ständige Arbeitsgruppe des Rates *e-Law* (*e-Justice*) eingerichtet.[14] Unter *e-Justice* versteht man im Allgemeinen den Sammelbegriff für „IT in und mit der Justiz“, insbesondere Kommunikation, Veröffentlichung, Bearbeitung und Sitzungsunterstützung.[15] Die Ratsarbeitsgruppe hat zur Aufgabe, sich mit allen Bereichen des grenzüberschreitenden Datenaustauschs für die Justiz zu beschäftigen. Sie ist bei der Erstellung aller Richtlinien und Verordnungen auf EU-Ebene zu beteiligen, die sich mit justiziellen Daten befassen.

1. Das Europäische Justizportal

Der Rat der Justiz- und Innenminister der EU hat in der 2807. Sitzung im Juni 2007 in seinen Schlussfolgerungen explizit festgelegt, welche Schwerpunkte er in diesem Bereich als vordringlich ansieht.[16] Dies war der Startschuss für die Schaffung eines Internetportals auf EU-Ebene, das weitgehend dem entspricht, was wir in Deutschland als Justizportal unter www.justiz.de kennen. Es soll aus einem Rahmenportal mit Basisinformationen zur Justiz in den Mitgliedstaaten und der Europäischen Union bestehen

---

13) www.justiz.de.

14) E-Justice Magazin, vgl. auch *Pott* „Europa ist der Ausgangspunkt“, abrufbar unter http://www.e-justice-magazin.de/2016/02/17/europa-ist-der-ausgangspunkt/ (Abrufdatum: 4.1.2018).

15) E-Justice ist der Oberbegriff für elektronisch abgewickelte Abläufe des Gerichtswesens, vgl. auch https://de.wikipedia.org/wiki/E-Justice (Abrufdatum: 4.1.2018).

16) Rat der Europäischen Union, Pressemitteilung 10267/07 (Presse 125), v. 8./9.11.2007, S 37, abrufbar unter http://www.consilium.europa.eu/ueDocs/cms_Data/docs/pressData/de/jha/97235.pdf (Abrufdatum: 10.1.2018).

sowie der Vernetzung von bestimmten Registern dienen. Hierzu gehören insbesondere die Strafregister, Insolvenzregister, Handelsregister und Grundbuchregister.

Hintergrund für die Zusammenführung dieser Informationen im Europäischen Justizportal ist die Schaffung von Mindeststandards z. B. für grenzüberschreitende Insolvenzen, die bereits teilweise durch die europäischen Rechtsvorschriften geregelt sind. Die Insolvenzregister wurden im Jahre 2007, wenn es in den einzelnen Staaten überhaupt bereits solche gab, aber noch ausschließlich auf nationaler oder sogar regionaler Ebene geführt.

Die Notwendigkeit eines Datenaustauschs über die Grenzen einzelner Staaten hinweg zeigte sich insbesondere noch einmal deutlich im Kontext der Finanzmarktkrise. Vor Beginn der Krise verließen sich Unternehmen und die anderen Marktteilnehmer stark auf den jeweils anderen Geschäftspartner. Es wurde davon ausgegangen, dass man auf den üblichen Wegen über eventuelle Liquiditätsschwierigkeiten informiert wurde. Die Überweisung von ca. 300 Mio. € der Kreditanstalt für Wiederaufbau an die *Lehman Brothers Bankhaus AG*, die zu diesem Zeitpunkt bereits einen Insolvenzantrag gestellt hatte und für die die Bundesanstalt für Finanzdienstleistungsaufsicht (BaFin) am 15. September 2008 ein Veräußerungs- und Zahlungsverbot erlassen hatte[17],[18] ist ein besonders herausragendes Beispiel hierfür.

Auf der Höhe der Krise war dann jedoch das Vertrauen in die Marktteilnehmer untereinander so gering, dass häufig vor jedem Vertragsabschluss über die Internetplattform in Deutschland geprüft wurde, ob der Vertragspartner noch nicht in die Insolvenz gefallen war. An besonderen Tagen erfolgten mehr als 2 Mio. Zugriffe (sog. hits) aus dem In- und Ausland auf die Seite www.insolvenzbekanntmachungen.de. Das Land Nordrhein-Westfalen, das über das Ministerium der Justiz zusammen mit dem Landesbetrieb Information und Technik des Landes Nordrhein-Westfalen (IT.NRW) die Plattform im Auftrag aller Länder betreibt, war hierdurch veranlasst, umfangreiche Investitionen in die Hardware vorzunehmen, um eine Beantwortung aller Anfragen sicherstellen zu können.

---

17) Vgl. auch Veröffentlichung des AG Frankfurt/M. v. 18.11.2008 zu „Lehman Brothers Bankhaus Aktiengesellschaft, Frankfurt am Main, 810 IN 1120/08 L-4-2, Registergericht Frankfurt am Main, HRB 28139“, abrufbar unter http://www.handelsregisterbekanntmachungen.de/.

18) Vgl. Presseerklärung der BaFin zum Veräußerungs- und Zahlungsverbot (Moratorium), abrufbar unter https://www.bafin.de/SharedDocs/Veroeffentlichungen/DE/Pressemitteilung/2008/pm_080915_lehman.html (Abrufdatum: 4.1.2018).

2. Europäische Projekte

Ausgehend von den Entwicklungen auf der europäischen Ebene wurde das Thema auch von der Europäischen Kommission aufgegriffen und insbesondere von Österreich und Deutschland im Rahmen von internationalen Projekten vorangetrieben. Als erstes erfolgte eine Bestandsaufnahme innerhalb der Europäischen Union. Die Mitgliedstaaten wurden mit einem Fragebogen aufgerufen, zum Sachstand der Einrichtung und des Betriebs der Insolvenzregister in den jeweiligen Mitgliedstaaten zu berichten. Auf Basis der Rückmeldungen wurden grundlegende Begriffe der Europäischen Insolvenzverordnung[19] in sog. Glossaren zur Beschreibung der Suchergebnisse für die Insolvenzinformationen des jeweiligen Staates zusammengestellt. Parallel hierzu begann der freiwillige Aufbau bzw. die Weiterentwicklung der Insolvenzregister in einzelnen Mitgliedstaaten und die prototypische Vernetzung von einigen Insolvenzregistern. Um dies für die Mitgliedstaaten zu vereinfachen, wurden zwei Förderprojekte seitens der Europäischen Kommission ins Leben gerufen.

Bei den beiden genannten Projekten handelte es sich zum einen um ein spezielles Förderprojekt mit dem konkreten Fokus bezüglich der Insolvenzverfahren. Dieses von Österreich geleitete Projekt hatte ein Finanzvolumen von ca. 1,1 Mio. €. Als Ergebnis wurden technische Schnittstellen zu den nationalen Insolvenzregistern beschrieben. Zum anderen wurde daneben ein großes Förderprojekt – ein sog. „Large Scale Project" – initiiert, dass sich im Schwerpunkt mit dem generellen Austausch von justiziellen Informationen – hierzu zählten u. a. auch die Insolvenz- und Handelsregister – beschäftigt. Das Projekt trug den Namen *e-CODEX*[20] und wurde im Auftrag der Bund-Länder-Kommission für Informationstechnik in der Justiz federführend durch das Justizministerium des Landes NRW geleitet. Ziel des Projektes war die Förderung des grenzüberschreitenden elektronischen Zugangs zum Recht für Bürger und Unternehmen in Europa als auch die Förderung der elektronischen Zusammenarbeit von Einrichtungen der Justiz innerhalb von Europa. Das Projekt hatte ein Finanzvolumen von 24 Mio. € und eine Laufzeit von Dezember 2010 bis Mai 2016. An dem Projekt beteiligten sich 23 Mitgliedstaaten der Europäischen Union, Norwegen und die Türkei sowie die beiden europäischen

---

19) Verordnung (EG) Nr. 1346/2000 des Rates v. 29.5.2000 über Insolvenzverfahren – EuInsVO, ABL. (EG) L 160/1 v. 30.6.2000.

20) e-CODEX = e-Justice Communication via Online Data Exchange, www.e-codex.eu.

Dachorganisationen der Notare und Anwälte (CNUE[21]) und CCBE[22]). Unter Ausnutzung der ersten Ergebnisse dieser Projekte erfolgte der weitere Ausbau der nationalen Insolvenzbekanntmachungen. Im Jahre 2011 erfolgte in 26 Mitgliedstaaten die zentrale Erfassung von Informationen über Insolvenzverfahren. Daten über Insolvenzverfahren gegen juristische Personen wurden in allen Mitgliedstaaten registriert, Insolvenzen natürlicher Personen hingegen nur in wenigen. In 14 Mitgliedstaaten wurden die Entscheidungen in einem für die Öffentlichkeit zugänglichen elektronischen Insolvenzregister unentgeltlich bereitgestellt. Neun Mitgliedstaaten veröffentlichten insolvenzrelevante Informationen in einer elektronischen Datenbank.[23])

VI. Europäische Insolvenzverordnung

Mit der Europäischen Insolvenzverordnung (EG) Nr. 1346/2000 wurde das Ziel einer Verbesserung der Effizienz und Wirksamkeit der Insolvenzverfahren in und zwischen den Mitgliedstaaten der Europäischen Union verfolgt. Es war beabsichtigt, in Verfahren mit grenzüberschreitender Wirkung die Bestimmungen über den Gerichtsstand, die Anerkennung und das anwendbare Recht in diesem Bereich in einem gemeinschaftlichen Rechtsakt zu bündeln. Im Hinblick auf die technischen und wirtschaftlichen Entwicklungen wurde auf Anregung verschiedener Einrichtungen, z. B. dem Europäischen Parlament, 2011 beschlossen, die am 31. Mai 2002 in Kraft getretene Verordnung in einigen wesentlichen Punkten zu überarbeiten. So wurde z. B. die Schaffung eines Europäischen Registers als notwendig angesehen, um Gläubigern und Gerichten Feststellungen zur Eröffnung eines Insolvenzverfahrens in einem anderen Mitgliedstaat, zu den Fristen und den Einzelheiten der Forderungsanmeldung zu ermöglichen.[24])

---

21) Rat der Notariate der Europäischen Union (CNUE – Conseil des Notariats de l’Union Européenne).

22) Rat der Anwaltschaften der Europäischen Gemeinschaft (CCBE – Commission de Conseil des Barreaux européens).

23) Folgenabschätzung der EU-Kommission zum Vorschlag zur Änderung der Verordnung (EG) Nr 1346/2000 des Rates über Insolvenzverfahren v. 12.12.2012 SWD/ 2012/0416 final, abrufbar unter http://eur-lex.europa.eu/legal-content/EN/TXT/ ?uri=celex:52012SC0416 (Abrufdatum: 10.1.2018).

24) Bericht des Rechtsausschusses des EU-Parlaments mit Empfehlungen an die Kommission zu Insolvenzverfahren im Rahmen des EU Gesellschaftsrechts (2011/2006(INI)) v. 17.11.2011, abrufbar unter http://eur-lex.europa.eu/legal-content/DE/TXT/?uri= CELEX:52011IP0484 (Abrufdatum: 10.1.2018).

Die Europäische Kommission hat sodann 2012 Konsultationen zur Überarbeitung der Insolvenzverordnung durchgeführt. Ziel war eine effizientere Regelung grenzübergreifender Insolvenzfälle auf europäischer Ebene im Interesse einer besseren Funktionsweise und höheren Belastbarkeit des Binnenmarkts in Krisenzeiten.[25] Hierbei wurde auch auf die Schwierigkeiten der insolvenzrechtlichen Praxis wegen unzureichender Publizität insolvenzrechtlicher Entscheidungen hingewiesen und dass dies zu Problemen bei der Forderungsanmeldung durch die Gläubiger führt. Diese Hinweise der Rechtspraxis wurden bei der Neufassung der Insolvenzverordnung aufgegriffen.

Die neu gefasste Verordnung (EU) 2015/848[26] vom 20. Mai 2015 über Insolvenzverfahren (EUInsVO) regelt nunmehr verbindlich die Veröffentlichung von Insolvenzbekanntmachungen über das Internet sowohl auf nationaler als auch auf europäischer Ebene. Die Vorschriften hierzu treten gestaffelt in Kraft. Die materiell-rechtlichen sowie die überwiegende Anzahl der Verfahrensvorschriften sind ab dem 26. Juni 2017 in Kraft. Die Regelungen, welche die Mitgliedstaaten verpflichten, ein nationales elektronisches EuInsVO-Insolvenzregister zu schaffen, gelten ab dem 26. Juni 2018. Ein weiteres Jahr später, bis zum 26. Juni 2019, haben die Europäischen Union (konkret die Europäische Kommission) und die Mitgliedstaaten eine Vernetzung und Publikation der nationalen Bekanntmachungsinformationen auf EU-Ebene zu verwirklichen.[27] Das Europäische Justizportal (www.e-justice.eu) bildet die hierfür gesetzlich vorgesehene einheitliche Veröffentlichungsplattform, so dass die Informationen über einen zentralen Zugangspunkt abgefragt werden können. Die technischen Voraussetzungen hierfür werden von der Europäischen Kommission gemeinsam mit den Mitgliedstaaten geschaffen.

VII. Weiterentwicklung und Zukunft der Insolvenzbekanntmachungen

Die Veröffentlichungen und die Publizität von Insolvenzinformationen werden auch künftig weiter an Bedeutung gewinnen, mit Auswirkungen

25) Zusammenfassung der EU-Kommission der Folgenabschätzung zum Vorschlag zur Änderung der Verordnung (EG) Nr 1346/2000 des Rates über Insolvenzverfahren, abrufbar unter http://eur-lex.europa.eu/legal-content/DE/TXT/?uri=SWD:2012:0417:FIN (Abrufdatum: 10.1.2018).

26) Verordnung (EU) 2015/848 des Europäischen Parlaments und des Rates v. 20.5.2015 über Insolvenzverfahren – EUInsVO, ABl. (EU) L 141/19 v. 5.6.2015.

27) Art. 92 EuInsVO.

sowohl auf der nationalen als auch auf der internationalen Ebene. Die Möglichkeiten zu dieser Weiterentwicklung wurden insbesondere auch mit der Einführung des elektronischen Rechtsverkehrs durch den Gesetzgeber geschaffen.

In Deutschland erfolgte dies insbesondere durch das Gesetz zur Förderung des elektronischen Rechtsverkehrs mit den Gerichten vom 10. Oktober 2013[28]. Auf dessen Grundlage wird grundsätzlich der elektronische Rechtsverkehr ab dem 1. Januar 2018 bundesweit einheitlich bei allen Gerichten – Strafsachen waren von diesen Regelungen noch nicht umfasst – eröffnet. Das Gesetz enthält eine Reihe von Neuregelungen in den einzelnen Gerichts- und Verfahrensordnungen, die den Umgang mit elektronischen Dokumenten in gerichtlichen Verfahren erleichtern. Insbesondere sieht das Gesetz Regelungen der technischen und organisatorischen Einzelheiten vor, so dass ab dem 1. Januar 2018 vorbereitende Schriftsätze, Anträge, Anlagen, etc. auch in elektronischer Form bei Gericht eingereicht werden können. Die Insolvenzverfahren sind über § 4 InsO von diesen Neuregelungen mit umfasst. Ab dem 1. Januar 2022 ist „professionellen" Einreichern – also auch Insolvenzverwaltern – danach grundsätzlich nur noch die elektronische Kommunikation mit den Gerichten gestattet. Die Einzelheiten hierzu sind durch Rechtsverordnung(en) zu regeln. Mit Zustimmung des Bundesrates regelt die Bundesregierung die technischen Rahmenbedingungen für die Übermittlung der elektronischen Dokumente. Des Weiteren haben die Länder die Befugnis, einen bestimmten Zeitpunkt für die Anwendung der neuen gesetzlichen Regelungen für einzelne Verfahrenszweige, wie z. B. die Insolvenzverfahren, festzulegen.[29] Ab diesen Zeitpunkten werden den Gerichten weit mehr strukturierte Daten, auch für die Veröffentlichung im Internet, zur Verfügung stehen. In Ergänzung dieser Regelungen wurde durch das Gesetz zur Einführung der elektronischen Akte in der Justiz und zur weiteren Förderung des elektronischen Rechtsverkehrs die Voraussetzung dafür geschaffen, auch die entsprechenden gerichtlichen Akten elektronisch zu

---

28) Gesetz zur Förderung des elektronischen Rechtsverkehrs mit den Gerichten, v. 10.10.2013, BGBl. I 2013, 3786 ff.

29) Art. 24 des Gesetzes zur Förderung des elektronischen Rechtsverkehrs mit den Gerichten, BGBl. I 2013, 3786 ff.

führen.[30] Möglichkeiten, die auch für die Insolvenzverfahren mit ihren regelmäßig sehr umfangreichen Dokumenten von großem Nutzen sind, z. B. für die Berichte des Verwalters und die Insolvenztabelle nebst begleitender Unterlagen. Insofern gilt es zu prüfen, ob Teile dieser Dokumente künftig auch den Beteiligten der Insolvenzverfahren elektronisch verfügbar gemacht werden sollen.

Ergänzend hierzu wurden mit der neuen EuInsVO auch weitere Möglichkeiten für den standardisierten Informationsaustausch zwischen Insolvenzverwalter, Gerichten und Gläubigern in grenzüberschreitenden Verfahren geschaffen. So regelt Art. 54 der EuInsVO seit dem 26. Juni 2017, dass die Gläubiger eines Insolvenzverfahrens im Ausland durch individuelle Übersendung eines Vermerks durch das Insolvenzgericht oder den Insolvenzverwalter über das Verfahren zu unterrichten sind. Die Unterrichtung nach den Absätzen 1 und 2 dieses Artikels erfolgt mithilfe eines Standardmitteilungsformulars, das gemäß Art. 88 EuInsVO festgelegt wird. Das Formular wird im Europäischen Justizportal veröffentlicht und trägt die Überschrift „Mitteilung über ein Insolvenzverfahren“ in sämtlichen Amtssprachen der Organe der Union.

Für die Forderungsanmeldung durch Gläubiger aus dem EU-Ausland kann gemäß Art. 88 EuInsVO ein Standardformular festgelegt werden.[31] Die Verwendung des Formulars durch die Gläubiger zur Forderungsanmeldung ist nicht verpflichtend, sofern die Gläubiger sich nicht des Formulars bedienen, haben sie jedoch in ihrer individuellen Anmeldung ebenfalls alle Pflichtangaben aus Art. 55 Abs. 2 EuInsVO zu machen.[32]

Es ist davon auszugehen, dass alle standardisierten Formulare, Veröffentlichungen und Bekanntmachungen – auch wenn dies bisher nicht für alle Bereiche in der EuInsVO ausdrücklich geregelt ist – über das Europäische Justizportal verfügbar sein bzw. erfolgen werden. Die technischen Möglichkeiten und Standards hierfür bestehen bereits. Wie bereits geschildert, wurden sie gemeinsam von den Mitgliedstaaten, den Assoziierten Staaten der Europäischen Union und der Europäischen Kommission im Rahmen entsprechender Förderprojekte entwickelt und erfolgreich getestet. Ihre

---

30) Gesetz zur Einführung der elektronischen Akte in der Justiz und zur weiteren Förderung des elektronischen Rechtsverkehrs, v. 5.7.2017, BGBl. I 2017, 2208 ff.; auch wurde der elektronische Rechtsverkehr hierdurch auf weitere Gebiete, eben insbesondere die Strafsachen, ausgeweitet.

31) Art. 55 Abs. 1 EuInsVO.

32) Art. 55 Abs. 4 EuInsVO.

Verwendung ist nunmehr durch den Europäischen Gesetzgeber verpflichtend vorgeschrieben. Diese Standards sind im Rahmen des Aufbaus und Ausbaus der entsprechenden Plattformen für eine sichere und nachvollziehbare elektronische Kommunikation, auch im Rahmen des Europäischen Justizportals und den Mitgliedstaaten der Europäischen Union, umzusetzen. Sehr wahrscheinlich werden in nächster Zukunft noch weitere Staaten – auch außerhalb Europas – diese Standards aufgreifen.

Insbesondere auch all diese rechtlichen Fortentwicklungen waren und sind mit *Marie Luise Graf-Schlicker* untrennbar verbunden – seit 2007 leitet sie die Abteilung R des Bundesministeriums der Justiz (und für Verbraucherschutz) –, und natürlich musste und muss diese Abteilung für das Insolvenzrecht zuständig sein. Die gerade von ihr entscheidend mitbegründete neue Form der Insolvenzbekanntmachungen und der mit ihnen verbundene umfassende Informationsaustausch werden zweifelsohne weiterhin Vorreiter für die aktuellen Entwicklungen aus dem Bereich *e-Justice* sein – auf nationaler Ebene, auf europäischer Ebene und schließlich noch weit darüber hinaus.

Haftungsumfang bei Kündigung einer Patronatserklärung, insbesondere im Insolvenzfall

Bruno M. Kübler

Inhaltsübersicht

Der RWS Verlag und der Verfasser des nachfolgenden Beitrags, letzterer zugleich als Mitherausgeber dieser Festschrift, sind Frau Ministerialdirektorin Marie Luise Graf-Schlicker u. a. durch den von ihr herausgegebenen und mitverfassten Kommentar zur InsO, der demnächst bereits in fünfter Auflage erscheint, und durch ihre zahlreichen Fachbeiträge und Vorträge zu insolvenzrechtlichen Themen im Rahmen von RWS-Veranstaltungen eng verbunden.

Eine besonders gelungene Veranstaltung unter maßgeblicher Mitwirkung von Marie Luise Graf-Schlicker sei hier beispielhaft hervorgehoben: Der RWS Verlag war mit einem „ZIP-Kolloquium" im August 2010 der erste Anbieter einer Informationsveranstaltung zum seinerzeit in Vorbereitung befindlichen „Gesetz zur weiteren Erleichterung der Sanierung von Unternehmen". Der vom Verfasser zur optimal werbewirksamen Präsentation dieser Pionierveranstaltung vorgeschlagene Begriff „ESUG" fand seinerzeit noch keine ministerielle Zustimmung. So wurde das Kürzel für das ZIP-Kolloquium auch ohne den offiziellen Segen des Ministeriums in die Welt gesetzt und hat sich dann allseits rasch etabliert.

Marie Luise Graf-Schlicker, der „Leitfigur aus dem BMJ", wie sie der INDat Report respektvoll genannt hat, sei für ihre Treue zum RWS Verlag auf das Herzlichste gedankt. Wir freuen uns darauf, mit ihr als Autorin und Referentin auch weiterhin im Bereich des Insolvenzrechts erfolgreich zusammenwirken zu können.

I. Ausgangslage

Im Jahr 2010 entschied der Bundesgerichtshof in seiner *STAR 21*-Entscheidung, dass Patronatserklärungen für die Zukunft kündbar seien.[1] In der Literatur löste die Entscheidung zahlreiche Stellungnahmen aus.[2]

In einer weiteren Entscheidung im Jahr 2011 ging es um die neue Frage, ob eine (harte) Patronatserklärung geeignet sei, eine mögliche Zahlungsunfähigkeit des Begünstigten (Protegés) zu beseitigen, was der Bundesgerichtshof verneinte.[3] Danach blieb es lange ruhig um dieses Sanierungsmittel. Erst Anfang 2017 musste sich der Bundesgerichtshof wieder damit beschäftigen. Es galt zu entscheiden, ob ein Gläubiger einen Anspruch gegen den Patron (z. B. die Muttergesellschaft) aus einer harten externen Patronatserklärung hat, wenn der Protegé (z. B. die Tochtergesellschaft) den Gläubiger befriedigt hatte, der Insolvenzverwalter diese Befriedigung allerdings später erfolgreich anfocht. Dies bejahte der Bundesgerichtshof.[4]

Im Folgenden wird untersucht, ob nicht einige der damals erhobenen Kritikpunkte inzwischen anders eingeordnet werden können. Auch werden, soweit ersichtlich, neue Überlegungen angestellt, welcher Haftungsumfang sich bei Kündigung einer Patronatserklärung für den Patron im Falle einer Insolvenz des Protegés ergibt, wenn die Patronatserklärung hierzu schweigt. Dabei wird geprüft, ob die zitierten Entscheidungen Rückschlüsse auf den möglichen Anspruchsumfang des Insolvenzverwalters gegenüber dem Patron zulassen.

---

1) BGH, Urt. v. 20.9.2010 – II ZR 296/08 (STAR 21), ZIP 2010, 2092 ff., dazu EWiR 2010, 757 *(Guski)*.

2) Vgl. nur *Rieder*, Die Beendigung von Patronatserklärungen – Ein Überblick unter Berücksichtigung der neuesten BGH-Rechtsprechung, GWR 2010, 544; *Maier-Reimer/Etzbach*, Die Patronatserklärung, NJW 2011, 1110; *Raeschke-Kessler/Christopeit*, Die harte Patronatserklärung als befristetes Sanierungsmittel, NZG 2010, 1361.

3) BGH, Urt. v. 19.5.2011 – IX ZR 9/10, ZIP 2011, 1111 ff., dazu EWiR 2011, 575 *(Hirte/Ede)*.

4) BGH, Beschl. v. 12.1.2017 – IX ZR 95/16, ZIP 2017, 337 ff., dazu EWiR 2017, 209 *(H.-F. Müller)*.

II. Abgrenzung weiche und harte Patronatserklärung

Um den möglichen Anspruchsumfang besser darstellen zu können, sollen zunächst die verschiedenen Formen einer Patronatserklärung dargestellt und voneinander abgegrenzt werden, da diese jeweils unterschiedliche rechtliche Wirkungen auslösen.

Patronatserklärungen sind gesetzlich weder als ein besonderer Vertragstypus definiert noch inhaltlich geregelt. Vielmehr stellt der Begriff eine Sammelbezeichnung für Erklärungen dar, nach denen ein Beteiligter (der Patron) erklärt, er werde für die Verbindlichkeiten eines anderen (des Protegés) einstehen bzw. dafür sorgen, dass dieser seinen Zahlungsverpflichtungen nachkommt.[5)]

1. Weiche Patronatserklärung

Mangels gesetzlicher Vorgaben kann der Patron den Inhalt und den (Schutz)Umfang seiner Patronatserklärung grundsätzlich frei bestimmen. So kann die Patronatserklärung in der Form abgegeben werden, dass sie für ihn keine rechtliche Bindungswirkung entfaltet, sondern einer allgemeinen Absichtserklärung entspricht.[6)] Der Erklärungsempfänger hat in diesem Fall in der Regel keinerlei rechtliche Ansprüche gegenüber dem Patron. In diesen Fällen spricht man daher von einer *weichen* Patronatserklärung.

Als Beispiele für eine weiche Patronatserklärung werden genannt:

> „Wir stehen jederzeit hinter unserer Tochter" oder
>
> „Wir haben mit Rücksicht auf unser Ansehen Verbindlichkeiten unserer Tochtergesellschaft stets so betrachtet wie eigene Verbindlichkeiten."[7)]

2. Harte Patronatserklärung

Bei einer *harten* Patronatserklärung hingegen bringt der Patron zum Ausdruck, dass er für den von ihm erklärten Schutz rechtlich einstehen will und der Protegé entsprechende Ansprüche hieraus gegen ihn geltend machen kann.[8)]

---

5) *Habersack* in: MünchKomm-BGB, 7. Aufl. 2017, Vor § 765 Rz. 49.
6) *Stadler* in: Jauernig, BGB, 16. Aufl. 2015, Vor § 765 Rz. 22.
7) *Fischer* in: Lwowski/Fischer/Langenbucher, Kreditsicherung, 9. Aufl. 2011, Rz. 242.
8) *Mock* in: Uhlenbruck, InsO, 14. Aufl. 2015, § 17 Rz. 60.

Als eine typische Formulierung für eine harte Patronatserklärung wird folgendes Beispiel angegeben:

> „Wir übernehmen die uneingeschränkte Verpflichtung sicherzustellen, dass unsere Tochtergesellschaft in der Weise geleitet und finanziell ausgestattet wird, dass sie stets in der Lage ist, ihren Verpflichtungen gegenüber ihren Gläubigern nachzukommen.“[9]

In der Praxis kommt es durchaus vor, dass eine genaue rechtliche Zuordnung der abgegebenen Erklärung nicht möglich ist.[10] In einem solchen Fall muss der Erklärungswille des Patrons gemäß §§ 133, 157 BGB durch Auslegung ermittelt werden.

III. Abgrenzung externe und interne Patronatserklärung

Die Patronatserklärung kann unterschiedlichen Parteien gegenüber erklärt werden, was wiederum Auswirkungen auf die Rechtsfolgen einer solchen Erklärung hat.

1. Externe Patronatserklärung

Bei einer *externen* Patronatserklärung gibt der Patron diese gegenüber einem oder mehreren Gläubigern des Protegés ab. In diesen Fällen handelt es sich bei dem Patron in der Regel um die Muttergesellschaft oder den Hauptgesellschafter des Protegés.[11]

Wie er seiner Ausstattungsverpflichtung nachkommen will, kann der Patron selbst bestimmen. Dies hängt maßgeblich von seinen Einflussmöglichkeiten auf den Protegé ab. Der Protegé hat aus einer externen Patronatserklärung keinen eigenen Anspruch gegen den Patron. Der Erklärungsempfänger kann außerhalb eines Insolvenzverfahrens über das Vermögen des Protegés keine unmittelbaren Ansprüche gegen den Patron auf finanzielle Ausstattung des Protegés geltend machen. Sollte der Protegé trotz einer solchen Patronatserklärung insolvent werden und wird die Forderung des Erklärungsempfängers in der Insolvenz des Protegés nicht vollständig erfüllt, kann er nunmehr den Patron in Höhe seines entstandenen Schadens aus der externen Patronatserklärung in Anspruch nehmen.

---

9) *Tetzlaff*, Aufhebung von harten Patronatserklärungen, WM 2011, 1016, 1017.

10) *Bitter*, Insolvenzvorsorge durch Rangrücktritt und Patronatsvereinbarung, ZHR 2017, 428, 429.

11) *Merkel/Richrath* in: Schimansky/Bunte/Lwowski, Bankrechts-Hdb., 5. Aufl. 2017, § 98 Rz. 10.

2. *Interne Patronatserklärung*

Bei einer *internen* Patronatserklärung gibt der Patron diese gegenüber dem Protegé selbst ab. Auch hier ist der Patron in der Regel die Muttergesellschaft und der Protegé deren Tochtergesellschaft.[12] Wie er dieser Ausstattungsverpflichtung nachkommen will, kann der Patron auch hier selbst bestimmen.

Aus einer internen Patronatserklärung kann nur der Protegé seinen Ausstattungsanspruch gegen den Patron geltend machen.[13] Die Gläubiger des Protegés können selbst keine Ansprüche aus der internen Patronatserklärung ableiten, solange der Protegé nicht insolvent ist. In der Insolvenz des Protegés begründen interne Patronatserklärungen nur einen vom Insolvenzverwalter zu verfolgenden Ausstattungsanspruch.[14]

IV. Patronatserklärung als Mittel zur Vermeidung einer Insolvenz

Je nach Ausgestaltung der Patronatserklärung kann hierdurch eine Zahlungsunfähigkeit und/oder Überschuldung des Protegés vermieden werden. Hierbei kommt es wieder darauf an, wie die jeweilige Patronatserklärung rechtlich einzuordnen ist.

1. *Weiche Patronatserklärung*

Eine weiche Patronatserklärung ist kein geeignetes Sanierungsmittel, egal wem gegenüber diese erklärt wurde, da sich hieraus keinerlei rechtliche Verpflichtungen des Patrons ergeben. Liegen aber keine rechtlichen Verpflichtungen des Patrons vor, können diese auch nicht in einer Liquiditätsplanung zur Vermeidung einer Zahlungsunfähigkeit oder aber bei der Ermittlung der Fortbestehensprognose im Rahmen einer Überschuldungsprüfung berücksichtigt werden.[15]

---

12) *Rosenberg/Kruse*, Patronatserklärungen in der M&A-Praxis und in der Unternehmenskrise, BB 2003, 641, 644.

13) *Tetzlaff*, Patronatserklärungen – ein unkalkulierbares Haftungsrisiko für den Patron, ZInsO 2008, 337, 338.

14) *Emmerich* in: Emmerich/Habersack, Aktien-/GmbH-Konzernrecht, 8. Aufl. 2016, § 302 AktG Rz. 13.

15) *Pagels/Lüder*, Prüfungsrelevante Fragen beim Vorliegen von (ausländischen) Patronatserklärungen, WPg 2017, 230, 232.

2. Harte externe Patronatserklärung

Bei einer harten Patronatserklärung hingegen wird danach differenziert, ob es sich hierbei um eine externe oder interne Patronatserklärung handelt.

So hat der Bundesgerichtshof in seiner Entscheidung vom 19. Mai 2011 entschieden, dass harte externe Patronatserklärungen für sich genommen weder eine Zahlungsunfähigkeit noch eine Überschuldung des Protegés beseitigen können, da eine solche Patronatserklärung nur einen Anspruch des gesicherten Gläubigers gegen den Patron vermittelt. Eigene Ansprüche des Protegés ergeben sich hieraus nicht. Eine Beseitigung der Insolvenzreife kommt erst dann in Betracht, wenn der Patron seine Ausstattungspflicht gegenüber dem Protegé tatsächlich erfüllt.[16]

3. Harte interne Patronatserklärung

Mit einer harten internen Patronatserklärung können dagegen prinzipiell sowohl eine Zahlungsunfähigkeit als auch eine Überschuldung vermieden werden.

So stellte der Bundesgerichtshof in seiner Entscheidung vom 19. Mai 2011 fest, dass mit einer Ausstattungsverpflichtung des Patrons gegenüber dem Protegé die Zahlungsunfähigkeit des Protegés vermieden werden kann. Das setzt jedoch voraus, dass der Patron, soweit der Protegé keinen ungehinderten Zugriff auf die notwendigen Mittel hat, seiner Ausstattungsverpflichtung auch tatsächlich nachkommt.[17]

Die Feststellungen des Bundesgerichtshofs werden allgemein so verstanden, dass der Zahlungsanspruch des Protegés gegenüber dem Patron auch werthaltig und kurzfristig durchsetzbar sein muss.[18] Ist nämlich nicht sichergestellt, dass sich der Protegé auf die Ausstattungserklärung verlassen kann, ist diese das Papier nicht wert, auf dem sie steht. Daher kommt es auch nicht, wie teilweise vertreten wird, darauf an, ob der Titel gegen den Patron auch im Ausland vollstreckbar ist.[19] Wenn der Anspruch nämlich erst zeit- und kostenaufwändig gerichtlich durchgesetzt werden muss, dürfte es schon an der Werthaltigkeit des Anspruchs fehlen. Zudem werden die zeitlichen Grenzen der Zahlungsfähigkeit überschritten sein.

---

16) BGH, Urt. v. 19.5.2011 – IX ZR 9/10, ZIP 2011, 1111, Rz. 20, 22; *Merkel/Richrath* in: Schimansky/Bunte/Lwowski, Bankrechts-Hdb., 5. Aufl. 2017, § 98 Rz. 44.

17) BGH, Urt. v. 19.5.2011 – IX ZR 9/10, ZIP 2011, 1111, 1113, Rz. 21 m. w. N.

18) *Mock* in: Uhlenbruck, InsO, 14. Aufl. 2015, § 17 Rz. 61.

19) *Pagels/Lüder*, WPg 2017, 230, 234.

Auch eine harte interne Patronatserklärung wird bei der Erstellung einer Überschuldungsbilanz des Protegés berücksichtigt werden können.[20] Voraussetzung ist jedoch, dass der Anspruch gegen den Patron werthaltig ist. Zudem wird teilweise gefordert, der Patron müsse auf alle Forderungen gegen den Protegé aus der Patronatserklärung verzichten, damit nicht gleichzeitig eine neue Verbindlichkeit in die Bilanz eingestellt werden muss.[21] Alternativ müssten derartige Regress- oder Erstattungsansprüche mit einem Rangrücktritt verbunden werden.[22] Zutreffender ist allerdings die Auffassung, wonach solche Ansprüche überhaupt nicht bestehen können, da der aus der Patronatserklärung resultierende Anspruch auf Kapitalausstattung keinen Gegenanspruch des Patrons auslöst, der zu passivieren wäre.[23]

V. Kündigungsmöglichkeit einer harten internen Patronatserklärung?

Bis zur *STAR 21*-Entscheidung des Bundesgerichtshofs[24] ging man davon aus, dass Patronatserklärungen – wenn überhaupt – nur unter sehr engen Voraussetzungen beendet werden können. In dieser Entscheidung deutete der Bundesgerichtshof hingegen mehrere Möglichkeiten an, nach denen eine vorzeitige Beendigung einer Patronatserklärung möglich sein könnte. In seinem Beschluss vom 12. Januar 2017 stellte der Bundesgerichtshof klar, dieser Rechtsauffassung weiterhin folgen zu wollen.[25]

1. Ausdrückliches/stillschweigendes/gesetzliches Kündigungsrecht?

Bei der Patronatserklärung handelt es sich um einen Vertrag *sui generis*,[26] auf den somit die allgemeinen schuldrechtlichen Regeln Anwendung finden.

Nach Auffassung des Bundesgerichtshofs können somit die Parteien einer internen, aber auch externen unbefristeten Patronatserklärung aufgrund

---

20) BGH, Urt. v. 20.9.2010 – II ZR 296/08 (STAR 21), ZIP 2010, 2092; *Keßler*, Interne und externe Patronatserklärungen als Instrumente zur Insolvenzvermeidung, S. 92 ff.; *Karsten Schmidt* in: Karsten Schmidt, InsO, 19. Aufl. 2016, § 19 Rz. 42; *Karsten Schmidt* in: Karsten Schmidt/Uhlenbruck, Die GmbH in Krise, Sanierung und Insolvenz, 5. Aufl. 2016, Rz. 5.135; *Mock* in: Uhlenbruck, InsO, 14. Aufl. 2015, § 19 Rz. 108 ff. m. w. N.

21) *Undritz/Knof* in: Kübler, HRI, 2. Aufl. 2015, § 3 Rz. 221.

22) *Karsten Schmidt* in: Karsten Schmidt, InsO, 19. Aufl. 2016, § 19 Rz. 42.

23) *Karsten Schmidt* in: Karsten Schmidt/Uhlenbruck, Die GmbH in Krise, Sanierung und Insolvenz, 5. Aufl. 2016, Rz. 5.135.

24) BGH, Urt. v. 20.9.2010 – II ZR 296/08 (STAR 21), ZIP 2010, 2092 ff.

25) BGH, Beschl. v. 12.1.2017 – IX ZR 95/16, ZIP 2017, 337, Rz. 9.

26) *Bornheimer* in: Nerlich/Kreplin, Münch-AHB Insolvenz und Sanierung, 2. Aufl. 2012, § 29 Rz. 260.

der ihnen zustehenden Privatautonomie ein vertragliches Kündigungsrecht vereinbaren, soweit die Kündigung nur Wirkung *ex nunc* entfalten soll.[27] Der Kündigungsgrund muss dabei nicht zwingend (schriftlich) vereinbart werden. Es reicht aus, wenn ein solches Recht konkludent vereinbart wurde.[28] Auch kurzfristige und sofortige Kündigungen sollen wirksam sein.[29]

Aufgrund des angenommenen vertraglichen Kündigungsrechts konnte der Bundesgerichtshof in der *STAR 21*-Entscheidung offen lassen, ob die gesetzlichen Kündigungsrechte aus § 314 Abs. 1, analog § 490 Abs. 1 BGB oder § 723 BGB bestehen.[30] In der Literatur wird auch eine Kündigung analog § 488 Abs. 3 BGB diskutiert.[31] Somit sind derartige Kündigungsrechte prinzipiell zu berücksichtigen und es muss im Einzelfall geprüft werden, ob die Voraussetzungen vorliegen.

2. *Ausschluss der Kündigung zum Schutze Dritter?*

Die Kündigung der Patronatserklärung könnte ausgeschlossen sein, wenn diese einen echten Vertrag zugunsten Dritter darstellen würde, sodass eine Kündigung ohne Zustimmung des Dritten nicht möglich wäre. Hier geht die h. M. allerdings davon aus, dass weder eine interne noch eine externe Patronatserklärung einen echten Vertrag zugunsten Dritter darstellt.[32]

Etwas anderes kann gelten, wenn der Protegé seine Gläubiger auf die interne Patronatserklärung mit/ohne Genehmigung des Patrons hinweist (z. B. in seiner Bilanz) oder auf Nachfrage des Gläubigers der Patron die Abgabe der internen Patronatserklärung bestätigt. Hier soll ggf. der Gläubiger Ersatzansprüche aus §§ 280 Abs. 1, 311 Abs. 3 und 241 Abs. 2 BGB oder aus *culpa in contrahendo* geltend machen können.[33] Es ist allerdings fraglich, ob ein solcher Vertrauensschutz seit der *STAR 21*-Entscheidung überhaupt noch angenommen werden kann. Denn mit der

---

27) BGH, Urt. v. 20.9.2010 – II ZR 296/08 (STAR 21), ZIP 2010, 2092, 2093, Rz. 17 m. w. N.

28) BGH, Urt. v. 20.9.2010 – II ZR 296/08 (STAR 21), ZIP 2010, 2092, 2094, Rz. 19.

29) BGH, Urt. v. 20.9.2010 – II ZR 296/08 (STAR 21), ZIP 2010, 2092, 2094, Rz. 22.

30) So z. B. *Emmerich* in: Emmerich/Habersack, Aktien-/GmbH-Konzernrecht, 8. Aufl. 2016 § 302 AktG Rz. 14.

31) *Rieder*, GWR 2010, 544, 545 m. w. N.

32) *Habersack* in: MünchKomm-BGB, 7. Aufl. 2017, Vor § 765 Rz. 51 m. w. N; *Bitter*, ZHR 2017, 428, 445.

33) *Tetzlaff*, WM 2011, 1016, 1018; *Harnos* in: BeckOGK-ZivilR, Stand: 1.8.2017, § 765 BGB Rz. 662.

höchstrichterlichen Anerkennung der Kündbarkeit von Patronatserklärungen dürfte ein solches Vertrauen nicht mehr bestehen.

3. Ausschluss der Kündigung bei zeitlicher Beschränkung?

Teilweise werden Patronatserklärungen nur für einen bestimmten Zeitraum abgegeben.

In seinem Beschluss vom 12. Januar 2017 stellte der Bundesgerichtshof die Wirkungen der Kündigung einer zeitlich unbefristeten Patronatserklärung dem Haftungsumfang einer zeitlich begrenzten Patronatserklärung gleich, die er damit in einem *obiter dictum* als mögliche Form der Patronatserklärung anerkannte.[34] Fraglich ist nun, ob diese zeitliche Befristung die Kündbarkeit der Patronatserklärung ausschließt? Diese Frage ist zu verneinen.

Es ist allgemein anerkannt, dass schuldrechtliche Verträge zeitlich befristet werden können. Den Parteien steht es aber frei, vertragliche Kündigungsrechte zu vereinbaren, die eine Vertragsbeendigung vor Ablauf der Befristung zulassen. Entsprechend können auch gesetzliche Kündigungsrechte eingreifen, da diese durch eine Befristung nicht ausgeschlossen werden. So ist die Kündigung einer befristeten Bürgschaft nach § 314 BGB anerkannt.[35] Entsprechendes muss dann auch für die Patronatserklärung gelten.

Im Schrifttum wird diskutiert, ob die Entscheidung des Bundesgerichtshofs vom 5. März 2015, wonach ein Rangrücktritt nach Eintritt der Insolvenzreife nicht durch eine Abrede aufgehoben werden kann,[36] auch entsprechend auf Patronatserklärungen anzuwenden sei. Nach richtiger Auffassung sind diese Überlegungen nicht auf Patronatserklärungen anzuwenden. Denn bei der Patronatserklärung geht es um eine Verpflichtung der Kapitalzufuhr und nicht wie bei einem Rangrücktritt um ein Rückzahlungsverbot. Könnte das Rückzahlungsverbot aufgehoben werden, so wären alle Gläubiger benachteiligt. Bei der Beendigung der Patronatserklärung hingegen bliebe die Haftung für die nach der Erklärung geschützten Gläubiger bestehen.[37]

---

34) BGH, Beschl. v. 12.1.2017 – IX ZR 95/16, ZIP 2017, 337, Rz. 9.

35) *Habersack* in: MünchKomm-BGB, 7. Aufl. 2017, § 765 Rz. 56 m. w. N.

36) BGH, Urt. v. 5.3.2015 – IX ZR 133/14, ZIP 2015, 628 ff., dazu EWiR 2015, 219 *(Bork)*.

37) *Karsten Schmidt* in: Festheft Knauth, Beil. zu ZIP 22/2016, S. 66, 69; *Harnos* in: BeckOGK ZivilR, Stand: 1.8.2017, § 765 BGB Rz. 667.4; *Hölzle/Klopp*, Insolvenzvermeidende Patronatserklärungen, KTS 2016, 335, 360.

4. *Möglichkeiten der Haftungsbegrenzung?*

Trotz der durch die *STAR 21*-Entscheidung vom Bundesgerichtshof eingeräumten größeren Flexibilität für den Patron wurden in der Praxis weitere Formulierungen von Patronatserklärungen entwickelt, um die Rechtssicherheit für die Beteiligten zu vergrößern und die Haftung für den Patron überschaubarer zu gestalten.

So sind neben der bereits erwähnten zeitlichen Befristung von Patronatserklärungen auch die Beschränkung der Patronatserklärung auf eine bestimmte Höchstsumme und eine Umschreibung der von der Patronatserklärung umfassten Verbindlichkeiten des Protegés anerkannt.[38)]

Gerade die Umschreibung der von der Patronatserklärung umfassten Verbindlichkeiten des Protegés ist für die Beantwortung der Rechtsfolgenfrage von erheblicher Bedeutung. Der Bundesgerichtshof ging in seiner *STAR 21*-Entscheidung aufgrund der dort streitigen Patronatserklärung ohne weiteres von einer Haftung für „nur" bereits fällig gewordene Verbindlichkeiten aus. Im Anschluss an diese Entscheidung wurde insbesondere diskutiert, ob nicht vielmehr für allein dem Grunde nach bereits entstandene Verbindlichkeiten gehaftet werden müsse.[39)] Es ist offensichtlich, dass der Haftungsumfang im letzteren Fall deutlich größer sein kann.

Wenn derartige (interne harte) Patronatserklärungen ein geeignetes Sanierungsmittel darstellen, ist nicht ersichtlich, warum eine Patronatserklärung nicht auch auf bestimmte Verbindlichkeiten, z. B. Lieferantenforderungen, Gewährleistungsansprüche etc. oder aber bestimmte Gläubiger beschränkt werden kann, ohne die Eignung als Sanierungsmittel dadurch zu verlieren. Schließlich wäre auch dies Ausdruck der immer wieder vom Bundesgerichtshof betonten Vertragsfreiheit der beteiligten Parteien. Entscheidend sollte vielmehr sein, in welchem Umfang derartige Patronatserklärungen noch Schutz bieten können.

VI. Rechtsfolgen der Kündigung

Der Bundesgerichtshof ist in der *STAR 21*-Entscheidung davon ausgegangen, dass die Kündigung der Patronatserklärung nur mit *ex nunc*-Wirkung

---

38) *Harnos*, Harte externe Patronatserklärung in der Insolvenz, ZIP 2017, 1149, 1150; *Hölzle/Klopp*, KTS 2016, 335, 344; *Undritz/Knof* in: Kübler, HRI, 2. Aufl. 2015, § 3 Rz. 226.

39) U. a. *Undritz/Knof* in: Kübler, HRI, 2. Aufl. 2015, § 3 Rz. 225.

erfolgte. Mit diesem Ansatz konnte das Gericht die Kündbarkeit rechtfertigen, ohne die Patronatserklärung als Sanierungsmittel unbrauchbar zu machen, da der Patron für die bis zur Kündigungswirkung entstandenen Verbindlichkeiten des Protegés weiter haften muss.[40] Diesem Ansatz hat sich die herrschende Lehre angeschlossen.[41] Im Fall einer mit Wirkung *ex nunc* zu kündigenden Patronatserklärung sind dies zumindest die bis zur Wirksamkeit der Kündigung fällig gewordenen Verbindlichkeiten des Protegés (hierzu gleich noch genauer unter VII.).

Es wird allerdings auch vertreten, dass die Parteien aufgrund ihrer Privatautonomie ein Kündigungsrecht mit *ex tunc*-Wirkung vereinbaren können.[42]

Dieser Ansicht kann grundsätzlich zugestimmt werden. Allerdings dürfte dann eine solche Patronatserklärung kein geeignetes Sanierungsmittel mehr sein – zumindest keines, auf das sich die Geschäftsführung verlassen kann und keine nachträgliche Haftung nach § 64 GmbHG, § 92 AktG befürchten muss.

Bei einer Zahlungszusage, die der Patron mit Wirkung *ex tunc* kündigen kann, mag der Protegé zwar davon ausgehen, dass der Eintritt des Kündigungsfalls unwahrscheinlich ist. Er weiß aber auch, dass der Patron, wenn er kündigt, für nichts einstehen will. Die Gläubiger, die seit Abgabe der Patronatserklärung offene Forderungen aufgebaut haben, hätten plötzlich keine Haftungsmasse mehr. Dürfte der Protegé eine solche Patronatserklärung zur Vermeidung der Insolvenz berücksichtigen, müsste er bzw. dessen Geschäftsführung bei Eintritt der Zahlungsunfähigkeit bzw. Überschuldung den Gläubigern vollumfänglich haften. Würde man diese Konsequenz nicht ziehen, könnten Patron und Protegé einfache Strukturen schaffen, die ein großes Schädigungspotenzial für Gläubiger hätten.

VII. Haftungsumfang im Insolvenzverfahren

Soweit die Patronatserklärung mit *ex nunc*-Wirkung gekündigt wurde, geht der Bundesgerichtshof davon aus, dass der Patron dem Insolvenzverwalter

---

40) BGH, Urt. v. 20.9.2010 – II ZR 296/08 (STAR 21), ZIP 2010, 2092, 2093, 2095, Rz. 17, 35.

41) *Rieder*, GWR 2010, 544, 546; *Maier-Reimer/Etzbach*, NJW 2011, 1110, 1116; *Emmerich* in: Emmerich/Habersack, Aktien-/GmbH-Konzernrecht, 8. Aufl. 2016, § 302 AktG Rz. 14.

42) *Bitter* in: Scholz/Bitter, GmbHG, 11. Aufl. 2015, Vor § 64 Rz. 41; *Harnos*, ZIP 2017, 1149, 1151.

auf Zahlung der bis zur Wirksamkeit der Kündigung fälligen Verbindlichkeiten des Protegés haftet.[43] Diese Aussage ist aber nicht zu verallgemeinern, da die in diesem Fall zu bewertende Patronatserklärung eine solche Haftungsbeschränkung enthielt.

Aufgrund der Privatautonomie kann der Patron selber festlegen, für welche Forderungen er wie lange und in welcher Höhe haften möchte (siehe oben). Wenn eine solche Begrenzung nicht besteht, ist durch Auslegung zu ermitteln, wofür der Patron einstehen wollte/muss. Lässt sich dies nicht eindeutig ermitteln, erscheint eine Auslegung zumindest dahingehend gerechtfertigt, dass er eine Haftung für die Forderungen übernommen hat, die am Tag der Wirksamkeit der Kündigung hätten bedient werden müssen, um eine Insolvenz zu vermeiden. Dann würde die Haftung zumindest nicht nur zum Zeitpunkt der Kündigung fällig gewordene, sondern auch bereits begründete (Insolvenz-)Forderungen umfassen.[44]

Teilweise wird die Auffassung vertreten, der Patron hafte im Fall der Kündigung der Patronatserklärung auch für Massekosten und Masseverbindlichkeiten.[45] Dies ergäbe sich aus dem Umstand, dass die Insolvenzgläubiger nur dann zu 100 % befriedigt werden könnten, wenn die deren Forderungen vorgehenden Massekosten und Masseverbindlichkeiten gedeckt seien.

Der Bundesgerichtshof verweist in der *STAR 21*-Entscheidung nur auf Insolvenzforderungen. Mit der Frage, ob auch Massekosten und Masseverbindlichkeiten zu ersetzen seien, setzte er sich nicht auseinander. Dies war auch nicht erforderlich, da der Bundesgerichtshof eine wirksame Kündigung und dementsprechend nur einen Anspruch auf Erfüllung aus der Patronatserklärung bis zu Kündigung annahm. Dieser Erfüllungsanspruch war aber auf „fällige" Forderungen beschränkt.[46] Dies konnten nur Insolvenzforderungen sein. Die Vorinstanz, das OLG Frankfurt am Main, nahm hingegen an, dass der Patron auch die Beträge schulde, die für die Verfahrensabwicklung erforderlich seien.[47] Das war auch folgerichtig,

---

43) BGH, Urt. v. 20.9.2010 – II ZR 296/08 (STAR 21), ZIP 2010, 2092, 2093, 2095, Rz. 17 und Rz. 35.

44) *Frystatzki*, Ansprüche gegen Geschäftsführer und Gesellschafter in der Überschuldungsbilanz der GmbH, NZI 2013, 161, 166; *Undritz/Knof* in: Kübler, HRI, 2. Aufl. 2015, § 3 Rz. 225.

45) *Merkel/Richrath* in: Schimansky/Bunte/Lwowski, Bankrechts-Hdb., 5. Aufl. 2017, § 98 Rz. 38; *Tetzlaff*, WM 2011, 1016, 1019, 1020.

46) BGH, Urt. v. 20.9.2010 – II ZR 296/08 (STAR 21), ZIP 2010, 2092, 2096, Rz. 42.

47) OLG Frankfurt/M., Urt. v. 17.6.2008 – 5 U 138/06, BeckRS 2009, 26430.

da das Berufungsgericht eine unwirksame Kündigung und damit eine Pflichtverletzung annahm, für die der Patron auf das positive Interesse hafte. Insofern lässt sich aus diesen Urteilsgründen nichts ableiten.

Der Literaturmeinung ist zwar insoweit zuzustimmen, als ein Patron, der seinen Verpflichtungen aus der Patronatserklärung nicht nachkommt, nach § 280 BGB haftet. Hierfür gilt das umfassende Schadensrecht, sodass auch Massekosten und Masseverbindlichkeiten vom Haftungsumfang abgedeckt sein können. Im Fall einer wirksamen Kündigung verhält sich der Patron aber pflichtgemäß. Hier ist daher darauf abzustellen, wofür er mit seiner Erklärung einstehen wollte. Dies dürfte die Sicherstellung der Finanzierung der aus dem laufenden Geschäftsbetrieb entstehenden Verbindlichkeiten sein. Nur diesen konnte er einsehen und bewerten. Nur diesen hielt er für erhaltungswürdig und -fähig. Massekosten und Masseverbindlichkeiten gehören aber nicht zum laufenden Geschäftsbetrieb, sondern entstehen erst durch die Insolvenz. Würde man der Gegenmeinung folgen, müsste der Patron auch für solche Verbindlichkeiten haften, die der Protegé noch nach der rechtmäßigen Kündigung begründet. Diese Haftung könnte aber ausufern, da der Patron keinen Einfluss darauf hat, ob und wann der Protegé einen Insolvenzantrag stellt. Daher kann auch nicht der vermittelnden Auffassung gefolgt werden, die eine Ersatzpflicht in Höhe des Betrags annimmt, der am Stichtag, d. h. am Tag der Antragstellung, notwendig gewesen wäre, die Zahlungsfähigkeit wiederherzustellen bzw. die Überschuldung auszuschließen,[48] zumal die Parteien uneinig sein können, ob überhaupt eine Antragspflicht besteht oder der Protegé annehmen kann, aufgrund anderer Liquiditätsquellen seine Krise überwinden zu können. Stellt ein Insolvenzverwalter Monate oder Jahre später fest, dass der Protegé sich geirrt hat, müsste der Patron für diesen Irrtum haften. Dies dürfte er sicherlich nicht gewollt haben.

Daher ist generell darauf abzustellen, dass der Patron in der Regel nur für die (Insolvenz-)Forderungen haftet, die bis zum Zeitpunkt seiner Kündigung begründet wurden. Dass dies dazu führen kann, dass die Gläubiger nur eine Quote erhalten, die sogar noch geringer ausfällt, wenn der Protegé nach der Kündigung weitere nicht mehr von der Patronatserklärung gedeckte Verbindlichkeiten eingeht, liegt in der Natur der Insolvenz. Wie

---

48) BGH, Urt. v. 20.9.2010 – II ZR 296/08 (STAR 21), ZIP 2010, 2092, m. Anm. *Ries/Böhner*, FD-InsR 2010, 310693.

bereits oben dargestellt, besteht kein Anlass, den Gläubigern ein unbeschränktes Vertrauen in die Patronatserklärung einzuräumen.

VIII. Zusammenfassung

Patronatserklärungen sind in der Regel kündbar.

Um rechtliche Unsicherheiten zu vermeiden, sollten die Kündigungsmöglichkeiten sowie der vom Patron übernommene Haftungsumfang konkret definiert werden.

Soweit nicht konkret etwas anderes vereinbart wurde oder andere Anhaltspunkte bestehen, kann davon ausgegangen werden, dass der Patron nur für Insolvenzforderungen haftet, die bis zur Wirksamkeit der Kündigung der Patronatserklärung entstanden sind, nicht aber auch für in der Insolvenz erst entstehende Massekosten oder sonstige Masseverbindlichkeiten.

Was tun mit Mindest- oder Flexi-Quoten?

– Zur Bestimmtheit von Planregelungen und Vollstreckung aus Insolvenzplänen –

STEPHAN MADAUS

Inhaltsübersicht

Das moderne deutsche Insolvenzrecht wurde maßgeblich durch die verdienstvolle Arbeit der Jubilarin geprägt. Es hat sich unter ihrer Beteiligung stetig entwickelt, wobei in den letzten Jahren vor allem das Restrukturierungsrecht und das Recht des Insolvenzplans besondere Aufmerksamkeit erhalten haben. An dieser Stelle sei natürlich das ESUG[1] als maßgeblicher Reformschritt erwähnt. Dieser Beitrag dient nicht dazu, Fragen zu beleuchten, die durch die ESUG-Reform aufgeworfen wurden und daher in der nun anstehenden Evaluation zu diskutieren wären. Er behandelt vielmehr ein Kernproblem des klassischen Planrechts, das erst kürzlich durch eine kontroverse und – wie sich zeigen wird – nicht überzeugende Auffassung des Amtsgerichts Hannover[2] aufgeworfen wurde: die Anforderungen an die vollstreckbare Formulierung von Planregelungen. Dieser Beitrag wird nach einer kurzen Problembeschreibung aufzeigen, dass sich aus § 257 InsO bei Beachtung aller vollstreckungsrechtlichen Optionen keine Begrenzungen des zulässigen Planinhalts ergeben. Er wird sodann beschreiben, welche Gestaltungsoptionen sich für den Planersteller ergeben.

---

1) Gesetz zur weiteren Erleichterung der Sanierung von Unternehmen – ESUG, v. 7.12.2011, BGBl. I 2011, 2582.

2) AG Hannover, Beschl. v. 30.9.2016 – 902 IN 607/14, ZIP 2016, 2081, dazu EWiR 2017, 23 *(Körner/Rendels)*.

I. Das Sonderproblem flexibler Planquoten

Die Hauptfunktion eines Insolvenzplans ist die Senkung der Schuldenlast des Schuldners durch die Festlegung derjenigen Befriedigungsquote, die der Schuldner nach Aufhebung des Insolvenzverfahrens noch an seine Insolvenzgläubiger zu leisten hat. Dabei geht das Gesetz in seiner Regelungssystematik davon aus, dass der Planersteller aufgrund der Planrechnungen sowohl die Höhe der Gesamtverbindlichkeiten kennt als auch die voraussichtlich dem Schuldner nach der Verfahrensaufhebung zur Verfügung stehende Liquidität prognostizieren kann (vgl. § 229 InsO). Hieraus ergibt sich die Möglichkeit zur Angabe einer bestimmten („festen") Planquote, deren Höhe im Zweifel über der im Liquidationsszenario zu erwartenden Befriedigungsquote anzusetzen ist (vgl. § 251 Abs. 1 Nr. 2 InsO). Die Angabe einer festen Planquote ermöglicht es dem einzelnen Insolvenzgläubiger, aus der in der Tabelle für ihn festgestellten Forderung einen konkreten Geldbetrag zu berechnen, wegen dem er gemäß § 257 Abs. 1 InsO nach der Verfahrensaufhebung unmittelbar in das Schuldnervermögen vollstrecken kann.

1. Unklare Passiv- oder Aktivmasse

Die insoweit stringente Regelungssystematik gerät in weniger ruhiges Fahrwasser, wenn man den Bedürfnissen der Praxis gerecht werden und flexible Planquoten zulassen will. Hintergrund dieses Bedürfnisses ist der Umstand, dass die vom Gesetz vorausgesetzte Klarheit in den Plangrundlagen oft nicht schon während des Planverfahrens zu erreichen ist.

So wird zum einen die Passivmasse oft unklar sein. Eine solche Unklarheit kann sich aus bestrittenen Forderungen mit relevantem Volumen oder in relevanter Anzahl ergeben. In der Praxis bedeutend ist aber vor allem diejenige Unsicherheit, die daraus folgt, dass sich die Passivmasse nicht allein aus der Tabelle ergibt, sondern auch nicht angemeldete Forderungen zu berücksichtigen sind (vgl. §§ 229 Satz 3, 254b InsO). Das sich daraus ergebende Risiko, nicht angemeldete Forderungen bei den Planrechnungen zu übersehen, kann der Planersteller seit einer Grundsatzentscheidung des Bundesgerichtshofs nicht gänzlich durch die Formulierung harter Präklusionsklauseln ausschließen. Ihm stehen insofern nur die Mittel der §§ 259a und 259b InsO zur Verfügung.[3] Folglich ist der Planersteller gezwungen, für den Fall des Auftauchens von Nachzüglern Mittel zurückzustellen.

Die Rückstellung von Mitteln führt nun wieder dazu, dass nicht nur die Passivmasse, sondern auch die verteilungsfähige Aktivmasse unsicher wird, da in dem Fall, in dem kein unbekannter Insolvenzgläubiger binnen der Jahresfrist des § 259b InsO eine Planleistung geltend macht, Liquidität zur Verfügung steht, die natürlich auch an die bekannten Gläubiger quotenerhöhend ausgeschüttet werden kann. Daneben kann die Aktivmasse natürlich auch aus anderen Gründen noch unbestimmt sein. So wird oft ein Ausgleichstopf nach § 251 Abs. 3 InsO vorzusehen sein, dessen Inanspruchnahme unsicher ist und ggf. zu verteilungsfähiger Liquidität führt. Auch kann in der Masse ein Gegenstand vorhanden sein, dessen Verwertbarkeit oder aber dessen Verwertungserlös noch nicht feststeht (etwa Anfechtungsansprüche bei § 259 Abs. 3 InsO, aber auch zu veräußernde Betriebsteile oder Grundstücke).

2. *Reaktionsmöglichkeiten des Planerstellers*

Der Planersteller kann auf solche Unsicherheiten auf verschiedene Weise reagieren:[4]

- Er könnte etwa nur eine dynamische Planquote im gestaltenden Teil ausweisen, indem er Ausschüttungen nur in dem Umfang vorsieht, in dem aus einem zur Verfügung gestellten Ausschüttungsfonds Liquidität zur Verfügung steht, nachdem man die Rückstellungen für unsichere Forderungen abzieht. Die schrittweise Abarbeitung von Feststellungsstreitigkeiten und der Ablauf der Jahresfrist des § 259b InsO würde auf diese Weise zu einer schrittweisen Erhöhung und Ausschüttung der Planquote führen.
- Alternativ könnte die Quote auch gänzlich variabel bleiben und der Plan allein eine Berechnungsformel ausweisen, nach der sich die Planquote erst zu einem bestimmten Zeitpunkt aus der dann zur Verfü-

---

3) So zutreffend BGH, Beschl. v. 7.5.2015 – IX ZB 75/14, NZI 2015, 697, 698, Rz. 11 m. zustimmender Anm. *Madaus* = ZIP 2015, 1346, dazu EWiR 2015, 483 *(Spliedt)*.

4) Siehe zum Ganzen etwa *Brünkmans* in: Brünkmans/Thole, Hdb. Insolvenzplan, 2016, § 8 Rz. 15 ff.

gung stehenden Aktivmasse und der dann festgestellten Passivmasse ergeben soll.

- Schließlich kann der Planersteller auch eine Mindestquote berechnen und als feste Quote in den Plan schreiben. Freiwerdende Liquidität kann den Insolvenzgläubigern dann als Besserungsschein zugestanden werden. Und auch die Kombination der Mindestquote mit einer auflösend bedingten Maximalquote ist denkbar. Hier entsteht zunächst der Anspruch auf die hohe Planquote anhand der positiven Prognose der Liquiditätsentwicklung. Stellen sich diese Annahmen als nicht realisierbar heraus, greift die auflösende Bedingung für die Maximalquote und die gleichlautende aufschiebende Bedingung für die Mindestquote.[5]

Es bleibt nun zu untersuchen, welche dieser Gestaltungsoptionen rechtlich zulässig ist und unter welchen Voraussetzungen die Gläubiger ggf. den Quotenbetrag im Wege der Zwangsvollstreckung durchsetzen können.

II. Flexible Planquoten als zulässiger Planinhalt in Vorprüfung und Bestätigung

§ 217 Satz 1 InsO erlaubt dem Plangestalter, die Verteilung der Insolvenzmasse und die Haftung des Schuldners nach der Verfahrensbeendigung frei zu regeln. Folgerichtig können sich rechtliche Bedenken gegen die Zulässigkeit flexibler Planquoten allein aus den Zurückweisungsgründen des § 231 InsO und den Versagungsgründen des § 250 InsO ergeben. Relevant ist in beiden Normen insoweit die Anforderung, dass der Plan den Vorschriften über den Inhalt des Insolvenzplans genügen muss (vgl. § 231 Abs. 1 Satz 1 Nr. 1 InsO und § 250 Nr. 1 InsO). Die Anforderungen an den Planinhalt finden sich in den §§ 219 bis 230 InsO, wobei für die Planquote der Insolvenzgläubiger wiederum die Regelung in § 224 InsO einschlägig ist. Danach „ist im gestaltenden Teil des Insolvenzplans anzugeben, um welchen Bruchteil die Forderungen gekürzt, für welchen Zeitraum sie gestundet, wie sie gesichert oder welchen sonstigen Regelungen sie unterworfen werden sollen." Es ist bei Forderungskürzungen also ein „Bruchteil" oder eine sonstige Regelung vorzusehen. Weitere Anforderungen ergeben sich aus § 221 Satz 1 InsO, der bestimmt, dass im gestaltenden Teil des Insolvenzplans festzulegen ist, „wie die Rechtsstellung der Beteiligten durch den Plan geändert werden soll." Zugleich sind nach § 220 Abs. 2 InsO im darstellenden Teil „alle sonstigen Angaben zu

---

5) Vgl. *Eidenmüller* in: MünchKomm-InsO, 3. Aufl. 2014, § 221 Rz. 18.

den Grundlagen und den Auswirkungen des Plans" aufzuführen, „die für die Entscheidung der Beteiligten über die Zustimmung zum Plan und für dessen gerichtliche Bestätigung erheblich sind." Hierzu gehört jedenfalls eine Vergleichsrechnung, die dem einzelnen Gläubiger ermöglicht, seine Planquote mit der zu erwartenden Liquidationsquote zu vergleichen.[6)] Die Angabe einer Planquote ist damit zwingend.

1. Die strenge Linie des Amtsgerichts Hannover

Fraglich ist aber, ob die Planquote stets als Zahl auszuweisen ist bzw. welche Anforderungen an die Bestimmtheit der anzugebenden Planquote zu stellen sind. Das Amtsgericht Hannover verwies hierfür im Anschluss an eine verbreitete Auffassung in der Literatur auf den Maßstab der Vollstreckbarkeit.[7)] Die Vollstreckung der Insolvenzgläubiger aus dem Tabellenauszug und dem Insolvenzplan, wie sie § 257 Abs. 1 InsO vorsieht, sei nur möglich, wenn die Planquote so ausgewiesen wird, dass ein vollstreckbarer Titel entstünde. Das Insolvenzgericht zu zwingen, durch die Bestätigung eines Plans einen Titel zu schaffen, der keinen vollstreckbaren Inhalt hat, sei unzulässig. Auch würden die §§ 259a und 259b InsO voraussetzen, dass Nachzügler aus dem Plan schon vor Ablauf der Jahresfrist vollstrecken können, was wiederum nur denkbar sei, wenn sich aus dem Plan schon im Zeitpunkt der Rechtskraft der Bestätigung stets ein vollstreckbarer Titel ergibt. Die Angabe eines Quotenbetrags sei schließlich auch für die hinreichende Information der Gläubiger über die Vorteile einer Planlösung unabdingbar. Meines Erachtens ist diese Linie unnötig streng.

2. Die Reichweite des § 257 InsO

Dies gilt zum einen schon für die Frage, inwieweit der Maßstab des vollstreckbaren Inhalts über § 257 Abs. 1 InsO überhaupt für den Planinhalt maßgeblich sein kann. Der Plangestalter ist grundsätzlich frei in der For-

6) Der Gesetzgeber hielt dies für selbstverständlich und verzichtete daher im Interesse einer redaktionellen Straffung auf die Benennung der Vergleichsrechnung in § 220 InsO; siehe BT-Drucks. 12/7302, S. 182.

7) AG Hannover, Beschl. v. 30.9.2016 – 902 IN 607/14, ZIP 2016, 2081, 2082; *Blankenburg*, Probleme des Insolvenzplans in Kleinverfahren, ZInsO 2015, 1293, 1298; ebenso *Braun* in: Nerlich/Römermann, InsO, Stand: 4/2017, § 224 Rz. 4; *Lüer/Streit* in: Uhlenbruck, InsO, 14. Aufl. 2015, § 224 Rz. 1, 5; *Silcher* in: Ahrens/Gehrlein/Ringstmeier, InsO, 3. Aufl. 2017, § 224 Rz. 11; *Thies* in: HambKomm-InsO, 6. Aufl. 2017, § 224 Rz. 4; nun auch LG Hamburg, Beschl. v. 18.8.2017 – 326 T 10/17, BeckRS 2017, 124499, Rz. 30.

mulierung des Planinhalts. Aus den §§ 219 ff. InsO ergeben sich allerdings Mindestanforderungen. Dies gilt sowohl für die erläuternden Angaben des darstellenden Teils (vgl. § 220 Abs. 2 InsO) als auch für die ermächtigenden, verpflichtenden und rechtsändernden Erklärungen im gestaltenden Teil. Die Regelung in § 257 Abs. 1 InsO betrifft nun allein die rechtsändernden Anordnungen gegenüber den Insolvenzgläubigern wegen ihrer Insolvenzforderung im Fall einer Quotenregelung nach § 224 InsO. Nur deren Planquote muss sich wegen § 257 Abs. 1 InsO in vollstreckbarer Weise ergeben, wenn sie im gestaltenden Teil des Plans ausgewiesen wird.[8)] Entsprechendes gilt wegen § 257 Abs. 2 InsO übrigens für schriftliche Garantieübernahmen Dritter nach § 230 Abs. 3 InsO. Sonstige Planregelungen sind nicht dem Maßstab des § 257 InsO unterworfen, selbst wenn sie Insolvenzgläubiger betreffen.[9)] Es wäre schon insofern unproblematisch, den Gläubigern eine fixe Planquote zuzuweisen und ihnen daneben – nicht vollstreckbare – Ansprüche für den Besserungsfall zuzugestehen.

3. Die vollstreckungsfähige Planregelung

Zum anderen ist selbst im Anwendungsbereich des § 257 InsO darauf hinzuweisen, dass sich die Anforderungen an den vollstreckungsfähigen Inhalt und damit an die Bestimmtheit von Planklauseln nicht schlicht aus den für Urteile geltenden Anforderungen des Vollstreckungsrechts entnehmen lassen. Der Insolvenzplan ist kein Urteil, er ist ein Vergleich[10)] bzw. nach Auffassung des Bundesgerichtshofs ein Rechtsinstitut eigener

---

8) A. A. wohl allein *Spahlinger* in: Kübler/Prütting/Bork, InsO, Stand: 11/2017, § 224 Rz. 14 a. E. Die Notwendigkeit der vollstreckbaren Angabe einer im gestaltenden Teil des Plans ausgewiesenen Quote besteht unabhängig davon, ob die Gläubiger nach der Plangestaltung tatsächlich einer Vollstreckung wegen der Quote bedürfen werden und daher auch für Plangestaltungen, bei denen die Verfügbarkeit des Abgeltungstopfes als Planbedingung formuliert wird und die Ausschüttung noch im eröffneten Verfahren erfolgen soll; siehe hierzu etwa den „Teilinsolvenzplan" von *Hänel/Harig*, Der Teilinsolvenzplan zur Erlangung vorzeitiger Restschuldbefreiung, vorgestellt in ZVI 2015, 282 und verteidigt in *Harig*, Restschuldbefreiung mittels Insolvenzplans, ZInsO 2017, 752.

9) Allg. A.; vgl. etwa *Braun* in: Nerlich/Römermann, InsO, Stand: 4/2017, § 224 Rz. 6; *Eidenmüller* in: MünchKomm-InsO, 3. Aufl. 2014, § 221 Rz. 17.

10) Ausführlich dazu *Madaus*, Insolvenzplan, 2011, S. 173 ff., 424 ff.; *Madaus*, Die zeitliche Grenze des Rechts zur Rücknahme eines Insolvenzplans durch den Planinitiator, KTS 2012, 27, 30 ff. – jeweils mit Nachweisen zur in der Literatur weiterhin herrschenden Vertragstheorie.

Art, das weitgehend wie ein Vertrag interpretiert wird,[11] sodass auch nach dieser Auffassung die Titulierungswirkung des Insolvenzplans eher der eines Prozessvergleichs (vgl. § 794 Abs. 1 Nr. 1 ZPO) entspricht. Die Anforderungen des Vollstreckungsrechts an den vollstreckungsfähigen Inhalt von Vergleichen – und damit auch von Insolvenzplänen – sind aber eher gering. Zum einen ist auch im Vollstreckungsrecht unstreitig, dass nur der vollstreckbare Inhalt eines Prozessvergleichs an der Titulierungswirkung teilhat.[12] Die Vollstreckbarkeit ist dabei nicht zwingend notwendig, sondern steht zur Disposition der Parteien,[13] weshalb das Gericht auch einen Prozessvergleich ohne vollstreckbaren Inhalt zum Zwecke der Verfahrensbeendigung protokollieren kann und muss. Schon hieraus folgt, dass auch ein Insolvenzplan nicht zwingend einen vollstreckbaren Inhalt haben muss, um gerichtlich bestätigt zu werden.[14]

Schließlich ist selbst dieser vollstreckbare Teil nur so hinreichend bestimmt zu formulieren, dass er den Anforderungen des allgemeinen Vollstreckungsrechts genügt.[15] Hier kommt § 726 Abs. 1 ZPO ins Spiel. Dieser gilt, wie § 795b ZPO deutlich macht, auch für Prozessvergleiche und erlaubt es, bedingte Titel in die Welt zu setzen. Dies sind gemäß § 726 Abs. 1 ZPO Titel, deren Vollstreckung nach ihrem Inhalt noch von einem durch den Gläubiger zu beweisenden Eintritt einer Tatsache abhängen, wobei der Begriff der relevanten Tatsache sehr weit verstanden wird, soweit sich denn diese Abhängigkeit hinreichend klar aus dem Titel selbst ergibt.[16] Man spricht insofern auch von offenen Titeln.[17] Diese Rechtslage ermöglicht es, Titel mit einem vollstreckbaren Inhalt zu formulieren, ohne dass stets auch alle zur Vollstreckung notwendigen Angaben schon im ursprünglichen Titel selbst enthalten sind, solange der Titel selbst schon die Bedingung angibt, aus denen der fehlende Teil später (im Klauselverfahren) ergänzt werden kann. Folgerichtig muss ein Prozessvergleich nicht

---

11) Ständige Rechtsprechung – siehe etwa BGH, Beschl. v. 7.5.2015 – IX ZB 75/14, NZI 2015, 697, 700, Rz. 26 m. zustimmender Anm. *Madaus* = ZIP 2015, 1346.

12) Allg. A., vgl. *Lackmann* in: Musielak/Voit, ZPO, 14. Aufl. 2017, § 794 Rz. 25 m. w. N.

13) Allg. A., vgl. *Wolfsteiner* in: MünchKomm-ZPO, 5. Aufl. 2016, § 794 Rz. 100 m. w. N.

14) Insbesondere verfahrensleitenden Insolvenzplänen kann ein solcher Inhalt fehlen.

15) Allg. A., vgl. *Münzberg* in: Stein/Jonas, ZPO, 22. Aufl. 2002, § 794 Rz. 42; *Wolfsteiner* in: MünchKomm-ZPO, 5. Aufl. 2016, § 794 Rz. 100.

16) Siehe etwa *Lackmann* in: Musielak/Voit, ZPO, 14. Aufl. 2017, § 726 Rz. 2; *Paulus* in: Wieczorek/Schütze, ZPO, 4. Aufl. 2016, § 726 Rz. 5; *Wolfsteiner* in: MünchKomm-ZPO, 5. Aufl. 2016, § 726 Rz. 8.

17) So etwa *Wolfsteiner* in: MünchKomm-ZPO, 5. Aufl. 2016, § 726 Rz. 1.

zwingend schon die Höhe der Zahlungsverpflichtung angeben,[18] solange er selbst (etwa im Wege einer Schwankungs- oder Wertsicherungsklausel) die Bedingung zur Feststellung der Höhe im Klauselverfahren enthält.[19] Erst im Klauselverfahren ist dann gemäß § 726 Abs. 1 ZPO durch öffentliche oder öffentlich beglaubigte Urkunden der Beweis des Eintritts der Tatsache zu führen, wobei es den Parteien bei Erstellung des Titels freisteht, auf den Nachweis zu verzichten.[20]

Übertragen auf die Frage des vollstreckungsfähigen Inhalts von Planklauseln bedeutet dies, dass man in der Interpretation des § 257 InsO nicht nur § 724 ZPO im Blick haben darf.[21] Es muss auch nicht zwischen bestimmten und bestimmbaren Planregelungen unterschieden werden.[22] Nimmt man § 726 Abs. 1 ZPO in den Blick, so entstehen weitaus größere Spielräume.[23] Dies setzt allerdings voraus, dass der Plan nicht nur die Tatsachen klar bestimmt, aus denen sich im Klauselverfahren die Planquote ergeben soll. Eine Quote selbst wäre danach nicht zwingend schon im Plan zu beziffern. Notwendiger Planbestandteil würde der Verzicht des Schuldners auf den Nachweis nach § 726 Abs. 1 ZPO oder aber eine Regelung der Nachweiserbringung, etwa durch einen Wirtschaftsprüfer. Entsprechend gestaltete Planklauseln erlauben dann auch eine Vollstreckung aus dem Plan, wenn der konkrete Geldbetrag erst nachträglich feststeht.[24]

4. Die Anforderungen des § 220 Abs. 2 InsO

Während sich damit aus § 257 InsO bei genauer Betrachtung ein handhabbarer Anforderungskatalog an Planklauseln über Planquoten ergibt, sieht die

---

18) So aber ohne Rücksicht auf § 726 ZPO (und nur im wohl gemeinten Grundsatz zutreffend) OLG Saarbrücken, Beschl. v. 26.9.2007 – 5 W 210/07, OLGR 2008, 73.

19) So zutreffend *Wolfsteiner* in: MünchKomm-ZPO, 5. Aufl. 2016, § 726 Rz. 12.

20) Ständige Rechtsprechung; vgl. zuletzt BGH, Beschl. 4.10.2005 – VII ZB 54/05, NJW-RR 2006, 567. Der Schuldner kann dann das im Klauselverfahren nur vorzutragende, aber nicht nachzuweisende Vorliegen der Tatsache immer noch im Wege der Rechtsbehelfe der §§ 768 oder 767 ZPO einwenden; vgl. *Lackmann* in: Musielak/Voit, ZPO, 14. Aufl. 2017, § 726 Rz. 5.

21) So offensichtlich etwa *Thies* in: HambKomm-InsO, 6. Aufl. 2017, § 257 Rz. 5.

22) So *Weber*, Gesamtabgeltungsklauseln auf dem Prüfstand – Zulässigkeit und Vollstreckbarkeit von Insolvenzplänen mit dynamischer Quote, ZInsO 2017, 255, 259.

23) Hierauf schon zutreffend hinweisend *Spliedt* in: Karsten Schmidt, InsO, 19. Aufl. 2016, § 224 Rz. 3 und § 257 Rz. 8; auch *Brünkmans* in: Brünkmans/Thole, Hdb. Insolvenzplan, 2016, § 8 Rz. 20; *Körner/Rendels*, EWiR 2017, 23, 24.

24) Damit dürfte auch dem Bedürfnis nach derartigen Planregelungen, wie es etwa *Weber,* ZInsO 2017, 255, 258 ff., geäußert hat, genüge getan sein.

Sache im Hinblick auf die Anforderungen aus § 220 Abs. 2 InsO durchaus anders aus. Danach sind im darstellenden Teil „alle diejenigen Angaben unerlässlich, welche die Gläubiger für ein sachgerechtes Urteil über den Insolvenzplan, gemessen an ihren eigenen Interessen, benötigen."[25] Die für die Entscheidung der Insolvenzgläubiger über den Plan primär maßgebliche Information folgt aus der Vergleichsrechnung und besteht in der bezifferten Darstellung ihrer Besserstellung gegenüber dem Liquidationsszenario. Der Plan muss also erläutern, mit welcher Quote die Gläubiger im Planszenario rechnen dürfen. Sind aufgrund der Unsicherheiten in der Entwicklung der Aktiv- und Passivmasse mehrere Planszenarien denkbar und ist daher eine flexible Quote vorgesehen, so ist im darstellenden Teil nicht nur der Berechnungsmodus anzugeben, denn allein aus dieser technischen Information heraus wird für die Gläubiger nicht unmittelbar klar, mit welchen Beträgen sie nach dem Plan rechnen dürfen. Die Mindestanforderungen an die Gläubigerinformation verlangen vielmehr, für jedes der Szenarien im darstellenden Teil eine Quote auszuweisen, die den Insolvenzgläubigern einen Anhaltspunkt liefert. Daher ist zunächst eine bezifferte Mindestquote für das negativste Planszenario anzugeben. Darüber hinaus sind für alternative Planszenarien jeweils die relevanten Quoten zu prognostizieren, wobei die Angabe einer Größenordnung ausreichen dürfte. Zugleich ist anzugeben bzw. zu prognostizieren, zu welchem Zeitpunkt die Ausschüttung erfolgen würde. Dem Informationsbedürfnis der Insolvenzgläubiger, das zutreffend als Kern der Bedenken gegen Gesamtabgeltungsregelungen in Plänen identifiziert wurde,[26] ist damit genüge getan.

III. Die Vollstreckung bei flexiblen Planquoten

Für den Planersteller ergeben sich damit zwei Gestaltungsoptionen bei unklarer Aktiv- oder Passivmasse.

1. Mindestquote und Besserungsschein

Die erste Option ist rechtlich unstreitig und damit sicher. Hier sieht der gestaltende Teil des Insolvenzplans eine fixe Mindestquote für die Insol-

---

25) Ständige Rechtsprechung, vgl. BGH, Beschl. v. 13.10.2011 – IX ZB 37/08, NZI 2012, 139, 140, Rz. 9 = ZIP 2012, 187, dazu EWiR, 2012, 215 *(Rendels/Körner)*; BGH, Beschl. v. 7.5.2015 – IX ZB 75/14, NZI 2015, 697, 700, Rz. 29 m. zustimmender Anm. *Madaus* = ZIP 2015, 1346.

26) *Weber*, ZInsO 2017, 255, 257.

venzgläubiger in ihren jeweiligen Gruppen vor. Eine derart bestimmte Planquote ist betragsmäßig bestimmt und folglich unstreitig vollstreckbar i. S. des § 257 Abs. 1 InsO, da sich aus ihr der jeweils zu vollstreckende Betrag aus dem Tabellenauszug entnehmen lässt. Folgerichtig könnte die Klausel gemäß § 724 ZPO erteilt werden.

Für den Fall, dass die Aktivmasse steigt (etwa durch das Freiwerden von Rücklagen oder erfolgreiche Anfechtungsklagen) bzw. die Passivmasse sinkt (etwa durch erfolglose Feststellungsverfahren), würde der Plan nur schuldrechtliche Besserungsansprüche der Insolvenzgläubiger gegen den Schuldner vorsehen. Diese Plansprüche wären nicht vollstreckbar und müssten folglich auch nicht den Anforderungen des § 257 InsO hinsichtlich eines vollstreckbaren Inhalts entsprechen. Es scheint unstreitig, dass nicht alle Bestimmungen des gestaltenden Teils des Insolvenzplans über Rechte der Insolvenzgläubiger einen vollstreckbaren Inhalt haben müssen, denn diese besondere Anforderung beschränkt sich gemäß §§ 224, 257 Abs. 1 InsO auf die Planquote, also die Festlegung des Eingriffs in die festgestellte Insolvenzforderung in Höhe einer bestimmten Kürzung. Will der Plan den Insolvenzgläubigern daneben Ansprüche oder Sicherheiten gewähren, so kann er dies vorsehen, ohne vollstreckungsfähig formulieren zu müssen.[27] Der Besserungsschein müsste stattdessen nur hinreichend klar den Besserungsfall und die daraus entstehenden Ansprüche beschreiben.

Im darstellenden Teil wäre dann den Anforderungen des § 220 Abs. 2 InsO zu genügen. In der Vergleichsrechnung sind daher alle durch Besserungsscheine berücksichtigten Planszenarien vollständig zu erläutern und deren jeweiliges Ergebnis zu prognostizieren, wobei die für die Insolvenzgläubiger erreichbare Befriedigung jeweils zumindest mit einer Größenordnung zu beziffern wäre.

Der Vorteil einer solchen Plangestaltung liegt in ihrer bereits gegebenen Rechtssicherheit. Der Problemkreis flexibler Planquoten wird umgangen, da nur eine fixe Planquote auf die festgestellten Insolvenzforderungen ausgeschüttet wird. Dies wird mit dem Nachteil erkauft, dass der Plan den Insolvenzgläubigern weitere Vorteile nur auf schuldrechtlicher Basis zusichern kann. Vollstreckbar ist dieses Leistungsversprechen nicht. Gegebenenfalls müsste folglich jeder Insolvenzgläubiger seine Rechte aus dem Besserungsschein individuell gerichtlich geltend machen und könnte erst

---

27) Allg. A.; siehe nur *Braun* in: Nerlich/Römermann, InsO, Stand: 4/2017, § 224 Rz. 6; *Lüer/Streit* in: Uhlenbruck, InsO, 14. Aufl. 2015, § 224 Rz. 5 a. E.

aus einem hieraus entstehenden Titel, nicht aber über § 257 InsO direkt aus dem Plan vollstrecken. In der Praxis wird dies allerdings wohl nur selten notwendig sein, da jedem Insolvenzgläubiger schon wegen eines erheblichen Rückstandes mit der Planerfüllung auf die nur schuldrechtliche Pflicht aus dem Besserungsschein über § 255 Abs. 1 InsO wieder die ursprünglich festgestellte Forderung (vollstreckbar, § 257 Abs. 3 InsO) zusteht. Er hat damit ein erhebliches Durchsetzungsmittel in der Hand, das bei hinreichend solventen Schuldnern zur Planerfüllung führen sollte. Eine „Weiterbeschäftigung" des Insolvenzverwalters als Verwalter eines diesbezüglichen Kontos des Schuldners oder auch als „Nachtragsverteiler" oder „Planüberwacher" ist nicht möglich, da das Verwalteramt entweder mit der Verfahrensaufhebung endet oder aber im Rahmen der Planüberwachung der §§ 260 ff. InsO keine Verfügungsbefugnisse für das Schuldnervermögen beinhaltet. Entsprechende Ermächtigungen würden daher nicht den Verwalter als Amtsträger berechtigen, sondern allenfalls (mit Zustimmung des Schuldners) den ehemaligen Verwalter als Rechtsanwalt, Steuerberater oder Betriebswirt.[28)]

2. *Dynamische Planquote*

Die zweite Gestaltungsoption setzt auf die auch hier vertretene Rechtsansicht, nach der sich die Anforderungen an den vollstreckbaren Inhalt von Planklauseln nicht nur nach § 724 ZPO, sondern auch nach § 726 ZPO richten. Dies würde es – wie dargestellt – erlauben, auf die Angabe einer fixen Planquote im gestaltenden Teil des Insolvenzplans zu verzichten und hier allein die konkreten Bedingungen zu definieren, aus denen sich im Zeitpunkt der Beantragung einer Vollstreckungsklausel[29)] die Planquote ergeben soll. Der insoweit inhaltlich (noch) unbestimmte, aber bedingte Anspruch auf die Planquote wäre nach § 726 Abs. 1 ZPO vollstreckbar. Zugleich sollte der Schuldner zugunsten der Insolvenzgläubiger jeweils auf den Nachweis des Bedingungseintritts oder zumindest auf den Nachweis durch öffentliche Urkunden verzichten.

Im darstellenden Teil des Plans wären dann wiederum die Anforderungen des § 220 Abs. 2 InsO zu beachten. In der Vergleichsrechnung müssen also alle Planszenarien vollständig prognostiziert und beziffert werden,

---

28) Dies wäre als Planklausel zulässig, vgl. *Madaus*, Möglichkeiten und Grenzen von Insolvenzplanregelungen, ZIP 2016, 1141, 1147 f.

29) Entsprechendes gilt für den Fall einer Nachzüglerklage nach § 259a Abs. 1 InsO.

um den Insolvenzgläubigern eine Entscheidung über die Planvorteile zu ermöglichen.

IV. Fazit

Flexible Planquoten sind zulässig. Die Anforderungen an ihre Formulierung ergeben sich im Anwendungsbereich des § 257 Abs. 1 InsO aus § 726 Abs. 1 ZPO. Der Wunsch nach einer Verlagerung des Zeitpunkts der Bezifferung der Planquote vom Moment der Planerstellung hin zum Moment der Planvollstreckung[30] lässt sich mithin realisieren. Der planbare Umgang mit Rücklagen für Nachzügler oder Planopponenten (§ 251 Abs. 3 InsO) ist damit möglich. Er ließe sich daneben rechtssicher auch über einen – nicht vollstreckbaren – Besserungsanspruch erreichen. Gesetzgeberischer Handlungsbedarf ist damit nicht erkennbar.

---

30) So etwa *Körner/Rendels*, EWiR 2017, 23, 24.

ESUG – Arbeitnehmerrechte und eine neue Sanierungskultur?

MARTIN PRAGER UND KARL-FRIEDRICH GULBINS

Inhaltsübersicht

I. Einführung

Anlässlich des 13. Symposions Insolvenz- und Arbeitsrecht in Ingolstadt am 22./23. Juni 2017[1)] stellte *Professor Dr. Flöther* die Frage nach den Wegen zu einer deutschen Sanierungskultur nach fünf Jahren Erfahrung mit dem Gesetz zur weiteren Erleichterung der Sanierung von Unternehmen (ESUG)[2)] und vor dem Hintergrund der durch den Gravenbrucher Kreis angedachten Änderungsvorschläge zum ESUG. Trotz erheblicher Misserfolgsquote bei Insolvenzverfahren in Eigenverwaltung und einem Wechsel von Eigenverwaltung in Regelverfahren von 40 % der als Eigenverwaltung beantragten Verfahren,[3)] wurde dem ESUG bescheinigt, gute Sanierungsmöglichkeiten zu schaffen. Als Voraussetzung für das Erstarken einer deutschen Sanierungskultur wird jedoch ein Korrekturbedarf des ESUG gesehen zur Verhinderung eines Akzeptanzverlustes, zur Verhinderung von Schäden für Gläubiger und zur Stärkung des Instruments Eigenverwaltung und des Sanierungsstandortes Deutschland. Die Änderungsvorschläge rei-

---

1) Wissenschaftlich betreut von *Prof. Dr. Christian Heinrich*, Katholische Universität Eichstätt-Ingolstadt.

2) Gesetz zur weiteren Erleichterung der Sanierung von Unternehmen – ESUG, v. 7.12.2011, BGBl. I 2011, 2582.

3) Etwa Studie der Boston Consulting Group, *Moldenhauer/Wolf*, Fünf Jahre ESUG, 3/2017.

chen von der Forderung nach objektiv belegbaren, enumerativen Mindestvoraussetzungen im Hinblick auf die bisherige Zuverlässigkeit und Mitwirkungsbereitschaft des Schuldners über die Stärkung und Präzisierung der Stellung des Sachwalters und die Einführung einer klaren gesetzlichen Regelung dahingehend, dass das Insolvenzgericht anordnen kann, dass Masseverbindlichkeiten durch den Schuldner nur mit Zustimmung des vorläufigen Sachwalters begründet werden können bis hin zum geforderten Gleichlauf der steuerlichen Verpflichtung zwischen Regel und Eigenverwaltungsverfahren und der Haftung des Bescheinigungserstellers. Eine Reform des arbeitsrechtlichen Instrumentariums steht allerdings nicht auf der Agenda. Und dies zu Recht. Bei konsequenter Anwendung schafft die Insolvenzordnung im Zusammenspiel mit geltendem Arbeitsrecht ein hinreichendes Sanierungsinstrumentarium und damit den Hintergrund für eine Sanierungskultur in Deutschland, die wohlverstandene Arbeitnehmerinteressen nicht aus den Augen verliert und dennoch ihres zum „Sanierungsstandort Deutschland" beiträgt.

II. „Sanierungskultur" und ESUG

Wenn *Flöther* den begrifflichen Rahmen mit den Bestandteilen Akzeptanz, Schadensvermeidung für die Gläubiger und Stärkung der Eigenverwaltung absteckt und insoweit den „Sanierungsstandort", mithin den rein marktwirtschaftlichen Aspekt, als der „Kultur" dienend definiert, so steht er damit fest auf dem Boden des allgemeinen deutschen Begriffsverständnisses, welches zwischen Kultur und Zivilisation unterscheidet, der Kultur aber jedenfalls die „Idee der Moralität" zuordnet.[4] Wie verhält sich nun aber das ESUG hierzu mit Blick auf die Arbeitnehmerrechte bzw. –interessen?

Diese zu berücksichtigen, stehen dem Gesetzgeber grundsätzlich zwei Wege offen. Einerseits die Stärkung der Partizipation in den insolvenzrechtlichen Verfahren. Andererseits die Veränderung materiellen Arbeitsrechts. Mit dem ESUG wurde ersterer Weg beschritten. Ausdruck dessen sind insbesondere die §§ 21 Abs. 2 Nr. 1a, 22a, 67 InsO. Das Gesetz hat lediglich mittelbar Auswirkungen auf die Stellung und Rechte der Arbeitnehmer, soweit diese nämlich als Gläubiger betroffen sind. Das anzuwen-

---

4) *Immanuel Kant*, Idee zu einer allgemeinen Geschichte in weltbürgerlicher Absicht, Akademie-Ausgabe, Bd. 8, 1784, S. 26.

dende Arbeitsrecht (§§ 113, 120–128 InsO) wurde von der Reform hingegen unberührt gelassen[5] und insoweit der absolute Gleichlauf zwischen Eigenverwaltung und fremdverwalteten Verfahren vorgesehen. Dies findet seinen Niederschlag allgemein in § 270 Abs. 1 Satz 2 InsO und speziell in § 279 InsO.[6]

Der Weg einer präventiven Berücksichtigung der Arbeitnehmerinteressen kann gleichzeitig als insolvenzrechtlicher Weg beschrieben werden. Das macht Sinn, denn im Zweifel ist für die Arbeitnehmer eine geglückte Sanierung und der Fortbestand des Arbeitgeberunternehmens die weit bessere Lösung als etwa der Versuch, arbeitsrechtlich – reaktiv – noch Partikularinteressen Rechnung zu tragen. Und für eine erfolgreiche Sanierung werden erfahrungsgemäß die Weichen früh gestellt.

III. Präventiver Arbeitnehmerschutz durch Partizipation

1. Allgemein – Der vorläufige Gläubigerausschuss

Mit dem vorläufigen Gläubigerausschuss im Eröffnungsverfahren wird die Mitwirkungsmöglichkeit der Gläubiger auf einen Zeitpunkt vorverlegt, der zumindest die Möglichkeit eröffnet, Einfluss auf weichenstellende Entscheidungen im Eröffnungsverfahren zu nehmen.[7]

Ausweislich des neu gefassten § 67 InsO soll dem Ausschuss ein Arbeitnehmervertreter angehören. Die Einschränkung in § 67 Abs. 2 Satz 2 InsO, dass dem Ausschuss ein Vertreter der Arbeitnehmer angehören soll, „wenn diese als Insolvenzgläubiger mit nicht unerheblichen Forderungen betei-

---

5) *Zwanziger*, Arbeitsrechtliche Auswirkungen des RegE-ESUG, BB 2011, 887 ff., 889; *Willemsen/Rechel*, Das ESUG – wesentliche Änderungen gegenüber dem Regierungsentwurf noch auf der Zielgeraden, BB 2012, 203 ff.; *Römermann*, Neues Sanierungsrecht ab 2012: Der Regierungsentwurf des ESUG, GWR 2011, 375 ff.; *Römermann*, Neues Insolvenz- und Sanierungsrecht durch das ESUG, NJW 2021, 645 ff.; *Hamacher* in: Nerlich/Römermann, InsO, Stand: 9/2017, Vorb. § 113 Rz. 4.

6) Gleichlauf auch bei der Vorfinanzierung von Insolvenzgeld (§ 188 Abs. 4 SGB III, vgl. Handlungsanweisung der Bundesagentur für Arbeit v. 20.3.2012, HEGA 03/12 – 08 – Insolvenzgeld – Auswirkung des Gesetzes zur weiteren Erleichterung der Sanierung von Unternehmen).

7) *Lüke* in: Kübler/Prütting/Bork, InsO, Stand: 9/2017, § 22a Rz. 4; *Vallender* in: Uhlenbruck, InsO, 14. Aufl. 2015, § 22a Rz. 6; *Schmerbach* in: FK-InsO, 9. Aufl. 2018, § 22a Rz. 1; *Böhm* in: Braun, InsO, 7. Aufl. 2017, § 22a Rz. 1.

ligt sind", ist durch das ESUG gestrichen worden. Die frühe Einbindung der Arbeitnehmerinteressen wird als unerlässlich angesehen.[8)]

2. Im Besonderen – Gewerkschaften

Allerdings verweist § 21 Abs. 2 Nr. 1a InsO hinsichtlich der Besetzung des (vorläufigen) Gläubigerausschusses nur noch auf § 67 Abs. 2 InsO und nicht mehr auf dessen Absatz 3. Und § 67 Abs. 2 InsO geht davon aus, dass nur Gläubiger im Gläubigerausschuss vertreten sind.

a) Gewerkschaftsbeteiligung – geboten und notwendig?

Die fehlende Gewerkschaftsbeteiligung bereits im vorläufigen Gläubigerausschuss wird teilweise als misslich empfunden, da auf Arbeitnehmerseite alleine die Gewerkschaften über Erfahrung und Wissen sowie über die ggf. erforderliche „Druckresistenz" verfügen würden, um insbesondere der überantworteten Überwachungsfunktion ausreichend gerecht zu werden.[9)] Grundrechtskonform soll die Vorschrift des § 21 InsO dahingehend ausgelegt werden, dass er entgegen seinem Wortlaut (auch) auf § 67 Abs. 3 InsO verweist.[10)] Oder dies sei geboten, da die Beteiligung der Arbeitnehmer in einem vorläufigen Gläubigerausschuss im Insolvenzeröffnungsverfahren funktional der wirtschaftlichen (Unternehmens-)Mitbestimmung zuzuordnen sei und weder das Insolvenz- noch das Mitbestimmungs- oder das Koalitionsrecht einen entsprechenden „Mitbestimmungspaternalismus" verbieten würden.[11)] Auch soll § 67 Abs. 3 InsO nicht etwa als Einschränkung des § 67 Abs. 2 Satz 1 InsO, sondern vielmehr als dessen Erweiterung verstanden werden.[12)] Oder es wird allgemein vertreten, dass auf

---

8) BT-Drucks. 17/5712, S. 27 zu Nr. 10 (Änderung von § 67 InsO).

9) *Helm/Huber* in: Göpfert, Hdb. Arbeitsrecht in Restrukturierung und Insolvenz, 2013, § 7 Rz. 59 ff.; *Wroblewski*, Das „ESUG" aus Arbeitsnehmersicht (Teil 1), AuR 2012, 188 ff., 192; *Vallender* in: Uhlenbruck, InsO, 14. Aufl. 2015, § 22a InsO Rz. 60.

10) *Obermüller*, Der Gläubigerausschuss nach dem „ESUG", ZInsO 2012, 18, 22; *Smid*, Kritische Anmerkungen zu § 21 Abs. 2 Nr. 1a InsO n. F., ZInsO 2012, 757, 768. *Wroblewski*, Arbeitnehmervertreter im (vorläufigen) Gläubigerausschuss, ZInsO 2014, 115; *Fanselow/Kreplin* in: Beck'sches Mandatshdb. ArbR in der Insolvenz, 2. Aufl. 2015, § 2 Rz. 166 m. w. N.; *Haarmeyer* in: MünchKomm-InsO, 3. Aufl. 2013, § 22a Rz. 51.

11) *Kolbe*, Arbeitnehmer-Mitbestimmung im vorläufigen Gläubigerausschutz, NZI 2015, 400 ff.

12) AG Hannover, Beschl. v. 14.9.2015 – 908 IN 594/15, ZInsO 2015, 1982.

Anregung der Beteiligten auch schon im Eröffnungsverfahren ein Nicht-Gläubiger in den Ausschuss zu bestellen sei.[13)]

b) Gesetzeswortlaut und fehlende Notwendigkeit

Die gesetzliche Regelung ist jedoch eindeutig. Auch kann regelmäßig ein Betriebsrat Mitglied im vorläufigen Gläubigerausschuss werden und die als unerlässlich angesehene Arbeitnehmerbeteiligung gewähren.[14)]

Auslegung vorbei am klaren Wortlaut des Gesetzes ist kaum möglich. Ein entsprechendes verfassungsrechtliches Gebot lässt sich nicht konstruieren. Wenn etwa *Smid* die Betätigung im vorläufigen Gläubigerausschuss als Element der gewerblichen Rechtsberatung und Prozessvertretung dem Schutzbereich des Art. 9 Abs. 3 GG unterwerfen will,[15)] so ist dem mit *Kolbe* zumindest entgegenzuhalten, dass die Arbeitnehmer als solche nicht am Insolvenzverfahren beteiligt sind und ein paternalistischer Kollektiv-Rechtsschutz für die gesamte Belegschaft wenig mit der Beratung und Prozessvertretung der Gewerkschaftsmitglieder zu tun hat.[16)]

Auf der anderen Seite kann aber entgegen *Kolbe*[17)] mit demselben Argument nicht davon ausgegangen werden, das Problem der Gewerkschaftspluralität sei zufriedenstellend gelöst, selbst wenn das Bundesverfassungsgericht die weitgehende (!) Vereinbarkeit des Tarifeinheitsgesetzes[18)] mit dem Grundgesetz bestätigt hat.[19)] Gerade die vehement geführten Kämpfe einzelner Gewerkschaften untereinander haben in den letzten Jahren gezeigt, wie Belegschaften gespalten werden können – mit den Gedanken der Akzeptanz, Transparenz und Legitimation wäre die (obligatorische) Entsendung eines Vertreters der „Prinzipalgewerkschaft" in den vorläufigen Gläubigerausschuss nicht zu vereinbaren. Auch kann nicht zutreffend oder

---

13) *Böhm* in: Braun, InsO, 7. Aufl. 2017, § 22a Rz. 18.

14) BT-Drucks. 17/5712, S. 27 zu Nr. 10 (Änderung von § 67 InsO); *Schmerbach* in: FK-InsO, 8. Aufl. 2015, § 21 InsO Rz. 236 m. w. N. u. § 22a Rz. 54; *Vallender* in: Uhlenbruck, InsO, 14. Aufl. 2015, § 22a Rz. 58 m. w. N.; *Böhm* in: Braun, InsO, 7. Aufl. 2017, § 22a InsO Rz. 18; *Beth* in: Blersch/Goetsch/Haas, InsO, Stand: 10/2017, § 22a Rz. 42 m. w. N.; *Mönning* in: Nerlich/Römermann, InsO, Stand: 9/2017, § 21 Rz. 133; *Beck/Depré*, Praxis der Insolvenz, 3. Aufl. 2017, § 10 Rz. 6 und § 3 Rz. 200.

15) *Smid*, ZInsO 2012, 757 ff., 764 f.

16) *Kolbe*, NZI 2015, 400 ff., 404.

17) *Kolbe*, NZI 2015, 400 ff.

18) Gesetz zur Tarifeinheit – Tarifeinheitsgesetz, v. 3.7.2015, BGBl. I 2015, 1130.

19) BVerfG, Urt. v. 11.7.2017 – 1 BvR 1571/15, 1 BvR 1477/16, 1 BvR 1043/16, 1 BvR 2883/15, 1 BvR 1588/15, ZIP 2017, 1390.

jedenfalls nicht entscheidend sein, die Beteiligung der Arbeitnehmer in einem vorläufigen Gläubigerausschuss im Insolvenzeröffnungsverfahren funktional der wirtschaftlichen (Unternehmens-)Mitbestimmung zuzuordnen.

Es wird zwar zwischen Betriebsverfassung („dualistisches Modell") und Unternehmensverfassung („Integrationsmodell") unterschieden. Doch schon diese rechtliche Trennung wird faktisch mannigfaltig durchbrochen, ist doch der Betriebsrat etwa im Rahmen wirtschaftlicher (§§ 106 ff. BetrVG), personeller (§§ 90 ff. BetrVG) und soziale Angelegenheiten (§ 87 BetrVG) zumindest indirekt in die unternehmerisch-strategischen Entscheidungen mit eingebunden.[20)]

Diese betriebliche Mitbestimmung dient allgemein (auch und gerade) der Motivation der Arbeitnehmer sowie der Verbesserung von Akzeptanz, Plausibilität und Transparenz der Entscheidungen des Arbeitgebers. Betriebliche Mitbestimmung erweist sich dadurch auch als eine Form der „Legitimation durch Verfahren"[21)] und ist so dem skizzierten „Kulturbegriff" dienlich. Ihre Folgen in materiell-rechtlicher Hinsicht sind – etwa in den oben genannten Bereichen des Betriebsverfassungsgesetzes (BetrVG) – erheblich und weitreichend. Dem Betriebsrat wird eine enorme Verantwortung aufgebürdet, was insbesondere beim Mitwirken zu einer Namenliste gemäß § 1 Abs. 5 KSchG oder § 125 InsO deutlich wird.

Mehr noch, garantiert der Betriebsrat sowohl demokratische Legitimation für den schuldnerischen Betrieb ebenso wie die notwendigen Kenntnisse „seiner"[22)] Arbeitnehmer in einer Weise, wie sie durch Gewerkschaftsvertreter gerade nicht stets unterstellt werden können. Betriebsräte sind mit gutem Grund unabhängig von den Gewerkschaften durch das BetrVG geregelt, wobei Grundgedanke der Betriebsverfassung im Gegensatz zu den gewerkschaftlichen Beziehungen zum Arbeitgeber die *Kooperation*

---

20) *Koch* in: ErfKomm-ArbR, 18. Aufl. 2018, § 1 BetrVG Rz. 3; *v. Hoyningen-Huene* in: MünchArbR, Bd. 2, 3. Aufl. 2009, § 210 Rz. 9; *Fitting*, BetrVG, 28. Aufl. 2016, § 1 Rz. 3; *Richardi* in: Richardi, BetrVG, 15. Aufl. 2016, § 1 Rz. 4 f., der die Betriebsverfassung dementsprechend ausdrücklich sogar als „Teil der Unternehmensverfassung" ansieht; *Gaul* in: Henssler/Willemsen/Kalb, ArbR, 7. Aufl. 2016, Vorb. BetrVG Rz. 3.

21) *v. Hoyningen-Huene* in: MünchArbR, Bd. 2, 3. Aufl. 2009, § 210 Rz. 4; *Fitting*, BetrVG, 28. Aufl. 2016, § 1 Rz. 8; *Koch* in: ErfKomm-ArbR, 18. Aufl. 2018, § 1 BetrVG Rz. 1; *Luhmann*, Legitimation durch Verfahren, 2. Aufl. 1975.

22) *Beck/Depré*, Praxis der Insolvenz, 3. Aufl. 2017, § 3 Rz. 200.

ist.[23] Im Übrigen bleibt das häufige Postulat einer besonderen – insolvenzrechtlichen, betriebswirtschaftlichen – Sachkunde von Gewerkschaftsvertretern im Verhältnis zu Betriebsräten (oder auch im Einzelfall anderen Arbeitnehmergruppen) den empirischen Beweis schuldig.

c) Der Wille des Gesetzgebers

Letztlich wesentlich ist jedoch, dass bereits nach der gesetzgeberischen Intention der unmittelbare Bezug zum Schuldner und praktische Kenntnisse von seinem Geschäftsbetrieb die weitreichenden Entscheidungen im Eröffnungsverfahren begleiten sollen. Eine rein insolvenzrechtliche Entscheidung, orientiert am Gläubigerinteresse.[24] Auch nach der Rechtsprechung des Bundesgerichtshofs hat der vorläufige Gläubigerausschuss im Eröffnungsverfahren „das Gesamtinteresse der Gläubigergemeinschaft wahrzunehmen".[25]

Kein arbeitsrechtliches Problem also. Soweit der Weg über Abtretung oder Vollmachtserteilung nicht praktikabel ist bzw. am Übergang der Arbeitnehmerforderungen auf die Agentur für Arbeit im Rahmen einer *cessio legis* bei Insolvenzgeldgewährung scheitert,[26] ist dies zumindest aus arbeitsrechtlicher Sicht hinnehmbar. Und soweit auf die fehlende insolvenzrechtliche Sachkunde abgestellt und die vertane Chance zur Ausformulierung eines Anforderungsprofils für Mitglieder des vorläufigen Gläubigerausschusses betrauert wird,[27] so mag dies eine allenfalls allgemeininsolvenzrechtliche Fragestellung sein. Ein „Sonderrecht" für die Gewerkschaften lässt sich hieraus ebenso wenig begründen wie auch nur ein arbeitsrechtlich motivierter Handlungsbedarf. Institutionell genügt die Repräsentation durch den Betriebsrat.

---

23) *Richardi* in: Richardi, BetrVG, 15. Aufl. 2016, § 2 Rz. 5 und 13 ff.; *Fitting*, BetrVG, 28. Aufl. 2016, § 2 Rz. 45; *Koch* in: ErfKomm-ArbR, 18. Aufl. 2018, § 2 BetrVG Rz. 2; *v. Hoyningen-Huene* in: MünchArbR, Bd. 2, 3. Aufl. 2009, § 210 Rz. 21 ff.; auch quantitativ überzeugt dieses Repräsentationsmodell, waren doch laut statistischem Bundesamt im März 2015 insgesamt immerhin 41 % der Beschäftigten in der Privatwirtschaft in Deutschland durch Arbeitnehmervertretungen repräsentiert.

24) *Graf-Schlicker* in: Graf-Schlicker, InsO, 4. Aufl. 2014, § 22a Rz. 18; BT-Drucks. 17/7511, S. 33.

25) BGH, Beschl. v. 24.1.2008 – IX ZB 222/05, ZIP 2008, 652 ff., 654.

26) *Smid*, ZInsO 2012, 757 ff., 769; *Frind*, Probleme bei Bildung und Kompetenz des vorläufigen Gläubigerausschusses, BB 2013, 265 ff., 268.

27) Etwa *Vallender* in: Uhlenbruck, InsO, 14. Aufl. 2015, § 22a Rz. 60 ff. m. w. N.

IV. Materiell-rechtlicher Gleichlauf der Verfahren

Erfreulicherweise hat die arbeitsgerichtliche Rechtsprechung die gesetzgeberische Grundentscheidung der §§ 270 und 279 InsO bis dato konsequent nachvollzogen und damit den arbeitsrechtlichen Gleichlauf zwischen Eigen- und Fremdverwaltung gewahrt. Dies dient der auch rechtstaatlich gebotenen Rechtsklarheit, beugt einer nicht zu rechtfertigenden Zersplitterung des Sanierungs- und Insolvenzrechts in arbeitsrechtlicher Hinsicht vor und vermeidet eine nicht zu rechtfertigende arbeitsrechtliche Privilegierung insoweit gleichberechtigter Sanierungsinstrumentarien. Hierzu zwei Beispiele:

1. (Noch) Kein Konzerninsolvenzrecht

In seiner Entscheidung vom 23. Juni 2015 hat das Landesarbeitsgericht Baden-Württemberg[28)] festgestellt, dass die Zuständigkeit eines Konzernbetriebsrates bei Interessenausgleichsverhandlungen auch dann spätestens mit der Insolvenzeröffnung endet, wenn eine geplante Betriebsänderung die Betriebe verschiedener Unternehmen betrifft. Dies gelte auch bei Eigenverwaltung, denn § 276a InsO stehe einer unternehmensübergreifenden Leitung im Falle der Insolvenz auch bei Eigenverwaltung entgegen, denn mit § 276a InsO habe der Gesetzgeber klargestellt, dass die Überwachungsorgane bei der Eigenverwaltung keine weitergehenden Einflussmöglichkeiten auf die Geschäftsführung haben als in der Fremdverwaltung. Auch die Vermögensmassen insolvenzfähiger Gesellschaften und Personen sind danach trotz konzernmäßigen Verbundes getrennt abzuwickeln.

Dies ist nur folgerichtig und konsequent, da man gerade in Konzerninsolvenzen durchaus mit völlig unterschiedlichen Verfahrensabläufen konfrontiert ist und eine Leitung im Verfahren selbst dann nicht gegeben ist, wenn derselbe Insolvenzverwalter in allen Verfahren der insolventen Konzernunternehmen eingesetzt wird.[29)] Dies ist im vorliegenden Kontext von entscheidender Bedeutung. Es wird eine einheitliche Leitung auch dort verneint, wo Personenidentität herrscht und zwar unabhängig davon,

---

28) LAG Baden-Württemberg, Urt. v. 23.6.2015 – 22 Sa 61/14 (n. rkr., Az. des BAG: 1 AZR 548/15), ZIP, 2016, 232 ff. = ZInsO 2016, 118 = ArbR aktuell 2015, 616 m. Anm. *Schindele*, dazu EWiR 2016, 413 *(Grimm/Kühne)*.

29) LAG Baden-Württemberg, Urt. v. 23.6.2015 – 22 Sa 61/14 (n. rkr., Az. des BAG: 1 AZR 548/15), ZIP, 2016, 232 ff. = ZInsO 2016, 118 = ArbR aktuell 2015, 616 m. Anm. *Schindele*.

ob es sich um ein eigen- oder fremdverwaltetes Verfahren handelt. Hier wird also nicht nur der Gleichlauf zwischen eigen- und fremdverwalteten Verfahren sichergestellt, sondern gleichzeitig auch mit dem Verzicht auf die Zuerkennung (arbeitsrechtlicher) Relevanz von Personenidentität und Personenkontinuität Grundentscheidungen der Insolvenzordnung *de lege lata* hinsichtlich der Wirkung und der Zurechenbarkeiten zwischen vorläufigen und eröffneten Verfahren einerseits und der Trennung rechtlich unterschiedlicher Insolvenzmassen andererseits Rechnung getragen.

Daran wird auch die Neuregelung der InsO im Grundsatz nichts ändern. Ermöglicht wird zwar nunmehr die Bestellung eines personenidentischen Verwalters (§ 56b InsO). Kommt es hierzu aber nicht, werden Koordinationspflichten zwischen den Beteiligten vorgesehen (§§ 269a–269c InsO), wobei für den Fall der Eigenverwaltung wiederum der eigenverwaltende Schuldner zur Kooperation so verpflichtet ist, wie es auch ein Insolvenzverwalter wäre.[30] Zumindest insoweit handelt es sich damit um einen allgemeingültigen Gedanken: Das insolvenzarbeitsrechtliche Sanierungsinstrumentarium, damit insbesondere die §§ 113, 120–128 InsO, greifen ab Eröffnung eines Insolvenzverfahrens, gleich ob Eigen- oder Fremdverwaltung und unabhängig von eventuellen Personenidentitäten. Dazu dann auch gleich der zweite Fall.

2. *Kündigung vor Dienstantritt*

Das Bundesarbeitsgericht hat mit Urteil vom 23. Februar 2017[31] entschieden, dass § 113 InsO auch dann auf Kündigungen vor Dienstantritt Anwendung findet, wenn die eigenverwaltende Schuldnerin zuvor einen Ausschluss des ordentlichen Kündigungsrechts vor Dienstantritt vereinbart hat.

Die Gegenansicht will in einer solchen Konstellation unter Berufung auf das Urteil des Bundesarbeitsgerichts vom 9. Juni 2016[32] eine unzulässige Rechtsauübung sehen, verweist auf die Systematik der §§ 103 ff. InsO und hofft auf eine zukünftige Entwicklung weg vom starren „Wortlaut-

30) BT-Drucks. 18/11436 und BT-Drucks. 18/407; *Fendel* in: Braun, InsO, 7. Aufl. 2017, Vorb. §§ 269a ff. Rz. 1, § 269a Rz. 1 ff., 14.

31) BAG, Urt. 23.2.2017 – 6 AZR 665/15, ZIP 2017, 1083 = NZI 2017, 577 m. Anm. *Kraft/Lambrecht*.

32) BAG, Urt. v. 9.6.2016 – 6 AZR 396/15, NJW 2016, 2972.

Argument“ hin zu einer als geboten empfundenen Differenzierung zwischen Insolvenzverwaltung und Eigenverwaltung.[33)]

Dies kann letztlich nicht überzeugen. Mit dem Bundesarbeitsgericht:

> „Bei der Ausgestaltung des Verfahrens der Eigenverwaltung hat sich der Gesetzgeber bewusst dafür entschieden, für dieses Verfahren kein besonderes materielles Insolvenzrecht einzuführen, sondern es grundsätzlich unverändert zur Geltung zu bringen, um zu dem Gleichfall mit dem Regelfall eines fremdverwalteten Verfahrens herzustellen. § 279 Satz 1 InsO ist Ausprägung dieser Grundentscheidung. Danach tritt bei der Anwendung der §§ 103 bis 128 InsO der Schuldner an die Stelle des Insolvenzverwalters. (…) Der Gesetzgeber hat darum auch bei gegenseitigen Verträgen bewusst auf Sonderregelungen für die Eigenverwaltung verzichtet, um die Entscheidung des Schuldners, ob er Fremd- oder Eigenverwaltung beantragt, nicht dadurch zu beeinflussen, dass unterschiedliche materiellrechtliche Regelungen zur Anwendung kommen.“

Und weiter:

> „Mit dieser gesetzlich vorgesehenen Trennung von Eröffnungs- und Insolvenzverfahren ist (…) eine Treuwidrigkeit nicht zu vereinbaren.“[34)]

Dem entspricht eine andere klare Linie des Insolvenzarbeitsrechts. § 113 InsO ist nicht, auch nicht analog, im Eröffnungsverfahren anwendbar.[35)]

Das höchstrichterliche Wort ist zu begrüßen. Der Rechtsanwender kann hier endlich darauf vertrauen, was er im Gesetz liest. Gerade § 279 InsO ist es, der mit seinem klarstellenden Inhalt den Gleichlauf der (Insolvenz-)Verfahren sicherstellt und damit „systemimmanent“ ist.[36)] Eine Durchbrechung dieses Gleichlaufs ist nicht wünschenswert. Soll das bewährte Insolvenzarbeitsrecht seine ausgleichende Funktion auch im Rahmen von Eigenverwaltung und Schutzschirm ausüben, so ist es nicht zu rechtfertigen, das eine Verfahren gegenüber dem anderen in irgendeiner Weise „arbeitsrechtlich zu privilegieren“. Damit wird ein Beitrag geleistet zur Verlässlichkeit des Rechts – und so mit dem ESUG zu einer neuen Sanierungskultur in Deutschland.

---

33) BAG, Urt. 23.2.2017 – 6 AZR 665/15, ZIP 2017, 1083 = NZI 2017, 577 m. Anm. *Kraft/Lambrecht*; Die Anwendbarkeit des § 113 InsO auf im Eröffnungsverfahren begründete Arbeitsverhältnisse, NZI 2015, 639 ff.

34) BAG, Urt. v. 23.2.2017 – 6 AZR 665/15, ZIP 2017, 1083 = NZI 2017, 577 m. Anm. *Kraft/Lambrecht*, unter I. 2 a) und d) der Gründe unter Verweis auf BT-Drucks. 12/2443, S. 223, 225.

35) BAG, Urt. v. 20.1.2005 – 2 AZR 134/04, ZIP 2005, 1289.

36) *Graf-Schlicker* in: Graf-Schlicker, InsO, 4. Aufl. 2014, § 279 Rz. 1; *Foltis* in: FK-InsO, 9. Aufl. 2018, § 279 Rz. 3; *Zipperer* in: Uhlenbruck, InsO, 14. Aufl. 2015, § 279 Rz. 1; *Riggert* in: Braun, InsO, 7. Aufl. 2017, § 279 Rz. 1.

V. Zusammenfassung

Das ESUG schafft den Rahmen für eine neue Sanierungskultur in Deutschland.

Die Beteiligung der Arbeitnehmer im vorläufigen Gläubigerausschuss ohne Rücksicht auf die Erheblichkeit ihrer Forderungen ist sehr zu begrüßen. Dies knüpft allerdings an die Gläubigerstellung an – Dritte, wie Gewerkschaften, sind hier nicht gemeint. Reformbedarf gibt es aus diesem Gesichtspunkt nicht.

Das in der Insolvenzordnung geregelte arbeitsrechtliche Instrumentarium der Insolvenzordnung hat sich bewährt und ist auch weiterhin nach klaren Abgrenzungen einheitlich anzuwenden. Das heißt einerseits erst ab Insolvenzeröffnung und andererseits vollkommen unabhängig von Eigen- oder Fremdverwaltung.

Oder frei nach *Tomasi di Lampedusa:* Wenn wir wollen, dass es gut bleibt, dann ist es nötig, dass sich (arbeitsrechtlich) nichts verändert.[37)]

---

37) *Tomasi di Lampedusa*, Der Leopard (orig. Il Gattopardo), 1. Kapitel (Tancredi zu Fürst Salina), Piper Verlag 1959, S. 32: „Wenn wir wollen, daß alles so bleibt, wie es ist, dann ist es nötig, daß sich alles verändert"; vgl. auch die gleichnamige Verfilmung 1963 unter Regie von *Luchino Visconti*.

Das Große Insolvenzgericht

HANNS PRÜTTING

Inhaltsübersicht

Im April 2016 konnte das Institut für Verfahrensrecht der Universität zu Köln seinen 50. Geburtstag feiern. Gegründet im Jahre 1966 von Gottfried Baumgärtel wurde es seit April 1986 und damit genau 30 Jahre vom Verfasser dieser Zeilen geleitet. Marie Luise Graf-Schlicker ließ es sich nicht nehmen und kam zu diesem Anlass persönlich aus Berlin nach Köln, um die Grüße und Glückwünsche des Bundesministers der Justiz und für Verbraucherschutz zu überbringen. Mit dieser außerordentlich liebenswürdigen Geste hat die Jubilarin zugleich das 30jährige freundschaftliche Zusammenwirken im Bereich des gesamten Prozessrechts und vor allem des Insolvenzrechts zwischen dem Kölner Institut und dem Ministerium unterstrichen. Dem großen persönlichen Engagement der Jubilarin speziell im Insolvenzrecht stand und steht auf Kölner Seite die Tatsache gegenüber, dass (neben dem bisherigen und dem neuen Institutsleiter) mit Wilhelm Uhlenbruck und Heinz Vallender zwei herausragende Insolvenzrechtler als Honorarprofessoren am Kölner Institut wirken.

So will der folgende Beitrag ein wenig Dank abstatten für die langjährigen freundschaftlichen und fruchtbaren Beziehungen, die ohne den großen persönlichen Einsatz der Jubilarin nicht vorstellbar wären.

I. Das Insolvenzrecht in der deutschen Gerichtsorganisation

Die Gerichtsbarkeit in Deutschland ist traditionell geprägt durch die Aufteilung in fünf Zweige, die ordentliche, die Arbeits-, die Verwaltungs-, die Sozial- und die Finanzgerichtsbarkeit. Organisatorisch ist das Insolvenzrecht der ordentlichen Gerichtsbarkeit zugewiesen, da es eine privatrechtliche Gesamtvollstreckung beinhaltet. Innerhalb dieser Zuordnung regelt § 2 Abs. 1 InsO die sachliche und die funktionelle Zuständigkeit in der Weise, dass das Amtsgericht, in dessen Bezirk ein Landgericht seinen Sitz hat, als Insolvenzgericht ausschließlich zuständig ist. Die sachliche Zuständigkeit beinhaltet bekanntlich die Frage, welches Gericht erster Instanz für eine Rechtssache vorgesehen ist, hier also die Wahl zwischen Amtsgericht und Landgericht. Die funktionelle Zuständigkeit betrifft demgegenüber die Frage, in welchen unterschiedlichen Funktionen ein Rechtspflegeorgan tätig ist. Das Insolvenzgericht ist also, ähnlich wie das Familiengericht oder das Vollstreckungsgericht, funktionell eine Abteilung des Amtsgerichts.

Diese Konzentration des Insolvenzverfahrens beim ausschließlich zuständigen Amtsgericht bezieht sich allerdings nur auf das in der Insolvenzordnung geregelte Verfahren der Gesamtvollstreckung im engeren Sinn. Das deutsche Recht kennt bis heute keine vis attractiva concursus, die dazu führen würde, andere Streitverfahren, die in einem engen sachlichen Zusammenhang mit dem Insolvenzverfahren stehen, ebenfalls in die Zuständigkeit des Insolvenzgerichts zu übertragen. Nicht zur Zuständigkeit der Insolvenzgerichte gehören daher die Prozesse über die Insolvenzanfechtung, die Verfahren zur Klärung streitiger Aussonderungs- und Absonderungsrechte sowie die Feststellungsklagen über die zur Tabelle angemeldeten Forderungen. Auch alle sonstigen Streitigkeiten zwischen den am Insolvenzverfahren Beteiligten über materiellrechtliche Rechtspositionen sind nicht den Insolvenzgerichten zugewiesen. Dies gilt etwa für die persönliche Haftung von Gesellschaftern, für die Haftung des Insolvenzverwalters oder für Ansprüche des Schuldners gegen Dritte außerhalb des Insolvenzverfahrens. Alle diese materiell-rechtlichen Streitigkeiten sind auch dann, wenn sie in einem engen sachlichen Zusammenhang mit dem Insolvenzverfahren stehen, den jeweiligen Zivil-, Verwaltungs- oder Arbeitsgerichten zugewiesen. Einzelne spezielle Zuständigkeitsnormen in der Insolvenzordnung wie die §§ 77 Abs. 2, 180, 185, 202 InsO verdeutlichen das.

Einen Sonderfall zur Konzentration massebezogener Passivprozesse stellt freilich § 19a ZPO dar. Danach wird der allgemeine Gerichtsstand des Insolvenzverwalters für alle Klagen, die sich gegen ihn richten und die sich auf die Masse beziehen, durch den Sitz des Insolvenzgerichts bestimmt. § 19a ZPO gilt aber nur für Passivprozesse.[1]

II. Gründe für eine Veränderung?

In jüngerer Zeit wurde wiederholt darauf hingewiesen, dass man eine Ausweitung der Zuständigkeit der Insolvenzgerichte ins Auge fassen sollte.[2] Erreicht werden soll damit eine Stärkung der richterlichen Kompetenz und der Sachnähe bei allen insolvenzrechtlich geprägten Sachverhalten. Die Gleichmäßigkeit der Entscheidungen und die Vereinheitlichung der Rechtsprechung könnte ein zweites Ziel dieser Ausweitung sein. Schließlich wäre zu prüfen, ob damit personelle Einsparungen oder eine Verbesserung der personellen Ausstattung sowie eine deutliche Erleichterung der richterlichen Fortbildung ermöglicht würden. Von Fachleuten wird immer wieder beklagt, dass die Insolvenzgerichte bisher (vor allem mit Inkrafttreten des ESUG) von ihrer personellen und sächlichen Ausstattung her zur Bewältigung der qualitativ und quantitativ gestiegenen Anforderungen und Aufgaben nicht in der Lage sind.[3]

Als Hintergrund für die aktuellen Überlegungen kann man wohl auf die Diskussion zur Spezialisierung, Strukturierung und Modernisierung der Ziviljustiz verweisen, die insbesondere auf dem 70. Deutschen Juristentag 2014 in Hannover begonnen hat.[4] Damals ist die Einrichtung von Spezialkammern für wichtige Rechtsgebiete gefordert worden. Genannt wurden Bausachen, Arzthaftungssachen, Kapitalanlagehaftung, Versicherungsvertragssachen und Softwarevertragssachen. Das Insolvenzrecht wurde 2014 in Hannover nicht erwähnt. Die damaligen Überlegungen hat der Bundesgesetzgeber im Jahre 2017 teilweise aufgegriffen und im Rahmen des

---

1) BGH, Urt. v. 27.5.2003 – IX ZR 203/02, NJW 2003, 2916; a. A. *Hartmann* in: Baumbach/Lauterbach/Albers/Hartmann, ZPO, § 19a Rz. 4.

2) *Schmerbach*, Das „insolvenzrechtliche" Zivilrechtsdezernat – Ein Erfahrungsbericht, ZInsO 2010, 1640; *Schmerbach*, Das „Große" Insolvenzgericht als Kompetenzzentrum, ZInsO 2011, 405; *Schmerbach*, NZI-Editorial, Heft 1/2017; *Büttner*, Eine eigene Insolvenzgerichtsbarkeit – zwischen Wunsch und Wirklichkeit, ZInsO 2017, 13.

3) *Schmerbach* in: FK-InsO, 8. Aufl. 2015, Vor § 1 Rz. 97.

4) Vgl. *Callies*, Gutachten A zum 70. Dt. Juristentag, 2014; *Hirtz*, NJW 2014, 2529.

Gesetzes zur Reform des Bauvertragsrechts vom 28.4.2017[5] in Art. 5 die neuen §§ 72a und 119a GVG geschaffen, wonach bei den Landgerichten und in der Berufung in gleicher Weise bei den Oberlandesgerichten obligatorische Spezialkammern bzw. Spezialsenate für Bank- und Finanzgeschäfte, für Bau-, Architekten- und Ingenieurverträge, für Arzthaftungssachen sowie für Versicherungsvertragsverhältnisse eingerichtet werden. Auch hier fand das Insolvenzrecht keine Erwähnung.

III. Die Bemühungen des Gesetzgebers im Rahmen des ESUG

Einen kleinen Schritt in die Richtung einer Konzentration der Insolvenzgerichte und ihrer Rechtsprechung wollte das ESUG[6] vornehmen. Zwar hatte schon die ursprüngliche Fassung der Insolvenzordnung von 1999 in § 2 Abs. 1 eine Zuständigkeitskonzentration beim jeweiligen Amtsgericht, in dessen Bezirk ein Landgericht seinen Sitz hat, vorgesehen. Davon konnten aber die Bundesländer aufgrund der Ermächtigung in § 2 Abs. 2 InsO abweichen und haben dies in erheblichem Umfang auch getan (Abweichung in insgesamt acht Bundesländern, in Baden-Württemberg, Bayern, Berlin, Bremen, Hessen, Niedersachsen, Rheinland-Pfalz, Schleswig-Holstein). Da sich also die Hoffnungen des Bundesgesetzgebers auf eine Gerichtskonzentration zu erheblichen Teilen nicht erfüllt haben, schlug der Regierungsentwurf des ESUG vor, dass pro Landgerichtsbezirk zwingend nur noch ein Insolvenzgericht bestehen sollte. Dagegen haben die betroffenen Bundesländer massiven Widerstand geleistet. So ist es bei der Ermächtigung zur Dekonzentration in § 2 Abs. 2 InsO geblieben. Auch in der Praxis der genannten acht Bundesländer haben sich keine durchgreifenden Veränderungen ergeben.

Die Durchsetzung des gesetzlichen Regelfalles der Gerichtskonzentration gemäß § 2 Abs. 1 InsO bleibt aber als ein erster Schritt hin zum Großen Insolvenzgericht eine berechtigte und unverändert dringliche Forderung an den Gesetzgeber und die betroffenen Bundesländer.

---

5) Gesetz zur Reform des Bauvertragsrechts, zur Änderung der kaufrechtlichen Mängelhaftung, zur Stärkung des zivilprozessualen Rechtsschutzes und zum maschinellen Siegel im Grundbuch- und Schiffsregisterverfahren, v. 28.4.2017, BGBl. I 2017, 969.

6) Gesetz zur weiteren Erleichterung der Sanierung von Unternehmen – ESUG, v. 7.12.2011, BGBl. I 2011, 2582, in Kraft seit 1.3.2012.

IV. Das kombinierte Dezernat

Ein zweiter Schritt hin zum Großen Insolvenzgericht wäre die Schaffung kombinierter Dezernate am Amtsgericht in Insolvenzsachen und in insolvenznahen Zivilsachen. Einen solchen Versuch hat schon seit dem Jahre 2009 der Göttinger Insolvenzrichter *Ulrich Schmerbach* unternommen. Er hat darüber in der Literatur berichtet und den Versuch als erfolgreich dargestellt.[7] Sein Ausgangspunkt ist die Tatsache, dass bei den meisten Amtsgerichten die Richter nur anteilig für Insolvenzsachen zuständig sind, vielfach mit weniger als 50 % Anteil. Das Präsidium des Amtsgerichts Göttingen hat deshalb in den Geschäftsverteilungsplan eine Zuweisung von Zivilsachen mit insolvenzrechtlichem Bezug aufgenommen.

Ein solcher Schritt bietet den naheliegenden Vorteil, dass Insolvenzverfahren und streitige Zivilverfahren ohne Systemänderung weiterhin der Insolvenzordnung bzw. der Zivilprozessordnung unterfallen. Allein die personelle Kombination von Zivilrichter und Insolvenzrichter führt zur besseren Nutzung des insolvenzrechtlichen Sachverstands und zur gesteigerten Chance einer Spezialisierung der betroffenen Richter.

Obgleich *Schmerbach* den Versuch eines solchen kombinierten Dezernats als erfolgreich und allseits akzeptiert beschrieben hat, haben sich nach meiner Kenntnis keine weiteren Amtsgerichte zu einer solchen Geschäftsverteilung entschließen können. Allerdings richtet sich diese Feststellung im Wesentlichen nur an die Amtsgerichte derjenigen Bundesländer, die auf einer Dekonzentration i. S. von § 2 Abs. 2 InsO bestehen.

V. Das Große Insolvenzgericht

Damit rückt die Frage in den Vordergrund, ob der Gesetzgeber nicht bundesweit das Große Insolvenzgericht einführen sollte, also eine funktionell zuständige Abteilung des Amtsgerichts für das Insolvenzverfahren im engeren Sinn und für alle insolvenznahen Streitfälle. Ein solcher Vorschlag mag fachlich naheliegend sein, es wären allerdings gewisse gerichtsverfassungsrechtliche und verfahrensrechtliche Voraussetzungen zu bedenken.

---

7) *Schmerbach*, ZInsO 2010, 1640; zuletzt *Schmerbach*, NZI-Editorial, Heft 1/2017.

1. Gesetzliche Grundlagen

Erforderlich wären zunächst ein Zuständigkeitskatalog und eine Abteilungsfestlegung, wie sie die §§ 23a, 23b GVG für Familiengerichte kennen. Ein § 23e GVG n. F. könnte also vorsehen:

> „Bei den Amtsgerichten werden Abteilungen für Insolvenzsachen (Insolvenzgericht) gebildet. Die Abteilungen für Insolvenzsachen werden mit Insolvenzrichtern besetzt. Ein Richter auf Probe darf die Geschäfte des Insolvenzrichters nicht wahrnehmen. Insolvenzrichter müssen über belegbare Kenntnisse gemäß § 22 Abs. 6 GVG verfügen."

Ein neuer § 23f GVG n. F. könnte lauten:

> „Die Amtsgerichte sind ferner zuständig für
>
> – Insolvenzverfahren nach der Insolvenzordnung;
>
> – Streitigkeiten, bei denen auf der Aktiv- oder Passivseite ein Insolvenzverwalter, ein vorläufiger Insolvenzverwalter oder ein Treuhänder in seiner Eigenschaft als Partei kraft Amtes beteiligt ist;
>
> – Klagen auf Feststellung zur Insolvenztabelle einschließlich der Feststellung, ob die Forderung aus vorsätzlich begangener unerlaubter Handlung stammt;
>
> – Klagen von Insolvenzgläubigern wegen Verletzung von § 15a InsO."

2. Die Prozessmaximen

Zu bedenken gilt es, dass die Prozessmaximen im Insolvenzverfahren und im streitigen Zivilverfahren nicht vollkommen übereinstimmen. Während die Dispositionsmaxime jedenfalls für die Verfahrenseröffnung gemäß § 13 InsO mit dem Streitverfahren übereinstimmt, ergibt sich beim Prozessstoff ein klarer Gegensatz zwischen dem zivilprozessualen Beibringungsgrundsatz und der in § 5 Abs. 1 InsO niedergelegten Untersuchungsmaxime. Ähnlich deutlich ist der Gegensatz zwischen der obligatorischen Mündlichkeit im Zivilprozess gemäß § 128 Abs. 1 ZPO und der Schriftlichkeit des Insolvenzverfahrens, wie sie in § 5 Abs. 2 und Abs. 3 InsO geregelt ist. Auch die vielfältigen Streitigkeiten über eine Akteneinsicht im Insolvenzrecht (als Ausprägung des rechtlichen Gehörs) und die Frage nach dem dabei zugrunde gelegten Parteibegriff i. S. des § 299 ZPO, der hier jeweils ein Beteiligtenbegriff sein müsste, zeigen Unterschiede in den allgemeinen Verfahrensgrundsätzen auf.

Diese Unterschiede müssen im Rahmen des Großen Insolvenzgerichts bestehen bleiben. Der zuständige Richter darf und muss also je nach Verfahrensgegenstand die zugrunde liegende Prozessmaxime wechseln. Dass dies unbedenklich möglich und zulässig sein kann, zeigt das Familiengericht mit seiner Mischung aus Familienstreitverfahren, sonstigen Familiensachen und reinen Verfahren der freiwilligen Gerichtsbarkeit. Erforderlich wäre freilich eine gesetzliche Neugestaltung der §§ 4, 5 InsO vergleichbar zu § 113 FamFG.

3. Belegbare Kenntnisse im Insolvenzrecht

Durch das ESUG ist in § 22 Abs. 6 Satz 2 GVG das Erfordernis für Insolvenzrichter eingefügt worden, über belegbare Kenntnisse auf den Gebieten des Insolvenzrechts und weiteren insolvenznahen Gebieten zu verfügen. Es ist an dieser Stelle nicht zu untersuchen, was dies im Einzelfall zu bedeuten vermag,[8)] klar ist aber, dass diese Anforderung künftig für jeden dem Großen Insolvenzgericht zugewiesenen Richter gelten muss.

4. Amtsgericht oder Landgericht?

Wird vom Gesetzgeber ein einheitliches Großes Insolvenzgericht geschaffen, so ist zu entscheiden, ob es als Abteilung des Amtsgerichts (so insbesondere der Göttinger Insolvenzrichter *Schmerbach*) oder als besondere Kammer des Landgerichts (so etwa der Leipziger Amtsrichter *Büttner*) zu bestimmen ist. Angesichts der weitgehenden Einzelrichtertätigkeit auch am Landgericht ist dafür der Gegensatz Kammer – Einzelrichter sicherlich nicht ausschlaggebend. Gegen eine Einfügung in das Landgericht sprechen die erhebliche Fluktuation der dortigen Richter und die vor allem an großen Amtsgerichten zum Teil vorhandene überragende Kompetenz der Insolvenzabteilungen. Eine Zuordnung dieser Abteilungen zu den Landgerichten hätte auch für die Rechtspflegerschaft und die Serviceeinrichtungen erhebliche und kostenintensive Änderungen zur Folge. Insgesamt spricht alles für die Zuordnung des Großen Insolvenzgerichts an das Amtsgericht am Ort des jeweiligen Landgerichts.

5. Anwaltszwang

Eine vollständige Zuordnung insolvenznaher Streitsachen aus dem Zivilrecht hätte die Konsequenz, dass bei höheren Streitwerten der Anwaltszwang entfiele. Andererseits ist es z. B. kaum denkbar, eine auf einen schwierigen insolvenzanfechtungsrechtlichen Tatbestand gestützte Zah-

---

8) Näher dazu *Lückemann* in: Zöller, § 22 GVG Rz. 10.

lungsklage ohne fachkundigen Anwalt zu erheben. Eine Lösung des Problems könnte in einem gespaltenen Anwaltszwang für Streitwerte über 5.000 € liegen. Angesichts der rechtlichen Schwierigkeiten im Insolvenzrecht überzeugt ein solcher Vorschlag allerdings nicht. Einen anderen Lösungsweg geht bekanntlich § 114 FamFG, der vor dem Amtsgericht generell den Anwaltszwang in den Ehe- und Folgesachen sowie den Familienstreitverfahren vorschreibt. Meines Erachtens ist im Insolvenzrecht generell der Anwaltszwang geboten und nur für das Verfahren der Verbraucherinsolvenz und der Restschuldbefreiung eine Ausnahme vorzusehen.

6. Der Instanzenzug

Schwierigkeiten bereitet der unterschiedliche Instanzenzug zwischen der ZPO und § 6 InsO, vor allem, seit § 7 InsO im Jahre 2011 entfallen ist. Hier wäre eine gemeinsame Neuregelung zu überdenken, etwa Berufung und Beschwerde zu einer Spezialkammer am Landgericht oder zu einem Spezialsenat am OLG, wie dies die Insolvenzordnung 1999 für die OLG-Zuständigkeit zunächst vorgesehen hatte. Für das Berufungs- bzw. Beschwerdeverfahren könnte wiederum § 117 Abs. 2 FamFG als Vorbild dienen. Die Revision bzw. Rechtsbeschwerde würde sodann weiterhin zum Bundesgerichtshof führen.

7. Wiederaufnahme

Die Regeln über die Wiederaufnahme von Verfahren nach der Zivilprozessordnung sind auf rechtskräftige Beschlüsse nach der Insolvenzordnung schon bisher entsprechend anwendbar. Ähnlich wie in § 118 FamFG könnte dies der Gesetzgeber künftig auch für das Insolvenzverfahren zum Ausdruck bringen.

8. Vollstreckung

Für alle Streitsachen würde wie bisher das 8. Buch der ZPO gelten. Entsprechend § 120 FamFG könnte dies ausdrücklich formuliert werden. Für das Insolvenzverfahren im engeren Sinn ergeben sich keine Veränderungen zur bisherigen Rechtslage.

9. *Eigener Zweig der Gerichtsbarkeit?*

Vor kurzem haben der Münchener Rechtsanwalt *Gerloff* und der Leipziger Amtsrichter *Büttner* die Frage aufgeworfen, ob die Insolvenzgerichtsbarkeit als ein eigener neuer Zweig der Gerichtsbarkeit installiert werden sollte.[9)] Ein solcher Gedanke könnte sich darauf stützen, dass es bekanntlich insolvenznahe Verfahren auch vor den Arbeitsgerichten sowie den Verwaltungs-, Finanz- und Sozialgerichten gibt. Auch die Verfahren bei Insolvenzstraftaten könnte man erwähnen.

Eine nähere Diskussion eines solch weit gespannten Plans erscheint hier freilich nicht erforderlich. Der Aufbau einer neuen dreizügigen Gerichtsbarkeit analog etwa zur Arbeitsgerichtsbarkeit wäre sehr aufwändig. Vor allem aber steht dem zwingend Art. 95 Abs. 1 GG im Wege, der den bisherigen fünfgliedrigen Gerichtsaufbau verfassungsrechtlich fest verankert. Eine Änderung des Grundgesetzes zur Schaffung eines weiteren Gerichtszweigs erscheint nicht realisierbar. Es sei deshalb nur erwähnt, dass es in den Jahren 2002–2005 eine durchaus intensive (allerdings im Ergebnis erfolglose) Diskussion um eine Große Justizreform gegeben hatte, die gerade umgekehrt die Gerichtszweige zusammenlegen wollte.

VI. Einwände gegen das Große Insolvenzgericht

1. *Befangenheit durch Vorbefassung*

Ein naheliegender, bisher aber noch nicht ernsthaft diskutierter Einwand gegen das Große Insolvenzgericht könnte es sein, dass sich die dort tätigen Richter durch die Befassung mit den jeweiligen Insolvenzanträgen und ihrem daraus gezogenen Wissen sowie ihrer Einschätzung über das Vorliegen eines Insolvenzgrundes für die Entscheidung weitergehender materiell-rechtlicher Verfahren über insolvenznahe Streitfragen befangen machen. Tatsächlich kann die Vorbefassung in einem Rechtsfall zur Inhabilität des Richters (judex inhabilis) führen, wie § 41 Nr. 4 bis Nr. 8 ZPO zeigen. § 41 ZPO enthält zweifellos für alle Verfahren geltende allgemeine Grundsätze und ist gemäß § 4 InsO im Insolvenzverfahren, gemäß § 6 FamFG in Familiensachen und Verfahren der Freiwilligen Gerichtsbarkeit

9) *Gerloff*, „Tipps und Tricks der Sanierung mit bestehenden Mitteln“, Vortrag auf der 9. Jahrestagung der Neuen Insolvenzverwaltervereinigung Deutschlands e. V. v. 2.9.2016 in Berlin; dazu *Büttner*, ZInsO 2017, 13.

sowie gemäß § 46 Abs. 2 ArbGG in arbeitsrechtlichen Verfahren jeweils direkt anwendbar. Eine nähere Prüfung der Nr. 4 bis Nr. 8 des § 41 ZPO zeigt freilich, dass keine der dort genannten Fälle von Inhabilität der Situation eines Insolvenzrichters am Großen Insolvenzgericht auch nur ähnlich ist. Das gilt insbesondere auch für § 41 Nr. 6 ZPO, der die Funktionsfähigkeit des Rechtsmittelverfahrens schützen und sichern will, sowie für den 2012 in das Gesetz eingefügten § 41 Nr. 8 ZPO, der die vertrauensvolle Atmosphäre eines Mediationsverfahrens schützen will. In den insolvenznahen Verfahren vor dem Großen Insolvenzgericht würde es sich dagegen um jeweils unterschiedliche Streitgegenstände handeln, die nicht in einem schützenswerten Abhängigkeitsverhältnis zueinander stehen.

2. *Verlust an Ortsnähe*

Die schon heute in § 2 Abs. 1 InsO vorgesehene, aber bekanntlich noch nicht überall durchgeführte Konzentration der Insolvenzgerichte und erst recht ein künftiges Großes Insolvenzgericht am Ort des jeweiligen Landgerichts würde zweifellos zu einem erheblichen Verlust an Ortsnähe für die Rechtsunterworfenen führen (Gesichtspunkt der Bürgernähe). Das kann nicht bestritten werden. Fraglich ist lediglich, welcher Stellenwert dem Gedanken der Ortsnähe in heutiger Zeit noch zukommt. Angesichts der Mobilität der Gesamtbevölkerung und erst recht der Insolvenzverwalter ist man geneigt, die Ortsnähe für irrelevant zu erklären. Das wird man vor dem Hintergrund der stufenweisen Umsetzung des elektronischen Rechtsverkehrs wohl erst recht so sehen müssen. Von daher ist es nur konsequent, dass die Rechtsprechung heute dem Gedanken der Ortsnähe bei der Auswahl von Insolvenzverwaltern keine Bedeutung mehr zumisst.[10] Auch das Verfahren der Verbraucherinsolvenz verlangt keine besondere Ortsnähe, weil es weithin schriftlich durchgeführt wird.

3. *Verfahrensverzögerung*

Neben den Kritikpunkten der Befangenheit durch Vorbefassung und der fehlenden Ortsnähe findet sich (ein wenig überraschend) in der Literatur auch der Hinweis, der Gedanke der vis attractiva concursus sei abzulehnen, weil dies zu einer erheblichen Verfahrensverzögerung führen würde

---

10) BGH, Beschl. v. 17.3.2016 – IX AR (VZ) 2/15 und 4/15, KTS 2017, 49 = ZIP 2016, 930.

(so die These von *Rolf Stürner*).[11] Diese Behauptung überrascht. Warum ein isoliert geführtes Verfahren der Insolvenzanfechtung am zuständigen Landgericht, bei dem sich der zur Entscheidung berufene Richter zunächst in den konkreten Sachverhalt und in die komplexe Struktur des Insolvenzanfechtungsrechts sowie die vielfältige dazu ergangene Rechtsprechung einarbeiten muss, zügiger abgewickelt werden können soll als vom Insolvenzrichter am Amtsgericht, ist schwer zu verstehen. Übrigens hatte der Gesetzgeber der Insolvenzordnung die ausschließliche Zuständigkeit der Amtsgerichte als Insolvenzgericht mit dem Argument verteidigt, eine Übertragung von Insolvenzsachen an die Landgerichte sei für die gewünschte zügige Erledigung eher abträglich.[12]

VII. Ergebnis

Die Zeit ist reif für die Einführung des Großen Insolvenzgerichts als Abteilung des Amtsgerichts. Die gerichtsverfassungsrechtlichen und verfahrensrechtlichen Voraussetzungen hierfür lassen sich schaffen, mögliche Einwände gegen eine vis attractiva concursus überzeugen nicht.

---

11) *Stürner* in: Kübler, Neuordnung des Insolvenzrechts, 1989, S. 41, 54; zustimmend *I. Pape* in: Uhlenbruck, InsO, 14. Aufl. 2015, § 2 Rz. 2.

12) Begründung des RegE, BT-Drucks. 12/2443, S. 109 f.

Kommunikation im internationalen Insolvenzrecht

Andreas Remmert

Inhaltsübersicht

I. Einführung

Insolvenzen machen vor Grenzen nicht halt. Grenzüberschreitende Insolvenzen bedürfen häufig der Koordinierung der nationalen Insolvenzverfahren. Hierfür ist die Kommunikation zwischen den Verfahrensbeteiligten unentbehrlich. Das gilt nicht nur für die Insolvenzverwalter. Vielmehr hat sich die Erkenntnis durchgesetzt, dass auch die Zusammenarbeit und die Kommunikation der Insolvenzgerichte, bei denen die Insolvenzverfahren anhängig sind, von großer Bedeutung für die Verfahren und ihre Ziele sein können. Es ist die Aufgabe des Insolvenzrechts, dies zu ermöglichen. Zur Entwicklung und Unterstützung einer entsprechenden Gesetzgebung, aber auch der auf ihrer Grundlage durchgeführten Insolvenzverfahren ist ein ausführlicher Meinungs- und Erfahrungsaustausch zum internationalen Insolvenzrecht unentbehrlich.

Marie Luise Graf-Schlicker fördert das internationale Insolvenzrecht seit langem. Sie hat hierzu publiziert und – weltweit – referiert. Dem Autor ist es eine große Freude, über Aspekte des grenzüberschreitenden Insolvenzrechts und einen – auch heute noch – sehr lebendigen internationalen Erfahrungsaustausch zu berichten, den er unter der Leitung von *Marie Luise Graf-Schlicker* und gemeinsam mit ihr im Jahr 2000 begründet hat.

II. Gerichtliche Kommunikation in internationalen Insolvenzen

1. Neuregelungen der Europäischen Insolvenzverordnung

Bis vor kurzem kannte das europäische Insolvenzverfahrensrecht keine Pflicht der nationalen Insolvenzgerichte zur gerichtlichen Kommunikation und Zusammenarbeit. Die Verordnung (EG) Nr. 1346/2000 des Rates über Insolvenzverfahren (EuInsVO a. F.)[1], die noch für bis zum 25. Juni 2017 eröffnete Insolvenzverfahren gilt, sah in Art. 31 EuInsVO lediglich eine Kooperationspflicht zwischen den Insolvenzverwaltern vor. Auch das deutsche Insolvenzrecht schwieg zu einer gerichtlichen Kommunikation lange Zeit. Der Bundesgesetzgeber hat im Jahr 2011 schließlich im Rahmen des Gesetzes zur weiteren Erleichterung der Sanierung von Unternehmen (ESUG)[2] eine Anregung Nordrhein-Westfalens aufgegriffen und die Zusammenarbeit der Insolvenzgerichte ausdrücklich gesetzlich geregelt. § 348 Abs. 2 InsO lautet seit dem 1. März 2012 wie folgt:

> „Sind die Voraussetzungen für die Anerkennung eines ausländischen Insolvenzverfahrens gegeben oder soll geklärt werden, ob die Voraussetzungen vorliegen, so kann das Insolvenzgericht mit dem ausländischen Insolvenzgericht zusammenarbeiten, insbesondere Informationen weitergeben, die für das ausländische Verfahren von Bedeutung sind."

Einen weiteren Meilenstein enthalten Art. 42 und Art. 57 der neuen, am 26. Juni 2017 in Kraft getretenen Verordnung (EU) Nr. 2015/848 des Europäischen Parlaments und des Rates über Insolvenzverfahren (EuInsVO n. F.)[3]. Art. 42 EuInsVO n. F. lautet wie folgt:

> „Artikel 42 Zusammenarbeit und Kommunikation der Gerichte
>
> (1) Um die Koordinierung von Hauptinsolvenzverfahren, Partikularverfahren und Sekundärinsolvenzverfahren über das Vermögen desselben Schuldners zu erleichtern, arbeitet ein Gericht, das mit einem Antrag auf Eröffnung eines Insolvenzverfahrens befasst ist oder das ein solches Verfahren eröffnet hat, mit jedem anderen Gericht, das mit einem Antrag auf Eröffnung eines Insolvenzverfahrens befasst ist oder das ein solches Verfahren eröffnet hat, zusammen, soweit diese Zusammenarbeit mit den für jedes dieser Verfahren geltenden Vorschriften vereinbar ist. Die Gerichte können hierzu bei Bedarf eine unabhängige Person oder Stelle bestellen bzw. bestimmen, die auf ihre Weisungen hin tätig wird, sofern dies mit den für sie geltenden Vorschriften vereinbar ist.

---

1) Verordnung (EG) Nr. 1346/2000 des Rates über Insolvenzverfahren – Europäische Insolvenzverordnung (EuInsVO), ABl. (EG) L 160/1, v. 30.6.2000.

2) BT-Drucks. 17/5712.

3) Verordnung (EU) Nr. 2015/848 des Europäischen Parlaments und des Rates v. 20.5.2015 über Insolvenzverfahren – Europäische Insolvenzverordnung (EuInsVO), ABl. (EU) L 141/19 v. 5.6.2015.

(2) Bei der Durchführung der Zusammenarbeit nach Absatz 1 können die Gerichte oder eine von ihnen bestellte bzw. bestimmte und in ihrem Auftrag tätige Person oder Stelle im Sinne des Absatzes 1 direkt miteinander kommunizieren oder einander direkt um Informationen und Unterstützung ersuchen, vorausgesetzt, bei dieser Kommunikation werden die Verfahrensrechte der Verfahrensbeteiligten sowie die Vertraulichkeit der Informationen gewahrt.

(3) Die Zusammenarbeit im Sinne des Absatzes 1 kann auf jedem von dem Gericht als geeignet erachteten Weg erfolgen. Sie kann sich insbesondere beziehen auf

a) die Koordinierung bei der Bestellung von Verwaltern,
b) die Mitteilung von Informationen auf jedem von dem betreffenden Gericht als geeignet erachteten Weg,
c) die Koordinierung der Verwaltung und Überwachung des Vermögens und der Geschäfte des Schuldners,
d) die Koordinierung der Verhandlungen,
e) soweit erforderlich die Koordinierung der Zustimmung zu einer Verständigung der Verwalter."

Ähnliche Bestimmungen enthält der neue Art. 57 EuInsVO n. F. für das Konzerninsolvenzverfahren. Die Kommunikation und Zusammenarbeit zwischen Gerichten in grenzüberschreitenden Insolvenzen ist damit nunmehr durch europäisches und nationales Gesetzesrecht abgesichert.

2. *Leitlinien zu Kooperation und Kommunikation*

Gesetzesrecht, das die Kooperation und Kommunikation zwischen Gerichten in grenzüberschreitenden Insolvenzen ausdrücklich erlaubt, ist – gerade für die kontinentaleuropäischen Rechtsordnungen – wichtig. Ergänzend sind jedoch praxisorientierte Anwendungshilfen erforderlich, um die Insolvenzgerichte zu unterstützen und zur Zusammenarbeit mit ausländischen Gerichten zu ermutigen. Hier kann „Softlaw" in Gestalt von unverbindlichen Empfehlungen wie die aus dem anglo-amerikanischen Rechtskreis bekannten und bewährten „Principles" und „Guidelines" (Leitlinien) weiterhelfen. Dementsprechend sieht ErwG 48 (Satz 5) der neuen EuInsVO vor, dass Verwalter und Gerichte bei ihrer Zusammenarbeit die bewährten Praktiken für grenzüberschreitende Insolvenzfälle berücksichtigen sollten, wie sie in den Kommunikations- und Kooperationsgrundsätzen und -leitlinien, die von europäischen und internationalen Organisationen auf dem Gebiet des Insolvenzrechts ausgearbeitet worden sind, niedergelegt sind.

In diesem Bereich hat sich in letzter Zeit vieles getan. Im Auftrag des American Law Institute (ALI) und des International Insolvency Institute

(III) sind im Jahr 2012 von den Wissenschaftlern *Ian F. Fletcher* (University College London) und *Bob Wessels* (Universität Leiden) „Global Principles for Cooperation in International Insolvency Cases" und „Global Guidelines for Court-to-Court Communications in International Insolvency Cases" entwickelt worden.[4] Um speziell die Kooperation zwischen den Gerichten der EU-Mitgliedstaaten zu verbessern, haben – auf dem ALI/III-Bericht aufbauend – die Rechtswissenschaftlichen Fakultäten der Universitäten von Leiden und Nottingham an „EU Cross-Border Insolvency Court-to-Court Cooperation Principles and Guidelines", dem sog. „JudgeCo Project", gearbeitet. Das Projekt, das Teil einer größeren EU-Initiative mit dem Namen „European Cross-border Insolvency: Promoting Judicial Cooperation" war, wurde von der Europäischen Kommission und dem International Insolvency Institute ins Leben gerufen. In einem ersten Schritt wurden im Jahr 2013 Entwürfe der vorgenannten „Principles" und „Guidelines" erstellt. Nach einer intensiven Diskussion der Entwürfe mit zahlreichen Insolvenzrichtern, Insolvenzverwaltern und Wissenschaftlern wurden die „EU JudgeCo Principles" und die „EU JudgeCo Guidelines" schließlich im Jahr 2015 veröffentlicht.[5] Mit ihnen steht der gerichtlichen Praxis nunmehr ein tauglicher Werkzeugkasten unverbindlichen und praxisorientierten „Softlaws" zur Verfügung, das in grenzüberschreitenden Insolvenzverfahren zur Anwendung gelangen und auf diese Weise die betroffenen Insolvenzverfahren maßgeblich fördern und ihre Abwicklung vereinfachen kann.

III. Interprofessioneller Erfahrungsaustausch im Insolvenzrecht

1. Rechtsvergleichung und Erfahrungsaustausch

Der internationale Rechtsvergleich und Erfahrungsaustausch ist auf dem Gebiet des Insolvenzrechts gleichermaßen notwendig wie lohnend. Die deutsche Insolvenzordnung hat wesentliche Gedanken ausländischer Insolvenzrechtssysteme rezipiert. Erfahrungen und Regelungen aus den U.S.A., Österreich, England, Frankreich und zahlreichen weiteren Staaten haben

---

4) Vgl. dazu *Wessels*, Cooperation and sharing of information between courts and insolvency practitioners in cross-border insolvency cases, in: FS Vallender, 2015, S. 775, 781.

5) Abrufbar unter http://www.tri-leiden.eu/project/categories/eu-judgeco/ (Abrufdatum: 15.1.2018). Vgl. hierzu *Wessels* in: FS Vallender, 2015, S. 782 f.; *Zipperer*, Die EU Cross-Border Insolvency Court-to-Court Cooperation Principles und Guidelines, ZIP 2017, 632 (mit deutschem Text der „Principles" und „Guidelines").

die deutsche Rechtsentwicklung erheblich beeinflusst. In grenzüberschreitenden Insolvenzen hat die Europäische Insolvenzverordnung eine maßgebliche Bedeutung für den Ablauf und die Wirkungen des Insolvenzverfahrens und die Kompetenzen der einzelnen Beteiligten. Das Insolvenzrecht ist zudem ein empfindlicher Seismograph welt- und volkswirtschaftlicher Veränderungen. So erfordert die Globalisierung der Weltwirtschaft neue insolvenzrechtliche Antworten. Internationale Organisationen begleiten diese Entwicklungen. UNCITRAL etwa hat ein Modellgesetz zu grenzüberschreitenden Insolvenzen (und einen darauf bezogenen Gesetzgebungsleitfaden) entworfen,[6] das inzwischen – ganz oder in Teilen – von 43 Staaten übernommen worden ist.[7] Die Weltbank hat „Principles for Effective Insolvency and Creditor/Debtor Regimes“ entwickelt.[8] Für EU-Mitgliedstaaten sind die bereits erwähnten, im Jahr 2015 veröffentlichten „EU JudgeCo Principles“ und „EU JudgeCo Guidelines“ besonders wichtig, nachdem in Art. 42 EuInsVO n. F. die Pflicht der Insolvenzgerichte zur Zusammenarbeit und Kommunikation bestimmt ist.

Infolge der weltweiten Reformbestrebungen ist in den letzten beiden Jahrzehnten auf dem Gebiet des Insolvenzrechts ein hoher Bedarf an einem globalen Austausch von Erfahrungen und Informationen entstanden. Die deutsche Rechtsentwicklung steht exemplarisch für diesen Bedarf. So tagte in den Jahren 1999 bis 2002, also kurz nach Inkrafttreten der neuen Insolvenzordnung am 1. Januar 1999, unter dem Vorsitz von Nordrhein-Westfalen und in persona von *Marie Luise Graf-Schlicker* die Bund-Länder-Arbeitsgruppe „Insolvenzrecht“. Sie war von der Justizministerkonferenz damit beauftragt worden, die Probleme der praktischen Anwendungen und Schwachstellen des neuen Insolvenzrechts zu analysieren und Änderungsmöglichkeiten aufzuzeigen. Dabei galt es auch, als problematisch wahrgenommene Bereiche des neuen deutschen Insolvenzrechts – z. B. betreffend die Auswahl des Insolvenzverwalters und den Zugang des Schuldners zum Insolvenzverfahren – mit Lösungsansätzen ausländischer Insolvenzrechtssysteme zu vergleichen. *Marie Luise Graf-Schlicker* und

---

6) Model Law on Cross-Border Insolvency (1997) with Guide to Enactment and Interpretation (2013) und Legislative Guide on Insolvency Law, abrufbar unter http://www.uncitral.org/uncitral/en/uncitral_texts/insolvency.html (Abrufdatum: 15.1.2018).

7) Z. B. von Großbritannien, Japan und den U.S.A. (Chapter 15 des Bankruptcy Code); Staatenliste abrufbar unter http://www.uncitral.org/uncitral/en/uncitral_texts/insolvency/1997Model_status.html (Abrufdatum: 15.1.2018).

8) Abrufbar unter http://pubdocs.worldbank.org/en/919511468425523509/ICR-Principles-Insolvency-Creditor-Debtor-Regimes-2016.pdf (Abrufdatum: 15.1.2018).

der Autor besuchten daher Ende 1999 eine internationale insolvenzrechtliche Großkonferenz in München. Es stellte sich heraus, dass die Inhalte der Vorträge nicht oder nur sehr begrenzt für unsere Zwecke verwertbar waren. Die Länge der Vorträge und die Frontalsituation zwischen Referenten und Auditorium stellten höchste Anforderungen an das Konzentrationsvermögen des Zuhörers. Anschließend verblieb selten genug Zeit, um Fragen zu stellen oder die Kernpunkte des Vortrags zu diskutieren. Erfrischend informativ waren dagegen die informellen Zusammenkünfte am Rande der Konferenz. Es konnten persönliche Kontakte geknüpft, fachliche Gespräche direkt geführt und nationale Rechtssysteme miteinander verglichen werden.

2. *International Exchange of Experience on Insolvency Law (IEEI)*

Um die Vorteile solcher informeller Diskussionen nutzbar zu machen, hat das Justizministerium des Landes Nordrhein-Westfalen auf Vorschlag von *Marie Luise Graf-Schlicker* und des Autors im Jahr 2000 ein neues internationales Kommunikationsforum, den „International Exchange of Experience on Insolvency Law (IEEI)“, ins Leben gerufen und seither zahlreiche internationale Kolloquien zu insolvenzspezifischen Themen durchgeführt. Seit dem Jahr 2012 wird der IEEI unter dem Dach des Instituts für internationales und europäisches Insolvenzrecht der Universität zu Köln weitergeführt.

Der IEEI ist ein informelles, aber dauerhaftes *Informations- und Diskussionsnetzwerk*, dessen Teilnehmer vor allem über das Internet miteinander in Verbindung stehen. Da sie sich persönlich kennen, besteht eine hohe Gewähr für einen regen, unmittelbaren, zügigen und vor allem vertrauensvollen Informationsaustausch. Der persönliche und fachliche Kontakt wird durch jährliche Kolloquien gefördert, in denen Probleme des nationalen und internationalen Insolvenzrechts vertieft diskutiert werden. Inzwischen wirken im IEEI 99 Insolvenzrechtsexperten aus 33 Staaten aller Kontinente mit. Dabei handelt es sich um Richter aller Instanzen, Rechtsanwälte, Universitätsprofessoren, Beamte von Justizministerien und anderen staatlichen Fachinstitutionen.[9)]

Die Mitglieder des IEEI haben sich bisher zu *18 Kolloquien* in der Justizakademie des Landes Nordrhein-Westfalen sowie in Wien, Helsinki, Ljubljana, Rom, Berlin, Kairo, Dubrovnik, Prag, Budapest, Brüssel, Paris, Bar-

---

9) Z. B. des finnischen Bankruptcy Ombudsman, des U.S. Bankruptcy Trustee und der South African Law Commission.

celona, Lissabon, Chicago und Tallinn zusammengefunden.[10] In den „Kinder- und Jugendjahren“ des IEEI war die Zahl der Mitglieder und der bei den Kolloquien persönlich anwesenden Teilnehmer noch recht überschaubar. Die ersten drei Kolloquien in den Jahren 2000 und 2001 wurden daher als Online-Kolloquien ausgestaltet, bei denen die persönlich anwesenden Teilnehmer über Internet permanent mit den weiteren Mitgliedern des IEEI in Kontakt standen. Auf diese Weise war die gesamte IEEI-Mitgliedschaft eingebunden. Während der Diskussionen wurden aufwändige Schemata erstellt, aus denen die jeweilige nationale Rechtslage zu bestimmten insolvenzrechtlichen Themenkreisen erkennbar war. Die Schemata wurden sodann per E-Mail an die Online-Teilnehmer versandt. Letztere trugen ihre nationale Rechtslage in die Schemata ein und sandten sie unmittelbar an das Kolloquium zurück. Als Frucht des intensiven Erfahrungsaustausches stand daher gegen Ende der Veranstaltungen eine vollständige Übersicht über die Rechtslage in allen „IEEI-Ländern“ zur Verfügung.

Mit seinen ab dem Jahr 2002 auch in ausländischen Städten stattfindenden Kolloquien ist der IEEI „erwachsen“ geworden. Aufgrund der *steigenden Zahl seiner Mitglieder* ist auch die Zahl der persönlich an den Kolloquien teilnehmenden Insolvenzrechtsexperten deutlich gestiegen. Die Ausgestaltung als Online-Kolloquium und die Erstellung aufwändiger Schemata sind angesichts der Anzahl der Teilnehmer und der durch sie vertretenen Staaten nicht mehr notwendig.

Die Diskussionen der IEEI-Kolloquien haben von Anfang an eine sehr willkommene Eigendynamik entwickelt, die seitdem ihren Charakter prägt. Durch pointiert vorgetragene, kurze Eröffnungsreferate werden *Problembereiche freigelegt*, die von den Teilnehmern als auch für das eigene nationale Recht relevant wiedererkannt werden. Dabei zeigt sich das so häufig in der Rechtsvergleichung anzutreffende Faszinosum, dass trotz unterschiedlicher Rechtssystematik die Fragestellungen doch ähnlich sind. Die Teilnehmer schon des ersten Kolloquiums gerieten unter diesem Eindruck – unter Zurückstellung der ursprünglichen Tagesordnung – sogleich nach den Eröffnungsreferaten in intensive Diskussionen über die soeben „entdeckten“ gemeinsamen insolvenzrechtlichen Probleme. Kurze Impulsreferate und im Anschluss erfolgende ausführliche Diskussionen unter den Teilnehmern kennzeichnen seitdem die Kolloquien. Dabei werden wertvolle

---

10) Im Jahr 2018 wird das 19. IEEI-Kolloquium in Athen stattfinden.

Einblicke in das internationale Insolvenzrecht und in nationale Insolvenzrechtssysteme anderer Staaten sowie deren Lösungsansätze vermittelt.

Da die Themen der Kolloquien nach Aktualität, Praxisnähe und Relevanz für die Teilnehmer ausgewählt werden, hat die Arbeit des IEEI einen großen *praktischen Nutzen* für seine Mitglieder. Zudem hat das Netzwerk eine *Schlüsselfunktion* in Bezug auf internationale Institutionen und Veranstaltungen. Seine Mitglieder stehen in Verbindung zu zahlreichen weiteren Organisationen, in deren Fokus das nationale und internationale Insolvenzrecht steht. Die dort erhaltenen Informationen, Ideen und Lösungsansätze bringen sie in den IEEI ein. Auf diese Weise ist ein wertvoller Erfahrungsaustausch über den IEEI hinaus entstanden.

Die Vielfalt der Themen, mit denen sich der IEEI seit seiner Gründung befasst hat, ist nahezu unüberschaubar. Beispielhaft seien aus den letzten Jahren genannt die Insolvenz öffentlich-rechtlicher Körperschaften, Restrukturierungsverfahren im Vorfeld der Insolvenz, Konzerninsolvenzen, der „Center of Main Interest (COMI)", „Forum Shopping", Mediation in der Insolvenz, Restschuldbefreiung, die Verbraucherinsolvenz und – mehrfach – die Zusammenarbeit der Insolvenzgerichte in grenzüberschreitenden Insolvenzen.

IV. Zusammenfassung

Die Kommunikation und Zusammenarbeit zwischen Gerichten in grenzüberschreitenden Insolvenzen hat in den letzten Jahren durch die europäische und nationale Gesetzgebung ein wichtiges Fundament erhalten. Was im anglo-amerikanischen Rechtskreis seit langem bewährte Praxis ist, kann sich nunmehr auch auf dem europäischen Kontinent entwickeln. Mit den im Auftrag der EU-Kommission erarbeiteten „EU JudgeCo Principles" und „EU JudgeCo Guidelines" bestehen Instrumentarien, mit Hilfe derer die deutschen und europäischen Insolvenzgerichte miteinander kommunizieren können. Dabei ist es besonders wichtig, dass Erfahrungen, die im Rahmen solcher Kooperation und Kommunikation gewonnen werden, ihrerseits kommuniziert und publiziert werden.

Ein lebendiges und erfolgreiches Forum für den Austausch solcher Erfahrungen – nicht nur unter den Europäern – bietet das von *Marie Luise Graf-Schlicker* ins Leben gerufene Netzwerk des „International Exchange of Experience on Insolvency Law (IEEI)".

Das Scheme of Arrangement – global tief verwurzelter Evergreen

URSULA SCHLEGEL

Inhaltsübersicht

I. Vorbemerkung

1. Scheme of Arrangement (Scheme) und die Historie des 2012 in Kraft getretenen Gesetzes zur weiteren Erleichterung der Sanierung von Unternehmen[1] (ESUG)

Ministerialdirektorin *Marie Luise Graf-Schlicker* begegnete ich erstmals unmittelbar nach ihrem Amtsantritt, anlässlich einer Sitzung der Expertenrunde des Bundesjustizministeriums zur Wettbewerbsfähigkeit des Sanierungsstandorts Deutschland, initiiert unter Bundesjustizministerin *Brigitte Zypries*. Grund zur Besorgnis gaben seinerzeit Sitzverlegungen deutscher Unternehmen nach England zwecks Sanierung mittels englischer Insolvenzverfahren. Das 2012 in Kraft getretene Gesetz zur weite-

1) Gesetz zur weiteren Erleichterung der Sanierung von Unternehmen – ESUG, v. 7.12.2011, BGBl. I 2011, 2582.

ren Erleichterung der Sanierung von Unternehmen (ESUG) ging auch auf Ergebnisse dieser Gesprächsrunde zurück. Die Begründung des ESUG nahm ausdrücklich auf das *forum shopping* in England Bezug[2] und führte zum Schutzschirmverfahren aus:

> „Mit der Einführung dieses Verfahrens ist auch die Hoffnung verbunden, zumindest einen Teil der Sanierungsfälle abzudecken, die in anderen Staaten mit vorinsolvenzlichen Sanierungsverfahren bewältigt werden".[3]

Als ein solches vorinsolvenzliches Sanierungsverfahren wurde das englische *Scheme* wahrgenommen: Schon während der Beratungen zum ESUG hatte sich bei den Abwanderungen nach England der Trend dahingehend gewandelt, dass krisenbefangene deutsche Unternehmen Sanierung nicht mehr mittels Insolvenzverfahren (mit hierfür erforderlicher Sitz- oder *Centre of Main Interests* [COMI]-Verlagerung) anstrebten, sondern mithilfe des gesellschaftsrechtlich geregelten, nicht der Europäischen Insolvenzverordnung[4] (EuInsVO) unterfallenden Vergleichsverfahrens *Scheme*. Ein Trend, der sich nicht auf Deutschland beschränkte.[5] Etwa 75 % der *Schemes* des Jahres 2016 betrafen ausländische (i. S. von nicht UK-)Unternehmen.[6]

2. *Sanierungen deutscher Unternehmen in England als Wegbereiter des ESUG und der Diskussionen zum vorinsolvenzlichen Sanierungsverfahren*

Bekanntermaßen wurde mit dem ESUG kein vorinsolvenzliches Sanierungsverfahren, stattdessen das „Schutzschirmverfahren" gemäß § 270b InsO eingeführt. Auch deshalb wurde der Bundesregierung mit Verabschiedung

---

2) Siehe BT-Drucks. 17/17511, S. 17: „Das geltende Recht legt der frühzeitigen Sanierung insolvenzbedrohter Unternehmen zahlreiche Hindernisse in den Weg. In der Vergangenheit haben einige Unternehmen deshalb ihren Sitz nach England verlegt, da der Geschäftsleitung und den maßgeblichen Gläubigern die Eröffnung eines Insolvenzverfahrens nach englischem Recht zur Sanierung des Unternehmens vorteilhafter erschien."

3) BT-Drucks. 17/127511, S. 5.

4) Verordnung (EU) 2015/848 des Europäischen Parlaments und des Rates v. 20.5.2015 über Insolvenzverfahren – Europäische Insolvenzverordnung (EuInsVO), ABl. (EU) L 141/19 v. 5.6.2015.

5) Siehe bspw. die Verfahren *La Seda De Barcelona SA*, [2010] EWHC 1364 (Ch), betreffend eine spanische Gesellschaft; oder: *van Gansewinkel*, [2015] EWHC 2151 (Ch), betreffend niederländische Gruppengesellschaften (die in diesem Beitrag zitierten UK-Entscheidungen sind abrufbar unter http://www.bailii.org/).

6) Siehe *Christian Pilkington*, Schemes of Arrangement in Corporate Restructuring, Sweet & Maxwell, 2. Aufl. 2017, Vorwort xii., mit Nachweis.

des ESUG die Evaluierung[7] aufgegeben, „(...) ob trotz § 270b InsO noch ein Bedürfnis für ein vorinsolvenzliches Sanierungsverfahren gesehen wird".[8] Parallel und wohl überholend wird nun dem deutschen Gesetzgeber mit einer Europäischen Richtlinie aufgegeben werden, ein vorinsolvenzliches Sanierungsverfahren einzuführen: Seit Anfang 2016 begegnete ich auf Einladung des Bundesjustizministeriums *Marie Luise Graf-Schlicker* in weiteren von ihr moderierten Gesprächsrunden, Thema diesmal die Pläne der Europäischen Kommission (u. a.) zur EU-weiten Einführung eines „präventiven Restrukturierungsrahmens" (Richtlinienentwurf)[9] und damit inzidenter die vorbeschriebenen *Scheme*-Abwanderungen.

3. Brexit und der Richtlinienentwurf; koloniales Erbe: das Scheme als globales Konkurrenzprodukt

Der Brexit mag das Ende des englischen *forum shopping* bedeuten[10] – der europäische und der deutsche Gesetzgeber sollten das Instrument *Scheme* bei der weiteren Diskussion des Richtlinienentwurfs und anschließenden Umsetzung dennoch im Auge behalten, sowohl als globales Konkurrenzprodukt als auch um aus seinen Stärken und Schwächen zu lernen. Die Problematik *forum shopping* (in England) und englische Eigenkritik am *Scheme* ziehen sich bei genauem Hinsehen wie ein roter Faden durch den Richtlinienentwurf und prägen dessen wesentliche Regelungen. Das Vereinigte Königreich (UK) hat sich nicht von ungefähr an den Diskussionen

7) Ergebnisse der laufenden Evaluierung sollen 2018 zeitnah zum Erscheinen dieser Festschrift vorliegen.

8) Siehe BT-Drucks. 17/17511, S. 4.

9) Zu diesem „Vorschlag für eine Richtlinie des Europäischen Parlaments und des Rates über präventive Restrukturierungsrahmen, die zweite Chance und Maßnahmen zur Steigerung der Effizienz von Restrukturierungs-, Insolvenz- und Entschuldungsverfahren und zur Änderung der Richtlinie 2012/30/EU", v. 22.11.2016, COM(2016) 723 final, siehe in dieser Festschrift den Beitrag von *Flöther*, S. 259 ff.

10) Da bei Finalisierung des Brexits die Verordnung (EU) Nr. 1215/2012 v. 12.12.2012 über die gerichtliche Zuständigkeit und die Anerkennung und Vollstreckung von Entscheidungen in Zivil- und Handelssachen, ABl. (EU) L 351/1 v. 20.12.2012, nicht mehr automatisch gelten wird, dürfte dies wohl dazu führen, dass englische *Schemes* innerhalb der Europäischen Union nicht mehr anerkannt werden (so keine anderweitigen Vereinbarungen zwischen dem United Kingdom und der Europäischen Union zu einer Anerkennung führen). Zu „Schemes post Brexit", künftige Anerkennung von *Schemes* siehe bspw. *Richard Tett/Priyanka Usmani*, Schemes of Arrangement, Part II, International Corporate Rescue, Vol. 14 (2017), Issue 3, S. 177.

hierzu besonders stark beteiligt:[11] Derzeit finden in UK selbst Regierungskonsultationen zu Reformen des *Scheme* statt.[12] Auch ist das *Scheme* nach wie vor ein Sanierungsinstrument in ehemaligen englischen Kolonien, verbliebenen *Commonwealth*-Staaten und Übersee-Departments,[13] wo es vom englischen Vorbild abweichend optimiert wurde.[14] Vor allem asiatische Standorte streben derzeit mit den Vorteilen eines *Common Law*-Hintergrunds und Englisch als (Gerichts-)Sprache nach Spitzenstellungen bei globalen Restrukturierungen, allen voran Singapur, das sein Insolvenz- und Restrukturierungsrecht, hierunter Neuregelungen zum *Scheme*, erst im Frühjahr 2017 grundlegend reformiert hat;[15] nach grundlegenden insolvenzrechtlichen Reformen im Jahr 2016[16] auch Indien. Hier sollten sich die EU-Mitgliedstaaten im Standortwettbewerb nicht allein auf die Abwehrmechanismen von Anerkennungsregelungen verlassen. Internati-

---

11) In der Expertengruppe der Europäischen Kommission war auch UK vertreten (abrufbar unter http://ec.europa.eu/transparency/regexpert/index.cfm?do=groupDetail.groupDetail&groupID=3362 (Abrufdatum: 20.1.2018)); des Weiteren beteiligte sich UK unter allen EU-Mitgliedstaaten nach Deutschland am stärksten an der von der Europäischen Kommission im Vorfeld des Richtlinienentwurfs durchgeführten Konsultation (siehe hierzu: Richtlinienentwurf v. 22.11.2016, COM(2016) 723 final, S. 20 der deutschen Fassung). Auch war es der englische EU-Kommissar *Jonathan Hill*, zuständig für Finanzmarktstabilität, Finanzdienstleistungen und die Kapitalmarktunion, der den am 30.9.2015 veröffentlichten *CMU Action Plan* vorstellte und vorantrieb (zum *CMU Action Plan*, in dem erstmalig von der EU-weiten Einführung des *„Restructuring Framework"* mittels EU-Legislativakt die Rede war, siehe *Schlegel*, EU-Trend zu vorinsolvenzlichen Sanierungsverfahren – EU gibt Gerüst vor: Präventiv und hybrid, INDat Report 8/2015, S. 11 ff.).

12) The Insolvency Service, „Summary of Responses: A Review of the Corporate Insolvency Framework", v. 9/2016, abrufbar unter https://www.gov.uk/government/consultations/a-review-of-the-corporate-insolvency-framework (Abrufdatum 20.1.2018).

13) Siehe bspw. den Abschnitt „The geographical development of schemes of arrangement" bei *Jennifer Payne*, Schemes of Arrangement, Theory, Structure and Operation; Cambridge University Press, 2014, S. 325 ff., die anschaulich die historische Entwicklung des *Scheme* in Australien, Neuseeland, Kanada, Hongkong, Singapur, Indien, Südafrika, den Kaimanninseln, Bermuda und den British Virgin Islands darstellt; siehe auch die Ausführungen in den entsprechenden Länderberichten in MünchKomm-InsO, Bd. 4, 3. Aufl. 2016, (ohne Bermuda und British Virgin Islands).

14) Zu Einzelheiten siehe die tabellarische Übersicht bei *Jennifer Payne*, Schemes of Arrangement, Theory, Structure and Operation; Cambridge University Press, 2014 S. 325 ff.; so haben einzelne Staaten insbesondere das Erfordernis der Kopfmehrheit (siehe hierzu unten II.5.) abgeschafft oder einem Moratorium vergleichbare Instrumente eingeführt (siehe unten II.4. zum fehlenden Moratorium beim englischen *Scheme*).

15) Siehe hierzu bspw. die Singapur-Beilage der Global Restructuring Review (GRR) v. Frühjahr 2017.

16) The Insolvency and Bankruptcy Code, 2016 No. 31 of 2016 v. 28.5.2016, abrufbar unter http://www.indiacode.nic.in/acts-in-pdf/2016/201631.pdf (Abrufdatum: 20.1.2018).

onalem *forum shopping* muss künftig mit einem konkurrenzfähigen EU-Instrument begegnet werden, das nur durch Harmonisierung, innerhalb der Europäischen Union erreicht werden kann. Die von *Marie Luise Graf-Schlicker* mitinitiierten und moderierten Gesprächsrunden im Bundesjustizministerium leisten hier wertvolle Beiträge.

II. Stärken und Schwächen des Scheme im Kontext der Vorschläge des Richtlinienentwurfs

1. Gesetzliche Grundlagen, Case Law

Das *Scheme* ist kein Insolvenzverfahren,[17] sondern gesellschaftsrechtlich im *Companies Act 2006*,[18] dort Sections 895 bis 899, geregelt. Die Vorschriften sind sehr rudimentär und gehen in die Mitte des 19. Jahrhunderts zurück,[19] auch oder gerade deshalb liegt zu diesem flexiblen Instrument umfangreiche und gefestigte Rechtsprechung[20] vor. Unternehmen wird beim *Scheme* ermöglicht, mittels eines Vergleichsvorschlags zu einem *compromise* oder *arrangement* mit Gläubigern (dann *creditor scheme* genannt und die für die Sanierungspraxis relevante Variante)[21] oder Gesellschaftern (dann *member scheme* genannt)[22] zu gelangen; der mehrheitlich erzielte Vergleich entfaltet Wirkung auch gegenüber ablehnenden Beteiligten.[23]

---

17) Damit auch nicht in Anhang A der EuInsVO aufgelistet.

18) Gesetz betreffend Gesellschaften mit beschränkter Haftung, abrufbar unter https://www.legislation.gov.uk/ukpga/2006/46/part/26 (Abrufdatum: 20.1.2018).

19) Zur Historie des *Scheme of Arrangement* siehe *Christian Pilkington*, Schemes of Arrangement in Corporate Restructuring, Sweet & Maxwell, 2. Aufl. 2017, S. 1 ff.; *Jennifer Payne*, Schemes of Arrangement, Theory, Structure and Operation; Cambridge University Press, 2014, S. 7 ff.

20) Für Insolvenzsachen ist in England grundsätzlich zuständig der High Court, dort die Chancery Division, Entscheidungen sind abrufbar unter www.bailii.org. Da die Rechtsprechung des High Court Gesetzescharakter hat (*case law*), sind englischen Fachbüchern sehr umfangreiche Übersichten der Entscheidungen des jeweiligen Rechtsbereichs vorangestellt.

21) Zu den Unterformen des *creditors scheme* siehe bspw. *Christian Pilkington*, Schemes of Arrangement in Corporate Restructuring, Sweet & Maxwell, 2. Aufl. 2017, S. 8 ff.

22) Hierzu ausführlich *Geoff O'Dea/Julian Long/Alexandra Smyth*, Schemes of Arrangement, Law and Practice, Oxford University Press, 2012, S. 155 ff.

23) Zu den Abstimmungserfordernissen siehe unten II.5.

2. *Beschränkbarkeit auf Gläubigerklassen, Initiativrecht*

Ein wesentlicher Grund der Popularität des *Scheme* gegenüber Insolvenzverfahren ist, dass es auf eine oder mehrere Gläubigergruppen „(...) *creditors, or any class of them*“[24], beschränkt werden kann, des Weiteren, dass das im Gesellschaftsrecht verankerte Verfahren entstigmatisiert ist und keine gesetzlich festgelegte Verteilungsrangfolge vorsieht. Es wurde deshalb in den vergangenen Jahrzehnten insbesondere dort zur bilanziellen Restrukturierung genutzt, wo sich nur kleine Gläubigergruppen gegen einen ansonsten konsensualen Vergleich stemmten. *Schemes* wurden bei diesen Fallgruppen auf Finanzgläubiger(klassen) beschränkt.[25] Bei der Gruppenbildung kann es beim *Scheme* je nach Komplexität der Finanzierung zu schwierigen Fragestellungen kommen;[26] was in der Praxis bei der Abwägung mit dem insolvenzrechtlich geregelten Vergleichsverfahren *Company Voluntary Arrangement* (*CVA*) als einer der Nachteile[27] gilt, denn beim *CVA* kommt es nicht zur Gruppenbildung, sämtliche Gläubiger entscheiden einheitlich. Ein wesentlicher Vorteil gegenüber dem *CVA* ist, dass Sicherungsgläubiger in ein *Scheme* einbezogen werden können.[28] Das *Scheme* kommt durchaus auch bei anderen Gläubigergruppen, beispielsweise zur Reduzierung von Pensionsverbindlichkeiten, zur Anwendung.[29] Diesen flexiblen weiten Anwendungsbereich verfolgt auch der Richtlinienentwurf, der die „betroffenen Parteien“ abstrakt als Gläubiger oder Gläubigerklassen definiert, zu denen nach jeweiligem nationalen Recht auch

---

24) Section 896 Para 1 Companies Act 2006, das *Scheme* kann sich auch auf einzelne Gesellschafterklassen beziehen, im englischen Gesellschaftsrecht wird nach verschiedenen Klassen von *members* differenziert.

25) Soweit ersichtlich, hatten sämtliche wesentlichen „deutschen“ *Scheme*-Migrationen bilanzielle Restrukturierungen oder Änderungen der Finanzdokumentation zum Ziel.

26) Siehe zu aktuellen Problemstellungen in der Praxis *Richard Tett/Lindsay Hingston*, Schemes of Arrangement – Part 1, International Corporate Rescue, Vol. 14 (2017), S. 92 ff.; *Geoff O'Dea/Julian Long/Alexandra Smyth*, Schemes of Arrangement, Law and Practice, Oxford University Press, 2012, S. 35 ff.; *Christian Pilkington*, Schemes of Arrangement in Corporate Restructuring, Sweet & Maxwell, 2. Aufl. 2017, S. 80 ff. Siehe auch unten II.6. zu Problemen, die bei dem Zusammenspiel von Gläubigerinteressen, Vermögensbewertung und Vergleichsrechnungen entstehen können.

27) Ein weiterer wesentlicher Nachteil ist das fehlende Moratorium, siehe unten II.4.

28) Für einen detaillierten tabellarischen Überblick zu den Unterschieden zwischen *Scheme* und *CVA* siehe *Geoff O'Dea/Julian Long/Alexandra Smyth*, Schemes of Arrangement, Law and Practice, Oxford University Press, 2012, S. 113 ff.

29) *Christian Pilkington*, Schemes of Arrangement in Corporate Restructuring, Sweet & Maxwell, 2. Aufl. 2017, S. 15.

Gesellschafter gehören können.[30] „Antragsbefugt“ i. S. von bei Gericht beantragen zu können, Abstimmungstermin(e) über den Vergleichsvorschlag einberufen zu dürfen, sind beim *Scheme* das Unternehmen (der Hauptfall in der Praxis) seine Gesellschafter oder Gläubiger sowie der *liquidator* oder *administrator*, wenn sich das Unternehmen in Abwicklung oder im Insolvenzverfahren befindet. Der Richtlinienentwurf will den präventiven Restrukturierungsrahmen Gläubigern nur dann zugänglich machen, wenn der Schuldner zustimmt.[31]

3. *Gerichtliche Kontrolle, Verfahrensablauf, keine „Verwalter-Bestellung“*

a) Gerichtliche Kontrolle, Verfahrensablauf

Vielleicht, weil die Rolle des Gerichts in englischen Insolvenzverfahren im Vergleich zu Deutschland sehr zurückhaltend ist,[32] hält sich die Annahme, auch das *Scheme* sei ein weitgehend außergerichtlich stattfindendes Vergleichsverfahren ebenso hartnäckig unter deutschen Insolvenzpraktikern wie die falsche Annahme, es sei ausschließlich zur bilanziellen Restrukturierung vorgesehen.[33] Im Gegenteil ist der *High Court* schon sehr früh und zwingend am *Scheme*-Verfahren zu beteiligen. Abstimmungstermine über den Vergleichsvorschlag dürfen nur mit gerichtlicher Zustimmung einberufen werden, sie wird in dem *„convening hearing“*[34] genannten Gerichtstermin erteilt. Kommen die erforderlichen Mehrheiten für den Vergleich zustande, bedarf dieser immer noch gerichtlicher Zustimmung, die in dem *„sanction hearing“*[35] erteilt wird. Auch deshalb sind *Schemes* kostspielig. Wesentliches Ziel des Richtlinienentwurfs ist die Kostenreduzierung einer Sanierung durch den präventiven Restrukturierungsrahmen.[36] Vor dem *High Court* jedoch ist die Vertretung durch *Barrister*[37] zwingend, die Erstellung des *explanatory statement*, das mit der Einladung zum

---

30) Art. 2 Nr. 2 RL-E v. 22.11.2016, COM(2016) 723 final.

31) Art. 4 Nr. 4 RL-E v. 22.11.2016, COM(2016) 723 final.

32) *Schlegel* in: MünchKomm-InsO, Bd. 4, 3. Aufl. 2016, Länderbericht England und Wales, Rz. 13, 48 (am Beispiel der außergerichtlichen Einleitung der *administration*).

33) Zum weiten Anwendungsbereich des *Scheme* siehe soeben II. 2.

34) Convening hearing, Section 896 Companies Act 2006.

35) Section 897 Companies Act 2006, zu den Prüfungskriterien siehe unten II.7.

36) Siehe die Begr. des RL-E v. 22.11.2016, COM(2016) 723 final, S. 6 der deutschen Fassung.

37) Die englische Anwaltschaft unterteilt sich in *Solicitor* und *Barrister*. Anders als (mit gewissen Ausnahmen) *Solicitor* sind *Barrister* zur Vertretung vor Gericht befugt.

Abstimmungstermin zu versenden ist und strengen Rechtsprechungsanforderungen zu genügen hat, ist zeitaufwendig und verursacht damit ebenfalls hohe Beraterkosten. Es genügt nicht, mit der Einladung zum Abstimmungstermin nur das *Scheme* als solches, quasi den „gestaltenden Teil" zu übersenden – der Vergleichsvorschlag muss ausführlich erläutert werden.[38)] Ebenfalls zeit- und kostenaufwendig ist der sog. *practise statement letter*, mit dem Gläubiger schon vor dem *convening hearing* über die Inhalte des geplanten Scheme in Kenntnis gesetzt werden sollen, damit diese frühestmöglich, also schon im *convening hearing*, dem Gericht gegenüber Bedenken gegen die Gruppenbildung äußern können.[39)] Das gerichtlich bestätigte *Scheme* kann erst Wirkung entfalten, wenn der Gerichtsbeschluss beim Handelsregister eingereicht wird, hier kommt es zu keiner Kontrolle durch Richter oder Rechtspfleger mehr.[40)]

b) Wettbewerbsvorteil High Court, begrenzte gerichtliche Beteiligung im Richtlinienentwurf

Dass das *Scheme* in England beim High Court angesiedelt ist, also einem Obergericht mit sehr erfahrenen Richtern, die vor ihrer Berufung in den Richterstand regelmäßig langjährige Erfahrung als *Barrister* gesammelt haben,[41)] ist ein klarer Wettbewerbsvorteil. Ehemalige Kolonien, *Commonwealth*-Staaten und Übersee-Departements, haben dieses Zuständigkeitsmodell aus gutem Grund übernommen. Der Richtlinienentwurf strebt eine angemessene, aber begrenzte gerichtliche Beteiligung an.[42)] Anlässlich der von der Europäischen Kommission veranstalteten Konferenz „*Convergence of insolvency frameworks within the European Union – the way forward*" am 12. Juli 2016 in Brüssel wurde zur Rolle der Justiz aus deutscher Perspektive der Ansatz vorgetragen, dass eine Einbindung des Gerichts solange entbehrlich sei, wie nicht in Gläubigerrechte eingegriffen

38) Zu den Erfordernissen des *explanatory statement* siehe bspw. *Jennifer Payne*, Schemes of Arrangement, Theory, Structure and Operation; Cambridge University Press, 2014, S. 33 ff.

39) Siehe zu dem zugrunde liegenden Practise Statement von 2002 *Jennifer Payne*, Schemes of Arrangement, Theory, Structure and Operation; Cambridge University Press, 2014, S. 37.

40) Section 898 Para 4 Companies Act 2006.

41) So ist bspw. deutschen Marktteilnehmern Judge *Snowden* noch als der *Barrister* bekannt, der die *Rodenstock GmbH* bei ihrem *Scheme*-Verfahren, [2011] EWHC 1104 (Ch), vor dem High Court vertrat. Zum *Barrister* siehe soeben Fn. 37.

42) Art. 4 Nr. 3 RL-E v. 22.11.2016, COM(2016) 723 final.

oder von fakultativen Instrumenten Gebrauch gemacht werde.[43] Wohl auf Einwirken nationaler Justizminister hin wurde der Rat der Europäischen Union ersucht, die Arbeit an dem Richtlinienentwurf unter der Prämisse fortzusetzen, den Mitgliedstaaten bei der derzeit geplanten Beschränkung der Rolle der Gerichte mehr Flexibilität einzuräumen.[44]

c) Keine „Verwalterbestellung"

Gesetzliche Regelungen und Rechtsprechung zum *Scheme* sehen eine „Verwalterbestellung" oder Beteiligung anderer Berufsträger am Verfahren nicht vor. Bei komplexen *Schemes* jedoch werden regelmäßig Berater mit Insolvenz- und Restrukturierungserfahrung beauftragt. Verwalter, *Insolvency Practitioners*[45] (diese ggf. neben anderen Beratern) werden insbesondere dann hinzugezogen, wenn die Umsetzung eines *Scheme* Verteilungs- oder Beobachtungsphasen vorsieht, die sich an insolvenzrechtliche Vorbilder anlehnen.[46] Die „Einsetzung" erfolgt stets durch Verfahrensbeteiligte, nie durch das Gericht.

4. Moratorium

Für das *Scheme* ist kein Moratorium vorgesehen. Ergeben sich Mechanismen für ein Stillhalteabkommen nicht aus der Finanzdokumentation oder lässt sich ein solches nicht durch Absprachen zwischen den Parteien herbeiführen, ist es aber für den Erfolg des Verfahrens zwingend erforderlich, bleibt nur die Verbindung des *Scheme* mit dem Insolvenzverfahren *administration*.[47] Deshalb prüft die englische Regierung derzeit die Einführung eines Moratoriums im Rahmen vorinsolvenzlicher Sanierung.[48] In den *Commonwealth*-Staaten Singapur und Malaysia wurde das *Scheme*

---

43) *Heribert Hirte*, „Convergence of insolvency frameworks within the European Union – the way forward", Vortrag anlässlich der Konferenz der Europäischen Kommission am 12.7.2016 in Brüssel, Folien 5 und 6.

44) Rat der Europäischen Union, Dossier 9316/17 v. 19.5.2017, S. 4.

45) *Insolvency Practitioners* sind die lizensierten englischen Insolvenzverwalter, zu ihnen siehe *Schlegel* in: MünchKomm-InsO, Bd. 4, 3. Aufl. 2016, Länderbericht England and Wales, Rz. 20 ff.

46) Siehe hierzu *Samantha Bewick/Schlegel*, INDat Report 6/2013, S. 13.

47) Das, anders als etwa das *CVA* (mit Ausnahmen für kleinere und mittlere Unternehmen), ein automatisches Moratorium vorsieht.

48) Siehe The Insolvency Service, „Summary of Responses: A Review of the Corporate Insolvency Framework", v. 9/2016.

bereits durch Einführung eines Moratoriums reformiert.[49] Im Richtlinienentwurf ist das Moratorium ein zentrales Element des präventiven Restrukturierungsrahmens. Allerdings wird die vorgesehene Dauer von max. vier Monaten (in Ausnahmesituationen auf zwölf Monate verlängerbar)[50] insbesondere von Bankenkreisen harsch kritisiert, dies wegen der Konsequenzen u. a. für die zusätzlichen Verpflichtungen der Banken zur Kapitaldeckung, sobald Schuldner 90 Tage oder länger in Verzug geraten.[51]

5. Die Abstimmung über den Vergleichsvorschlag: Kopf- und Summenmehrheit

Ein *Scheme* ist angenommen, wenn in der (oder den) abstimmenden Gläubigergruppe(n) sowohl die Kopfmehrheit, sog. *numerosity test*, als auch mindestens 75 % der Forderungsmehrheit erreicht werden.[52] Die Erforderlichkeit des *numerosity test* wird derzeit in UK diskutiert;[53] für eine Beibehaltung kann sprechen, dass ein Erfordernis auch der Kopfmehrheit verhindern kann, dass einzelne Großgläubiger *Schemes* erzwingen können; umgekehrt können kleinere Gläubiger durch geschicktes *splitting* von Stimmen (etwa, indem Bankverbindlichkeiten von einem Gläubiger durch mehrere juristische Personen erworben werden) ein *Scheme* obstruieren.[54] Der Richtlinienentwurf verzichtet hierauf, überlässt allerdings die Festlegung der Größenordnung der Forderungsmehrheit den EU-Mitgliedstaaten mit einer Begrenzung nach obenhin auf 75 %.[55] In *Commonwealth*-Staaten wurde das Erfordernis der Kopfmehrheit teilweise abgeschafft.[56]

---

49) Siehe *Jennifer Payne*, Schemes of Arrangement, Theory, Structure and Operation; Cambridge University Press, 2014, S. 372 ff. (Fundstelle teilweise veraltet zu Singapur, wo 2017 weitere Reformen in Kraft traten, siehe auch Fn. 15).

50) Art. 6 Nr. 4 und 7 RL-E v. 22.11.2016, COM(2016) 723 final.

51) So bspw. die Stellungnahme der Deutschen Kreditwirtschaft v. 9.2.2017, S. 2, abrufbar unter https://die-dk.de/.

52) Section 899 Para 1 Companies Act 2006.

53) Siehe allgemein zu den Reformdiskussionen The Insolvency Service, „Summary of Responses: A Review of the Corporate Insolvency Framework“, v. 9/2016.

54) Siehe hierzu und zu Möglichkeiten, solchen Praktiken zu entgegnen, *Richard Tett/ Priyanka Usmani*, Schemes of Arrangement, Part II, International Corporate Rescue, Vol. 14 (2017), Issue 3, S. 177. Die Autoren gehen vorerst nicht davon aus, dass das englische Recht den *numerosity test* abschaffen wird.

55) Art. 9 Nr. 4 RL-E v. 22.11.2016, COM(2016) 723 final.

56) In Neuseeland, Kanada und Indien, siehe *Jennifer Payne*, Schemes of Arrangement, Theory, Structure and Operation; Cambridge University Press, 2014, S. 372 ff. (zu Indien veraltet).

6. *Der „Fairness"-Test, Bewertungsfragen*

a) Der „Fairness"-Test

Erst im *sanction hearing* überprüft das Gericht das *Scheme* auf Einhaltung der Verfahrensvorschriften und materielle Richtigkeit, prüft hierbei *fairness*, d. h. „(...) *that an intelligent and honest man, a member of the class concerned and acting in respect of his interest, might reasonably approve*". Fälle, in denen das Gericht wegen mangelnder *fairness* ein *Scheme* nicht genehmigt hat, sind sehr selten;[57] Die Praxis macht in letzter Zeit einen deutlichen Trend in Richtung größerer gerichtlicher Kontrolle von *Schemes* aus.[58]

b) Bewertungsfragen

Spätestens seit der Entscheidung in Sachen *IMO Car Wash*[59] spielen Bewertungsfragen in der Praxis des *Scheme* eine wesentliche Rolle, vor allem bei der Frage „unfairen" Übergehens von Gläubigern, die bei mittels Bewertung errechnetem Liquidationsszenario leer ausgehen würden und mit diesem Argument nicht am Abstimmungsprozess beteiligt werden. Das Thema Bewertung wird im Richtlinienentwurf stark betont. Wenngleich die Kommission beispielsweise keinerlei Vorschläge dazu macht, von wem und in welchem formellen Rahmen die im Richtlinienentwurf nicht definierte, aber verfahrensentscheidende „Wahrscheinlichkeit der Insolvenz"[60] zu prüfen ist, geht sie detailliert auf die Qualifikation der für Bewertungen vom Gericht heranzuziehenden Experten ein.[61]

7. *Cross-Class Cram-down*

So vorteilhaft es ist, das *Scheme* auf einzelne Gläubigerklassen beschränken zu können – erfordert beispielsweise eine komplexe Finanzierungsstruk-

---

57) Beispiel: Das *Scheme* führt zu einem Vertragsbruch Dritten gegenüber, siehe *Geoff O'Dea/Julian Long/Alexandra Smyth*, Schemes of Arrangement, Law and Practice, Oxford University Press, 2012, S. 54 m. w. N.

58) Siehe bspw. *Richard Tett/Lindsay Hingston*, Schemes of Arrangement, Part I, International Corporate Rescue, Vol. 14 (2017), Issue 2, S. 94.

59) Bluebrook Ltd, Re (2009) EWHC 2114 (Ch), siehe auch die case study *IMO Car Wash* bei *Christian Pilkington*, Schemes of Arrangement in Corporate Restructuring, Sweet & Maxwell, 2. Aufl. 2017, S. 220 f., zu den Besonderheiten des Falles.

60) Art. 4 Nr. 1 RL-E v. 22.11.2016, COM(2016) 723 final.

61) Art. 13 RL-E v. 22.11.2016, COM(2016) 723 final.

tur die Bildung mehrerer Gruppen unter den Finanzgläubigern, müssen die erforderlichen Mehrheiten innerhalb aller Gruppen erzielt werden, können nicht einzelne Gruppen andere Gruppen überstimmen („*cross-class cram-down*"). Auch hier behilft sich die englische Sanierungspraxis mit der Kombination von *Scheme* und dem Insolvenzverfahren *administration*, um im Wege sog. „*pre-packs*", bei denen *assets* auf einen neuen Rechtsträger übertragen, Schulden zurückgelassen werden, faktisch den *cram-down* einzelner Klassen zu erreichen.[62] Die fehlende Möglichkeit eines *cross-class cram-down* wird in der englischen Sanierungspraxis als ein wesentlicher Nachteil des *Scheme* angesehen und im Rahmen der aktuellen Reformkonsultationen gefordert.[63] Der Richtlinienvorschlag sieht die Möglichkeit des *cross-class cram-down* vor.[64]

III. Fazit

Stärken und Schwächen des *Scheme* klingen durchgängig im Richtlinienentwurf an. Ohne Brexit hätte die Richtlinie in der Entwurfsfassung vom 22. November 2017 unmittelbar eine deutliche Verbesserung der Schwachstellen des für die internationale Restrukturierungspraxis bereits sehr attraktiven englischen *Scheme* herbeigeführt. Es ist zu erwarten, dass der englische Gesetzgeber nunmehr „im Alleingang" das Scheme in der Richtung modernisieren wird, die derzeit durch den Richtlinienentwurf vorgegeben wird.[65] Hierbei wird das *Scheme* im Kern bleiben, was es vom Insolvenzverfahren unterscheidet: Ein Vergleich zwischen Schuldner und Gläubigern und/oder Gesellschaftern, kein auf Gläubigerbefriedigung ausgerichtetes Gesamtverfahren. Das *Scheme* kann daher (in)direkt – auch nach dem Brexit – die finale Version der Richtlinie prägen.

Das *Scheme* wurde von England in den letzten 150 Jahren global exportiert und wird im heutigen Commonwealth in optimierter Form als Sanierungsinstrument angeboten. Es ist als globale Konkurrenz ernst zu nehmen, sowohl in (ehemaligen) *Commonwealth*-Staaten, die bereits fortentwickelte Versionen des englischen *Scheme* anbieten als auch in EU-Mitgliedstaaten,

---

62) Siehe bspw. *Jennifer Payne*, Schemes of Arrangement, Theory, Structure and Operation; Cambridge University Press, 2014, S. 247; *Christian Pilkington*, Schemes of Arrangement in Corporate Restructuring, Sweet & Maxwell, 2. Aufl. 2017, S. 16 ff.

63) Siehe The Insolvency Service, „Summary of Responses: A Review of the Corporate Insolvency Framework", v. 9/2016.

64) Art. 11 RL-E v. 22.11.2016, COM(2016) 723 final.

65) Zu den aktuellen Reformbestrebungen siehe The Insolvency Service, „Summary of Responses: A Review of the Corporate Insolvency Framework", v. 9/2016.

die sich jetzt oder künftig im Rahmen der Umsetzungsspielräume, die die Richtlinie belassen wird, mittels *cherry picking* am Scheme orientieren. Jüngstes Beispiel hierfür sind die Niederlande, wo wohl schon Anfang 2019 ein „Gesetz zur Bestätigung individuell vereinbarter Restrukturierungspläne zur Vermeidung der Insolvenz“, in Kraft treten wird, ein Gesetz, das aus den Schwächen des *Scheme* gelernt hat, seine Stärken kopiert und mit Elementen des US-amerikanischen Chapter 11 verbindet.[66)] Der niederländische Gesetzentwurf sieht beispielsweise eine weitgehend fakultative Einbindung der Gerichte, ein umfassendes Moratorium und den cross-class cram-down vor.

66) Siehe *Schlegel* (in Zusammenarbeit mit *Kortmann* und *Tollenaar*), INDat Report 9/2017, S. 32 ff.

Interessenkonflikte im Insolvenzverfahren

CHRISTOPH THOLE

Inhaltsübersicht

I. Die Vermeidung von Interessenkonflikten als allgemeiner Grundsatz der Insolvenzordnung

Das Thema „Interessenkonflikte" hat zwar in einzelnen Rechtsbereichen, etwa im Kapitalmarktrecht, wissenschaftliche Aufmerksamkeit erfahren. Grundlegendere Untersuchungen sind aber selten. Für das allgemeine Privatrecht ist jüngst eine Habilitationsschrift erschienen, die sich an allgemeinen Leitsätzen versucht, das Insolvenzrecht aber nur punktuell einbezieht.[1] Interessenkonflikte im Insolvenzrecht sind daher – nach wohl allseitigem Verständnis – ein praktisch relevantes Thema, gleichwohl aber wissenschaftlich kaum vertieft untersucht. Selbst der Begriff des Interessenkonflikts ist nicht eindeutig definiert. Immerhin kann man ein gewisses Grundverständnis darüber vermuten und für diese Untersuchung zugrunde legen, dass es bei einem Interessenkonflikt um die Kollision zwischen zwei oder mehreren unvereinbaren oder zumindest potentiell unvereinbaren Interessen von in aller Regel mehreren Personen geht.[2] Der Verwalter kann in einer gegebenen Situation nicht Gläubigerinteressen fördern, wenn er eigene Interessen fördert oder dies zu besorgen steht; er kann nicht Diener

---

1) *Kumpan*, Der Interessenkonflikt im Deutschen Privatrecht, 2014.
2) Vgl. zum Fehlen eines Begriffs *Kumpan*, Der Interessenkonflikt im Deutschen Privatrecht, 2014, S. 11 ff.

zweier Herrn sein. In der Eigenverwaltung und/oder bei einer Plansanierung konfligiert das Interesse des Schuldners und seiner Organe an einer „schuldnerfreundlichen“ Lösung nicht zwingend, wohl aber potentiell mit den Interessen der Gläubiger.

Dieser Beitrag maßt sich nicht an, die Lücke in der wissenschaftlichen Aufarbeitung mit einem Federstrich zu schließen, versucht aber auf einzelne Problembereiche aufmerksam zu machen.

1. Zwei Ansätze zur Bewältigung von Interessenkonflikten

Das Recht zeigt an verschiedenen Stellen, dass es die Entstehung von (konkreten) Interessenkonflikten vermeiden will. Man kann dies, wie sogleich zu zeigen sein wird, als einen allgemeinen Grundsatz in der Insolvenzordnung ausmachen. Bei genauerer Sicht offenbart sich dieses Prinzip in zwei Ansätzen, die der Gesetzgeber der Insolvenzordnung verfolgt.

a) Unabhängigkeit als persönliches Eignungsmerkmal

Interessenkollisionen werden durch Eignungsanforderungen an die handelnden Personen, namentlich durch das Erfordernis der Unabhängigkeit vermieden. Die Freiheit von Interessenkonflikten wird zum persönlichen Eignungsmerkmal. Dies gilt nicht nur für die Unabhängigkeit des Insolvenzverwalters (§ 56 Abs. 1 InsO), sondern gleichermaßen bei der Auswahl eines Sachverständigen (§ 5 InsO, § 4 InsO i. V. m. §§ 404, 406 ZPO), bei der Auswahl des Sachwalters in der Eigenverwaltung (§ 274 Abs. 1 InsO, §§ 56, 56a InsO) und bei den Anforderungen an den „Bescheiniger“ i. S. des § 270b Abs. 1 Satz 3 InsO, der vom vorläufigen Sachwalter personenverschieden sein muss.

Wendet man sich pars pro toto der Verwalterauswahl zu, so geht es bei § 56 InsO um die Vermeidung von wirtschaftlichen oder rechtlichen Verflechtungen des Verwalters mit den Beteiligten des Verfahrens. Der Verwalter darf keine Besorgnis der Befangenheit hervorrufen.[3] Mit der Unabhängigkeit lässt es sich grundsätzlich nicht in Einklang bringen, wenn der Insolvenzverwalter den Schuldner oder einen Großgläubiger bzw.

---

3) Vgl. BGH, Beschl. v. 22.4.2004 – IX ZB 154/03, ZIP 2004, 1113 = NZI 2004, 448, dazu EWiR 2004, 925 *(Berg-Grünenwald/Keller)*; *Graf-Schlicker* in: Graf-Schlicker, InsO, 4. Aufl. 2014, §§ 56, 56a Rz. 66 f.; *Graeber* in: MünchKomm-InsO, 3. Aufl. 2013, § 56 Rz. 35.

nahestehende Personen im Vorfeld des Insolvenzverfahrens juristisch, wirtschaftlich oder steuerlich berät oder beraten hat.[4] Entsprechendes gilt bei der Beratung durch einen Sozius des Insolvenzverwalters.

Das Unabhängigkeitserfordernis hat sich in gewisser Weise ambivalent entwickelt. Einerseits hat die Rechtsprechung des Bundesgerichtshofs die Zügel angezogen.[5] Der neue Trend besteht darin, weniger an die möglicherweise pflichtengefährdende Situation als solche anzuknüpfen als vielmehr – sub specie Auswahl – an die fehlende Offenbarung dieser Umstände gegenüber dem Insolvenzgericht. Dies fügt sich zugleich ein in das zunehmende (und fragwürdige) Bestreben der Insolvenzgerichte, jeweils eigene lokale Fragebögen zum Abfragen bestimmter Daten und Umstände zu entwickeln. Der Bundesgerichtshof hat in einer Entscheidung vom 17. März 2016 anerkannt, dass es der Insolvenzverwalter gegenüber dem Insolvenzgericht zu offenbaren habe, wenn er in mehr als der in § 56 Abs. 1 Satz 3 InsO für zulässig erachteten Form der allgemeinen Beratung für den Schuldner tätig war. Wenn ein Insolvenzverwalter bei seiner Ernennung eine Vorberatung des Schuldners verheimlicht und/oder den Schuldner veranlasst, hierüber im Insolvenzantrag die Unwahrheit zu sagen, ist dies nach Auffassung des Bundesgerichtshofs geeignet, das Vertrauen des Insolvenzrichters in die Integrität des Insolvenzverwalters nachhaltig zu zerstören; dann ist sogar auch das Delisting möglich. Jedenfalls aber ist damit die Unabhängigkeit und folglich die Eignung im konkreten Fall in Frage gestellt.[6]

Im Beschluss vom 4. Mai 2017[7] hat der Bundesgerichtshof den Faden weitergesponnen und angenommen, dass ein Insolvenzverwalter zu entlassen sei, wenn nachträglich bekannt wird, dass er im Zuge seiner Bestellung vorsätzlich Umstände verschwiegen hat, die geeignet waren, ernsthafte Zweifel an seiner Unabhängigkeit zu begründen, und eine Bestellung zum Verwalter nicht zuließen. Konkret ging es um einen Verwalter, der verschwiegen hatte, dass er mehr als elf Jahre zuvor aufgrund eines Treuhandvertrags mit dem Geschäftsführer der Schuldnerin für diesen Geschäftsan-

---

4) BGH, Beschl. v. 4.5.2017 – IX ZB 102/15, ZIP 2017, 1230, Rz. 11, dazu EWiR 2017, 435 *(Zipperer)*.

5) So auch schon AG Köln, Beschl. v. 17.9.1999 – 71 IN 28/99, ZIP 1999, 1646 = NZI 1999, 466.

6) BGH, Beschl. v. 17.3.2016 – IX AR (VZ) 1/15, ZIP 2016, 876 = NZI 2016, 508, Rz. 24 ff., dazu EWiR 2016, 377 *(Eckardt)*.

7) BGH, Beschl. v. 4.5.2017 – IX ZB 102/15, ZIP 2017, 1230, Rz. 11.

teile an der Schuldnerin hielt, dass er den Geschäftsführer seinerzeit geduzt hatte und für ihn als Steuerberater tätig gewesen war. Der lange Zeitablauf hielt den Bundesgerichtshof nicht davon ab, eine Entlassung zu rechtfertigen, wenn und weil objektive Umstände feststehen, die aus der Sicht eines vernünftigen Gläubigers oder Schuldners berechtigte Zweifel an der Unvoreingenommenheit oder Unparteilichkeit der in Aussicht genommenen Person begründen.[8] Dies kann insbesondere dann der Fall sein, wenn der künftige Verwalter an der Schuldnerin beteiligt oder wenn er mit ihr unmittelbar oder mittelbar durch Mandatsverhältnisse verbunden war oder ist.[9]

Der Bundesgerichtshof nimmt mithin das Gebot der Unabhängigkeit ernst und sichert Verstöße gegen die Offenbarungspflicht über entsprechende Sanktionen bis hin zum Delisting ab.[10] Manche Gerichte nehmen einen entsprechenden „*conflict check*" nach bestimmten Leitlinien vor, was zu begrüßen ist, freilich den Flickenteppich bei den Gerichtsusancen in Deutschland noch weiter erhöht. Ohnedies sollte jeder Verwalter einen Selbstcheck vornehmen müssen, wie dies die verschiedenen Zertifizierungen (GOI, InsOExcellence) auch ausdrücklich vorsehen.

Das Problem liegt darin, dass mit der notwendigen Verlagerung auf eine Aufklärungspflicht des Verwalters die eigentliche Frage nach der Reichweite des Vorbefassungsgebots und die inhaltliche Definition der Unabhängigkeit in den Hintergrund rücken. Wenn die fehlende Aufklärung relevanter Umstände den maßgeblichen Ansatz bildet, ist nur noch inzident die Frage zu klären, ob diese Umstände tatsächlich einen Interessenkonflikt zu begründen geeignet sind.

Auf der anderen Seite der Entwicklung steht, dass das Gesetz das Gebot der Unabhängigkeit selbst partiell gelockert hat, wenn es in § 56 Abs. 1 Satz 3 InsO die Vorberatung des Schuldners „in allgemeiner Form" für zulässig erachtet. Diese Voraussetzung ist bisher wenig konturiert; auch der Begriff „Beratung" gilt als missverständlich.[11] Der Bundesgerichtshof scheint jedenfalls tendenziell eher streng zu sein, wenn er in der Entscheidung vom 17. März 2016 unter anderem darauf abstellt, der Verwalter

8) *Graf-Schlicker* in: Graf-Schlicker, InsO, 4. Aufl. 2014, §§ 56, 56a Rz. 67; *Zipperer* in: Uhlenbruck, InsO, 14. Aufl. 2015, § 56 Rz. 42 m. w. N.

9) BGH, Beschl. v. 4.5.2017 – IX ZB 102/15, ZIP 2017, 1230, Rz. 11 m. w. N.

10) Dazu auch *Frind*, Die Notwendigkeit des rechtzeitigen und vollständigen „*conflict check*" und seiner Mitteilung durch Insolvenzverwalter/Sachwalter, ZInsO 2017, 363, 366.

11) *Blümle* in: Braun, InsO, 7. Aufl. 2017, § 56 Rz. 75.

habe Fragen der Schuldnerin beantwortet, ob sie trotz Insolvenzreife Mitarbeiter des Moskauer Büros bezahlen, Forderungen von Gläubigern begleichen, Bestellungen auslösen und bei länger laufenden Abnahmeverpflichtungen Bestellungen auslösen und Zahlungsziele vereinbaren dürfe.[12] Im konkreten Fall war zwar darüber hinaus noch eine Beratung zum Insolvenzantrag und weitere Mithilfe gegeben. Man fragt sich dennoch unweigerlich, was eine Beratung über den Ablauf des Insolvenzverfahrens in allgemeiner Form eigentlich noch sein soll, wenn die Frage nach dem rechtlichen Status von Insolvenzforderungen oder der Verwaltungs- und Verfügungsbefugnis schon eine konkrete Beratung begründet. Es kann ja keinen Unterschied machen, ob der Verwalter seine Antworten mit „Man kann" oder „Der Schuldner kann" einführt oder ob er dem Schuldner unmittelbar mitteilt, was gerade er in dem künftigen Insolvenzverfahren noch werde tun dürfen.

b) Sachliche und organisatorische Vorgaben

Das Bestreben, Interessenkollisionen zu vermeiden, wird aber nicht nur mit persönlichen Eignungsanforderungen an die Unabhängigkeit, sondern auch mit sachlichen, also auf den inhaltlichen Vorgang bezogenen Anforderungen gefördert.

aa) Konzerninsolvenzrecht, § 269a InsO

Deutlich ist dies etwa bei den jüngst mit dem Konzerninsolvenzrecht verabschiedeten Pflichten zur Zusammenarbeit gemäß § 269a InsO und Art. 56 f. EuInsVO. So werden die Insolvenzverwalter in § 269a InsO zur Zusammenarbeit verpflichtet, soweit hierdurch nicht die Interessen der Beteiligten des Verfahrens beeinträchtigt werden, für das sie bestellt sind. Art. 56 EuInsVO sagt sogar noch eindeutiger, dass durch die Zusammenarbeit keine Interessenkonflikte entstehen dürfen. Die spannende Aufgabe wird es sein, dieses Kriterium mit Leben zu füllen. Da die Pflicht zur Zusammenarbeit ohnehin keine Unterwerfung unter das jeweils andere Verfahren bedeutet, wird man die Pflicht zur Zusammenarbeit nicht schon von vornherein entwerten dürfen. Für weitreichende Ausnahmen besteht

12) BGH, Beschl. v. 17.3.2016 – IX AR (VZ) 1/15, ZIP 2016, 876 = NZI 2016, 508, Rz. 24 ff.

kein Grund. Zu verlangen ist daher für einen Interessenkonflikt die handfeste Gefahr eines spezifischen Nachteils für das eigene Verfahren.[13)]

bb) Pflichten des Insolvenzverwalters

Darüber hinaus gilt für den Insolvenzverwalter allgemein, dass er seine Tätigkeit unabhängig ausüben und den Interessenkollisionen nicht nachgeben darf. Sonst drohen sowohl die Entlassung als auch die Haftung nach § 60 InsO. Ein Beispiel in diese Richtung bildet eine jüngere Entscheidung des Bundesgerichtshofs, in der ein Verwalter deshalb nach § 60 InsO haftete, weil er den Erwerb einer Wohnung zu einem Schnäppchenpreis für die Masse ablehnte, um dann für sich persönlich zuzuschlagen.[14)] Auch diese inhaltlichen Vorgaben schützen das vom Gesetzgeber verfolgte Prinzip, Interessenkonflikte einzudämmen bzw. aufzulösen.

cc) Kompetenzverlagerungen

Eine Zwitterstellung zwischen persönlichen Eignungsanforderungen und sachlichen Anforderungen nimmt das Gesetz bei § 92 InsO und § 280 InsO ein. Dass beispielsweise der Sachwalter Anfechtungsansprüche durchsetzen muss, liegt in dem sonst unvermeidlichen Interessenkonflikt begründet, den der eigenverwaltende Schuldner oder seine Organe unterliegen, wenn die Anfechtung gegen nahestehende Personen der Gesellschaft begründet ist, so dass mit einer wirkungsvollen Durchsetzung nicht zu rechnen wäre. Überhaupt kann das Recht der Eigenverwaltung insgesamt als der Versuch, eine Sanierung unter Abwehr von Interessenkonflikten zu fördern, beschrieben werden. Das Gesetz erkennt, dass der eigenverwaltende Schuldner stets einen Anreiz hat, die Gläubigerbefriedigung außer Acht zu lassen und er geneigt ist, nur bestimmte und/oder eigene Interessen zu bedienen; gerade deshalb gibt es den Sachwalter mit seinen Eingriffsbefugnissen, etwa mit der Möglichkeit, sich die Kassenführung übertragen zu lassen (§ 275 Abs. 2 InsO).

---

13) *Thole* in: Kübler/Prütting/Bork, InsO, Stand: 8/2017, § 269a Rz. 28 ff.

14) BGH, Urt. v. 16.3.2017 – IX ZR 253/15, ZIP 2017, 779 = NJW 2017, 1749, dazu EWiR 2017, 339 *(Lüke/Wenske)*.

In die gleiche Richtung zeigt die Möglichkeit, einen Sonderinsolvenzverwalter zu bestellen. Hier geht es um die Auflösung eines punktuellen Interessenkonflikts beim Insolvenzverwalter.[15)]

2. Zwischenergebnis

Es zeigt sich, dass die Vermeidung und Auflösung von Interessenkonflikten ein grundsätzliches Bestreben des Insolvenzrechtsgesetzgebers ausmacht, das sich sowohl in persönlichen Inhabilitätsanforderungen als auch in sachlichen, organisatorischen Pflichten und Vorgaben äußert.

II. Einzelne Problemfelder

Nach diesen eher allgemeinen Erwägungen sollen im Folgenden drei Beispiele für typische Konflikte herausgegriffen werden.

1. Pflicht zum M&A-Prozess in der Eigenverwaltung

Ein geradezu typischer Interessenkonflikt ergibt sich bei der Frage, ob und inwieweit der eigenverwaltende Schuldner bzw. seine Organe verpflichtet sind, einen M&A-Prozess aufzusetzen, obwohl der Schuldner sein Sanierungskonzept in erster Linie auf einen rechtsträgererhaltenden Sanierungsplan (mit Fortbestand der Einflüsse der Altgesellschafter und Geschäftsführer) stützt. Die Frage wird vor allem mit Blick auf die Vergleichsrechnung beim Insolvenzplan bedeutsam, denn in der Situation ohne Plan wäre ggf. eine übertragende Sanierung in Betracht gekommen. Die Frage lautet, ob die Insolvenzgläubiger durch den Plan nicht vielleicht schlechter gestellt werden.[16)]

Zu dieser Frage, ob ein sog. Dual Track-Verfahren durchlaufen werden muss, ob also im Fall des Planverfahrens auch ein M&A-Bieterprozess für einen Unternehmensverkauf aufgesetzt werden muss, obwohl im Planverfahren eigentlich eine andere Lösung mit Erhalt des Unternehmens beim

---

15) *Kumpan*, Der Interessenkonflikt im Deutschen Privatrecht, 2014, S. 347.

16) Dazu *Thole*, Ausgewählte Streitfragen im Recht des Insolvenzplans, in: FS Pannen, 2017, S. 733, 738 ff.

Rechtsträger vorgesehen ist, hat sich ein heißer Streit entwickelt.[17] Dem Vernehmen nach gibt es Gerichte, die tendenziell eine Planbestätigung verweigern, wenn ein solcher Prozess nicht initiiert wird, weil dann unklar ist, was das Unternehmen wert ist.

Beide Lager dieses Streits haben beachtliche Argumente auf ihrer Seite. Für einen solchen Prozess spricht, dass man auf diese Weise ermitteln kann, was das Unternehmen tatsächlich wert ist und dass sich unter Umständen ergeben kann, dass die Erwartungen der Regelabwicklung, d. h. der übertragenden Sanierung, sogar besser sind als die Planvariante, nämlich besser für die Gläubiger. Man kann auf diese Weise auch viel einfacher die möglichen Manipulationsgefahren beseitigen, die sich gerade bei der Eigenverwaltung ergeben, wenn ein schuldnerfreundlicher Plan vorgelegt wird. Vor allem ist es oft auch ein Wunsch der Gläubigerschaft und des Gläubigerausschusses, dass ein solcher Prozess initiiert wird.

Demgegenüber lässt sich darauf verweisen, dass der Geschäftsführer, der die Eigenverwaltung wählen möchte, dann Sorge haben müsste, dass sein Unternehmen doch verkauft und er selbst als Organ ersetzt wird. Das Argument ist insofern schwach, als auch die Eigenverwaltung kein Wunschkonzert ist, sondern bedeutet, dass die Gläubigerbefriedigung als oberstes Ziel des § 1 InsO verfolgt werden muss. Eigenverwalter ist ja nicht der Geschäftsführer, sondern der Schuldner.

Überzeugender ist aber das Argument, dass ein Dual Track nur zur Scheingenauigkeit verhilft, wenn und solange der M&A-Prozess nur ein Test ist und folglich die Interessenten noch kein bindendes Gebot abgeben müssen; das Gebot kann durchaus nach oben abweichen von der wahren Zahlungsbereitschaft der Interessenten.[18] Stattdessen sei, so wird argumentiert, eine Unternehmensbewertung ausreichend.[19]

Gesichert sein dürfte nach allem, dass Gerichte den Plan nicht im Sinne eines Automatismus mangels M&A-Prozess zurückweisen dürfen. Das Problem sollte man richtigerweise auf der Pflichtenebene bei der Eigenverwaltung lösen. Da der Eigenverwalter gerade nicht nach seinem eige-

---

17) Gegen eine Pflicht zum M&A-Prozess und zur Diskussion *Buchalik/Schröder*, Kann der eigenverwaltende Schuldner auch gegen seinen Willen verpflichtet werden einen M&A-Prozess einzuleiten und zu finanzieren?, ZInsO 2016, 189. Dafür *Zabel/Rendels*, Insolvenzplan, 2013, Rz. 33, 34.

18) *Spliedt* in: K. Schmidt, InsO, 19. Aufl. 2016, § 245 Rz. 41 m. w. N. Differenzierend *Brünkmans* in: Brünkmans/Thole, Hdb. Insolvenzplan, 2017, § 2 Rz. 83 ff.

19) *Spliedt* in: K. Schmidt, InsO, 19. Aufl. 2016, § 245 Rz. 41 m. w. N.

nen Vorteil schauen darf, muss er auch die Möglichkeit einer übertragenden Sanierung ohne Plan in Betracht ziehen, und zwar ernsthaft. Ebenso wie ein Insolvenzverwalter haftet er, wenn er gegen das Gebot der bestmöglichen Verwertung verstößt, freilich hier mit dem Problem, dass derzeit noch unklar ist, wie das Haftungsregime vor allem mit Blick auf die Organe aussieht.[20] Deshalb kann man jedenfalls dann, wenn ersichtlich vorteilhafte Optionen nicht geprüft werden und auf einen M&A-Prozess ohne ersichtlichen Grund verzichtet wird, die Eigenverwaltung aufheben und auch Haftungsansprüche in Betracht ziehen, wenn sich daraus Schäden ergeben. Dass dies teilweise schwer zu erkennen ist, steht auf einem anderen Blatt. Im Kern sollte also tendenziell ein M&A-Prozess eingeleitet werden müssen. Ein Verzicht darauf ist rechtfertigungsbedürftig; er darf nur nicht damit gerechtfertigt werden, dass der Prozess dem Geschäftsführer und dem Berater unlieb ist. Jedenfalls ein schlanker Verkaufsprozess und ein „Antesten“ des Marktes dürften ohne Schaden für die Sanierungsperspektiven in aller Regel möglich, aber auch erforderlich sein.

2. Anspruchsdurchsetzung gegen Gesellschafter und Geschäftsführer

Ein zweites Problem liegt darin, dass die Berater in einen Interessenkonflikt geraten können, wenn nämlich der Mandant, die eigenverwaltende Schuldnerin, Ansprüche gegen der Geschäftsführer nach § 64 GmbHG hat und damit gegen denjenigen, der häufig gerade dafür gesorgt hat, dass der Berater sein Mandat erhalten hat. Es ist deshalb nicht verwunderlich, dass es in der Praxis teils Versuche gibt, über einen Verzicht im Insolvenzplan und/oder eine „vergessene“ Geltendmachung von Anfechtungsansprüchen oder Haftungsansprüchen den Geschäftsführer zu befreien; etwa wenn als Gegenleistung ein ominöser Sanierungsbeitrag des Geschäftsführer reichen soll.[21] Vertretbar erscheint eine Disposition über solche Ansprüche nur, wenn auch materielle Grenzen eingezogen werden. Auf unklare oder schwer durchsetzbare Ansprüche muss man sich nicht einlassen. Auf ersichtlich durchsetzbare und bestehende Ansprüche kann dagegen nicht verzichtet werden, und richtigerweise auch dann nicht,

---

20) Zu dieser ungeklärten Frage *Thole/Brünkmans*, Die Haftung des Eigenverwalters und seiner Organe, ZIP 2013, 1097 m. w. N.

21) *Buchalik/Hiebert*, Insolvenzanfechtung und Insolvenzplan, ZInsO 2014, 109, 114.

wenn trotz allem die Vergleichsrechnung (schöngerechnet?) noch positiv bleibt.[22)]

Stets ist insoweit auch das Anwaltsrecht im Blick zu behalten, denn wenn das Mandatsverhältnis mit der GmbH besteht, darf der anwaltliche Berater nicht zugleich die Schuldnerin (die an Massemehrung interessiert ist) und den Geschäftsführer bei der Abwehr von § 64 GmbHG-Ansprüchen beraten, § 43a Abs. 4 BRAO, § 3 BORA. Auch der Sachwalter muss darauf achten, dass eine Beratung von Geschäftsführern nicht zulasten der Masse erfolgt.[23)] Vollends zu einem Interessenkonflikt artet es übrigens aus, wenn der Geschäftsführer zur Abwehr von Haftungsansprüchen Ansprüche abtritt, die er kraft Schutzwirkung eines Beratungsvertrags gegen den Berater haben könnte.[24)] Dann findet sich der Anwalt plötzlich selbst in der Situation des Anspruchsgegners wieder.

Davon abgesehen ist bis heute nicht verbindlich geklärt, ob in der Eigenverwaltung Ansprüche nach § 64 GmbHG überhaupt vom Sachwalter geltend gemacht werden dürfen. Streng genommen handelt es sich nämlich nicht um einen Fall des § 92 InsO, weil § 64 GmbHG gerade kein Schadensersatzanspruch, sondern ein Erstattungsanspruch sui generis ist. Gleichwohl sollten solche dogmatischen Feinheiten, so wichtig sie auch für die Auslegung des § 64 GmbHG sind, nicht die Wahrnehmungskompetenz beeinflussen. Es handelt sich um die Geltendmachung einer Masseschmälerungshaftung, was die Zuordnung zu §§ 280, 92 InsO ebenso rechtfertigt wie die typische Interessenlage des § 280 InsO.[25)] Denn wenn der Geschäftsführer gegen sich selbst Ansprüche ausbringen müsste, wäre das Problem des In-Sich-Prozesses zu erwarten, um dessen Auflösung § 280 InsO gerade bemüht ist.

3. Eigene persönliche Vertragsverhältnisse

Eine Interessenkollision ist auch mitunter zu beobachten, wenn sich Berater oder Insolvenzverwalter mit eigenem Geld an einem Insolvenzverfahren beteiligen, insbesondere einen Massekredit geben, um das Verfahren

---

22) *Thole* in: Brünkmans/Thole, Hdb. Insolvenzplan, 2017, § 11 Rz. 14 ff.

23) *Bierbach* in: Kübler, HRI, 2. Aufl. 2016, § 11 Rz. 191.

24) Zurückhaltend zur Schutzwirkung des Anwaltsvertrags freilich BGH, Urt. v. 21.7.2016 – IX ZR 252/15 (Mappus), ZIP 2016, 1586 = NJW 2016, 3432, Rz. 18 ff., dazu EWiR 2016, 663 *(Deckenbrock)*.

25) So auch *Haas* in: Baumbach/Hueck, GmbHG, 21. Aufl. 2017, § 64 Rz. 28.

am Laufen zu halten. Das erscheint im Ausgangspunkt nicht von vornherein schädlich, kann aber ersichtlich auch Fehlanreize setzen. Das gilt etwa, wenn Honoraransprüche von den Beratern des eigenverwaltenden Schuldners als Massekredit gegeben werden, um eine Masseunzulänglichkeit zu vermeiden, die schuldner- bzw. gesellschafterfreundliche Sanierung zu erhalten und gegenüber dem Sachwalter zu verschleiern, wie die Masse durch Honorare aufgezehrt wird.[26)] In diesen Fällen ist es besonders problematisch, dass der Sachwalter keine gesetzliche Kompetenz hat, das Entstehen von Masseverbindlichkeiten zu unterbinden, jedenfalls soweit nicht die gerichtliche Einzelermächtigung differenziert. § 275 InsO begründet allein Pflichten im Innenverhältnis, die zudem in § 275 Abs. 1 Satz 2 InsO für gewöhnliche Verbindlichkeiten weich ausgestaltet sind („soll"). In krassen Fällen ist zumindest die Sanktion des § 134 BGB in Betracht zu ziehen.

Weniger problematisch erscheinen dagegen persönliche Garantie oder Zusagen des Insolvenzverwalters gegenüber Gläubigern in Ausnahmefällen. Sie unterstreichen tendenziell eher die Bereitschaft des Verwalters, sich für die Belange der Gläubigerschaft und den Verfahrenserfolg einzusetzen.

III. Fazit

Die Untersuchung hat gezeigt, dass Interessenkonflikte ein stets virulentes Thema im Insolvenzverfahren sind. Der Gesetzgeber der InsO ist bemüht, solche Konflikte zu vermeiden. Er tut dies mit zwei verschiedenen Ansätzen: Inhabilitätsanforderungen einerseits und organisatorisch-situativen Anforderungen andererseits.

---

26) Darüber berichtend *Siemon*, „Masseverbindlichkeiten in der Eigenverwaltung – Eine Analyse der wichtigsten Grundlagen des ESUG", Vortrag AK InsO v. 5.4.2017, Präsentation als pdf abrufbar unter http://www.ak-inso-koeln.de/index.php?id=557 (Abrufdatum: 15.1.2018).

Instrumente zur Verhinderung von rechtsmissbräuchlichem Forum Shopping natürlicher Personen

HEINZ VALLENDER

Inhaltsübersicht

I. Einleitung

Das Thema insolvenzrechtliches Forum Shopping[1)] beschäftigt Gesetzgeber, Rechtsprechung und Literatur seit vielen Jahren.[2)] In Europa hat es

---

1) Der Begriff Forum Shopping beschreibt die strategische Auswahl des Klägers oder Antragstellers unter mehreren möglichen Gerichtsständen mit dem Ziel, sich prozedurale oder materielle Vorteile zu verschaffen (*Brinkmann*, Von COMI, forum shopping und Insolvenztourismus – Ein kurzer Rundgang durch das internationale Insolvenzrecht, BRJ 2013, 5, 6 m. w. N.). In der Regel beabsichtigt der Schuldner hiermit eine Erschwerung des Gläubigerschutzes. Von der Konkursflucht im traditionellen Sinne unterscheidet sich das Forum Shopping dadurch, dass der Schuldner die Eröffnung des Insolvenzverfahrens nicht verhindern, sondern im Gegenteil die Verfahrenseröffnung in einem Land erreichen möchte, dessen Insolvenzecht ihm günstiger erscheint (*Fuchs*, Nationale und internationale Aspekte des Restschuldbefreiungstourismus, 2015, S. 422). Erfolgt die Verlegung des Gerichtsstands allein zur Optimierung der Prozesschancen, liegt darin nichts Verwerfliches, sondern erst dann, wenn sie zu einer ungerechtfertigten Ungleichheit zwischen den Parteien eines Rechtsstreits in der Verteidigung ihrer jeweiligen Interessen führt; EuGH *(GA Colomer)*, SA v. 6.9.2005 – Rs. C-1/04 (Susanne Staubitz-Schreiber), Rz. 72 und 73, ZIP 2005, 1641.

2) Nach Auffassung von *Lynn Lo Pucki* trägt ein Wahlgerichtsstand den Keim einer grundlegenden Destabilisierung des Insolvenzrechtssystems in sich (ZInsO 2013, 420, 428).

mit Inkrafttreten der Europäischen Insolvenzverordnung (EuInsVO)[3] am 31. Mai 2002 besondere Aktualität erlangt, weil mit diesem Regelungswerk ein weitgehend stabiler Rahmen für die Durchführung transnationaler Insolvenzen im Anwendungsbereich der Verordnung vorgegeben wird,[4] innerhalb dessen einheitliche Regelungen über Zuständigkeiten, Rechtsanwendung und Anerkennung zur Anwendung gelangen. Gerade die automatische Anerkennung von in einem ausländischen Insolvenzverfahren ergangenen Gerichtsentscheidungen solcher Staaten, deren Insolvenzrecht besonders schuldnerfreundlich ist, hat in der Vergangenheit zahlreiche verschuldete natürliche Personen aus den Mitgliedstaaten der Europäischen Union bewogen, das aus ihrer Sicht günstigere englische Insolvenzrecht mit der Aussicht auf Erteilung einer Restschuldbefreiung binnen eines Jahres[5] in Anspruch zu nehmen. Untrennbar verknüpft mit der Wahl eines günstigeren Gerichtsstandes ist die Debatte um Rechtsmissbrauch, insbesondere die Frage, wie verhindert werden kann, dass sich Beteiligte durch die Verlagerung von Vermögensgegenständen oder Rechtsstreitigkeiten von einem Mitgliedstaat der Europäischen Union in einen anderen über die Anwendung des Kollisionsrechts eine verbesserte Rechtsstellung (zulasten der Gesamtheit der Gläubiger) verschaffen können.[6] Inzwischen haben sowohl die nationalen als auch der europäische Gesetzgeber auf diese Entwicklung reagiert und nach Wegen gesucht, rechtsmissbräuchlichem oder betrügerischem Forum Shopping einen Riegel vorzuschieben.[7]

---

3) Verordnung (EG) Nr. 1346/2000 des Rates v. 29.5.2000 über Insolvenzverfahren – Europäische Insolvenzverordnung (EuInsVO), ABl. (EG) L 160/1 v. 30.6.2000.

4) *Eidenmüller*, KTS 2009, 137, 138.

5) Nach Sec. 279 Abs. 1 Insolvency Act 1986 erlangt der Schuldner in der Regel ein Jahr nach der Eröffnungsentscheidung Restschuldbefreiung („A bankrupt is discharged from bankruptcy at the end of the period of one year beginning with the date on which the bankruptcy commences").

6) Siehe auch EuGH, Urt. v. 17.1.2006 – Rs. C-1/04 (Susanne Staubitz-Schreiber), Rz. 3, 25, ZIP 2006, 188 m. Anm. *Knof/Mock*, dazu EWiR 2006, 141 *(Vogl)*: „(...) hat insbesondere zum Ziel, zu verhindern, dass es für die Parteien vorteilhafter ist, Vermögensgegenstände oder Rechtsstreitigkeiten von einem Mitgliedstaat in einen anderen zu verlagern, um auf diese Weise eine verbesserte Rechtsstellung anzustreben".

7) *Klöhn*, Verlegung des Mittelpunkts der hauptsächlichen Interessen i. S. d. Art. 3 Abs. 1 S. 1 EuInsVO vor Stellung des Insolvenzantrags, KTS 2006, 259, 265, sieht demgegenüber Gesetzgeber und Gerichte als diejenigen Institutionen an, die Anreize zu einem Wettbewerb um internationale Insolvenzverfahren haben. Da sie grundsätzlich nur daran interessiert seien, die Wohlfahrt der Inländer zu maximieren, führe der Wettbewerb um lukrative Insolvenzverfahren dazu, dass sie systematisch Reichtum von vornehmlich ausländischen Gläubigern an inländische Schuldner, deren Management und Anwälte verteilen.

Mit dem nachfolgenden Beitrag, der sich insbesondere mit der Effizienz der insoweit neu geschaffenen Regelungen befasst, möchte der Verfasser einer weit über die nationalen Grenzen hinaus bekannten Insolvenzrechtlerin, die im Bundesministerium der Justiz und für Verbraucherschutz mit großer Umsicht und hohem Sachverstand maßgeblich sowohl die nationale als auch internationale Gesetzgebung mit gestaltet hat, für eine nahezu 20jährige vertrauensvolle Zusammenarbeit, aus der sich eine tiefe Freundschaft entwickelt hat, herzlich danken.

II. Unerwünschte Effekte von Forum Shopping

Sowohl nationale als auch europäische Anstrengungen zur Vermeidung von insolvenzrechtlichem Forum Shopping sind vor allem im Hinblick auf den Insolvenztourismus juristischer Personen rechtspolitisch geboten und gerechtfertigt. Insolvenzrechtliches Forum Shopping gilt weitgehend als ökonomisch ineffizient. Dies lässt sich am Beispiel einer nachträglichen Rechtswahl wie der COMI-Verlagerung in der Unternehmenskrise besonders deutlich aufzeigen. Schuldnerische Unternehmen haben diesen Weg in der Vergangenheit nicht allein deshalb beschritten, um das insgesamt effizienteste Recht zu nutzen. Vielmehr verfolgen sie damit auch heute noch den Zweck, entweder sich selbst oder auch einflussreiche Großgläubiger zu begünstigen.[8] Damit einher geht der Effekt, dass Kosten auf verhandlungsschwache Kleingläubiger verlagert werden.[9] Nicht unberücksichtigt darf in diesem Zusammenhang bleiben, dass gerade in Europa im Falle der Verlagerung des Mittelpunkts der hauptsächlichen Interessen von Unternehmen die Transaktionskosten besonders hoch sind. Für Kreditgläubiger bedeutet die nachträgliche Verlagerung des Gerichtsstandes insoweit eine besondere Gefahr, als sie diesen Umstand bei der Gestaltung ihrer Kreditbedingungen bzw. des konkreten Kreditvertrages nicht berücksichtigen konnten. Dem haben zahlreiche Institute inzwischen dadurch Rechnung zu tragen versucht, dass sie etwaige Risiken durch entsprechende Prämienzahlungen kompensieren. *Klöhn*[10] spricht insoweit zutreffend von einer „suboptimalen Allokation von Krediten".

---

8) *Schwemmer*, Die Verlegung des centre of main interests (COMI) im Anwendungsbereich der EuInsVO, NZI 2009, 355, 357.

9) *Klöhn*, KTS 2006, 258, 285.

10) *Klöhn*, KTS 2006, 258, 285, 286.

Mehrkosten träfen im Wege der Quersubventionierung letztlich alle Schuldner.

Darüber hinaus beeinträchtigt die einseitige Möglichkeit des Schuldners, auf den Gerichtsstand Einfluss zu nehmen, die „Waffengleichheit unter den Parteien".[11] Dies gilt insbesondere für Kleingläubiger, die häufig aus Kostengründen nicht in der Lage sind, ihre Interessen in einem ausländischen Insolvenzverfahren sachgerecht wahrzunehmen. In seiner Entscheidung vom 17. Januar 2006 zur fortbestehenden Zuständigkeit eines Insolvenzgerichts eines EU-Mitgliedstaates für die Insolvenzeröffnungsentscheidung trotz nach Antragstellung erfolgter Verlegung des Interesse-Mittelpunkts des Schuldners in einen anderen Vertragsstaat hat der Europäische Gerichtshof[12] zu dieser Problematik Stellung bezogen und klargestellt, dass das Bestehenbleiben der Zuständigkeit des zuerst befassten Gerichts eine höhere Rechtssicherheit für die Gläubiger gewährleiste, die die im Fall der Zahlungsunfähigkeit des Schuldners zu tragenden Risiken in Bezug auf den Ort beurteilt haben, an dem der Mittelpunkt seiner hauptsächlichen Interessen lag, als sie mit ihm rechtliche Beziehungen eingingen.

Die zuvor aufgezeigten, negativen Effektive von (rechtsmissbräuchlichem) Forum Shopping haben sowohl zahlreiche nationale Gesetzgeber als auch der europäische Gesetzgeber erkannt. Bereits in ihrem Vorschlag für eine neue Europäische Insolvenzverordnung vom 12. Dezember 2012[13] hatte die Europäische Kommission angeregt, die Verfahrensvorschriften zur Bestimmung des für die Verfahrenseröffnung zuständigen Gerichts zu verbessern. Durch eine amtswegige Prüfung und Begründung seiner Eröffnungszuständigkeit und eine Information der ausländischen Gläubiger über die Eröffnungsentscheidung könne gewährleistet werden, dass ein Insolvenzverfahren nur in dem Mitgliedstaat eröffnet wird, der tatsächlich für den Fall zuständig sei.[14] Dadurch – so die Hoffnung der Kommission – sollten Fälle von Forum Shopping seltener werden. Der europäische Gesetzgeber ist diesen Vorschlägen nicht nur gefolgt, sondern hat durch die

---

11) *Schwemmer*, NZI 2009, 355, 357 m. w. N.

12) EuGH, Urt. v. 17.1.2006 – Rs. C-1/04 (Susanne Staubitz-Schreiber), ZIP 2006, 188 m. Anm. *Knof/Mock*.

13) Europäische Kommission, Vorschlag für eine Verordnung des Europäischen Parlaments und des Rates zur Änderung der Verordnung (EG) Nr. 1346/2000 des Rates über Insolvenzverfahren, COM (2012) 744 final.

14) Europäische Kommission, Vorschlag für eine Verordnung des Europäischen Parlaments und des Rates zur Änderung der Verordnung (EG) Nr. 1346/2000 des Rates über Insolvenzverfahren, COM (2012) 744 final, S. 7.

Neufassung des Art. 3 EuInsVO noch weitergehende Schutzmechanismen in Form von Sperrfristen hinzugefügt. Nationale Gesetzgeber wiederum haben ihr eigenes Insolvenzrecht für verschuldete natürliche und juristische Personen attraktiver gestaltet, um auf diese Weise der Flucht ins Ausland ihren Reiz zu nehmen und dadurch den Schutz inländischer Gläubiger zu stärken.

III. Einschränkung von Manipulationsmöglichkeiten durch die Rechtsprechung

Für die internationale Zuständigkeit bildet der in Art. 3 Abs. 1 EuInsVO verwendete Begriff „Mittelpunkt der hauptsächlichen Interessen des Schuldners“ (center of main interests, COMI) den erforderlichen Anknüpfungspunkt. Da sich das Insolvenzstatut nach diesem richtet, ist für die Beteiligten eines Insolvenzverfahrens im Anwendungsbereich der Europäischen Insolvenzverordnung die Belegenheit des COMI von entscheidender Bedeutung.[15] Zumindest bis zur Geltung der reformierten Europäischen Insolvenzverordnung[16] hat sich dieses Anknüpfungsmerkmal als manipulationsanfällig erwiesen. Dies hat die mit grenzüberschreitenden Insolvenzverfahren befassten Gerichte schon frühzeitig veranlasst, durch entsprechende Entscheidungen die Spielräume insolvenzrechtlichen Forum Shoppings einzuschränken. Als Beispiele für diese Bestrebungen können die nachfolgenden Beschlüsse des Bundesgerichtshofs aus dem Jahre 2006, der Beschluss des Bundesfinanzhofs vom 27. Januar 2016 sowie das Urteil des High Court of Justice in England vom 10. Juni 2009 angeführt werden.

1. Entscheidungen des Bundesgerichtshofs vom 2. März 2006 und 9. Februar 2006

In seiner Entscheidung vom 2. März 2006 hat der Bundesgerichtshof[17] zur fortbestehenden Gerichtszuständigkeit trotz Wohnsitzverlegung in einen anderen EU-Mitgliedstaat Grenzen aufgezeigt, die verhindern sollen, dass Schuldner durch gezielte COMI-Verlegungen eine günstigere Rechtsstel-

---

15) *Schwemmer*, NZI 2009, 355.

16) Verordnung (EU) 2015/848 des Europäischen Parlaments und des Rates v. 20.5.2015 über Insolvenzverfahren – Europäische Insolvenzverordnung (EuInsVO), ABl. (EU) L 141/19 v. 5.6.2015.

17) BGH, Urt. v. 2.3.2006 – IX ZB 192/04, ZIP 2006, 767 = NZI 2006, 364; kritisch *Mankowski*, EWiR 2006, 397.

lung zum Nachteil der Gesamtheit der Gläubiger erlangen. In dem zu entscheidenden Fall hatte die Schuldnerin nach Eingang des (ersten) Insolvenzantrags nicht nur ihren Wohnsitz verlegt. Sie hatte auch die dem ersten Antrag zugrunde liegende Forderung beglichen (oder zu begleichen versucht) und so erreicht, dass die Beteiligte zu 2 ihren Insolvenzantrag für erledigt erklärte. Mit diesem Verhalten wollte die Schuldnerin ersichtlich auch den nach ihrem Wegzug nach Salzburg beim Insolvenzgericht München eingegangenen Insolvenzanträgen die Grundlage entziehen. Das bis dahin zuständige Insolvenzgericht München, das bereits Sicherungsmaßnahmen nach § 21 InsO angeordnet hatte, sollte seine örtliche Zuständigkeit verlieren. So sollte die Eröffnung eines Insolvenzverfahrens über das Vermögen der Schuldnerin verhindert oder jedenfalls erheblich hinausgezögert werden. Auch darin lag – nach Auffassung des Bundesgerichtshofs – der Versuch eines von der vierten Begründungserwägung ausdrücklich missbilligten „forum shopping". Um einem solchen Verhalten entgegenzuwirken, müsse die einmal begründete, gemäß Art. 3 Abs. 3 EuInsVO für Hauptinsolvenzverfahren ausschließliche Zuständigkeit des ersten mit der Sache befassten Gerichts auch diejenigen Anträge erfassen, die bis zur rechtskräftigen Erledigung des Erstantrags bei diesem Gericht eingegangen sind, und zwar auch und gerade dann, wenn der Schuldner den Mittelpunkt seiner hauptsächlichen Interessen zwischenzeitlich in einen anderen Mitgliedstaat verlegt hatte. Das einmal zuständige Gericht müsse auch nach Erledigung des Erstantrags für zwischenzeitlich eingegangene, aber noch nicht erledigte Anträge zuständig bleiben. Nur diese Auslegung werde – so der Bundesgerichtshof – dem Anliegen der Europäischen Insolvenzverordnung gerecht, Effizienz und Wirksamkeit grenzüberschreitender Insolvenzverfahren zu verbessern. Die zuvor ergangene Entscheidung des Bundesgerichtshofs vom 9. Februar 2006[18] ist ebenfalls ein Beleg für das Bestreben des Gerichts, Manipulationsmöglichkeiten des Schuldners einzuschränken.[19]

2. Beschluss des Bundesfinanzhofs vom 27. Januar 2016

In seinem vorgenannten Beschluss macht der Bundesfinanzhof[20] deutlich, dass sich ein Verstoß gegen Art. 26 EuInsVO a. F. („Ordre public") i. S. eines Rechtsmissbrauchs daraus ergeben könne, dass eine nur vorü-

18) BGH, Beschl. v. 9.2.2006 – IX ZB 418/02, ZIP 2006, 529 = NZI 2006, 297.
19) Näher zu dieser Entscheidung H.-F. Müller, LMK 2006, I, 115–116.
20) BFH, Beschl. v. 27.1.2016 – VII B 119/15, ZIP 2016, 2027.

bergehende Wohnsitzverlegung (bzw. eine nur vorübergehende Verlegung des COMI) in einen anderen Staat erfolgt, um unter dort erleichterten Bedingungen eine Restschuldbefreiung (hier: discharge) zu erwirken. So könne im Falle einer rechtsmissbräuchlichen Verlegung des Wohnsitzes ins Ausland nur zum Schein unter diesen Umständen das Ergebnis der Anwendung des ausländischen Rechts unter Beachtung inländischer Rechtsvorstellungen untragbar erscheinen.

3. Entscheidung des High Court of Justice in London vom 10. Juni 2009

Auch englischen Gerichten ist nicht verborgen geblieben, dass vor allem natürliche Personen anderer Mitgliedstaaten der Europäischen Union die Wohltat des englischen Insolvenzrechts in Anspruch nehmen, ohne tatsächlich den Mittelpunkt ihrer hauptsächlichen Interessen in Großbritannien zu haben. Dem hat der High Court of Justice in Bankruptcy in seiner Entscheidung vom 10. Juni 2009[21)] einen Riegel vorzuschieben versucht. Konnten Schuldner, die in der Vergangenheit in England ein Insolvenzverfahren beantragt hatten, davon auszugehen, ohne nennenswerte Schwierigkeiten bereits nach einem Jahr in den Genuss der Restschuldbefreiung zu gelangen, dürfte sich ihre Ausgangssituation für eine Entschuldung nach dem Insolvency Act 1986 auf Grund der vorgenannten Entscheidung wesentlich verschlechtert haben, weil erstmals den Gerichten erster Instanz die Pflicht nahegelegt worden ist, die Angaben eines Schuldners von Amts wegen sorgfältig zu hinterfragen und auf etwaige Ungereimtheiten hin zu überprüfen:

> „First, all courts must be concerned to uphold the giving of truthful evidence. (...) Secondly, they must uphold the standards that are expected of any litigant seeking ex parte relief, the standards examined and upheld by the Court of Appeal in the Brink's Mat case“. (Rz. 69).

Bemerkenswert an der Entscheidung ist zunächst die Auffassung des Gerichts, dass die Kenntnisse der englischen Sprache des Schuldners zwar keinen direkten Einfluss darauf haben, ob der Mittelpunkt seiner hauptsächlichen Interessen in England liege. Sie seien aber gleichwohl von besonderem Gewicht im Hinblick auf die Glaubwürdigkeit der Angaben des Schuldners gegenüber dem Gericht (Rz. 25). Von erheblicher Bedeutung für eventuelle künftige Insolvenzanträge deutscher Schuldner vor engli-

---

21) High Court of Justice in Bankruptcy v. 10.6.2009, in Re Vitus Anton Mittenfellner, Case-Nr. 10421 of 2008, VIA 2011, 17.

schen Insolvenzgerichten ist vor allem die Auffassung des High Court of Justice, dass selbst bei Annahme der internationalen Zuständigkeit englischer Gerichte die Eröffnungsentscheidung des Hastings County Court zu annulieren sei, weil nach dem Ergebnis der Beweisaufnahme feststehe, dass der Schuldner bei Antragstellung nachweisbar falsche oder irreführende Angaben gemacht habe:

> „(...) misleading the court“ (Rz. 67); „(...) to my mind does warrant annulling the bankruptcy order quite apart from the jurisdictional point and the forefront of this application“.

Dies gebiete auch der Schutz der Gläubiger, die grundsätzlich vor der Eröffnungsentscheidung keine Möglichkeit hätten, zu den Erklärungen des Schuldners Stellung zu nehmen. Darüber hinaus seien wahrheitsgemäße Angaben für den Official Receiver von erheblicher Bedeutung. Zu berücksichtigen sei in diesem Zusammenhang, welche Bedeutung die Gerichte dem schriftlichen Beweis beimäßen. Schließlich gehe es darum, unzulässiges Forum Shopping zu unterbinden (Rz. 69).

IV. Der Brexit und seine Folgen

Unabhängig von der oben aufgezeigten restriktiveren Rechtsprechung des High Court of Justice in London könnte die bisherige Attraktivität des Insolvenzstandorts England und Wales für natürliche verschuldete Personen in spätestens einem Jahr der Vergangenheit angehören. Denn mit ihrem auf Art. 50 Abs. 1 des Lissabon Vertrags („Jeder Mitgliedstaat kann im Einklang mit seinen verfassungsrechtlichen Vorschriften beschließen, aus der Union auszutreten“.) gestützten mehrheitlichen Votums von 51,9 % haben die britischen Wähler am 23. Juni 2016 den Austritt Großbritanniens aus der Europäischen Union eingeleitet und damit auch den Ausstieg aus dem Anwendungsbereich der Europäischen Insolvenzverordnung vorgezeichnet. Am 29. März 2017 hat die britische Premierministerin *Theresa May* den Austrittsprozess durch schriftliche Mitteilung an den Europäischen Rat rechtlich wirksam in die Wege geleitet. Damit ist nach der vertraglich vorgesehenen zweijährigen Verhandlungsperiode aller Voraussicht nach mit dem Austritt für März 2019 zu rechnen.

Zum derzeitigen Zeitpunkt steht indes nur fest, dass das Vereinigte Königreich (UK) bis zu dem Zeitpunkt der Wirksamkeit seines Austritts weiter an europäisches Recht gebunden bleibt. Sollte es zum klaren Bruch mit der Europäischen Union kommen („harter Brexit“), würden dagegen alle europäischen Rechtsakte nach dem Austritt keine Anwendung mehr finden.[22] Insbesondere wird es dann eine automatische Anerkennung einer in England erteilten Restschuldbefreiung in den anderen Mitgliedstaaten der Europäischen Union nicht mehr geben. In Deutschland fänden insoweit die Vorschriften des autonomen deutschen internationalen Insolvenzrechts Anwendung.[23] Damit trüge der Brexit – eher unfreiwillig – dazu bei, missbräuchliches oder betrügerisches Forum Shopping natürlicher Personen nach Großbritannien zu erschweren.

V. Nationale Anstrengungen zur Vermeidung von Forum Shopping

Mit dem Gesetz zur Verkürzung des Restschuldbefreiungsverfahrens und zur Stärkung der Gläubigerrechte vom 15. Juli 2013[24], in Kraft getreten am 1. Juli 2014, hat der deutsche Gesetzgeber die Rechtsstellung der Schuldner zwar insoweit verbessert, als ihnen erstmals die Möglichkeit eröffnet wurde, das Restschuldbefreiungsverfahren bereits nach drei bzw. fünf Jahren zu beenden. In der Gesetzesbegründung heißt es dazu, dass die Dauer des Restschuldbefreiungsverfahrens in Deutschland mit sechs Jahren im europäischen Vergleich verhältnismäßig lang sei.[25] Auch wenn sich aus der Gesetzesbegründung nicht ohne weiteres entnehmen lässt, dass die Verkürzung des Restschuldbefreiungsverfahrens einen Beitrag zur Einschränkung des Forum Shopping leisten soll, dürfte der deutsche Gesetzgeber auch diesen Aspekt berücksichtigt haben.

Es darf aber bezweifelt werden, ob die Regelung des § 300 Abs. 1 Satz 2 Nr. 2 und 3[26] InsO zumindest diejenigen Schuldner noch von einer Migration nach England abhält, die es sich finanziell leisten können, dort binnen eines Jahres

---

22) *Sax/Swierczok*, Die Anerkennung des englischen Scheme of Arrangement in Deutschland post Brexit, ZIP 2017, 601; siehe auch *Mansel/Thorn/Wagner*, Europäisches Kollisionsrecht 2016: Brexit ante portas!, IPRax 2017, 1 ff.; *Rinze/Lehmann*, Brexit – Mögliche Auswirkungen auf Restrukturierungen und Insolvenzverfahren in Deutschland und dem Vereinigten Königreich, DB 2016, 2946.

23) Näher dazu *Vallender*, Anerkennung und Wirkungen einer im Ausland erteilten Restschuldbefreiung, ZInsO 2009, 616, 618, 619.

24) Gesetz zur Verkürzung des Restschuldbefreiungsverfahrens und zur Stärkung der Gläubigerrechte, v. 15.7.2013, BGBl. I 2013, 2379.

25) BT-Drucks. 17/11268, S. 14.

26) Mit seiner Entscheidung (BGH, Beschl. v. 22.9.2016 – IX ZB 29/16, ZInsO 2016, 2357), dass „berichtigte" Verfahrenskosten nicht gestundete, sondern nur wirklich bezahlte Verfahrenskosten sind, hat der BGH einer allzu einfachen, vom Staat, voll finanzierten Restschuldbefreiung eine Absage erteilt.

die Wohltat der Restschuldbefreiung für sich in Anspruch zu nehmen.[27] *Pape*[28] nennt die ersten Erfahrungen mit dem Gesetz zur Verkürzung des Restschuldbefreiungsverfahrens und zur Stärkung der Gläubigerrechte „zwiespältig". Es „stehe in den Sternen", ob und unter welchen Voraussetzungen es zu einer Verkürzung des Verfahrens auf Grund des – von Anfang an für wirkungslos gehaltenen – neu gefassten § 300 InsO komme.

Haupthindernis auf diesem Weg ist zweifellos das Erreichen der 35 %-Quote und die Schwierigkeiten bei der Berechnung dieser Quote.[29] Die Quote muss exakt bis zum Ablauf der Abtretungsfrist von drei Jahren erreicht sein. Es ist nicht ausreichend, dass erst nach diesem Zeitpunkt 35 % erreicht werden.[30] Hinzu kommt, dass der Schuldner innerhalb dieser Frist weit mehr Mittel aufbringen muss, als nur diejenigen, um die gesetzlich festgelegte Quote zu erfüllen. *Frind*[31] weist in diesem Zusammenhang zutreffend darauf hin, dass die Vergütung des Insolvenzverwalters die eventuell durch Drittmittel eingeworbene Quotenzahlung als Berechnungsgrundlage erfasse, so dass der Schuldner bei den Verfahrenskosten die revolvierende Erhöhung der Vergütung berücksichtigen müsse.

Da nach den bis zu meinem Ausscheiden aus dem Justizdienst am 30. November 2015 gemachten Erfahrungen nur ein geringer Prozentsatz von Schuldnern in der Lage ist, eine ausreichende Masse für das Erreichen der Mindestquote zu generieren,[32] dürfte die Regelung des § 300 Abs. 1 Satz 2 Nr. 2 InsO auch in Zukunft weitgehend ins Leere laufen. Dies widerspricht aber der Vorstellung des Gesetzgebers. Nach Ansicht des Rechtsausschusses des Deutschen Bundestags ist ein Anreizsystem nur dann effektiv, wenn wenigstens 15 % aller Personen, die sich in einem Restschuldbefreiungsverfahren befinden, die Möglichkeit eröffnet wird, vorzeitig Restschuldbefreiung zu erlangen.[33]

---

27) Kritsch auch *Hergenröder*, Die Reform der Verbraucherentschuldung: Der nächste untaugliche Versuch, ZVI 2013, 91.

28) *Pape*, 2016 – das Jahr der Entscheidungen, ZInsO 2016, 125, 126.

29) Näher dazu *Frind*, ZInsO 2017, 814, 817.

30) *Pehl* in: Braun, InsO, 4. Aufl. 2017, § 300 Rz. 6.

31) *Frind*, ZInsO 2017, 814, 817.

32) Die Bundesregierung ist gemäß Art. 107 Abs. 1 EGInsO des Gesetzes zur Verkürzung des Restschuldbefreiungsverfahrens und zur Stärkung der Gläubigerrechte verpflichtet, bis zum 30.6.2018 die Auswirkungen des Gesetzes zu evaluieren und dem deutschen Bundestag Bericht zu erstatten. Die Erhebung soll sich insbesondere mit der Höhe der erzielten Befriedigungsquoten befassen.

33) BT-Drucks. 17/13535, S. 29.

Verfügen Schuldner nicht über wesentliche eigene Einkünfte, sind sie aber in der Lage, ausreichende Drittmittel einzuwerben, bietet sich auch für diejenigen, die dem Anwendungsbereich des § 304 InsO unterfallen, das Insolvenzplanverfahren zur Erlangung einer vorzeitigen Restschuldbefreiung an. Der Plan führt mit rechtskräftiger Annahme und Bestätigung zur sofortigen Restschuldbefreiung des Schuldners (§ 227 Abs. 1 InsO).[34)]

VI. Der Vorschlag der Europäischen Kommission vom 22. November 2016 zur vorinsolvenzlichen Restrukturierung und zur zweiten Chance für Unternehmer

Ob auch in Zukunft Schuldner, die in einem deutschen Insolvenzverfahren Restschuldbefreiung beantragen, eine Mindestquote von 35 % werden erfüllen müssen, erscheint fraglich. Nach Art. 19 bis 23 des Richtlinienvorschlags der Europäischen Kommission vom 22. November 2016[35)] sollen natürliche Personen, die sich als Unternehmer verschuldet haben, grundsätzlich eine Restschuldbefreiung innerhalb von drei Jahren erlangen können. Auf diese Weise soll einem Forum Shopping entgegengewirkt werden (ErwG 37). Zwar nennt Art. 19 RL-Vorschlag nur Unternehmer. Dieser Umstand steht einer Erstreckung auf Verbraucherschuldner nicht entgegen. Denn ausweislich ErwG 15 der Richtlinie entspricht es dem erklärten Willen der Kommission, auch diesem Personenkreis einen „fresh start" zu ermöglichen:

> „Diese Richtlinie enthält zwar keine verbindlichen Vorschriften über die Überschuldung von Verbrauchern, die Mitgliedstaaten sollten jedoch aus den genannten Gründen die Möglichkeit haben, die Entschuldungsbestimmungen auf Verbraucher anzuwenden."

In Deutschland wäre – worauf *Piekenbrock*[36)] zutreffend hinweist – eine Differenzierung zwischen Unternehmern und Verbrauchern politisch ohnehin nicht vorstellbar. Bleibt § 304 Abs. 1 Satz 2 InsO bestehen, muss auch dieses Verfahren ggf. den Anforderungen der Richtlinie entsprechen.

---

34) *Frind*, Das hindernisreiche Insolvenz-Planverfahren für natürliche Personen, BB 2014, 2179.

35) Europäische Kommission, Vorschlag für eine Richtlinie des Europäischen Parlaments und des Rates über präventive Restrukturierungsrahmen, die zweite Chance und Maßnahmen zur Steigerung der Effizienz von Restrukturierungs-, Insolvenz- und Entschuldungsverfahren und zur Änderung der Richtlinie 2012/30/EU, v. 22.11.2016, COM(2016) 723 final.

36) *Piekenbrock*, Die zweite Chance für Unternehmer, NZI Beilage 1/2017, S. 36, 37.

Nach dem Verständnis der Europäischen Kommission sind Teilerlassmodelle mit festen Mindestbefriedungsquoten grundsätzlich nicht zulässig. Denn der Richtlinienvorschlag fordert – vorbehaltlich Art. 22 Abs. 3 – eine „volle" Entschuldung (Art. 19 Abs. 1). Zwar sieht Art. 19 Abs. 2 RL-Vorschlag vor, dass diejenigen Mitgliedstaaten, in denen die volle Entschuldung von einer teilweisen Tilgung der Schulden durch den Unternehmer abhängig ist, sicherzustellen haben, dass die diesbezügliche Tilgungspflicht der Lage des einzelnen Schuldners entspricht und insbesondere in einem angemessenen Verhältnis zu seinem verfügbaren Einkommen während der Entschuldungsfrist steht. Danach wäre die Abhängigkeit einer vorzeitigen Restschuldbefreiung vom Erreichen einer bestimmten Mindestquote nur zulässig, wenn der Schuldner tatsächlich in der Lage ist, diese Quote aus eigenen Mitteln und auf Grund eigener Anstrengungen zu erfüllen. Vor diesem Hintergrund dürften die Regelungen des § 300 Abs. 1 Satz 2 Nr. 2 und 3 InsO in ihrer jetzigen Ausgestaltung keinen Bestand haben, wenn der Vorschlag der Europäischen Kommission Zustimmung durch Rat und Parlament findet.[37)] Denn die Vorschrift unterscheidet nicht danach, ob der Schuldner tatsächlich leistungsfähig ist. Sie macht die vorzeitige Erteilung der Restschuldbefreiung nach drei Jahren allein vom Erreichen der absoluten Mindestbefriedigungsquote abhängig. Sollte in Deutschland künftig die Erteilung der Restschuldbefreiung bereits drei Jahre nach Eröffnung des Verfahrens ohne Mindestbefriedigungsquote möglich sein, dürfte dies einem Forum Shopping natürlicher Personen entgegenwirken. Ob damit auch den Interessen der Gläubiger hinreichend Rechnung getragen wird, erscheint fraglich. Denn es würde an Anreizen für eine frühzeitige Antragstellung, die eine bessere Befriedigung der Gläubiger fördern könnte[38)], fehlen.[39)]

---

37) So auch *Piekenbrock*, NZI Beilage 1/2017, S. 36; *Mock*, Das künftige (harmonisierte) Insolvenzrecht – Entwurf einer Richtlinie zum Unternehmensinsolvenzrecht, NZI 2016, 977, 981.

38) Siehe dazu BT-Drucks. 17/13535, S. 29.

39) *Pieklenbrock*, NZI Beilage 1/2017, S. 36, der sich aus diesem Grunde weiterhin für eine absolute Mindestbefriedigungsquote nach dem Teilerlassmodell ausspricht.

VII. Regelungen der Europäischen Insolvenzverordnung zur Verhinderung von unerwünschtem Forum Shopping

Dem Europäischen Verordnungsgeber ist nicht verborgen geblieben, dass rechtsmissbräuchliches Forum Shopping[40] natürlicher Personen die Rechtsposition der Gläubiger bei der Realisierung ihrer Forderungen beeinträchtigt. Dementsprechend stellt ErwG 5 der reformierten Europäischen Insolvenzverordnung[41], die gemäß Art. 92 Abs. 2 EuInsVO bis auf wenige Ausnahmen seit dem 26. Juni 2017 in allen Mitgliedstaaten mit Ausnahme Dänemarks gilt, klar, dass im Interesse eines ordnungsgemäßen Funktionierens des Binnenmarkts Forum Shopping verhindert werden müsse:

> „(...) um auf diese Weise eine günstigere Rechtsstellung zum Nachteil der Gesamtheit der Gläubiger zu erlangen".

Müller[42] stellt in diesem Zusammenhang zutreffend klar, Zweck von ErwG 5 sei nicht allein die Verhinderung von Forum Shopping. Vielmehr liege der Regelung insbesondere der Gedanke der möglichst weitgehenden Gläubigerbefriedigung zugrunde. Dieser ist in der Tat durch die einseitige Möglichkeit des Schuldners, auf den Gerichtsstand Einfluss zu nehmen, gefährdet.[43]

Mit zahlreichen Regelungen wie der Neufassung des Art. 3 EuInsVO (Einführung von Sperrfristen), der Vorschrift des Art. 4 EuInsVO, die sicherstellen soll, dass kein Verfahren ohne Prüfung der internationalen Zuständigkeit nach Art. 3 EuInsVO eröffnet wird sowie der dem deutschen Insolvenzrecht vertrauten Vorschrift des Art. 5 EuInsVO, die unionsrechtlich garantiert, dass die Eröffnungsentscheidung für eine Hauptinsolvenz überprüft werden kann, hat der Verordnungsgeber seinem Anliegen, betrügerisches oder missbräuchliches Forum Shopping zu verhindern (ErwG 31), Ausdruck verliehen.

---

40) Erfolgt die Verlegung des Gerichtsstands zur Optimierung der Prozesschancen, liegt darin nichts Verwerfliches, sondern erst dann, wenn sie zu einer ungerechtfertigten Ungleichheit zwischen den Parteien eines Rechtsstreits in der Verteidigung ihrer jeweiligen Interessen führt; EuGH *(GA Colomer)*, SA v. 6.9.2005 – Rs. C-1/04 (Susanne Staubitz-Schreiber), Rz. 72 und 73, ZIP 2005, 1641.

41) Verordnung (EU) 2015/848 des Europäischen Parlaments und des Rates v. 20.5.2015 über Insolvenzverfahren – Europäische Insolvenzverordnung (EuInsVO), ABl. (EU) L 141/19 v. 5.6.2015.

42) *Müller* in: Mankowski/Müller/J. Schmidt, EuInsVO 2015, 2016, Einl. Rz. 13.

43) Näher dazu siehe Ausführungen zu II.

Bereits die Verordnung (EG) Nr. 1346/2000 war mit dem Anspruch angetreten, insolvenzrechtliches Forum Shopping einzuschränken und ein jedes Unternehmen dem Insolvenzstatut seines tatsächlichen wirtschaftlichen Mittelpunktes zu unterwerfen.[44] In ErwG 29 der reformierten Europäischen Insolvenzverordnung macht der Verordnungsgeber deutlich, dass die Verordnung eine Reihe von Schutzvorkehrungen enthalten solle, um betrügerisches oder missbräuchliches Forum Shopping zu verhindern.

1. Art. 3 EuInsVO

Art. 3 EuInsVO regelt die internationale Zuständigkeit grenzüberschreitender Insolvenzverfahren innerhalb der Gemeinschaft[45] und bestimmt, welches Gericht der Mitgliedstaaten für seine Eröffnung zuständig ist (ErwG 26). Es handelt sich um eine unmittelbare Zuweisung (*compètence directe*) und keine mittelbare in Form einer Anerkennungszuständigkeit,[46] weil sie mehrere konkurrierende Eröffnungsentscheidungen nicht verhindert.[47] Die Bestimmung will – wie bereits ausgeführt – zugleich der missbräuchlichen Zuständigkeitserschleichung (*forum shopping*)[48] entgegenwirken (ErwG 5).[49]

a) Änderungen gegenüber der Altfassung

Durch die Verordnung (EU) 2015/848 vom 20. Mai 2015[50] hat Art. 3 eine umfassende Neugestaltung erfahren. Dem bisherigen und unverändert beibehaltenen Art. 3 Abs. 1 Unterabs. 1 Satz 1 ist jetzt der Regelungsteil (im

---

44) ErwG 4.

45) Mit Ausnahme Dänemarks.

46) *Vallender/Zipperer* in: Vallender, EuInsVO, 2017, Art. 3 Rz. 9; *Duursma-Kepplinger* in: Duursma-Kepplinger/Duursma/Chalupsky, EuInsVO, 2002, Art. 3 Rz. 1.

47) *Lemontey* in: Kegel/Thieme, Vorschläge und Gutachten zum Entwurf eines EG-Konkursübereinkommens, 1988, S. 93, 112.

48) Erfolgt die Verlegung des Gerichtsstands zur Optimierung der Prozesschancen, liegt darin nichts Verwerfliches, sondern erst dann, wenn sie zu einer ungerechtfertigten Ungleichheit zwischen den Parteien eines Rechtsstreits in der Verteidigung ihrer jeweiligen Interessen führt; EuGH *(GA Colomer)*, SA v. 6.9.2005 – Rs. C-1/04 (Susanne Staubitz-Schreiber), Rz. 72 und 73, ZIP 2005, 1641, 1645 m. Anm. *Brenner*.

49) *Vallender/Zipperer* in: Vallender, EuInsVO, 2017, Art. 3 Rz. 9.

50) Verordnung (EU) 2015/848 des Europäischen Parlaments und des Rates v. 20.5.2015 über Insolvenzverfahren – Europäische Insolvenzverordnung (EuInsVO), ABl. (EU) L 141/19 v. 5.6.2015.

Folgenden „Hauptinsolvenzverfahren") nachgestellt.[51] Der neue Satz 2 des Art. 3 Abs. 1 Unterabs. 1 enthält die Legaldefinition des Mittelpunkts der hauptsächlichen Interessen. Es ist der für Dritte erkennbare Ort der Verwaltung der Interessen.

Die bisherige Vermutungsregel bei Gesellschaften und juristischen Personen des Art. 3 Abs. 1 Satz 2 a. F. wird wortgleich zu Satz 1 des Unterabs. 2, der nach dessen neuem Satz 2 bei einer Sitzverlegung innerhalb dreier Monate nicht gilt (*période suspecte*; *looking back period*).

Der neue 3. Unterabsatz überträgt in Satz 1 für selbstständige und freiberufliche natürliche Personen die Vermutungsregel auf ihre Hauptniederlassung, die nach Satz 2 dann keine Anwendung findet, wenn diese drei Monate vor Stellung des Eröffnungsantrages verlegt wurde.

Unterabsatz 4 behandelt die Vermutungsregel für alle anderen natürlichen Personen zugunsten ihres gewöhnlichen Aufenthaltes, solange er (Unterabs. 4 Satz 2) nicht während der letzten sechs Monate verlegt wurde. Die vorgenannten Sperrfristen sollen manipulativen COMI-Verlegungen kurz vor zu erwartenden Anträgen entgegenwirken.[52]

b) Maßgeblicher Beurteilungszeitpunkt

Maßgeblicher Beurteilungszeitpunkt für die Feststellung des Mittelpunkts der hauptsächlichen Interessen des Schuldners i. S. des Art. 3 Abs. 1 EuInsVO ist der Eingang des Antrags auf Eröffnung des Insolvenzverfahrens,[53] was, um der Effizienz der Europäischen Insolvenzverordnung willen, verhindern soll, den Gläubiger zu zwingen, immer wieder an dem Ort der aktuellen (zeitweisen) Niederlassung des Schuldners vorzugehen.[54] Zugleich sichert sie ihm die Rechtssicherheit der eingegangenen Risiken und verhindert unerwünschtes Forum Shopping.[55] Aus denselben Erwägungen kann der Schuldner nach einem Gläubigerantrag den COMI nicht verle-

51) *Lienau* in: Wimmer/Bornemann/Lienau, Die Neufassung der EuInsVO, 2016, Rz. 217.

52) *Mankowski* in: Mankowski/Müller/J. Schmidt, EuInsVO, 2016, Art. 3 Rz. 33.

53) EuGH, Urt. v. 17.1.2006 – Rs. C-1/04 (Susanne Staubitz-Schreiber), Rz. 21, ZIP 2006, 188 m. Anm. *Knof/Mock*, dazu EWiR 2006, 141 *(Vogl)*.

54) *Vallender/Zipperer* in: Vallender, EuInsVO, 2017, Art. 3 Rz. 12.

55) EuGH, Urt. v. 17.1.2006 – Rs. C-1/04 (Susanne Staubitz-Schreiber), Rz. 26, 27, ZIP 2006, 188, 189 m. Anm. *Knof/Mock*; *Vallender/Zipperer* in: Vallender, EuInsVO, 2017, Art. 3 Rz. 12.

gen.[56] Das bedeutet eine Absage an das Insolvenznomadentum.[57] Vor einem Eröffnungsantrag kann der Schuldner, sofern er die Suspektperiode einhält, den COMI verlegen. Entscheidend ist aber dessen tatsächliche Änderung. Dazu genügen nicht das Abhalten einzelner Geschäftsleitersitzungen unter Zurücklassen des gesamten operativen Geschäfts, der Betriebsstätten und des Anlagevermögens; bei natürlichen Personen die bloße Ummeldung des Wohnsitzes.[58] Die Verlegung des COMI nach einem erledigten, aber vor der Entscheidung über einen Zweitantrag soll zur Verhinderung von Forum Shopping unbeachtlich sein,[59] was aber die selbstständigen Antragsverfahren zu einer im Gesetz nicht vorgesehenen Einheit verbindet.[60] Der durchaus bewegliche Mittelpunkt des hauptsächlichen Interesses ist exklusiv, d. h. es kann nur ein Hauptinsolvenzverfahren über das Vermögen ein und desselben Schuldners geben.[61]

c) Sperrfristen

Nach dem jeweiligen Satz 2 der Unterabsätze 2 bis 4 gilt die der Vermutungswirkung des jeweiligen Satzes 1 zugrunde liegende Annahme nur, wenn die Verlegung des Sitzes/Hauptniederlassung nicht in einem Zeitraum von drei Monaten vor dem Eröffnungsantrag erfolgt ist, bei Verbrauchern beträgt die Frist für den gewöhnlichen Aufenthalt sechs Monate. Es handelt sich um keine echte Suspektsperiode, weil der COMI ohnedies eine bestimmte Festigkeit verlangt.[62] Diese Sperrfristen sollen Forum Shopping verhindern (ErwG 31). Ihre Wirksamkeit wird wegen der knappen

---

56) EuGH, Urt. v. 17.1.2006 – Rs. C-1/04 (Susanne Staubitz-Schreiber), Rz. 24 ff., ZIP 2006, 188 m. Anm. *Knof/Mock*.

57) *Thole* in: MünchKomm-InsO, Bd. 4, 3. Aufl. 2016, Art. 3 EuInsVO 2000 Rz. 57; *Vallender/Zipperer* in: Vallender, EuInsVO, 2017, Art. 3 Rz. 12.

58) *Thole* in: MünchKomm-InsO, Bd. 4, 3. Aufl. 2016, Art. 3 EuInsVO 2000 Rz. 55.

59) BGH, Beschl. v. 2.3.2006 – IX ZB 192/04, Rz. 14, ZIP 2006, 767, 768, dazu EWiR 2006, 397 *(Mankowski)*.

60) *Mankowski* in: Mankowski/Müller/J. Schmidt, EuInsVO 2015, 2016, Art. 3 Rz. 31, der Zweitantrag ist unzulässig.

61) *Duursma-Kepplinger* in: Duursma-Kepplinger/Duursma/Chalupsky, EuInsVO, 2002, Art. 3 Rz. 6; *Kemper* in: Kübler/Prütting/Bork, InsO, Stand: 11/2017, Art. 3 EuInsVO Rz. 5.

62) *Thole* in: MünchKomm-InsO, Bd. 4, 3. Aufl. 2016, Art. 3 EuInsVO 2000 Rz. 3.

Bemessung bezweifelt.[63] Da sie bei Vorliegen entsprechender Anhaltspunkte das Gericht zu umfangreicher Sachaufklärung verpflichtet,[64] besteht die Möglichkeit, Forum Shopping entgegenzuwirken, wenn es gelingt, ihre tatbestandlichen Folgen zu verhindern (ErwG 31).[65] Maßgebliches Indiz für ein Forum Shopping ist, wenn die Verlegung des Sitzes, der Niederlassung oder des gewöhnlichen Aufenthaltes entgegen ErwG 28 Satz 2 heimlich, d. h. ohne die Gläubiger zu informieren erfolgte, weil der COMI dann für die Gläubiger nicht wahrnehmbar ist.[66]

2. Prüfung der internationalen Zuständigkeit durch das angerufene Gericht (Art. 4 EuInsVO)

Da einige Gerichte der EU-Mitgliedstaaten in den vergangenen Jahren in recht großzügiger Weise ihre internationale Zuständigkeit bejaht und dadurch die Befriedigungsmöglichkeiten lokaler Gläubiger des Schuldners erschwert haben, normiert Art. 4 Abs. 1 EuInsVO zur Vermeidung unerwünschten Forum Shoppings eine Verpflichtung der Gerichte zur Prüfung der internationalen Zuständigkeit von Amts wegen. Dies bedeutet indes noch nicht eine Ermittlung von Amts wegen.[67] Vielmehr hat der Antragsteller, um die Prüfung der internationalen Zuständigkeit nach Art. 3 Abs. 1 EuInsVO zu ermöglichen und somit seinen Antrag zulässig zu machen, alle die internationale Zuständigkeit des angerufenen Gerichts begründenden Tatsachen anzugeben.

Damit leistet die Vorschrift einen weiteren wichtigen Beitrag zur Verhinderung von betrügerischem oder missbräuchlichem Forum Shopping. Das unterstreicht ErwG 27, nach dem das Gericht vor der Eröffnung seine internationale Zuständigkeit von Amts wegen prüfen solle, um, gewisser-

---

63) *Frind/Pannen*, Einschränkung der Manipulation der insolvenzrechtlichen Zuständigkeiten durch Sperrfristen – ein Ende des Forum Shopping in Sicht?, ZIP 2016, 398, 407; *Kindler/Sakka*, Die Neufassung der Europäischen Insolvenzverordnung, EuZW 2015, 460, 462, die für die Jahresfrist der INSOL Europe, Revision of the European Insolvency Regulation, S. 38 ff., abrufbar unter https://www.insol-europe.org/download/documents/588 (Abrufdatum: 7.1.2018) plädieren.

64) *Vallender*, Europaparlament gibt den Weg frei für eine neue Europäische Insolvenzverordnung, ZIP 2015, 1513, 1515.

65) *Vallender/Zipperer* in: Vallender, EuInsVO, 2017, Art. 3 Rz. 24.

66) *Thole* in: MünchKomm-InsO, Bd. 4, 3. Aufl. 2016, Art. 3 EuInsVO 2000 Rz. 3.

67) BGH, Beschl. v. 1.12.2011 – IX ZB 232/10, Rz. 10, ZIP 2012, 139; zur Prüfungsintensität siehe LG Korneuburg, Beschl. v. 12.1.2018 – 36 S 5/18d-3, ZInsO 2018, 164, 166 ff.

maßen als Programmsatz,[68] sich in die Reihe der Schutzvorkehrungen gegen ein Forum Shopping zu stellen (ErwG 29), weshalb die Prüfung sorgfältig erfolgen müsse (ErwG 30 Satz 1). Hat das Gericht Zweifel, soll es durch Auflagenverfügungen seine Entscheidungsgrundlage verbreitern (ErwG 32).[69] Die Einführung des prozeduralen Minimums fügt sich ein in die Bestrebungen des Internationalen Privatrechts und ist auch kein Abweichen von den üblichen gesetzgeberischen Techniken,[70] vielmehr versucht sie die unterschiedlichen Niveaus und Intensität der gerichtlichen Prüfung in den Mitgliedstaaten auszugleichen.[71]

3. Gerichtliche Nachprüfung der Entscheidung zur Eröffnung des Hauptinsolvenzverfahrens (Art. 5 EuInsVO)

Art. 5 Abs. 1 EuInsVO sieht das Recht (auch) jedes Gläubigers vor, die Eröffnungsentscheidung aus Gründen der internationalen Zuständigkeit anzufechten. Dabei handelt es sich um eine von mehreren Schutzvorkehrungen, um betrügerisches oder missbräuchliches Forum Shopping zu verhindern (vgl. die ErwG 29 zur Verordnung i. V. m. ErwG 34 „darüber hinaus"). Danach kann und muss der Gläubiger auch im Falle einer durch Täuschung erschlichenen Zuständigkeitsentscheidung Rechtsschutz im Staat der Verfahrenseröffnung suchen. Nichts anderes gilt, wenn das Recht des Eröffnungsstaats eine entsprechende Rechtsschutzmöglichkeit vorsieht.[72]

4. Berichtspflicht gemäß Art. 90 Abs. 4 EuInsVO

Welche Bedeutung der Verordnungsgeber missbräuchlichem Forum Shopping beimisst, lässt sich der Regelung in Art. 90 Abs. 4 EuInsVO entnehmen. Danach hat die Europäische Kommission dem Europäischen Parlament, dem Rat und dem Europäischen Wirtschafts- und Sozialausschuss spätestens bis zum 20. Juni 2020 eine Studie zur Frage der Wahl des Gerichtsstands in missbräuchlicher Absicht zu übermitteln. Hintergrund

---

68) *Mankowski* in: Mankowski/Müller/J. Schmidt, EuInsVO 2015, 2016, Art. 4 Rz. 2.
69) *Lienau* in: Wimmer/Bornemann/Lienau, Die Neufassung der EuInsVO, 2016, Rz. 257.
70) *Hess/Oberhammer/Pfeiffer*, Vienna Report, S. 19. Einzelheiten bei *Mankowski* in: Mankowski/Müller/J. Schmidt, EuInsVO 2015, 2016, Art. 4 Rz. 3.
71) *Mankowski* in Mankowski/Müller/J. Schmidt, EuInsVO 2015, 2016, Art. 3 Rz. 83.
72) BGH, Urt. v. 10.9.2015 – IX ZR 304/13, 2015, 233 = NZI 2016, 93, dazu EWiR 2016, *(Vallender)*.

dieser Bestimmung ist der Umstand, dass diese Problematik im Rahmen des gesamten Legislativverfahrens höchst kontrovers diskutiert wurde.[73)]

VIII. Zusammenfassung

Rechtsprechung sowie europäische und nationale Gesetzgebung haben bereits in der Vergangenheit eine Vielzahl von Anstrengungen unternommen, missbräuchlichem oder betrügerischen Forum Shopping entgegenzuwirken. Dabei reichen die eingesetzten Instrumente von einer restriktiven Auslegung des Art. 3 EuInsVO bis zu einer gläubigerfreundlichen Auslegung der ordre-public-Klausel. Vor allem die mit der Verordnung (EU) 2015/848 neu eingeführten Sperrfristen sowie die Regelungen in Art. 4 und 5 EuInsVO können wirksame Instrumente zur Bekämpfung des „Insolvenznomadentums“ sein. Ob es tatsächlich längerer Sperrfristen bedurft hätte, um der Neuregelung des Art. 3 EuInsVO eine größere Effizienz zu verleihen, bleibt abzuwarten. Für den europäischen Verordnungsgeber scheint jedenfalls mit der Neufassung der Europäischen Insolvenzverordnung das Kapitel missbräuchliches Forum Shopping nicht abgeschlossen zu sein. Dies unterstricht die in Art. 90 Abs. 4 EuInsVO normierte Berichtspflicht. Es bleibt festzuhalten, dass sich die Rechtslage in Europa durch die Neufassung der Europäischen Insolvenzverordnung für die Gläubiger verbessert hat. Ob die derzeitigen Instrumente zur Verhinderung rechtsmissbräuchlichen oder betrügerischen Forum Shopping indes ausreichen, wird spätestens die im Jahre 2020 durchzuführende Evaluation zur Wahl des Gerichtsstands in missbräuchlicher Absicht zeigen. Selbst wenn dieser Bericht das Erfordernis weiterer Maßnahmen aufzeigt und der Verordnungsgeber diese Vorschläge aufgreift, wird es weiterhin Schuldner geben, die nach „Schlupflöchern“ Ausschau halten und diese für sich zu nutzen versuchen.

---

73) *J. Schmidt* in: Mankowski/Müller/J. Schmidt, EuInsVO 2015, 2016, Art. 90 Rz. 10; siehe auch *Vallender* in: Vallender, EuInsVO, 2017, Art. 90 Rz. 8.

Teil III

Straf- und Strafverfahrensrecht

Naturwissenschaften und Strafprozess: Der Einsatz von molekularbiologischen Erkenntnissen im Strafverfahren

MONIKA BECKER

Inhaltsübersicht

Am 28. März 2017 fand im Bundesministerium der Justiz und für Verbraucherschutz auf Einladung von Frau Ministerialdirektorin Graf-Schlicker eine ungewöhnliche Veranstaltung statt – ungewöhnlich zumindest für die von ihr geleitete Abteilung Rechtspflege. Statt – wie sonst üblich – Experten aus dem Bereich der Justiz waren Natur- und Sozialwissenschaftler vertreten, um den versammelten Rechtspolitikern Auskunft über neue Entwicklungen im Bereich des sog. DNA-Phenotypings zu geben. Der folgende Beitrag fasst die Ergebnisse des Symposiums zusammen und setzt sie in Beziehung zu einem anderen aktuellen rechtspolitischen Thema der 18. Legislaturperiode, der Ermöglichung der Erhebung und Verwertung von „Beinahetreffern" bei DNA-Reihenuntersuchungen.

I. Ausgangslage

Die Geschichte der strafprozessualen Gesetzgebung zur forensischen Verwendung der DNA umfasst noch nicht viele Jahre – und ist doch geprägt von einer Vielzahl von Änderungen.[1] Bemerkenswert daran ist zunächst, dass sowohl bezüglich der grundlegenden Möglichkeit der Analyse von Körperzellen hinsichtlich der in ihnen enthaltenen DNA zur Identifizierung des Spurenlegers als auch später hinsichtlich der möglichen Anwendung in einer Reihenuntersuchung zunächst gar kein Bedarf für eine explizite gesetzliche Grundlage gesehen wurde.

Die gewandelte Auffassung zum Datenschutz nach dem *Volkszählungsurteil* des Bundesverfassungsgerichts, aber auch das gewachsene Bewusstsein, wie aussagekräftig die DNA eines Menschen sein könnte, haben

1) Vgl. dazu den ausführlichen Überblick bei *Beck*, Die DNA-Analyse im Strafverfahren, 2015, S. 27–46.

dazu beigetragen, dass sich der Gesetzgeber auf der einen Seite zunächst aufgerufen sah, gesetzliche Grundlagen für die genannten Maßnahmen zu schaffen[2] sowie nach relativ kurzer Zeit Präzisierungen vorzunehmen, welche die Bewertung der Verhältnismäßigkeit des jeweiligen Eingriffs neu justierten, auf der anderen Seite aber auch durch die Vermehrung der in der DNA-Analysedatei beim Bundeskriminalamt Verzeichneten die Datengrundlage deutlich zu erweitern. Nicht immer verliefen diese Prozesse konsistent.[3]

Im Ergebnis regelt heute § 81e StPO den klassischen Fall der DNA-Analyse von – etwa im Wege der körperlichen Untersuchung nach § 81a der StPO entnommenen – Körperzellen des Beschuldigten zum Zwecke des Abgleichs mit etwaigen am Tatort aufgefundenen Spuren. § 81e StPO regelt auch die Reichweite der zulässigen Untersuchungen. Dies betrifft sowohl die Analyse der Körperzellen des Beschuldigten oder des Verletzten als auch die Analyse des am Tatort aufgefundenen Spurenmaterials (vgl. §§ 81e Abs. 1 Satz 3, Abs. 2 Satz 2 StPO: „Feststellungen über andere als in Satz 1 bezeichnete Tatsachen dürfen nicht erfolgen, hierauf gerichtete Untersuchungen sind unzulässig“).[4]

Nicht zulässig ist insbesondere das sog. „Phenotyping“, also eine umfassende molekulargenetische Untersuchung von Spurenmaterial zur Fest-

---

2) Vgl. die Begründung zum Strafverfahrensänderungsgesetz DNA-Analyse („genetischer Fingerabdruck“), v. 2.3.1995, BT-Drucks. 13/667, S. 1: „Zwar reichen ... die Rechtsgrundlagen für den Einsatz der DNA-Analyse aus. Die in weiten Teilen der Bevölkerung anzutreffenden, mit der Gentechnik ganz allgemein verbundenen Ängste und Befürchtungen vor übermäßigen, den Kern der Persönlichkeit berührenden Eingriffen, legen aber eine besondere gesetzliche Regelung der DNA-Analyse ... nahe, die die Voraussetzungen und Beschränkungen, die sich für den einzelnen aus der Durchführung einer solchen Untersuchung ergeben, klar festschreiben.“

3) Insbesondere fehlt es an empirischen Untersuchungen, die überprüfen könnten, ob die mit den Gesetzesänderungen verfolgte kriminalpolitischen Ziele erreicht wurden. So wurde die Ausweitung der DNA-Analysedatei auf die wiederholte Begehung von Bagatelldelikten in § 81g Abs. 1 Satz 2 StPO damit begründet, es sei kriminologisch erwiesen, dass Gewalttaten häufig andere, geringfügige Delikte vorangingen (BT-Drucks. 15/5674, S. 7, unter Hinweis auf Kriminologische Untersuchungen des Bundeskriminalamts und der Kriminologischen Zentralstelle). Die Argumentation ist insofern problematisch, als die Tatsache, dass Sexualstraftäter häufig zuvor andere, geringfügige Straftaten begangen haben mögen, kaum rechtfertigen kann, die Daten aller Wiederholungstäter geringfügiger Straftaten zu speichern – denn die meisten dieser Wiederholungstäter begehen keine Sexualstraftaten.

4) Vgl. *Rogall* in: SK-StPO, 4. Aufl. 2014, § 81e Rz. 13, zum eigentlich zusätzlich zur Zweckbindung nicht erforderlichen Handlungsverbot; zum später zusätzlich aufgenommenen Merkmal „Geschlecht“ vgl. *Krause* in: Löwe/Rosenberg, StPO, 26. Aufl. 2008, § 81e Rz. 24.

stellung genetisch bedingter Merkmale, also etwa die Bestimmung äußerer Körpermerkmale wie Größe, Haar- und Augenfarbe oder die biogeographische Zuordnung der Herkunft des Spurenlegers.

Lange war dies insofern unproblematisch, als die technischen und finanziellen Möglichkeiten eine so differenzierte forensische Auswertung der DNA gar nicht ermöglicht hätten. Die Fortschritte der Wissenschaft haben hier jedoch in vergleichsweise kurzer Zeit bis dahin kaum denkbare Möglichkeiten eröffnet.[5] Hinzu kamen im Jahr 2016[6] schwere Straftaten, die eine kriminalpolitische Debatte in Medien und (Fach-)Öffentlichkeit zur Folge hatten, in der diskutiert wurde, ob die Ermittlungsbehörden in weiterem Umfang von DNA-Spuren Gebrauch machen sollten, als dies bislang der Fall war.[7] Dies betraf Fälle, in denen DNA des Tatverdächtigen gesichert werden konnte, es aber – noch – niemanden gab, mit dem diese abgeglichen werden konnte. Zu Wort meldete sich in diesem Zusammenhang die „Spurenkommission", die gemeinsame Kommission der rechtsmedizinischen und kriminaltechnischen Institute. In ihrer Stellungnahme vom 14. Dezember 2016 führte sie aus, dass äußere Merkmale, die biogeographische Herkunft und das Alter von Personen genetisch bedingt seien. Die DNA-Analyse könne daher statistische Wahrscheinlichkeiten für das Vorliegen dieser Merkmale ergeben, die nicht individualspezifisch zu verstehen seien, also nicht geeignet wären, eine einzelne Person zu identifizieren, die aber dazu dienen könnten, den Kreis der Verdächtigen zu beschränken.[8] Voraussetzungen für eine merkmalbezogene Analyse seien nach Menge und Qualität ausreichende DNA sowie die Spur eines einzigen Spurenlegers. Die Wahrscheinlichkeiten betrügen für äußere Merkmale 95–98 % bei blauer oder dunkelbrauner Augenfarbe, 87 % bei schwarzer Haarfarbe, 70 % bei blonder Haarfarbe, 98 % für weiße Hautfarbe und 95 % für schwarze Hautfarbe. Für die biogeographische Herkunft betrage die Wahrscheinlichkeit der korrekten Zuordnung einer Probe

---

5) Vgl. dazu *EuroForGen*: Making Sense of Forensic Genetics. What can DNA tell you about a crime?, 2017.

6) Vgl. z. B. „Sexual-Mord an Maria L.: Hilfe vom stummen Zeugen", FAZ v. 14.2.2017.

7) Siehe auch Gesetzesantrag des Landes Baden-Württemberg v. 3.2.2017, BR-Drucks. 117/17; sehr kritisch von einer „Ausweitung der Genzone" spricht z. B. *Jahn*, Ausweitung der Genzone, ZPR 2017, 1.

8) Stellungnahme online verfügbar unter http://www.gednap.org/wp-content/uploads/2016/12/Stellungnahme_DNA-Vorhersage_Spurenkommission_2016-12-141.pdf (Abrufdatum: 13.12.2017).

sogar 99,9 %, bezogen auf die kontinentale Herkunft aus Europa, Afrika, Ostasien, Ozeanien und Amerika (nur indigene Bevölkerung).

Auf der anderen Seite hat das Bundesverfassungsgericht bereits Kriterien zur forensischen Nutzung von DNA-Daten aufgestellt. Eingriffe in den absolut geschützten Kernbereich der Persönlichkeit sind generell unzulässig und dürfen daher auch aufgrund eines Gesetzes nicht erfolgen.[9)] Bezüglich der DNA-Analyse sah das Gericht den Kernbereich jedenfalls dann als nicht betroffen an, solange sich die Eingriffsermächtigung auf den nicht-codierenden, zu ungefähr 30 % aus Wiederholungseinheiten bestehenden Anteil der DNA beziehe.[10)] Zu Untersuchungen, die den codierenden Bereich der DNA betreffen, hat sich das Bundesverfassungsgericht bislang nicht ausdrücklich geäußert. Es hat jedoch klargestellt, dass jedenfalls solche Feststellungen unzulässig sind, die Rückschlüsse auf persönlichkeitsrelevante Merkmale wie Erbanlagen, Charaktereigenschaften oder Krankheiten des Betroffenen zulassen, also auf Merkmale, welche letztlich die Erstellung eines Persönlichkeitsprofils ermöglichen.[11)]

II. Aufnahme bestimmter äußerer Merkmale in § 81e StPO

Das von *Marie Luise Graf-Schlicker* initiierte Symposium am 21. März 2017 diente dem Zweck, in diesem Rahmen die vielfältigen Facetten einer DNA-gestützten Vorhersage äußerer Körpermerkmale mit Wissenschaftlern und Praktikern zu erörtern.[12)] Dabei wurde nicht nur die naturwissenschaftliche und kriminaltechnische Seite der Genomanalyse zu strafverfahrensrechtlichen Zwecken beleuchtet, sondern es wurden auch verfassungsrechtliche, bioethische und soziologische Bezüge hergestellt.[13)]

Die aus dem In- und Ausland berichtenden Referenten zeigten auf, wie vielfältig die zu berücksichtigenden Faktoren sind. Im Ergebnis spricht aus

9) Vgl. BVerfG, stattgebender Beschl. v. 31.1.1973 – 2 BvR 454/71, BVerfGE 34, 238, 245; BVerfG, Beschl. v. 14.9.1989 – 2 BvR 1062/87, BVerfGE 80, 367, 373 f. m. w. N.

10) BVerfG, Beschl. v. 14.12.2000 – 2 BvR 1741/99, 2 BvR 276/00, 2 BvR 2061/00, BVerfGE 103, 21, Rz. 50 m. w. N.

11) BVerfG, Beschl. v. 14.12.2000 – 2 BvR 1741/99, 2 BvR 276/00, 2 BvR 2061/00, BVerfGE 103, 21.

12) Vgl. die Eröffnungsrede des Bundesministers der Justiz und für Verbraucherschutz, *Heiko Maas*, Möglichkeiten und Grenzen der DNA-Analyse, v. 21.3.2017, abrufbar unter https://www.bmjv.de/SharedDocs/Reden/DE/2017/03212017_Symposium_DNA-Analyse.html (Abrufdatum: 13.12.2017).

13) Zu den beteiligten Wissenschaftlern vgl. https://www.bmjv.de/SharedDocs/Artikel/DE/2017/03212017_Symposium_DNA_Analyse.html (Abrufdatum: 13.12.2017).

fachlicher Sicht durchaus einiges für eine Erweiterung von § 81e StPO, auch wenn die tatsächlichen Erkenntnisgewinne für die Strafverfahrenspraxis sich in Grenzen halten dürften. Hier sollen nur einige wenige Überlegungen rechtlicher Art erfolgen:[14)]

Etwaige gesetzlichen Regelungen zur DNA-Analyse stehen de lege ferenda verfassungsrechtlich im Spannungsfeld zwischen der in Art. 20 Abs. 3 GG wurzelnden Pflicht des Staates zur Aufklärung schwerer Straftaten[15)] und den in Art. 2 Abs. 1 i. V. m. Art. 1 Abs. 1 GG verbürgten Persönlichkeitsrechten der von der Maßnahme direkt oder indirekt betroffenen Personen. Dass Untersuchungen an der DNA einer Person nach Auffassung des Bundesverfassungsgerichts nicht generell unzulässig sind, wurde bereits erwähnt. Im Ergebnis dürfte daher für die verfassungsrechtliche Bewertung der hier in Rede stehenden Maßnahme entscheidend sein, welche Informationen über wie viele Personen aus der DNA gewonnen werden und wie mit diesen Informationen umgegangen wird.

Wird die DNA des Spurenverursachers am Tatort auf individuelle Merkmale untersucht, liegt bereits aufgrund der Untersuchung seines Körpermaterials ein Eingriff in das Persönlichkeitsrecht vor. Die Schwere des Eingriffs bestimmt sich danach, welche Informationen konkret aus der DNA gewonnen werden. Handelt es sich um solche Umstände, die lediglich das äußere Erscheinungsbild des Spurenverursachers betreffen, ist der Eingriff vergleichsweise gering. Insofern kann das Ergebnis der DNA-Untersuchung mit dem Ergebnis einer Zeugenbefragung oder der Auswertung einer Videoaufzeichnung verglichen werden. Anders ist zu bewerten, wenn die Untersuchung der DNA auch äußerlich nicht sichtbare Merkmale und Umstände (z. B. Krankheiten, Krankheitsrisiken, Charak-

---

14) Die folgenden Ausführungen beruhen maßgeblich auf Vorarbeiten von *Frau RiLG Dr. Susanne Claus*.

15) Vgl. z. B. BVerfG, Beschl. v. 6.10.2014 – 2 BvR 1568/12, Rz. 11: „Die wirksame Verfolgung von Gewaltverbrechen und vergleichbaren Straftaten stellt eine Konkretisierung der staatlichen Schutzpflicht aus Art. 2 Abs. 2 Satz 1 und 2 in Verbindung mit Art. 1 Abs. 1 Satz 2 GG dar (vgl. BVerfGK 17, 1 <5>). Vor diesem Hintergrund besteht ein Anspruch auf eine effektive Strafverfolgung dort, wo der Einzelne nicht in der Lage ist, erhebliche Straftaten gegen seine höchstpersönlichen Rechtsgüter – Leben, körperliche Unversehrtheit, sexuelle Selbstbestimmung und Freiheit der Person – abzuwehren und ein Verzicht auf die effektive Verfolgung solcher Taten zu einer Erschütterung des Vertrauens in das Gewaltmonopol des Staates und einem allgemeinen Klima der Rechtsunsicherheit und Gewalt führen kann. In solchen Fällen kann, gestützt auf Art. 2 Abs. 2 Satz 1 und 2 in Verbindung mit Art. 1 Abs. 1 Satz 2 GG, ein Tätigwerden des Staates und seiner Organe verlangt werden …“.

tereigenschaften) umfasst. Die Gefahr einer Kernbereichsverletzung durch Kenntnis dieser Informationen durch die Strafverfolgungsbehörden, die im Einzelfalls dann sogar mehr über die körperliche Konstitution und bestehende Risiken wüssten, als dem Spurenleger selbst bekannt wäre, ist mehr als naheliegend.

Neben dem Spurenverursacher sind weitere Personen mittelbar von einer Untersuchung der DNA auf äußere Merkmale betroffen. Das festgestellte statistisch wahrscheinliche Aussehen des Spurenlegers hinsichtlich bestimmter Merkmale trifft naturgemäß auf eine unüberschaubar große Zahl von Personen zu. Ein konkreter Verdacht kann aufgrund der nur grob umschriebenen äußeren Merkmale allerdings nicht entstehen. Spätestens durch Erhebung eines DNA-Identitätsmusters kann zudem abschließend geklärt werden, ob die Spur tatsächlich von der verdächtigten Person stammt.

Nicht von der Hand zu weisen sind Einwände, dass eine Feststellung der äußeren Merkmale diskriminierende Wirkung auf Minderheiten in der Gesellschaft entfalten kann, wenn Merkmale als statistisch wahrscheinlich ermittelt werden, die nur auf einen geringen Bevölkerungsanteil zutreffen (in Deutschland z. B. dunkle Hautfarbe, dunkle Haarfarbe, afrikanische Herkunft). Dies gilt noch nicht für die insoweit neutrale wissenschaftliche Untersuchung, wird aber relevant im Fall der Veröffentlichung des Untersuchungsergebnisses. Darüber müssen sich die Beteiligten bewusst sein und weitere Maßnahmen entsprechend abwägen. Dies gilt sowohl für eine Öffentlichkeitsfahndung (§§ 81h, 131b StPO), als auch für die Öffentlichkeitsarbeit von Polizei und Staatsanwaltschaft im Übrigen.

Es handelt sich letztlich nicht um ein spezifisch DNA-bezogenes Problem, sondern generell um den Umgang mit tat- und täterbezogenen Informationen im Ermittlungsverfahren,[16)] wobei nicht zu verkennen ist, dass das Ergebnis einer naturwissenschaftlichen Analyse von der Öffentlichkeit möglicherweise unkritischer für wahr (und nicht nur für wahrscheinlich) gehalten wird, als beispielsweise aufgrund von Zeugenaussagen erstellte Phantombilder. Dieser Gefahr ist durch die Strafverfolgungsbehörden mit geeigneten Mitteln zu begegnen.

---

16) Vergleichbar z. B. mit der immer wieder kontrovers diskutierten „Facebook-Fahndung", RiStBV Anlage B, Nr. 3.2. Vgl. dazu *Frühwirt/et al.*, Online-Fahndung in sozialen Netzwerken, Die Polizei 106 (2015), 344–351.

Letztlich erscheint die Feststellung äußerer Merkmale sowie der biogeographischen Herkunft damit als Eingriff in das allgemeine Persönlichkeitsrecht, der aber de lege ferenda verhältnismäßig und somit verfassungsgemäß ausgestaltet werden könnte.

III. DNA-Reihenanalyse und „Beinahetreffer“

Ein wichtiges Argument der Befürworter einer Ausweitung der DNA-Analyse unbekannter Spurenträger auf die Feststellung äußerer Merkmale bezieht sich auf die Möglichkeit, mithilfe der gewonnenen Wahrscheinlichkeiten eine DNA-Reihenuntersuchung mit einem auf Träger dieser Merkmale eingeschränkten Teilnehmerkreis durchführen zu können. Die zweite Maßnahme könne dadurch weniger eingriffsintensiv ausgestaltet werden, weil weniger Menschen von ihr betroffen wären.[17] Dieses Argument lenkt den Blick auf das zweite große Einsatzfeld der DNA-Analyse, die Reihenuntersuchung.

Wie bei der DNA-Identitätsfeststellung war auch bei der Reihenuntersuchung durchaus fraglich, ob sie einer gesonderten gesetzlichen Grundlage bedürfe. Der Gesetzgeber hat sich dazu entschieden, die Rechtsgrundlage zu schaffen, um den Grundrechtseingriff zu legitimieren, hat sich aber darauf beschränkt, den freiwilligen Massengentest zu reglementieren.[18] Zwangstests, die zur Zweckerreichung geeigneter sein könnten, sind daher nach wie vor verboten, was zu gewissen Widersprüchen führt: Wird die Einwilligung nämlich nicht erteilt, soll dies nach allgemeiner Auffassung nicht dazu führen dürfen, dass der Verweigernde nun gerade aufgrund seiner Verweigerung verdächtigt wird und sodann als Beschuldigter zu einer DNA-Probe gezwungen werden darf.[19] Eine entsprechende Anordnung soll erst zulässig sein, wenn weitere verdachtsbegründende Merkmale vorliegen. Denknotwendig kann das aber nicht häufig vorkommen, ist doch Voraussetzung für die Verhältnismäßigkeit der Anordnung des Massenscreenings selbst, dass keine anderen Ermittlungsansätze vorliegen. In der Literatur wurde wiederholt darauf hingewiesen, dass die gegenwär-

---

17) *Beck*, Die DNA-Analyse im Strafverfahren, 2015, S. 255.

18) Vgl. dazu BT-Drucks. 15/5674, S. 9: „Um die in der Praxis hinsichtlich der Rechtsgrundlage für eine molekulargenetische Reihenuntersuchung aufgetretene Unsicherheit zu beseitigen, erfährt der Reihengentest in § 81h StPO-E eine ausdrückliche Regelung.“

19) Obwohl dies in der Praxis durchaus üblich zu sein scheint, vgl. Nachweise bei *Beck*, Die DNA-Analyse im Strafverfahren, 2015, S. 266f; kritisch auch *Bosch* in: Satzger/Schmidt/Widmaier, StPO, 2. Aufl. 2016, § 81h Rz. 16.

tige Ausgestaltung nicht überzeugt.[20] Empirische Untersuchungen über die Praxis der DNA-Reihenuntersuchung in Deutschland fehlen bislang.

Trotz dieser ungelösten Probleme hat der Deutsche Bundestag im Juli 2017 ein Gesetz verabschiedet,[21] dass eine Ausweitung des Massenscreenings beinhaltet. Zukünftig dürfen auch „Beinahetreffer" ausgewertet werden. Mit diesem Vorhaben wurde ein Auftrag des Koalitionsvertrags der 18. Legislaturperiode umgesetzt, dem, wie so oft im Bereich der Verwendung von DNA-Analysen im Strafverfahren, ein Fall zugrunde liegt, der mit dem geltenden Recht nicht überzeugend gelöst werden konnte:[22] Nach der besonders brutalen Vergewaltigung eines jungen Mädchens ergab die Untersuchung des bei der Geschädigten sichergestellten DNA-Materials zwar einen bestimmten Spurenverursacher, aber keine Hinweise auf einen polizeilich bekannten Täter. Nachdem weitere Ermittlungen eine örtliche Verwurzelung des Täters nahegelegt hatten, ordnete der Ermittlungsrichter beim Amtsgericht Osnabrück auf Antrag der Staatsanwaltschaft hinsichtlich sämtlicher zwischen dem 1. Januar 1970 und dem 31. Dezember 1992 geborener männlicher Personen in der Samtgemeinde D. die freiwillige Abgabe von Körperzellen zur Feststellung des DNA-Identifizierungsmusters an. An dem Reihengentest, bei dem Speichelproben von 2.406 Männern nach der gesetzlich vorgeschriebenen Belehrung über die Freiwilligkeit und den Umfang der Nutzung der DNA genommen wurden, nahmen auch der Vater des später überführten Täters sowie zwei seiner Onkel teil; der später überführte Täter selbst war davon aufgrund seines jugendlichen Alters – er war zur Tatzeit erst 16 Jahre alt – nicht betroffen. Bei der Untersuchung und dem Vergleich der DNA-Proben aus dem Reihengentest mit dem DNA-Muster der Tatspuren stellte die beauftragte Sachverständige bei zwei anonymisierten Proben aufgrund des Vorkommens eines sehr seltenen Allels eine hohe Übereinstimmung zwischen diesen und der des mutmaßlichen Täters fest. Sie teilte diesen Befund dem ermittelnden Polizeibeamten mit und wies darauf hin, dass diese beiden Pro-

---

20) *Rogall* spricht von einer „paternalistischen Disziplinierungsnorm", deren „rechtspolitische Bewertung verheerend ausfallen muss", weil eine eingriffsersetzende Einwilligung mit einem Richtervorbehalt verbunden werde (*Rogall* in: SK-StPO, 4. Aufl. 2014, § 81h Rz. 3 f.). Anders die Bewertung bei *Krause* in: Löwe/Rosenberg, StPO, 26. Aufl. 2008, § 81h Rz. 4.

21) Gesetz zur effektiveren und praxistauglicheren Ausgestaltung des Strafverfahrens, v. 17.8.2017, BGBl. I 2017, 3202, 3203.

22) Die Sachverhaltsdarstellung folgt der Darstellung des BVerfG, Beschl. v. 13.5.2015 – 2 BvR 616/13, einer außerordentlich ausführlichen Nichtannahmeentscheidung.

bengeber zwar nicht als Täter in Betracht kämen, aber Verwandte des Spurenlegers sein könnten. Die beiden Proben wurden daraufhin bei der Polizeidienststelle entanonymisiert, und es wurde festgestellt, dass sie von untereinander Verwandten, nämlich von zwei Brüdern stammten. Ein von der Polizei durchgeführter Melderegisterabgleich erbrachte das Ergebnis, dass einer der Probengeber einen Sohn hatte, der aufgrund seines jugendlichen Alters nicht in das Raster für den Reihengentest gefallen war, der aber gleichwohl die Tat begangen haben könnte. Daraufhin erließ das Amtsgericht Osnabrück auf Antrag der Staatsanwaltschaft einen Beschluss auf Entnahme von Körperzellen beim Täter und deren Untersuchung zur Bestimmung des DNA-Identifizierungsmusters. Diese Untersuchung ergab eine Übereinstimmung mit der Tatspur.

Der Fall wies also die bis dahin einmalige Konstellation auf, dass der Täter eines Deliktes nicht unmittelbar im Zusammenhang mit einem Massengentest ermittelt werden konnte, sondern lediglich anlässlich der Untersuchung zufällig eine Teilübereinstimmung mit der Täterspur festgestellt werden konnte (sog. „Beinahetreffer"). Die Verwertung eines solchen „Beinahetreffers" führte nach Auffassung des Bundesgerichtshofs[23] nicht zu einer rechtlich durchgreifenden Verletzung von § 81h StPO oder von verfassungsrechtlichen Grundsätzen.

Der Wortlaut des § 81h Abs. 1 StPO verbiete zwar eindeutig überschießende Feststellungen. Dieses führe dazu, dass sich die Weitergabe der zusätzlich gewonnenen Erkenntnisse i. S. einer möglichen verwandtschaftlichen Beziehung und ihre anschließende Verwendung im Verfahren gegen den Angeklagten als verfahrensfehlerhaft erwiesen. Denn die darin liegende Verwertung als Verdachtsmoment stelle eine Verwendung personenbezogener Daten zu einem Zweck dar, zu dem sie nicht erhoben worden seien. Für den darin liegenden Eingriff in die Grundrechte fehle es an der erforderlichen gesetzlichen Grundlage. Sei die Verwendung der Daten der Angehörigen in Form der verdachtsbegründenden Verwertung gegen den Täter verfahrensfehlerhaft, so sei davon auch der gegen ihn erlassene Beschluss nach § 81a StPO betroffen. Die Gewinnung der daraus folgenden Beweismittel – die Übereinstimmung seines DNA-Identifizierungsmusters mit dem der Tatspuren – erweise sich damit ebenfalls als rechtswidrig. Gleichwohl kam der Bundesgerichtshof unter Anwendung der Abwägungslehre zu dem vom Bundesverfassungsgericht nicht beanstandeten

23) BGH, Urt. v. 20.12.2012 – 3 StR 117/12, BGHSt 58, 84.

Ergebnis, dass die Strafkammer diese Beweismittel in die Hauptverhandlung einführen und im Urteil gegen den Angeklagten verwerten durfte. Auch in verfahrensfehlerhafter Weise gewonnene Beweismittel könnten zur Urteilsfindung herangezogen werden, wenn nicht im Einzelfall ein Beweisverwertungsverbot entgegenstehe. Danach sei die Verwertung der erlangten Beweisergebnisse – namentlich des mit dem der Tatspur übereinstimmenden DNA-Identifizierungsmusters des Täters – hier (noch) zulässig. Zwar liege in der Verwendung der durch den angeordneten Reihengentest zufällig gewonnenen Erkenntnisse ein Rechtsverstoß von erheblichem Gewicht, denn eine Zweckbindung, wie sie von § 81h Abs. 1, Abs. 3 Satz 1, § 81g Abs. 2 Satz 2 StPO vorgesehen sei, solle gerade jede sonstige Datenverwendung verhindern. Entscheidend sei aber, dass der Gesetzgeber Regelungen für den Umgang mit sog. „Beinahetreffern" nicht getroffen habe. Die Rechtslage sei für die Ermittlungsbehörden im Zeitpunkt der weiteren Verwendung ungeklärt gewesen. Dabei habe die Ausgangslage der zufälligen Gewinnung einer überschießenden Erkenntnis im Rahmen des Reihengentests eine strukturelle Nähe zum Gegenstand anderer strafprozessualer Regelungen über den Umgang mit Zufallserkenntnissen aufgewiesen. Diese Regelungen verböten die Verwertung von Zufallserkenntnissen nicht generell, wie § 108 Abs. 1 StPO oder § 477 Abs. 2 Satz 2 StPO zeigten. Angesichts all dessen sei die Annahme der Ermittlungsbeamten nicht völlig unvertretbar, dass die Erkenntnis der möglichen Verwandtschaft zwischen dem mutmaßlichen Täter und seinen Verwandten als Ermittlungsansatz verwertet werden konnte. Jedenfalls stelle sich diese Annahme nicht als eine bewusste oder gar willkürliche Umgehung des Gesetzes oder grundrechtlich geschützter Positionen des zu diesem Zeitpunkt noch gar nicht bekannten Täters oder seiner Verwandten dar.

Die Entscheidungen begegneten zum Teil recht heftiger Kritik.[24] Kriminalpolitischen Handlungsbedarf lösten sie insofern aus, als jedenfalls für die Zukunft nunmehr eindeutig feststand, dass die gesetzliche Regelung

24) Vgl. dazu ausführlich und m. w. N. *Beck*, Die DNA-Analyse im Strafverfahren, 2015, S. 313 ff. Die Kritik richtete sich vor allem auf die Ausführungen bzgl. der Ablehnung eines Beweisverwertungsverbotes trotz eindeutiger Feststellung der Rechtswidrigkeit der Maßnahme.

die Ermittlung und Verwertung von „Beinahetreffern" ausschloss. Der Gesetzgeber hat dem nun abgeholfen, indem er § 81h wie folgt fasste:[25)]

„§ 81h

DNA-Reihenuntersuchung

(1) Begründen bestimmte Tatsachen den Verdacht, dass ein Verbrechen gegen das Leben, die körperliche Unversehrtheit, die persönliche Freiheit oder die sexuelle Selbstbestimmung begangen worden ist, dürfen Personen, die bestimmte, auf den Täter vermutlich zutreffende Prüfungsmerkmale erfüllen, mit ihrer schriftlichen Einwilligung

1. Körperzellen entnommen,

2. diese zur Feststellung des DNA-Identifizierungsmusters und des Geschlechts molekulargenetisch untersucht und

3. die festgestellten DNA-Identifizierungsmuster mit den DNA-Identifizierungsmustern von Spurenmaterial automatisiert abgeglichen werden,

soweit dies zur Feststellung erforderlich ist, ob das Spurenmaterial von diesen Personen *oder von ihren Verwandten in gerader Linie oder in der Seitenlinie bis zum dritten Grad stammt*, und die Maßnahme insbesondere im Hinblick auf die Anzahl der von ihr betroffenen Personen nicht außer Verhältnis zur Schwere der Tat steht.

(...)

(4) Die betroffenen Personen sind schriftlich darüber zu belehren, dass die Maßnahme nur mit ihrer Einwilligung durchgeführt werden darf. Vor Erteilung der Einwilligung sind sie schriftlich auch darauf hinzuweisen, dass

1. die entnommenen Körperzellen ausschließlich zur Feststellung des DNA-Identifizierungsmusters, der Abstammung und des Geschlechts untersucht werden und dass sie unverzüglich vernichtet werden, sobald sie hierfür nicht mehr erforderlich sind,

2. das Untersuchungsergebnis mit den DNA-Identifizierungsmustern von Spurenmaterial automatisiert daraufhin abgeglichen wird, ob das Spurenmaterial von ihnen oder von ihren Verwandten in gerader Linie oder in der Seitenlinie bis zum dritten Grad stammt,

3. das Ergebnis des Abgleichs zu Lasten der betroffenen Person oder mit ihr in gerader Linie oder in der Seitenlinie bis zum dritten Grad verwandter Personen verwertet werden darf und

4. die festgestellten DNA-Identifizierungsmuster nicht zur Identitätsfeststellung in künftigen Strafverfahren beim Bundeskriminalamt gespeichert werden."[26)]

Von der Ausweitung der Untersuchungsmöglichkeiten betroffen sind somit die nahen Verwandten derjenigen, die an einer DNA-Reihenuntersuchung teilnehmen. Ihr Grundrecht auf informationelle Selbstbestimmung wird von der Ausweitung der Untersuchungsmöglichkeiten aber nach Auffassung der Bundesregierung nicht oder jedenfalls nur mittelbar betroffen:[27)]

---

25) Gesetz zur effektiveren und praxistauglicheren Ausgestaltung des Strafverfahrens, v. 17.8.2017, BGBl. I 2017, 3202, 3203.

26) Hervorhebung durch die Verfasserin.

27) BT-Drucks. 18/11277, S. 21 f.

Untersucht wird nämlich weiter ausschließlich das genetische Material der Probanden, die an der Reihenuntersuchung teilgenommen haben. Sollte sich dabei eine Ähnlichkeit mit dem Spurenmaterial ergeben, wird damit zunächst nur eine statistische Aussage über das genetische Material des Probanden getroffen. Ein Bezug zu konkreten anderen Personen i. S. eines personenbeziehbaren Datums lässt sich mit diesem Ergebnis nicht herstellen. Erst wenn die Ermittlungsbehörden aufgrund des „Beinahetreffers" – ausgehend vom Probanden – weitere Ermittlungen anstellen, um herauszufinden, ob er tatsächlich Verwandte hat, die als Täter in Frage kommen, kann sich ein Tatverdacht gegen konkrete Dritte ergeben. Selbst wenn man deshalb von einem mittelbaren Eingriff in die informationelle Selbstbestimmung ausgeht, wäre dieser jedenfalls durch das hoch zu gewichtende staatliche Interesse an der Aufklärung und Verfolgung von (schweren) Straftaten gerechtfertigt. Auch Art. 6 Abs. 1 GG ist nicht berührt. Das Familiengrundrecht schützt vor staatlichen Maßnahmen, die die Familie schädigen, stören oder sonst beeinträchtigen.[28)] Es vermittelt aber keinen Schutz gegen Familienangehörige, die freiwillig zur Strafverfolgung eines Verwandten beitragen.

Dies steht allerdings in einem gewissen Wertungswiderspruch zu der Tatsache, dass Verwandte zur Abgabe von Spurenmaterial zu Vergleichszwecken nicht gezwungen werden dürfen, § 81c Abs. 3 StPO, obwohl gerade bei einer zwangsweisen Entnahme ein Gewissenskonflikt nicht entstehen kann.[29)]

Nicht gelöst werden kann durch die neue Norm weiterhin das Problem der Freiwilligkeit der Teilnahme bzw. der Folgen einer Nicht-Teilnahme für den Probanden. Bislang musste und konnte der Teilnehmer an einer Untersuchung abwägen, ob er das Risiko der Entdeckung eingehen wollte oder ob – was er selbst zuverlässig wissen konnte – ein solches Risiko überhaupt nicht vorlag. Das ist jetzt anders. Nicht nur sich selbst, sondern auch nahe Verwandte kann der Teilnehmer nun in Verdacht bringen. Dass er darüber zu belehren ist, ist rechtsstaatlich geboten, kann aber in der Praxis zu einer deutlich geringeren Teilnahmebereitschaft führen. Es bleibt also abzuwarten, ob die Aufnahme der „Beinahetreffer" in das Gesetz Ermittlungserfolge bei DNA-Reihentests zu fördern geeignet ist.

---

28) Vgl. BVerfG, Beschl. v. 17.1.1957 – 1 BvL 4/54, BVerfGE 6, 55, 76.
29) *Bosch* in: Satzger/Schmidt/Widmaier, StPO, 2. Aufl. 2016, § 81h Rz. 16.

Das Verbot von Ton- und Bildaufzeichnungen und Rundfunk-Fernsehaufnahmen des § 169 Satz 2 GVG aus dem Jahr 1964

– Was war vorher und wie kam es zum Verbot? –

ALEXANDER DÖRRBECKER

Inhaltsübersicht

Die Jubilarin hat in den Jahren 2013 bis 2015 die Bund-Länder-Arbeitsgruppe „Ist das Verbot des § 169 Satz 2 GVG noch zeitgemäß?" geleitet, deren Abschlussbericht Grundlage für den Beschluss der 86. Justizministerkonferenz mit der Aufforderung an den Bund war, das Verbot aus dem Jahr 1964 moderat zu lockern.

I. Einleitung

Durch Art. 11 Nr. 5 des Gesetzes zur Änderung der Strafprozessordnung und des Gerichtsverfassungsgesetzes (StPÄG) vom 19. Dezember 1964[1)]

1) Gesetz zur Änderung der Strafprozessordnung und des Gerichtsverfassungsgesetzes – StPÄG, v. 19.12.1964, BGBl. I, 1964, 1067.

wurde § 169 Satz 2 GVG geschaffen. Mit dieser Regelung war für 53 Jahre eindeutig geklärt: Rundfunk und Fernsehen haben in der mündlichen Verhandlung – bzw. der Hauptverhandlung im Strafverfahren – und bei der Urteilsverkündung nichts zu suchen. Im Gegensatz zu den Vorüberlegungen und zwei vorangegangenen Entwürfen der Bundesregierung, in denen Funk und Fernsehen jedenfalls für die Urteilsverkündung vom Vorsitzenden hätten zugelassen werden können,[2)] sah diese Regelung einen vollständigen Ausschluss von Rundfunk und Fernsehen vor. Das Verbot beendete eine Debatte, die ab Mitte der fünfziger Jahre lebhaft geführt wurde. Ein Blick zurück in die damalige Praxis vor den Gerichten und in die Rechtsprechung zur Frage der Zulassung von Rundfunk und Fernsehen vor 1964 soll zeigen, wie weit diese Debatte damals bereits vorangeschritten war und dass sie vieles vorwegnahm, was heute noch und wieder diskutiert wird.

So soll im Folgenden zunächst untersucht werden, ob und inwieweit der Rundfunk und/oder das Fernsehen in den Gerichtssälen der 1950er Jahre eine Rolle gespielt hat. Weiter soll geprüft werden, wie die Rechtsprechung mit den Fällen umgegangen ist, in denen Rundfunk- oder Fernsehaufzeichnungen verfahrensrechtlich gerügt wurden und damit zum Gegenstand der Rechtsmittelinstanzen geworden sind. Im dritten Abschnitt soll der Diskussionsstand in der Literatur dargelegt werden. Dabei soll aufgezeigt werden, wie sich allmählich die Stimmen durchsetzten, die ein möglichst strenges Verbot befürworteten.

II. Rundfunk und Fernsehen in den Gerichtssälen

Seit den Anfängen der Forderung nach der Öffentlichkeit von Gerichtsverfahren spielte auch die Gerichtsberichterstattung eine wesentliche Rolle. Neben dem Hauptargument für die Herstellung der Öffentlichkeit, die Kontrolle der Justiz, war stets auch die damit verbundene Berichterstattung Bestandteil der Diskussion. Die von *Paul Johann Anselm von Feuerbach* aus Frankreich übernommene Idee der Kriminalliteratur führte zu seiner Schrift „Aktenmäßige Darstellung merkwürdiger Verbrechen" im Jahre 1812.[3)] Solche Art von Darstellungen dienten – auch damals schon – der Unterhaltung großer, nicht juristisch vorgebildeter Kreise.[4)]

---

2) BT-Drucks. IV/1020.

3) Heidelberg, Justizreportage, S. 15.

4) Zum Zusammenhang zwischen Öffentlichkeitsgrundsatz und Berichterstattung vgl. *Holiczki*, Die Entwicklung der Gerichtsberichterstattung in der Wiener Tagespresse von 1848 bis zur Jahrhundertwende, S. 9, 21, 80 ff.

1. Technische Entwicklung

Die technische Entwicklung seit den 1920er Jahren sorgte für eine grundlegende Veränderung der Presseberichterstattung, die auch vor der Justiz und den Gerichtssälen nicht Halt machte. Auch wenn – wie *Britz* zu Recht feststellt[5] – die schriftliche Quellenlage hier sehr unvollständig ist, sollen im Folgenden einige Beispiele angeführt werden, bei denen tatsächlich Rundfunk- oder Fernsehübertragungen aus dem Gerichtssaal stattgefunden haben.[6]

2. Abschreckende Beispiele aus der Vorkriegszeit

Das erste Verfahren, das in Deutschland im Rundfunk übertragen wurde, war das Strafverfahren vor dem Reichsgericht zum Reichstagsbrand im Jahr 1933.[7] Das allein aus politischer Motivation heraus geführte Verfahren diente zweifellos als Schauprozess. Gleichzeitig hat das Verfahren damals aber auch gezeigt, dass sich eine Verhandlung im Gerichtssaal nicht immer politisch nutzen lässt. In den 1940er Jahren wurde der Großteil der Verfahren vor dem Volksgerichtshof in Ton und Bild aufgezeichnet und teilweise im Rundfunk übertragen.

3. Rundfunk als Medium zur Volksbildung

Nach dem Zweiten Weltkrieg ging man dazu über, die übliche Gerichtsberichterstattung auch auf den Rundfunk auszudehnen. Die neuen Kommunikationsmittel wurden vielfach auch mit Zustimmung der Gerichte eingesetzt.[8] *Sarstedt* berichtet 1956 davon, dass der Sender *Freies Berlin* eine wöchentliche Sendung ausstrahle, die den Titel habe „Menschen und Paragraphen – Originalaufnahmen aus Berliner Gerichten".[9]

Die Rundfunkübertragungen von einzelnen Verfahren oder Teilen daraus waren in den 1950er Jahren so üblich, dass sie im Einzelnen heute nicht

---

5) *Britz*, Fernsehaufnahmen im Gerichtssaal, 1998, S. 29 ff.

6) Eine vom Autoren angedachte Sichtung der Rundfunkarchive konnte bis zur Erstellung dieses Beitrags nicht realisiert werden.

7) *Hagemann*, Kriminal-Archiv, DJZ 1933, 964; *Hagemann*, Kriminal-Archiv, DJZ 1933, 1355.

8) *Jagusch*, Rundfunk- und Fernsehübertragungen von Gerichtsverhandlungen, DRiZ 1960, 85.

9) *Sarstedt*, Rundfunkaufnahmen im Gerichtssaal, JR 1956, 121.

mehr nachvollzogen werden können, weil die meisten nicht Gegenstand von Debatten oder Revisionsverfahren wurden.

Bekannt ist noch der Fall, der vor dem Münchener Schwurgericht stattgefunden hat und über das Bayerische Oberlandesgericht zum Bundesgerichtshof gegangen ist,[10)] weil der Verteidiger mit der Rundfunkaufzeichnung seines Schlussplädoyers nicht einverstanden war.

Interessant ist, dass es bei vielen dieser Verfahren nicht zu ähnlichen Rügen gegen die Ton- oder Filmaufzeichnungen gekommen ist – so auch nicht in den folgenden Verfahren, die im Fernsehen übertragen wurden.

4. Fernsehübertragungen

Ende 1957 zeigte der bayerische Rundfunk im Rahmen eines Gemeinschaftsprogramms der öffentlich-rechtlichen Rundfunkanstalten im Fernsehen Ausschnitte aus einem Schwurgerichtsprozess.[11)] In dem Verfahren wurde der ehemalige Wehrmachtsgeneral *Schörner* wegen der von ihm ausgesprochenen Todesurteile bei Kriegsende, die vom Gericht als verübter und in einem anderen Fall als versuchter Totschlag gewertet wurden, zu viereinhalb Jahren Freiheitsstrafe verurteilt.

In der zeitgenössischen Literatur wird über die Berichterstattung in diesem Verfahren berichtet und ausgeführt, dass dieser Versuch sehr lehrreich gewesen sei.[12)] Die Übertragung in diesem Verfahren habe gezeigt, dass die Techniker in der Lage gewesen seien, Störquellen nahezu völlig auszuschalten. Man habe mit indirekter Beleuchtung gearbeitet. Die Mikrofone seien so angebracht gewesen, dass sie nicht ins Gesichtsfeld fielen. Die Kameras hätten seitlich hinter dem Staatsanwalt und hinter den Zuschauern gestanden, so dass sie den Ablauf nicht gestört hätten. Der Fernsehbericht habe den Zuschauern den Ernst der Verhandlung gut vermittelt. Es sei deutlich geworden, dass es dem Vorsitzenden allein daran gelegen gewesen sei, die Wahrheit ans Licht zu bringen.

Der gleiche Autor erwähnt ein anderes Verfahren, bei dem allerdings die Ausleuchtung und Gestaltung weniger glücklich organisiert gewesen zu

10) BayObLG, Beschl. v. 18.1.1956 – BReg 3 St 175/55, BayObLGSt, 1956, 21; siehe dazu unten III.
11) *Lang*, Ton- und Bildträger, 1960, S. 70.
12) *Lang*, Ton- und Bildträger, 1960, S. 70.

sein scheint.[13] Es handelt sich um das Verfahren gegen den ehemaligen SS-Mann *Wilhelm Schubert*, das vor dem Landgericht Bonn am 6. Februar 1959 mit der Verurteilung zu einer lebenslangen Freiheitsstrafe endete. *Lang* schreibt, die helle Ausleuchtung habe den gesamten Verhandlungsablauf teilweise gestört.

5. *Fernsehverfahren im politischen Bonn*

Vor dem Landgericht Bonn fanden 1959 zwei weitere Verfahren vor Fernsehkameras statt, die nicht allein wegen der Präsenz des Fernsehens, sondern auch wegen der Angeklagten bundesweit für Aufsehen sorgten. Besonders das erste Verfahren galt als Auslöser für die spätere Schaffung des § 169 Satz 2 GVG.[14]

Der sog. „*Strack-Prozess*“ wurde 1959 vor dem Landgericht Bonn geführt und erhielt überregionale Aufmerksamkeit.[15] In dem Verfahren wurden sowohl Teile der Hauptverhandlung als auch die Urteilsverkündung gefilmt. Der zuständige Richter, Landgerichtsdirektor *Helmut Quirini*, war dafür bekannt, in seinen Verfahren das Fernsehen zuzulassen. In diesem Verfahren war u. a. *Professor Walter Hallstein*, zu der Zeit bereits Präsident der EWG-Kommission, wegen übler Nachrede angeklagt. Er wurde zwar freigesprochen, die Bildeinstellungen während der Urteilsverkündungen sorgten aber bundesweit für Kritik. Als der Richter das Urteil zu verlesen begann, schwenkte die Kamera auf die Angeklagten. Der Richter selbst war nur im Hintergrund zu hören und die Angeklagten wurden in Großaufnahme gezeigt. Diese Bilder sorgten für Verstimmungen, weil sie die Angeklagten direkt an den Pranger gestellt hätten. Dabei hatte der Verteidiger *Dahs* der Aufzeichnung durch die Fernsehkameras bei der Urteilsverkündung ausdrücklich zugestimmt. Später soll er beim Anwaltstag in Stuttgart die Fernsehaufzeichnung in dieser Form als „Hinrichtung“ bezeichnet haben.[16]

Das andere Verfahren, das in der zweiten Jahreshälfte 1959 vor der gleichen Strafkammer geführt wurde, richtete sich gegen einen Beamten aus dem Verteidigungsministerium (*Loeffelholz-Verfahren*). Hier ging es um den Vorwurf der Bestechlichkeit gegen den Beamten, der für die Beschaffung

---

13) *Lang*, Ton- und Bildträger, 1960, S. 70.
14) *Töpper*, Fernsehen aus dem Gerichtssaal, DRiZ 1995, 242.
15) Der Spiegel, Heft 11 v. 11.3.1959, S. 18 (*AA-Prozess*).
16) Der Spiegel, Heft 11 v. 11.3.1959, S. 18 (*AA-Prozess*).

zuständig war. Nach dem Bericht des *Spiegels* wurden hier hinsichtlich der Kameraeinstellungen einige Fehler aus dem vorangegangenen *Hallstein-Verfahren* vermieden. So wurde bei der Urteilsverkündung der Angeklagte nicht vergleichbar ausgeleuchtet.[17)]

Folge dieser Verfahren war, dass Fernsehübertragungen aus dem Gerichtssaal nun zu einem politischen Thema wurden.[18)]

6. Spektakuläre Strafverfahren

Ab den sechziger Jahren zeichnete die ARD vermehrt Strafverfahren für das Fernsehen auf. So wurden beispielsweise die Urteilsverkündung in dem Mordfall *Rosemarie Nitribitt* im Juli 1960 vor dem Landgericht Frankfurt oder die Verkündung im Mordprozess gegen *Vera Brühne* 1962 vor dem Landgericht München für das Fernsehen gefilmt.[19)]

III. Die Rechtsprechung zur Zulassung von Rundfunk und Fernsehen in den Gerichtssälen vor 1964

1. Rundfunkaufnahmen als Ermessenssache

Bis zur Einführung des Verbots des § 169 Satz 2 GVG wurde die Zulässigkeit von Rundfunk und Fernsehaufnahmen und Übertragungen am Maßstab des § 169 a. F. GVG und § 176 GVG erörtert. Anerkannt war allerdings, dass die Zulassung von Rundfunk und Fernsehen durch den Vorsitzenden Richter im Rahmen der Ordnungspolizei gemäß § 176 GVG durch die Ausübung seines pflichtgemäßen Ermessens erfolgen könne. Dabei wurde die Auffassung, die für eine abwägende Entscheidung des Vorsitzenden von Rundfunkaufnahmen eintrat, durch die Richtlinien für das Strafverfahren bestätigt. Diese lauteten in Nr. 110 Ziff. 3 in der Fassung vom 1. August 1953:

> „Nur den Presse- und Rundfunkberichterstattern soll gestattet werden, im Gerichtssaal zu zeichnen, zu fotografieren oder eine Übertragung der Verhandlung für den Rundfunk aufzunehmen. Die Entscheidung trifft der Vorsitzende (§ 176 GVG). Ihm wird empfohlen, folgende Gesichtspunkte gegeneinander abzuwägen: Presse und Rundfunk dienen der Strafrechtspflege durch eine wahrheitsgemäße Berichterstattung, da sie die Tätigkeit von Richter und Staatsanwalt der Öffentlichkeit näherbringen. Sie

---

17) Der Spiegel, Heft 36 v. 2.9.1959, S. 32 (*Bütt im Tribunal*).

18) Der Spiegel, Heft 49 v. 2.12.1959, S. 23 (*Falsch besetzt*).

19) Tagesspiegel, „Gerichtsfernsehen: Licht aus“, v. 23.1.2001.

dürfen in ihrer Berichterstattung nicht mehr beschränkt werden, als es der Zweck der Hauptverhandlung gebietet. Die Aufgabe des Gerichts, die Wahrheit zu erforschen, darf aber nicht vereitelt oder erschwert, das Recht des Angeklagten, sich ungehindert zu verteidigen, nicht beeinträchtigt werden. Bild- und Tonaufnahmen können zur Folge haben, daß der Angeklagte und Zeugen von der Hauptverhandlung abgelenkt und in ihrer Unbefangenheit beeinträchtigt werden, daher empfiehlt es sich nicht, Bild- und Tonaufnahmen während der Vernehmung des Angeklagten und während der Beweisaufnahme zuzulassen. Auch im Übrigen wird der Vorsitzende berechtigte Wünsche der Beteiligten berücksichtigen."

2. Entscheidung des Bayerischen Oberlandesgerichts 1956

In diesem Sinne entschied das Bayerische Oberlandesgericht im Jahr 1956 auf Grund einer Interessenabwägung.[20] Der Entscheidung lag ein Verfahren zugrunde, bei dem sich der Verteidiger vor dem Schwurgericht geweigert hatte, seinen Schlussvortrag für den bayerischen Rundfunk auf Tonband aufzunehmen. Das Gericht beschloss hierauf, die Verhandlung auszusetzen, weil ein Fall notwendiger Verteidigung vorlag. Die durch Aussetzung des Verfahrens entstandenen Kosten sollten dem Verteidiger auferlegt werden. Das Bayerische Oberlandesgericht vertrat die Auffassung, dass Rundfunkaufnahmen im Sitzungssaal nicht pauschal gerechtfertigt seien, sondern dass von Fall zu Fall entschieden werden müsse, ob diese zugelassen werden könnten. Dabei müsse die gerichtliche Wahrheitsfindung mit dem Interesse des demokratischen Rechtsstaats auf Verbreitung der Rechtsfindung abgewogen werden. Der Wahrheitsfindung sei dabei Vorrang zu geben. Allerdings könne die bloße Tatsache, dass die erweiterte Öffentlichkeit bei den Beteiligten psychische Hemmungen auslöse, nicht zu einer Ablehnung der Rundfunkübertragung führen. Der Grundsatz der Öffentlichkeit bedeute bereits, dass die Verfahrensbeteiligten nicht nur hinter verschlossenen Türen ihr Anliegen vorbringen könnten. Die vom Vorsitzenden vorgenommene Genehmigung für den Rundfunk wurde in diesem Fall als rechtens angesehen.[21]

3. Das „Rundfunkurteil" des Bundesgerichtshofs von 1957

Dieses Verfahren wurde vor dem Bundesgerichtshof fortgesetzt und so entschied der 1. Strafsenat im Jahr 1957, dass jeder Verfahrensbeteiligte

20) BayObLG, Beschl. v. 18.1.1956 – BReg 3 St 175/55, BayObLGSt, 1956, 21, 23.

21) Diese Entscheidung blieb bei den Kritikern nicht ungehört: *Sarstedt*, JR 1956, 121; *Eb. Schmidt*, Zulässigkeit und Verwendbarkeit von Tonbandaufnahmen im Strafverfahren, JZ 1956, 206, 209.

einschließlich des Verteidigers es ablehnen dürfe, dass seine Aussagen für den Rundfunk aufgenommen würden.[22] Der Verteidiger hatte in der neuen Hauptverhandlung wiederum beantragt, dem bayerischen Rundfunk die Herstellung von Tonbandaufnahmen zu untersagen. Der Antrag wurde vom Gericht als unzulässig verworfen. Der Verteidiger hielt darauf seinen Schlussvortrag vor dem Mikrofon. Der Angeklagte fühlte sich durch die Tonbandaufnahme gegen den Willen des Verteidigers beschwert und rügte die Verletzung des § 169 GVG i. V. m. § 338 Nr. 8 StPO und Art. 1 und 2 GG. Der Bundesgerichtshof berief sich auf die in der Literatur vertretenen Ansichten von *Schmidt* und *Sarstedt*[23] und stellte fest, dass jeder Verfahrensbeteiligte in der Hauptverhandlung, vor allem auch der Verteidiger bei seinem Schlussvortrag, es grundsätzlich ablehnen dürfe, vor einem Gerät des Rundfunks zwecks Tonbandaufnahme zu sprechen. Dies sei ein Ausfluss des durch Art. 1 Abs. 1 und Art. 2 Abs. 1 GG gewährleisteten allgemeinen Persönlichkeitsrechts. Jeder habe die ausschließliche Befugnis, darüber zu bestimmen, ob, wann und wo sprachliche Äußerungen auf einem Tonband aufgenommen werden.

4. Das „Fernsehurteil" des Bundesgerichtshofs von 1961

In einem anderen Verfahren, das 1961 vor dem Bundesgerichtshof entschieden wurde, lehnte dieser die Fernsehübertragung ab. Vorgänge in der Hauptverhandlung, auf die sich die Überzeugungsbildung des Gerichts stützen könne, dürften nicht durch das Fernsehen übertragen werden. Dulde das Gericht (oder der Vorsitzende) solche Aufnahmen, so verletze es die Pflicht zur Erforschung der Wahrheit und beschränke in unzulässiger Weise die Verteidigung des Angeklagten.[24] Von der eigentlich vorgesehenen Interessenabwägung nahm der Bundesgerichtshof Abstand.

5. Das „zweite" Fernsehurteil des Bundesgerichtshofs

Ein weiteres Verfahren vor dem Bundesgerichtshof soll noch kurz erwähnt werden. Es fand erst 1968 statt.[25] In diesem Fall hatte der Vorsitzende trotz § 169 Satz 2 GVG für die Verkündung des Urteilsspruchs die

---

22) BGH, Urt. v. 8.2.1957 – 1 StR 375/56, BGHSt, 10, 202 = NJW 1957, 881 (sog. *Rundfunkurteil*).
23) *Schmidt*, JZ 1956, 206; *Sarstedt*, JR 1956, 121.
24) BGH, Urt. v. 13.6.1961 – 1 StR 179/61, NJW 1961, 1781 (sog. *Fernseh-Urteil*).
25) BGH, Urt. v. 13.2.1968 – 5 Str 706/68, NJW 1968, 804.

Aufzeichnung durch Fernsehkameras genehmigt. Dies, so der Bundesgerichtshof, verstoße ausdrücklich gegen die Regelung des § 169 Satz 2 GVG. Der Bundesgerichtshof stellte hier klar, dass das Verbot auch für die Urteilsverkündung gelte.

IV. Die Diskussion in der Literatur

Mit der vermehrten Rundfunkbeteiligung in den 1950er Jahren nahm auch die Diskussion in der Literatur zu.[26] Gerungen wurde darum, ob und im welchem Maße Medienbeteiligung erwünscht war. Auf ihren Höhepunkt gelangte die Debatte etwa ab 1956.[27] Es gab klar ablehnende Auffassungen[28] und solche Stimmen, die die Aufzeichnung und Übertragung ausdrücklich befürworteten.[29]

1. Befürworter der Rundfunkaufzeichnung

Die Befürworter vertraten die Ansicht, dass Bild- und Tonaufnahmen nur dann unzulässig sein müssten, wenn Sie den Verlauf der Verhandlung empfindlich störten. Im Vordergrund stand für sie die Einheitlichkeit des Öffentlichkeitsgrundsatzes.[30] Einschränkungen könnten nur bei Störungen gebilligt werden. Insbesondere dann, wenn die Verfahrensbeteiligten mit einer Aufzeichnung einverstanden seien, sei eine empfindliche Störung nicht anzunehmen. Radio und Fernsehen führten auch nicht dazu, dass der Verhandlung die Würde genommen werde. Auf die persönlichen Wünsche der Richter, Staatsanwälte und Verteidiger könne es nicht ankommen, da sie von Amts wegen der Rechtspflege dienten. Andere Befürworter wogen zusätzlich ab, ob die Aufzeichnungen in die Individualsphäre der Betroffenen eingriffen.[31] Die Presse- und Rundfunkfreiheit des Grundgesetzes gebiete die Medienbeteiligung.[32] Zur Vermittlung der

---

26) *von Coelln*, Zur Medienöffentlichkeit der dritten Gewalt, 2005, S. 302.
27) Einen guten Überblick über die historische Debatte vor 1960 bietet *Lang*, Ton- und Bildträger, 1960, S. 48 ff.
28) *Eb. Schmidt*, Lehrkommentar I, 1952, Nr. 345d; *Henkel*, Strafverfahrensrecht, 1953, S. 317; *Eb. Schmidt*, JZ 1956, 206; *Sarstedt*, JZ, 1956, 121.
29) *Kohlhaas*, Bild- und Tonberichterstattung im Gerichtssaal, DRiZ 1956, 2; *Lang*, Ton- und Bildträger, 1960, S. 51 ff.
30) *Kohlhaas*, DRiZ 1956, 2.
31) *Lang*, Ton- und Bildträger, 1960, S. 51.
32) *Lang*, Ton- und Bildträger, 1960, S. 54.

Arbeit der Justiz sei die Rundfunkübertragung erstrebenswert.[33] Art. 5 GG habe Presse und Rundfunk eine wichtige Aufgabe im demokratischen Staatswesen zugewiesen. Dem Argument der Rundfunkgegner, dass die Zeugen psychisch in ihrem Aussageverhalten gehemmt würden, begegneten die Befürworter damit, dass die Zeugen durch die Aufzeichnungen gar nicht gestört würden. Die moderne Technik mache es möglich, dass die Mikrophone und Kameras gar nicht auffielen. Da die meisten Zeugen gar nicht daran gewöhnt seien, vor einem Publikum zu sprechen, spiele es psychologisch keine Rolle, ob die Aussage vor einem großen Publikum im Saal oder vor einem nicht sichtbaren Publikum vor den Rundfunksendern erfolge.[34]

2. Die Gegner der Rundfunkübertragung

Bei den Gegnern einer Rundfunkübertragung ist eine Entwicklung zu einer grundsätzlichen Ablehnung dieses Instruments zu erblicken. Unter anderem wird vertreten, dass eine Abwägung zwischen Pressefreiheit und Interessen der Beteiligten schon allein deshalb nicht in Betracht komme, da die Zulassung der Presse eine bloße Gewohnheit und ein rechtlich unverbindliches Entgegenkommen des Gerichts sei.[35] Es wird sogar die Nutzung der Rundfunktechnik insgesamt lächerlich gemacht, die es ermögliche, dass sogar längst verstorbene Personen im Radio wieder aufleben.[36] Auch könnten die Beteiligten die Folgen einer Zustimmung zur Aufzeichnung gar nicht absehen.[37] Psychologisch sei es ein Unterschied, ob vor anwesenden Personen gesprochen würde oder gegenüber solchen, die gar nicht im Saal seien.[38] Durch den Rundfunk bestünde die Gefahr, dass am Ende das Resultat des Verfahrens der öffentlichen Lage angepasst werde.[39] Schließlich wurde argumentiert, dass Rundfunk und Fernsehen nur auf die Vermittlung von Ausschnitten aus den Verhandlungen ausgerichtet seien, so dass jede Berichterstattung verzerrt sein müsse.[40]

---

33) *Lang*, Ton- und Bildträger, 1960, S. 60.
34) *Lang*, Ton- und Bildträger, 1960, S. 65.
35) *Sarstedt*, JR 1956, 121, 125.
36) *Sarstedt*, JR 1956, 121, 124.
37) *Sarstedt*, JR 1956, 121, 124.
38) *Bockelmann*, Öffentlichkeit und Strafrechtspflege, NJW 1960, 217, 219.
39) *Bockelmann*, NJW 1960, 217, 219.
40) *Erdsiek*, Rundfunk- und Fernsehübertragungen aus dem Gerichtssaal, NJW 1960, 1048.

3. Der Endpunkt der Diskussion

Das Thema wurde 1959 auf dem 30. Anwaltstag in Stuttgart aufgegriffen.[41] So sprach dort u. a. auch der Verteidiger von *Professor Hallstein*, *Dahs*, und verurteilte den „technischen Pranger“.[42] Es wurde ein Aufnahmeverbot gefordert, dem sich auch der Strafrechtsausschuss der Bundesrechtsanwaltskammer und der deutsche Richterbund anschlossen.[43] Auch der nordrhein-westfälische Justizminister *Flehinghaus* meldete sich zu Wort und kritisierte den unerträglichen Druck auf Richter und Schöffen sowie die Gefährdung der Wahrheitsfindung durch Beeinflussung der Zeugenaussagen auf Grund von Fernsehaufnahmen aus dem Gerichtssaal.[44]

Die Argumente folgten der verbreiteten Literaturmeinung, dass den Gefahren für die Wahrheitsfindung und die Würde des Einzelnen und den Verletzungen von Persönlichkeitsrechten entgegengewirkt werden müsse. Das vollständige Verbot schien mehr und mehr zur favorisierten und akzeptierten Lösung zu werden. Kurz vor der Einführung des Verbots des § 169 Satz 2 GVG hielt einer der größten Kritiker der Rundfunköffentlichkeit im Gerichtssaal, *Eberhard Schmidt*, am 18. Oktober 1963 auf dem Deutschen Richtertag in Kassel einen Grundsatzvortrag zur richterlichen Verantwortung.[45] Darin attestierte er dem Gesetzgeber eine unzureichende und mangelhafte Tätigkeit.[46] In dem Maße wie „angebliche technische Errungenschaften“ missbraucht würden, müsse der Gesetzgeber durch eine unmissverständliche Regelung durchgreifen, anstatt „Generalklauseln ins Ermessen des Gerichts (oder gar des Vorsitzenden)“ zu stellen.

> „Ob im Gerichtssaal – insbesondere der Strafgerichte – Bildaufnahmen, Fernseh- und Rundfunkaufnahmen zulässig sind, ist bekanntlich noch immer – eine streitige Frage. Wie sehr sich Bildreporter zu solchen Aufnahmen drängen ohne alle Rücksicht auf die Würde des Gerichts, das Tragische der Situation und vor allem die Gefühle der Angeklagten und Zeugen, ist bekannt.“[47]

V. Schluss

Mit diesen zitierten Worten war also die Forderung klar ausgesprochen: Der Gesetzgeber sollte ein generelles Verbot ausformulieren.

---

41) AnwBl 1959, 159 ff.; NJW 1959, 1169.
42) *Dahs*, Der Anwalt im Strafprozeß, AnwBl 1959, 171, 181.
43) *Dahs*, NJW 1961, 1755, 1757 (Urteilsanm.).
44) *Flehinghaus*, Justiz und Öffentlichkeit, DRiZ 1959, 165.
45) *Eb. Schmidt*, Probleme richterlicher Verantwortung, DRiZ 1963, 376.
46) *Eb. Schmidt*, DRiZ, 1963, 376, 380.
47) *Eb. Schmidt*, DRiZ, 1963, 376, 380.

Stand also in den 1950er Jahren die Strafjustiz Rundfunk- und Fernsehübertragungen aus den Gerichtssälen positiv gegenüber,[48] war das Meinungsspektrum in der Literatur uneinheitlich. Die Kritiker der Medienübertragungen meldeten sich verstärkt zu Wort und fanden in der Politik Gehör. Die Waagschale senkte sich zuungunsten der Medienfreiheit. Rundfunk und Fernsehen waren von nun an aus den Gerichtssälen – jedenfalls für die Verhandlungen und Urteilsverkündungen – verbannt.

Erst Diskussionen in den 1980er Jahren auf dem 54. und 55. Juristentag[49] und dann später seit den sog. „*Honecker-*" und „*Politbüro-Verfahren*" rückten das Thema wieder in den Vordergrund.[50] Dabei stärkte das Bundesverfassungsgericht in seinen „*N-TV-Entscheidungen*" aus den Jahren 1995 und 2001[51] die Medienfreiheit und bejahte zugleich die Verfassungsmäßigkeit der GVG-Regelung. Gleichzeitig billigte es aber auch dem Gesetzgeber einen Spielraum zur Regelung dieser Frage zu.

Es bleibt zu wünschen, dass anlässlich der Neuregelung des § 169 GVG durch das Gesetz zur Erweiterung der Medienöffentlichkeit in Gerichtsverfahren (EMöGG)[52] die Diskussion nicht wieder verstummt und auch in den nächsten Jahren darüber debattiert wird, in welcher Form und in welchem Umfang Rundfunk, Fernsehen und andere Medien aus den Gerichtssälen Aufnahmen anfertigen oder Töne und Bilder übertragen dürfen. Ein unverkrampfter Umgang mit weniger Ressentiments gegen die Medien würde der Sache dienen, einen besseren Ausgleich zwischen den widerstreitenden Interessen der Justiz und der aus Art. 5 GG verbürgten Presse und Rundfunkfreiheit herzustellen. Der Blick zurück zeigt, dass es Ansätze hierfür in den 1950er Jahren durchaus gab. Der sich verschärfende Ton gegen Rundfunk und Fernsehen im Gerichtssaal konnte durch diesen Rückblick illustriert werden. Dazu sollte es in Zukunft nicht wieder kommen.

---

48) Diese Ansicht teilt auch *Britz*, Die Diskussion um § 169 Satz 2 GVG, JM 2015, 127.

49) *Löwe-Rosenberg*, StPO, 25. Aufl. 2003, § 169 Rz. 29.

50) *Gerhardt*, Störenfried oder demokratischer Wächter? Die Rolle des Fernsehens im Gerichtssaal – Plädoyer für eine Änderung des § 169 Satz 2 GVG, ZRP 1993, 377; *Töpper*, DRiZ 1995, 242.

51) BVerfG, Kammerbeschl. v. 11.1.1996 – 1 BvR 2623/95, NJW 1996, 581; BVerfG, Urt. v. 24.1.2001 – 1 BvR 2623/95, 1 BvR 622/99, BVerfGE 103, 44 ff.

52) RegE eines Gesetzes zur Erweiterung der Medienöffentlichkeit in Gerichtsverfahren und zur Verbesserung der Kommunikationshilfen für Menschen mit Sprach- und Hörbehinderungen – Gesetz zur Erweiterung der Medienöffentlichkeit in Gerichtsverfahren – EMöGG, v. 26.10.2016, BT-Drucks. 18/10144; Gesetz v. 8.10.2017, BGBl. I 2017, 3546.

Psychosoziale Prozessbegleitung

SYLVIA FREY-SIMON

Inhaltsübersicht

Die Jubilarin hat in den letzten Jahren als Abteilungsleiterin der Abteilung Rechtspflege im Bundesministerium der Justiz und für Verbraucherschutz an den grundlegenden Veränderungen im Opferschutz im Strafverfahren mitgewirkt. Durch die Schaffung eines eigenen Referats für diesen Bereich wurde die Bedeutung des Opferschutzes auch innerhalb der Abteilung herausgehoben. Das 3. Opferrechtsreformgesetz vom 21. Dezember 2015 wurde maßgeblich von der Jubilarin mitverantwortet.

I. Einleitung

Mit dem Gesetz zur Stärkung der Opferrechte im Strafverfahren vom 21. Dezember 2015[1] wurde ein Anspruch auf psychosoziale Prozessbegleitung im Strafverfahren für besonders schutzbedürftige Verletzte gesetzlich geregelt. Die Regelungen zur psychosozialen Prozessbegleitung sind zum 1. Januar 2017 mit Übergangsregelungen in Kraft getreten. Damit wurde ein weiterer Meilenstein im Opferschutz gesetzt. Im Folgenden soll der Frage nachgegangen werden, wie sich die Begleitung der Opfer im Strafverfahren entwickelt hat und welche Ausgestaltung dieser Aspekt des Strafverfahrens heute einnimmt.

---

1) Gesetz zur Stärkung der Opferrechte im Strafverfahren – 3. Opferrechtsreformgesetz, v. 21.12.2015, BGBl. I 2015, 2525.

II. Rückblick

Der Opferschutz im Strafverfahren hat heute seinen festen Platz in der Strafprozessordnung. Das war nicht immer so. Viele Jahre stand der Täter im Fokus. Opfer waren vor allem Beweismittel. Lange Zeit, bis 1986, waren Rechte der Opfer nur rudimentär geregelt, so z. B. in Form des Klageerzwingungsverfahrens, des Privatklageverfahrens oder der Nebenklage. Gerade die damalige Regelung der Nebenklage zeigt, welchen Stellenwert man den Opfern im Strafverfahren damals eingeräumt hat. Die Nebenklagebefugnis stand Privatklägern, § 395 Abs. 1 StPO a. F., Eltern, Kindern Geschwistern und dem Ehegatten eines durch eine rechtswidrige Tat Getöteten, § 395 Abs. 2 Nr. 1 StPO a. F., und demjenigen zu, der erfolgreich ein Klageerzwingungsverfahren betrieben hatte, § 395 Abs. 2 Nr. 2 StPO a. F. Die Anknüpfung an die Privatklage bedeutete, dass z. B. Opfer einer Beleidigung, eines Hausfriedensbruchs oder einer Körperverletzung nebenklageberechtigt waren. Eine Vergewaltigung oder ein Mordversuch dagegen begründeten per se nicht die Berechtigung zur Nebenklage. Hier musste man sich dadurch behelfen, dass man sich wegen der Körperverletzung dem Verfahren anschloss. Dabei war zu beachten, dass vorher rechtzeitig ein Strafantrag gestellt war. Insgesamt wurde die Nebenklage von der Literatur kritisch gesehen: „Wegen seines einseitigen Vergeltungsstrebens ist seine (gemeint ist der Nebenkläger) Stellung im Strafverfahren problematisch.“[2)]

Mit dem Opferschutzgesetz vom 18. Dezember 1986[3)] wurde die Tür geöffnet, der Opferschutz hielt Einzug in das Strafverfahren. Insbesondere wurde die Nebenklage von der Privatklage abgekoppelt und nunmehr an die Verletzung höchstpersönlicher Rechtsgüter geknüpft. Darüber hinaus wurde der Vierte Abschnitt „Sonstige Befugnisse des Verletzten“ in das Fünfte Buch der Strafprozessordnung eingefügt. Es folgten das Zeugenschutzgesetz vom 30. April 1998[4)], das Opferrechtsreformgesetz vom 24. Juni 2004[5)], das 2. Opferrechtsreformgesetz vom 29. Juli 2009[6)], das Gesetz zur Stärkung der

---

2) *Theodor Kleinknecht*, Strafprozeßordnung, 33. Aufl. 1977, Vorb. zu § 395 Rz. 1.

3) Erstes Gesetz zur Verbesserung der Stellung des Verletzten im Strafverfahren – Opferschutzgesetz, v. 18.12.1986, BGBl. I 1986, 2496.

4) Gesetz zum Schutz von Zeugen bei Vernehmungen im Strafverfahren und zur Verbesserung des Opferschutzes – Zeugenschutzgesetz (ZSchG), v. 30.4.1998, BGBl. I 1998, 820.

5) Gesetz zur Verbesserung der Rechte von Verletzten im Strafverfahren – Opferrechtsreformgesetz (OpferRRG), v. 24.6.2004, BGBl. I 2004, 1354.

6) Gesetz zur Stärkung der Rechte von Verletzten und Zeugen im Strafverfahren – 2. Opferrechtsreformgesetz, v. 29.7.2009, BGBl. I 2009, 2280.

Rechte von Opfern sexuellen Missbrauchs vom 26. Juni 2013[7)] und eben das 3. Opferrechtsreformgesetz vom 21. Dezember 2015[8)].

III. Zeugenbegleitung und -betreuung im Ausschwitz-Prozess

Auch wenn die Gesetzgebung erst spät die Bedürfnisse der Opfer erkannt hat, so ist es doch immer wieder Frauen und Männern zu verdanken, die sich ehrenamtlich engagiert und dafür gesorgt haben, dass Opfer im Strafverfahren nicht allein geblieben sind. Nachdem *Fritz Bauer* gegen viele Widerstände dafür gesorgt hat, dass am 20. Dezember 1963 der größte Strafprozess der deutschen Nachkriegsgeschichte begann und Auschwitz ans Licht der Öffentlichkeit geholt wurde, waren insgesamt 360 Zeuginnen und Zeugen geladen, 211 davon Auschwitz-Überlebende,[9)] Menschen, für die sich, außer dem Gericht, niemand zu interessieren schien. Ein kleiner Artikel in „Die Welt“[10)] beschreibt die Situation der Auschwitz-Überlebenden:

> „Nur die wenigsten kommen gerne hierher, den allermeisten ist es ein schwerer Gang. Sie wollten an Auschwitz nicht mehr erinnert werden, sie wollten vergessen. Nun müssen sie doch wieder reden, das mit Gewalt Verdrängte hervorholen, vor einem deutschen Schwurgericht; Auge in Auge mit den Männern, die sie gequält, geängstigt, gehetzt haben. (...) Dass sie nicht würdiger empfangen werden liegt daran, dass gewisse Gespräche vor der Vernehmung als Zeugenbeeinflussung gewertet werden könnten. Aber muss man deswegen gar nichts tun?“

Diese Frage stellte sich damals auch *Emmi Bonhoeffer*, die Frau von *Klaus Bonhoeffer*, der sich im Dritten Reich dem Widerstand angeschlossen und dafür mit dem Leben bezahlt hatte. *Emmi Bonhoeffer* ging es nahe, dass sich niemand um die Zeuginnen und Zeugen kümmerte, die aus aller Welt zu dem Auschwitz Prozess vor dem Schwurgericht geladen waren. So schrieb sie 1964 an eine Freundin:[11)]

> „Offenbar hatte es sich bis dahin niemand überlegt, was es für diese Menschen bedeutet, nach zwanzig Jahren jenes grauenhafte Leiden, das sie vielleicht einigermaßen überwunden glaubten, nun wieder ausgraben, bis ins Detail zurückrufen zu müssen und damit allein zu sein in einem Land, das sie nur von seiner abscheulichsten Seite kennen gelernt hatten.“

---

7) Gesetz zur Stärkung der Rechte von Opfern sexuellen Missbrauchs – StORMG, v. 26.6.2013, BGBl. I 2013, 1805.

8) Gesetz zur Stärkung der Opferrechte im Strafverfahren – 3. Opferrechtsreformgesetz, v. 21.12.2015, BGBl. I 2015, 2525.

9) Siehe www.fritz-bauer-institut.de.

10) „Menschlicher Kontakt“, Die Welt, Ausgabe v. 23.4.1964.

11) *Grabner/Röder*, Emmi Bonhoeffer – Essay, Gespräch, Erinnerung, 3. Aufl. 2005, S. 111.

Auf Initiative von *Emmi Bonhoeffer* und *Ursula Wirth* fand sich eine Gruppe zusammen, die sich im gesamten Auschwitzprozess, sofern die Zeuginnen und Zeugen dies wünschten, um diese Menschen kümmerte. Die Unterstützung reichte von Begleitungen zu Gericht, Hilfe bei Formalitäten bis hin zur Gestaltung eines Freizeitprogramms.

Im Gericht wurden die Zeuginnen und Zeugen mit dem deutschen Justizalltag und der Bürokratie konfrontiert und *Emmi Bonhoeffer* erlebte mit, wie sehr die Betroffenen auch nach all den Jahren immer noch von den Erlebnissen traumatisiert waren.

> „Der Richter fragte: ‚Können Sie sich erinnern, wer damals bei Ihrer Ankunft in Auschwitz auf der Rampe stand und selektierte?‘ Der Zeuge schaut wie aus einer anderen Welt und sagt dann leise: ‚Nein – ich habe nur geschaut, was aus meiner Frau wird (...) die – man mir – vom Arm gerissen hatte.‘“[12)]

Für *Emmi Bonhoeffer* war die Betreuung der Zeuginnen und Zeugen ein „Full-time-Job“. Die Erlebnisse, die die Auschwitz-Überlebenden schilderten, verfolgten sie bis in den Schlaf. In Briefen[13)] beschreibt *Emmi Bonhoeffer* eindrücklich diese Zeit.

Dieses Engagement blieb nicht ohne Widerhall. Auch in nachfolgenden NS-Prozessen fanden sich engagierte Frauen und Männer, die ehrenamtlich Holocaust-Überlebende und Widerstandskämpfer im Prozess begleiteten.[14)]

IV. Opferhilfe im Strafverfahren bis hin zur professionellen Prozessbegleitung

Das Bewusstsein, dass Opfer Hilfe und Unterstützung brauchen, entwickelte sich in der Praxis bereits in den 70er Jahren und Opferhilfeeinrichtungen entstanden. Der WEISSE RING, der als bundesweit agierender Verein Opfer von Straftaten unterstützt, hat im Jahre 2016 sein 40jähriges Bestehen gefeiert. Aber auch in den Ländern haben sich Opferhilfeeinrichtungen etabliert. Inzwischen gibt es eine Vielzahl von Opferhilfeeinrichtungen mit unterschiedlichen Schwerpunkten und Zielrichtungen, die sich alle mit großem Engagement ehrenamtlich oder hauptberuflich der Hilfe und Unterstützung von Opfern im Strafverfahren widmen. Einen ansatzweise vollständigen Überblick zu bieten und dem Einsatz aller beteiligten Verbände oder Einrichtungen gerecht zu werden, kann nicht Gegenstand dieses Festschriftbeitrags sein. Hier soll nur aufgezeigt werden,

12) *Grabner/Röder*, Emmi Bonhoeffer – Essay, Gespräch, Erinnerung, 3. Aufl. 2005, S. 122.

13) *Grabner/Röder*, Emmi Bonhoeffer – Essay, Gespräch, Erinnerung, 3. Aufl. 2005, S. 111 ff.

14) *Funkenberg*, Zeugenbetreuung von Holocaust-Überlebenden und Widerstandskämpfern bei NS-Prozessen (1964–1985), Original-Ausgabe 2016.

dass in praktischer Hinsicht die Entwicklung des Opferschutzes sich im Zuge der Jahre immer weiter entwickelt hat. In der Anfangszeit war vor allem persönlicher und ehrenamtlicher Einsatz gefragt. Allerdings hat sich im Laufe der Jahre herausgestellt, dass Opferarbeit Professionalität braucht. Aus- und Weiterbildung haben daher auch bei den ehrenamtlich tätigen Einrichtungen Einzug gehalten und die Opferarbeit professionalisiert.

Auch vor der Justiz hat diese Entwicklung nicht Halt gemacht. Zeugenbetreuungsstellen wurden eingerichtet und Zeugenbetreuung wird in den Bundesländern in unterschiedlichen Ausgestaltungen angeboten.

Im Zuge der Professionalisierung hat auch die Diskussion um Fachstandards im Rahmen der Zeugen- und Prozessbegleitung immer mehr an Gewicht gewonnen. *Friesa Fastie* hat diese Diskussion mit der sozialpädagogischen Prozessbegleitung intensiviert.[15)] Seit ca. 2005 gibt es verschiedene Verbände, Einrichtungen oder Arbeitsgruppen, die sich mit Qualitätsstandards in der Prozessbegleitung befassen. Der Bericht der Arbeitsgruppe des Strafrechtausschusses zur psychosozialen Prozessbegleitung bietet einen guten Überblick über die Entwicklung.[16)] Dabei wird auch auf die in den Ländern eingerichteten Projekte und Modelle zur Prozessbegleitung eingegangen. Diese Erfahrungen haben die Gesetzgebung zur psychosozialen Prozessbegleitung beeinflusst. Auf drei Ländermodelle soll an dieser Stelle besonders hingewiesen werden, da die Standards, nach denen dort gearbeitet wurde, im Wesentlichen denen entsprechen, die nun im Gesetz über die psychosoziale Prozessbegleitung im Strafverfahren (PsychPbG) geregelt sind:

- Schleswig-Holstein war das erste Land, das eine professionelle Begleitung für Opfer von Sexualstraftaten, häuslicher Gewalt und Nachstellung seit 1997 im Rahmen eines Zeugenbegleitprogramms angeboten hat.
- In Niedersachsen startete im April 2011 das Projekt „Implementierung eines landesweiten Angebotes der psychosozialen Prozessbegleitung in Niedersachsen“, das sich bis zum Ende des Jahres 2012 mit der Entwicklung von Qualitätsstandards und Fragen der Ausbildung und Qualifizierung von psychosozialen Prozessbegleiterinnen und Pro-

15) *Fastie*, Opferschutz im Strafverfahren, 2017.
16) Arbeitsgruppe des Strafrechtausschusses „Psychosoziale Prozessbegleitung“, eingerichtet aufgrund des Beschlusses der 83. Konferenz der Justizministerinnen und Justizminister am 13./14.6.2012.

zessbegleitern befasst hat. Auf dieser Grundlage wurde das Angebot der psychosozialen Prozessbegleitung im Anschluss an das Projekt aufgelegt und psychosoziale Prozessbegleitung von der Opferhilfe Niedersachsen sowie von freien Opferhilfeeinrichtungen angeboten.

– In Mecklenburg-Vorpommern wurde im Jahr 2010 das Modellprojekt „Psychosoziale Prozessbegleitung" eingeführt, mit dem Ziel, kindliche und jugendliche Opfer von Gewalttaten professionell und kostenlos zu begleiten. Die psychosozialen Prozessbegleiterinnen und Prozessbegleiter waren fachlich ausgebildet und arbeiteten nach Qualitätsstandards. Das Modellprojekt wurde wissenschaftlich begleitet. Der Abschlussbericht kommt zu dem Ergebnis, dass sich das Angebot der psychosozialen Prozessbegleitung in Verfahren wegen Gewalt gegen Kinder und Jugendliche in vielerlei Hinsicht der Konzeption entsprechend bewährt hat.[17]

V. Psychosoziale Prozessbegleitung

Mit dem 2. Opferrechtsreformgesetz wurde die psychosoziale Prozessbegleitung erstmals in der Strafprozessordnung erwähnt. In § 406h Nr. 5 StPO a. F. heißt es:

> „Verletzte sind möglichst frühzeitig, regelmäßig schriftlich und soweit möglich in einer für sie verständlichen Sprache auf ihre aus den §§ 406d bis 406g folgenden Befugnisse und insbesondere auch darauf hinzuweisen, dass sie (...) 5. Unterstützung und Hilfe durch Opferhilfeeinrichtungen erhalten können, etwa in Form einer Beratung oder einer psychosozialen Prozessbegleitung."

In dieser Hinweispflicht ist bereits angelegt, dass Beratung und Prozessbegleitung unterschiedliche Hilfestellungen für die Verletzten sind. In der Gesetzesbegründung[18] zu § 406h Nr. 5 StPO a. F. heißt es:

> „Damit sich Verletzte von den durch die Opferschutzverbände angebotenen Hilfsmöglichkeiten ein besseres Bild machen können, werden in Nummer 5 zwei Unterstützungsangebote beispielhaft erwähnt. Dabei handelt es sich zunächst um die Beratung, die in aller Regel am Beginn der Hilfeleistung steht und zudem der Erörterung dient, welche weiteren Maßnahmen sinnvoll sein könnten. Eine – im unmittelbaren Zusammenhang mit dem Strafprozess stehende und deshalb in Nummer 5 ebenfalls beispielhaft angeführte – unterstützende Maßnahme verschiedener Opferschutzverbände ist dabei die psychosoziale Prozessbegleitung."

---

17) *Kavemann*, Abschlussbericht der wissenschaftlichen Begleitung des Modellprojekts „Psychosoziale Prozessbegleitung" in Mecklenburg-Vorpommern, v. 9/2012, abrufbar unter https://www.regierung-mv.de/serviceassistent/download?id=114794 (Abrufdatum: 28.12.2017).

18) Gesetzentwurf der Fraktionen CDU/CSU und SPD, BT-Drucks. 16/12098, S. 39.

Damit hatte die von den Opferschutzverbänden bereits praktizierte Prozessbegleitung Eingang in die Strafprozessordnung gefunden. Was aber in der Praxis damit gemeint war, blieb offen.

Mit der Frage, welche Anforderungen an eine psychosoziale Prozessbegleitung zu stellen sind, hat sich die bereits erwähnte Arbeitsgruppe des Strafrechtsausschusses „Psychosoziale Prozessbegleitung" beschäftigt. Als Ergebnis hat die Arbeitsgruppe bundesweite Qualitätsstandards für die Weiterbildung von psychosozialen Prozessbegleiterinnen und Prozessbegleiter entwickelt. Diese Qualitätsstandards wurden von der 85. Konferenz der Justizministerinnen und Justizminister am 25. und 26. Juni 2014 beschlossen und das Bundesministerium der Justiz und für Verbraucherschutz wurde um Prüfung gebeten, ob und ggf. wie ein Anspruch auf psychosoziale Prozessbegleitung im Strafverfahren vor allem für besonders schutzbedürftige Kinder und Jugendliche gesetzlich geregelt werden könnte.

VI. Gesetzliche Verankerung der psychosozialen Prozessbegleitung

In das 3. Opferrechtsreformgesetz, das die Richtlinie 2012/29/EU vom 25. Oktober 2012 über die Mindeststandards für die Rechte, die Unterstützung und den Schutz von Opfern von Straftaten sowie zur Ersetzung des Rahmenbeschlusses 2001/220/JI (Opferschutzrichtlinie)[19] umsetzen sollte, wurden aufbauend auf dem Beschluss der Justizministerinnen und Justizminister Regelungen zur psychosozialen Prozessbegleitung aufgenommen. Der Gesetzentwurf der Bundesregierung sah zunächst nur eine Regelung in § 406g StPO[20] vor, der die Anspruchsberechtigung des Verletzten, das Anwesenheitsrecht des psychosozialen Prozessbegleiters bei Vernehmungen und Hauptverhandlung und die wesentlichen Grundsätze der psychosozialen Prozessbegleitung formulierte.

Den Ländern, die für die Ausführung der psychosozialen Prozessbegleitung zuständig sein sollten, sollte es überlassen bleiben zu regeln, welche Personen und Stellen als psychosoziale Prozessbegleiter anerkannt wer-

---

19) Richtlinie 2012/29/EU des Europäischen Parlaments und des Rates v. 25.10.2012 über Mindeststandards für die Rechte, die Unterstützung und den Schutz von Opfern von Straftaten sowie zur Ersetzung des Rahmenbeschlusses 2001/220/JI – Opferschutzrichtlinie, ABl. (EU) L 315/57 v. 14.11.2012.

20) RegE, BR-Drucks. 56/15, S. 3.

den und welche Anforderungen an die Berufserfahrung und Weiterbildung zu stellen sein sollten.

Darüber hinaus sahen Regelungen im Gerichtskostengesetz eine Erhöhung der Gerichtsgebühren in Strafverfahren mit psychosozialer Prozessbegleitung vor.

Im Zuge der Beratungen zum Gesetzentwurf, insbesondere mit den Ländern, ergab sich die Notwendigkeit weiterer Regelungen. Das 3. Opferrechtsreformgesetz sieht nunmehr folgende Regelungen vor:

§ 406g StPO und das Gesetz über die psychosoziale Prozessbegleitung im Strafverfahren (PsychPbG) regeln die psychosoziale Prozessbegleitung. Flankiert werden diese Regelungen durch Kostenregelungen im Gerichtskostengesetz.

§ 406g StPO regelt die unmittelbar auf den Strafprozess bezogene Rechtsstellung des psychosozialen Prozessbegleiters (Anwesenheitsrecht, Anspruchsvoraussetzungen, Voraussetzung für die Ablehnung eines nicht beigeordneten psychosozialen Prozessbegleiters, Verweis auf das PsychPbG).

Das Gesetz über die psychosoziale Prozessbegleitung im Strafverfahren regelt die Grundsätze der psychosozialen Prozessbegleitung, die Anforderungen an die Qualifikation und die Vergütung der psychosozialen Prozessbegleiter.

Das Gerichtskostengesetz regelt die Erhöhung der Gerichtsgebühren in Fällen psychosozialer Prozessbegleitung. Diese Kosten sind vom Verurteilten zu tragen. § 465 Abs. 2 StPO sieht aber eine Regelung vor, wonach von der Erhöhung der Gerichtsgebühren ganz oder zum Teil abgesehen werden kann, wenn es unbillig wäre, den Angeklagten mit den Kosten zu belasten.

1. Wesentliche Grundsätze der psychosoziale Prozessbegleitung

Die wesentlichen Grundsätze der psychosozialen Prozessbegleitung und die Beschreibung, was Prozessbegleitung bedeutet, finden sich in § 2 PsychPbG. Psychosoziale Prozessbegleitung ist danach eine besondere Form der nicht-rechtlichen Begleitung während des gesamten Strafverfahrens, also vor, während und nach der Hauptverhandlung. Sie ist eine Ergänzung zu den bestehenden Angeboten der Opfer- und Zeugenbetreuung. Die Hilfen, die seitens der psychosozialen Prozessbegleitung angeboten werden, sind individuell und orientieren sich an den Bedürfnissen der Betroffenen. Neben der Begleitung zu Vernehmungen, sei es bei der Polizei, der Staatsanwaltschaft oder dem Gericht, kann die Unterstützung auch darin bestehen, Informationen oder Hilfestellung bei der Bewältigung von Alltagsproblemen zu geben oder eben geeignete Therapien oder psychologische Beratungsstellen zu vermitteln.

Ziel ist es, die individuelle Belastung der Betroffenen, die ein Strafverfahren mit sich bringt, zu reduzieren und eine Sekundärviktimisierung zu vermeiden, § 2 Abs. 1 PsychPbG.

Psychosoziale Prozessbegleitung ist geprägt von der Neutralität gegenüber dem Strafverfahren und der Trennung von Beratung und Begleitung. Aufgabe der Prozessbegleitung ist somit nicht die Aufklärung des Tatgeschehens. Das bedeutet, dass die Prozessbegleitung mit dem Verletzten auch nicht über das Tatgeschehen selbst spricht oder das Tatgeschehen aufarbeitet. Darüber wird der Verletzte gleich zu Beginn der Prozessbegleitung aufgeklärt, § 2 Abs. 2 Satz 3 PsychPbG. Psychosoziale Prozessbegleitung ersetzt auch nicht eine Therapie oder eine psychologische Beratung.

Die Prozessbegleiterin oder der Prozessbegleiter kann jederzeit als Zeuge vernommen werden. Ein Zeugnisverweigerungsrecht steht der Prozessbegleitung nicht zu. Auch darüber ist der Verletzte zu informieren, § 2 Abs. 2 Satz 3 PsychPbG.

Der Grundsatz der Trennung von Beratung und Begleitung bedeutet aber nicht, dass die Prozessbegleitung keine Kenntnis über die Tat haben darf. Sie wird zwangsläufig vom Tatgeschehen erfahren, wenn sie den Verletzten zur Vernehmung begleitet. Wichtig ist nur, dass die Aufarbeitung des Tatgeschehens nicht Teil der Prozessbegleitung wird. Dadurch soll eine Beeinflussung der Zeugenaussage vermieden werden.

Auch die Rechtsberatung gehört nicht in das Aufgabenfeld der psychosozialen Prozessbegleitung, sondern ist allein den Anwältinnen und Anwälten vorbehalten, § 2 Abs. 2 Satz 2 PsychPbG.

2. Anspruchsvoraussetzungen und Beiordnung der psychosozialen Prozessbegleitung

§ 406g Abs. 3 StPO regelt die Voraussetzungen der Beiordnung der psychosozialen Prozessbegleitung. So ist das Gericht für die Entscheidung der Beiordnung einer psychosozialen Prozessbegleitung zuständig. Einen

Rechtsanspruch auf Beiordnung haben die in § 397a Abs. 1 Nr. 4 und 5 StPO genannten Personen, also Kinder und Jugendliche sowie vergleichbar schutzbedürftige Personen als Opfer von Gewalt- und Sexualstraftaten. Sonstige Opfer von Gewalt- und Sexualverbrechen, die in § 397a Abs. 1 Nr. 1 bis 3 StPO genannt sind, sowie Kinder, Eltern, Geschwister, Ehe- oder Lebenspartner, die ihren Angehörigen durch eine rechtswidrige Tat verloren haben, § 397a Abs. 1 Nr. 3 StPO, können ebenfalls psychosoziale Prozessbegleitung erhalten, wenn dies nach Ansicht des Gerichts im Einzelfall erforderlich ist (Ermessensentscheidung).

In der Praxis kam es vereinzelt zu Unsicherheiten darüber, ob nahe Angehörige nach § 395 Abs. 2 Nr. 1 StPO zu den Verletzten gehören und damit unter die Voraussetzungen des § 406g Abs. 3 Satz 2 StPO fallen. Der Gesetzgeber ging bei der Schaffung des § 406g StPO davon aus, dass alle die in den § 397a Abs. 1 StPO genannten besonders schutzbedürftigen Personen entweder einen Anspruch auf ermessensfehlerfreie Entscheidung oder einen gebundenen Rechtsanspruch haben sollen. Dazu gehören auch die in § 395 Abs. 2 Nr. 1 StPO genannten Angehörigen. Der Begriff des Verletzten in § 406g Abs. 3 StPO umfasst daher auch diese Angehörigen.

Im Gesetzgebungsverfahren wurde diskutiert, ob man den Verletztenbegriff definieren sollte. Dies wurde als nicht notwendig erachtet. Deshalb ist in Beschlussempfehlung und Bericht des Ausschusses für Recht und Verbraucherschutz zu § 48 StPO Folgendes ausgeführt:[21)]

> „Wer Verletzter im Sinne der StPO ist, ist nicht legal definiert. Der Begriff ist durch die Rechtsprechung aber bereits ausreichend und umfassend definiert. Insbesondere für die Fälle, die § 48 Absatz 3 StPO-E und auch die Opferschutzrichtlinie im Blick haben, ist die Frage, wer Verletzter ist, nicht problematisch. Die Opferschutzrichtlinie stellt in ihrer Begriffsbestimmung auf natürliche Personen ab. § 48 Absatz 3 StPO-E stellt auf besonders schutzbedürftige Verletzte ab. Das sind Personen, die von schweren Straftaten, zum Beispiel schweren Gewalt- oder Sexualdelikten – ihre tatsächliche Begehung unterstellt –, unmittelbar in ihren Rechtsgütern (zum Beispiel auf körperliche Integrität) betroffen sind. Diese Personen sind „Verletzte". Unproblematisch sind auch die Fälle, in denen der Gesetzgeber bereits eine bewusste Entscheidung wie bei der Nebenklagebefugnis gem. § 395 StPO getroffen hat. Wer nebenklagebefugt ist, ist Verletzter im Sinne der StPO. Daher gehören auch die Angehörigen gem. § 395 Absatz 2 Nummer 1 StPO zu den Verletzten. Das sind die Kinder, Eltern, Geschwister, Ehegatten oder Lebenspartner des durch eine rechtswidrige Tat Getöteten."

Diese Auslegung steht auch im Einklang mit der Richtlinie 2012/29/EU vom 25. Oktober 2012. Dort ist in Art. 2 ausgeführt, wer als „Opfer" anzusehen ist und damit von dem Schutzzweck der festgelegten Mindest-

---

21) Beschlussempfehlung und Bericht des Rechtsausschusses, BT-Drucks. 18/6906, S. 22.

standards umfasst ist. Auch hier sind die Familienangehörigen einer getöteten Person ausdrücklich genannt.

Ist eine psychosoziale Prozessbegleitung beigeordnet, ist sie für den Verletzten kostenfrei, § 406g Abs. 3 Satz 3 StPO.

Sofern die in § 406g Abs. 3 StPO genannten Voraussetzungen nicht vorliegen, können sich die Verletzten auf eigene Kosten eine psychosoziale Prozessbegleitung nehmen.

3. Rechte der psychosoziale Prozessbegleitung

Im Falle der Beiordnung hat die psychosoziale Prozessbegleitung das Recht, bei allen Vernehmungen des Verletzten, sei es bei der Polizei, der Staatsanwaltschaft oder dem Gericht, und während der Hauptverhandlung gemeinsam mit dem Verletzten anwesend zu sein, § 406g Abs. 1 Satz 2 StPO. Liegt eine Beiordnung nicht vor, so kann bei Gefährdung des Untersuchungszwecks die Anwesenheit bei der Vernehmung des Verletzten untersagt werden, § 406g Abs. 4 StPO.

4. Anforderungen an die Qualifikation

Wichtig ist eine professionelle Begleitung. Daher werden hohe Anforderungen an die Kompetenzen der begleitenden Person gestellt. Im Gesetz über die psychosoziale Prozessbegleitung im Strafverfahren sind Mindestanforderungen an die Qualifikation geregelt, § 3 PsychPbG. Psychosoziale Prozessbegleiter müssen fachlich, persönlich und interdisziplinär qualifiziert sein.

Für die fachliche Qualifikation ist ein Hochschulabschluss im Bereich Sozialpädagogik, Soziale Arbeit, Pädagogik, Psychologie oder eine abgeschlossene Berufsausbildung in einem dieser Bereiche erforderlich, sowie praktische Berufserfahrung in einem dieser Bereiche. Zusätzlich muss der Prozessbegleiter eine von einem Land anerkannte Aus- oder Weiterbildung zum psychosozialen Prozessbegleiter abgeschlossen haben.

Persönliche Qualifikation bedeutet, dass der Prozessbegleiter insbesondere Beratungskompetenz, Kommunikationskompetenz, Kooperationsfähigkeit, Konfliktfähigkeit, Belastbarkeit und organisatorische Kompetenz aufweisen muss.

Zur interdisziplinären Kompetenz gehört, dass der Prozessbegleiter ein Grundwissen in Medizin, Psychologie, Viktimologie, Kriminologie und Recht aufweisen muss. Auch muss er das Hilfeangebot vor Ort kennen.

Für die Anerkennung der psychosozialen Prozessbegleiter sind die Länder zuständig, die inzwischen entsprechende Ausführungsgesetze erlassen haben. In weiten Teilen enthalten die Ausführungsgesetze der Länder vergleichbare Regelungen. Unterschiede gibt es aber insbesondere bei der Frage, ob der psychosoziale Prozessbegleiter an eine Opferhilfeeinrichtung angebunden sein muss. Eine Anbindung an eine Opferhilfeeinrichtung sehen Brandenburg[22)], Hessen[23)], Niedersachsen[24)], Saarland[25)] und Schleswig-Holstein[26)] vor.

Darüber hinaus haben die Länder in ihren Gesetzen länderübergreifende Anerkennungsregelungen getroffen.

5. Kosten

Im Falle einer Beiordnung durch das Gericht ist die Prozessbegleitung für den Verletzten kostenfrei.

Die Kosten der psychosozialen Prozessbegleitung werden in diesem Fall vom jeweiligen Land getragen. Im Gesetz über die psychosoziale Prozessbegleitung im Strafverfahren ist als Regelfall ein Pauschalvergütungsanspruch für die Prozessbegleitung vorgesehen, §§ 5 ff. PsychPbG. Ist der psychosoziale Prozessbegleiter als Angehöriger oder Mitarbeiter einer nicht öffentlichen Stelle tätig, so steht der Vergütungsanspruch der Stelle zu, § 5 Abs. 2 PsychPbG.

Die Vergütungsregelungen kommen nicht zur Anwendung, wenn der psychosoziale Prozessbegleiter bei einer öffentlichen Stelle tätig ist und die Begleitung im Rahmen seiner Dienstaufgaben wahrnimmt, § 5 Abs. 3

---

22) § 1 Nr. 4 des Gesetzes zur Ausführung des Gesetzes über die psychosoziale Prozessbegleitung im Strafverfahren (AGPsychPbG) v. 20.12.2017, GVBl. I/16, (Nr. 29).

23) § 1 Nr. 4 des Hessischen Ausführungsgesetzes zum Gesetz über die psychosoziale Prozessbegleitung im Strafverfahren (PsychPbGHAG) v. 15.9.2016, GVBl. 2016, 160.

24) § 1 Nr. 6 des Niedersächsischen Gesetzes zur Ausführung des Gesetzes über die psychosoziale Prozessbegleitung im Strafverfahren vom 15.12.2016, (Nds. AG PsychPbG), Nds. GVBl. 2016, 282

25) § 1 Nr. 4 des Gesetzes zur Ausführung des Gesetzes über die psychosoziale Prozessbegleitung im Strafverfahren (PsychPbGAG SL) v. 18.1.2017, Amtsblatt I 2017, 114.

26) § 1 Nr. 4 des Gesetzes zur Ausführung über die psychosoziale Prozessbegleitung im Strafverfahren (AGPsychPbG) v. 2.12.2016, GVOBl. 2016, 859.

Nr. 1 PsychPbG. In Fällen, in denen das Land psychosoziale Prozessbegleitung stellenbezogen fördert, indem nichtöffentliche Stellen entsprechende Mittel erhalten, sind die Vergütungsregelungen ebenfalls nicht anwendbar, § 5 Abs. 3 Nr. 1 PsychPbG.

Die Höhe der Vergütung staffelt sich nach Verfahrensabschnitten und beträgt 520 €, wenn im Vorverfahren begleitet wird, 370 €, wenn eine Begleitung während des gerichtlichen Verfahrens im ersten Rechtszug stattfindet und 210 €, wenn eine Begleitung nach Abschluss des erstinstanzlichen Verfahrens erfolgt.

Die unterschiedlichen Sätze bei der Vergütung tragen dem unterschiedlichen Betreuungsaufwand in den drei Phasen des Strafverfahrens Rechnung. Nach den bislang in der Praxis vorhandenen Erfahrungen ist der Betreuungsaufwand im Vorverfahren am höchsten.

In § 10 PsychPbG ist eine Öffnungsklausel vorgesehen, nach der die Länder eigene Vergütungsregelungen treffen können. Schleswig-Holstein hat mit seiner Landesverordnung zum Gesetz über die psychosoziale Prozessbegleitung im Strafverfahren vom 19. Dezember 2016[27)] Gebrauch davon gemacht und eine Vergütung nach Stundensätzen geregelt (44 € pro Stunde).

Der Verurteilte muss aber ebenfalls Kosten übernehmen. Ist ein Prozessbegleiter beigeordnet, so erhöhen sich die Gerichtsgebühren um 520 €, bei einer Begleitung im Vorverfahren, um 370 €, bei einer Begleitung während des gerichtlichen Verfahrens im ersten Rechtszug und um 210 € bei einer Begleitung in der Berufungsverhandlung.

VII. Ein Blick über die Grenze: Österreich

Österreich war in Bezug auf die psychosoziale Prozessbegleitung Vorreiter. Seit dem 1. Januar 2006 ist dort die psychosoziale Prozessbegleitung in Strafsachen gesetzlich geregelt, § 66 Abs. 2 öStPO. Auch hier sind Opfer schwerer Sexual- und Gewaltdelikte und die Angehörigen Getöteter anspruchsberechtigt. Die psychosoziale Prozessbegleitung ist für das Opfer kostenfrei und die Prozessbegleiterinnen und Prozessbegleiter arbeiten nach Qualitätsstandards. Im Unterschied zu Deutschland gibt es aber keine Beiordnung, über die das Gericht entscheidet. Die psychosoziale Prozessbegleitung wird von seitens des Bundesministeriums für Justiz vertraglich

---

27) GVOBl. 2016 v. 12.1.2017, S. 5.

beauftragten Einrichtungen wahrgenommen, § 66 Abs. 2 öStPO. Diese sind dafür verantwortlich, psychosoziale Prozessbegleitung anzubieten und durchzuführen. Psychosoziale Prozessbegleitung umfasst nach § 66 Abs. 2 Satz 3 öStPO die Begleitung zu Vernehmungen im Ermittlungs- und Hauptverfahren sowie die Vorbereitung der Betroffenen auf das Verfahren und die mit ihm verbundenen emotionalen Belastungen.

Im Gegensatz zum deutschen Recht haben die psychosozialen Prozessbegleiter nach § 157 Abs. 1 Nr. 3 öStPO ein Aussageverweigerungsrecht. Ein weiterer Unterschied zu Deutschland ist, dass es in Österreich keine selbständigen Prozessbegleiter gibt. Das Bundesministerium für Justiz in Österreich hat mit einer Anzahl an Opferschutzeinrichtungen Kooperationsverträge geschlossen. Die Vergütung erfolgt über eine Einzelabrechnung. Eine Pauschalvergütung wie in Deutschland gibt es nicht. Die psychosozialen Prozessbegleiterinnen und Prozessbegleiter sind Mitarbeiterinnen und Mitarbeiter dieser Opferschutzeinrichtungen.

Durch das Zweite Gewaltschutzgesetz (GeSchG) vom 8. April 2009[28] wurde die psychosoziale Prozessbegleitung auch auf den Zivilprozess ausgeweitet, § 73b Abs. 1 öZPO.

VIII. Ausblick

Eine seitens des Bundesministeriums der Justiz und für Verbraucherschutz an das *Max-Planck-Institut für Strafrecht*[29] in Auftrag gegebene Studie „Übertragung opferschützender Normen aus dem Strafverfahrensrecht in andere Verfahrensordnungen“ beschäftigt sich auch mit der Frage, ob und wie die psychosoziale Prozessbegleitung für andere Verfahren genutzt werden kann. Gerade Verfahren in Gewaltschutzsachen könnten sich hier anbieten. Die neue Legislaturperiode gibt die Möglichkeit, diese Impulse aufzugreifen und zu prüfen, ob das Instrument der psychosozialen Prozessbegleitung ausgebaut werden kann. Es wird sich zeigen, welche Entwicklung die psychosoziale Prozessbegleitung in Deutschland nehmen und ob bzw. in welcher Form eine Ausdehnung auf andere Verfahrensarten sich durchsetzen wird.

---

28) Österreichisches BGBl. I Nr. 40/2009.

29) Siehe http://www.bmjv.de/SharedDocs/Downloads/DE/PDF/Berichte/MPI_Gutachten_Uebertragung_opferschuetzender_Normen.html?nn=6765698 (Abrufdatum: 28.12.2017).

Die Expertenkommission zur effektiveren und praxistauglicheren Ausgestaltung des allgemeinen Strafverfahrens und des jugendgerichtlichen Verfahrens (2014–2015)

– Einige Anmerkungen aus persönlicher Sicht –

ALEXANDER IGNOR

Inhaltsübersicht

Dass sich ein Strafrechtler an der Festgabe für eine so ausgewiesene Zivilrechtlerin wie Marie Luise Graf-Schlicker beteiligt, ist nur auf den ersten Blick überraschend. Die Erklärung hierfür ist rasch gegeben. Die Jubilarin hat während ihrer Tätigkeit als Leiterin der Abteilung R (Rechtspflege) im Bundesministerium der Justiz – und für Verbraucherschutz, wie es seit 2013 heißt – eine Reihe strafverfahrensrechtlicher Gesetze mit auf den Weg gebracht, insbesondere das wohl ambitionierteste Vorhaben der letzten Jahre: eine breit angelegte Strafverfahrensreform.

I. Die Kommission

Das Bedürfnis nach einer Reform des deutschen Strafprozesses wird seit vielen Jahren in Wissenschaft und Praxis artikuliert. Doch seit den Reformgesetzen der 1960er und -70er Jahre hat es keine umfangreicheren Reformen in diesem Bereich mehr gegeben, sondern nur punktuelle Änderungen von mehr oder weniger großer Tragweite. Die zahlreichen Gesetzesänderungen zugunsten des Verletzten einer Straftat und das Gesetz zur Regelung der Verständigung im Strafverfahren[1] brachten dabei gewiss die gravierendsten Einschnitte in die tradierte Struktur des Strafprozesses mit sich. Eben diese Gesetze werfen ein bezeichnendes Licht auf die Um-

1) Gesetz zur Regelung der Verständigung im Strafverfahren, v. 29.7.2009, BGBl. I 2009, 2353.

stände, die typischerweise zu den gelegentlichen Gesetzesänderungen führen. Sie resultieren aus bestimmten Interessen, derer sich die Politik von Zeit zu Zeit annimmt: so dem von Opferverbänden artikulierten Interesse nach mehr Partizipation des Verletzten am Strafprozess; so dem seitens der Strafverfolgungsbehörden und der Richterschaft verfolgten Interesse nach Beschleunigung und Vereinfachung des Verfahrens. Zunehmend spielen einzelne europarechtliche Vorgaben eine Rolle. Der „Beruf für Gesetzgebung“[2)] im großen Stil scheint unserer Zeit hingegen abzugehen.

Es löste daher, so mein Eindruck, in Wissenschaft und Praxis keinen sonderlichen Enthusiasmus aus, als die Koalition von CDU, CSU und SPD Ende 2013 im Koalitionsvertrag für die 18. Legislaturperiode vereinbarte, „das allgemeine Strafverfahren und das Jugendstrafverfahren unter Wahrung rechtsstaatlicher Grundsätze effektiver und praxistauglicher auszugestalten“[3)] und hierfür eine Expertenkommission ins Leben zu rufen, die bis Mitte der Wahlperiode Vorschläge erarbeiten sollte. Zumal die sprachlich unschöne Aufgabenstellung – das Strafverfahren „effektiver und praxistauglicher“ auszugestalten – keine inspirierende Perspektive bot.

Dass es alsdann nicht lange dauerte, bis eine solche Kommission tatsächlich ins Leben gerufen wurde und sich an die Arbeit machte, und dass sie, wie bereits einleitend hervorgehoben sei, recht ansehnliche Ergebnisse produziert hat – das ist gewiss nicht zuletzt das Verdienst der *Jubilarin. Marie Luise Graf-Schlicker* hat sich das Vorhaben persönlich angelegen sein lassen und es mit viel Geschick und Engagement betrieben. Dies vorliegend zu bezeugen, ist mir ein aufrichtiges Anliegen. War es mir doch beschert, als Vertreter der Bundesrechtsanwaltskammer (BRAK) der Kommission anzugehören und mich in ihre Arbeit einbringen zu können. Fürwahr ein beruflicher Glücksfall; denn als Rechtsanwalt hat man üblicherweise nicht die Möglichkeit, an konkreten Gesetzesvorhaben mitzuwirken, jedenfalls nicht im Strafrecht. Das ist ein ureigenes Rechtsgebiet des Staates. Allenfalls als Gutachter bei Anhörungen im Rechtsausschuss des Bundestages kann man als Vertreter einer Anwaltsorganisation gelegentlich ein bisschen mitreden. Ansonsten haben die Anwaltsorganisationen – wie auch andere Organisationen oder Institutionen im Bereich des Rechtswesens –

---

2) *Savigny*, Vom Beruf unsrer Zeit für Gesetzgebung und Rechtswissenschaft, 1814.

3) Koalitionsvertrag zwischen CDU, CSU und SPD, 18. Legislaturperiode, S. 146, abrufbar unter https://www.bundesregierung.de/Content/DE/_Anlagen/2013/2013-12-17-koalitionsvertrag.pdf? blob=publicationFile (Abrufdatum: 15.12.2017).

nur die Möglichkeit, schriftliche Stellungnahmen zu laufenden Gesetzesvorhaben abzugeben. Wovon sie übrigens fleißig Gebrauch machen.[4)]

II. Die Arbeitsweise der Kommission

Die Besonderheit einer Expertenkommission beim Bundesministerium der Justiz und für Verbraucherschutz (BMJV) besteht, wie ich aus der Mitgliedschaft in zwei solchen Kommissionen weiß,[5)] darin, dass anders als im eigentlichen Gesetzgebungsverfahren nicht zunächst die Fachleute im Ministerium den Entwurf eines von der Regierung beabsichtigten Gesetzes fertigen (den sog. Referentenentwurf) und anschließend Stellungnahmen von außen einholen, sondern die Mitglieder der Kommission zur Erarbeitung von Vorschlägen aufgefordert werden und sich das Ministerium unterstützend einbringt.

Konkret gestaltete sich das in der Kommission, von der hier die Rede ist, so, dass die einzelnen Mitglieder gebeten wurden, schon in der Auftaktsitzung im Juli 2014, nach Absolvierung der gehörigen Förmlichkeiten (Rede des Ministers, Begrüßung), bereits bei der Vorstellung ihrer Person nach Gutdünken zwei konkrete Vorschläge für eine Reform des Strafverfahrens unter den genannten Prämissen (effektiver, praxistauglicher) zu präsentieren. Aus diesen Vorschlägen fertigten Mitarbeiter des Ministeriums einen strukturierten Fahrplan (neudeutsch: eine „mind map"), die die weitere inhaltliche Arbeit der Kommission vorgab. Zu den Vorschlägen mussten vertiefende Referate und Stellungnahmen erarbeitet werden, die mündlich präsentiert und diskutiert wurden, woraus die Mitarbeiter des Ministeriums konkrete Empfehlungen destillierten, die schließlich zur Abstimmung gestellt wurden. Die Methode war also die des moderierten „brain-stormings", an dessen Anfang ungezügelte Ideen und am Ende brauchbare Vorschläge stehen sollen. Diese Methode ist – wie alles – umstritten. In der Kommission funktionierte sie.

Dazu trug gewiss auch die Zusammensetzung der Kommission bei. Ihr gehörten aus Wissenschaft, juristischer Praxis und Landesjustizverwaltungen an: acht Hochschullehrer/innen, fünf Richter, drei Staatsanwälte,

---

4) Siehe z. B. die Stellungnahmen der BRAK, abrufbar unter http://www.brak.de/zur-rechtspolitik/stellungnahmen/ (Abrufdatum: 15.12.2017) oder des Deutschen Anwaltvereins, abrufbar unter https://anwaltverein.de/de/newsroom?newscategories=3 (Abrufdatum: 15.12.2017).

5) Verf. war auch Mitglied der Kommission zur Reform der Tötungsdelikte (2014/2015).

zwei Ministerialbeamte und eine Ministerialbeamtin sowie zwei Rechtsanwälte. Ferner war das Bundesministerium des Inneren mit zwei Personen vertreten und das Bundesministerium der Justiz und für Verbraucherschutz regelmäßig mit acht Personen, darunter mit *Marie Luise Graf-Schlicker* als Vorsitzender. Es waren also alle Akteure der Strafrechtspflege vertreten, ein heterogenes Gremium, das die thematisierten Vorschläge von vielen Seiten beleuchtete. Die hohe Zahl der Hochschullehrer/innen resultierte unter anderem daraus, dass zwei Organisationen solche entsandt hatten. Die Wissenschaftler taten der Kommission gut, denn sie traten von Anfang an mit gründlichen Gutachten zu komplexen Themen hervor. Das wirkte stimulierend auf die übrigen Mitglieder, die erkennbar nicht nachstehen wollten. Ein Beispiel für die wohltätigen Wirkungen des Wettbewerbes, die Dynamik, die er bei einigermaßen gleichen Ausgangsbedingungen auszulösen vermag. Während die Gesetzgebung üblicherweise vom politischen Willen der Inhaber der exekutiven und legislativen Staatsgewalt bestimmt wird, konkurrierten in der Expertenkommission unterschiedliche Positionen offen miteinander und mussten sich in den Diskussionen immer wieder durch sachliche Argumente beweisen. Gängige Topoi, die im politischen Diskurs oftmals auszureichen scheinen, standen auf dem Prüfstand. Die hohe fachliche Kompetenz der Mitglieder zeitigte bereits in den ersten Sitzungen ein hohes Diskussionsniveau, das dauerhafte Ansprüche an den Gehalt der Beiträge setzte. Schließlich war es die Art und Weise der Leitung und Begleitung der Kommissionsarbeiten durch das Ministerium, die zu ihren Ergebnissen beitrug.

Marie Luise Graf-Schlicker, ganz Zivilrichterin, leitete die Sitzungen konsequent nach Maßgabe des Verhandlungsgrundsatzes, indem sie den Kommissionsmitgliedern freundlich, aber bestimmt immer wieder substantiierte Beiträge abverlangte, zu denen sie den jeweils anderen umfassendes Gehör gewährte. Das Ziel, auf das sie erkennbar zusteuerte, war eine Sammlung möglichst vieler probater Änderungsvorschläge als Grundlage der gesetzgeberischen Arbeit. Dabei vermittelte sie den glaubhaften Eindruck, dass das Ministerium selbst nicht festgelegt, sondern offen für alles sei, was empirisch und rechtlich gut begründet ist. Allerdings beschränkte sie sich nicht auf die Entgegennahme der Vorschläge, sondern steuerte den Wettbewerb der Ideen mit nicht bloß unsichtbarer Hand. Das Ministerium führte das Protokoll, kein wörtliches, sondern ein konzentriertes Verlaufs- und Ergebnisprotokoll, das bald nach den Sitzungen fertiggestellt und den Teilnehmern ausgehändigt wurde, sowohl zur Information als auch, um ggf. Korrekturen oder Ergänzungen vorzunehmen. Ferner erstellte das Ministerium Vorformulierungen der am Ende zur Abstimmung gestellten Empfehlungen und Begründungen. Den darin liegenden Gestaltungsspielraum füllte es behutsam eher reformfreudig als restriktiv aus.

III. Ergebnisse

Wie gesagt: Die Ergebnisse der Kommissionsarbeit können sich sehen lassen. Sie sind nachzulesen im Abschlussbericht, der im Oktober 2015 dem Minister übergeben wurde und im Internet für jedermann einsehbar ist. Der Bericht enthält die mit unterschiedlichen Mehrheiten angenommenen Empfehlungen und deren Begründungen sowie die Protokolle der acht Sitzungen und sämtliche schriftlichen Materialen.[6)]

Zwar handelt es sich bei den Empfehlungen nicht um ein umfassendes Reformwerk, um keinen „großen Wurf", wie ihn sich mancher wünschen mag.[7)] Aber wie sollte ein solcher aussehen? Die Grundstruktur des deutschen Strafprozesses und seine leitenden Prinzipien dürften nicht in Zweifel stehen. In den 130 Jahren seit ihrer Entstehung wurde die Strafprozessordnung vielfach geändert und den Zeiten angepasst. Die tendenziell widerstreitenden Interessen an der „Durchsetzung des staatlichen Strafanspruchs" einerseits und an „schützenden Formen" andererseits wurden mannigfach austariert, den Maßstäben des Grundgesetzes und, neuerdings, den Vorgaben des Europarechts angepasst. Der rechtsstaatliche Strafprozess muss nicht neu erfunden werden. Eher ist fraglich, wie er angesichts der zunehmenden Ausdehnung des materiellen Strafrechts und seines Funktionswandels seiner „doppelten Aufgabe, in der die ungewöhnliche Schwierigkeit dieses Rechtsgebiets beschlossen liegt", auf Dauer praktisch gerecht werden kann: der Überführung des Schuldigen und damit des Schutzes der Gesellschaft vor Kriminalität einerseits, und der Vorsorge, dass ein Unschuldiger nicht verurteilt und in seine persönliche Freiheit so

---

6) Siehe Bericht der Expertenkommission zur effektiveren und praxistauglicheren Ausgestaltung des allgemeinen Strafverfahrens und des jugendgerichtlichen Verfahrens, abrufbar unter http://www.bmjv.de/SharedDocs/Downloads/DE/PDF/Abschlussbericht_Reform_StPO_Kommission.html (Abrufdatum: 15.12.2017).

7) Kritisch z. B. *Schünemann*, Die Vorschläge der Expertenkommission des BMJV zur Reform des Strafprozesses – Parturient montes, nascetur ridiculus mus, StraFo 2016, 45.

wenig wie möglich eingegriffen wird, andererseits.[8] Die letzten Jahrzehnte haben in der Rechtswirklichkeit eigenartige prozessuale Erscheinungen praeter oder sogar contra legem gezeitigt – Absprachen aller Arten, sog. unternehmensinterne Ermittlungen – die mit den traditionellen Prinzipien wenig zu tun haben, für die es aber reale Bedürfnisse zu geben scheint.

Insofern war es richtig, der Kommission aufzugeben, ihren Blick auf die Praxis richten, zugleich aber die Wahrung rechtsstaatlicher Grundsätze anzumahnen. Sie ist dem in differenzierter Weise nachgekommen. Zum einen hat sie mehrheitlich Regelungen empfohlen, von denen sich die Strafverfolgungsbehörden und die Justiz seit langem Entlastungseffekte versprechen; beispielsweise die Verpflichtung von Zeugen, unter bestimmten Voraussetzungen zu polizeilichen Vernehmungen zu erscheinen, die Abschaffung des Richtervorbehalts bei Blutprobenentnahmen im Bereich der Straßenverkehrsdelikte und die gerichtliche Möglichkeit, für Beweisanträge, die nach Schluss der Beweisaufnahme eingereicht werden, eine Frist zu setzen und sie bei nicht genügend entschuldigter Fristversäumnis erst im Urteil zu bescheiden. Auch die Möglichkeit einer Verfahrenseinstellung nach § 153a StPO im Revisionsverfahren gehört dazu.[9]

Zum anderen – und das ist das wirklich Bemerkenswerte – hat die Kommission Empfehlungen weitergehender Art gegeben und einige gründliche Neuerungen empfohlen. Diesen liegt die Idee zugrunde, das Strafverfahren durch Verbesserung der Dokumentation, der Transparenz und der Kommunikation zwischen den Verfahrensbeteiligten zu beschleunigen, ohne das Ziel der Wahrheitsfindung aufzugeben, sondern ihm im Gegenteil besser gerecht zu werden. Hierzu gehört die Empfehlung regelmäßiger audiovisueller Aufzeichnungen von Beschuldigten- und Zeugenvernehmungen im Ermittlungsverfahren bei schweren Tatvorwürfen oder bei einer schwierigen Sach- oder Rechtslage, ferner die Empfehlung eines fakultativen gerichtlichen Erörterungstermins mit den Verfahrensbeteiligten zur Vorbereitung der Hauptverhandlung bei umfangreichen Strafverfahren sowie die Empfehlung, der Verteidigung die Möglichkeit einer

---

8) Zur doppelten Aufgabe des Strafprozesses *Roxin*, Einführung in die dtv-Textausgabe der StPO, 52. Aufl. 2016, S. IX. Zur Ausdehnung und zum Funktionswandel des materiellen Strafrechts näher *Ignor* in: Grundgesetz und Europa, Liber Amicorum für Herbert Landau zum Ausscheiden aus dem Bundesverfassungsgericht, 2016, S. 375 ff.

9) Siehe Bericht der Expertenkommission zur effektiveren und praxistauglicheren Ausgestaltung des allgemeinen Strafverfahrens und des jugendgerichtlichen Verfahrens, S. 57 ff., 60 ff., 143 ff., 166 ff.

Eröffnungserklärung nach der Anklageverlesung bei umfangreichen Strafverfahren zu geben. Auch die Empfehlung, eine fakultative audiovisuelle Dokumentation einzelner Vernehmungen vor dem Amtsgericht zu ermöglichen und die Einführung einer obligatorischen audiovisuellen Dokumentation der gesamten erstinstanzlichen Hauptverhandlung vor dem Landgericht und dem Oberlandesgericht (ohne Erweiterung der Revisionsmöglichkeiten) zu prüfen, zählt dazu.[10)]

Ich erinnere mich noch deutlich an die, wie nicht anders zu erwarten, besonders lebhaften Diskussionen in der Kommission gerade über die zuletzt genannten Themen. Sie waren ebenso spannend wie anstrengend. Hier prallten streckenweise sehr unterschiedliche Vorstellungen aufeinander. Ohne Übertreibung wird man von einem Ringen zwischen Reformern und Traditionalisten sprechen dürfen. Es wäre ein lohnendes Unterfangen, den tieferen Gründen für die weit verbreitete skeptische bis ablehnende Haltung gegenüber weiter gehenden Reformen nachzuspüren, wie sie insbesondere in Ministerien und Staatsanwaltschaften, teilweise auch bei Gerichten anzutreffen ist. Die Anlagen zum Bericht der Kommission bieten dafür reiches Material.

IV. Die Gesetzgebung

Ende August 2017, zeitgleich mit der Niederschrift dieser Zeilen und kurz vor Ende der 18. Legislaturperiode, wurde im Bundesgesetzgesetzblatt das Gesetz zur effektiveren und praxistauglicheren Ausgestaltung des Strafverfahrens[11)] verkündet – eine legislatorische Punktlandung. Mancherlei Empfehlungen der Expertenkommission finden sich darin wörtlich wieder, manche modifiziert, manche gar nicht. Von diesem Gesetz her gesehen, haben sich legislativ überwiegend die Traditionalisten durchgesetzt im politischen Geschäft, worüber kein Materialienband Auskunft gibt; denn man muss konstatieren, dass insbesondere von den weiterreichenden Reformvorschlägen der Kommission viele auf der Strecke geblieben sind. Während sich beispielsweise die Kommission mit immerhin 12:9:0 Stimmen dafür ausgesprochen hatte, Beschuldigten- und Zeugenvernehmungen je-

---

10) Siehe Bericht der Expertenkommission zur effektiveren und praxistauglicheren Ausgestaltung des allgemeinen Strafverfahrens und des jugendgerichtlichen Verfahrens, S. 113 f., 115 ff., 128 ff., 134.

11) Gesetz zur effektiveren und praxistauglicheren Ausgestaltung des Strafverfahrens, v. 17.8.2017, BGBl. I 2017, 3202.

denfalls bei schweren Tatvorwürfen oder bei einer schwierigen Sach- und Rechtslage im Regelfall aufzuzeichnen,[12] sieht das Gesetz eine zwingende Aufzeichnung nur der Beschuldigtenvernehmung vor und auch diese nur unter sehr engen Voraussetzungen (§ 136 Abs. 4 StPO-neu). Das „Schicksal", das die Empfehlungen der Kommission von ihrer Präsentation am 13. Oktober 2015 über den Referentenentwurf vom Mai 2016 und die Regierungsentwürfe vom 14. Dezember 2016 und vom 22. März 2017 bis hin zum Gesetz vom 17. August 2017 erfahren haben, wäre eine eigene Untersuchung wert.

So ist nur zu hoffen, dass in der Zukunft Vieles von dem, was in der Expertenkommission unter der verdienstvollen Leitung von *Marie Luise Graf-Schlicker* erarbeitet wurde, seinen Weg in die Gesetzgebung findet. Bekanntlich bleibt ja nichts, wie es ist.

---

12) Bericht der Expertenkommission zur effektiveren und praxistauglicheren Ausgestaltung des allgemeinen Strafverfahrens und des jugendgerichtlichen Verfahrens, S. 17 f., 67 ff.

Verteidiger der ersten Stunde *ante portas*: Legal Aid und das Pflichtenheft des deutschen Strafprozessgesetzgebers

MATTHIAS JAHN UND SARAH ZINK

Inhaltsübersicht

„Die meisten Inculpaten sind gar nicht befähigt (...) zu übersehen, ob ihr Interesse schon bei der Erhebung des Thatbestandes genügend wahrgenommen oder verletzt werde, und der erst später hinzutretende rechtsverständige Defensor wird entweder gar nicht im Stande seyn, aus den Acten die Unterlassungsfehler zu erkennen, oder, wenn dieß der Fall ist, sie nicht immer wieder gut machen können."

Marie Luise Graf-Schlicker ist, in selber Runde wie der Erstverfasser, wenn auch auf der sog. Regierungsbank,[1] *seit der 204. Tagung Ständiger Gast des Strafrechtsausschusses der Bundesrechtsanwaltskammer. Es mag Zufall gewesen sein, dass die Beratungen im Juni 2009 ausgerechnet im Gustav-Heinemann-Saal des BMJ-Gebäudes in der Mohrenstraße stattfanden. Rückblickend war das eine passende Fügung, denn auch die zahlreichen Sitzungen der StPO-Expertenkommission in den Jahren 2014/15, der der Erstverfasser dieses Beitrags die Freude hatte, angehören zu dürfen, fanden regelmäßig an diesem geschichtsträchtigen Ort statt – natürlich unter dem Vorsitz der Jubilarin.*

I. Einführung und Widmung

Im Rahmen der seinerzeitigen Reformerörterungen zur Stärkung der Beschuldigtenrechte wurde der Gedanke einer zeitlichen Ausdehnung der notwendigen Verteidigung bei vorläufiger Festnahme nach § 127 Abs. 2 StPO („Pflichtverteidiger der ersten Stunde“) behandelt. Eine Lösung *de lege ferenda* wurde, wenn auch mit denkbar knapper Mehrheit von 11:10:0 Stimmen, verworfen.[2] Schon dies hätte Anlass sein können, zu Ehren der *Jubilarin* das Thema erneut aufzugreifen. Zusätzlich konnte aber bei der Aufzählung der im Abschlussbericht[3] berücksichtigten Sekundärrechtsakte die im Folgenden im Zentrum der Betrachtung stehende Richtlinie des Europäischen Parlaments und des Rates über PKH in Strafverfahren 2016/1919[4] noch keine Berücksichtigung finden. Sie ist aber – so unsere im Nachfolgenden zu rechtfertigende These –, was man im angloamerikanischen Sprachraum einen *game changer* nennt. Denn hinter dem Begriff *Legal Aid*, der sich in erster Annäherung grob, aber noch ungenau als PKH

---

1) Zum Begriff vgl. *Rieß*, Generalkommission – Strafrechtsrat – Strauda, in: FS Strauda, 2006, S. 49, 73 Fn. 168. Zu ihren – sämtlich männlichen – Vorgängern gehörten, natürlich neben dem Verfasser jenes Strauda-Festschriftbeitrags, seit *Dallinger* u. a. *Hilger*, *Siegismund* sowie der unvergessene *Berndt Netzer*.

2) BMJV, Bericht der Expertenkommission zur effektiveren und praxistauglicheren Ausgestaltung des allgemeinen Strafverfahrens und des jugendgerichtlichen Verfahrens, 2015, S. 16, abrufbar unter https://www.bmjv.de/SharedDocs/Downloads/DE/PDF/Abschlussbericht_Reform_StPO_Kommission.pdf?__blob=publicationFile&v=2 (Abrufdatum: 16.12.2017).

3) BMJV, Bericht der Expertenkommission, S. 39 ff.

4) Richtlinie (EU) 2016/1919 des Europäischen Parlaments und des Rates v. 26.10.2016 über Prozesskostenhilfe für Verdächtige und beschuldigte Personen in Strafverfahren sowie für gesuchte Personen in Verfahren zur Vollstreckung eines Europäischen Haftbefehls – Legal Aid-Richtlinie (PKH-RL), ABl. (EU) L 297/1 v. 4.11.2016.

in Strafsachen übersetzt, verbirgt sich sowohl weit reichender als auch tief gehender Änderungsbedarf für das bisherige deutsche System der Pflichtverteidigung. Eine Aussage muss jedenfalls in absehbarer Zeit sicher revidiert werden: „Die Strafprozessordnung [sieht] die Bewilligung von PKH zur Verteidigung des Angeklagten nicht vor“.[5]

II. Die Ausgangslage: Ein altes, neues Problem der Ermittlungsverfahrensreform

Die altertümliche Sprache des diesem Beitrag vorangestellten Zitats erklärt sich daraus, dass *Zachariaes* einflussreiche Reform-Programmschrift das noch heute bestehende Problem zu spät einsetzender Verteidigungsbemühungen schon drei Jahrzehnte vor Inkrafttreten der Reichsjustizgesetze kannte.[6] Deshalb ist, viele weitere Jahre nach den grundlegenden empirischen Untersuchungen zur Rutschbahn, die das Ermittlungsverfahren als Phase *„der Erhebung des Thatbestandes“* für die weiteren Geschicke eines Strafprozesses darstellt,[7] im Folgenden zu untersuchen, in welchem Ausmaß sich seit der RStPO eingefahrene Wege nach der Umleitung über Brüssel zur Aktivierung (noch) früher(er) Strafverteidigung zielführender befahren belassen.

Eine Haltung der deutschen Stakeholder zum konkreten Umsetzungsbedarf auf Grundlage der bereits am 26. Oktober 2016 verabschiedeten Fassung der PKH-RL ist derzeit allerdings noch kaum in Umrissen erkennbar. Publizierte, gar systematisch entwickelte Positionen zum Thema haben bislang weder die organsierte Anwaltschaft[8] noch die berufsständischen

5) So noch unlängst BGH, Beschl. v. 31.7.2017 – 5 StR 248/17, Rz. 2.

6) *Zachariae*, Die Gebrechen und die Reform des deutschen Strafverfahrens, 1846, S. 276 f.

7) *Peters*, Fehlerquellen im Strafprozeß II, 1972, § 44 II, S. 299. Zur Bedeutung für die Reform *Jahn*, Die Praxis der Verteidigerbestellung durch den Strafrichter, StraFo 2014, 177, 180 – der Festvortrag des 30. Herbstkolloquiums der DAV-AG Strafrecht wurde seinerzeit in Anwesenheit der *Jubilarin* gehalten.

8) Siehe jedoch *Brodowski*, Pflichtverteidigung ab der ersten Stunde – Europa liefert!, StV 08/2017, I (Editorial); *Pieplow*, Die Verteidigung der ersten Stunde kommt!, freispruch 10/2017, 20 f.

Vereinigungen der justiziellen Praxis[9] vorgelegt. Insbesondere zu den *europarechtlich* besonders drängenden Fragen,

- wie in Deutschland die geforderte „angemessene Qualität“ (Art. 7 PKH-RL) des bisherigen Systems der notwendigen Verteidigung in Strafsachen als *funktionales Äquivalent*[10] zu Legal Aid erreicht und gesichert werden soll, und
- wie auf dieser Grundlage der Nachweis der „angemessenen Qualität“ des deutschen Systems im Monitoring-Verfahren nach Art. 10 Abs. 2 PKH-RL erstmals bis zum 25. Mai 2022 wird gelingen können,[11]

liegen heute noch keine belastbaren Überlegungen vor. Auch die konkrete *innerstaatliche* Reformperspektiven für das Recht der Strafverteidigung (§§ 137–149 StPO) in der 19. Wahlperiode des Deutschen Bundestages ist ein weites, derzeit noch weitgehend unbearbeitetes Feld.

III. Die Zielvorgaben der Legal Aid-Richtlinie

„PKH“ ist auch für deutsche Strafprozessualisten kein Fremdwort.

Auf Vorschriften im Titel 7 der ZPO wird z. B. im Erwachsenenstrafrecht für die Privatklage mit § 379 Abs. 3 StPO, für das Adhäsionsverfahren in § 404 Abs. 5 Satz 1 StPO, für die Klageerzwingung mit § 172 Abs. 3 Satz 2 StPO sowie – mit Modifikationen – für die Nebenklage in § 397a Abs. 2 StPO verwiesen. Gemeinsamer Nenner ist, dass die PKH-Gewährung auch im Strafprozess für andere Verfahrensbeteiligte als den Beschuldig-

---

9) Die JuMiKo hat auf ihrer 86. Herbsttagung 2015 zu einer Entwurfsfassung der PKH-RL unter TOP II.6. nur zu bedenken gegeben, dass eine Ausweitung des Anwendungsbereichs finanzieller Unterstützung für die Hinzuziehung von Strafverteidigern „die Gefahr einer übermäßigen Formalisierung von Massen- und Bagatellverfahren und damit einhergehend einer erheblichen Beeinträchtigung der Effektivität der Strafverfolgung [beinhalte – d. Verf.], welche grundlegende Aspekte der Strafrechtsordnung der Bundesrepublik Deutschland beeinträchtigen würde“. Die Tonlage mag andeuten, dass fiskalische Interessen erheblichen Einfluss auf die Umsetzung behalten dürften.

10) Siehe bereits *Brodowski/Burchard/u. a.* in: Cape/Namoradze/u. a., Effective Criminal Defence in Europe, 2010, S. 253, 261.

11) Beide Verfasser sind in dem EU-Projekt „Enhancing the Quality of Legal Aid: General Standards for different Countries“ (JUST/2015/JACC/AG/PROC/8632) engagiert. Es soll europaweit gültige Qualitätskriterien definieren, siehe einf. *Barendrecht/Kistemaker/u. a.* in: Ministerie van Veiligheid en Justitie, Legal Aid in Europe: Nine Different Ways to Guarantee Access to Justice?, S. 25 ff.

ten, die nach ihren persönlichen und wirtschaftlichen Verhältnissen zur Kostentragung außerstande sind (§ 114 Abs. 1 ZPO), möglich sein soll.[12]

Mit der Implementation der Richtlinie geht nun eine doppelte Erweiterung des Einzugsbereichs des Begriffs einher: PKH im Strafverfahren wird generell (abgesehen z. B. von § 404 Abs. 5 Satz 1 StPO für den Angeschuldigte im Adhäsionsverfahren)[13] (1.) auch für den Beschuldigten und (2.) unabhängig von seinen wirtschaftlichen Verhältnissen möglich. Worum es sich, in europäischer Sicht, bei PKH handelt, wird nämlich in Art. 3 PKH-RL festgelegt:

> „Die Bereitstellung finanzieller Mittel durch einen Mitgliedstaat für die Unterstützung durch einen Rechtsbeistand, sodass das Recht auf Zugang zu einem Rechtsbeistand wahrgenommen werden kann."

Gegenstand der nachfolgenden Betrachtungen ist aus Raumgründen allerdings nicht der Teil der Richtlinie, der die Vollstreckung eines europäischen Haftbefehls aufgreift (Art. 5 PKH-RL). Auch an anderer Stelle als in § 140 StPO geregelte Fälle[14] können ebenso wenig betrachtet werden wie spezielle Anforderungen bei „schutzbedürftigen Personen" i. S. des Art. 9 PKH-RL (Jugendliche und Heranwachsende, Hör- und Sprachbehinderte).

1. Der Anwendungsbereich (Art. 2 PKH-RL)

Nach Art. 2 PKH-RL ist die PKH-RL einschlägig, wenn einer Person die Freiheit entzogen ist (lit. a), wenn ihr nach Maßgabe des Unionsrechts oder nationalen Rechts ein Verteidiger zusteht (lit. b) oder wenn deren Anwesenheit bei einer Ermittlungs- oder Beweiserhebungshandlung vorgeschrieben oder zulässig ist (lit. c). Als Mindeststandard schreibt Art. 2 Abs. 1 lit. c PKH-RL vor, dass der Anwendungsbereich auf jeden Fall in Fällen eröffnet ist, in denen eine Identifizierungs- oder Vernehmungsgegenüberstellung oder eine Tatortrekonstruktion vorgenommen wird. In ErwG 16 wird ausdrücklich festgeschrieben, dass jenseits dieser – aus Sicht des deutschen Ermittlungsverfahrensrechts etwas akzidentiell wirkenden Trias – auch bei anderen Ermittlungs- und Beweiserhebungshandlungen PKH gewährt werden kann.

---

12) *Kaster*, Prozeßkostenhilfe für Verletzte und andere Berechtigte im Strafverfahren, MDR 1994, 1073, dort auch zu hier ausgeklammerten Besonderheiten im Jugendstrafrecht.

13) Dort ist schon heute die Beiordnung des Verteidigers möglich, wenn auch der Antragsteller einen Rechtsanwalt hat (§§ 121 Abs. 2 ZPO, 404 Abs. 5 Satz 2 StPO); siehe auch *Lüderssen/Jahn* in: Löwe/Rosenberg, StPO, 26. Aufl. 2007, § 141 Rz. 28.

14) Siehe i. E. *Lüderssen/Jahn* in: Löwe/Rosenberg, StPO, 26. Aufl. 2007, § 140 Rz. 117 ff.

a) Freiheitsentzug (lit. a)

Den Fällen, in denen dem Beschuldigten die Freiheit entzogen ist (*deprived of liberty*), unterfallen im deutschen Recht die vorläufige Festnahme – jedoch nicht durch Private – nach den §§ 127 Abs. 2, 127b StPO, die Ergreifung aufgrund eines Haftbefehls nach §§ 114 ff. StPO, der Vollzug von Untersuchungshaft, der Strafvollzug, die (auch einstweilige) Unterbringung sowie die Ingewahrsamnahme aufgrund der Polizeigesetze des Bundes und der Länder.

b) Notwendige Verteidigung nach nationalem Recht und Unionsrecht (lit. b)

Von der PKH-RL ebenfalls erfasst sind die Fälle notwendiger Verteidigung nach nationalem Recht, in Sonderheit[15)] also der Katalog des § 140 StPO. Hinzu kommen die Fälle notwendiger Verteidigung nach Unionsrecht. Darunter ist Art. 6 der RL (EU) 2016/800[16)] zu fassen, also der – hier nicht ausführlicher zu behandelnde[17)] – Sonderfall, dass ein „Kind" (im europarechtlichen Sinne) Verdächtiger oder Beschuldigter in einem Strafverfahren ist, solange und soweit dies noch nicht in nationales Recht umgesetzt ist.[18)]

c) Vorgeschriebene oder zulässige Anwesenheit des Beschuldigten bei Beweiserhebungshandlungen (lit. c)

Hier werden, wie schon in Art. 3 Abs. 3 lit. c der Rechtsbeistands-RL (EU) 2013/48[19)], ausdrücklich die Fälle der Identifizierungsgegenüberstellung, der Vernehmungsgegenüberstellung und der Tatortrekonstruktion als

---

15) Siehe oben in Abschn. III.

16) Richtlinie (EU) 2016/800 des Europäischen Parlaments und des Rates v. 11.5.2016 über Verfahrensgarantien in Strafverfahren für Kinder, die Verdächtige oder beschuldigte Personen in Strafverfahren sind, ABl. (EU) L 132/1 v. 20.5.2016.

17) Siehe erneut oben in Abschn. III. a. E.

18) Zur derzeitigen Rechtslage *Höynck*, Jugendstrafrecht – Bestandsaufnahme und Perspektiven, StraFo 2017, 267, 272 f.; *Dünkel*, Verteidigung im Jugendstrafverfahren im europäischen Vergleich, in: FS Beulke, 2015, S. 1107, 1111.

19) Richtlinie (EU) 2013/48 des Europäischen Parlaments und des Rates v. 22.10.2013 über das Recht auf Zugang zu einem Rechtsbeistand in Strafverfahren und in Verfahren zur Vollstreckung des Europäischen Haftbefehls sowie über das Recht auf Benachrichtigung eines Dritten bei Freiheitsentzug und das Recht auf Kommunikation mit Dritten und mit Konsularbehörden während des Freiheitsentzugs, ABl. (EU) L 294/1 v. 6.11.2013.

Mindestanwendungsfälle genannt. Im Folgenden wird insbesondere im Blick zu behalten sein, ob diese drei explizit genannten Beweiserhebungshandlungen auch dann erfasst sein sollen, wenn das deutsche Recht gerade *nicht* ausdrücklich erlaubt oder vorschreibt, dass der Beschuldigte anwesend sein darf bzw. muss. Soweit Uneinigkeit darüber besteht, erscheint es wegen des engen Regelungszusammenhangs mit dem *fair trial*-Grundsatz (ErwG 15) bzw. Art. 6 EMRK (ErwG 17) vorzugswürdig, richtlinienkonform ein Anwesenheitsrecht bzw. eine Anwesenheitspflicht im Zweifel als gegeben anzusehen.

aa) Identifizierungsgegenüberstellung (lit. c (i))

Die Identifizierungsgegenüberstellung ist im deutschen Recht in § 58 Abs. 2 StPO geregelt. Sie dient dem Wiedererkennen einer oder mehrerer Personen durch Zeugen. Für diese Maßnahme ist charakteristisch, dass sie in hohem Maße anfällig für Fehler ist, die den Beweiswert von Wiedererkennungsakten beeinträchtigen.[20] Dazu tritt, dass es sich um eine einen Teil der Hauptverhandlung präjudizierende Beweisaufnahme handelt.[21] Es besteht jedenfalls eine Duldungspflicht des Beschuldigten bei der visuellen, nicht aber bei auditiver Gegenüberstellung.[22]

Fraglich ist insbesondere, ob der Beschuldigte anwesend sein darf, wenn die Gegenüberstellung ohne ihn erfolgt (auditive Gegenüberstellung oder visuelle Gegenüberstellung mit anderen, also Mitbeschuldigten oder Zeugen), da er bei visueller Gegenüberstellung ohnehin eine Duldungspflicht hat und dies schon deshalb dem Anwendungsbereich von lit. c (i) unterfällt. Zwar hat der Bundesgesetzgeber durch das Zweite Gesetz zur Stärkung der Verfahrensrechte von Beschuldigten im Strafverfahren mit Wirkung zum 5. September 2017[23] unlängst – und zu Recht – § 58 Abs. 2 StPO durch einen Satz 2 ergänzt, so dass nunmehr bei jeder Form der Gegenüberstellung mit dem Beschuldigten *seinem Verteidiger* ausdrücklich die Anwesenheit gestattet ist. Dies ist aber für die Frage des Anwesenheits-

---

20) Grdlg. *Odenthal*, Die Gegenüberstellung im Strafverfahren, 3. Aufl. 1999, S. 101 ff.

21) *Schlothauer*, Reform des Ermittlungsverfahrens, StV 2016, 607, 609; *Ignor/Bertheau* in: Löwe/Rosenberg, StPO, 27. Aufl. 2017, § 58 Rz. 11.

22) *Maier* in: MünchKomm-StPO, 2014, § 58 Rz. 40, 44.

23) Zweite Gesetz zur Stärkung der Verfahrensrechte von Beschuldigten im Strafverfahren und zur Änderung des Schöffenrechts, v. 27.8.2017, BGBl. I 2017, 3295, 3297; dazu *Esser*, Entwurf eines Zweiten Gesetzes zur Stärkung der Verfahrensrechte von Beschuldigten im Strafverfahren (...), KriPoZ 2017, 167, 171 f.

rechts des Beschuldigten selbst nicht entscheidend. § 58 Abs. 2 StPO sollte insoweit im systematischen Zusammenhang mit den ErwG 15 und 17 wegen der präjudizierenden Wirkung auch Anwendung auf eine Gegenüberstellung mit Zeugen und Mitbeschuldigten finden. Mit der Gegenüberstellung muss also bis zur Gewährleistung des Rechts auf Rechtsbeistand – notfalls durch einen *ad hoc* zu bestellenden *Pflichtverteidiger der ersten Stunde* (begrifflich trotz § 78b ZPO unschöner: „Notverteidiger") – zugewartet werden.

bb) Vernehmungsgegenüberstellung (lit. c (ii))

Auch die Fälle der Vernehmungsgegenüberstellung beim Ermittlungsrichter nach § 168c Abs. 2 StPO sind wegen des ausdrücklichen Anwesenheitsrechts des Beschuldigten erfasst.[24] Sie sind mit Wirkung zum 24. August 2017[25] zudem insoweit schon durch die mit dem Gesetz zur effektiveren und praxistauglicheren Ausgestaltung des Strafverfahrens neu geschaffenen Regelung in § 141 Abs. 3 Satz 4 StPO abgedeckt, als bei einer richterlichen Vernehmung eine Mitwirkung des Verteidigers aufgrund der Bedeutung der Vernehmung zur Wahrung der Rechte des Beschuldigten erforderlich ist.[26]

cc) Tatortrekonstruktion (lit. c (iii))

Mit Blick auf die dritte Variante, die in der deutschen Prozesspraxis wenig praktizierte Tatortrekonstruktion i. S. des Art. 2 Abs. 1 lit. c PKH-RL, mag man vielleicht zunächst der Auffassung zuneigen, dass eine solche Maßnahme nicht ausdrücklich in der Strafprozessordnung geregelt ist und somit im Ganzen nicht dem Anwendungsbereich der Legal Aid-Richtlinie unterfalle.

Jedoch würde bei dieser Betrachtung ein wichtiger Unterschied in der Formulierung im Vergleich mit der ansonsten parallellaufenden Regelung des Art. 3 Abs. 3 lit. c der RL (EU) 2013/48[27] unter den Tisch fallen; auf

24) BT-Drucks. 18/9534, S. 21.

25) Gesetz zur effektiveren und praxistauglicheren Ausgestaltung des Strafverfahrens, v. 17.8.2017, BGBl. I 2017, 3202.

26) Überzeugend *Schlothauer*, Neuregelung der Pflichtverteidigung: effektiver und praxistauglicher!?, StV 2017, 557, 558.

27) Siehe bereits oben *Abschn.* III. 1. c).

sie verweist Art. 2 PKH-RL ausdrücklich. Das verdeutlicht, dass beim Erlass der PKH-RL die Formulierung der drei Jahre älteren Rechtsbeistands-RL bedacht wurde; dort hieß es noch:

> „Die Mitgliedstaaten stellen sicher, dass Verdächtige oder beschuldigte Personen mindestens das Recht haben, dass ihr Rechtsbeistand den folgenden Ermittlungs- und Beweiserhebungshandlungen beiwohnt, *falls diese in den nationalen Rechtsvorschriften vorgesehen sind* (…)". (Hervorhebung durch die Verf.)

Eine explizite Normierung der Maßnahme ist also nach der PKH-RL nicht mehr erforderlich.

Auch eine zweite denkbare Argumentationslinie dahin, dass in der StPO derzeit weder ein Anwesenheitsrecht noch eine -pflicht des Beschuldigten bei Tatortrekonstruktionen normiert ist, weshalb diese Fälle im deutschen Recht keine Bedeutung zu entfalten geeignet wären, überzeugte nicht. In den Blick zu nehmen ist hier zunächst eine durch den Ermittlungsrichter durchgeführte Tatortrekonstruktion mit Zeugen. Im Rahmen einer solchen Maßnahme, die sich auch ohne ausdrückliche Erwähnung in der Strafprozessordnung nach entsprechendem Antrag der Staatsanwaltschaft (*e contr.* § 165 StPO)[28] aus der Generalklausel der Ermittlungsbefugnisse des Richters legitimieren dürfte (§ 162 Abs. 1 StPO), kann insbesondere eine Vernehmung von Zeugen stattfinden. Für den Vernehmungscharakter ist es nicht erforderlich, dass die Aussage in einem Dienstgebäude oder -fahrzeug gemacht wird.[29] Dann gilt § 168c Abs. 2 StPO und der Beschuldigte hat ein Anwesenheitsrecht. Soweit eine Tatortrekonstruktion mit dem Beschuldigten selbst durchgeführt wird, ist dafür schon wegen des *nemo tenetur*-Grundsatzes dessen freiwillige Mitwirkung erforderlich.[30] Es besteht also in der Tat zunächst keine Anwesenheitspflicht. Jedoch ist fraglich, inwieweit bei einem unverteidigten Beschuldigten von der Freiwilligkeit der Mitwirkung ausgegangen werden kann. Der Tatortrekonstruktion wohnt, wie dargestellt, immer auch ein Vernehmungselement inne. Hervorzuheben ist insbesondere, dass eine nicht lege artis durchgeführte Tatortrekonstruktion die Gefahr einer präjudizierenden Wirkung in der

28) LG Stuttgart Beschl. v. 15.4.1983 – 14 Qs 86/83, NStZ 1983, 520 m. zust. Anm. *Rieß*; *Jahn* in: Heghmanns/Scheffler, Hdb. zum Strafverfahren, 2008, Kap. II Rz. 205.

29) *Neuhaus*, Wider den rein formalen Vernehmungsbegriff, Krim 1995, 787, 788.

30) Statt Vieler *Jahn* in: *Heghmanns/Scheffler*, Hdb. zum Strafverfahren, 2008, Kap. II Rz. 102 a. E. Eine solche Tatrekonstruktion (mit Videoaufzeichnung, vgl. jetzt § 136 Abs. 4 Nr. 1 StPO m. w. V. 1.1.2020) wurde z. B. in dem Ermittlungsverfahren 3650 Js 212292/03 wegen eines Totschlagsvorwurfs durch den Erstverf. als Dezernent der Frankfurter StA durchgeführt; ein Verteidiger war wegen § 141 Abs. 3 Satz 2 i. V. m. § 140 Abs. 1 StPO vom *Schwurgericht* bereits beigeordnet worden.

Hauptverhandlung birgt, zumal mit Blick auf die Suggestivität von Bildern für die Laienrichter. Deshalb ist hier eine Differenzierung im Vergleich zur Identifizierungsgegenüberstellung[31] nicht zu rechtfertigen.

Nach der Wertung der Regelung zum Konfrontationsrecht in Art. 6 Abs. 3 lit. d EMRK sollte deshalb grundsätzlich auch die Tatortrekonstruktion dem Anwendungsbereich unterfallen. Denn die Vorschrift gilt gerade auch für Maßnahmen im Ermittlungsverfahren, sofern diese später in die Hauptverhandlung eingeführt werden.[32]

dd) Weitere Ermittlungshandlungen?

Nach ErwG 16 sind die Mitgliedstaaten berechtigt, PKH auch in den nicht in der PKH-RL vorgesehenen Fällen zu bewilligen. Es spricht mit Blick auf diese Öffnungsklausel deshalb z. B. wenig dafür, die in der Richtlinie nicht ausdrücklich genannte richterliche Vernehmung eines Mitbeschuldigten in erweiternder Auslegung ihrem Anwendungsbereich zu unterwerfen, zumal innerstaatlich bekanntlich umstritten ist, ob der Beschuldigte hier analog § 168c Abs. 2 StPO ein Anwesenheitsrecht hat.[33]

2. Der abstrakt festzulegende Bewilligungsmaßstab für PKH in Strafsachen

Nach Art. 4 Abs. 2 PKH-RL kann entweder eine Bedürftigkeitsprüfung oder eine Prüfung der materiellen Kriterien, also der Erforderlichkeit der PKH im Interesse der Rechtspflege, oder aber auch beides durchgeführt werden.

a) Bedürftigkeitsprüfung (means test)

Art. 4 Abs. 3 PKH-RL regelt, welcher Maßstab bei einer Bedürftigkeitsprüfung zugrunde zu legen ist. Hiernach sind Kriterien wie Einkommen, Vermögen, familiäre Umstände des Betroffenen, die Kosten für einen Rechts-

---

31) Oben Abschn. III. 1. c, aa).

32) *Esser* in: Löwe/Rosenberg, StPO, 26. Aufl. 2012, Art. 6 EMRK Rz. 765, 768.

33) Grundsätzlich verneinend BVerfG, Beschl. v. 10.6.1997 – 2 BvR 1516/96, BVerfGE 96, 68 (96); BGH, Urt. v. 20.2.1997 – 4 StR 598/96, BGHSt 42, 391, 393. A. A. OLG Karlsruhe, Beschl. v. 9.11.1995 – 2 VAs 18/95, StV 1996, 302 (303) m. zust. Anm. *Rieß*; *Larsen*, Zum Anwesenheitsrecht des Beschuldigten und seines Verteidigers bei der richterlichen Vernehmung des Mitbeschuldigten in analoger Anwendung des § 168c StPO, in: FS Egon Müller, 2003, S. 6 und passim.

beistand sowie der Lebensstandard im betreffenden Mitgliedstaat zu berücksichtigen. Dies entspricht den aus §§ 114 ff. ZPO bekannten Routinen, die kraft Verweisung auch schon bislang eine gewisse strafprozessuale Bedeutung jedenfalls für den Verletzten und weitere Beteiligte hatten.[34]

b) Begründetheitsprüfung (merits test)

Für die Begründetheitsprüfung, also die Frage der Gebotenheit im Interesse der Rechtspflege, ist maßgebend, ob die PKH erforderlich ist, um angesichts der Fallumstände den Zugang zur Justiz zu gewährleisten. Hier ist gemäß Art. 4 Abs. 4 PKH-RL neben der Schwere der Straftat und der drohenden Strafe die Komplexität des Falles relevant. Die Mindestvoraussetzungen dieser abstrakten Kriterien i. S. eines Auffangnetzes (*safety net*)[35] konkretisiert Art. 4 Abs. 4 Satz 2 PKH-RL: In jedem Fall ist PKH bei der Entscheidung über eine Inhaftierung durch eine Vorführung des Beschuldigten vor dem Gericht oder Richter erforderlich (lit. a) oder dann, wenn der Beschuldigte sich in Haft befindet (lit. b).

aa) Fälle der Inhaftierung (Art. 4 Abs. 4 Satz 2 lit. b PKH-RL)

„Haft" im europarechtlichen Sinne von Art. 4 Abs. 4 Satz 2 lit. b PKH-RL liegt bei Vollstreckung von Untersuchungshaft (auch in anderer Sache), bei Strafvollzug, bei (auch einstweiliger) Unterbringung, bei Polizeigewahrsam und bei Ergreifung aufgrund eines zuvor erlassenen Dezernatshaftbefehls vor.

Die Anwendung der PKH-RL wird in Art. 2 Abs. 1 von der Eröffnung des Anwendungsbereichs der RL (EU) 2013/48[36] abhängig gemacht, die sich gemäß Art. 2 Abs. 1 nur auf das Erkenntnis-, nicht auf das Vollstreckungsverfahren bezieht. Man könnte deshalb *prima facie* zu der Auffassung gelangen, dass die oben genannten Fälle von „Haft" im europarechtlichen Sinne in Form des Strafvollzugs und der endgültigen Unterbringung als Teile des Vollstreckungsverfahrens nicht dem Anwendungsbereich der PKH-RL unterfielen. Allerdings ist dies gerade nicht der Fall,

---

34) Oben Abschn. III.

35) Begriff von *Cras*, The Directive on the Right to Legal Aid in Criminal and EAW Proceedings, Eucrim 1/2017, 34, 40.

36) Richtlinie (EU) 2013/48 des Europäischen Parlaments und des Rates v. 22.10.2013 über das Recht auf Zugang zu einem Rechtsbeistand (...), ABl. (EU) L 294/1 v. 6.11.2013.

wenn *in anderer Sache* Strafhaft oder eine Unterbringung vollzogen werden, da die in Frage stehende Sache sich noch innerhalb des Erkenntnisverfahrens befindet und somit wegen des der Situation inhärenten Autonomodifizits der Anwendungsbereich auch der RL (EU) 2013/48 eröffnet ist.

In den oben genannten Fällen begründet die Eröffnung des Anwendungsbereichs gleichzeitig die materielle Rechtfertigung für die Beiordnung eines Verteidigers. Dies fußt auf dem Gedanken, dass ein Beschuldigter, der sich in Haft befindet, in seiner Verteidigungsfähigkeit unabhängig davon eingeschränkt ist, was Gegenstand des Hauptverfahrens sein wird oder wie sich die übrigen Umstände darstellen.[37] Hier erfolgt keine zusätzliche Prüfung auf einer „zweiten Stufe" mehr, also kein *merits test.*

Den Fällen des Art. 4 Abs. 4 Satz 2 lit. b PKH-RL versucht das deutsche Recht zum einen für die Konstellation eines bereits bestehenden Haftbefehls in anderer Sache durch § 140 Abs. 1 Nr. 4 StPO zu entsprechen.[38] Zum anderen werden die übrigen oben genannten Fälle von § 140 Abs. 1 Nr. 5 StPO abgedeckt. Er greift jedoch *de lege lata* erst ab einem Mindestaufenthalt von drei Monaten. Hier ist bis zum 25. Mai 2019 die Drei-Monats-Frist zu streichen, um den europarechtlichen Mindestvoraussetzungen zu entsprechen.

bb) Fälle einer Entscheidung über Inhaftierung (Art. 4 Abs. 4 Satz 2 lit. a PKH-RL)

In Fällen der vorläufigen Festnahme nach den §§ 128, 129 StPO findet ebenfalls keine Prüfung der „zweiten Stufe" statt, wenn der Beschuldigte einem Gericht zur Entscheidung über seine Haft vorgeführt wird, Art. 4 Abs. 4 Satz 2 lit. a PKH-RL.

Dem entspricht seit dem 24. August 2017 bereits § 141 Abs. 3 Satz 4 StPO n. F. Er greift bei einer Beschuldigtenvernehmung nach § 168c Abs. 1 StPO, bei vorläufiger Festnahme oder nach Ergreifen aufgrund eines Haft-

---

37) Zum Autonomiedefizit des Beschuldigten aufgrund der Beschränkung der Fortbewegungsfreiheit *Lüderssen/Jahn* in: Löwe/Rosenberg, StPO, 26. Aufl. 2007, § 140 Rz. 32.

38) Zu der insoweit bestehenden Auslegungskontroverse mit Blick auf Dezernatshaftbefehle, siehe (die Anwendung von § 140 Abs. 1 Nr. 4 StPO bejahend) *Schlothauer*, Pflichtverteidigerbeiordnung nach Inhaftierung, in: FS Samson, 2010, S. 709, 714 f.; *Wohlers* in: SK-StPO, 5. Aufl. 2016, § 140 Rz. 11, und (verneinend) BGH, Beschl. v. 20.10.2014 – 5 StR 176/14, BGHSt 60, 38, 41 Rz. 10; *Jahn*, Zur Rechtswirklichkeit der Pflichtverteidigerbestellung, 2014, S. 35 m. w. N.

befehls zur Entscheidung über den Erlass eines Haftbefehls bzw. dessen Aufrechterhaltung nach §§ 128 Abs. 1, 115 Abs. 2, 115a Abs. 2 StPO.[39] Eine Prüfung der „zweiten Stufe" (Begründetheitsprüfung nach Art. 4 Abs. 4 Satz 1 PKH-RL) findet aber sehr wohl dann statt, wenn die Bestellung schon zur ersten „verantwortlichen" polizeilichen Vernehmung erfolgen soll. Hier hat nach deutschem Recht die Prüfung zu erfolgen, ob ein Fall des § 140 Abs. 1 Nr. 2, 3, 6, 7, 8, 9 oder Abs. 2 Satz 1 oder 2 StPO vorliegt; nur dann ist ein Verteidiger zu bestellen.

cc) Fälle, in denen sich der Beschuldigte auf freiem Fuß befindet (Art. 4 Abs. 4 Satz 1 PKH-RL)

In allen anderen Fällen, in denen dem Beschuldigten nicht die Freiheit dauerhaft oder zumindest für die Haftentscheidung entzogen ist, findet in jedem Fall eine Prüfung auf „zweiter Stufe" statt. Hierfür stellen die Grundnorm des § 140 StPO sowie die weiteren Fälle der im deutschen Recht geregelten notwendigen Verteidigung grundsätzlich den geeigneten Maßstab. Eine Bedürftigkeitsprüfung wird im deutschen System der Strafprozessordnung[40] – zumindest in Ansätzen – bislang erst nachgelagert vorgenommen. Sie findet dann statt, wenn sich nach einer Verurteilung die Frage stellt, ob und ggf. in welchem Umfang gegen den Beschuldigten eine Beitreibung des unmittelbar gegen die Staatskasse gerichteten Vergütungsanspruchs des gerichtlich beigeordneten oder bestellten notwendigen Verteidigers (§ 45 Abs. 3 RVG)[41] erfolgen kann.

Werden die Pflichtverteidigergebühren dabei aus der Staatskasse gezahlt, geht der Anspruch auf den Leistenden über (§ 52 Abs. 1 Satz 2 RVG) und dieser kann die gezahlten Beträge vom Verurteilten als Auslagen i. S. der §§ 464a Abs. 1 Satz 1, 465 Abs. 1 Satz 1 StPO erheben.[42] Die etwaige zwangsweise Beitreibung dieser Kosten i. S. des Justizbeitreibungsgesetzes

39) So auch *Schlothauer*, StV 2017, 557, 558.

40) Obgleich nach st. Rspr. des BVerwG (zuletzt BVerwG, Beschl. v. 14.8.2017 – 2 WDB 5.17, NVwZ-RR 2017, 879 (Ls.), Rz. 5, 8) ein PKH-Antrag im wehrdisziplinarrechtlichen Verfahren als Antrag auf Bestellung eines Verteidigers nach § 90 Abs. 1 Satz 2 WDO auszulegen ist, ist trotz des ausdrücklichen inhaltlichen Anschlusses dieser Judikatur an § 140 StPO eine Verteidigerbestellung auch dann geboten, wenn der Angeschuldigte in schwerwiegenden Fällen die Verteidigerkosten nicht aufzubringen vermag. In Disziplinarsachen verwischen also schon heute *means* und *merits test*.

41) *Leipold*, Anwaltsvergütung in Strafsachen, 2004, Rz. 261 f.

42) *Leipold*, Anwaltsvergütung in Strafsachen, 2004, Rz. 318.

(JBeitrG) und der entsprechenden landesrechtlichen Normen wird dann auf Basis sinngemäßer Anwendung der zivilprozessualen Zwangsvollstreckungsvorschriften (vgl. § 6 Abs. 1 JBeitrG) auch von der Leistungsfähigkeit und sozialen Schutzbedürftigkeit des Verurteilten als Kostenschuldner abhängig gemacht. Hat die Staatskasse nicht bereits geleistet, behält der Rechtsanwalt seinen öffentlich-rechtlichen Anspruch gegen den Verurteilten. Dessen Durchsetzung wird ebenfalls von einem *means test* im weiteren Sinne abhängig gemacht

> „Der Anspruch kann nur insoweit geltend gemacht werden, als (...) das Gericht des ersten Rechtszugs auf Antrag des Verteidigers feststellt, dass der Beschuldigte ohne Beeinträchtigung des für ihn und seine Familie notwendigen Unterhalts zur Zahlung oder zur Leistung von Raten in der Lage ist." (§ 52 Abs. 2 Satz 1 RVG).

Da durch die Richtlinie nicht ausgeschlossen wird, dass eine rein materielle Prüfung vorgenommen wird, erfüllt der Maßstab, den die deutsche Rechtsordnung bislang anlegt, damit *prima facie* diese Kriterien unabhängig davon, ob die Prüfung tatsächlich einen (Mindest-)Standard an Bedürftigkeit abbildet.

Auf einem anderen Blatt steht, ob nicht durch eine Ergänzung des § 465 Abs. 1 Satz 1 StPO um die Kriterien der persönlichen und wirtschaftlichen Verhältnisse über den bloßen Pfändungsschutz hinaus der Zugang zu einem Rechtsbeistand i. S. des Art. 3 PKH-RL *besser* als nach dem unbedingt geforderten Mindeststandard gewährleistet werden könnte. Es steht, auch angesichts der gerade erst erfolgten, rechtspolitisch besonders fragwürdigen Ergänzung des § 136 Abs. 1 Satz 5 StPO

> „(...) und unter den Voraussetzungen des § 140 Absatz 1 und 2 StPO die Bestellung eines Verteidigers (...) beanspruchen kann; zu Letzterem ist er dabei auf die Kostenfolge des § 465 StPO hinzuweisen",[43]

allerdings nicht ohne Weiteres zu erwarten, dass der Gesetzgeber hier innerhalb von weniger als zwei Jahren zu einer Rolle rückwärts ansetzen wird.

---

43) Die im (nicht publizierten) BMJV-Roh-E aus dem Januar 2016 noch nicht enthaltene Regelung wurde auf Druck der Länder und der Justizpraxis erst mit dem RefE im Mai 2016 Gegenstand des Gesetzgebungsverfahrens. Sie „begründet (...) die Gefahr, dass ein Beschuldigter unter dem Eindruck des ihm vermittelten Kostenrisikos auf die Inanspruchnahme eines Verteidigers verzichtet" (*Singelnstein/Derin*, Das Gesetz zur effektiveren und praxistauglicheren Ausgestaltung des Strafverfahrens, NJW 2017, 2646, 2649). Sollte sich diese Gefahr durch eine künftige Belehrungspraxis realisieren, die das Konsultationsrecht *faktisch* untergräbt, dürfte dies Monitoring-Mechanismus (Art. 7 Abs. 1 lit. a PKH-RL) auslösen.

3. Das PKH-Verfahren und die Auswahl des Verteidigers

Bei der Frage nach der praktischen Ausgestaltung des Verfahrens zur Entscheidung über die Bewilligung von PKH sind die Zuständigkeit und der Zeitpunkt für die Entscheidung näher zu beleuchten.

a) Zuständigkeit (Art. 6 Abs. 1 PKH-RL)

Gemäß Art. 6 Abs. 1 PKH-RL hat über die Bewilligung von PKH sowie zugleich über die Bestellung des Verteidigers die „zuständige Behörde" zu entscheiden. Aus ErwG 24 ergibt sich, dass es sich dabei auch um ein Gericht einschließlich des Einzelrichters handeln kann. Damit ist die deutsche Rechtslage, nach der die Entscheidung über die Verteidigerbestellung gemäß § 141 Abs. 4 StPO vor Anklageerhebung grundsätzlich beim Ermittlungsrichter am Sitz der Staatsanwaltschaft und danach beim Vorsitzenden liegt, mit der Richtlinie konform.

b) Zeitpunkt der Bestellung (Art. 4 Abs. 5 PKH-RL)

Die Entscheidung über die Bewilligung von PKH ist gemäß Art. 6 Abs. 1 PKH-RL unverzüglich nach Antragstellung durch den Beschuldigten zu treffen. Den spätestmöglichen Zeitpunkt markiert Art. 4 Abs. 5 PKH-RL, wonach vor der Befragung durch ein Ermittlungsorgan oder vor Durchführung einer Ermittlungs- oder Beweiserhebungshandlung nach Art. 2 Abs. 1 lit. c PKH-RL die Bestellung zu erfolgen hat. Deshalb ist nach den verschiedenen Anwendungsfällen zu differenzieren:

aa) In Fällen des Freiheitsentzugs

In den Fällen des Freiheitsentzugs sind wiederum die Fälle der Inhaftierung und der Entscheidung über eine Inhaftierung weiter auszudifferenzieren:

(1) Bei Inhaftierung

PKH ist in Haftfällen „unverzüglich" und spätestens vor einer Befragung durch Polizei, Staatsanwaltschaft oder Gericht zu gewähren (Art. 4 Abs. 5 PKH-RL; ErwG 19). Im bisherigen deutschen System ist danach „ohne schuldhaftes Zögern"[44] ein Verteidiger zu bestellen.

---

44) Zur Auslegung *Lüderssen/Jahn* in: Löwe/Rosenberg, StPO, Nachtr. 26. Aufl. 2014, § 141 Rz. 8 ff., 16 ff.

(2) Bei der Entscheidung über die Inhaftierung

In Fällen der Entscheidung über die Inhaftierung, also nach vorläufiger Festnahme, ist dem Beschuldigten vor der Vernehmung durch die Polizei, die Staatsanwaltschaft oder den Richter ein Verteidiger zu bestellen (Art. 4 Abs. 5 PKH-RL).

Die mit Wirkung zum 24. August 2017 in Kraft getretene Neuregelung in § 141 Abs. 3 Satz 4 StPO wird dem bislang noch nicht in jeder Hinsicht gerecht. Jedenfalls mit Blick auf die Forderung in Art. 4 Abs. 4 lit. a PKH-RL, der einen Verteidigerbeistand im Falle einer Vorführung zur Entscheidung über eine Haft vor einen Richter oder ein Gericht voraussetzt, ist sie derzeit schon richtlinienkonform.[45)] Zu beachten ist aber, dass nach Art. 4 Abs. 5 PKH-RL sowohl bei Inhaftierung als auch bei einer vorläufigen Festnahme eine Entscheidung über die Beiordnung eines Verteidigers bereits *vor* der ersten polizeilichen Vernehmung zu erfolgen hat. Europarechtlich zielverbindlich ist damit nunmehr die zeitliche Ausdehnung der notwendigen Verteidigung bei vorläufiger Festnahme nach § 127 Abs. 2 StPO im Sinne eines *Pflichtverteidigers der ersten Stunde*, wie ihn Länder wie die Schweiz[46)] der Sache nach bereits kennen. Diese Weichenstellung[47)] ist nachdrücklich zu begrüßen. Sie führt zu der Notwendigkeit, *de lege ferenda* bei der Befragung des Beschuldigten durch Beamte des Polizeidienstes (§ 163a Abs. 4 Satz 3 StPO) oder die Staatsanwaltschaft (§ 163a Abs. 3 Satz 2 StPO) den Vorgang durch die Staatsanwaltschaft unverzüglich dem zuständigen Gericht zur Entscheidung vorzulegen. Und es zieht erheblichen Organisationsbedarf für die deutsche Anwaltschaft überall dort nach sich, wo – wie etwa in östlichen Flächenstaaten – Verteidigernotdienste noch keinen „24/7-Service“ zu garantieren vermögen.

---

45) So auch *Schlothauer*, StV 2017, 557, 559.

46) *Schlegel/Wohlers*, Der „Anwalt der ersten Stunde“ in der Schweiz – Zugleich ein Beitrag zu den menschenrechtlichen Mindeststandards der Strafverteidigung, StV 2012, 307, 310 ff.; *Gerson*, Das Recht auf Beschuldigung, 2016, S. 897 f. Europaweiter Überblick bei *Plekksepp*, Die gleichmäßige Gewährleistung des Rechts auf Verteidigerbeistand, 2012, S. 288 ff.

47) Folgt man der (nicht nur) vom Erstverf. vertretenen Auffassung zur Wirkkraft der Judikatur seit EGMR U (G) v. 27.11.2008 (Salduz/TR) – 36391/02, ECHR 2008-V = NJW 2009, 3707, 3708 in Deutschland (*Lüderssen/Jahn* in: Löwe/Rosenberg, StPO, Nachtr. 26. Aufl., 2014, § 141 Rz. 6; a. A. aber Abschlussbericht StPO-Expertenkommission zu Ziff. A. 1.5, vgl. oben Abschn. I.), handelt es sich um das Ölen einer bereits durch die Dogmatik der Menschenrechte gestellten Weiche durch den Richtliniengeber.

bb) In Fällen, in denen sich der Beschuldigte auf freiem Fuß befindet

Der Zeitpunkt für die Bestellung eines Verteidigers für denjenigen Beschuldigten, der sich zwar auf freiem Fuß befindet, bei dem der Richtlinien-Anwendungsbereich aber dennoch eröffnet ist, weil es sich um einen Fall notwendiger Verteidigung nach nationalem Recht oder Unionsrecht handelt oder der Beschuldigte bei einer Beweiserhebungshandlung anwesend sein kann oder muss, richtet sich ebenfalls nach Art. 4 Abs. 5 PKH-RL. Auch hier ist also eine Entscheidung vor einer Befragung durch die Polizei, die Staatsanwaltschaft oder den Richter oder vor Vornahme einer oben genannten Beweiserhebungshandlung zu treffen. Mit den Ermittlungshandlungen ist zudem zuzuwarten, bis die Entscheidung getroffen wurde. Damit hat der Richtliniengeber begrüßenswerterweise einem Mechanismus des deutschen Rechts eine Absage erteilt. Hier musste mit den weiteren Ermittlungen bis zur Bestellung eines Verteidigers (etwa nach § 141 Abs. 3 Satz 1 StPO) bislang nicht innegehalten werden. Die Einführung eines solchen Inhibitoriums obliegt vielmehr dem Gesetzgeber.[48] Er muss nunmehr bis zum 25. Mai 2019 aktiv werden.

4. Auswahlkriterien (Art. 6 Abs. 1 Satz 2 PKH-RL)

Gemäß Art. 6 Abs. 1 Satz 2 PKH-RL haben die Mitgliedstaaten bei der Umsetzung dafür Sorge zu tragen, dass die befassten Behörden (und damit auch die Gerichte)[49] ihre Entscheidung mit Sorgfalt treffen und dabei die Rechte der Verteidigung wahren.

Hierbei ist zunächst daran zu erinnern, dass die Auswahl des notwendigen Verteidigers durch den Richter bislang auch gegenüber dem Anwalt „Rechtsprechung“ ist, weshalb der Schutzraum richterlicher Unabhängigkeit des Art. 97 GG eröffnet ist.[50] Nach heute h. A. wird deshalb auch nur eine

---

48) BGH, Beschl. v. 5.2.2002 – 5 StR 588/01, BGHSt 47, 233, 237, m. abl. Anm. *Roxin*, JZ 2002, 898, 899 f.; *Jahn* in: Heghmanns/Scheffler, Hdb. zum Strafverfahren, 2008, Kap. II Rz. 232; zur Reform bereits *Jahn*, Das partizipatorische Ermittlungsverfahren im deutschen Strafprozess, ZStW 115 (2003), 815, 827.

49) Oben Abschn. 3. a).

50) Näher *Jahn*, Untersuchungshaft und frühe Strafverteidigung im zweiten Jahrzehnt des 21. Jahrhunderts, in: FS Rissing van-Saan, 2011, S. 275, 297. A. A. *Schlothauer* in: FS Samson, 2010, S. 709, 713 f.

Willkürkontrolle der Beiordnungsentscheidung über die §§ 23 ff. EGGVG parallel zum Recht der Insolvenzverwalter nicht erreicht werden können.[51)]

Nicht gesagt ist damit, dass das deutsche Auswahlsystem aller Sorgen ledig ist. Ganz im Gegenteil: Mit Blick auf die seit Langem schon in der Literatur[52)] vorgebrachte Kritik an fehlender Transparenz der Auswahlentscheidung und der von vielen Seiten kritisierten Auswahlpraxis in Deutschland besteht hier ein wichtiger Anknüpfungspunkt für die weitere Diskussion, die unter enger Einbeziehung der Anwaltschaft zu führen sein wird.

Dies gilt umso mehr, als bei einer Übertragung der Bezeichnung des Pflichtverteidigers der ersten Stunde auf die örtlichen Rechtsanwaltskammern die bisherigen Hemmnisse des Art. 97 GG überwunden werden könnten.[53)] Im Mittelpunkt stehen dabei jene beiordnungsbereiten Anwälte, die bei der Auswahl der fortwährend gleichen Pflichtverteidiger durch die Gerichte dauerhaft übergangen werden. Darunter fallen nicht nur jüngere Kollegen, die überhaupt nicht „auf dem Zettel" (das sind leider nicht nur förmliche Listen) der beiordnenden Richter stehen, sondern auch jene – gleich welchen Alters – die sich also nicht als „Verurteilungsbegleiter", „Geständnishelfer", „Robenständer" oder „Gerichtsnutte" verstehen – alles Zitate aus den 941 an die Frankfurter Forschungsstelle rückgelaufenen Fragebögen.[54)]

5. Korrektur der Auswahlentscheidung (Art. 7 Abs. 4 PKH-RL)

In Art. 7 Abs. 4 PKH-RL wird das Recht des Beschuldigten normiert, den Verteidiger, der ihm zugewiesen wurde, auswechseln zu lassen, sofern die konkreten Umstände dies rechtfertigen. Im bisherigen deutschen System ermöglicht bekanntlich eine seit Langem praktizierte erweiternde Ausle-

---

51) Diese Frage kann hier, auch wenn die *Jubilarin* angesichts ihrer Forschungsschwerpunkte an ihr besonders interessiert sein dürfte, aus Raumgründen nicht vertieft werden. Zu verweisen ist auf *Jahn*, Die Praxis der Pflichtverteidigerbestellung: Ein Graubereich auf dem Prüfstand der Berufsfreiheit des Art. 12 GG, in: Strafverteidigervereinigungen, Der Schrei nach Strafe (41. Strafverteidigertag) 2017, S. 147, 191 ff.

52) Vgl. statt vieler zuletzt *Leitmeier*, Zwei gegen einen, StV 2016, 515; zusf. *Jahn*, Zur Rechtswirklichkeit der Pflichtverteidigerbestellung, 2014, S. 176.

53) Obgleich das auch z. B. der Bremer Erklärung des 41. Strafverteidigertages entspricht (abgedr. in freispruch 11/2017, 38, 43: „Änderung dergestalt (…), dass die Auswahl des zu bestellenden Verteidigers durch Selbstverwaltungsorgane der Anwaltschaft [Rechtsanwaltskammern] vorzunehmen ist"), ist nicht zu übersehen, dass bei der Frankfurter Untersuchung 61,8 % der teilnehmenden Strafverteidiger dem klar ablehnend gegenüberstanden, vgl. *Jahn*, Zur Rechtswirklichkeit der Pflichtverteidigerbestellung, 2014, S. 136.

54) *Jahn*, Zur Rechtswirklichkeit der Pflichtverteidigerbestellung, 2014, S. 120.

gung des § 143 StPO unter bestimmten Voraussetzungen den Wechsel des beigeordneten Verteidigers, zumal nach einer durch den zeitlichen Druck der Haftsituation veranlassten Verlegenheitswahl.[55]

Nicht ganz eindeutig ist allerdings, ob sich nur die Fälle gerichtlicher Beiordnung ohne Inanspruchnahme des Bezeichnungsrechts nach § 142 Abs. 1 Satz 1 StPO dem Art. 7 Abs. 4 PKH-RL subsumieren lassen. Der Wortlaut „zugewiesen" – der Begriff wird nur hier verwendet – könnte hierfür streiten, weil sonst, ungleich neutraler, von Bestellung die Rede ist (Art. 6 Abs. 1 PKH-RL) und es als schief angesehen werden könnte, von einer „Zuweisung" zu sprechen, nachdem ein Verteidiger beigeordnet wurde, der vom Beschuldigten selbst i. S. des § 142 Abs. 1 Satz 1 StPO „bezeichnet" wurde. Gegen eine solche Differenzierung *sub specie* § 143 StPO spricht die vergleichbare Interessenlage bei einer Beiordnung unter Zeitdruck, einerlei, ob sie mit oder ohne Ausübung des Bezeichnungsrechts erfolgte.[56] Vor diesem Hintergrund sollte der in der deutschen Übersetzung verwendete Begriff (engl.: „assigned to", was man auch mit „zugeteilt" übersetzen könnte) nicht überbewertet werden.

Es wäre allerdings sinnvoll, wenn die heutige Rechtsprechung kodifiziert und dem Beschuldigten ein ausdrücklicher Anspruch auf Verteidigerwechsel in bestimmten Fällen zugestanden würde. Hier gibt es Nachsteuerungsbedarf, weil insbesondere in den Fällen des § 140 Abs. 1 Nr. 4 StPO seit dem Jahr 2009 erhebliche Vollzugsdefizite trotz klarer Rechtsprechungsdirektiven verbucht werden müssen.[57] Auch deshalb sollte in § 143 StPO klargestellt werden, dass dann, wenn der Beschuldigte unter dem zeitlichen Druck der Legal Aid-Situation eine Verteidiger-„Verlegenheitswahl" hat treffen müssen oder er gar keinen Wunsch geäußert hat, ihm ein einmaliger Verteidigerwechsel bei Zustimmung des aktuellen und des „neuen" Verteidigers möglich sein sollte, sofern der Umbeiordnung kein wichtiger Grund entgegensteht (vgl. § 142 Abs. 1 Satz 2 StPO).[58]

---

55) Rechtstatsächliche Angaben bei *Jahn*, Zur Rechtswirklichkeit der Pflichtverteidigerbestellung, 2014, S. 149 ff.; krit. auch *Ahmed*, Praxisprobleme beim Pflichtverteidiger, StV 2015, 65, 68; Ergebnisse des 41. Strafverteidigertages, StV 2017, 427, 428.

56) Rechtstatsachen auch hierzu bei *Jahn*, Zur Rechtswirklichkeit der Pflichtverteidigerbestellung, 2014, S. 49 f. und S. 192 f.

57) Nachweise dazu bei *Jahn*, Zur Rechtswirklichkeit der Pflichtverteidigerbestellung, 2014, S. 144 ff.

58) So bereits *Jahn*, StraFo 2014, 177, 194.

6. *Qualitätssicherungsmechanismen und Rechtsbehelfe (Art. 7, 8 PKH-RL)*

Art. 7 PKH-RL gebietet eine angemessene Qualitätssicherung. Zudem sind gemäß Art. 8 PKH-RL bei Verletzung der Rechte aus der Richtlinie wirksame Rechtsbehelfe zu schaffen. Im deutschen Recht finden sich zur strukturellen Qualitätssicherung bislang keine ausdrücklichen Vorgaben *im Strafverfahrensrecht* i. S. von Mindeststandards strafprozessualer PKH, durchaus aber z. B. im Berufs- und Haftungsrecht.[59)]

Dies löst, ungeachtet bestehender berufsrechtlicher Regelungen zur Mindestqualifikation durch zwei Staatsexamina und – bislang sanktionsloser[60)] – Fortbildungspflicht des deutschen Anwalts, die Frage nach dem Kodifikationsbedarf für Qualitätssicherungsmechanismen aus. Dies gilt umso mehr, wenn man an dem höchstrichterlich gestützten theoretischen Modell der Pflichtverteidigung als Indienstnahme Privater *zu öffentlichen Zwecken* festhalten möchte.[61)] Hinsichtlich der Rechtsbehelfe sind nach ablehnender richterlicher Entscheidung Beschwerde und Revision denkbar.[62)] Soweit es bei der Umsetzung – wofür gute Gründe sprechen – im Wesentlichen bei diesem Modell bleiben sollte, ist auch der Effektivität jener Rechtsbehelfe Rechnung zu tragen.

IV. Schluss

Vor dem Hintergrund der knappen Umsetzungsfrist wird die Abteilung Rechtspflege im Bundesministerium der Justiz und für Verbraucherschutz den Bundestag bei der Abarbeitung seines Pflichtenhefts mit gewohnter Sorgfalt unterstützen und beraten. Nicht nur die Verfasser dieses Beitrages zu Ehren der *Jubilarin* sind besonders gespannt, was er daraus macht.

---

59) Zur zivilrechtlichen Haftung des Pflichtverteidigers *Jahn*, Verteidigung lege artis, StraFo 2017, 177, 182; *Lüderssen/Jahn* in: Löwe/Rosenberg, StPO, 26. Aufl. 2007, Vor § 137 Rz. 49 m. w. N.

60) Vgl. Bericht des BT-Rechtsausschusses zum Gesetz zur Umsetzung der Berufsanerkennungsrichtlinie, BT-Drucks. 18/11468, S. 10 ff.: Keine Ermöglichung sanktionsbewehrter allgemeiner Fortbildungspflicht durch die BRAK-Satzungsversammlung, nicht einmal gesetzliche Verpflichtung für Junganwälte auf zehn(!) Stunden Fortbildung zum anwaltlichen Berufsrecht.

61) Zur – dort nachgewiesenen – Rspr. des BVerfG jedoch krit. *Jahn*, Das Zivilrecht der Pflichtverteidigung, JR 1999, 1.

62) Näher *Lüderssen/Jahn* in: Löwe/Rosenberg, StPO, 26. Aufl. 2007, § 141 Rz. 48 ff. (zur Beschwerde) und Rz. 54 ff. (zur Revision).

Die neue Europäische Datenschutzrichtlinie und ihre Umsetzung

– Eine erste Bilanz –

RAINER KAUL

Inhaltsübersicht

Während der Amtszeit von Marie Luise Graf-Schlicker als Leiterin der Abteilung R wurde in Brüssel die Schaffung einer Datenschutzrichtlinie für den Bereich der Gefahrenabwehr und der Strafverfolgung beraten. Der Autor hat diese Verhandlungen für den in den Zuständigkeitsbereich der Abteilung R fallenden Bereich der Strafverfolgung begleitet.

I. Einleitung

Am 27. April 2016 wurde nach mehr als vierjährigen Verhandlungen die neue EU-Datenschutzrichtlinie[1)] verabschiedet. Wie schon ihr sehr sperriger Titel

---

1) Richtlinie (EU) 2016/680 des Europäischen Parlaments und des Rates v. 27.4.2016 zum Schutz natürlicher Personen bei der Verarbeitung personenbezogener Daten durch die zuständigen Behörden zum Zweck der Verhütung, Ermittlung, Aufdeckung oder Verfolgung von Straftaten oder der Strafvollstreckung sowie zum freien Datenverkehr und zur Aufhebung des Rahmenbeschlusses 2008/977/JI des Rates, ABl. (EU) L 119/89 v. 4.5.2016.

zeigt, ist ihr Anwendungsbereich nicht einfach zu definieren; er soll im Folgenden aus Vereinfachungsgründen mit „polizeilicher Gefahrenabwehr und Strafverfolgung“ umschrieben werden. Bis zum 6. Mai 2018 ist das nationale Recht jetzt an die Vorgaben der Richtlinie anzupassen. In Deutschland ist insoweit mit dem am 30. Juni 2017 vom Deutschen Bundestag verabschiedeten Datenschutz-Anpassungs- und -Umsetzungsgesetz EU[2] bereits ein wesentlicher Schritt getan. Denn die Teile I und III des mit diesem Gesetz zum 25. Mai 2018 neu gefassten Bundesdatenschutzgesetzes (BDSG-neu) gelten für den Bereich der Richtlinie und setzen den Großteil der Vorgaben der Richtlinie für deren gesamten Anwendungsbereich um, wobei jedoch in den jeweiligen Fachgesetzen noch abweichende oder ergänzende Regelungen getroffen werden können (§ 1 Abs. 2 BDSG-neu). Weitere spezifische Anpassungen insbesondere der Strafprozessordnung (StPO) stehen noch aus; hierzu soll zeitnah noch ein weiteres Umsetzungsgesetz verabschiedet werden. Es bietet sich daher an, eine erste Bilanz zu ziehen, ob und gegebenenfalls welche Fortschritte die Richtlinie mit sich bringen wird.

II. Die historische und systematische Einordnung der Richtlinie

1. Die Richtlinie 95/46/EG

Als Meilenstein auf dem Weg zu einem europäischen Datenschutzrecht war 1995 die Richtlinie 95/46/EG[3] verabschiedet worden. Diese Richtlinie galt nach ihrem Art. 3 Abs. 2 jedoch nicht für die polizeiliche Gefahrenabwehr und die Strafverfolgung; dieser Bereich blieb EU-rechtlich ungeregelt. Durch die auf Bundesebene erfolgte Umsetzung dieser Richtlinie im Bundesdatenschutzgesetz (BDSG)[4] galten ihre Vorgaben über § 1 Abs. 2 Nr. 1 BDSG in Deutschland allerdings grundsätzlich auch für den Bereich der polizeilichen Gefahrenabwehr und der Strafverfolgung, dies jedoch

---

2) Gesetz zur Anpassung des Datenschutzrechts an die Verordnung (EU) 2016/679 und zur Umsetzung der Richtlinie (EU) 2016/680 – Datenschutz-Anpassungs- und -Umsetzungsgesetz EU (DSAnpUG-EU), v. 30.6.2017, BGBl. I 2017, 2097.

3) Richtlinie 95/46/EG des Europäischen Parlaments und des Rates v. 24.10.1995 zum Schutz natürlicher Personen bei der Verarbeitung personenbezogener Daten und zum freien Datenverkehr, ABl. (EG) L 281/31 v. 23.11.1995.

4) Gesetz zur Änderung des Bundesdatenschutzgesetzes und anderer Gesetze v. 18.5.2001, BGBl. I 2000, 904. Die Rechtslage wird in diesem Beitrag nur für das Bundesrecht dargestellt. Soweit im behandelten Bereich datenschutzrechtlich (überwiegend) Landesrecht einschlägig ist, gelten die Ausführungen inhaltlich jedoch zumeist entsprechend.

mit der aus § 1 Abs. 3 Satz 1 BDSG folgenden Ausnahme, dass speziellere Datenschutzregelungen in anderen Gesetzen den Bestimmungen des Bundesdatenschutzgesetzes vorgingen.

Das aus dem Vorstehenden folgende Nebeneinander von u. a. Strafprozessordnung und Bundesdatenschutzgesetz gestaltete sich in verschiedenen Bereichen problematisch; insbesondere stellte sich die – häufig bis heute nicht eindeutig beantwortete – Frage, ob bestimmte Regelungen der Strafprozessordnung abschließenden Charakter haben sollten oder nicht. Ein Beispiel war dabei die Frage der Anwendbarkeit des § 13 Abs. 2 BDSG, der die Zulässigkeit der Erhebung besonderer Arten personenbezogener Daten i. S. des § 3 Abs. 9 BDSG betraf. Richtigerweise dürfte insoweit anzunehmen gewesen sein, dass § 13 Abs. 2 BDSG durch das Regelungssystem der Strafprozessordnung, die für die Erhebung bestimmter sensibler Daten Spezialregelungen enthält und die Erhebung im Übrigen durch die Ermittlungsgeneralklausel des § 161 StPO zulässt, verdrängt wurde, da die entsprechenden Normen der Strafprozessordnung eine abschließende Gesamtregelung der Datenerhebung im Strafverfahren darstellen.[5] Dies wurde jedoch unter Hinweis darauf, dass die Geltung des § 13 Abs. 2 BDSG in verschiedenen vergleichbaren Gesetzen anders als in der Strafprozessordnung ausdrücklich ausgeschlossen wurde,[6] auch bestritten. Ähnlich stellte sich die Sachlage in Bezug auf die Benachrichtigungspflichten nach § 19a BDSG dar. Besonders virulent und unklar war die Rechtslage bei den Auskunftsrechten derjenigen Personen, deren Daten in Strafakten verarbeitet wurden, d. h. dem Verhältnis zwischen den Rechten aus § 19 BDSG einerseits und insbesondere den §§ 147 und 475 StPO andererseits.[7] Weitere Probleme stellten sich bei der Frage der Anwendbarkeit der Bestimmungen zur Berichtigung, Löschung und Sperrung von Daten in § 20 BDSG.

---

5) Vgl. *Dehoust* in: Giesen u. a., Kommentar zum Sächsischen Datenschutzgesetz, 2010, § 12 Rz. 8.

6) Vgl. z. B. § 37 des Bundeskriminalamtgesetzes (BKAG), § 37 des Bundespolizeigesetzes (BPolG) oder Art. 15 Abs. 8 des Bayerischen Datenschutzgesetzes.

7) Eine besondere Rechtslage bestand insoweit noch im Hinblick auf die Auskunft aus in Dateien gespeicherten Daten (vgl. dazu § 487 Abs. 2 Satz 1, § 491 und § 495 StPO).

2. Der Rahmenbeschluss 2008/977/JI

Eine allgemeine datenschutzrechtliche Regelung im Bereich der polizeilichen Gefahrenabwehr und der Strafverfolgung auf EU-Ebene erfolgte erstmals mit dem Rahmenbeschluss 2008/977/JI.[8] Dessen wesentliches Manko war jedoch von vornherein, dass sein Anwendungsbereich nach seinem Art. 1 Abs. 2 auf solche Daten beschränkt war, die international übermittelt wurden. Dadurch konnte er nur für einen sehr geringen Teil der im Bereich der polizeilichen Gefahrenabwehr und der Strafverfolgung übermittelten Daten verbindliche Standards setzen. Daraus ergab sich bei der Umsetzung des Rahmenbeschlusses, die eigentlich bis zum 27. November 2010 hätte erfolgen müssen, insbesondere die Frage, ob die Vorgaben des Rahmenbeschlusses auch für die nationale Datenübermittlung vorgeschrieben werden sollten oder ob man es bei einer 1:1-Umsetzung belassen sollte, mit der dann allerdings gegebenenfalls niedrigere Datenschutzstandards auf nationaler Ebene verbunden gewesen wären. Eine weitere zu klärende Frage war die, ob der Rahmenbeschluss für die papiergebundene Strafakte umgesetzt werden musste oder sollte. Zudem wurden bei der Prüfung des bestehenden Änderungsbedarfs die bereits unter II. dargelegten Probleme analysiert. Die Befassung mit diesen und anderen Fragen nahm außerordentlich viel Zeit in Anspruch, so dass das Kabinett letztlich erst am 12. August 2015 die Einbringung eines Gesetzentwurfs beschließen konnte.[9] Im Ergebnis stellte dieser Gesetzentwurf, der vor allem Änderungen des Bundeskriminalamtgesetzes, des Bundespolizeigesetzes und des Gesetzes über die internationale Rechtshilfe in Strafsachen (IRG) vorsah, dann jedoch trotzdem nur eine reine 1:1-Umsetzung der Vorgaben des Rahmenbeschlusses dar, so dass er zahlreiche Probleme ungelöst gelassen hätte. Da sich nach der Einbringung des Gesetzentwurfs relativ bald der Abschluss der Verhandlungen zur Richtlinie (und damit auch der Ablösung des Rahmenbeschlusses durch die Richtlinie) abzeichnete, wurde er letztlich nicht mehr weiter verfolgt.

---

8) Rahmenbeschluss 2008/977/JI des Rates v. 27.11.2008 über den Schutz personenbezogener Daten, die im Rahmen der polizeilichen und justiziellen Zusammenarbeit in Strafsachen verarbeitet werden, ABl. (EU) L 350/60 v. 30.12.2008.

9) Entwurf eines Gesetzes zur Umsetzung des Rahmenbeschlusses 2008/977/JI des Rates v. 27.11.2008 über den Schutz personenbezogener Daten, die im Rahmen der polizeilichen und justiziellen Zusammenarbeit in Strafsachen verarbeitet werden, BT-Drucks. 18/6285.

3. Die Richtlinie und die Datenschutz-Grundverordnung

Am 25. Januar 2012 hatte die Europäische Kommission zur Umsetzung ihres Konzepts für einen „europäischen Datenschutzrahmen für das 21. Jahrhundert“[10] ihre Vorschläge für eine Datenschutz-Grundverordnung[11] und die Richtlinie[12] vorgelegt. Dabei sollte die Richtlinie den Rahmenbeschluss 2008/977/JI ablösen und erstmals auf EU-Ebene für den gesamten Bereich der polizeilichen Gefahrenabwehr und der Strafverfolgung datenschutzrechtliche Vorgaben machen. Vor allem aber sollte die Grundverordnung die Richtlinie 95/46/EG ablösen und nach Art. 2 Abs. 2 des Vorschlags für nahezu sämtliche anderen Bereiche der Datenverarbeitung durch natürliche und juristische Personen (einschließlich der Behörden und Gerichte) unmittelbar geltende Bestimmungen enthalten. Weder der Richtlinie noch der Grundverordnung unterfallen sollten im Wesentlichen nur die nicht in den Anwendungsbereich des Unionsrechts fallenden – z. B. nachrichtendienstlichen – sowie die rein privaten Tätigkeiten. In Anbetracht dieser hoch gesteckten Ziele kann es nicht verwundern, dass die Beratungen im Folgenden viel Zeit in Anspruch nahmen.

Rückblickend ist allerdings festzustellen, dass in den ersten zwei bis drei Jahren insbesondere aufgrund einer bisweilen wenig stringenten Verhandlungsführung nur wenige Fortschritte erzielt werden konnten. Extrem negativ wirkte sich hierbei vor allem die Tatsache aus, dass sich jedes halbe Jahr eine neue Präsidentschaft in die äußerst komplexe Thematik einarbeiten musste. Jedenfalls bei den Verhandlungen zur Richtlinie konnte man sich zudem nicht des Eindrucks erwehren, dass einige Präsidentschaften bestrebt waren, das Verhältnis zu der (sie bei der Befassung mit der Materie unterstützenden) Europäischen Kommission nicht mehr als nötig dadurch zu belasten, dass sie Vorschlägen der Mitgliedstaaten folgten, die im

---

10) Europäische Kommission, Der Schutz der Privatsphäre in einer vernetzten Welt – Ein europäischer Datenschutzrahmen für das 21. Jahrhundert, v. 25.1.2012, KOM(2012) 9 endgültig.

11) Europäische Kommission, Vorschlag für eine Verordnung des Europäischen Parlaments und des Rates zum Schutz natürlicher Personen bei der Verarbeitung personenbezogener Daten und zum freien Datenverkehr – Datenschutz-Grundverordnung, v. 25.1.2012, KOM(2012) 11 endgültig.

12) Europäische Kommission, Vorschlag für eine Richtlinie des Europäischen Parlaments und des Rates zum Schutz natürlicher Personen bei der Verarbeitung personenbezogener Daten durch die zuständigen Behörden zum Zwecke der Verhütung, Aufdeckung, Untersuchung oder Verfolgung von Straftaten oder der Strafvollstreckung sowie zum freien Datenverkehr, v. 25.1.2012, KOM(2012) 10 endgültig.

Widerspruch zur Auffassung der Europäischen Kommission standen. Besieht man sich den Ablauf und die Gesamtdauer der Verhandlungen, die letztlich unter neun verschiedenen Präsidentschaften geführt wurden, sollte doch dringend einmal überlegt werden, ob halbjährlich wechselnde Präsidentschaften in der Europäischen Union wirklich noch sachgerecht sind. Viel sinnvoller erschiene es z. B., wenn mehrere Mitgliedstaaten über einen längeren (zumindest ein bis eineinhalb Jahre dauernden) Zeitraum eine Co-Präsidentschaft übernehmen und dann die einzelnen Dossiers unter sich aufteilen würden. Dann könnten diese durchgängig von einer Präsidentschaft betreut werden und zudem bei der Aufteilung der Dossiers gegebenenfalls auch stärker die personellen Möglichkeiten der einzelnen Mitgliedstaaten berücksichtigt werden, die – was bei der unterschiedlichen Größe und Wirtschaftskraft der Mitgliedstaaten kaum verwundern kann – bei einzelnen die Verhandlungen leitenden Staaten doch limitiert erschienen. Bei den Verhandlungen zur Grundverordnung und zur Richtlinie war es letztlich nur dem außergewöhnlichen Geschick und Einsatz der luxemburgischen Präsidentschaft im zweiten Halbjahr 2015 zu verdanken, dass die Verhandlungen innerhalb eines zunächst nicht für möglich gehaltenen Zeitraums zum Abschluss gebracht werden und die Datenschutz-Grundverordnung[13] und die Richtlinie zeitgleich verabschiedet werden konnten.

III. Die Verhandlungen zur Richtlinie

Zum Verlauf der Verhandlungen zur Richtlinie ist vorauszuschicken, dass diese in der Wahrnehmung der Beteiligten und auch der Öffentlichkeit ganz überwiegend nur als „Nebenprodukt“ der Grundverordnung angesehen und dementsprechend dilatorisch behandelt wurde. Zwar ist der Anwendungsbereich der Grundverordnung ein sehr viel umfassenderer als derjenige der Richtlinie und kommt der Grundverordnung zudem durch ihre unmittelbare Geltung eine besondere Bedeutung zu. Das ändert aber nichts daran, dass der Anwendungsbereich der Richtlinie ebenfalls sehr bedeutsam ist und dass bei ihr – gerade deshalb, weil es in diesem Bereich bisher praktisch keine europarechtlichen Regelungen gab – diverse Punkte einer gründlicheren und teilweise auch eigenständigeren Diskussion be-

---

13) Verordnung (EU) 2016/679 des Europäischen Parlaments und des Rates v. 27.4.2016 zum Schutz natürlicher Personen bei der Verarbeitung personenbezogener Daten, zum freien Datenverkehr und zur Aufhebung der Richtlinie 95/46/EG (Datenschutz-Grundverordnung), ABl. (EU) L 119/1 v. 4.5.2016.

durft hätten. Insgesamt konnten die Verhandlungen zur Richtlinie, die in den ersten gut drei Jahren nur relativ selten anberaumt wurden und dabei inhaltlich kaum vorangingen, zumindest in einigen Teilen den berechtigten Anforderungen nicht gerecht werden. Letztlich wurde der endgültige Text von der luxemburgischen Präsidentschaft in kürzester Zeit in sehr enger Anlehnung an die Ergebnisse der Verhandlungen zur Grundverordnung „festgezurrt", wobei (insbesondere auch aufgrund der politischen Vorgabe eines zeitnahen Abschlusses der Verhandlungen zum Gesamtpaket) keine Möglichkeit für inhaltliche Diskussionen zu einzelnen Fachfragen mehr blieb.

Inhaltlich ist festzustellen, dass der Vorschlag der Europäischen Kommission einen sehr datenschutzfreundlichen Ansatz verfolgte und den besonderen Belangen der Praxis der polizeilichen Gefahrenabwehr und der Strafverfolgung häufig wenig Beachtung schenkte. Der Vorschlag basierte im Grundsatz auf der Richtlinie 95/46/EG, was seine Befürworter wiederholt zu der Bemerkung veranlasste, dass seine Inhalte letztlich nichts Neues seien. Dass sie bisher jedoch für die polizeiliche Gefahrenabwehr und Strafverfolgung nicht galten, wurde dabei oft ignoriert. In verschiedenen Punkten wie z. B. den Unterscheidungen nach den Kategorien betroffener Personen sowie der Richtigkeit und Zuverlässigkeit (Art. 5 und 6 des Vorschlags) ging der Vorschlag zudem noch deutlich über die Vorgaben der Richtlinie 95/46/EG hinaus. Zudem wurde relativ bald deutlich, dass das europäische Parlament den datenschutzfreundlichen Ansatz des Vorschlags der Europäischen Kommission nicht nur mehrheitlich unterstützte, sondern teilweise sogar noch deutlich über ihn hinausgehende Forderungen erhob.[14)] So sollte z. B. jedes Unterlassen einer Information über eine Datenerhebung nach Art. 11 des Vorschlags einer speziellen Prüfung im Einzelfall bedürfen.[15)]

Dagegen sahen die Vertreter der Mitgliedstaaten den Vorschlag nahezu einhellig sehr kritisch und in vielen Punkten mit den Belangen der polizei-

---

14) Vgl. den Report on the proposal for a directive of the European Parliament and of the Council on the protection of individuals with regard to the processing of personal data by competent authorities for the purposes of prevention, investigation, detection or prosecution of criminal offences or the execution of criminal penalties, and the free movement of such data, v. 22.11.2013 (C7-0024/2012), COM(2012)0010 — 2012/0010(COD), des Berichterstatters des Committee on Civil Liberties, Justice and Home Affairs, *Dimitrios Droutsas*.

15) Vgl. in dem in Fn. 15 angeführten Dokument Amendment 74 und dort die Ergänzung zu Art. 11 Abs. 5.

lichen Gefahrenabwehr und der Strafverfolgung nicht vereinbar. Auch deshalb wurde lange Zeit von einer namhaften Zahl der Beteiligten geltend gemacht, dass die Europäische Union gar nicht die von ihr aus Art. 16 Abs. 2 Satz 1 des Vertrags über die Arbeitsweise in der Europäischen Union (AEUV)[16] hergeleitete Kompetenz besitze, Vorgaben für den innerstaatlichen Datenverkehr zu machen. In Deutschland wurde dies insbesondere vom Bundesrat vertreten, der sich dabei vor allem auf die eingeschränkten Kompetenzen der Europäischen Union in der justiziellen Zusammenarbeit in Strafsachen (Art. 82 ff. AEUV) und der polizeilichen Zusammenarbeit (Art. 87 ff. AEUV) bezog.[17] Demgegenüber argumentierte die Europäische Kommission damit, dass Art. 16 Abs. 2 Satz 1 AEUV eine allgemeine Befugnis zum Erlass datenschutzrechtlicher Regelungen enthalte, wobei Gegenstände – ebenso wie nach der ähnlich lautenden Regelung in Art. 3 Abs. 2 erster Teilstrich der Richtlinie 95/46/EG – nur dann nicht in den Anwendungsbereich des Unionsrechts fielen, wenn sie vollständig außerhalb der Rechtssetzungskompetenz der Europäischen Union lägen. Im Ergebnis hat sich die Europäische Kommission mit dieser – letztlich wohl auch zutreffenden – Rechtsauffassung durchgesetzt. Hierbei war es allerdings dafür, dass die Kritiker letztlich nicht mehr nachhaltig auf ihrer gegenteiligen Auffassung beharrten, sicherlich sehr bedeutsam, dass in der schließlich beschlossenen Fassung der Richtlinie zu allen wesentlichen inhaltlichen Punkten Kompromisse gefunden werden konnten. Ebenso wie die Behauptung der fehlenden Kompetenz blieb letztlich auch die vom Bundesrat zunächst erhobene Rüge der Verletzung des Subsidiaritätsgrundsatzes aus Art. 5 Abs. 1 Satz 2 des Vertrags über die Europäische Union unbeachtet, die im Übrigen auch sonst als ein bei neuen europäischen Rechtsakten gern genutztes, letztlich jedoch kaum erfolgversprechendes Instrument erscheint.

16) Art. 16 Abs. 2 Satz 1 AEUV lautet: „Das Europäische Parlament und der Rat erlassen gemäß dem ordentlichen Gesetzgebungsverfahren Vorschriften über den Schutz natürlicher Personen bei der Verarbeitung personenbezogener Daten durch die Organe, Einrichtungen und sonstigen Stellen der Union sowie durch die Mitgliedstaaten im Rahmen der Ausübung von Tätigkeiten, die in den Anwendungsbereich des Unionsrechts fallen, und über den freien Datenverkehr."

17) Vgl. dazu den Beschluss des Bundesrates v. 30.3.2012, BR-Drucks. 51/12.

IV. Einzelne Inhalte der Richtlinie

1. Die Abgrenzung zwischen Richtlinie und Grundverordnung

a) Gefahrenabwehr

Sehr kompliziert gestaltete sich die Abgrenzung der Anwendungsbereiche von Richtlinie und Grundverordnung im Bereich der Gefahrenabwehr. Die in Art. 1 Abs. 1 des Richtlinienvorschlags vorgesehene Definition des Anwendungsbereichs der Richtlinie hat auch auf deutsches Betreiben hin in der Endfassung noch eine Ergänzung gefunden, nach der die „Verhütung von Straftaten" auch den „Schutz vor und die Abwehr von Gefahren für die öffentliche Sicherheit" einschließt. Zudem wurde hierzu der ErwG 12 neu eingefügt. Ziel der deutschen Bestrebungen in diesem Kontext war es, alle in Deutschland der Polizei zugewiesenen Tätigkeiten der Richtlinie unterfallen zu lassen, um für die Polizei unterschiedliche Regelungsregime zu vermeiden. Dies mag durch die Ergänzung möglicherweise etwas klarer geworden sein; ob die Ergänzung jedoch in dieser Form nötig und glücklich war, ist zu bezweifeln. Denn dem Begriff der Gefahrenabwehr lassen sich auch zahlreiche Tätigkeiten zuordnen, die in Deutschland nicht der Polizei, sondern insbesondere Ordnungsbehörden übertragen sind (z. B. Maßnahmen zur Überwachung von Gewerbebetrieben oder die Ausstellung von Ausweisen). In anderen Mitgliedstaaten sind solche Tätigkeiten dagegen teilweise auch der Polizei zugewiesen. Lässt man nun, was beabsichtigt sein dürfte,[18] in Deutschland zukünftig alle polizeilichen gefahrenabwehrrechtlichen Tätigkeiten der Richtlinie unterfallen, gefahrenabwehrrechtliche Maßnahmen anderer Behörden (mit Ausnahme der Verfolgung von Ordnungswidrigkeiten) jedoch nicht, so findet sich dafür im Text des Art. 1 Abs. 1 der Richtlinie selbst nur schwer eine Stütze (das Ergebnis dürfte sich allerdings mit dem stark auf die polizeiliche Tätigkeit abstellenden ErwG 12 begründen lassen). Es erscheint jedoch sehr zweifelhaft, ob diese Zuordnung einzelner Tätigkeiten derart zwingend ist, dass nicht in anderen Mitgliedstaaten andere Tätigkeiten, die dort der Polizei zugewiesen sind, auch der Richtlinie zugeordnet werden (und umgekehrt Tätigkeiten, die dort nicht der Polizei zugeordnet sind, der Grundverordnung). Daraus folgt die erhebliche Gefahr, dass die Zuordnung einzelner

---

18) Der Text des § 45 BDSG-neu bringt insoweit zwar keine weitere Aufklärung, weil er nur den Richtlinienwortlaut wiedergibt; die Begründung hierzu wird jedoch schon deutlicher (vgl. BT-Drucks. 18/11325, S. 110, 111).

Tätigkeiten zu Richtlinie und Grundverordnung in den Mitgliedstaaten unterschiedlich gehandhabt wird, was u. a. bei grenzüberschreitenden Datenübermittlungen aufgrund der dann jeweils unterschiedlichen Datenregime zu Schwierigkeiten führen könnte.

b) Ordnungswidrigkeiten

Mindestens ebenso schwierig gestalteten sich die Erörterungen zur Einordnung der deutschen Ordnungswidrigkeiten. Da das Gesetz über die Ordnungswidrigkeiten (OWiG) vielfach mit Verweisungen auf die Strafprozessordnung arbeitet und insbesondere das Verfahren bei der gerichtlichen Anfechtung eines Bußgeldbescheids dadurch weitgehend dem Strafverfahren angeglichen ist, bestand ein erhebliches deutsches Interesse, die Verfolgung von Ordnungswidrigkeiten der Richtlinie und nicht der Grundverordnung unterfallen zu lassen, um von dem hiesigen bewährten System nicht abweichen zu müssen. Nach dem Wortlaut von Art. 1 Abs. 1 der Richtlinie erfasst diese allerdings nur „Straftaten“, woraus sich die Frage ergibt, ob Ordnungswidrigkeiten i. S. der Richtlinie als „Straftaten“ begriffen werden können. Dagegen ist anzuführen, dass es sich bei Ordnungswidrigkeiten um Verwaltungsunrecht handelt. Trotzdem sind die Parallelen zwischen Straf- und Ordnungswidrigkeitenrecht unübersehbar und hat sich z. B. der Gesetzgeber beim Erlass des Ordnungswidrigkeitengesetzes auf die Gesetzgebungskompetenz für das Strafrecht nach Art. 74 Abs. 1 Nr. 1 des Grundgesetzes gestützt. Vor allem aber würde eine Unterscheidung zwischen Straftat und Ordnungswidrigkeit im Hinblick auf das grundsätzliche Konzept des Datenschutzpakets, bestimmte Arten von Tätigkeiten ihrem Charakter nach zum einen der Richtlinie und zum anderen der Grundverordnung zuzuweisen, keinen Sinn machen: So sind die Übergänge zwischen Ordnungswidrigkeiten und Straftaten häufig (wie z. B. im Bereich der Fahruntüchtigkeit) fließend. Sowohl bei Ordnungswidrigkeiten als auch bei Straftaten werden hoheitliche Ermittlungen wegen der Verletzung sanktionierter Rechtsnormen geführt. Weiterhin entfaltet ein rechtskräftiges Urteil über eine Tat als Ordnungswidrigkeit eine Sperrwirkung für die Verfolgung der Tat als Straftat (§ 84 Abs. 2 OWiG). Schließlich ist auch in praktischer Hinsicht zu bedenken, dass z. B. für ermittelnde Beamte beim Eintreffen an einem Unfallort zunächst oft überhaupt nicht erkennbar ist, ob eine Straftat oder eine Ordnungswidrigkeit vorliegen könnte. Eine Klarstellung durch eine Legaldefinition in Art. 3 der Richtlinie, nach der der Begriff der Straftat auch Ordnungswidrigkeiten umfasst, konnte jedoch nicht erreicht werden; es wurde am Ende nur der ErwG 13 ergänzt.[19]

c) *Strafvollzug*

Durch die Verwendung (nur) des Begriffs der „Strafvollstreckung" in Art. 1 der Richtlinie konnten Zweifel daran bestehen, ob auch der Strafvollzug in ihren Anwendungsbereich fällt. Es wurde daher bei der Umsetzung der Richtlinie überlegt, ob der Strafvollzug gegebenenfalls auch der Grundverordnung oder (wegen der beschränkten Kompetenzen der Europäischen Union im Bereich des Strafvollzugs) keinem der beiden Rechtsakte unterfallen könnte. Letztlich haben sich die für seine Regelung zuständigen Länder jedoch – wohl richtigerweise – entschieden, auf ihn die Richtlinie in Anwendung zu bringen.

d) *Zweckändernde Verarbeitung zu richtlinienfremden Zwecken*

Bei einem weiteren Punkt der Abgrenzung von Richtlinie und Grundverordnung konnte im Vergleich zum Vorschlag der Europäischen Kommission eine wichtige Klarstellung erreicht werden: Art. 9 Abs. 1 der Richtlinie bestimmt jetzt eindeutig, dass sich die Frage, ob Daten, die ursprünglich zu Zwecken der polizeilichen Gefahrenabwehr oder der Strafverfolgung erhoben wurden, zu anderen Zwecken als den Vorgenannten verarbeitet werden dürfen, nach der Grundverordnung bestimmt.

2. *Anwendbarkeit der Richtlinie auf die Papierakte*

Die Richtlinie gilt nach ihrem Art. 1 Abs. 2 wiederum[20] nur für die automatisierte Verarbeitung von Daten und für die Verarbeitung von Daten, die in einem Dateisystem gespeichert sind oder werden sollen. Dateisystem ist dabei nach Art. 3 Nr. 6 der Richtlinie „eine strukturierte Sammlung personenbezogener Daten, die nach bestimmten Kriterien zugänglich sind". Ob die papiergebundene Strafakte unter diese Definition fällt, war bisher umstritten. Im Sinne eines möglichst hohen und einheitlichen Datenschutzes ist es zu begrüßen, dass die Neufassung des Bundesdatenschutzgeset-

---

19) ErwG 13 lautet: „Eine Straftat im Sinne dieser Richtlinie sollte ein eigenständiger Begriff des Unionsrechts in der Auslegung durch den Gerichtshof der Europäischen Union (...) sein."

20) Ebenso bereits früher Art. 3 Abs. 1 der Richtlinie 95/46/EG und Art. 3 Abs. 1 des Rahmenbeschlusses 2008/977/JI.

zes grundsätzlich keine Unterscheidung zwischen Papierakte und automatisierter Datei mehr vorsieht.[21)]

3. Vorzunehmende Unterscheidungen

Durch die Richtlinie neu eingeführt wird zum einen die Verpflichtung, in Akten und Dateien zukünftig soweit wie möglich nach den Kategorien der Betroffenen (Beschuldigte, Verurteilte, Opfer, Zeugen etc.) zu unterscheiden.[22)] Zum anderen soll dort möglichst deutlich gemacht werden, ob Daten auf Fakten oder auf Einschätzungen basieren.[23)] Zur Umsetzung dieser Vorgaben dürfte insbesondere im Zusammenhang mit der bevorstehenden Einführung der elektronischen Akte im Strafverfahren[24)] nach Lösungsmöglichkeiten zu suchen sein, wie man unter Zuhilfenahme technischer Mittel möglichst genaue und leicht erkennbare Unterscheidungen einführen kann, ohne dass hierdurch ein spürbar vermehrter Arbeitsaufwand entsteht.

4. Benachrichtigungspflichten und Auskunftsrechte

Die wohl bedeutsamste Änderung zwischen Vorschlag und Endfassung der Richtlinie konnte im Bereich der Benachrichtigungspflichten erreicht werden. Art. 11 des Vorschlags sah zunächst vor, dass ausnahmslos jede Person, von der im Rahmen der polizeilichen Gefahrenabwehr oder der Strafverfolgung Daten erhoben wurden, über diese Erhebung mit den in seinem Abs. 1 genannten Inhalten zu informieren sei. Da diese Pflicht für jeden Verantwortlichen gelten sollte, hätte die Mitteilung im Laufe eines Verfahrens zudem durch alle beteiligten Stellen (Polizei, Staatsanwaltschaft, Gericht, ggf. auch Berufungs- oder Revisionsgericht, Strafvollzugsanstalt etc.) noch einmal gesondert erfolgen müssen. Allein die Polizei in München hätte auf dieser Basis etwa 750.000 Mitteilungen jährlich verschicken müssen.

Dagegen sieht Art. 13 Abs. 1 der Richtlinie (umgesetzt in § 55 BDSG-neu) nunmehr vor, dass im Regelfall nur bestimmte allgemeine Angaben über

---

21) Anders noch der mit Art. 4 Nr. 2 des Entwurfs eines Gesetzes zur Umsetzung des Rahmenbeschlusses 2008/977/JI des Rates v. 27.11.2008 über den Schutz personenbezogener Daten, die im Rahmen der polizeilichen und justiziellen Zusammenarbeit in Strafsachen verarbeitet werden (BT-Drucks. 18/6285), beabsichtigte § 97 Abs. 1 Nr. 1 IRG.

22) Art. 6 der Richtlinie, umgesetzt in § 72 BDSG-neu.

23) Art. 7 Abs. 1 der Richtlinie, umgesetzt in § 73 BDSG-neu.

24) Vgl. das Gesetz zur Einführung der elektronischen Akte in der Justiz und zur weiteren Förderung des elektronischen Rechtsverkehrs, v. 5.7.2017, BGBl. I 2017, 2208.

die Datenverarbeitung durch die Behörde oder das Gericht erforderlich sind, die nach ErwG 42 auf der Homepage der Stelle bereitgestellt werden können. Lediglich dann, wenn wie z. B. bei der Telekommunikationsüberwachung besonders intensiv in die Rechte der Betroffenen eingegriffen wird, sind nach Art. 13 Abs. 2 der Richtlinie (umgesetzt in § 56 BDSG-neu) weitere auf den Einzelfall bezogene Informationen vorgeschrieben.

Das in den Art. 14 und 15 der Richtlinie vorgesehene datenschutzrechtliche Auskunftsrecht der Betroffenen wird durch § 57 BDSG-neu umgesetzt. Damit ist dann zukünftig klargestellt, dass dieses Recht neben den in der Strafprozessordnung geregelten strafprozessualen Akteneinsichts- und Auskunftsrechten nach u. a. den §§ 147, 406e oder 475 StPO steht.

5. Berichtigungen und Löschungen

Art. 4 Abs. 1 lit. d und e sowie Art. 16 der Richtlinie (umgesetzt in § 47 Nr. 4 und 5 sowie den §§ 58 und 75 BDSG-neu) sehen bestimmte Berichtigungs- und Löschungspflichten der Verantwortlichen bzw. Ansprüche der Betroffenen darauf vor. Dazu stellt jedoch ErwG 47 klar, dass die Frage der Richtigkeit nicht die inhaltliche Richtigkeit z. B. einer Zeugenaussage betrifft. Das Kernelement des Strafverfahrens, die Ermittlung des tatsächlichen Sachverhalts auch bei sich möglicherweise widersprechenden Angaben, bleibt damit unberührt; es kann nicht in einem „Zwischenverfahren" über die Richtigkeit von Behauptungen gestritten werden. Von Bedeutung ist zudem, dass die Berichtigungs- und Löschungsansprüche nicht zu einer Verwässerung der für die Nachvollziehbarkeit der Ermittlungen durch den Beschuldigten unverzichtbaren Elemente der Aktenwahrheit und Aktenklarheit führen. Dies sollte aber – auch wenn zukünftig die datenschutzrechtlichen Vorschriften der §§ 47, 58 und 75 BDSG-neu auch für das Strafverfahren gelten – bei einer sachgerechten Anwendung der jeweiligen Vorschriften möglich sein.

6. Bedeutung des Art. 18 der Richtlinie

Trotz diverser Bemühungen ist es nicht gelungen, eine Streichung oder zumindest Klarstellung des Art. 18 der Richtlinie[25)] zu erreichen, der vorsieht, dass „die Ausübung" der aus den Art. 13, 14 und 16 folgenden In-

25) Art. 18 der Richtlinie entspricht im Wesentlichen Art. 17 des Richtlinienvorschlags der Europäischen Kommission.

formations-, Auskunfts-, Berichtigungs- und Löschungsansprüche „im Einklang mit dem Recht der Mitgliedstaaten“ erfolgen kann, sofern Daten in Strafakten verarbeitet werden. Die Europäische Kommission hat verschiedentlich erklärt, dass Art. 18 allein bedeuten solle, dass die zur Umsetzung der Richtlinie erforderlichen Gesetzesänderungen auch im Strafprozessrecht vorgenommen werden könnten. Dies Verständnis gibt der Wortlaut jedoch kaum her. Gerade auch weil das Regelungsziel der Europäischen Kommission zudem eine Selbstverständlichkeit ist, die keiner ausdrücklichen Regelung bedurft hätte (die Europäische Union besitzt keine Befugnis, ihren Mitgliedstaaten vorzuschreiben, in welchem Gesetz sie eine Richtlinie umzusetzen haben), dürfte eine nicht unbeträchtliche Gefahr bestehen, dass einzelne Mitgliedstaaten Art. 18 der Richtlinie in der Weise verstehen und für sich nutzbar machen, dass er für Strafakten weitergehende Ausnahmen von den in den Art. 13, 14 und 16 vorgesehenen Rechten zulässt. Hier dürfte zu beobachten sein, ob es zu einer einheitlichen Umsetzung der Richtlinie kommt. Bei der Umsetzung der Richtlinie in das deutsche Recht wurden auf Art. 18 der Richtlinie keine Ausnahmen gegründet.

7. Pflichten der Verantwortlichen bei der Verarbeitung

Mit Kapitel IV der Richtlinie werden für die Behörden und Gerichte zahlreiche, zum Teil sehr kleinteilig ausgestaltete generelle Pflichten eingeführt, die zukünftig bei der Datenverarbeitung zu beachten sind. Diese werden in der Neufassung des Bundesdatenschutzgesetzes 1:1 umgesetzt.[26)]

8. Übermittlung von Daten an Drittstaaten

Während die Richtlinie nationale Datenübermittlungen und solche in andere Mitgliedstaaten gleich behandelt, legt sie für Übermittlungen in Drittstaaten und an internationale Organisationen in ihrem Kapitel V besondere

---

26) So besteht eine allgemeine Pflicht zu technischen und organisatorischen Maßnahmen, die eine möglichst datenschutzfreundliche Verarbeitung gewährleisten (Art. 19 und 20 der Richtlinie, umgesetzt in § 71 BDSG-neu). Ähnliches gilt für die Sicherheit der Verarbeitung (Art. 29 der Richtlinie; § 64 BDSG-neu). Jeder Verantwortliche muss ein Verzeichnis aller unter seiner Verantwortung erfolgenden Verarbeitungstätigkeiten erstellen (Art. 24 der Richtlinie; § 70 BDSG-neu). Für Verarbeitungsformen, die datenschutzrechtlich besonders sensibel sind, ist eine Datenschutz-Folgenabschätzung durchzuführen (Art. 27 der Richtlinie; § 67 BDSG-neu). Vor der Verarbeitung von Daten in neuen Dateisystemen ist gegebenenfalls zuvor die Datenschutzaufsichtsbehörde zu konsultieren (Art. 28 der Richtlinie; § 69 BDSG-neu). Bei der automatisierten Verarbeitung hat eine umfassende Protokollierung zu erfolgen (Art. 25 der Richtlinie; § 76 BDSG-neu).

Anforderungen fest. Diese sind noch im Gesetz über die internationale Rechtshilfe in Strafsachen umzusetzen. Dabei wird von der Richtlinie ein dreistufiges System vorgesehen: Keiner weiteren datenschutzrechtlichen Prüfung sollen Übermittlungen in solche Staaten bedürfen, für die die Europäische Kommission zuvor einen Angemessenheitsbeschluss[27)] gefasst hat (Art. 36 der Richtlinie). Liegt kein solcher Beschluss vor, ist zu prüfen, ob in einem für die Übermittlung geltenden rechtsverbindlichen Instrument ausreichende Datenschutzregelungen getroffen wurden oder sonst festgestellt werden kann, dass in dem Empfängerstaat ein hinreichendes Datenschutzniveau herrscht (Art. 37 der Richtlinie). Ist auch dies nicht der Fall, hat letztlich eine Einzelfallprüfung zu erfolgen (Art. 38 der Richtlinie).

Während die Art. 36 bis 38 der Richtlinie nach Art. 35 Abs. 1 lit. b der Richtlinie nur die Übermittlung an andere Strafverfolgungsbehörden betreffen, kann nach Art. 39 der Richtlinie unter bestimmten Bedingungen auch eine Übermittlung an andere Empfänger erfolgen. Diese Regelung hat insbesondere Anfragen an Internet-Provider im Auge, bei denen durch die ausländischen Justizbehörden keine zeitgerechte Antwort zu erwarten steht.

V. Fazit

Im Ergebnis erscheint die Richtlinie (insbesondere gegenüber dem Rahmenbeschluss 2008/977/JI) als grundsätzlich sinnvolle Weiterentwicklung des europäischen Rechts, die in ihrer Ausgestaltung für alle Beteiligten hinnehmbar sein sollte – nicht mehr, aber auch nicht weniger. Sie lässt leider über die bereits genannten Beispiele hinaus an diversen Stellen, die hier im Einzelnen nicht weiter erörtert werden können, Fragen offen[28)]

---

27) Die Möglichkeit des Erlasses von Angemessenheitsbeschlüssen sah bereits Art. 25 Abs. 6 der Richtlinie 95/46/EG vor. Dabei hat es die Europäische Kommission in über zwanzig Jahren jedoch nur für elf Staaten bzw. Gebiete (von ganz überwiegend geringer Bedeutung: Andorra, Argentinien, Färöer-Inseln, Guernsey, Isle of Man, Israel, Jersey, Kanada, Neuseeland, Schweiz und Uruguay) geschafft, einen Angemessenheitsbeschluss zu erlassen. Es bleibt abzuwarten, ob hier zukünftig eine Steigerung eintritt, nachdem die Angemessenheitsbeschlüsse derart prominent platziert wurden.

28) Nur beispielhaft genannt seien hier die Fragen: a) in welchen Fällen Art. 3 Nr. 10 Satz 2 der Richtlinie (i. V. m. ErwG 22) den Begriff des Empfängers einschränkt (die Vorgabe wurde ohne nähere Erläuterung in § 46 Nr. 9 BDSG-neu umgesetzt), b) wann eine mit den Erhebungszwecken nicht mehr vereinbare zweckändernde Verwendung i. S. des Art. 4 Abs. 2 lit. b der Richtlinie (umgesetzt in § 47 Nr. 2 BDSG-neu) vorliegt oder c) in welchen Fällen zukünftig noch eine Einwilligung in Betracht kommt (vgl. dazu ErwG 35).

und ist auch in vielen anderen Bereichen (z. B. der Systematik) als suboptimal zu bezeichnen. Hierzu hat sicherlich die am Ende der Verhandlungen nicht mehr gegebene Zeit für abschließende fachliche Erörterungen beigetragen. Andererseits muss aber auch konstatiert werden, dass es in Anbetracht der teils doch sehr unterschiedlichen Auffassungen der einzelnen Mitgliedstaaten und vor allem der inhaltlich betroffenen Stellen selbst bei einem weiteren Zeitfenster sicherlich nicht gelungen wäre, für alle Punkte eine für alle Beteiligten befriedigende Lösung zu finden. Für das nationale Recht wird die Richtlinie u. a. deshalb, weil hier die Richtlinie 95/46/EG über das Bundesdatenschutzgesetz schon bisher in vielen Bereichen galt, keine wirklich grundlegenden Veränderungen mit sich bringen. Die positiven Auswirkungen der Richtlinie sollten vielmehr in der Harmonisierung und der damit verbundenen Schaffung eines (dem Vernehmen nach bisher nicht überall gegebenen) angemessenen Datenschutzniveaus in allen Mitgliedstaaten gesehen werden.

Aber auch im nationalen Recht wird die Richtlinie einige nicht unwichtige Veränderungen mit sich bringen, wobei insbesondere die unter IV.3 und IV.7 dargestellten Vorgaben eine spürbare Belastung der Gefahrenabwehr- und Strafverfolgungsbehörden zur Folge haben werden. Darüber, ob dieser Aufwand das Datenschutzniveau wirklich entscheidend verbessert oder die darauf zukünftig zu verwendende Arbeitskraft nicht besser in die Erfüllung der eigentlichen Arbeitsaufträge der Behörden investiert werden sollte, wird wohl wie so oft im Datenschutzrecht zwischen Datenschutzrechtlern einerseits und Praktikern andererseits nur schwer Übereinstimmung zu erzielen sein. Zumindest dürften jedoch mit der Umsetzung der Richtlinie die unter II.1 und II.2 behandelten Probleme der Vergangenheit angehören.

Der Insolvenzantrag der Staatsanwaltschaft nach § 111i Abs. 2 StPO

MARCUS KÖHLER

Inhaltsübersicht

I. Einführung

Im März 2017 hat der Bundestag eine umfassende Neuregelung des Rechts der strafrechtlichen Vermögensabschöpfung beschlossen. Das Gesetz ist am 1. Juli 2017 in Kraft getreten.[1] Die Reform enthält zahlreiche Änderungen und Neuerungen im materiellen und prozessualen Recht der Vermögensabschöpfung.[2] Vor allem hat sie zu einem Systemwechsel geführt, der auch für die insolvenzrechtliche Praxis von erheblicher Bedeutung ist.

Die Reform hat den oft als „Totengräber“ der Vermögensabschöpfung bezeichneten § 73 Abs. 1 Satz 2 StGB a. F.[3] gestrichen. Die Einziehung von Taterträgen ist daher nunmehr auch für Eigentums- und Vermögensdelikte zwingend vorgeschrieben (§ 73 Abs. 1 StGB). Dies wiederum führte zu einer grundlegenden Reform der Opferentschädigung, die in Abkehr von

---

1) Gesetz zur Reform der strafrechtlichen Vermögensabschöpfung, v. 13.4.2017, BGBl. I 2017, 872.

2) *Köhler*, Die Reform der strafrechtlichen Vermögensabschöpfung – (Teil 1/2), NStZ 2017, 497, 498–502 – zum Überblick über das neue Recht.

3) *Bittmann*, Insolvenzverfahren und strafprozessuale Vermögensabschöpfung – Ausgestaltungsbedarf de lege ferenda, ZInsO 2015, 1758, 1762.

dem im alten Recht geltenden Modell der „Rückgewinnungshilfe“ eine einfache und gleichmäßige Schadenswiedergutmachung vorsieht. Die Leitgedanken der Reform lauten: Bloße Anmeldung der Ansprüche statt Titelerfordernis und Gläubigergleichbehandlung statt „Windhund“-Prinzip. Diese Leitgedanken sind nachgerade idealtypisch in einem im deutschen Recht bewährten Verfahren verwirklicht – im Insolvenzverfahren. Es verwundert deshalb nicht, dass der Gesetzgeber die Opferentschädigung weitgehend in das Insolvenzverfahren verlagert hat. Dies gilt vor allem für umfangreiche und komplexe Betrugs- oder Wirtschaftsstrafverfahren, in denen die Geschädigten regelmäßig nur mit einer teilweisen Schadenswiedergutmachung rechnen können.

Die „Brücke“ zum Insolvenzverfahren ist der neue § 111i Abs. 2 StPO. Die Staatsanwaltschaft ist danach unter bestimmten Voraussetzungen verpflichtet, die Eröffnung des Insolvenzverfahrens über das Vermögen des von der Einziehung betroffenen Täters, Teilnehmers oder Drittbegünstigten (= Einziehungsadressat) zu beantragen. Der vorliegende Beitrag will die Voraussetzungen und die Folgen der Norm für das Strafverfahren einerseits und ihre Bedeutung für das Insolvenzrecht andererseits erläutern. Dies bedarf einer Einordnung der Vorschrift in das Gesamtmodell der reformierten Opferentschädigung. Es sollen deshalb zunächst die Grundzüge des Reformkonzepts skizziert werden.

II. Grundzüge der reformierten Opferentschädigung

Die Reform strafrechtlichen Vermögensabschöpfung hat die Entschädigung von Opfern von Eigentums- und Vermögensdelikten grundlegend geändert.[4] Der Staat in Gestalt der Justiz beschränkt sich nunmehr nicht mehr lediglich darauf, den Verletzten bei der Durchsetzung ihrer Schadensersatzansprüche durch vorläufige strafprozessuale Sicherstellungsmaßnahmen zu helfen.[5] Vielmehr zieht der Staat die Taterträge oder (ersatzweise) den Wert der Taterträge nun aufgrund eigener staatlicher Ansprüche nach §§ 73 und 73c StGB selbst ein, um die Verletzten anschließend aus den eingezogenen Vermögenswerten zu entschädigen. Das Verfahren der

---

4) Begr. RegE § 111i StPO, BT-Drucks. 18/9525, S. 49 ff – mit einer ausführlichen Darstellung des Reformmodells.

5) Das Opferentschädigungskonzept des alten Rechts wurde deshalb als „Rückgewinnungshilfe“ bezeichnet; vgl. dazu *Rönnau*, Vermögensabschöpfung in der Praxis, 2. Aufl. 2015, S. 102 ff., Rz. 214 ff.

Entschädigung unterscheidet sich danach, ob der Tatertrag selbst gegenständlich eingezogen werden kann (§ 73 Abs. 1 StGB) oder ob sich die Einziehung auf dessen Geldwert richtet (§ 73c StGB).

1. Opferentschädigung bei Einziehung des Tatertrages

Ordnet das Gericht gemäß § 73 Abs. 1 StGB die Einziehung des Tatertrages selbst an (z. B. eine betrügerisch erlangte Uhr im Wert von 5.000 €), geht der eingezogene Gegenstand mit der Rechtskraft der Anordnung auf den Staat über (§ 75 Abs. 1 StGB). Ist der Einziehungsgegenstand eine Sache, wird sie dem Einziehungsadressaten weggenommen (§ 459g Abs. 1 StPO). Anschließend wird der eingezogene Gegenstand im Strafvollstreckungsverfahren an den Verletzten der Tat zurückübertragen (§ 459h Abs. 1 StPO). Um diesen Rückübertragungsanspruch geltend zu machen, benötigt der Verletzte grundsätzlich keinen Titel. Es genügt, wenn er den Anspruch binnen sechs Monaten nach Mitteilung der Rechtskraft der Einziehungsanordnung bei der Staatsanwaltschaft als Vollstreckungsbehörde anmeldet (§ 459j StPO).

2. Opferentschädigung bei Einziehung des Wertes des Tatertrages

Kann der Tatertrag selbst (im Beispiel die Uhr im Wert von 5.000 €) nicht eingezogen werden,[6] so ordnet das Gericht gemäß § 73c StGB die Einziehung des Wertes des Tatertrages an (= Wertersatzeinziehung). Im Beispiel wäre also die Einziehung eines Geldbetrages von 5.000 € als Wertersatz anzuordnen. Die Wertersatzeinziehung i. S. des § 73c StGB ist mithin ein staatlicher Zahlungsanspruch gegen den Einziehungsadressaten, der durch die gerichtliche Anordnung tituliert wird. Dieser Zahlungstitel wird – wie ein zivilrechtlicher Titel – nach den zwangsvollstreckungsrechtlichen Vorschriften der ZPO vollstreckt (§ 459g Abs. 2 i. V. m. § 459 StPO).[7] Die im Rahmen der Vollstreckung gepfändeten Gegenstände des Einziehungsadressaten werden verwertet; der Verwertungserlös wird an den oder die Verletzten der Tat ausgekehrt (§ 459h Abs. 2 StPO). Auch insofern genügt es grundsätzlich, wenn der Verletzte diesen Auskehrungsanspruch fristgemäß bei der Staatsanwaltschaft anmeldet (§ 459k StPO).

---

6) Denkbar ist dies im Beispiel, wenn der Betrüger die Uhr bereits „versilbert" hat.

7) *Meyer-Goßner* in: Meyer-Goßner/Schmitt, StPO, 60. Aufl. 2017, § 459 Rz. 4; *Rönnau*, Vermögensabschöpfung in der Praxis, 2. Aufl. 2015, S. 234, Rz. 434 ff.

Diesen Weg der Opferentschädigung in Wertersatzeinziehungsfällen sieht das Gesetz für zwei der drei denkbaren Fälle vor. Die erste Konstellation betrifft die Fälle mit nur einem einzigen Verletzten. In diesen Fällen wird der Erlös aus der Verwertung der gepfändeten Gegenstände an den (einzigen) Verletzten ausgekehrt – unabhängig davon, ob der Verwertungserlös den gesamten Schaden ausgleicht oder nicht. Die zweite Konstellation betrifft die Fälle mit mehreren Verletzten, in denen der Wert der bei dem Einziehungsadressaten gepfändeten Gegenstände zur vollständigen Schadenswiedergutmachung aller Verletzten ausreicht („Deckungsfall“). Beide Fallgruppen haben eines gemeinsam: Sie werfen kein Verteilungsproblem auf. Die bei der Staatsanwaltschaft für die Opferentschädigung funktionell zuständigen Rechtspfleger (§ 451 StPO, § 3 Nr. 4c, § 31 Abs. 2 Satz 1 RPflG) müssen in diesen „Deckungsfällen“ mithin lediglich anhand der Gründe der Anordnung[8] überprüfen, ob der Anspruchsteller Verletzter einer der abgeurteilten Taten (im materiellen Sinn) ist und ob der von ihm geltend gemachte Anspruch dem Wert des auf seine Kosten erlangten Tatertrages entspricht (§ 459k Abs. 2 Satz 2 StPO). Eine inhaltliche Prüfung oder gar eine Auskehrung nach Quoten wird den Rechtspflegern in diesen Fällen nicht auferlegt.[9]

Anders wäre dies in der dritten Konstellation. Das sind die Fälle mit mehreren Verletzten, in denen der Wert des pfändbaren Vermögens des Einziehungsadressaten nicht zur vollständigen Schadenswiedergutmachung aller Verletzten ausreicht. In den Gesetzesmaterialien wird diese Konstellation daher „Mangelfall“ genannt. Der Einziehungsadressat ist hier nicht in der Lage, die an den staatlichen Wertersatzeinziehungsanspruch anknüpfenden Ansprüche der Verletzen auf Schadensausgleich in Höhe des Wertes des jeweiligen Tatertrages vollständig zu befriedigen. Er ist also zahlungsunfähig oder anders gesagt insolvent. Eine gleichmäßige Opferentschädigung würde den Rechtspflegern hier eine Auskehrung nach Quoten abverlangen. Dies aber wäre schon nur schwerlich mit der Stellung der Rechtspflegerinnen und Rechtspfleger im Strafverfahren in Einklang zu bringen. Vor allem jedoch ist eine derartige Aufgabenerweite-

---

8) Das sind im Regelfall die Urteilsgründe; bei einer selbständigen Anordnung können das auch die Gründe des die Wertersatzeinziehung anordnenden Beschlusses sein (§ 436 Abs. 2 i. V. m. § 434 Abs. 2 StPO).

9) Ergibt sich dies nicht ohne weiteres aus den Gründen der Gerichtsentscheidungen, bedarf die Entschädigung der Zulassung durch das Hauptsachegericht (§ 459k Abs. 2 Satz 2 StPO).

rung nicht erforderlich. Denn für die gerechte Verteilung des Vermögens insolventer Schuldner existiert bereits ein bewährtes Instrument, nämlich das Insolvenzverfahren. Nach dem Willen des Gesetzgebers sollen die Verletzten in den „Mangelfällen" daher im Insolvenzverfahren entschädigt werden. Um dies zu gewährleisten, verpflichtet § 111i Abs. 2 Satz 1 StPO die Staatsanwaltschaft in einem „Mangelfall" die Eröffnung des Insolvenzverfahrens über das Vermögen des Einziehungsadressaten zu beantragen. Wird das Insolvenzverfahren daraufhin eröffnet, werden die im Strafverfahren gepfändeten Gegenstände für das Insolvenzverfahren freigegeben (§ 111i Abs. 1 StPO). Die Verletzten der (Erwerbs-)Taten können ihre Schadensersatzansprüche dann als Insolvenzgläubiger im Insolvenzverfahren nach den dafür vorgesehenen Regelungen geltend machen.

Die enorme Bedeutung der eher technischen und unscheinbaren Vorschrift des § 111i Abs. 2 StPO für die Rechtspraxis zeigt erst ein Blick auf die Zahlen. Die Fälle der Wertersatzeinziehung machen etwa 90 bis 95 % der strafrechtlichen Vermögensabschöpfung aus.[10] Praktisch alle Fälle mit mehreren Verletzten sind „Mangelfälle". Vor allem in komplexen und umfangreichen Betrugs- und Wirtschaftsstrafsachen wird die Staatsanwaltschaft daher fast schon zwangsläufig den Antrag nach § 111i Abs. 2 Satz 1 StPO stellen. Die Opferentschädigung wird dadurch insbesondere in schwierigen Fällen in die kompetenten Hände der Insolvenzgerichte und der Insolvenzverwalter gelegt.

III. Die Voraussetzungen des staatsanwaltschaftlichen Insolvenzantrags nach § 111i Abs. 2 Satz 1 StPO

§ 111i Abs. 2 Satz 1 StPO verpflichtet die Staatsanwaltschaft unter bestimmten Umständen, die Eröffnung des Insolvenzverfahrens über das Vermögen des Einziehungsadressaten zu beantragen. Die Vorschrift regelt mithin nur das „Ob" der Antragstellung. Die Anforderungen an den Insolvenzantrag selbst – also das „Wie" – ergeben sich aus § 14 InsO; es besteht insofern kein Unterschied zu Anträgen sonstiger Gläubiger. Die bei den Staatsanwaltschaften funktionell zuständigen Rechtspflegerinnen und Rechtspfleger (§ 3 Nr. 4c, § 31 Abs. 1 Nr. 3 RPflG) sind mithin weder verpflichtet noch berechtigt, die insolvenzrechtlichen Voraussetzungen für

---

10) *Rönnau*, Vermögensabschöpfung in der Praxis, 2. Aufl. 2015, S. 124, Rz. 251.

die Eröffnung des Verfahrens zu prüfen. Ihr Maßstab sind die Anforderungen, die § 14 InsO an einen zulässigen Gläubigerantrag stellt.

1. Der Anwendungsbereich

Der Anwendungsbereich des § 111i Abs. 2 StPO ist unter zwei Voraussetzungen eröffnet. Zum einen muss es sich um einen Fall der Einziehung des Wertes des Tatertrages (§ 73c StGB) handeln. Denn die Vorschrift geht davon aus, dass ein Vermögensarrest vollzogen worden ist, dass also Gegenstände des Einziehungsadressaten gepfändet worden sind. Der Vermögensarrest aber dient dazu, die Vollstreckung der Einziehung von Wertersatz zu sichern (§ 111e Abs. 1 StPO). Zum anderen muss es „mehrere Verletzte" geben. Das bedeutet: Gegenstand des vollzogenen Vermögensarrestes müssen mindestens zwei Taten im materiellen Sinn mit verschiedenen Verletzten sein. Diese Voraussetzung erschließt sich erst mit einem Blick auf das Insolvenzrecht. Bei nur einem Verletzten bestünde kein Rechtsschutzbedürfnis für ein Insolvenzverfahren; der Antrag auf Eröffnung wäre unzulässig.[11)]

2. Der Verletzte und sein Anspruch

Verletzter i. S. des § 111i Abs. 2 Satz 1 StPO ist nur derjenige, dem aus der (Erwerbs-)Tat i. S. des § 73 Abs. 1 StGB ein Anspruch auf Ersatz des Wertes des Erlangten erwachsen ist. Daraus folgt zweierlei: Bezugspunkt für die Feststellung der Verletzteneigenschaft ist die (Erwerbs-)Tat im materiellen Sinn. Denn im Rahmen der reformierten Opferentschädigung kann der Verletzte nur „Ersatz des Wertes" dessen beanspruchen, was der Einziehungsadressat durch die materielle (Erwerbs-)Tat i. S. des § 73 Abs. 1 StGB erlangt hat.[12)] Zum anderen muss die materielle Tat zum Nachteil des betreffenden Verletzten Gegenstand des Vermögensarrestes sein, in dessen Vollziehung die Gegenstände des Einziehungsadressaten gesichert worden sind. Dies ergibt sich aus dem Zweck des Vermögensarrestes. Er darf nur zur Sicherung der Vollstreckung einer Wertersatzeinziehung angeordnet werden (§ 111e StPO). Die Wertersatzeinziehung kann aber nur für solche rechtswidrigen Taten angeordnet werden, die im (späteren) gerichtlichen Hauptsa-

---

11) Begr. RegE § 111i StPO, BT-Drucks. 18/9525, S. 80.

12) Der Reformgesetzgeber betrachtet die Vermögensabschöpfung mithin nicht als einen geeigneten Rahmen für einen umfassenden zivilrechtlichen Schadensausgleich.

cheverfahren[13] festgestellt werden (§§ 73, 73c StGB). Nur der Wert des Ertrages aus solchen Taten kann durch das Gericht eingezogen werden; nur für Taten, für die diese Annahme im betreffenden Zeitpunkt begründet ist, kann der Vermögensarrest mithin angeordnet werden.[14] Damit bleibt als Ergebnis festzuhalten: Verletzter i. S. des § 111i Abs. 2 Satz 1 StPO ist nur, wer durch eine im Vermögensarrest aufgeführte materielle (Erwerbs-)Tat geschädigt worden ist. Sein Anspruch richtet sich auf den Ersatz des Wertes dessen, was der Einziehungsadressat durch die rechtswidrige (Erwerbs-)Tat zu seinem Nachteil erlangt hat; die Anspruchshöhe entspricht damit dem Wert des ihn betreffenden Tatertrages. Schmerzensgeld, Zinsen oder die Kosten für die Rechtsverfolgung bleiben daher außer Betracht.[15]

3. Der „Mangelfall"

Der Insolvenzantrag der Staatsanwaltschaft nach § 111i Abs. 2 Satz 1 StPO setzt einen „Mangelfall" voraus. Der Wert der Gegenstände, die in Vollziehung des Vermögensarrestes gepfändet worden sind, muss also niedriger sein als die Höhe des Vermögensarrestes. Die Arresthöhe wiederum entspricht der Summe der Verletztenansprüche, wie sie sich aus dem Vermögensarrest ergeben. Mit Blick auf das für ein Insolvenzverfahren notwendige Rechtsschutzbedürfnis kann dies allein allerdings nicht genügen. § 111i Abs. 2 Satz 1 StPO stellt deshalb entscheidend darauf ab, in welchem Umfang die Verletztenansprüche gegenüber der Staatsanwaltschaft geltend gemacht werden. Ein „Mangelfall" liegt daher nur vor, wenn die Gesamtsumme der geltend gemachten Verletztenansprüche i. S. des § 111i Abs. 2 Satz 1 StPO den Wert der gesicherten Gegenstände übersteigt.[16] Aus diesem Grund werden die Verletzten nach der Vollziehung des Vermögensarrestes aufgefordert, eine entsprechende Erklärung abzugeben (§ 111l Abs. 2 Satz 1 StPO).

---

13) In der Regel wird dies im Urteil geschehen; möglich ist die Anordnung aber auch im selbständigen Verfahren (§ 76a Abs. 1 bis 3 StGB, §§ 435, 436 StPO).

14) Da sich diese Annahme im Laufe des Verfahrens ändern kann (z. B. durch Verfahrensbeschränkungen nach §§ 154, 154a StPO), ist der Vermögensarrest (ähnlich wie ein Haftbefehl) stets auf seine Richtigkeit hin zu überprüfen und ggf. bei Gelegenheit (z. B. bei Anklageerhebung) anzupassen.

15) Begr. RegE, BT-Drucks. 18/9525, S. 50 f. – mit einer ausführlichen Erläuterung des Verletztenbegriffs und des Anspruchs des Verletzten; *Laroche*, Das Insolvenzantragsrecht der Staatsanwaltschaft in der Praxis, ZInsO 2017, 1245, 1246 f.; *Blankenburg*, Reform der strafrechtlichen Vermögensabschöpfung – Neue Möglichkeiten der Staatsanwaltschaft im Insolvenzverfahren, ZInsO 2017, 1453, 1458.

16) Begr. RegE, § 111i StPO, BT-Drucks. 18/9525, S. 80; *Laroche*, ZInsO 2017, 1245, 1246.

4. Der Zeitpunkt der Antragstellung

§ 111i Abs. 2 Satz 1 StPO bestimmt keinen festen Zeitpunkt für die Antragstellung. Dies ist dem Umstand geschuldet, dass das Vorliegen eines „Mangelfalls“ von verschiedenen Unwägbarkeiten abhängt. So kann ein ursprünglicher „Mangelfall“ durch Beschränkungen nach §§ 154, 154a StPO im Laufe des Verfahrens zu einem „Deckungsfall“ werden. Umgekehrt kann aus einem Deckungsfall“ im Laufe des Verfahrens ein „Mangelfall“ werden, da dessen Feststellung davon abhängt, dass die Verletzten ihre Ansprüche gegenüber der Staatsanwaltschaft geltend machen (vgl. § 111i Abs. 2 Satz 1 StPO).[17] Es ist deshalb auch denkbar, dass der „Mangelfall“ erst nach Rechtskraft der Wertersatzeinziehungsanordnung eintritt; § 111i StPO gilt dann entsprechend (§ 459h Abs. 2 Satz 2 StPO).

Die Verortung und der Wortlaut des § 111i Abs. 2 Satz 1 StPO zeigt aber, dass der Gesetzgeber die Antragstellung während des laufenden Verfahrens als den Regelfall betrachtet. Die Gesetzesmaterialien nennen als geeigneten Zeitpunkt ausdrücklich die Eröffnung des Hauptverfahrens.[18] Dahinter stehen folgende Überlegungen: Zum einen beschränkt die Anklage die Anzahl der Tatverletzten nach oben; mehr als die in der Anklage genannten Taten kann das Gericht nicht aburteilen; nur angeklagte Taten können mithin Grundlage der gerichtlichen Anordnung der Wertersatzeinziehung sein[19]. Zu diesem Zeitpunkt kann auf einer verlässlichen Grundlage der Wert der gepfändeten Gegenstände mit der Summe der (geltend gemachten) Verletztenansprüche verglichen werden. Zum anderen besagt die Eröffnung des Hauptverfahrens, dass der Angeklagte der angeklagten (Erwerbs-)Taten hinreichend verdächtig ist (§ 203 StPO), dass also eine Verurteilung wegen der angeklagten (Erwerbs-)Taten und damit auch der Wertersatzeinziehungsanspruch des Staates nach §§ 73 Abs. 1, 73c StGB aus Sicht des erkennenden Gerichts (überwiegend) wahrscheinlich ist.[20] Dies impliziert die überwiegende Wahrscheinlichkeit, dass der Einziehungsadressat die in der Anklage genannten Taterträge auf Kosten der betreffenden Verletzten erlangt hat, dass also die Verletzten (= Gläubiger) in dieser Höhe Ansprüche auf Ersatz des Wertes des Erlangten gegen den

---

17) Begr. RegE, BT-Drucks. 18/9525, S. 51; *Blankenburg*, ZInsO 2017, 1453, 1458.

18) Begr. RegE, § 111i StPO, BT-Drucks. 18/9525, S. 81.

19) Die Fälle der Nachtragsanklage (§ 266 StPO) sollen angesichts ihrer geringen praktischen Bedeutung bei der Darstellung außer Betracht bleiben.

20) BVerfG, Beschl. v. 28.3.2002 – 2 BvR 2104/01, NJW 2002, 2859, 2860 = juris, Rz. 19; *Meyer-Goßner* in: Meyer-Goßner/Schmitt, StPO, 60. Aufl. 2017, § 203 Rz. 2.

Einziehungsadressaten (= Schuldner) haben. Das wiederum ist für die Prüfung der Zulässigkeit des staatsanwaltschaftlichen Insolvenzantrags durch das Insolvenzgericht von erheblicher Bedeutung.[21)]

§ 111i Abs. 2 Satz 1 StPO ermöglicht es der Staatsanwaltschaft, die Schadenswiedergutmachung weit vor dem rechtskräftigen Abschluss des Strafverfahrens in Gang zu setzen. Die Regelung dient damit dem Opferschutz und entlastet zugleich die Strafjustiz von der Opferentschädigung.

IV. Die insolvenzrechtliche Zulässigkeit des staatsanwaltschaftlichen Insolvenzantrags nach § 14 InsO

Der staatsanwaltliche Insolvenzantrag ist ein „gewöhnlicher" Antrag nach § 14 InsO; er unterscheidet sich nicht von anderen Gläubigeranträgen. Es muss mithin die Forderung und der Eröffnungsgrund glaubhaft gemacht werden.[22)]

1. Die Insolvenzforderung und ihre Glaubhaftmachung

Anders als man auf den ersten Blick vermuten könnte, macht die Staatsanwaltschaft nicht die Forderungen der Verletzten geltend. Ihre (Insolvenz-)Forderung ist vielmehr der quasi-bereicherungsrechtliche Anspruch des Staates gegen den Einziehungsadressaten auf Einziehung des Wertes des Tatertrages nach §§ 73, 73c StGB. Diese Forderung entsteht in dem Moment, indem der Tatertrag selbst aufgrund seiner Beschaffenheit oder aus anderen Gründen nicht (mehr) eingezogen werden kann. Seiner quasibereicherungsrechtlicher Rechtsnatur entsprechend wird die Forderung mit ihrem Entstehen auch fällig.[23)] Die Staatsanwaltschaft macht mithin einen originären staatlichen (Zahlungs-)Anspruch geltend.[24)] Dass diese Forderung im Falle der Eröffnung des Insolvenzverfahrens nachrangig ist (§ 39 Abs. 1 Nr. 3 InsO), steht der Zulässigkeit des staatsanwaltlichen

21) Näheres dazu unter IV. 1.

22) *Laroche*, ZInsO 2017, 1245, 1248 – zu den übrigen (Prozess-)Voraussetzungen.

23) Die gerichtliche Anordnung der Wertersatzeinziehung stellt mithin nur den endgültigen Titel zur Zwangsvollstreckung dieser Forderung dar.

24) Begr. ARV z. RegE § 111i StPO, BT-Drucks. 18/11640, S. 86; *Laroche*, ZInsO 2017, 1245, 1251.

Insolvenzantrags nicht entgegen. Entscheidend ist, dass es sich um eine bestehende und fällige Forderung handelt.[25)]

Die Glaubhaftmachung dieser Forderung stellt die Staatsanwaltschaft vor keine Schwierigkeiten. Stellt sie den Antrag erst nach Rechtskraft der Wertersatzeinziehungsanordnung, macht sie den Anspruch mit einem rechtskräftigen Titel geltend. Eine bessere Glaubhaftmachung ist nicht denkbar.[26)] Aber auch während des laufenden Verfahrens ergeben sich die Voraussetzungen für die Glaubhaftmachung nachgerade zwangsläufig. Denn mit der Eröffnung des Hauptverfahrens liegt eine gerichtliche Entscheidung vor, nach der eine Aburteilung der in der zugelassenen Anklage dargestellten (Erwerbs-)Taten wahrscheinlich (= hinreichender Tatverdacht) ist.[27)] Damit ist auch der Anspruch des Staates auf Einziehung des Wertes des Tatertrages wahrscheinlich. Das entspricht den Anforderungen, die § 14 InsO an die Glaubhaftmachung der Insolvenzforderung stellt. Mit dem der zugelassenen Anklage entsprechenden Vermögensarrest ist diese (wahrscheinlich begründete) Forderung vorläufig tituliert. Die Staatsanwaltschaft kann also nach Eröffnung des Hauptverfahrens zur Glaubhaftmachung einen vorläufigen Titel (= Vermögensarrest) über eine Forderung vorlegen, deren Begründetheit ein Gericht nach Aktenlage für wahrscheinlich hält.[28)] Zudem wird sie dem Antrag nach § 14 InsO die Anklageschrift beifügen. In welchem Umfang sie darüber hinaus einzelne, beweisrelevante Aktenbestandteile (z. B. Vernehmungsprotokolle) beifügt, hängt stark von der Ausführlichkeit und Stichhaltigkeit des wesentlichen Ergebnisses der Ermittlungen in der Anklageschrift, aber auch von der Beweislage selbst ab. Beim geständigen Angeklagten wird sich die Staatsanwaltschaft mehr oder minder auf die Vorlage des Geständnisses beschrän-

---

25) BGH, Beschl. v. 23.9.2010 – IX ZB 282/09, ZIP 2010, 2055, 2056 = ZInsO 2010, 2091 – 2093, dazu EWiR 2010, 819 *(Gundlach/Müller)*; *Laroche*, ZInsO 2017, 1245, 1251.

26) *Laroche*, ZInsO 2017, 1245, 1251.

27) BVerfG, Beschl. v. 28.3.2002 – 2 BvR 2104/01, NJW 2002, 2859, 2860 = juris, Rz. 19; *Meyer-Goßner* in: Meyer-Goßner/Schmitt, StPO, 60. Aufl. 2017, § 203 Rz. 2.

28) LG Dresden, Beschl. v. 29.4.2004 – 5 T 0407/04, ZIP 2004, 1062, dazu EWiR 2004, 1135 *(Schmerbach)*; *Schmahl/Vuia* in: MünchKomm-InsO, 3. Aufl. 2013, § 14 Rz. 68; *Schmerbach* in: FK-InsO, 8. Aufl. 2015, § 14 Rz. 114; *Sternal* in: HK-InsO, 8. Aufl. 2016, § 14 Rz. 14 – zum (Vermögens-)Arrest als geeignetes Mittel der Glaubhaftmachung; *Blankenburg*, ZInsO 2017, 1453, 1460 f. – der zutreffend danach differenziert, ob der Vermögensarrest auf einem einfachem oder einem dringendem Verdacht beruht (bei einer zur Hauptverhandlung zugelassenen Anklage spielt diese Unterscheidung mit Blick auf den für die Eröffnung des Hauptverfahrens erforderlichen hinreichenden Tatverdacht allerdings keine Rolle mehr).

ken können; bei einer schwierigen Beweislage wird sie hingegen einen höheren Aufwand betreiben müssen.[29)]

2. *Der Insolvenzgrund und seine Glaubhaftmachung*

Neben der Insolvenzforderung muss die Staatsanwaltschaft einen Eröffnungsgrund (§ 16 InsO) glaubhaft machen. Aus § 111i Abs. 2 Satz 1 StPO folgt, dass der in Betracht kommende Eröffnungsgrund die Zahlungsunfähigkeit des Einziehungsadressaten ist (§ 17 InsO). Denn danach stellt die Staatsanwaltschaft den Insolvenzantrag nur, wenn der Wert der gepfändeten Gegenstände nicht genügt, um die Ansprüche der Verletzten i. S. des § 111i Abs. 2 Satz 1 StPO vollständig zu befriedigen.

Die Zahlungsunfähigkeit des Einziehungsadressaten wird die Staatsanwaltschaft in der Regel ohne weiteres glaubhaft machen können. Zum einen verfügt sie über das Ergebnis der Finanzermittlungen (z. B. Bank- und Grundbuchauskünfte), die sie für den Tatnachweis und in Vorbereitung der Vollziehung des Vermögensarrestes durchführen musste. Zum anderen wird sie zur Vollziehung des Vermögensarrestes die Wohn- und – ggf. – Geschäftsräume des Einziehungsadressaten durchsucht haben. Aufgrund ihrer Ermittlungen erlangt sie mithin einen umfassenden Überblick über die finanzielle Lage des Einziehungsadressaten. Dieser Überblick dürfte mindestens so aussagekräftig sein wie die Erkenntnisse, die ein Gerichtsvollzieher im Rahmen von Vollstreckungsversuchen gewinnen kann.[30)]

Sollte zwischen Vollziehung des Vermögensarrestes und der Anklageerhebung ein außergewöhnlich langer Zeitraum liegen, können unter Umständen Nachforschungen zur aktuellen finanziellen Lage des Einziehungsadressaten veranlasst sein. Vor besondere Schwierigkeiten dürfte jedoch auch dies die Staatsanwaltschaft nicht stellen. In aller Regel wird es genügen, wenn die Staatsanwaltschaft durch einen Gerichtsvollzieher oder ihre Ermittlungspersonen (§ 111k Abs. 1 StPO) einen erneuten Vollstreckungsversuch unternimmt. Stellt sich dieser Vollstreckungsversuch als fruchtlos heraus, braucht die Staatsanwaltschaft ihrem Insolvenzantrag lediglich die entsprechende Bescheinigung des Gerichtsvollziehers beizufügen.[31)]

---

29) Begr. RegE § 111i StPO, BT-Drucks. 18/9525, S. 81; *Laroche*, ZInsO 2017, 1245, 1251.

30) Begr. ARV zum RegE § 111i StPO, BT-Drucks. 18/11640, S. 86 f.; Begr. RegE § 111i StPO, BT-Drucks. 18/9525, S. 80 f.; *Laroche*, ZInsO 2017, 1245, 1252.

31) Begr. RAV zum RegE § 111i StPO, BT-Drucks. 18/11640, S. 86 f.; *Laroche*, ZInsO 2017, 1245, 1252.

V. Das Absehen der Staatsanwaltschaft von der Stellung das Insolvenzantrags nach § 111i Abs. 2 Satz 2 StPO

Nach § 111i Abs. 2 Satz 1 StPO ist die Staatsanwaltschaft im „Mangelfall“ verpflichtet, die Eröffnung des Insolvenzverfahrens über das Vermögen des Einziehungsadressaten zu beantragen. Hätte dies ausnahmslos Geltung, müsste die Staatsanwaltschaft auch offensichtlich unzulässige Anträge stellen. Dies vermeidet § 111i Abs. 2 Satz 2 StPO. Danach sieht die Staatsanwaltschaft von dem Insolvenzantrag ab, wenn begründete Zweifel an seiner Zulässigkeit bestehen. Der in der Rechtspraxis wichtigste Fall dürfte die drohende Abweisung des Antrags mangels Masse sein (§ 26 Abs. 1 InsO). Das ist der Fall, wenn die gesicherten Vermögenswerte des Einziehungsadressaten (also das Vermögen des Schuldners) voraussichtlich nicht ausreichen, um die Kosten des Verfahrens zu decken. Denkbar sind aber auch Fälle, in denen der Einziehungsadressat über im Ausland belegenes Vermögen verfügt, auf das die Staatsanwaltschaft mangels effektiver Rechtshilfe keinen Zugriff erlangen kann.[32] In all diesen Fällen richtet sich die Opferentschädigung nach dem Prioritätsgrundsatz. Befriedigt wird der Verletzte, der als Erster einen vollstreckbaren Titel vorliegt, aus der sich sein Anspruch auf Ersatz des Wertes des Erlangten ergibt (§ 459m Abs. 1 Satz 3 i. V. m. § 459m Abs. 1 Satz 1 StPO).

VI. Fazit

Die Reform der strafrechtlichen Vermögensabschöpfung hat dem Insolvenzverfahren bei der Opferentschädigung eine herausragende Rolle eingeräumt. Vor allem in komplexen und umfangreichen Strafverfahren werden die Verletzten nunmehr regelmäßig im Insolvenzverfahren entschädigt. Dies entlastet die Strafjustiz und führt i. S. des Opferschutzes zu einer gleichmäßigen und vergleichsweise einfachen Schadenswiedergutmachung. Zugleich hat der Gesetzgeber damit ein weiteres Mal die Bedeutung des Insolvenzverfahrens und des insolvenzrechtlichen Grundsatzes der Gläubigergleichbehandlung unterstrichen.

Für die in die Pflicht genommen Beteiligten stellt die reformierte Opferentschädigung zweifellos eine Herausforderung dar. Das gilt in der Strafjustiz vor allem für die Rechtspflegerinnen und Rechtspfleger der Staats-

---

32) Begr. ARV zum RegE § 111i StPO, BT-Drucks. 18/11640, S. 87.

anwaltschaften. Das gilt aber auch für Insolvenzgerichte und Insolvenzverwalter, die häufiger als im alten Recht mit deliktisch geprägten Sachverhalten zu tun haben werden.

Wenige Monate nach dem Inkrafttreten der Reform lässt sie noch keine Bilanz ziehen. Noch befinden sich die Staatsanwaltschaften in der Umstellungsphase. Noch ist nicht klar, wie sich die Zusammenarbeit zwischen Staatsanwaltschaften einerseits und Insolvenzgerichten und Insolvenzverwaltern andererseits gestaltet. Eines lässt sich aber bereits jetzt sagen: Die Reform der Opferentschädigung im Rahmen der strafrechtlichen Vermögensabschöpfung ist ein weiterer Beleg dafür, welch großes Vertrauen der Gesetzgeber in die Kompetenz der Insolvenzgerichte und Insolvenzverwalter hat. Dies kann jede Insolvenzrechtlerin und jeden Insolvenzrechtler nur erfreuen!

Unternehmensstrafrecht bei Ordnungswidrigkeiten?

MATTHIAS KORTE

Inhaltsübersicht

Mit Marie Luise Graf-Schlicker habe ich häufig über die Möglichkeiten eines Unternehmensstrafrechts diskutiert. Wir waren uns einig, dass die derzeitigen gesetzlichen Regelungen im Bereich der Unternehmenssanktionen defizitär sind. In einer Abteilung, die für das Prozessrecht zuständig ist, stand dabei immer im Vordergrund die Überlegung, wie man die strafprozessualen Regelungen, die in erster Linie dem Schutz eines individuellen Beschuldigten dienen, auch für Verfahren gegen Unternehmen sachgerecht anwendbar machen kann. Ganz aktuell ist diese Frage wieder durch die Thematik „Internal Investigations" geworden, mit der sich jetzt auch das Bundesverfassungsgericht befassen muss.[1] *Das Bundesministerium der Justiz und für Verbraucherschutz hat zu dem Thema auf Vorschlag von Marie Luise Graf-Schlicker bereits am 19. Mai 2017 ein Symposium durchgeführt und dabei die Frage aufgeworfen, ob es Handlungsbedarf für den Gesetzgeber gibt.*

---

1) BVerfG, Pressemitteilung Nr. 62/2017 v. 26.7.2017.

I. Einleitung

Unternehmen[2] als Rechtssubjekte kennen wir in allen Bereichen. Zivilprozesse zwischen oder gegen Unternehmen, Unternehmen als Adressaten verwaltungsrechtlicher Verfügungen und Unternehmen als Arbeitgeber oder Steuerschuldner sind selbstverständlich.

Das Strafrecht ermöglicht die Einziehung von Taterträgen aus Straftaten (§ 73b StGB) sowie von Tatprodukten, Tatenmitteln und Tatobjekten (§ 74e StGB) bei Unternehmen. Strafen gegen Unternehmen kennt es bisher nicht. Funktionell übernimmt das eine Regelung im Ordnungswidrigkeitenrecht (§ 30 OWiG).

Auch das Strafprozessrecht behandelt diesen Themenbereich stiefmütterlich. Das Verfahren bei der Festsetzung von Geldbußen gegen Unternehmen im Strafverfahren wird in einer einzigen Vorschrift, § 444 StPO, geregelt, die nur die Beteiligung des Unternehmens am Strafverfahren, die Ladung des Unternehmens zur Hauptverhandlung sowie die örtliche Zuständigkeit des Gerichts im selbständigen Verfahren regelt und im Übrigen auf die Regelungen über die Einziehung verweist.

Die Diskussion über ein Unternehmensstrafrecht hat in Deutschland eigentlich noch gar nicht so richtig Fahrt aufgenommen.[3] Ein Gesetzentwurf von NRW[4] hat es nicht in das Gesetzgebungsverfahren auf Bundesebene geschafft und war von Seiten der Berufs- und Wirtschaftsverbände erheblicher Kritik ausgesetzt.[5] Einzig die Forschungsgruppe Verbandsstrafrecht der Universität Köln[6] befasst sich in der Wissenschaft ernsthaft mit

---

2) Richtigerweise müsste man hier und im Folgenden von juristischen Person und ihnen für die Anwendung bestimmter rechtlicher Regelungen gleichgestellter Personengesellschaften sprechen. Zur Vereinfachung wird der Begriff „Unternehmen" verwendet, der z. B. auch im GWB und in der Datenschutz-Grundverordnung Anwendung findet.

3) Das mag man zwar angesichts der vielen Veröffentlichungen (juris weist allein von 2015 bis Mitte 2017 100 Literaturnachweise zu dem Suchwort „Unternehmensstrafrecht" aus) zu dem Thema bezweifeln.

4) Gesetzentwurf VerbStrG, Landtag NRW, Information 16/127; dazu *Hoven*, Der nordrhein-westfälische Entwurf eines Verbandsstrafgesetzbuchs – Eine kritische Betrachtung von Begründungsmodell und Voraussetzungen der Straftatbestände, ZIS 2014, 19.

5) BRAK, Stellungnahme Nr. 15/2014 v. 4/2014; DAV, Stellungnahme 54/2013 v. 12/2013; BUJ, Gesetzgebungsvorschlag 4/2014; BDI/BDA, Stellungnahme v. 31.1.2014; DIHK, Positionspapier v. 12.11.2014; offener, aber mit Bedenken hinsichtlich der personellen Ausstattung der Staatsanwaltschaften und Gerichte, DRB, Stellungnahme 16/14 v. 11/2014.

6) Siehe hierzu www.verbandsstrafrecht.jura.uni-koeln.de (Abrufdatum: 15.1.2018).

dem Thema.[7] Dabei könnte man sich vorstellen, dass aktuelle „Skandale", wie z. B. der Manipulationsvorwurf bei Dieselmotoren, die Diskussion befeuern könnten.

Tatsächlich haben die Europäische Union und deutsche Gesetzgeber aber um das Strafrecht herum inzwischen ein System von Sanktionen gegen Unternehmen entwickelt, das in seiner Wirkung nicht hinter allen diskutierten Möglichkeiten eines Unternehmensstrafrechts zurückbleibt. Die Sanktionen knüpfen alle an die Begehung von Ordnungswidrigkeiten an, die Unternehmen zugerechnet werden. Es stellt sich daher die Frage, ob das Strafrecht nicht zumindest nachziehen müsste.[8]

II. Bußgeldobergrenzen bei Unternehmenssanktionen wegen Straftaten

Ist die Anknüpfungstat einer Unternehmensgeldbuße nach § 30 OWiG eine vorsätzliche Straftat, kann eine Geldbuße bis zu 10 Mio. € verhängt werden (§ 30 Abs. 2 Nr. 1 OWiG). Dies gilt auch, wenn die Anknüpfungstat eine Aufsichtspflichtverletzung nach § 130 OWiG ist und es sich bei der durch die mangelnde Aufsicht nicht verhinderten oder nicht wesentlichen erschwerten Zuwiderhandlung um eine Straftat handelt (§ 30 Abs. 2 Satz 3 i. V. m. § 130 Abs. 3 Satz 2 OWiG). Bis 2013 betrug die Höchstgrenze der Geldbuße sogar nur 1 Mio. €. Die Erhöhung der Bußgeldobergrenze auf 10 Mio. € erfolgte erst durch die 8. GWB-Novelle vom 26. Juni 2013.[9] Sie beruhte auf einer Beschlussempfehlung des BT-Ausschusses für Wirtschaft und Technologie[10] und wurde mit der Empfehlung der OECD begründet, das Höchstmaß der gesetzlich vorgesehenen Geldbuße für Unternehmen auf ein Niveau zu erhöhen, das wirksam, verhältnismäßig und abschreckend ist.[11]

Die hohen Geldbußen etwa in den Verfahren gegen *Siemens* (201 Mio. € und 395 Mio. €), *MAN* (2 x 75,3 Mio. €), *Ferrostaal* (139,8 Mio. €) und

---

7) Siehe dazu *Kubiciel*, Die deutschen Unternehmensgeldbußen: Ein nicht wettbewerbsfähiges Modell und seine Alternativen, NZWiSt 2016, 178; *Kubiciel/Gräbener*, Grundlinien eines modernen Verbandssanktionenrechts, ZRP 2016, 137.

8) Zur Haltung der BReg siehe ihre Antwort auf die Kleine Anfrage der Fraktion BÜNDNIS90/DIE GRÜNEN, Wirksame Sanktionierung von Rechtsverstößen im Unternehmen, BT-Drucks. 18/2187.

9) Achtes Gesetz zur Änderung des Gesetzes gegen Wettbewerbsbeschränkungen v. 26.6.2013, BGBl. I 2013, 1738 (Art. 4).

10) BT-Drucks. 17/11053.

11) BT-Drucks. 17/11053, S. 21.

Rheinmetall (37 Mio. €), die alle sogar noch auf der Grundlage des bis 2013 geltenden Rechts verhängt wurden, kamen nur zustande, weil die Geldbuße in diesen Fällen neben der Sanktionierung die Funktion der Vermögensabschöpfung übernahm (§ 30 Abs. 3 i. V. m. § 17 Abs. 4).[12] Der Sanktionsanteil der Geldbußen lag in den Verfahren gegen *Siemens* lediglich bei 1 Mio. €[13] und 250.000 €[14], in den Verfahren gegen *MAN*[15] und *Rheinmetall*[16] bei jeweils 300.000 € und in dem Verfahren gegen *Ferrostaal* bei 500.000 €[17].

III. Bußgeldobergrenzen im Kartellrecht

Extrem hohe Geldbußen werden wegen Kartellverstößen verhängt. Das Bundeskartellamt (BKartA) hat z. B. allein 2014 Geldbußen in Höhe von insgesamt 337,7 Mio. € gegen mehrere Bierbrauereien[18], in Höhe von insgesamt 280 Mio. € gegen mehrere Zuckerhersteller[19] und in Höhe von insgesamt 338 Mio. € gegen mehrere Wursthersteller[20] verhängt. Die Europäische Kommission hat 2016 gegen mehrere LKW-Hersteller Geldbußen in Höhe von insgesamt 2,93 Mrd. €[21] und 2017 allein gegen *Google* eine Geldbuße in Höhe von 2,42 Mrd. € verhängt[22].

Grundlage für die Verhängung der hohen Geldbußen nach nationalem Recht sind die Sonderregelungen im Gesetz gegen Wettbewerbsbeschränkungen (GWB). Nach dem durch die 7. GWB-Novelle vom 7. Juli 2005[23] eingeführten § 81 Abs. 4 Satz 2 GWB können gegen Unternehmen Geldbußen in Höhe von bis zu 10 % des im der Behördenentscheidung voraus-

---

12) S. hierzu im Einzelnen *Korte*, Verfallsanordnung gegen juristische Personen – Abschöpfung oder Unternehmensstrafe?, in: FS Samson, 2010, S. 65, 77.
13) LG München I, Beschl. v. 4.10.2007 – 5 KLs 563 Js 45994/07.
14) StA München I, Bußgeldbescheid v. 15.12.2008 – 563 Js 42802/08.
15) StA München I, Pressemitteilung 11/09 v. 10.12.2009.
16) StA Bremen, Pressemitteilung 13/2014 v. 11.12.2014.
17) LG München I, Beschl. v. 20.12.2011 – 6 KLs 565 Js 33037/10.
18) BKartA, Pressemitteilungen v. 13.1.2014 und 2.4.2014.
19) BKartA, Pressemitteilung v. 18.2.2014.
20) BKartA, Pressemitteilung v. 15.7.2014; zu einem großen Teil mussten diese Bußgeldbescheide allerdings später wieder aufgehoben werden, siehe BKartA, Pressemitteilung v. 26.6.2017.
21) Europäische Kommission, Pressemitteilung v. 19.7.2016.
22) Europäische Kommission, Pressemitteilung v. 27.6.2017.
23) BGBl. I 2005, 1954.

gegangenen Geschäftsjahr erzielten Gesamtumsatzes des Unternehmens verhängt werden.[24)]

Rechtsgrundlage für die Verfolgung von Kartellverstößen durch die Europäische Kommission sind Art. 101 und 102 AEUV und die Verordnung (VO) Nr. 1/2003 vom 16. Dezember 2002.[25)] Nach Art. 23 Abs. 2 VO Nr. 1/2003 können gegen Unternehmen bei Verstößen gegen Art. 101 und 102 AEUV, Zuwiderhandlungen gegen Entscheidungen zur Anordnung einstweiliger Maßnahmen und der Nichteinhaltung von Verpflichtungszusagen Geldbußen in Höhe von bis zu 10 % des im vorausgegangenen Geschäftsjahr erzielten Gesamtumsatzes verhängt werden.

Die Zumessung der Geldbußen, für deren Verhängung das Opportunitätsprinzip gilt (§ 47 OWiG), erfolgt auf der Grundlage von Leitlinien nach § 81 Abs. 7 GWB[26)] und Art. 23 Abs. 2 lit. a VO Nr. 1/2003[27)].

IV. Bußgeldobergrenzen bei Unternehmenssanktionen in anderen Bereichen

Bisher konnte man vielleicht noch davon sprechen, dass das Kartellrecht eine besondere Materie sei, die ihren eigenen Regeln folgt. Die Gesetzgebung im Bereich des Kartellrechts zielt insbesondere darauf ab, bei der Verfolgung von Kartellrechtsverstößen dem BKartA die gleichen Möglichkeiten einzuräumen, die der Europäischen Kommission zustehen.[28)] Obwohl die Mitgliedstaaten für die Durchsetzung der Verbote in Art. 101 und 102 AEUV seit Inkrafttreten der VO Nr. 1/2003 auch zuständig sind,[29)] kann die Europäische Kommission jeden Fall von gemeinschafts-

---

24) Ob es sich bei dieser Regelung um eine Kappungsgrenze oder eine Bußgeldobergrenze handelt, ist umstritten; der BGH hat jedoch entschieden, dass die Regelung in verfassungskonformer Auslegung als Obergrenze zu verstehen ist, BGH, Beschl. v. 26.2.2013 – KRB 20/12, BGHSt 58, 158= wistra 2013, 391, Rz. 55; BGH, Beschl. v. 3.6.2014 – KRB 46/13, NJW 2014, 2806, Rz. 7; a. A. u. a. *Achenbach* in: FK-Kartellrecht, 88 Lfg. 4/2017, § 81 GWB Rz. 523 m. w. N.

25) Verordnung (EG) Nr. 1/2003 des Rates v. 16.12.2002 zur Durchführung der in den Artikeln 81 und 82 des Vertrags niedergelegten Wettbewerbsregeln, ABl. (EG) L 1/1 v. 4.1.2003.

26) BKartA, Leitlinien für die Bußgeldzumessung in Kartellordnungswidrigkeitenverfahren, v. 25.6.2013.

27) Europäische Kommission, Leitlinien für das Verfahren zur Festsetzung von Geldbußen gemäß Artikel 23 Absatz 2 Buchstabe a) der Verordnung (EG) Nr. 1/2003 (2006/C 210/02), ABl. (EU) C 210/2 v. 1.9.2006.

28) Siehe dazu z. B. BT-Drucks. 15/3640, S. 22 ff., und speziell zu § 81 Abs. 4 BT-Drucks. 15/5049, S. 50 (7. GWB-Novelle); BT-Drucks. 18/10207, S. 40 (9. GWB-Novelle).

29) Allerdings wenden sie nicht die Vorschriften des europäischen Rechts an.

weiter Bedeutung selbst aufgreifen (Art. 11 Abs. 6 VO Nr. 1/2003). Um dafür keinen Anlass zu bieten, soll sich der Regelungsrahmen in Deutschland nicht von dem europäischen unterscheiden.[30)]

Erhöhte Bußgeldobergrenzen für Sanktionen gegen Unternehmen beschränken sich allerdings inzwischen nicht mehr nur auf das Kartellrecht. Seit 2015 sind eine ganze Reihe von solchen Regelungen geschaffen worden.[31)]

1. Wertpapierhandelsgesetz

Besonders differenziert sind die Regelungen im Wertpapierhandelsgesetz (WpHG). Durch das Gesetz zur Umsetzung der Transparenzrichtlinie-Änderungsrichtlinie vom 20. November 2015[32)], das Erste Finanzmarktnovellierungsgesetz vom 30. Juni 2016[33)] und das 2. Finanzmarktnovellierungsgesetz vom 23. Juni 2017[34)] wurden zur Umsetzung europäischer Vorgaben[35)] erhöhte Bußgeldobergrenzen für Geldbußen gegen Unternehmen eingefügt. In der ab dem 3. Januar 2018 geltenden Fassung des WpHG enthält § 120 Abs. 17 bis 23 WpHG[36)] hierfür Sonderregelungen. Bußgeldobergrenze für Geldbußen gegen Unternehmen ist danach, je nachdem welcher Betrag höher ist: ein erhöhter fester Betrag, ein Prozentsatz des jährlichen Gesamtumsatzes, den das Unternehmen im der Behörden-

---

30) BT-Drucks. 18/10207, S. 85 (zu der Rechtsnachfolgeregelung im GWB).

31) Siehe hierzu auch *Weck*, Sanktionen für Unternehmen: Theorie und Praxis, wistra 2017, 169, 171 f.

32) Gesetz zur Umsetzung der Transparenzrichtlinie-Änderungsrichtlinie, v. 20.11.2015, BGBl. I 2015, 2029.

33) Erstes Gesetz zur Novellierung von Finanzmarktvorschriften auf Grund europäischer Rechtsakte – Erstes Finanzmarktnovellierungsgesetz (1. FiMaNoG), v. 30.6.2013, BGBl. I 2013, 1514.

34) Zweites Gesetz zur Novellierung von Finanzmarktvorschriften auf Grund europäischer Rechtsakte – Zweites Finanzmarktnovellierungsgesetz (2. FiMaNoG), v. 23.6.2017, BGBl. I 2017, 1693.

35) Die Erhöhung der Bußgeldgrenzen dienten der Umsetzung von Vorgaben aus der Transparenzrichtlinie-Änderungsrichtlinie 2013/50/EU des Europäischen Parlaments und des Rates v. 22.10.2013, ABl. (EU) L 294/13 v. 6.11.2013, der Marktmissbrauchsverordnung (EU) Nr. 596/2014 des Europäischen Parlaments und des Rates v. 16.4.2014, ABl. (EU) L 173/1 v. 12.6.2014, und der Verordnung (EU) 2015/2365 v. 25.11.2015 des Europäischen Parlaments und des Rates über die Transparenz von Wertpapierfinanzierungsgeschäften und der Weiterverwendung, ABl. (EU) L 337/1 v. 23.12.2015; siehe BT-Drucks. 18/5010, S. 53, BT-Drucks. 18/7482, S. 66, und BT-Drucks. 18/10936, S. 217.

36) Zuvor § 39 Abs. 4 bis 5 WpHG.

entscheidung vorangegangenen Geschäftsjahr erzielt hat oder ein Vielfaches des aus dem Verstoß gezogenen wirtschaftlichen Vorteils.[37)]

Die Prozentsätze des jährlichen Gesamtumsatzes, die die Bußgeldobergrenze bestimmen, liegen, abhängig von der Ordnungswidrigkeit als Anlasstat der Geldbuße, bei 2 % (Abs. 18 Nr. 2), 3 % (Abs. 19), 5 % (Abs. 17), 10 % (Abs. 20, 21 und 22) oder sogar bei 15 %[38)] (Abs. 18 Nr. 1). Über diese Beträge hinaus können die Ordnungswidrigkeiten mit Geldbußen bis zu einem Zweifachen (Abs. 17, 19 und 20) oder Dreifachen (Abs. 18, 21 und 22) des aus dem Verstoß gezogenen wirtschaftlichen Vorteils geahndet werden.

§ 120 Abs. 25 WpHG sieht zudem einen Ausschluss der Anwendung des § 17 Abs. 2 OWiG vor, nach dem ansonsten eine Ordnungswidrigkeit bei fahrlässigem Handeln im Höchstmaß nur mit der Hälfte des angedrohten Höchstbetrages der Geldbuße geahndet werden darf.

Wie im Bereich des Kartellrechts erfolgt die Zumessung der Geldbußen im Bereich des WpHG auf der Grundlage von Leitlinien.[39)]

2. Börsengesetz, Wertpapiererwerbs- und Übernahmegesetz, Kreditwesengesetz, Versicherungsaufsichtsgesetz und Kapitalanlagegesetzbuch

Durch die Finanzmarktnovellierungsgesetze wurden zudem weitere neue Bußgeldobergrenzen für Geldbußen gegen Unternehmen eingeführt. Neben erhöhten festen Obergrenzen enthalten die Regelungen wie im WpHG flexible umsatz- und vorteilsabhängige Bußgeldobergrenzen. § 50 Abs. 9 und 10 des Börsengesetzes (BörsG) in der Fassung ab dem 3. Januar 2018[40)] sieht eine Bußgeldobergrenze von 10 % des jährlichen Gesamtumsatzes vor. Über diesen Betrag hinaus kann die Ordnungswidrigkeit in den Fällen des Abs. 9 mit einer Geldbuße bis zum Zweifachen und in den Fällen des

---

37) Die Regelungen sind nach dem Vorbild der europäischen Vorgaben kompliziert gefasst und nicht leicht verständlich. Hilfe bieten aber die WpHG-Bußgeldleitlinien II der BaFin, v. 22.2.2017, S. 7 (zu § 39 Abs. 4a WpHG).

38) Hierbei handelt es sich um die bisher höchste umsatzbezogene Bußgeldobergrenze im deutschen Recht, die von *Mommsen/Laudien*, Der Tatbestand der Marktmanipulation zwischen Porsche-Verfahren und 1. Finanzmarktnovellierungsgesetz, ZIS 2016, 646, 651, als „nahezu ruinös“ bezeichnet wird.

39) BaFin, Leitlinien zur Festsetzung von Geldbußen im Bereich des Wertpapierhandelsgesetzes (WpHG), v. 11/2013 und 2/2017.

40) Zuvor § 50 Abs. 4 bis 6 BörsG.

Abs. 10 bis zum Dreifachen des aus dem Verstoß gezogenen wirtschaftlichen Vorteils geahndet werden.

§ 60 Abs. 4 und 5 des Wertpapiererwerbs- und Übernahmegesetzes (WpÜG) in der Fassung ab dem 3. Januar 2018 sieht umsatzbezogene Bußgeldobergrenzen von 5 % (Abs. 4 Nr. 1) und 2 % (Abs. 4 Nr. 2) sowie über diesen Betrag hinaus eine Ahndung mit einer Geldbuße bis zum Zweifachen des aus dem Verstoß gezogenen wirtschaftlichen Vorteils vor.

Nach § 56 Abs. 6a und 6b des Kreditwesengesetzes (KWG) können Geldbußen in einer Höhe bis zu 10 % des jährlichen Gesamtumsatzes (Abs. 6a) und über diesen Betrag hinaus bis zum Dreifachen des wirtschaftlichen Vorteils (Abs. 6b) verhängt werden.

§ 332 Abs. 6 bis 7 des Versicherungsaufsichtsgesetzes (VAG) sieht Bußgeldobergrenzen von 3 % (Abs. 6) und 10 % (Abs. 6a und 6b) sowie über diesen Betrag hinaus eine Ahndung mit dem Zweifachen oder Dreifachen des wirtschaftlichen Vorteils (Abs. 7) vor.

Das Kapitalanlagegesetzbuch (KAGB) ermöglicht in § 340 Abs. 7 Geldbußen bis zu 2 % (Satz 1 Nr. 2), 3 % (Satz 1 Nr. 2a) und 10 % (Satz 1 Nr. 1) sowie über diesen Betrag hinaus eine Ahndung mit dem Zweifachen des wirtschaftlichen Vorteils (Satz 2).

§ 50 Abs. 12 BörsG, § 340 Abs. 9 KABG und § 56 Abs. 6e KWG sehen zudem, wie § 120 Abs. 25 WpHG, einen Ausschluss der Anwendung des § 17 Abs. 2 OWiG vor.

3. Handelsgesetzbuch

In das Handelsgesetzbuch (HGB) wurden umsatz- und vorteilsbezogene Bußgeld- und Ordnungsgeldobergrenzen durch das Gesetz zur Umsetzung der Transparenzrichtlinie-Änderungsrichtlinie vom 20. November 2015[41] und das CSR-Richtlinie-Umsetzungsgesetz vom 11. April 2017[42] eingefügt. Die Obergrenzen bestimmen sich wiederum – je nachdem, welcher Betrag der höchste ist – nach einem erhöhten festen Betrag, einem Prozentsatz des jährlichen Gesamtumsatzes oder einem Vielfachen des

41) Gesetz zur Umsetzung der Transparenzrichtlinie-Änderungsrichtlinie, v. 20.11.2015, BGBl. I 2015, 2029.

42) Gesetz zur Stärkung der nichtfinanziellen Berichterstattung der Unternehmen in ihren Lage- und Konzernlageberichten – CSR-Richtlinie-Umsetzungsgesetz, v. 11.4.2017, BGBl. I 2017, 802.

aus der Ordnungswidrigkeit oder einer unterlassenen Veröffentlichung gezogenen wirtschaftlichen Vorteils.

Nach § 334 Abs. 3a HGB können gegen kapitalmarktorientierte Unternehmen Geldbußen bis zu 5 % des jährlichen Gesamtumsatzes oder bis zum Zweifachen des aus der Ordnungswidrigkeit gezogenen wirtschaftlichen Vorteils verhängt werden. Die gleichen Sanktionsmöglichkeiten sehen auch § 340n Abs. 3a und § 341n Abs. 3a HGB vor. Nach § 335 Abs. 1a, auch i. V. m. § 340o und § 341o HGB, gelten die flexiblen Obergrenzen auch für Ordnungsgelder gegen kapitalmarktorientierte Unternehmen und damit für eine Sanktion, die noch unterhalb der Geldbuße nach dem Ordnungswidrigkeitenrecht anzusiedeln ist.

4. Geldwäschegesetz

Mit dem Gesetz zur Umsetzung der 4. Geldwäscherichtlinie vom 23. Juni 2017[43] wurden erhöhte Bußgeldobergrenzen für Geldbußen gegen Unternehmen nach dem Vorbild der zuvor genannten Regelungen auch in das Geldwäschegesetz (GwG) eingefügt. Nach § 56 Abs. 2 GwG können Geldbußen gegen Unternehmen in Höhe von bis zu 10 % des jährlichen Gesamtumsatzes oder bis zum Zweifachen des wirtschaftlichen Vorteils verhängt werden.

5. Energiewirtschaftsgesetz

Umsatzbezogene Bußgeldobergrenzen kennt auch das Energiewirtschaftsgesetz (EnWG). Nach dem durch das Netzentgeltmodernisierungsgesetz vom 17. Juli 2017[44] aufgrund einer Beschlussempfehlung des BT-Ausschusses für Wirtschaft und Technologie[45] eingefügten § 95 Abs. 2 Satz 3 EnWG können Geldbußen gegen Transportnetzbetreiber und vertikal integrierte Unternehmen in einer Höhe von bis zu 10 % des jährlichen Gesamtumsatzes festgesetzt werden. Anders als bei den Bußgeldregelungen etwa im WpHG bleibt nach § 95 Abs. 2 Satz 5 ein durch die Zuwiderhandlung erlangter Mehrerlös unberücksichtigt.

---

43) Gesetz zur Umsetzung der Vierten EU-Geldwäscherichtlinie, zur Ausführung der EU-Geldtransferverordnung und zur Neuorganisation der Zentralstelle für Finanztransaktionsuntersuchungen, v. 23.6.2017, BGBl. I 2017, 1822.

44) Gesetz zur Modernisierung der Netzentgeltstruktur – Netzentgeltmodernisierungsgesetz, v. 17.7.2017, BGBl. I 2017, 2503.

45) BT-Drucks. 18/12999.

Das Windenergie-auf-See-Gesetz (WindSeeG)[46] verzichtet auf die Übernahme der flexiblen Bußgeldobergrenze aus dem EnWG (§ 95 WindSeeG). Stattdessen verweist es in § 75 Abs. 2 WindSeeG auf § 30 Abs. 2 Satz 3 OWiG, was allerdings lediglich dazu führt, dass die dort ansonsten bestehende Bußgeldobergrenze von 50.000 € bei Geldbußen gegen Unternehmen auf 500.000 € erhöht wird.

6. Sanierungs- und Abwicklungsgesetz

Eine von den Regelungen z. B. im WpHG und HGB abweichende Systematik sieht § 172 Abs. 2 und 3 des Sanierungs- und Abwicklungsgesetzes (SAG) vor, das als Art. 1 des BRRD-Umsetzungsgesetzes vom 10. Dezember 2014[47] verabschiedet wurde. § 172 Abs. 2 Satz 1 Nr. 1 SAG ermöglicht Geldbußen gegen natürliche Personen in Höhe von bis zu 5 Mio. €. § 172 Abs. 2 Satz 2 SAG verweist auf § 30 Abs. 2 Satz 3 OWiG, was dazu führt, dass die Bußgeldobergrenze bei Geldbußen gegen Unternehmen verzehnfacht wird und damit bei 50 Mio. € liegt. Nur wenn dieser Betrag nicht ausreichen sollte, den aus der Tat gezogenen wirtschaftlichen Vorteil abzuschöpfen, kann gegen Unternehmen eine Geldbuße in Höhe von bis zu 10 % des Jahresnettoumsatzes oder des Zweifachen des durch die Zuwiderhandlung erlangten Mehrerlöses festgesetzt werden.[48]

7. Netzwerkdurchsetzungsgesetz

Im Ausgangspunkt einen ähnlichen Weg wie das SAG beschreitet das Netzwerkdurchsetzungsgesetz (NetzDG) vom 1. September 2017[49]. Das NetzDG verzichtet allerdings ganz auf flexible Bußgeldobergrenzen und ordnet nur feste erhöhte Obergrenzen an. Ordnungswidrigkeiten nach § 4 Abs. 1 Nr. 1 bis 6 NetzDG können grundsätzlich mit einer Geldbuße von

---

46) Gesetz zur Entwicklung und Förderung der Windenergie auf See (Windenergie-auf-See-Gesetz – WindSeeG), v. 13.10.2013, BGBl. I 2016, 2258, 2310.

47) Gesetz zur Umsetzung der Richtlinie 2014/59/EU des Europäischen Parlaments und des Rates v. 15.5.2014 zur Festlegung eines Rahmens für die Sanierung und Abwicklung von Kreditinstituten und Wertpapierfirmen und zur Änderung der Richtlinie 82/891/EWG des Rates, der Richtlinien 2001/24/EG, 2002/47/EG, 2004/25/EG, 2005/56/EG, 2007/36/EG, 2011/35/EU, 2012/30/EU und 2013/36/EU sowie der Verordnungen (EU) Nr. 1093/2010 und (EU) Nr. 648/2012 des Europäischen Parlaments und des Rates – BRRD-Umsetzungsgesetz, v. 10.12.2014, BGBl. I 2014, 2091.

48) Zur Berechnung der Geldbußen nach § 172 Abs. 2 und 3 SAG siehe *Laudien*, 50 Millionen Euro Geldbuße, ZIS 2015, 244 ff.

49) Gesetz zur Verbesserung der Rechtsdurchsetzung in sozialen Netzwerken – Netzwerkdurchsetzungsgesetz (NetzDG), BGBl. I 2017, 3352.

bis zu 5 Mio. € sanktioniert werden (§ 4 Abs. 2 Satz 1 NetzDG). Durch den Verweis in § 4 Abs. 2 NetzDG auf § 30 Abs. 2 Satz 3 OWiG erhöht sich die Bußgeldobergrenze bei Geldbußen gegen Unternehmen aber um das Zehnfache auf 50 Mio. €.

8. Datenschutz-Grundverordnung

Die für die Mitgliedstaaten der Europäischen Union ab dem 25. Mai 2018 unmittelbar geltende Datenschutz-Grundverordnung (DSGVO) vom 27. April 2016[50] sieht in Art. 83 DSGVO ohnehin schon höhere feste Bußgeldobergrenzen (10 Mio. € in Absatz 4 und 20 Mio. € in Absatz 5 und 6) als alle deutschen Bußgeldvorschriften vor. Bei Geldbußen gegen Unternehmen dürfen diese Grenzen noch überschritten werden. In den Fällen des Absatzes 4 können Geldbußen in Höhe von bis zu 2 % und in den Fällen der Absätze 5 und 6 bis zu 4 % des gesamten weltweit erzielten Jahresumsatzes des vorausgegangenen Geschäftsjahrs verhängt werden. Da die Bußgeldobergrenzen europarechtlich abschließend geregelt sind, schließt § 41 Abs. 1 Satz 2 des Bundesdatenschutzgesetzes in der Fassung des Datenschutz-Anpassungs- und Umsetzungsgesetzes (EU) vom 30. Juni 2017[51] die Anwendung des § 17 OWiG aus.

V. Sonstige Abweichungen

Unterschiede zwischen der Verhängung einer Unternehmensgeldbuße wegen einer Straftat oder wegen Kartell- und anderen Ordnungswidrigkeiten bestehen aber nicht nur hinsichtlich der Bußgeldobergrenze.

Durch die 7. GWB-Novelle vom 7. Juli 2005[52] wurde ermöglicht, die umsatzbezogene Geldbuße nach § 81 Abs. 5 GWB so festzusetzen, dass sie lediglich der Ahndung dient. Wird sie so festgesetzt, kann die Geldbuße insgesamt nicht von der Steuer abgesetzt werden.[53] Bei der Festsetzung

---

50) Verordnung (EU) 2016/679 des Europäischen Parlaments und des Rates v. 27.4.2016 zum Schutz natürlicher Personen bei der Verarbeitung personenbezogener Daten, zum freien Datenverkehr und zur Aufhebung der Richtlinie 95/46/EG – Datenschutz-Grundverordnung, ABl. (EU) L 119/1 v. 4.5.2016.

51) Gesetz zur Anpassung des Datenschutzrechts an die Verordnung (EU) 2016/679 und zur Umsetzung der Richtlinie (EU) 2016/680 – Datenschutz-Anpassungs- und -Umsetzungsgesetz EU (DSAnpUG-EU), v. 30.6.2017, BGBl. I 2017, 2097.

52) Siebtes Gesetz zur Änderung des Gesetzes gegen Wettbewerbsbeschränkungen, v. 7.7.2005, BGBl. I 2005, 1954.

53) FG Köln, Urt. v. 24.11.2016 – 10 K 659/16, wistra 2017, 205 mit ablehnender Anm. *Wegener*; FG Münster, Urt. v. 5.10.2010 – 13 K 3807/06 F, EFG 2011, 421.

einer Geldbuße wegen einer sonstigen Straftat muss der Abschöpfungsteil (§ 30 Abs. 3 i. V. m. § 17 Abs. 4 OWiG) dagegen gesondert ausgewiesen werden, um eine steuerliche Absetzbarkeit des Abschöpfungsteils zu ermöglichen.[54)] Die Kartellgeldbußen sind zudem zu verzinsen (§ 81 Abs. 6 GWB).[55)]

Durch die 8. GWB-Novelle vom 26. Juni 2013[56)] wurden Unternehmen nach § 81a GWB[57)] Auskunftspflichten zu Umsatzzahlen gegenüber dem Kartellamt (Absatz 1) und dem Gericht (Absatz 2) auferlegt.[58)]

Die Sonderregelungen im kartellrechtlichen Bußgeldverfahren wurden durch die 9. GWB-Novelle vom 1. Juni 2017[59)] erneut ausgeweitet. Die Auskunftspflichten wurden erweitert (§ 81b Abs. 1 Satz 1 Nr. 3 und 4 GWB). § 81 Abs. 3b bis 3e GWB enthält jetzt eine Regelung über die Festsetzung einer Geldbuße gegen einen Rechtsnachfolger, die über die Regelung in § 30 Abs. 2a OWiG hinausgeht. § 81a GWB regelt eine Ausfallhaftung, die kein Pendant bei Geldbußen gegen Unternehmen bei Straftaten hat.[60)]

Nach § 120 Abs. 25 WpHG, § 50 Abs. 12 BörsG, § 340 Abs. 9 KABG sowie § 56 Abs. 6e und § 59 KWG wird der Anwendungsbereich des § 30 OWiG auf ausländische Unternehmen ausgeweitet, die über eine Zweigniederlassung oder im Wege des grenzüberschreitenden Dienstleistungsverkehrs in Deutschland tätig sind.

Nach § 123 WpHG, § 50a BörsG, § 341a KABG, § 60b KWG, § 57 GwG und § 174 SAG sind bestimmte bestandskräftige Bußgeldentscheidungen bekannt zu machen („naming and shaming").

---

54) BGH Beschl. v. 25.4.2005 – KRB 22/04, wistra 2005, 384 (zur Mehrerlösabschöpfung nach § 81 Abs. 2 GWB a. F.) m. Anm. *Wegener* (auch zu § 17 Abs. 4 OWiG).

55) Zur Vereinbarkeit dieser Regelung mit dem GG siehe BVerfG, Beschl. v. 19.12.2012 – 1 BvL 18/LL, BVerfGE 133, 1 = wistra 2013, 177; ablehnend *Vollmer*, Zinsen auf Geldbußen gemäß § 81 Abs. 6 GWB, wistra 2013, 289 ff.

56) Achtes Gesetz zur Änderung des Gesetzes gegen Wettbewerbsbeschränkungen, v. 26.6.2013, BGBl. I 2013, 1738.

57) Jetzt: § 81b GWB.

58) Siehe dazu BGH, Beschl. v. 23.1.2014 – KRB 48/13, NZKart 2014, 236.

59) Neuntes Gesetz zur Änderung des Gesetzes gegen Wettbewerbsbeschränkungen, v. 1.6.2017, BGBl. I 2017, 1416.

60) Kritisch zu diesen Ausweitungen durch die 9. GWB-Novelle BRAK, Stellungnahme Nr. 6/2017 v. 2/2017; *Timmerbeil/Blome*, Steter Tropfen höhlt den Stein – Die „wirtschaftliche Einheit" im deutschen Kartellrecht nach der 9. GWB-Novelle, BB 2017, 1544 ff.; befürwortend dagegen *Weck*, wistra 2017, 169, 172 f.

VI. Zuständigkeiten

Für die Festsetzung von Geldbußen gegen Unternehmen wegen Ordnungswidrigkeiten ist die Verwaltungsbehörde zuständig, die auch für die Ahndung der Ordnungswidrigkeit zuständig ist, an welche die Geldbuße gegen das Unternehmen anknüpft (§ 88 OWiG). Handelt es sich bei der Anknüpfungstat der Unternehmensgeldbuße um eine Straftat, ist dagegen grundsätzlich das Gericht für die Verhängung der Geldbuße zuständig (§ 444 StPO).

Ausnahmeregelungen enthält das Kartell- und Energiewirtschaftsrecht. Das Kartellamt ist nach § 82 GWB für die Festsetzung der Unternehmensgeldbuße auch dann zuständig, wenn die Anknüpfungstat eine Straftat (insbesondere § 298 StGB) ist, die zugleich den Tatbestand einer Ordnungswidrigkeit nach dem GWB verwirklicht. Nach § 96 EnWG ist die Regulierungsbehörde auch für die Festsetzung der Geldbuße gegen Unternehmen zuständig, wenn die Anknüpfungstat eine Straftat ist, die zugleich den Tatbestand des § 95 Abs. 1 Nr. 4 EnWG verwirklicht.[61)] Nach § 82 Satz 2 GWB und § 96 Satz 2 EnWG können das Kartellamt und die Regulierungsbehörde das Verfahren allerdings an die Staatsanwaltschaft abgeben. Die Verwaltungsbehörden können bei der Festsetzung der Unternehmensgeldbuße wegen einer Straftat auf den Bußgeldrahmen der subsidiären Ordnungswidrigkeiten zurückgreifen, wenn dieser 10 Mio. € übersteigt (§ 30 Abs. 2 Satz 4 OWiG).

Die Sonderregelung für das Kartellrecht wurde durch das Gesetz zur Bekämpfung der Korruption vom 13. August 1997[62)] in das GWB eingefügt. Sie soll dazu dienen, die besondere Sachkunde der Kartellbehörden auch bei Verfahren gegen Unternehmen nutzbar zu machen, wenn Anknüpfungstat der Unternehmensgeldbuße eine Straftat nach § 298 StGB ist. Die Regelung beruht aber insbesondere auch auf der Befürchtung von Kartellrechtspraktikern, dass Staatsanwaltschaften angesichts ihrer Überlastung mit der Verfolgung solcher Taten überfordert seien und zu schnell zu Einstellungsverfügungen neigen.[63)]

---

61) Diese Regelung wurde im Gesetzgebungsverfahren zum 2. Gesetz zur Neuregelung des Energiewirtschaftsrechts vom BR abgelehnt, BR-Drucks. 613/04 (Beschluss), S. 43 (Nr. 60).

62) Gesetz zur Bekämpfung der Korruption, v. 13.8.1997, BGBl. I 1997, 2038.

63) Siehe dazu m. w. N. *Achenbach* in: FK-Kartellrecht, 88 Lfg. 4/2017, § 82 GWB Rz. 3.

Die Bedenken gegen die Effektivität der Staatsanwaltschaften und Gerichte bei der Verhängung von Geldbußen gegen Unternehmen wegen Straftaten scheinen bei den Neuregelungen insbesondere im Kapitalmarkt- und Kreditwesenstrafrecht nicht mehr bestanden zu haben, obwohl in diesem Bereich auf Bundesebene mit der Bundesanstalt für Finanzdienstleistungsaufsicht (BaFin) eine ebenso spezialisierte Behörde wie das BKartA für den Bereich des Kartellrechts und die Bundesnetzagentur für den Bereich des Energiewirtschaftsrechts zur Verfügung steht.

Soweit es sich z. B. bei Straftaten nach § 119 WpHG und §§ 331 bis 333a, 340m und 341m HGB um Taten handelt, die auch den Tatbestand der Ordnungswidrigkeiten nach § 120 WpHG oder §§ 334, 340n und 341n HGB erfüllen, gilt auch für die Verhängung der Unternehmensgeldbuße wegen der Straftat durch das Gericht das für die Ordnungswidrigkeit angedrohte Höchstmaß der Geldbuße, wenn es die Höchstgrenze des § 30 Abs. 2 Satz 1 OWiG übersteigt (§ 30 Abs. 2 Satz 4 OWiG).

VII. Konsequenzen

Für ein Unternehmen ist es viel gefährlicher, wenn im Unternehmen eine der Ordnungswidrigkeiten begangen werden, für die erhöhte Bußgeldrahmen vorgesehen sind, als wenn die Anknüpfungstat des § 30 OWiG eine Straftat ist. Bei Unternehmen, die einen jährlichen Gesamtumsatz von mehr als 100 Mio. € aufweisen, ist die Bußgeldobergrenze wegen einer Kartellordnungswidrigkeit höher als bei einer Bestechung. Der Verstoß gegen Vorschriften zur Aufstellung von Jahres- und Konzernabschlüssen kann zu einer höheren Bußgeldobergrenze als ein Betrug führen. Eine leichtfertig begangener Insiderhandel oder eine leichtfertig begangene Marktmanipulation können erheblich höhere Sanktionen nach sich ziehen als eine vorsätzlich begangene schwere Umweltstraftat oder vorsätzliche Verstöße gegen das Außenwirtschaftsgesetz und das Kriegswaffenkontrollgesetz. Eine Ordnungswidrigkeit nach dem GwG kann zu einer höheren Bußgeldobergrenze führen als die einem Unternehmen zurechenbare Straftat nach § 261 StGB.[64)]

Daher müssen auch die Automobilhersteller das Verfahren des BKartA wegen Kartellabsprachen erheblich mehr fürchten als ein eventuelles Ermitt-

---

64) Allerdings werden bei Geldwäschestraftaten in aller Regel auch Bußgeldtatbestände nach dem GwG erfüllt.

lungsverfahren der Staatsanwaltschaft wegen Betruges.[65] Die *Volkswagen AG* hatte z. B. im Jahr 2016 einen Konzernumsatz von 217 Mrd. €.[66] Die Bußgeldobergrenze könnte daher nach § 81 Abs. 4 GWB in einer Höhe von bis zu 21,7 Mrd. €[67] liegen. Der Sanktionsanteil der Geldbuße nach § 30 OWiG wegen eines dem Unternehmen zurechenbaren Betruges läge dagegen nur bei 10 Mio. €.

Die Verantwortlichen in Unternehmen müssten heute Compliance-Maßnahmen eigentlich in erster Linie auf die Verhinderung von Ordnungswidrigkeiten in den oben aufgeführten Bereichen und von Straftaten, die zugleich den Tatbestand einer solchen Ordnungswidrigkeit erfüllen, ausrichten. Das finanzielle Risiko für das Unternehmen bei einer sonstigen Straftat erscheint dagegen überschaubar.

Obwohl die Sanktionen gegen Unternehmen bei der Zurechnung von Ordnungswidrigkeiten sehr viel höher sein können, bietet das Verfahren nach dem Ordnungswidrigkeitenrecht den Unternehmen weniger Schutz.[68] Sanktionen werden zudem – jedenfalls zunächst – nicht von Gerichten, sondern Verwaltungsbehörden verhängt.

Man könnte zwar die Auffassung vertreten, dass die Sanktionsmöglichkeiten nach § 30 OWiG im Prinzip ausreichen und im deutschen Recht höhere Geldbußen nur vorgesehen werden sollten, soweit Deutschland ausnahmsweise europarechtlich dazu verpflichtet ist.[69] Das gilt aber bereits heute nicht. Das GWB ist lediglich nach europäischem Vorbild, nicht aber aufgrund europarechtlicher Vorgaben ausgestaltet. Bei der Umsetzung der Transparenzrichtlinie hat sich der Gesetzgeber dafür entschieden, umsatzbezogene Bußgeldobergrenzen vorzusehen, obwohl es sich nicht um eine zwingende Umsetzungsanforderung der Richtlinie handelte.[70] Das NetzDG

---

65) Anders dagegen bei einem Verdacht der Marktmanipulation.

66) *Volkswagen*, Nachricht v. 24.2.2017.

67) Zur Berechnung des Gesamtumsatzes der wirtschaftlichen Einheit siehe BGH, Beschl. v. 26.2.2013 – KRB 20/12, BGHSt 58, 158 = wistra 2013, 391, Rz. 66 ff.; BGH, Beschl. v. 3.6.2014 – KRB 46/13, NJW 2014, 2806, Rz. 7.

68) Kritisch zum Verfahren nach dem GWB *Schmitz*, Kartellordnungswidrigkeitenverfahren des BKartA und der Grundsatz des Fairen Verfahrens nach Art. 6 EMRK, wistra 2016, 129 ff.

69) Nach Auffassung von *Eggers* in: Park, Kapitalmarktstrafrecht, 4. Aufl. 2017, Teil 4 Kap. 13.12. Rz. 1, geht der Gesetzgeber im Kapitalmarktrecht aufgrund eines Missverständnisses bei der Regelung der Bußgeldobergrenzen über europäischen Vorgaben hinaus.

70) BT-Drucks. 18/5010, S. 53.

beruht nicht auf europäischen Vorgaben. Im Übrigen entbinden europäische Vorgaben nicht davon, auch das nationale Recht stimmig auszugestalten.

Schon die Sonderregelungen im GWB werfen die Frage auf, ob die Verantwortlichkeit von Unternehmen für Straftaten und Ordnungswidrigkeiten nicht insgesamt neu zu regeln ist. Aufgrund der inzwischen verabschiedeten Vielzahl neuer Vorschriften über die Verantwortlichkeit von Unternehmen im Ordnungswidrigkeitenrecht lässt sich die bisherige Systematik im Recht der Sanktionen gegen Unternehmen kaum mehr rechtfertigen.

Neben der Regelung aufeinander abgestimmter Sanktionsobergrenzen[71)] bietet es sich an, den Anwendungsbereich der Sanktionsregelungen, die Mitwirkungspflichten, die Rechtsnachfolgehaftung, die Verjährung und die Zuständigkeiten für die Verhängung von Unternehmenssanktionen zu vereinheitlichen. Außerdem könnte eine Neuregelung des Rechts der Unternehmenssanktionen dafür genutzt werden, unternehmensbezogene Bußgeldzumessungskriterien gesetzlich zu regeln.[72)] Daneben ist insbesondere das Verfahrensrecht von großer Bedeutung. Wenn gegen Unternehmen hohe Sanktionen verhängt werden können, die nicht nur präventive Zwecke verfolgen, sondern auch der Ahndung dienen,[73)] müssen die Stellung des Unternehmens im Verfahren und seine Rechte angemessen geregelt sein.[74)]

VIII. Ergebnis

Deutschland hat bereits so etwas wie ein „Unternehmensstrafrecht". Das gilt allerdings nur für die Begehung von bestimmten Ordnungswidrigkeiten. Die Regelung der Verantwortlichkeit von Unternehmen für Straftaten und das Verfahrensrecht halten mit der aktuellen Entwicklung im Ordnungswidrigkeitenrecht nicht mehr mit. Daher besteht Bedarf für eine Neuordnung und Systematisierung des Rechts der Unternehmenssanktionen.

---

71) Was im Hinblick auf die Vielzahl der europäischen Vorgaben und Regelungen nicht einfach ist; für eine Ausweitung der umsatz- und vorteilsbezogenen Geldbußen gegen Unternehmen, allerdings anknüpfend an ein Organisationsverschulden, siehe Antrag von BÜNDNIS90/DIE GRÜNEN, Zukunftsfähige Unternehmensverantwortung Wirksame Sanktionen bei Rechtsverstößen von Unternehmen, BT-Drucks. 18/10038.

72) Kritisch zu bisher fehlenden Regelungen gerade im Hinblick auf die erhöhten Bußgeldobergrenzen im Kapitalmarkt- und Kartellrecht *Wegener*, Anm. zu BGH, Beschl. v. 8.12.2016 – 5 StR 424/15, wistra 2017, 243 f.

73) Hierauf weist *Achenbach*, Kartellgeldbußen ohne strafrechtlichen Grundrechtsschutz?, in: FS Schünemann, 2014, S. 1019, 1022 ff., zu Recht hin.

74) Siehe dazu *Hoven/Fischer*, Unternehmen vor Gericht?, ZIS 2015, 32.

Die Projektgruppe „Elektronische Akte in Strafsachen"

– Ein Kurzbericht zu den ersten Überlegungen zur Schaffung einer gesetzlichen Regelung –

JÜRGEN KUNZE

Inhaltsübersicht

I. Einleitung

Der Haushaltsgesetzgeber hatte in der 16. Legislaturperiode verschiedene Konjunkturprogramme aufgelegt, die u. a. auch IT-Investitionen dienten. Seinerzeit kam man im damaligen Bundesministerium der Justiz auf die Idee, die technischen und organisatorischen Rahmenbedingungen für eine führende elektronische Akte in der Strafjustiz durch eine Projektgruppe aufarbeiten zu lassen. Finanzielle Mittel wurden nach dem IT-Investitionsprogramm der Bundesregierung im Sommer 2009 beantragt und für den Projektförderzeitraum April 2010 bis Dezember 2011 auch bewilligt. Nach der Personalgewinnung (insgesamt drei sog. „IT-Juristen" aus der Praxis und ein Projektleiter aus dem strafrechtlichen Bereich)[1] begann die Arbeit im April 2010. Die Projektgruppe war *Marie Luise Graf-Schlicker* als Leiterin der Abteilung Rechtspflege unmittelbar unterstellt.

Die Arbeit gestaltete sich – für ministerielle Verhältnisse – teilweise etwas „unkonventionell". Da die Finanzierung über den Haushaltstitel des Bundesministeriums des Innern erfolgte, mussten quartalsweise Berichte zum Projektverlauf vorgelegt werden, damit die entsprechenden Mittel für die Sach- und Personalausgaben freigegeben wurden. Die Projektfortschritte mussten im Einzelnen ausführlich dargestellt und gegenüber dem Bun-

1) Der damalige Projektleiter ist Autor dieses Artikels und war seinerzeit Beamter der Bundesanwaltschaft in Karlsruhe.

desministerium des Innern dokumentiert werden. Zur Unterstützung dieses Verwaltungsaufwandes standen der Projektgruppe erfahrene Berater zur Seite.

Der Arbeitsauftrag für die Projektgruppe war klar umrissen: Die technischen und organisatorischen Rahmenbedingungen einer federführenden elektronischen Strafakte sollten umfassend analysiert und untersucht werden. Um sich dem Thema zu nähern, sollte zunächst der Status Quo in Deutschland und Europa untersucht werden, und zwar sowohl von der technischen als auch von der rechtlichen Seite (II.). Es galt sodann, insbesondere auf Bund-Länder-Ebene realistische technische Lösungsmöglichkeiten zu entwickeln (III.). Zudem sollte schließlich ein Vorschlag für eine gesetzliche Regelung zur führenden Strafakte erarbeitet werden, also ein Gesetzentwurf zur Änderung der Strafprozessordnung (IV.).

Marie Luise Graf-Schlicker hat die Arbeiten der Projektgruppe von Beginn an sehr intensiv mitgestaltet und gefördert. Man spürte, wie wichtig ihr dieses zukunftsträchtige Thema war. Die regelmäßigen Jour Fixe fanden z. B. nicht im Büro der Abteilungsleiterin statt, sondern in den Räumlichkeiten der Projektgruppe und jeweils mit Unterstützung modernster Technik. Da die entsprechende moderne technische Ausstattung seinerzeit im ministeriellen Bereich nicht selbstverständlich war, mussten Projektmittel auch zur Anschaffung eingesetzt werden. Die vielfältigen Problembereiche wurden in den Sitzungen der Projektgruppe mit *Marie Luise Graf-Schlicker* ausgiebig vor dem Hintergrund einer möglichen technischen Umsetzung diskutiert. In kleinen Schritten wurden jeweils Arbeitspakete gebündelt und Meilensteine vereinbart.

II. Die Analyse des Status Quo

Die Mitarbeiter der Projektgruppe untersuchten in den ersten Monaten den Status Quo in Deutschland und in Europa. Elektronische Akten wurden und werden heute noch als „Hilfsakten" insbesondere in strafrechtlichen Umfangsverfahren angelegt, um z. B. eine schnelle Recherche zu ermöglichen. Nach Auswertung der Literatur, der Rechtsprechung und verschiedener Gutachten zu dem Themenfeld[2] verschafften sich die Projektmitarbeiter bei Pilotprojekten in einzelnen Bundesländern einen Ein-

---

2) Z. B. Gutachten der Großen Strafrechtskommission des Deutschen Richterbundes zum Thema „Die elektronische Akte im Strafverfahren", 2007.

druck vom seinerzeitigen Stand der Handhabung elektronischer Zweitakten und von den aktuellen Entwicklungen. Die damaligen Erhebungen zeigten ein heterogenes Bild. Bei Besuchen ausgewählter Staatsanwaltschaften und Generalstaatsanwaltschaften wurden die verschiedenen Ansätze zu elektronischen Hilfsakten besprochen und die Ergebnisse der Erhebungen in einem ersten Teilbericht festgehalten. Auch die Bund-Länder-Kommission für Datenverarbeitung und Rationalisierung in der Justiz (so lautete die seinerzeitige Bezeichnung) hatte sich des Themas angenommen und in einer Unterarbeitsgruppe „Elektronische Akte“ Fakten und Ratschläge zusammengetragen. Hierdurch gab es erhebliche Impulse für die Projektarbeit und es entwickelte sich zudem ein enger Dialog.

Neben der Analyse der staatsanwaltschaftlichen und gerichtlichen „Praxis“ waren jedoch auch die Abläufe in Unternehmen der Privatwirtschaft von Interesse, so vor allem bei Versicherungsunternehmen. Denn diese waren schon sehr frühzeitig dazu übergegangen, ihre Akten ganz überwiegend elektronisch zu führen und auf Papierdokumente zu verzichten. Bei den Erhebungen vor Ort standen vor allem die organisatorischen und technischen Aspekte des gesamten Scann-Prozesses vom Eingang der Papierdokumente bis zu deren Archivierung und Vernichtung im Vordergrund, ebenso wie natürlich die Weiterbearbeitung der eingescannten Dokumente und deren Übernahme in ein Aktenführungssystem.

Die Untersuchung des Status Quo machte aber nicht an der nationalen Grenze halt. Deshalb wurde schon sehr frühzeitig ein kleineres „Unterprojekt“ mit dem Ziel initiiert, einen Überblick über die Entwicklungen und Erfahrungen in anderen Staaten zu erhalten. Dies ist im zweiten Halbjahr 2010 geschehen. Ein umfangreicher Fragenkatalog wurde erarbeitet und an die Mitgliedstaaten der EU sowie an die verantwortlichen Stellen in den USA und in Singapur verschickt. Die Resonanz war durchaus positiv, wie die Rückläufe zeigten. Im Rahmen dieser Analyse erfolgte z. B. im Herbst 2010 auch ein Besuch im österreichischen Bundesministerium für Justiz und im Bundesrechenzentrum Wien. Im Ministerium wurden verschiedene Einzelaspekte erörtert, wie z. B. die in Österreich verbreitete Praxis der Zeugenvernehmung mittels Videokonferenztechnik und die dafür benötigte Infrastruktur. Das war für das deutsche Recht seinerzeit Neuland. Im Bundesrechenzentrum konnten viele Einzelbeispiele elektronischer Aktenführung betrachtet werden, so die landesweite führende Strafakte bei Verfahren gegen unbekannte Täter. Die gewonnenen Erkenntnisse flossen zusammenfassend in den Bericht „Elektronische Aktenführung in Strafsachen im internationalen Kontext“ ein.

Insgesamt haben die Erhebungen gezeigt, dass in keinem der befragten Staaten Strafakten durchgehend vom Beginn der Ermittlungen bis hin zur Vollstreckung eines Urteils ausschließlich elektronisch geführt wurden.

Ganz überwiegend dienten elektronische Parallelakten – ebenso wie in Deutschland – der vereinfachten und beschleunigten Aktenbearbeitung, ohne rechtsverbindlich zu sein. Projekte zur führenden elektronischen Strafakte waren jedoch in verschiedenen Ländern angelaufen, so vor allem in den nordeuropäischen Staaten.

III. Die Bund-Länder-Zusammenarbeit

Marie Luise Graf-Schlicker legte von Beginn an besonderen Wert darauf, all diejenigen Beteiligten, die mit Strafakten beruflich zu tun hatten, frühzeitig in die Arbeit der Projektgruppe einzubeziehen. Denn ganz entscheidend für ein späteres Gesetzgebungsverfahren war, dass die Landesjustizverwaltungen hinter der beabsichtigten Förderung der Digitalisierung der Justiz standen.

Nach den erwähnten Erhebungen und parallel zu den internationalen Umfragen fanden im Herbst 2010 und im Frühjahr 2011 Bund-Länder-Besprechungen zu den technischen und rechtlichen Rahmenbedingungen einer führenden elektronischen Strafakte statt. Im Mittelpunkt der seinerzeitigen Diskussionen standen vor allem Fragen des sicheren Medientransfers und des ersetzenden Scannens, der Regelungen zu bundeseinheitlichen Standards, der technikoffenen Formulierungen, der elektronischen Akteneinsicht sowie der datenschutzrechtlichen Regelungsbereiche. Einige Bundesländer hatten sich in dieser Zeit zu einer eJustice-Bundesrats-Initiative zusammengeschlossen, um insbesondere den elektronischen Rechtsverkehr mit den Gerichten voran zu bringen. Elektronische Kommunikation ist ein Grundbaustein für die weitere „Verarbeitung“ in einer elektronischen Aktenführung. Von vornherein war klar, dass gesetzliche Regelungen in der Strafprozessordnung nur im einverständlichen Zusammenwirken mit den Bundesländern sinnvoll und umsetzbar erschienen. Die Überlegungen der Bundesländer ergänzten sich durchaus mit denen des Ministeriums. Die Zusammenarbeit zwischen Bund und Ländern gestaltete sich sehr konstruktiv, beide „Seiten“ waren stark an einem Vorankommen der Digitalisierung in der Justiz interessiert.

Zur Vertiefung der Problembereiche und als Ergänzung des Bund-Länder-Dialogs organisierte die Projektgruppe im Juni 2011 ein Symposium mit herausragenden Persönlichkeiten aus der Richterschaft und der Staatsanwaltschaft, der Anwaltschaft, der Wirtschaft sowie der Forschung. Die Vorträge und Diskussionen rankten sich um vier Schwerpunktthemen: E-Akte und richterliche Unabhängigkeit, E-Akte und Zentralisierung/Cloud Computing, E-Akte und Elektronischer Rechtsverkehr sowie E-Akte und Strafverteidigung.

IV. Der erste Entwurf für ein „Gesetz zur Einführung der elektronischen Akte in Strafsachen“

Parallel zu den technischen Erhebungen und den Ergebnissen aus den vielen Diskussionsrunden begannen bereits im Frühjahr 2011 die Arbeiten an einem Gesetzentwurf, der in einer ersten Version im September 2011 vorlag. Der Entwurf enthielt – wie der Titel bereits aussagt – lediglich Rechtsgrundlagen zur Führung elektronischer Akten in Strafverfahren. Seinerzeit war vorgesehen, den Dritten Abschnitt des Zweiten Buches der Strafprozessordnung (§§ 178 bis 196 StPO), der durch das Erste Gesetz zur Reform des Strafverfahrensrechts im Jahr 1974 aufgehoben worden war, mit den erforderlichen Vorschriften „zu füllen“.

Zunächst einmal waren im Zuge der Ermöglichung der Führung elektronischer Akten zahlreiche Vorschriften sprachlich zu überarbeiten. So wurden und werden z. B. für den Austausch von Akten oder Dokumenten mitunter Begriffe verwendet, die eine Papierform implizierten (wie „einreichen“ oder „vorlegen“). Um eine sprachliche Medienunabhängigkeit zu erreichen, sollte das Wort „übermitteln“ entsprechend der Definition des damaligen Bundesdatenschutzgesetzes verwendet werden.

Abgesehen von verschiedenen grundlegenden und wichtigen Verordnungsermächtigungen für den Bund und die Länder enthielt die Kernvorschrift die gesetzliche Grundlage, dass Akten elektronisch geführt werden können. Der umfassende Begriff der „Akte“ beinhaltete solche des gesamten Strafverfahrens, also vom Ermittlungsverfahren bis hin zum Vollstreckungsverfahren. Die Vorschrift traf seinerzeit keine Regelungen für die Vergangenheit, also für papiergebundene Akten, die vor dem Zeitpunkt des Beginns der führenden elektronischen Akten angelegt waren. Eine Umwandlung der bereits in Papierform existierenden Akten war zwar in der Diskussion. Davon wurde aber abgesehen, um durch den enormen Aufwand die Strafjustiz und die Staatsanwaltschaften nicht „zu lähmen" und zusätzliche rechtliche Schwierigkeiten zu vermeiden. Ganz bewusst wurden auch keine Vorschriften zu sog. Hilfs-, Duplo- oder Zweitakten aufgenommen, da diesen keine rechtliche Verbindlichkeit zukam.

Im Folgenden seien nur kurz die weiteren Schwerpunkte des Regelungsumfangs genannt, nämlich Vorschriften zur elektronischen Kommunikation, zur Übertragung und zur qualifizierten Übertragung von Dokumenten, zur Akteneinsicht, zur Aktenübermittlung, zur Durchführung der Beweisaufnahme und zum Datenschutz sowie zur Datensicherheit. Jeder der einzelnen Bereiche erforderte eine Vielzahl neuer gesonderter Regelungen. Dieser erste vollständige Gesetzentwurf blieb als Arbeitsgrundlage BMJ-intern.

Von besonderem Interesse waren dabei auch die technischen Erhebungen, die am Ende der Projektdauer in einem „Begleitdossier" zusammengefasst worden sind und den erarbeiteten Gesetzentwurf zur Einführung der elektronischen Akte in Strafsachen ergänzte. Beide Dokumente bildeten dann den Abschluss des Projekts im Dezember 2011. Sie waren dann in der Folge Grundlage der weiteren Arbeiten in dem entsprechenden Fachreferat der Abteilung Rechtspflege. Über die folgenden Jahre sind die ursprünglichen Vorschläge abgeändert, ergänzt und im Lichte auch der neueren technischen Rahmenbedingungen fortentwickelt worden. Schließlich mündeten alle Überlegungen, die in enger Abstimmung mit den Bundesländern erfolgten, in das Gesetz zur Einführung der elektronischen Akte in der Justiz und zur weiteren Förderung des elektronischen Rechtsverkehrs vom 5. Juli 2017,[3)] das am 1. Januar 2018 in Kraft getreten ist. Damit ist die elektronische Aktenführung nicht nur im strafrechtlichen Bereich eröffnet worden, sondern auch in allen anderen gerichtlichen Verfahren. Mit großem Weitblick sehen die Regelungen zum Inkrafttreten in Art. 33 Abs. 2 bis 6 i. V. m. den entsprechenden Artikeln des Gesetzes die zwingende elektronische Aktenführung in allen Verfahrensordnungen vor, spätestens ab dem Jahr 2026. Davon hätte die Projektgruppe zu Beginn ihrer Arbeit nicht „zu träumen gewagt".

---

3) Gesetz zur Einführung der elektronischen Akte in der Justiz und zur weiteren Förderung des elektronischen Rechtsverkehrs, v. 5.7.2017, BGBl. I 2017, 2208.

V. Würdigung

In der Rückschau liegt der ganz besondere Verdienst von *Marie Luise Graf-Schlicker* darin, schon sehr frühzeitig die Notwendigkeit einer zukunftsorientierten Digitalisierung in der Justiz erkannt und mit der Projektgruppe eine für damalige Verhältnisse „experimentelle“ Form gefunden zu haben, Technik und Recht zu verknüpfen, um auf diese Weise den Grundstein für die weiteren sehr fruchtbaren Arbeiten bis zum Abschluss des Gesetzgebungsverfahrens im Jahr 2017 zu legen. Das außerordentliche Engagement von *Marie Luise Graf-Schlicker* wird noch über einen sehr langen Zeitraum nachwirken.

Unmittelbarkeit der Beweisaufnahme und vereinfachte Verfahrenstypen im Strafprozess

HENNING RADTKE

Inhaltsübersicht

I. Einleitung

Das Gesetz zur effektiveren und praxistauglicheren Ausgestaltung des Strafverfahrens vom 17. August 2017[1)] enthält mit § 136 Abs. 4 StPO eine Regelung über die audio-visuelle Aufzeichnung von Beschuldigtenvernehmungen im Ermittlungsverfahren. Die Bestimmung wird abweichend vom sonstigen vorstehend genannten Gesetz erst zum 1. Januar 2020 in Kraft treten.[2)] § 136 Abs. 4 Satz 1 StPO stellt die Möglichkeit einer solchen audiovisuellen Dokumentation der Vernehmung eines Beschuldigten im Ermittlungsverfahren klar. Diese war allerdings auch im früheren Recht bereits durch die wenig transparente Verweisung in § 163a Abs. 1 Satz 2 StPO auf § 58 Abs. 1 Satz 1 StPO eröffnet.[3)] Als neuartiges Element sieht § 136 Abs. 4 Satz 2 StPO über die Möglichkeit hinaus unter engen Vorausset-

---

1) Gesetz zur effektiveren und praxistauglicheren Ausgestaltung des Strafverfahrens, v. 17.8.2017, BGBl. I 2017, 3202.

2) Vgl. Art. 18 Abs. 2 des Gesetzes zur effektiveren und praxistauglicheren Gestaltung des Strafverfahrens.

3) *Radtke*, Stellungnahme in der öffentlichen Sachverständigenanhörung vor dem Ausschuss für Recht und Verbraucherschutz des Deutschen Bundestages v. 29.3.2017, S. 4.

zungen eine Pflicht zu audio-visueller Aufzeichnung von Beschuldigtenvernehmungen vor. Die Vorschrift geht – ebenso wie andere Teile des Reformgesetzes – auf Vorschläge einer in der 18. Legislaturperiode durch den Bundesminister der Justiz und für Verbraucherschutz einberufenen Kommission zur effektiveren und praxistauglicheren Ausgestaltung des allgemeinen Strafverfahrens und des jugendgerichtlichen Verfahrens zurück. Die Kommission unter der Leitung von *Marie Luise Graf-Schlicker* hat im Oktober 2015 ihren Abschlussbericht vorgelegt. Unter den Kommissionmitgliedern ist die Frage nach der Bedeutung und dem Umfang audiovisueller Dokumentation des Strafverfahrens (einschließlich der tatrichterlichen Hauptverhandlung) besonders intensiv und kontrovers diskutiert worden. Auch wenn es sich bei der Neuregelung in § 136 Abs. 4 StPO durch das Gesetz vom 17. August 2017[4)] lediglich um eine gering umfängliche Erweiterung des vormaligen Rechtszustand zur Bild-Ton-Dokumentation des und im Strafverfahren(s) handelt, darf die Prognose gewagt werden, dass es lediglich um einen Einstieg in ein „Mehr" an audio-visueller Aufzeichnung im Strafprozess geht. Schon im Hinblick auf die in der Begründung des der Reform zugrunde liegenden Regierungsentwurfs genannten internationalen Standards[5)] ist zukünftig auch im nationalen Strafverfahren ein größeres Ausmaß von Bild-Ton-Dokumentation der Informationsgewinnung im Strafprozess zu erwarten. Das wird nicht nur das Stadium des Ermittlungsverfahrens, sondern, aus Sicht des Verfassers allerdings bedauerlich,[6)] auch das Hauptverfahren betreffen.

Der erfolgte Einstieg in vermehrte audio-visuelle Aufzeichnung von strafprozessualen Beweiserhebungen gibt Anlass, sich mit der Frage zu befassen, ob mit der damit typischerweise einhergehenden zuverlässigeren Dokumentation sowohl des Inhalts der Beweiserhebungen als auch des zu ihm führenden Beweisgewinnungsverfahrens Änderungen in der Ausgestaltung des Strafverfahrens insgesamt verbunden sein sollten.[7)] Insbeson-

---

4) Gesetz zur effektiveren und praxistauglicheren Ausgestaltung des Strafverfahrens, v. 17.8.2017, BGBl. I 2017, 3202.

5) Vgl. BT-Drucks. 18/11277, S. 25.

6) *Radtke*, Stellungnahme in der öffentlichen Sachverständigenanhörung vor dem Ausschuss für Recht und Verbraucherschutz des Deutschen Bundestages v. 29.3.2017, S. 7 f.; optimistischer dagegen die Stellungnahme des Sachverständigen *Mosbacher* in der genannten Sachverständigenanhörung vor dem Ausschuss für Recht und Verbraucherschutz des Deutschen Bundestages v. 29.3.2017, S. 2 f.

7) Siehe dazu von einem etwas anderen Ausgangspunkt bereits umfassend *Eser/u. a.*, Alternativentwurf Beweisaufnahme (AE-Beweisaufnahme), GA 2014, 1, 4 ff.

dere ist zu erwägen, ob das hohe Maß an Zuverlässigkeit der Dokumentation in dem vorstehend genannten Sinn die Möglichkeit eröffnet, Formen des Strafverfahrens zu schaffen, bei denen sich die Überzeugungsbildung des zuständigen Gerichts nicht auf durch dieses selbst eigenständig erhobene Beweise, sondern auf bereits zuvor gewonnene, aber verlässlich dokumentierte Beweise stützt. Im Kern geht es also um das Ausloten von Möglichkeiten gegenüber dem derzeitigen Regelverfahren vereinfachten Formen des Strafprozesses. Bei der Beantwortung der aufgeworfenen Frage muss schon aus Gründen des für diesen Beitrag zur Verfügung stehenden Umfangs eine Beschränkung auf den Aspekt einer Neuausrichtung schriftlicher Strafverfahrensformen beim prozessualen Umgang mit leichter und mittlerer Kriminalität erfolgen. Ausgangpunkt ist die bereits angedeutete Erwägung, ob die zuverlässige Dokumentation der Beweiserhebungen im Ermittlungsverfahren für einen (partiellen) Verzicht auf eine erneute Beweiserhebung in einer strafgerichtlichen Hauptverhandlung nutzbar gemacht werden kann. Außerhalb dessen stehende Aspekte vermehrten Einsatzes von Bild-Ton-Dokumentation des Strafverfahrens, wie etwa die im Fall einer vollständigen audio-visuellen Aufzeichnung der tatrichterlichen Hauptverhandlung in Strafsachen unausweichlich erforderlichen Änderungen des strafprozessualen Rechtsmittelsystems,[8)] bleiben ausgeklammert.

Mit den nachfolgenden, an eigene frühere Überlegungen[9)] anknüpfenden Gedanken verbinde ich einen herzlichen Dank an *Marie Luise Graf-Schlicker*, für die vorzügliche und stets besonders fruchtbare Zusammenarbeit sowohl in der genannten Reformkommission als auch in der Ständigen Deputation des Deutschen Juristentages (DJT).

II. Der Unmittelbarkeitsgrundsatz im Strafprozess

1. Vereinfachte Formen des Strafverfahrens und Unmittelbarkeit der Beweiserhebung durch das erkennende Gericht

Vorschläge zu – gegenüber dem durch die tatrichterliche Hauptverhandlung und die dort erfolgende, den Regeln des Strengbeweises unterworfe-

---

8) Dazu kontrovers *Mosbacher* und *Radtke*, jeweils Stellungnahme in der öffentlichen Sachverständigenanhörung vor dem Ausschuss für Recht und Verbraucherschutz des Deutschen Bundestages v. 29.3.2017, S. 7 f. bzw. S. 2 f.

9) *Radtke* in: Goldenstein, Mehr Gerechtigkeit – Aufbruch zu einem besseren Strafverfahren, Loccumer Protokolle 9/11, 2011, S. 131, 144 ff.

ne Beweisaufnahme geprägten strafprozessualen Regelverfahren – vereinfachten Verfahrensformen setzen typischerweise bei dem Verzicht auf eine Hauptverhandlung oder wenigstens deren deutliche Verkürzung an. Das gilt sowohl für das Strafbefehlsverfahren (§§ 407 ff. StPO) als auch für die den Strafgerichten eröffneten Möglichkeiten der Verfahrenserledigung im Beschlussweg etwa auf der Grundlage von Opportunitätsvorschriften (§§ 153 ff. StPO). Selbst die Urteilsabsprache (§ 257c StPO) gehört in diesen Kontext. Denn obwohl sie im Rahmen der Hauptverhandlung erfolgt und die die Instanz abschließende Entscheidung in Urteilsform ergeht, lebt das durch Urteilsabsprache beendete Strafverfahren vor allem von einer nachhaltigen Abkürzung des sonst erforderlichen Beweiserhebungsprogramms. Daran ändert weder die Geltung der Amtsaufklärungspflicht aus § 244 Abs. 2 StPO (vgl. § 257c Abs. 1 Satz 2 StPO) noch das durch das Bundesverfassungsgericht entwickelte Schutzkonzept[10)] zur Aufrechterhaltung des Ziels des Strafverfahren, den materiell wahren Sachverhalt aufzuklären,[11)] etwas.

Gerade an dem Verzicht auf die oder die Abkürzung der mündliche(n) Hauptverhandlung vor dem erkennenden Gericht entzündet sich regelmäßig auch die Kritik an vereinfachten Verfahrensformen. Insbesondere die Preisgabe der unmittelbaren Erhebung der für die Entscheidung über Schuld und Unschuld bedeutsamen Informationen durch das erkennende Gericht selbst gilt vielen, gerade auch vielen Tatrichtern, als zu hoher Preis des Strebens nach Vereinfachung von Strafverfahren. Nicht selten wird das auch mit der offenbar gleichfalls nicht seltenen eigenen Erfahrung einer akteninhaltswidrigen Entwicklung der Beweiserhebung in der Hauptverhandlung begründet. Diese mit der Bedeutung des strafprozessualen Unmittelbarkeitsgrundsatzes verknüpfte Erfahrung hat Gewicht. Jeder Vorschlag zur Vereinfachung von Strafverfahren muss sich daran messen lassen. Um zu erkunden, ob das jedem Regelungsvorschlag entgegensteht, der auf Teilverzicht unmittelbarer Beweiserhebung durch das erkennende Gericht hinausläuft, bedarf es zunächst eines kurzen Blicks auf den Unmittelbarkeitsgrundsatz im geltenden Strafverfahrensrecht.

---

10) BVerfG, Urt. v. 19.3.2013 – 2 BvR 2628/10 u. a., BVerfGE 133, 168 ff.

11) BVerfG, Urt. v. 14.7.1999 – 1 BvR 2226/94 u. a., BVerfGE 100, 313, 389; BVerfG, Beschl. v. 9.10.2002 – 1 BvR 1611/96 u. a., BVerfGE 106, 28, 48.

2. *Der Unmittelbarkeitsgrundsatz – eine Skizze*

a) Der Grundsatz

Der Unmittelbarkeitsgrundsatz[12)] hat im geltenden Strafverfahrensrecht keine vollumfängliche positivrechtliche Regelung gefunden. Seine Existenz als solche und seine gegenständliche Reichweite lassen sich aber jedenfalls aus §§ 250 ff. StPO sowie § 261 StPO ableiten. Als strafprozessuales Prinzip wird er durch zwei lediglich teilweise miteinander verbundene Aspekte charakterisiert. Der eine knüpft an die die Beweiserhebung vornehmende Person, der andere an das verwendete Beweismittel und seine Beziehung zu der fraglichen verfahrensrelevanten Information an. Der erste Aspekt betrifft die Erhebung sämtlicher, dem Urteil zugrunde liegender Informationen durch das erkennende Gerichts selbst im Rahmen der Hauptverhandlung (§§ 261, 226 Abs. 1 StPO). Nicht wenige bezeichnen dies als formelle Unmittelbarkeit.[13)] Der zweite Aspekt, häufig materielle Unmittelbarkeit genannt, bezieht sich auf die (generalisierend betrachtete) Zuverlässigkeit der fraglichen Information. Aus § 250 StPO lässt sich ableiten, dass das erkennende Gericht von mehreren erreichbaren Beweismitteln dasjenige heranziehen und verwenden muss, das dem jeweiligen Beweisthema bzw. der damit verbundenen verfahrensrelevanten Information sachlich „am nächsten" ist.[14)] Einen Ausschnitt dieser materiellen Unmittelbarkeit regelt der bereits angesprochene § 250 StPO. Er legt eine Rangfolge von zum selben Beweisthema zur Verfügung stehenden Beweismitteln fest; der Personalbeweis (Zeuge und Sachverständiger) hat Vorrang vor dem Sachbeweis (Urkunde).[15)] Das gilt allerdings lediglich des begrenzten Anwendungsbereichs des § 250 StPO.[16)] Unmittelbarkeit in ihren beiden Ausprägungen soll die Wahrheitsfindung im Strafprozess[17)] so gut wie möglich sicherstellen. Von der persönlichen Anhörung der Be-

---

12) Vgl. *Sander/Cirener* in: LR-StPO, 26. Aufl. 2012, § 250 Rz. 1 m. w. N.; ausführlich zur Entwicklung der einfachgesetzlichen Regelungen des Unmittelbarkeitsprinzips *Rieß*, Zur Entwicklung der Vorschriften über die Unmittelbarkeit in der Strafprozessordnung, in: FS Maiwald, 2010, S. 661 ff.

13) Zum Ganzen *Eser/u. a.*, GA 2014, 1, 2 f. m. w. N.; umfassend *Geppert*, Der Grundsatz der Unmittelbarkeit im deutschen Strafverfahren, 1979, S. 122 ff., 180 ff.

14) *Eser/u. a.*, GA 2014, 1, 2 f.

15) Zum Grundsatz der persönlichen Vernehmung BGH, Beschl. v. 25.10.2011 – 3 StR 315/11, NStZ 2012, 585, 586; BGH, Urt. v. 11.3.2014 – 1 StR 655/13, BGHR StPO § 250 Satz 1 Unmittelbarkeit 8.

16) *Sander/Cirener* in: LR-StPO, 26. Aufl. 2012, § 250 Rz. 3–13.

17) Näher *Radtke*, Wahrheitsermittlung im Strafverfahren, GA 2012, 187 ff.

weispersonen Zeuge und Sachverständiger durch das zur Entscheidung über die Schuldfrage berufene Gericht wird erwartet, die bestmögliche Grundlage für die Würdigung der Zuverlässigkeit sowohl des Bekundeten als auch der bekundenden Person zu schaffen.[18)]

b) Noch Grundsatz oder nur noch Ausnahme?

Der Blick in das Gesetz lässt an der Bedeutung der Unmittelbarkeit als strafverfahrensrechtliches Fundamentalprinzip mit dem beschriebenen Zweck der Gewährleistung bestmöglicher Sachverhaltsaufklärung jedoch zweifeln. Die §§ 247a, 251–256 StPO statuieren zahlreiche Ausnahmen von der Unmittelbarkeit, deren Anzahl steigend ist. Ein wesentlicher Grund für die Vielzahl der Durchbrechungen formell und materiell unmittelbarer Beweiserhebung dürfte in der zunehmenden Orientierung des Strafverfahrens an Effizienz zu finden sein.[19)] In Zeiten (tatsächlich oder vermeintlich) knapper Justizressourcen[20)] wird der Aufwand der Wahrheitsermittlung zugunsten des Interesses an einer effektiven Strafrechtspflege mehr und mehr hinterfragt. Der Unmittelbarkeitsgrundsatz trägt aus Sicht mancher dazu bei, dass die Sachverhaltsaufklärung in der gerichtlichen Hauptverhandlung als schwerfällig und aufwändig empfunden wird. Das Bemühen, das zu vermeiden, mag auch das Aufkommen der Praxis der Verständigung im Strafprozess lange vor ihrer gesetzlichen Regelung mit begünstigt haben.[21)] Ob diese Kritik und die Zweifel am Unmittelbarkeitsgrundsatz berechtigt sind, kann im zur Verfügung stehenden Rahmen nicht näher beleuchtet werden.[22)] Allerdings dürfte sich kaum bestreiten lassen, dass es wenig verfahrensökonomisch sein kann, ein und denselben Beweis mehrfach zu erheben; zunächst im Ermittlungsverfahren und (wenigstens) erneut in der Hauptverhandlung.

---

18) *Eser/u. a.*, GA 2014, 1, 13 ff.

19) *Eser/u. a.*, GA 2014, 1, 13 ff.; *Frister*, Plädoyer für die Streichung der Vorschriften über die Unmittelbarkeit der Beweisaufnahme, in: FS Fezer, 2008, S. 211 ff.; *Weigend*, Unmittelbare Beweisaufnahme – ein Konzept für das Strafverfahren des 21. Jahrhundert?, in: FS Eisenberg, 2009, S. 657 ff.

20) Vgl. *Gnisa*, Das Ende der Gerechtigkeit, 2017.

21) *Radtke*, Die Entwicklung der Absprachen im Strafverfahren, in: FS 300 Jahre OLG Celle, 2011, S. 513, 520 ff., insbesondere S. 524 m. w. N.

22) Näher dazu *Frister* in: FS Fezer, 2008, S. 211 ff. und *Weigend* in: FS Eisenberg, 2009, S. 657 ff.

Außerhalb der vereinfachten Verfahrensformen (einschließlich des Strafbefehlsverfahrens) des geltenden Rechts ist die mit der Mehrfacherhebung von Beweisen verbundene Einbuße an Verfahrensökonomie so lange hinzunehmen, wie sich das erkennende Gericht ohne eigene unmittelbare Beweiserhebung keine ausreichende Überzeugung von der Schuld oder Unschuld des Angeklagten auf einer validen tatsächlichen Grundlage bilden kann. Ein Verfahrenstypus, der bereits konzeptionell das verfassungsrechtlich zwingend vorgegebene Ziel der Aufklärung des wahren Sachverhalts als Grundlage einer materiell gerechten Entscheidung[23] nicht sicherzustellen vermag, wäre mit dem Grundgesetz unvereinbar. Am Verfassungsgebot der Aufklärung des wahren Sachverhalts muss sich jeder Vorschlag zur Schaffung eines vereinfachten Verfahrens messen lassen.

III. Das strafgerichtliche Urteil auf Aktengrundlage als vereinfachte Verfahrensform

1. Ausgangsüberlegungen

a) Aufklärung des wahren Sachverhalts und das verfassungsrechtliche Schuldprinzip

Wie vorstehend angedeutet, können sich auf die Schaffung vereinfachter Formen des Strafverfahrens abzielende Reformen lediglich in einem vergleichsweise engen verfassungsrechtlichen Rahmen bewegen. Dieser wird nach der Rechtsprechung des Bundesverfassungsgerichts vor allem durch die Verknüpfung des verfassungsrechtlichen Schuldprinzips mit dem Ziel des Strafprozesses gebildet. Diese Verknüpfung stellt sich in der Konzeption des Bundesverfassungsgerichts wie folgt dar:

Die Durchführung des Strafverfahrens dient der Wiederherstellung des durch den Verdacht einer Straftat beeinträchtigten Rechtsfriedens. Dieses Ziel ist erreicht, wenn der Einzelfall materiell gerecht gerichtlich ent-

---

23) Etwa BVerfG, Urt. v. 14.7.1999 – 1 BvR 2226/94 u. a., BVerfGE 100, 313, 389; BVerfG, Beschl. v. 19.20.2002 – 1 BvR 1611/96 u. a., BVerfGE 106, 28, 48.

schieden wird.[24] Das setzt allerdings zwingend einen zutreffend ermittelten Sachverhalt voraus; die Ermittlung der materiellen Wahrheit ist damit notwendige Bedingung der materiell gerechten Entscheidung.[25] Dieses Aufklärungsgebot im Strafverfahren folgt aus dem verfassungsrechtlichen (materiellen) Schuldprinzip[26] und der vom Bundesverfassungsgericht so bezeichneten „Idee der Gerechtigkeit“.[27] Beide Verfassungsprinzipien leiten sich aus dem Rechtsstaatsprinzip (Art. 20 Abs. 3 GG) und vor allem das Schuldprinzip aus der Garantie der Menschenwürde (Art 1 Abs. 1 GG) ab.[28] Zwar ist die Pflicht zur Aufklärung des wahren Sachverhalts in erster Linie an die Strafgerichte adressiert. Dennoch schränkt sie auch den Gestaltungsspielraum des Gesetzgebers hinsichtlich der gesetzlich vorgesehenen Möglichkeiten der Sachverhaltsaufklärung im Strafprozess ein. Die Legislative ist jedenfalls gehindert, übermäßig enge rechtliche Grenzen der Sachverhaltsermittlung zu ziehen.[29] Das Verfassungsrecht enthält dagegen keine eindeutigen Vorgaben über die prozessual zulässigen und zugleich gebotenen Mittel zuverlässiger Erforschung der materiellen Wahrheit.[30] Was insoweit tauglich ist, kann lediglich anhand des vom Gesetzgeber

---

24) In diesem Sinne etwa *Duttge*, Möglichkeiten eines Konsensualprozesses nach deutschem Strafprozeßrecht, ZStW 115 (2003), 539, 546 f.; *Geppert*, Wechselwirkungen zwischen materiellem Strafrecht und Strafprozeßrecht, in: GS Schlüchter, 2002, S. 43, 47; *Krack*, Die Rehabilitierung des Beschuldigten im Strafverfahren, 2002, S. 46; *Meyer-Goßner* in: Meyer-Goßner/Schmitt, StPO, 60. Aufl. 20147, Einl. Rz. 4; *Radtke* in: Radtke/Hohmann, StPO, 2011, Einl. Rz. 4; *Rieß*, Über die Aufgaben des Strafverfahrens, JR 2006, 269, 270 f.; *Sternberg-Lieben*, Einstellungsurteil oder Freispruch, ZStW 108 (1996), 721, 725–729; weitgehend übereinstimmend *Weigend*, Die Reform des Strafverfahrens, ZStW 104 (1992), 486, 502 f.; *Weigend*, Unverzichtbares im Strafverfahrensrecht, ZStW 113 (2001), 271, 277.

25) Siehe insoweit nur *Fischer*, Absprache-Regelung: Problemlösung oder Problem?, StraFo 2009, 177, 181; *Landau*, Die Ambivalenz des Beschleunigungsgebots, in: FS Hassemer, 2010, S. 1073, 1986.

26) Im Kontext der Wahrheitsermittlung BVerfG, Beschl. v. 26.5.1981 – 2 BvR 215/81, BVerfGE 57, 250, 175; BVerfG, Urt. v. 14.7.1999 – 1 BvR 2226/94 u. a., BVerfGE 100, 313, 389; BVerfG Beschl. v. 19.10.2002 – 1 BvR 1611/96 u. a., BVerfG 106, 28, 48; BVerfG, Beschl. v. 27.1.1987 – 2 BvR 1133/86, NJW 1987, 2662, 2663; BVerfG, Urt. v. 19.3.2013 – 2 BvR 2628/10, BVerfGE 133, 168, 197 f.; zu dem verfassungsrechtlichen Schuldprinzip ausführlich *Radtke*, Schuldgrundsatz und Sicherungsverwahrung, GA 2011, 636, 640–645.

27) Vgl. BVerfG, Beschl. v. 27.1.1987 – 2 BvR 1133/86, NJW 1987, 2662, 2663; BVerfG, Urt. v. 19.3.2013 – 2 BvR 2628/10, BVerfGE 133, 168, 198.

28) Etwa BVerfG, Urt. v. 19.3.2013 – 2 BvR 2628/10 u. a., BVerfGE 133, 168, 197–199.

29) Vgl. BVerfG, Beschl. v. 15.10.2009 – 2 BvR 2438/08, NJW 2010, 287, 288 mit Anm. *Ch. Jäger*, StV 2011, 263 und *Rogall*, HRRS 2010, 285 jeweils bzgl. Zeugnisverweigerungsrechten und korrespondierenden Beschlagnahmeverboten.

30) BVerfG, Beschl. v. 26.5.1981 – 2 BvR 215/81, BVerfGE 57, 250, 275.

gewählten Verfahrenstypus beurteilt werden.[31] Allerdings lässt sich u. a. der Entscheidung über die Verfassungsmäßigkeit der gesetzlichen Regelungen zur Urteilsabsprache entnehmen, dass das Verfassungsgericht die unmittelbare Beweiserhebung durch das erkennende Gericht in öffentlicher Hauptverhandlung für eine besonders geeignete Methode zuverlässiger Aufklärung des wahren Sachverhalts hält.[32]

b) Aufklärung des wahren Sachverhalts in vereinfachten, insbesondere in schriftlichen Verfahrensformen

Die vereinfachten Verfahrensformen des geltenden Rechts, vor allem das in rechtstatsächlicher Hinsicht bedeutsame Strafbefehlsverfahren (§§ 407 ff. StPO),[33] weisen ein strukturelles Defizit hinsichtlich Art und Umfang der Aufklärung des wahren Sachverhalts auf. Im Strafbefehl ist bereits die Darstellung des dem Vorwurf zugrunde liegenden – hoffentlich wahren – Sachverhalts auf den durch die Anforderungen des Anklagesatz einer Anklageschrift (§ 200 Abs. 1 Satz 1 StPO) geforderten Umfang beschränkt. Die im Ermittlungsverfahren erhobenen Beweismittel werden lediglich als solche bezeichnet, ohne dem allenfalls in dem beschriebenen Sinne grob skizzierten tatsächlichen Geschehen einzelne Beweismittel als Quelle der Erkenntnis zuzuweisen. Dem Strafbefehl lassen sich zudem nicht die Gründe entnehmen, aufgrund derer die Staatsanwaltschaft von einem hinreichenden Tatverdacht ausgeht. Vor allem aber weist der erlassene Strafbefehl nicht aus, warum der Strafrichter auf der Grundlage der in den Verfahrensakten enthaltenen Informationen von der Schuld des Angeschuldigten überzeugt ist.[34] Eine dokumentierte Beweiswürdigung fehlt. Erst in der durch Einspruch (§ 410 Abs. 1 und 2 StPO) ausgelösten Hauptverhandlung findet eine Würdigung der unter Wahrung der Unmittelbarkeit erhobenen Beweise statt. Das Strafbefehlsverfahren des geltenden Rechts bietet damit, zumindest vor Einspruch, ungünstige Bedingungen für eine zuverlässige Aufklärung des wahren Sachverhalts. Die Überzeugungsbildung des Strafrichters findet ausschließlich auf der Grundlage der im Ermittlungsverfahren erhobenen Beweise statt. Weder das Ergebnis

---

31) Vgl. BVerfG, Beschl. v. 26.5.1981 – 2 BvR 215/81, BVerfGE 57, 250, 275.

32) BVerfG, Urt. v. 19.3.2013 – 2 BvR 2628/10 u. a., BVerfGE 133, 168, 231 ff.

33) Über die das Strafbefehlsverfahrens prägenden Elemente überzeugend *Rieß*, Zweifelsfragen zum neuen Strafbefehlsverfahren, JR 1988, 133 ff.

34) Zur Notwendigkeit der Schuldüberzeugung des Strafrichters *Maur* in: KK-StPO, 7. Aufl. 2013, § 408 Rz. 15 m. w. N.

der dortigen Beweiserhebung noch der Weg dorthin werden aber nach bisherigem Recht besonders zuverlässig dokumentiert. Zudem ist der Strafrichter nicht gezwungen, die Überzeugungsbildung von der Schuld des Angeschuldigten offenzulegen. Gerade der im Regelverfahren bestehende Zwang, die dem Urteil zugrunde liegende Beweiswürdigung für Dritte, u. a. das Rechtsmittelgericht, nachvollziehbar darzustellen,[35] ist ein weiteres Element zur Sicherung der Ziels, den wahren Sachverhalt zu ermitteln.

Vereinfachte Verfahrensformen betreffende Reformen müssen daher bei denjenigen Umständen ansetzen, die sich bei den entsprechenden besonderen Verfahrenstypen des geltenden Rechts als im Hinblick auf die Ermittlung des wahren Sachverhalts defizitär erweisen.

2. *Leitlinien für die Ausgestaltung eines vereinfachten, schriftlichen Strafverfahrens*

Der Kern der eigenen Erwägungen für ein derartige Reform besteht darin, ein schriftliches Verfahren zu schaffen, das eine effiziente und gegenüber dem Regelverfahren zügigere Erledigung von Strafsachen bis hin zu mittlerer Kriminalität ohne relevante Einbußen an der Zuverlässigkeit der Wahrheitserforschung und ohne übermäßige Beschränkungen von Beteiligungsrechten des Beschuldigten ermöglicht. Notwendige Voraussetzung eines solchen Verfahrens sind Veränderungen der tatsächlichen und rechtlichen Gegebenheiten, unter denen die Beweiserhebung im Ermittlungsverfahren und deren Dokumentation stattfindet. Dazu kann im Hinblick auf Personalbeweise die audio-visuelle Aufzeichnung der Beweiserhebung einschließlich der Beschuldigtenvernehmung eine wichtige Grundlage schaffen. Das gilt im Übrigen nicht lediglich für das vorzuschlagende schriftliche Verfahren, sondern auch für das Regelverfahren, in Bezug auf das die valide Dokumentation der Beweisergebnisse des Ermittlungsverfahrens unter gegenüber dem geltenden Recht weitergehender Durchbrechung formeller und materieller Unmittelbarkeit zur Verschlankung des Beweisprogramms in der tatrichterlichen Hauptverhandlung führen kann.[36] Unter diesen Voraussetzungen – aber auch lediglich unter diesen – würde die

---

35) Vgl. zum Maßstab der Kontrolle der tatrichterlichen Beweiswürdigung durch das Revisionsgericht nach st. Rspr. des BGH siehe nur BGH, Urt. v. 9.2.2017 – 3 StR 415/16, NStZ 2017, 342, 344 m. w. N.

36) Ansätze in diese Richtung bei *Eser/u. a.*, GA 2014, 1, 18 ff.

umfänglichere durch Bild-Ton-Aufzeichnungen erfolgende Dokumentation von Beweiserhebungen im Ermittlungsverfahren auch einen Beitrag zu mehr Effizienz im Strafverfahren insgesamt leisten.

Auf der Grundlage eines wie vorstehend skizziert veränderten Ermittlungsverfahrens müsste sich ein neuartiges, vom Strafbefehlsverfahren grundlegend verschiedenes schriftliches Verfahren an folgenden Parametern orientieren:

- Ein schriftliches Verfahren sollte insoweit wie das überkommene Strafbefehlsverfahren (§§ 407 ff. StPO) und das beschleunigte Verfahren (§§ 417 ff. StPO) als besondere Verfahrensart geregelt sein. Abweichend von diesen Sonderverfahrensformen des geltenden Rechts ist der Übergang in das mit Urteil nach Aktenlage endende schriftliche Verfahren allerdings nicht von einem entsprechenden Antrag der Staatsanwaltschaft abhängig. Dem Strafgericht, dem die Entscheidung über die Anklageerhebung überantwortet ist, wird so eine zusätzliche Entscheidungsoption über die bislang im Gesetz enthaltenen Entscheidungsarten (§ 203, 204, §§ 207, 209 StPO sowie gegebenenfalls §§ 205, 206a StPO) hinaus eröffnet, ohne dass das Ermittlungsverfahren von vornherein auf eine Erledigung in einer vereinfachten Verfahrensform zugeschnitten wäre.
- Das schriftliche Verfahren nach Aktenlage muss sich, um eine Steigerung von Effizienz der Strafrechtspflege und eine Entlastung der Strafgerichtsbarkeit zu bewirken, gegenüber dem abgekürzten Urteil (§ § 267 Abs. 4 und Abs. 5 Satz 2 und 3 StPO) behaupten können. Da es angesichts des angestrebten Anwendungsbereichs bis hin zur (unteren) mittleren Kriminalität vor allem die Amtsgerichte (und mittelbar die Kleinen Strafkammern der Landgerichte als Berufungsgerichte) entlasten soll, darf das schriftliche Verfahren nicht weniger „attraktiv" sein als eine Erledigung der Strafsache durch abgekürztes Urteil.
- Der Kern eines solchen schriftlichen Urteils nach Aktenlage besteht darin, dass die Entscheidung in deutlicher Abweichung vom überkommenen Strafbefehlsverfahren eine eigene Beweiswürdigung des zuständigen Strafgerichts enthält. Es wird damit nachvollziehbar, warum das Gericht nach den dokumentierten Beweisergebnissen des Ermittlungsverfahrens von der Schuld des Angeschuldigten überzeugt ist. Da das schriftliche Verfahren nach Aktenlage regelmäßig nur bei

tatsächlich und rechtlich einfach gelagerten Sachverhalten in Frage kommt, bedarf es auch lediglich einer knappen Darlegung der wesentlichen beweiswürdigenden Erwägungen.

– Eine wesentliche Gestaltungsfrage eines solchen schriftlichen Urteils nach Aktenlage betrifft die dagegen eröffneten Rechtsbehelfe bzw. Rechtsmittel. Macht man sich klar, dass das die erste Instanz abschließende Urteil sich von einem aufgrund Hauptverhandlung ergangenen Urteil im Wesentlichen in der Art der zugrunde liegende Beweiserhebung, nicht aber in der Bewertung der Beweisergebnisse und der Überzeugungsbildung unterscheidet, spricht vieles für einen Gleichlauf des Rechtsmittelzugs. Gegen das hier nur sehr grob skizzierte Urteil nach Aktenlage ist dann unter den allgemeinen Voraussetzungen die Berufung statthaft. Das Recht der Berufung bedürfte dazu lediglich geringer Anpassungen, etwa bei § 325 StPO.

IV. Schlussbemerkung

Mit den hier nur kursorisch ausgebreiteten Gedanken über eine Reform des nationalen Strafverfahrens durch Änderungen bei den vereinfachten Verfahrensformen ist die Hoffnung verbunden, dass auch der Gesetzgeber der 19. Legislaturperiode die Reform des Strafprozesses nicht als Handlungsfeld aus dem Blick verliert und dabei Ansätze, die in der vorangegangenen Wahlperiode verfolgt worden sind, wieder aufnimmt. Auch wenn auf eine nach meiner Beurteilung weiterhin gebotene Gesamtreform des Strafverfahrensrechts kaum gehofft werden kann, sollte an neuen Konzepten wenigstens zu Teilbereichen weitergearbeitet werden.

Die Wiederaufnahme des Strafverfahrens zuungunsten des Angeklagten bei Mord und Völkermord

Oliver Sabel

Inhaltsübersicht

Neben vielen strafprozessualen Vorhaben, die unter der Abteilungsleitung von Marie Luise Graf-Schlicker erfolgreich abgeschlossen werden konnten,[1] *hinterlässt sie naturgemäß auch Begonnenes, das ihr besonders am Herzen lag. Dazu zählt neben der zeitgemäßen Dokumentation der strafgerichtlichen Hauptverhandlung*[2] *auch die rechtlich wie gesellschaftspolitisch gleichermaßen schwierige Frage der Wiederaufnahme des Strafverfahrens zuungunsten eines vom Mordvorwurf freigesprochenen Beschuldigten. Dass das unverjährbare Verbrechen des Mordes dauerhaft ungesühnt bleiben soll, weil Beweismittel, die eine Verurteilung des Angeklagten hoch wahrscheinlich gemacht hätten, erst nach der Hauptverhandlung verfügbar wurden, schien ihr mit Blick auf den Strafanspruch des Staates und die Verantwortung gegenüber den Hinterbliebenen des Mordopfers nur schwer erträglich.*

---

1) Vgl. hierzu etwa die Beiträge von *Dörrbecker*, S. 441 ff., *Frey-Simon*, S. 453 ff., und *Kunze*, S. 541 ff., in dieser Festschrift.

2) Eine Darstellung dieses Reformvorhabens hätte den Umfang der Festschrift für *Marie Luise Graf-Schlicker* gesprengt; ihr sei aber gleichwohl versichert, dass auch dieses Vorhaben nicht aus dem Blickfeld ihrer Abteilung geraten wird.

I. Auslöser der aktuellen Diskussion

Das Recht der Wiederaufnahme zuungunsten eines Angeklagten ist derzeit zum wiederholten Mal in der Diskussion. Auslöser ist der Fall der *Frederike von Möhlmann*, die im Jahre 1981 im Alter von 17 Jahren vergewaltigt und ermordet worden war. Ein Tatverdächtiger war im Jahr 1982 zunächst verurteilt, nach erfolgreicher Revision dann aber nach erneuter Hauptverhandlung im Jahr 1983 rechtskräftig freigesprochen worden. Er wird nun durch das Ergebnis einer erst im Jahr 2012 durchgeführten DNA-Analyse erheblich belastet.

Der Vater der *Frederike von Möhlmann* setzt sich vor diesem Hintergrund vehement und mit erheblicher Medienpräsenz für eine Erweiterung der Wiederaufnahmemöglichkeiten ein. Unter anderem verfolgt er dieses Ziel mit einer sog. „Online-Petition“, in der er den Bundesjustizminister und die Mitglieder des Deutschen Bundestages auffordert, mit ihm über die von ihm angestrebte Änderung des Rechts der Wiederaufnahme zu diskutieren.[3)]

II. Rechtliche Ausgangslage

Den rechtlichen Rahmen für die rechtspolitischen Überlegungen bilden die einfachgesetzlichen Regelungen in der Strafprozessordnung (StPO), die Verankerung des *ne-bis-in-idem*-Grundsatzes in Art. 103 Abs. 3 GG sowie die geltenden völkerrechtlichen Konventionen, namentlich Art. 6 der Europäische Menschenrechtskonvention (EMRK) und Art. 14 Abs. 7 des Internationalen Pakts über bürgerliche und politische Rechte (IPBPR). Zu beachten sind in der Diskussion um eine Rechtsänderung, die gerade auch (oder ausschließlich)[4)] Fälle aus der Vergangenheit erfassen soll, schließlich auch die verfassungsrechtlichen Grenzen einer Rückwirkung von Gesetzesänderungen.

1. Die einfachgesetzliche Regelung in der StPO

Gemäß § 362 StPO kommt die Wiederaufnahme eines rechtskräftig abgeschlossenen Strafverfahrens zuungunsten des Angeklagten zunächst dann

---

3) Der unter https://www.change.org unter dem Stichwort „Frederike“ abrufbaren „Petition“ hatten sich im Januar 2018 online mehr als 105.600 Unterstützer angeschlossen (Abrufdatum: 8.1.2018).

4) Vgl. zu diesem Ansatz unten IV. 2.

in Betracht, wenn das ursprüngliche, den Angeklagten begünstigende Urteil auf einer im Strafverfahren begangenen Straftat, nämlich der Vorlegung einer falschen Urkunde (§ 362 Nr. 1 StPO), einer falschen Zeugenaussage (§ 362 Nr. 2 StPO) oder aber einer strafbaren Amtspflichtverletzung eines Richters oder Schöffen (§ 362 Nr. 3 StPO), beruht (Wiederaufnahme *propter falsa*). Daneben sieht § 362 Nr. 4 StPO eine Wiederaufnahme *propter nova* ausschließlich für den Fall vor, dass der Freigesprochene nachträglich ein gerichtliches oder außergerichtliches Geständnis ablegt. Eine Wiederaufnahme zuungunsten des Angeklagten aus anderen Gründen, namentlich aufgrund neuer Tatsachen oder Beweismittel, kennt das geltende Recht nicht. Insbesondere enthält der enumerative Katalog des § 362 – anders als § 359 Nr. 5 StPO, der bei der Wiederaufnahme zugunsten des Verurteilten die Beibringung neuer Tatsachen oder Beweismittel ausdrücklich regelt – keinen Wiederaufnahmegrund bei neuen Beweismitteln oder Erkenntnismöglichkeiten.

2. *Das grundgesetzliche Doppelbestrafungsverbot*

Art. 103 Abs. 3 GG garantiert nach seinem Wortlaut zunächst nur dem bereits bestraften Beschuldigten Schutz vor nochmaliger Bestrafung wegen derselben Tat. Dass die Vorschrift über ihren Wortlaut hinaus ein verfassungsrechtliches Verfahrenshindernis auch nach einem rechtskräftigen Freispruch oder einer anderweiten abschließenden Verfahrensbeendigung ohne Urteil begründet, ist darüber hinaus aber seit jeher allgemein anerkannt.[5)]

Hintergrund für das Prozessgrundrecht[6)] des Strafklageverbrauchs ist, dass ohne diese Verbürgung eine Vielzahl von Betroffenen trotz rechtskräftigen Freispruchs ein Leben lang damit rechnen müsste, erneut mit bereits intensiv geprüften und im Ergebnis gerichtlich verneinten Vorwürfen konfrontiert zu werden, deren Berechtigung selbst bei Auffinden neuer Spuren nicht von vornherein klar ist, sondern ihrerseits erst wieder in einem aufwändigen und – nicht nur den Angeklagten, sondern auch das Opfer oder seine Hinterbliebenen – belastenden Verfahren erneut geprüft und geklärt werden müsste.

---

5) Vgl. bereits BVerfG, Urt. v. 18.12.1953 – 1 BvR 230/51, Rz. 12, BVerfGE 3, 248, unter Hinweis auf die Entstehungsgeschichte des Art. 103 Abs. 3 GG; BVerfG, Beschl. v. 17.1.1961 – 2 BvL 17/60, Rz. 23, BVerfGE 12, 62.

6) BVerfG, Beschl. v. 8.1.1981 – 2 BvR 873/80, Rz. 22, BVerfGE 56, 22–37.

Nach seinem Wortlaut unterliegt Art. 103 Abs. 3 GG keinem Gesetzesvorbehalt. Trotzdem sind die in § 362 StPO einfachgesetzlich geregelten Ausnahmen vom Verbot der erneuten Strafverfolgung verfassungsgemäß, weil Art. 103 Abs. 3 GG auf den bei Inkrafttreten des Grundgesetzes geltenden Stand des Prozessrechts und seine Auslegung durch die Rechtsprechung Bezug nimmt.[7] Davon umfasst sind namentlich die zum Zeitpunkt des Inkrafttretens des GG geltenden Gründe für die Wiederaufnahme zuungunsten des Angeklagten, die sich inhaltsgleich bereits in der Ursprungsfassung der Strafprozessordnung von 1877 fanden.

Allerdings hindert diese Bezugnahme eine Weiterentwicklung des Wiederaufnahmerechts in Randbereichen nicht.[8] Darauf, ob dies auch die Ergänzung des geltenden Rechts um einen neuen Wiederaufnahmegrund umfasst, soll am Ende eingegangen werden.

3. Der völkerrechtliche Rahmen

Der Grundsatz, dass eine Person wegen der gleichen Tat nicht mehrmals bestraft bzw. verfolgt werden darf, dass also eine rechtskräftige Entscheidung im Strafverfahren es ausschließt, dass der Betroffene wegen derselben Tat nochmals strafgerichtlich belangt werden kann, ist ein allgemeiner Grundsatz der Rechtsstaatlichkeit.[9] Menschenrechtlich verankert ist er allerdings nicht unmittelbar in der EMRK, sondern lediglich in Art. 4 des 7. Zusatzprotokolls zur EMRK vom 22. November 1984[10], das Deutschland indes bisher nicht ratifiziert hat. Gleichwohl ist bemerkenswert, dass diese Regelung erheblichen Raum für Wiederaufnahmeverfahren zuungunsten des Angeklagten lässt, indem sie „neue oder neu bekannt gewordene Tatsachen" ausdrücklich als legitimen Grund für eine Wiederaufnahme des Strafverfahrens nennt. Sie lautet:

> „Artikel 4
>
> Recht, wegen derselben Sache nicht zweimal vor Gericht gestellt oder bestraft zu werden
>
> (1) Niemand darf wegen einer Straftat, wegen der er bereits nach dem Gesetz und dem Strafverfahrensrecht eines Staates rechtskräftig verurteilt oder freigesprochen worden ist, in einem Strafverfahren desselben Staates erneut verfolgt oder bestraft werden.

---

7) BVerfG, Beschl. v. 17.1.1961 – 2 BvL 17/60, Rz. 23, BVerfGE 12, 62; BVerfG, Beschl. v. 8.1.1981 – 2 BvR 873/80, Rz. 12, BVerfGE 56, 22.

8) BVerfG, Beschl. v. 8.1.1981 – 2 BvR 873/80, Rz. 26, BVerfGE 56, 22.

9) Vgl. nur *Esser* in: Löwe/Rosenberg, 26. Aufl. 2012, Elfter Band, EMRK Art. 6 Rz. 1021.

10) Abrufbar unter http://www.coe.int/de/web/conventions/full-list/-/conventions/rms/090000168007a096 (Abrufdatum: 2.1.2018).

(2) Absatz 1 schließt die Wiederaufnahme des Verfahrens nach dem Gesetz und dem Strafverfahrensrecht des betreffenden Staates nicht aus, falls neue oder neu bekannt gewordene Tatsachen vorliegen oder das vorausgegangene Verfahren schwere, den Ausgang des Verfahrens berührende Mängel aufweist.

(3) Von diesem Artikel darf nicht nach Artikel 15 der Konvention abgewichen werden."

Steht danach die EMRK einer Ausweitung des Wiederaufnahmerechts nicht im Wege, so gilt dies auch für den Internationalen Pakt über bürgerliche und politische Rechte (IPBPR), der in Deutschland unmittelbar geltendes Recht im Rang eines Bundesgesetzes ist.[11] Obwohl Art. 14 Abs. 7 IPBPR das Verbot der Mehrfachverfolgung, ähnlich wie Art. 103 GG, nach seinem Wortlaut schrankenfrei garantiert,[12] steht er der Wiederaufnahme des Strafverfahrens als einer im nationalen Verfahrensrecht verankerten Korrekturmöglichkeit des ursprünglichen Verfahrens („Annexverfahren") nicht entgegen.[13] Dass Deutschland – anders als andere Vertragsstaaten – insoweit keinen Vorbehalt eingelegt hat, hindert deshalb eine Anwendung und mögliche Ausweitung des nationalen Wiederaufnahmerechts nicht.[14]

4. Das verfassungsrechtliche Rückwirkungsverbot

Eine gesetzliche Neuregelung der Wiederaufnahme zum Nachteil des freigesprochenen Beschuldigten, die auch solche Fälle erfassen soll, die bereits vor dem Inkrafttreten der Neuregelung rechtskräftig abgeschlossen worden sind, muss schließlich auch die Grenzen des unmittelbar aus dem Rechtsstaatsprinzip und seinen Teilgeboten „Rechtssicherheit" und „Vertrauensschutz" abgeleiteten Rückwirkungsverbots beachten.[15]

Eine rückwirkend geltende Neuregelung des Wiederaufnahmerechts zuungunsten des Angeklagten ist zwar nicht bereits nach § 103 Abs. 2 GG grundsätzlich ausgeschlossen, da das darin geregelte absolute Rückwirkungsverbot nur materielle Strafnormen und nicht auch strafprozessuale

11) Ratifizierungsgesetz v. 15.11.1973, BGBl. I 1973, 1533.

12) Art. 14 Abs. 7 IPBPR lautet: „Niemand darf wegen einer strafbaren Handlung, wegen der er bereits nach dem Gesetz und dem Strafverfahrensrecht des jeweiligen Landes rechtskräftig verurteilt oder freigesprochen worden ist, erneut verfolgt oder bestraft werden."

13) *Esser* in: Löwe/Rosenberg, 26. Aufl. 2012, Elfter Band, IPBPR Art. 14 Rz. 1051.

14) *Nowak*, UNO-Pakt über bürgerliche und politische Rechte und Fakultativ-Protokoll: CCPR-Kommentar, 2. Aufl. 2005, Art. 14 Rz. 100.

15) BVerfG, Beschl. v. 10.10.2012 – 1 BvL 6/07, Rz. 41, BVerfGE 132, 302.

Regelungen umfasst.[16] Sie würde aber nachträglich ändernd in abgewickelte, der Vergangenheit angehörende Tatbestände eingreifen und wäre damit als „echte“ Rückwirkung i. S. der Rechtsprechung des Bundesverfassungsgerichts anzusehen.[17]

Eine solche echte Rückwirkung wird durch das Rechtsstaatsprinzip grundsätzlich verboten.[18] Das Verbot kann jedoch durchbrochen werden, wenn überragende Belange des Gemeinwohls oder ein nicht – oder nicht mehr – schutzbedürftiges Vertrauen des Einzelnen eine Durchbrechung des Rückwirkungsverbots rechtfertigen.[19] Darauf, ob derartige Rechtfertigungsgründe im Fall einer gesetzlichen Ausweitung der Wiederaufnahmegründe zuungunsten des Angeklagten angenommen werden können, soll am Ende dieses Beitrags eingegangen werden.

III. Bisherige Reformüberlegungen

Bereits im Jahr 1993 hatte die SPD-Fraktion einen Gesetzentwurf eingebracht, durch den das Wiederaufnahmerecht umfassend neu geregelt werden sollte.[20] Im Bereich der Wiederaufnahme zuungunsten des Angeklagten sah der Entwurf die Abschaffung der geltenden Wiederaufnahmegründe vor. Stattdessen sollte die Wiederaufnahme nach § 362 StPO der Entwurfsfassung nur noch in Fällen des Mordes und des Völkermordes und nur dann zulässig sein,

> „(...), wenn neue Tatsachen oder Beweismittel beigebracht werden, die allein oder in Verbindung mit den früher erhobenen Beweismitteln jeden begründeten Zweifel ausschließen, dass der Angeklagte in einer neuen Hauptverhandlung der Begehung eines Mordes (§ 211 StGB) oder Völkermordes (§ 220a StGB) überführt werden wird.“

Der Gesetzentwurf fiel der Diskontinuität anheim und wurde von der SPD-Fraktion in der 13. Wahlperiode wortgleich erneut eingebracht.[21]

---

16) BVerfG, Urt. v. 12.4.2005 – 2 BvR 581/01, Rz. 45, BVerfGE 112, 304; BVerfG, Beschl. v. 26.2.1969 – 2 BvL 15/68, Rz. 80 ff., BVerfGE 25, 269 (zur Verjährung); BVerfG, Urt. v. 5.2.2004 – 2 BvR 2029/01, Rz. 123 ff., BVerfGE 109, 133 (zur Sicherungsverwahrung).

17) Grundlegend BVerfG, Beschl. v. 31.5.1960 – 2 BvL 4/59, Rz. 29, BVerfGE 11, 139; BVerfG, Urt. v. 23.11.1999 – 1 BvF 1/94, Rz. 97, BVerfGE 101, 239.

18) BVerfG, Urt. v. 23.11.1999 – 1 BvF 1/94, Rz. 97, BVerfGE 101, 239; BVerfG, Urt. v. 27.11.2005 – 2 BvR 1387/02, Rz. 151, BVerfGE 114, 258.

19) BVerfG, Beschl. v. 14.5.1986 – 2 BvL 2/83, Rz. 126 ff., 129, BStBl. II 1986, 628 = BVerfGE 72, 200; BVerfG, Beschl. v. 3.5.1997 – 2 BvR 882/97, Rz. 43, BVerfGE 97, 67; BVerfG, Urt. v. 23.11.1999 – 1 BvF 1/94, Rz. 97, BVerfGE 101, 239.

20) BT-Drucks. 12/6219.

21) BT-Drucks. 13/3594.

Nachdem die beabsichtigte Änderung des § 362 StPO im Rechtsausschuss des Deutschen Bundestages nicht mehrheitsfähig war, weil die damaligen Koalitionsfraktionen CDU/CSU und F.D.P. die Beschränkung der Wiederaufnahme zuungunsten des Angeklagten auf Mord und Völkermord für „völlig verfehlt" hielten,[22] wurde dieser Änderungsvorschlag von der vorlegenden SPD-Fraktion zurückgezogen.[23]

In der 16. Wahlperiode sah ein Gesetzentwurf des Bundesrates[24] in Fällen des Mordes und einiger schwerster Verbrechen nach dem Völkerstrafgesetzbuch die Möglichkeit der Wiederaufnahme zuungunsten des Angeklagten vor,

> „(...), wenn auf Grundlage neuer, wissenschaftlich anerkannter Untersuchungsmethoden, die bei Erlass des Urteils nicht zur Verfügung standen, neue Tatsachen oder Beweismittel beigebracht werden, die allein oder in Verbindung mit früher erhobenen Beweisen zur Überführung des Freigesprochenen geeignet sind."

Die Bundesregierung hielt das Anliegen des Bundesrates in ihrer Stellungnahme zu dem Gesetzentwurf[25] für gut nachvollziehbar; der Vorschlag betreffe jedoch eine sehr sensible und schwierige Fragestellung und werfe sowohl verfassungsrechtliche als auch strafverfahrensrechtliche Fragen auf, die im Gesetzgebungsverfahren zu prüfen seien.

Im Anschluss an die daraufhin durchgeführte, kontrovers verlaufene Sachverständigenanhörung im Rechtsausschuss des Deutschen Bundestages am 18. März 2009 zu dem Gesetzentwurf wurde deutlich, dass in der Großen Koalition keine Einigkeit über eine Gesetzesänderung erreicht werden konnte. Wegen dieses Dissenses wurde das Vorhaben daher nicht weiterverfolgt und fiel am Ende der 16. Wahlperiode der Diskontinuität anheim. Ein im April 2010 zu Beginn der 17. Wahlperiode beim Bundesrat eingebrachter inhaltsgleicher Gesetzesantrag des Landes Nordrhein-Westfalen[26] wurde bereits im Bundesrat nicht weiter behandelt.

IV. Arbeitshypothesen für ein künftiges Reformvorhaben

Angesichts der zahlreichen gescheiterten Versuche, das Recht der Wiederaufnahme zuungunsten des Angeklagten zu reformieren, hat es in den

---

22) BT-Drucks. 13/10333, S. 3.
23) BT-Drucks. 13/10333, S. 4.
24) BT-Drucks. 16/7957.
25) BT-Drucks. 16/7957, S. 9.
26) BR-Drucks. 222/10.

vergangenen Jahren keine neuen Anläufe für eine Neuregelung mehr gegeben; auch in der juristischen Fachliteratur wurde diesem Thema zuletzt kaum mehr Aufmerksamkeit gewidmet.[27] Die von *Bundesjustizminister Maas* zu Beginn der 18. Legislaturperiode eingesetzte und von *Marie Luise Graf-Schlicker* geleitete Expertenkommission zur effektiveren und praxistauglicheren Ausgestaltung des Strafverfahrens hat sich zwar mit dem Thema befasst, in ihrem Abschlussbericht[28] hierzu aber lediglich festgestellt, von Vorschlägen zur Erweiterung der Wiederaufnahmemöglichkeiten zum Nachteil des Angeklagten werde im Hinblick auf hiergegen vorgetragene verfassungsrechtliche Bedenken abgesehen.

Der eingangs erwähnte Fall *von Möhlmann* zeigt aber, dass immer wieder Fallkonstellationen auftreten, die Anlass zu Zweifeln daran geben, ob das weit reichende Verbot der Wiederaufnahme zuungunsten des Angeklagten auch in solchen Fällen gerechtfertigt ist. Dass selbst schwerste Straftaten allein aufgrund des formellen Strafklageverbrauchs auch dann ungesühnt bleiben sollen, wenn nachträglich neue, entscheidende Beweismittel beigebracht werden, erscheint vielen, auch der Anlassgeberin dieses Beitrags, nicht alternativlos.

Gesellschafts- und rechtspolitisch wird das Thema deshalb weiter auf der Agenda bleiben, zumal sowohl die völkerrechtlichen Vorgaben[29] als auch die Rechtsordnungen mehrerer Nachbarstaaten die Wiederaufnahme zuungunsten des Angeklagten aufgrund neuer Beweismittel erlauben.[30]

Für ein mögliches künftiges Reformvorhaben zur Einführung eines neuen Wiederaufnahmegrundes zuungunsten des Angeklagten sollen deshalb nachfolgend einige Arbeitshypothesen aufgestellt werden.

---

27) Zuletzt ausführlich *Letzgus*, Wiederaufnahme zu Ungunsten des Angeklagten, in: FS Geppert, 2011, S. 785 ff.

28) Abrufbar unter http://www.bmjv.de/DE/Themen/FokusThemen/ReformStPO/ReformStPO_node.html (Abrufdatum: 2.1.2018).

29) Siehe dazu oben unter II. 3.

30) Vgl. hierzu *Swoboda*, Das Recht der Wiederaufnahme in Europa, HRRS 2009, 188, 189. Danach kannten im Jahr 2009 Bulgarien, England, Finnland, Norwegen, Österreich und Rumänien die Wiederaufnahme zuungunsten des Angeklagten aufgrund neuer Beweismittel. Verboten war sie hingegen in Belgien, Frankreich, Italien Portugal und Spanien. Reformvorhaben zur Einführung einer solchen Wiederaufnahmemöglichkeit gab es in den Niederlanden, Irland und Schottland. Die Reichweite der Wiederaufnahmeregelungen ist dabei allerdings vor dem Hintergrund der jeweiligen Prozessrechtssysteme, etwa des jeweiligen Begriffs der prozessualen Tat und des Beweisrechts, zu betrachten.

1. Begrenzung des Wiederaufnahmegrunds auf schwerste Verbrechen

Eine Ausweitung der Wiederaufnahmemöglichkeiten zuungunsten des Angeklagten bei neuen Tatsachen oder Beweismitteln sollte – unter Beibehaltung der geltenden Wiederaufnahmegründe des § 362 StPO – auf schwerste Verbrechen, namentlich auf vollendeten Mord und Völkermord, begrenzt werden. Gleichzustellen sind, entsprechend dem Rechtsgedanken des § 26 StGB, die jeweiligen Anstiftungsdelikte.

Nur in diesen Fällen werden der Rechtsfrieden und das Gerechtigkeitsgefühl der Bevölkerung durch einen aufgrund neuer Beweise sich als unrichtig herausstellenden Freispruch in vergleichbarem Maß beeinträchtigt wie durch die Verurteilung eines Unschuldigen.[31)] Im Übrigen sollte es bei der Wertung bleiben, dass ein ungerechtfertigter Freispruch im Interesse des Rechtsfriedens eher hinzunehmen ist als die unrichtige Verurteilung eines Unschuldigen.

Dass hinsichtlich der Ausnahmestellung von Mord und Völkermord immer wieder auch auf die Parallele zur Unverjährbarkeit dieser Straftaten hingewiesen wurde,[32)] ist richtig, sollte allerdings nicht dazu verleiten, bei der Schaffung eines neuen Wiederaufnahmegrundes unmittelbar an die Unverjährbarbarkeit anzuknüpfen. Denn § 5 des Völkerstrafgesetzbuches (VStGB), das nunmehr in seinem § 6 den Völkermord und in seinen §§ 7 bis 12 eine Vielzahl weiterer Kriegsverbrechen regelt, entzieht sämtliche Verbrechenstatbestände des VStGB der Verjährung. Dies beruht allerdings nicht allein auf der besonderen Schwere dieser Verbrechen, sondern maßgeblich auch darauf, dass bei den Delikten des VStGB eine Strafverfolgung mangels faktisch durchsetzbaren staatlichen Verfolgungswillens häufig über längere Zeit gehemmt ist, weshalb eine generelle Aufhebung der Verjährungsfristen gerechtfertigt erschien, um in diesen Fällen die Verbrechen nach §§ 6 bis 12 VStGB auch noch nach geraumer Zeit verfolgen zu können.[33)] Weitere Verbrechenstatbestände aus dem VStGB sollten daher in eine Neuregelung zur Wiederaufnahme nur einbezogen werden, soweit sie als Verbrechen gegen die Menschlichkeit nach § 7 Abs. 1 Nr. 1 und 2 VStGB oder als Kriegsverbrechen gegen Personen nach § 8 Abs. 1 Nr. 1 VStGB mit lebenslanger Freiheitsstrafe bedroht sind.

---

31) So schon die Begründung des Gesetzentwurfs aus der 12. Legislaturperiode, BT-Drucks. 12/6219, S. 7 f.

32) BT-Drucks. 12/6219, S. 7 f.; BT-Drucks. 16/7957, S. 7.

33) Vgl. die Gesetzesbegründung zu § 5 VStGB, BT-Drucks. 14/8524, S. 19.

2. *Keine Begrenzung des Wiederaufnahmegrunds auf bestimmte Beweismittel*

Eine Begrenzung auf bestimmte Arten von Beweismitteln sollte nicht erfolgen. Insbesondere die in den jüngsten Vorschlägen des Bundesrates vorgeschlagene Zulassung nur solcher Beweismittel, die auf neuen, wissenschaftlich anerkannten technischen Untersuchungsmethoden beruhen, erscheint angesichts der mit der Erweiterung der Wiederaufnahmemöglichkeiten verfolgten Ziele einerseits zu unscharf und andererseits nicht weitreichend genug.

Zunächst wäre die Abgrenzung solcher zulässiger Beweismittel von anderen, die lediglich auf einer Weiterentwicklung oder Verfeinerung bereits im Ausgangsverfahren bekannter Methoden beruhen, im Einzelfall schwierig.[34] In Bezug auf die DNA-Analytik, auf die die Vorschläge des Bundesrates ausdrücklich zugeschnitten waren,[35] bedeutet dies zudem, dass von einer „neuen“ Methode nur in Fällen gesprochen werden kann, in denen das freisprechende Urteil vor dem Jahr 1990 ergangen ist, weil ab diesem Zeitpunkt die DNA-Analyse grundsätzlich bereits zur Verfügung stand.[36] Da konkrete Anwendungsfälle für andere neue Untersuchungsmethoden nicht ersichtlich sind, wäre die Regelung damit von vornherein faktisch auf in der Vergangenheit liegende Sachverhalte beschränkt, was im Hinblick auf das Rückwirkungsverbot erhebliche Fragen aufwirft.[37]

Mindestens ebenso schwer wiegt, dass durch eine so einschränkende Regelung der Zulassung neuer Beweismittel weiterhin keine Wiederaufnahmemöglichkeit bestünde, wenn nachträglich andere Beweismittel erstmals zur Verfügung stehen, die ebenso wenig Zweifel an der Täterschaft des Angeklagten lassen wie eine DNA-Spur.[38] Wenn aber die Rechtskraftdurchbrechung bei der Wiederaufnahme zuungunsten des Angeklagten auf schwerste Verbrechen beschränkt und damit gerechtfertigt wird, dass Rechtsfrieden und Gerechtigkeitsgefühl in diesen Fällen ausnahmsweise

---

34) Zum fehlenden qualitativen Unterschied zwischen diesen Fallgruppen vgl. auch *Marxen/Tiemann*, Die geplante Reform der Wiederaufnahme zuungunsten des Angeklagten, ZIS 2008, 188, 191 f.

35) Vgl. nur BR-Drucks. 222/10, S. 7 f.

36) Vgl. *Kimmich/Spyra/Steinke*, DNA-Amplifizierung in der forensischen Anwendung und der juristischen Diskussion, NStZ 1993, 23 ff.

37) Vgl. hierzu sogleich unter IV. 4.

38) Man denke etwa an eine erst nach vielen Jahren entdeckte zufällige Aufzeichnung des Tatgeschehens in einer privaten Videoaufnahme, bei der Tatablauf und Täter gut erkennbar sind.

das schutzwürdige Interesse des Beschuldigten überwiegen, sich nicht wegen derselben Tat zweimal verantworten zu müssen, dann spielt hierbei die Art des neuen Beweismittels, das die Verurteilung des Angeklagten in dem neuen Verfahren hoch wahrscheinlich macht, keine Rolle. Eine Differenzierung nach der Art des neuen Beweises wäre daher nicht geeignet, die mit einer Neuregelung beabsichtigten Zwecke zu erreichen.

3. Änderung von Art. 103 Abs. 3 GG

Der Gesetzgeber sollte eine Änderung des Wiederaufnahmerechts durch eine Grundgesetzänderung ermöglichen und das in Art. 103 Abs. 3 GG verankerte Verbot der Mehrfachbestrafung umgestalten.[39)] Dabei könnte der Wortlaut nach dem Vorbild von Art. 4 des 7. Zusatzprotokolls zur EMRK[40)] modernisiert und um einen Gesetzesvorbehalt zur Ermöglichung von Wiederaufnahmeregelungen ergänzt werden.

Zwar hat das Bundesverfassungsgericht anerkannt, dass der geltende Art. 103 Abs. 3 GG Grenzkorrekturen angesichts neu auftauchender Gesichtspunkte, die sich der Prozessrechtswissenschaft und der Rechtsprechung so noch nicht gestellt hatten, nicht entgegensteht.[41)] Die Schaffung eines qualitativ neuen Wiederaufnahmegrundes *propter nova* ginge jedoch über eine solche Grenzkorrektur und Modifikation von Einzelheiten deutlich hinaus, und zwar unabhängig davon, ob der neue Wiederaufnahmegrund auf alle neuen Beweismittel erstreckt oder auf solche Beweise beschränkt wird, die aufgrund „neuer, wissenschaftlich anerkannter Untersuchungsmethoden" erlangt werden.[42)]

4. Keine Rückwirkung der Neuregelung auf Altfälle

Bei der vorgeschlagenen Ausweitung des Wiederaufnahmerechts sollte auf die Anordnung einer rückwirkenden Geltung verzichtet werden.

---

39) Dazu, dass Art. 103 Abs. 3 GG im Rang eines Verfassungsrechtssatzes steht, dessen Abänderung unter den Voraussetzungen des Art. 79 Abs. 1 und 2 GG zulässig ist, vgl. BVerfG, Urt. v. 18.12.1953 – 1 BvR 230/51, Rz. 12, BVerfGE 3, 248.

40) Vgl. oben II. 3.

41) BVerfG, Beschl. v. 8.1.1981 – 2 BvR 873/80, Rz. 26, BVerfGE 56, 22.

42) Apodiktisch BVerfG, Beschl. v. 7.12.1983 – 2 BvR 282/80, Rz. 12, BVerfGE 65, 377: „Die Wiederaufnahme des Verfahrens wegen neuer Tatsachen zuungunsten des Angeklagten ist in § 362 StPO nicht vorgesehen."

Eine Einbeziehung von Strafverfahren, die vor dem Inkrafttreten der Neuregelung rechtskräftig abgeschlossen waren, birgt angesichts der Tatsache, dass es sich hierbei um eine echte Rückwirkung handeln würde,[43] erhebliche verfassungsrechtliche Risiken. Als denkbare Rechtfertigung für die ausnahmsweise Durchbrechung des Rückwirkungsverbots kommt nach der Rechtsprechung des Bundesverfassungsgerichts nur die allgemeine Erwägung in Betracht, dass ein nicht – oder nicht mehr – vorhandenes schutzbedürftiges Vertrauen des Einzelnen auf den Bestand der gesetzlichen Regelung oder zwingende Gründe des gemeinen Wohls eine Durchbrechung zugunsten der Gestaltungsfreiheit des Gesetzgebers gestatten.[44]

Das Vertrauen eines Freigesprochenen auf die Rechtskraft dieser Entscheidung und die Grenzen ihrer Durchbrechung kann – gerade vor dem Hintergrund des geltenden Art. 103 Abs. 3 GG – kaum als nicht schutzbedürftig angesehen werden.

Auch zwingende Gründe des gemeinen Wohls lassen sich nicht überzeugend geltend machen. Anders als im Fall der Sicherungsverwahrung, bei der das Bundesverfassungsgericht im Schutz vor Straftätern, von denen auch nach der Verbüßung ihrer Freiheitsstrafe schwerste Straftaten mit hoher Wahrscheinlichkeit zu erwarten sind, ein die (im dortigen Fall nur unechte)[45] Rückwirkung rechtfertigendes überragendes Gemeinwohlinteresse gesehen hat,[46] ist tragender Grund bei der Ausweitung des Wiederaufnahmerechts nicht eine spezialpräventive Erwägung, sondern der allgemeine Sühnegedanke. Dieser Gedanke muss aber, zumal wenn offenkundig nicht eine Vielzahl von Fällen betroffen ist, gesetzgeberisch losgelöst von einem konkreten, in der Vergangenheit liegenden Einzelfall betrachtet werden.

---

43) Vgl. hierzu oben II. 4.

44) BVerfG, Beschl. v. 14.5.1986 – 2 BvL 2/83, Rz. 126 ff., 129, BStBl. II 1986, 628 = BVerfGE 72, 200; BVerfG, Beschl. v. 3.12.1997 – 2 BvR 882/97, Rz. 43, BVerfGE 97, 67; BVerfG, Urt. v. 23.11.1999 – 1 BvF 1/94, Rz. 97, BVerfGE 101, 239.

45) BVerfG, Urt. v. 5.2.2004 – 2 BvR 2029/01, Rz. 173, BVerfGE 109, 133.

46) BVerfG, Urt. v. 5.2.2004 – 2 BvR 2029/01, Rz. 185, BVerfGE 109, 133.

Teil IV

Recht der Anwälte, Notare, Insolvenzverwalter und Richter

Vorsorgende Rechtspflege im 21. Jahrhundert

Jens Bormann

Inhaltsübersicht

Marie Luise Graf-Schlicker hat sich stets für die vorsorgende Rechtspflege eingesetzt. Sie hat einen wesentlichen Beitrag dazu geleistet, dass das Gesetz zur Neuordnung der Aufbewahrung von Notariatsunterlagen und zur Einrichtung des Elektronischen Urkundenarchivs bei der Bundesnotarkammer noch rechtzeitig in der 18. Legislaturperiode verabschiedet worden ist. Aus notarieller Sicht hat die Jubilarin dadurch einen Meilenstein für die vorsorgende Rechtspflege im 21. Jahrhundert gesetzt.

I. Vorsorgende Rechtspflege im Zeitalter der Digitalisierung

Die vorsorgende Rechtspflege dient der Vermeidung streitiger Rechtsverhältnisse. Nach dem kontinentaleuropäischen „Zwei-Säulen-Modell“ schaltet sich der Staat nicht nur bei der Entscheidung streitiger Rechtsverhältnisse ein, sondern sieht bei vielen Rechtsgeschäften mit besonderer persönlicher oder vermögensrechtlicher Bedeutung eine zwingende präventive Rechtskontrolle durch Notare vor,[1] die im Wege der Beurkundung die Rechtsbeziehungen zwischen Bürgern und Unternehmen als externe staatliche Funktionsträger feststellen, ordnen und gestalten.[2] Die Notare üben die Funktion der vorsorgenden Rechtspflege aber nicht allein aus, sondern erfüllen diese staatliche Aufgabe gemeinsam mit den Gerichten.[3] Die Sicherung des privaten Rechtsverkehrs durch Urkunden und Register sorgt für eine klare und beweissichere Dokumentation von Rechtsver-

---

1) *Vaasen* in: Eylmann/Vaasen, Einl. BNotO Rz. 41 f.
2) *Bärmann*, Freiwillige Gerichtsbarkeit und Notarrecht, 1968, S. 20.
3) *Reithmann*, Vorsorgende Rechtspflege durch Notare und Gerichte, 1989.

hältnissen.[4] Die von den Notaren errichteten öffentlichen Urkunden erbringen zudem vollen Beweis der beurkundeten Erklärung bzw. des beurkundeten Vorgangs (§ 415 ZPO) und sind als Vollstreckungstitel Grundlage staatlicher Zwangsvollstreckung (§§ 794 Abs. 1 Nr. 5 ZPO).

Dieses Konzept der vorsorgenden Rechtspflege muss sich, wie jede Institution eines lebendigen und demokratisch verfassten Rechtsstaats, ständig weiterentwickeln, um für die Lebenswirklichkeit der Bürger einen dauerhaften Mehrwert zu bieten und seine ordnende Kraft unter Geltung der jeweiligen Lebensverhältnisse immer wieder neu zu entfalten. Hierzu gehört es, die Verfahren und Prozesse in der sich digitalisierenden Welt fortwährend zu hinterfragen, neu auszurichten und mit Augenmaß den Bedürfnissen der Lebenswirklichkeit anzupassen. Der Staat, der die Wirksamkeit von Rechtsverhältnissen von der Pflicht zur Beurkundung abhängig macht, muss dafür sorgen, dass allen Bürgern und Unternehmen der Zugang zur vorsorgenden Rechtspflege gleichermaßen offensteht und dass die von den Organen der vorsorgenden Rechtspflege errichteten öffentlichen Urkunden zum Zweck der beweissicheren Dokumentation für die hierzu berechtigten Personen und Stellen jederzeit verfügbar sind.

Der Nationale Normenkontrollrat hat in den vergangenen Jahren immer wieder Kritik am aus seiner Sicht zu langsamen Fortschreiten des „E-Governments" in Deutschland geübt.[5] Diese Kritik trifft die Justiz nur zum Teil berechtigt. Denn gerade die vorsorgende Rechtspflege ist inzwischen seit mehr als zehn Jahren Vorreiter bei der Digitalisierung, und „E-Justice" dient bei der Einführung elektronischer Verfahren auch in anderen Bereichen häufig als Vorbild und Erfolgsmodell.

Für diesen Erfolg sind drei wesentliche Faktoren maßgeblich, die auch bei künftigen Weiterentwicklungen konsequent weiterverfolgt werden sollten:

Der erste Aspekt betrifft die *Nutzung moderner Kommunikationsmöglichkeiten*. Gerichte und Notare als Organe der vorsorgenden Rechtspflege können ihre Funktionen nur dann effektiv erfüllen, wenn sie für die Bürger und die Unternehmen mithilfe moderner Kommunikationsmittel erreichbar sind. Zudem können und sollten die Möglichkeiten der modernen Informationsgesellschaft dazu genutzt werden, die Prozesse und Verfah-

---

4) *Reithmann* in: Schippel/Bracker, BNotO, Vorbem. zu §§ 20 bis 24 Rz. 2.

5) So zuletzt etwa im Jahresbericht 2017, der der Bundesregierung Erfolge beim Bürokratieabbau, aber einen Rückstand bei der Digitalisierung bescheinigt.

ren innerhalb der vorsorgenden Rechtspflege weiter zu verbessern und fortzuentwickeln (hierzu II.).

Der zweite Faktor betrifft die *Verfügbarkeit von Informationen*. Denn die Rolle der vorsorgenden Rechtspflege bei der Streitvermeidung kommt erst dann voll zum Tragen, wenn die errichteten Urkunden zum jeweils maßgeblichen Zeitpunkt gefunden und zum Nachweis der protokollierten Tatsachen und Rechtsverhältnisse genutzt werden können. Dazu muss der Informationsfluss zwischen den verschiedenen beteiligten Stellen reibungslos funktionieren. In dieser Hinsicht ist seit dem Beginn des neuen Jahrtausends im Bereich der vorsorgenden Rechtspflege bereits viel passiert (hierzu III.).

Und schließlich zeichnet sich die moderne Informationsgesellschaft inzwischen ganz wesentlich durch ihre *fortschreitende Vernetzung* aus. Immer mehr Informationen sind jederzeit verfügbar, weil verschiedene Quellen und Informationsträger miteinander verbunden werden und zum – auch mobilen – Zugriff bereitstehen. Dieser Aspekt sollte in den kommenden Jahren auch in der vorsorgenden Rechtspflege verstärkt aufgegriffen werden (hierzu IV.).

II. Nutzung moderner Kommunikationsmöglichkeiten

Die Organe und Institutionen der vorsorgenden Rechtspflege müssen für die Bürger und die Unternehmen erreichbar sein. In der modernen Informationsgesellschaft gehört hierzu nicht nur, dass die eröffneten Kommunikationswege möglichst der Lebenswirklichkeit im privaten Rechtsverkehr entsprechen sollten, sondern es besteht auch eine verstärkte Erwartungshaltung nach einer nahezu ständigen Verfügbarkeit und schnellen Reaktionszeiten. Diese Anforderung lässt sich in einem System der vorsorgenden Rechtspflege mit freiberuflich tätigen Notaren besonders gut und flexibel bedienen, weil die Notare als öffentliche Amtsträger zwar einerseits unabhängig sind und einer strengen Verfahrensbindung unterliegen, andererseits aber auch einen modernen, bürgerorientierten Service bieten können und eine flächendeckende Versorgung der Bevölkerung gewährleisten.

Auch die Art und Weise der Kommunikation innerhalb der Justiz befindet sich derzeit in einem epochalen Wandel. In den meisten Verfahrensarten bestimmen zwar auch heute noch Briefe und Faxe den Alltag. Doch dies wird sich schon in naher Zukunft ändern. Spätestens bis 2022 muss der elektronische Rechtsverkehr in allen gerichtlichen Verfahrensarten bundesweit eröffnet sein.[6]

Hier war die vorsorgende Rechtspfleger Vorreiter: Die Notare nutzen bereits seit dem Jahr 2007 zur Einreichung von Anmeldungen zum Handelsregister ausschließlich sichere elektronische Kommunikationswege. Papiereinreichungen gibt es inzwischen schon seit über zehn Jahren nicht mehr.[7] Auch im Grundbuchverkehr ist die Umstellung auf den elektronischen Rechtsverkehr bereits seit 2009 gesetzlich vorgesehen[8] und hat in vielen Ländern inzwischen begonnen.[9]

Das „Elektronische Gerichts- und Verwaltungspostfach" (EGVP), das auf dem Ende-zu-Ende-verschlüsselten sog. OSCI-Protokoll[10] beruht, hat sich im elektronischen Rechtsverkehr als Standard durchgesetzt und dient zukünftig auch als Basis für die besonderen elektronischen Anwalts-, Notar-, und Behördenpostfächer, die es gemäß § 130a Abs. 4 Nr. 2 und 3 ZPO ab dem 1. Januar 2018 ermöglichen, schriftformgebundene verfahrensrechtliche Erklärungen rein elektronisch abzugeben.[11] Diese sog. „sicheren Übermittlungswege" treten damit in bestimmten Fällen als Alternative neben die qualifizierte elektronische Signatur. Für die Errichtung *öffentlicher elektronischer Dokumente* in der vorsorgenden Rechtspflege gilt dies indes zu Recht nicht. Dort, wo elektronische Dokumente in öffentlich beglaubigter Form vorgelegt werden müssen, etwa nach § 12 HGB oder § 137 GBO, müssen diese Dokumente weiterhin nach § 39a BeurkG vom Notar mit einer qualifizierten elektronischen Signatur versehen und mit dem Nachweis der Amtsträgereigenschaft verbunden werden. Dies ist folgerichtig, weil auf öffentliche elektronische Dokumente gemäß § 371a Abs. 3 ZPO die Vorschriften über die Beweiskraft öffentlicher Urkunden

---

6) Gesetz zur Förderung des elektronischen Rechtsverkehrs mit den Gerichten – FördElRV-G, v. 10.10.2013, BGBl. I 2013, 3786, und Gesetz zur Einführung der elektronischen Akte in der Justiz und zur weiteren Förderung des elektronischen Rechtsverkehrs, v. 5.7.2017, BGBl. I 2017, 2208.

7) Gesetz über elektronische Handelsregister und Genossenschaftsregister sowie das Unternehmensregister – EHUG, v. 10.11.2006, BGBl. I 2006, 2553.

8) Gesetz zur Einführung des elektronischen Rechtsverkehrs und der elektronischen Akte im Grundbuchverfahren – ERVGBG, v. 11.8.2009, BGBl. I 2009, 2713.

9) Derzeit ist der elektronische Rechtsverkehr in Grundbuchsachen bereits ganz oder teilweise in Baden-Württemberg, Rheinland-Pfalz, Sachsen und Schleswig-Holstein eröffnet.

10) Online Services Computer Interface.

11) Entsprechendes gilt nach § 46c ArbGG, § 65a SGG, § 55a VwGO und § 52a FGO.

entsprechende Anwendung finden.[12] Sie müssen daher zum Nachweis im Rechtsverkehr von jedermann auf ihre Authentizität und Integrität überprüft werden können. Dies ist bei qualifiziert elektronisch signierten Dokumenten jederzeit möglich,[13] während die Herkunft aus einem besonderen elektronischen Postfach i. S. von § 130a Abs. 4 ZPO lediglich justizintern innerhalb eines Gerichtsverfahrens überprüft werden kann.

Nachdem nun auch in der streitigen Gerichtsbarkeit der elektronische Rechtsverkehr durchgängig verbindlich wird, wäre es wünschenswert, dass der elektronische Rechtsverkehr zukünftig auch in *Grundbuchsachen bundesweit verpflichtend* vorgeschrieben wird, damit der derzeit noch bestehende Flickenteppich unterschiedlicher Einreichungswege beseitigt wird und Medienbrüche in der Kommunikation zwischen Notaren und Gerichten in Zukunft vollständig vermieden werden.[14]

III. Verfügbarkeit von Informationen

Die vorsorgende Rechtspflege kann ihre Funktion der präventiven Rechtskontrolle und der beweissicheren Dokumentation von Rechtsverhältnissen nur angemessen erfüllen, wenn die von ihren Organen errichteten öffentlichen Urkunden jederzeit auffindbar und für die Berechtigten verfügbar sind. Ein traditionelles Instrument hierfür bilden zentrale Register. Auch insoweit eröffnen sich durch die Digitalisierung völlig neue Möglichkeiten.

Ein einfaches Beispiel ist die Führung des Notarverzeichnisses durch die Bundesnotarkammer,[15] die über das Internet[16] nicht nur eine Suche von

---

12) Zur Frage, ob die Papierform durch die elektronische Form ersetzt werden kann, siehe auch *Preuß*, Das vernetzte Notarbüro – ein Ausblick für die nächsten fünf Jahre, DNotZ Sonderheft 2013, 96, 99 ff.

13) Nach den Regelungen der Verordnung (EU) Nr. 910/2014 des Europäischen Parlaments und des Rates v. 23.7.2014 über elektronische Identifizierung und Vertrauensdienste für elektronische Transaktionen im Binnenmarkt und zur Aufhebung der Richtlinie 1999/93/EG (eIDAS-VO), sowie des Vertrauensdienstegesetzes v. 18.7.2017 (VDG), BGBl. I, 2745, sind qualifizierte elektronische Signaturen mithilfe von Diensten zur Validierung solcher Signaturen dauerhaft prüfbar (vgl. insbesondere Art. 32 eIDAS-VO, § 16 Abs. 5 VDG).

14) Eine fehlende bundeseinheitliche Regelung kritisiert etwa auch *Kruse*, Der Start des elektronischen Rechtsverkehrs mit dem Grundbuch, DNotZ Sonderheft 2013, 108, 109; *Büttner/Frohn*, Elektronischer Rechtsverkehr in Grundbuchsachen, DNotZ Sonderheft 2016, 157 f.

15) Ab dem 1.1.2018 ist die Führung des Notarverzeichnisses ausdrücklich in § 78l BNotO vorgeschrieben; Begr. RegE, BT-Drucks. 18/10607, S. 73–76; zum Notarverzeichnis siehe auch *Frohn* in: PraxisHdb. NotarR, 3. Aufl. 2018, § 7 Rz. 18; *Damm*, Die Digitalisierung des Notariats, DNotZ 2017, 426, 432 f.

16) Unter notar.de.

Notaren, sondern auch die Ermittlung der aktuellen Verwahrstellen sämtlicher notarieller Urkunden schnell und einfach ermöglicht.

Noch deutlicher lassen sich die mit der Digitalisierung in dieser Hinsicht verbundenen Möglichkeiten aber an drei anderen Beispielen aus dem Bereich der vorsorgenden Rechtspflege hervorheben, die nicht nur die Auffindbarkeit von Informationen betreffen, sondern zusätzlich auch zur Verbesserung der Kooperation zwischen den verschiedenen beteiligten Stellen durch elektronische Verfahren geführt haben. Dies sind die Einführung des *Zentralen Vorsorgeregisters* im Jahr 2005, des *Zentralen Testamentsregisters* im Jahr 2012 und des künftigen *Elektronischen Urkundenarchivs* zum Jahr 2020. Die Errichtung und der Betrieb dieser Systeme wurden jeweils der Bundesnotarkammer als staatliche Aufgabe übertragen.[17]

1. Zentrales Vorsorgeregister

Das Zentrale Vorsorgeregister sorgt dafür, dass Vorsorgevollmachten und Betreuungsverfügungen von den Betreuungsgerichten gefunden und dadurch überflüssige Betreuungen verhindert werden. Es wäre wünschenswert, wenn neben den Betreuungsgerichten in Zukunft auch *Ärzte unmittelbar das Zentrale Vorsorgeregister einsehen können*.[18] Auf diese Weise können die Betreuungsgerichte in einer Vielzahl von Fällen entlastet werden, da der Arzt dann zu einem Bevollmächtigten insbesondere in Notfallsituationen unmittelbar Kontakt aufnehmen kann. Die Einschaltung des Betreuungsgerichts ist dann in Fällen entbehrlich, in denen eine wirksame Vorsorgevollmacht vorliegt und daher keine Betreuung angeordnet werden muss. Ein entsprechender Regelungsvorschlag wurde durch das Bundesministerium der Justiz und für Verbraucherschutz im Zusammenhang mit dem Entwurf eines Gesetzes zur Verbesserung der Beistandsmöglichkeiten unter Ehegatten und Lebenspartnern in Angelegenheiten der Gesundheitssorge und in Fürsorgeangelegenheiten[19] bereits vorgelegt[20] und sollte bei nächster Gelegenheit wieder aufgegriffen werden.

---

17) § 78a Abs. 1, § 78c Abs. 1, § 78h Abs. 1 BNotO.

18) Siehe hierzu bereits *Diehn*, ZTR und ZVR – Erfahrungen und Ausblicke, DNotZ Sonderheft 2013, 132, 134.

19) Vgl. BR-Drucks. 460/17.

20) Der Vorschlag sieht vor, dass der derzeitige § 78b Abs. 1 BNotO um ein Ärzteeinsichtsrecht erweitert wird.

2. Zentrales Testamentsregister

Im Zentralen Testamentsregister werden Angaben zu erbfolgerelevanten Urkunden registriert. Über das Register erhält das Nachlassgericht bei Todesfällen automatisch eine Übersicht über alle für die Erbscheinerteilung erforderlichen Urkunden.[21)] Das alte dezentrale Meldesystem hatte immer wieder zu Fehlern geführt. Die Kommunikation zwischen dem Sterbe- und Geburtsstandesamt, der Stelle, die das Testament verwahrt und dem Nachlassgericht war zeitaufwendig und teuer.[22)] Nun muss das Sterbestandesamt nur noch das Zentrale Testamentsregister benachrichtigen. Dort wird digital überprüft, ob der Erblasser Verfügungen von Todes wegen getroffen hat, die amtlich verwahrt werden. Das Register teilt dem zuständigen Nachlassgericht mit, ob und welche Urkunden zu beachten sind. Gleichzeitig benachrichtigt es das verwahrende Gericht oder den verwahrenden Notar und sorgt dafür, dass das dort vorliegende Testament umgehend zur Eröffnung an das Nachlassgericht gesendet wird.[23)] Damit auch die Urkunden, die vor 2012 errichtet wurden, von dem neuen Meldesystem erfasst werden, war die schrittweise digitale Nacherfassung der alten Verwahrungsnachrichten erforderlich.[24)] Mit der Überführung der Karteikarten wurde die Bundesnotarkammer beauftragt, die diese komplexe Aufgabe in drei Jahren – und damit sogar schneller als vorgegeben – sicher, reibungslos und im vorgegebenen Kostenrahmen umgesetzt hat.[25)]

3. Elektronisches Urkundenarchiv und Elektronischer Notaraktenspeicher

Zu diesen bereits jetzt vielfältigen Aufgaben der Bundesnotarkammer im elektronischen Rechtsverkehr, die mit der vorstehenden Aufzählung noch gar nicht umfassend beschrieben sind, wird ab dem Jahr 2020 eine weitere hinzutreten. Die Bundesnotarkammer wird als „Urkundenarchivbehörde" das Elektronische Urkundenarchiv einrichten und betreiben, in dem jeder

---

21) Siehe § 78e Satz 1 Nr. 2 BNotO.

22) Zu Defiziten des Benachrichtigungssystems in Nachlasssachen siehe ausführlich Begr. RegE, BT-Drucks. 17/2583, S. 10.

23) Siehe § 78e BNotO.

24) Siehe auch Begr. RegE, BT-Drucks. 17/2583, S. 1 f.

25) Die Testamentsverzeichnisüberführung wurde am 14.10.2016 abgeschlossen; Fristende war der 31.12.2016, vgl. Jahresbericht 2016 des Zentralen Testamentsregisters, abrufbar unter http://www.testamentsregister.de/medien/11969e45-b7d0-4ed5-bfc7-c707ecd7475e/jahresbericht_2016.pdf (Abrufdatum: 14.12.2017).

Notar alle ab 2022 neu errichteten Urkunden in digitalisierter Form verwahren wird.

Das Gesetz zur Neuordnung der Aufbewahrung von Notariatsunterlagen und zur Einrichtung des Elektronischen Urkundenarchivs bei der Bundesnotarkammer sowie zur Änderung weiterer Gesetze[26] enthält umfangreiche Änderungen der Bundesnotarordnung und des Beurkundungsgesetzes. Die Bundesnotarkammer wird durch die Neuregelungen nicht selbst zur Verwahrstelle von Urkunden, sondern stellt lediglich die Infrastruktur für die Verwahrung zur Verfügung.[27] Jeder Notar wird in Zukunft jede ab dem Stichtag errichtete Urkunde digitalisieren und in „seiner" elektronischen Urkundensammlung verwahren, die im Elektronischen Urkundenarchiv bei der Bundesnotarkammer geführt wird und individuell verschlüsselt ist.[28] Darüber hinaus können die Notare wahlweise die alten Urkunden nachdigitalisieren.[29] Das Gleiche gilt auch für die Amtsgerichte und die zukünftig ebenfalls Urkunden verwahrenden Notarkammern.[30]

Die Bundesnotarkammer wird darüber hinaus auch einen Elektronischen Notaraktenspeicher betreiben. Der Elektronische Notaraktenspeicher stellt im Gegensatz zum Elektronischen Urkundenarchiv ein optionales Angebot an die Notare bzw. Notarkammern dar und wird daher von der Bundesnotarkammer nicht als Behörde, sondern in ihrer Funktion als Selbstverwaltungskörperschaft eingerichtet.[31]

Die im Elektronischen Urkundenarchiv gespeicherten Dokumente werden per Legaldefinition zur *„elektronischen Fassung der Urschrift"*.[32] Nota-

---

26) Gesetz zur Neuordnung der Aufbewahrung von Notariatsunterlagen und zur Einrichtung des Elektronischen Urkundenarchivs bei der Bundesnotarkammer sowie zur Änderung weiterer Gesetze, v. 1.6.2017, BGBl. I 2017, 1396.

27) Begr. RegE, BT-Drucks. 18/10607, S. 38; *Frohn* in: PraxisHdb. NotarR, 3. Aufl. 2018, § 7 Rz. 13; *Damm*, DNotZ 2017, 426, 429 f.; so auch bereits *Sandkühler/Klingler*, Das elektronische Urkundenarchiv – nicht nur ein digitaler Keller, DNotZ Sonderheft 2013, 139, 143; zu Gründen für die Übertragung des Elektronischen Urkundenarchivs als staatliche Aufgabe auf die BNotK siehe Begr. RegE, BT-Drucks. 18/10607, S. 39, 68; zu Vorteilen und Herausforderungen siehe auch *Damm*, DNotZ 2017, 426, 428 f.

28) Siehe auch § 78i BNotO; Begr. RegE, BT-Drucks. 18/10607, S. 69; *Frohn* in: PraxisHdb. NotarR, 3. Aufl. 2018, § 7 Rz. 8, 20; *Damm*, DNotZ 2017, 426, 429 f; so auch bereits *Sandkühler/Klingler*, DNotZ Sonderheft 2013, 139, 141 f., 143.

29) § 119 Abs. 3 BNotO; siehe auch *Frohn* in: PraxisHdb. NotarR, 3. Aufl. 2018, § 7 Rz. 31.

30) § 119 Abs. 1, 4 BNotO; zur Möglichkeit der Digitalisierung für die Notarkammern siehe auch *Frohn* in: PraxisHdb. NotarR, 3. Aufl. 2018, § 7 Rz. 12, 31.

31) § 78k Abs. 1 BNotO; siehe auch Begr. RegE, BT-Drucks. 18/10607, S. 65, 72; *Frohn* in: PraxisHdb. NotarR, 3. Aufl. 2018, § 7 Rz. 15; *Damm*, DNotZ 2017, 426, 43.

32) Siehe § 45 Abs. 2 BeurkG in der ab dem 1.1.2022 geltenden Fassung.

rielle Urkunden können somit zukünftig medienbruchfrei im elektronischen Rechtsverkehr verwendet und von Gerichten, Behörden und anderen Stellen unmittelbar in elektronischen Akten gespeichert werden, ohne dort erst aufwändig eingescannt werden zu müssen.[33)]

Im Elektronischen Urkundenarchiv wird künftig jeder Notar eine elektronische Urkundensammlung, ein Urkundenverzeichnis und ein Verwahrungsverzeichnis führen.[34)] Die „Akten, Bücher und Verzeichnisse" im herkömmlichen Sinne, also insbesondere die Urkundenrolle, die Masse- und Verwahrungsbücher und die dazu gehörigen Namensverzeichnisse, werden dadurch abgelöst.[35)]

Zusätzlich ermöglicht das Gesetz es den Notaren erstmals, für die Bearbeitung ihrer Vorgänge elektronische Akten zu führen. Die hierfür geltenden Einzelheiten wird das Bundesministerium der Justiz und für Verbraucherschutz noch durch eine Rechtsverordnung festlegen.[36)] Es wird also das bisher in der Dienstordnung für Notarinnen und Notare verankerte Prinzip aufgegeben, wonach sämtliche Akten zwingend in Papierform zu führen sind und die Elektronik dafür lediglich ein „Hilfsmittel" darstellt.[37)] Stattdessen ist in Zukunft auch die hybride oder rein elektronische Aktenführung zulässig.[38)]

Auch hier wird sich also Grundsätzliches ändern: Ein großer Teil der heute in der Dienstordnung enthaltenen Vorschriften wird in der neuen Rechtsverordnung aufgehen und die Dienstordnung insoweit ablösen.[39)] Daher hat die Justizministerkonferenz die Bund-Länder-Arbeitsgruppe, die den Gesetzentwurf zum Elektronischen Urkundenarchiv erstellt hat, bereits mit der Erarbeitung eines Entwurfs dieser Rechtsverordnung be-

---

33) Siehe auch Begr. RegE, BT-Drucks. 18/10607, S. 42; *Frohn* in: PraxisHdb. NotarR, 3. Aufl. 2018, § 7 Rz. 3.

34) Siehe §§ 55, 59a BeurkG in der ab dem 1.1.2020 geltenden Fassung; siehe auch Begr. RegE, BT-Drucks. 18/10607, S. 68; *Frohn* in: PraxisHdb. NotarR, 3. Aufl. 2018, § 7 Rz. 7; zum Urkunden- und Verwahrungsverzeichnis siehe auch *Damm*, DNotZ 2017, 426 f.; *Fischer*, Das Elektronische Urkundenarchiv – rechtliche Grundlagen, DNotZ Sonderheft 2016, 124, 125.

35) Siehe auch Begr. RegE, BT-Drucks. 18/10607, S. 37, 92; *Frohn* in: PraxisHdb. NotarR, 3. Aufl. 2018, § 7 Rz. 23; *Damm*, DNotZ 2017, 426, 427.

36) Vgl. § 36 BNotO.

37) *Frohn* in: PraxisHdb. NotarR, 3. Aufl. 2018, § 7 Rz. 40.

38) Siehe auch *Frohn* in: PraxisHdb. NotarR, 3. Aufl. 2018, § 7 Rz. 9, 39; *Damm*, DNotZ 2017, 426, 438.

39) *Frohn* in: PraxisHdb. NotarR, 3. Aufl. 2018, § 7 Rz. 38.

auftragt.[40] Ausgangspunkt für die Regelungen in der Rechtsverordnung werden voraussichtlich die bewährten Inhalte der DONot sein. Gleichzeitig wird es aber erforderlich sein, diese Inhalte ihrem Regelungszweck entsprechend auf die elektronische oder hybride Aktenführung zu übertragen.[41] Das ist eine spannende und herausfordernde Aufgabe, der sich derzeit auch die Justiz bei ihren Überlegungen zur Einführung der elektronischen Gerichtsakte stellen muss. Die Bundesnotarkammer steht in einem engen Austausch mit den Arbeitsgruppen der Justiz,[42] um so die jeweiligen Überlegungen gegenseitig nutzbar zu machen und bestehende Gemeinsamkeiten, aber natürlich auch Unterschiede, herauszuarbeiten.

4. Vollmachts- und Titelregister

Im Urkundenverzeichnis werden künftig auch wichtige Informationen zur Urkunde eingetragen, die heute auf der Urschrift zu vermerken sind, so etwa, wem und an welchem Tag eine Ausfertigung der Urkunde erteilt wurde.[43] Diese Eintragungen können zukünftig möglicherweise auch das *Problem der fehlenden elektronischen Ausfertigung lösen*. Da sich „Original" und „Kopie" bei elektronischen Dokumenten nicht unterscheiden, sind Ausfertigungen, die gerade aufgrund ihrer körperlichen Einmaligkeit mit bestimmten Legitimationswirkungen ausgestattet sind, nicht möglich. Ein *zentrales Register* über die erteilten Ausfertigungen und deren Status könnte dieses Problem beseitigen und damit z. B. die derzeit noch erforderliche Vorlage der Ausfertigungen einer Vollmacht in Papierform entbehrlich machen.[44]

Im Hinblick auf vollstreckbare Ausfertigungen wäre ein solches Verzeichnis ein Titelregister, das auch vollständig elektronische Zwangsvollstreckungsverfahren ermöglichen würde.[45]

---

40) Beschluss der Frühjahrskonferenz der Justizministerinnen und Justizminister 2016, zu TOP I.14 Ziff. 3.

41) *Frohn* in: PraxisHdb. NotarR, 3. Aufl. 2018, § 7 Rz. 37.

42) Z. B. im Rahmen der Arbeitsgruppe Elektronischer Rechtsverkehr der Bund-Länder-Kommission für Informationstechnik in der Justiz, die eine Musterrechtsverordnung für die elektronische Aktenführung in der Justiz erarbeitet hat.

43) *Frohn* in: PraxisHdb. NotarR, 3. Aufl. 2018, § 7 Rz. 22.

44) Siehe auch Begr. RegE, BT-Drucks. 18/10607, S. 38; *Frohn* in: PraxisHdb. NotarR, 3. Aufl. 2018, § 7 Rz. 22; siehe zum Vollmachts- und Titelregister auch Begr. RegE, BT-Drucks. 18/10607, S. 43.

45) Siehe auch Begr. RegE, BT-Drucks. 18/10607, S. 38; *Frohn* in: PraxisHdb. NotarR, 3. Aufl. 2018, § 7 Rz. 22.

5. Vorreiterrolle der vorsorgenden Rechtspflege

Ein maßgeblicher Grund für den Erfolg der Digitalisierung gerade in der vorsorgenden Rechtspflege liegt in der Tatsache, dass die Notare als in den Ländern bestellte öffentliche Amtsträger über eine *bundesgesetzliche Ausgestaltung* und *unter dem organisatorischen Dach der Bundesnotarkammer* auf die Einhaltung einheitlicher technischer Standards verpflichtet wurden. Dies dient nicht nur zukünftig beim Elektronischen Urkundenarchiv der Möglichkeit der einfachen Übergabe von elektronischen Akten und Verzeichnissen an nachfolgende Verwahrstellen, die diese Unterlagen dann unproblematisch lesen und bearbeiten können, sondern vor allem auch der bundesweit reibungslosen Kommunikation der Notare untereinander sowie mit den Gerichten und Behörden.

Auch die technische Kooperation und die Vereinbarung einheitlicher technischer Standards zwischen der Bundesnotarkammer und den länderübergreifenden Gremien der Justiz im elektronischen Rechtsverkehr hat sich bewährt, weil diese mit der Bundesnotarkammer einen festen Ansprechpartner haben, der in der Lage ist, neue Entwicklungen in kurzer Zeit verlässlich und technisch professionell umzusetzen. Zudem bietet sich die Übertragung zentraler Aufgaben des elektronischen Rechtsverkehrs an die Bundesnotarkammer als bundesunmittelbare Körperschaft des öffentlichen Rechts an. Dies wurde beispielsweise beim Betrieb des Systems S.A.F.E.[46)] realisiert, das im Auftrag des Bundes und der Länder von der Bundesnotarkammer betrieben wird. Es bildet die Grundlage für eine übergreifende Verwaltung von Nutzeridentitäten und damit letztlich den Betrieb des gesamten EGVP-Systems.[47)] Ab dem Jahr 2018 wird die Bundesnotarkammer, die hierzu als qualifizierter Vertrauensdiensteanbieter nach der eIDAS-Verordnung besonders gut geeignet ist, auch Zertifikate für die besonderen elektronischen Anwalts-, Notar-, Behörden- und die Gerichtspostfächer ausstellen.

---

46) Secure Access to Federated e-Justice/e-Government, siehe die Übersicht unter www.justiz.de/elektronischer_rechtsverkehr/grob-und-feinkonzept/Anlage_safe_die_uebersicht_stand_2017_07_15.pdf;jsessionid=825FDA1FC646B8A625ED64AB268A5C9D (Abrufdatum: 14.12.2017).

47) zu S.A.F.E siehe auch *Büttner*, Digitales Vertrauen in den Notar – SAFE und die Trusted Domain „Notare“, DNotZ Sonderheft 2013, 104 ff.

IV. Fortschreitende Vernetzung

Die Vorbildfunktion der vorsorgenden Rechtspflege bei der Digitalisierung gründet sich im Wesentlichen auf die *gelungene technische Kooperation* zwischen ihren Organen. Dieser Weg sollte auch in Zukunft konsequent weiter beschritten werden. Zusätzlich rückt in jüngster Zeit der Gedanke der Vernetzung verschiedener Systeme immer stärker in den Mittelpunkt. Sofern eine solche Vernetzung auf der Grundlage einer genauen Analyse der bestehenden Verfahren und unter Berücksichtigung der rechtlichen und tatsächlichen Unterschiede verschiedener Datenquellen vorgenommen wird, ist sie in jeder Hinsicht zu begrüßen und dazu geeignet, die Qualität und Geschwindigkeit von Gerichts- und Verwaltungsverfahren nachhaltig zu verbessern.

Eine Vorstufe der Vernetzung stellt bereits die *Übermittlung von strukturierten Daten* durch Notare im elektronischen Rechtsverkehr mit den Handelsregistern und Grundbuchämtern dar.[48] Die Notare bereiten gewissermaßen als „Außenstellen der Justiz" die Strukturdaten vor, die die Grundlage für die Eintragungen im Handelsregister und im Grundbuch bilden. Der zuständige Richter oder Rechtspfleger braucht die Daten nach Überprüfung der Anmeldung oder des Eintragungsantrags anhand der vom Notar übermittelten öffentlichen elektronischen Dokumente nur noch per Mausklick zu übernehmen.

Zukünftig lässt sich mit Hilfe des Elektronischen Urkundenarchivs der *nächste Schritt der Vernetzung* erreichen, beispielsweise durch eine *Verknüpfung des Elektronischen Urkundenarchivs mit den elektronischen Aktensystemen der Justiz.*[49] Dies kann insbesondere für das Handelsregister und das Grundbuch Effizienz- und Kostenvorteile mit sich bringen. Auf eine Übersendung von Dokumenten an die Gerichte und deren aufwändige Speicherung in elektronischen Gerichtsakten kann zukünftig verzichtet werden, wenn der Notar stattdessen einen Link auf das im Elektronischen Urkundenarchiv ohnehin beweiswerterhaltend gespeicherte Dokument

48) Zum elektronischen Rechtsverkehr mit dem Handelsregister siehe etwa: *Mödl/Schmidt*, Licht und Schatten im elektronischen Rechtsverkehr mit dem Handelsregister, ZIP 2008, 2332 ff.; zum elektronischen Rechtsverkehr mit den Grundbuchämtern siehe etwa *Kruse*, DNotZ Sonderheft 2013, 108 ff.

49) *Frohn* in: PraxisHdb. NotarR, 3. Aufl. 2018, § 7 Rz. 49; siehe auch *Büttner/Frohn*, DNotZ Sonderheft 2016, 157, 162 f.

verschickt und dieser Link dauerhaft in der Gerichtsakte hinterlegt werden kann.[50)]

Konkret lässt sich der Ablauf eines solchen Verfahrens am Beispiel der Bereitstellung einer Urkunde für das Grundbuchamt wie folgt skizzieren: Der Notar erstellt eine Kopie der elektronischen Fassung der Urschrift oder eine elektronisch beglaubigte Abschrift für das Grundbuchamt und hinterlegt diese in einem eigenen Speicherabschnitt des Elektronischen Urkundenarchivs („Auskunftsbereich"). Es gibt keinen direkten Zugriff auf die eigentliche Urschrift, sodass auch immer eine „Reinschrift" oder auch auszugsweise elektronisch beglaubigte Abschriften im Auskunftsbereich hinterlegt werden können. Anschließend berechtigt der Notar das Grundbuchamt für den Zugriff auf das Dokument und benachrichtigt das Grundbuchamt beispielsweise per EGVP, das besondere elektronische Notarpostfach oder auf einem anderen sicheren Weg darüber, dass er eine Urkunde hinterlegt hat. Anschließend kann das Grundbuchamt auf das vom Notar hinterlegte Dokument zugreifen, es lesen, ausdrucken und auch dauerhaft elektronisch in der Grundakte speichern. Auch spätere Ergänzungen durch Berichtigungsvermerke oder Nachtragsurkunden können zusammen mit dem Dokument hinterlegt und für den Zugriff durch das Grundbuchamt freigeschaltet werden. Das Grundbuchamt erhält einen dauerhaften Zugriff auf die Dokumente im Auskunftsbereich. Eine Notwendigkeit, diese selbst im E-Aktensystem der Justiz zu speichern, besteht dann nicht mehr.[51)]

Durch die Verknüpfung der elektronischen Grundakte mit dem im Auskunftsbereich des Elektronischen Urkundenarchivs hinterlegten Dokument muss der erforderliche sichere Langzeitspeicher nicht doppelt aufgebaut werden, sondern kann stattdessen von mehreren Stellen gemeinsam genutzt werden (*Once-only-Prinzip*).[52)]

In Verbindung mit dem *Datenbankgrundbuch*, das sich derzeit unter der Federführung des Freistaats Bayern im Aufbau befindet, könnten zukünftig sogar die im Urkundenverzeichnis gespeicherten strukturierten Daten

---

50) *Frohn* in: PraxisHdb. NotarR, 3. Aufl. 2018, § 7 Rz. 49; siehe auch *Büttner/Frohn*, DNotZ Sonderheft 2016, 157, 162 f.

51) Ähnlich auch *Büttner/Frohn*, DNotZ Sonderheft 2016, 157, 162 f.

52) Ähnlich *Büttner/Frohn*, DNotZ Sonderheft 2016, 157, 162 f.

zum Zugriff für das Grundbuchamt freigeschaltet und über eine Verlinkung zum Inhalt des Grundbuchs gemacht werden.[53)]

Analog zum Grundbuchamt kann der Zugriff auf die Urkunde auch dem Handelsregister oder auch Behörden gewährt werden, denen der Notar die Urkunde bislang im Rahmen der Abwicklung des Amtsgeschäfts zuleitet. Hier besteht großes Potenzial für eine Weiterentwicklung der vorsorgenden Rechtspflege durch eine sinnvolle Vernetzung, die die Verfahren weiter beschleunigt und die Verfügbarkeit von Informationen und Urkunden verbessert.

V. Fazit und Ausblick

Der Gesetzgeber hat im Bereich der vorsorgenden Rechtspflege bereits früh die Vorteile der Digitalisierung für die Kommunikation zwischen den beteiligten Stellen und für die Verfügbarkeit von Informationen erkannt. Auch in absehbarer Zukunft wird den Notaren weiterhin eine wichtige Rolle als „Medienbruchstelle“ für die Justiz zukommen. Zudem unterstützen und entlasten sie die Gerichte durch die Eingabe und Übersendung strukturierter Daten. Zukünftig sind mit Hilfe des Elektronischen Urkundenarchivs noch weitere Effizienzsteigerungen im elektronischen Rechtsverkehr denkbar, bis hin zu einer Vernetzung zwischen dem Elektronischen Urkundenarchiv und den Gerichtsakten nach dem „Once-Only-Prinzip“.

Auch die Möglichkeiten der elektronischen Aktenführung werden zu weiteren Effizienzsteigerungen führen. Bereits heute werden viele Vorgänge von den Notaren elektronisch abgewickelt oder die Abwicklung zumindest elektronisch unterstützt. Mit der Einführung verbindlicher technischer Standards kann die rein elektronische Aktenführung den Vollzug der Amtsgeschäfte noch weiter beschleunigen. Das Elektronische Urkundenarchiv und die Einführung der elektronischen Aktenführung schaffen damit ganz i. S. der *Jubilarin* die strukturellen Voraussetzungen dafür, dass die Notare ihre Rolle als Teil der Justiz und einer funktionierenden vorsorgenden Rechtspflege auch in der digitalen Welt weiterhin effizient und umfassend wahrnehmen können.

---

53) Zum Datenbankgrundbuch siehe auch *Büttner/Frohn*, DNotZ Sonderheft 2016, 157, 161 f.

Antisemitismusabwehr durch Recht? Wirtschaftsboykott gegen Juden vor der Ziviljustiz der Weimarer Republik

CORD BRÜGMANN

Inhaltsübersicht

I. Einführung

Dass die Justiz der Weimarer Republik auf dem rechten Auge blind war, ist eine Binsenweisheit. Wenn man sich allerdings mit den Forschungsergebnissen zur Justiz in der Weimarer Republik beschäftigt, fällt auf, dass diese im Wesentlichen die Strafjustiz im Blick haben. Die Ziviljustiz der Weimarer Republik dagegen blieb lange weitgehend unbeachtet,[1] *Dieser Aufsatz*[2] *zeigt, dass es jedenfalls für Fälle des antisemitischen Wirtschaftsboykotts während der Weimarer Republik für die Geschädigten vielversprechender war, Rechtsschutz vor den Zivilgerichten zu suchen, und versucht die Frage nach den Gründen dafür zu beantworten.*

II. Antisemitischer Boykott

Antisemitisch motivierter Boykott war keine Erfindung der Nationalsozialisten. Boykott von Geschäften, die jüdischen Inhabern gehörten, gab es schon vor dem 1. April 1933. Nach Gründung der Weimarer Republik wurden die ersten Aufrufe zum Boykott jüdischer Geschäfte, über die ab 1924 in der „CV-Zeitung" des *Centralvereins deutscher Staatsbürger jüdischen Glaubens*[3] (CV) berichtet wurde, von den Autoren noch als „ver-

---

1) Eine lesenswerte Ausnahme stellt eine Privatrechtsgeschichte der Weimarer Republik von *Nörr*, Zwischen den Mühlsteinen, 1988, dar.
2) Dieser Aufsatz greift zurück auf *Brügmann*, Flucht in den Zivilprozess, 2008.
3) Der CV wurde 1893 als Verein zur Abwehr von Antisemitismus gegründet. Die Rechtsschutzarbeit für seine bis zu 72.000 Mitglieder war ein Hauptpfeiler seiner Tätigkeit.

rostete Waffe“ bezeichnet.[4] Allerdings erwähnte der CV schon in seinem Jahresbericht 1924/25 zum ersten Mal ausführlich „Die Boykottfrage“. Es sei notwendig gewesen, für Fragen der rechtlichen Einordnung des Boykotts ein Gutachten einzuholen. Das zeigt, dass der CV den antisemitisch motivierten Boykott durchaus ernst nahm. Die Boykottaufrufe schienen gerade in Kleinstädten und in ländlichen Gegenden ein bevorzugtes Mittel der antisemitischen Agitation zu sein.

Dabei war der antisemitische Wirtschaftsboykott nur eines unter vielen Mitteln des gesellschaftlichen Boykotts. Besonders spürbar war er auch im Vereinsleben. Im deutschen *Pfadfinder-Korps* wurden schon seit Anfang der 1920er Jahre keine Juden mehr aufgenommen;[5] der *Deutsch-Österreichische Alpenverein* verabschiedete 1924 einen „Arierparagraphen“, der im CV entrüstete Reaktionen hervorrief.[6] In einem in den CV-Akten überlieferten Fall wurde die Ausschließung vom Landgericht Berlin für nichtig erklärt.[7]

Ab 1927 häuften sich in Deutschland die Boykottfälle. Auf Reichsebene war die DNVP zum ersten Mal in der Regierung vertreten. Auch die nach ihrem Verbot erstarkende NSDAP hatte den Boykott als Mittel ihrer Agitation entdeckt. Seit ca. 1927/28 taucht in den Quellen verstärkt der Begriff Boykott „bewegung“ auf. Boykottfälle sorgten seit 1928 etwa in Königsberg/Ostpreußen und Umgebung für Unruhe.[8] Im Dezember 1928 veröffentlichte die NSDAP-Ortsgruppe Königsberg antisemitische Karikaturen, um die „jüdischen Kaufhäuser“ zu verunglimpfen. In der Vorweihnachtszeit des Jahres 1930 wiederholte die örtliche NSDAP dies, indem sie Wagen mit Karikaturplakaten durch die Stadt fuhr und Flugblätter mit antisemitischen Boykottaufrufen verteilte. Im ostpreußischen Riesenburg blieb im selben Jahr eine Beschlagnahme von Boykottplakaten durch den Bürgermeister der Stadt erfolglos. Im auf die Beschlagnahme folgenden Strafverfahren sprach das zuständige Amtsgericht die Angeklagten frei und verfügte die Herausgabe der Plakate. Nicht nur den Geschäftsleuten, sondern auch ihren Angestellten bereitete die Boykottpro-

4) CV-Zeitung Nr. 8 vom 21.2.1924, S. 71.

5) Vgl. Schreiben des Berliner Patentanwalts *Dr. Felix Haase* an *Prof. Dr. Winfried Englert* v. 22.12.1931, Centralvereins-Archiv (CVA), Akte 2253, Central Archives for the History oft he Jewish People (CAHJP) Mikrofilm (Mf.) HM 2/8757, Frame 1418 f.

6) Vgl. CVA, Akte 2256, CAHJP Mf. HM 2/8757.

7) LG Berlin, Urt. v. 10.1.1928, zit. nach CVA Akte 3433, CAHJP HM 2/8827, Frame 2551 ff.

8) CVA, Akte 2532, CAHJP Mf. HM 2/8767, Frame 2444 ff.

paganda der NSDAP durchaus Existenzängste. Im Dezember 1930 entschlossen sich die Betriebsräte von großen Warenhäusern wie auch von Einzelhandelsfirmen, öffentlich gegen die wirtschaftliche Boykotthetze der NSDAP zu protestieren. Ihr Argument: Bei einem Erfolg dieser Boykotthetze würden zahlreiche, „auch nichtjüdische Angestellte mit ihren Familien brotlos auf der Strasse liegen und der allgemeinen Fürsorge zur Last fallen".[9] Im Unterschied zum Jahr 1928, als sechs Firmen jüdischer Kaufleute in einem Zivilverfahren vor dem Landgericht Königsberg erfolgreich gegen die örtliche NSDAP vorgegangen waren, war zwei Jahre später die Stimmung in Königsberg so bedrohlich, dass vier dieser sechs jüdischen Kaufleute davor zurückschreckten, auf der Basis der 1928 erwirkten Gerichtsentscheidung weiter gegen die NSDAP vorzugehen. Sie erklärten, „sie wollten sich nicht angesichts der zunehmenden Bedeutung der NSDAP herausstellen, da sie gerade durch Einreichung eines Antrages auf Bestrafung grössere Schwierigkeiten für ihre Firmen befürchten."[10]

In der Endphase der Weimarer Republik, die sich mit der im Oktober 1929 einsetzenden Weltwirtschaftskrise anbahnte und im März 1930 mit der weitgehenden Entmachtung des Reichstags und dem ersten Präsidialkabinett *Heinrich Brüning* einsetzte, trug der Antisemitismus unterschiedliche Züge: Einmal war ein „Radauantisemitismus" zu beobachten, der in zahlreichen Friedhofsschändungen und den Kurfürstendammkrawallen vom 12. September 1931 einen Höhepunkt fand.[11] Außerdem entwickelten nationalsozialistische und deutsch-völkische Organisationen Strategien eines „legalen" politischen und juristisch begründeten Antisemitismus, der – vorgeblich als Alternative zum Radau- oder Krawallantisemitismus – dazu dienen sollte, Juden aus dem gesellschaftlichen und Wirtschaftsleben zu verdrängen. Die Antisemiten nutzten die Diskussion um die juristische Einordnung antisemitischer Boykottpropaganda, um Wege zu finden, antisemitische Agitation rechtlich zu rechtfertigen.

Dort, wo die NSDAP auf kommunaler oder Länderebene an der Regierung beteiligt war, setzte sie die Propaganda in einigen Fällen politisch um. So ist aus Coburg, einer der Hochburgen des Nationalsozialismus wäh-

9) Schreiben des Syndikus des CV-Landesverbandes Ostpreußen *Sabatzky* an den CV-Berlin v. 13.12.1930, CVA, Akte 2532, CAHJP Mf. HM 2/8767, Frame 2451 ff.

10) Schreiben des Syndikus des CV-Landesverbandes Ostpreußen *Sabatzky* an den CV-Berlin v. 19.12.1930, CVA, Akte 2532, CAHJP Mf. HM 2/8767, Frame 2446 f.

11) *Walter*, Antisemitische Kriminalität und Gewalt, 1999, S. 211 ff.

rend der Weimarer Republik,[12] überliefert, dass der Wohlfahrtsausschuss des Bezirksfürsorgeverbandes Coburg Stadt schon im Oktober 1930 beschlossen hatte, bei den Besorgungen für die Weihnachtsbescherung für arme Kinder nicht bei jüdischen Geschäften zu kaufen. Der 1. Bürgermeister Coburgs verfügte im Jahr 1932, dass dieser Beschluss auch für das Jahr 1932 gelten sollte. Beschwerden des CV-Landesverbandes Bayern bis hinauf zum Bayerischen Innenministerium blieben erfolglos.[13]

III. Boykott und Recht

Am 18. und 19. Juni 1927 veranstaltete der CV eine Konferenz zum Thema „Deutsches Judentum und Rechtskrisis".[14] Der Einladung folgten 400 Juristen aus dem gesamten Deutschen Reich. Mit solchen Konferenzen unterstützte der CV die Arbeit vieler Rechtsanwälte, die im gesamten Deutschen Reich Opfer antisemitischen Boykotts vertraten. Der CV unterstützte seine Mitglieder häufig dadurch, dass er den Fall begutachtete und ggf. weiteren Rechtsschutz gewährte sowie in Fällen von grundsätzlicher Bedeutung die Kosten der Rechtsverfolgung vor Gerichten übernahm.[15] Dem CV allerdings ging es um mehr als um die Rechtsdurchsetzung im Einzelfall: Er wollte erreichen, dass der antisemitische Boykott generell für rechtswidrig erklärt wurde. Ein weiteres Mittel der Rechtsschutzarbeit war die Erstellung einer Entscheidungssammlung, die neben die recht umfassende Berichterstattung in der CV-Zeitung trat. Ab 1930[16] erstellte die Rechtsschutzstelle des CV aus den ihr vorliegenden Entscheidungen eine Entscheidungssammlung für die Rechtsschutzarbeit des Verbandes. Der CV versandte sie an seine Landesverbände und Ortsgruppen sowie – bei Bedarf – an Rechtsanwälte, die damit Prozesse ihrer Mandanten vorbereiteten. Gegen Ende der Weimarer Republik umfasste das Archiv in der CV-Geschäftsstelle Unterlagen zu etwa 175 Boykottfällen;[17] die Anzahl der in die Entscheidungssammlung aufgenommenen Gerichtsent-

---

12) Seit 1930 hatte Coburg mit *Franz Schwede*, einem radikalen Antisemiten, einen nationalsozialistischen Bürgermeister.

13) CVA, Akte 2546, CAHJP Mf. HM 2/8768, Frame 1375 ff.

14) Vgl. die Dokumentation der Beiträge der Konferenz: *Stern/Eyck/Weil*, Deutsches Judentum und Rechtskrisis, 1927.

15) Zur Kostenübernahme vgl. Unterlagen zur Hauptvorstandssitzung des CV am 23.3.1929, CVA, Akte 1933, CAHJP Mf. HM 2/8745, Frame 287.

16) Erstes Rundschreiben der Sammlung mit den Entscheidungen 1–15 v. 11.4.1930, vgl. CVA, Akte 137, CAHJP Mf. HM 2/8697, Frame 644.

17) Vgl. *Lazarus*, CV-Zeitung Nr. 28 v. 8.7.1932, S. 287 f.

scheidungen belief sich im Dezember 1932 auf mehr als 150,[18] wobei nicht alle der Entscheidungen in der Sammlung zivilrechtliche Verfahren antisemitisch motiviertem Boykott betrafen.

Das erste überlieferte Verfahren war eine Entscheidung des Amtsgerichts Norden aus dem Oktober 1925.[19] Der Sachverhalt: Im September 1925 hatte der *Völkische Bund* in Norden ein antisemitisches Flugblatt verteilt, das mit dem fett gedruckten Aufruf „Kauft nicht beim Juden!" endete. Einige Kaufleute, Mitglieder der Ortsgruppe Norden des CV, erhoben Klage vor dem Amtsgericht Norden gegen den *Völkischen Bund*. Der Vertreter des Bundes, sein Vorsitzender, der Buchdruckereibesitzer *Siebold F. Siebolts*, verteidigte sich u. a. damit, dass der Boykottaufruf vom Recht auf freie Meinungsäußerung, wie es in der Weimarer Reichsverfassung normiert war, gedeckt sei. Die jüdischen Kläger hatten Erfolg. Das Gericht begründete seine Entscheidung außergewöhnlich klar. Sie soll hier auszugsweise im Wortlaut wiedergegeben werden:

> „(...) Die durch das Flugblatt allgemein öffentlich in Norden erfolgte Kundgebung: „Kauft nicht beim Juden!" ist dazu bestimmt und geeignet, das Publikum von jüdischen Geschäften, also auch von denen der Kläger, fernzuhalten. Bei Würdigung der Wirkung dieser Kundgebung ist zu berücksichtigen, daß das Flugblatt in einem kleinen Ort, in dem eine verhältnismäßig eng umgrenzte Zahl jüdischer Geschäftsleute vorhanden ist, und in dem die völkische Partei viele Anhänger hat, verbreitet wurde. Im Hinblick hierauf und in Verbindung mit dem sonstigen Inhalt des Flugblattes geht die Erklärung des Beklagten über eine zulässige bloße Anregung zur eigenen Entscheidung des Lesers über seine Stellung zu jüdischen Kaufleuten hinaus und stellt eine Verrufserklärung jüdischer Gewerbetreibender dar. Das Flugblatt und die Kundgebung des Beklagten dienen ausschließlich oder doch ganz überwiegend dem politischen Kampf, sie sollen die politischen Bestrebungen des Beklagten fördern, greifen in diesem Sinne die Juden als solche an, und sind auf deren wirtschaftliche Schädigung vorsätzlich gerichtet. Ein Verruf lediglich aus politischen Gründen erscheint als ein Verstoß gegen die guten Sitten (§ 826 BGB) und verwerflich; insbesondere gilt dies dann, wenn, wie hier, der politische Gegner auch wirtschaftlich getroffen werden soll. Es wäre unerträglich, wenn politische Parteien und Vereinigungen es unternehmen wollten, politische Ziele dadurch zu erreichen, daß die Gegner durch öffentliche Kundgebungen brotlos gemacht oder doch in ihrem Erwerb geschmälert werden. In der Reichsverfassung (Art. 109, 113) ist die Gleichberechtigung der Juden festgelegt. Im vorliegenden Fall tritt noch hinzu, daß die Kundgebung in eine Form gekleidet ist, die – selbst wenn man im politischen Kampf stärkere Ausdrücke für zulässig halten muß, als sonst – verletzend ist und aufreizend wirkt. Der Ausdruck „beim Juden" enthält nach dem Sprachgebrauch eine Herabsetzung (...)."

---

18) Vgl. Rundschreiben des CV „[a]n die Landesverbände bezw. Beamten des C.V. sowie an die juristischen Mitarbeiter des Hauptvorstandes" v. 19.12.1932, CVA, Akte 137, CAHJP Mf. HM 2/8697, Frame 644 ff.

19) Über den Prozess berichtet die „CV-Zeitung" in ihrer Ausgabe Nr. 18 v. 30.4.1926, S. 245.

Der Nordener Richter hatte eine juristische Argumentation aufgegriffen, die der Zivilrechtslehrer *Paul Oertmann* schon 1906 in einem Gutachten für den 29. Deutschen Juristentag[20] im Zusammenhang mit dem Boykott im Arbeitskampf entwickelt und 1925 in einer weiteren Arbeit zum politischen Boykott[21] ausdifferenziert hatte.[22] Die Entscheidung macht klar, dass auch ein allgemeiner Aufruf „Kauft nicht beim Juden!" geeignet ist, eine Schädigung der Verrufenen gemäß § 826 BGB darzustellen. Im Ergebnis, und das ist das Besondere an dieser Entscheidung aus dem Jahr 1925, lässt sich nach der Wertung des Amtsgerichts Norden kaum ein Fall eines antisemitischen Boykottaufrufs denken, der nicht sitten- und damit rechtswidrig wäre.

Eine Entscheidung des Amtsgerichts Lüdenscheid aus dem Jahr 1930 stellt gleichsam den Gegenpol zu der des Amtsgerichts Norden dar. Der Lüdenscheider jüdische Kaufmann *Hermann Schwerin* hatte eine einstweilige Verfügung gegen Verantwortliche für ein Flugblatt erwirkt. Das Gericht prüfte im Kostenfestsetzungsverfahren, ob der allgemeine Aufruf „Kauft nicht bei Juden, unterstützt den deutschen Volksgenossen" auf einem Flugblatt, mit dem zu einer NSDAP-Veranstaltung eingeladen worden war, gegen zivilrechtliche Normen verstoße und verneinte dies sehr deutlich. Auch dieser Beschluss soll in Auszügen wiedergegeben werden:

> „Der Antragsteller erblickt in der Aufforderung „Kauft nicht bei Juden, unterstützt den deutschen Volksgenossen" eine Beleidigung. Diese Ansicht ist unhaltbar. Das Flugblatt lädt zum Besuch einer Protestveranstaltung ein. Es enthält, mit Ausnahme der genannten Aufforderung nichts gegen die Juden Gerichtetes. Unter diesen Umständen ist nicht ersichtlich, worin die Absicht, die Juden zu beleidigen, zum Ausdruck kommen soll. Es geht nicht an, in die einfache Aufforderung alle möglichen üblen Nachreden oder Verleumdungen hineinzuinterpretieren, weil ähnliche Aufforderungen schon mit solchen Zusätzen verbunden waren. Dazu bildet auch die Gegenüberstellung von „Juden" und „deutschen Volksgenossen" keine Handhabe, denn damit soll nur auf die Verschiedenheit der Rassen hingewiesen werden. Ein Werturteil kann darin nicht gefunden werden. (...)
>
> Bleibt die Frage, ob [die Aufforderung] moralwidrig ist? Soweit das Mittel, der verteilte Zettel und der Wortlaut, in Betracht kommt, ist diese Frage ohne weiteres zu verneinen. Aber auch ihrem Ziele nach verstösst die Aufforderung „kauft nicht bei Juden" nicht gegen die guten Sitten. Es handelt sich um ein politisches Ziel, das erstrebt wird, die Ausschaltung fremdrassiger Machteinflüsse. Der Antragsgegner zu a) als Mitglied der natio-

20) *Oertmann*, Gutachten DJT in: Verhandlungen 28. DJT, 2. Bd, 1906, S. 33.
21) *Oertmann*, Der politische Boykott, 1925.
22) Zur rechtswissenschaftlichen Diskussion um den Boykott vgl. *Brügmann*, Flucht, S. 78 ff., 91 f.

nalsozialistischen Arbeiterpartei sieht auf Grund seiner Überzeugung die Bekämpfung des Judentums als völkische Pflicht an. Das schließt die Sittenwidrigkeit aus. (...)"[23]

Diese Entscheidung ist deswegen auffällig, weil der Verfasser des Beschlusses, der Lüdenscheider Amtsrichter *Dr. Lohrmann*, sich der Argumente eines „rationalen Antisemitismus" bediente, indem er feststellte, die Gegenüberstellung von Juden und „deutschen Volksgenossen" sei kein Werturteil, sondern damit solle „nur auf die Verschiedenheit der Rassen hingewiesen werden". Ob sich bei der Feststellung, dass die Sittenwidrigkeit der Aufforderung „Kauft nicht bei Juden" deshalb ausgeschlossen sei, weil es sich bei der „Bekämpfung des Judentums" um ein politisches Ziel handele, das zu erfüllen nach Ansicht eines der Antragsgegner, eines Mitglieds der NSDAP, „völkische Pflicht" sei unbewusst oder bewusst eigene Einstellungen des Richters in die Entscheidung eingeflossen sind, liegt jedenfalls nahe.

Für die nationalsozialistische Presse war die Entscheidung ein Erfolg. Sie berichtete darüber u. a. im „Angriff" vom 27. April 1930.[24] Der CV in Berlin reagierte mit Verärgerung, als er von der Sache erfuhr. Der stellvertretende Syndikus des CV in Berlin *Alfred Hirschberg* schrieb am 24. März 1930, die Entscheidung sei ein Rückschlag für die Anstrengungen, „eine ständige Rechtsprechung in unserem Sinne" zu erreichen.[25] Die Entscheidung des Amtsgerichts Lüdenscheid hatte in der Überprüfung durch das Landgericht Hagen dann auch keinen Bestand.[26] Das Gericht entschied, dass der Boykott zwar „kein schlechterdings unerlaubtes Kampfmittel" sei, dass er aber dann verboten sei, wenn „er die wirtschaftliche Existenz des Gegners zu untergraben bestimmt und dazu auch geeignet ist". Das Landgericht stellte weiter fest, dass es der NSDAP gerade darum ginge, dieses Ziel zu erreichen und dass ein Boykottaufruf in einer kleinen Stadt wie Lüdenscheid auch geeignet sei, dieses Ziel zu erreichen. Daher sei die Verbreitung des Flugblatts „eine vorsätzliche, sittenwidrige Handlung im

---

23) AG Lüdenscheid, Beschl. v. 13.3.1930, zit. nach CVA, Akte 2438, CAHJP Mf. HM 2/8765, Frame 1435 ff.

24) Zeitungsausschnitt in den CV-Akten, CVA, Akte 2438, CAHJP Mf. HM 2/8765, Frame 1417.

25) Schreiben v. *Hirschberg* an den Landesverband Rheinland-Westfalen des CV v. 24.3.1930, CVA, Akte 2438, CAHJP Mf. HM 2/8765, Frame 1431 f.

26) LG Hagen, Beschl. v. 16.5.1930, zit. nach CVA, Akte 2438, CAHJP Mf. HM 2/8765, Frame 1420 ff.

Sinne des § 826 BGB (...)". Dieser Beschluss des LG Hagen hat bei den Juristen im CV Erleichterung ausgelöst.[27]

Die Bemühungen um Rechtsschutz für jüdische Boykottopfer und um Rechtssicherheit erlitten wieder einen Rückschlag, als der 1. Zivilsenat des Oberlandesgerichts Bamberg am 3. Mai 1930[28] unter Rückgriff auf eine Entscheidung des Reichsgerichts vom 12. Juli 1906[29] entschied, dass Boykottaufrufe in einer nationalsozialistischen Tageszeitung gar keinen Boykottaufruf im Rechtssinne darstellten.

IV. Flucht in den Zivilprozess?

Warum wurden im Falle des antisemitischen Wirtschaftsboykotts in aller Regel nicht die Strafgerichte angerufen, sondern die Zivilgerichte? Zwar wäre ein strafrechtliches Vorgehen gegen diejenigen, die zum Boykott aufriefen, denkbar gewesen. Ganz vereinzelt haben Strafgerichte auch Verfahren wg. Beleidigung gemäß § 185 StGB eröffnet. Allerdings lagen im Zusammenhang mit Boykottaufrufen nicht immer Straftaten vor. Zum anderen war der Verfolgungseifer der Staatsanwaltschaften in der Weimarer Zeit gerade bei antisemitischen Beleidigungen gering. Außerdem war das Vertrauen der Opfer antisemitischer Agitation in eine Strafjustiz, in der Republikverachtung und Antisemitismus nah beieinander lagen, gering. Schon 1924 führte eine Publikation zahlreiche Beispiele dafür auf.[30] Der Autor *Ludwig Foerder*, Rechtsanwalt in Breslau und Syndikus des Landesverbandes Niederschlesien[31] des CV, stellte sogar eine Tendenz zu immer weniger Zurückhaltung fest.

---

27) Vgl. Schreiben v. *Lazarus* (CV-Berlin) an den Landesverband Rheinland-Westfalen des CV v. 23.6.1930: „(...) Wir freuen uns, dass dieser Erfolg bei der Zweifelhaftigkeit der Rechtslage doch erzielt werden konnte. (...)", CVA, Akte 2438, CAHJP Mf. HM 2/8765, Frame 1424.

28) OLG Bamberg, in: Zeitschrift für Rechtspflege in Bayern Nr. 21, 1930, S. 345.

29) RG v. 12.7.1906 – Rep. VI. 497/05, RGZ 64, 52.

30) *Foerder*, Antisemitismus und Justiz, 1924.

31) *Foerder* war Rechtsanwalt seit 1912 und Notar seit 1920. Neben seiner Tätigkeit als ehrenamtlicher Syndikus des CV- Landesverbandes Mittel- und Niederschlesien (Schreiben Foerder an CV-Berlin v. 2.4.1922, CVA, Akte 2252, CAHJP Mf. HM 2/8757) führte er die Geschäfte von mehr als 30 CV-Ortsgruppen. Er vertrat CV-Untergliederungen und Private in mehr als 200 (nach eigenen Angaben in mehr als 300) Verfahren „gegen Nazi-Führer und -Organisationen", eigenhändiger Lebenslauf (1950), Nachruf v. 6.7.1954 (Zeitungsausschnitt ohne Titel), Central Zionist Archives (CZA) 14. AK 628.

„(D)ie ‚völkische' Anschauungs- und Ausdrucksweise (sei) vor dem Kriege nur verschwindend wenigen Richtern geläufig" gewesen. „Sie waren gleichwohl sicherlich deshalb nicht weniger national. Heute ist sie den meisten in Fleisch und Blut übergegangen."[32]

Beachtlich war demnach weniger die Tatsache, dass die Richter antidemokratisch und antisemitisch waren, sondern, dass sie es in ihren Urteilen offen auszusprechen wagten.[33] Damit trugen Strafurteile dazu bei, dass ein rationaler Antisemitismus gesellschaftsfähig wurde. Zu häufig hatten Opfer antisemitischer Taten ferner beobachten können, dass antisemitische Täter straffrei blieben oder mit geringen Strafen davonkamen. Sie ließen sich nicht von der Strafverfolgung beeindrucken, sondern nutzen den Strafprozess als Bühne.

Der zivilprozessuale Weg war für die Geschädigten antisemitischer Boykottaufrufe gangbar, weil das Zivilrecht mit dem strafbewehrten Anspruch auf Unterlassung eine Rechtsfolge bereithielt, die aus der Sicht der Betroffenen sogar einen umfassenderen Schutz bot als das Strafrecht. Der allgemeine Unterlassungsanspruch war in der Rechtswissenschaft umstritten, vom Reichsgericht aber schon 1901 im Falle der Wiederholungsgefahr[34] und im Jahre 1917 als vorbeugender allgemeiner Unterlassungsanspruch[35] anerkannt, übrigens entwickelt anhand von Sachverhalten im Zusammenhang mit Boykottfällen.[36] Außerdem bot der häufig beschrittene Weg des einstweiligen Rechtsschutzverfahrens schnelle Reaktionsmöglichkeiten der Gerichte. Des Weiteren mussten die Zivilgerichte tätig werden, wenn sie von einer Partei angerufen worden waren, und die Parteien hatten auf die Durchführung des Verfahrens, anders als beim Strafverfahren, einen entscheidenden Einfluss. Nicht zuletzt hatte

„(d)ie Zivilklage (...) gegenüber strafrechtlichem Einschreiten den Vorteil, daß [denen, die zum Boykott aufrufen,] die erheblichen Kosten eines derartigen Prozesses auferlegt werden. Wenn die Herrschaften an ihrem Geldsack fühlen, daß man nicht ungestraft schmähen und verleumden darf, so erreicht man am besten die Unterlassung derartiger Angriffe."[37]

---

32) *Foerder*, Antisemitismus und Justiz, S. 23.

33) *Foerder*, Antisemitismus und Justiz, S. 21 ff.

34) RG v. 11.4.1901 – Rep. VI. 443/00, RGZ 48, 114.

35) RG v. 3.12.1917 – Rep. VI. 370/17, RGZ 91, 350.

36) Vgl. *Adams*, Die vorbeugende Unterlassungsklage im Gebiete der unerlaubten Handlungen, 1924, S. 87.

37) Schreiben v. *Lazarus*, CV Berlin an die *Fa. Gebrüder Alsberg*, Dresden v. 20.12.1932 betr. Vorgehensweise gegen antisemitische Schmähungen in der Zeitung „Freiheitskampf", CVA, Akte 2471, CAHJP Mf. HM 2/8766, Frame 687.

Der CV konzentrierte seine Bemühungen in der Endphase der Weimarer Republik darauf, bei einer uneinheitlichen Rechtsprechung einen Boykottprozess zur grundsätzlichen Entscheidung vor das Reichsgericht zu bringen.[38)] Es sollte die Rechtsfrage entscheiden, ob Aufrufe zum Boykott jüdischer Geschäfte nach den Normen des BGB generell statthaft seien oder nicht. Die Zeit schien nach dem von der NSDAP groß inszenierten und reichsweit spürbaren Weihnachtsboykott des Jahres 1932 reif. Dem CV lag eine recht stattliche Anzahl von positiven Entscheidungen bis hin zu Urteilen von Oberlandesgerichten vor; überdies war sich die rechtwissenschaftliche Literatur im Wesentlichen einig, dass der antisemitische Boykott sittenwidrig sei. Außerdem hatte die Boykottbewegung Formen und Ausmaße angenommen, die tatsächlich bedrohlich wirkten. Der Kölner Rechtsanwalt *Rudolf Callmann* forderte auf einer Sitzung des Arbeitsausschusses des CV in Berlin am 29. Januar 1933 zum wiederholten Male, ein Verfahren vor das Reichsgericht zu bringen.[39)] Drei Tage später, zwei Tage nach der Machtübernahme der Nationalsozialisten, nahm er seinen Antrag „unter dem Druck der augenblicklichen Lage“ zurück.[40)]

V. Schluss

> „Ist der Rechtsschutz auch nicht unsere einzige Aufgabe, nicht das Allheilmittel in dem großen sozialen Kampfe, so ist doch die Tragweite seiner Kraft nicht zu unterschätzen. Indem er einerseits die brutale Gewalt niederdrückt, unlautere Kampfesmittel lähmt, der Fanatisierung des Volkes durch Verleumdung der Gegner und durch Aufreizung der niederen Leidenschaften der Masse einen Damm entgegensetzt, andererseits in den Angegriffenen aber das Vertrauen am Staat und die Liebe zum Vaterlande wachhält (…).“[41)]

Mit diesem Leitgedanken des ersten Vorsitzenden des CV *Eugen Fuchs* war die Mehrheit der deutschen Juden in die Weimarer Republik gegangen. Das Rechtssystem der Republik, so hofften die deutschen Juden, hielt im Hinblick auf staatsbürgerliche Emanzipation und bürgerlich-rechtliche Gleich-

---

38) „Thesen zum Referat des Herrn Rechtsanwalt Dr. Callmann-Köln über ‚Neueste Erfahrungen auf dem Gebiete der Boykottprozesse‘“, CVA, Akte 3885, CAHJP Mf. HM 2/8844, Frame 1084; auch: CVA, Akte 138, CAHJP Mf. HM 2/8697, Frame 681, 690 f.

39) Handschriftliches Schreiben v. *Callmann* an den CV Berlin v. 24.1.1933 mit seinen Thesen zum Boykottproblem, CVA, Akte 138, CAHJP Mf. HM 2/8697, Frame 690 f.

40) Dies berichtete *Dr. Marx*, Landesverband Hessen-Nassau, in einem Schreiben an Rechtsanwalt *Dr. S. Doernberg*, Eschwege, v. 31.1.1933, CVA, Akte 2481, CAHJP Mf. HM 2/8766, Frame 1103.

41) *Fuchs*, Deutschtum und Judentum, 1919, S. 50.

berechtigung diejenigen Mittel bereit, mit denen man vermeintliche Überbleibsel von Antisemitismus und Ausgrenzung würde beseitigen können. In der Abwehr des antisemitischen Wirtschaftsboykotts konnten die Geschädigten dank ihrer Rechtsanwälte und der Rechtsschutzarbeit des CV vor Zivilgerichten größere Erfolge erreichen als vor der Strafjustiz. Dennoch haben sich die Erwartungen und Hoffnungen, die die deutschen Juden 1919 in den Rechtsstaat gesetzt hatten, unter der Geltung der Weimarer Verfassung nicht realisiert.[42]

42) Ein kritisches Fazit zum juristischen Schutz gegen den Antisemitismus ziehen auch *Jahr*, Antisemitismus vor Gericht, 2011, S. 262 ff., 270, und *Ahlheim*, „Deutsche, kauft nicht bei Juden!“, 2011, S. 236.

Ausgewählte Prozessrechtsfragen bei verwaltungsrechtlichen Anwaltssachen

WOLFGANG EWER

Inhaltsübersicht

I. Einleitung

Im Jahre 1992 veröffentlichte Rechtsanwalt *Professor Dr. Konrad Redeker* im Anwaltsblatt einen Beitrag unter dem vielsagenden Titel „Die Ehrengerichte als besondere Verwaltungsgerichte". Der Untertitel lautete: „Zur Notwendigkeit einer Reform".[1] In dem Beitrag wurde u. a. ausgeführt,

- dass der Ehrengerichtshof als erste und der Bundesgerichtshof als zweite (Tatsachen-)Instanz entgegen der Annahme des Gesetzgebers in verwaltungsrechtlichen Anwaltssachen nicht nur in Zulassungsfragen, sondern zunehmend auch bei verschiedensten anderweitigen Streitigkeiten angerufen wurden, und
- dass das damals für verwaltungsrechtliche Anwaltssachen geltende Prozessrecht – bestehend aus dem Gesetz über die freiwillige Gerichtsbarkeit sowie wenige ergänzende Normen der Bundesrechtsanwaltsordnung (BRAO), darunter insbesondere § 223 – hierfür letztlich kein geeignetes Instrumentarium bereithielt.

---

1) *Redeker*, Die Ehrengerichte als besondere Verwaltungsgericht – Zur Notwendigkeit einer Reform, AnwBl 1992, 505 ff.

Letzteres wurde in vielfacher Hinsicht augenfällig. So war nicht nur unklar, was alles statthafter Gegenstand eines derartigen Verfahrens sein konnte. Vielmehr herrschte auch Ungewissheit über die zur Verfügung stehenden Klagearten. Schließlich fehlten Regelungen über einstweiligen Rechtsschutz. So erinnere ich mich noch daran, wie ich im gleichen Jahre – 1992 – vor dem damaligen Ehrengerichtshof für Rechtsanwälte in Schleswig einen Antrag auf Erlass einer einstweiligen Anordnung stellte. Ich berief mich auf eine Entscheidung des Bundesverfassungsgerichts zum damals gesetzlich noch nicht geregelten einstweiligen Rechtsschutz im sozialgerichtlichen Verfahren und machte geltend, dass Art. 19 Abs. 4 GG die analoge Anwendung von § 123 VwGO auch im anwaltsgerichtlichen Verfahren gebieten würde. Der Ehrengerichtshof folgte dieser Argumentation.[2)]

Obwohl Mängel der angesprochenen Art evident waren, erfolgte eine Abhilfe erst durch das zum 1. September 2009 in Kraft getretene Gesetz zur Modernisierung von Verfahren im anwaltlichen und notariellen Berufsrecht.[3)] Der Kern der Regelung bestand in dem neu eingeführten § 112c BRAO, in dessen Absatz 1 Satz 1 es heißt:

> „Soweit dieses Gesetz keine abweichenden Bestimmungen über das gerichtliche Verfahren enthält, gelten die Vorschriften der Verwaltungsgerichtsordnung entsprechend."

Im Übrigen enthielt die Novelle zum Prozessrecht bei verwaltungsrechtlichen Anwaltssachen in Gestalt der §§ 112a und § 112b sowie § 112d bis § 112g BRAO nur sechs weitere Paragraphen über den Rechtsweg und die sachliche sowie die örtliche Zuständigkeit, den Klagegegner und die Vertretung der Rechtsanwaltskammer bei Verfahren gegen ein Mitglied ihres Präsidiums oder Vorstandes, die Berufung, Klagen gegen Wahlen und Beschlüsse und Rechtsschutz bei überlangen Gerichtsverfahren. Obwohl der Gesetzgeber mit der Neuausrichtung des prozessrechtlichen Ansatzes bei verwaltungsrechtlichen Anwaltssachen einen großen Teil der zuvor streitigen oder zumindest unklaren Grundsatzprobleme entschieden hat, wirft auch die Neuregelung eine Vielzahl von rechtlich schwierigen Einzelfragen auf.

---

2) RAeEGH Schleswig, Beschl. v. 13.7.1992 – 1 EGH 19/91, AnwBl 1993, 135 f.

3) Gesetz zur Modernisierung von Verfahren im anwaltlichen und notariellen Berufsrecht, zur Errichtung einer Schlichtungsstelle der Rechtsanwaltschaft sowie zur Änderung der Verwaltungsgerichtsordnung, der Finanzgerichtsordnung und kostenrechtlicher Vorschriften, v. 30.7.2009, BGBl. I 2009, 2449.

II. Umfassende gerichtliche Kontrolle

Die in § 112 c Abs. 1 Satz 1 BRAO enthaltene Generalklausel, wonach der Anwaltsgerichtshof im ersten Rechtszug über alle öffentlich-rechtlichen Streitigkeiten nach diesem Gesetz, einer aufgrund dieses Gesetzes erlassenen Rechtsverordnung oder einer Satzung einer der nach diesem Gesetz errichteten Rechtsanwaltskammern, einschließlich der Bundesrechtsanwaltskammer (BRAK) entscheidet, soweit nicht die Streitigkeiten anwaltsgerichtlicher Art oder einem anderen Gericht ausdrücklich zugewiesen sind (verwaltungsrechtliche Anwaltssachen), ist strukturell erkennbar § 40 Abs. 1 VwGO nachgebildet. Das ist deshalb bedeutsam, weil § 40 Abs. 1 VwGO darauf abzielte, dass die verwaltungsgerichtliche Kontrolle gegenständlich nicht – insbesondere nicht auf Verwaltungsakte – beschränkt sein, sondern jedwede Formen des Verwaltungshandelns umfassen sollte.[4)] Sowohl der Wortlaut des § 112c Abs. 1 Satz 1 BRAO („alle öffentlich-rechtlichen Streitigkeiten"), als auch die erkennbare strukturelle Anlehnung an § 40 Abs. 1 Satz 1 VwGO gebietet daher ein Verständnis der Vorschrift, wonach jede Form hoheitlicher Tätigkeit der Rechtsanwaltskammern der gerichtlichen Kontrolle unterliegt. Hierfür spricht zudem auch die Bestimmung des § 112d Abs. 1 Nr. 2 BRAO. Nach dieser ist die Klage gegen die Rechtsanwaltskammer oder Behörde zu richten, deren Entschließung Gegenstand des Verfahrens ist. Da die BRAO terminologisch zwischen Entschließungen in § 112d Abs. 1 Nr. 2 und Beschlüssen in § 112f Abs. 1 unterscheidet und da sich Entschließungen in aller Regel als im weitesten Sinne politische Willensbekundungen darstellen, denen ein mit Außenwirkung versehener Regelungscharakter fehlt, macht auch dies deutlich, dass der Rechtsschutz in verwaltungsrechtlichen Anwaltssachen nicht auf Verwaltungsakte beschränkt ist.

Zur Qualifizierung des Handelns als öffentlich-rechtlich ist auf die umfängliche Judikatur zum identischen Begriff in § 40 Abs. 1 VwGO zu verweisen.[5)] Zudem dürften die Rechtsanwaltskammern gegenüber ihren Mit-

---

4) *Ehlers/Schneider* in: Schoch/Schneider/Bier, VwGO, 32. Lfg. 10/2016, § 40 Rz. 4; *Sodan* in: Sodan/Ziekow, VwGO, 4. Aufl. 2014, § 40 Rz. 34.

5) VGH Mannheim, Urt. v. 21.12.1989 – 4 S 2554/89, RiA 1991, 47, 49 f.; VGH München, Beschl. v. 12.12.2011 – 14 C 11.705, juris, Rz. 16; VG Leipzig, Beschl. v. 6.9.2005 – 5 K 1069/05, juris, Rz. 6; vgl. im Übrigen die Nachweise bei *Sodan* in: Sodan/Ziekow, VwGO, 4. Aufl. 2014, § 40 Rz. 289–308; siehe auch *Finkelnburg*, Zur Entwicklung der Abgrenzung der Verwaltungsgerichtsbarkeit im Verhältnis zu anderen Gerichtsbarkeiten durch das Merkmal der öffentlich-rechtlichen Streitigkeit, in: FS Menger, 1985, S. 279 ff.

gliedern in aller Regel hoheitlich und damit öffentlich-rechtlich tätig werden. Ausnahmsweise kommt anderes in Betracht,

- sofern sich die Kammern zur Erfüllung bestimmter Aufgaben – etwa im Aus- und Fortbildungsbereich – der Hilfe von juristischen Personen des Privatrechts (insbesondere von Eigengesellschaften in GmbH-Form) bedienen und
- sofern das Rechtsverhältnis zwischen diesen Gesellschaften und den Leistungsnehmern privatrechtlich ausgestaltet ist.

Kommt es in einer solchen Konstellation etwa zu einem Streit über einen Anspruch auf Erteilung einer Teilnahmebescheinigung nach der FAO, so ist hierfür gemäß § 13 GVG der Weg zu den Gerichten der ordentlichen Gerichtsbarkeit eröffnet, wobei nach den Grundsätzen zum Verwaltungsprivatrecht die Kammern die Bindungen des öffentlichen Rechts – insbesondere die Grundrechte – strikt zu beachten haben,[6)] was von den Gerichten der ordentlichen Gerichtsbarkeit zu überprüfen ist.[7)]

Im Übrigen stellt § 112 Abs. 1 Satz 1 BRAO damit nicht nur eine Rechtswegzuweisung und eine Regelung der sachlichen Zuständigkeit dar; vielmehr enthält er durch den Klammerzusatz zudem noch eine Legaldefinition des Begriffs der verwaltungsrechtlichen Anwaltssachen. Insoweit fragt sich, ob von einer verwaltungsrechtlichen Anwaltssache auch dann auszugehen sein kann, wenn an dieser kein Rechtsanwalt als Hauptbeteiligter – also als Kläger oder Beklagter – beteiligt ist. Würde etwa eine Rechtsanwaltskammer eine von einem Fachanwaltsbewerber vorgelegte „Lehrgangsbescheinigung“ mit der Begründung nicht anerkennen, dass es sich bei einem rechtliche wie IT-technische Inhalte umfassenden Kursus

---

6) *Ehlers*, Rechtsstaatliche und prozessuale Probleme des Verwaltungsprivatrechts, DVBl 1983, 422, 424 f.; vgl. BGH, Urt. v. 10.12.1958 – V ZR 70/57, BGHZ 29, 76, 80 = NJW 1959, 431; BGH, Urt. v. 26.10.1960 – V ZR 122/59, BGHZ 33, 230, 233 = NJW 1961, 308; BGH, Urt. v. 26.10.1961 – KZR 1/61, BGHZ 36, 91, 96 = NJW 1962, 196; BGH, Urt. v. 23.9.1969 – VI ZR 19/68, BGHZ 52, 325, 327 ff. = NJW 1969, 2195; BGH, Urt. v. 26.11.1975 – VIII ZR 164/74, BGHZ 65, 284, 287 = NJW 1976, 709; BGH, Urt. v. 11.3.2003 – XI ZR 403/01, NJW 2003, 1658 = ZIP 2003, 714, dazu EWiR 2003, 501 *(Reiff)*; BGH, Urt. v. 2.12.2003 – XI ZR 397/02, NJW 2004, 1031 = ZIP 2004, 351, dazu EWiR 2004, 731 *(van Look)*; BGH, Urt. v. 4.5.2007 – V ZR 162/06, LKV 2008, 92, 93; BGH, Urt. v. 1.3.2013 – V ZR 14/12, NJW 2013, 1809, 1811.

7) BVerwG, Beschl. v. 10.11.2016 – 4 B 27/16, SächsVBl 2017, 71 f.; zum Bestehen der Grundrechtsbindung selbst bei fiskalischem Handeln siehe BVerfG, Beschl. v. 19.7.2016 – 2 BvR 470/08, NJW 2016, 3157, Rz. 30, dazu EWiR 2017, 29 *(Wienbracke)* und BVerfG, Urt. v. 22.2.2011 – 1 BvR 699/06, BVerfGE 128, 226, 245.

nicht um einen „anwaltsspezifischen Lehrgang" i. S. von § 4 Abs. 1 FAO gehandelt habe und würde der Lehrgangsveranstalter dies als willkürliche Rechtsanwendung rügen, die ihn in eigenen Rechtspositionen aus Art. 12 Abs. 1 GG verletzt, so wäre zu fragen, ob auch dies eine verwaltungsrechtliche Anwaltssache wäre, für welche die Zuständigkeit des Anwaltsgerichtshofs eröffnet wäre. Im Ergebnis dürfte diese Frage wohl zu bejahen sein. Denn es würde sich um eine entsprechende öffentlich-rechtliche Streitigkeit handeln, da um Rechtsfolgen aus der Anwendung einer Vorschrift gestritten würde, die in einer aufgrund der BRAO erlassenen Satzung enthalten ist, und ausschließlich einen Träger öffentlicher Gewalt in Gestalt der Rechtsanwaltskammer berechtigt und verpflichtet.[8] Anzumerken ist noch, dass in einem solchen Fall der betroffene Lehrgangsteilnehmer wohl zumindest nach § 65 Abs. 2 VwGO fakultativ beizuladen wäre.

III. Die zulässigen Rechtsschutzformen

Aus der durch § 112c Abs. 1 Satz 1 BRAO eingeräumtem umfassenden gerichtlichen Überprüfungsmöglichkeit ergibt sich als Konsequenz, dass im Grundsatz auch alle durch die Verwaltungsgerichtsordnung zur Verfügung gestellten Rechtsschutzformen in Betracht kommen.

1. Keine Statthaftigkeit des verwaltungsgerichtlichen Normenkontrollverfahrens

Ausgenommen sein dürfte lediglich das Normenkontrollverfahren nach § 47 VwGO, weil nach Absatz 1 Nr. 2 der Bestimmung andere untergesetzliche Rechtsvorschriften als die in Nummer 1 genannten Satzungen und Rechtsvorschriften nur dann einen statthaften Gegenstand des verwaltungsgerichtlichen Normenkontrollverfahrens darstellen können, wenn sie landesrechtlicher Art sind und wenn das Landesrecht dies bestimmt. Bei Satzungen der BRAK und der Satzungsversammlung fehlt es aber an einer landesrechtlichen Rechtsnatur, bei Satzungen der regionalen Rechtsanwaltskammern hingegen an einer entsprechenden Unterwerfung unter das Normenkontrollverfahren durch den Landesgesetzgeber. Ansonsten sind neben auf Aufhebung belastender oder auf Erlass begünstigender

---

8) Zur modifizierten Sonderrechtstheorie VG Berlin, Beschl. v. 5.3.2015 – 14 K 331.14, juris, Rz. 2; VG Frankfurt, Beschl. v. 9.4.2014 – 7 K 683/14.F, juris, Rz. 2; OLG Köln, Beschl. v. 6.10.1992 – 22 W 25/92, OLGR Köln 1992, 403 f.; FG Münster, Urt. v. 14.12.2011 – 10 K 811/11 L, juris, Rz. 14.

Verwaltungsakte abzielende Anfechtungs- bzw. Verpflichtungsklagen u. a. Leistungs- und insbesondere auch Unterlassungsklagen statthaft. In letzterer Hinsicht ist beispielhaft an Klagen gegen Tätigkeiten oder insbesondere Äußerungen von Rechtsanwaltskammern zu denken, die deren gesetzlichen Auftrag überschreiten.[9] Statthaft können zudem Feststellungsklagen sein und zwar sowohl in Gestalt von Primärfeststellungsklagen nach § 43 VwGO als auch von Zwischenfeststellungsklagen nach § 173 Satz 1 VwGO i. V. m. § 256 Abs. 2 ZPO.[10]

2. *Verwaltungsgerichtliches Organstreitverfahren*

Schließlich ist auch eine weitere Prozessart statthaft, die in der VwGO selbst nicht ausdrücklich geregelt ist – das verwaltungsgerichtliche Organstreitverfahren. Dieses ist eröffnet, wenn Mitgliedschafts- und hierbei zumeist Mitwirkungsrechte eines Organmitgliedes durch das Organ oder ein Teilorgan desselben verletzt werden.[11] Würde etwa auf einer Kammerversammlung ein Beschluss zu einem Gegenstand gefasst werden, der bei Einberufung der Kammerversammlung nicht mitgeteilt worden ist, so könnte ein Kammermitglied hiergegen mit der Begründung klagen,

– dass ein solches Vorgehen gegen § 87 Abs. 2 BRAO verstößt, wonach über Gegenstände, deren Verhandlung nicht ordnungsmäßig angekündigt ist, keine Beschlüsse gefasst werden dürfen, und
– dass diese Bestimmung keine bloße Ordnungsvorschrift ist, sondern der Sicherung der Mitwirkungsrechte der Kammermitglieder dient, so dass diese deren Verletzung prozessual geltend machen können.[12]

Nach den grundlegend im Bereich des Kommunalverfassungsrechts entwickelten Grundsätzen sind derartige organschaftliche Streitigkeiten re-

9) Zum Bestehen entsprechender Abwehransprüche in derartigen Fällen vgl. BVerfG, Beschl. v. 7.12.2001 – 1 BvR 1806/98, NVwZ 2002, 335, 337; BVerwG, Urt. v. 19.9.2000 – 1 C 29.99, BVerwGE 112, 69, 72; BVerwG, Urt. v. 23.6.2010 – 8 C 20.9, NVwZ-RR 2010, 882, Rz. 21 sowie BVerwG, Urt. v. 23.3.2016 – 10 C 4/15, juris, Rz. 14.

10) BVerwG, Urt. v. 12.1.2012 – 7 C 5/11, NVwZ 2012, 1184, 1185, und BVerwG, Beschl. v. 14.2.2011 – 7 B 49.10, NVwZ 2011, 509.

11) OVG Münster, Beschl. v. 31.8.2015 – 15 B 966/15, juris, Rz. 6, 18; VG Trier, Urt. v. 10.6.2014 – 1 K 1675/13.TR, juris, Rz. 13.

12) Vgl. BGH, Beschl. v. 12.5.1975 – AnwZ (B) 2/75, LM Nr. 7 zu § 90 BRAO; AGH Hamburg, Beschl. v. 13.2.2004 – II ZU 9/03, juris, Rz. 81.

gelmäßig in der Rechtsschutzform des Feststellungsklageverfahrens auszutragen.[13)]

3. Vorbeugender Rechtsschutz

Zur Statthaftigkeit vorbeugenden Rechtsschutzes ist auf eine kürzlich ergangene Entscheidung des Bundesgerichtshofs[14)] zu verweisen. In dieser meint der Bundesgerichtshof, vorbeugender Rechtsschutz sei nicht geboten, wenn der Anwalt hinsichtlich des beabsichtigten Verhaltens, dessen Rechtmäßigkeit streitig sei, die Entschließung der Generalstaatsanwaltschaft abwarten könne, welche einzuschalten die Rechtsanwaltskammer angekündigt hatte. Damit werden aber die Anforderungen an die Voraussetzungen für die Gewährung vorbeugenden Rechtsschutzes in einer mit Art. 19 Abs. 4 GG unvereinbaren Weise überspannt.[15)] Insoweit sei statt vieler Worte auf das Bundesverfassungsgericht verwiesen, dass hierzu festgestellt hat, dass

> „... einem Betroffenen nicht zuzumuten (ist), die Klärung verwaltungsrechtlicher Zweifelsfragen auf der Anklagebank erleben zu müssen. Der Betroffene hat vielmehr ein schutzwürdig anzuerkennendes Interesse daran, den Verwaltungsrechtsweg als ‚fachspezifischere' Rechtsschutzform einzuschlagen, insbesondere wenn dem Betroffenen ein Ordnungswidrigkeitenverfahren droht."[16)]

IV. Zum Kreis der potentiellen Kläger

Nach § 112f Abs. 2 Satz 1 BRAO kann eine auf Überprüfung von Wahlen und Beschlüssen der Organe der Rechtsanwaltskammern gerichtete Klage durch die Behörde, die die Staatsaufsicht führt, oder ein Mitglied der Rechtsanwaltskammer erhoben werden.

---

13) BVerwG, grundlegend Beschl. v. 7.3.1980 – 7 B 58/79, Buchholz 310 § 40 VwGO Nr. 179; zuletzt BVerwG, Urt. v. 4.2.2016 – 5 C 12/15, BVerwGE 154, 144.

14) BGH, Urt. v. 3.7.2017 – AnwZ (Brfg) 45/15, AnwBl 2017, 1001 (Volltext AnwBl Online 2017, 588), auch bei juris.

15) Zur ausführlichen Kritik siehe *Ewer*, Der verweigerte vorbeugende Rechtsschutz des Anwaltssenats des BGH – Aushöhlung der Rechtsschutzgarantie bei verwaltungsrechtlichen Anwaltssachen, AnwBl Online 2018, 27 ff.

16) BVerfG, Beschl. v. 7.4.2003 – 1 BvR 2129/02, NVwZ 2003, 856, 857, zustimmend zitiert in BVerwG, Urt. v. 23.6.2016 – 2 C 18/15, juris, Rz. 20.

1. Klagemöglichkeit der Aufsichtsbehörde?

Dass das Gesetz damit der Aufsichtsbehörde eine Klagebefugnis einräumt, muss erstaunen und stellt einen strukturellen Fremdkörper dar. Denn das Charakteristikum einer staatlichen Aufsicht besteht ja gerade darin, dass diese einseitig-hoheitlich – und damit durch Verwaltungsakt – auf den Aufsichtsunterworfenen einwirken kann. Zwar normiert die BRAO weder für die Aufsicht über die Rechtsanwaltskammern durch die Landesjustizverwaltungen in § 62 Abs. 2 BRAO noch für die Aufsicht über die BRAK durch das Bundesjustizministerium in § 176 Abs. 2 Satz 1 BRAO nähere Aufsichtsmodalitäten oder -instrumente. Aufgrund der in §§ 62 Abs. 2 Satz 2 und 176 Abs. 2 Satz 2 BRAO erfolgten Ausgestaltung der Staatsaufsicht als Rechtsaufsicht ist aber von einer entsprechenden Anwendbarkeit der im Kommunalrecht entwickelten, aber auch für andere Rechtsgebiete Geltung beanspruchenden Grundsätze auszugehen;[17)] somit gilt insbesondere auch, dass sich diese Aufsicht niemals zu einer „Einmischungsaufsicht" oder Fachaufsicht verdichten darf.[18)] Hingegen darf sich die Aufsichtsbehörde im Rahmen pflichtgemäßer Ausübung des instrumentellen Auswahlermessens aller klassischen rechtsaufsichtlichen Aufsichtsmittel – von Auskunftsersuchen über Beanstandungen, Aufhebungsverlangen und rechtsaufsichtliche Weisungen bis hin zur Befugnis der Einsetzung eines Beauftragten[19)] – bedienen. Dass insoweit der Kanon der kommunalaufsichtlichen Aufsichtsmittel entsprechend anwendbar ist, ist auch für andere Bereiche der funktionalen Selbstverwaltung anerkannt, in denen lediglich eine Staatsaufsicht vorgesehen ist, es hingegen keine näheren Regelungen zu den dieser zu Gebote stehenden Aufsichtsmittel gibt.[20)] Mit den damit bestehenden hoheitlichen Befugnissen zur Gewährleistung bzw. Wiederherstellung einer rechtmäßigen Aufgabenerfüllung passt aber die Einräumung eines Klagerechts nicht zusammen.

---

17) VG Cottbus, Urt. v. 25.8.2016 – 1 K 1444/14, juris, Rz. 35.

18) Vgl. BVerfG, Beschl. v. 21.6.1988 – 2 BvR 602/83, juris, Rz. 27.

19) Zu den kommunalrechtlichen Aufsichtsmitteln vgl. VGH Mannheim, Urt. v. 12.7.2016 – 1 S 183/15, NVwZ-RR 2016, 878, 879; zur Ausübung des instrumentellen Auswahlermessens BVerwG, Urt. v. 16.6.2015 – 10 C 13/14, BVerwGE 152, 188; zur Bestellung eines Beauftragten als stärkstem Aufsichtsmittel VG Frankfurt (Oder), Beschl. v. 15.5.2015 – 5 L 552/14, juris, Rz. 42.

20) Vgl. am Beispiel der Staatsaufsicht über die Handwerksinnungen BVerwG, Urt. v. 25.4.1972 – I C 3.70, Buchholz 451.45 § 75 HwO Nr. 1.

- Erstens sind Klagerechte der Verwaltung regelmäßig nur dann anzuerkennen, wenn sich die Verwaltung – wie etwa bei der Geltendmachung von Ansprüchen aus öffentlich-rechtlichen Verträgen[21)] – gegenüber dem Klagegegner auf der Ebene der Gleichordnung bewegt.[22)]
- Zweitens verkennt die Zubilligung eines Klagerechts der Verwaltung – um es mit den Worten des OVG Hamburg auszudrücken – „den grundsätzlichen Auftrag der Verwaltungsgerichte, der dahingeht, das Handeln der Exekutive auf seine Rechtmäßigkeit zu kontrollieren. Es ist nicht die Aufgabe der Verwaltungsgerichte, die von der Verwaltung für erforderlich gehaltenen Maßnahmen – erstmals – an ihrer Stelle zu treffen."[23)] Das gilt in gleicher Weise wie für die Gerichte der allgemeinen Verwaltungsgerichtsbarkeit auch für die in anwaltlichen Verwaltungssachen zuständigen Gerichte der Anwaltsgerichtsbarkeit.
- Drittens führt die Einräumung eines Klagerechts der Verwaltung zu einer Schwächung der Stellung des aufsichtsunterworfenen Rechtssubjekts, da dieses im Falle eines Vorgehens durch Verwaltungsakt zuvor gemäß § 28 VwVfG angehört werden müsste.
- Viertens folgt nichts anderes aus dem Umstand, dass das Bundesverwaltungsgericht – unter deutlicher Kritik im Schrifttum[24)] – auch bei Bestehen einer Verwaltungsakts-Befugnis die allgemeine Leistungsklage für zulässig hält, wenn bei Geldforderungen der Anspruch nach Grund oder Höhe streitig ist und deshalb sowieso mit einer späteren gerichtlichen Auseinandersetzung gerechnet werden muss.[25)] Denn insoweit handelt es sich um singuläre Fallgestaltungen, die mit gerade durch das Subsidiaritätsverhältnis geprägten Aufsichtsstreitigkeiten nicht vergleichbar sind. Demgemäß ist etwa auch für die – in gewisser Hinsicht durchaus aufsichtsbehördlichen Befugnissen ähnlichen – Prüfungsrechte von Rechnungshöfen anerkannt, dass der Umstand, dass diese in der Lage sind, ihr Begehren selbst durch Erlass eines entsprechenden Verwaltungsaktes und gegebenenfalls der Anordnung

21) Grundlegend BVerwG, Urt. v. 13.2.1976 – 4 C 44.74, BRS 37 Nr. 11 und BVerwG, Urt. v. 24.1.1992 – 3 C 33/86, Buchholz 451.11 § 6 MOG Nr. 4.

22) BVerwG, Urt. v. 8.9.2005 – 3 C 49/04, NVwZ 2006, 703, 704.

23) OVG Hamburg, Beschl. v. 22.10.1988 – Bs I 195/88, DÖV 1989, 127 f.

24) *Bachof*, Verfassungsrecht, Verwaltungsrecht, Verfahrensrecht in der Rechtsprechung des Bundesverwaltungsgerichts, Bd. 2, 1967, Nr. 20; *Pietzcker* in: Schoch/Schneider/Bier, VwGO, 32. Lfg. 10/2016, § 42 Abs. 1 Rz. 171.

25) BVerwG, Urt. v. 24.11.1966 – II C 27.64, BVerwGE 25, 280, 290.

des Sofortvollzuges dieses Verwaltungsakts ohne gerichtliche Hilfe zu verwirklichen, zum Fehlen des für die Zulässigkeit eines verwaltungsgerichtlichen Verfahrens erforderlichen Rechtsschutzinteresses führt.[26)]

Im Ergebnis dürfte sich eine Klage der jeweils zuständigen Aufsichtsbehörde gegenüber der ihrer Aufsicht unterworfenen Kammer daher als prozessual unzulässig darstellen.

2. *Anforderungen an die Klagebefugnis*

Dass nach § 112f Abs. 2 Satz 2 BRAO die Klage eines Mitglieds der Rechtsanwaltskammer gegen einen Beschluss nur zulässig ist, wenn es geltend macht, durch den Beschluss in seinen Rechten verletzt zu sein, entspricht dem Erfordernis der Klagebefugnis aus § 42 Abs. 2 VwGO, das bekanntlich nicht nur für die Anfechtungs- und Verpflichtungsklage, sondern – analog – auch für die allgemeine Leistungsklage[27)] Geltung beansprucht. Dabei kommt eine Verletzung eigener subjektiver Rechte nicht nur hinsichtlich materiell-rechtlicher Rechtspositionen, sondern auch wegen Verletzung von Mitgliedschaftsrechten in Betracht; insoweit ist in Anwendung der Kriterien der Schutznormtheorie[28)] jeweils zu prüfen, ob die verletzte Verfahrensbestimmung sich als bloße Ordnungsvorschrift darstellt oder darauf abzielt, Mitwirkungsbefugnisse des Kammermitglieds zu begründen oder zu sichern.[29)] Geht es um die Verletzung organschaftlicher Mitwirkungsrechte, setzt die Klagebefugnis voraus, dass geltend gemacht werden kann, dass ein subjektives Organrecht des klagenden Organs oder Organteils unmittelbar nachteilig betroffen wird.[30)]

Schließlich und vor allem ist zu beachten, dass sich sowohl aus dem Wortlaut des § 42 Abs. 2 VwGO als auch aus dem systematischen Verhältnis dieser Vorschrift zu § 113 Abs. 1 Satz 1 und Abs. 4 und 5 VwGO ergibt,

---

26) Vgl. VGH Kassel, Beschl. v. 21.11.2000 – 10 TG 2627/99, juris, Rz. 26.

27) BVerwG, Urt. v. 28.10.1970 – 6 C 48.68, BVerwGE 36, 192, 199, und BVerwG, Urt. v. 15.6.2011 – 9 C 4/10, Buchholz 11 Art 28 GG Nr. 161.

28) Zur Schutznormtheorie BVerwG, Urt. v. 11.10.2016 – 2 C 11/15, NVwZ 2017, 481, 483, und BVerwG, Urt. v. 10.4.2008 – 7 C 39/07, NVwZ 2008, 1012, 1014; *Wysk* in: Wysk, VwGO, § 42 Rz. 114.

29) Zur Klagbarkeit subjektiv-rechtlicher Verfahrensrechtspositionen vgl. VG Düsseldorf, Beschl. v. 3.11.2015 – 27 L 888/15, juris, Rz. 118; OVG Münster, Urt. v. 16.12.1987 – 11 A 2015/84, NVwZ-RR 1989, 64, 66.

30) OVG Lüneburg, Urt. v. 31.10.2013 – 10 LC 72/12, juris, Rz. 63.

dass es im Rahmen der Zulässigkeit nicht darauf ankommt, ob eine entsprechende Rechtsverletzung auch objektiv vorliegt, sondern dass sich die Prüfung auf dieser Ebene darauf beschränkt, ob eine solche möglich erscheint, was nur dann auszuschließen ist, wenn offensichtlich und nach keiner Betrachtungsweise subjektive Rechte des Klägers verletzt sein können.[31)]

3. Der Klagegegner und seine Vertretung

Nach § 112d Abs. 1 Nr. 1 BRAO ist die Klage gegen die Rechtsanwaltskammer oder Behörde zu richten, die den Verwaltungsakt erlassen hat oder zu erlassen hätte; für hoheitliche Maßnahmen, die berufsrechtliche Rechte und Pflichten der Beteiligten beeinträchtigen oder verwirklichen, gilt dies sinngemäß. Nachdem seit dem 1.9.2009[32)] die Zuständigkeit für den Erlass, den Widerruf und die Rücknahme von Rechtsanwaltszulassungen von den zuvor zuständigen Landesjustizverwaltungen auf die Rechtsanwaltskammern übertragen worden ist, dürften diesen keine Befugnisse mehr zu solchen Maßnahmen obliegen, die unmittelbar berufsrechtliche Rechte oder Pflichten beeinträchtigen oder verwirklichen könnten. Vielmehr dürften sich die Befugnisse der Justizverwaltungen neben der Führung der – als Rechtsaufsicht ausgestalteten – Staatsaufsicht (§§ 62 Abs. 2, 176 Abs. 2 BRAO) auf Entscheidungen über die Errichtung einer weiteren Rechtsanwaltskammer im Oberlandesgerichts-Bezirk einschließlich Zuordnung der Mitglieder und Bestimmung von Sitz und Bezirk der Kammer (§ 61 BRAO), Anforderung von Gutachten beim Vorstand der Rechtsanwaltskammer (§ 73 Abs. 1 Nr. 8 BRAO) und Maßnahmen betreffend die Errichtung, die Organisation und den Geschäftsgang der Gerichte der Anwaltsgerichtsbarkeit sowie deren Beaufsichtigung (§ 92 Abs. 2 Satz 2, § 92 Abs. 3, § 94 Abs. 2 Satz 1 und 3, § 95 Abs. 3, § 98 Abs. 4 Satz 2, § 101 Abs. 2 Satz 2, § 102 Abs. 1 Satz 1, § 103 Abs. 1, § 105 Abs. 2 BRAO) beschränken. Von daher dürfte für unmittelbare Klagen von Rechtsanwälten gegen Entscheidung der Landesjustizverwaltung wohl kein Raum sein.

---

31) BVerwG, Urt. v. 30.3.1995 – 3 C 8.94, BVerwGE 98, 118, 120 m. w. N.; BVerwG, Urt. v. 28.2.1997 – 1 C 29.95, BVerwGE 104, 115, 118, und BVerwG, Urt. v. 10.10.2002 – 6 C 8/01, Buchholz 442.066 § 30 TKG Nr. 1.

32) Art. 1 Nr. 13 des Gesetzes zur Modernisierung von Verfahren im anwaltlichen und notariellen Berufsrecht, zur Errichtung einer Schlichtungsstelle der Rechtsanwaltschaft sowie zur Änderung sonstiger Vorschriften, v. 30.7.2009, BGBl. I 2009, 2449.

Sofern die Landesjustizverwaltung gegenüber einer Rechtsanwaltskammer Verwaltungsakte erlässt, schreibt § 112d Abs. 1 Nr. 1 BRAO interessanterweise vor, dass die Klage gegen die Landesjustizbehörde und nicht gegen das betreffende Land, vertreten durch die Landesjustizbehörde, zu richten ist. Das ist eine – verfassungsrechtlich freilich unbedenkliche – Abkehr von dem durch § 78 Abs. 1 Nr. 1 VwGO allgemein geltenden Rechtsträgerprinzip, von dem Nummer 2 der Vorschrift nur dann eine Ausnahme i. S. einer Beklagtenfähigkeit der Behörde vorsieht, wenn das Landesrecht dies bestimmt.

§ 112d Abs. 2 BRAO schreibt vor, dass in Verfahren zwischen einem Mitglied des Präsidiums oder Vorstandes und der Rechtsanwaltskammer diese durch eines ihrer Mitglieder vertreten, das der Präsident des zuständigen Gerichts besonders bestellt. Diese Vorschrift soll ersichtlich eine Interessenkollision ausschließen. Da nach der Begründung des Regierungsentwurfs § 112d Abs. 2 BRAO die besondere Regelung zur Vertretung der Rechtsanwaltskammer aus § 91 Abs. 1 Satz 2 BRAO aufnimmt und „auf alle Klagen" erweitert,[33] wird man davon ausgehen müssen, dass der Anwendungsbereich nicht nur Organ- sondern auch Individualstreitigkeiten erfasst.

V. Klagefrist

Nach § 112f Abs. 3 BRAO kann ein Mitglied der Kammer den Antrag nur innerhalb eines Monats nach der Wahl oder Beschlussfassung stellen. Der Sinn und Zweck der Vorschrift besteht – ebenso wie derjenige der Vorgängerregelung in § 91 Abs. 3 BRAO a. F. – darin, dass ein Kammermitglied Zweifel und Bedenken gegenüber der Gültigkeit eines Beschlusses der Kammer möglichst bald anmeldet, damit die Zusammenarbeit in der Kammer nicht gestört wird und eine Klärung von Streitfragen in überschaubarer Zeit erfolgen kann.[34] Auch diese Vorschrift wirft verschiedene Rechtsprobleme auf.

1. Abschließende Regelung der Klagefrist für verwaltungsrechtliche Anwaltssachen?

Als erstes stellt sich die Frage, ob es sich bei der Bestimmung um eine *abschließende* Regelung der Klagefrist für verwaltungsrechtliche Anwalts-

33) RegE, BT-Drucks. 16/11385, S. 42.
34) So zur Vorgängervorschrift AGH Jena, Beschl. v. 22.7.2004 – AGH 2/03, juris, Rz. 14, unter Hinweis auf BGH, Urt. v. 5.2.1971 – I ZR 118/69, BGHZ 55, 255.

sachen handelt, mit anderen Worten, ob es nur für Klagen gegen Wahlen oder Beschlüsse eine Klagefrist gibt. Die Gesetzesbegründung ist hierzu unergiebig. Sie beschränkt sich auf den Hinweis, dass § 112f Abs. 3 BRAO die inzwischen aufgehobene Vorschrift des § 91 Abs. 3 BRAO aufnimmt, wonach lediglich für die Mitglieder der Kammer eine Frist zur Klage einzuhalten ist.[35] Hieraus lässt sich zwar ableiten, dass für die nach § 112f Abs. 2 Satz 1 BRAO bestehende Möglichkeit einer Klage der Aufsichtsbehörde keine Klagefrist besteht. Indessen lässt dies offen, was fristmäßig für Klagen von Mitgliedern der Kammer außerhalb des Anwendungsbereichs des § 112f BRAO – also hinsichtlich anderer Streitgegenstände als Beschlüsse und Wahlen – gelten soll. Angesichts der systematischen Stellung der Vorschrift kann nicht davon ausgegangen werden, dass diese für alle Arten und Streitgegenstände von nach § 112a Abs. 1 Satz 1 BRAO zulässigen Klagen eine abschließende Regelung über die Klagefrist treffen und somit nur die Klagen gegen Beschlüsse und Wahlen einer solchen unterwerfen will. Aus diesem Grunde ist davon auszugehen, dass § 74 VwGO hierdurch nicht abbedungen werden, sondern von der Generalverweisung in § 112a Abs. 1 Satz 1 BRAO erfasst bleiben soll. Die generelle Anwendbarkeit von § 74 VwGO lässt im Übrigen die Regelung in § 112f Abs. 3 BRAO auch nicht entbehrlich erscheinen; dies folgt daraus, dass § 74 VwGO nur für Anfechtungs- und Verpflichtungsklagen gilt,[36] es sich aber bei Klagen zur Geltendmachung der Ungültigkeit oder Nichtigkeit von Beschlüssen oder Wahlen gerade nicht um Anfechtungs- oder Verpflichtungsklagen, sondern regelmäßig um Feststellungsklagen handeln wird.

2. Geltung der Frist auch für „Nachzügler“?

Bereits zur Vorgängervorschrift des § 91 Abs. 3 BRAO a. F. war umstritten, ob auch Rechtsanwälte, die nach Ablauf der Klagefrist Mitglied der Kammer wurden, den Fristablauf gegen sich gelten lassen mussten. Dies ist in der Rechtsprechung zu Recht bejaht worden. Mit Art. 19 Abs. 4 GG erscheint dies vereinbar, wenn man – mit dem Bundesgerichtshof – davon ausgeht, dass der Fristablauf keine Inzidentkontrolle ausschließt. So kann etwa ein Beschluss über die Beitragsordnung auch nach Fristlablauf durch

---

35) RegE, BT-Drs. 16/11385, S. 42.

36) *Meissner* in: Schoch/Schneider/Bier, VwGO, 32. Lfg. 10/2016, § 74 Rz. 15.

Anfechtung eines Beitragsbescheids einer inzidenten Überprüfung zugeführt werden.[37]

3. Wiedereinsetzung bei unverschuldeter Fristversäumnis?

Man stelle sich vor, auf einer Kammerversammlung würde ein Beschluss zu einem Thema gefasst werden, das in der Einberufungsmitteilung nicht erwähnt war. Ein Kammermitglied erhält erst sechs Wochen nach der Versammlung hiervon Kenntnis und will klageweise einen Verstoß gegen § 87 Abs. 2 BRAO geltend machen. Kann ihm Wiedereinsetzung in den vorigen Stand gewährt werden?

Nach § 60 Abs. 1 VwGO ist jemandem, der ohne Verschulden verhindert war, eine gesetzliche Frist einzuhalten, auf Antrag Wiedereinsetzung in den vorigen Stand zu gewähren. Die Vorschrift gilt allgemein für gesetzliche Fristen. Sie unterscheidet sich damit von § 233 ZPO, dessen Anwendung auf enumerativ aufgeführte Fristen, vor allem sogenannte Notfristen und bestimmte Rechtsmittelbegründungsfristen, beschränkt ist.[38] Bei der Monatsfrist des § 112f Abs. 3 BRAO handelt es sich um eine gesetzliche Frist. Gleichwohl könnte Wiedereinsetzung in den vorigen Stand nur dann gewährt werden, wenn es sich um eine Frist handeln würde, deren Nichteinhaltung allein prozessrechtliche Rechtsfolgen zeitigen würde und die nicht zum Verlust einer materiellen Rechtsposition führt. Insoweit ist festzuhalten, dass in anderen Rechtsgebieten – beispielsweise im Gesellschaftsrecht – Fristen für die klageweise Geltendmachung bestehen, deren Versäumung den zugrundeliegenden Anspruch erlöschen lässt und die daher nicht zur Disposition der Gerichte stehen und keiner Wiedereinsetzung zugänglich sind.[39] Auf der anderen Seite gibt es etwa im Wohnungseigentumsrecht für die Geltendmachung der Unwirksamkeit von Beschlüssen der Wohnungseigentümer eine Klagefrist, welche die Vorschriften über die Wiedereinsetzung in den vorigen Stand ausdrücklich für anwendbar erklärt.[40] Somit hängt die Frage der Anwendbarkeit von § 60 VwGO davon ab, ob es sich bei der Frist des § 112f Abs. 3 BRAO um eine rein prozessuale Frist oder eine materiell-rechtliche Ausschlussfrist

---

37) BGH, Urt. v. 5.2.1971 – I ZR 118/69, BGHZ 55, 255.

38) *Bier* in: Schoch/Schneider/Bier, VwGO, 32. Lfg. 10/2016, § 60 Rz. 5.

39) Vgl. am Beispiel der Frist für die Anfechtung von Beschlüssen der Hauptversammlung der AG aus § 246 Abs. 1 AktG LG Flensburg, Urt. v. 18.6.2008 – 6 O 78/04, juris, Rz. 78.

40) § 46 Abs. 1 Satz 3 WEG.

handelt. Der Standort der Regelung innerhalb der – gemäß § 112c Abs. 1 Satz 1 BRAO den allgemeinen Vorschriften der VwGO vorgehenden – Prozessrechtsvorschriften für das Verfahren in verwaltungsrechtlichen Anwaltssachen spricht für ersteres. Zudem ist auch, wie bereits zuvor ausgeführt, in der höchstrichterlichen Rechtsprechung anerkannt, dass ein Ablauf der Klagefrist des § 91 Abs. 3 BRAO a. F. – der Vorgängerregelung von § 112f Abs. 3 BRAO – die Gerichte der Anwaltsgerichtsbarkeit nicht daran hindert, etwa bei Anfechtung von Umsetzungsakten eine Inzidentkontrolle von diesen zugrundeliegenden Satzungsbeschlüssen durchzuführen.[41)] Hierfür wäre aber kein Raum, wenn der Ablauf der Frist nicht nur den unmittelbaren prozessualen Angriff des betreffenden Beschlusses hindern, sondern ihn auch jeder mittelbaren gerichtlichen Kontrolle entziehen würde. Mithin ist auch und gerade im Hinblick auf die Zulassung der Inzidentkontrolle nach Fristablauf davon auszugehen, dass es sich bei § 112f Abs. 3 BRAO um ein rein prozessuale Fristregelung und keine materielle Ausschlussfrist handelt, mit der Folge, dass bei unverschuldeter Fristversäumnis Wiedereinsetzung in den vorigen Stand gewährt werden kann.

VI. Abschlussbemerkung

Die 2009 erfolgte Novellierung des Prozessrechts für Streitigkeiten um verwaltungsrechtliche Anwaltssachen mit der Kernvorschrift des § 112c Abs. 1 Satz 1 BRAO stellte einen überfälligen und notwendigen Schritt dar, um den sich aus Art. 19 Abs. 4 GG ergebenden Anforderungen an die Gewährung effektiven Rechtsschutzes auch in diesem Rechtsbereich genügen zu können. Der *Jubilarin* gebührt daher großer Dank dafür, maßgeblich zum Zustandekommen des Gesetzes zur Modernisierung von Verfahren im anwaltlichen und notariellen Berufsrecht beigetragen zu haben.

---

41) BGH, Urt. v. 5.2.1971 – I ZR 118/69, BGHZ 55, 255.

Fortbildung der Richterinnen und Richter in Deutschland

Sabine Hilgendorf-Schmidt

Inhaltsübersicht

I. Einleitung

Der Beitrag handelt

- zunächst allgemeine Aspekte der Bedeutung der Fortbildung für die Justiz ab,
- geht sodann auf nationale und europäische Fortbildungsangebote ein,
- wendet sich als Kernstück der Abhandlung der Frage der Fortbildungspflicht zu
- und wirft abschließend einen Blick auf den rechtlichen Charakter besonderer Qualifizierungsvoraussetzungen für den Einsatz in bestimmten richterlichen Dezernaten.

Fortbildung ist unverzichtbar für die Bewältigung des Berufsalltags der Richterinnen und Richter. Der Leitgedanke des lebenslangen Lernens ist inzwischen zu einem selbstverständlichen Postulat auch für die Justiz geworden. Natürlich bringen die Richterinnen und Richter mit der Zweiten Juristischen Staatsprüfung eine umfassende und solide Basis für ihren Beruf mit. Jedoch verlangen bewegte Zeiten mit einem rasanten Wandel in vielen Lebensbereichen und gesellschaftliche Entwicklungen, die ihren Niederschlag in Gesetzgebung und Rechtsprechung finden, ständige Anpassungen des einmal erlernten Wissens. Stetige Neuerungen und Änderungen in schneller Abfolge sind Charakteristika unserer Zeit. Auch die Justiz sieht sich den daraus erwachsenden Herausforderungen gegenüber. Gesetzgebung und Rechtsprechung sind zugleich Ausdruck, Antrieb und Rahmen gesellschaftlicher Veränderungen. Dies stellt hohe Anforderungen an die Richterinnen und Richter in ihrer Berufsausübung.

Die deutsche Justiz genießt national und auch im internationalen Vergleich hohes Ansehen und zeichnet sich durch hohe Qualität und Professionalität aus. Dies sichert zuverlässige Entscheidungen für die Bürgerinnen und Bürger, die wiederum die notwendige Grundlage für das Vertrauen in die Justiz bilden. Auf diese Weise füllt die Justiz ihre Aufgabe und Bedeutung aus, die ihr als dritte Gewalt in einem demokratischen und rechtsstaatlichen Gemeinwesen zukommt. Institutionell abgesichert werden diese Funktion und Aufgabe der Justiz durch die verfassungsrechtlich garantierte Unabhängigkeit der Justiz. Diese Verfassungsgarantie muss aber auch von den Richterinnen und Richtern mit Leben erfüllt werden – und wird dies auch. Denn das Fehlen unzulässiger Einflussnahme von außen findet sein notwendiges und selbstverständliches Gegenstück in gut aus- und fortgebildeten Richterinnen und Richtern, die sich bei ihrer Berufsausübung ihrer großen Verantwortung für unser Gemeinwesen bewusst sind. Diese hohen Anforderungen verlangen ein stetiges Entwickeln und Aktualisieren des eigenen Wissens.

II. Fortbildungsangebote

In Deutschland gibt es für Richterinnen und Richter sehr vielfältige Fortbildungsangebote.

Die *Deutsche Richterakademie* dient der überregionalen Fortbildung der Richterinnen und Richter aller Zweige der Gerichtsbarkeiten sowie der Staatsanwältinnen und der Staatsanwälte. Sie soll die Richterinnen und Richter, Staatsanwältinnen und Staatsanwälte in ihren Fachgebieten weiterbilden und ihnen Kenntnisse und Erfahrungen über politische, gesellschaftliche, wirtschaftliche und andere wissenschaftliche Entwicklungen vermitteln. Die Deutsche Richterakademie wird von Bund und Ländern gemeinsam getragen und finanziert. Sie bietet an ihren Tagungsstätten in Trier und Wustrau jährlich ca. 145 Tagungen an. Diese Tagungen haben im Jahr 2016 gut 4.500 Teilnehmerinnen und Teilnehmer besucht, was eine sehr gute Auslastungsquote von 91,5 % bedeutet.[1)]

Den föderalen Justizstrukturen folgend, bieten darüber hinaus die 16 Bundesländer jährlich für ihren Geschäftsbereich *umfangreiche landes-*

---

1) Deutsche Richterakademie, Jahresbericht 2016, abrufbar unter http://www.deutsche-richterakademie.de/icc/drade/nav/c9c/binarywriterservlet?imgUid=a3340a1d-f369-ea51-e26f-cdb6350fd4c2&uBasVariant=11111111-1111-1111-1111-111111111111 (Abrufdatum: 8.1.2018).

eigene Fortbildungsprogramme an. Um Synergieeffekte zu nutzen, werden diese Programme zum Teil von vornherein länderübergreifend geplant und angeboten, wie z. B. das gemeinsame Programm von Rheinland-Pfalz und dem Saarland. Des Weiteren haben sich zahlreiche Länder zusätzlich zu ihren landeseigenen Programmen zu einem Nord- bzw. einem Südverbund zusammengeschlossen, in dem sie über die Landesgrenzen hinweg eine Reihe von Tagungen gemeinsam anbieten.

In einem zusammenwachsenden Europa gewinnt schließlich die Justizfortbildung auf europäischer Ebene immer mehr an Bedeutung. Vorrangig sind hier die Angebote des *Europäischen Justiziellen Fortbildungsnetzwerks* (EJTN)[2)] und der *Europäischen Rechtsakademie* (ERA)[3)] zu nennen. Dabei hat sich das EJTN, dessen Angebote fast vollständig mit Mitteln der Europäischen Kommission finanziert werden, zu einem „Marktführer" entwickelt. Als eine der „Kernmarken" dieses Angebots sind die 14-tägigen Kurzzeithospitationen zu nennen, in deren Rahmen Richterinnen und Richter den Arbeitsalltag einer Kollegin, eines Kollegen aus einem EU-Mitgliedstaat durch einen Arbeitsaufenthalt im EU-Ausland oder die Betreuung eines Gastes aus dem EU-Ausland am heimischen Schreibtisch kennenlernen. Als neue Formate werden seit Kurzem auch sog. bilaterale Gruppenaustausche zwischen Gerichten bzw. Staatsanwaltschaften angeboten sowie Hospitationen für Gerichtspräsidentinnen und -präsidenten. Diese Neuerungen tragen dem Gedanken Rechnung, dass gerade die Teilnahme des Führungspersonals eines Gerichts die Offenheit für Fortbildung fördert und damit die Fortbildungskultur an einem Gericht entscheidend positiv prägt.

III. Inhaltliche Aspekte

Den inhaltlichen Schwerpunkt der Fortbildungsangebote auf der Ebene des Bundes und der Länder wie auch auf europäischer Ebene bildet die Durchführung von Fachveranstaltungen. Hierbei stehen Fragen der Rechtsanwendung sowie zu den tatsächlichen Hintergründen des jeweiligen Rechtsgebiets, Elemente der Wissensvermittlung und des Erfahrungsaustauschs nebeneinander. Hinzu kommen Veranstaltungen zu politischen, gesellschaftlichen, wirtschaftlichen und kulturellen Entwicklungen.

---

2) Zum Angebot vgl. www.ejtn.eu (Abrufdatum: 8.1.2018).
3) Zum Angebot vgl. www.era.int (Abrufdatum: 8.1.2018).

Einen deutlichen Trend in der Fortbildung stellen Veranstaltungen zum Ausbau der für die richterliche Tätigkeit unerlässlichen *methodischen, kommunikativen und sozialen Kompetenzen* dar. Der Steigerung der Effizienz richterlichen Arbeitens dienen Angebote zu Arbeitsorganisation einschließlich des Umgangs mit IT-Anwendungen und zum Zeitmanagement. Veranstaltungen zur Kommunikations-, Konflikt- und Vermittlungsfähigkeit sollen den Umgang innerhalb des Gerichts erleichtern. Ergänzend werden vielfach spezielle Qualifizierungsmaßnahmen im Bereich der richterlichen Mediation (Güterichterverfahren) und zum Erwerb fremdsprachlicher Kompetenzen angeboten.

Zunehmend an Bedeutung gewinnen zudem Tagungsangebote, bei denen es um *Selbstreflexion justiziellen Handelns* und *ethische Standards* geht – eine Themenstellung, die gerade auch im europäischen Rahmen große Beachtung findet. Bei diesen Themen zeigen sich in besonderem Maße die Zusammenhänge, die zwischen einer rechtsstaatlich starken Justiz und einem umfassenden und ausreichenden Fortbildungsangebot bestehen. Als ein Beispiel für ein solches Fortbildungsangebot ist die im Juni 2017 vom Bundesministerium der Justiz und für Verbraucherschutz an der Deutschen Richterakademie durchgeführten Tagung zum „Rosenburg-Projekt“[4] zu nennen. Diese befasst sich mit der NS-Belastung des Bundesministeriums der Justiz in den 1950er und 1960er Jahren und geht im Weiteren der Frage nach, welche zukunftsgerichteten Folgerungen mit Blick auf die Stärkung eines Ethos der Juristen zu ziehen sind. Aufgrund der hohen Relevanz der Thematik, der positiven Resonanz und des großen Teilnahmeinteresses wird die Tagung im März 2018 erneut angeboten werden.

IV. Veranstaltungsformate

Die Formen und Veranstaltungsformate der Fortbildungsangebote sind ebenfalls vielfältig. Zum Einsatz kommen „klassische“ Tagungen mit Lehrvorträgen, praktische Übungen in Kleingruppen und Diskussionsrunden sowie E-Learning und zunehmend auch Formen kollegialer Beratung in Form von Supervision und Coaching, wobei die letztgenannten Maßnahmen auf der Schnittstelle zu Maßnahmen der Personalführung und Fürsorge liegen. Hinzu tritt selbstverständlich noch die Fortbildung im Wege des

---

4) Siehe hierzu in dieser Festschrift auch den Beitrag von *Nettersheim*, S. 629 ff.

Selbststudiums seitens der Richterinnen und Richter, etwa durch Lektüre von Fachzeitschriften.

Als weiterer Trend in der Fortbildung ist eine Entwicklung hin zu kürzeren Veranstaltungen und zur Verlagerung der Angebote näher an den Arbeitsplatz zu beobachten. Eine Vielzahl von Seminaren wird mittlerweile vor Ort in den Gerichten angeboten. Auf diese Weise wird nicht nur die Zeit für längere Reisezeiten eingespart, sondern auch die Möglichkeit eröffnet, die Vereinbarkeit von Familie und Beruf mit den Erfordernissen der Fortbildung zu kombinieren. Eine besondere Stellung nimmt hier allerdings die Deutsche Richterakademie mit ihrem überregionalen Angebot ein. Den längeren Reisezeiten, die die meisten Teilnehmerinnen und Teilnehmer in Kauf nehmen müssen, steht ein besonderer Mehrwert gegenüber. Nur hier haben sie die Gelegenheit, in einen überregionalen kollegialen Erfahrungsaustausch zu treten. Dies wird immer wieder als ein entscheidendes Fortbildungsplus beschrieben, das neben den Fortbildungserfolg der eigentlichen Veranstaltung tritt und durch das Zusammensein über mehrere Tage besonders gefördert wird.

V. Fortbildungspflicht?

Immer wieder werden Stimmen laut, die postulieren, für Richterinnen und Richter müsse endlich eine Fortbildungspflicht geschaffen werden.[5)] Regelmäßig wird dies mit dem – zutreffenden – Hinweis verbunden, für andere Berufsgruppen, wie z. B. für die Anwaltschaft und insbesondere für die Fachanwaltschaft, aber auch für Ärzte und Lehrer existiere eine solche Pflicht selbstverständlich. Dem vermeintlichen Zurückschrecken der Richterschaft vor einer Fortbildungspflicht[6)] wird mit einem gewissen Unverständnis begegnet.

Es steht außer Frage, dass die hohen Qualitätsstandards der Justiz es verlangen, dass auch Richterinnen und Richter sich fortlaufend umfassend fortbilden. Dabei muss die Fortbildung neben dem juristischen Fachwissen insbesondere auch die Soft Skills vermitteln, die die nach § 9 Abs. 1 Nr. 3 DRiG geforderte soziale Kompetenz ausmachen. Nur: Wie steht es mit der rechtlichen Ausgestaltung der Fortbildungspflicht? Die Forderungen

---

5) *Salgo*, Fortbildungspflicht für Richter, Editorial zu NJW Heft 23/2016.
6) *Ewer*, Fortbildung = Qualität = Zukunft, Editorial zu NJW Heft 45/2014.

nach Schaffung einer solchen intendieren, derzeit gäbe es keine Fortbildungspflicht für Richterinnen und Richter. Dies ist unzutreffend.

Für Richterinnen und Richter in Bund und Ländern besteht bereits nach geltendem Recht in Ausgestaltung des Richterdienstverhältnisses eine allgemeine Pflicht zur Fortbildung. Die Fortbildungspflicht ist allerdings im Deutschen Richtergesetz und in den Richtergesetzen der meisten Länder[7)] nicht ausdrücklich geregelt. Diese Gesetze verweisen vielmehr auf die einschlägigen Laufbahnvorschriften für Beamte, welche u. a. eine Fortbildungsverpflichtung zur Erhaltung und Verbesserung der dienstlichen Befähigung vorsehen; vgl. für Richterinnen und Richter des Bundes § 46 DRiG i. V. m. § 61 Abs. 2 BBG.

Die Fortbildungspflicht zielt darauf, die juristischen, verhaltensorientierten Qualifikationen, wie z. B. Verhandlungsmanagement, Gesprächsführung, Rhetorik, Streitschlichtung, Mediation, Vernehmungslehre, Kommunikationsfähigkeiten, und interdisziplinären Qualifikationen, die bereits während des rechtswissenschaftlichen Studiums (§ 5a Abs. 3 DRiG) und des Referendariats erworben wurden, zu erhalten, zu erweitern und der technischen und sozialen Entwicklung und den diesbezüglichen Erkenntnissen anzupassen und auszubauen. Richterinnen und Richter sind mithin verpflichtet, ihre Gesetzeskenntnisse auf dem aktuellen Stand zu halten und dort, wo ihnen neue Aufgabenbereiche zugewiesen werden, sich in die entsprechenden Rechtsmaterien sowie die damit zusammenhängenden – auch nichtjuristischen – Fragestellungen einzuarbeiten und sich das für eine sachgemäße Rechtsanwendung erforderliche Fachwissen zu erarbeiten.

Die konkrete Ausgestaltung der Verpflichtung von Richterinnen und Richter, sich durch geeignete Maßnahmen in einem bestimmten Bereich fortzubilden, und Maßnahmen des Dienstherrn, im Wege der Dienstaufsicht Fortbildungen anzuordnen bzw. die Fortbildungspflicht durchzusetzen, müssen die durch Art. 97 Abs. 1 GG garantierte richterliche Unabhängigkeit wahren. Sie sind deshalb nur zulässig, soweit hierdurch nicht die Wahrnehmung der Rechtsprechungstätigkeit als Kernbereich der richterlichen Tätigkeit unzulässig beeinflusst oder beeinträchtigt wird. Unzulässig ist es deshalb, Richterinnen und Richter im Wege der Dienstaufsicht zu zeitlich und örtlich gebundenen Fortbildungsmaßnahmen zu

---

7) Ausgenommen Baden-Württemberg, Nordrhein-Westfalen und Sachsen-Anhalt.

verpflichten, deren Besuch sie konkret an ihrer Rechtsprechungstätigkeit hindert. Dies kann beispielsweise dadurch verhindert werden, dass das Fortbildungsangebot Richterinnen und Richtern die Möglichkeit der zeitlichen Auswahl gibt. Unzulässig wäre außerdem, im Wege der Fortbildung inhaltlichen Einfluss zu nehmen, dass eine bestimmte inhaltliche Ausrichtung der „Rechtsprechungslinie" vorgegeben oder auch nur nahegelegt wird. Zudem ist für den Erfolg einer Fortbildungsmaßnahme ausschlaggebend, dass die Teilnehmer sich offen zeigen und entsprechend motiviert sind. Ein Zwang zur Teilnahme an einer bestimmten Veranstaltung würde der Lernbereitschaft eher entgegenstehen.

Den zur Wahrung der richterlichen Unabhängigkeit aufgezeigten Grenzen kann der Dienstherr durch geeignete Maßnahmen bei der inhaltlichen und organisatorischen Ausgestaltung der jeweiligen Fortbildungsangebote Rechnung tragen. Mithin ist das beklagte Fehlen einer Fortbildungspflicht für Richterinnen und Richter im Kern kein Problem einer fehlenden Rechtssetzung, sondern, soweit tatsächlich Defizite festgestellt werden, des Vollzugs bestehender rechtlicher Regelungen. In der Diskussion werden solche Vollzugsdefizite häufig als Vorwurf in Richtung der Richterinnen und Richter erhoben. Sie hätten zu wenig Interesse an Fortbildung. Dem ist zu widersprechen. Nach den im Bundesministerium der Justiz und für Verbraucherschutz vorliegenden Erkenntnissen besteht seitens der Richterschaft ein hohes Interesse an Fortbildungsmaßnahmen und die Bereitschaft sowie Motivation zur Teilnahme an Fortbildungen. Gerade Familienrichterinnen und Familienrichter, die häufig mit der Forderung nach einer Fortbildungspflicht in Verbindung gebracht werden,[8] nehmen die vielfältigen regionalen und überregionalen Fortbildungsangebote sehr gut an.

Dieser Befund zeigt, dass bei der Verwirklichung der gesetzlich bestehenden richterlichen Fortbildungspflicht in besonderem Maße und vielleicht sogar vorrangig in Richtung der Dienstherren zu blicken ist. Sie müssen ein ausreichendes und bedarfsgerechtes Fortbildungsprogramm bereitstellen. Und vor allem müssen sie für Rahmenbedingungen sorgen, die es den Richterinnen und Richtern in angemessener Weise ermöglichen, sich fortzubilden und insbesondere auch an geeigneten Tagungs- und Seminarangeboten teilzunehmen. Derzeit erhalten nicht alle Richterinnen und Richter, die an einer Fortbildung teilnehmen möchten, einen Platz. Beispielhaft

8) Entschließung des Deutschen Bundestages v. 7.7.2016, BT-Drucks. 18/9092; BT-Plenarprotokoll 18/183, S. 18130 [D].

belegt sei dies durch die statistischen Erhebungen zu sog. Ersatzteilnehmern, also zur Anzahl nicht mehr zugelassener Interessentinnen und Interessenten, die bei der Deutschen Richterakademie im Zuge der Aufstellung der Jahresprogramme erfolgen.

Des Weiteren erfordert die effektive Möglichkeit, das Fortbildungsangebot zu nutzen und damit ja auch einer dienstrechtlichen Verpflichtung nachzukommen, dass die Teilnahme als Dienstgeschäft eingeordnet wird. Dies wiederum muss zur Folge haben, dass für die Teilnahme gerade auch an überörtlichen Veranstaltungen eine Dienstreise mit der damit einhergehenden Kostenerstattung, wie z. B. der Reisekosten, genehmigt wird.

Schließlich muss der Zeitaufwand, den die Richterinnen und Richter für die eigene Fortbildung aufbringen müssen, in sachgerechter Weise bei der Personalbedarfsberechnung berücksichtigt werden. Dies sollte durch eine Erhebung der für Fortbildung benötigten Arbeitszeit im Rahmen von PEBB§Y erfolgen, dem seit 2001 für die deutsche Justiz entwickelten System zum Personalbedarf, der auf einer einheitlichen, mathematisch-analytischen Grundlage basiert. Bisher gibt es lediglich ein sehr heterogenes Datenmaterial, das Zeiten für die aus richterlicher Sicht ganz unterschiedlichen Aufgaben der Ausbildung, z. B. von Referendaren, und der eigenen Fortbildung zusammen als ein Geschäft erfasst. Dadurch kommt es zu großen Abweichungen bei der Erhebung an den einzelnen Richterarbeitsplätzen und zwischen den Ländern, sodass seit dem Start von PEBB§Y in den Jahren 2001/2002 und auch bei den Fortschreibungen 2008 und 2014 für die Fortbildung auf die Festlegung eines bundeseinheitlichen Parameters als Basis für die Bemessung verzichtet wird. Hier sollten Anstrengungen unternommen werden, diesen unbefriedigenden Zustand zu beenden.

VI. Gesetzliche Festschreibung

So schließt sich der Kreis. Auch wenn richterdienstrechtlich bereits eine Verpflichtung zur Fortbildung besteht, sollten diese Pflicht und der damit korrespondierende Anspruch auf Fortbildung noch stärker in den Fokus nicht nur der Richterinnen und Richter, sondern vor allem auch der Justizverwaltungen als Dienstherren gerückt werden. Durch ausdrückliche Regelungen in allen Richtergesetzen von Bund und Ländern könnten diese Verpflichtungen deutlich sichtbar gemacht werden. Dies verlangt eine konzertierte Aktion der Gesetzgeber in Bund und Ländern. Denn seit der

Föderalismusreform I im Jahr 2006[9] besitzt der Bund nach Art. 74 Abs. 1 Nr. 27 GG für die Richter der Länder eine konkurrierende Gesetzgebungskompetenz nur noch zur Regelung der Statusrechte und -pflichten, von denen auch noch die Laufbahnen, Besoldung und Verordnung ausgenommen sind. Regelungen zur Fortbildung gehören nicht zu diesen Statusrechten, da durch sie nicht Wesen, Voraussetzung, Art oder Dauer des Dienstverhältnisses geregelt werden, sondern (lediglich) aus dem Richterdienstverhältnis abgeleitete Rechte und Pflichten.

Die Vorteile eines solchen Sichtbarmachens durch ausdrückliche Regelungen in den Richtergesetzen liegen auf der Hand: Der hohe Stellenwert der beruflichen Fortbildung wird hervorgehoben und das Bewusstsein für ihre Bedeutung geschärft. Dadurch wird auch das Vertrauen der Öffentlichkeit in die Qualität der Rechtsprechung gestärkt. Zudem führen solche Regelung – worauf ja in der rechtspolitischen Diskussion auch immer wieder hingewiesen wird – zu einem sichtbaren Gleichlauf mit Regelungen in anderen regulierten Berufen, in denen eine Fortbildungspflicht ausdrücklich gesetzlich geregelt ist, wie insbesondere für die Rechtsanwaltschaft.

Ein ganz gewichtiger Vorteil von ausdrücklichen Regelungen zur Fortbildung in den Richtergesetzen ist der Umstand, dass zu den richterlichen Pflichten flankierend als Pendent eine gesetzlich zu verankernde Förderpflicht des Dienstherrn dazugehört. So wird unterstreichen, dass ein ausreichendes und bedarfsorientiertes Fortbildungsangebot und angemessene Rahmenbedingungen neben die Fortbildungsbereitschaft der Richterinnen und Richter treten müssen. Baden-Württemberg, Nordrhein-Westfalen und Sachsen-Anhalt[10] sind diesen Weg inzwischen gegangen. Sie können und sollten als Vorbild dienen.

VII. Besondere Qualifikationsanforderungen

Abschließend sei noch ein Blick auf den rechtlichen Charakter der Regelungen geworfen, die für den Einsatz in bestimmten richterlichen Dezernaten besondere Qualifikationsanforderungen aufstellen. Schlagwortartig werden auch solche Regelungen oftmals ebenfalls als „Fortbildungspflicht

---

9) Gesetz zur Änderung des Grundgesetzes v. 28.8.2006, BGBl. I 2006, 2034.

10) § 8a LRiStAG Baden-Württemberg; § 13 LRiStaG Nordrhein-Westfalen; § 7 LRiG Sachsen-Anhalt.

für Richter“ bezeichnet. Indes regeln solche Vorschriften keine Fortbildungspflicht, sondern sind gerichtsverfassungs- bzw. verfahrensrechtlicher Natur.

Diese Regelungen enthalten Anforderungen zur statusrechtlichen Stellung des entscheidenden Richters oder weitergehend auch inhaltliche Anforderungen an dessen Erfahrungen und Kenntnisse. So darf ein Richter auf Probe im ersten Jahr nach der Ernennung nicht als Insolvenzrichter (§ 22 Abs. 6 Satz 1 GVG), Familienrichter (§ 23b Abs. 3 Satz 2 GVG), Betreuungsrichter (§ 23c Abs. 2 Satz 2 GVG) oder Vorsitzender des Schöffengerichts (§ 29 Abs. 1 Satz 2 GVG) tätig sein. Als ein Beispiel für zusätzliche inhaltliche Anforderungen kann § 22 Abs. 6 Satz 2 und 3 GVG genannt werden. Danach ist Voraussetzung für den Einsatz in Insolvenzsachen, dass die Richter über belegbare Kenntnisse auf den Gebieten des Insolvenzrechts, des Handels- und Gesellschaftsrechts sowie über Grundkenntnisse der für das Insolvenzverfahren notwendigen Teile des Arbeits-, Sozial- und Steuerrechts und des Rechnungswesens verfügen oder, wenn diese Kenntnisse nicht belegt sind, diese alsbald erwerben. Ein weiteres Beispiel ist § 37 JGG, wonach die Richter bei den Jugendgerichten erzieherisch befähigt und in der Jugenderziehung erfahren sein sollen.

Die Verankerung vergleichbarer Qualifikationsanforderungen für Familienrichter ist mit der Entschließung des Deutschen Bundestages vom 7. Juli 2016[11] weit oben auf die rechtspolitische Agenda gerückt, wenn diese Forderung auch kontrovers diskutiert wird. Das auf jeweils beachtliche Argumente gestützte Für und Wider soll hier nicht Gegenstand der Überlegungen sein. Vielmehr soll der Blick für den unterschiedlichen rechtlichen Charakter der gerichtsverfassungsrechtlichen Regelungen gegenüber den richterdienstrechtlichen Regelungen geschärft werden, die systematisch strikt voneinander zu trennen sind. Nur die richterdienstrechtlichen Regelungen beinhalten eine Fortbildungspflicht. Nur sie wenden sich unmittelbar an den Richter und verpflichten ihn, sich fortzubilden.

Hingegen stellen die gerichtverfassungsrechtlichen Regelungen Anforderungen auf, welcher Spruchkörper mit welchen, ggf. durch welche besonderen Qualifikationen ausgewiesenen Richter besetzt werden darf. Adressat solcher Regelungen ist daher nicht der einzelne Richter, sondern es sind die Justizverwaltungen, die dafür verantwortlich sind, die benötigten

11) BT-Drucks. 18/9092; BT-Plenarprotokoll 18/183, S. 18130 [D].

personellen Ressourcen bereit zu halten, damit die Spruchkörper unter Einhaltung der gesetzlichen Vorgaben besetzt werden können. Natürlich haben solche Vorgaben zur Besetzung von Spruchkörpern als Reflex auch Auswirkung auf das Fortbildungsangebot und sicher auch auf das Fortbildungsverhalten der Richter. Denn es ist absehbar, dass – gerade wenn Qualifikationsanforderungen neu geschaffen werden – das Fortbildungsangebot für diesen Bereich verstärkt wird. Allerdings wird es dabei oftmals angesichts begrenzter Fortbildungsmittel zu Umschichtungen zulasten anderer Fortbildungsangebote zu anderen – unverändert wichtigen – Themen kommen, sodass für die Fortbildung als Ganzes gesehen auf diesem Weg wenig zu gewinnen sein dürfte.

Als gleichsam „trickreicher" Ausweg aus diesem Dilemma ließe sich gesetzgeberisch denken, für alle richterlichen Dezernate besonderen Qualifikationsanforderungen zu schaffen. Dann müsste flächendeckend geschult werden. Dies erscheint aber angesichts der starken Widerstände, die sich schon gegen die Qualifikationsanforderungen für einzelne Bereiche regen, rechtspolitisch nicht durchsetzbar. Zum anderen ließe sich die flächendeckende Schaffung besonderer Qualifikationsanforderungen angesichts der hohen Qualität der juristischen Ausbildung in der Sache nicht rechtfertigen. Vielmehr weist die zuvor bereits befürwortete Sichtbarmachung der richterlichen Fortbildungspflicht in den Richtergesetzen, die mit einer Pflicht des Dienstherrn zur Förderung flankiert ist, den richtigen Weg. So können der Bedarf und Wunsch nach Fortbildung, wie z. B. vor einem Dezernatswechsel, und das Fortbildungsangebot rechtlich abgesichert noch besser in Einklang gebracht werden. So fortgebildete Richterinnen und Richter wiederum bieten die Gewähr, dass sie auch in den für besondere Materien zuständigen Spruchkörpern die an sie gestellten hohen Anforderungen erfüllen. Dieser Weg sollte daher eingeschlagen werden.

Die Aufarbeitung der NS-Belastung des Bundesministeriums der Justiz

– Vom Rosenburg-Projekt zur Lex Rosenburg –

GERD J. NETTERSHEIM

Inhaltsübersicht

I. Einleitung

Sich der eigenen ungewissen Vergangenheit vorbehaltlos zu stellen, ist für jede Organisation oder Institution ein Wagnis, wenn die Vorgeschichte in ein dunkles Kapitel wie die NS-Zeit zurückreicht. Dies gilt umso mehr, wenn der mündlichen Überlieferung ein positives Narrativ zugrunde liegt oder der Rückblick gar von Mythen und Legenden umwoben ist. Die so vermittelten Bilder und Vorstellungen zu hinterfragen und aufzubrechen, kann ein quälender Prozess sein. Gelingen kann ein solches Unterfangen nur, wenn unabhängige Wissenschaftler mit der Forschung beauftragt werden und die Auftraggeber bereit sind, sich mit deren Ergebnissen kritisch auseinanderzusetzen und ggf. auch die Konsequenzen daraus zu ziehen. Ein Lehrstück hierfür ist das sog. Rosenburg-Projekt des Bundesministeriums der Justiz.

II. Das Rosenburg-Narrativ

Initialzündung für die einzelnen Bundesressorts, die Geschichte ihrer Vorgängerinstitutionen aus der NS-Zeit sowie die personelle und sachliche Verwobenheit mit dieser Zeit während der Gründerjahre der Bundesrepublik einer historischen Untersuchung zuzuführen, war die vom damaligen Bundesminister des Auswärtigen *Joschka Fischer* im Jahre 2005 in Auftrag gegebene Forschung zur Geschichte des Auswärtigen Amtes in der Zeit des Nationalsozialismus und der jungen Bundesrepublik. Die im Oktober 2010 unter dem Titel „Das Amt und die Vergangenheit" als Buch veröffentlichten Ergebnisse fanden eine große öffentliche Aufmerksamkeit und lösten eine nachhaltige Debatte aus. Damit wuchs der Druck auf die übrigen Bundesministerien, dem Auswärtigen Amt zu folgen und eigene Forschungsvorhaben aufzulegen.

Das damalige Bundesministerium der Justiz selbst sah sich zunächst nicht betroffen und nicht in der Pflicht. Aus seiner Sicht bestand im eigenen Geschäftsbereich kein Forschungsbedarf, da die NS-Justiz und das an ihrer Spitze stehende Reichsjustizministerium bereits wissenschaftlich umfassend und sehr gründlich aufbereitet war und die eigenen Aufbaujahre eine glänzende Erfolgsgeschichte darstellten.

Zutreffend war in der Tat, dass – anders als in anderen Ressorts – die Vorgeschichte des eigenen Hauses umfassend erforscht war. Bereits der im Jahre 1947 von alliierter Seite durchgeführte *Nürnberger Juristenprozess*[1] hatte das verbrecherische Wesen des Reichsjustizministeriums als Machtinstrument im Dienste des NS-Regimes sowie die strafrechtliche Verantwortung leitender Beamte aufgedeckt. Seitdem waren zahlreiche wissenschaftliche Dokumentationen und Abhandlungen über das gesetzgeberische Unrecht des Ministeriums, seine Maßnahmen zur Rechtlosstellung jüdischer Bürger sowie seine Lenkung der NS-Gerichte erschienen, die den Befund des Nürnberger Tribunals erhärteten. Hinzu kamen etliche Biographien über die verantwortlichen Minister und Staatssekretäre. Das Bundesjustizministerium selbst durfte sich zugutehalten, diesen Forschungs- und Aufklärungsprozess aktiv unterstützt zu haben. Mit einer großzügigen finanziellen Zuwendung hatte es das rechtshistorische Grundlagenwerk von *Lothar Gruchmann* über den Verfallsprozess des Rechts in der Amtszeit von Reichsjustizminister *Gürtner* (1932–1941)[2] unterstützt und mit der im Jahre 1989 eröffneten Wander- und Dauerausstellung „Im Namen des Deutschen Volkes – Justiz und Nationalsozialismus"[3] einen eigenen öffentlichkeitswirksamen Beitrag zur Auseinandersetzung mit der NS-Justiz und ihren Folgen geleistet.

1) *Peschel-Gutzeit* (Hrsg.), Das Nürnberger Juristen-Urteil von 1947 – Historischer Zusammenhang und aktuelle Bezüge, 1996.

2) *Gruchmann*, Justiz im Dritten Reich 1933–1940 – Anpassung und Unterwerfung in der Ära Gürtner, 3. Aufl. 2001.

3) Siehe dazu den gleichnamigen Katalog zur Ausstellung, Köln 1989 ff.

Das 1949 gegründete Bundesministerium der Justiz war in der Projektion späterer Generationen wie Phönix aus der Asche gestiegen. Im Rückblick erschien es als ein ureigenes Geschöpf und Glanzlicht der Bonner Republik. Zu diesem Eindruck hatte nicht unwesentlich das Renommee des ersten Justizministers *Thomas Dehler* beigetragen, wie sein Staatssekretär *Walter Strauß* ein Verfolgter des NS-Regimes, der mit seiner Person für den Aufbruch in die neue Zeit stand. Während seiner Amtszeit hatte er den Aufbau des demokratischen Rechtsstaates mit Energie und großem Erfolg vorangetrieben und somit zum hervorragenden Ruf seines Hauses beigetragen. Die hohe Fachkompetenz und Leistungsbereitschaft seiner Beamten war unbestritten. Ihre Integrität wurde auch dann nicht ernsthaft in Frage gestellt, als die DDR in den 1950er Jahren im Rahmen ihrer *Braunbuch-Kampagne* substantiierte Belege für die Verstrickung einzelner Führungskräfte in das NS-Regime präsentierte.[4)] In der idyllisch an einem Berghang über dem Rheintal in Bonn gelegenen Rosenburg, dem ersten Dienstsitz des Ministeriums, hatte sich in den Aufbaujahren eine dichte kollegiale Atmosphäre entwickelt, die nach dem Umzug des Ministeriums in einen nüchternen Zweckbau im Jahre 1973 geradezu glorifiziert wurde. Seitdem wurde der „Geist der Rosenburg“ hausintern beinahe in jeder Festveranstaltung beschworen. Nach dem Beschluss des Deutschen Bundestages im Juni 1991, den Sitz von Parlament und Regierung von Bonn nach Berlin zu verlegen, sah sich der Personalrat des Ministeriums noch im gleichen Jahr veranlasst, unter dem Titel „Der Geist der Rosenburg“ eine Erinnerungsschrift herauszugeben und diese den Kollegen als Andenken und Erbe mit auf den Weg nach Berlin zu geben. Im Geleitwort dazu heißt es:

> „Soll diese gute alte Zeit der Rosenburg nicht nach und nach dem Vergessen anheimfallen, so muß die Erinnerung zu Papier gebracht werden.“

Dass sich unter dieser glänzenden Oberfläche des Justizministeriums Erbgut der NS-Zeit verborgen hielt, hätte man spätestens 1987 mit der Veröffentlichung des Werks von *Ingo Müller* „Furchtbare Juristen – Die unbewältigte Vergangenheit unserer Justiz“ erkennen müssen. Anhand einer Fülle biographischer Beispiele – auch aus dem Bundesministerium der Justiz – zeigte der Autor auf, wie es in der jungen Bundesrepublik vielen Juristen gelang, ihre braune Vergangenheit zu verschleiern und ihre Karriere mühelos im Staatsdienst fortzusetzen. 1996 wurde der Handlungs-

---

4) *Görtemaker/Safferling*, Die Akte Rosenburg – Das Bundesministerium der Justiz und die NS-Zeit, 2016, S. 194 ff.

bedarf des Ministeriums unabweisbar, als *Norbert Frei* mit seiner grundlegenden Arbeit „Vergangenheitspolitik – Die Anfänge der Bundesrepublik und die NS-Vergangenheit" schonungslos die Schlussstrichmentalität der jungen Republik im Umgang mit der NS-Vergangenheit aufdeckte. Dabei trat auch die unrühmliche Rolle „der Rosenburg" zum Vorschein. Eine Untersuchung der eigenen Vergangenheit des Ministeriums, die jetzt überfällig war, blieb jedoch aus. Mitte der 1990er Jahre waren die Aufmerksamkeit und die Aktivitäten des Hauses auf die Folgen der deutschen Wiedervereinigung ausgerichtet und das öffentliche Interesse konzentrierte sich eher auf die Durchleuchtung des untergegangenen SED-Regimes.

III. Das Rosenburg-Projekt

Als dann im Zuge der öffentlichen Diskussion über „Das Amt" auch das Bundesministerium der Justiz vor der Frage stand, sich der eigenen Geschichte zuzuwenden, war es darauf nicht vorbereitet. Es ist daher nicht verwunderlich, dass eine Initiative aus der Mitte der Beamtenschaft, die sich für eine wissenschaftliche Untersuchung einsetzte,[5] auf verbreitete Skepsis stieß. Da der Ertrag einer solchen Untersuchung ungewiss erschien, wurde auch bezweifelt, ob sich der Einsatz der erforderlichen Haushaltsmittel lohne, zumal diese im laufenden Etat des Ministeriums nicht vorhanden waren.

Es war die damalige Bundesministerin *Sabine Leutheusser-Schnarrenberger*, die im Januar 2012 den Knoten durchschlug und eine Unabhängige Wissenschaftliche Kommission mit dem Auftrag einsetzte, die personellen und sachlichen Kontinuitäten zwischen der NS-Zeit und den ersten Jahrzehnten ihres Hauses zu erforschen. Da der Untersuchungszeitraum sich nahezu mit den Dienstjahren des Ministeriums auf der Rosenburg deckte, bürgerte sich sehr schnell der Name „Rosenburg-Projekt" dafür ein. Als Leiter der interdisziplinären Kommission konnten der Historiker Professor *Manfred Görtemaker* von der Universität Potsdam und der Strafrechtler Professor *Christoph Safferling*, damals Universität Marburg, jetzt Universität Erlangen-Nürnberg, gewonnen werden.

5) *Görtemaker/Safferling*, Die Rosenburg – Das Bundesministerium der Justiz und die NS-Vergangenheit – eine Bestandsaufnahme, 2013, S. 12; *Görtemaker/Safferling*, Die Akte Rosenburg – Das Bundesministerium der Justiz und die NS-Zeit, 2016, S. 13 f.

Das Bundesministerium der Justiz sicherte der Kommission volle Unabhängigkeit sowie seine uneingeschränkte Unterstützung zu und räumte ihr bestmögliche Arbeitsbedingungen ein. Die Kommission erhielt Einsicht in alle Personal- und Sachakten. Selbst zu den als „geheim" eingestuften Vorgängen erhielten sie Zugang. Den für eine Zeitzeugenbefragung in Betracht kommenden ehemaligen Angehörigen des Hauses wurde nicht nur eine Aussagegenehmigung erteilt, sondern sie wurden sogar gebeten, sich zu einem Interview bereit zu erklären. Im Dienstgebäude in der Mohrenstraße in Berlin standen der Kommission die für ihre Recherchen erforderlichen räumlichen und sächlichen Mittel in großzügigem Umfang zur Verfügung.

Zur Unterstützung der Kommission wurde eine eigene Projektgruppe im Ministerium gebildet, die mit den Forschern vertrauensvoll und konstruktiv zusammenarbeitete. Die Wissenschaftler haben später anerkennend festgestellt, dass die Projektgruppe so manches Hindernis für ihre Arbeit beiseite geräumt habe.[6] *Marie Luise Graf-Schlicker* war es, die sich spontan bereit erklärte, die Projektgruppe in ihre Abteilung aufzunehmen und damit für ein Vorhaben Verantwortung zu übernehmen, auf das das Ministerium nicht vorbereitet war und für das es weder über Erfahrung noch Expertise verfügte.

Möglicherweise noch fortbestehende Zweifel an der Notwendigkeit der Untersuchung wurden spätestens durch ein Symposium ausgeräumt, das das Ministerium gemeinsam mit der Kommission im April 2012 im Kammergericht in Berlin veranstaltete. Um eine Bilanz des aktuellen Forschungsstandes zu ziehen und Anregungen für ihre künftige Arbeit zu gewinnen, hatten die Professoren *Görtemaker* und *Safferling* einen Kreis renommierter Wissenschaftler eingeladen, die aus unterschiedlicher Perspektive ihre Erkenntnisse zur Frage des Umgangs des Ministeriums mit der NS-Vergangenheit in den 1950er und 1960er Jahren darlegten. Alle Teilnehmer des Symposiums hoben die Dringlichkeit hervor, die Tätigkeit des Ministeriums in dieser Zeit intensiv zu beleuchten und ein quellengestütztes Gesamtbild zu erstellen. Der Tagungsband mit den Beiträgen aller Wissenschaftler erschien 2013 unter dem Titel „Die Rosenburg – Das Bun-

---

6) *Görtemaker/Safferling*, Die Rosenburg – Das Bundesministerium der Justiz und die NS-Vergangenheit – eine Bestandsaufnahme, 2013, S. 12; *Görtemaker/Safferling*, Die Akte Rosenburg – Das Bundesministerium der Justiz und die NS-Zeit, 2016, S. 13 f.

desministerium der Justiz und die NS-Vergangenheit – eine Bestandsaufnahme."[7]

IV. Public History als partizipative Öffentlichkeitsbeteiligung

Das Symposium im Kammergericht bildete zugleich den Auftakt eines Programms, mit dem das Bundesministerium der Justiz gemeinsam mit der Unabhängigen Wissenschaftlichen Kommission die Öffentlichkeit für ihr gemeinsames Projekt interessieren und gewinnen wollte.

In seinem berühmten Vortrag „Was bedeutet: Aufarbeitung der Vergangenheit?"[8] hat *Theodor W. Adorno* deutlich gemacht, dass das Ziel der Aufarbeitung, ihr Gegenwartsbezug, von entscheidender Bedeutung ist. Aufarbeitung solle dazu beitragen, die Gesellschaft zu befrieden, sie gegen ideologische Anfechtungen zu immunisieren und gegen einen Rückfall zu wappnen. Aufarbeitung lässt sich so als eine Chiffre für unsere Gegenwartsbeziehung zur Vergangenheit verstehen.

Ausgehend von diesem Gedanken stimmten Ministerium und Kommission darin überein, dass es sich beim Gegenstand des Rosenburg-Projektes nicht um ein verstaubtes Kapitel der *Adenauer-Ära* handelte, dass die Tätigkeit des Ministeriums in den Anfangsjahren der Bundesrepublik vielmehr starke Gegenwartsbezüge und politische Implikationen aufweise. Die Forschungsarbeiten sollten und durften daher nach gemeinsamer Überzeugung kein selbstreferentielles wissenschaftliches Projekt im „elfenbeinernen Turm" sein. Anliegen beider Partner war es daher, die Forschungsarbeiten transparent zu machen, neue Erkenntnisse der Öffentlichkeit zu vermitteln und damit einen Beitrag zu einem kritischen Diskurs in der Zivilgesellschaft zu leisten. Für dieses innovative Konzept fand sich mangels einer besseren sprachlichen Alternative die im angloamerikanischen Raum gängige Bezeichnung „Public History".

In diesem Rahmen haben das Bundesministerium der Justiz und die Unabhängige Wissenschaftliche Kommission bis zum Ende der 18. Legislaturperiode bundesweit acht Symposien veranstaltet, die verschiedene Aspekte des Rosenburg-Projektes aufgriffen und vertieften. Im Sinne eines fachlichen Austauschs und um übergreifend den Stand der Forschungen abzugleichen, wurden die betroffenen Bundesressorts und die in ihrem Auftrag

7) Erschienen im Verlag Vandenhoeck & Ruprecht, Göttingen.
8) In: *Theodor W. Adorno*, Gesammelte Schriften, Bd. 10.2, 1977, S. 555–572.

tätigen Historikerkommissionen zwei Mal zu sog. Aufarbeiter-Konferenzen eingeladen. Auch auf internationaler Ebene ist das Rosenburg-Projekt vorgestellt worden, in den Jahren 2014 und 2017 in Washington und New York sowie 2017 in Israel.

Darüber hinaus haben das Ministerium und die Wissenschaftler Gespräche mit den juristischen Berufsverbänden geführt, die allseits als Bereicherung empfunden wurden und dem Projekt weitere Anregungen verschafft haben. In zahlreichen Begegnungen mit Oberstufenschülern sowie Auszubildenden von Industrieunternehmen aus verschiedenen Bundesländern wurden das Interesse und das Engagement von Angehörigen der jungen Generation im Umgang mit der Hinterlassenschaft und den Nachwirkungen des NS-Regimes deutlich. Ein intensiver und vom gegenseitigen Vertrauen geprägter Kontakt besteht mit den Verfolgten des NS-Regimes und ihren Nachfahren. Mit dem Zentralrat der Juden, dem Zentralrat Deutscher Sinti und Roma und dem Internationalen Auschwitz Komitee besteht ein reger Austausch.

Als Glanzlicht in der Reihe der Veranstaltungen bleibt die vielbeachtete Rede von *Ralph Giordano* in Erinnerung, mit der er am 13. Juni 2013 im Presse- und Informationsamt der Bundesregierung „Die Rosenburg", den Auftaktband des Rosenburg-Projektes vorgestellt hat. In bewegten und bewegenden Worten würdigte der Autor der Schrift „Die zweite Schuld oder Von der Last Deutscher zu sein", die die Verdrängung und das Verleugnen der NS-Vergangenheit anprangert und die geistigen Grundlagen der NS-Aufarbeitung gelegt hat, das Rosenburg-Projekt als „Stoß ins Zentrum deutscher Lebenslüge, Töne, auf die ich lange gewartet habe."[9] Seine Rede selbst verstand er als sein „politisches Testament".

> „Es deckt sich mit der großen Aufgabe, die sich das Justizministerium von heute gestellt hatte, und an der ich beteiligt sein durfte."[10]

Sein Testament wurde noch im gleichen Jahr veröffentlicht,[11] Ein Jahr später starb Ralph Giordano.

---

9) *Ralph Giordano*, Der perfekte Mord – Die deutsche Justiz und die NS-Vergangenheit, 2013, S. 37.

10) *Ralph Giordano*, Der perfekte Mord – Die deutsche Justiz und die NS-Vergangenheit, 2013, S. 38

11) *Ralph Giordano*, Der perfekte Mord – Die deutsche Justiz und die NS-Vergangenheit, 2013, S. 37.

In ihrer Kleinen Anfrage „Zu den Plänen der Bundesregierung für die NS-Aufarbeitung der Bundesressorts“ vom 5. März 2015[12] richtete die Fraktion Bündnis 90/Die Grünen die Frage an die Bundesregierung, inwieweit diese

> „(…) den vom Bundesministerium der Justiz und für Verbraucherschutz eingeschlagenen Weg der ‘public history’ als Vorbild für partizipative Öffentlichkeitsbeteiligung an(sehe)“.

In ihrer Antwort führte die Bundesregierung dazu Folgendes aus:[13]

> „Mit dem von der Unabhängigen Wissenschaftlichen Kommission zur Aufarbeitung der NS-Vergangenheit und dem Bundesministerium der Justiz und für Verbraucherschutz einvernehmlich eingeschlagenen Weg der public history, d. h. der Herstellung der Geschichtsöffentlichkeit, wird ein neuer Weg eingeschlagen. Die Öffentlichkeit soll – der politischen Dimension der NS-Aufarbeitung Rechnung tragend – auf dem Weg der Aufarbeitung „mitgenommen“ und zu einer kritischen Begleitung angeregt werden. (…) Dass dieser Weg erfolgreich beschritten worden ist, zeigen zahlreiche zustimmende Schreiben und konkrete Unterstützungsleistungen. (…) Der Bundesminister der Justiz und für Verbraucherschutz, Heiko Maas, ist am 25. Juli 2014 in Anerkennung seiner Verdienste um die Aufarbeitung der nationalsozialistischen Belastung des Bundesministeriums der Justiz und die Einbeziehung der Öffentlichkeit in das Rosenburg-Projekt mit dem Israel-Jacobson-Preis der Union Progressiver Juden ausgezeichnet worden.“

V. Die Akte Rosenburg

Nach vierjähriger Forschungsarbeit präsentierten die Professoren *Görtemaker* und *Safferling* im Oktober 2016 ihren Schlussbericht. „Die Akte Rosenburg“, so sein Buchtitel,[14] fand eine große mediale Resonanz und öffentliche Aufmerksamkeit. Die Wissenschaftler gelangten zu dem Ergebnis, dass die Jahre auf der Rosenburg von einer „Doppelgesichtigkeit“ geprägt waren. Es sei „eine Zeit des Neubeginns, aber auch der Kontinuität“ gewesen. Die „vordergründige Erfolgsgeschichte“ des Ministeriums, dessen glänzende Fassade, habe auch eine „dunkle Kehrseite“ gehabt.[15]

Der „bedrückende“[16] Befund: Das Führungspersonal, das der erste Bundesjustizminister *Thomas Dehler* und sein Staatssekretär *Walter Strauß* bei der Errichtung des Ministeriums eingestellt hatten, war zu einem großen Teil in das NS-Regime verstrickt gewesen. Die Zahl der ehemaligen

12) BT-Drucks. 18/4238, v. 5.3.2015, S. 17.

13) BT-Drucks. 18/4238, v. 5.3.2015, S. 17 f.

14) Erschienen im Verlag C. H. Beck München 2016.

15) *Görtemaker/Safferling*, Die Akte Rosenburg – Das Bundesministerium der Justiz und die NS-Zeit, 2016, S. 451 ff.

16) So Bundesjustizminister *Heiko Maas* bei der Buchvorstellung im Bundesministerium der Justiz und für Verbraucherschutz am 10.10.2016.

NSDAP-Mitglieder lag zur Rosenburg-Zeit bei über 50 %, Ende der 1950er Jahre bei über 70 %, in der Strafrechtsabteilung sogar bei 100 %. Doppelmitgliedschaften in der SA waren dabei keine Ausnahmen. Auch waren einige Mitgliedschaften in der SS verzeichnet. Einzelne Beamte hatten dem Regime sogar als Block-Leiter („Blockwarte“) gedient. Viele der führenden Beamten waren zuvor im Reichsjustizministerium bei der Vorbereitung und Umsetzung von dessen verbrecherischer Politik tätig gewesen. Andere hatten als Richter oder Staatsanwälte an den politischen Sondergerichten oder an Wehrmachtsgerichten Unrechtsgesetze des NS-Staates angewandt und durch Mitwirkung an Todesurteilen schwere persönliche Schuld auf sich geladen.

Auf die Frage, warum *Thomas Dehler* und *Walter Strauß*, die beide zu den Verfolgten des NS-Regimes zählten, gerade diese Personen ausgewählt hatten, haben die Wissenschaftler keine eindeutige Antwort gefunden. Für beide stand aber offenbar im Vordergrund, die Arbeitsfähigkeit des Ministeriums so schnell wie möglich herzustellen. Daher waren ihre wichtigsten Auswahlkriterien fachliche Kompetenz und ministerielle Erfahrung. Politische Belastungen aus der NS-Zeit traten dahinter zurück. Die Nachsichtigkeit dieser Personalpolitik hinterlässt allerdings einen verstörenden Eindruck und überschreitet bei mehreren Vorgängen die Grenzen des Nachvollziehbaren.

An erster Stelle ist hier der Fall *Max Merten* zu nennen. Als Kriegsverwaltungsrat in Griechenland war der frühere Beamte des Reichsjustizministeriums für die Enteignung und Deportation von 45.000 bis 50.000 griechischen Juden nach Auschwitz und Bergen-Belsen verantwortlich gewesen. Die meisten von ihnen sind dort ermordet worden. 1952 wurde *Merten* als Leiter des Referates Zwangsvollstreckungsrecht (sic.) in das Justizministerium eingestellt. Als er Jahre später nach seinem Ausscheiden aus dem Bundesdienst in Griechenland als gesuchter Kriegsverbrecher verhaftet und zu einer langjährigen Haftstrafe verurteilt wurde, entsandte das Justizministerium einen Unterabteilungsleiter nach Griechenland, dem es gelang, *Max Merten* nach Deutschland zu überstellen, wo ihn die deutsche Justiz nach wenigen Tagen auf freien Fuß setzte.

Franz Massfeller, der als Beamter des Reichsjustizministeriums 1942 an Folgekonferenzen zur Wannsee-Konferenz teilgenommen und einen Kommentar zum Blutschutz- und Ehegesundheitsgesetz[17] mitverfasst hatte, wurde bereits im Jahre 1950 in das Bundesministerium der Justiz eingestellt und wenig später zum Leiter des Familienrechtsreferates ernannt und mit der Vorbereitung eines Gleichstellungsgesetzes betraut.

Walter Roemer war während der NS-Zeit als Erster Staatsanwalt am Landgericht München I und Leiter der Vollstreckungsabteilung für die Vollstreckung zahlreicher Todesurteile zuständig gewesen. Zu den Hingerichteten zählten auch politische Häftlinge des Regimes, darunter prominente Repräsentanten des Widerstandes, u. a. auch Mitglieder der *Weißen Rose*. Von *Thomas Dehler* als Leiter der öffentlich-rechtlichen Abteilung berufen, war er ab August 1950 für die Grund- und Menschenrechte zuständig.

Es überrascht daher nicht, dass diese personelle Konstellation nicht ohne Auswirkung auf die Sacharbeit des Ministeriums blieb. Zwar ließ sich „braunes" Gedankengut in den Ausarbeitungen und Gesetzentwürfen nicht feststellen. Die parlamentarische Kontrolle der jungen Republik hätte dies auch verhindert. Indes weisen die Arbeiten aus der Rosenburg-Ära in etlichen Bereichen Tendenzen auf, die

> „(…) eher in die Zeit vor 1945 zurückweisen als im Sinne einer Anpassung des Rechts an moderne gesellschaftliche Vorstellungen zu wirken."[18]

Alte Denkmuster zeigten sich insbesondere im Jugendstrafrecht und im Staatsschutzstrafrecht. Was die Strafbarkeit der Homosexualität betrifft, unterschied sich die Haltung und Diktion des Hauses nicht von der NS-Zeit. Und die geheimen Schubladengesetze zur Einführung einer Wehrjustiz orientierten sich unverhohlen am Modell der berüchtigten Wehrmachtjustiz. Sogar die Wiedereinführung der Todesstrafe auf diesem Gebiet wurde ernsthaft diskutiert.

Auch die auf der Rosenburg von Beginn an herrschende „Schlussstrich-Mentalität" führen die Wissenschaftler auf die Wiederverwendung der alten Eliten zurück. Die vom Bundesjustizministerium vorbereiteten Straffreiheitsgesetze von 1949 und 1954 begünstigten weite Kreise der NS-Straftäter. Die sog. kalte Amnestie des Jahres 1968 tat ein Übriges. Eine Lücke im Einführungsgesetz zum Ordnungswidrigkeitengesetz vom 24. Mai 1968 bewirkte die unbeabsichtigte Einschränkung der Beihilfestrafbarkeit, so

---

17) *Gütt/Linden/Maßfeller*, Blutschutz- und Ehegesundheitsgesetz – Gesetze und Erläuterungen, 1936.

18) *Görtemaker/Safferling*, Die Akte Rosenburg – Das Bundesministerium der Justiz und die NS-Zeit, 2016, S. 454.

dass Beihilfestraftaten zu nationalsozialistischen Gewaltverbrechen rückwirkend zum 9. Mai 1960 verjährt waren. Die viel diskutierte Frage, ob der zuständige Unterabteilungsleiter im Justizministerium, Ministerialdirigent *Eduard Dreher*, hierfür verantwortlich war, konnten auch die Wissenschaftler nicht beantworten. Eine dichte Indizienkette legt allerdings nahe, dass *Dreher* hier die „Wissensherrschaft" hatte. Er selbst wurde durch diese Panne im Gesetzgebungsverfahren begünstigt. Als Staatsanwalt beim Sondergericht Innsbruck hatte er mehrere Todesurteile aus nichtigem Anlass bewirkt. Eines dieser Verfahren hatte von der Festnahme des Täters bis zu dessen Hinrichtung nur zehn Stunden gedauert.

In dieses Bild passt dann auch der Fall *Hans Gawlik*. Dieser war 1950 mit der Leitung der beim Bundesjustizministerium angebundenen Zentralen Rechtsschutzstelle betraut worden. Diese hatte die Aufgabe, Deutschen im Ausland, die dort als Kriegsgefangene festgehalten wurden oder wegen ihrer Taten während der NS-Zeit angeklagt oder schon verurteilt waren, Rechtsschutz zu gewähren. *Gawlik*, der tief in das NS-Regime verstrickt gewesen war, missbrauchte seine Stellung jedoch dazu, offiziell gesuchte Kriegsverbrecher zu warnen und vor Strafe zu schützen.

Erst 1998 schaffte das Bundesministerium der Justiz die Grundlagen zur Aufhebung der Unrechtsurteile der NS-Strafjustiz. Auf starken politischen Druck reagierte es mit einer Gesetzesvorlage, die „mit heißer Nadel gestrickt" war. Die eklatanten Mängel des Gesetzes[19] sind bis heute nicht behoben.

Geradezu skandalös mutet es an, dass noch bis Ende der 1990er Jahre im Ministerium der ideologische, d. h. auf dem Gedanken der „Rassenhygiene" beruhende Charakter des NS-Erbgesundheitsrechts bestritten und Widerstand gegen die Aufhebung von Sterilisationsentscheidungen der ehemaligen Erbgesundheitsgerichte erhoben wurde, so dass der damalige Bundesminister der Justiz Professor *Schmidt-Jortzig* selbst den Weg für die Aufhebung frei machen musste.

VI. Konsequenzen für die Gegenwart

Rolf Lamprecht hat „Die Akte Rosenburg" als „Standardwerk der Aufklärung" gewürdigt. Dieses habe zwar die Illusion von einem ehrlichen Neu-

19) *Gerd J. Nettersheim*, Die Aufhebung von Unrechtsurteilen der NS-Strafjustiz – Ein langes Kapitel der Vergangenheitsbewältigung, in: FS Riess, 2002, S. 944 ff.

anfang zerstört, aber für die Generation von heute, die das Geschehen aus eigener Anschauung nicht kenne und mangels Information unwissend geblieben sei, erweise es sich als historische Dokumentation von bleibendem Wert.[20] Wie hätte man besser die Verpflichtung begründen können, als Daueraufgabe an die Geschehnisse auf der Rosenburg zu erinnern, die Erinnerung wach zu halten und daraus Lehren für die Gegenwart und Zukunft zu ziehen?

Ganz in diesem Sinne hat das Bundesministerium der Justiz und für Verbraucherschutz erste Konsequenzen gezogen. Im Rahmen von hausinternen Veranstaltungen werden den Mitarbeitern, insbesondere den jungen und neu eingestellten, die Erkenntnisse der Forschung vermittelt und diese dazu angeregt, sich mit den Biographien und Verhaltensmustern ihrer Vorgänger auf der Rosenburg auseinanderzusetzen. Für Richter und Staatsanwälte aus der gesamten Justiz führt das Ministerium an der Deutschen Richterakademie einwöchige Veranstaltungen zu dem gleichen Thema durch.

Um die zentralen Ergebnisse der Forschung in einer anschaulichen und transparenten Weise auch einer breiteren Öffentlichkeit zugänglich zu machen und in die Fläche zu tragen, hat Bundesminister *Heiko Maas* eine Wanderausstellung eröffnet, die bundesweit an zahlreichen Standorten gezeigt werden soll und danach dauerhaft an einem Ausstellungsort verbleiben wird.

Darüber hinaus soll das Public History-Programm in der bewährten Weise fortgesetzt werden. Durch weitere Seminare, Fachgespräche und Begegnungen mit Schülern und Auszubilden soll der Diskurs über die Kontinuitäten zwischen der NS-Zeit und der jungen Bundesrepublik sowie deren aktuelle Implikationen weiter gefördert werden.

„Die Akte Rosenburg“ verlangt aber vor allem, den Dingen auf den Grund zu gehen. Eine wesentliche Erkenntnis des Schlussberichts ist die, dass die Juristen der Rosenburg sich als unpolitische Handwerker des Rechts verstanden, die sich hinsichtlich ihrer Vergangenheit keiner Schuld bewusst waren. Staatssekretär *Walter Strauß* warb sogar um Verständnis für diese Haltung. Die große Mehrheit der Ministerialbürokratie habe nach der

---

20) *Rolf Lamprecht*, Die Braunhemden auf der Rosenburg – Wie die Nachkriegsjustiz unbemerkt von alten Nazis dirigiert wurde, NJW 2016, 3085 f.

Machtergreifung der Nationalsozialisten „aus dieser verfehlten technischen Einstellung heraus einfach weiter mitgearbeitet.“[21)]

Dass die Beamten der Rosenburg auch in der jungen Demokratie unter der Herrschaft des Grundgesetzes zu keiner besseren Erkenntnis gelangt waren, sollte sich Ende der 1950er Jahre herausstellen. Da das Grundgesetz keine Notstandsverfassung kannte und Pläne für eine Änderung der Verfassung politisch gescheitert waren, bereiteten das Bundeskanzleramt und das Bundesministerium des Innern ein streng geheim gehaltenes, sog. V-Buch vor, das in einem Verteidigungsfall ohne Möglichkeit einer parlamentarischen Beratung in Kraft gesetzt werden sollte. Zu diesem Projekt lieferte das Bundesjustizministerium aus seinem Zuständigkeitsbereich fünf Entwürfe von Notverordnungen zu, die sich in eklatanter Weise über Grundrechte und verfassungsrechtlich verbriefte Prozessgarantien hinwegsetzten. An diesen Entwürfen waren mehrere Abteilungen beteiligt, auch die Verfassungsrechtsabteilung.

Dieser Juristengeneration waren in ihrer Ausbildung exzellente Fachkenntnisse und die Fähigkeit, diese praxisgerecht anzuwenden, vermittelt worden, so dass sie unter jedem Regime „funktionierte“. Ihr Bewusstsein für die unveräußerlichen und unverrückbaren Werte des Rechts war jedoch offenbar nicht geweckt und geschärft worden. Auch wenn sich in der Praxis der heutigen Juristenausbildung vieles zum Besseren gekehrt hat, deutet dieser Befund jedoch auf eine Schwachstelle der herkömmlichen Ordnung der Juristenausbildung hin. Diese zu schließen und für eine bundeseinheitliche Vorgabe zu sorgen, ist Aufgabe des Bundesgesetzgebers und des Bundesministeriums der Justiz und für Verbraucherschutz, das für das Deutsche Richtergesetz und dessen Leitlinien für die Juristenausbildung zuständig ist.

Der Ausschuss für Recht und Verbraucherschutz des Deutschen Bundestages hat sich in seiner 117. Sitzung am 9. November 2016 auf der Grundlage eines Berichts des Ministeriums eingehend mit dieser Problematik befasst.[22)] Die Mitglieder des Ausschusses vertraten dabei fraktionsüber-

---

21) *Walter Strauß*, Parlamentarischer Rat, Hauptausschusssitzung v. 23.2.1949.

22) Mitteilung des Deutschen Bundestages – Ausschuss für Recht und Verbraucherschutz – v. 3.11.2016, Tagesordnung für die 117. Sitzung, Tagesordnungspunkt 20 „Bericht des Bundesministeriums der Justiz und für Verbraucherschutz über Konsequenzen aus dem Projekt und Bericht Rosenburg-Akte“, S. 11, abrufbar unter https://www.bundestag.de/blob/478720/4d88a17b68147705a70f37e7fa46c8fb/a06_117_to-data.pdf (Abrufdatum: 15.1.2018).

greifend die Auffassung, dass „Die Akte Rosenburg“ einen unabweisbaren gesetzgeberischen Handlungsbedarf aufzeige. Man war sich einig, dass in der Juristenausbildung die Aufgabe verankert werden müsse, das rechtsethische Bewusstsein der Auszubildenden zu fördern. Dies entsprach voll und ganz der Auffassung des Ministeriums.

Gesetzlich lassen sich die erforderlichen Änderungen durch thematische Vorgaben umsetzen, die die Kompetenz der Länder für die Durchführung der Juristenausbildung und die Autonomie der Hochschulen unberührt lassen. Danach sollte der Kanon der in § 5a DRiG vorgegebenen Fächer der Juristenausbildung um zwei Themen ergänzt werden: Alle angehenden Juristen sollten sich während ihrer Ausbildung mit den „ethischen Grundlagen des Rechts und deren Bedeutung für die berufliche Praxis“ auseinandersetzen und „Kenntnisse über das Justizunrecht in Deutschland im 20. Jahrhundert“ vorweisen. Das Bundesministerium der Justiz und für Verbraucherschutz hat einen entsprechenden Diskussionsentwurf den Landesjustizverwaltungen und Hochschulverbänden zugeleitet.[23)]

Geschichte wiederholt sich nicht. Aber auch heute sind Juristen, an welcher Stelle in Staat und Gesellschaft sie auch immer tätig sind, in ihrer Praxis Konfliktlagen und Anfechtungen ausgesetzt, in denen ihr Rechtsethos gefordert ist. Hierzu zählt auch eine Haltung des Mutes, zu der auch Gegenrede und im äußersten Falle Widerständigkeit gehören. Die skizzierte „Lex Rosenburg“ soll ihnen hierzu das nötige geistige Rüstzeug vermitteln.

---

23) Hierzu: *Steinke*, Die Justiz ist nie unpolitisch – Jurastudenten sollen über NS-Unrecht lernen, in: Süddeutsche Zeitung v. 18.9.2017, S. 14; *Foljanty*, Historische Reflexion als Ausgangspunkt für die heutige Berufspraxis – Das Justizunrecht des 20. Jahrhunderts als Gegenstand der juristischen Ausbildung, AnwBl 2017, 1158 ff.

Zulassung, Berufsordnung und Kammer für Insolvenzverwalter

CHRISTOPH NIERING

Inhaltsübersicht

I. Einleitung

Freie Berufe organisieren sich in Berufskammern und regeln ihre Berufsausübung über eine Berufsordnung. Dies gilt für Rechtsanwälte, Notare, Steuerberater, Wirtschaftsprüfer, Ärzte und Apotheker, nicht jedoch für Insolvenzverwalter. Dies ist erstaunlich, denn spätestens seit der grundlegenden Entscheidung des Bundesverfassungsgerichts aus dem Jahr 2004[1)] ist der Insolvenzverwalter als eigener Beruf definiert. Nach Auffassung des Bundesverfassungsgerichts[2)] ist der Beruf i. S. des Art. 12 GG nicht nur auf

> „(...) Tätigkeiten (beschränkt), die sich in bestimmten, traditionellen oder sogar rechtlich fixierten Berufsbildern darstellen, sondern auch die vom einzelnen frei gewählten untypischen Betätigungen, aus denen sich wiederum neue feste Berufsbilder ergeben (...)"

können. Trotz dieser richtungsweisenden Entscheidung vermisst man bis heute gesetzliche Regeln zur Berufszulassung, eine Berufsordnung und eine Kammer für Insolvenzverwalter. Auch das Bundesverfassungsgericht vermisst in seiner jüngsten Entscheidung zur Frage der juristischen Person als Insolvenzverwalter berufsrechtliche Mechanismen.[3)]

In Deutschland tätige Insolvenzverwalter und Sachwalter sind vielmehr über ihre ursprüngliche Berufszulassung als Rechtsanwalt, Steuerberater

1) BVerfGE, Urt. v. 3.8.2004 – 1 BvR 135/00, 1 BvR 1086/01, ZIP 2004, 1649 = ZInsO 2004, 913, dazu EWiR 2005, 437 *(Wieland)*.

2) BVerfGE, Urt. v. 3.8.2004 – 1 BvR 135/00, 1 BvR 1086/01, ZIP 2004, 1649 = ZInsO 2004, 913.

3) BVerfG, Beschl. v. 12.1.2016 – 1 BvR 3102/13, BVerfGE 141, 121 ff. = ZIP 2016, 321 m. Anm. *Römermann*, dazu EWiR 2016, 145 *(Flöther)*.

oder Wirtschaftsprüfer verkammert und haben sich somit an der Berufsordnung ihrer ursprünglichen Berufsgruppe zu orientieren. Weit mehr als 90 % der Insolvenzverwalter und Sachwalter sind als Rechtsanwälte zugelassen. Für sie gilt die Berufsordnung der Rechtsanwälte, BORA. Dies ist nicht nur unpassend, sondern schränkt den als Rechtsanwalt zugelassenen Insolvenzverwalter auch bei seiner Tätigkeit als Insolvenzverwalter über Gebühr ein. Unangemessen insoweit, als die BORA ausgelegt ist für den Rechtsanwalt als Parteivertreter in einem in der Regel streitigen Verfahren, § 3 BORA. Die Verwertung von Vermögensgegenständen, die Verwaltung von hohen Geldbeträgen über einen längeren Zeitraum oder gar die Fortführung insolventer Geschäftsbetriebe gehört in keiner Weise zum Berufsbild des Rechtsanwalts. Behindert wird der Insolvenzverwalter in seiner Tätigkeit u. a. durch das Verbot der doppelnützigen Treuhand, § 3 Abs. 1 BORA, und das Umgehungsverbot, § 12 BORA. Letzteres behindert den anwaltlich zugelassenen Insolvenzverwalter bei der unmittelbaren Kontaktaufnahme mit wesentlichen Verfahrensbeteiligten, sei es mit Geschäftsführern, Lieferanten oder Kunden.

Die aktuellen Aufsätze von *Römermann*[4)], *Vallender*[5)] und *Beck*[6)] könnten den Eindruck erwecken, dass es sich bei Fragen der Berufszulassung, Berufsordnung und Berufskammer um ein Modethema in für Insolvenzverwalter und Sachwalter konjunkturell schwierigen Zeiten handelt. Dem ist nicht so, ganz im Gegenteil. Während der letzten großen Finanzkrise hat der Berufsverband der deutschen Insolvenzverwalter (VID) auf seiner außerordentlichen Mitgliederversammlung am 30. Oktober 2009 in Berlin ein grundlegendes Eckpunktepapier zur Berufszulassung, einer Berufsordnung und der Berufsaufsicht verabschiedet:

1. Der VID befürwortet eine allgemein verbindliche Regelung in der Berufsausübung in der Form einer gesetzlichen Berufsordnung für Insolvenzverwalter.
2. Eine allgemein verbindliche Regelung der Berufsausübung sollte die Berufsgrundsätze des VID und die Ergebnisse der Uhlenbruck-Kom-

---

4) *Römermann*, Gute Gründe, schlechte Erfahrungen: Verwalterkammer nach BRAO-Vorbild?, INDat Report 6/2017, S. 22.

5) *Vallender*, Die Zeit ist reif – Plädoyer für eine Berufsordnung für Insolvenzverwalter, NZI 2017, 641.

6) *Beck*, Plädoyer für ein Berufsrecht der Insolvenzverwalter – der Professionalität geschuldet, zur Qualitätssicherung erforderlich –, in: FS Wimmer, 2017, S. 31.

mission umfassend aufnehmen und i. S. der Grundsätze ordnungsgemäßer Insolvenzverwaltung darüber hinausgehen.

3. Neben der Berufsausübung muss auch der Zugang zum Beruf des Insolvenzverwalters allgemein verbindlich geregelt werden.
4. Eine allgemein verbindliche Regelung des Berufszugangs muss den zukünftigen Anforderungen an die Berufsausübung mit einem hohen Anforderungsprofil entsprechen.
5. Allgemein verbindliche Regelungen für Berufszugang und Berufsausübung müssen eine gesetzliche Regelung der Berufsaufsicht beinhalten. Die Berufsaufsicht muss überwachen, dass die persönlichen, fachlichen und organisatorischen Voraussetzungen der Berufsausübung jederzeit vorliegen und die Regelung der Berufsordnung und die Grundsätze ordnungsgemäßer Insolvenzverwaltung eingehalten werden. Zu diesem Zweck darf sie Kontrollen auch vor Ort vornehmen. Sie darf sich bei der Erfüllung dieser Aufgaben fachlich anerkannter Dritter bedienen.[7)]

Die Forderung, Zulassung und Berufsausübung zu ordnen, ist allerdings noch viel älter. Bereits im Jahr 1959 hielt *von Stockum* in seiner Studie zu aktuellen Fragen bei der Verwaltung von Konkursen fest, dass ein „Interesse an einer Berufs- und Standesordnung" besteht.[8)]

Es ist an der Zeit, nicht länger über das „Ob", sondern nur noch über das „Wie" einer Berufsordnung, der Berufszulassung und einer Berufskammer zu diskutieren. Dabei kann man sogleich vorausschicken, dass das berühmte Rad nicht noch ein zweites Mal erfunden werden muss. Dieses Rad orientiert sich keineswegs an dem Berufsbild der Rechtsanwälte, sondern vielmehr an dem der Notare. Berufszulassung, Berufsausübung und auch die Berufsaufsicht mit einer Notarkammer und einer straff organisierten gerichtlichen Aufsicht sind dort nicht nur geregelt, sondern haben sich auch über Jahrzehnte bewährt. *Rattunde* als einer der wenigen Anwaltsnotare, die auch als Insolvenzverwalter tätig sind, hat bereits in der

---

7) VID, Eckpunktepapier, v. 30.10.2009, abrufbar unter https://www.vid.de/wp-content/uploads/2016/04/vid-eckpunktepapier-berufsordnung-30-10-2009.pdf (Abrufdatum: 4.1.2018).

8) *von Stockum*, Aktuelle Fragen bei der Verwaltung von Konkursen, 1959; die als Manuskript vorhandene Studie hat mir dankenswerterweise *Prof. Rattunde* zugänglich gemacht, wofür ich mich auch an dieser Stelle herzlich bedanken darf.

Festschrift für Ganter im Jahr 2010 in vielerlei Hinsicht diese Parallele zu Recht gezogen.[9]

II. Gesetzliche Regelungen

Ausgehend von § 56 InsO enthält die Insolvenzordnung für Insolvenzverwalter und Sachwalter eine ganze Reihe von Regeln zur Berufsausübung. Dies betrifft insbesondere Berichts- und Rechnungslegungspflichten, die Verpflichtung zur Verwertung und Verteilung der Insolvenzmasse, der Fortführung des Geschäftsbetriebes etc. Die gesetzlichen Anforderungen an den Insolvenzverwalter sind vielschichtig, die gesetzlichen Regelungen bilden dennoch in der Summe nur ein grobmaschiges Netz und können so kaum geeignet sein, die Insolvenzverwaltung in ihrer heutigen komplexen Ausprägung zu ordnen und zu leiten. Das Justizministerium des Landes Nordrhein-Westfalen hat im Jahr 2006 mit dem Entwurf eines Gesetzes zur Vereinfachung der Aufsicht in Insolvenzverfahren (GAVI)[10] in Teilen diese Defizite etwa in Hinblick auf die Rechnungslegung, Haftpflichtversicherung, Berichtspflichten etc. erkannt und auch beheben wollen. Der vorgelegte Diskussionsentwurf hat eine breit angelegte Diskussion ausgelöst,[11] welche letztendlich aber nicht zu einer Änderung der Insolvenzordnung und damit einer Konkretisierung der Berufsausübung geführt hat.

Wie fragil das gesetzliche Leitbild des Insolvenzverwalters ist, hat sich im Zusammenhang mit der Diskussion über das Gesetz zur weiteren Erleichterung der Sanierung von Unternehmen (ESUG) gezeigt. Im Referentenentwurf war unter § 56 Abs. 1 Nr. 3 RefEInsO[12] einer der zentralen Grundsätze der Insolvenzordnung, die Unabhängigkeit und Unparteilichkeit des Insolvenzverwalters, in Frage gestellt worden. Danach sollte einer Bestellung als Insolvenzverwalter und Sachwalter nicht entgegenstehen, wenn der zu Bestellende zuvor den Insolvenzplan im Auftrag des Schuldners ausgearbeitet hat. Wenngleich der Gesetzgeber auf die breite

---

9) *Rattunde*, Insolvenzverwalter und Notar, in: FS Ganter, 2010, S. 519.

10) Gesetzentwurf des Justizministeriums NRW, BR-Drucks. 566/07.

11) *Frind*, GAVI – Reloaded oder gut gemeint ...?, ZInsO 2007, 922–926; *Tömp*, Der GAVI-Gesetzentwurf – Sind die geplanten Maßnahmen machbar und effektiv?, ZInsO 2007, 234.

12) Referentenentwurf des BMJ für ein Gesetz zur weiteren Erleichterung der Sanierung von Unternehmen (ESUG), ZIP, Beilage 1 zu Heft 6/2011, 1, 8.

Kritik[13)] aus Praxis und Wissenschaft die Regelung des § 56 Abs. 1 Nr. 3 RefEInsO nicht umgesetzt hat, führte allein schon die missverständliche Gesetzesbegründung zu einer Diskussion über die Unabhängigkeit und Unparteilichkeit des Insolvenzverwalters und Sachwalters. Auch die zahlreichen gesetzlichen Änderungen der Insolvenzordnung zum Verbraucherinsolvenzverfahren, zum Konzerninsolvenzrecht, zum Anfechtungsrecht und zur strafrechtlichen Vermögensabschöpfung befassten sich nicht oder nur am Rande mit Fragen der Berufsausübung für Insolvenzverwalter und Sachwalter. Damit bleibt die Insolvenzordnung weiterhin nur ein grobmaschiges und somit naturgemäß auch lückenhaftes Netz, welches nicht geeignet ist die Berufsausübung in seiner heutigen Komplexität zu ordnen.

III. Berufsordnende Rechtsprechung

Wo die Insolvenzordnung keinen umfassenden Rahmen vorgibt, ist die Rechtsprechung gefragt, die bestehenden Lücken zu schließen. Der Bundesgerichtshof und auch die nachgeordneten Gerichte haben in den letzten Jahrzehnten verschiedenste Aspekte der Berufsausübung geregelt und dabei auch wesentliche Berufsgrundsätze entwickelt. Zuletzt etwa mit der Entscheidung des Bundesgerichtshofs zur Frage der Massewahrung.[14)] Diese zum Teil richtungsweisenden Entscheidungen bilden jedoch nur ein fragmentarisches Regelwerk, welches zudem noch vom „Krankenfall", d. h. dem Fehlverhalten des pflichtwidrig handelnden oder sogar ungetreuen Insolvenzverwalters abgeleitet wird.

Selbst wenn diesen gerichtlichen Entscheidungen häufig ganz grundsätzliche Bedeutung zukommt, geraten diese nicht selten in Vergessenheit. Deutlich wird dies am Beispiel der Entscheidung des Bundesgerichtshofes[15)] zur Frage der Unabhängigkeit und dem Verbot der Vorbefassung. Nach Auffassung des Bundesgerichtshofs können falsche Angaben sowie die Nichtoffenlegung möglicher Interessenskonflikte als ein Erschleichen der Bestellung angesehen werden und zur sofortigen Entlassung im betref-

---

13) VID, Stellungnahme des Verbandes der Insolvenzverwalter Deutschlands e. V. zur öffentlichen Anhörung des Rechtsausschusses des Deutschen Bundestages, v. 29.6.2011.

14) BGH, Urt. v. 21.10.2010 – IX ZR 48/10, ZIP 2010, 2405, dazu EWiR 2010, 773 *(Kleine-Cosack)*; BGH, Beschl. v. 9.6.2011 – IX ZB 248/09, ZIP 2011, 1526; *Berger*, Massebezogene Verwalterpflichten: Von der Massewahrung zu einem „allgemeinen Wertmehrungsgebot"?, ZInsO 2017, 2100.

15) BGH, Beschl. v. 6.5.2004 – IX ZB 349/02, ZIP 2004, 1214.

fenden Insolvenzverfahren führen. Dies auch noch, wie der Bundesgerichtshof[16] erst kürzlich festgestellt hat, Jahre nach Eröffnung des Insolvenzverfahrens und damit der Bestellung des Insolvenzverwalters. Dieser den § 56 InsO konkretisierenden Entscheidung ist über Jahre nur eingeschränkt Beachtung geschenkt worden. Erst durch den gemeinsam von dem BAKInsO und dem VID erarbeiteten Fragebogen zur Unabhängigkeit des Verwalters[17] ist dieser zentralen Frage des Insolvenzverfahrens mehr Aufmerksamkeit zuteil geworden.

Die auf der Rechtsprechung basierende Konkretisierung der Berufsausübung ist nicht nur lückenhaft, sondern naturgemäß auch nicht proaktiv. Fehlentwicklungen und offene Fragen werden durch entsprechende gerichtliche Entscheidungen erst nach Jahren korrigiert, sofern diese überhaupt einer gerichtlichen Überprüfung zugeführt werden können. Erschwerend kommt hinzu, dass mit Wegfall des § 6 InsO häufig der Weg zum Bundesgerichtshof verschlossen und damit die Einheitlichkeit der Rechtsprechung und damit auch der Berufsordnung nicht mehr in allen Bereichen gewahrt ist. Dies zeigt, dass es die Rechtsprechung allein nicht vermag, die bestehenden Lücken der nur rudimentären gesetzlichen Regelungen zu füllen.

IV. Grundsätze ordnungsgemäßer Insolvenzverwaltung

Wie eingangs erwähnt, hat der VID die bestehenden Defizite frühzeitig zum Anlass genommen und über die Verhaltensrichtlinien und die von der Uhlenbruck-Kommission[18] entwickelten Grundsätze versucht, Abhilfe zu schaffen. Entstanden sind hieraus im Jahr 2011 die Grundsätze ordnungsgemäßer Insolvenzverwaltung (GOI).[19] Mit den GOI wurden erstmalig positiv alle wesentlichen Bereiche der Insolvenzverwaltung umfassend formuliert und geregelt. Sie umfassen nicht nur Detailfragen zur Unabhängigkeit des Insolvenzverwalters, sondern auch Form und Umfang der Berichterstattung, der Rechnungslegung, der Versicherung und der Information gegenüber Gläubigern sowie zur eigenen Aus- und Wei-

16) BGH, Beschl. v. 14.7.2016 – IX ZB 52/15, ZIP 2016, 1648.
17) VID, Fragebogen zur Unabhängigkeit des Verwalters, abrufbar unter https://www.vid.de/wp-content/uploads/2016/09/fragebogen-zur-unabhaengigkeit-des-verwalters.pdf (Abrufdatum: 4.1.2018).
18) VID, Textsammlung InsO und GOI, 2. Aufl. 2017.
19) VID, Textsammlung InsO und GOI, 2. Aufl. 2017.

terbildung. Sie haben im Schrifttum[20] aber auch in der höchstrichterlichen Rechtsprechung[21] breite Zustimmung gefunden. Anders als von vereinzelten Kritikern[22] vermutet sollen sie nicht die nicht im Berufsverband der Insolvenzverwalter organisierten Insolvenzverwalter und Sachwalter benachteiligen. Die Einhaltung der Grundsätze ordnungsgemäßer Insolvenzverwaltung steht vielmehr jedem in Deutschland tätigen Insolvenzverwalter und Sachwalter offen. Auch die Prüfung durch unabhängige Dritte und deren Dokumentation nach außen ist nicht von einer Mitgliedschaft im VID abhängig. Der VID dokumentiert diese Zertifizierung (und weitere Voraussetzungen einer Mitgliedschaft) lediglich auf besondere Weise durch das Gütesiegel VID-Cert, das nur den Mitgliedern des VID offensteht.

Die GOI definieren so den Mindeststandard der Insolvenzverwaltung, sie spiegeln gewissermaßen den Stand der Technik in der Insolvenzverwaltung wieder. In diesem Zusammenhang ist auch der von der BAKInsO, dem Gravenbrucher Kreis und dem VID entwickelte einheitliche Kontenrahmen SKR-InsO zu nennen, welcher die Basis für eine transparente und nachvollziehbare Rechnungslegung des Verwalters bildet. Die hohe Qualität der Grundsätze ordnungsgemäßer Insolvenzverwaltung und des einheitlichen Kontenrahmens dürfen allerdings nicht darüber hinwegtäuschen, dass diese nur dort, wo die Insolvenzgerichte dies ausdrücklich bei der Bestellung dem Insolvenzverwalter und Sachwalter vorgeben, verpflichtend sind. Ansonsten stellen sie lediglich eine Selbstverpflichtung der Mitglieder des VID dar. Demnach ist es auch Jahrzehnte nach der ersten Forderung einer eigenen Berufs- und Standesordnung für Insolvenzverwalter immer noch möglich, dass nicht im Berufsverband organisierte Verwalter unterhalb der durch die Grundsätze ordnungsgemäßer Insolvenzverwaltung gesetzten Mindeststandards einer transparenten, unabhängigen und qualitativ anspruchsvollen Insolvenzverwaltung tätig werden.

V. Leitlinien der Insolvenzgerichte

In den vergangenen Jahren ist vermehrt das Bemühen verschiedener Insolvenzgerichte zu erkennen, die vorhandenen Defizite durch eigene Leit-

---

20) *Graeber* in: MünchKomm-InsO, § 56 Rz. 43 m. w. N.

21) BGH, Beschl. v. 13.10.2016 – IX AR (VZ) 7/15, ZIP 2016, 2127, dazu EWiR 2017, 19 *(Ringstmeier)*.

22) *Siemon*, Der Verwaltermarkt in der Krise, NZI 2017, 741.

linien oder Richtlinien zu schließen. In Hamburg[23)], Köln[24)], Heidelberg[25)] und Berlin wurden durch die dortigen Insolvenzgerichte Grundprinzipien für die Berufsausübung entwickelt und auch dokumentiert. Vielfach wird auf die vom VID entwickelten Grundsätze ordnungsgemäßer Insolvenzverwaltung Bezug genommen und die Verwendung des gemeinsam von dem BAKInsO und dem VID entwickelten Fragebogens zur Unabhängigkeit des Insolvenzverwalters vorgeschrieben. Diese Ansätze sind begrüßenswert, wenngleich ihre rechtliche Grundlage vereinzelt auch kritisch hinterfragt wird.[26)] *Holzer* sieht die Insolvenzgerichte gar in der Rolle eines Ersatzgesetzgebers, was rechtlich nicht haltbar sei. Die Leitlinien sind allerdings auch noch weit davon entfernt, sich bei den über 190 deutschen Insolvenzgerichten durchzusetzen. Auch sind die verschiedenen Leitlinien nicht unbedingt dazu geeignet, für eine einheitliche Berufsausübung in ganz Deutschland Sorge zu tragen. Vielmehr steht zu befürchten, dass unterschiedliche Inhalte und Ausprägungen dieser Leitlinien die Rahmenbedingungen zur Berufsausübung eher unüberschaubarer machen als sie zu vereinheitlichen. Entstehen könnte ein deutscher Flickenteppich der Leitlinien mit vielen unterschiedlichen Interpretationen zur „richtigen“ Berufsausübung des Insolvenzverwalters. Das kann weder im Interesse der Insolvenzverwalter noch im Interesse der Gläubiger und Schuldner sein.

Schließlich zeigt sich auch an den jüngst durch *Römermann* und *Vallender* wieder aus der Vergessenheit hervor geholten Richtlinien des Amtsgerichts Berlin-Mitte aus dem Jahr 1929 für die dort tätigen Konkursverwalter, wie flüchtig gerichtsbezogenen Leitlinien sein können.[27)] In der dortigen Nr. 7 hieß es

> „Der Verwalter hat alles zu vermeiden, was den Anschein einer parteilichen oder eigennützigen Geschäftsführung erwecken könnte. Jede Verknüpfung persönlicher Interessen mit den Angelegenheiten des Schuldners ist unstatthaft. Vereinbarungen mit dem Schuldner über die Verwaltungsgebühr sind unzulässig. Es ist nicht angängig, dass der Verwalter, seine Angehörigen oder Angestellten Gegenstände aus der Masse erwerben (...)“.

---

23) Hamburger Leitlinien zum Insolvenzeröffnungsverfahren, ZInsO 2004, 24; Hamburger Leitlinien zur Reichweite und Durchführung des „conflict check“, ZInsO 2017, 375.

24) Kölner Leitlinien zur Zusammenarbeit mit dem Insolvenzgericht, ZInsO 2017, 637.

25) Heidelberger Leitlinien, NZI 2009, 593.

26) *Holzer*, Gefürchtete Leitlinien der Insolvenzgerichte, INDat Report 7/2017, S. 12.

27) AG Berlin-Mitte, Richtlinie I.7., JW 1929, 1633; *Römermann*, INDat Report 6/2017, S. 22; *Vallender*, NZI 2017, 641.

Ein immer noch zutreffender Ansatz, der allerdings bis heute nicht in der hier vorgestellten Klarheit gesetzlich verankert wurde.

Auch die besten Leitlinien können nur dann ihre volle Wirkkraft entfalten, wenn sie auch durch die Insolvenzgerichte regelmäßig geprüft werden. In den vergangenen Jahren ist zu beobachten, dass sich diese Aufsicht weitestgehend auf das Hinterfragen des Gutachtens, der Zwischenberichte und die Prüfung der Schlussrechnung bezieht. Auch hier zeigt ein Blick in die Vergangenheit, dass dies nicht nur im Einzelfall mit Haftungsrisiken für Rechtspfleger und Richter verbunden ist, sondern auch anders möglich wäre. In der Studie von *von Stockum* wird von der Praxis des Berliner Konkursgerichts in den 1950er Jahren wie folgt berichtet:

> „Das KG führt in größeren zeitlichen Abständen, jedoch in der Regel nicht länger als ein Jahr, laufende Kontrollen des Kassen-, Buchhaltungs- und Belegwesens der Verwalter durch, die schlagartig und unangemeldet durch einen vereidigten Buchprüfer erfolgen. Dieser fordert gleichzeitig aufgrund von allgemein erteilten Bankvollmachten die Salden der Anderkontenbestände der jeweiligen Praxis schriftlich an und ist so in der Lage, diese mit den buchmäßig ausgewiesenen Guthaben abzustimmen. Sodann prüft er anhand der einzelnen Belege die Richtigkeit der ein- und ausgegangenen Zahlungen, wobei auch die Zahlungsdisposition und die Vereinnahmung nicht nur der zahlenmäßigen, sondern auch überschlägig in materieller und sachlicher Hinsicht einer Prüfung unterzogen werden, wobei dem Überprüfenden jahrzehntelange Erfahrung auch auf diesem speziellen Prüfungsgebiet dienlich sind. Seine Prüfungsberichte entlasten das Gericht nicht nur von der notwendigen Kontroll- und Aufsichtspflichten, sondern geben durch eine vergleichende Methodik der verschiedenen Verwalterpraxen auch entsprechende Anhaltspunkte über die korrekte Funktion sowie den Beschäftigungs- und Abwicklungsstand der überprüften Praxis, wobei die Kontinuierlichkeit der Revision und ihr wirtschaftlicher Zusammenhang besonders wertvoll sein dürfte. Auch nimmt das Gericht selbst nach Bedarf und Ermessen an den Revisionen des Prüfers teil und gewinnt so über die Verfassung der überprüften Verwaltung erwünschte persönliche Eindrücke und individuellen Beurteilungen."[28]

Auch diese gute Übung ist, wenn sie denn überhaupt über die Grenzen Berlins hinaus bekannt war, in Vergessenheit geraten.

Welche auch präventive Bedeutung einer kontinuierlichen und unangekündigten Überprüfung zukommt, hat der Bundesgerichtshof[29] ausdrücklich betont. Besondere Wirkkraft haben diese Prüfungen auch in Hinblick auf die in § 78 Abs. 2 KO geregelte Kautionsanforderung und die konkrete Handhabung durch das Amtsgericht Berlin-Mitte entfalten können. Die sich hieraus ergebende Sicherungsmöglichkeit wurde durch das Berli-

---

28) *von Stockum*, Aktuelle Fragen bei der Verwaltung von Konkursen, 1959, S. 25.
29) BGH, Urt. v. 9.10.2014 – IX ZR 140/11, ZIP 2014, 2242, dazu EWiR 2014, 781 *(Krüger)*.

ner Konkursgericht Mitte der 1950er Jahre sehr praxisnah und auch im Interesse der Gläubiger gehandhabt. So führt *von Stockum* aus:

> „Der Verwalter ist jährlich gehalten, im entsprechenden Verhältnis zu den von ihm verwalteten Guthaben eine Kautionsversicherung in wechselnder Höhe des jeweiligen Erfordernisses nachzuweisen."[30]

Diese Kautionsversicherung war keineswegs nur eine Haftpflichtversicherung, sondern eine Vertrauensschadensversicherung.[31] Diese deckt auch die durch einen ungetreuen Insolvenzverwalter verursachten Schäden ab. Ein aus Sicht der Gläubiger und der der Amtshaftung ausgesetzten Insolvenzgerichte nicht zu unterschätzender Vorteil. Hier bietet sich wieder die Parallele zu den Notaren an. § 67 BNotO schreibt über die Haftpflichtversicherung hinaus auch eine Versicherung gegen wissentliche Pflichtverletzung des Notars vor. Davon sind weiter entfernt denn je, da für nicht als Rechtsanwalt, Steuerberater und Wirtschaftsprüfer zugelassene Insolvenzverwalter nicht einmal eine gesetzliche Verpflichtung zum Abschluss einer Haftpflichtversicherung besteht. Diese Selbstverpflichtung kennen nur die GOI.

VI. Berufsordnung für Insolvenzverwalter

Die vorstehenden Ausführungen haben gezeigt, dass die Ansätze in der Insolvenzordnung, der Rechtsprechung, der gerichtlichen Übung und Vorgaben des Berufsverbandes für sich hilfreich, aber weder in der Summe noch für sich alleine geeignet sind, allgemeinverbindlich und umfassend den Beruf des Insolvenzverwalters zu ordnen. Es sind gleichermaßen Versuche, das durch die Untätigkeit des Gesetzgebers entstandene ordnungspolitische Vakuum zu schließen. Gerade die im Zuge des ESUG zu beobachtenden Fehlentwicklungen haben das Bedürfnis der beteiligten Kreise nach einer berufsordnenden Hand nochmals deutlich werden lassen. Auch ein Blick auf die Nachbarstaaten in der Europäischen Union[32] sowie auf die Vorstellungen der Europäischen Kommission für künftige

---

30) *von Stockum*, Aktuelle Fragen bei der Verwaltung von Konkursen, 1959, S. 154.

31) *Rattunde* in: FS Ganter, 2010, S. 519, 527.

32) *Bergner*, Grundlinien einer europäischen Harmonisierung des Berufsrechts für Insolvenzverwalter, in: FS Beck, 2016, S. 27 ff.

Regelungen des Berufs[33] machen deutlich, wie weit Deutschland an dieser Stelle zurückliegt. Die sich hieraus ergebenden Defizite können im Interesse der am Insolvenzverfahren Beteiligten und hier insbesondere der Gläubiger, der Arbeitnehmer und auch der Schuldner nur durch eine Berufsordnung für Insolvenzverwalter beseitigt werden.

Wie bereits eingangs erwähnt, muss das Rad nicht neu erfunden werden. Mit *Rattunde* sind die Parallelen zur Berufsordnung der Notare zu ziehen.[34] Denn nach § 14 Abs. 1 BNotO ist der Notar „nicht Vertreter einer Partei, sondern unabhängiger und unparteiischer Betreuer der Beteiligten". Wenngleich die Vorschriften der Bundesnotarordnung nicht ohne weiteres übernommen werden, so kann doch die Systematik einen guten Leitfaden für die Entwicklung einer Berufsordnung der Insolvenzverwalter abbilden. Insoweit wäre auch von Vorteil, dass diese Berufsordnung eine jahrzehntelange gesetzliche Fortentwicklung mit der entsprechenden höchstrichterlichen Überprüfung erfahren hat. Inhaltlich sollte sich die Berufsordnung für Insolvenzverwalter an den als Mindeststandard zwischenzeitlich anerkannten Grundsätzen ordnungsgemäßer Insolvenzverwaltung orientieren.

Selbstverständlich bedarf eine Berufsordnung als Eingriff in die Berufsfreiheit der damit erforderlichen verfassungsmäßigen Legitimation einer gesetzlichen Grundlage. Gefordert ist hier also wie auch bei anderen Berufsordnungen der Bundesgesetzgeber. Eine gesetzliche Regelung der Berufsordnung setzt selbstverständlich auch voraus, dass diese einer europarechtlichen Überprüfung standhält und dem Gemeinschaftsrecht nicht zuwiderläuft.

Eine Berufsordnung schafft nicht nur die gesetzliche Grundlage für die bis heute diskutierte Fragen zum *listing* und *delisting* der Insolvenzverwalter sondern vermittelt den am Verfahren Beteiligten ein nachlesbares und damit auch nachvollziehbares Bild über die Rechte und Pflichten des Insolvenzverwalters und Sachwalters. Berufsrechtliche Kollisionen sind zwar vorprogrammiert, aber auch ohne weiteres handhabbar. Mehrfachzulassungen als Rechtsanwalt, Steuerberater, Wirtschaftsprüfer oder Notar sind heute bei weitem keine Seltenheit mehr. Entscheidend ist zur Kon-

---

33) Vgl. Art. 25–27 der vorgeschlagenen Richtlinie des Europäischen Parlaments und des Rates über präventive Restrukturierungsrahmen, die zweite Chance und Maßnahmen zur Steigerung der Effizienz von Restrukturierungs-, Insolvenz- und Entschuldungsverfahren und zur Änderung der Richtlinie 2012/30/EU, v. 22.11.2016, COM(2016) 723 final.

34) *Rattunde* in: FS Ganter, 2010, S. 519.

fliktlösung welchem Berufskreis das konkrete Handeln zuzuordnen ist. Im Zweifel gilt das strengere Berufsrecht.[35)]

VII. Berufszulassung

Die Zugangsvoraussetzungen zum Amt des Insolvenzverwalters sind in § 56 InsO positiv und insoweit sehr niedrigschwellig formuliert, als dass zum Insolvenzverwalter jede für den jeweiligen Einzelfall geeignete, insbesondere geschäftskundige und von den Gläubigern und den Schuldnern unabhängige natürliche Person bestellt werden kann. Die Insolvenzverwaltung und auch das Insolvenzrecht sind in den letzten Jahren und Jahrzehnten immer komplexer geworden. Besonders deutlich wird dies im Insolvenzsteuerrecht, im Arbeitsrecht und im Gesellschaftsrecht. Diese rechtlichen Spezialmaterien und auch die Organisation der Verwaltung erfordern von dem Insolvenzverwalter herausragende Kenntnisse und Befähigungen sowohl in rechtlicher als auch in betriebswirtschaftlicher Hinsicht. Diese werden durch das Bestellungskriterium der Geschäftskunde nicht oder nur rudimentär abgefragt. Eine gesonderte Prüfung wie etwa bei Notaren oder Wirtschaftsprüfern und Steuerberatern besteht nicht. Schon *von Stockum* hat 1959 gefordert, besondere Ausbildungskurse mit Abschlussprüfung für den Verwalter bei den Oberlandesgerichten einzurichten und nur diejenigen zu diesem Beruf zuzulassen seien, die diese Kurse mit Erfolg absolviert haben.[36)] Es sei nach seiner Auffassung nicht einsehbar, dass viel weniger verantwortliche Berufe solche Befähigungsnachweise verlangen, im Bereich der Insolvenzverwaltung jedoch eine Ausnahme gemacht wird. Dem ist eigentlich nichts mehr hinzuzufügen. Denn die Verantwortung des Insolvenzverwalters in rechtlicher, wirtschaftlicher und auch sozialer Hinsicht gegenüber den beteiligten Gläubigern, Arbeitnehmern und dem Schuldner ist spätestens mit Einführung der Insolvenzordnung und einer auf den Erhalt des Unternehmens orientierten Insolvenzordnung größer denn je.

Auf Basis einer Berufsordnung könnten Umfang und Inhalt einer solchen Zulassungsprüfung aber auch etwaige Vorbereitungszeiten ähnlich wie beim Notarassessor auf eine fundierte rechtliche Basis gestellt werden. Mit einer solchen Zulassungsprüfung könnte auch die seit vielen Jahren diskutierte

---

35) *Vallender*, NZI 2017, 641, 648; *Prütting*, Eigenständiges Berufsrecht für Insolvenzverwalter?, in: FS Vallender, 2015, S. 455, 468.

36) *von Stockum*, Aktuelle Fragen bei der Verwaltung von Konkursen, 1959, S. 23.

Problematik der Vorauswahllisten deutlich entspannt werden. Auch eine bundesweite Vorauswahlliste wäre dann umsetzbar.

Eine solche Zulassungsprüfung steigert nicht nur die Qualität der Insolvenzverwalter und damit der Insolvenzverwaltung, sondern sie schützt auch die Gläubiger vor weiteren finanziellen Einbußen durch eine unzureichende oder unsachgemäße Insolvenzverwaltung. Zudem reduziert sie deutlich das Amtshaftungsrisiko der Insolvenzgerichte, da die konkrete Geeignetheit des Insolvenzverwalters und Sachwalters nicht anhand der laufenden Insolvenzverfahren überprüft, sondern durch eine Zulassungsprüfung nachgewiesen wird. Die bisher geübte Praxis „training on the job" im übertragenen Insolvenzverfahren und damit potentiell zulasten der Verfahrensbeteiligten dürfte heute kaum mehr angemessen sein.

VIII. Berufskammer

Die Forderung nach einer Berufsordnung findet heute nahezu ungeteilte Zustimmung.[37)] Auch der Frage einer Zulassungsprüfung wird ganz überwiegend positiv oder zumindest offen gegenübergestanden.[38)] Kritischer wird die Frage gesehen, ob die Berufsordnung auch zwingend eine Berufskammer voraussetzt. Zu tief sitzt allem Anschein nach bei vielen die Ablehnung gegenüber der eigenen Berufskammer. Wie bereits erwähnt, sind mehr als 90 % der in Deutschland tätigen Insolvenzverwalter Rechtsanwälte. Daher dürfte die Ablehnung gegenüber dem Kammersystem vor allem den eigenen Erfahrungen mit der Rechtsanwaltskammer geschuldet sein; ob zu Recht oder zu Unrecht, mag an dieser Stelle dahingestellt bleiben. Festzustellen ist aber, dass die auf das Insolvenzrecht spezialisierten Rechtsanwälte und damit auch die Insolvenzverwalter in der Gesamtschau der mehr als 160.000 in Deutschland zugelassenen Rechtsanwälte nur eine kleine Randgruppe bilden. Naturgemäß haben sich damit sowohl bei der Berufsordnung der Rechtsanwälte, aber auch im Kammerwesen die Insolvenzverwalter mit ihren spezifischen und auch den Insolvenzverwalterberuf orientierten Bedürfnissen hinten anzustellen. Die Entscheidung

---

37) *Beck*, Wann – endlich – kommt das Berufsrecht für Insolvenzverwalter?, NZI Heft 5/2016, V; *Römermann*, INDat Report 6/2017, S. 22, 23; *Vallender*, Einführung einer Insolvenzverwalterkammer als Träger der Berufsaufsicht über Insolvenzverwalter, NZI 2017, 777.

38) *Frind*, Verwalters Zukunft? – Bundesvorauswahl-Liste ja – Berufsordnung nein, ZInsO 2017, 2146.

des Bundesgerichtshofs vom 6. Juli 2015 zum Umgehungsverbot nach § 12 BORA,[39] aber auch das erst im Jahr 2014 in § 3 Abs. 1 BORA eingeführte Verbot der doppelnützigen Treuhand, sind ein deutliches Anzeichen für das fehlende Verständnis der an die Arbeit des Insolvenzverwalters gestellten Anforderungen. Zudem bestehen vergleichbare Verbote für Wirtschaftsprüfer und Steuerberater nicht, was die nur diesen Berufsgruppen angehörenden Insolvenzverwalter deutlich begünstigt. Ganz abgesehen von dem Umstand, dass vereinzelt Insolvenzgerichte auch Diplom-Juristen, Diplom-Wirtschaftsjuristen und Diplom-Kaufleute mit der Betreuung von Insolvenzverfahren beauftragen, welche weder einer Kammer angehören noch eine reglementierende Berufsordnung zu beachten haben. Die sich daraus ergebende Defizite werden am Beispiel der fehlenden Verpflichtung zum Abschluss einer Vermögenshaftpflichtversicherung besonders deutlich.

Eine Insolvenzverwalterkammer ist nicht Selbstzweck, sondern Ausdruck der Selbstverwaltung der freien Berufe. Der Staat delegiert hoheitliche Aufgaben auf die Kammern und entlastet sich somit. Dies betrifft den Erlass von Berufsordnungen, die Berufszulassung, die Berufsaufsicht und die Berufsgerichtsbarkeit. Zudem stärkt eine Insolvenzverwalterkammer die Möglichkeit einer erfolgreichen Interessenvertretung und sachverständigen Beratung staatlicher Stellen. Vorteile, die andere Berufsgruppen zu schätzen und zu nutzen wissen. Dies gilt nicht nur für die klassischen freien Berufe, sondern in jüngster Vergangenheit u. a. auch für die Pflegeberufe mit dem am 14. Dezember 2016 in Niedersachsen verkündeten Kammergesetz für die Heilberufe in der Pflege.[40]

Die Kammer ist nicht nur Ausdruck der Selbstverwaltung freier Berufe, sondern auch ein geeignetes Instrument, um verbindlich für alle in Deutschland tätigen Insolvenzverwalter und Sachwalter einheitliche Rahmenbedingungen zu entwickeln und durchzusetzen. Gerade die bundesweit fehlende Gerichtskonzentration und die Tendenz zu lediglich gerichtsbezogenen Leitlinien erfordert mehr denn je eine ordnende Hand in Gestalt einer Insolvenzverwalterkammer. Wie für Patentanwälte und Wirtschaftsprüfer ist eine bundeseinheitliche Kammer anzustreben. Dies sorgt nicht

---

39) BGH, Urt. v. 6.7.2015 – AnwZ (Brfg) 24/14, NZI 2015, 910 = ZIP 2015, 1546, dazu EWiR 2015, 545 *(Ries)*.

40) Gesetz über die Pflegekammer Niedersachsen – Kammergesetz für die Heilberufe in der Pflege (PflegeKG), v. 14.12.2016, GVBl. 18/2016.

nur für schlankere Strukturen, sondern ermöglicht auch eine weniger kostenintensive und damit beitragsgünstigere Organisationsstruktur.

Der Blick auf die Notarkammer und die Notaraufsicht zeigt, dass sich gerichtliche Aufsicht und Aufsicht durch die Insolvenzverwalterkammer nicht wechselseitig ausschließen. Sie müssen allerdings zukünftig sinnvoll aufeinander abgestimmt werden. Dies gilt in besonderer Weise sowohl für das zielgerichtete oder auch für das sog. kalte Delisting. Schon ein temporärer Ausschluss von der weiteren Beauftragung kann den Insolvenzverwalter in seiner Existenz beeinträchtigen und manchmal sogar auch gefährden. Nicht immer sind die Gründe, die zu dieser gerichtliche Entscheidung geführt haben, erkennbar, geschweige denn sind sie durch ein geregeltes Verfahren angreifbar. Mit einem gewissen Unbehagen sieht der Insolvenzverwalter sich nicht selten einer sehr eigenen Interpretation der Berufsausübung durch seinen Auftraggeber, d. h. dem Insolvenzgericht, ausgesetzt, welches auch die elementare Frage der zukünftigen Bestellung berührt. Hier könnte eine Insolvenzverwalterkammer und eine Berufsgerichtsbarkeit in rechtstaatlich geeigneter Weise Abhilfe schaffen. Der VID hat in § 8 seiner Satzung Regelungen zum Verweis und zum Ausschluss seiner Mitglieder aufgenommen und in den vergangenen Jahren auch schon von diesen Möglichkeiten Gebrauch gemacht. Dies gilt insbesondere bei schwerwiegenden Verletzungen der Grundsätze ordnungsgemäßer Insolvenzverwaltung nach § 13 der Satzung. Entscheidungsgremien sind Vorstand und Beirat des Verbandes, welche, anders als von *Römermann*[41)] für die Rechtsanwaltskammern konstatiert, eine große Sachnähe und Sachkompetenz auch zu berufsordnenden Fragestellungen haben. Auch das vom VID geschaffene Ombudsverfahren ist letztendlich auf die Einhaltung berufsspezifischer Pflichten und die sachgerechte Auseinandersetzung mit den Verfahrensbeteiligten gerichtet. Daher ist es an der Zeit, nicht nur eine Berufsordnung zu schaffen und eine Zulassungsprüfung einzuführen, sondern beides auch in die Verantwortung einer Insolvenzverwalterkammer und damit in die selbstverwaltenden Hände der Insolvenzverwalter zu geben. Was für Rechtsanwälte, Patentanwälte, Notare, Wirtschaftsprüfer und Steuerberater für möglich und notwendig erachtet wird, darf dem durch das Bundesverfassungsgericht anerkannten Beruf des Insolvenzverwalters nicht verschlossen bleiben.

---

41) *Römermann*, INDat Report 6/2017, S. 22, 25.

IX. Fazit

Nicht das „Ob“ sondern nur das „Wie“ der Berufszulassung, der Berufsordnung und der Insolvenzverwalterkammer steht in Frage. Die Vorteile für die Insolvenzgerichte, Insolvenzverwalter und Gläubiger sind nicht von der Hand zu weisen. Die heute vorhandenen Ansätze sind entweder lückenhaft oder nicht verbindlich für alle in Deutschland tätigen Insolvenzverwalter. Bestehende Regelungs- und Haftungslücken belasten letztendlich Insolvenzgerichte und Gläubiger. Eine gesetzlich geregelte Zulassungsprüfung, Berufsordnung und Berufskammer schaffen die dringend erforderliche Abhilfe. Inhaltlich sollte sich die Berufsordnung an den Grundsätzen ordnungsgemäßer Insolvenzverwaltung orientieren. Organisatorisch zeigen sich viele Parallelen zum Notarberuf und der Notarkammer.

Syndikusrechtsanwalt/Syndikusrechtsanwältin

– Zur berufsrechtlichen Konturierung eines Berufsbilds –

MARTINA PETER

Inhaltsübersicht

I. Einleitung

Am 1. Januar 2016 trat das Gesetz zur Neuordnung des Rechts der Syndikusanwälte und zur Änderung der Finanzgerichtsordnung[1)] in Kraft. Es enthält in § 46 Abs. 2 der Bundesrechtsanwaltsordnung (BRAO) die Legaldefinition des „Syndikusrechtsanwalts" und regelt damit ausdrücklich – erstmalig im anwaltlichen Berufsrecht –, unter welchen Voraussetzungen die Tätigkeit eines Rechtsanwalts beim nichtanwaltlichen Arbeitgeber eine anwaltliche Tätigkeit ist. Der Beitrag soll den Weg nachzeichnen, der zu dieser gesetzgeberischen Grundsatzentscheidung geführt hat und die Umrisse dieses Berufsbilds skizzieren.

II. 2014: Ausgangspunkt einer berufsrechtlichen Umorientierung

Als das Bundessozialgericht im April 2014 in drei Urteilen entschied, dass eine anwaltliche Berufsausübung in der äußeren Form der abhängigen Beschäftigung nicht möglich und daher auch keine Befreiung von der Versicherungspflicht in der gesetzlichen Rentenversicherung zugunsten einer

---

1) Gesetz zur Neuordnung des Rechts der Syndikusanwälte und zur Änderung der Finanzgerichtsordnung, v. 21.12.2015, BGBl. I 2015, 2517.

Versorgung in den berufsständischen Versorgungswerken möglich sei,[2] rief dies viel Aufsehen hervor und entfachte nicht nur in Fachkreisen eine lebhafte Debatte. Wenn auch der Anlass der Urteile und deren primäre Folgen die Frage der Alterssicherung der in Unternehmen beschäftigten Rechtsanwältinnen und Rechtsanwälte waren, so boten die Urteile doch vor allem auch die Möglichkeit, berufsrechtlich schon seit langem umstrittene Themen erneut in den Blick zu nehmen. Dabei ging es insbesondere auch darum, „dem Beruf der Rechtsanwälte insgesamt festere Konturen zu verleihen (...)“.[3]

Zu beantworten war insbesondere die vom Bundessozialgericht auf den Punkt gebrachte Frage, ob es sich bei einer von Rechtsanwälten ausgeübten angestellten Tätigkeit in einem Unternehmen überhaupt um eine anwaltliche Berufsausübung handeln kann.

III. Zur Doppelberufstheorie

Nach der jahrzehntelang im anwaltlichen Berufsrecht herrschenden Doppelberufstheorie war ein niedergelassener Rechtsanwalt, der zugleich Angestellter eines nichtanwaltlichen Arbeitgebers war, nur in seiner Eigenschaft als niedergelassener Anwalt als Rechtsanwalt tätig. Seine angestellte Tätigkeit hingegen galt als nicht mit dem Bild des Rechtsanwaltsberufs vereinbar.[4]

Das Verständnis eines nichtanwaltlichen Tätigwerdens beim nichtanwaltlichen Arbeitgeber lag bereits dem Regierungsentwurf einer Bundesrechtsanwaltsordnung vom 8. Januar 1958 (BRAO-RegE 1958) zugrunde:

> „Nachdem die Institution des Syndikusanwalts sich im modernen Wirtschaftsleben herausgebildet und gefestigt hat und damit die Frage der Zulassung nicht mehr ausschließlich im negativen Sinne zu lösen ist, kann es sich jetzt nur darum handeln, die beiden Aufgabengebiete des Syndikusanwalts gegeneinander abzugrenzen. Der Syndikusanwalt entspricht bei seiner Tätigkeit als Syndikus für seinen Dienstherrn nicht dem allgemeinen anwaltlichen Berufsbild, wie es in der Vorstellung der Allgemeinheit besteht. In das Berufsbild des Anwalts, das sich von ihm als einem unabhängigen Organ der Rechtspflege geformt hat, läßt sich nur die Tätigkeit einfügen, die der Syndikus als Anwalt außerhalb seines Dienstverhältnisses ausübt. Dagegen sind bei der Tä-

---

2) BSG, Urt. v. 3.4.2014 – B 5 RE 13/14 R, B 5 RE 9/14 R und B 5 RE 3/14 R, AnwBl 2014, 854.

3) *Offermann-Burckart*, Neuregelung des Rechts der Syndikusanwälte: Fast die Quadratur des Kreises, AnwBl 2015, 202.

4) BGH, Beschl. v. 7.11.1960 – AnwSt (B) 1/60, BGHZ 33, 266 ff., 272 ff., 276 ff.; BGH, Beschl. v. 7.11.1960 – AnwZ (B) 2/60, NJW 1961, 216, 219.

tigkeit die er als Syndikus für seinen Dienstherrn leistet, die typischen Wesensmerkmale der freien Berufsausübung, die das Bild des Anwalts bestimmen, nicht gegeben."[5]

IV. Doppelberufstheorie und Rechtsanwaltszulassung

Aus diesen Ausführungen wird zum einen deutlich, dass mit der Annahme der Doppelberufstheorie im Jahr 1958 der Standpunkt aufgegeben worden war, bei Unternehmen angestellte Rechtsanwälte gar nicht erst zur Rechtsanwaltschaft zuzulassen.[6] Ein Zulassungsverbot für angestellte Rechtsanwälte war insbesondere eine Forderung von NS-Juristen gewesen, (welche letztlich zur Regelung des Vertretungsverbots für Syndici in § 31 Abs. 2 der Reichsanwaltsordnung (RAO) im Jahr 1934 geführt hatte).[7] Auch später wurde von Rechtsanwaltskammern die Ansicht vertreten, dass eine angestellte rechtsberatende Tätigkeit beim nichtanwaltlichen Arbeitgeber in bestimmten Fällen ein Zulassungshindernis sei; der BGH hatte diese Auffassung bestätigt.[8] Das Bundesverfassungsgericht hat in seiner sog. „Zweitberufsentscheidung" vom 4. November 1992 ausdrücklich festgestellt, dass die Zulassung zur Rechtsanwaltschaft nicht allein deshalb versagt werden dürfe, weil der Berufsbewerber in seinem Zweitberuf als Angestellter verpflichtet sei, Dritte im Auftrag eines standesrechtlich ungebundenen Arbeitgebers rechtlich zu beraten.[9] Die im BRAO-RegE 1958 zitierten Ausführungen zeigen den gedanklichen Ausgangspunkt, dass eine Angestelltentätigkeit allein jedenfalls grundsätzlich kein Zulassungshindernis (mehr) sei.

In der Begründung zum BRAO-RegE 1958 wird zudem von einem Berufsbild des Anwalts gesprochen, das sich geformt habe. Aus den Ausführungen wird deutlich, dass zum damaligen Zeitpunkt grundsätzlich eine Tätigkeit als Angestellter (offen bleibt, ob auch als angestellter Rechtsan-

---

5) Begr. RegE § 58 BRAO, BT-Drucks. III/120, S. 77.

6) *Hellwig*, Der Syndikusanwalt – neue Denkansätze, AnwBl 2015, 2, 5, wies nach, dass entgegen der bis dahin praktizierten vorigen Rechtsprechung des Ehrengerichtshofs der Rechtsanwälte (EGH) nach 1934 eine neue Rechtsprechung des EGH entstand, wonach Syndizi mit festem auskömmlichem Gehalt nicht mehr zur Anwaltschaft zugelassen wurden. Nach dem Krieg wurde das Zulassungsverbot für Syndici in der amerikanischen Besatzungszone weiter aufrechterhalten.

7) *Hellwig*, AnwBl 2015, 2, 3.

8) BGH, Beschl. v. 27.5.1991 – AnwZ (B) 4/91, NJW 1991, 2289.

9) BVerfG, Beschl. v. 4.11.1992 – 1 BvR 79/85 u. a., BVerfGE 87, 287 ff., 328 = NJW 1993, 317.

walt beim anwaltlichen Arbeitgeber)[10] als nicht mit dem Berufsbild des freien Anwalts vereinbar erschien. Es ist vor dem Hintergrund der Rechtszersplitterung des anwaltlichen Berufsrechts allein in den westlichen Besatzungszonen und der Zielsetzung des BRAO-RegE 1958, die Rechtseinheit auf dem Gebiet des anwaltlichen Berufsrechts wieder herzustellen, bestritten worden, dass sich ein solches Berufsbild in diesen Jahren tatsächlich geformt haben sollte.[11] Dies sei hier dahingestellt. Fakt ist, dass dieses Berufsbild von der Doppeltätigkeit eines Syndikusanwalts (selbständiger Anwalt einerseits und angestellter Nicht-Anwalt andererseits) der Regelung des bis 2015 geltenden § 46 Abs. 1 BRAO zugrunde lag und eine Anerkennung der angestellten Tätigkeit als anwaltliche Tätigkeit im anwaltlichen Berufsrecht nicht geregelt war.

V. Die Doppelberufstheorie in der Kritik

Ein auf Entwürfen des Deutschen Anwaltvereins (DAV) basierender Vorschlag zur Änderung der BRAO aus dem Jahr 1993 dahingehend, dass die Tätigkeit des Syndikusanwalts als anwaltliche Tätigkeit zu qualifizieren sei, wurde im Jahr 1993 vom Rechtsausschuss des Deutschen Bundestags mit folgenden Erwägungen abgelehnt:

Die Qualifizierung der angestellten Tätigkeit des Syndikusanwalts sei unvereinbar mit dem in §§ 1 bis 3 BRAO normierten Berufsbild des Rechtsanwalts, wie es sich auch in der Allgemeinheit von ihm als unabhängigem Organ der Rechtspflege gebildet habe. Auch fehlten die durch das Gesetz der freien Advokatur gekennzeichneten typischen Wesensmerkmale der freien Berufsausübung, die das Bild des Rechtsanwalts bestimmten. Zudem wäre seine freie und unreglementierte Selbstbestimmung im Rahmen seines Arbeitsverhältnisses mit dem grundsätzlichen Prinzip der Über- und Unterordnung nicht gewährleistet.[12]

Gegen diese Interpretation des anwaltlichen Berufsbildes wandte sich der DAV auch fast 20 Jahre später, als er in einer Stellungnahme einen Vor-

---

10) *Kilian*, Die Zukunft der Syndikusanwaltschaft nach den BSG-Urteilen, AnwBl 2014, 468, 469.
11) *Hellwig*, AnwBl 2015, 2, 6.
12) Begr. Rechtsausschuss zum RegE zur Neuordnung des Berufsrechts der Rechtsanwälte und der Patentanwälte, BT-Drucks. 12/7656, S. 49.

schlag für eine Neufassung des § 46 Abs. 1 BRAO machte.[13] Dem DAV ging es hier explizit um eine „Änderung von § 46 der Bundesrechtsanwaltsordnung zur Klarstellung und Konkretisierung des Berufsbilds von Syndikusanwälten“[14].

In seiner Stellungnahme wies der DAV auch darauf hin, dass der Doppelberufstheorie die Konsequenz in der Rechtsanwendung versagt geblieben sei. So seien zum Erwerb des Fachanwaltstitels in gewissem Umfang auch Fälle anerkannt worden, die im Rahmen des Beschäftigungsverhältnisses bearbeitet worden waren.[15] Vor allem aber habe die Deutsche Rentenversicherung Bund (DRV) in der Rechtsanwendung die Doppelberufstheorie ignoriert, indem sie bei Vorliegen bestimmter anwaltlicher Tätigkeitsvoraussetzungen den Syndikusanwalt gerade für seine nichtselbständige Tätigkeit auf der Grundlage des § 6 Abs. 1 Nr. 1 SGB VI von der Rentenversicherungspflicht befreit habe.[16]

Auch Teile des anwaltlichen Schrifttums[17] wandten sich gegen die Doppelberufstheorie, konnten sich damit aber nicht durchsetzen.

VI. Die sozialversicherungsrechtliche Vier-Kriterien-Theorie

Trotz der im Berufsrecht herrschenden Doppelberufstheorie wurden die Syndici bis zu den eingangs zitierten Entscheidungen des Bundessozialgerichts aus dem Jahr 2014 in der Tat unter bestimmten Voraussetzungen von der Pflicht zur gesetzlichen Rentenversicherung befreit und waren Mitglied der anwaltlichen Versorgungswerke. Für das Sozialrecht wurde teilweise ausdrücklich festgestellt, dass die Doppelberufstheorie im Sozialrecht keine Anwendung finde.[18] Die Befreiung basierte auf der von der DRV entwickelten Vier-Kriterien-Theorie. Ein Anspruch auf Befreiung von der Versicherungspflicht in der gesetzlichen Rentenversicherung setzte danach voraus, dass die Tätigkeit eines Syndikusanwaltes kumulativ die

---

13) DAV, Stellungnahme Nr. 42/2012, v. 4.5.2012, abrufbar unter http://www.av-bw.de/fileadmin/daten/interessenvertretung/Stellungnahmen/Syndikusanwaelte/SN-42-12_DAV_Syndikus_4_5_2015.pdf (Abrufdatum: 18.1.2018).

14) DAV, Stellungnahme Nr. 42/2012, v. 4.5.2012, S. 4.

15) DAV, Stellungnahme Nr. 42/2012, v. 4.5.2012, S. 5 m. w. N.

16) DAV, Stellungnahme Nr. 42/2012, v. 4.5.2012, S. 5.

17) *Kleine-Cosack*, Syndikusanwalt zwischen Tabuisierung und Legitimierung, BB 2005, 2309; *Prütting*, Die Ausgrenzung des Syndikus – ein Schritt in die falsche Richtung, AnwBl 2013, 78, 84.

18) LSG Baden-Württemberg, Urt. v. 23.1.2013 – L 2 R 2671/12, AnwBl 2013, 379 (Ls.).

Rechtsberatung, die Rechtsentscheidung, die Rechtsgestaltung und die Rechtsvermittlung bei einem nichtanwaltlichen Arbeitgeber umfasste.[19)]

Wenn diese Kriterien vorlagen, galt die Tätigkeit bei Anerkennung durch die DRV aus sozialversicherungsrechtlicher Sicht als Tätigkeit, wegen der die Antragsteller aufgrund einer durch Gesetz angeordneten oder auf Gesetz beruhenden Verpflichtung Mitglied einer öffentlich-rechtlichen Versicherungseinrichtung oder Versorgungseinrichtung ihrer Berufsgruppe (berufsständische Versorgungseinrichtung) und zugleich kraft gesetzlicher Verpflichtung Mitglied einer berufsständischen Kammer waren, also als anwaltliche Tätigkeit. Die Voraussetzungen des § 6 Abs. 1 SGB VI waren damit nach der Praxis der DRV erfüllt, wobei allerdings die sozialrechtliche Spruchpraxis dazu uneinheitlich war.[20)] Bis zu den Entscheidungen des Bundessozialgerichts vom April 2014 fielen also die sozialrechtliche und die berufsrechtliche Bewertung der Frage, ob die Tätigkeit eines Syndikusanwalts im Unternehmen als anwaltliche Tätigkeit einzuschätzen sei, oftmals auseinander.

VII. Eckpunktepapier und Gesetzentwürfe

Nach den Entscheidungen des Bundessozialgerichts vom April 2014 stand eine gesetzgeberische Entscheidung an. Denn hätte man es bei dieser sozialrechtlichen Rechtsprechung und der im anwaltlichen Berufsrecht noch herrschenden Doppelberufstheorie belassen, wäre es zu einem Bruch der Versorgungsbiographie mehrerer Tausend angestellter Rechtsanwälte gekommen, die bei nichtanwaltlichen Arbeitgebern beschäftigt waren. Eine weitere Versicherung in den anwaltlichen Versorgungswerken wäre ihnen nicht mehr möglich gewesen, stattdessen wären sie von nun an gesetzlich zu versichern. In der Politik war sehr schnell fraktionsübergreifend ein Konsens darüber erzielt worden, dass man den Syndici diesen Bruch der Versorgungsbiographie nicht zumuten und Rechtssicherheit in ihren ver-

---

19) DRV, Merkblatt „Hinweise für nichtanwaltliche Arbeitgeber zu den Merkmalen einer anwaltlichen Tätigkeit" zum Formular „Befreiung § 6 Abs. 1 Satz 1 Nr. 1 SGB VI (RAe) – Stand: 10/05"; LSG Baden-Württemberg, Urt. v. 23.1.2013 – L 2 R 2671/12, AnwBl 2013, 379 (Ls.).

20) Begr. FraktE AT, Entwurf eines Gesetzes zur Neuordnung des Rechts der Syndikusanwälte, BT-Drucks. 18/5201, S. 16.

sorgungsrechtlichen Angelegenheiten schaffen wollte.[21] Fraglich war nur der Weg, wie dies zu bewerkstelligen sei. Eine Änderung der Rechtsstellung der Syndikusanwälte konnte jedenfalls nicht die fachgerichtliche Rechtsprechung, sondern nur der Gesetzgeber bewirken.[22] Das vom Bundesministerium der Justiz und für Verbraucherschutz im Januar 2015 vorgestellte Eckpunktepapier[23] basierte auf der sog. „kleinen berufsrechtlichen Lösung". Mit Blick auf die Tatsache, dass das Sozialversicherungsrecht auf den berufsrechtlichen Grundentscheidungen aufbaut, wurde darin insbesondere die Doppelberufstheorie explizit aufgegeben und es wurde anerkannt, dass eine angestellte Tätigkeit nicht per se dem anwaltlichen Berufsbild widersprechen muss. Aufgrund der Besonderheiten des Anstellungsverhältnisses bei einem nichtanwaltlichen Arbeitgeber sollte es allerdings auch keine volle berufsrechtliche Gleichstellung mit niedergelassenen Rechtsanwältinnen und Rechtsanwälten geben.[24]

Die anwaltlichen Berufsverbände reagierten überwiegend positiv auf das Eckpunktepapier.[25] Die Bundesrechtsanwaltskammer (BRAK) favorisierte zwar eine rein sozialversicherungsrechtliche Lösung, sicherte aber dennoch eine aktive Beteiligung in einem Gesetzgebungsverfahren zu, das den im Eckpunktepapier vertretenen berufsrechtlichen Lösungsansatz berücksichtige.[26] Vom BMJV wurde daraufhin ein Referentenentwurf vorgelegt,

---

21) *Graf-Schlicker*, Ablauf des Gesetzgebungsverfahrens, in: Bundesverband der Unternehmensjuristen e. V. (BUJ), Die Neuregelung des Rechts der Syndikusanwälte in Theorie und Praxis, 2017, S. 12, 15.

22) *Deckenbrock/Henssler*, Das Gesetz zur Neuordnung des Rechts der Syndikusanwälte – Konzeption und Einbindung in die Gesamtstruktur der BRAO, in: BUJ, Die Neuregelung des Rechts der Syndikusanwälte, 2017, S. 224, 225.

23) BMJV, Eckpunktepapier zur Neuregelung des Rechts der Syndikusanwälte, abrufbar unter http://www.bmjv.de/sharedDocs/Downloads/DE/PDF/20150113_Eckpunkte_syndikusanwaelte.pdf?_Blob=publicationFile&v=3 (Abrufdatum: 18.1.2018).

24) *Graf-Schlicker* in: BUJ, Die Neuregelung des Rechts der Syndikusanwälte in Theorie und Praxis, 2017, S. 12, 13.

25) BUJ, Stellungnahme zu BMJV, Eckpunktepapier des zur Neuregelung des Rechts der Syndikusanwälte, v. 18.2.2015, abrufbar unter http://www.buj.net/resources/Server/BUJ-Stellungnahmen/BUJ_Stellungnahme_150218.pdf (Abrufdatum: 18.1.2018); DAV, Stellungnahme Nr. 11/2015, v. 3/2015 (zum Eckpunktepapier des BMJV zur Neuregelung des Rechts der Syndikusanwälte), abrufbar unter https://anwaltverein.de/de/newsroom/sn-11-15-berufsrecht?file=files/anwaltverein.de/downloads/newsroom/stellungnahmen/2015/DAV_SN_11-15.pdf (Abrufdatum: 18.1.2018).

26) BRAK, Presseerklärung Nr. 3, v. 27.2.2015 und BRAK, Stellungnahme Nr. 9/2015, v. 3/2015 (zum Eckpunktepapier), S. 4, abrufbar unter http://www.brak.de/zur-rechtspolitik/stellungnahmen-pdf/stellungnahmen-deutschland/2015/maerz/stellungnahme-der-brak-2015-9.pdf (Abrufdatum: 18.1.2018).

der auch um vom Bundesministerium für Arbeit und Soziales zugelieferte sozialrechtliche Regelungen zum Bestandsschutz ergänzt worden war.[27)] Kurze Zeit später wurde der Regierungsentwurf beschlossen[28)] und ein deckungsgleicher Entwurf von den Regierungskoalitionen als Fraktionsentwurf in den Deutschen Bundestag eingebracht.[29)]

VIII. Die Unabhängigkeit

Gesetzlich geregelt wurde zunächst, dass auch die Tätigkeit bei einem nichtanwaltlichen Arbeitgeber in Unabhängigkeit ausgeübt werden kann. Die Überlegung des Deutschen Bundestages von 1993, wonach die freie und unreglementierte Selbstbestimmung eines Rechtsanwalts im Rahmen seines Arbeitsverhältnisses mit dem grundsätzlichen Prinzip der Über- und Unterordnung nicht möglich sei, wurde nach Maßgabe folgender Überlegungen nicht mehr weiterverfolgt:

Zu Recht war zwar darauf hingewiesen worden, dass die Erfüllung der Funktion der Rechtsanwälte als Berater und Vertreter erschwert wird, wenn die Personen, die zur Rechtsberatung und Prozessvertretung berufen sind, nicht mehr unabhängig sind. Der Mandant muss darauf vertrauen können, dass der mit der Interessenwahrung beauftragte Rechtsanwalt sich auch wirklich für seine – des Mandanten – Interessen einsetzt und nicht den eigenen Interessen oder denen Dritter Vorrang einräumt.[30)]

Die anwaltliche Unabhängigkeit, die sich auf die geistige Entscheidungsfreiheit und das selbständige Handeln bezieht,[31)] kann aber vertraglich garantiert werden. Wenn der Arbeitgeber, der bei Syndikusanwälten der Mandant des Anwalts ist, dem Syndikusanwalt diese Unabhängigkeit zusichert, können Syndikusanwälte auch im Rahmen ihrer Angestelltentä-

---

27) BMJV, Entwurf eines Gesetzes zur Neuordnung des Rechts der Syndikusanwälte, Stand: 5.5.2015, S. 12, abrufbar unter https://www.bmjv.de/SharedDocs/Gesetzgebungsverfahren/Dokumente/RefE_Syndikusanwaelte.pdf?__blob=publicationFile&v=5 (Abrufdatum: 18.1.2018).

28) RegE, Entwurf eines Gesetzes zur Neuordnung des Rechts der Syndikusanwälte, BT-Drucks. 18/5563.

29) Begr. FraktE AT, BT-Drucks. 18/5201.

30) *Singer*, Urknall Bastille-Beschlüsse – Auswirkungen auf die Unabhängigkeit der Anwaltschaft, BRAK-Mitteilungen 2012, 145, 149.

31) Begr. FraktE AT, BT-Drucks. 18/5201, S. 19.

tigkeit – bei Vorliegen weiterer Voraussetzungen – anwaltlich handeln[32]. Daher geht § 46 Abs. 3 Satz 1 BRAO nun davon aus, dass eine unabhängige Rechtsberatung auch durch angestellte Anwälte möglich ist. Eine anwaltliche Tätigkeit liegt danach vor, wenn die Tätigkeit durch fachlich unabhängig und eigenverantwortlich auszuübende Tätigkeiten und Merkmale geprägt ist, die im Folgenden noch weiter spezifiziert werden.

IX. Weitere Merkmale anwaltlicher Tätigkeit

Damit eine anwaltliche Tätigkeit angenommen werden kann, muss diese nach § 46 Abs. 3 BRAO ferner weitere Inhalte bzw. Merkmale aufweisen. Diese sind

1. die Prüfung von Rechtsfragen, einschließlich der Aufklärung des Sachverhalts, sowie das Erarbeiten und Bewerten von Lösungsmöglichkeiten,
2. die Erteilung von Rechtsrat,
3. die Ausrichtung der Tätigkeit auf die Gestaltung von Rechtsverhältnissen, insbesondere durch das selbständige Führen von Verhandlungen, oder auf die Verwirklichung von Rechten und
4. die Befugnis, nach außen verantwortlich aufzutreten.

Dies sind letztlich die Merkmale, die auch schon nach der Vier-Kriterien-Theorie geprüft wurden. Entwickelt wurden sie basierend auf den in den §§ 1 bis 3 BRAO festgelegten wesentlichen Merkmalen anwaltlicher Tätigkeit, die in der unabhängigen Rechtsberatung und der Rechtsvertretung bestehen.[33] Da durch das Kriterium der Unabhängigkeit letztlich das wesentliche Unterscheidungsmerkmal gefunden worden war, das eine angestellte anwaltliche Tätigkeit von der Tätigkeit eines angestellten Juristen unterscheidet, der nicht als Anwalt tätig wird,[34] wird dieses Kriterium in § 46 Abs. 4 Satz 1 BRAO nochmals näher konkretisiert. Dort wird klargestellt, dass derjenige keine unabhängige Tätigkeit ausübt, der sich an Weisungen (des Arbeitgebers) zu halten hat, die eine eigenständige Analyse der Rechtslage und eine einzelfallorientierte Rechtsberatung ausschließen.

---

32) Anders hatte der EuGH in der Rechtssache Akzo Nobel Chemicals und Akcros Chemicals/Kommission entschieden: EuGH, Urt. v. 14.9.2010 – Rs. C-550/07 P, Rz. 44 und 45, AnwBl 2010, 796 = BB 2010, 2313.

33) Begr. FraktE AT, BT-Drucks. 18/5201, S. 20.

34) Begr. FraktE AT, BT-Drucks. 18/5201, S. 19, 20.

Eine entsprechende fachliche Unabhängigkeit ist dem Syndikusrechtsanwalt nach § 46 Abs. 4 Satz 2 BRAO vertraglich und tatsächlich zu gewährleisten.

X. Zulassung als Syndikusrechtsanwältin (-rechtsanwalt)

Wenn die Tätigkeit der Syndikusrechtsanwältinnen und -anwälte den Anforderungen des § 46 Abs. 2 bis 5 BRAO entspricht, die allgemeinen Zulassungsvoraussetzungen zum Beruf des Rechtsanwalts vorliegen und kein Zulassungsversagungsgrund vorliegt, ist die Zulassung zur Rechtsanwaltschaft als Syndikusrechtsanwalt zu erteilen. Dies regelt § 46a Abs. 1 Satz 1 BRAO. Die eigenständige Zulassungsregelung für Syndikusrechtsanwälte ist im Verlauf des Gesetzgebungsverfahrens teilweise kritisiert worden. Der Gesetzgeber leite aus der bloßen Unterschiedlichkeit bei der Ausübung des Berufs bei der Zulassung eine Statusfolge ab und müsse sich die Frage stellen lassen, wie ernst er es mit seinem Bekenntnis zum Syndikusrechtsanwalt als besondere Form der Ausübung des einheitlichen Berufs und Berufsbildes des Rechtsanwalts meine.[35] Dem ist entgegenzuhalten, dass sich die Zulassung eines Syndikusrechtsanwalts zur Rechtsanwaltskammer auf die jeweils von ihm ausgeübte Syndikustätigkeit bezieht und er i. S. des § 6 Abs. 1 Nr. 1 SGB VI „wegen" dieser Syndikustätigkeit Mitglied einer berufsständischen Versorgungseinrichtung ist und in der Folge mit der Zulassung als Syndikusrechtsanwalt die Pflichtmitgliedschaft in der Rechtsanwaltskammer und der berufsständischen Versorgung verbunden ist, was berufsrechtlich klarzustellen ist.[36] Es ist auch bereits prognostiziert worden, dass sich das „Zulassungsmodell" für die Syndici bei der durch das Gesetz vorgesehenen Evaluation als Erfolgsmodell herausstellen wird.[37]

---

35) DAV, Stellungnahme Nr. 23/2015, v. 5/2015 (zum RefE des BMJV zur Neuregelung des Rechts der Syndikusanwälte), S. 18, abrufbar unter https://www.bmjv.de/SharedDocs/Gesetzgebungsverfahren/Stellungnahmen/2015/Downloads/05012015_Stellungnahme_DAV_RefE_Neuordnung_Syndikusanwaelterecht.pdf?__blob=publicationFile&v=1 (Abrufdatum: 18.1.2018).

36) Begr. FraktE AT, BT-Drucks. 18/5201, S. 19.

37) *Schafhausen*, Das „Damoklesschwert" des Tätigkeitswechsels aus der Sicht eines Sozialrechtlers, in: BUJ, Die Neuregelung des Rechts der Syndikusanwälte in Theorie und Praxis, 2017, S. 184, 194.

XI. Weitere Merkmale des Berufsbilds

Wie ausgeführt, sind Syndikusrechtsanwältinnen und -rechtsanwälte Rechtsanwältinnen und Rechtsanwälte. Nach § 46c Abs. 1 BRAO gelten für sie die Vorschriften über Rechtsanwälte, soweit gesetzlich nichts anderes bestimmt ist. Aufgrund der Besonderheiten des Anstellungsverhältnisses weicht das Berufsbild in Einzelheiten von denen der niedergelassenen Rechtsanwältinnen und -anwälte ab. Die Einschätzung, wonach der Syndikusrechtsanwalt ein „Anwalt sui generis" sei, dessen Befugnis zur Beratung und Vertretung sich gemäß § 46 Abs. 5 Satz 1 BRAO n. F. auf die Rechtsangelegenheiten des Arbeitgebers beschränkt,[38] erscheint zutreffend. In § 46 Abs. 5 Satz 2 BRAO ist zudem geregelt, dass die Erteilung von Rechtsrat in bestimmten Konstellationen (etwa in verbundenen Unternehmen oder bei Verbandsjuristen, die Mitglieder ihres Arbeitgebers beraten) als Angelegenheit des Arbeitgebers gilt.

Ferner ist weiterhin in § 46c Abs. 2 BRAO ein Vertretungsverbot kodifiziert. Das Vertretungsverbot für die in Satz 1 der Vorschrift genannten Fälle wird jedoch anders als bisher nicht mehr mit der Besorgnis der fehlenden Unabhängigkeit gerechtfertigt. Vor dem Hintergrund, dass die gesetzliche Regelung darauf aufbaut, dass auch Syndikusanwältinnen und -anwälte ihren Beruf in fachlicher Unabhängigkeit ausüben können, ist dies auch nur folgerichtig. Begründet wird das Vertretungsverbot, das nun in zivilrechtlichen Verfahren und Verfahren der freiwilligen Gerichtsbarkeit gilt, in denen Anwaltszwang herrscht, nunmehr mit der Waffengleichheit der Parteien.[39]

Nach Satz 2 der Vorschrift soll für den Syndikusrechtsanwalt in Straf- und Bußgeldverfahren, die gegen den Arbeitgeber oder dessen Mitarbeiter geführt werden, das im generellen Vertretungsverbot des geltenden Rechts enthaltene Verbot der Übernahme der Verteidigung oder Vertretung fortgelten. Dies resultiert vor allem auch daraus, dass den Syndikusanwältinnen und -anwälten das strafprozessuale Zeugnisverweigerungsrecht nach § 53 Abs. 1 Satz 1 Nr. 3 StPO nicht zusteht. Aus dem fehlenden Zeugnisverweigerungsrecht ergibt sich, dass ein Syndikusrechtsanwalt in Strafsachen nicht optimal als Verteidiger fungieren könnte.[40] Grund und Recht-

38) *Offermann-Burckart*, Die neue Zulassung als Syndikusrechtsanwalt und ihre rechtlichen Folgen, AnwBl 2016, 125, 131.
39) Begr. FraktE § 46c Abs. 2 BRAO, BT-Drucks. 18/5201, S. 37.
40) Begr. FraktE § 46c Abs. 2 BRAO, BT-Drucks. 18/5201, S. 38.

fertigung für die Einschränkung der Anwaltsprivilegien ist wiederum das Gebot einer effektiven Strafverfolgung.[41)]

Diese Regelung ist unter anderem von Seiten der betroffenen Syndici kritisiert worden.[42)] Letztlich überzeugt jedoch die Wertung, die der Gesetzgeber in diesem Zusammenhang vorgenommen hat, insbesondere auch vor dem Hintergrund, dass das in der Praxis besonders bedeutsame zivilprozessuale Zeugnisverweigerungsrecht von dieser gesetzlichen Ausnahmeregelung nicht erfasst wird.

Als weitere wichtige Abweichung von den Berufspflichten der niedergelassenen Anwältinnen und Anwälte ist zu nennen, dass Syndici nicht verpflichtet sind, eine Berufshaftpflichtversicherung abzuschließen. Dies sahen die Gesetzentwürfe in § 46a Abs. 4 BRAO-E noch vor.[43)] Im Zuge der Beratungen des Rechtsausschusses des Deutschen Bundestag wurde aber unter anderem unter Hinweis auf den Umstand, dass Syndikusrechtsanwälte im Unterschied zu sonstigen Anwälten in der Regel nur ihren Arbeitgeber beraten, von der Verpflichtung zum Abschluss einer Berufshaftpflichtversicherung Abstand genommen.[44)] Dies nimmt den betroffenen Syndici bzw. ihren Arbeitgebern aber nicht die Möglichkeit, sich dennoch freiwillig zu versichern.

XII. Resümee und Ausblick

Mit dem Gesetz zur Neuordnung des Rechts der Syndikusanwälte und zur Änderung der Finanzgerichtsordnung wurde erstmalig der Beruf des Syndikusrechtsanwalts bzw. der Syndikusrechtsanwältin im anwaltlichen Berufsrecht explizit benannt und dessen Voraussetzungen wurden erstmalig kodifiziert. Die primär angestrebte Folge dieser gesetzgeberischen Initiative war zwar die Sicherung der Einheitlichkeit der Versorgungsbiographie der betroffenen Syndikusrechtsanwältinnen und -anwälte. Zugleich wurde aber im anwaltlichen Berufsrecht der in der Praxis bereits seit langem ausgeübte Beruf des Syndikusrechtsanwalts erstmals deutlich als be-

---

41) Begr. FraktE § 53 StPO, BT-Drucks. 18/5201, S. 40.

42) BUJ, Stellungnahme zum Eckpunktepapier des BMJV zur Neuregelung des Rechts der Syndikusanwälte v. 18.2.2015, abrufbar unter http://www.buj.net/resources/Server/BUJ-Stellungnahmen/BUJ_Stellungnahme_150218.pdf (Abrufdatum: 18.1.2018).

43) Begr. FraktE § 46a Abs. 4 BRAO, BT-Drucks. 18/5201, S. 35.

44) Begr. Rechtsausschuss zu FraktE und RegE, BT-Drucks. 18/6915, S. 23.

sondere Form der anwaltlichen Berufsausübung konturiert[45] und es wurde erstmals die Möglichkeit einer tätigkeitsbezogenen Zulassung als Syndikusanwalt bzw. -anwältin geschaffen.

Das anwaltliche Berufsrecht hat mit dieser Kodifizierung einen weiteren Schritt in die Moderne gemacht. Das Gesetz führt insgesamt dazu, dass das Berufsbild geschärft und Klarheit darüber geschaffen wird, wer Syndikusrechtsanwalt ist und wer nicht.[46] Die bis Ende des Jahres 2018 durchzuführende Evaluierung des Gesetzes soll zeigen, welche Auswirkungen die neuen Regelungen auf die Zulassungspraxis der Rechtsanwaltskammern sowie auf die Befreiungspraxis in der gesetzlichen Rentenversicherung haben.[47]

---

45) Vgl. *Prütting*, Das Eckpunktepapier des Bundesjustizministeriums zu den Syndikusanwälten, AnwBl 2015, 199, 201.

46) Vgl. *Huff*, Interview v. 4.5.2017, abrufbar unter https://www.juve.de/nachrichten/namenundnachrichten/2017/05/interview-zu-syndikusrechtsanwaelten-jetzt-muessen-wieder-viele-hundert-kollegen-klagen (Abrufdatum: 18.1.2018).

47) Art. 8 des Gesetzes zur Neuordnung des Rechts der Syndikusanwälte und zur Änderung der Finanzgerichtsordnung, v. 21.12.2015, BGBl. I 2015, 2517.

Schriftenverzeichnis

I. Herausgeberschaft und Monographien

Die Unternehmensinsolvenz nach der InsO: zwei Modellverfahren im Ablauf mit Erläuterungen; Protokoll der Simulation einer Unternehmensinsolvenz durch die Projektgruppe des Justizministeriums des Landes Nordrhein-Westfalen für die Umsetzung der Insolvenzrechtsreform, mit Kommentaren von Karl Heinz Maus und Wilhelm Uhlenbruck, 1997

Restschuldbefreiung und Verbraucherinsolvenz nach der InsO, 1999 (gemeinsam mit Barbara Livonius)

InsO, Kommentar zur Insolvenzordnung (mit Kommentierung der EuInsVO und der InsVV), (1. Aufl.–3. Aufl.), 4. Aufl. 2014

Festschrift für Heinz Vallender zum 65. Geburtstag, 2015 (gemeinsam mit Hanns Prütting und Wilhelm Uhlenbruck)

Recht im Wandel deutscher und europäischer Rechtspolitik, Festschrift 200 Jahre Carl Heymanns Verlag, 2016 (gemeinsam mit Bettina Limperg, Jens Bormann, Axel C. Filges und Hanns Prütting)

II. Kommentierungen und Beiträge in Sammelwerken und Festschriften

Die Kostenhürde im Verbraucherinsolvenzverfahren, in: Festschrift für Wilhelm Uhlenbruck zum 70. Geburtstag, hrsg. von Hanns Prütting und Heinz Vallender, 2000, S. 573–583

Gefährdet die Eigenverwaltung die Unabhängigkeit des Insolvenzverwalters?, in: Festschrift für Hans-Peter Kirchhof zum 65. Geburtstag, hrsg. von Walter Gerhardt, Hans Haarmeyer und Gerhart Kreft, 2003, S. 135–148

Die Entscheidung des Bundesverfassungsgerichts vom 3.8.2004 zur Auswahl des Insolvenzverwalters – Konsequenzen für die gerichtliche Praxis und die Gesetzgebung, in: Festschrift für Günter Greiner zum 70. Geburtstag, hrsg. von Horst Piepenburg, 2005, S. 71–81

Die Auswahl des Insolvenzverwalters im Lichte der Dienstleistungsrichtlinie, in: Kölner Schrift zur Insolvenzordnung, hrsg. v. vom Arbeitskreis für Insolvenz- und Schiedsgerichtswesen, 3. Aufl. 2009, S. 235–244

Ein Gesetz zur Förderung der Mediation in Deutschland: Überlegungen des Bundesministeriums der Justiz zur Umsetzung der Europäischen Mediationsrichtlinie, in: Mediation und Notariat: Potentiale und Chancen, hrsg. von Rainer Schröder, 2010, S. 9–22

Aktuelle Entwicklungen im Insolvenz- und Wirtschaftsrecht, in: Nach der Krise gleich vor der Krise?!, hrsg. von Christian Heinrich, 2011, S. 1

Mediation in Deutschland: auf dem Weg zu gesetzlichen Regelungen, in: Festschrift Ingeborg Schwenzer zum 60. Geburtstag, hrsg. von Andrea Büchler und Markus Müller-Chen, 2011, S. 609–622

Insolvenzdelikte, in: Gemeinwohl im Wirtschaftsstrafrecht, hrsg. von Eberhard Kempf, Klaus Lüderssen und Klaus Volk, 2013, S. 207–216

Konzerninsolvenzrechtsreform, in: Bankenregulierung, Insolvenzrecht, Kapitalanlagegesetzbuch, Honorarberatung, 2014, S. 27–36

InsO, Kommentar zur Insolvenzordnung hrsg. von Marie Luise Graf-Schlicker, 4. Aufl. 2014, §§ 22a, 30–37, 56–57, 100–102, 174–186, 270–285

Entwicklungen im Insolvenzrecht, in: Festschrift für Heinz Vallender zum 65. Geburtstag, hrsg. von Marie-Luise Graf-Schlicker, Hanns Prütting und Heinz Uhlenbruck, 2015, S. 183–205

Das europäische Insolvenzpaket – Aufbruch zu einem europäischen Insolvenzrecht?, in: Festschrift für Bruno M. Kübler zum 70. Geburtstag, hrsg. von Reinhard Bork, Godehard Kayser und Frank Kebekus, 2015, S. 195–202

Stand und Richtung der StPO-Reform, in: Bild und Selbstbild der Strafverteidigung: 40. Strafverteidigertag Frankfurt a. M., 4.–6. März 2016, hrsg. von Baden-Württembergische Strafverteidiger e. V. und weitere, 2016, S. 47

Ablauf des Gesetzgebungsverfahrens, in: Die Neuregelung des Rechts der Syndikusanwälte in Theorie und Praxis, hrsg. vom Bundesverband der Unternehmensjuristen e. V., 2017, S. 12–18

Fach 2, Kapitel 22: Stundung in der Insolvenz, in: Handbuch zur Insolvenz, hrsg. von Joachim Kraemer, Heinz Vallender und Norbert Vogelsang, Loseblattsammlung

Fach 3, Kapitel 6, A und B: Internationales Insolvenzrecht, in: Handbuch zur Insolvenz, hrsg. von Joachim Kraemer, Heinz Vallender und Norbert Vogelsang, Loseblattsammlung

III. Aufsätze in Zeitschriften

Informationstechnische Unterstützung des neuen Insolvenzrechts in Nordrhein-Westfalen, in: NJW-CoR 1997, 286–287 (gemeinsam mit Hans-Werner Castrup)

Restschuldbefreiung mit Prozeßkostenhilfe?, in: InVo 1998, 269 (gemeinsam mit Klaus-Peter Busch)

Textsystem Justiz, in: NJW-CoR 1999, 114 (gemeinsam mit Wolfram Viefhues)

Das neue Insolvenzrecht auf dem Prüfstand, in: ZInsO 2000, 321–327

Obligatorische außergerichtliche Streitschlichtung durch das Schiedsamt in: SchAZtg 2000, 177–182

Analysen und Änderungsvorschläge zum neuen Insolvenzrecht – Eine zusammenfassende Darstellung des Berichtes der Bund-Länder-Arbeitsgruppe zur 71. Konferenz der Justizministerinnen und -minister in Potsdam, in: WM 2000, 1984–1994

Die Zivilprozessreform – eine Reform für die Praxis?. in: DAR 2000, 388 (gemeinsam mit Uwe Schmidt)

Das Unternehmensinsolvenzrecht unter der Lupe – Änderungen und Zukunftsperspektiven, in: NZI 2001, 569–574

Schwachstellenanalyse und Änderungsvorschläge zum Regelinsolvenzverfahren, in: ZIP 2002, 1166–1177

Alles neu in der Unternehmensinsolvenz?, in: ZInsO 2002, 563–568 (gemeinsam mit Andreas Remmert)

Einführung in das finnische Insolvenzrecht, in: NZI 2003, 78–82 (gemeinsam mit Andreas Remmert)

Der International Exchange of Experience on Insolvency Law, in: ZInsO 2004, 26–28 (gemeinsam mit Andreas Remmert und Marc Eumann)

Erneute Reformen im Insolvenzrecht: der Regierungsentwurf eines Gesetzes zur Entschuldung mittelloser Personen, zur Stärkung der Gläubigerrechte sowie zur Regelung der Insolvenzfestigkeit von Lizenzen, in: ZIP 2007, 1833–1837 (gemeinsam mit Thomas Kexel)

Die EU-Richtlinie zur Mediation – zum Stand der Umsetzung, in: ZKM 2009, 83–87

Obligatorische vorgerichtliche Streitbeilegung und Mediation, in: SchAZtg 2009, 268–271

Die Reform des Kontopfändungsschutzes – ein Gewinn für alle Beteiligten, in: ZIP 2009, 989–994 (gemeinsam mit Birgit Linder)

Referentenentwurf eines Mediationsgesetzes, in: SchAZtg 2011, 3–6

Der Einfluss des ESUG auf die Tätigkeit der Insolvenzgerichte, in: WPg 2011, Sonderheft, S5–S7

Die Entwicklung des ESUG und die Fortentwicklung des Insolvenzrechts, in: ZInsO 2013, 1765–1769

Das neue Mediationsgesetz – weitere Umsetzung, in: SchAZtg 2013, 49–53

Mit Blick auf Europa: Ein Konzerninsolvenzrecht schaffen, in: AnwBl 2013, 620–621 (Sonderheft)

Insolvenzrechtsreform 2014 – aus dem Blickwinkel des Gesetzgebungsverfahrens, in: ZVI 2014, 202–205

Die Bedeutung des Insolvenzrechts für den Wirtschaftsstandort Bundesrepublik Deutschland – zugleich ein Plädoyer für die Harmonisierung von Insolvenz- und Steuerrecht, in: FR 2014, 744–746

Der Zivilprozess vor dem Aus? Rückgang der Fallzahlen im Zivilprozess, in: AnwBl 2014, 573–577

Die Auseinandersetzung mit dem Unrecht aus dem Nationalsozialismus ist noch lange nicht vorbei, in: AnwBl BE 2016, 237–238

Der Aktionsplan zur Schaffung einer Kapitalmarktunion, in: ZIP 2016, Beilage zu Heft 22, S. 21–22

Kommissionsvorschlag für eine Richtlinie über präventive Restrukturierungsrahmen, die zweite Chance und Maßnahmen zur Steigerung der Effizienz von Insolvenzverfahren (COM(2016) 723 final), in: ZIP 2017, Beilage zu Heft 1, S. 3–4

Schrittweise Reformen ins Auge fassen, in: DGZV 2017, S. 161–162